***ACCESO GRATIS** a la Lectura en la Nube*

Para visualizar el libro electrónico en la nube de lectura envíe junto a su nombre y apellidos una fotografía del código de barras situado en la contraportada del libro y otra del ticket de compra a la dirección:

ebooktirant@tirant.com

En un máximo de 72 horas laborales le enviaremos el código de acceso con sus instrucciones.

EL NUEVO MODELO ENERGÉTICO DESCENTRALIZADO Y DE PROXIMIDAD. LAS COMUNIDADES ENERGÉTICAS

Procedimiento de selección de originales, ver página web:
www.tirant.net/index.php/editorial/procedimiento-de-seleccion-de-originales

EL NUEVO MODELO ENERGÉTICO DESCENTRALIZADO Y DE PROXIMIDAD. LAS COMUNIDADES ENERGÉTICAS

Directores:
Endrius Cocciolo
Susana Galera Rodrigo

Prólogo:
Marcos Vaquer Caballería

tirant lo blanch
Valencia, 2025

En caso de erratas y actualizaciones, la Editorial Tirant lo Blanch publicará la pertinente corrección en la página web www.tirant.com.

© TIRANT LO BLANCH
EDITA: TIRANT LO BLANCH
C/ Artes Gráficas, 14 - 46010 - Valencia
TELFS.: 96/361 00 48 - 50
FAX: 96/369 41 51
Email: tlb@tirant.com
www.tirant.com
Librería virtual: www.tirant.es
DEPÓSITO LEGAL: V-1113-2025
ISBN: 978-84-1095-358-1

Si tiene alguna queja o sugerencia, envíenos un mail a: *atencioncliente@tirant.com*. En caso de no ser atendida su sugerencia, por favor, lea en *www.tirant.net/index.php/empresa/politicas-de-empresa* nuestro procedimiento de quejas.

Responsabilidad Social Corporativa: *http://www.tirant.net/Docs/RSCTirant.pdf*

Este libro es parte del proyecto "Regulación de sistemas energéticos comunitarios basados en almacenamiento y flexibilidad: aceptabilidad, gobernanza y digitalización (ComEnerSys)", TED2021-131840B-I00, financiado por el MCIN/AEI/10.13039/501100011033 y por la Unión Europea "NextGenerationEU"/PRTR"

Índice

CUARTA PARTE

MODELOS COMPARADOS DE COMUNIDADES ENERGÉTICAS EN LA UNIÓN EUROPEA Y LOS ESTADOS UNIDOS

Prólogo

MARCOS VAQUER CABALLERÍA
Catedrático de Derecho Administrativo
Universidad Carlos III de Madrid

La transición energética en la que estamos inmersos globalmente, y particularmente en Europa, suele ser asociada al impulso de las energías renovables con el fin de reducir las emisiones de gases de efecto invernadero. Es concebida, en suma, como una reforma ambiental. Que lo es.

Pero también es un proceso de fuerte calado tecnológico, político, económico y social. No siendo gestionable la mayoría de fuentes de energía renovable, su impulso debe ir necesariamente acompañado de la innovación tecnológica en almacenamiento de energía, en la operación de un sistema eléctrico mucho más descentralizado, en el desarrollo de redes más malladas e inteligentes, etc. La descentralización del sector eléctrico opera también en el plano político, abriendo un campo a las competencias autonómicas y locales mayor que el que venían ocupando tradicionalmente. En términos económicos, no sólo es preciso abocar enormes recursos financieros para la inversión en redes e innovación, sino también adaptar los mercados al nuevo mix energético, lo que demanda mayor flexibilidad e implica gestionar no sólo la oferta, sino también la demanda. Y en términos sociales, esta transición no debiera ser una amenaza para las comunidades locales y los consumidores, sino una oportunidad para darles un mayor *poder de mercado* y, a los más vulnerables, para preservarlos de sus inclemencias y garantizarles el acceso al suministro energético.

Es difícil exagerar la importancia de este proceso de transición energética, que puede transformar la estructura económica de un país y caracterizar su cohesión social y territorial por un largo plazo.

Pero sólo el debido equilibrio entre estas cinco dimensiones -ambiental, tecnológica, política, económica, social- garantiza una transición energética justa y sostenible. Acompasar todos los vectores que las componen es misión del ordenamiento jurídico y de su ejecución por el regulador y por las administraciones públicas, que deben dar las señales adecuadas al mercado: regulatorias, retributivas, de fomento, interventoras y -si llega el caso- sancionadoras. Sin embargo, no es tarea nada fácil, porque se trata de vectores muy potentes pero asimismo muy sensibles a factores externos.

Cualquier observador atento puede constatar cómo el despliegue de las renovables en España avanza a gran velocidad, mientras las interconexiones y el almacenamiento lo hacen de forma muy dispar, cuando la flexibilidad que aportan es más necesaria que nunca.

La generación renovable, que en el Plan Nacional Integrado de Energía y Clima actualizado para 2023-2030 se prevé que alcance el 81 % de la generación eléctrica total, ya superó en 2023 el 50 % y ha rozado el 56 % en 2024.[1] El almacenamiento debería alcanzar en 2030 los 22,5 GW, según el PNIEC, y un estudio del *Energy Transition Expertise Centre* de la Comisión Europea[2] apunta a que en esto también somos líderes europeos y ya hemos superado los 20 GW, sobre todo de almacenamiento térmico y bombeo hidroeléctrico. En el PNIEC también se prevé que nuestra capacidad de interconexión con Francia llegue a los 5 GW en 2030: actualmente es de 2,8 GW y se podrán alcanzar los 5 GW cuando entre en servicio la interconexión submarina por el Golfo de Vizcaya, pero eso nos deja todavía muy lejos del objetivo del 15 % de interconexión eléctrica para 2030 establecido en el artículo 2.11) del Reglamento UE 2018/1999, de 11 de diciembre de 2018, sobre la Gobernanza de la Unión de la Energía y de la Acción por el Clima, por lo que la península ibérica sigue siendo una “isla” energética.

También las nuevas instituciones destinadas a democratizar a la oferta y apoderar a la demanda sufren para avanzar. Pero deben hacerlo, si no queremos que la dimensión social de la transición energética quede relegada, poniendo en peligro el equilibrio antes invocado.

Estas asimetrías en el avance de la transición energética, en efecto, generan tensiones y lastran su eficacia. En cuanto a lo primero, la Directiva 2023/2413, 18 de octubre de 2023, advierte que “para aumentar la aceptación pública de los proyectos de energías renovables, los Estados miembros deben adoptar las medidas adecuadas con vistas a promover la

---

1 Red Eléctrica, “Las energías renovables generan el 56% del ‘mix’ eléctrico español en 2024”, https://www.ree.es/es/sala-de-prensa/actualidad/nota-de-prensa/2024/12/las-energias-renovables-generan-el-56-del-mix-electrico-espanol-2024 (consultada el 4 de enero de 2025).

2 European Commission: Directorate-General for Energy, Hoogland, O., Fluri, V., Kost, C., Klobasa, M. et al., *Study on energy storage*, Publications Office of the European Union, 2023, https://data.europa.eu/doi/10.2833/333409, pp.30-32 (consultada el 4 de enero de 2025).

participación de las comunidades locales en los proyectos de energías renovables"; y, en cuanto a lo segundo, nos recuerda que "las instalaciones de autoconsumo, incluidas aquellas para autoconsumidores colectivos, como las comunidades locales de energía, también contribuyen a reducir la demanda global de gas natural, a aumentar la resiliencia del sistema y a la consecución de los objetivos de la Unión en materia de energías renovables".[3]

Más allá de estas consideraciones, el despliegue del autoconsumo y las comunidades de energías renovables es un mandato jurídico dirigido a las autoridades competentes a nivel nacional, regional y local en el artículo 15.3 de la Directiva 2018/2001 de Energías Renovables, modificada por la Directiva 2023/2413 antes citada. En consecuencia, el PNIEC afirma que "el autoconsumo y las comunidades de energía serán dos piezas clave en la democratización de la energía" (p. 80). Su empleo del tiempo futuro "serán", en lugar del presente "son", no parece que sea accidental. El objetivo de autoconsumo fotovoltaico para 2030 del PNIEC es de 19 GW y se estima que a principios de 2024 había cerca de 3,5 GW. Y también se estima que había 353 comunidades energéticas en toda España, de forma que sólo un 4% de los municipios españoles las tenían.[4] Queda, pues, mucho por hacer.

Al menos, la legislación sobre el autoconsumo ya ha sido desarrollada mediante el Real Decreto 244/2019, de 5 de abril. Las comunidades de energía tienen asimismo carta de naturaleza propia en el ordenamiento jurídico español, como sujetos definidos en las letras j) y k) del artículo 6.1 de la Ley del Sector Eléctrico, fruto de sendas modificaciones introducidas en 2020 y 2023 que también han incorporado algunas bases de su régimen jurídico en los artículos 12 bis y 12 ter de la Ley. Pero estos preceptos legales remiten su concreción a su desarrollo reglamentario. Y el Proyecto de Real Decreto por el que se desarrollan los dos tipos de comunidades legalmente definidos -las comunidades de energías renovables y las comunidades ciudadanas de energía- que fue sometido a información pública

---

3 Considerandos 30 y 42 de la Directiva.

4 Su despliegue territorial es muy dispar, siendo el País Vasco la Comunidad Autónoma con mayor concentración de comunidades energéticas, pues las había en más de un 35 % de sus municipios. Tengamos en cuenta, también, que sólo el 12 % de las comunidades españolas tenía su primer proyecto energético ya operativo y que el 65 % tenía menos de 51 socios. Observatorio Nacional de Comunidades Energéticas, *Informe de indicadores 2023,* Fundación Ecología y Desarrollo (ECODES), pp. 20, 23 y 30. https://www.energiacomun.org/ficheros/publicaciones/_1038299383 (consultada el 4 de enero de 2025)

por el Ministerio en abril de 2023, sigue esperando. Aunque algunas Comunidades Autónomas han aprobado diversos desarrollos normativos de las comunidades energéticas, de los que se ocupa Inmaculada Revuelta en el capítulo IV de esta obra, no cubren la laguna, dado el carácter básico del desarrollo reglamentario estatal.

Conforme a su definición legal, dos son los elementos comunes a los dos tipos de comunidades energéticas: (1°) su constitución colectiva y local, basada en la participación voluntaria y abierta de personas físicas, pymes y autoridades locales, y (2°) su interés general, basado en que su finalidad primordial no es la rentabilidad financiera, sino proporcionar beneficios medioambientales, económicos o sociales a sus socios o miembros o a las zonas locales. El preámbulo del Proyecto de Real Decreto les atribuye a estas comunidades importantes oportunidades, de entre las que destaca "una mayor implicación de los ciudadanos y autoridades locales en la transición energética". Pero también contempla amenazas asociadas a su novedad, tamaño y estructura de propiedad, que le llevan a proponer "medidas que garanticen que estas comunidades puedan competir en igualdad de condiciones con otros productores, participen en el sistema energético y se facilite su integración en el mercado". Medidas que, como digo, siguen esperando al tiempo de escribir estas líneas.

Así que, de un lado, las comunidades energéticas son incentivadas con 100 millones en el PERTE de energías renovables, hidrógeno renovable y almacenamiento (PERTE ERHA)[5] pero, de otro lado, la falta de seguridad jurídica y de fomento jurídico asociados a un marco jurídico incompleto desincentivan su creación. Quién dijo aquello de que *soplar y sorber, no puede ser.*

En el contexto y en las condiciones que acabo de esbozar, un estudio de las comunidades energéticas como el que prologo es una labor muy oportuna, pero también muy difícil. Las incertidumbres son muchas todavía: ¿cuáles son las formas de personificación y estatutos jurídicos idóneos para las comunidades energéticas?, ¿son combinables con otros *status* ya previstos en nuestro ordenamiento jurídico con los que podrían tener sinergias, como los de las comunidades de regantes o los de las entidades urbanísticas colaboradoras?, ¿quiénes y en qué proporción pueden participar en las comunidades y controlarlas?, ¿en qué medida la participación

5 Véase: https://planderecuperacion.gob.es/noticias/conoce-que-son-comunidades-energeticas-perte-erha-prtr (consultada el 4 de enero de 2025) A estas ayudas se suma la pléyade de subvenciones autonómicas y locales asimismo aprobadas, como las resumidas en el *Informe de indicadores 2023* citado en la nota anterior, pp. 14-17.

de los entes locales en ellas y las relaciones jurídicas que traben con ellas -cesión de espacios y cubiertas de edificios, financiación, consumo de energía, etc.- administrativiza su régimen jurídico?, ¿qué tipos de contratos o negocios jurídicos sirven para ordenar sus relaciones con sus miembros o socios y con terceros?, ¿cuál es su potencial objeto en el medio urbano -en zonas residenciales, en polígonos industriales, ...- y cuál puede ser su aportación a la regeneración urbana? y en el medio rural ¿pueden contribuir a su desarrollo sostenible y combatir su despoblación?, ¿cómo fomentar eficazmente su despliegue sin violar el Derecho de ayudas de Estado?, ¿cómo procurar su acceso a los mercados en condiciones de igualdad pese a su particular estructura y escaso tamaño?, en fin, ¿cómo garantizar que proporcionen beneficios medioambientales, económicos o sociales reales y cuáles pueden ser tales beneficios y sus beneficiarios?

El libro que me honra prologar asume el reto de ofrecer respuestas a estas preguntas y a otras igualmente pertinentes, algunas de las cuales ni se me habían ocurrido antes de leerlo. Y lo hace de forma tan exhaustiva, rigurosa e imaginativa que merece no ya atención, sino también admiración. Basta ojear su índice para comprobarlo: Endrius Cocciolo y Susana Galera han logrado reunir a un amplio elenco de especialistas y estructurar unos contenidos que, además de analizar el desarrollo actual y los retos pendientes de las comunidades energéticas en el Derecho español, aventuran interpretaciones para las lagunas legales, proponen soluciones *lege ferenda* e incluso nos brindan algunas claves comparatistas del desarrollo de las comunidades energéticas en otros ordenamientos europeos y en el de los EE.UU. de América. En suma, una obra llamada a ser referente en la materia.

No me queda más que felicitar a los directores y los autores del libro, agradecer a los primeros por haberme invitado a prologarlo, e invitar a los lectores a internarse en él. Porque es mucho y bueno lo que encontrarán en las páginas que siguen y porque las comunidades energéticas han sido emplazadas a ser "piezas clave" del nuevo modelo: en qué medida lo acaben siendo dependerá de las cuestiones aquí planteadas.

Madrid, 5 de enero de 2025 (noche de Reyes)

Introducción

ENDRIUS COCCIOLO y SUSANA GALERA RODRIGO
Investigadores Principales del proyecto "Regulación de sistemas energéticos comunitarios basados en almacenamiento y flexibilidad: aceptabilidad, gobernanza y digitalización" (ComEnerSys)

El modelo energético dominante que ha sustentado la economía basada en combustibles fósiles desde la segunda mitad del siglo XIX[1] se caracteriza por una estructura centralizada y una marcada concentración de poder en manos de grandes corporaciones, lo cual refuerza una fuerte dependencia de los hidrocarburos. No obstante, este paradigma energético está siendo superado por la convergencia de varios factores interrelacionados. En primer lugar, la crisis climática global y las emergencias ecológica y energética, exacerbadas por el continuo uso de combustibles fósiles, demandan una transformación profunda hacia fuentes de energía más sostenibles. En segundo lugar, el rechazo social hacia el modelo energético *top-down* se manifiesta cada vez más en una oposición local frente a determinados proyectos de energías renovables, especialmente aquellos de mayor envergadura que ocupan suelos normalmente rurales, inciden negativamente en el paisaje y también en otras alternativas de uso del territorio, sin que aporten beneficios significativos a las comunidades de su entorno. Todo ello revela la demanda de una mayor descentralización energética y participación pública para lograr una verdadera transición energética justa[2]. En tercer lugar, los avances tecnológicos en sostenibilidad, digitalización e inteligencia artificial están facilitando la integración de energías renovables, aumentando la eficiencia en el uso de recursos y permitiendo la creación de sistemas energéticos más distribuidos y adaptables[3]. Este conjunto de

---

1 MALM, A., *Capital fósil. El auge del vapor y las raíces del calentamiento global*, Capitán Swing, Madrid, 2020, p. 11 ss.

2 Sobre el sentido de transición justa véase: COCCIOLO, E., "Medidas de transición justa", en ALENZA GARCÍA, J. F. y MELLADO RUIZ, L. (coords.), *Estudios sobre cambio climático y transición energética. Estudios conmemorativos del XXV aniversario del acceso a la cátedra del profesor Íñigo del Guayo Castiella*, Marcial Pons, Madrid, 2022, pp. 597-614.

3 Sobre esta temática, véase: NOORMAN, M.; ESPINOSA APRÁEZ, B. y LAVRIJSSEN, S., "AI and Energy Justice", *Energies*, 16, 2023, pp. 1-16. Doi: https://doi.org/10.3390/en16052110

factores está transformando de manera decisiva el panorama energético actual, desplazando el modelo tradicional hacia uno que responde mejor a las necesidades de sostenibilidad, inclusión y descentralización. Deben añadirse a los factores anteriores la necesidad, considerada a principios del milenio, de proceder a una renovación del sector, que entraría en un nuevo ciclo inversor para modernizar las infraestructuras energéticas europeas en funcionamiento durante casi un siglo.

En este escenario, la transición energética se erige como un pilar central en los marcos estratégicos de transición ecológica promovidos a nivel internacional, europeo, estatal y subestatal. La transición energética busca la consecución de dos objetivos diferenciados[4], por un lado, un cambio profundo en la matriz energética que permita la descarbonización de la economía, y, por otro, la progresiva transformación del propio modelo energético, que más allá de los aspectos tecnológicos conlleva una reorganización institucional (las competencias de las administraciones, el diseño de los mercados, el rol de las organizaciones sociales, la participación pública, etc.) y, por ende, una revisión de los instrumentos jurídicos que permiten su gobernanza. En efecto, la economía política de la energía fósil ha sido determinante en la construcción del Estado constitucional de bienestar[5], así como en la configuración de una determinada tipología de derecho público y autoridad pública territorial[6]. Los estudios sociales y jurídicos han enmarcado estas cuestiones bajo los conceptos de "democracia del carbono"[7], "derecho constitucional fósil"[8] y el "termoceno" (neologismo que indica la historia política de las emisiones de gases efectos invernadero)[9].

---

4 GALERA RODRIGO, S., "Cambio de modelo en la transición energética: ¿otro tren que pasará?", *Actualidad Jurídica Ambiental,* 114, 2021, pp. 59-79.

5 LANDER, J., "Shifting states: the constitutional risks of extractive development", *Canadian Journal of Development Stuides,* 43, 1, 2022, pp. 59-77. Doi: https://doi.org/10.1080/02255189.2021.1906632

6 JARIA-MANZANO, J., *La Constitución del Antropoceno,* Tirant Humanidades, Valencia, 2020, p. 67 ss.

7 MITCHELL, T., *Carbon Democracy. Political Power in the Age of Oil,* Verso, Nueva York, 2011.

8 CARDUCCI, M., "Estrattivismo e nemico nell'era fossile del costituzionalismo", *Diritto pubblico comparato ed europeo,* numero speciale, 2019, pp. 61-80.

9 BONNEUIL, C. y FRESSOZ, J. B., *The Shock of the Anthropocene: The Earth, History and Us,* Verso, Brooklyn, 2017, p. 99 ss.

A la luz de los objetivos climáticos establecidos en el Acuerdo de París[10] y del presupuesto de carbono necesario para alcanzarlos[11], la comunidad científica ha exhortado a una transición energética rápida y de gran envergadura[12]. Mientras se reconoce que la descarbonización es compleja pero tecnológicamente factible, el desafío radica en mayor medida en las esferas sociopolíticas, en la aceptabilidad y participación pública, así como en las arquitecturas jurídicas e instrumentos necesarios para sostener los cambios requeridos y garantizar el uso seguro de las tecnologías. Por consiguiente, la transición energética deberá ser no solo sostenible y renovable, sino también más justa, democrática y descentralizada, incorporando nuevos actores y autoridades en la gestión y operación de los sistemas energéticos. Esto supone un desafío al actual sistema de gestión y gobernanza.

Con este telón de fondo, la idea del presente libro surgió en el seno del proyecto "Regulación de sistemas energéticos comunitarios basados en almacenamiento y flexibilidad: aceptabilidad, gobernanza y digitalización" (ComEnerSys) en el que ambos directores tienen la responsabilidad de ser investigadores principales. En el proyecto ComEnerSys se han abordado los factores que condicionan y facilitan el despliegue, la operación y la gobernanza de las comunidades energéticas a nivel local, de acuerdo con la prioridad otorgada a la energía local y de proximidad por las estrategias europeas.

---

10 Sobre el recientemente acordado proceso de Balance Global (*Global Stocktake*) establecido en el marco del Acuerdo de París para evaluar de forma colectiva el progreso mundial hacia el cumplimiento de los objetivos climáticos, véase: VOIGHT, C., "The First Global Stocktake under the Paris Agreement: Role, Functioning and Legal Implications", *The Chinese Journal of Environmental Law*, 8, 2024, pp. 258–270.

11 GRUPO INTERGUBERNAMENTAL DE EXPERTOS SOBRE EL CAMBIO CLIMÁTICO, "Summary for Policymakers", en MASSON-DELMOTTE, V. *et al.* (eds.), *Global warming of 1.5°C. An IPCC Special Report on the impacts of global warming of 1.5°C above pre-industrial levels and related global greenhouse gas emission pathways, in the context of strengthening the global response to the threat of climate change, sustainable development, and efforts to eradicate poverty*, IPCC, Ginebra, 2018, pp. 3-26.

12 GRUPO INTERGUBERNAMENTAL DE EXPERTOS SOBRE EL CAMBIO CLIMÁTICO, "Summary for Policymakers", CORE WRITING TEAM; LEE, H. y ROMERO, J. (eds.), *Climate Change 2023: Synthesis Report. Contribution of Working Groups I, II and III to the Sixth Assessment Report of the Intergovernmental Panel on Climate Change*, IPCC, Ginebra, 2023, pp. 1-34; GRUPO INTERGUBERNAMENTAL DE EXPERTOS SOBRE EL CAMBIO CLIMÁTICO, "Summary for Policymakers", en MASSON-DELMOTTE, V. *et al.* (eds.), *Climate Change 2021: The Physical Science Basis. Contribution of Working Group I to the Sixth Assessment Report of the Intergovernmental Panel on Climate Change*, Cambridge University Press, Cambridge, 2021, pp. 3-32.

Las comunidades energéticas son el objeto de estudio de esta obra colectiva. Estas nuevas figuras jurídicas están inspiradas en las ideas de empoderamiento del consumidor y ciudadanía energética, características del Paquete Energía Limpia para Todos los Europeos[13]. Por tanto, las comunidades energéticas van más allá del esquema del autoconsumo colectivo y constituyen verdaderas "plataformas" ciudadanas y comunitarias, abiertas y voluntarias, para decidir y organizar múltiples servicios energéticos y proporcionar "beneficios medioambientales, económicos o sociales a sus miembros o socios o a la localidad en la que desarrolla su actividad, más que generar una rentabilidad financiera"[14].

El régimen jurídico diferenciado de las comunidades energéticas se estableció en la Directiva 2018/2001/UE sobre energías renovables (que regula las "comunidades de energía renovable") y en la Directiva 2019/944/UE por la que se establecen normas comunes para el mercado interior de la electricidad (que regula las comunidades ciudadanas de energía). Estas directivas establecen su definición y las funciones que están facultadas para desempeñar en el sistema energético. Debemos recordar que esta normativa europea determina un "suelo" regulatorio común y que no va más allá de elementos básicos, quedando en manos de los Estados miembros la adopción de una regulación completa —aún pendiente en el caso de España— que puede ser incluso más avanzada de lo establecido en las directivas.

Las comunidades energéticas abordan tres cuestiones esenciales si se quiere tomar en serio la transición energética. En primer lugar, son figuras jurídicas que otorgan a los ciudadanos un papel protagónico en los sistemas energéticos resilientes, es decir; canalizan la participación pública, fomentan el consenso y la confianza en las instalaciones de energía renovable (la cuestión de la aceptabilidad) y materializan el empoderamiento de la ciudadanía y de los colectivos locales y, por ende, brindan legitimidad al nuevo modelo energético. En segundo lugar, las comunidades energéticas son "espacios" especialmente aptos para implementar un marco regulatorio que permita el máximo aprovechamiento de redes

---

13 COMISIÓN (UE), "Energía limpia para todos los europeos" (Comunicación), COM(2016) 0860 final, 30 de noviembre de 2016.

14 Artículo 2.11.b de la Directiva 2018/2001/UE relativa al fomento del uso de energía procedente de fuentes renovables (RED II) y artículo 2.11.b de la Directiva 2019/944/UE sobre normas comunes para el mercado interior de la electricidad y por la que se modifica la Directiva 2012/27/UE (DMIE).

energéticas integradas, eficientes e inteligentes. Por último, y en conexión con el punto anterior, precisan de una gestión inteligente, adaptando generación, consumo e intercambios, con o sin el concurso de la agregación, el almacenamiento y la gestión de la demanda.

Todo esto implica que la red energética ya no corresponde a una estructura jerárquica convencional basada en centrales eléctricas centralizadas, sino que se orienta hacia el desarrollo de redes altamente integradas energéticamente, alimentadas por una combinación de tecnologías de conversión de energía renovable y sistemas convencionales durante la transición hacia un sistema energético completamente renovable. El resultado debe conllevar al desarrollo de sistemas optimizados y flexibles, basados en mercados locales[15], capaces de proporcionar todos los servicios energéticos requeridos, basados en fuentes de energía renovable. Este nuevo concepto ha sido denominado "poligeneración energética" o sistemas multi-energía[16].

Los marcos de transición exitosos, especialmente en contextos de crisis, requieren alcanzar un mayor nivel de resiliencia y aumentar el grado de inclusión social para generar comunidades más robustas y adaptativas[17]. La traslación de este paradigma al ámbito energético implica una transición necesaria hacia modelos distribuidos, participativos y descentralizados que reduzcan significativamente los impactos no deseados de la generación y el consumo de energía, al tiempo que aumentan la aceptabilidad social[18],

---

15 Para una aproximación al tema, véase: FAIA, R. *et al.*, "Local electricity markets: A review on benefits, barriers, current trends and future perspectives", *Renewable and Sustainable Energy Reviews*, vol. 190, A, 2024, pp. 1-23. Doi: https://doi.org/10.1016/j.rser.2023.114006

16 Sobre esta temática véase: PRAVEEN KUMAR, G. *et al.*, "Renewable heat powered polygeneration system based on an advanced absorption cycle for rural communities", *Energy*, 262, A, 2023, pp. 1-20. Doi: https://doi.org/10.1016/j.energy.2022.125300; PINTO, E. S.; SERRA, L. M. y LAZARO, A., "Energy communities approach applied to optimize polygeneration systems in residential buildings: Case study in Zaragoza, Spain", *Sustainable Cities and Society*, 82, 2022, pp. 1-17. Doi: https://doi.org/10.1016/j.scs.2022.103885; DE SOUZA, R. J. *et al.*, "Multi-Objective Optimization of an Energy Community Powered by a Distributed Polygeneration System", *Energies*, 17, 2024, pp. 1-36. Doi: https://doi.org/10.3390/en17133085

17 JARIA-MANZANO, J., "Beyond Sustainability: Challenges for Environmental Law in the Era of Uncertainty", *Environmental Policy and Law*, 52, 2, 2022, pp. 93–104.

18 SQUINTANI, L. y PERLAVICIUTE, G., "Access to Public Participation: Unveiling the Mismatch between what Law Prescribes and what the Public Wants", en PEETERS, M. y ELIANTONIO, M., (eds.), Research Handbook on EU Environmental Law, Edward Elgar Publishing, 2020, pp. 133-147.

la influencia y control de los ciudadanos, alivian la pobreza energética y fomentan la seguridad del suministro, mediante la gestión inteligente de la oferta y la red de distribución[19], aprovechando la flexibilidad y el almacenamiento[20]. Más recientemente, se está poniendo de manifiesto la provisión de beneficios adicionales al sistema, en términos de mayor eficiencia, en tanto la gestión en proximidad reduce las necesidades de capacidad de red y su correspondiente exigencia de financiación[21], pueden cubrir la prestación de servicios colectivos que, como la climatización, están adquiriendo relevancia creciente y pueden considerarse también como eventuales sistemas de respaldo en supuestos de incidencias[22].

Las comunidades energéticas se sitúan en la intersección de la descentralización energética inherente a la transición energética, tanto por su papel en una nueva comprensión del sistema energético a nivel local y de proximidad, como por ser nuevas entidades jurídicas. A ambas perspectivas se asocian diversos desafíos regulatorios y de gobernanza. De hecho, por un lado, las comunidades energéticas no son simplemente una tipología de autoconsumo colectivo, sino un actor preeminente para la nueva concepción de la energía a nivel local, lo cual transformará la función y regulación de los edificios y conjuntos de edificios, los nuevos servicios energéticos como la agregación independiente, la recarga y movilidad

---

19 DIESTELMEIER, L., "A legal framework for smart grids", en ROGGENKAMP, M.; DE GRAAF, K. y FLEMING, R. (eds.), Elgar Encyclopedia of Environmental Law series: Energy Law, Climate Change and the Environment, Edward Elgar, UK, 2021, pp. 645-655.

20 KREEFT, G. y MAUGER R., "Developing a regulatory framework for electricity storage", en ROGGENKAMP, M.; DE GRAAF, K. y FLEMING, R. (eds.), Elgar Encyclopedia of Environmental Law series: Energy Law, Climate Change and the Environment, Edward Elgar, UK, 2021, pp. 679-694.

21 COMISIÓN EUROPEA: «Recomendación (UE) 2024/2143 por la que se establecen directrices para la interpretación del artículo 3 de la Directiva (UE) 2023/1791 del Parlamento Europeo y del Consejo en lo que respecta al principio de primero, la eficiencia energética»; COMISIÓN (UE), "Redes, el eslabón perdido: Plan de Acción de la UE para las Redes" (Comunicación) COM(2023) 757 final, 28 de noviembre de 2023; CONSEJO DE REGULADORES EUROPEOS DE LA ENERGÍA: «CEER 2022-2025 Strategy Empowering Consumers for the Energy Transition» [en línea], (2024), Ambos documentos son accesibles en línea en las correspondientes webs.

22 Sobre los beneficios que aportan al mercado, y la alineación con éste de las comunidades energéticas, vid. recientemente ROBINSON D. y DEL GUAYO CASTIELLA I., "Convergencia del interés de las comunidades energéticas y el sistema eléctrico", en Comunidades Energéticas Locales, Serie Claves del Gobierno Local núm. 45, Diciembre 2024, pp. 163 y ss.

eléctrica compartida, la refrigeración y calefacción distrital, la agregación eficiente de acciones de regeneración urbana y el crecimiento de nuevos desarrollos urbanos, que ahora dependen de la disponibilidad de fuentes locales de energía, entre muchas otras características.

El libro se estructura en cuatro partes que recogen, por grandes temáticas, las múltiples aportaciones que lo componen. En la PRIMERA PARTE se integran aquellas contribuciones que permiten entender el marco general —conceptual, teórico y normativo— en el que situar las comunidades energéticas. La visión de este marco resulta de los trabajos de Jordi Jaria Manzano, Susana Galera Rodrigo, Isabel Gallego Córcoles e Inmaculada Revuelta Pérez.

Las comunidades energéticas emergen como plataformas sociales en el marco de los procesos de transición energética, por ello JORDI JARIA MANZANO desarrolla su análisis a partir de la premisa de que la implantación de las energías renovables en el contexto de la transición energética ha abierto un debate sobre la democracia energética. Sin embargo, la discusión se ha centrado, fundamentalmente, en la aceptabilidad de los proyectos de generación de energías renovables, sin prestar atención a las implicaciones que un cambio de modelo energético tiene desde el punto de vista de las dinámicas institucionales en la sociedad y, en particular, desde el punto de vista de la democracia. En el punto de contacto entre el derecho de la energía y el derecho constitucional, poco explorado hasta el momento, el presente trabajo explora la interrelación entre sistema energético y democracia, y analiza las condiciones de profundización democrática en el contexto de la transición energética, centrándose en las comunidades energéticas. Concluye con la formulación de la necesidad de avanzar hacia una teoría de la democracia en el Antropoceno, para la cual la investigación sobre las implicaciones democráticas de las comunidades energéticas podría constituir un punto de arranque consistente y prometedor.

SUSANA GALERA RODRIGO pone de relieve que la transición energética, desde sus primeras formulaciones en 2011 y 2016, planteaba un doble y ambicioso objetivo: la descarbonización de la sociedad y la economía en la UE con el Horizonte 2050 y la incorporación en el sistema de un Nuevo Modelo Energético de generación descentralizada de energía limpia y consumo de proximidad. Desde este planteamiento, el estudio centra su atención en el desarrollo de este segundo objetivo, y en particular, en el tratamiento de las comunidades energéticas en las sucesivas Estrategias Europeas planteadas desde entonces. El estudio destaca que mientras la descarbonización es un proceso en curso, con fuerte respaldo y resultados visibles en todo el continente —creciente cuota de renovables y revitalización y renovación de la industria energética— el Nuevo Modelo Energético sigue pendiente de un respaldo similar y de un régimen jurídico adecuado para su generalización. Aun así, y a medida que la transición energética discurre, afloran nuevas razones para respaldar el nuevo modelo que trascienden su función en el plano de la energía ciudadana y la democracia energética. De esta forma, se asocian nuevas prestaciones al nuevo modelo energético que, complementando al tradicional, aportan ahora nuevos beneficios al sistema en términos de eficiencia ambiental y también económica.

El estudio de ISABEL GALLEGO CÓRCOLES realiza un análisis crítico de la regulación de las comunidades de energía contenida en derecho de la Unión Europea. Consta de dos partes: en la primera, se analiza el concepto y régimen jurídico básico de las comunidades de energía; en la segunda, se analiza el contenido de las reformas puntuales que se han introducido en las reformas cuyo origen ha sido el paquete "Objetivo 55". Se concluye con una valoración final del resultado del proceso.

En el capítulo de INMACULADA REVUELTA PÉREZ se analiza el marco normativo aplicable a las comunidades energéticas en España, esto es, la todavía escasa regulación dictada a escala estatal, contemplada en la Ley 24/2013, del Sector eléctrico y los desarrollos normativos producidos en la materia en las Comunidades Autónomas. Se concluye la necesidad de concretar cuestiones importantes de derecho de la energía, como, por ejemplo, las actividades que pueden desarrollar cada una de ellas en los mercados energéticos, así como de otras materias, como las relativas a su forma jurídica; a la participación en las mismas de administraciones públicas (en particular, de entes locales); o a las reglas aplicables a la cesión del uso a comunidades energéticas de bienes de las administraciones públicas para generar energía limpia.

En la SEGUNDA PARTE del libro se recopilan aportaciones que sitúan las comunidades energéticas en diversos contextos territoriales: zonas urbanas, áreas industriales y entornos rurales. Los estudios analizan las particularidades de cada contexto, junto con las características y variantes específicas de las comunidades energéticas que se desarrollan en ellos. Los capítulos dedicados a cada uno de estos entornos han sido elaborados por Joan Herrera, Aloia López Ferro y Lorenzo Mellado Ruiz.

La contribución de JOAN HERRERA destaca la importancia de las comunidades energéticas, particularmente de las comunidades energéticas urbanas, en la configuración de una transición energética efectiva y participada. La propuesta parte de la importancia del ámbito urbano en la transición energética y en la lucha efectiva contra el cambio climático. Se relata la importancia de la ciudad en el escenario energético y climático. A partir de aquí se lleva a cabo un análisis del desarrollo de las comunidades energéticas urbanas, se explican las dificultades en la constitución de las mismas a partir de tres casos prácticos, para concluir y considerar la importancia de los entes locales en el éxito de las comunidades energéticas urbanas. El autor expone cuál es la mejor caracterización de la comunidad energética, diferenciando el rol de las comunidades de energías renovables y las comunidades ciudadanas de energía. Se relatan tanto las diferentes figuras jurídicas desde las que puede operar una comunidad energética urbana, como las actividades que pueden realizar. En la parte final del capítulo se describe qué marco jurídico favorable debería desplegarse para favorecer la aparición de estas entidades, considerando que dicho marco debería facilitar el rol activo de los municipios y entes locales.

El capítulo de LORENZO MELLADO RUIZ analiza los retos regulatorios y jurídicos de la imbricación entre agua, energía y territorio. Su objetivo fundamental es verificar la incidencia de la actividad territorial en las áreas rurales de las comunidades energéticas. Y la premisa de partida es clara: las denominadas "comunidades energéticas rurales" pueden jugar un papel determinante en la lucha contra la despoblación y en la dinamización de los territorios y poblaciones rurales. Se analiza así, a continuación, la funcionalidad y características de dichas comunidades energéticas, con especial atención a su conexión con las comunidades de regantes. Estas entidades tienen base asociativa, pero persiguen fundamentalmente fines públicos. Tienen, por ello, un régimen jurídico mixto. La utilización de la cobertura como corporación de derecho público resulta, a pesar de las dudas apreciadas, viable desde una perspectiva instrumental y flexible en la ordenación de las comunidades energéticas como fórmulas no sólo de aprovechamiento colaborativo de los recursos energéticos sino de autoadministración democrática de los intereses particulares y autonomía decisional para la consecución de los objetivos perseguidos.

ALOIA LÓPEZ FERRO investiga el rol de las comunidades energéticas para avanzar en la transición energética en el ámbito industrial, reduciendo las emisiones de gases de efecto invernadero y protegiendo a las industrias frente a la inestabilidad de los precios de la energía. Este artículo tiene como objetivo analizar la normativa aplicable en España respecto a las comunidades energéticas industriales para esclarecer el papel que pueden desempeñar en el sistema energético y la configuración jurídica que pueden adoptar. Para ilustrar las posibilidades que ofrecen las comunidades energéticas en el ámbito industrial, el estudio se complementa con ejemplos de comunidades energéticas industriales y una aproximación a las oportunidades y retos específicos que plantean. Además, se examina la relación de las comunidades energéticas con el autoconsumo de energía y las redes de distribución cerradas. Finalmente, se analizan las oportunidades que ofrece el hidrógeno para configurar comunidades energéticas en determinados ámbitos industriales y su encaje en la normativa vigente.

En la TERCERA PARTE del libro confluyen todas aquellas aportaciones que analizan y discuten cuestiones específicas, problemas y retos regulatorios que atañen a las comunidades energéticas desde distintos ángulos y perspectivas. Las personas que han desarrollados los estudios son Lucía López de Castro García-Morato, Josep Ramon Fuentes i Gasó, Marina Rodríguez Beas, Iñigo del Guayo Castiella, Pablo Rodríguez Pajarón, Alejandro Leiva López, Romain Mauger, Endrius Cocciolo, Isabel González Ríos, Vanessa Jiménez Serranía, Estrella Gutiérrez David, Mariano Magide Herrero, Juan José Serrano Araque, Laura Presicce, Remedios Zamora Rosselló y Alba Forns Gómez.

LUCÍA LÓPEZ DE CASTRO GARCÍA-MORATO examina la regulación de las ayudas públicas a proyectos piloto singulares de comunidades energéticas (Programa CE Implementa) en ejecución del Plan de Recuperación, Transformación y Resiliencia de España. En la primera parte del estudio, se aborda la actividad de fomento de comunidades energéticas, con distinción de las categorías de fomento, ayudas públicas, subvenciones y otros instrumentos, y la caracterización de su marco normativo. En la segunda parte, como componente del ecosistema de apoyo a las comunidades energéticas, del que también forma parte el Programa CE Oficinas, se analiza el Programa CE Implementa, a través de sus primeras bases reguladoras, sus convocatorias y el nuevo programa, con bases reguladoras revisadas. El programa CE Implementa se caracteriza por su marco jurídico plurinormativo, por sus elementos regulatorios y por su enfoque transversal e integral, con gestión centralizada a nivel interno por el IDAE, que asume una función "cuasi-regulatoria" y funciona de hecho como un *sandbox* regulatorio. Observa la autora que, aunque la valoración global preliminar del Programa CE Implementa es claramente positiva, existen ciertos aspectos relacionados mejorables, como, por ejemplo, la necesidad de aumentar las ayudas, los retrasos en la tramitación administrativa de los proyectos y el riesgo regulatorio ante el pendiente desarrollo reglamentario de las comunidades energéticas.

El capítulo elaborado por JOSEP RAMON FUENTES i GASÓ y MARINA RODRÍGUEZ BEAS examina el papel de las comunidades energéticas locales como impulsoras clave de la economía social en el sector de la energía. Partiendo de la premisa de que tanto las comunidades energéticas como las instituciones de economía social comparten el objetivo de satisfacer los intereses colectivos de sus miembros en un marco de colaboración y participación, los autores analizan el rol de los entes locales en el apoyo económico y patrimonial de estas organizaciones. En este sentido, se reconoce a las comunidades energéticas como actores fundamentales en la aglomeración de medios humanos y materiales que promuevan tanto las energías renovables como el autoconsumo a nivel local. El análisis se estructura en dos bloques principales: El primero explora la naturaleza jurídica de las comunidades energéticas, además de analizar el marco legal que habilita a las Administraciones públicas para fomentar y formar parte de estas entidades. Este marco sitúa a las comunidades energéticas dentro del mercado de la economía social, por ello se analiza las asociaciones y las cooperativas como formas jurídicas especialmente aptas para la constitución de estos actores. El segundo bloque se centra en los instrumentos destinados a fomentar la creación y el desarrollo de estas comunidades energéticas, resaltando las capacidades locales para potenciar estas iniciativas mediante herramientas patrimoniales y publico-económicas.

ÍÑIGO DEL GUAYO CASTIELLA y PABLO RODRÍGUEZ PAJARÓN señalan que la transición energética implica la promoción del autoconsumo, para alcanzar así el objetivo de la descarbonización, junto con la descentralización y democratización del sistema energético. La transición opera sobre un sistema de extrema complejidad, como es el energético, de forma que la consecución del objetivo final pasa por alinear y alcanzar, simultáneamente, varios objetivos. En este trabajo se examinan, en particular, las medidas regulatorias y jurídicas que han de instaurarse para facilitar la aparición de comunidades de energías renovables en la malla urbana, en particular las comunidades de autoconsumo, donde el proceso encuentra más dificultades que en zonas rurales o, en términos urbanísticos, en suelos no urbanizables. Deben conjugarse aspectos técnicos y regulatorios para que el proceso llegue a buen fin. El artículo trata de mostrar cómo la distribución puede ser un posible freno al desarrollo, si no está sujeta a la adecuada regulación y o tiene los incentivos adecuados. El distribuidor va a estar en el centro de los mercados de flexibilidad locales, siempre que exista métodos de comunicación adecuada y seguros.

ALEJANDRO LEIVA LÓPEZ analiza el Real Decreto 314/2023, relativo a las redes de distribución de energía eléctrica cerradas. El autor entiende que este nuevo marco va a permitir que cualquier sociedad mercantil o cooperativa, que cumpla con ciertos requisitos, despliegue su propia red de distribución de energía eléctrica cerrada o compre activos a una empresa distribuidora ordinaria. Esto beneficia de forma directa a las propias empresas que desarrollan la actividad y a los consumidores industriales situados en polígonos, ya que estos soportan elevados costes energéticos. Las empresas conectadas a estas redes de distribución cerradas obtienen beneficios en términos de ahorro energético, lo que les va a permitir mejorar su competitividad. Así, el estudio de Leiva López examina el marco normativo europeo y nacional sobre las redes de distribución de energía eléctrica cerradas, con especial dedicación al Real Decreto 314/2023. En particular, se analiza el régimen jurídico previsto para las instalaciones de demanda conectadas a estas redes de distribución cerradas y a los contratos de suministro y acceso que los consumidores deben suscribir con los titulares de las redes. Asimismo, se examinan los requisitos, derechos y obligaciones, régimen de autorizaciones y requisitos de conexión previstos para los titulares de estas redes. Por último, el autor dedica especial atención a las nuevas funciones que debe asumir la autoridad reguladora nacional española en relación con esta nueva modalidad de redes de distribución de energía eléctrica cerradas.

Según ROMAIN MAUGER, España cuenta con un gran potencial en energías renovables, pero su despliegue va a requerir almacenamiento de energía y otras actividades de flexibilidad. Si España desea aumentar considerablemente su capacidad de almacenamiento de energía de aquí a 2030 y 2050, deberían incluirse las comunidades energéticas como partes de ese esfuerzo conjunto, mediante un marco jurídico adaptado para este reto. El capítulo de Mauger analiza el marco jurídico aplicable al uso del almacenamiento de energía y a la flexibilidad (incluyendo el autoconsumo colectivo, la respuesta de demanda y la agregación) por parte de comunidades energéticas. Si bien el régimen legal pertinente se ha desarrollado ampliamente, este estudio muestra que a nivel nacional el asunto aún no está resuelto. Los problemas son particularmente agudos respecto de los agregadores independientes, del acceso a los mercados de balance actuales para instalaciones pequeñas y medianas (agregadas) y de la creación de mercados locales de flexibilidad.

El trabajo de ENDRIUS COCCIOLO explora el potencial de combinar las comunidades energéticas con los sistemas de calefacción y refrigeración urbana, especialmente aquellos de cuarta y quinta generación, para facilitar la transición energética a nivel local. Cocciolo analiza el paquete de medidas "Objetivo 55" para determinar cómo sus disposiciones facilitan la implementación de comunidades energéticas en el sector de calefacción y refrigeración. La legislación actual subraya la idoneidad de las comunidades energéticas para actuar en este sector, reconociendo su potencial transformador para avanzar en la transición energética y fomentar el empoderamiento comunitario. El análisis muestra que las comunidades energéticas se beneficiarán de las disposiciones sobre la simplificación de los procedimientos de concesión de permisos y de las medidas para promover la integración energética. Estas comunidades podrán desempeñar una amplia gama de funciones, que incluyen la electricidad, la eficiencia energética y los servicios térmicos. De hecho, el marco regulador del sector de calefacción y refrigeración se centra en una dimensión de escala (soluciones orientadas a edificios, a nivel de distrito y basadas en la comunidad) y está diseñado para aprovechar el potencial energético local. Además, la legislación actual exige que el papel prospectivo de las comunidades energéticas sea evaluado en futuros planes locales de calefacción y refrigeración. Como caso de estudio, se presenta la comunidad energética Balenyá Sostenible, que, gracias a la subvención recibida a través del programa de incentivos a proyectos singulares CE Implementa del IDAE, proporcionará servicios de climatización a sus socios mediante un sistema de distrito de quinta generación. Por tanto, la contribución de Cocciolo ejemplifica el reconocimiento por parte de la legislación de la UE de un nuevo actor en el escenario.

El estudio de ISABEL GONZÁLEZ RÍOS analiza el marco normativo que regula la sostenibilidad energética de la edificación y en qué medida las comunidades energéticas pueden contribuir en su proceso de descarbonización. Este análisis parte de la vinculación que dichas comunidades tienen con el sector de la energía para aclarar su posible intervención en los mecanismos que permiten alcanzar una edificación energéticamente eficiente. De ello se deduce que la participación de las comunidades de energías renovables (CER) y de las comunidades ciudadanas de energía (CCE) en la mejora energética del parque inmobiliario está aún falta de una adecuada regulación; ello, a salvo de su posible intervención en el autoconsumo eléctrico colectivo.

La aplicación de la Inteligencia Artificial (IA) a la resolución de problemas o satisfacción de necesidades concretas en la gestión de las comunidades energéticas se aborda por MARÍA ESTRELLA GUTIÉRREZ DAVID. En su capítulo se identifican las implementaciones de estrategias de IA, fundamentalmente *Machine Learning* y *Deep Learning* en el análisis los datos de consumo energético y elaboración de perfiles de consumo energético; la monitorización no intrusiva de la carga; la participación de la respuesta a la demanda de los usuarios (*prosumers* residenciales y comerciales) de la comunidad energética; la predicción, modelización y optimización de la generación de energía fotovoltaica; la gestión y suministro de electricidad a partir de fuentes renovables; o la identificación de propiedades y arquitecturas de activos conectados (e.g. baterías) para mejorar capacidad de almacenamiento de energía, entre otros. A partir de la literatura científico-técnica examinada por la autora, ha sido posible identificar algunos de los retos jurídicos que plantea la implementación de modelos de IA en el ámbito de las comunidades energéticas, como son: (i) la eventual aplicación horizontal del Reglamento de Inteligencia Artificial con relación a los requisitos de los sistemas de alto riesgo; (ii) la protección de la privacidad y la protección de datos personales, y particularmente, la aplicación de los principios de minimización y exactitud o el perfilado de los prosumers a partir de los datos de contadores inteligentes; (iii) las normas sobre ciberseguridad y el marco regulador europeo del acceso y gobernanza de los datos.

El capítulo de VANESSA JIMÉNEZ SERRANÍA también se centra en las nuevas tecnologías y su capacidad para impulsar transformaciones en los modelos de negocio del sector energético. Entre estas tecnologías, sobresale la *Blockchain*, precisamente por sus características técnicas que facilitan la creación de redes descentralizadas y la acumulación y transmisión de información de manera distribuida. No obstante, la implementación de la *Blockchain* en el sector de energía, especialmente en las *smart grids*, implica importantes retos tanto desde el punto de vista técnico como desde el punto de vista jurídico. Dentro de estos retos podemos destacar, por un lado, la dificultad inherente al acercamiento a una tecnología compleja y, todavía aún en día, novedosa; y, por otro, su impacto en la reconfiguración de mercados regulados y tradicionalmente intermediados. En este capítulo se trata de dar una visión general de la integración de la tecnología *Blockchain* en las *smart grids*, señalando tanto los aspectos técnicos como ciertos de los aspectos jurídicos más relevantes (como son la protección de datos, la ciberseguridad, la competencia en estos nuevos mercados y la tokenización de la energía) a efectos de suscitar el debate y la profundización sobre estas cuestiones.

MARIANO MAGIDE HERRERO y JUAN JOSÉ SERRANO ARAQUE apuntan que las comunidades energéticas, como sujetos del sector eléctrico, deben integrarse en el entramado de negocios e inversiones que sostienen y vertebran el suministro de electricidad. Como tales operadores económicos actúan en el tráfico mercantil celebrando contratos, de diferente naturaleza. Entre ellos, resultan de especial relevancia los contratos de *Power Purchase Agreement* (PPA). Esta figura contractual, si bien no novedosa, sí de reciente difusión en el mercado, sirve para articular el conjunto de relaciones externas (comunidades energéticas con terceros) e internas (comunidades energéticas con sus socios o miembros), lo que justifica el estudio de ambas figuras, desde un punto de vista teórico y práctico, necesario dada la escasa atención de la doctrina a ambas instituciones de gran importancia en el sector.

La contribución de LAURA PRESICCE examina la pobreza energética desde una perspectiva estructural, abordando su definición jurídica, los factores determinantes y sus manifestaciones. Se analiza la evolución de las políticas europeas en la protección de los consumidores vulnerables, que han pasado de medidas asistenciales a contemplar enfoques más integrales. En particular, se identifican el autoconsumo y las comunidades energéticas como soluciones clave para prevenir y combatir la pobreza energética. Asimismo, se destaca la importancia en este ámbito del nuevo "derecho al consumo de energía compartida". Finalmente, se reflexiona sobre la efectividad y el impacto transformador de estas políticas en el ámbito energético y social de Europa y España.

En la contribución de REMEDIOS ZAMORA ROSSELLÓ se consideran las comunidades energéticas desde la perspectiva de género. Por ello, la autora señala las desigualdades existentes en el actual modelo energético y las estadísticas que lo corroboran, para estudiar las propuestas que comienzan a desarrollarse para derribar la brecha de género en el ámbito energético, y las posibilidades que ofrecen las comunidades energéticas para liderar este nuevo paradigma. Es clave conocer los datos detrás de una realidad conocida: la escasa presencia de la mujer en la toma de decisiones en materia energética también se traslada a las comunidades energéticas. Cómo revertir esta tendencia y garantizar que más de la mitad de la población no quede relegada a un segundo plano o directamente excluida del potencial que ofrecen las comunidades energéticas para la ciudadanía es la finalidad principal de la investigación de Zamora Rosselló. Este análisis parte de un estudio del marco internacional y de la Unión Europea, para continuar con las iniciativas desarrolladas a nivel nacional y autonómico, con el análisis de la reciente normativa adoptada en el País Vasco. Entre las principales conclusiones emerge la necesidad de desarrollar acciones concretas, impulsadas desde el sector público, para que las comunidades energéticas actúen como agente de cambio social en el desarrollo de una transición energética justa.

El capítulo de ALBA FORNS GÓMEZ aborda la cuestión de las comunidades energéticas como herramienta para la participación pública y la inclusión de grupos vulnerables o marginados, enfocándose en el sector del hidrógeno. El derecho a la participación pública nació como un derecho individual y colectivo para la participación en la toma de decisiones de políticas, planes y proyectos que potencialmente puedan afectar la protección ambiental. El despliegue de la economía del hidrógeno se establece como el más reciente avance europeo dedicado a mitigar el cambio climático. En el ámbito de la justicia energética, toda transición debe ser justa e incluir a todo individuo vulnerable y/o marginal de la sociedad. Si los procesos participativos son equitativos e inclusivos se garantiza no solo una prevención de los efectos ambientales que pueda ocasionar una economía del hidrógeno en crecimiento, sino también que los más desfavorecidos se conviertan en parte activa de esta transición. El capítulo de Forns Gómez analiza en qué medida los grupos desfavorecidos de la sociedad se incluyen y participan colectivamente a través de comunidades energéticas en el proceso de toma de decisiones de hidrógeno a nivel europeo y nacional. En vez de proveer medidas colectivas y adecuadas para los vulnerables, ambas jurisdicciones toman un enfoque de "una solución universal" tratando a todo participante del mismo modo y, en consecuencia, perpetúan la (des)igualdad de oportunidades procedimentales en una economía del hidrógeno.

La CUARTA PARTE del libro, dedicada a las experiencias de comunidades energéticas en otros ordenamientos jurídicos, analiza aspectos relevantes de la regulación en cuatro países de la Unión Europea —Portugal, Italia, Francia y Países Bajos— y en los Estados Unidos, gracias a las aportaciones de Suzana Tavares da Silva, Marta Costa Santos y Roberto Galán Vioque, Anna Poporato, Blanche Lormeteau, Lea Diestelmeier y Uma Outka.

El capítulo de SUZANA TAVARES DA SILVA, MARTA COSTA SANTOS y ROBERTO GALÁN VIOQUE ofrece una aproximación a las comunidades energéticas en Portugal, donde se registra la existencia de una regulación completa de las estas figuras, en sus modalidades de comunidad de energía renovable y de comunidades ciudadanas de energía. No obstante, su implantación está siendo muy lenta debido precisamente a las exigencias legales que se le imponen para poder desplegar sus actividades y también a causa de la centralización de su gestión a nivel de la Administración del Estado. El estudio presenta varios casos reales de este tipo de comunidades energéticas.

ANNA PORPORATO centra su análisis en el caso de las comunidades de energías renovables en Italia, en el contexto de los modelos de autoconsumo colectivo. Tras considerar la legislación nacional que ha transpuesto la legislación europea se examina una reciente sentencia de la *Corte Costituzionale* sobre la relación entre la legislación estatal y las leyes regionales en el ámbito de las comunidades de energías renovables. La observación de las posibles formas jurídicas que puede asumir la comunidad de energías renovables revela los aspectos positivos y los elementos críticos de algunas formas jurídicas adoptadas en el momento de la creación de las mismas. También se considera el papel estratégico que pueden desempeñar los municipios, de acuerdo con el principio de subsidiariedad horizontal, tanto en las actividades de sensibilización de los ciudadanos sobre cuestiones de transición energética como en la promoción del establecimiento de una comunidad de energías renovables y/o la participación en ella. Por último, se destaca cómo la utilización del instrumento de la colaboración público-privada, cuyas características más destacadas se recuerdan a la luz del nuevo Código de Contratos Públicos, puede representar una importante oportunidad para que los municipios establezcan y gestionen una comunidad de energías renovables.

En el capítulo sobre el modelo de regulación francés, BLANCHE LORMETEAU observa que las comunidades energéticas necesitan integrarse en un sistema energético tradicionalmente centralizado, y el legislador francés lleva trabajando en ello desde 2019, prestando especial atención al establecimiento de normas de gobernanza que pongan de relieve las complejas formas en que las comunidades pueden afianzar su autonomía.

LEA DIESTELMEIER señala que las iniciativas energéticas locales surgieron con rapidez en los Países Bajos entre los años 2015 y 2020. En este capítulo, se explica la manera en la que el marco jurídico ha facilitado ese aumento y permite evaluar las medidas adoptadas aportando una visión de los proyectos que se pusieron en marcha al amparo de las respectivas medidas legales. No cabe duda de que dos de estas medidas fueron las que permitieron, en primera instancia, la creación de un espacio en el que se desarrollasen tales iniciativas: por un lado, un plan de ayudas en forma de exención fiscal para la generación colectiva de energía y, por otro lado, un espacio controlado de pruebas para nuevas iniciativas. No obstante, como cabría esperar, tales medidas no fueron perfectas y los proyectos sufrieron problemas legales durante su creación e implantación. Con independencia de los problemas particulares, de la experiencia de los Países Bajos se puede extraer que es importante y necesario, en primer lugar, establecer un espacio jurídico para el desarrollo de esas iniciativas. Únicamente a través de la experiencia podemos detectar y entender los obstáculos, que no son exclusivos del marco jurídico del sector energético. Facilitar el desarrollo de comunidades energéticas mediante el establecimiento de un marco jurídico favorable exige, por tanto, voluntad (política) para reconocer que las comunidades energéticas son formas alternativas de promover una transición energética justa.

Finalmente, el estudio de UMA OUTKA aporta una visión de la materia desde los Estados Unidos de Norteamérica (EE.UU.). Ahí el concepto jurídico de "comunidades energéticas" ha evolucionado de una forma notablemente distinta al existente en la Unión Europea. El capítulo de Outka aporta a los lectores un resumen y una evaluación de la legislación actual sobre las comunidades energéticas en los EE.UU., haciendo hincapié en los últimos desarrollos y en las iniciativas que se están llevando a cabo para implantarlas. Tras un breve repaso a las transiciones energéticas más relevantes, el capítulo detalla cómo una Orden Ejecutiva presidencial del año 2021 y la nueva legislación federal de los años 2021 y 2022 consolidaron el concepto legal de comunidades energéticas, concepto que, a pesar de ser diferente, se solapa con otras definiciones estrechamente relacionadas de comunidades necesitadas de ayudas socioeconómicas o de una revitalización. A continuación, en el capítulo se abordan la complejidad, los retos y los avances conseguidos hasta la fecha en la aplicación del concepto recién definido de "comunidades energéticas". De ese modo, este capítulo aporta un marco de derecho y política comparados a las iniciativas llevadas a cabo para implantar comunidades de energías renovables y comunidades energéticas ciudadanas en los Estados miembros de la UE.

Por último, esta obra colectiva de gran envergadura no hubiera sido posible sin la colaboración de todas las autoras y autores, a quienes expresamos nuestro más sincero agradecimiento. Asimismo, debemos agradecer la ingente tarea de revisión de los capítulos llevado a cabo por Jessica Vivas Roso y la colaboración de Sofia Salgado Pontón.

El agradecimiento se extiende a MARCOS VAQUER CABALLERÍA, reconocido jurista de larga trayectoria en gestión pública, con un perfil relevante en materia de sectores económicos regulados, siempre atento a sus dimensiones sociales y colectivas. Nos sentimos muy honrados por el Prólogo tan oportuno que ha tenido la amabilidad de redactar.

Barcelona y Madrid, 6 de enero de 2025

PRIMERA PARTE

LAS COMUNIDADES ENERGÉTICAS EN EL MARCO DE LA TRANSICIÓN ENERGÉTICA

Capítulo I

El desafío democrático en la transición energética: apuntes preliminares para una teoría de la democracia en el Antropoceno[1]

JORDI JARIA-MANZANO
Profesor agregado Serra Húnter de Derecho Constitucional y Ambiental
Universitat Rovira i Virgili

1. INTRODUCCIÓN

El diseño institucional, los desarrollos tecnológicos y el modelo energético de una sociedad convergen en una forma determinada de reproducción social que, habitualmente, acostumbra a ser contemplada de modo parcial. En este sentido, mientras el Derecho constitucional acostumbra a ignorar las circunstancias tecnológicas y las fuentes de energía que hacen posible una determinada estructura política, el Derecho de la energía se configura como una reflexión sectorial y autorreferencial que, en el actual contexto de transición, contempla los arreglos políticos

[1] Este capítulo es parte del proyecto "Regulación de sistemas energéticos comunitarios basados en almacenamiento y flexibilidad: aceptabilidad, gobernanza y digitalización (ComEnerSys)", TED2021-131840B-I00, financiado por el MCIN/AEI/10.13039/501100011033 y por la Unión Europea "NextGenerationEU"/PRTR".

como meras técnicas de gestión. Esto favorece, una erosión de la democracia a causa del predominio de un punto de vista técnico en el enfoque de la crisis[2].

El punto de partida de este trabajo es que deben tomarse en cuenta estas conexiones, de manera que, en el contexto de la transición energética, el diseño jurídico del modelo energético debe insertarse en una reflexión más general sobre los modos en que la energía es producida y utilizada en relación con los objetivos sociales, intentando construir un puente entre condiciones tecnológicas y arreglos institucionales. De acuerdo con esto, la idea es que la democracia debe pensarse en relación con el modelo energético y que el modelo energético debe construirse a partir de una idea inclusiva y participativa en relación con la sociedad en la que se implanta. La democracia energética debería configurarse, por lo tanto, no como una mera técnica de gestión, sino como una manifestación de una organización social en un contexto de transición que se pretende justa e inclusiva.

En este sentido, cabe notar que una democracia funcional está ligada la idea de igualdad entre los ciudadanos[3]. Esto tiene que ver con la distribución real del poder y la riqueza en el marco de una sociedad determinada, lo que enlaza con sus objetivos colectivos y su forma de organización para conseguirlos, así como con las tecnologías disponibles y el modelo energético que despliega. En definitiva, no pueden desligarse las condiciones materiales de una sociedad de sus instituciones políticas, lo que se hace evidente a la hora de afrontar la transición energética, en un contexto no solo de agotamiento del modelo fósil desplegado a lo largo de los últimos siglos, sino también en el marco de una transformación planetaria tan profunda que ha merecido su descripción como cambio geológico, esto es,

---

2 Sobre esta cuestión, *vid.* JARIA I MANZANO, J., "Legitimidad técnica y legitimidad democrática en la toma de decisiones administrativas que afecten al medio ambiente", *Revista Aranzadi de Derecho Ambiental*, 3, 2003, pp. 105-123.

3 Cabe recordar aquí el art. 9.2 CE que establece lo siguiente: "Corresponde a los poderes públicos promover las condiciones para que la libertad y la igualdad del individuo y de los grupos en que se integra sean reales y efectivas; remover los obstáculos que impidan o dificulten su plenitud y facilitar la participación de todos los ciudadanos en la vida política, económica, cultural y social". El precepto es claro a la hora de reconocer la importancia de la igualdad para garantizar una participación política plena de todos los ciudadanos.

como movimiento hacia una nueva era, denominada el Antropoceno[4]. Es en este terreno en el que se plantea la reflexión subsiguiente sobre democracia y energía.

2. DEMOCRACIA Y CONDICIONES MATERIALES

Se habla de democracia energética en un contexto de transición, en el que se parte de la consolidación de formas políticas democráticas en los estados occidentales y de la deseabilidad de la participación de la ciudadanía en la toma de decisiones, a partir de una cierta convicción de que la implicación de la ciudadanía es un factor de legitimación crucial en la implantación de las nuevas tecnologías energéticas que han de permitir el tránsito hacia una sociedad post-fósil, cuestión a la que volveré más tarde. Sin embargo, la democracia no es algo que deba darse por supuesto. Más allá de la existencia de múltiples formas políticas autoritarias en el mundo actual, incluso los estados liberales occidentales tardaron un tiempo en convertirse en auténticas democracias. Los teóricos liberales originarios eran claramente partidarios de una participación política restringida. En este sentido, MADISON afirma explícitamente que la "*republican form of government*" consagrada en Estados Unidos es una fórmula para evitar la democracia, que entiende, en términos aristotélicos, como la tiranía de la mayoría[5].

La democracia se basa en la ciudadanía compartida en una determinada comunidad política, condición que depende, en buena parte, de las condiciones materiales y de las estructuras sociales que existen. Un cambio de modelo energético tendrá, sin duda, impactó en relación con la viabilidad, la profundización o, eventualmente, el colapso de la democracia, de modo que las reflexiones sobre la transición energética en relación con la implicación ciudadana se vinculan, en última instancia, a las propias condiciones de posibilidad de la democracia en el futuro. En este sentido, los combustibles fósiles han contribuido tanto a la democratización de las sociedades

---

4 El término fue popularizado en el trabajo de CRUTZEN, P. J., "Geology of mankind", *Nature*, 415, 2002, p. 23. Desde entonces ha generado una narrativa cada vez más aceptada en relación con la transformación planetaria.

5 *Vid.* MADISON, J.; HAMILTON, A. y JAY, J., *El federalista*, Institut d'Estudis Autonòmics, Barcelona, 2009 (edición catalana de Joan Solé Solé).

occidentales, particularmente, en la fase del dominio del carbón, como a la crisis de la democracia en que culmina la civilización del petróleo[6].

Así, la evolución de la técnica militar en la Grecia clásica, con el predominio de los hoplitas frente a la antigua caballería impulsó un ideal igualitario, de modo que, progresivamente, los pequeños campesinos fueron reclamando un mayor papel en la vida política, en la medida que conformaban una parte sustancial del ejército que debía defenderla, participaban también en la asamblea[7]. Los albores de la democracia muestran como ésta responde a las circunstancias tecnológicas, las relaciones de poder y los objetivos sociales en un contexto concreto. En este sentido, no puede separarse la vigencia de un modelo energético articulado alrededor de fuentes fósiles de la progresiva democratización de las sociedades occidentales configuradas a partir de las relaciones sociales establecidas en el marco de la industrialización, también de la producción agraria[8]. Esto contribuyó a transformar decisivamente las estructuras socioeconómicas del primer capitalismo, con el consiguiente impacto en las relaciones políticas[9].

Por el contrario, el capitalismo financiero se vincula a tecnologías basadas en el consumo masivo de petróleo, que facilitaron la centralización de los procesos de toma de decisiones y la concentración de la riqueza, produciendo un debilitamiento de las instituciones democráticas, aun cuando parece que la democracia liberal se ha ido expandiendo durante la era del petróleo. De hecho, desde los años setenta se está abriendo una gran brecha social en las sociedades occidentales, en un contexto en que la propia estructura del sistema garantiza la distribución desigual de los recursos[10]. Puede afirmarse, por lo tanto, que la democracia en una

---

6 En cualquier caso, el uso del carbón como fuente de energía es fundamental en la consolidación del proceso de acumulación capitalista en Inglaterra a partir de finales del siglo XVIII, como pone de manifiesto DI MUZIO, T., *Carbon Capitalism. Energy, Social Reproduction and World Order*, Rowman & Littlefield, Londres, Nueva York, 2015, p. 62-63.

7 *Vid.* RAAFLAUB, K. A., "Poets, lawgivers, and the beginnings of political reflection in Archaic Greece", en ROWE, C. y SCHOFIELD, M. (eds.), *The Cambridge History of Greek and Roman Political Thought*, Cambridge University Press, Cambridge, 2005, p. 58.

8 *Vid.* SMIL, V., *Energy in Nature and Society. General Energetics of Complex Systems*, The MIT Press, Cambridge, Londres, 2008, p. 309.

9 *Vid.* MCNEILL, J. R., *Something New under the Sun: An Environmental History of the Twentieth-Century World*, Norton, Nueva York, Londres, 2001, p. 10.

10 *Vid.* STIGLITZ, J., *The Price of Inequality*, Norton, Nueva York, Londres, 2013, p. 38.

sociedad determinada está vinculada a sus condiciones sociomateriales, que afectan tanto a las relaciones de poder como a las tecnologías disponibles como al modelo energético. A partir de aquí, la pregunta que se plantea es la siguiente: ¿hasta qué punto una transición energética hacia un modelo post-fósil puede o debe ser democrática?

3. LA PARADOJA DE LA DEMOCRACIA PETROLÍFERA

El metabolismo social basado en el petróleo ha contribuido a mejorar las condiciones materiales y la disponibilidad de tiempo de los ciudadanos de los países occidentales facilitando la participación en las instituciones democráticas. Sin embargo, la civilización del petróleo es el contexto en el que se produce la transición a la fase financiera del proceso de acumulación capitalista, que ha erosionado las sólidas prácticas democráticas de los sistemas políticos occidentales. Cabe señalar, de entrada, la importancia que tuvo el carbón en el reforzamiento del movimiento obrero, habilitando a las clases subalternas a incidir de manera relevante en el flujo energético del sistema industrial y, por lo tanto, dotándolas de capacidad de negociación[11]. Sin embargo, ello también estimulará la progresiva implantación del petróleo, que permite prescindir de los cuellos de botella logísticos a los que está sometido el carbón y debilitar así la capacidad de bloqueo de los obreros en relación con la distribución energética[12].

Efectivamente, las grandes infraestructuras petroleras refuerzan la acumulación y, teniendo en cuenta la ubicación de los yacimientos, también las dinámicas coloniales o de dependencia, dificultando la implantación de sistemas democráticos en la periferia[13]. Así, el despliegue del proceso de acumulación capitalista en su fase centrada en el uso masivo del petróleo suscita interrogantes significativos en cuanto a la justicia, en la medida en que el aprovechamiento de la luz solar fosilizada por parte de las economías centrales refuerza las asimetrías globales, permitiendo la apropiación de los recursos globales en detrimento de la periferia, lo

---

11 *Vid.* MITCHELL, T., *Carbon Democracy. Political Power in the Age of Oil*, Verso, Londres, Nueva York, 2011, p. 18 y ss.

12 Ibidem, p. 36 y ss.

13 Ibidem, p. 108.

que profundiza la dependencia y dificulta el establecimiento de instituciones democráticas viables en el Sur global[14].

Asimismo, el paso del carbón al petróleo también permite la aceleración de la sociedad de consumo. De hecho, en la literatura sobre la transición energética se ha puesto de manifiesto cómo las inercias de los consumidores acaban constituyendo una barrera para la implantación de proyectos de energías renovables, que exigen una implicación mucho mayor que la que demandan los sistemas de distribución centralizada de la era fósil[15]. Si el carbón favorece el transporte por ferrocarril, el petróleo hace viable la utilización del motor de combustión interna y, por tanto, la movilidad motorizada individual[16]. Con el petróleo, en definitiva, se produce una transformación desde una sociedad centrada en la producción a una sociedad centrada en el consumo, con consecuencias para la democracia.

Por otra parte, el uso masivo del petróleo, susceptible de ser manejado en grandes cantidades con un uso relativamente poco intensivo de trabajo y muy intensivo de capital, da lugar a una concentración del poder, el cual puede manifestarse a través de decisiones de la mayoría en grandes masas de población. En este contexto, se concibe la democracia como el gobierno de la mayoría, por razones fundamentalmente pragmáticas dada la imposibilidad de alcanzar la unanimidad y la dificultad de establecer criterios alternativos al estrictamente aritmético en grandes comunidades políticas, funcionales justamente por la disponibilidad de energía suficiente[17]. En todo caso, esta concepción puramente aritmética de la democracia acaba siendo muy peligrosa para las minorías, como pone de manifiesto en particular la situación de los pueblos indígenas en la periferia de la economía global, particularmente, en el caso de América Latina[18].

---

14 *Vid.* HORNBORG, A., "The Anthropocene challenge to our worldview", en JARIA-MANZANO, J. y BORRÀS PENTINAT, S. (eds.), *Research Handbook on Global Climate Constitutionalism*, Edward Elgar, Cheltenham, Northampton, 2016, p. 20.

15 *Vid.* ACOSTA, C. *et al.*, "Facilitating Energy Transition through Energy Commons: An Application of Socio-Ecological Systems Framework for Integrated Community Energy Systems", *Sustainability*, 10, 366, 2018, p. 3.

16 *Vid.* DI MUZIO, T., *Carbon Capitalism…*, *op. cit.*, p. 106 y ss.

17 *Vid.* ESMEIN, A., *Éléments de droit constitutionnel français et comparé*, 6ta. edición, Sirey, París, 1914, p. 300.

18 Así, la Carta de la Tierra de los Pueblos Indígenas, aprobada en la Conferencia de Kari-Oca, en Brasil, en mayo de 1992, recordaba en su apartado 7 lo siguiente: "Algunos países llamados democráticos les han negado a los pueblos indígenas el derecho al consenso sobre su futuro, utilizando la norma del gobierno

En el contexto de la democracia formal petrolífera, los ciudadanos van perdiendo su poder político a causa de los "atajos" que permiten a actores poderosos condicionar el contenido de las decisiones políticas ignorando a la ciudadanía[19], mientras que en el de la economía globalizada alimentada por la abundancia de petróleo, se produce una desvinculación entre el territorio, el poder y el mercado[20]. Así, atendiendo a las dinámicas globales de reproducción social de la civilización del petróleo, la democracia queda, efectivamente, muy limitada[21]. Aquí, el capital en movimiento en la red global de los mercados adquiere unas dimensiones que impiden el control democrático[22] y el Estado pierde poder frente a la mutación de las instituciones privadas que le habían sido subordinadas[23]. Se produce un fenómeno de captura corporativa, que, por otra parte, también responde a la capacidad de las grandes corporaciones de presionar a los gobiernos por la dependencia de éstos de las inversiones que pueden hacer[24].

Esta captura corporativa del regulador suele venir acompañada del fenómeno de las puertas giratorias, de modo que los que ocupan los puestos de decisión en el sector público acaban siendo en algún momento también miembros de los cuerpos directos de las grandes corporaciones, como

---

de mayoría para decidir el futuro de los pueblos indígenas, en aquellos lugares donde pequeños números de indígenas residen dentro de los límites de las fronteras de los estados. Se le deberá reconocer a los pueblos indígenas el derecho a aprobar los proyectos dentro de su propio territorio".

19 Un ejemplo de ello es la influencia de una de las grandes compañías energéticas a nivel global, ExxonMobil, en los procesos políticos en diferentes lugares del mundo, como señala DI MUZIO, T., *Carbon Capitalism...*, *op. cit.*, pp. 38-39.

20 Vid. EVANS, P., "¿El eclipse del Estado? Reflexiones sobre la estatalidad en la época de la globalización", en CARBONELL, M. y VÁZQUEZ, R. (comp.), *Globalización y Derecho*, Ministerio de Justicia y Derechos Humanos, Quito, 2009, p. 44.

21 *Vid.* HELD, D., "¿Hay que regular la globalización? La reinvención de la política", en CARBONELL, M. y VÁZQUEZ, R. (comp.), *Globalización y Derecho*, Ministerio de Justicia y Derechos Humanos, Quito, 2009, p. 78.

22 *Vid.* REVELLI, M., "La ideología de la globalización y su realidad", en CARBONELL, M. y VÁZQUEZ, R. (comp.), *Globalización y Derecho*, Ministerio de Justicia y Derechos Humanos, Quito, 2009, p. 126.

23 *Vid.* JARA GÓMEZ, A. M., "Agentes transnacionales y eficacia horizontal de los derechos humanos. Una reflexión en torno a la demanda de Hazel Tau contra Glaxosmithkline y Boehringer Ingelheim", *Teoría y Derecho*, 3, 2008, p. 328.

24 *Vid.* LAPORTA, F. J., "Globalización e imperio de la ley. Algunas dudas westfalianas", en CARBONELL, M. y VÁZQUEZ, R. (comp.), *Globalización y Derecho*, Ministerio de Justicia y Derechos Humanos, Quito, 2009, pp. 213 y ss.

sucede, particularmente, en el caso del sector energético en España[25]. En este escenario, los poderes formales, tradicionalmente justificados en base a la legitimidad democrática, son sometidos por otros poderes, opacos e informales, lo que da lugar a "una creciente concentración de poder en manos no estatales"[26]. En esta situación de subordinación a los mercados, las grandes corporaciones pueden ejercer una significativa influencia en las políticas estatales y en las relaciones internacionales[27].

Así, los inversores determinan las políticas que supuestamente deberían responder a una dinámica democrática[28] y los Estados deben adaptar las políticas a las exigencias de los mercados para garantizar crecimiento económico que, en última instancia, debería hacer posible el acceso de la ciudadanía a ciertas condiciones de bienestar, aunque no necesariamente sea así[29]. En relación con esto, el petróleo juega un papel clave y, de hecho, facilita la implantación del discurso neoliberal que condiciona el alcance y la profundidad de las democracias contemporáneas[30]. Con todo ello, como señala LAFONT, la ciudadanía pierde poder político de manera evidente[31]. Por ello, aparece como un reto de la sociedad actual una profundización de las formas de participación ciudadana.

Por otro lado, esta erosión de la democracia —en los Estados centrales; ya era de por sí frágil o inexistente en la periferia— va aparejada a una erosión de las condiciones de vida de buena parte de la población, sobre todo en los estados periféricos, que dificultan aún más la participación política, consolidándose un marco de dependencia y la postración[32]. En definitiva, contra la necesidad de igualdad que presupone la democracia, aumenta la desigualdad, lo que se proyecta asimismo en relación

25 *Vid.* CAPELLÁN-PÉREZ, Í.; CAMPOS-CELADOR, Á. y TERÉS-ZUBIAGA, J., "Renewable Energy Cooperatives as an Instrument towards the Energy Transition in Spain", *Energy Policy*, 123, 2018, p. 220.

26 *Vid.* KOTZUR, M., "La dimensión cultural y fáctica en el Derecho internacional", en BALAGUER CALLEJÓN, F. (coord.), *Derecho constitucional y cultura. Estudios en homenaje a Peter Häberle*, Tecnos, Madrid, 2004, p. 346.

27 *Vid.* WESTAWAY, J., "Globalization, Transnational Corporations and Human Rights – A New Paradigm", *International Law Research*, 1, 1, 2012, p. 63.

28 *Vid.* HELD, D., "¿Hay que regular la globalización?", *op. cit.*, p. 78.

29 *Vid.* EVANS, P., "¿El eclipse del Estado?", *op. cit.*, p. 46.

30 *Vid.* MITCHELL, T., *Carbon Democracy...*, *op. cit.*, p. 141.

31 *Vid.* LAFONT, C., "Innovaciones democráticas y la amenaza del tecnopopulismo", *Revista de las Cortes Generales*, 112, 2022, p. 48.

32 *Vid.* CONTI, S., *Geografia economica. Teorie e metodi*, UTET, Turín, 1996, p. 173 y ss.

con el sistema energético, apareciendo el fenómeno de la pobreza energética, que la existencia inequidades de carácter estructural[33]. Asimismo, la llamada vulnerabilidad energética pone de manifiesto que las dificultades en relación con el suministro pueden extenderse más allá de los que, en un determinado momento, experimentan una situación de pobreza energética[34]. En realidad, "la vulnerabilidad es un "ex ante" de la pobreza, anticipa este tipo de situaciones, permitiendo abordar la probabilidad de la cobertura de necesidades energéticas y el grado de satisfacción alcanzado con dicha cobertura, para poder prevenirla"[35].

4. TRANSICIÓN ENERGÉTICA Y CONFLICTO SOCIOAMBIENTAL

Nuestra civilización reposa en "*the indubitably unsustainable harnessing of a unique solar inheritance that cannot be replenished on a civilizational time scale*"[36]. En consecuencia, la disponibilidad de recursos energéticos acumulados durante millones de años supone un interludio energético, de modo que las reservas que permiten el desarrollo del capitalismo fósil son finitas. En este sentido, son previsibles dificultades crecientes en relación con la disponibilidad de energía de origen fósil[37]. Por otra parte, el uso masivo de los combustibles fósiles ha generado a lo largo de los últimos siglos el llamado efecto invernadero, de modo que también la necesidad de reaccionar ante

---

33 *Vid.* BOUZAROVSKI, S. y SIMCOCK, N., "Spatializing energy justice", *Energy Policy*, 107, 2017, p. 645.

34 *Vid.* MURIAS, P.; VALCÁRCEL-AGUIAR, B. y REGUEIRO-FERREIRA, R. M., "A Territorial Estimate for Household Energy Vulnerability: An Application for Spain", *Sustainability*, 12, 5904, 2020, p. 3.

35 Vid. REGUEIRO FERREIRA, R. M.; VALCÁRCEL AGUIAR, B. y VECINO AGUIRRE, A. "Análisis crítico de la contribución de la Agenda 2030 a la identificación de la vulnerabilidad energética", en DIOS-VICENTE, A. y RIOS-RODRÍGUEZ, R. (eds.), *Libro de actas XVII Jornadas de Economía Crítica: 'Emergencias, Transiciones y Desigualdades Socioeconómicas'. 4 y 5 de febrero de 2021. Universidade de Santiago de Compostela*, Asociación de Economía Crítica, Santiago de Compostela, 2021, p. 38.

36 *Vid.* SMIL, V., *Energy in Nature and Society*, *op. cit.*, p. 204.

37 *Vid.* FERNÁNDEZ DURÁN, R. y GONZÁLEZ REYES, L., *En la espiral de la energía.* Vol. II: Colapso del capitalismo global y civilizatorio, 2da edición, Libros en Acción, Madrid, 2018, p. 90 y ss.

el calentamiento global nos proyecta hacia un nuevo modelo energético[38]. En definitiva, nos hallamos ante "*the inevitable transition to the post-fuel world*"[39].

Se plantea, así, la necesidad de una transición energética mediante la implementación de energías renovables[40]. Son necesarias políticas activas para promover una transición rápida hacia sistemas energéticos centrados en la generación mediante energías renovables[41]. Se trata, efectivamente, de un proceso complejo, que parece demandar soluciones de carácter pragmático[42]. En cualquier caso, la descarbonización parece exigir un tránsito hacia sistemas energéticos de carácter distribuido[43].

En este contexto, se está produciendo un rápido desarrollo de las energías renovables, gracias a la existencia de innovaciones tecnológicas, pero también sociales, que conectan con los esfuerzos de los poderes públicos, transformando el paisaje energético de forma evidente[44]. La transición

---

38 *Vid.* DUBASH, N. K., "Climate Change through the Lens of Energy Transformation", en NICHOLSON, S. y JINNAH, S. (eds.), *New Earth Politics. Essays from the Anthropocene*, The MIT Press, Cambridge, Londres, 2016, pp. 316-317; y PRESICCE, L. y COCCIOLO, E., "Régimen jurídico del autoconsumo de energía eléctrica renovable y las políticas de transición energética: del marco europeo a la normativa española", en ANGLÉS HERNÁNDEZ, M. y PALOMINO GUERRERO, M. (coords.), *Aproximaciones comparadas sobre el sector eléctrico en Iberoamérica*, Instituto de Investigaciones Jurídicas–Universidad Nacional Autónoma de México, Ciudad de México, 2021, p. 401.

39 *Vid.* SMIL, V., *Energy in Nature and Society*, *op. cit.*, p. 368.

40 De acuerdo con GUERRY, A., "A reflection on some legal aspects of decision control in the energy transition process: a comparison of France and Germany", en JARIA I MANZANO, J.; CHALIFOUR, N. y KOTZÉ, L. (eds.), *Energy, Governance and Sustainability*, Edward Elgar, Cheltenham, Northampton, 2016, p. 195, es necesario atribuir dos sentidos a la expresión 'transición energética'. Puede referirse, por un lado, a una "*broad governmental strategy which aims to transform one system of energy production and consumption into a more sustainable one*". Asimismo, consistiría en un "*general cultural change, which aims to harmonize the link between man and nature, between individuals and their environment, and also the role, rights and responsibilities of citizens in a democratic legal system*". Ambos sentidos son compatibles.

41 *Vid.* CAPELLÁN-PÉREZ, Í.; CAMPOS-CELADOR, Á. y TERÉS-ZUBIAGA, J., "Renewable Energy Cooperatives ...", *op. cit.*, p. 215.

42 *Vid.* SMIL, V., *Energy in Nature and Society*, *op. cit.*, p. 368.

43 *Vid.* POWERS, M., "Energy transition: reforming social metabolism", en JARIA-MANZANO, J. y BORRÀS PENTINAT, S. (eds.), *Research Handbook on Global Climate Constitutionalism*, Edward Elgar, Cheltenham, Northampton, 2016, p. 254.

44 *Vid.* GUIA, E. M. y MACGILL, I., "Typology of future clean energy communities: An exploratory structure, opportunities, and challenges", *Energy Research & Social Science*, 35, p. 94.

energética depende en buena parte de la implementación de modelos de generación distribuida que sustituyan a los sistemas centralizados de la actualidad[45]. De hecho, en este contexto, las microrredes refuerzan la resiliencia del sistema[46]. Esto permitiría una democratización del sistema energético, haciendo posible la implicación comunitaria de un modo que los sistemas centralizados no permiten[47].

Sin embargo, en muchas ocasiones, las decisiones relacionadas con la adopción de fuentes de energía renovables, como parques eólicos o instalaciones hidroeléctricas, se han producido mediante procedimientos de arriba hacia abajo supuestamente basados en conocimientos especializados que han dejado de lado a la población[48]. Esto genera rechazos sociales importantes, de manera que buena parte de la literatura sobre energías renovables se centra en la aceptabilidad de los proyectos por parte de las comunidades locales[49].

En ocasiones, se hace énfasis en la necesidad de facilitar la participación de las comunidades locales en los beneficios de la explotación[50]. En este sentido, KNAUF y WÜSTENHAGEN subrayan la importancia para el promotor de facilitar la participación financiera de las comunidades locales en los proyectos de generación de energía eólica[51]. Por otra parte, MÜLLER *et al.* señalan la importancia que tiene la percepción de equidad en el proceso de

---

45 *Vid.* GALÁN SOSA, J., *La regulación del autoconsumo de energía eléctrica*, Atelier, Barcelona, 2021, p. 33 y ss.

46 *Vid.* WENTZ, J. y PAPPALARDO, C., "Scaling up local solutions: creating an enabling legal environment for the deployment of community-based renewable microgrids", en JARIA I MANZANO, J.; CHALIFOUR, N. and KOTZÉ, L. (eds.), *Energy, Governance and Sustainability*, Edward Elgar, Cheltenham, Northampton, 2016, p. 102.

47 *Vid.* LE GAL, E., "Using social science perspectives on risk to implement an environmental justice analysis. Is this the right way forward to mitigate the social risks of low-carbon energy technologies and help policy-makers achieve renewable energy targets worldwide", en JARIA I MANZANO, J.; CHALIFOUR, N. y KOTZÉ, L. (eds.), *Energy, Governance and Sustainability*, Edward Elgar, Cheltenham, Northampton, 2016, p. 89; WENTZ, J. y PAPPALARDO, C., "Scaling up local solutions ...", *op. cit.*, p. 105.

48 *Vid.* LE GAL, E., "Using social science...", *op. cit.*, p. 87.

49 *Vid.*, por ejemplo, KNAUF, J. y WÜSTENHAGEN, R., "Crowdsourcing social acceptance: Why, when and how project developers offer citizens to co-invest in wind power", *Energy Policy*, 173, 2023, p. 2.

50 Ibidem, p. 1.

51 Ibidem, p. 3.

diseño y construcción de las instalaciones generadoras de energías renovables por parte de la población local[52].

Otros autores se centran en la necesidad de subrayar el valor añadido desde el punto de vista ambiental para facilitar la aceptación de los proyectos por parte de las comunidades afectadas[53]. En este sentido, PALOMO-VÉLEZ *et al.* consideran que un enmarcamiento ambiental es una estrategia más efectiva que un enmarcamiento financiero[54]. Por su parte, LE MAITRE *et al.*, consideran que los proyectos eólicos que ofrecen compensaciones financieras a las comunidades locales son más aceptables por ellas[55].

En otro estudio de orientación similar, SIRR *et al.* señalan que, por contraposición a los proyectos impulsados por empresas, los que parten de las comunidades locales, no solo les generan mayores beneficios económicos, sino que también crean una sensación de propiedad y de control que favorece la implicación comunitaria[56]. En el mismo sentido, HÜBNER *et al.* subrayan que la importancia de la implicación de las comunidades locales y la distribución equitativa de los beneficios financieros para la viabilidad de los proyectos de generación basados en energía renovables[57].

Sin embargo, cabe añadir que, más allá de los beneficios financieros, el apoyo de las comunidades locales a los proyectos de energías renovables se ven reforzados por motivos ambientales o sociales[58]. En cualquier caso, se impone una preocupación por la aceptabilidad de los proyectos y, por lo tanto, una cierta visión de que la democracia energética no es otra cosa

---

52 *Vid.* MÜLLER, F. J. Y. *et al.*, "Understanding subjective and situational factors of wind turbine noise annoyance", *Energy Policy*, 173, 2023, p. 8.

53 *Vid.* PALOMO-VÉLEZ, G. *et al.*, "Promoting energy sources as environmentally friendly: does it increase public acceptability?", *Environmental Research Communications*, 3, 2021, p. 9.

54 Ibidem, p. 11.

55 *Vid.* LE MAITRE, J. *et al.*, "Empowering onshore wind energy: A national choice experiment on financial benefits and citizen participation", *Energy Policy*, 173, 2023, p. 9.

56 *Vid.* SIRR, G. *et al.*, "An analysis of the factors affecting Irish citizens' willingness to invest in wind energy projects", *Energy Policy* 173, 2023, p. 1.

57 *Vid.* HÜBNER, G. *et al.*, "Broadening the social acceptance of wind energy – An Integrated Acceptance Model", *Energy Policy* 173, 2023, p. 2.

58 *Vid.* TSAGKARI, M.; ROCA, J. y STEPHANIDES, P., "A comprehensive framework and an empirical analysis on two islands", *Sustainable Development*, 30, 5, 2022, p. 1163.

que un mecanismo para asegurar la viabilidad de la transición hacia las energías renovables[59]. En este sentido, la transición energética en relación con la población se plantea como la necesidad de incidir en la ciudadanía para predisponerla al cambio, que no para participar activamente en la transformación[60]. Esta es, en definitiva, también la posición que parece sostener el Derecho energético de la Unión Europea, particularmente, en relación con las comunidades energéticas[61].

Así, la democracia parece ser aquí sólo un expediente técnico para facilitar las disputadas instalaciones de energía renovable. Se aprecia, en consecuencia, una desconexión entre la implantación de la democracia energética en relación con la aceptabilidad de los proyectos y el aprovechamiento de la transición energética como elemento de redemocratización de sociedades donde la participación política experimenta una crisis notoria. De hecho, en realidad la literatura sobre la aceptabilidad esconde, hasta cierto punto, una preocupación por la oposición o rechazo de los proyectos, lo que, en el fondo implica una simplificación de la realidad compleja de la transición[62]. En cualquier caso, es obvio que esta perspectiva implica una visión de la ciudadanía como obstáculo más que como elemento activo en la transición. Debe señalarse que si bien:

> In the early days, it was driven by the passion of individual farmers or grassroots initiatives who put up a few wind turbines. By now, multinational utilities are building large wind farms, and smaller, specialized developers are often working on an entire portfolio, allowing them to diversify the risk and redeploy their skills after selling completed projects to larger investors[63].

---

59 Este parece ser el punto de vista de AZAROVAA, V. *et al.*, "Designing local renewable energy communities to increase social acceptance: Evidence from a choice experiment in Austria, Germany, Italy, and Switzerland", *Energy Policy*, 132, 2019, p. 1177.

60 En este sentido, STEG, L. y VLEK, C., "Encouraging pro-environmental behaviour: an integrative review and research agenda", *Journal of Environmental Psychology*, 29, 3, 2009, p. 310.

61 *Vid.* COCCIOLO, E., "The role of energy communities for thermal networks: An EU legal perspective", *Review of European, Comparative and International Environmental Law*, 2024, p. 8; y MELNYK, A. *et al.*, "Value dynamics in energy democracy: An exploration of community energy initiatives", *Energy Research & Social Science*, 102, 2023, p. 2.

62 *Vid.* KÜPERS, S. y BATEL, S., "Time, history and meaning-making in research on people's relations with renewable energy technologies (RETs) – A conceptual proposal", *Energy Policy*, 173, 2023, p. 6.

63 *Vid.* KNAUF, J. y WÜSTENHAGEN, R., "Crowdsourcing social acceptance...", *op. cit.*, p. 1.

En este sentido, se prevé que los nuevos proyectos en el terreno de la energía eólica van a ser impulsados por operadores a gran escala y van a tener un impacto muy significativo en comunidades rurales de pequeño o mediano tamaño[64]. Se constata, en relación con esto, que las grandes instalaciones eólicas debilitan la implicación ciudadana en la transición energética[65].

La conceptualización de los proyectos de energías renovables en un contexto solucionista parece reforzar la idea de la democracia energética como mero expediente técnico. En este sentido, parece muy significativo que este tipo de proyectos tengan mayor apoyo entre los hombres que entre las mujeres[66]. En el mismo sentido, debe interpretarse la sensibilidad en relación con el impacto de determinadas instalaciones en el turismo[67]. En el fondo, lo que se prima aquí es la persistencia en el modelo de desarrollo hegemónico ante las posibilidades de una democratización del sistema energético y, por lo tanto, de la economía, lo que enlaza con la idea de desarrollo sostenible, que supone la pervivencia de las relaciones hegemónicas de reproducción social[68].

Se promueve así una respuesta gerencial a la crisis ambiental global, que no implica precisamente una sensibilidad particular por la profundización democrática del modelo energético[69]. De hecho, en el marco de la narrativa del Antropoceno, se ha desarrollado un discurso ecomodernista, cuyas propuestas, entre las que destacan los experimentos de geoingeniería, son más bien fruto de una perspectiva tecnocrática que de una apuesta por una profundización democrática[70]. En definitiva, la transición hacia las energías renovables no supone una mayor

---

64 *Vid.* LE MAITRE, J. *et al.*, "Empowering onshore wind energy..." *op. cit.*, p. 1.

65 Ibidem., p. 2.

66 *Vid.* TSAGKARI, M.; ROCA, J. y STEPHANIDES, P., "A comprehensive framework..." *op. cit.*, p. 1163.

67 *Vid.* BIDWELL, D., "Tourists are people too: Nonresidents' values, beliefs, and acceptance of a nearshore wind farm", *Energy Policy*, 173, 2023, p. 2.

68 *Vid.* DRYZEK, J. S., *The Politics of the Earth. Environmental Discourses*, 2da edición, Oxford University Press, Oxford, 2005, p. 13.

69 *Vid.* CONNELLY, J. y SMITH, G., *Politics and the Environment. From theory to practice*, Routledge, Londres, Nueva York, 1999, p. 201.

70 *Vid.* HAMILTON, C., "The Anthropocene as rupture", *The Anthropocene Review*, 3, 2, 2016, p. 99 y ss.

democratización y, en consecuencia, tampoco se le debe suponer necesariamente un modelo energético más justo como resultado[71].

De manera notoria, el privilegio energético de las comunidades más ricas impone la mayor parte de los costes de la transición a las comunidades de bajos ingresos, que deben asumir las instalaciones de generación de mayor impacto[72]. Así, se constata que pequeños grupos de población de renta alta son capaces de bloquear proyectos de desarrollo de energía eólica. Incluso, en el caso de Estados Unidos, se puede observar, asimismo, que dicha oposición cuenta en ocasiones con el apoyo de corporaciones relacionadas con la producción y la utilización de energías fósiles a través de *think tanks* de extrema derecha[73].

En relación con ello, además, cabe constatar que la implantación de las comunidades energéticas se concentra en los estados con mayor renta per cápita y, de hecho, suelen concentrarse en el contexto de vecindarios de ingresos elevados, de manera que, como señalan CARAMIZARU y UIHLEIN, "*the level of citizen welfare can play a role in providing the purchasing power and sufficient capital to cover the investments*"[74]. De hecho, las comunidades energéticas acostumbran a depender del trabajo voluntario, más allá de la *expertise* y la financiación, lo que dificulta la implicación de buena parte de la ciudadanía, así como también lo hace la complejidad de la gestión[75].

Desde el punto de vista de una transición justa, por lo tanto, la cuestión de una auténtica democracia energética cobra importancia y se proyecta en el diseño de instituciones y prácticas políticas efectivamente más inclusivas y participativas, lo que, en última instancia, debería servir para la implementación de una auténtica justicia energética y para la eliminación de la pobreza

---

71 Como señala COCCIOLO, E., "The role of energy communities...", *op. cit.*, p. 4, "*even though technology enables the model change, the driver behind the change is political, and the law underpins an ongoing societal transformation*".

72 Vid. STOKES, L. C. *et al.*, "Prevalence and predictors of wind energy opposition in North America", *Proceedings of the National Academy of Science*, 120, 40, 2023, p. 2.

73 Ibidem, p. 6.

74 *Vid.* CARAMIZARU, A. y UIHLEIN, A., *Energy communities: an overview of energy and social innovation*, Publications Office of the European Union, Luxemburgo, 2020, p. 17.

75 *Vid.* STANDAL, K. *et al.*, "Can renewable energy communities enable a just energy transition? Exploring alignment between stakeholder motivations and needs and EU policy in Latvia, Norway, Portugal and Spain", *Energy Research & Social Science*, 106, 2023, p. 2.

energética, más allá de un mero programa gerencial[76]. Así, como señala COCCIOLO, las innovaciones tecnológicas en el terreno energético permiten la descentralización de la toma de decisiones a través de formas de gobernanza más abiertas y democráticas, así como la consecución de beneficios socioambientales centrados en la comunidad en lugar de beneficios estrictamente financieros[77]. De hecho, si nuestro objetivo es un modelo energético resiliente y justo en el contexto de la transición hacia el Antropoceno, la transición energética debe basarse en modelos distribuidos, participativos y descentralizados. Es en este contexto en el que cobra importancia la democracia energética y, en particular, las comunidades energéticas como vehículo para su implantación[78]. Asimismo, es relevante el vínculo entre la justicia climática con la justicia energética a la hora de diseñar una transición justa[79]. Como señalan PRESICCE y COCCIOLO, "[l] a transición energética justa debe habilitar un marco para la consideración de las personas en situación de vulnerabilidad y de pobreza energética"[80].

En todo caso, no debe darse por sentado que esto va a ocurrir sin más por la pura inercia de la transición hacia los combustibles fósiles, sino que, de hecho, se requiere de un rediseño de gran alcance de los procesos de toma de decisiones en el contexto de una teoría antropocénica de la democracia. En este contexto, la necesidad de abrir nuevos espacios de participación ciudadana es correlativa a la exigencia de transparencia y responsabilidad en el ejercicio del poder, especialmente cuando éste se desarrolla de manera elusiva u opaca. Por ello, la democratización del acceso al capital en el marco de la construcción de un modelo de propiedad colectiva de las instalaciones generadoras de energías renovables

---

76 *Vid.* COCCIOLO, E., "Cambio climático en tiempos de emergencia. Las comunidades autónomas en las veredas del «federalismo climático» español", *Revista Catalana de Dret Ambiental,* 11, 1, 2020, p. 14.

77 *Vid.* COCCIOLO, E., "The role of energy communities ...", *op. cit.,* p. 4.

78 *Vid.* LOWITZSCH, J.; HOICKA, C. E. y VAN TULDER, F. J., "Renewable energy communities under the 2019 European Clean Energy Package – Governance model for the energy clusters of the future?", *Renewable and Sustainable Energy Reviews,* 122, 2020, p. 1.

79 *Vid.* COX, K., "Energy justice and climate change: reflections from a Joseph Rowntree Foundation research programme", en BICKERSTAFF, K.; WALKER, G. y BULKELEY, H. (eds.), *Energy Justice in a Changing Climate: Social Equity and Low-Carbon Energy,* Zed Books, Londres, 2013, p. 79.

80 *Vid.* PRESICCE, L. y COCCIOLO, E., "Régimen jurídico del autoconsumo...", *op. cit.,* p. 405.

contribuiría a una transición energética socialmente significativa, más allá de un mero proceso de actualización tecnológica[81].

En cualquier caso, la cuestión de la democratización del sistema energético en un contexto de transición debe relacionarse con la rearticulación institucional de las sociedades en el marco de la transformación planetaria, que pone de manifiesto la existencia de la llamada brecha antropocénica, es decir, la incapacidad de los seres humanos y sus instituciones para comprender, analizar y afrontar las implicaciones de la transición hacia una nueva era geológica[82]. En este contexto, es en el que debe plantearse el debate sobre la eventual democratización del sistema energético, que exige tener en cuenta tanto las cuestiones relativas a la inclusión y la participación como las que se refieren a la resiliencia.

En definitiva, el tránsito hacia un modelo centrado en las energías renovables no implica necesariamente una mayor democratización del sistema, aunque abre, ciertamente, oportunidades en este sentido, como subraya, por otra parte, el derecho de la Unión Europea en relación con las comunidades energéticas[83]. Podría hablarse aquí de una alternativa en relación con las relaciones de poder en el contexto de la transición energética, esto es, una evolución hacia una *Rekommunialisierung*[84], que implique un empoderamiento por parte de las comunidades locales, o, por el contrario, hacia un neofeudalismo con instalaciones de generación y distribución concentradas en pocas manos utilizadas como palancas para el establecimiento de relaciones sociales basadas en la desigualdad y la exclusión[85].

---

81 *Vid.* CAPELLÁN-PÉREZ, Í.; CAMPOS CELADOR, Á. y TERÉS-ZUBIAGA, J., "Renewable Energy Cooperatives...", *op. cit.*, p. 215.

82 *Vid.* GALAZ, V., *Global Environmental Governance, Technology and Politics*, Edward Elgar, Cheltenham, Northampton, 2014, p. viii.

83 *Vid.* FRIEDEN, D. *et al.*: «Collective self-consumption and energy communities: Overview of emerging regulatory approaches in Europe» [en línea], (2019), p. 4 <https://main.compile-project.eu/wp-content/uploads/COMPILE_Collective_self-consumption_EU_review_june_2019_FINAL-1.pdf> [Consulta: 12/06/2024]

84 La idea de *Rekommunalisierung* se ha desarrollado en Alemania. *Vid.*, en relación con ello, GUERRY, A., "A reflection on some legal aspects of decision...", *op. cit.*, p. 206. Así, el modelo alemán de las B*ürgerenergiegenossenschaften* se ha convertido en uno de los ejemplos más notables en la proliferación de comunidades energéticas en el continente europeo. Ibidem, p. 213.

85 Una posible deriva neofeudal del sistema capitalista ya había suscitado preocupación en el contexto de la teoría política de la Alemania de Weimar y, en concreto, en el caso de Hermann Heller, como señala GARCÍA-PELAYO, M., *Derecho constitucional comparado*, Alianza, Madrid, 1984, p. 17.

Asumo, por lo tanto, que la transición energética no va ligada necesariamente a una democracia más robusta, pero puede favorecerla, dadas determinadas condiciones, lo que, en definitiva, contribuiría a un modelo social más inclusivo y justo en el contexto del nuevo escenario global. Por ello tiene sentido, a mi juicio, plantearse las posibilidades y las condiciones de un modelo energético efectivamente democratizado en el proceso de transición hacia un mundo post-fósil.

5. DERECHO DE LA ENERGÍA, ARREGLOS CONSTITUCIONALES Y DEMOCRACIA

A pesar de la importancia que tiene el modelo energético en una sociedad determinada a la hora de definir sus prácticas sociales y sus estructuras institucionales, como se ha podido apreciar a lo largo de este trabajo, la literatura existente sobre justicia energética y democracia energética aparece desvinculada, de manera general, de la teoría (antropocénica) de la democracia. Sin embargo, en un contexto de complejidad progresiva que demanda un planteamiento interdisciplinar para la generación de conocimiento relevante en el marco crítico en el que nos vamos situando, parece claro que el diseño jurídico de los futuros sistemas energéticos debe insertarse en una reflexión de largo alcance sobre cómo se utiliza y distribuye la energía de acuerdo con objetivos sociales definidos en el marco de un determinado arreglo institucional que interactúa con la innovación tecnológica.

Las comunidades energéticas aparecen aquí como las soluciones institucionales más prometedoras para una democracia energética. En este sentido, en el contexto de la Unión Europea, los Estados con políticas más ambiciosas de descarbonización, como Dinamarca o Alemania, han reconocido que la transición hacia un modelo basado en las energías renovables requiere la acción local[86]. En definitiva, "[l]a transición energética requiere de una mayor implicación de los ciudadanos, instituciones y empresas locales en los proyectos energéticos que se realicen a nivel municipal a través del desarrollo de comunidades energéticas"[87].

---

86 *Vid.* GUIA, E. M. y MACGILL, I., "Typology of future clean energy communities...", *op. cit.*, p. 95.

87 *Vid.* IVANCIC, A. *et al.*, *Guía para el Desarrollo de Instrumentos de Fomento de Comunidades Energéticas Locales*, IDEA, Madrid, 2019, p. 10.

Efectivamente, ante el rechazo que suscitan muchos proyectos de generación de energías renovables, las comunidades energéticas aparecen como una solución más robusta y legítima en el marco de la transición energética.[88]. Se trata de un tipo de solución de base comunitaria que "*combine production and consumption in the household segment, which results in new forms of organizations, business models and institutions*"[89]. Así, LÓPEZ-JURADO ESCRIBANO señala el papel de la autogeneración y la importancia de los pequeños consumidores a la hora de "garantizar una mayor seguridad en la actividad y la necesaria moderación en el precio, reduciendo el riesgo, de forma ambientalmente sostenible y alcanzando un razonable nivel de retribución"[90].

Las comunidades energéticas se perfilan, por una parte, como una forma de organización que permite encarar los retos relacionados con la superación de la brecha antropocénica, mientras que, en segundo lugar, se constituyen, en experimentos organizativos para promover, efectivamente, que la transición energética se desarrolle en la dirección de una mayor profundización democrática. En relación con el primer aspecto, cabe señalar que, ante la vulnerabilidad de las grandes instalaciones de generación, las comunidades energéticas constituyen una estructura de organización dirigida a construir un modelo energético descentralizado y, por tanto, con una mayor resiliencia frente a los episodios disruptivos no lineales en el contexto de la transformación geológica y la progresiva escasez de los combustibles fósiles[91].

En este sentido, debe tenerse en cuenta que las previsiones formuladas en el marco de la ciencia del Sistema Tierra muestran un escenario futuro

---

88 *Vid.* AZAROVAA, V. *et al.*, "Designing local renewable energy communities...", *op. cit.*, p. 1176.

89 *Vid.* DÓCI, G.; VASILEIADOU, E. y PETERSEN, A. C., "Exploring the transition potential of renewable energy communities", *Futures*, 66, 2015, p. 87.

90 *Vid.* LÓPEZ-JURADO ESCRIBANO, F. B., "Las responsabilidades estatales en los mercados y precios de la electricidad", en DARNACULLETA GARDELLA; M. M., ESTEVE PARDO, J. y IBLER, M. (coords.), *Nuevos retos del estado garante en el sector energético*, Marcial Pons, 2020, p. 61.

91 *Vid.* MORONI, S. *et al.*, "Energy communities in the transition to a low-carbon future: A taxonomical approach and some policy dilemmas", *Journal of Environmental Management*, 236, 2019, p. 45; y POWERS, M., "Energy transition: reforming social metabolism", *op. cit.*, p. 274

de creciente inestabilidad en relación con las condiciones del Holoceno[92]. De hecho, se habla de "*highly nonlinear changes in the global environment that will tend to alter the very character of the life-support system in question and be largely irreversible on human time scales*"[93]. Así, las posibilidades para la gestión de pequeñas instalaciones de generación de energía renovable han aumentado en los últimos tiempos, lo que permite el desarrollo de proyectos descentralizados gestionados de forma comunitaria que aumenten la resiliencia del sistema[94].

Por otra parte, un sistema energético distribuido de base comunitaria permite profundizar la democracia, a partir de una idea de la administración de bienes comunes que potencie la justicia, la inclusión y la igualdad entre las personas[95]. Así, como señala Bosselmann, "*[s]maller communities have the advantage of more effective citizen engagement and can be highly innovative*", a través de prácticas de propiedad comunal y democracia local[96]. Esto permite avanzar hacia una transición energética justa, que solo parece posible a través de la implicación real de la ciudadanía en la toma de decisiones[97]. En este sentido, se constata que las comunidades energéticas son vías adecuadas para hacer llegar la energía a los domicilios de personas vulnerables o de baja renta[98].

Las comunidades energéticas permiten imaginar sistemas democráticos más fragmentados, donde son posibles los debates públicos significativos y una participación efectiva en las decisiones por parte de la ciudadanía. No debe perderse de vista que la raíz griega de la palabra 'democracia' remite, en última instancia a la idea de división, como señala AGAMBEN, de manera que, efectivamente, *demos* es pueblo, pero "*in origine, «divisione*

---

92 *Vid.* KOTZÉ, L. J., *Global Environmental Constitutionalism in the Anthropocene*, Hart, Oxford, Portland, 2016, p. 4.

93 Vid. REID, W. V. *et al.*, "Earth System Science for Global Sustainability: Grand Challenges", *Science*, 330, 6006, 2010, p. 917.

94 *Vid.* WENTZ, J. y PAPPALARDO, C., "Scaling up local solutions...", *op. cit.*, p. 105.

95 Ibidem, p. 109.

96 *Vid.* BOSSELMANN, K., "The atmosphere as a global commons", en JARIA-MANZANO, J. y BORRÀS PENTINAT, S. (eds.), *Research Handbook on Global Climate Constitutionalism*, Edward Elgar, Cheltenham, Northampton, 2016, p. 80.

97 Vid. SOVACOOL, B. K. y DWORKIN, M. H., *Global Energy Justice. Problems, Principles and Practices*, Cambridge University Press, Cambridge, 2014, p. 225.

98 *Vid.* STANDAL, K. *et al.*, "Can renewable energy communities...", *op. cit.*, p. 5.

di un territorio», «parte assegnata»"[99]. Se trata de generar comunidades fragmentadas con capacidad de decisión[100]. Ante la estandarización, un sistema energético basado en la generación distribuida y comunitaria permite integrar los factores culturales y la diversidad humana, cuya importancia en este contexto ha sido apuntada en algunos estudios sobre la transición energética[101]. Ello implica, en definitiva, una concepción de la democracia diferente de la puramente aritmética que se ha consolidado a partir de la noción de soberanía que preside la modernidad política[102].

Sin embargo, debe asumirse que no está claro que las comunidades adopten necesariamente las estrategias más convenientes[103]. De hecho, determinadas inercias pueden incidir a la hora de impedir que las comunidades locales opten por soluciones basadas justamente en la democracia local. Uno de los factores clave es la incertidumbre regulatoria[104]. En general, en el contexto de la transición al Antropoceno la incertidumbre va a tender a aumentar de modo general, lo cual puede acabar siendo un problema para una democratización efectiva. Esto puede favorecer un estado de excepción tecnocrático que pretenda trasladar la capacidad de decisión a organismos expertos ante la "ignorancia" del conjunto de la población[105]. En este sentido, parece evidente que las estrategias reguladoras pueden

---

99 *Vid.* AGAMBEN, G., *La potenza del pensiero. Saggi e conferenze,* Neri Pozza Editore, Vicenza, 2005, p. 165.

100 En relación con esto, *vid.* JARIA I MANZANO, J., "La sombra del Leviatán es alargada: ¿Puede establecerse un marco político común para la convivencia de lo «indígena» y lo «occidental»?", en PIGRAU I SOLÉ, A. (ed.), *Pueblos indígenas, diversidad cultural y justicia ambiental. Un estudio de las nuevas constituciones de Bolivia y Ecuador,* Tirant lo Blanch, Valencia, 2013, p. 546.

101 *Vid.* STEG, L. *et al.*, "A Research Agenda to Better Understand the Human Dimensions of Energy Transitions", *Frontiers in Psychology,* 12, 2021, p. 3.

102 *Vid.* SÁNCHEZ, C., "Autonomía y pluralismo. Estados plurinacionales y pluriétnicos", en GONZÁLEZ, M., BURGUETE CAL Y MAYOR, A. y ORTIZ T., P. (eds.), *La autonomía a debate. Autogobierno indígena y Estado plurinacional en América Latina,* FLACSO, Cooperación Técnica Alemana, Grupo Internacional de Trabajo sobre Asuntos Indígenas, Centro de Investigaciones y Estudios Superiores en Antropología Social, Universidad Intercultural de Chiapas, Quito, 2010, p. 282.

103 *Vid.* STEG, L. *et al.*, "A Research Agenda...", *op. cit.,* p. 5.

104 *Vid.* COHEN, A.; FISCHHENDLER, I. y KATZ, D., "Institutional acceptance of wildlife mitigation technologies for wind energy: The case of Israel", *Energy Policy,* 173, 2023, p. 3.

105 *Vid.*, en este sentido, BONNEUIL, C. y FRESSOZ, J.-B., *The Shock of the Anthropocene: The Earth, History and Us,* Verso, Londres, Brooklyn, 2017, p. 79 y ss.

favorecer un sesgo tecnocrático ya presente, o bien optar por generar un entorno de seguridad relativa para la profundización democrática.

6. CONCLUSIÓN

En la medida en que se pretenda la implantación un modelo energético post-fósil inclusivo y justo en el contexto de la transformación planetaria, se requiere una profundización democrática del sistema energético que enlaza con una teoría antropocénica de la democracia. En este contexto, las comunidades energéticas son un desarrollo prometedor, cuyo diseño, sin embargo, debería integrarse en una agenda encaminada a explorar la canalización de la innovación tecnológica en sintonía con acuerdos institucionales para promover un sistema energético democrático real, lo cual sólo es posible si el pacto social fundamental en una sociedad determinada también es verdaderamente democrático. Esto no se puede hacer sin integrar los principios del Derecho energético en un enfoque constitucional del cambio planetario global y la adaptación social al Antropoceno, inspirado en cualquier caso en la igual dignidad de todos los seres humanos.

7. BIBLIOGRAFÍA

ACOSTA, C. *et al.*, "Facilitating Energy Transition through Energy Commons: An Application of Socio-Ecological Systems Framework for Integrated Community Energy Systems", *Sustainability*, 10, 366, 2018, pp. 1-15. Doi: https://doi.org/10.3390/su10020366

AGAMBEN, G., *La potenza del pensiero. Saggi e conferenze*, Neri Pozza Editore, Vicenza, 2005.

AZAROVAA, V. *et al.*, "Designing local renewable energy communities to increase social acceptance: Evidence from a choice experiment in Austria, Germany, Italy, and Switzerland", *Energy Policy*, 132, 2019, pp. 1176-1183. Doi: https://doi.org/10.1016/j.enpol.2019.06.067

BIDWELL, D., "Tourists are people too: Nonresidents' values, beliefs, and acceptance of a nearshore wind farm", *Energy Policy*, 173, 2023, pp. 1-33. Doi: https://doi.org/10.1016/j.enpol.2022.113365

BONNEUIL, C. y FRESSOZ, J. B., *The Shock of the Anthropocene: The Earth, History and Us*, Verso, Londres, Brooklyn, 2017.

BOSSELMANN, K., "The atmosphere as a global commons", en JARIA-MANZANO, J. y BORRÀS PENTINAT, S. (eds.), *Research Handbook on Global Climate Constitutionalism*, Edward Elgar, Cheltenham, Northampton, 2016, pp. 75-87.

BOUZAROVSKI, S. y SIMCOCK, N., "Spatializing energy justice", *Energy Policy*, 107, 2017, pp. 640-648. Doi: https://doi.org/10.1016/j.enpol.2017.03.064

CAPELLÁN-PÉREZ, Í.; CAMPOS-CELADOR, Á. y TERÉS-ZUBIAGA, J., "Renewable Energy Cooperatives as an Instrument towards the Energy Transition in Spain", *Energy Policy*, 123, 2018, pp. 215-229. Doi: https://doi.org/10.1016/j.enpol.2018.08.064

CARAMIZARU, A. y UIHLEIN, A., *Energy communities: an overview of energy and social innovation*, Publications Office of the European Union, Luxemburgo, 2020.

COCCIOLO, E., "Cambio climático en tiempos de emergencia. Las comunidades autónomas en las veredas del «federalismo climático» español", *Revista Catalana de Dret Ambiental*, 11, 1, 2020, pp. 1-14.

COCCIOLO, E., "The role of energy communities for thermal networks: An EU legal perspective", *Review of European, Comparative and International Environmental Law*, 2024, pp. 1-13. Doi: https://doi.org/10.1111/reel.12558

COHEN, A., FISCHHENDLER, I. y KATZ, D., "Institutional acceptance of wildlife mitigation technologies for wind energy: The case of Israel", *Energy Policy*, 173, 2023, pp. 1-13. Doi: https://doi.org/10.1016/j.enpol.2022.113359

CONNELLY, J. y SMITH, G., *Politics and the Environment. From theory to practice*, Routledge, Londres, Nueva York, 1999.

CONTI, S., *Geografia economica. Teorie e metodi*, UTET, Turín, 1996.

COX, K., "Energy justice and climate change: reflections from a Joseph Rowntree Foundation research programme", en BICKERSTAFF, K.; WALKER, G. y BULKELEY, H. (eds.), *Energy Justice in a Changing Climate: Social Equity and Low-Carbon Energy*, Zed Books, Londres, 2013, pp. 79-89.

CRUTZEN, P. J., "Geology of mankind", *Nature*, 415, 2002, p. 23. Doi: https://doi.org/10.1038/415023a

DI MUZIO, T., *Carbon Capitalism. Energy, Social Reproduction and World Order*, Rowman & Littlefield, Londres, Nueva York, 2015.

DÓCI, G.; VASILEIADOU, E. y PETERSEN, A. C., "Exploring the transition potential of renewable energy communities", *Futures*, 66, 2015, pp. 85-95. Doi: https://doi.org/10.1016/j.futures.2015.01.002

DRYZEK, J. S., *The Politics of the Earth. Environmental Discourses*, 2da edición, Oxford University Press, Oxford, 2005.

DUBASH, N. K., "Climate Change through the Lens of Energy Transformation", en NICHOLSON, S. y JINNAH, S. (eds.), *New Earth Politics. Essays from the Anthropocene*, The MIT Press, Cambridge, Londres, 2016, pp. 315-342.

ESMEIN, A., *Éléments de droit constitutionnel français et comparé*, 6ta. edición, Sirey, París, 1914.

EVANS, P., "¿El eclipse del Estado? Reflexiones sobre la estatalidad en la época de la globalización", en CARBONELL, M. y VÁZQUEZ, R. (comp.), *Globalización y Derecho*, Ministerio de Justicia y Derechos Humanos, Quito, 2009, pp. 39-71.

FERNÁNDEZ DURÁN, R. y GONZÁLEZ REYES, L., *En la espiral de la energía*. Vol. II: Colapso del capitalismo global y civilizatorio, 2da edición, Libros en Acción, Madrid, 2018.

FRIEDEN, D. *et al.*: «Collective self-consumption and energy communities: Overview of emerging regulatory approaches in Europe» [en línea], (2019), <https://main.compile-project.eu/wp-content/uploads/COMPILE_Collective_self-consumption_EU_review_june_2019_FINAL-1.pdf> [Consulta: 12/06/2024]

GALÁN SOSA, J., *La regulación del autoconsumo de energía eléctrica*, Atelier, Barcelona, 2021.

GALAZ, V., *Global Environmental Governance, Technology and Politics*, Edward Elgar, Cheltenham, Northampton, 2014.

GARCÍA-PELAYO, M., *Derecho constitucional comparado*, Alianza, Madrid, 1984.

GUERRY, A., "A reflection on some legal aspects of decision control in the energy transition process: a comparison of France and Germany", en JARIA I MANZANO, J.; CHALIFOUR, N. y KOTZÉ, L. (eds.), *Energy, Governance and Sustainability*, Edward Elgar, Cheltenham, Northampton, 2016, pp. 194-218.

GUIA, E. M. y MACGILL, I., "Typology of future clean energy communities: An exploratory structure, opportunities, and challenges", *Energy Research & Social Science*, 35, pp. 94-107. Doi: https://doi.org/10.1016/j.erss.2017.10.019

HAMILTON, C., "The Anthropocene as rupture", *The Anthropocene Review*, 3, 2, 2016, pp. 93-106. Doi: https://doi.org/10.1177/2053019616634741

HELD, D., "¿Hay que regular la globalización? La reinvención de la política", en CARBONELL, M. y VÁZQUEZ, R. (comp.), *Globalización y Derecho*, Ministerio de Justicia y Derechos Humanos, Quito, 2009, pp. 73-91.

HORNBORG, A., "The Anthropocene challenge to our worldview", en JARIA-MANZANO, J. y BORRÀS PENTINAT, S. (eds.), *Research Handbook on Global Climate Constitutionalism*, Edward Elgar, Cheltenham, Northampton, 2016, pp. 17-30.

HÜBNER, G. *et al.*, "Broadening the social acceptance of wind energy – An Integrated Acceptance Model", *Energy Policy* 173, 2023, pp. 1-13. Doi: https://doi.org/10.1016/j.enpol.2022.113360

IVANCIC, A. *et al.*, *Guía para el Desarrollo de Instrumentos de Fomento de Comunidades Energéticas Locales*, IDEA, Madrid, 2019.

JARA GÓMEZ, A. M., "Agentes transnacionales y eficacia horizontal de los derechos humanos. Una reflexión en torno a la demanda de Hazel Tau contra Glaxosmithkline y Boehringer Ingelheim", *Teoría y Derecho*, 3, 2008, pp. 323-338.

JARIA I MANZANO, J., "Legitimidad técnica y legitimidad democrática en la toma de decisiones administrativas que afecten al medio ambiente", *Revista Aranzadi de Derecho Ambiental*, 3, 2003, pp. 105-123.

JARIA I MANZANO, J., "La sombra del Leviatán es alargada: ¿Puede establecerse un marco político común para la convivencia de lo «indígena» y lo «occidental»?", en PIGRAU I SOLÉ, A. (ed.), *Pueblos indígenas, diversidad cultural y justicia ambiental. Un estudio de las nuevas constituciones de Bolivia y Ecuador*, Tirant lo Blanch, Valencia, 2013, pp. 525-556.

KNAUF, J. y WÜSTENHAGEN, R., "Crowdsourcing social acceptance: Why, when and how project developers offer citizens to co-invest in wind power", *Energy Policy*, 173, 2023, pp. 1-10. Doi: https://doi.org/10.1016/j.enpol.2022.113340

KOTZÉ, L. J., *Global Environmental Constitutionalism in the Anthropocene,* Hart, Oxford, Portland, 2016.

KOTZUR, M., "La dimensión cultural y fáctica en el Derecho internacional", en BALAGUER CALLEJÓN, F. (coord.), *Derecho constitucional y cultura. Estudios en homenaje a Peter Häberle,* Tecnos, Madrid, 2004, pp. 337-348.

KÜPERS, S. y BATEL, S., "Time, history and meaning-making in research on people's relations with renewable energy technologies (RETs) – A conceptual proposal", *Energy Policy,* 173, 2023, pp. 1-12. Doi: https://doi.org/10.1016/j.enpol.2022.113358

LAFONT, C., "Innovaciones democráticas y la amenaza del tecnopopulismo", *Revista de las Cortes Generales,* 112, 2022, pp. 45-61.

LAPORTA, F. J., "Globalización e imperio de la ley. Algunas dudas westfalianas", en CARBONELL, M. y VÁZQUEZ, R. (comp.), *Globalización y Derecho,* Ministerio de Justicia y Derechos Humanos, Quito, 2009, pp. 213-243.

LE GAL, E., "Using social science perspectives on risk to implement an environmental justice analysis. Is this the right way forward to mitigate the social risks of low-carbon energy technologies and help policy-makers achieve renewable energy targets worldwide", en JARIA I MANZANO, J.; CHALIFOUR, N. y KOTZÉ, L. (eds.), *Energy, Governance and Sustainability,* Edward Elgar, Cheltenham, Northampton, 2016, pp. 78-98.

LE MAITRE, J. *et al.*, "Empowering onshore wind energy: A national choice experiment on financial benefits and citizen participation", *Energy Policy,* 173, 2023, pp. 1-12. Doi: https://doi.org/10.1016/j.enpol.2022.113362

LÓPEZ-JURADO ESCRIBANO, F. B., "Las responsabilidades estatales en los mercados y precios de la electricidad", en DARNACULLETA GARDELLA; M. M., ESTEVE PARDO, J. y IBLER, M. (coords.), *Nuevos retos del estado garante en el sector energético,* Marcial Pons, 2020, pp. 57-82.

LOWITZSCH, J.; HOICKA, C. E. y VAN TULDER, F. J., "Renewable energy communities under the 2019 European Clean Energy Package – Governance model for the energy clusters of the future?", *Renewable and Sustainable Energy Reviews,* 122, 2020, pp. 1-13. Doi: https://doi.org/10.1016/j.rser.2019.109489

MADISON, J.; HAMILTON, A. y JAY, J., *El federalista,* Institut d'Estudis Autonòmics, Barcelona, 2009.

MCNEILL, J. R., *Something New under the Sun: An Environmental History of the Twentieth-Century World,* Norton, Nueva York, Londres, 2001.

MELNYK, A. *et al.*, "Value dynamics in energy democracy: An exploration of community energy initiatives", *Energy Research & Social Science,* 102, 2023, pp. 1-13. Doi: https://doi.org/10.1016/j.erss.2023.103163

MITCHELL, T., *Carbon Democracy. Political Power in the Age of Oil,* Verso, Londres, Nueva York, 2011.

MORONI, S. *et al.*, "Energy communities in the transition to a low-carbon future: A taxonomical approach and some policy dilemmas", *Journal of Environmental Management,* 236, 2019, pp. 45-53. Doi: https://doi.org/10.1016/j.jenvman.2019.01.095

MÜLLER, F. J. Y. *et al.*, "Understanding subjective and situational factors of wind turbine noise annoyance", *Energy Policy,* 173, 2023, pp. 1-13. Doi: https://doi.org/10.1016/j.enpol.2022.113361

MURIAS, P.; VALCÁRCEL-AGUIAR, B. y REGUEIRO-FERREIRA, R. M., "A Territorial Estimate for Household Energy Vulnerability: An Application for Spain", *Sustainability*, 12, 5904, 2020, pp. 1-22. Doi: https://doi.org/10.3390/su12155904

PALOMO-VÉLEZ, G. *et al.*, "Promoting energy sources as environmentally friendly: does it increase public acceptability?", *Environmental Research Communications*, 3, 2021, pp. 1.-13. Doi: 10.1088/2515-7620/ac32a8

POWERS, M., "Energy transition: reforming social metabolism", en JARIA-MANZANO, J. y BORRÀS PENTINAT, S. (eds.), *Research Handbook on Global Climate Constitutionalism*, Edward Elgar, Cheltenham, Northampton, 2016, pp. 246-276.

PRESICCE, L. y COCCIOLO, E., "Régimen jurídico del autoconsumo de energía eléctrica renovable y las políticas de transición energética: del marco europeo a la normativa española", en ANGLÉS HERNÁNDEZ, M. y PALOMINO GUERRERO, M. (coords.), *Aproximaciones comparadas sobre el sector eléctrico en Iberoamérica*, Instituto de Investigaciones Jurídicas–Universidad Nacional Autónoma de México, Ciudad de México, 2021, pp. 399-439.

RAAFLAUB, K. A., "Poets, lawgivers, and the beginnings of political reflection in Archaic Greece", en ROWE, C. y SCHOFIELD, M. (eds.), *The Cambridge History of Greek and Roman Political Thought*, Cambridge University Press, Cambridge, 2005, pp. 23-59.

REGUEIRO FERREIRA, R. M.; VALCÁRCEL AGUIAR, B. y VECINO AGUIRRE, A., "Análisis crítico de la contribución de la Agenda 2030 a la identificación de la vulnerabilidad energética", en DIOS-VICENTE, A. y RIOS-RODRÍGUEZ, R. (eds.), *Libro de actas XVII Jornadas de Economía Crítica: 'Emergencias, Transiciones y Desigualdades Socioeconómicas'. 4 y 5 de febrero de 2021. Universidade de Santiago de Compostela*, Asociación de Economía Crítica, Santiago de Compostela, 2021, pp. 36-51.

REID, W. V. *et al.*, "Earth System Science for Global Sustainability: Grand Challenges", *Science*, 330, 6006, 2010, pp. 916-917. Doi: 10.1126/science.1196263

REVELLI, M., "La ideología de la globalización y su realidad", en CARBONELL, M. y VÁZQUEZ, R. (comp.), *Globalización y Derecho*, Ministerio de Justicia y Derechos Humanos, Quito, 2009, pp. 109-133.

SÁNCHEZ, C., "Autonomía y pluralismo. Estados plurinacionales y pluriétnicos", en GONZÁLEZ, M.; BURGUETE CAL Y MAYOR, A. y ORTIZ T., P. (eds.), *La autonomía a debate. Autogobierno indígena y Estado plurinacional en América Latina*, FLACSO, Cooperación Técnica Alemana, Grupo Internacional de Trabajo sobre Asuntos Indígenas, Centro de Investigaciones y Estudios Superiores en Antropología Social, Universidad Intercultural de Chiapas, Quito, 2010, pp. 259-288.

SIRR, G. *et al.*, "An analysis of the factors affecting Irish citizens' willingness to invest in wind energy projects", *Energy Policy*, 173, 2023, pp. 1-10. Doi: https://doi.org/10.1016/j.enpol.2022.113364

SMIL, V., *Energy in Nature and Society. General Energetics of Complex Systems*, The MIT Press, Cambridge, Londres, 2008.

SOVACOOL, B. K. y DWORKIN, M. H., *Global Energy Justice. Problems, Principles and Practices*, Cambridge University Press, Cambridge, 2014.

STANDAL, K. *et al.*, "Can renewable energy communities enable a just energy transition? Exploring alignment between stakeholder motivations and needs and EU policy in Latvia, Norway, Portugal and Spain", *Energy Research & Social Science*, 106, 2023, pp. 1-10. Doi: https://doi.org/10.1016/j.erss.2023.103326

STEG, L. *et al.*, "A Research Agenda to Better Understand the Human Dimensions of Energy Transitions", *Frontiers in Psychology*, 12, 2021, pp. 1-12. Doi: https://doi.org/10.3389/fpsyg.2021.672776

STEG, L. y VLEK, C., "Encouraging pro-environmental behaviour: an integrative review and research agenda", *Journal of Environmental Psychology*, 29, 3, 2009, pp. 309-317. Doi: https://doi.org/10.1016/j.jenvp.2008.10.004

STIGLITZ, J., *The Price of Inequality*, Norton, Nueva York, Londres, 2013.

STOKES, L. C. *et al.*, "Prevalence and predictors of wind energy opposition in North America", *Proceedings of the National Academy of Science*, 120, 40, 2023, pp. 1-8. Doi: https://doi.org/10.1073/pnas.2302313120

TSAGKARI, M.; ROCA, J. y STEPHANIDES, P., "A comprehensive framework and an empirical analysis on two islands", *Sustainable Development*, 30, 5, 2022, pp. 1155-1168.

WENTZ, J. y PAPPALARDO, C., "Scaling up local solutions: creating an enabling legal environment for the deployment of community-based renewable microgrids", en JARIA I MANZANO, J.; CHALIFOUR, N. y KOTZÉ, L. (eds.), *Energy, Governance and Sustainability*, Edward Elgar, Cheltenham, Northampton, 2016, pp. 99-124.

WESTAWAY, J., "Globalization, Transnational Corporations and Human Rights – A New Paradigm", *International Law Research*, 1, 1, 2012, pp. 63-72. Doi: http://dx.doi.org/10.5539/ilr.v1n1p63

Capítulo II

Energía de proximidad: derechos y Mercado en la Transición Energética[1]

SUSANA GALERA RODRIGO
Catedrática de Derecho Administrativo
Universidad Rey Juan Carlos

SUMARIO: 1. TRANSICIÓN ENERGÉTICA Y TRANSICIONES SOBREVENIDAS. 2. NUEVO MODELO, NUEVA ESTRUCTURA Y NUEVA REGULACIÓN. 2.1. Nuevos sujetos y nuevas formas de intercambiar energía. 2.2. La (re)ordenación de las redes: planificación, tipología y acceso (ATR). 3. COMUNIDADES DE ENERGÍA: LA ENERGÍA CIUDADANA QUE TRASCIENDE EL AUTOCONSUMO. 4. TOMÁNDOSE EN SERIO EL *PRINCIPIO DE EFICIENCIA ENERGÉTICA LO PRIMERO*: LA PREFERENCIA POR LA ENERGÍA DE PROXIMIDAD Y LA CUESTIÓN DE LA COMPETITIVIDAD. 5. CONCLUSIONES. HACIA UN SISTEMA ENERGÉTICO DUAL. 6. BIBLIOGRAFÍA.

1. TRANSICIÓN ENERGÉTICA Y TRANSICIONES SOBREVENIDAS

Han pasado ya algunos años desde que las primeras estrategias de transición energética, y la pretensión de crear un nuevo modelo energético se formularon, suficientes como para tener ya alguna perspectiva sobre su evolución. Es lo que se pretende en el presente trabajo, que adopta una perspectiva horizontal y se detiene, además de en los objetivos, en los principales retos que aún esperan un tratamiento jurídico adecuado que, según se expone, pueden centrarse en los siguientes: en primer lugar, la adecuada regulación de funciones y de relaciones entre los sujetos nuevos y tradicionales del sector eléctrico; en segundo lugar, un nuevo tratamiento de la planificación y gestión de las redes que culmine las modificaciones

---

1 Este capítulo es parte del proyecto "Regulación de sistemas energéticos comunitarios basados en almacenamiento y flexibilidad: aceptabilidad, gobernanza y digitalización (ComEnerSys)", TED2021-131840B-I00, financiado por el MCIN/AEI/10.13039/501100011033 y por la Unión Europea "NextGenerationEU"/PRTR".

que ya se han operado en este ámbito; en tercer lugar, y una vez reconocida la eficiencia energética como principio rector, la necesidad de su (mayor) presencia en el marco regulador[2].

En estos años, y en paralelo a nuevas estrategias políticas que se han ido sucediendo en la UE, los objetivos de la transición energética se han ido ajustando, reforzándose o diluyéndose según el caso; en realidad, es el propio planteamiento de la transición energética el que ha ido evolucionando, incorporando nuevas perspectivas e integrándose en ellas: de la mano de las sucesivas presidencias de la Comisión Europea —Barroso, Juncker y Van der Layen—, hemos presenciado el anuncio de la Transición Energética[3], del Pacto Verde Europeo[4] y la Transición

---

2 Estas cuestiones se consideran aquí en perspectiva horizontal e interrelacionada: para un tratamiento específico de cada una de ellas pueden verse, en esta misma obra, los trabajos de Cocciolo, E., "Comunidades energéticas y servicios locales de calefacción y refrigeración"; González Ríos, I., "La labor de las comunidades energéticas en una edificación energéticamente sostenible"; Gutiérrez David, M. E., "Comunidades energéticas e inteligencia artificial. La aplicación horizontal del nuevo Reglamento Europeo de Inteligencia Artificial e interacción con la normativa de protección de datos" y Leiva López, A., "La regulación de las redes de distribución de energía eléctrica cerradas. A propósito del RD 314/2023".

3 COMISIÓN (UE), "Hoja de Ruta de la Energía para 2050" (Comunicación) COM(2011) 885 final, 15 de diciembre de 2011: este primer planteamiento pretendía dar cumplimiento, por una parte, a los compromisos climáticos (el Protocolo de Kyoto había entrada en vigor en 1997) y a las necesidades de renovación del sector energético cuyas infraestructuras cumplían varias décadas y necesitaban ser sustituidas (párrafo 4°). Ya entonces se enfatizaba el papel central que habría de desempeñar una *red inteligente* para la gestión e integración de un modelo descentralizado, lo que se desarrollaría ese mismo año en una estrategia específica. En una perspectiva más amplia se complementa con la *Hoja de ruta hacia una Europa eficiente en el uso de los recursos.* Más tarde, ya con la Comisión Juncker, se retoma la estrategia, reforzándola y aportando una novedad significativa, al poner al consumidor activo en el centro de la estrategia: *vid.* COMISIÓN (UE), "Redes inteligentes: de la innovación a la implantación" (Comunicación) COM(2011) 202 final, 12 de abril de 2011; COMISIÓN (UE), "Hoja de ruta hacia una Europa eficiente en el uso de los recursos" (Comunicación) COM(2011)571 final, 20 de septiembre de 2011, y más concretamente, COMISIÓN (UE), "Energía limpia para todos los europeos" (Comunicación), COM(2016) 0860 final, 30 de noviembre de 2016, donde se perfila con mayor claridad el *nuevo modelo energético.*

4 COMISIÓN (UE), "El Pacto Verde Europeo" (Comunicación) COM(2019) 640 final, 11 de diciembre de 2019, que con mayor ambición reconsidera las "políticas de suministro de energía limpia al conjunto de la economía, la industria, la

Ecológica[5] y, más reciente, un Plan Industrial asociado al Pacto Verde[6]; actualmente asistimos a la formación de una nueva estrategia que busca desesperadamente reforzar la competitividad en Europa con el foco puesto en una reindustrialización asociada a las nuevas actividades "verdes" y digitales[7].

Este trabajo considera la transición energética en su formulación inicial, dirigida esencialmente a la consecución de dos objetivos específicos: la descarbonización de la economía europea —que se conformó en paralelo a los consensos internacionales relacionados con el cambio climático—, y el nuevo modelo energético que, internamente, apuntaba a un nuevo diseño del mercado de la energía, con nuevos participantes, nuevas actividades y diferente funcionamiento. El primer objetivo se ha impulsado y se está desarrollando de forma sostenida, avanzándose no sólo en objetivos de descarbonización sino en la transformación del sistema de producción industrial al socaire de los nuevas actividades y nuevos negocios asociados a la descarbonización; sin embargo, el segundo objetivo

---

producción y el consumo, las grandes infraestructuras, el transporte, la alimentación y la agricultura, la construcción, la fiscalidad y las prestaciones sociales"; de esta forma, la transición energética queda sobrepasada por este Pacto, al tiempo que constituye un presupuesto estructural (*vid.* medida 2.1.1 Suministro de energía limpia, asequible y segura).

5 Que se ha desarrollado en no pocas normas recientemente aprobadas: *Vid.* CONSEJO EUROPEO: «Cronología — Pacto Verde Europeo y "Objetivo 55"» [en línea], (2024), <https://www.consilium.europa.eu/es/policies/green-deal/timeline-european-green-deal-and-fit-for-55/> [Consulta: 12/09/2024] Recoge un total de 111 medidas, normativas y no normativas, desde la aprobación del Pacto Verde (diciembre 2019) a agosto 2024.

6 COMISIÓN (UE), "Un Plan Industrial del Pacto Verde para la era de cero emisiones netas" (Comunicación), COM(2023) 62 final, 1 de febrero de 2023. Complementa al Plan de Acción para la Economía Circular —(2020)/98—. En ejecución de este plan, se adopta el Reglamento 2024/1735/UE por el que se establece un marco de medidas para reforzar el ecosistema europeo de fabricación de tecnologías de cero emisiones netas, el Reglamento 2024/1252/UE de materias primas fundamentales, y la modificación del marco del mercado de la energía (Reglamento 2024/1747/UE y Directiva 2024/1711/UE.

7 DRAGHI, M.: «El futuro de la competitividad europea. Una estrategia de competitividad para Europa» [en línea], (2024), <https://commission.europa.eu/topics/strengthening-european-competitiveness/eu-competitiveness-looking-ahead_en> [Consulta: 30/09/2024] presentado el 17 de septiembre de 2024, ante el Parlamento Europeo, que plantea un Plan conjunto de descarbonización y competitividad para Europa (p. 15).

que pasaba por integrar un nuevo modelo energético limpio, descentralizado y de proximidad, con el consumidor en el centro, nunca se impulsó de forma decidida y generalizada y, a estas alturas, podría considerarse que corre el riesgo de ser abandonado o de haberse difuminado por las estrategias posteriores y especialmente por la preeminencia sobrevenida del objetivo de asegurar el suministro que se instaló en Europa desde la invasión de Ucrania.

El ordenamiento europeo de la energía y clima ha conocido cambios sustanciales y sucesivos en estos años, en los que cabe destacar dos orientaciones distintas. En primer lugar, las regulaciones que establecen los elementos estructurales del sistema: el mercado de la energía y sus reglas de funcionamiento —recientemente modificado y en proceso de ulteriores revisiones[8], y el nuevo sistema de gobernanza, que articula una interlocución permanente entre los Estados y la Comisión para conseguir los objetivos de clima y energía y sus rectificaciones[9]—. En segundo lugar, se pueden identificar también de forma agrupada, las que tienen un carácter más instrumental y que articulan las actuaciones en diversos ámbitos para alcanzar esos objetivos, básicamente: comercio de derechos de emisión[10],

---

[8] Directiva 2019/944/UE, sobre normas comunes del mercado interior de la electricidad, y Reglamento 2019/943/UE, relativo al mercado interior de la electricidad. La última reforma tiene lugar con la aprobación de la Directiva 2024/1711/UE y del Reglamento 2024/1747/UE, que pretenden reforzar el despliegue de energías renovables y la protección del consumidor y mejorar la competitividad industrial en correspondencia con el Plan Industrial del Pacto Verde Europeo. *Vid.* COMISIÓN (UE), "Un Plan Industrial del Pacto Verde para la era de cero emisiones netas", *op. cit.*

[9] Reglamento 2018/1999/UE sobre gobernanza de la Unión de la Energía y Acción por el Clima, que establece los Planes Naciones Integrados de Energía y Clima como elemento central de coordinación de las políticas climáticas y energéticas internacionales, europea y nacionales, enfocados a la consecución de los objetivos que se van a estableciendo a nivel europeo de renovables, emisiones y eficiencia energética.

[10] Directiva 2003/87/UE por la que se establece un régimen de comercio de derechos de emisión de GEI en la UE (modificada por última vez en 2023), y Reglamento 2023/2830/UE que lo desarrolla en relación con las subastas de derechos.

energías renovables[11], eficiencia energética en general[12], y de los edificios en particular[13].

Por lo que aquí interesa, el nuevo modelo energético limpio, descentralizado y de proximidad no tiene una regulación específica sino que sus elementos determinantes tienen reflejo en el conjunto normativo referido: básicamente, en la normativa del mercado único, en la que tienen acogida los nuevos agentes del sistema imprescindibles para ese modelo —"consumidor activo", comunidades energéticas, agregación, almacenamiento— y también en el nuevo marco establecido para las energías renovables y para la eficiencia energética. Sin embargo, el desarrollo del nuevo modelo requiere de ulteriores desarrollos normativos pues, paradójicamente, su regulación está anclada en el modelo del que se pretende apartar y complementar: es obvio que la regulación de un modelo basado en la generación centralizada, transportada y llevada al consumidor pasivo por unos muy pocos actores, no puede al mismo tiempo, sin adaptaciones importantes, disciplinar un modelo adicional de generación descentralizada con miles, o millones, de productores que intercambian entre sí la energía que producen.

Así pues, además del reconocimiento de nuevos elementos, se requieren ajustes estructurales en el propio sistema que permitan la coexistencia coordinada de dos modelos distintos de generación e intercambios. El primer modelo es el que conocemos con ciertas adaptaciones, esto es, la generación y transporte a gran escala, centralizada y gestionada por un número limitado de sujetos, que básicamente se dirigiría a satisfacer las necesidades de la gran industria y otros sectores económicos sobrevenidos e intensivos en el consumo como los asociados a la digitalización y gestión de datos o las

---

11 Directiva 2018/2001/UE sobre fomento del uso de la energía procedente de fuentes renovables, que refunde, y sustituye desde su aplicación, la anterior Directiva 2009/28/CE.

12 Directiva 2018/2002/UE, sobre eficiencia energética que modifica la Directiva 2012/27/UE relativa a la eficiencia energética, que refuerza las obligaciones, para sujetos públicos y privados, de evaluación y aprovechamiento de la energía local.

13 Directiva 2018/844/UE de eficiencia energética de los edificios que modifica la Directiva 2010/31/UE: refuerza el papel "ejemplarizante del sector público" en la renovación de edificios de su titularidad y uso, imponiendo una hoja de ruta nacional que debe de incluir hitos indicativos para 2030, 2040 y 2050. En este contexto debe también referirse la revisión del Reglamento 305/2011/UE de productos de la construcción, cuya revisión apunta a nuevos requisitos sobre el contenido reciclado de algunos productos.

plantas de generación de hidrógeno verde. El segundo modelo, que parte de la generación descentralizada y del consumo de proximidad, atiende básicamente al sector residencial y sectores económicos y de servicios a pequeña escala con los que se relaciona en *clave de circularidad y eficiencia,* interacciona en un doble sentido con la red de distribución y prácticamente elude la de transporte.

El nuevo modelo energético de generación y consumo descentralizado y de proximidad conecta con las estrategias de circularidad propiciando nuevas formas de generación de energía —biomasa, residual en superficie y subterránea— y nuevas formas de gestión y prestación de servicios públicos. En virtud del principio de eficiencia energética[14] —y sus desarrollos normativos en forma de nuevas obligaciones y criterios metodológicos—, la energía residual[15] de procesos industriales próximos a núcleos urbanos o generada por infraestructuras urbanas de movilidad pueden, por ejemplo, proveer la demanda energética de equipamientos colectivos como los distritos de climatización, edificios públicos o atender situaciones de pobreza energética, lo que es predicable también de la generación de energía en plantas de tratamientos de residuos[16], el aprovechamiento y generación de energía en instalaciones agropecuarias[17] y de silvicultura[18]: estas nuevas posibilidades forman parte también del entendimiento de un nuevo modelo energético.

---

14 Reglamento 2018/1999/UE de gobernanza: principio, "primero la eficiencia energética" (artículo 2, apdo. 18) "la energía más limpia es la que no se demanda".

15 *Vid.* Directiva 2018/2001/UE, art. 2, apdo. 9) definición de "calor y frio residuales".

16 Sobre la circularidad aplicada en la relación energía-agua, *vid.* MELLADO RUIZ, L., "Retos jurídicos actuales del binomio agua-energía", *Revista catalana de dret públic,* 68, 2024, p. 111.

17 COMISIÓN EUROPEA: «Informe sobre el estado de la Unión de la Energía de 2023» [en línea], (2023), <https://eur-lex.europa.eu/legal-content/ES/TXT/HTML/?uri=CELEX:52023DC0650> [Consulta: 12/09/2024], especialmente el Anexo I, *Informe sobre la sostenibilidad de la bioenergía de la Unión*

18 RODRÍGUEZ-CHAVES MIMBRERO, B., "Hacia un salto disruptivo verde. El potencial de los montes ante el green new deal y la nueva PAC 2021-2027", *Revista Aranzadi de derecho ambiental,* 47, 2020, pp. 23-69.

2. NUEVO MODELO, NUEVA ESTRUCTURA Y NUEVA REGULACIÓN

La transición energética ha echado a andar al socaire de importantes reformas del marco jurídico energético, algunas de las cuales se acaban de referir. Estas reformas han permitido un acelerado despliegue de energías renovables en la UE, dirigido al cumplimiento de objetivos generales —climáticos— y de atender necesidades sobrevenidas —especialmente desde la crisis ucraniana— que han ido emergiendo en los últimos años. Sin embargo, el proceso de reformas normativas en modo alguno ha terminado, sino que está en un proceso de revisión —*monitoring*— continuada que determinará los ajustes que sean necesarios.

Como se ha dicho, estos ajustes normativos, al servicio del objetivo de descarbonización, se revelan insuficientes para la consecución del segundo objetivo, la implantación de un nuevo modelo energético que, aunque ya está básicamente pergeñado en el marco energético jurídico requiere de no pocos desarrollos regulatorios para, por una parte, su funcionamiento efectivo como alternativa de proximidad y, por otra, su convivencia e interacción, y no mera coexistencia, con el modelo tradicional centralizado.

Y es que el nuevo ordenamiento de la transición energética se está desarrollando de forma asimétrica y desequilibrada, obviando algunos de los grandes retos regulatorios que, ya desde las primeras iniciativas, se señalaron como determinantes del conjunto de la Transición energética, y del nuevo modelo energético en particular. Con carácter general, ya en 2011 se señalaba la paradoja de que la creciente generación renovable, especialmente de eólica y solar, presentaría costes decrecientes, lo que generaría preocupación entre los promotores de proyectos en relación con el retorno de su inversión[19]. Desde entonces, se viene considerando el desacoplamiento de precios de la electricidad respecto de los combustibles fósiles así como el replanteamiento de las tarifas de red para incentivar el autoconsumo de empresas y ciudadanos[20] entre otras medidas para equilibrar la financiación del sistema, a las que más abajo se alude.

---

19 *Vid.* COMISIÓN (UE), "Hoja de Ruta de la Energía para 2050", *op. cit.*, p. 14.

20 *Vid.* Muy recientemente (septiembre 2024) el denominado *Informe Draghi* que plantea que los costos de la electricidad han de reflejar directamente las fuentes de energía más económicas, separándose así del actual sistema de formación de precios del mercado mayorista. DRAGHI, M.: «El futuro de la competitividad europea…», *op. cit.*, pp. 39 y ss.

Por lo que atañe al nuevo modelo energético, uno de los mayores retos que afronta su generalización es la adecuada regulación de la Red Inteligente, que ya en 2011 se señaló como el "armazón del futuro sistema hipocarbónico", un sistema de comunicación que posibilita la integración de manera eficaz del comportamiento y las acciones de todos los sujetos conectados[21]. Resultan esenciales para el desarrollo del nuevo modelo descentralizado y de proximidad por las nuevas posibilidades que proporcionan: la comunicación e interacción directas entre los sujetos del sistema, el control y gestión de los hábitos de consumo por parte de los consumidores, la articulación de nuevas plataformas de intercambio de energía, y el desarrollo de servicios y ofertas ajustadas a las necesidades del consumidor. No obstante, su centralidad, su desarrollo ha sido parcial, centrado en la renovación de los sistemas de medición y de la gestión de las redes existentes, quedando pendientes, tal y como enseguida se referirá, las reformas que más directamente inciden en el nuevo modelo.

2.1. Nuevos sujetos y nuevas formas de intercambiar energía

El nuevo marco de la energía es tributario de un progreso tecnológico que propicia la generación de energía a partir de múltiples fuentes, algunas muy recientes, y la gestión de esa energía de forma más compleja, digitalizada, que incorpora nuevas funciones y nuevos participantes[22]. A medida que avanza la contribución de las energías renovables, de generación intermitente, en el total del mix energético, se hace necesario un respaldo proporcionado por recursos flexibles —como el almacenamiento, la agregación o la gestión flexible de la demanda[23]— que garanticen

---

21 *Vid.* definiciones en COMISIÓN (UE), "Redes inteligentes: de la innovación a la implantación", *op. cit.*, pp. 2 y 10, en las que se hace mención expresa a las empresas de generación de electricidad, consumidores y agentes que desempeñan ambos papeles, como "usuarios conectados", pero no todavía a las formas de energía ciudadana —autoconsumo, comunidades energéticas— que no entrarían en las estrategias energéticas hasta 2016.

22 Elementos estructurales del nuevo marco que con claridad emergen en sus primeras concreciones: *vid.* Directiva 2019/944/UE, Considerando 2 (descarbonización, participación y progreso tecnológico) y Considerandos 4 y 6 (nuevos sujetos, nuevas funciones y reorganización del mercado).

23 Entendida como "el cambio de consumo de electricidad por parte de los clientes finales, respecto de sus pautas de consumo normales o actuales", que responde a incentivos o señales de precio del mercado, y que puede concretarse en "la oferta de los clientes finales para vender una reducción o un incremento de la demanda

la estabilidad del sistema cuando puntualmente por razones naturales no haya generación. Este nuevo marco presupone la incorporación de nuevos sujetos en el sistema que producen recursos y gestionan y poseen infraestructuras energéticas y realizan todo tipo de actividades, generando una complejidad que ha de ordenarse mediante la adecuada articulación de las relaciones de todos los participantes.

Es especialmente destacable la atención central que se le presta al ciudadano para la generación y gestión de su energía, propiciándose su acceso a actividades diversas que abarcan desde las más simples de autoconsumo hasta las más complejas, como la participación en el mercado a través de comunidades de energía[24]: a través de las comunidades puede participar en el mercado con o sin la colaboración de otros sujetos —operadores de red, agregadores, almacenamiento y gestión de la demanda—. En consecuencia, la legislación energética considera las comunidades energéticas un "sujeto" del sector eléctrico que realiza actividades dirigidas al suministro[25], y pueden tener la consideración de "cliente activo"[26] o de "participante en el mercado"[27] —lo que no está abierto a otras formas de autoconsumo colectivo— aplicándoles el régimen jurídico que corresponda; en

---

a un precio en un mercado organizado…", *Vid.* Definición de *Respuesta de Demanda,* en artículo 20, apdo. 2, Directiva 2019/944/UE.

24 Términos que simplifican, a efectos expositivos, la doble figura normativa de las "comunidades de energía renovable" y las "comunidades ciudadanas de energía". Sobre los elementos comunes y los diferenciales entre ambos tipos puede consultarse la ya nutrida doctrina publicada: REVUELTA PÉREZ, I., *Comunidades energéticas y entidades locales. Formas jurídicas y participación municipal,* Aranzadi, Navarra, 2024; GALLEGO CÓRCOLES, I., *Comunidades de energía y transición energética,* Aranzadi, Pamplona, 2022; HERRERA TORRES, J. y NAVARRO RODRIGUEZ, P., "Las comunidades energéticas como nuevo sujeto del derecho energético en España: del falansterio a la transformación", *Anuario del Gobierno Local,* 1, 2021, pp. 203-248; GONZÁLEZ RÍOS, I., "Las «Comunidades energéticas locales»: un nuevo desafío para las entidades locales", *Revista Vasca de Administración Pública,* 117, 2020, pp. 147-193.

25 En terminología de la Ley 24/2013, del Sector Eléctrico, cuyo artículo 1.2 especifica que estas actividades son las de "generación, transporte, distribución, servicios de recarga energética, comercialización e intercambios intracomunitarios e internacionales, así como la gestión económica y técnica del sistema eléctrico".

26 Definido en el artículo 2.8 de la Directiva 2019/944/UE

27 Definido en el artículo 2.25 del Reglamento 2019/943/UE.

algunos casos, la realización de estas funciones en sus territorios han de ser confirmadas por la legislación de los Estados miembros[28].

Más allá de las experiencias más sencillas de autoconsumo, en el seno de las comunidades energéticas se pueden distinguir una variedad de hipótesis de funcionamiento en función de distintos parámetros; así, atendiendo al *ámbito de actuación*, se pueden distinguir cuatro escalas básicas: pequeña escala entre usuarios residenciales, escala edificios con intercambio de energía entre los mismos, escala micro red en la que se opera como unidad o escala red en la que hay también intercambios con las redes de distribución; atendiendo a la *modalidad de intercambios* no encontraremos con comunidades que realizan intercambios directos o gestión centralizada entre los miembros, o que actúan en mercados transaccionales proveyendo distintos servicios —flexibilidad, almacenamiento— al sistema de red[29].

La consideración de la variedad de hipótesis en las que pueden operar las comunidades energéticas inmediatamente remite a una regulación adecuada, aún pendiente, de la red inteligente en la resulta esencial el régimen de intercambio de datos que generan los nuevos sistemas de medición —ésos sí ya implantados— y de información. Los datos generados plantean dos tipos de retos regulatorios distintos: por una parte, los que se relacionan con la privacidad[30] y, por otra parte, los que atienden a su consideración como activo económico.

---

28 Como la posibilidad de poseer y gestionar de redes de distribución, que queda al criterio de los Estados miembros (art. 16.2 Directiva 2019/944/UE), mientras que el posible acceso a mercados organizados queda declarado sin condiciones en el apartado 3 siguiente de dicho precepto ("los Estados miembros garantizarán…"). Por otra parte, las comunidades de energía renovables pueden realizar funciones de agregación, pero no de distribución y suministro, lo que sí es accesible para las comunidades ciudadanas de energía: REVUELTA PÉREZ, I., *Comunidades energéticas y entidades locales…*, *op. cit.*, p. 22.

29 Una referencia más detallada a esta tipología en GALERA RODRIGO, S., "Autoconsumo colectivo: (mucho) más allá de los tejados", *Cuadernos de derecho local*, 61, 2023, p. 63. Esta sistematización resulta del estudio de casos —con análisis de más un centenar de experiencias de autoconsumo comunitario— en CAPPER, T. *et al.*, "Peer-to-peer, community self-consumption and transactive energy: A systematic literature review of local energy market models", *Renewable and Sustainable Energy Review*, 162, 2022, pp. 1-24. Doi: https://doi.org/10.1016/j.rser.2022.112403

30 Sobre el particular, tempranamente advirtió el Supervisor Europeo de Datos, en su dictamen de 8 de junio de 2012, de la necesidad de distinguir entre datos técnicos y datos personales de entre los generados en un sistema digitalizado.

En tanto activo económico, la regulación de los datos debe diferenciar un triple plano de utilidades que proporcionan: en primer lugar, como un activo adicional *per se*, cuya explotación genera valor económico y que debe sujetarse a las reglas generales de competencia efectiva[31]; en segundo lugar, y también en perspectiva de competencia efectiva, los datos constituyen un activo para su poseedor que permite realizar ofertas al consumidor ajustadas a sus hábitos y necesidades de consumo y que, de no compartirse, refuerzan su posición en el mercado[32] y, en tercer lugar, constituyen la base para la realización de otras actividades y funciones que se producen en distintas fases de la cadena de valor[33].

Es por ello que la Comisión ha subrayado la "necesidad imperiosa de transparencia e intercambio de datos adecuado para mejorar la planificación de red", intercambio que habría de producirse no sólo entre los gestores de red sino también con las partes interesadas "de los sectores de energías renovables, la electromovilidad, la calefacción y a refrigeración, los consumidores y los representantes regionales de la sociedad civil en la preparación de los planes de desarrollo de la red de distribución"[34]. Claro es que este intercambio de datos generalizado requiere un previo y robusto marco normativo que establezca criterios sobre su formato y su compatibilidad, sobre

---

31 En este sentido, SAVARESI, A. y OUTKA, U., "Energy Communities in the EU and the United States", en BELLANTUONO, G. et al. (ed.), *Handbook on Energy Law in the Low-Carbon Transition*, De Gruyter, Berlín, 2023, p. 497

32 COMISIÓN (UE), "Redes inteligentes: de la innovación a la implantación", *op. cit.*, considera que el acceso de los operadores de sistemas descentralizados a datos de consumo "podría darles una considerable ventaja competitiva sobre otros operadores del mercado, al permitirles ofrecer a los consumidores servicios ajustados a sus necesidades" lo que debía abordarse con una regulación adecuada, p. 8. Sobre la obligación del gestor de redes de distribución relacionada con el acceso a los datos, *vid.* artículo 34 Directiva 2019/944/UE.

33 "Los datos de medición procedentes de transformadores, inversores y consumidores en baja tensión pueden utilizarse como datos de entrada en el cálculo de reparto de cargas, mediante los cuales es posible calcular la influencia de las nuevas conexiones fotovoltaicas en la tensión y las cargas sobre la base de las reservas individuales de la sección de red correspondiente, *limitando la planificación del desarrollo de la red a lo que realmente se necesita*", COMISIÓN (UE), "Redes, el eslabón perdido: Plan de Acción de la UE para las Redes" (Comunicación) COM(2023) 757 final, 28 de noviembre de 2023, p. 8, Nota 25.

34 Ibídem.

el acceso a los mismos, sobre los requisitos de privacidad que impone la normativa europea o sobre las amenazas de ciberseguridad[35].

Los datos, pues, como instrumento central en la gestión de un modelo renovado y plural con más funciones y participantes que explica los requisitos de transparencia que, con carácter imperativo, la Comisión plantea para el intercambio de datos entre los distintos sujetos —"los gestores de redes *deben* de proporcionar información…"—[36], lo que contrasta con la tibieza que sobre el particular exhibe nuestro organismo regulador — "fomentar", "incentivar"... —[37].

En particular, el intercambio de datos es un elemento central para las nuevas formas de intercambio de energía en el marco de una comunidad energética, a través de las plataformas P2P o de "comercio entre pares"[38], cuya definición está establecida en la propia Directiva 2018/2001/UE (artículo 2, apartado 18), que entiende por tal:

> [L]a venta de energía renovable entre operadores económicos del mercado por medio de contratos con condiciones predeterminadas que regulan la ejecución y liquidación automatizadas de la transacción, bien directamente entre los operadores económicos del mercado o bien indirectamente a través de un tercero certificado que opera en el mercado, por ejemplo, un agregador. El derecho al comercio entre pares se entenderá sin perjuicio de los derechos y obligaciones de las partes que participan en calidad de clientes finales, productores, proveedores o agregadores.

Las plataformas colaborativas de intercambio de energía en mercados locales incentivan la producción y el consumo local y reducen las necesidades de capacidad de redes y correspondiente inversión; sin embargo, la generalización de estas plataformas requiere aun no sólo una adecuada

---

35 Sobre el particular, *vid.* BERKHOUT, V. *et al.*, *Common European Energy Data Space*, Publications Office of the European Union, Luxemburgo, 2023, p. 11 y ss.

36 Plan de Redes, p. 11. También el reciente Informe Draghi señalar la necesidad de una mayor transparencia y acceso a los datos, p. 30.

37 *Vid.* CNMC CIR/DE/006/24, p. 12.

38 No considero aquí, pero es oportuna la referencia, el debate conceptual que la doctrina y el legislador aún mantienen sobre los P2P como elemento asociado a las CCEE y/o al autoconsumo colectivo en general, con o sin tecnología blockchain; sobre el particular, DE ALMEIDA, L. *et al.*: «Peer-to-Peer Trading and Energy Community in the Elecctricity Market – Analysing the Literature on Law and Regulation and Looking Ahead to Future Challenges» [en línea], (2021), <https://cadmus.eui.eu/bitstream/handle/1814/70457/RSC%202021_35rev.pdf?sequence=4&isAllowed> [Consulta: 12/09/2024]

organización del uso de los datos en perspectiva de privacidad, explotación y tratamiento, sino también no pocas adaptaciones del régimen contractual y la aplicación en tanto proceda del ordenamiento de servicios y de mercados digitales[39].

Finalmente, y aun como hipótesis, se está considerando un estadio adicional en la evolución de este nuevo modelo, que lleva al ámbito de la energía los planteamientos de economía colaborativa[40] probados y confirmados en otros ámbitos económicos como la movilidad o el alojamiento[41]. En el ámbito energético en particular, se plantea que las microrredes comunitarias se asocien no sólo con la generación compartida sino también con los servicios compartidos propiciados por la generación distribuida. Las plataformas P2P permiten ya que el usuario elija a quien produce o consume la energía, y quien, cómo y cuánta electricidad se produce o se consume, aunque permanecen ajenas a las consideraciones técnicas asociadas al control en tiempo real de la red eléctrica (general); de esta forma, los consumidores se ahorran los costes de consumo, pero siguen pagando un coste no desdeñable por los servicios asociados a la gestión de la red.

Las nuevas hipótesis avanzan en el sentido de integrar el intercambio de servicios que propicia la generación distribuida a través de las microrredes

---

39 LAVRIJSEN, S.; REINS, L. y TEN CATEN, T.: «Realizing peer-to-peer trading in the electricity market in the EU and its Member States» [en línea], (2023), <https://papers.ssrn.com/sol3/papers.cfm?abstract_id=4471715> [Consulta: 12/09/2024] que en este ámbito resaltan el régimen de contratos inteligentes basados en tecnología *blockchain*. Con carácter general para las comunidades energéticas subrayan como cuestiones pendientes de mejor solución normativa la condición de consumidor activo, y no de suministrador, cuando no se ejerce ninguna actividad económica (en cuyo caso, el intercambio de energía pasa a ser "actividad principal") o el intercambio directo por el consumidor activo sin asumir la condición de "participante" en el mercado y sus correspondientes obligaciones.

40 Sobre la evolución de este concepto a la situación de una economía colaborativa basada en internet, y su aplicación al sector energético —de la que los mercados locales de energía se presentan como un caso específico—, *vid.* WU, Z. *et al.*, "Sharing Economy in Local Energy Markets", *Journal of Modern Power Systems and Clean Energy*, 11, 3, 2023, p. 717.

41 Experiencias que han trascendido rápidamente el ámbito natural de la economía colaborativa para adentrarse en el ámbito de nuevos y en algún caso discutidos negocios, en transacciones económicas profesionalizadas —UBER, Airbnb, entre otros—.

comunitarias[42], compartiéndose la responsabilidad de equilibrar oferta y demanda entre todos los participantes del sistema; de esta forma se reducirían los altos costes energéticos que se producen en hora punta y también los costes de transmisión, apuntándose incluso a un funcionamiento autónomo en supuestos de colapso de la red general.

En este nuevo escenario resulta también esencial un adecuado régimen de acceso a estas nuevas formas de intercambiar energía que garantice la equidad, evitando "la creación de islas de resiliencia energética en un mar de vulnerabilidad", escenario propiciado por grupos de consumidores que invierten en sus propias redes y dejan de hacerlo en la eficiencia y seguridad del conjunto de la red. En este sentido, se propone un incremento de inversión pública en redes compartidas de comunidades que, de otra forma, no podrían participar en estos sistemas emergentes de energía compartida[43].

2.2. La (re)ordenación de las redes: planificación, tipología y acceso (ATR)

Las redes constituyen un activo fundamental para el desarrollo de la transición energética; en perspectiva cuantitativa, afrontan el reto de una ingente inversión en los próximos años para atender una doble necesidad: por una parte, la renovación de la red ya existente, prácticamente centenaria en toda Europa, y que acaba de entrar en un nuevo ciclo inversor[44]; por otra parte, el incremento de capacidad de redes para incorporar la energía generada por las nuevas instalaciones renovables que han de sustituir la generación fósil, incluidas las de nuevas fuentes, como la eólica marina que haya de conectarse a tierra, la destinada a la generación de hidrógeno verde, así como instalaciones de recarga y de CO2[45]; debe por

---

[42] Tomo estas sugerentes ideas de KANE, M. *et al.*, "Sharing in the Future Electric Energy Systems", en HEYDARI, B. *et al.*, *Reengineering the Sharing Economy Design, Policy, and Regulation*, Cambridge University Press, Cambridge, 2023, pp. 191-209.

[43] Ibidem

[44] Tal y como se anunció hace unos años en la Hoja de Ruta de 2050. Las redes eléctricas en el mercado interior europeo se extienden por más de once millones de kilómetros.

[45] La Comisión estima que se necesitan inversiones por valor de 584.000 millones euros para las redes eléctricas en esta década, y la Agencia Internacional de la Energía considera que se necesitan ochenta millones de km de redes en todo el mundo para 2024 (el equivalente de toda la red mundial actual). *Vid.* COMISIÓN (UE), "Redes, el eslabón perdido...", *op. cit.*, p. 3. Entre otros mecanismos de

último considerarse las transformaciones esperadas en el sector de los centros de datos determinadas por la inteligencia artificial, y su extraordinario impacto en la demanda de energía[46].

Atender estas necesidades, y alcanzar estos objetivos, pasa por una profunda reconsideración del régimen jurídico de desarrollo y gestión de las redes tal y como las conocemos en la actualidad que atiende a muy distintas perspectivas[47]: una novedad muy relevante, con carácter general, es el progresivo protagonismo de la regulación europea que se proyecta hacia aspectos que, como la planificación o la distribución, tienen aún un amplio margen de regulación estatal[48].

Otra modificación del régimen de redes, de carácter general, es el nuevo planteamiento en la aprobación de planes y proyectos de infraestructuras y de inversión, que han de coordinarse mucho más estrechamente para que la ocupación de espacio que conllevan estos proyectos satisfaga, también, las necesidades que se pueden proyectar para el futuro tanto por el propio sector energético[49] como por otros ámbitos de actuación. Otro cambio de calado es un enfoque distinto en la financiación de estas inversiones: no es esperable que los promotores de los proyectos de inversión

---

financiación, los Planes de Recuperación y Resiliencia han asignado alrededor de 13.000 millones de euros a las redes, que cubren reformas e inversiones en infraestructura de red, sistemas energéticos inteligentes, instalaciones de almacenamiento y digitalización de las redes de transporte y distribución (Ibidem, p. 5).

46 Resultan significativas las estimaciones que se incorporan en la Resolución del Parlamento Europeo, de 3 de mayo de 2022, sobre la inteligencia artificial en la era digital —P9_TA (2022)0140—, en particular su apartado *2.b) La IA y el Pacto verde.*

47 En este sentido recientemente se ha señalado que las esperadas reformas están dirigidas a un triple objetivo: redefinición de funciones de los operadores de redes, integración de la planificación con la inversión de red, y tratamiento de nuevas realidades como las microrredes, el productor/consumidor (prosumer) y la articulación de redes en el nuevo sistema", *vid.* A. KALLIES, "The Changing Role of Energy Networks in the Energy Transition", in G. Bellantuono, L. Godden , H. Mostert , H. Wiseman and H. Zhang, *Handbook of Energy Law in the Low-Carbon Transition,* De Gruyter 2023, p. 203

48 Esta tendencia centralizadora en la Política Energética Europea quizás no hay terminado: en este sentido, el Informe Draghi (p. 47) propone una gobernanza energética más centralizada, inspirada en el modelo de la unión económica y monetaria.

49 En este sentido, se consideran las "inversiones anticipatorias", que pueden resultar pertinentes en redes marítimas que permitan futuras ampliaciones, en zonas de aceleración de energías renovables, de conexión de puertos a la red o en planeas municipales de bombas de calor; *vid.* COMISIÓN (UE), "Redes, el eslabón perdido…", *op. cit.*, p. 10.

en infraestructura de red asuman la responsabilidad de proveer la capacidad y seguridad determinadas no por su estrategia empresarial sino por la transición energética que es una política pública; la contraprestación de la inversión en redes no puede ya pivotar en la remuneración por el uso de la red que, en última instancia, satisface el consumidor —que por otra parte, quizás ya no la necesite—: la necesidad de establecer un nuevo modelo retributivo no es cuestión reciente, sino que ya se señalaba en la primera estrategia de 2011 y podemos verla recientemente recuperada tanto en el plano europeo como por el regulador nacional[50].

El reciente Plan de Redes adoptado por la Comisión UE[51] anuncia un importante replanteamiento de las redes europeas al considerar los planes globales de desarrollo de la red como el principal factor para tomar decisiones sobre los planes de inversión, por lo que, consecuentemente, la planificación de redes pasará a integrarse en el Plan Nacional Integrado de Energía y Clima. El Plan de la Comisión concreta siete retos horizontales y sus correspondientes acciones dirigidos a acelerar el ritmo de desarrollo de la red en Europa[52].

En el Plan de Redes de la Comisión la idea de la *integración* aparece de forma insistente desde variadas perspectivas: es el caso del objetivo de integrar en la planificación la red marítima y la red terrestre en un marco común, que también tendrá en cuenta el hidrógeno, o la eventual necesidad de localizar instalaciones de co-generación en puntos específicos de las redes de energía reguladas. Esta planificación integrada resulta imprescindible para asegurar un equilibrio geográfico en la inversión considerando el conjunto del sistema de red, asegurando que los vertidos en las redes no desestabilizan la oferta de electricidad[53].

---

50 *Vid.* distintas propuestas para mejorar el marco retributivo en CNMC, CIR/DE/006/24, pp. 10 y ss.

51 COMISIÓN (UE), "Redes, el eslabón perdido...", *op. cit.*, p. 10.

52 Reto 1) acelerar la ejecución de Proyectos de Interés Comunitarios; Reto 2) mejorar la planificación a largo plazo de la red; Reto 3) introducir un marco regulador favorable y preparado para el futuro; Reto 4) hacer un mejor uso de las redes existentes y convertirlas en redes inteligentes; Reto 5) Mejorar el acceso a la financiación; Reto 6) garantizar procesos de concesión de permisos más rápidos y menos onerosos; Reto 7) reforzar las cadenas de suministro.

53 En este sentido, ver propuestas avanzadas en algunos países —Alemania, Australia, U.S.— en KALLIES, A., "The Changing Role of Energy Networks in the Energy Transition", *op. cit.*, pp. 203-205. Para final de 2024, está prevista la adopción de *Orientaciones dirigidas a los Gestores de Red de Distribución* sobre la planificación y la promoción de coherencia entre los planes.

El objetivo de hacer un "mejor uso de las redes existentes" (Reto Nº 4) enlaza con el *principio la eficiencia energética lo primero*, y su preferencia por las soluciones, innovadoras y avanzadas, que permitan una óptima y eficiente utilización de la red existente frente a su expansión, alternativa que adopta aquí una posición subsidiaria[54]. Esta perspectiva de eficiencia, que establece en términos de obligación el aprovechamiento de la energía local en cuanto sea posible, proporciona una enorme relevancia a las comunidades energéticas, pues al asegurar el consumo de proximidad a través de su propia red[55], proporciona un beneficio para el conjunto del sistema —derivado de la menor necesidad de expansión de red, su financiación y operación y de las no desdeñables pérdidas en el proceso de transporte y distribución—. La cuestión central pendiente de concreción está en quien ha de operar estas microrredes y como ha de regularse el acceso.

De hecho, el principio de red única y la consecuente unidad en la aplicación de su regulación presenta ya no pocas fracturas en supuestos específicos. En este sentido, es pertinente recordar las especialidades regulatorias que, en atención al particular interés que se les reconoce, se establecen para los denominados consumidores electrointensivos, que propician tres tipos de beneficios en relación con las redes: compensación de costes de red, redes cerradas y suministro a terceros en su radio de acción[56]. No todos estos

---

54 CONSEJO DE REGULADORES EUROPEOS DE LA ENERGÍA: «CEER 2022-2025 Strategy Empowering Consumers for the Energy Transition» p. 14 [en línea], (2024), <https://www.ceer.eu/wp-content/uploads/2024/06/CEER-strategy-210610-final-1.pdf> [Consulta: 12/09/2024]

55 Que tienen la consideración de "redes de distribución" y por tanto les es aplicable el régimen general, entre el que se encuentra la obligación de dar acceso a terceros (como señala GONZÁLEZ RÍOS, siguiendo la STJUE de 28 de noviembre de 2018, ECLI:EU:C: 2018:961.) Pueden también tener la consideración de "red cerrada" en supuestos de comunidades de perfil industrial que cumplan los requisitos para ello, ya que es el único supuesto de entre los que contempla la Directiva 2019/944/UE (art. 38, zona industrial, comercial o de servicios compartidos) que ha habilitado el Gobierno español en la regulación de las redes cerradas —Real Decreto 314/2023—. Las redes cerradas tienen también la consideración de redes de distribución, pero la Directiva (art. 38, apdo. 2) habilita a los Estados a que se les excepcione de no pocas obligaciones propias de este régimen. *Vid.* GONZÁLEZ RÍOS, I., "Las «Comunidades energéticas locales» ...", *op. cit.*, p. 154.

56 De hecho, esta regulación se ha señalado como un precedente regulatorio de las comunidades energéticas, ROBINSON, D. y DEL GUAYO, Í., "Aligment of energy community incentives with electricity system benefits in Spain", en LÖBBE, S., SIOSHANSI, F y ROBINSON, D. (eds.), *Energy Communities: Customer-Centered, Market-Driven, Welfare-Enhancing?*, Academic press, UK, 2022, p. 76. Un análisis de

beneficios están (aun) al alcance de las comunidades de energía, salvo en el supuesto de presentar el perfil industrial requerido que les permita acceder a una red cerrada, que es el único habilitado por la legislación española — Real Decreto 314/2023— de entre los tres previstos en la legislación europea —Directiva 2019/944/UE, art. 38, que a estos efectos contempla la zona industrial comercial o de servicios compartidos—. Las redes cerradas tienen también junto con la consideración de redes de distribución, pero la Directiva (art. 38, apdo. 2) habilita a los Estados a que se les excepcione de no pocas obligaciones de las que competen al distribuidor con carácter general — excepciones que sí se han aplicado a las redes cerradas industriales—.

Otra cuestión central de regulación de redes en perspectiva de nuevo modelo energético es la reconsideración de si el actual sistema que ordena el derecho de acceso y conexión a la red — ATR, acceso de terceros a la red—, requiere, o no, algunos ajustes en atención al cambio radical de las circunstancias que condicionan el ejercicio de tal derecho. El ATR es el contrapeso a la condición de monopolio natural que se le viene reconociendo a la infraestructura de red —entre nosotros, es de titularidad privada—. Los retrasos y la conflictividad que emerge[57] de la pretensión del ejercicio de este derecho de acceso —particularmente frente a los operadores de redes de distribución— hace emerger la necesidad de revisar una regulación que ya no se corresponde con el marco fáctico al que se aplica: no estamos ya en la situación en la que han de tramitarse unas pocas solicitudes de acceso — con frecuencia presentada por compañías del mismo grupo— y que han de resolverse en base, además de criterios de idoneidad técnica, a simples constataciones sobre capacidad[58]. Ahora,

---

la reciente normativa española en ZAMORA SANTA BRÍGIDA, I., "Las redes de distribución cerradas y los consumidores electrointensivos", en ALENZA GARCÍA, J. F., y MELLADO RUIZ, L. (coords.), *Estudios sobre cambio climático y transición energética. Estudios conmemorativos del XXV aniversario del acceso a la cátedra del Prof. Íñigo del Guayo Castiella,* Marcial Pons, Madrid, 2022, pp. 313-328.

57 no ocurre así en otros países de nuestro entorno, como Irlanda, Dinamarca, Francia, Paises Bajos, Portugal y, parcialmente, Alemania y Grecia; vid. AMEP, *Estudi de dret comparat: les xarxes de distribució públiques a la Unió* Europea Schlaich Dauss, SLP. Març 2023.

58 Así lo refleja el Plan de Red de la Comisión (p. 11), que asocia el "mejor uso de redes" a "mejorar la visibilidad de la capacidad disponible"; en el mismo sentido, la propuesta de reforzar considerablemente el régimen de información a través de "una plataforma de volcado que permita acceso online de los datos y que sea pública o gestionada por un organismo independiente, obligando a las compañías distribuidoras a poner en esta plataforma común (SIPS) todos los datos"

la generación se ha abierto, normativa y tecnológicamente, a variados actores con un perfil distinto de las grandes compañías de generación centralizada, dando lugar a un voluminoso número de peticiones[59]: su resolución supone ya no sólo concretar los presupuestos técnicos y de capacidad sino que han de considerar ahora factores adicionales como los nuevos mecanismos de gestión de demanda, el almacenamiento y la agregación y la planificación de inversiones aprobada a un plazo medio.

La tramitación de peticiones de ATR por parte de las operadoras de red está revestida de un perfil muy próximo a un proceso autorizatorio típico incardinado en la clásica actividad administrativa de policía. En consecuencia, y desde esta perspectiva, habría que reconsiderar dos cuestiones: si estas funciones han de seguir desempeñándose por el propietario de la red quien, quizás, pudiera tener un interés "directo y específico" en la resolución del asunto[60] y si puede equipararse el régimen de garantías establecido en la regulación sectorial de los procedimientos de acceso a la red con el estándar procedimental establecido en la legislación administrativa general[61].

---

59 Elevado número de peticiones y correlativo incremento de conflictos sobre ATR resueltos, o informados, por la COMISIÓN NACIONAL DE LOS MERCADOS Y LA COMPETENCIA: «Memoria 2023» [en línea], (2024), <https://www.cnmc.es/sites/default/files/editor_contenidos/CNMC/Memorias/Memoria%20CNMC_2023.pdf> [Consulta: 12/09/2024]. Señala este incremento como tendencia de los tres últimos años, cifrando en 367 los conflictos de acceso instruidos y resueltos, relacionados en su mayor parte con la caducidad de los permisos de acceso y conexión por incumplimiento de los hitos previstos en el Real Decreto-ley 23/2020, estando 131 en tramitación a principios de 2024 (p. 62). Por contraste, cobra especial interés una sistematización de los conflictos que se hizo para períodos anteriores a estas tendencias crecientes: sobre el particular, LEIVA LÓPEZ, A., "Los conflictos de acceso de instalaciones de generación renovable a las redes de electricidad en el actual escenario regulatorio", *Revista General de Derecho Administrativo*, 51, 2019, pp. 1-13.

60 Es por ello que se señala en este contexto la "necesidad de transparencia y ausencia de cualquier conflicto de interés, y de que se asegure que el operador de red actúe con neutralidad en la selección de proveedores de flexibilidad a través de procedimientos competitivos", ROBINSON, D. y DEL GUAYO, Í., "Aligment of energy community incentives with electricity system benefits in Spain", *op. cit.*, p. 91.

61 Las normas que "enmarcan" los procedimientos de acceso y conexión son el Real Decreto 1183/2020 y la Circular 1/2021 de la CNMC, que establecen criterios específicos que han de tenerse en cuenta para la resolución de los distintos procedimientos, así como las "especificaciones" que pueden exigirse en relación con el contrato técnico de acceso. El procedimiento para la aprobación de estas especificaciones se ha reforzado en la reciente Circular 1/2024 de la CNMC, que entre otros requisitos requiere que las propuestas de especificaciones que los operadores presentan a la CNMC deban de publicarse motivadamente en su página web.

3. COMUNIDADES DE ENERGÍA: LA ENERGÍA CIUDADANA QUE TRASCIENDE EL AUTOCONSUMO

La definición de las CCEE, con los matices que corresponden a las comunidades de energía renovables y las comunidades ciudadanas de energía, presentan varios elementos caracterizadores: la participación abierta y voluntaria, el control de la gestión y la actuación en nombre propio, la realización de actividades —no sólo de autoconsumo— propias desde la generación al suministro y, finalmente, "proporcionar beneficios ambientales, económicos y sociales a sus socios o a las zonas locales donde operan", en vez de ganancias o beneficios financieros. Se trata pues de una entidad de vocación participativa cuyo elemento determinante tiene carácter finalista: el objetivo de proporcionar beneficios no financieros a sus participantes y/o a su entorno.

Desde una perspectiva general, resulta oportuno distinguir las distintas categorías de beneficios generan las CCEE: en primer lugar, y de forma directa, beneficios para los participantes mediante la reducción de su factura de electricidad, y de otros servicios que pudieran recibir; en segundo lugar, las CCEE aportan beneficios indirectos para el conjunto de la sociedad, en forma de la reducción de emisiones a la atmósfera, de un uso más eficiente de la red y reducción de necesidades de inversión y costes de operación. Este doble beneficio lo aportan, también, otras formas de autoconsumo. Sin embargo, hay un tercer plano de beneficios adicionales asociados a las comunidades, y no a otras formas: la posibilidad de realizar actividades en el mercado —no abierta para actividades de autoconsumo bajo formas distintas— les permite generar beneficios económicos que han de revertir en beneficios para el colectivo y su entorno de carácter "ambiental, económico y social"; pero adicionalmente, con o sin la concurrencia de otros nuevos actores del mercado, pueden proporcionar servicios, a través de su red digitalizada, al conjunto del sistema, como el apoyo durante incidencias o la oferta de capacidad adicional[62].

De esta forma, la comunidad de energía no es un "sujeto más" en el mercado, sino un "participante cualificado" que articula y representa la

[62] *Vid.* la descripción de los servicios de energía (2) y servicios de red (4) asociados a la red digitalizada y el almacenamiento en TORRES, E. y EGUÍA, P.: «El valor de la digitalización en las redes eléctricas» [en línea], (2020), <https://www.ehu.eus/documents/6621474/8854442/El+valor+de+la+digitalizaci%20%C3%B3n.pdf/8817be0a-1a70-ab69-c613-5ad824687c05?t=1608049780286> [Consulta: 12/09/2024]

"cooperación ciudadana" y se reconoce como "agente local"[63], lo que puede determinar peculiaridades en su régimen de actuación.

Aparte de otras consideraciones de dinamización y participación ciudadana, las CCEE vienen *per se* asociadas a la generación de valor local, tangible e intangible, no sólo en cuanto a la generación de beneficios -ahorros, creación de empleo y movilización de inversiones- sino adicionalmente también en cuanto incrementan la aceptación social de los proyectos de energía renovable[64], ayudan a combatir la pobreza energética y a hacer efectivos no pocos derechos fundamentales de la personas.

Además de un valor local, las CCEE generan -ahora sí como en el caso de Autoconsumo- un beneficio al sistema, asociado al consumo de proximidad a través de sus propias redes, por lo que reducen las necesidades de utilización de red general y, por lo tanto, de inversión en redes con cargo al sistema, en consonancia con el más reciente entendimiento del *Principio de Eficiencia Energética* y de los objetivos del Plan de Redes de la Comisión —"mejor uso de las redes existentes" —. Es por ello que, como previó el marco europeo, se les esté reconocimiento alguna preferencia, como en el reciente régimen de subastas, reducciones de las tarifas de red[65] y procedimientos simplificados de licencias[66].

Como ya se adelantó, este conjunto de beneficios —a participantes, territorio, sistema energético, además de los ambientales— quizás pudieran considerarse constitutivos de un "interés cualificado", cualquiera que sea su denominación que explicara un (decidido) marco favorable que propiciara

---

63 *Vid.* Directiva 2019/944/UE, Considerando 44. La calificación de "agente local" sugiere que pudiera tener acceso a la preparación de programas y proyectos regulados en el ordenamiento europeo de Fondos Estructurales, que, de forma creciente, vienen asignando funciones a los "agentes locales".

64 En este sentido, *vid.* Directiva 2018/2001/UE, Considerandos 70 y 71.

65 Respecto de la igualdad de acceso a la red establecida por el art. 6.1 Directiva 2018/2001/UE, extendida a las tarifas de red, se ha recordado que en el contexto de la Directiva de electricidad el TJUE ha establecido que la prohibición de discriminación impone que "las situaciones comparables no se traten de forma distinta, salvo que la diferencia en el tratamiento esté objetivamente justificada", jurisprudencia comentada en LAVRIJSEN, S.; REINS, L. y TEN CATEN, T.: «Realizing peer-to-peer trading in the electricity...» *op. cit.*, p. 16.

66 Con carácter específico, la reciente legislación neerlandesa establece dos supuestos que excepcionan la necesidad de obtención de licencia para el consumidor activo en supuestos de intercambios P2P, lo que parece que plantea algunas inseguridades; *vid.* Ibidem, p. 21

su despliegue generalizado. No obstante las apelaciones genéricas de las Directivas a un régimen diferenciado —"medidas para que puedan competir en condiciones de igualdad con otros productores ... que cuenten con proyectos o carteras de mayor envergadura"[67] — lo cierto que a la hora de precisar un "marco facilitador"[68] el legislador europeo no deja de recordar que quedan sujetos al régimen que se establece para la actividad que se realiza en pie de igualdad con otros que otros participantes del mercado[69]. No faltan algunos preceptos que, con una interpretación favorable, pudieran acoger auténticas medidas facilitadoras y compensadoras de la desventaja de la situación de partida, como el que establece la contribución "de forma *adecuada justa y equilibrada*" al reparto del coste global del sistema, previsión que no exige identidad de tarifas de uso de red, lo que constituiría una interpretación "sensible" en razón de los beneficios, individuales y colectivos, que aportan. Es el caso de los consumidores electrointensivos, para los que se ha concretado en toda la UE un "modelo sensible al coste del suministro eléctrico" que comprende compensaciones en esas tarifas[70].

Alguna legislación autonómica ha reconocido, implícita o explícitamente, el interés particular de las comunidades; es el caso de Baleares, que considera "inversión de interés autonómico" los proyectos promovidos por CCEE o la posibilidad de ser beneficiarios de derechos de superficie constituidos sobre patrimonio público —posibilidad que también habilita expresamente la legislación valenciana—, o la amplia, ventajosa

---

67 Directiva 2018/2001/UE

68 Art. 22.4 Directiva 2018/2001/UE.

69 Así, la 2018/2001/UE expresamente declara su sujeción a las reglas generales que regulan el suministro, la agregación y otros servicios energéticos cuando realizan esas actividades (art. 22.4.b/) y la Directiva del Mercado de la Energía señala también la aplicación del régimen general, con las mismas obligaciones, cuando actúan como "gestor de red de distribución" (considerando 47), y les sujeta al mismo régimen de acceso de terceros a la red (art. 6).

70 Que comprende, entre otras medidas, "y en razón de la intensidad de su uso de electricidad y su exposición al comercio internacional" en una compensación de "hasta un máximo del 85 por ciento de los costes imputables en los cargos de la retribución específica a energías renovables y otros conceptos", además de un mecanismo público de cobertura (CESCE) de riesgos asociados a la adquisición a largo y medio plazo, *vid.* Real Decreto 1106/2020. Y es el caso también de las Comunidades Energéticas en relación, únicamente, con la energía que autoconsumen, como en el resto de supuestos de autoconsumo, aunque respecto de la que vierten o adquieren.

y fallida regulación del Decreto-Ley 1/2023 de Aragón[71]. En el proyecto de Real Decreto por el que se desarrollan las figuras de las comunidades de energías renovables y las comunidades ciudadanas de energía, que salió a información pública en abril de 2023[72] no se encuentra un "marco facilitador" equiparable a los mencionados. Sorprende esta reticencia, mucho más si consideramos la recurrente declaración de un "interés cualificado" para una variada tipología de actuaciones que se están dando en la transición energética en razón a los beneficios derivados de la "descarbonización": es el caso de la presunción de "interés público superior" que, a efectos de la aplicación de determinadas normas ambientales se les reconoce a las instalaciones renovables —desde la planificación a la ejecución— en la propia normativa europea[73]; es también el caso del hidrógeno verde, declarado de "interés comunitario" con carácter general, de "interés público europeo" para algunos proyectos concretos, declaraciones europeas de "intereses cualificados" que les subsume directamente en uno de los supuestos previstos en nuestra Ley 38/2003, General de Subvenciones[74], para la concesión directa sin concurrencia[75].

---

71 Esta legislación autonómica con mayor detalle en REVUELTA PÉREZ, I., *Comunidades energéticas y entidades locales…*, *op. cit.*, pp. 34 y ss.

72 MINISTERIO PARA LA TRANSICIÓN ECOLÓGICA Y EL RETO DEMOGRÁFICO: «Proyecto de Real Decreto por el que se desarrollan las figuras de las comunidades de energías renovables y las comunidades ciudadanas de energía» [en línea], (2023), <https://www.miteco.gob.es/content/dam/miteco/es/energia/files-1/_layouts/15/Proyecto%20de%20Real%20Decreto-61313.pdf> [Consulta: 18/09/2024].

73 Primero en el Reglamento 2022/2577/UE y más tarde en la Directiva RES (III) modificada por la Directiva 2023/2413/UE.

74 Art. 22.2. c) Con carácter excepcional, aquellas otras subvenciones en que se acrediten razones de interés público, social, económico o humanitario, u otras debidamente justificadas que dificulten su convocatoria pública

75 Esta concatenación de intereses puede rastrearse en el Real Decreto 872/2024 por el que se dispone el otorgamiento de una subvención de150 millones de euros de forma directa en razón a su excepcional interés público a la empresa Cobra Solutions, S.L.U. en el marco del Plan de Recuperación, Transformación y Resiliencia. Por contraste, las cuatro convocatorias del programa de incentivos a proyectos piloto singulares de comunidades energéticas (Programa CE IMPLEMENTA, IDAE), realizadas entre 2022 y 2024 también en el marco del programa de Recuperación suman un total de 110 Millones de euros (actualmente en tramitación una sexta convocatoria que adjudicará 90 millones de euros). Sobre las singularidades de la adjudicación directa de subvenciones, en el marco de aplicación de *Next Generation*, *vid.* MALARET GARCÍA, E. y PADRÓS CASTILLÓN, X., "La col·laboració publicoprivada en el procés d'execució dels plans finançats amb

4. TOMÁNDOSE EN SERIO EL *PRINCIPIO DE EFICIENCIA ENERGÉTICA LO PRIMERO*: LA PREFERENCIA POR LA ENERGÍA DE PROXIMIDAD Y LA CUESTIÓN DE LA COMPETITIVIDAD

El nuevo modelo energético sería el gran beneficiado de una aplicación rigurosa y sistemática del principio de eficiencia energética, del que resulta oportuna una breve consideración. Más allá de las conocidas obligaciones de aportación de sujetos privados del sistema al Fondo del mismo nombre, sus últimas formulaciones concretan obligaciones no tan conocidas que alcanzan a sujetos públicos y privados, que deben de satisfacerse en todas las fases de la gestión del sistema —planificación, estrategia e inversión— y que deben insertarse en políticas públicas locales como la urbanística y los servicios colectivos[76].

La eficiencia energética emerge como objetivo de la acción de las instituciones europeas mucho antes de que los Tratados incorporaran la Política Energética como ámbito de competencia en la Unión: las crisis energéticas de los años '70 del pasado siglo ponen en el foco la altísima dependencia energética de la Unión Europea y en el altísimo coste adicional que el incremento de precios del petróleo acarreaba. Se pusieron entonces en marchas las primeras estrategias de eficiencia, dirigidas con particular intensidad al sector de la edificación, regulándose progresivamente características constructivas como la calidad de los materiales, el nivel de aislamiento o estándares de consumo energético por tipología edificatoria. Un punto de inflexión fue la aprobación de la Directiva 2012/27/UE de eficiencia energética, que estableció obligaciones específicas de ahorro, para operadores económicos y también para entidades públicas a través de políticas urbanas tan innovadoras como poco eficaces en su ejecución hoy en día. A este primer impulso, se añadirían después otras medidas, como el etiquetado de productos relacionados con la energía o indicaciones hacia la promoción de la eficiencia en la compra pública.

La sensibilidad hacia el ahorro energético se refuerza más recientemente al hilo de la correlación directa entre consumo y emisiones en un marco

---

fons NextGenerationEU: més enllà de la tradicional distinció entre formes organitzatives i formes contractuals, l'especial rellevància de les subvencions", *Revista Catalana de Dret Public*, 63, 2021, p. 49.

76 Este enfoque en perspectiva de políticas locales se desarrolla en GALERA RODRIGO, S., *El hacer urbano de la Unión Europea. Modelo de ciudad, poder local y sostenibilidad energética*, Atelier, Barcelona, 2022, pp. 119-132.

de creciente preocupación por las tendencias climáticas y el impacto en las mismas de las emisiones antropocéntricas. De esta forma, la reducción de objetivos concretos de consumo energético, de forma sucesiva y cada vez más ambiciosa, acaba por constituirse en uno de los ejes de las políticas climáticas europeas —junto con objetivos también concretos y crecientes de reducción de emisiones y de incremento de energías limpias en el mix energético—. Como enseguida se verá, la eficiencia energética acaba por consolidarse y formularse como principio orientador de toda la transición energética.

En este marco, el nuevo modelo energético basado en la generación y el consumo de proximidad es extraordinariamente relevante para la eficiencia del sistema en su conjunto, pues ese conjunto de ciudadanos organizados que generan energía y la consumen localmente proporcionan dos beneficios importantes desde la perspectiva de la eficiencia: reducen las pérdidas que se producen en el transporte y la distribución entre los puntos de generación y de consumo, por una parte, y por otra parte, reducen las necesidades de red y por lo tanto las inversiones en infraestructura de red, lo que alivia la el reto de la ingente inversión asociada a los actuales objetivos de descarbonización.

El enfoque más amplio de la Directiva 2012/27/UE de aplicar la eficiencia más allá del limitado ámbito de intervención en edificios, fue objeto de sucesivos impulsos, políticos y jurídicos, al punto de ocupar un lugar central en la concepción del modelo energético europeo. Así, la norma de referencia del ordenamiento climático y energético —Reglamento 2018/1999/UE de gobernanza de la Unión de la Energía y la acción por el clima— la eleva a la categoría de principio, aclarando entre sus definiciones que[77]:

> [P]rimero, la eficiencia energética": principio por el cual en las *decisiones de planificación, estrategia e inversión* en materia de energía se deben tener plenamente en cuenta *medidas alternativas* en materia de eficiencia energética que sean eficientes en costes y que permitan dotar *de mayor eficiencia* a la demanda y el suministro de energía.

La formulación de este principio en el anclaje normativo del sistema energético, tiene posterior desarrollo, primero (2021)[78] mediante la elaboración de una Estrategia que enumeraba las acciones necesarias para hacerlo

---

77 Artículo 2, apdo. 18

78 Recomendación 2021/1749/UE sobre el principio de "primero, la eficiencia energética": de los principios a la práctica. Directrices y ejemplos para su aplicación en la toma de decisiones en el sector de la energía y más allá.

efectivo, y después (2023)[79] mediante la renovación e intensificación de las obligaciones de eficiencia que se establecieron en la Directiva de 2012; se pueden identificar dos planteamientos muy claros, que se expresan con claridad, y que se desarrollan en las correspondientes obligaciones:

1. La eficiencia energética se identifica como "el primer combustible", una fuente de energía por derecho propio en la que invertir por delante de otras fuentes de energías más complejas o costosas ("ahorrar antes de construir"), por lo que hay que producir sólo la energía que se necesita[80];

2. Como corolario de lo anterior, se prioriza la eficiencia energética sobre las inversiones en infraestructuras energéticas, lo que se concreta en la preferencia por el aprovechamiento de la energía local disponible siempre que sea *técnica y económicamente viable*, lo que se determinará aplicando una detallada metodología de evaluación y cálculo de dicho potencial que obliga a considerar y comparar otras alternativas[81].

Este esquema, estratégico, pero también obligacional, ya estuvo vigente en la Directiva general de eficiencia de 2012, pero la modificación de 2023 añade dos modificaciones muy importantes que lo refuerzan:

1. La obligación de priorización de la energía disponible alcanza, además de al sector público en sus decisiones de planificación, al sector privado, en particular a los gestores de las redes de transporte y distribución, que deberán considerar alternativas a la expansión de las redes y realizar el análisis coste-beneficio que se detalla antes de su ejecución[82] ;

---

79 Directiva 2023/1791/UE de eficiencia energética, que desplazaría a la Directiva 2012/27/UE.

80 *Vid.* apartados 7 y 8 de la Recomendación.
Más tarde se completa con la Recomendación (UE) 2024/2142, de 29 de julio, por la que se establecen directrices para la interpretación del artículo 3 de la Directiva 2023/1791 en lo que respecta al principio de "primero la eficiencia energética", directrices que deben de seguir para la transposición de dicho precepto al Derecho Nacional.

81 El régimen y metodología que se establece para tal evaluación se concreta en los artículos 25 a 27 y Anexo X de la Directiva 2023/1791/UE, y se comenta en GALERA RODRIGO, S., *El hacer urbano de la Unión Europea... op. cit.*, pp. 119-132. Este enfoque que prioriza el aprovechamiento de la energía local disponible frente a la expansión de la red puede entenderse también como factor de competitividad: en ese sentido, Informe Draghi p. 78 y CNMC -CIR/DE/006/24, p. 10.

82 Lo que resulta lógico pensar habrá de verificarse al tiempo de la aprobación del Plan de Inversión. Sobre esta obligación *vid.* Directiva 2019/944/UE,

2. Resulta significativo que la evaluación de soluciones de eficiencia haya de considerar ahora también también los costes y beneficios ambientales y de salud en el análisis coste-beneficio de los proyectos y sus alternativas[83]

Respecto a esta última novedad, la "evaluacion adecuada de beneficios añadidos" que han de ser puestos a disposición del público se entiende que comprende las "repercusiones sociales, medioambientales y económicas derivadas de la aplicación de soluciones de eficiencia energética que no constituyen pérdidas o ganancias financieras personales inmediatas que se reflejen en una factura de energía", adoptando el análisis económico implícito en la evaluación una perspectiva social que tiene en cuenta los beneficios externos más amplios para la sociedad en su conjunto que no se recogen en el análisis financiero[84].

Este planteamiento ampliado de la eficiencia energética, naturalmente coexiste con el que ha ido evolucionando en relación con los edificios que desde la Directiva de 2002[85] a la más reciente (2024)[86] refuerza las obligaciones de ahorro, de reducción de emisiones y de rehabilitación energética, incorporando también objetivos dirigidos a la movilidad sostenible y al aprovechamiento de las fuentes energéticas renovables.

---

artículo 51.3 (respecto del gestor de transporte) y 13, 17 y 32 (apdos. 1 y 3), respecto de los gestores de redes de distribución.

83 Lo que constituye una concreción del Enfoque "Más allá del PIB" que finalmente tuvo reflejo en el VIII Programa Marco de Medio Ambiente 2022-2030.

84 Vid. Recomendación 2024/2143 de la Comisión por los que se establecen directrices para la interpretación de la Directiva 2023/1791 en lo que respecta al principio de "primero, la eficiencia energética". Dice la Recomendación que los Estados "deben seguir" estas directrices interpretativas al trasponer el artículo 3 de la Directiva (UE) 2023/1791 a su Derecho nacional.

85 La Directiva 2002/91/CE de eficiencia energética de los edificios, sustituida por la Directiva 2010/31/UE del mismo nombre que fue objeto de numerosas modificaciones; sobre este marco jurídico *vid.* GONZÁLEZ RÍOS, I., "Hacia una progresiva descarbonización de la edificación a través de la rehabilitación energética", *Cuadernos de derecho local,* 39, 57, 2021, pp. 82-121; y DEL OLMO ALONSO, J., "La transición energética en el sector de la edificación: una prioridad para Europa", en LAZO VITORIA, X. (dir.), *Compra pública verde y cambio climático,* Atelier, Barcelona, 2022, pp. 405-450

86 Directiva 2024/1275/UE en la que se parte de la consideración de la aportación de los edificios a las emisiones GEI totales (36%), pero teniendo en cuenta su aportación antes, a lo largo y después de su vida útil, incluyendo la metodología de cálculo que ha de aplicarse.

Más allá de la tradicional visión estática de los edificios, como vectores de consumo y de emisiones, el nuevo marco energético considera ahora a los edificios como una parte central del sistema energético, en tanto pueden participar activamente en el plan de respuesta a la demanda gracias a su capacidad de almacenamiento de calor y frio y de uso diferido de determinados aparatos además de su aptitud para la producción de energía renovable, lo que se articularía a través del acceso a los mercados de la energía por agregadores de los usuarios finales pequeños, por ejemplo los usuarios finales residenciales[87].

En este marco de eficiencia energética, tanto en perspectiva general como circunscrita a los edificios, las comunidades energéticas podrían ser un agente destacadísimo para la articulación de estos nuevos planteamientos. En el caso de las estrategias de rehabilitación, podrían verse como un caso de colaboración de la Administración directamente con los usuarios-destinatarios, en una variante casi "desprivatizada" de la colaboración público-privado. Es asimismo el caso de las instalaciones de climatización como resultado del aprovechamiento de la energía local —renovable y residual— disponible, en las que el marco de eficiencia viene insistiendo desde la Directiva de 2012 y que ha ido reforzando su sentido y utilidad al socaire de la evolución de las políticas climáticas. Y es que los Distritos de Climatización[88], que han de ser objeto de planificación en municipios de más de 45.000 habitantes[89]se plantean como un servicio colectivo que se acerca mucho a la tradicional concepción de servicio

---

87 *Vid.* Recomendación 2021/1749, pp. 43-44.

88 Referidos como DHC (District Heating and Cooling) en la literatura; sobre el particular *vid.* COCCIOLO, E., "The role of energy communities for thermal networks: An EU legal perspective", *Review of European, Comparative and International Environmental Law,* 2024, pp. 1-13. Doi: https://doi.org/10.1111/reel.12558; GALERA RODRIGO, S., *El hacer urbano de la Unión Europea..., op. cit.,* pp. 119 y ss., GIFREU I FONT, J., "La integración de medidas de eficiencia energética en el sector de la edificación en España a la vista de los objetivos de la UE para los horizontes 2020-2030. Las redes district heating and cooling", *Revista Catalana de Derecho Ambiental,* X, 1, 2019, pp. 1-55.

89 Artículos 25 y 26 de la Directiva 2023/1791/UE. La Fundación Renovables publicó en junio de 2024 el Plan de Climatización para Municipios de más de 45.000 habitantes, según la cual afecta a 162 municipios españoles.
FUNDACIÓN RENOVABLES: «Plan de climatización de municipios de más de 45.000 habitantes. Guía práctica» [en línea], (2024), <https://fundacionrenovables.org/wp-content/uploads/2024/06/20240610-Plan-de-HC.pdf> [Consulta: 12/09/2024]

público, particularmente en el actual contexto climático y territorial, en el que es previsible que la refrigeración emerja como un bien de primera necesidad[90]. Tiene pues mucho sentido articular su gestión mediante una forma comunitaria en la que se involucran, entre otros sujetos, los propios usuarios y la Administración local, quien se ve así asistida en la provisión de una prestación de primer orden. Resulta coherente asociar la prestación de este servicio al requisito de proporcionar "beneficios sociales, económicos o ambientales" a los participantes y/o a su entorno tal como exige la propia figura de las comunidades energéticas.

5. CONCLUSIONES. HACIA UN SISTEMA ENERGÉTICO DUAL

Las anteriores consideraciones pueden reconducirse a una única conclusión: insistir en la necesidad de desarrollar un nuevo modelo energético descentralizado y de proximidad como elemento que propicia enormes beneficios tanto a los ciudadanos y la sociedad en general, como al propio sistema energético, al que proporciona eficiencia y competitividad.

Con arraigo en las primeras iniciativas de transición energética —2011 y 2016— el sistema energético del siglo XXI apunta con progresiva nitidez a un modelo dual, que responde a una doble consideración y funcionalidad de la energía propiciada por el progreso tecnológico de las últimas décadas. En primer lugar, la energía como presupuesto de derechos individuales que son universales y están interrelacionados, como la dignidad y la igualdad, el domicilio, la vivienda, la educación la salud...entre otros[91].

---

90 En base a previsiones de crecimiento de población y de temperatura en las próximas décadas, es significativo el Plan de Acción para la Refrigeración (2019) adoptado en la India, que atiende a varios objetivos climáticos y energéticos: reducción de la demanda de energía para refrigeración y de refrigerantes (en línea con la Enmienda de Kigali al Protocolo de Montreal), reforzar la eficiencia energética e implementar las mejores opciones tecnológicas. Entre otros instrumentos, el Plan se incorpora en las estrategias de edificación y de crecimiento urbano. MINISTERIO DE MEDIO AMBIENTE, BOSQUES Y CAMBIO CLIMÁTICO: «India cooling. Action plan» [en línea], (2019), <https://ozonecell.nic.in/wp-content/uploads/2019/03/INDIA-COOLING-ACTION-PLAN-e-circulation-version080319.pdf> [Consulta: 12/09/2024]

91 De forma paralela a la doctrina del contenido esencial de los derechos fundamentales, el acceso a la energía ha sido reconocido como un contenido esencial del derecho a la vivienda (artículo 31 Carta Social Europea del Consejo de Europa). Vid. sobre el particular, Decisión de 25 de junio de 2010 del Comité

Adicionalmente, el acceso a la energía está en proceso de reconocimiento como derecho individual sustantivo[92]. Aun cuando el ordenamiento europeo viene protegiendo esta dimensión individual del acceso a la energía para la satisfacción de las necesidades humanas básicas, su reconocimiento como derecho se beneficiaría de la aplicación de la dogmática de los derechos fundamentales —en particular, la universalidad, la inescindibilidad y la interdependencia—[93], que se añadiría a los actuales mecanismos previstos en el régimen jurídico del mercado. Esta consideración se alinea con un modelo de producción y consumo de proximidad, de gestión descentralizada que posibilita la participación, directa o indirecta, de los propios ciudadanos, que pueden a través de este medio proveerse no sólo de energía sino también de servicios que, como la climatización, están afirmando de forma creciente su condición de bien de primera necesidad.

En segundo lugar, la consideración de la energía como actividad económica de interés general, gestionada de forma centralizada, entendiéndose aquí como un insumo de naturaleza marcadamente mercantil que propicia la realización de actividades a gran escala y la generación de beneficios económicos y financieros cuantiosos; se trata aquí de un entendimiento tradicional y ajustado a las nuevas y crecientes necesidades de suministro asociadas a la progresión tecnológica —nuevas fuentes de energía limpia o nuevas actividades basadas en el procesamiento de datos—. Dos modelos distintos, con un régimen jurídico diferente, que sin embargo conforman un único sistema energético, en tanto no sólo han de coexistir, sino que han de convivir e interaccionar proporcionándose beneficios mutuos.

En este contexto, las comunidades energéticas adquieren una nueva consideración, que supera su naturaleza asociada a la "democratización de la energía" o a la "energía ciudadana" que proporciona beneficios en proximidad a sus participantes y al medio en el que se localizan. Más allá

Europeo de Derecho Sociales, reiterando pronunciamientos anteriores, Reclamación nº 58/2009, Centre on Housing Rights and Evictions (COHRE) v. Italy, apdo. 54, pag. 18.

92 Un paso previo a esta consideración enlaza con la "accesibilidad y asequibilidad" de la energía, Principio del Derecho de la Energía de general reconocimiento, "pero que en la Unión Europea ya es un derecho (al servicio universal)", DEL GUAYO CASTIELLA, I., "Concepto, contenidos y principios del Derecho de la energía", Revista de Administración Pública, 212, 2020, pp. 309-345.

93 Declaración y Programa de Viena, Convención Mundial de Derechos Humanos 1993, apdo. 5, reuniendo en un único texto las declaraciones previas que se habían ido adoptando separadamente

de este entendimiento, que constituye su seña de identidad, a medida que avanza la transición energética y afloran nuevas oportunidades y necesidades, se vienen señalando sus funciones como nuevos modelos de gestión energética, nuevos modelos de negocio —CEER, ETSO: *new bussiness models*— que proporcionan estabilidad y flexibilidad al conjunto del sistema, reduciendo las necesidades de inversión en red y en operación y reforzando la eficiencia del sistema en su conjunto. En las Comunidades Energéticas concurren de forma idónea las dos consideraciones que en nuestra sociedad contemporánea ha adquirido la Energía, pudiendo satisfacer sus respectivas exigencias: la dimensión humanizada, en tanto presupuesto de vida humana digna en condiciones de equidad, y la dimensión de actividad económica de interés general regulado por un régimen jurídico basado en el mercado y la competencia.

La anterior argumentación, su desarrollo y conclusión, reposa en las ideas básicas que a continuación se relacionan.

1. Autoconsumo como forma de revertir en los ciudadanos los beneficios y posibilidades propiciados por los avances tecnológicos de las últimas décadas, que se concretan en forma de ahorro de consumo.
2. Autoconsumo colectivo: además de beneficios económicos para los participantes y ambientales para la sociedad, añade movilización y participación ciudadana en la provisión de los servicios y refuerza el conocimiento y la aceptación sociales de la transición energética. La participación enraíza con la percepción de las complejas democracias contemporáneas; pero aquí además presenta otra dimensión, la de aliviar y coadyuvar a la Administración —especialmente a la local— en el cumplimiento de las crecientes obligaciones que establece el ordenamiento del clima y la energía.
3. Las CCEE, más allá de los beneficios asociados al autoconsumo añaden otros adicionales para sus participantes y/o el entorno en el que se ubican, proveyendo otros servicios que pueden en muchos casos financiarse con los resultados económicos que derivan de su actuación en el mercado: estos beneficios adicionales constituyen un elemento, de carácter finalista, caracterizador de las CCEE.
4. Sin duda, para operar en el mercado, con o sin el auxilio de otros agentes, las CCEE necesitan de un marco facilitador decidido que trascienda las ventajas puntuales que hoy en día se les reconoce. En algunos supuestos, el marco facilitador depende únicamente de un mero impulso político sin entrañar especiales efectos en cadena en el conjunto del marco regulatorio: es el caso de reconocer las líneas

directas en ámbitos comerciales y de servicios haciendo uso de las hipótesis previstas en las Directivas, es el caso también de la ampliación de la distancia desde el punto de generación al de consumo, o el de tarifas reducidas en los intercambios con la red exterior. En otros casos, se requieren modificaciones más complejas que lleva a reconsiderar las funciones de todos los sujetos —nuevos y tradicionales— y la relación entre ellos en el nuevo marco de la transición energética: estas modificaciones en algunos casos no son ajenas a soluciones tecnológicas novedosas que compatibilicen las nuevas formas de intercambio con la garantía de seguridad y calidad del suministro.

5. Este nuevo modelo energético, descentralizado y de proximidad en la generación y el consumo, apareció inicialmente asociado a la idea de la democratización de la energía o de la energía ciudadana; pero añade ahora una nueva dimensión que, quizás, resulte más eficaz para su esperado despliegue[94]: y es que el consumo de energía disponible en proximidad proporciona otros beneficios al sistema en su conjunto, al reducir la demanda de capacidad en las redes y por lo tanto las necesidades de inversión, al reducir también las pérdidas que se producen en el transporte y la distribución y, en definitiva, al incrementar la eficiencia del sistema y en última instancia la competitividad de la economía europea.

   Es significativo que, la consideración de los beneficios de este nuevo modelo de proximidad, basado en el Principio de "lo primero la eficiencia energética", esté trascendiendo el sistema energético para alcanzar a la "sociedad en su conjunto", en tanto ya es preceptivo que las decisiones de política energética consideren un "análisis

[94] Pues a la espera estamos: a pesar de las dificultades que presenta la estimación de energía generada para autoconsumo y de los ajustes que requieran los datos que se proporcionan, su consideración nos proporciona una idea del pobre recorrido de la energía ciudadana en España. De acuerdo con los datos publicados recientemente (julio 2024) por la CNMC, y atendiendo a las contrataciones de puntos de suministros acogidos a la modalidad de autoconsumo, el 58% de los contratos corresponden a las tres grandes compañías energéticas —Iberdrola, Endesa y Naturgy—; por otra parte, un 6.3% de hogares disponía de una instalación de producción, de la que un 4.8% realizaba autoconsumo individual y un 1.5% autoconsumo colectivo (datos a julio 2023). *Vid.* COMISION NACIONAL DE LOS MERCADOS Y LA COMPETENCIA.: «Informe sobre las conclusiones de la mesa de diálogo de autoconsumo» [en línea], (2024), <https://www.cnmc.es/sites/default/files/5418567.pdf> [Consulta: 12/09/2024]

económico" en perspectiva social que considere los beneficios externos más amplios que no se recogen en el análisis financiero.

Este modelo dual asigna de forma distinta a diferentes segmentos de la sociedad —individuos y empresas— los beneficios asociados a la progresión energética de los últimos años, que por sí misma está planteando más que matices a la conformación tradicional del ordenamiento que le es aplicable. *Ubi societas, ubi ius…* y por ese orden, identificándose aquí la *societas* como una sociedad de fuerte y progresiva base tecnológica y el *ius* como el derecho de la energía, que no puede seguir afirmando sin matices importantes algunas de las características del sistema que, como el monopolio natural de red, la imposibilidad de almacenamiento o la inelasticidad de la demanda, claramente ya se han superado[95]. La relativamente reciente elaboración del derecho de la energía ha de reflejar ahora los nuevos presupuestos y establecer un régimen jurídico que corresponda a la dualidad de modelos que ya se ha abierto paso en nuestro sistema energético, respondiendo a las peculiaridades de cada uno y a una convivencia e interacción normalizada y reconducida a unidad. Todos contentos, hay para todos.

6. BIBLIOGRAFÍA

BERKHOUT, V. *et al.*, *Common European Energy Data Space,* Publications Office of the European Union, Luxemburgo, 2023.

CAPPER, T. et al., "Peer-to-peer, community self-consumption and transactive energy: A systematic literature review of local energy market models", *Renewable and Sustainable Energy Review,* 162, 2022, pp. 1-24. Doi: https://doi.org/10.1016/j.rser.2022.112403

COCCIOLO, E., "The role of energy communities for thermal networks: An EU legal perspective", *Review of European, Comparative and International Environmental Law,* 2024, pp. 1-13. Doi: https://doi.org/10.1111/reel.12558

COMISIÓN NACIONAL DE LOS MERCADOS Y LA COMPETENCIA: «Memoria 2023» [en línea], (2024), <https://www.cnmc.es/sites/default/files/editor_contenidos/CNMC/Memorias/Memoria%20CNMC_2023.pdf> [Consulta: 12/09/2024].

---

95 Inestabilidad que "imponía que, en momentos de aumento o descenso de la demanda, "el necesario equilibrio con la oferta debía siempre proceder del lado de la producción", *vid.* DEL GUAYO CASTIELLA, Í., "Redes de distribución cerradas, consumidores electro-intensivos y almacenamiento de electricidad como componentes del nuevo derecho eléctrico", en ALONSO MAS, M. J. y REVUELTA PEREZ, I. (dirs.), *Regulación del sector eléctrico y transición energética,* Aranzadi, Pamplona, 2021, pp. 91-116.

COMISION NACIONAL DE LOS MERCADOS Y LA COMPETENCIA.: «Informe sobre las conclusiones de la mesa de diálogo de autoconsumo» [en línea], (2024), <https://www.cnmc.es/sites/default/files/5418567.pdf> [Consulta: 12/09/2024]

COMISIÓN (UE), "Redes inteligentes: de la innovación a la implantación" (Comunicación) COM(2011) 202 final, 12 de abril de 2011.

COMISIÓN (UE), "Hoja de ruta hacia una Europa eficiente en el uso de los recursos" (Comunicación) COM(2011)571 final, 20 de septiembre de 2011.

COMISIÓN (UE), "Hoja de Ruta de la Energía para 2050" (Comunicación) COM(2011) 885 final, 15 de diciembre de 2011.

COMISIÓN (UE), "Energía limpia para todos los europeos" (Comunicación), COM(2016) 0860 final, 30 de noviembre de 2016.

COMISIÓN (UE), "El Pacto Verde Europeo" (Comunicación) COM(2019) 640 final, 11 de diciembre de 2019.

COMISIÓN (UE), "Un Plan Industrial del Pacto Verde para la era de cero emisiones netas" (Comunicación), COM(2023) 62 final, 1 de febrero de 2023.

COMISIÓN (UE), "Redes, el eslabón perdido: Plan de Acción de la UE para las Redes" (Comunicación) COM(2023) 757 final, 28 de noviembre de 2023.

COMISIÓN EUROPEA: «Informe sobre el estado de la Unión de la Energía de 2023» [en línea], (2023), <https://eur-lex.europa.eu/legal-content/ES/TXT/HTML/?uri=CELEX:52023DC0650> [Consulta: 12/09/2024]

CONSEJO DE REGULADORES EUROPEOS DE LA ENERGÍA: «CEER 2022-2025 Strategy Empowering Consumers for the Energy Transition» [en línea], (2024), <https://www.ceer.eu/wp-content/uploads/2024/06/CEER-strategy-210610-final-1.pdf> [Consulta: 12/09/2024]

CONSEJO EUROPEO: «Cronología — Pacto Verde Europeo y "Objetivo 55"» [en línea], (2024), <https://www.consilium.europa.eu/es/policies/green-deal/timeline-european-green-deal-and-fit-for-55/> [Consulta: 12/09/2024].

DE ALMEIDA, L. *et al.*: «Peer-to-Peer Trading and Energy Community in the Elecctricity Market – Analysing the Literature on Law and Regulation and Looking Ahead to Future Challenges» [en línea], (2021), <https://cadmus.eui.eu/bitstream/handle/1814/70457/RSC%202021_35rev.pdf?sequence=4&isAllowed> [Consulta: 12/09/2024].

DEL GUAYO CASTIELLA, I., "Concepto, contenidos y principios del Derecho de la energía", *Revista de Administración Pública*, 212, 2020, pp. 309-345.

DEL GUAYO CASTIELLA, Í., "Redes de distribución cerradas, consumidores electrointensivos y almacenamiento de electricidad como componentes del nuevo derecho eléctrico", en ALONSO MAS, M. J. y REVUELTA PEREZ, I. (dirs.), *Regulación del sector eléctrico y transición energética*, Aranzadi, Pamplona, 2021, pp. 91-116.

DEL OLMO ALONSO, J., "La transición energética en el sector de la edificación: una prioridad para Europa", en LAZO VITORIA, X. (dir.), *Compra pública verde y cambio climático*, Atelier, Barcelona, 2022, pp. 405-450

DRAGHI, M.: «El futuro de la competitividad europea. Una estrategia de competitividad para Europa» [en línea], (2024), <https://commission.europa.eu/topics/strengthening-european-competitiveness/eu-competitiveness-looking-ahead_en> [Consulta: 30/09/2024]

FUNDACIÓN RENOVABLES: «Plan de climatización de municipios de más de 45.000 habitantes. Guía práctica» [en línea], (2024), <https://fundacionrenovables.org/wp-content/uploads/2024/06/20240610-Plan-de-HC.pdf> [Consulta: 12/09/2024]

GALERA RODRIGO, S., *El hacer urbano de la Unión Europea. Modelo de ciudad, poder local y sostenibilidad energética,* Atelier, Barcelona, 2022.

GALERA RODRIGO, S., "Autoconsumo colectivo: (mucho) más allá de los tejados", *Cuadernos de derecho local,* 61, 2023, pp. 55-81.

GALLEGO CÓRCOLES, I., *Comunidades de energía y transición energética,* Aranzadi, Pamplona, 2022.

GIFREU I FONT, J., "La integración de medidas de eficiencia energética en el sector de la edificación en España a la vista de los objetivos de la UE para los horizontes 2020-2030. Las redes district heating and cooling", *Revista Catalana de Derecho Ambiental,* X, 1, 2019, pp. 1-55.

GONZÁLEZ RÍOS, I., "Las «Comunidades energéticas locales»: un nuevo desafío para las entidades locales", *Revista Vasca de Administración Pública,* 117, 2020, pp. 147-193.

GONZÁLEZ RÍOS, I., "Hacia una progresiva descarbonización de la edificación a través de la rehabilitación energética", *Cuadernos de derecho local,* 39, 57, 2021, pp. 82-121.

HERRERA TORRES, J. y NAVARRO RODRIGUEZ, P., "Las comunidades energéticas como nuevo sujeto del derecho energético en España: del falansterio a la transformación", *Anuario del Gobierno Local,* 1, 2021, pp. 203-248.

KALLIES, A., "The Changing Role of Energy Networks in the Energy Transition", en BELLANTUONO, G. *et al* (ed.), *Handbook on Energy Law in the Low-Carbon Transition,* De Gruyter, Berlín, 2023, pp. 203-215. Doi: https://doi.org/10.1515/9783110752403-019

KANE, M. *et al.*, "Sharing in the Future Electric Energy Systems", en HEYDARI, B. *et al.*, *Reengineering the Sharing Economy Design, Policy, and Regulation,* Cambridge University Press, Cambridge, 2023, pp. 191-209.

LAVRIJSEN, S.; REINS, L. y TEN CATEN, T.: «Realizing peer-to-peer trading in the electricity market in the EU and its Member States» [en línea], (2023), <https://papers.ssrn.com/sol3/papers.cfm?abstract_id=4471715> [Consulta: 12/09/2024].

LEIVA LÓPEZ, A., "Los conflictos de acceso de instalaciones de generación renovable a las redes de electricidad en el actual escenario regulatorio", *Revista General de Derecho Administrativo,* 51, 2019, pp. 1-13.

MALARET GARCÍA, E. y PADRÓS CASTILLÓN, X., "La col·laboració publicoprivada en el procés d'execució dels plans finançats amb fons NextGenerationEU: més enllà de la tradicional distinció entre formes organitzatives i formes contractuals, l'especial rellevància de les subvencions", *Revista Catalana de Dret Public,* 63, 2021, pp. 39-60. Doi: https://doi.org/10.2436/rcdp.i63.2021.3748

MELLADO RUIZ, L., "Retos jurídicos actuales del binomio agua-energía", *Revista catalana de dret públic,* 68, 2024, pp. 96-114.

MINISTERIO DE MEDIO AMBIENTE, BOSQUES Y CAMBIO CLIMÁTICO: «India cooling. Action plan» [en línea], (2019), <https://ozonecell.nic.in/wp-content/uploads/2019/03/INDIA-COOLING-ACTION-PLAN-e-circulation-version080319.pdf> [Consulta: 12/09/2024]

MINISTERIO PARA LA TRANSICIÓN ECOLÓGICA Y EL RETO DEMOGRÁFICO: «Proyecto de Real Decreto por el que se desarrollan las figuras de las comunidades de energías renovables y las comunidades ciudadanas de energía» [en línea], (2023), <https://www.miteco.gob.es/content/dam/miteco/es/energia/files-1/_layouts/15/Proyecto%20de%20Real%20Decreto-61313.pdf> [Consulta: 18/09/2024].

REVUELTA PÉREZ, I., *Comunidades energéticas y entidades locales. Formas jurídicas y participación municipal*, Aranzadi, Navarra, 2024.

ROBINSON, D. y DEL GUAYO, Í., "Aligment of energy community incentives with electricity system benefits in Spain", en LÖBBE, S., SIOSHANSI, F y ROBINSON, D. (eds.), *Energy Communities: Customer-Centered, Market-Driven, Welfare-Enhancing?*, Academic press, UK, 2022, pp. 73-93.

RODRÍGUEZ-CHAVES MIMBRERO, B., "Hacia un salto disruptivo verde. El potencial de los montes ante el green new deal y la nueva PAC 2021-2027", *Revista Aranzadi de derecho ambiental*, 47, 2020, pp. 23-69.

SAVARESI, A. y OUTKA, U., "Energy Communities in the EU and the United States", en BELLANTUONO, G. *et al.* (ed.), *Handbook on Energy Law in the Low-Carbon Transition*, De Gruyter, Berlín, 2023, pp. 497-512. Doi: https://doi.org/10.1515/9783110752403-038

TORRES, E. y EGUÍA, P.: «El valor de la digitalización en las redes eléctricas» [en línea], (2020), <https://www.ehu.eus/documents/6621474/8854442/El+valor+de+la+digitalizaci%20%C3%B3n.pdf/8817be0a-1a70-ab69-c613-5ad824687c05?t=1608049780286> [Consulta: 12/09/2024]

WU, Z. *et al.*, "Sharing Economy in Local Energy Markets", *Journal of Modern Power Systems and Clean Energy*, 11, 3, 2023, pp. 714 – 726. Doi: 10.35833/MPCE.2022.000521

ZAMORA SANTA BRÍGIDA, I., "Las redes de distribución cerradas y los consumidores electrointensivos", en ALENZA GARCÍA, J. F., y MELLADO RUIZ, L. (coords.), *Estudios sobre cambio climático y transición energética. Estudios conmemorativos del XXV aniversario del acceso a la cátedra del Prof. Íñigo del Guayo Castiella*, Marcial Pons, Madrid, 2022, pp. 313-328.

Capítulo III

El marco jurídico europeo para las comunidades energéticas después del paquete "Fit for 55" y en tiempos de emergencia

ISABEL GALLEGO CÓRCOLES
Catedrática de Derecho Administrativo
Universidad de Castilla-La Mancha

1. LA VERTIGINOSA SUCESIÓN DE DOS GENERACIONES DE NORMATIVA EUROPEA SOBRE COMUNIDADES ENERGÉTICAS

A mediados de los años ochenta, los movimientos sociales antinucleares surgidos tras el desastre de Chernobyl adoptaron un papel muy activo en países como Alemania o Dinamarca; a través distintas iniciativas trataban de demostrar la vialidad de las entonces llamadas "energías alternativas". Se implantan así pequeños proyectos de generación de energía carácter local, vinculados primero a energía eólica, después solar y, en tiempos mucho más recientes, también a la biomasa. Por lo demás, estas iniciativas ciudadanas hallaron pronto la complicidad de los poderes públicos. Por un lado, los entes locales fomentaron y participaron activamente en estos proyectos, formando parte de las cooperativas o de las sociedades en las que cristalizaban[1]. Por otro lado, tanto Alemania como Dinamarca consiguieron construir y mantener un marco jurídico estable de fomento de las energías renovables. Con la sucesión de los años, estas "comunidades energéticas" han desempeñado un papel esencial en la transición energética de determinados Estados miembros.

Las Directivas que conforman el "cuarto paquete de la energía" no solo reconocen esta realidad —más bien conjunto de realidades diversas— sino que pretenden trasladarla al resto de Estados miembros. Esta regulación destaca por su permanente apelación al consumidor y a lo "local y regional"[2], a la vez que pretende facilitar la aceptación de los proyectos de energías renovables[3], así como movilizar capital privado[4]. Surgen así tanto las comunidades ciudadanas de energía, que son objeto de regulación en la Directiva 2019/944/UE, sobre normas comunes para el mercado interior de la electricidad (DMIE), como las comunidades de energías renovables establecidas en la Directiva 2018/2001/UE, relativa al fomento del uso de energía procedente de fuentes renovables (en adelante DFER). La

---

1 Sobre el apoyo de las autoridades públicas al fenómeno, vid. RESCOOP: «The energy transition to energy democracy. Power to people» [en línea], (2015), p. 52 <https://www.rescoop.eu/uploads/rescoop/downloads/REScoop-Energy-Transition-to-Energy-Democracy-English.pdf> [Consulta: 18/06/2024]

2 *Vid.* GALERA RODRIGO, S., "Energía: Transición energética, fase II", en LÓPEZ RAMÓN, F. (coord.), *Observatorio de Políticas Ambientales 2019*, CIEMAT, Madrid, 2019, p. 762. El citado trabajo ofrece una excelente visión sintética del paquete.

3 Respecto a la ausencia de aceptación social como freno al despliegue de las energías renovables, *vid.* DEVINE-WRIGHT, P., "Beyond NIMBYism: towards an Integrated Framework from Undersanding Public Perceptions of Wind Energy", *Wind energy*, 8, 2005, pp. 125-139. Doi: https://doi.org/10.1002/we.124. Más recientemente, REN21: «Renowables 2020 Global Status Report» [en línea], (s.f.), pp. 198 y ss <https://www.ren21.net/gsr-2020/> [Consulta: 18/06/2024] *Vid.* considerando 70 DFER.

4 Sobre la capacidad de movilización de capital privado por las comunidades de energía, *vid.*, COMISIÓN EUROPEA, "Establecer un nuevo acuerdo para los consumidores de energía" (Comunicación) COM(2015) 339 final, 15 de julio de 2015.

transposición de estas previsiones, que adolecen de cierta complejidad, supone un auténtico reto para Estados como el nuestro, con escasa tradición en las formas de energía participativa[5].

Pues bien, de forma prácticamente paralela a la aprobación de las últimas normas que integran el llamado "cuarto paquete de la energía", en diciembre de 2019, la Comisión presentó su Comunicación *El Pacto Verde Europeo*[6], una estrategia que no tiene parangón en la historia de las políticas públicas[7] y cuyo objetivo es que se convierta a la Unión Europea en la primera economía mundial baja en carbono (climáticamente neutra para 2050) y circular. El documento anunciaba que a más tardar en el verano de 2020 la Comisión presentaría un plan que elevará el objetivo de reducción de las emisiones de gases de efecto invernadero de aquí a 2030 al 50%, como mínimo, y hacia el 55% en 2050 con respecto a los niveles de 1990. Para lograr esas reducciones adicionales de las emisiones, era preciso revisar todos los instrumentos de actuación pertinentes relacionados con el clima.

Resultaba previsible que esta reforma pretendiera incrementar la participación de consumidor y de las comunidades en las que se integra en el mercado de la energía. Así, por ejemplo, la Comunicación de 19 de septiembre de 2020, *Intensificar la ambición climática de Europa para 2030: Invertir en un futuro climáticamente neutro en beneficio de nuestros ciudadanos*[8] destacaba que:

> [L]as energías renovables darán lugar a un alto grado de descentralización al ofrecer oportunidades para que los consumidores participen, los "prosumidores" generen, usen y compartan la energía por sí mismos, y las comunidades locales, y especialmente rurales, fomenten las inversiones locales en energías renovables. Ello, además, fomentará el empleo local.

---

5 El término "energía participativa" se utiliza en muchas ocasiones ligado a las comunidades energéticas, si bien no tiene un contenido jurídico nítidamente definido. Sobre el mismo, GALLEGO CÓRCOLES, I., *Comunidades de energía y transición energética*, Aranzadi, Pamplona, 2022, p. 61.

6 COMISIÓN EUROPEA, "El Pacto Verde Europeo" (Comunicación) COM(2019) 640 final, 11 de diciembre de 2019.

7 DE SADELEER, N., "Balance moderado del Pacto Verde Europeo: ¿vaso medio vacío o medio lleno?", *Actualidad Jurídica Ambiental*, 146, 2024, p. 4.

8 COMISIÓN EUROPEA, "Intensificar la ambición climática de Europa para 2030: Invertir en un futuro climáticamente neutro en beneficio de nuestros ciudadanos" (Comunicación) COM(2020) 562 final, 17 de septiembre de 2020.

Además, se anticipaba que:

> [L]a Comisión estudiará sistemas de capacitación para poner en marcha comunidades de energías renovables impulsadas por ciudadanos, financiadas por la UE y modelos de autoconsumo, para facilitar un mayor uso por parte de los consumidores y un desarrollo más rápido de las tecnologías de energías renovables descentralizadas.

De esta forma, se refuerza la idea que ya estaba presente en el paquete de invierno de situar a la ciudanía en el centro de la transición energética.

Por su parte, en diciembre de 2020, el Consejo decidió aumentar la ambición climática de la UE para 2030 hasta una reducción de al menos el 55% respecto a 1990[9]. Finalmente, a través del Reglamento 2021/1119/UE por el que se establece el marco para lograr la neutralidad climática y se modifican los Reglamentos 401/2009/CE y 2018/1999/UE (Legislación europea sobre el clima) se establece el objetivo de neutralidad climática. Así, las emisiones y absorciones de gases de efecto invernadero reguladas en el derecho europeo estarán equilibradas dentro de la Unión a más tardar en 2050, por lo que en esa fecha las emisiones netas deben haberse reducido a cero y, a partir de entonces, la Unión tendrá como objetivo lograr unas emisiones negativas[10]. Como objetivos intermedios, el objetivo climático vinculante de la Unión para 2030 consistirá en una reducción interna de las emisiones netas de gases de efecto invernadero (emisiones una vez deducidas las absorciones) de, al menos, un 55% con respecto a los niveles de 1990, de aquí a 2030[11].

Para garantizar el cumplimiento de esta norma, la Comisión presentó la Comunicación "Objetivo 55: cumplimiento del objetivo climático de la UE para 2030 en el camino hacia la neutralidad climática"[12], así como un ambicioso conjunto de propuestas legislativas encaminadas a revisar y actualizar la legislación de la UE (en adelante paquete "fit for 55"). Poco después, la guerra de agresión de Rusia contra Ucrania tiene como consecuencia la aprobación de la Comunicación de la Comisión, de 18 de mayo de 2022,

---

9 CONSEJO EUROPEO: «European Council meeting (10 and 11 December 2020) – Conclusions» [en línea], (2020), <https://www.consilium.europa.eu/media/47296/1011-12-20-euco-conclusions-en.pdf> [Consulta: 18/06/2024]

10 Artículo 2.

11 Artículo 4.

12 COMISIÓN EUROPEA, "«Objetivo 55»: cumplimiento del objetivo climático de la UE para 2030 en el camino hacia la neutralidad climática" (Comunicación) COM(2021) 550 final, 17 de julio de 2021.

Plan REPowerEU[13], que trata de reducir rápidamente la dependencia de la UE los combustibles fósiles rusos acelerando la transición hacia una energía limpia y uniendo fuerzas para lograr un sistema energético más resiliente y una verdadera Unión de la Energía[14]. Basándose en el paquete de propuestas "Objetivo 55" y completando las acciones relativas a la seguridad del suministro y el almacenamiento de energía, el plan REPowerEU propone un conjunto adicional de medidas para ahorrar energía, diversificar los suministros; sustituir rápidamente los combustibles fósiles acelerando la transición hacia una energía limpia en Europa y combinar de forma inteligente inversiones y reformas. El plan contiene una serie de referencias a las comunidades de energía. Dentro de las medidas destinadas a la expansión del biometano se prevé la adopción de "medidas adicionales para animar a los productores de biogás a crear comunidades de energía". Además, pide a los Estados "que aceleren la transposición de la Directiva sobre la electricidad para permitir a los consumidores participar efectivamente en los mercados de la energía (individualmente o a través de comunidades de energía o sistemas de autoconsumo colectivo) para producir, autoconsumir, vender o compartir energías renovables". Finalmente, se insiste en que la lentitud y la complejidad de los procesos de concesión de permisos constituyen un obstáculo clave para impulsar la revolución de las energías renovables y para la competitividad de la industria de las energías renovables. En este sentido, la mayor aceptación ciudadana de los proyectos participativos puede resultar un estímulo para agilizar su implantación[15].

---

13 COMISIÓN EUROPEA, "Plan REPower EU" (Comunicación) COM(2022) 230 final, 18 de mayo de 2022.

14 *Vid.* FERNÁNDEZ DE GATTA, D., "Unión Europea: la aprobación del VIII Programa Ambiental, entre las consecuencias de la pandemia del COVID-19 y la invasión de Ucrania" en GARCÍA ÁLVAREZ, G. et al. (coords.), Observatorio de Políticas Ambientales 2023, BOE-CIEMAT, Madrid, 2023, pp. 51-82, y GALERA RODRIGO, S., "Transición energética en tiempos de policrisis (2021-2022)", en GARCÍA ÁLVAREZ, G. et al. (coords.), *Observatorio de Políticas Ambientales 2023*, BOE-CIEMAT, Madrid, 2023, pp. 403-444.

15 *Vid.* COMISIÓN EUROPEA: «Recomendación 2022/822/UE sobre la aceleración de los procedimientos de concesión de permisos para los proyectos de energías renovables y la facilitación de los contratos de compra de electricidad» [en línea], (2022), <https://eur-lex.europa.eu/legal-content/ES/TXT/HTML/?uri=CELEX:32022H0822> [Consulta: 12/06/2024] hoy derogada, presentada junto al plan REPowerEU.

Por lo demás, en la *Estrategia Solar de la UE* se dispone que la UE y los Estados miembros trabajarán al unísono para, entre otros objetivos, crear al menos una comunidad de energías renovables en cada municipio con una población superior a 10.000 habitantes de aquí a 2025[16]. Entre otras medidas, en el documento se anima a los Estados miembros a que hagan uso de la flexibilidad que ofrecen las nuevas Directrices sobre ayudas estatales en materia de clima, protección del medio ambiente y energía, incluidas las exenciones a los procedimientos obligatorios de licitación competitiva para los proyectos de comunidades de energías renovables con una capacidad instalada igual o inferior a 6 MW.

En definitiva, las comunidades energéticas siguen siendo una pieza fundamental para la consecución de los nuevos objetivos en materia de energía y clima, en la medida en la que están estrechamente vinculadas a una transición ecológica justa[17]. Lo que explica que, tras el paquete "fit for 55", se hayan intensificado las referencias a las comunidades de energía, especialmente a las comunidades de energías renovables.

En primer lugar, un elemento clave del paquete "fit for 55" es la revisión de la Directiva 2018/2001/UE, relativa al fomento del uso de energía procedente de fuentes renovables, lo que se materializa a través de la Directiva 2023/2413/UE por la que se modifican la Directiva 2018/2001/UE, el Reglamento 2018/1999/UE y la Directiva 98/70/CE en lo que respecta a la promoción de la energía procedente de fuentes renovables y se deroga la Directiva 2015/652/UE. Pues bien, en la propuesta original de la que después será Directiva 2023/2413/UE solo se establecía una nueva previsión relativa a las comunidades de energías renovables en relación con la integración de la energía renovable en edificios, instando a los Estados miembros a que adoptasen medidas relativas a comunidades de energías renovables[18], lo que resultaba coherente con la propuesta de Directiva sobre eficiencia energética en edificios[19]. Ahora bien, tanto el Comité Económico y Social Europeo

16 COMISIÓN EUROPEA, "Estrategia de Energía Solar de la UE" (Comunicación) COM(2022) 221 final, 18 de mayo de 2022.

17 En este sentido, COMISIÓN EUROPEA, «Recomendación del Consejo para garantizar una transición justa hacia la neutralidad climática» [en línea], (2022), <https://eur-lex.europa.eu/legal-content/ES/TXT/HTML/?uri=CELEX:32022H0627(04)> [Consulta: 12/06/2024]

18 *Vid.* Apartado 2, artículo 15 *bis*.

19 Vid. *infra*.

(CESE) [20] como el Comité Europeo de las Regiones (CER) [21] llamaron la atención sobre la necesidad de profundizar en una línea de reforma —el fomento de las comunidades de energías renovables— que estaba ya prevista en el paquete de medidas "energía limpia". Sobre estas incidieron igualmente parte de las enmiendas del Parlamento. En la versión final de la norma se intensifican las referencias a las comunidades de energías renovables, si bien no se modifican los artículos originales en los que se establece su definición y régimen jurídico.

Por su parte, las normas a través de las cuales se culmina la reforma del mercado europeo de la electricidad se han aprobado recientemente. Se trata del Reglamento 2024/1747/UE por el que se modifican los Reglamentos 2019/942/UE y 2019/943/UE en relación con la mejora de la configuración del mercado de la electricidad de la Unión y la Directiva 2024/1711/UE por la que se modifican las Directivas 2018/2001/ UE y 2019/944/UE en relación con la mejora de la configuración del mercado de la electricidad de la Unión. La reforma tiene como objetivo conseguir precios de la electricidad asequibles y competitivos para todos los consumidores, fomentando la inversión en tecnologías limpias. Pues bien, durante el proceso de reforma se puso de relieve la necesidad de

---

20 COMITÉ ECONÓMICO Y SOCIAL EUROPEO, «Dictamen del Comité Económico y Social Europeo sobre la propuesta de Directiva del Parlamento Europeo y del Consejo por la que se modifican la Directiva (UE) 2018/2001 del Parlamento Europeo y del Consejo, el Reglamento (UE) 2018/1999 del Parlamento Europeo y del Consejo y la Directiva 98/70/CE del Parlamento Europeo y del Consejo en lo que respecta a la promoción de la energía procedente de fuentes renovables y se deroga la Directiva (UE) 2015/652 del Consejo» [en línea], (2021), <https://eur-lex.europa.eu/legal-content/ES/ALL/?uri=CELEX:52021AE3123> [Consulta: 12/06/2024].

21 El CER lamentaba la decisión de no modificar el artículo sobre las comunidades de energías renovables a la luz de las lecciones aprendidas de la transposición y la falta de nuevas disposiciones para facilitar la concesión de permisos, reducir los obstáculos administrativos y otros factores que inhiben el acceso a la red, así como para mejorar el despliegue de tecnologías como las solares térmicas y fotovoltaicas, hidráulicas, eólicas y geotérmicas (apartado 11). El CER, además, entre otros aspectos de interés, destacó la importancia de la red eléctrica de baja y media tensión, para la que deben crearse las infraestructuras necesarias para una multitud de nuevos productores descentralizados que inyecten electricidad al sistema (apartado 13). COMITÉ EUROPEO DE LAS REGIONES, «Modificar la Directiva sobre fuentes de energía renovables con el fin de cumplir los nuevos objetivos climáticos para 2030» [en línea], (2022), <https://eur-lex.europa.eu/legal-content/ES/TXT/?uri=uriserv%3AOJ.C_.2022.301.01.0184.01.SPA&toc=OJ%3AC%3A2022%3A301%3AFULL> [Consulta: 12/06/2024].

apoyar soluciones emergentes como las comunidades de energía[22]. Sobre éstas incide la reforma de la DMIE. Por primera vez se incluyen referencias a las comunidades de energías renovables. Además, se establecen algunas normas adicionales dirigidas a éstas y a las comunidades ciudadanas de energía, sin que se introduzcan modificaciones a los preceptos que establecieron las bases de la regulación jurídica de estas últimas en 2019.

Finalmente, la nueva revisión de la normativa relativa a la eficiencia energética de los edificios ha tenido lugar a través de la Directiva 2024/1275/UE relativa a la eficiencia energética de los edificios (refundición) —en adelante DEEE—. Por su parte, también se ha aprobado la Directiva 2023/1791/UE relativa a la eficiencia energética y por la que se modifica el Reglamento 2023/955/UE (versión refundida) —en adelante DEE—. Ambas normas establecen referencias a las comunidades energéticas, si bien con un alcance algo dispar.

Junto a lo anterior, la UE no se ha limitado a introducir medidas regulatorias respecto a las comunidades energéticas, sino también de apoyo financiero. El Reglamento 2023/955/UE por el que se establece un Fondo Social para el Clima y se modifica el Reglamento 2021/1060/UE prevé que en los planes sociales para el clima nacionales, que son objeto de cofinanciación, se incluyan inversiones relativas a la integración de la generación y el almacenamiento de energías renovables, en particular mediante las comunidades de energías renovables, las comunidades ciudadanas de energía y otros clientes activos para promover la adopción del autoconsumo de energía renovable.

2. LA PRIMERA GENERACIÓN DE NORMATIVA EUROPEA SOBRE COMUNIDADES ENERGÉTICAS: EL ESTABLECIMIENTO DE LAS BASES DE SU RÉGIMEN JURÍDICO

2.1. Planteamiento

Como ya se ha destacado, el concepto y los elementos caracterizadores del régimen jurídico de las comunidades de energía proceden de la primera versión de la DFER y DMIE, sin que sobre estos elementos las sucesivas

---

[22] *Vid.* resultados de la consulta específica en línea con las partes interesadas del 15 de febrero de 2023.

reformas hayan incidido. La regulación europea, por lo demás, es el resultado de un proceso legislativo algo tortuoso[23], que explica en determinadas ocasiones su elevado grado de complejidad.

Aunque en principio la definición de comunidades ciudadanas de energía es más amplia que la de comunidades de energías renovables, ambos son dos tipos de comunidades energéticas que gozan de autonomía, constituyendo dos especies de un mismo género, al que hemos denominado convencionalmente "comunidades de energía". Entre sí se diferencian no solo por los elementos constitutivos de cada categoría, sino también por las ligeras diferencias entre derechos y obligaciones de las comunidades y sus miembros —al menos en el plano europeo— y por el desigual papel que se otorga a los Estados miembros a la hora de proteger y fomentar a uno y otro tipo de comunidades.

2.2. Comunidades de energías renovables y comunidades ciudadanas de energía: delimitación conceptual

El Derecho de la Unión Europea reconoce dos tipos de comunidades de energía. En primer lugar, el art. 2.16 DFER define a la comunidad de energías renovables como:

> [U]na entidad jurídica:
>
> que, con arreglo al Derecho nacional aplicable, se base en la participación abierta y voluntaria, sea autónoma y esté efectivamente controlada por socios o miembros que están situados en las proximidades de los proyectos de energías renovables que sean propiedad de dicha entidad jurídica y que esta haya desarrollado;
>
> cuyos socios o miembros sean personas físicas, pymes o autoridades locales, incluidos los municipios;
>
> cuya finalidad primordial sea proporcionar beneficios medioambientales, económicos o sociales a sus socios o miembros o a las zonas locales donde opera, en lugar de ganancias financieras.

El concepto de comunidad ciudadana de energía se contiene en el art. 2.11 DMIE. Según este precepto, a efectos de dicha norma se entenderá por "comunidad ciudadana de energía", una entidad jurídica que:

---

[23] Vid. GALLEGO CÓRCOLES, I., *Comunidades de energía...*, *op. cit.*, pp. 74-85 y 113-124.

a) se basa en la participación voluntaria y abierta, y cuyo control efectivo lo ejercen socios o miembros que sean personas físicas, autoridades locales, incluidos los municipios, o pequeñas empresas,

b) cuyo objetivo principal consiste en ofrecer beneficios medioambientales, económicos o sociales a sus miembros o socios o a la localidad en la que desarrolla su actividad, más que generar una rentabilidad financiera, y

c) participa en la generación, incluida la procedente de fuentes renovables, la distribución, el suministro, el consumo, la agregación, el almacenamiento de energía, la prestación de servicios de eficiencia energética o, la prestación de servicios de recarga para vehículos eléctricos o de otros servicios energéticos a sus miembros o socios.

De esta forma, en los dos tipos de comunidades energéticas concurren rasgos solo parcialmente coincidentes. Por un lado, existen notables elementos comunes: a) personalidad jurídica básica; b) ausencia de ánimo de lucro como causa principal de la entidad; y, c) carácter abierto y voluntario de la condición de miembro. Por otro, existen también importantes diferencias. Las más importantes afectan a las condiciones de la base social y control —a las que nos referiremos después—, así como a la circunstancia de que solo las comunidades de energías renovables son autónomas respecto a sus miembros[24].

Las diferencias conceptuales se explican en función de los distintos objetivos que se contienen en la DFER —que se ocupa de las comunidades de energías renovables— frente a la DMIE —que regula a las comunidades ciudadanas de energía—.

Una de las razones que motivan su aprobación de la DFER es la necesidad de reforzar los mecanismos de apoyo para conjurar el riesgo —en aquel momento real— de que no se cumpliesen los objetivos en materia de energías renovables que se había autoimpuesto la UE. Sin embargo, una de las líneas de la reforma, la orientación cada vez más al mercado de esos sistemas de apoyo, perjudicaba a las comunidades de generación de renovables que —como hemos señalado— se desarrollaban con éxito en determinados Estados miembros. Todo ello, determinará no solo que

---

24 El principio de autonomía es uno de los principios cooperativos fijados por la Alianza Cooperativa Internacional. Según la declaración de Manchester de 1995, "las cooperativas son organizaciones autónomas de autoayuda, gestionadas por sus socios. Si firman acuerdos con otras organizaciones, incluidos los gobiernos, o si consiguen capital de fuentes externas, lo hacen en términos que aseguren el control democrático por parte de sus socios y mantengan su autonomía cooperativa".

las comunidades de energías renovables sean objeto de regulación expresa en la Directiva —que pretende establecer un marco facilitador—, sino también que estas finalidades tengan reflejo en sus requisitos constitutivos. En este sentido, con el propósito de que las comunidades de energías renovables constituyan un instrumento para vencer ciertas resistencias a la implantación de proyectos de energía limpia, se impide participar en ésta a las grandes empresas[25]. Además, el control de la entidad debe recaer en miembros que tengan carácter local, entendiendo por tales los que se ubican en las proximidades de los proyectos. Finalmente, para posibilitar que las comunidades de energías renovables constituyan un instrumento útil de captación de financiación privada se permite que estas entidades tengan ánimo de lucro, si bien el lucro no ha de ser la razón principal de su creación.

Por su parte, como es propio del ámbito regulatorio que le corresponde, a la DMIE no preocupa tanto fomentar la creación de comunidades de energía como eliminar los obstáculos normativos y de todo tipo que impiden a estas entidades participar como actores en el mercado. Dicho en otros términos, se pretende garantizar que las reglas del juego del mercado no les afecten negativamente ya que en algunos Estados se había detectado una regulación poco favorable a este tipo de proyectos[26].

Al margen de este cambio perspectiva en la regulación, en la DMIE se amplía el enfoque con el que analiza el fenómeno. Las comunidades de energía —en sentido amplio— abarcan ya en aquella fecha todo tipo de actividades en el mercado, pues los avances técnicos hacen que sean posible iniciativas muy distintas, como las cooperativas de consumidores. En consecuencia, la regulación de la DMIE no tiene como único referente las experiencias de generación local de energía a través de fuentes renovables. Por ello, se permite que formen parte de las comunidades ciudadanas de energía todo tipo de entidades, incluidas grandes empresas. Asimismo, en su caracterización desaparece cualquier vínculo de carácter local. No obstante, como estas entidades son dignas de protección en cuanto expresión de energía participativa, se siguen estableciendo límites respecto a su causa y formas de control. Así, al igual que las comunidades de energía renovables, el ánimo de lucro no ha de ser la causa

---

25 Según el art. art. 2.16 DFER, solo pueden ser socios de las comunidades de energías renovables personas físicas, pymes o autoridades locales, incluidos los municipios.

26 *Vid.* Considerando 46.

principal de su creación. Además, el control la entidad ha de recaer en ciudadanos, pequeñas empresas y entes locales.

Como resultado de lo anterior, la relación conceptual entre comunidades de energías renovables y comunidades ciudadanas de energía es de yuxtaposición. El concepto de "comunidades ciudadanas de energía" —expresión no excesivamente feliz[27]— es en principio más amplio que el de "comunidades de energía renovable", por lo que tendencialmente buena parte de las comunidades de energías renovables constituirán simultáneamente comunidades ciudadanas de energía[28]. No obstante, existen algunas variantes de aquellas que no tienen cabida en estas últimas. Por un lado, desde el punto de vista de la actividad, la DMIE solo se ocupa materialmente del sector de la energía eléctrica. Pero una comunidad de energías renovables puede tener como ámbito de actuación material otro tipo de energía (por ejemplo, la energía térmica). Por otro lado, la caracterización de las comunidades de energía se hace en ambas Directivas empleando criterios heterogéneos como son la base social y los elementos de control social. Pues bien, existe una determinada composición social que tiene cabida en las comunidades de energías renovables, pero no en las comunidades ciudadanas de energía: aquella entidad en cuyo control participasen medianas empresas.

2.3. Régimen jurídico de las comunidades de energía

Como acabamos de señalar, la DFER y la DMIE incluyen dos conceptos distintos de comunidad de energía, con elementos que se yuxtaponen. De forma coherente, el conjunto de derechos y obligaciones que se atribuye a cada uno de los tipos de comunidades energéticas es solo parcialmente coincidente. En concreto:

1. Tanto comunidades de energías renovables como comunidades ciudadanas de energía tienen derecho a acceder a los mercados de forma no discriminatoria[29].

[27] Adviértase que ni la participación en las comunidades se limita a las personas físicas, ni estas necesariamente han de mantener el control sobre las mismas.

[28] Como tuve ocasión de explicar en otro lugar, en las propuestas originales de la Comisión entre ambos tipos de comunidades existía una relación de complementariedad. No obstante, en los textos finalmente aprobados esta relación se desvanece. *Vid.* GALLEGO CÓRCOLES, I., *Comunidades de energía…*, *op. cit.*, pp. 147 y ss.

[29] Art. 16.3b) DMIE y art. 22.4 c) DFER.

2. Tanto unas comunidades como otras tienen derecho a compartir entre sus miembros la energía producida en las instalaciones de la comunidad, con la colaboración del gestor de la red, aunque solo se prevé que este reciba una compensación justa en el caso de las comunidades ciudadanas de energía[30].

3. Aunque ambos tipos de comunidades están sometidos a procedimientos justos, proporcionadas y transparentes, el régimen tarifario en principio es diferente. Para las comunidades ciudadanas de energía, las tarifas deben reflejar "los costes de conformidad con el artículo 18 del Reglamento (UE) 2019/943, y que garanticen que contribuyan de manera adecuada y equilibrada al reparto general de los costes del sistema". El régimen de las comunidades de energías renovables en principio es más favorable, ya que están sometidas a "tarifas de la red que reflejen los costes, así como a los pertinentes cargos, gravámenes e impuestos, garantizando que contribuyen, de forma adecuada, *justa* y equilibrada, al reparto del coste global del sistema de acuerdo con un análisis coste-beneficio transparente de los recursos energéticos distribuidos, elaborado por las autoridades nacionales competente"[31].

4. Solo las comunidades ciudadanas de energía serían responsables de los desvíos que causen al sistema[32].

5. Solo respecto a estas últimas se prevé expresamente que los Estados miembros puedan concederles el derecho a gestionar redes de distribución[33] aunque esta posibilidad estaría igualmente implícita en el ámbito de las comunidades de energías renovables[34] .

2.4. Obligaciones impuestas a los Estados respecto a las comunidades de energía

Aun resultando notables las diferencias en el elenco de derechos y obligaciones de las comunidades de energía, éstas se agudizan en el ámbito de las obligaciones que las Directivas imponen a los Estados respecto a, por un lado, comunidades de energías renovables y, por otro, comunidades

---

30 Art. 16.1.d) y art. 22.4.c) DFER.

31 Art. 22.4.d) DFER.

32 Art. 16.3.c) DMIE.

33 Art. 16.2.b) DMIE.

34 Art. 22.2.e) DFER.

ciudadanas de energía. En este sentido, a las comunidades de energías renovables se ha reconocido un régimen jurídico hasta cierto punto privilegiado en el derecho de la Unión Europea. Así, las obligaciones de los Estados miembros respecto a las comunidades ciudadanas de energías se limitan a garantizar su acceso al mercado en condiciones de igualdad, para lo que se les exige establecer un "marco jurídico favorable" que les permita realizar sus actividades. En el caso de las comunidades de energías renovables, el art. 21 DFER obliga además a los Estados a desempeñar un papel más activo, pues se les encomienda el establecimiento de un "marco facilitador" que permita fomentar y facilitar el desarrollo de las comunidades de energías renovables. Marco jurídico en el que han de contenerse una serie de elementos, siendo tres los más destacables:

1. Se han de abordar medidas para facilitar el acceso a la financiación.
2. Los Estados miembros "tendrán en cuenta" las particularidades de las comunidades de energías renovables al crear sistemas de apoyo, a fin de que estas puedan competir por el apoyo en pie de igualdad con otros participantes en el mercado.
3. Se ha de proporcionar apoyo reglamentario y de refuerzo de capacidades a las autoridades públicas para propiciar y crear comunidades de energías renovables, así como para ayudar a las autoridades a participar directamente.

El establecimiento del marco facilitador de las comunidades de energías renovables es de gran importancia para el derecho de la UE. Téngase en cuenta que la exposición de los elementos del "marco facilitador" de las comunidades de energías renovables es uno de los contenidos obligatorios de los Planes Nacionales Integrados de Energía y Clima[35]. Sobre los contenidos de estos planes ostenta una función directiva la Comisión Europea, control que tiende a realizar de un modo más o menos efectivo[36].

---

[35] Regulados en Reglamento 2018/1999/UE sobre la gobernanza de la Unión de la Energía y de la Acción por el Clima.

[36] De hecho, el ejecutivo español modificó el primer borrador de PNIEC (fechado en febrero de 2019) en relación con las comunidades de energías renovables precisamente como consecuencia de la Recomendación de 18.6.2019 sobre el proyecto de PNIEC. *Vid.* COMISION EUROPEA, «Assessment of the draft National Energy and Climate Plan of Spain. Accompanying the document Commission Recommendation on the draft integrated National Energy and Climate Plan of Spain covering the period 2021-2030» [en línea], (2019), <https://energy.ec.europa.eu/system/files/2019-06/es_swd_en_0.pdf> [Consulta: 12/06/2024]

3. LAS COMUNIDADES ENERGÉTICAS TRAS EL "PAQUETE FIT FOR 55"

3.1. Planteamiento

En la evaluación realizada en 2020, a escala de la UE, de los planes nacionales de energía y clima, la Comisión invitaba a los Estados miembros a agilizar y aprovechar mejor, entre otras, las medidas relativas a garantizar que los ciudadanos puedan formar parte de comunidades de energías renovables[37]. Estudios recientes sugieren que, pese los efectos positivos que ha tenido la legislación europea de 2019, las comunidades de energías siguen experimentando barreras tales como problemas con el acceso a la red, la falta de oportunidades de financiación y los complejos procedimientos administrativos y reglamentarios[38], tal y como se había sugerido en documentos anteriores[39].

Las disposiciones sobre comunidades de energía surgidas del paquete "Fit for 55", sin alterar el marco establecido en las versiones originales de las DFER y DMIE, pretenden vencer estos obstáculos, estableciendo algunas disposiciones dirigidas a tal fin. Asimismo, tratan de dotar de mayor visibilidad al potencial de las comunidades energéticas en distintos sectores. Finalmente, se contiene una alusión puntual al uso de la contratación pública con carácter estratégico.

---

37 COMISIÓN EUROPEA: «An EU-wide assessment of National Energy and Climate Plans: Driving forward the green transition and promoting economic recovery through integrated energy and climate planning» (Comunicación) COM(2020) 564 final, 17 de septiembre de 2020.

38 COMISION EUROPEA, «Report: Barriers and action drivers for the development of energy communities & their activities» [en línea], (2024), <https://circabc.europa.eu/ui/group/8f5f9424-a7ef-4dbf-b914-1af1d12ff5d2/library/22055ff9-1f49-41f8-a321-cbf20ca3d316/details> [Consulta: 12/06/2024].

39 Entre otros, COMITÉ EUROPEO DE LAS REGIONES, «Transición ecológica: ¿Qué equilibrio se necesita entre aceptabilidad social y los imperativos medioambientales desde el punto de vista de las ciudades y regiones con vistas a construir comunidades resilientes?» [en línea], (2022), <https://eur-lex.europa.eu/legal-content/ES/TXT/?uri=uriserv:OJ.C_.2022.375.01.0034.01.SPA> [Consulta: 12/06/2024].

En todo caso, todas estas disposiciones se encuentran dispersas en distintas normas. A efectos de este estudio, se han agrupado por bloques temáticos.

3.2. Eliminación de obstáculos y restricciones injustificadas a las comunidades de energía como actores en el mercado

3.2.1. Refuerzo de las obligaciones de las autoridades reguladoras de la energía

El nuevo artículo 59.1. z) de la DMIE amplía las obligaciones de las autoridades reguladoras respecto a las comunidades de energía. Según el nuevo tenor del precepto, estas tendrán como obligación:

> [C]ontrolar la eliminación de los obstáculos y restricciones injustificados al desarrollo del consumo de electricidad autogenerada, del consumo de energía compartida, de las comunidades de energías renovables y de las comunidades ciudadanas de energía, incluidos los obstáculos y las restricciones que impiden la conexión de la generación de energía distribuida flexible en un plazo razonable, de conformidad con lo dispuesto en el artículo 58, letra d)[40].

Las modificaciones introducidas en el precepto respecto a su versión original son dos: por un lado, se incluye en el ámbito de la obligación a las comunidades de energías renovables, opción técnicamente correcta ya que, como señalamos, aunque el concepto de comunidad ciudadana de energía es más amplio e incluye a buena parte de las comunidades de energías renovables, no existen entre ambos conceptos una relación entre género y especie. Por otro lado, se llama la atención sobre uno de los ámbitos que mayores obstáculos representa para el desarrollo de las comunidades energéticas: el acceso a redes, cuestión que se aborda en el subepígrafe siguiente.

3.2.2. Apoyo a la integración de la energía generada por las comunidades de energía en el sistema

Unas de las barreras más importantes que experimentan las comunidades de energías renovables es la integración de la energía que producen en el sistema. En este sentido, tal y como señala el considerando 58 Directiva

---

[40] El art. 58, letra d), no ha sido objeto de modificación.

2023/2413/UE, como principio general, los Estados miembros deben garantizar unas condiciones de competencia equitativas para los pequeños sistemas descentralizados de generación y almacenamiento de electricidad.

Pues bien, el nuevo artículo 20 *bis* DFER, relativo al apoyo a la integración de la energía renovable, establece en su primer apartado que los Estados miembros exigirán que los gestores de redes de transporte y —si tienen los datos a su disposición— los gestores de redes de distribución de su territorio faciliten los datos relativos a la cuota de electricidad renovable y al contenido de emisiones de gases de efecto invernadero de la electricidad que suministran en cada zona de ofertas de la forma más exacta posible en intervalos iguales a la frecuencia de transacción del mercado pero no superiores a una hora, con proyecciones cuando estén disponibles. Además, en caso de que sea técnicamente posible, los gestores de redes de distribución también facilitarán datos anónimos y agregados sobre el potencial de respuesta a la demanda y sobre la electricidad renovable generada e inyectada a la red por los autoconsumidores y las comunidades de energías renovables. Por su parte, el apartado quinto dispone que:

> [L]os Estados miembros garantizarán que el marco normativo nacional permita a los sistemas pequeños o móviles, como las baterías domésticas y los vehículos eléctricos, y a otras pequeñas fuentes de energía descentralizadas participar en los mercados de la electricidad, también en la gestión de la congestión y la prestación de servicios de flexibilidad y balance, también a través de la agregación. A tal fin, los Estados miembros colaborarán estrechamente con todos los participantes en el mercado y con las autoridades reguladoras para fijar los requisitos técnicos para la participación en los mercados de la electricidad, a partir de las características técnicas de dichos sistemas.
>
> Los Estados miembros establecerán unas condiciones de competencia equitativas y una participación en los mercados de la electricidad no discriminatoria para los pequeños activos o sistemas energéticos descentralizados o móviles.

En realidad, el contenido de la Directiva no es excesivamente ambicioso, ya que, como punto de partida, exige a los gestores de redes comenzar a publicar información sobre potenciales mercados de flexibilidad, además, de exigir que los marcos regulatorios se modifiquen de forma que los sistemas energéticos descentralizados puedan participar en estos mercados de la electricidad.

De esta forma, estas medidas deberían completarse a nivel nacional para ser realmente efectivas. En este sentido, en las "Orientaciones para los Estados miembros sobre buenas prácticas para acelerar los procedimientos de concesión de permisos para proyectos de energías renovables y de infraestructuras conexas"[41] se insiste en que los operadores del sistema también pueden abordar los problemas de capacidad de la red ofreciendo conexiones flexibles, lo que permite restringir el acceso a la red en momentos de máxima carga. Alternativamente, los operadores de la red deberían aprovechar el potencial de flexibilidad de los productores distribuidos, los clientes activos y las comunidades energéticas desarrollando mercados locales de flexibilidad.

Por lo demás, las cuestiones relativas al acceso a la red son igualmente objeto de atención por parte de la revisión de la DMIE, cuyo ámbito de aplicación son tanto comunidades de energías renovables como comunidades ciudadanas de energía. Como ya hemos señalado, las autoridades reguladoras tienen ahora expresamente la obligación de controlar la eliminación de los obstáculos y restricciones de las comunidades de energías renovables y de las comunidades ciudadanas de energía, incluidos los obstáculos y las restricciones que impiden la conexión de la generación de energía distribuida flexible en un plazo razonable.

Por otro lado, el nuevo apartado 2 del artículo 31 DMIE, relativo a las funciones de los gestores de redes de distribución, incluye expresamente una referencia a las comunidades de energías renovables y las comunidades ciudadanas de energía, como sujetos que no pueden ser objeto de discriminación por parte de los gestores de red. Además, aunque se trata de una medida con carácter general, el nuevo apartado 3 del art. 31 DMIE dispone que los gestores de redes de distribución proporcionarán a los usuarios de éstas la información que necesiten para acceder a la red y utilizarla de forma eficiente. En particular, los gestores de redes de distribución publicarán, de manera transparente, información clara sobre la capacidad disponible para nuevas conexiones en su zona de operación con una elevada granularidad espacial que respete la seguridad pública y la confidencialidad de los datos, incluidas la capacidad objeto de solicitudes de conexión y la posibilidad de conexión flexible en zonas congestionadas. La publicación incluirá información relativa a los criterios para calcular la capacidad disponible para nuevas

---

41 COMISION EUROPEA, «Guidance to the Member States on good practices to speed up permit-granting procedures for renewable energy and related infrastructure projects» [en línea], (2024), <https://energy.ec.europa.eu/document/download/ad850f73-ab84-4ce1-9e66-7430f8f0c7e5_en?filename=SWD_2024_124_1_EN_autre_document_travail_service_part1_v3.pdf> [Consulta: 12/06/2024]. Documento en inglés.

conexiones. Los gestores de redes de distribución actualizarán dicha información de forma periódica, al menos mensualmente[42].

Aunque su análisis desbordaría el objeto de este estudio, ha de tenerse en cuenta que el Reglamento 2024/1747/UE introduce una serie de medidas para facilitar a integración de fuentes de energía renovable variable en el sistema eléctrico al coste más bajo, medidas que afectan tanto a hora del cierre del mercado interzonal intradiario y como a la reducción del tamaño mínimo de la oferta. El éxito de estas medidas redundará en el las comunidades energéticas.

3.2.3. Medidas de simplificación administrativa

Una de las principales dificultades que experimentan las comunidades de energía radican en la existencia de cargas administrativas desproporcionadas. En este sentido, en la revisión de la DFER se introducen dos medidas de simplificación de ámbito muy distinto. En primer lugar, el nuevo artículo 16 quinquies, en su apartado 2, dispone que:

> Los Estados miembros velarán por que el procedimiento de concesión de autorizaciones para la instalación de equipos de energía solar con una capacidad igual o inferior a 100 kW, incluidos los autoconsumidores de energías renovables y las comunidades de energías renovables, no sea superior a un mes. La ausencia de respuesta por parte de las autoridades o entidades competentes en el plazo establecido que sigue a la presentación de una solicitud completa dará lugar a que se considere concedida la autorización, siempre que la capacidad del equipo de energía solar no supere la capacidad existente de la conexión a la red de distribución.
>
> Cuando la aplicación del umbral de capacidad a que se refiere el párrafo primero genere una carga administrativa significativa o limitaciones en el funcionamiento de la red eléctrica, los Estados miembros podrán aplicar un umbral de capacidad inferior siempre que se mantenga por encima de 10,8 kW.

---

42 Además, los gestores de redes de distribución proporcionarán, de manera transparente, información clara a los usuarios de las redes sobre el estado y el tratamiento de sus solicitudes de conexión. Proporcionarán esta información en un plazo de tres meses a partir de la presentación de la solicitud. Cuando la conexión solicitada no se conceda ni se rechace definitivamente, los gestores de las redes de distribución actualizarán dicha información de forma periódica, al menos trimestralmente.

Como se puede observar, aunque se haga expresa referencia a las comunidades de energías renovables, la nueva disposición no constituye una medida destinada a estas últimas, por lo que no les otorga en este ámbito ningún tipo de régimen privilegiado[43]. De esta forma, como medida de simplificación puede resultar claramente insuficiente. De hecho, la Recomendación 2024/1343/UE de la Comisión, relativa a la aceleración de los procedimientos de concesión de autorizaciones para proyectos de energía renovable y de infraestructuras conexas, sigue insistiendo en que:

> 11. Los Estados miembros deben aplicar procedimientos simplificados de concesión de autorizaciones y requisitos de concesión de autorizaciones proporcionados para las comunidades ciudadanas de energía y las comunidades de energías renovables, así como para la conexión a la red de centrales de propiedad comunitaria, y reducir al mínimo los procedimientos y requisitos de concesión de licencias de producción y los permisos o certificaciones de operación similares, garantizando al mismo tiempo el cumplimiento del derecho de la UE.

Al aplicar las recomendaciones de los puntos 8 a 11, la Recomendación de la Comisión anima a los Estados miembros a que tengan en cuenta las prácticas descritas en la sección 5, letra c), y la sección 6, letra a), de las orientaciones que figuran en el SWD asociado a la Recomendación, esto es, al documento "Orientaciones para los Estados miembros sobre buenas prácticas para acelerar los procedimientos de concesión de permisos para proyectos de energías renovables y de infraestructuras conexas"[44]. El nivel de concreción de este último documento sigue siendo escaso, si bien se indican algunas buenas prácticas —como el caso irlandés, en el que se prevén formas de conexión privilegiadas específicas para las comunidades de energía—. Asimismo, se destacan las medidas que permitan que las comunidades locales se beneficien de las instalaciones de energías renovables en sus inmediaciones, lo que puede lograrse a través de comunidades, la reducción de los costes de la electricidad o sistemas de participación financiera ("copropiedad" o "cobeneficios") o planes de desarrollo industrial para una región.

---

43 Como se explica en el considerando 42 de la Directiva, no es probable que la instalación de equipos de energía solar con una capacidad inferior a 100 kW, incluidas las instalaciones de autoconsumidores de energías renovables, tenga efectos adversos significativos sobre el medio ambiente o la red y tampoco plantean problemas de seguridad. Además, las pequeñas instalaciones no suelen requerir una ampliación de la capacidad en el punto de conexión a la red.

44 COMISION EUROPEA, «Guidance to the Member States on good practices...», *op. cit.* Documento en inglés.

Por otro lado, en la DFER revisada se introducen reformas de interés en el ámbito de las garantías de origen, dotando al instrumento de una mayor flexibilidad. Entre otras medidas, aunque la garantía de origen corresponderá a un volumen normalizado de 1 MWh. cuando proceda, dicho volumen podrá fraccionarse, siempre que tal fracción sea múltiplo de 1 Wh[45]. Además, se añade que: "Se introducirán procesos de registro simplificados y tasas de inscripción reducidas para las pequeñas instalaciones de menos de 50 kW y para las comunidades de energías renovables".

En el ámbito por tanto de las garantías de origen se establece un régimen privilegiado para las comunidades de energías renovables. Independientemente de cuál sea la potencia de la instalación, se beneficiarán de procesos de registro simplificados y tasas reducidas[46].

3.2.4. Medidas destinadas a evitar la creación de nuevos obstáculos en el desarrollo de las comunidades de energía

La revisión de la DMIE trata de reforzar la posición de los consumidores, estableciendo en este sentido una serie de medidas. Asimismo, pretende evitar que éstas supongan un freno al desarrollo de las comunidades de energía.

Por un lado, el nuevo artículo 15 bis establece el derecho al consumo de energía compartida[47]. La norma aclara que los consumidores tienen derecho a compartir energías renovables directamente, sin necesidad de crear comunidades de energía. Así, prevé que el mecanismo de consumo de energía compartida se base bien en un acuerdo contractual privado entre clientes activos o bien organizarse a través de una entidad jurídica, que no necesariamente puede caracterizarse como comunidad de energías

45 Sobre esta medida, vid. considerando 48.

46 *Vid.* RESCOOP, «Directive (EU) 2023/2413 (amended Renewable Energy Directive)» p. 11 [en línea], (2024), <https://www.rescoop.eu/toolbox/rescoop-eu-briefing-on-the-revised-red> [Consulta: 12/06/2024]. Para la federación europea de comunidades energéticas las reformas en el ámbito de las garantías de origen "son enorme importancia para aumentar el potencial de las pequeñas instalaciones y la expansión de las energías renovables impulsada por los ciudadanos.

47 Las disposiciones sobre consumo de energía compartida establecidas en la Directiva complementan las relativas al autoconsumo establecidas en el artículo 21 de la Directiva 2018/2001/UE y en el artículo 15 de la Directiva 2019/944/UE, en particular con respecto al autoconsumo colectivo.

renovables o como comunidad ciudadana de energía[48]. Así, el apartado 10 del nuevo artículo 15 bis trata, a mi juicio, de evitar que la nueva regulación suponga un nuevo obstáculo al desarrollo de las comunidades de energía. En este sentido se establece que:

> [L]a Comisión proporcionará orientaciones a los Estados miembros sin aumentar la carga administrativa con el fin de facilitar el establecimiento de un enfoque normalizado con respecto al consumo de energía compartida *y de garantizar condiciones de competencia equitativas para las comunidades de energías renovables y las comunidades ciudadanas de energía.*

Por otro lado, la revisión DMIE introduce un nivel más elevado de protección para los clientes a fin de garantizar el suministro continuo de electricidad. En este sentido, el nuevo artículo 18, bis, con una serie de matizaciones, exige que los suministradores tengan y apliquen estrategias de cobertura adecuadas para limitar el riesgo de cambios en el suministro de electricidad al por mayor a la viabilidad económica de sus contratos con clientes y adopten todas las medidas razonables para limitar su riesgo de fallo en el suministro.

Consciente el legislador que esta nueva garantía puede suponer una barrera a las comunidades de energía, dispone el apartado tercero del precepto que "los Estados miembros se esforzarán por garantizar la accesibilidad de los productos de cobertura para las comunidades ciudadanas de energía y las comunidades de energías renovables y por establecer condiciones favorables a tal fin".

3.3. Comunidades de energías renovables y edificación: contribución a la consecución de edificios de cero emisiones

La revisión de la Directiva relativa a la eficiencia energética de los edificios (DEEE) es un instrumento legislativo clave para alcanzar los objetivos de descarbonización de 2030 y 2050. La norma establece el objetivo de lograr un parque inmobiliario de cero emisiones de aquí a 2050.

Pues bien, es precisamente en esta Directiva donde, a mi juicio, se introduce una de las reformas de mayor interés para el impulso a la implantación de comunidades de energías renovables. Así, tal y como dispone el art. 11.7 de la DEEE, los Estados miembros se asegurarán de que el uso

---

[48] *Vid.* considerando 23.

anual total de energía primaria de un edificio nuevo o renovado de cero emisiones quede cubierto por:

1. Energía procedente de fuentes renovables generada in situ o en las proximidades que cumpla los criterios establecidos en el artículo 7 de la Directiva 2018/2001/UE.
2. Energía de fuentes renovables procedente de una comunidad de energías renovables en el sentido del artículo 22 de la Directiva 2018/2001/UE.
3. Energía procedente de un sistema urbano eficiente de calefacción y refrigeración de conformidad con el artículo 26, apartado 1, de la Directiva 2023/1791/UE, o
4. Energía procedente de fuentes libres de carbono.

Por tanto, existen diferentes opciones para cubrir las necesidades energéticas de un edificio de cero emisiones, siendo una de ellas es *la energía renovable suministrada por comunidades de energías renovables*. Bien es verdad que durante la tramitación de la norma se matiza el enfoque inicial respecto edificio cero emisiones —en la propuesta original cuando es técnicamente viable, la demanda de energía debía estar totalmente cubierta por energía procedente de fuentes renovables— y se amplían las fuentes de suministro de energía a la energía generada "en las proximidades" y a "energía procedente de fuentes libres de carbono". Aun así, el hecho de que energía de fuentes renovables procedente de una comunidad de energías renovables sea una de las formas de cubrir las necesidades de energía primaria de un edificio cero emisiones, permitirá que éstas adquieran una mayor relevancia en este mercado. En este sentido, se les reconoce un régimen hasta cierto punto privilegiado respecto a otros productores de energías renovables, ya que, aunque probablemente sea lo habitual, la energía no deberá necesariamente generarse en las proximidades.

Al margen de todo ello, el art. 29 DEEE no solo dispone que las comunidades de energía deben ser destinatarias de las medidas de información y sensibilización que desarrollen los Estados miembros, sino se insiste en que "los Estados miembros se esforzarán por establecer medidas de apoyo a la formación de las autoridades locales y regionales, las comunidades de energías renovables y otros agentes pertinentes —como las iniciativas de renovación dirigidas por ciudadanos—, a fin de promover los objetivos de la presente Directiva"[49].

---

[49] Artículo 29.3.

Finalmente, en el modelo para los planes nacionales de renovación de edificios (anexo III) se establecen dos indicadores opcionales relativos a las comunidades de energía: en el ámbito de la visión general del parque inmobiliario nacional, "comunidades de energías renovables e iniciativas de renovación dirigidas por los ciudadanos"; en relación con la visión general de las políticas y medidas puestas en ejecución y previstas, "el papel de las comunidades de energías renovables y las comunidades ciudadanas de energía en los enfoques por distritos y por barrios"[50].

De forma coherente con todo lo anterior, el nuevo artículo 15 bis de la DFERII, se dedica a la integración de la energía renovable en los edificios. El precepto establece que, a fin de promover la producción y el uso de energías renovables en el sector de la construcción, los Estados miembros determinarán una cuota nacional indicativa de energías renovables producida *in situ* o en las proximidades, así como de energías renovables procedentes de la red en el consumo de energía final en el sector de la construcción, que sea coherente con un objetivo indicativo de una cuota mínima del 49% de energía procedente de fuentes renovables en el sector de la construcción en el consumo final de energía de la Unión en edificios en 2030.

En este sentido, se dispone que los Estados miembros introducirán medidas adecuadas en sus reglamentos y códigos de construcción nacionales y, cuando sea pertinente, en sus sistemas de apoyo, para aumentar la cuota de electricidad y de calefacción y refrigeración procedentes de fuentes renovables, producidas *in situ* o en las proximidades, así como de energías renovables procedentes de la red, en el parque inmobiliario. Dichas medidas pueden incluir medidas nacionales relativas a aumentos significativos en el autoconsumo de energías renovables, a las comunidades de energías renovables y al almacenamiento local de energía, recarga inteligente y recarga bidireccional, otros servicios de flexibilidad, como la respuesta a la demanda, y en combinación con mejoras de la eficiencia energética relacionadas con la cogeneración y reformas importantes que aumenten el número de edificios de consumo de energía casi nulo y de edificios que vayan más allá de los requisitos mínimos de eficiencia energética dispuestos en el artículo 4 de la Directiva 2010/31/UE.

---

[50] En la propuesta original de la Directiva, los elementos obligatorios sobre los que debían informar los planes nacionales de renovación de edificios comprendían los enfoques de distrito y vecindad, incluido el papel de las comunidades de energías renovables y las comunidades ciudadanas de energía.

3.4. Reconocimiento del potencial de las comunidades de energía en determinados sectores

3.4.1. Comunidades de energía y eficiencia energética

La nueva Directiva relativa a la eficiencia energética (DEE) aumenta significativamente la ambición de la UE en materia de eficiencia energética. En este sentido, los Estados miembros garantizarán colectivamente una reducción del consumo de energía de al menos el 11,7% en 2030 en comparación con las previsiones de la hipótesis de referencia de 2020, de modo que el consumo de energía final de la Unión no supere los 763 Mtep[51]. Además, se esforzarán por contribuir colectivamente a que el objetivo orientativo de consumo de energía primaria de la Unión no supere los 992,5 Mtep en 2030[52].

Pues bien, en los considerandos de la DEE se destaca el valioso papel que pueden desempeñar las comunidades de energía para lograr los objetivos de la Directiva. Así, se afirma que:

> [D]ebe reconocerse y apoyarse activamente la contribución de las comunidades de energías renovables (...) y de las comunidades ciudadanas de energía (...) a la consecución de los objetivos del Pacto Verde Europeo y del Plan del Objetivo Climático. Por consiguiente, los Estados miembros deben considerar y promover el papel de las comunidades de energías renovables y las comunidades ciudadanas de energía[53].

En el ámbito de la eficiencia energética, pueden adoptar un papel impulsor, dada su capacidad de "empoderar e implicar a los consumidores y permitir que determinados grupos de clientes domésticos, en particular en zonas rurales y alejadas, participen en proyectos e intervenciones en materia de eficiencia energética, que pueden combinar acciones con inversiones en energías renovables"[54]. Además, las comunidades de energía pueden ser un instrumento de lucha contra la pobreza energética[55] y de capacitación de la ciudadanía[56].

---

51 Artículo 4.

52 Artículo 4.

53 Considerando 117.

54 Ibidem.

55 *Vid.* considerando 117.

56 *Vid.* considerando 118.

En la parte dispositiva de la norma, todas estas declaraciones apenas hallan, sin embargo, concreción.

En primer lugar, para lograr los objetivos descritos, la Directiva impone a los Estados miembros el deber de aplicar sistemas de obligaciones de eficiencia energética, medidas de actuación alternativas —o una combinación de ambos— o programas o medidas financiados con cargo a un Fondo Nacional de Eficiencia Energética, con carácter prioritario, pero no exclusivo, entre las personas afectadas por la pobreza energética, los clientes vulnerables, las personas en hogares de renta baja y, en su caso, las personas que viven en viviendas sociales[57]. En este sentido, los Estados miembros *considerarán y promoverán, a efectos de diseñar dichas medidas, el papel de las comunidades de energías renovables y de las comunidades ciudadanas de energía* en la contribución a aplicarlas[58].

En segundo lugar, la Directiva obliga a las autoridades regionales y locales a elaborar planes locales de calefacción y refrigeración, al menos en los municipios con una población total de más de 45.000 habitantes. Precisamente, uno de los contenidos mínimos de dichos planes es “evaluar el papel de las comunidades de energías y otras iniciativas dirigidas por los consumidores que pueden contribuir activamente a la ejecución de proyectos locales de calefacción y refrigeración”[59].

Finalmente, las comunidades de energías renovables y las comunidades ciudadanas de energía deben ser destinatarias de las medidas de información y sensibilización[60].

En este sentido, determinados estudios avalan la existencia de un vínculo entre las comunidades de energía y el ahorro de energía, ya que las fórmulas participativas incentivarían la inversión en eficiencia, además de desempeñar una trascendente labor de información y de sensibilización[61]. En todo caso, resulta destacable que la norma iguala a comunidades de energías renovables y comunidades ciudadanas de energía. También que obliga a los Estados miembros a “promover su papel”, en unos términos

---

57 En relación con el empoderamiento y protección de los clientes vulnerables y mitigación de la pobreza energética, *vid.* art. 24.

58 Artículo 8.3. *Vid.* Considerando 64.

59 Artículo 25.6.

60 Artículo 22.

61 *Vid.* HOPPE T. *et al.*, “Renewable Energy Cooperatives as a Stimulating Factor in Household Energy Savings”, *Energies,*12, 7, 2019, pp. 1-33. Doi: https://doi.org/10.3390/en12071188

que dejan un amplísimo margen para que estos determinen qué tipos de medidas van a adoptar para reforzar su participación en el logro de los objetivos de eficiencia energética.

3.4.2. Las comunidades de energías renovables como instrumento de aceptación de los proyectos conjuntos sobre energías renovable marina

El artículo 9 DFERII, relativo a proyectos conjuntos, dispone en su primer apartado, que dos o más Estados podrán cooperar en todo tipo de proyectos conjuntos para la producción de electricidad, calor o frío procedente de energías renovables. Se añade además que en "dicha cooperación podrán participar operadores privados".

La revisión de la DFERII añade ahora un nuevo apartado 1 bis al artículo 9 estableciendo una serie de objetivos vinculados al establecimiento de proyectos conjuntos de energías renovables. Dentro de estos proyectos, están llamados a tener una relevancia especial los proyectos relacionados con la energía renovable marina, pues la Comisión introdujo un ambicioso objetivo de 300 GW de energía eólica marina y 40 GW de energía oceánica en el conjunto de cuencas marítimas de la Unión para 2050[62]. De forma consecuente, el Reglamento 2022/869/UE relativo a las orientaciones sobre las infraestructuras energéticas transeuropeas[63] exige a los Estados miembros que celebren acuerdos no vinculantes en materia de cooperación sobre objetivos en materia de producción de energía renovable marina que se implantará en cada cuenca marítima a más tardar en 2050, con pasos intermedios en 2030 y 2040. En este contexto se integra el nuevo apartado 7 bis del artículo 9 DFER, que, entre otros aspectos, dispone que "Para mejorar la aceptación pública, los Estados miembros podrán incluir a las comunidades de energías renovables en los proyectos conjuntos sobre energía renovable marina".

El contenido del precepto es escasamente prescriptivo en lo que a las comunidades de energías renovables se refiere. Por ello, el principal valor

---

[62] COMISIÓN EUROPEA: "Una estrategia de la UE para aprovechar el potencial de la energía renovable marina para un futuro climáticamente neutro" (Comunicación) COM(2020) 741 final, 19 de noviembre de 2020.

[63] Reglamento 2022/869/UE relativo a las orientaciones sobre las infraestructuras energéticas transeuropeas y por el que se modifican los Reglamentos 715/2009/CE, 2019/942/UE y 2019/943/UE y las Directivas 2009/73/CE y 2019/944/UE y se deroga el Reglamento 347/2013/UE.

del nuevo inciso otorgar visibilidad a la posibilidad de que las comunidades de energías renovables pueden facilitar la implantación de proyectos de gran envergadura como son los relativos a energía renovable marina que en él se menciona. Posibilidad que ya existía, independientemente de que el proyecto sea conjunto o no, aunque solo a los proyectos conjuntos se refiera el precepto, dada su ubicación sistemática y su tenor literal. De hecho, existen ya casos de éxito de participación de las comunidades de energías renovables en la energía marina[64].

3.4.3. Comunidades de energías renovables y sector de la calefacción y la refrigeración

El primer apartado del art. 23 DFER revisada, relativo a la integración de las energías renovables en el sector de la calificación y refrigeración, establece un nuevo objetivo respecto al aumento de la cuota de energías renovables en ese sector. Para lograrlo, los Estados miembros procurarán adoptar al menos dos de un amplio abanico de doce medidas. Entre estas acciones, como novedad, se encuentra la "promoción de las redes de calefacción y refrigeración urbanas basadas en energías renovables, en particular de las comunidades de energías renovables, también a través de medidas reglamentarias y disposiciones de financiación y apoyo".

Por su parte, el art. 24 DFER obliga a los Estados miembros a establecer, cuando sea necesario, un marco de coordinación entre los operadores de sistemas urbanos de calefacción y refrigeración y las fuentes potenciales de calor y frío residuales en los sectores industrial y terciario a fin de facilitar el uso del calor y el frío residuales. Entre los actores llamados a participar se prevén "comunidades de energías renovables que participen en la calefacción y refrigeración".

Ambos preceptos, de nuevo, visibilizan el potencial que las comunidades de energías renovables pueden tener en un sector en el que han demostrado ya su capacidad de innovación[65] . Sin embargo, no establecen

---

64 Se trata de SeaCoop CVSO, un caso de éxito realizado en Bélgica, incluido en el repositorio de la Comunidad Europea sobre comunidades energéticas. *Vid.* RESCOOP, «December success story: (Offshore wind) Power to the people» [en línea], (2023), <https://www.rescoop.eu/news-and-events/stories/december-success-story-offshore-wind-power-to-the-people> [Consulta: 12/06/2024].

65 En relación con todo ello, es de interés RESCOOP, «Guidelines on Community Heating and Cooling» [en línea], (2023), <https://www.rescoop.eu/toolbox/gui-

obligaciones concretas para los Estados, y aunque se reconocen las posibilidades de estos de proporcionar medidas de financiación y apoyo, estas, en realidad, pueden destinarse a otros tipos de sistemas de calefacción y refrigeración urbanas basados en energías renovables.

3.5. La utilización de la contratación pública como elemento de apoyo a las comunidades de energías renovables

El apartado 5 del artículo 15 bis DFER, relativo a la integración de la energía renovable en los edificios, dispone que: "Cuando se considere pertinente, los Estados miembros podrán fomentar la colaboración entre las autoridades locales y las comunidades de energías renovables en el sector de la construcción, en particular mediante el uso de la contratación pública".

Aunque el artículo contiene escaso contenido prescriptivo, supone una llamada de atención al uso de la contratación pública como fórmula de apoyo a las comunidades energéticas. Como es sabido, la evolución del Derecho de la contratación pública europea ha afectado a la propia configuración de las funciones de la contratación pública, que ya no se concibe exclusivamente como una herramienta de aprovisionamiento de los poderes públicos, sino como un poderoso instrumento para llevar a cabo políticas públicas tan diversas como la promoción de la innovación y de la sostenibilidad social y ambiental[66]. Por tanto, alinear el uso estratégico de la contratación pública con el fomento de la colaboración de

---

delines-on-community-heating-and-cooling> [Consulta: 12/06/2024]. Para GONZÁLEZ RÍOS, I., "Las «Comunidades energéticas locales»: un nuevo desafío para las entidades locales", *Revista Vasca de Administración Pública,* 117, 2020, p. 181, es esencialmente en el ámbito de los sistemas urbanos de calefacción/refrigeración donde pueden desempeñar un papel importante las comunidades de energía.

66 Por todos, GIMENO FELIÚ J. M., *El nuevo paquete legislativo comunitario sobre contratación pública. De la burocracia a la estrategia. El contrato público como herramienta del liderazgo institucional de los poderes públicos,* Aranzadi, Pamplona, 2015; PERNÁS GARCÍA J. (dir.), *Contratación Pública Estratégica,* Aranzadi, Pamplona, 2014; MEDINA ARNÁIZ T., "Comprando para asegurar nuestro futuro: la utilización de la contratación pública para la consecución de los objetivos políticos de la Unión Europea", en GIMENO FELIÚ, J. M. (dir.), *Observatorio de Contratos Públicos,* 2010, Aranzadi, Pamplona, 2011, pp. 43-101; GONZÁLEZ GARCÍA, V., "Sostenibilidad social y ambiental en la Directiva 2014/24/UE de contratación pública", *Revista Española de Derecho Europeo,* 56, 2015, pp. 13–42; GALLEGO CÓRCOLES, I., "La integración de cláusulas sociales, ambientales y de innovación en la contratación pública", *Documentación Administrativa,* 4, 2017, pp. 92-113.

las entidades locales con las comunidades de energías renovables supone dotar de coherencia a distintas políticas de la Unión, a la vez que se reconoce el importante papel que pueden desempeñar las autoridades locales en el despliegue de las comunidades de energía.

En todo caso, el precepto glosado parte de algunas actuaciones que se estaban desarrollando durante la tramitación de la Directiva. Así, desde principios del 2023 la Comisión Europea difunde la Guía sobre contratación pública municipal orientada a comunidades energéticas[67], documento que literalmente "pretende apoyar a las autoridades locales a colaborar con las comunidades de energías renovables". Se trata, por tanto, de un instrumento de notable interés para facilitar la aplicación del apartado 5 del artículo 15 bis de la DFER II revisada.

Por lo demás, como se desprende de dicha guía, la posibilidad de emplear la contratación pública para facilitar el desarrollo de proyectos liderados por comunidades de energías renovables —o por otras fórmulas más flexibles de energía participativa— no se limita al sector de la construcción, Además, la guía no se ciñe exclusivamente al concepto de contrato de la Directiva 2014/24/UE sobre contratación pública. De hecho, las experiencias que se recogen son heterogéneas[68]. En todo caso, las posibilidades son muy amplias y el apoyo a las comunidades de energías renovables puede realizarse a través de propia de definición el objeto del contrato, de los criterios de selección de los licitadores o de los criterios de adjudicación que faciliten la adjudicación, entre otros elementos.

No obstante todo lo anterior, como es sabido, la valoración de la admisibilidad de una concreta cláusula estratégica ha de realizarse caso a caso y lo cierto es que con carácter general el elevado grado de inseguridad jurídica existente supone un relevante freno al empleo de cláusulas estratégicas en la contratación pública[69]. En otros términos, determinar si una concreta cláusula ambiental o social respeta principios tales como la

---

67 RESCOOP, «Procurement guide for community energy» [en línea], (2023), <https://www.rescoop.eu/toolbox/procurement-guide-for-community-energy> [Consulta: 18/06/2024].

68 Entre otras, la concesión demanial del Ayuntamiento de Crevillente sobre los espacios ubicados en las cubiertas de edificios y espacios públicos de titularidad municipal.

69 Sobre este riesgo alerta la citada guía, *vid.* p. 36. En un sentido similar, *vid.* RESCOOP: «Directive (EU) 2023/2413 (amended Renewable Energy Directive)», *op. cit.*, p. 11.

vinculación con el objeto del contrato, no discriminación o de proporcionalidad no está resultando sencillo en la práctica[70]. Por ello, aunque no deben desconocerse estos riesgos, a mi juicio, la modificación de la DFER puede facilitar la admisión de criterios que favorezcan a las comunidades de energías renovables. En este sentido, una de las sentencias de referencia en el reconocimiento del uso estratégico de la contratación pública se dictó, precisamente, en el ámbito de un contrato de suministro de energía[71].

4. RECAPITULACIÓN

En apenas cinco años se han sucedido de manera casi vertiginosa dos generaciones de normativa europea sobre comunidades de energía. No obstante, pese a la inmediatez de las reformas, éstas no han tenido un efecto disruptivo. Las bases conceptuales y de régimen jurídico establecidas en la primera versión de las DFER y DMIE se han mantenido invariables. Las reformas posteriores han tenido un carácter más fragmentario y marginal, aunque de un elevado valor simbólico.

Las razones que impulsaron al derecho de la UE a tratar de generalizar en el ámbito de la Unión un modelo que se considera de éxito —la energía comunitaria— no solo no han perdido vigencia, sino que se refuerzan en el contexto de los nuevos objetivos cuantitativos y cualitativos de las reformas surgidas del paquete "Fit for 55". Conceptos tales como la transición ecológica justa o el empoderamiento de la ciudadanía vinculados estrechamente con la realidad de las comunidades de energía. Y desde una perspectiva más pragmática, ha crecido la preocupación por mejorar la aceptación social de los proyectos de energías renovables.

Sobre los retrasos y la ineficiencia que la falta de aceptación de las iniciativas sobre sobre renovables genera ya se pronunciaba el plan REpowerEU. De hecho, el nuevo art. 15 quinquies de la DFER rubricado, establece en su aparato segunda que "los Estados miembros promoverán la aceptación pública de los proyectos de energías renovables mediante la participación

70 Con carácter mucho más general, *vid.* COMISIÓN EUROPEA, "Aplicación y mejores prácticas de las políticas nacionales de contratación pública en el mercado interior" (Comunicación) COM(2021) 245 final, 20 de mayo de 2021. A mi juicio, algunos de los ejemplos reseñados en la *Guía sobre contratación orientada a comunidades energéticas* pueden ser problemáticos desde la perspectiva del cumplimiento de estos requisitos, a la luz de la jurisprudencia y doctrina administrativa general.

71 STJUE de 4 de diciembre de 2003, ECLI:EU:C:2003:651, ap. 40-42.

directa e indirecta de las comunidades locales en dichos proyectos". Por su parte, la Recomendación 2024/1343/UE relativa a la aceleración de los procedimientos de concesión de autorizaciones para proyectos de energía renovable y de infraestructuras conexas, destaca tanto la falta de aceptación pública como un obstáculo al despliegue de energía renovable, como el papel que pueden adoptar las distintas fórmulas participativas —entre ellas las comunidades de energía— para vencer estas resistencias.

Dentro de un contexto amplio de apoyo a las iniciativas de energía participativa, la UE presta especial atención a las comunidades de energías renovables y a las comunidades ciudadanas de energía. Y dentro de estas, en las reformas derivadas del paquete "Fit for 55" las comunidades de energías renovables siguen siendo objeto de atención preferente. Bien es verdad que buena parte de las medidas para evitar obstáculos en el mercado abarcan a ambos tipos de comunidades, como también son objeto de ambas las disposiciones sobre eficiencia energética. Pero regulaciones tales como las referentes a la eficiencia energética de edificios, simplificación administrativa o al uso estratégico de la contratación pública tienen a las comunidades de energías renovables como destinatarias exclusivas.

En todo caso, las reformas introducidas en la segunda generación de normativa sobre comunidades de energía no destacan por su elevado nivel de ambición. Resulta de interés el papel que pueden desempeñar las comunidades de energías renovables en el contexto de los edificios de cero emisiones regulados en la DEEE, aunque este sin duda hubiera sido más relevante de haberse mantenido el enfoque inicial de la propuesta de Directiva.

Por lo demás, en el ámbito de la eficiencia energética la DEE se limita a animar a los Estados a tomar en consideración a las comunidades de energía. La posibilidad de apoyar a través de medidas reglamentarias y de financiación las redes de calefacción y refrigeración urbanas de las comunidades de energías renovables que prevé la DFER es también solo una opción para los Estados miembros.

Tiene un carácter todavía más simbólico las referencias a la participación en de las comunidades en proyectos conjuntos sobre energía renovable marina. Por otro lado, buena parte de las previsiones sobre acceso al mercado podían entenderse ya implícitas en la primera versión DMIE, si bien es destacable que se imponga ahora a la Comisión la obligación de proporcionar orientaciones para garantizar condiciones de competencia equitativa para las comunidades y que se traten de evitar nuevas cargas, aunque ello tenga carácter puntual[72]. Finalmente, las consecuencias prácticas a la llamada a la utilización de la contratación pública para el apoyo a las comunidades de energías renovables son ciertamente imprevisibles.

Pudiera resultar contradictorio que las novedades en el régimen jurídico de las comunidades de energía propiciada por el paquete "Fit for 55" haya sido en cierta medida modestas, pese a que la figura se encuentra muy en la línea de los objetivos que plantea la reforma. No obstante, deben tenerse en cuenta tres tipos de consideraciones para enjuiciar el alcance de la legislación europea sobre comunidades energéticas.

En primer lugar, no debe olvidarse que la política energética constituye una competencia compartida con los Estados [art. 4.i) TFUE][73] y que las comunidades de energía se regulan a través de Directivas que imponen, por tanto, obligaciones de resultado. Además, entre los modelos europeos que se adoptan como referentes existen también notables diferencias[74]. En consecuencia, resulta coherente con todo lo anterior que se reconozca a los Estados un amplio margen para diseñar los instrumentos que permitan la consecución de los objetivos propuestos. De ahí por tanto la trascendencia de los contenidos de las distintas Directivas, aunque en algunos casos el contenido prescriptivo sea mínimo.

En segundo lugar, muy vinculado con lo anterior, la estrategia de la Unión Europea respecto a las comunidades energéticas no se limita exclusivamente a la perspectiva regulatoria. Se están llevando acciones de financiación —recuérdese que estas iniciativas entran dentro el Fondo Social

---

72 *Vid.* artículo 18 bis.

73 Aunque significativas, se ha destacado que las competencias sobre energía de la Unión Europea no son muy importantes, ya que los Estados son los que tienen libertad para elegir sus fuentes de energía y la estructura general de su abastecimiento, lo que incluiría también las formas de apoyo (fomento) a las energías renovables. Vid. EMBID IRUJO, A., "Energías renovables, medio ambiente y mercado interior de la energía: algunas reflexiones en las vísperas del cuarto paquete sobre la unión de la energía", en EMBID IRUJO, A. (coord.), *Agua, energía, cambio climático y otros estudios de Derecho ambiental en recuerdo a Ramón Martín Mateo,* Thomson Reuters Aranzadi, Navarra, 2015, p. 135. En el mismo sentido, SANZ RUBIALES, I., "La (escasa) influencia del mercado de emisiones en la promoción de la energía renovable", en ALENZA GARCÍA, J. F.(dir.), *La regulación de las energías renovables ante el cambio climático,* Thomson Reuters Aranzadi, Navarra, 2014, pp. 206-207.

74 Sobre todo, *vid.* GALLEGO CÓRCOLES, I., *Comunidades de energía..., op. cit.*, pp. 74-85

del Clima— y de apoyo al despliegue de las comunidades energéticas[75]. Se ejercitan así las potestades de distinta naturaleza de las que dispone la Unión en el ámbito de la energía[76].

Finalmente, la bondad de la regulación de las comunidades de energía no puede valorarse prescindiendo del resto de medidas incluidas en las últimas reformas en materia de energía y clima. Porque si a través de estas se avanza en la consecución de objetivos tales como una mayor integración de la energía renovable en el mercado, se creará un marco realmente facilitador de la implantación de las distintas fórmulas de energía participativa.

5. BIBLIOGRAFÍA Y DOCUMENTACIÓN

COMISIÓN EUROPEA, "Establecer un nuevo acuerdo para los consumidores de energía" (Comunicación) COM(2015) 339 final, 15 de julio de 2015.

COMISIÓN EUROPEA, "El Pacto Verde Europeo" (Comunicación) COM(2019) 640 final, 11 de diciembre de 2019.

COMISIÓN EUROPEA, "Intensificar la ambición climática de Europa para 2030: Invertir en un futuro climáticamente neutro en beneficio de nuestros ciudadanos" (Comunicación) COM(2020) 562 final, 17 de septiembre de 2020.

COMISIÓN EUROPEA, "An EU-wide assessment of National Energy and Climate Plans: Driving forward the green transition and promoting economic recovery through integrated energy and climate planning" (Comunicación) COM(2020) 564 final, 17 de septiembre de 2020.

COMISIÓN EUROPEA, "Una estrategia de la UE para aprovechar el potencial de la energía renovable marina para un futuro climáticamente neutro" (Comunicación) COM(2020) 741 final, 19 de noviembre de 2020.

---

75 Entre estas se pueden citar *Energy Communities Repository* y *Rural Energy Community Advisory Hub*, ya finalizadas. *Vid.* COMISIÓN EUROPEA, «Energy communities. Citizen-driven energy actions that contribute to the clean energy transition, advancing energy efficiency within local communities» [en línea], (s.f.), <https://energy.ec.europa.eu/topics/markets-and-consumers/energy-consumers-and-prosumers/energy-communities_en> [Consulta: 12/06/2024].

76 Respecto a estas, *vid.* MORENO, A. M., "Política y derecho de las energías renovables en la Unión Europea: una visión panorámica desde la perspectiva ambiental", en EMBID IRUJO, A. (coord.), *Agua, energía, cambio climático y otros estudios de Derecho ambiental en recuerdo a Ramón Martín Mateo,* Thomson Reuters Aranzadi, Navarra, 2015, p. 169.

COMISIÓN EUROPEA, "Aplicación y mejores prácticas de las políticas nacionales de contratación pública en el mercado interior" (Comunicación) COM(2021) 245 final, 20 de mayo de 2021.

COMISIÓN EUROPEA, "«Objetivo 55»: cumplimiento del objetivo climático de la UE para 2030 en el camino hacia la neutralidad climática" (Comunicación) COM(2021) 550 final, 17 de julio de 2021.

COMISIÓN EUROPEA, "Plan REPower EU" (Comunicación) COM(2022) 230 final, 18 de mayo de 2022.

COMISIÓN EUROPEA, "Estrategia de Energía Solar de la UE" (Comunicación) COM(2022) 221 final, 18 de mayo de 2022.

COMISIÓN EUROPEA, «Energy communities. Citizen-driven energy actions that contribute to the clean energy transition, advancing energy efficiency within local communities» [en línea], (s.f.), <https://energy.ec.europa.eu/topics/markets-and-consumers/energy-consumers-and-prosumers/energy-communities_en> [Consulta: 12/06/2024].

COMISION EUROPEA, «Assessment of the draft National Energy and Climate Plan of Spain. Accompanying the document Commission Recommendation on the draft integrated National Energy and Climate Plan of Spain covering the period 2021-2030» [en línea], (2019), <https://energy.ec.europa.eu/system/files/2019-06/es_swd_en_0.pdf> [Consulta: 12/06/2024]

COMISIÓN EUROPEA, «Recomendación 2022/822/UE sobre la aceleración de los procedimientos de concesión de permisos para los proyectos de energías renovables y la facilitación de los contratos de compra de electricidad» [en línea], (2022), <https://eur-lex.europa.eu/legal-content/ES/TXT/HTML/?uri=CELEX:32022H0822> [Consulta: 12/06/2024]

COMISIÓN EUROPEA, «Recomendación del Consejo para garantizar una transición justa hacia la neutralidad climática» [en línea], (2022), <https://eur-lex.europa.eu/legal-content/ES/TXT/HTML/?uri=CELEX:32022H0627(04)> [Consulta: 12/06/2024].

COMISION EUROPEA, «Report: Barriers and action drivers for the development of energy communities & their activities» [en línea], (2024), <https://circabc.europa.eu/ui/group/8f5f9424-a7ef-4dbf-b914-1af1d12ff5d2/library/22055ff9-1f49-41f8-a321-cbf20ca3d316/details> [Consulta: 12/06/2024].

COMISION EUROPEA, «Guidance to the Member States on good practices to speed up permit-granting procedures for renewable energy and related infrastructure projects» [en línea], (2024), <https://energy.ec.europa.eu/document/download/ad850f73-ab84-4ce1-9e66-7430f8f0c7e5_en?filename=SWD_2024_124_1_EN_autre_document_travail_service_part1_v3.pdf> [Consulta: 12/06/2024].

COMITÉ ECONÓMICO Y SOCIAL EUROPEO, «Dictamen del Comité Económico y Social Europeo sobre la propuesta de Directiva del Parlamento Europeo y del Consejo por la que se modifican la Directiva (UE) 2018/2001 del Parlamento Europeo y del Consejo, el Reglamento (UE) 2018/1999 del Parlamento Europeo y del Consejo y la Directiva 98/70/CE del Parlamento Europeo y del Consejo en lo que respecta a la promoción de la energía procedente de fuentes renovables y se deroga la Directiva (UE) 2015/652 del Consejo» [en línea], (2021), <https://eur-lex.europa.eu/legal-content/ES/ALL/?uri=CELEX:52021AE3123> [Consulta: 12/06/2024].

COMITÉ EUROPEO DE LAS REGIONES, «Modificar la Directiva sobre fuentes de energía renovables con el fin de cumplir los nuevos objetivos climáticos para 2030» [en línea], (2022), <https://eur-lex.europa.eu/legal-content/ES/TXT/?uri=uriserv%3AOJ.C_.2022.301.01.0184.01.SPA&toc=OJ%3AC%3A2022%3A301%3AFULL> [Consulta: 12/06/2024].

COMITÉ EUROPEO DE LAS REGIONES, «Transición ecológica: ¿Qué equilibrio se necesita entre aceptabilidad social y los imperativos medioambientales desde el punto de vista de las ciudades y regiones con vistas a construir comunidades resilientes?» [en línea], (2022), <https://eur-lex.europa.eu/legal-content/ES/TXT/?uri=uriserv:OJ.C_.2022.375.01.0034.01.SPA> [Consulta: 12/06/2024].

CONSEJO EUROPEO, «European Council meeting (10 and 11 December 2020) – Conclusions» [en línea], (2020), <https://www.consilium.europa.eu/media/47296/1011-12-20-euco-conclusions-en.pdf> [Consulta: 18/06/2024].

DE SADELEER, N., "Balance moderado del Pacto Verde Europeo: ¿vaso medio vacío o medio lleno?", *Actualidad Jurídica Ambiental*, 146, 2024, pp. 1-25. Doi: https://doi.org/10.56398/ajacieda.00371

DEL GUAYO CASTIELLA, I., "Derecho comparado: el contexto europeo", en Muñoz Machado, S. (dir.), *Derecho de la regulación económica III*, vol. 3, tomo 1, Iustel, Madrid, 2009, pp. 233-264.

DEL GUAYO CASTIELLA, I., "Energy communities under European Union Law: A brief review of some controversial issues", en FLEMING, R. *et al.* (eds.), *A Force of Energy: Essays in Energy Law in Honour of Professor Martha Roggenkamp*, University of Groningen Press, Groningen, 2022, pp. 142-149.

DEVINE-WRIGHT, P., "Beyond NIMBYism: towards an Integrated Framework from Undersanding Public Perceptions of Wind Energy", *Wind energy*, 8, 2005, pp. 125-139. Doi: https://doi.org/10.1002/we.124

EMBID IRUJO, A., "Energías renovables, medio ambiente y mercado interior de la energía: algunas reflexiones en las vísperas del cuarto paquete sobre la unión de la energía", en EMBID IRUJO, A. (coord.), *Agua, energía, cambio climático y otros estudios de Derecho ambiental en recuerdo a Ramón Martín Mateo*, Thomson Reuters Aranzadi, Navarra, 2015, pp. 133-160.

FALCÓN-PÉREZ, C. E., "Las comunidades energéticas como iniciativas emergentes que luchan contra el cambio climático", *Actualidad Jurídica Ambiental*, 136, 2023, pp. 41-99.

FERNÁNDEZ DE GATTA, D., "Unión Europea: la aprobación del VIII Programa Ambiental, entre las consecuencias de la pandemia del COVID-19 y la invasión de Ucrania" en GARCÍA ÁLVAREZ, G. et al. (coords.), Observatorio de Políticas Ambientales 2023, BOE-CIEMAT, Madrid, 2023, pp. 51-82.

GALERA RODRIGO, S., "Energía: Transición energética, fase II", en LÓPEZ RAMÓN, F. (coord.), *Observatorio de Políticas Ambientales 2019*, CIEMAT, Madrid, 2019, pp. 761-798.

GALERA RODRIGO, S., "Transición energética en tiempos de policrisis (2021-2022)", en GARCÍA ÁLVAREZ, G. *et al.* (coords.), *Observatorio de Políticas Ambientales 2023*, BOE-CIEMAT, Madrid, 2023, pp. 403-444.

GALLEGO CÓRCOLES, I., "La integración de cláusulas sociales, ambientales y de innovación en la contratación pública", *Documentación Administrativa,* 4, 2017, pp. 92-113.

GALLEGO CÓRCOLES, I., *Comunidades de energía y transición energética,* Aranzadi, Pamplona, 2022.

GIMENO FELIÚ J. M., *El nuevo paquete legislativo comunitario sobre contratación pública. De la burocracia a la estrategia. El contrato público como herramienta del liderazgo institucional de los poderes públicos,* Aranzadi, Pamplona, 2015.

GONZÁLEZ GARCÍA, V., "Sostenibilidad social y ambiental en la Directiva 2014/24/UE de contratación pública", *Revista Española de Derecho Europeo,* 56, 2015, pp. 13–42.

GONZÁLEZ RÍOS, I., "Las «Comunidades energéticas locales»: un nuevo desafío para las entidades locales", *Revista Vasca de Administración Pública,* 117, 2020, pp. 147-193.

GONZÁLEZ PONS, E., "El Derecho de sociedades ante la transición ecológica. Primeras reflexiones de la Sociedad Cooperativa como comunidad energética", *Revista Aranzadi de derecho patrimonial,* 59, 2022, pp. 1-29.

HERRERA TORRES, J. y NAVARRO RODRIGUEZ, P., "Las comunidades energéticas como nuevo sujeto del derecho energético en España: del falansterio a la transformación", *Anuario del Gobierno Local,* 1, 2021, pp. 203-248.

HOPPE T. *et al.*, "Renewable Energy Cooperatives as a Stimulating Factor in Household Energy Savings", *Energies,*12, 7, 2019, pp. 1-33. Doi: https://doi.org/10.3390/en12071188

JIMÉNEZ GUANIPA, H., "La cuarta transición energética y el camino hacia la descarbonización: el caso de Alemania", en JIMÉNEZ GUANIPA, H. y LUNA LEAL, M. (coords), *Crisis climática, transición energética y derechos humanos,* vol. 2, Fundación Heinrich Böll, Bogotá, 2020, pp. 247-280.

LÓPEZ DE CASTRO GARCÍA-MORATO, L., "Las comunidades energéticas locales: sinergias de la transición energética y de la lucha frente a la despoblación", *Revista de Derecho Urbanístico y Medio Ambiente,* 364, 2023, pp. 105-165.

MEDINA ARNÁIZ T., "Comprando para asegurar nuestro futuro: la utilización de la contratación pública para la consecución de los objetivos políticos de la Unión Europea", en GIMENO FELIÚ, J. M. (dir.), *Observatorio de Contratos Públicos,* 2010, Aranzadi, Pamplona, 2011, pp. 43-101.

MORENO, A. M., "Política y derecho de las energías renovables en la Unión Europea: una visión panorámica desde la perspectiva ambiental", en EMBID IRUJO, A. (coord.), *Agua, energía, cambio climático y otros estudios de Derecho ambiental en recuerdo a Ramón Martín Mateo,* Thomson Reuters Aranzadi, Navarra, 2015, pp. 161-188.

PERNÁS GARCÍA J. (dir.), *Contratación Pública Estratégica,* Aranzadi, Pamplona, 2014.

REN21, «Renowables 2020 Global Status Report» [en línea], (s.f.), <https://www.ren21.net/gsr-2020/> [Consulta: 18/06/2024]

RESCOOP, «The energy transition to energy democracy. Power to people» [en línea], (2015), <https://www.rescoop.eu/uploads/rescoop/downloads/REScoop-Energy-Transition-to-Energy-Democracy-English.pdf> [Consulta: 18/06/2024]

RESCOOP, «December success story: (Offshore wind) Power to the people» [en línea], (2023), <https://www.rescoop.eu/news-and-events/stories/december-success-story-offshore-wind-power-to-the-people> [Consulta: 12/06/2024].

RESCOOP, «Procurement guide for community energy» [en línea], (2023), <https://www.rescoop.eu/toolbox/procurement-guide-for-community-energy> [Consulta: 18/06/2024].

RESCOOP, «Guidelines on Community Heating and Cooling» [en línea], (2023), <https://www.rescoop.eu/toolbox/guidelines-on-community-heating-and-cooling> [Consulta: 12/06/2024].

RESCOOP, «Directive (EU) 2023/2413 (amended Renewable Energy Directive)» [en línea], (2024), <https://www.rescoop.eu/toolbox/rescoop-eu-briefing-on-the-revised-red-> [Consulta: 12/06/2024].

REVUELTA PÉREZ, I., "Comunidades energéticas: desafíos jurídicos para los entes locales", *Anuario de Derecho municipal 2022,* 16, 2023, pp. 77-103.

REVUELTA PÉREZ, I., *Comunidades energéticas y entidades locales. Formas jurídicas y participación municipal,* Aranzadi, Navarra, 2024.

ROBINSON, D. y DEL GUAYO, I., "Alignment of energy community incentives with electricity system benefits in Spain", en LÖBBE, S. *et al.* (eds.), *Energy communities: citizen centered, market-driven, welfare-enhancing?,* Elsevier, Paises Bajos, 2022, pp. 73-93.

RUIZ PÉREZ, A., "La iniciativa local en la creación de las comunidades energéticas", *Práctica Urbanística,* 181, 2023, pp. 1-10.

SANZ RUBIALES, I., "La (escasa) influencia del mercado de emisiones en la promoción de la energía renovable", en ALENZA GARCÍA, J. F.(dir.), *La regulación de las energías renovables ante el cambio climático,* Thomson Reuters Aranzadi, Navarra, 2014, pp. 191-215.

Capítulo IV

El marco regulador estatal y autonómico de las comunidades energéticas

INMACULADA REVUELTA PÉREZ
Profesora Titular de Derecho Administrativo
Universidad de Valencia

1. INTRODUCCIÓN

La preocupación del legislador estatal por la lucha contra el cambio climático y la transición energética que lleva acarreada ha sido tardía. Hasta 2021, no se ha aprobado una norma específica sobre esta materia a escala estatal (Ley 7/2021, de Cambio Climático y Transición Energética)[1] aunque tampoco parece que esta Ley, dado su programático contenido,

---

1 Sobre esta norma pueden verse los trabajos de PALOMAR OLMEDA, A. y TEROL GOMEZ, R. (coords.), *Comentarios a la ley 7/2021, de 20 de mayo, de cambio climático y transición energética*, Aranzadi, Cizur Menor, 2021 y ALENZA GARCÍA, J. F., y MELLADO RUIZ, L. (coords.), *Estudios sobre cambio climático y transición energética. Estudios conmemorativos del XXV aniversario del acceso a la cátedra del Prof. Íñigo del Guayo Castiella*, Marcial Pons, Madrid, 2022.

haya avanzado demasiado en los retos jurídicos suscitados por la transición energética pues ni siquiera menciona las comunidades energéticas; figura clave del nuevo modelo energético que quiere implantarse.

La mejor prueba del escaso interés del legislador energético estatal por estos fenómenos la encontramos en la Ley 24/2013, del Sector Eléctrico (en adelante LSE). Esta norma energética capital, al ser el sector eléctrico el más representativo a la hora de valorar el grado de ambición de la acción pública en la "descarbonización" de la economía, por su contribución a la generación de gases con efecto invernadero (casi el 80%, en la Unión Europea) se centró, en su versión original, en lucha contra el déficit tarifario y no solo no avanzó en la transformación del modelo energético, impulsada por el derecho europeo y requerida por el art. 45 de la Constitución española (CE) (protección ambiental), sino que, en algún punto, supuso un retroceso, pues, a diferencia de su antecesora, no fijó objetivos cuantitativos temporales de empleo de energías renovables[2]. Esta norma tampoco favoreció el desarrollo de otras herramientas transformadoras importantes, sin coste directo para las arcas públicas, como el autoconsumo compartido[3]; los sistemas de medición inteligente[4]; o las comunidades energéticas.

---

2 La Disposición transitoria 16 de la derogada Ley 54/1997, del Sector eléctrico, fijó una cuota mínima de energías renovables del 12%, en 2010. En este sentido, puede verse REVUELTA PÉREZ, I., "La pasividad del legislador energético ante el cambio climático y sus consecuencias constitucionales", en CASTRO-GIL AMIGO, J. (dir.), *La regulación energética y su impacto social y ambiental*, Aranzadi, Navarra, 2019, pp. 145-186.

3 Sobre el autoconsumo colectivo, muy relevante a efectos de las comunidades energéticas, pueden verse, entre otros muchos trabajos, los de ORTIZ GARCÍA, M., "El nuevo modelo energético: Renovable-distribuido, participativo y digital. Un acercamiento al autoconsumo compartido", en GALERA RODRIGO, S. y GÓMEZ ZAMORA, M. (coords.), *Políticas locales de clima y energía: Teoría y práctica*, INAP, Madrid, 2018, pp. 143-162; GALERA RODRIGO, S., "Autoconsumo colectivo: (mucho) más allá de los tejados", *Cuadernos de derecho local*, 61, 2023, pp. 55-81; y, en relación con las actividades de las comunidades energéticas y su instrumentación por estas entidades, ALONSO MAS, M. J., *Comunidades energéticas y entidades locales. Aspectos contractuales, patrimoniales y de Derecho de la energía*, Aranzadi, Navarra, 2024, pp. 13 y sig.

4 Sobre los sistemas de medición inteligente pueden verse REVUELTA PÉREZ, I., "Medición inteligente y transición energética en el sector eléctrico tras la Directiva 2019/944", en ALONSO MAS, M. J y REVUELTA PÉREZ, I. (dirs.), *Regulación del sector eléctrico y transición energética*, Aranzadi, Navarra, 2021 pp. 117-140.

El derecho europeo ha contribuido decisivamente a avanzar en la regulación de la transición energética[5]. Centrándonos en las comunidades energéticas, las escasas previsiones normativas de ámbito estatal vigentes en la materia traen causa de su regulación en la Directiva 2018/2001/UE, relativa al fomento del uso de energía procedente de fuentes renovables (en adelante, DER), que introdujo la figura de las "comunidades de energías renovables"; y la Directiva 2019/944/UE, sobre normas comunes para el mercado interior de la electricidad (en adelante, DMIE), que instituyó las "comunidades ciudadanas de energía". Como consecuencia de ello, en 2020 el legislador estatal reconoció como sujetos del sistema eléctrico a las "comunidades de energías renovables" (art. 6.1, letra k, de la LSE) y; a mediados de 2023, a las "comunidades ciudadanas de energía" (art. 6.1, letra j, de la LSE). Ese mismo año se publicó un Proyecto de reglamento estatal en la materia, que sigue sin aprobarse más de un año después.

El Plan Nacional Integrado de Energía y clima (2021-2030) (en adelante, PNIEC), aprobado en 2021, admitió la existencia de "(...) barreras o vacíos normativos" que impedían a las comunidades energéticas participar en el sistema energético y contempló varias medidas para impulsar su creación. En particular, la Medida 1.13 ("comunidades energéticas locales"), pretendía facilitar la participación de ciudadanos, pymes y entidades locales en la transición energética[6].

---

5 En materia de transición energética y su regulación pueden verse, entre otros, ZAMORA SANTA BRÍGIDA, I. y DE LA CRUZ FERRER, J. (dirs.), *Energía y Derecho ante la transición renovable*, Thomson-Reuters Aranzadi, Navarra, 2019; VALENCIA MARTÍN, G. y ROSA MORENO, J. (dirs.*), La transformación renovable del modelo energético,* Aranzadi, Pamplona, 2020; REVUELTA PÉREZ, I. y ALONSO MAS, M. J. (dirs.), *La regulación de la energía limpia ante la emergencia climática,* Aranzadi, Pamplona, 2020; DELGADO PIQUERAS, F. *et al.* (dirs.), *Los desafíos jurídicos de la transición energética,* Aranzadi, Pamplona, 2021; LÓPEZ-IBOR MAYOR, V. y DEL GUAYO CASTIELLA, I. (dirs.), *Derecho de la energía y el Clean energy package*, Aranzadi, Pamplona, 2021; GONZÁLEZ RÍOS, I., *Los entes locales ante la transición y la sostenibilidad energética,* Aranzadi, Navarra, 2021; ALONSO MAS, M. J. y REVUELTA PÉREZ, I. (dir.), *Regulación del sector eléctrico y transición energética,* Aranzadi, Pamplona, 2021; ZAMORA SANTA BRÍGIDA, I., *Regulando la transición energética,* Tirant Lo Blanch, Valencia, 2022.

6 La versión final del PNIEC remitida a la Comisión Europea fue aprobada mediante Resolución de 25 de marzo de 2021, conjunta de la Dirección General de Política Energética y Minas y de la Oficina Española de Cambio Climático, por la que se publica el Acuerdo del Consejo de Ministros de 16 de marzo de 2021, por el que se adopta la versión final del Plan Nacional Integrado de Energía y Clima 2021-2030 (BOE nº 77, de 31 de marzo de 2021). El Plan preveía, respecto de las

La Administración estatal, pese a las deficiencias regulatorias, ha convocado ayudas específicas para crear este tipo de entidades[7], habiéndose constituido hasta ahora unas sesenta y nueve, según el Instituto para la Diversificación y el Ahorro Energético (IDAE); sobre todo, se ha utilizado la forma de cooperativa comercializadora de electricidad verde, aunque apenas existe participación de entidades locales en las mismas[8].

La falta de regulación estatal se ha solventado, en alguna medida, mediante actos de *soft law*, como la Guía publicada en 2019 por el IDAE[9]; la *Guía para el impulso de comunidades energéticas con perspectiva municipal*, de la Diputación de Barcelona (2021); o la *Guía para la promoción pública de las Comunidades energéticas*, de la Diputación de Valencia (2022). Algunas asociaciones ambientales han elaborado sus propias guías, como la *Guía Jurídica para la constitución de Comunidades Energéticas*, del Instituto Internacional del Derecho y Medio Ambiente (IIDMA), publicada a finales de 2022[10].

Las Comunidades Autónomas más avanzadas en el proceso de "descarbonización" del sector energético y de la economía en general, han avanzado,

---

comunidades de energías renovables, entre otras medidas, una evaluación de los obstáculos existentes y de su potencial de desarrollo y "(...) deberá garantizarse que puedan producir, consumir, almacenar y vender energías renovables, en particular mediante contratos de compra de electricidad renovable, así como acceder a todos los mercados de energía adecuados, tanto directamente como mediante agregación; respecto a las comunidades ciudadanas de energía, entre otras medidas deberá permitirse que puedan poseer, establecer, adquirir o arrendar redes de distribución y gestionarlas autónomamente, así como acceder a todos los mercados organizados".

7 Orden TED/1446/2021, de 22 de diciembre, por la que se aprueban las bases reguladoras para la concesión de ayudas del programa de incentivos a proyectos piloto singulares de comunidades energéticas (Programa CE Implementa), para impulsar el desarrollo y la consolidación de comunidades energéticas. En la misma línea, la Orden TED/1021/2022, de 25 de octubre, por la que se aprueban las bases reguladoras para la concesión de ayudas a Oficinas de Transformación Comunitaria para la promoción y dinamización de comunidades energéticas (Programa CE Oficinas), que estableció líneas de ayudas para fortalecer el sistema de apoyo a los actores interesados en la creación y desarrollo de comunidades energéticas.

8 Puede consultarse: IDAE: «Visor de comunidades energéticas» [en línea], (2024), <https://informesweb.idae.es/visorccee/>, [Consulta: 18/06/2024]

9 IVANCIC, A. *et al.*, *Guía para el Desarrollo de Instrumentos de Fomento de Comunidades Energéticas Locales*, IDEA, Madrid, 2019.

10 También puede consultarse: PRATS, J. *et al.*, *Informe Comunidades energéticas: aportaciones jurídicas para su desarrollo en España*, IIDMA, Madrid, 2021.

generalmente, en la regulación de las comunidades energéticas a través, principalmente, de las normativas de cambio climático y transición energética aprobadas en los últimos años.

El presente trabajo analiza, a grandes rasgos, el marco normativo aplicable a esta nueva figura de los mercados energéticos en nuestro ordenamiento jurídico. La primera parte se centra en la regulación estatal y la segunda en los desarrollos de las Comunidades Autónomas.

2. LA (INCIPIENTE) REGULACIÓN ESTATAL DE LAS COMUNIDADES ENERGÉTICAS

2.1. Las previsiones de la Ley 24/2013, del Sector eléctrico

2.1.1. El reconocimiento de las comunidades de energías renovables mediante el Real Decreto-Ley 23/2020

El legislador estatal apenas ha regulado las comunidades energéticas, como se ha adelantado[11]. La aprobación de la DER y DMIE, que debían haberse incorporado al derecho interno antes de junio de 2021[12], provocó la aprobación del Real Decreto-ley 23/2020, de 23 de junio, por el que se aprueban medidas en materia de energía y en otros ámbitos para

---

11 Sobre las comunidades energéticas en el derecho estatal pueden verse GALLEGO CÓRCOLES, I., *Comunidades de energía y transición energética*, Aranzadi, Pamplona, 2022; ALONSO MAS, M. J., *Comunidades energéticas y entidades locales. Aspectos contractuales, patrimoniales y de Derecho de la energía*, Aranzadi, Navarra, 2024; REVUELTA PÉREZ, I., "Comunidades energéticas: desafíos jurídicos para los entes locales", *Anuario de Derecho municipal 2022*, 16, 2023, pp. 77-103; y REVUELTA PÉREZ, I., *Comunidades energéticas y entidades locales. Formas jurídicas y participación municipal*, Aranzadi, Navarra, 2024; LÓPEZ DE CASTRO GARCÍA-MORATO, L., "Las comunidades energéticas locales", *Revista de Derecho Urbanístico y Medio ambiente*, año 57, 364, 2023, pp. 105-165; y NAVARRO RODRIGUEZ, P., "La necesaria regulación interna y completa de las comunidades energéticas en España", *Revista de Derecho Urbanístico y Medio ambiente*, año 57, 360, 2023, pp. 69-116.

12 La DER debía haberse transpuesto el 30 de junio de 2021 y la DMIE el 31 de diciembre de 2020. La Comisión Europea inició procedimiento de infracción en mayo de 2022 en relación con la primera directiva.

la reactivación económica, que supuso el reconocimiento de las "comunidades de energías renovables" en la LSE.

Esta norma se limitó a definir las comunidades de energía renovables, en términos casi idénticos a la DER; a incluirlas entre los sujetos que pueden suministrar electricidad (art. 6.1, apartado j); y, a obligar a tener en cuenta sus particularidades en la aplicación del marco retributivo establecido para las energías renovables (art. 14.7 *bis*).

Llama la atención que dicha norma, cuyo objetivo era, precisamente, promover los nuevos negocios asociados a la transición energética, no hiciera ninguna referencia a las "comunidades ciudadanas de energía" previstas en la DMIE y que, por tanto, no las incluyera entre los sujetos del sector eléctrico en la LSE[13]. Máxime cuando incorporó algunas previsiones de la DMIE, las relativas a los agregadores o al almacenamiento de electricidad[14].

2.1.2. El Real Decreto-ley 5/2023: reconocimiento de las comunidades ciudadanas de energía y otros desarrollos

La regulación de las comunidades ciudadanas de energía en la LSE trae causa del Real Decreto-ley 5/2023, de 28 de junio[15], aunque esta norma estatal, además, ha completado la regulación de las comunidades de energía renovables (nuevo artículo 12 *bis*), incorporando las previsiones todavía no transpuestas de la DER. En este punto, en efecto, el nuevo precepto reconoce a estas entidades los mismos derechos y obligaciones que corresponden a los sujetos del sector eléctrico conforme a la normativa aplicable

---

13 Puede verse DEL GUAYO CASTIELLA, I. y CUESTA ADÁN, A., "La regulación de los nuevos negocios eléctricos de la transición", *Revista española de Derecho Administrativo,* 214, 2021, pp. 11-38.

14 Sobre el almacenamiento puede verse ALONSO MAS, M. J., "La regulación del almacenamiento de electricidad: un instrumento para la integración de las energías renovables y de la eficiencia energética", en REVUELTA PÉREZ y ALONSO MAS (dirs.), *La regulación de la energía limpia ante la emergencia climática,* Aranzadi, Pamplona, 2020, pp. 251-314.

15 Real Decreto-Ley 5/2023 por el que se adoptan y prorrogan determinadas medidas de respuesta a las consecuencias económicas y sociales de la Guerra de Ucrania, de apoyo a la reconstrucción de la isla de La Palma y a otras situaciones de vulnerabilidad; de transposición de Directivas de la Unión Europea en materia de modificaciones estructurales de sociedades mercantiles y conciliación de la vida familiar y la vida profesional de los progenitores y los cuidadores; y de ejecución y cumplimiento del Derecho de la Unión Europea.

(apartado primero); el derecho de los consumidores finales a participar en ellas sin perder sus derechos y obligaciones como tales (apartado segundo); o el conjunto de derechos que les corresponden en el sector energético —entre otros, producir, consumir, almacenar y vender energías renovables; compartir la energía que produzcan; o acceder, sin sufrir discriminación, a todos los mercados energéticos idóneos (apartado tercero)—.

El nuevo precepto de la LSE recoge, igualmente, las previsiones de la DER, sobre el marco facilitador de las comunidades de energías renovables que deben establecer los Estados. El apartado cuarto exige genéricamente a las Administraciones públicas garantizar la eliminación de los obstáculos (reglamentarios y administrativos) injustificados a las mismas; la aplicación de la regulación de los servicios energéticos o la cooperación del gestor de la red de distribución con las mismas para facilitar las transferencias de energía entre los socios; la aplicación de procedimientos justos, proporcionados y transparentes así como de tarifas de red que reflejen los costes y los cargos, gravámenes impuestos a efectos de su contribución al reparto del coste global del sistema; no recibir un trato discriminatorio en los mercados al ejercer sus actividades; o la accesibilidad de todos los consumidores a la participación en las comunidades energéticas (incluidos los hogares vulnerables).

Por último, el art. 12 *bis* de la LSE exige considerar las particularidades de las comunidades de energías renovables al diseñar los sistemas de apoyo (apartado quinto), reiterando la previsión que contiene en este sentido el art. 14. 7 *bis.*

En cuanto a las "comunidades ciudadanas de energía", la aprobación del Real Decreto-Ley 5/2023 supuso su reconocimiento como sujeto del sector eléctrico en la LSE (art. 6.1, letra k) aunque la definición que introduce no es más que una reproducción de la noción que figura en la DMIE, como ocurre con las comunidades de energías renovables. Según este precepto, estas entidades jurídicas deben cumplir los siguientes requisitos:

> (...) basadas en la participación voluntaria y abierta, cuyo control efectivo lo ejercen socios o miembros que sean personas físicas, autoridades locales, incluidos los municipios, o pequeñas empresas, y cuyo objetivo principal consiste en ofrecer beneficios medioambientales, económicos o sociales a sus miembros, socios o a la localidad en la que desarrolla su actividad, más que generar una rentabilidad financiera.

Las líneas esenciales de funcionamiento de esta figura se pergeñan en el nuevo art. 12 *ter* de la LSE, titulado "comunidades ciudadanas de energía", dejando el establecimiento del marco jurídico favorable a estas entidades en manos de ulteriores desarrollos reglamentarios, al igual que ocurre con las comunidades de energías renovables.

Dichas reglas son las establecidas en la DMIE, esto es, participación abierta y voluntaria en las mismas; derecho de los socios a abandonarlas; mantenimiento de los derechos y obligaciones de los miembros o socios como consumidores finales de energía; acceso a todos los mercados organizados de producción de electricidad; aplicación de procedimientos y tasas equitativos, proporcionados y transparentes; y, posibilidad de actuar como representantes de los consumidores a efectos del autoconsumo colectivo[16].

Es importante advertir que el legislador energético español ha optado finalmente por no reconocer a las comunidades ciudadanas de energía la posibilidad de desarrollar la actividad de distribución en el mercado eléctrico[17], pese a que la DMIE autoriza a los Estados a hacerlo[18] y la versión del PNIEC aprobada en marzo de 2021 lo contemplaba. Con todo, la Ley 5/2024, de 19 de diciembre, de medidas de fomento de las comunidades energéticas y autoconsumo industrial en Aragón, en la misma línea que el Decreto-Ley 1/2023, de medidas urgentes para el impulso de la transición energética y el consumo de cercanía en Aragón, aprobado pocos meses antes que el art. 12 *ter* de la LSE y declarado inconstitucional por la STC 113/2024, ha reconocido a estas entidades la posibilidad de desarrollar actividad de distribución eléctrica (art. 2.2), como luego se verá.

---

16 Sobre la regulación europea de las comunidades ciudadanas de energía pueden verse, entre otros, GONZALEZ RÍOS, I., "Las «Comunidades energéticas locales»: un nuevo desafío para las entidades locales", *Revista Vasca de Administración Pública*, 117, 2020, pp. 147-193; CASTRO-GIL AMIGO, J., "Las comunidades ciudadanas de energía (art 16)", en PAREJO ALFONSO, L. y CASTRO-GIL AMIGO, J. (coords.), *Directiva de mercado interior de la electricidad*, Thomson Reuters-Aranzadi, Navarra, 2020, pp. 145-184; GALLEGO CÓRCOLES, I., *Comunidades de energía y transición energética*, *op. cit.*, pp. 63 y ss; o REVUELTA PÉREZ, I., *Comunidades energéticas y entidades locales. Formas Jurídicas y participación municipal*, *op. cit.*, p. 63.

17 Sobre la actividad de distribución puede verse LEIVA LÓPEZ, A., "La regulación de la actividad de distribución de energía eléctrica", *Revista Aragonesa de Administración Pública*, 51, 2018, pp. 175-211.

18 El art. 16 de la DMIE permite a los Estados reconocer a las comunidades ciudadanas de energía el derecho a "(...) poseer, establecer, adquirir o arrendar redes de distribución y gestionarlas autónomamente". Como ha puesto de manifiesto ALONSO MAS, M.J., *Comunidades energéticas y entidades locales. Aspectos contractuales, patrimoniales y de Derecho de la energía*, *op. cit.*, p. 68, este precepto no tiene efecto directo pues el legislador europeo ha dejado esta decisión en manos de los Estados.

La Comisión Nacional de los Mercados y la Competencia ha aplaudido la decisión del legislador español de no reconocer a las comunidades ciudadanas de energía la posibilidad de desarrollar actividad de distribución de electricidad pues entiende que "(...) la distribución es un monopolio natural y no considera eficiente duplicar redes en zonas donde ya existen"[19].

A nuestro juicio, pese a los numerosos inconvenientes que plantea el reconocimiento de esta actividad, expuestos por CASTRO-GIL AMIGO[20], podría haberse admitido expresamente esta posibilidad, al menos para las redes de distribución cerradas.

Expuesta la escueta regulación de las comunidades energéticas en la versión vigente de la LSE, en lo que sigue se analiza, a grandes rasgos, el contenido del proyecto de reglamento estatal que vendría a desarrollar esta norma.

2.2. El Proyecto de Reglamento estatal por el que se regulan las comunidades de energías renovables y las comunidades ciudadanas de energía publicado en 2023

El Ministerio para la Transición Ecológica y el Reto Demográfico abrió, a finales de 2020, la preceptiva consulta pública que exige el ordenamiento jurídico español antes de aprobar una norma reglamentaria (arts. 133 de la Ley 39/2015 y 26 de la Ley 50/1997)[21] pero hubo que esperar casi tres

---

19 COMISIÓN NACIONAL DE LOS MERCADOS Y LA COMPETENCIA: «Informe al Proyecto de Real Decreto por el que se desarrollan las figuras de las comunidades de energías renovables y las comunidades ciudadanas de energía (IPN/CNMC/013/23)» [en línea], (2023), <https://www.cnmc.es/sites/default/files/4968233.pdf> [Consulta: 18/06/2024]

20 CASTRO-GIL AMIGO, J., "Las comunidades ciudadanas de energía (art 16)", *op. cit.*, p., 163.

21 La consulta previa sobre "comunidades energéticas locales" estuvo abierta entre el 17 de noviembre y el 2 de diciembre de 2020. La finalidad era recabar, directamente o a través de sus organizaciones representativas, la opinión de los colectivos y entidades interesadas, de las administraciones y de los agentes potencialmente involucrados en su desarrollo. Se formularon, a efectos de las preguntas, los siguientes cinco bloques temáticos: 1°) Generales; 2°) Aspectos jurídicos; 3°) Barreras y oportunidades; 4°) Marco facilitador; y 5°) Actores. El término "comunidades energéticas locales" aunaba, según la información publicada en la web, los conceptos de comunidades de energías renovables y de comunidades ciudadanas de energía.

años, abril de 2023, hasta la publicación del Proyecto de Real Decreto de regulación de las comunidades de energías renovables y las comunidades ciudadanas de energía[22].

El proyecto normativo se dicta con la finalidad de transponer las previsiones de la DER y la DMIE relativas a las comunidades energéticas y solo establece, como confiesa su preámbulo, los principios reguladores de las mismas.

Los quince artículos que contempla esta propuesta avanzan, en efecto, en algunos aspectos del régimen jurídico de las dos figuras de comunidades energéticas reconocidas en la LSE y clarifican cuestiones esenciales para promover su creación aunque no abordan numerosas cuestiones relevantes, como, por ejemplo, la forma jurídica para constituirlas o el tema crucial de la participación en las mismas de las administraciones públicas (en particular, de los entes locales)[23]; aspectos que, por otra parte, exceden de las competencias del regulador energético.

La norma proyectada, tras establecer, en su capítulo primero, su objeto (desarrollar reglamentariamente las figuras de las comunidades de energías renovables y las comunidades ciudadanas de energía) y definir "Pyme" y "Pequeña empresa" (art. 2), dedica el capítulo segundo (arts. 3 a 8) a regular las comunidades de energías renovables, definiéndolas y estableciendo los requisitos aplicables, así como los derechos y obligaciones de las mismas y de sus socios.

La definición de "comunidad de energías renovables" que contiene el art. 3 de la propuesta es similar a la que figura en la DER y en la LSE, aunque presenta alguna novedad. En efecto, tras enumerar las notas definitorias de estas entidades en dichas normas (participación abierta y voluntaria;

---

22 MINISTERIO PARA LA TRANSICIÓN ECOLÓGICA Y EL RETO DEMOGRÁFICO: «Proyecto de Real Decreto por el que se desarrollan las figuras de las comunidades de energías renovables y las comunidades ciudadanas de energía» [en línea], (2023), <https://www.miteco.gob.es/content/dam/miteco/es/energia/files-1/_layouts/15/Proyecto%20de%20Real%20Decreto-61313.pdf> [Consulta: 18/06/2024]. El proyecto se sometió a información pública entre el 21 de abril y el 17 de mayo de 2023.

23 Sobre este tema pueden verse GONZÁLEZ RÍOS, I., *Los entes locales ante la transición y la sostenibilidad energética, op. cit.*, p. 120; REVUELTA PÉREZ, I., *Comunidades energéticas y entidades locales. Formas jurídicas y participación municipal, op. cit.*, p. 63 y ALONSO MAS, M. J., *Comunidades energéticas y entidades locales. Aspectos contractuales, patrimoniales y de Derecho de la energía, op. cit.*, p. 94.

autonomía; control efectivo por socios ubicados en las proximidades de sus proyectos; tipos de miembros -personas físicas, pymes o autoridades locales, incluidos los municipios; y cuya finalidad principal sea proporcionar beneficios ambientales, económicos o sociales a sus socios o a las zonas donde operen), se reconoce la posibilidad de que las agrupaciones o asociaciones de personas físicas, pymes o autoridades locales que cumplan los requisitos legales sean miembros de las comunidades energéticas.

La propuesta prevé la adopción de cualquier forma jurídica prevista en el ordenamiento jurídico que disponga de personalidad jurídica propia para las comunidades de energías renovables y que, como no podía ser de otra forma, garantice su compatibilidad con los requisitos fijados en la norma (art. 3.2) y exige que sus estatutos reflejen sus previsiones (art. 3.3).

Los aspectos más novedosos los encontramos, no obstante, en la regulación de los requisitos aplicables a las comunidades de energías renovables (art. 4), pues se concreta el número mínimo de miembros o socios que deben tener, que son cinco (apartado a); y los criterios determinantes de las exigencias de la participación en las mismas (carácter abierto y libre). En este sentido, se entiende, de una parte, que debe poder participar en la misma cualquier persona física o jurídica de naturaleza pública, privada o público-privada que reúna los requisitos exigibles, no pudiendo imponerse límites o condiciones injustificadas o discriminatorias; y de otra, que sus socios o miembros deben poder abandonar la comunidad de energías renovables en cualquier momento conforme a las reglas de altas y bajas y en los términos establecidos en sus estatutos y en la normativa de aplicación.

Se determinan, igualmente, los requisitos de la autonomía de la entidad respecto de sus miembros o socios (apartado d) y de la proximidad de estos a los proyectos que desarrolle la comunidad de energías renovables (apartado e). En cuanto a lo primero, ninguno de ellos podrá reunir más del 51% de los votos ni tampoco nombrar o destituir a la mayoría de miembros del órgano de administración. El criterio determinante de la proximidad no es solo el establecimiento de una distancia específica al proyecto que se desarrolle sino la envergadura del municipio afectado por el mismo, en términos de población. En este sentido, la norma proyectada distingue entre los municipios de población inferior a 5.000 habitantes; los municipios de entre 5.000 y 50.000 habitantes; y, por último, los de más de 50.000 habitantes.

En los municipios menos poblados, las reglas de participación en la comunidad de energías renovables son más laxas. Aparte de que no se limita a las personas que residen habitualmente en el municipio, sino que están abiertas también a los propietarios de inmuebles y a los titulares de un punto de suministro ubicado en el mismo, se admite la participación de personas de municipios colindantes a aquél en que se desarrolla el proyecto energético (ya sean residentes, propietarios de inmuebles o titulares de un punto de suministro), siempre que no superen conjuntamente los 50.000 habitantes.

En municipios de entre 5.000 y 50.000 habitantes se permite participar a residentes, propietarios de inmuebles o titulares de un punto de suministro en el mismo, pero no se admite la integración de personas de los municipios colindantes.

La participación en las comunidades de energías renovables en los municipios que superan los 50.000 habitantes es más restrictiva y se rige por parámetros distintos pues se condiciona, esta vez sí, a la distancia al emplazamiento del primer proyecto desarrollado por la entidad. Está abierta a cualquier propietario de bienes inmuebles; residente habitual o titular de un punto de suministro, en un radio de cinco kilómetros a la redonda.

La norma proyectada, además, impide expresamente fragmentar artificialmente los proyectos para cumplir fraudulentamente los criterios fijados y realizar proyectos en distintos municipios con el objeto de ampliar el ámbito de la comunidad de energías renovables. En estos casos, según la norma, deberán constituirse comunidades independientes.

La memoria de análisis de impacto normativo del proyecto de reglamento nos aclara que la ampliación del radio de actuación de las comunidades de energías renovables en municipios pequeños o en riesgo de despoblación trata de garantizar un número de miembros adecuado para constituirlas y conecta esta solución con los objetivos establecidos en materia de reto demográfico, pues se considera que estas entidades pueden generar beneficios para estos territorios.

El art. 4, apartado f, del Proyecto de Real Decreto, trata de especificar el contenido del último presupuesto de las comunidades de energías renovables en la normativa europea y en la LSE, esto es, "proporcionar beneficios medioambientales, económicos y sociales a sus socios o miembros y a las zonas locales donde operan". El precepto nos dice el destino principal que debe darse a los posibles beneficios económicos de estas comunidades energéticas, esto es, reducir el coste de la energía de sus miembros, desarrollar actuaciones relacionadas con su objeto social; inversiones de mejora ambiental del entorno; o desarrollo social de la localidad donde desarrollan su actividad.

Los arts. 5 y 6 concretan, respectivamente, los derechos y obligaciones de las comunidades de energías renovables y de sus miembros o socios. En cuanto al primer aspecto, el único avance respecto de la DER y la LSE es el reconocimiento a estas entidades de la posibilidad tanto de actuar como representantes de los consumidores para realizar el autoconsumo colectivo (previa autorización) así como de ejercer cualquier derecho (uso, explotación o de otra naturaleza) sobre los activos energéticos que los socios o usuarios hayan vendido, cedido o aportado a la comunidad; incluidos los pertenecientes a las entidades locales.

Ninguna novedad existe en la regulación del "marco facilitador" que contiene el art. 7, pues coincide plenamente con lo establecido en el art. 12 *bis* de la LSE, al que ya nos hemos referido.

El art. 8, por último, establece el sistema de control público de estas entidades, esto es, el sometimiento a declaración responsable, previa al inicio de la actividad, ante la Administración estatal (en concreto, ante la Dirección General de Política Energética y Minas del Ministerio para la Transición Ecológica y el Reto Demográfico). Este precepto prevé, además, la publicación en la página web del citado órgano de una relación de comunidades de energías renovables por dicho órgano. Listado que, según indica la norma, será independiente de los registros o listados que pueden mantener las Comunidades Autónomas.

El capítulo III (arts. 9 a 13), por su parte, regula las comunidades ciudadanas de energía. Siguiendo la misma sistemática del capítulo precedente, se define la figura (art. 9); se concretan los requisitos aplicables (art. 10); se establecen los derechos y obligaciones, tanto de la propia entidad (art. 11) como de sus miembros o socios (art. 12) y se prevé la publicación electrónica de, en este caso, la "relación de comunidades ciudadanas de energía" por el Ministerio para la Transición Ecológica y el Reto Demográfico (art. 13).

La definición de "comunidad ciudadana de energía" que recoge el art. 9 del Proyecto reproduce las previsiones recogidas en este sentido en la LSE y añade consideraciones sobre la forma jurídica para crearlas y sobre sus estatutos, como ocurre, según se ha visto, con las comunidades de energías renovables. Así, estas entidades pueden adoptar cualquier forma jurídica prevista en el ordenamiento jurídico que disponga de personalidad jurídica propia compatible con los requisitos previstos en la norma proyectada (art. 9.2); y los estatutos, deben, igualmente, reflejar los presupuestos establecidos en la norma (art. 9.3). Además, la definición nos recuerda que la actividad de las comunidades ciudadanas de energía se limita al sector eléctrico (art. 9.4).

En cuanto a los requisitos aplicables a la comunidad ciudadana de energía establecidos en el art. 10 de la propuesta normativa, se concreta el número mínimo de miembros o socios, esto es, cinco (apartado primero); y el significado de la participación abierta, libre y voluntaria en la misma (apartados dos y tres). El aspecto más destacable, por su novedad y efectos, es, sin duda, la exigencia de autonomía respecto de los socios, en la medida en que la DMIE no la impone. Es más, el legislador europeo ha considerado conveniente que este tipo de comunidad energética esté efectivamente controlada, si bien únicamente por aquellos miembros o socios que no participan en una actividad económica a gran escala y que su actividad económica principal no sea en el sector energético, es decir, por los operadores tradicionales del sector eléctrico[24].

La Comisión Nacional de los Mercados y la Competencia ha criticado este requisito pues entiende que puede dificultar la gestión de estas entidades, proponiendo su eliminación en aras de "[...] una toma de decisiones más sencilla por parte de las personas físicas, pequeñas compañías o autoridades locales que controlan la comunidad"[25].

Estamos de acuerdo con el organismo regulador. A nuestro juicio, además, si se quiere favorecer la participación de entes locales en este tipo de comunidades energéticas, es preferible el criterio de la DMIE permitiendo el control efectivo de las mismas por parte de determinados socios o miembros. Parece lógico que estas Administraciones, que cumplen los requisitos previstos por dicha norma (su actividad principal no es operar en el sector energético), puedan controlar las comunidades ciudadanas de energía a las que hayan cedido espacios municipales pues es la forma de garantizar el desarrollo de actuaciones de lucha contra la pobreza energética y de protec-

24 El considerando 44 de la DMIE establece: "(...) deben reservarse las competencias de decisión dentro de una comunidad ciudadana de energía a aquellos miembros o socios que no participen en una actividad económica a gran escala y para los cuales el sector de la energía no constituya un ámbito de actividad económica principal".

25 El informe de la CNMC pone de relieve que otros Estados de la Unión Europea han exigido autonomía a las comunidades ciudadanas de energía, como Francia, dónde se cumple dicho requisito si la comunidad es una empresa autónoma en el sentido del artículo 3 del anexo de la Recomendación de la Comisión Europea de 6 de mayo de 2003, relativa a la definición de micro, pequeña y mediana empresa. Una «empresa autónoma» es la que no puede calificarse ni como empresa vinculada ni como empresa asociada.

ción de los consumidores vulnerables del municipio, pues se trata de una actividad de interés general que, como tal, debería estar bajo control público.

Respecto a los derechos y obligaciones de este tipo de comunidad energética, la norma proyectada recoge y, en algún caso, precisa el contenido de las previsiones en el art. 12 *ter* de la LSE, como el acceso no discriminatorio a todos los mercados organizados de generación eléctrica, directamente o a través de la agregación; recibir un tratamiento no discriminatorio y proporcionado para ejercer sus actividades y derechos como consumidores finales (precisando la reglas aplicables al pago de los peajes y cargos del sistema eléctrico[26] o a la comercialización de la electricidad[27]); y actuar como representantes de los consumidores para el autoconsumo colectivo, previa autorización de los mismos. Además, se reconoce novedosamente tanto el derecho a prestar servicios de recarga de vehículos eléctricos (art. 11.1, letra b)[28] como a ejercer cualquier derecho (uso, explotación o de otra

---

[26] Las comunidades ciudadanas de energía, según el párrafo segundo del art. 11.1, letra b, quedan sometidas al régimen general de pago de los peajes de acceso a la red de transporte y distribución y los cargos del sistema eléctrico previstas en la Circular 3/2020, de 15 de enero, de la Comisión Nacional de los Mercados y la Competencia, por la que se establece la metodología para el cálculo de los peajes de transporte y distribución de electricidad y en el Real Decreto 148/2021, de 9 de marzo, por el que se establece la metodología de cálculo de los cargos del sistema eléctrico, respectivamente.

[27] Conforme al art. 11.1, letra b *in fine*, de la propuesta de reglamento estatal, las comunidades ciudadanas de energía pueden ejercer la actividad de comercialización en las mismas condiciones que las comercializadoras de energía eléctrica, resultándoles aplicables su marco regulatorio y como tales serán sujetos de liquidación responsables del balance, en los términos previstos en la Resolución de 11 de diciembre de 2019, de la Comisión Nacional de los Mercados y la Competencia, por la que se aprueban las condiciones relativas al balance para los proveedores de servicios de balance y los sujetos de liquidación responsables del balance en el sistema eléctrico peninsular español. Puede verse ALONSO MAS, M. J., *Comunidades energéticas y entidades locales. Aspectos contractuales, patrimoniales y de Derecho de la energía, op. cit.*, p. 52.

[28] En el marco del reconocimiento a las comunidades ciudadanas de energía de los mismos derechos y obligaciones asociados a los consumidores de electricidad definidos en el art. 44 de la LSE, que contiene el párrafo segundo del art. 11.1, letra b, se mencionan expresamente los asociados a la prestación de servicios de recarga energética de vehículos eléctricos, con remisión a las previsiones del Real Decreto 184/2022, de 8 de marzo, por el que se regula la actividad de prestación de servicios de recarga energética de vehículos eléctricos.

naturaleza) sobre los activos energéticos que los socios o usuarios hayan vendido, cedido o aportado a la comunidad (art. 11. 2).

Y, entre los derechos reconocidos a los miembros o socios de la comunidad ciudadana de energía en la propuesta de reglamento, debe destacarse, pues esto no se reconoce expresamente a los miembros de las comunidades de energías renovables, el derecho a realizar autoconsumo individual o colectivo, en los términos establecidos en el Real Decreto 244/2019, de 5 de abril (art. 12.3).

El capítulo IV (arts. 14 y 15), titulado "Régimen económico de energías renovables aplicable a las instalaciones titularidad de comunidades de energías renovables o comunidades ciudadanas de energía", establece las "particularidades del régimen económico de energías renovables aplicables a las comunidades de energías renovables y a las comunidades ciudadanas de energía" y el "calendario previsto para el acceso a instrumentos económicos de apoyo".

En cuanto a lo primero, la propuesta normativa, tras reconocer la posibilidad de ambos tipos de comunidades energéticas de acceder a dicho régimen retributivo, regulado en el Real Decreto 960/2020, permite tener en cuenta sus particularidades en los concursos, para garantizar que pueden competir debidamente con otros participantes del mercado, en los términos previstos en la LSE. En cuanto a lo segundo, esto es novedoso, la propuesta obliga a incluir cupos específicos para las instalaciones de titularidad de las comunidades energéticas en las convocatorias para el otorgamiento del régimen económico de energías renovables.

Para finalizar, la norma proyectada contiene, en su disposición adicional primera, un mandato al IDAE de evaluación de los obstáculos existentes al desarrollo de las comunidades de energías renovables y de su potencial de desarrollo; y su disposición final tercera, prevé la liberación de parte de la capacidad de los nudos reservados para concurso (en concreto, un 5% de la capacidad disponible) con el fin de destinarla, exclusivamente, a instalaciones de generación que se integren dentro de alguna de esas comunidades[29].

---

29 El resto de disposiciones adicionales y transitorias de la propuesta normativa no inciden en las comunidades energéticas sino que transponen previsiones de la DER, como la disposición adicional segunda, referida a los sistemas urbanos de calefacción y refrigeración a partir de fuentes de energías renovables; la disposición adicional tercera, en materia de residuos; o la disposición transitoria única, que amplía el plazo para solicitar las configuraciones singulares de medida de instalaciones de cogeneración con hibridación.

A la luz de lo expuesto es claro que la propuesta de reglamento estatal avanza en la concreción de algunos aspectos energéticos del régimen jurídico de las comunidades energéticas en nuestro país, pero son muchas todavía las cuestiones que deberían perfilarse debidamente. Como ha puesto de manifiesto la Comisión Nacional de los Mercados y la Competencia convendría establecer principios reguladores comunes para los dos tipos de comunidades energéticas y concretar para las comunidades de energías renovables algunos aspectos importantes, como ha ocurrido con las comunidades ciudadanas de energía, como la formalización de los contratos de compra de electricidad renovable entre sus miembros o socios y los productores renovables *ex* art. 5.1.a; el reconocimiento del derecho a compartir la energía renovable que produzcan las instalaciones generadoras de este tipo de comunidad energética; o las tarifas de red eléctrica (peajes) y cargos de energía eléctrica "diferenciados" que deberían crearse[30].

3. LOS DESARROLLOS NORMATIVOS AUTONÓMICOS

3.1. Consideraciones generales

La falta de regulación estatal de las comunidades energéticas no ha impedido a algunas Comunidades Autónomas establecer previsiones en la materia, lo que resulta comprensible puesto que muchas de ellas han dictado en los últimos años normas que abordan el reto de la lucha contra el cambio climático y la transición energética[31] y estas entidades, según el

---

[30] El informe de la CNMC pone de relieve la eventual necesidad de modificar la Circular 3/2020, a la que se remite la propuesta normativa cuando regula la cuestión de los peajes y cargos aplicables en la ordenación de los derechos y obligaciones de las comunidades ciudadanas de energía, tratándose de las comunidades de energías renovables, habida cuenta de su ámbito de actuación, podrían darse diferentes niveles de tensión e incluso distancias superiores a las previstas en el Real Decreto 244/2019, de 5 de abril.

[31] En este sentido, puede verse REVUELTA PÉREZ, I., "La actividad de los Gobiernos locales en el ámbito de la energía limpia: marco normativo", *Anuario del Gobierno Local*, 1, 2021, pp. 171-202; y, REVUELTA PÉREZ, I., "Energía limpia y entes locales: ¿nuevas posibilidades en los mercados energéticos?", en MORA RUIZ, M., *De las Smart Cities a las Ciudades integradoras. Propuestas socio-jurídicas para una administración local del s. XXI*, Dykinson, Madrid, 2023, pp. 165-189.

derecho europeo, son una figura clave del nuevo modelo energético que pretende implantarse, descentralizado y verde.

Son los casos de Cataluña (Ley 16/2017, de cambio climático y transición energética y Decreto-Ley 16/2019, de medidas urgentes para la emergencia climática y el impulso a las energías renovables); Baleares (Ley 10/2019, de cambio climático y transición energética); Navarra (Ley Foral 4/2022, de 22 de marzo, de Cambio Climático y Transición Energética y Orden Foral 64/2022, de 21 de octubre, del Consejero de Desarrollo Económico y Empresarial, por la que se establecen medidas de fomento de las comunidades de energía)[32]; Comunidad Valenciana (Ley 6/2022, de 5 de diciembre, del cambio climático y la transición ecológica); Canarias (Ley 6/2022, de 27 de diciembre, de cambio climático y transición energética); Aragón (Ley 5/2024, de 19 de diciembre, de medidas de fomento de comunidades energéticas y autoconsumo industrial en Aragón); País Vasco (Ley 1/2024, de 8 de febrero, de Transición Energética y Cambio Climático) "y Galicia (Ley 2/2024, de 7 de noviembre, de promoción de los beneficios sociales y económicos de los proyectos que utilizan los recursos naturales de Galicia)".

El grado de ambición de estas normas autonómicas en la regulación de las comunidades energéticas difiere sustancialmente pues mientras alguna de ellas se ha limitado a mencionar las dos figuras contempladas en el derecho europeo e imponer a las Administraciones públicas la obligación de promoverlas, como la Ley canaria 6/2022; otras han ido mucho más allá y han creado nuevas figuras o reconocido la posibilidad de que realicen nuevas actividades en los mercados energéticos. Es el caso de la Ley 5/2024, de 19 de diciembre, de medidas de fomento de comunidades energéticas y autoconsumo industrial en Aragón[33], que, entre otras muchas cosas, contempla la figura de las "mancomunidades de energía" o ha reconocido la posibilidad de que las comunidades ciudadanas de energía desarrollen la actividad de distribución.

---

32 Sobre estas normas puede verse ALENZA GARCÍA, J. F., "Navarra (2022): el despertar indolente de la legislación climática de Navarra", en GARCÍA ÁLVAREZ, G. *et al.* (coords.), *Observatorio de Políticas Ambientales 2023,* BOE-CIEMAT, Madrid, 2023, pp. 1025-1054, que ha cuestionado la utilización de una orden para regular cuestiones tan relevantes de las comunidades energéticas, como los requisitos que deben cumplir o la actividad que pueden realizar.

33 En la misma línea, el Decreto-Ley 1/2023, de 20 de marzo, de medidas urgentes para el impulso de la transición energética y el consumo de cercanía en Aragón, declarado inconstitucional.

Esta norma, debido a sus desarrollos en la materia, será objeto de atención más adelante, tras una referencia previa a dos medidas que se observan en la regulación de las comunidades energéticas en varias normas autonómicas, como el reconocimiento del carácter participativo de sus actuaciones y proyectos de transición energética, lo que supone la exoneración de la obligación de acreditar la presentación de la "oferta de participación local" que se exige al resto de promotores; o el reconocimiento a las Administraciones públicas de la posibilidad de ceder el uso de sus bienes (generalmente, cubiertas de edificios) a estas entidades mediante la constitución del denominado "derecho de superficie".

3.2. Las comunidades energéticas como vía de "participación local" en los nuevos proyectos energéticos

Son varias las normas autonómicas que, en aras de la consecución del nuevo modelo energético y la mayor aceptación de los proyectos que utilizan energías limpias, han establecido medidas para garantizar la "participación local" en nuevos proyectos, así como para favorecer, a través de la misma, la intervención de las comunidades energéticas en estos mercados ya sea a iniciativa propia o colaborando con otros operadores del sector.

La pionera Ley 10/2019, de 22 de febrero, de cambio climático y transición energética de Baleares, se refiere a los "proyectos de energías renovables con participación local", que son, entre otros, los promovidos por comunidades de energía renovable locales (art. 49.4); o aquéllos en los que se acredite que se ha ofrecido la posibilidad de participar, en la propiedad del proyecto, a personas físicas o jurídicas, públicas o privadas, radicadas en el municipio en el que se pretende situar su instalación o en los municipios limítrofes (art. 49.2). Es más, la norma obliga a realizar una "oferta de participación local" de, como mínimo el 20% de la propiedad, antes de ejecutar determinados proyectos (art. 49.6)[34].

De la misma forma, a partir de 2021, en Cataluña se obligó a los promotores de determinados proyectos de generación energética verde, salvo a las comunidades energéticas, a presentar una "oferta de participación

[34] Conforme al art. 49. 6 de la Ley 10/2019 se trata de los proyectos de generación renovable ubicados en el suelo de potencia igual o superior a 5 MW. Si el número de personas físicas o jurídicas interesadas no llegara al 20%, la oferta debe ampliarse a las personas radicadas en los municipios limítrofes y, en caso de seguir sin agotarse, se extenderá a las personas radicadas en la comunidad autónoma.

local" (art. 9 *bis* 1 del Decreto-Ley 16/2019, de 26 noviembre, de medidas urgentes para la emergencia climática y el impulso a las energías renovables en Cataluña)[35]. Se trata, según el art. 9 *bis* 2, del ofrecimiento de la posibilidad de participar en la propiedad del proyecto (como mínimo, en un 20%) o su financiación a las personas físicas y jurídicas radicadas en el municipio[36]. Como se ha adelantado, tanto las comunidades de energías renovables como las comunidades ciudadanas de energía, si cumplen determinados requisitos, quedan exoneradas de presentar dicha oferta (art. 9 *bis* 7).

Otras normas que también promueven la participación local en los nuevos proyectos de energías renovables a través, en parte, de comunidades energéticas, son la Ley Foral 4/2022 y la Ley 1/2024, del País Vasco. Según el art. 36 de la primera norma son "Proyectos de generación renovable con participación local", que se consideran "inversiones de interés autonómico", no sólo aquéllos en los que se haya acreditado el ofrecimiento de participación en la propiedad del mismo a las personas radicadas en el municipio o en municipios limítrofes sino también los promovidos por comunidades ciudadanas de energía o comunidades de energías renovables (apartado 4). Por su parte, el art. 27 de la Ley 1/2024 del País Vasco, exime a las comunidades energéticas de la obligación de ofrecer a la ciudadanía y a las industrias y comercios del municipio donde vaya a ubicarse el proyecto o de los municipios limítrofes que impone a los promotores de determinados proyectos (plantas de energía solar fotovoltaica y energía eólica de potencia superior a 5 MW). Esta norma, no obstante, obliga a las Administraciones públicas vascas a fomentar la participación ciudadana local en los proyectos que promuevan (art. 27.2).

3.3. Utilización de bienes públicos por las comunidades energéticas: sobre la constitución de derechos de superficie

Algunas normas autonómicas han reconocido a las Administraciones públicas la posibilidad de constituir derechos de superficie sobre su patrimonio (edificios, terrenos dotacionales, etc.) en favor de comunidades

---

[35] El art. 9 *bis* 1 se introdujo mediante el Decreto-Ley 24/2021, titulado "Medidas de mejora de la aceptación social de los proyectos de energías renovables".

[36] La participación de las personas físicas está supeditada al empadronamiento en el municipio durante, al menos dos años y puede ser directa o a través de una sociedad vehículo que las agrupe.

energéticas o cooperativas energéticas para desarrollar proyectos de generación de energía renovable (instalación de placas solares) o de almacenamiento energético.

Este reconocimiento tiene su origen en la Ley 10/2019 de Baleares, que, además, exige concurso público para constituir dicho derecho, reservado para estas entidades (art. 50) pero figura también en el art. 37 de la Ley Foral 4/2022, de Cambio Climático y Transición Energética de Navarra; en el art. 52 de la Ley 6/2022, de la Comunidad Valenciana[37]; en la Ley 5/2024, de medidas de fomento de comunidades energéticas y autoconsumo industrial en Aragón, de Aragón (art. 25); o en la Ley 1/2024, del País Vasco (art. 26). Esta última norma, no obstante, distingue a estos efectos, esto es importante, entre bienes patrimoniales y demaniales, disponiendo que respecto de estos últimos se estaría ante el otorgamiento de una concesión.

ALONSO MAS ha cuestionado esta regulación pues entiende que, en nuestro caso, no se está, en sentido técnico, ante un verdadero derecho de superficie. Según esta autora, hay que entender que estas normas están reconociendo la posibilidad de la Administración de conceder un derecho de uso sobre las cubiertas de los bienes de que se trate, tanto demaniales como patrimoniales, remitiendo al régimen jurídico que sea aplicable en cada caso según el mismo sea demanial o patrimonial[38].

---

[37] En la misma línea que el art. 52 de la Ley valenciana 6/2022, el Decreto-ley 14/2020, de medidas para acelerar la implantación de instalaciones para el aprovechamiento de las energías renovables por la emergencia climática y la necesidad de la urgente reactivación económica, ya reconoció a las administraciones públicas la posibilidad de constituir "derechos de superficie" sobre bienes de naturaleza patrimonial mediante concurso público reservado para cooperativas o comunidades de energías renovables legalmente constituidas (art. 17.3).

[38] ALONSO MAS, M. J., *Comunidades energéticas y entidades locales. Aspectos contractuales, patrimoniales y de derecho de la energía, op. cit.*, p. 109. Como señala esta autora, "(...) el derecho de superficie es un derecho real de carácter civil, coherente con la propiedad privada y con el régimen de los bienes patrimoniales; pero no resulta adecuado para los bienes de dominio público, salvo que se proceda a la desafectación de la cubierta, en cuyo caso la misma pasaría a ser patrimonial. El derecho de superficie no concuerda con la especial protección que merecen los bienes demaniales. En efecto, si leemos los arts. 53 y 54 TRLS/2015, veremos que la superficie es un derecho real, regido por la normativa civil en defecto de las escasas previsiones de dicho Texto Refundido; un derecho real que produce de forma temporal una especie de disociación del dominio, de modo que se concede al superficiario una posición muy sólida (en realidad, estamos prácticamente ante

3.4. Las comunidades energéticas en la Ley 5/2024, de 19 de diciembre, de medidas de fomento de comunidades energéticas y autoconsumo industrial en Aragón

La norma autonómica más completa sobre las comunidades energéticas es, sin duda alguna, la Ley 5/2024, de medidas de fomento de comunidades energéticas y autoconsumo industrial en Aragón.

Su preámbulo nos dice que su objetivo principal es "incorporar nuevamente al ordenamiento la mayor parte de las disposiciones del Decreto-ley 1/2023 anulado por el Tribunal Constitucional, aunque introduciendo una serie de modificaciones que permitan ajustarlo al marco de constitucionalidad, dadas las objeciones planteadas por el Estado en su recurso de inconstitucionalidad". En este sentido, uno de los fines de la norma es, en efecto, "facilitar la constitución de comunidades de energía de cualquier naturaleza con objeto de empoderar a los consumidores de energía y hacerlos partícipes del mercado eléctrico para lograr que este sea más competitivo y la energía más asequible" (art. 2h).

La regulación de las "comunidades de energía" figura en su capítulo tercero (arts. 13 a 30). La norma establece y define, en primer lugar, los dos tipos de comunidades energéticas reconocidas en el derecho europeo y estatal, esto es, las comunidades ciudadanas de energía y las comunidades de energías renovables. Además de estas dos figuras previstas en la normativa estatal, prevé la posibilidad de considerar las comunidades energéticas en las que participen entes locales como "comunidades de energía locales" (art. 14.3) y reconoce, como se ha anticipado, las nuevas figuras de las "mancomunidades de energía" y de las "mancomunidades de energía locales" (art. 17). Se trata, en el primer caso, de "entidades de segundo grado integradas por comunidades de energías renovables y, en su caso, otras personas o entidades con las que compartan objetivos (…)"; y en el segundo, de las mancomunidades integradas por entes locales.

La norma aragonesa se refiere también a la forma jurídica de las comunidades energéticas (art. 18) y a sus requisitos (art. 19). En cuanto a lo primero, se admite, como en la propuesta de reglamento estatal, cualquiera de las formas de personificación jurídica previstas en el ordenamiento jurídico siempre que permitan cumplir sus presupuestos legales (voluntariedad, apertura, autonomía y control efectivo) y se concreta el

---

una propiedad temporalmente dividida entre el titular del suelo y el superficiario) que no parece compatible con la inalienabilidad de los bienes demaniales".

contenido mínimo que deben tener sus estatutos[39]. Sobre los presupuestos de las comunidades energéticas, se concreta el significado de "participación abierta"; "participación voluntaria"; "autonomía"[40]; "control efectivo"; y "beneficios medioambientales, económicos y sociales"[41].

Centrándonos en el tema del control efectivo, la norma prohíbe que un único socio o miembro de la comunidad energética, como un ente local, ostente más del 50% de los votos, pero le permite tener la mayoría de los votos, al igual que la propuesta de reglamento estatal.

La norma presenta alguna novedad a la hora de determinar las actividades propias de las comunidades energéticas pues, en primer lugar, las comunidades de energías renovables no solo pueden acceder a todos los mercados energéticos, directamente o mediante agregación, sino que pueden producir, consumir, almacenar y vender energías renovables, así como compartir, en su seno, la energía verde que produzcan y prestar servicios de movilidad (art. 20).

---

39 Conforme al art. 18.4. "Los estatutos de la comunidad de energía tendrán el siguiente contenido: a) Objeto social, coherente con la definición del artículo 14 de esta Ley. b) Previsión, en su caso, de aportaciones dinerarias, no dinerarias y/o cuotas que las personas socias deban realizar en favor de la comunidad. c) Órganos de la comunidad, tales como la asamblea de los y las socias y el órgano de administración, así como las reglas de voto, composición, forma de celebración de las reuniones y adopción de los acuerdos de dichos órganos, garantizando en todo momento una gobernanza democrática y transparente, todo ello conforme a la forma jurídica que pudiera adoptar la comunidad de que se trate".

40 Según el art. 19, apartado c, la comunidad de energía debe gozar de autonomía respecto de las personas que la integran, lo que impide que uno de los socios tenga más de la mitad de los votos, "o cuando la configuración del régimen aplicable a la toma de decisiones que se adopte en los estatutos, o documento que regule el funcionamiento interno de la comunidad, suponga atribuir una posición de dominio a determinadas personas socias con respecto al resto; o cuando una sola persona socia tenga la facultad de nombrar o destituir a la mayoría de los miembros del órgano de administración.

41 Según el art. 19, apartado e, de la Ley 5/2024, las comunidades de energía, más que buscar rentabilidad económica deben destinar "(….) principalmente, que no exclusivamente, los beneficios económicos que pudieran obtener a la reducción de costes de energía de sus personas socias o miembros, al desarrollo de actuaciones relacionadas con su objeto social, a inversiones que supongan una mejora ambiental del entorno o al desarrollo social de la localidad o localidades donde desarrollan su actividad".

A las comunidades ciudadanas de energía se les reconoce la posibilidad de producir energía eléctrica y, esto es novedoso, térmica (si la fuente es renovable), lo que choca con las previsiones de la DMIE que limita su actuación al sector eléctrico. Además de la generación de electricidad, pueden desarrollar, según la norma, un amplísimo elenco de actividades en este sector (suministro; consumo; agregación; almacenamiento; hasta distribución; prestar servicios de eficiencia energética y movilidad a sus miembros, de rehabilitación energética o cualesquiera otros).

Ambas entidades pueden, por último, prestar, entre otros, servicios de difusión, información, sensibilización e información energética y medioambiental (art. 20.4).

La norma establece, al igual que la propuesta de reglamento estatal sobre comunidades energéticas, los derechos y obligaciones de las comunidades de energía y de sus miembros o socios (arts. 21 a 23).

Otro aspecto regulado en la normativa aragonesa es, como se ha visto, el derecho de superficie que pueden constituir las Administraciones públicas en favor de estas entidades sobre sus bienes para instalar placas solares (art. 25), con la particularidad de que, en este caso, no se excluye la adjudicación directa del uso de los mismos a comunidades energéticas, a diferencia de lo que ocurre, como se ha visto, en la Ley 10/2019, de Baleares o la Ley 6/2022 de la Comunidad Valenciana, que exigen concurso público[42].

La Ley 5/2024, además, reconoce los proyectos promovidos por comunidades energéticas en los que participen entes locales como "proyectos de rentabilidad social prevalente" (art. 26); promueve la integración de los consumidores vulnerables en las mismas (art. 27)[43]; la simplificación y agilización de los procedimientos aplicables a las mismas (art. 28); medidas de fomento y apoyo a las comunidades de energía (art. 29); o, la creación del Registro administrativo de comunidades de energía de Aragón (art. 30).

---

42 El art. 25 de la Ley 5/2024 no impone el concurso para constituir este derecho de superficie. De hecho, este precepto remite en este punto al art. 184 de la normativa aragonesa de régimen local, que permite ceder el uso del bien directamente, sin necesidad de concurso, cuando se vaya a destinar a finalidades de utilidad pública o interés social.

43 El art. 27.2 exige tener en cuenta la situación particular de los consumidores vulnerables y permite prever un régimen excepcional de incorporación de los mismos a la comunidad energética que contemple las exención o reducción de sus aportaciones a la inversión, así como tarifas de suministro reducidas. Para compensar los perjuicios se prevé el establecimiento de líneas de ayuda.

4. CONSIDERACIÓN FINAL

La escueta regulación de las comunidades energéticas en la LSE no afronta debidamente los numerosos desafíos jurídicos que plantea la irrupción de estas entidades en los mercados energéticos. Tampoco lo hace el proyecto de reglamento estatal sobre comunidades energéticas, publicado en 2023, aunque avance en algunos aspectos de derecho energético pues siguen sin concretarse cuestiones importantes. En todo caso, parece claro, a la luz del tiempo transcurrido desde su publicación, que la aprobación de este reglamento no se considera una prioridad.

Los desarrollos autonómicos en la materia, a través, esencialmente, de las leyes climáticas y de transición energética aprobadas en algunas Comunidades Autónomas, han tratado de solventar las carencias del derecho estatal en la transposición de las previsiones de las Directivas europeas sobre las comunidades energéticas pero es evidente que las importantes cuestiones, no sólo de derecho energético, que plantea la actuación de estas nuevas entidades en los mercados energéticos, como las relativas a su forma jurídica; la participación en las mismas de administraciones públicas (en particular, de entes locales); o la forma de instrumentar el uso por parte de las comunidades energéticas de bienes de las Administraciones públicas para generar energía limpia, como las cubiertas de los edificios, requieren la aprobación de normas estatales que establezcan reglas homogéneas mínimas.

5. BIBLIOGRAFÍA

ALENZA GARCÍA, J. F., "Navarra (2022): el despertar indolente de la legislación climática de Navarra", en GARCÍA ÁLVAREZ, G. *et al.* (coords.), *Observatorio de Políticas Ambientales 2023*, BOE-CIEMAT, Madrid, 2023, pp. 1025-1054.

ALENZA GARCÍA, J. F., y MELLADO RUIZ, L. (coords.), *Estudios sobre cambio climático y transición energética. Estudios conmemorativos del XXV aniversario del acceso a la cátedra del Prof. Íñigo del Guayo Castiella*, Marcial Pons, Madrid, 2022.

ALONSO MAS, M. J., "La regulación del almacenamiento de electricidad: un instrumento para la integración de las energías renovables y de la eficiencia energética", en REVUELTA PÉREZ y ALONSO MAS (dirs.), *La regulación de la energía limpia ante la emergencia climática*, Aranzadi, Pamplona, 2020, pp. 251-314.

ALONSO MAS, M. J., "La simplificación procedimental en el paquete de invierno y su proyección sobre la autorización de instalaciones eléctricas: impacto sobre la normativa española", en ALONSO MAS, M. J. y REVUELTA PÉREZ, I. (dirs.), *Regulación del sector eléctrico y transición energética*, Aranzadi, Pamplona, 2021, pp. 17-90.

ALONSO MAS, M. J., *Comunidades energéticas y entidades locales. Aspectos contractuales, patrimoniales y de Derecho de la energía*, Aranzadi, Navarra, 2024.

ALONSO MAS, M. J. y REVUELTA PÉREZ, I. (dirs.), *Regulación del sector eléctrico y transición energética*, Aranzadi, Pamplona, 2021.

ARIÑO ORTIZ, G.; DEL GUAYO CASTIELLA, I. y ROBINSON, D., *La transición energética en el sector eléctrico: líneas de evolución del sistema, de las empresas, de la regulación y de los mercados*, Orkestra-Instituto Vasco de competitividad, Donostia-San Sebastián, 2020.

BAENA MARTÍNEZ, A. y SANZ ILUNDAIN, V., "Autoconsumo: claves para una nueva era de Generación Distribuida", *Cuadernos de energía*, 61, 2019, pp. 63-71.

BLASCO HEDO, E., "Real Decreto 244/2019, de 5 de abril, por el que se regulan las condiciones administrativas, técnicas y económicas del autoconsumo de energía eléctrica", *Actualidad Jurídica Ambiental*, 90, 2019, pp. 68-71.

CABALLERO VELASCO, F., "La Administración Pública en la colaboración público-privada", *Revista Catalana de Dret Públic*, 67, 2023, pp. 36-66.

CASTRO-GIL AMIGO, J., "Las comunidades ciudadanas de energía (art 16)", en PAREJO ALFONSO, L. y CASTRO-GIL AMIGO, J. (coords.), *Directiva de mercado interior de la electricidad*, Thomson Reuters-Aranzadi, Navarra, 2020, pp. 145-184.

COMISIÓN NACIONAL DE LOS MERCADOS Y LA COMPETENCIA: «Informe al Proyecto de Real Decreto por el que se desarrollan las figuras de las comunidades de energías renovables y las comunidades ciudadanas de energía (IPN/CNMC/013/23)» [en línea], (2023), <https://www.cnmc.es/sites/default/files/4968233.pdf> [Consulta: 18/06/2024].

DELGADO PIQUERAS, F. *et al.* (dirs.), *Los desafíos jurídicos de la transición energética*, Aranzadi, Pamplona, 2021.

DEL GUAYO CASTIELLA, I. y CUESTA ADÁN, A., "La regulación de los nuevos negocios eléctricos de la transición", *Revista española de Derecho Administrativo*, 214, 2021, pp. 11-38.

GALÁN SOSA, J., *La regulación del autoconsumo de energía eléctrica*, Atelier, Barcelona, 2021.

GALERA RODRIGO, S., "Cambio de modelo en la transición energética: ¿otro tren que pasará?", *Actualidad Jurídica Ambiental*, 114, 2021, pp. 59-79.

GALERA RODRIGO, S., "Autoconsumo colectivo: (mucho) más allá de los tejados", *Cuadernos de derecho local*, 61, 2023, pp. 55-81.

GALLEGO CÓRCOLES, I., *Comunidades de energía y transición energética*, Aranzadi, Pamplona, 2022.

GONZALEZ RÍOS, I., "Las «Comunidades energéticas locales»: un nuevo desafío para las entidades locales", *Revista Vasca de Administración Pública*, 117, 2020, pp. 147-193.

GONZÁLEZ RÍOS, I., *Los entes locales ante la transición y la sostenibilidad energética*, Aranzadi, Navarra, 2021.

GONZÁLEZ RÍOS, I. y GALÁN VIOQUE, R. (dirs.), *Derecho de las energías renovables y la eficiencia energética en el horizonte 2020*, Aranzadi, Pamplona, 2017.

HERRERA TORRES, J. y NAVARRO RODRIGUEZ, P., "Las comunidades energéticas como nuevo sujeto del derecho energético en España: del falansterio a la transformación", *Anuario del Gobierno Local,* 1, 2021, pp. 203-248.

IDAE: «Visor de comunidades energéticas» [en línea], (2024), <https://informesweb.idae.es/visorccee/> [Consulta: 18/06/2024].

IVANCIC, A. *et al.*, *Guía para el Desarrollo de Instrumentos de Fomento de Comunidades Energéticas Locales,* IDEA, Madrid, 2019.

LEIVA LÓPEZ, A., "La regulación del autoconsumo de electricidad en un nuevo entorno social y tecnológico", *Revista Vasca de Administración Pública,* 110, 2018, pp 117-155.

LEIVA LÓPEZ, A., "La regulación de la actividad de distribución de energía eléctrica", *Revista Aragonesa de Administración Pública,* 51, 2018, pp. 175-211.

LEIVA LÓPEZ, A., "El prosumidor como pieza clave en la transición energética del sector eléctrico", *Revista Española de Derecho Administrativo,* 200, 2019, pp. 291-334.

LEIVA LÓPEZ, A., *Regulación jurídica de las redes de electricidad,* Aranzadi, Navarra, 2020.

LÓPEZ DE CASTRO GARCÍA-MORATO, L., "Las comunidades energéticas locales", *Revista de Derecho Urbanístico y Medio ambiente,* año 57, 364, 2023, pp. 105-165.

LÓPEZ-IBOR MAYOR, V. y DEL GUAYO CASTIELLA, I. (dirs.), *Derecho de la energía y el Clean energy package,* Aranzadi, Pamplona, 2021.

MINISTERIO PARA LA TRANSICIÓN ECOLÓGICA Y EL RETO DEMOGRÁFICO: «Proyecto de Real Decreto por el que se desarrollan las figuras de las comunidades de energías renovables y las comunidades ciudadanas de energía» [en línea], (2023), <https://www.miteco.gob.es/content/dam/miteco/es/energia/files-1/_layouts/15/Proyecto%20de%20Real%20Decreto-61313.pdf> [Consulta: 18/06/2024].

NAVARRO RODRIGUEZ, P., "La necesaria regulación interna y completa de las comunidades energéticas en España", *Revista de Derecho Urbanístico y Medio ambiente,* año 57, 360, 2023, pp. 69-116.

ORTIZ GARCÍA, M., "El "autoconsumo" de electricidad y su (primera) ordenación jurídica: Un avance (lento) hacia el imparable cambio de modelo energético", en REVUELTA PÉREZ, I. (dir.), *La regulación de las energías renovables a la luz del Derecho de la Unión Europea,* Aranzadi, Pamplona, 2017, pp. 153-532.

ORTIZ GARCÍA, M., "El autoconsumo eléctrico", en GALÁN VIOQUE, R., y GONZÁLEZ RÍOS, I. (dirs.), *Derecho de las energías renovables y la eficiencia energética en el horizonte 2020,* Pamplona, 2017, pp. 267-297.

ORTIZ GARCÍA, M., "El nuevo modelo energético: Renovable-distribuido, participativo y digital. Un acercamiento al autoconsumo compartido", en GALERA RODRIGO, S. y GÓMEZ ZAMORA, M. (coords.), *Políticas locales de clima y energía: Teoría y práctica,* INAP, Madrid, 2018, pp. 143-162.

PALOMAR OLMEDA, A. y TEROL GOMEZ, R. (coords.), *Comentarios a la ley 7/2021, de 20 de mayo, de cambio climático y transición energética,* Aranzadi, Cizur Menor, 2021.

PRATS, J. *et al.*, *Informe Comunidades energéticas: aportaciones jurídicas para su desarrollo en España,* IIDMA, Madrid, 2021.

REVUELTA PÉREZ, I., "La pasividad del legislador energético ante el cambio climático y sus consecuencias constitucionales", en CASTRO-GIL AMIGO, J. (dir.), *La regulación energética y su impacto social y ambiental*, Aranzadi, Navarra, 2019, pp. 145-186.

REVUELTA PÉREZ, I., "Normas generales de organización del sector eléctrico en la cuarta directiva de la electricidad", en PAREJO ALFONSO, L. y CASTRO-GIL AMIGO, J. (coords.), *Directiva de mercado interior de la electricidad*, Thomson Reuters-Aranzadi, Navarra, 2020, pp 56-86.

REVUELTA PÉREZ, I., "La actividad de los Gobiernos locales en el ámbito de la energía limpia: marco normativo", *Anuario del Gobierno Local*, 1, 2021, pp. 171-202.

REVUELTA PÉREZ, I., "Medición inteligente y transición energética en el sector eléctrico tras la Directiva 2019/944", en ALONSO MAS, M. J y REVUELTA PÉREZ, I. (dirs.), *Regulación del sector eléctrico y transición energética*, Aranzadi, Navarra, 2021 pp. 117-140.

REVUELTA PÉREZ, I., "Comunidades energéticas: desafíos jurídicos para los entes locales", *Anuario de Derecho municipal 2022*, 16, 2023, pp. 77-103.

REVUELTA PÉREZ, I., "Energía limpia y entes locales: ¿nuevas posibilidades en los mercados energéticos?", en MORA RUIZ, M., *De las Smart Cities a las Ciudades integradoras. Propuestas socio-jurídicas para una administración local del s. XXI*, Dykinson, Madrid, 2023, pp. 165-189

REVUELTA PÉREZ, I., *Comunidades energéticas y entidades locales. Formas jurídicas y participación municipal*, Aranzadi, Navarra, 2024.

REVUELTA PÉREZ, I. y ALONSO MAS, M. J. (dirs.), *La regulación de la energía limpia ante la emergencia climática*, Aranzadi, Pamplona, 2020.

ROSA MORENO, J., "Objetivos y planificación de la transición energética y adaptación climática", en PALOMAR OLMEDA, A. y TEROL GOMEZ, R., *Comentarios a la ley 7/2021, de 20 de mayo, de cambio climático y transición energética*, Aranzadi, Cizur Menor, 2021, pp. 73-124.

ROSA MORENO, J. y VALENCIA MARTÍN, G. (dirs.), *Derecho y energías renovables*, Aranzadi, Navarra, 2021.

RUIZ OLMO, I., "La inconclusa regulación del balance neto para el autoconsumo eléctrico", en GALÁN VIOQUE, R. y GONZÁLEZ RÍOS, I. (dirs.), *Derecho de las energías renovables y la eficiencia energética en el horizonte 2020*, Aranzadi, Pamplona, 2017, pp. 135-145.

VALENCIA MARTÍN, G. y ROSA MORENO, J. (dirs.), *La transformación renovable del modelo energético*, Aranzadi, Pamplona, 2020.

ZAMORA SANTA BRÍGIDA, I., *La regulación del autoconsumo de energía eléctrica en España: Adaptado al Real Decreto 244/2019, de 5 de abril*, Thomson Reuters Aranzadi, Pamplona, 2021.

ZAMORA SANTA BRÍGIDA, I., *Regulando la transición energética*, Tirant Lo Blanch, Valencia, 2022.

ZAMORA SANTA BRÍGIDA, I. y DE LA CRUZ FERRER, J. (dirs.), *Energía y Derecho ante la transición renovable*, Thomson-Reuters Aranzadi, Navarra, 2019.

SEGUNDA PARTE
LAS COMUNIDADES ENERGÉTICAS EN DIFERENTES CONTEXTOS TERRITORIALES

Capítulo V

Las comunidades energéticas urbanas y la singularidad e importancia de la participación de los entes locales[1]

JOAN HERRERA TORRES
Profesor Asociado de Derecho Administrativo
Universitat Rovira i Virgili

SUMARIO: 1. EL MARCO NORMATIVO Y LA CENTRALIDAD DE LA COMUNIDAD ENERGÉTICA EN EL ESCENARIO DE TRANSICIÓN. 2. NO HAY TRANSICIÓN, NI COMUNIDADES ENERGÉTICAS COMO ACTOR CENTRAL, SIN COMUNIDADES URBANAS. 3. EL CARÁCTER HABILITANTE DE LAS DIRECTIVAS Y DE LAS COMUNIDADES ENERGÉTICAS PARA EL ROL ACTIVO DEL ENTE LOCAL. 4. EL ROL NO CENTRAL DEL ENTE LOCAL. 5. TRES CASOS PRÁCTICOS SOBRE LA IMPORTANCIA DEL ENTE LOCAL EN EL DESARROLLO DE LA COMUNIDAD ENERGÉTICA (URBANA). 5.1. Comunidad energética Rocaguinarda. 5.2. Vilawatt. 5.3. Energia del Prat. 6. CARACTERIZACIÓN INDICIARIA Y FUNCIONAL DE LAS COMUNIDADES ENERGÉTICAS URBANA. 7. FORMA JURÍDICA Y EL ROL DE LOS ACTORES. 7.1. Sociedad cooperativa. 7.2. La asociación. 7.3. La sociedad mercantil de capital. 7.4. La figura del consorcio. 7.5. Una reflexión final sobre las figuras jurídicas. 8. LA NECESIDAD DE UN MARCO NORMATIVO (ESPECIALMENTE PARA LAS COMUNIDADES URBANAS). 8.1. La comunidad energética como sujeto de interés público. 8.2. Reconocimiento de cesión. 8.3. Garantizar la compra de la energía por parte del ente local a la comunidad a la que pertenece. 8.4. Medio propio. 8.5. Corporaciones de derecho público. 8.6. Abrir la posibilidad (y la excepción) del control efectivo por parte del ente local. 9. NUEVAS FUNCIONES PARA LAS COMUNIDADES ENERGÉTICAS (ESPECIALMENTE PARA LAS URBANAS). 9.1. La relevancia del autoconsumo colectivo. 9.2. La importancia de la comercialización. 9.3. La movilidad eléctrica compartida. 9.4. El rol de la comunidad urbana como agregador y prestador de mercados de flexibilidad. 9.5. El impulso de almacenamiento (abriendo el melón del distribuido). 9.6. La comunidad energética, como sujeto para articular las estrategias (monetizadas) de ahorro. 10. CONCLUSIONES. 11. BIBLIOGRAFÍA.

---

1 Este capítulo es parte del proyecto "Regulación de sistemas energéticos comunitarios basados en almacenamiento y flexibilidad: aceptabilidad, gobernanza y digitalización (ComEnerSys)", TED2021-131840B-I00, financiado por el MCIN/AEI/10.13039/501100011033 y por la Unión Europea "NextGenerationEU"/PRTR".

1. EL MARCO NORMATIVO Y LA CENTRALIDAD DE LA COMUNIDAD ENERGÉTICA EN EL ESCENARIO DE TRANSICIÓN

¿Existen desafíos propios de las comunidades energéticas urbanas? ¿Tienen o deben tener características singulares? ¿Cuál es el rol de la ciudadanía, de las empresas, y particularmente de las PYMES? ¿Qué servicios están desarrollando o deberían desarrollar dichas comunidades? ¿Y, especialmente, cómo de relevante es para una comunidad energética urbana contar con el apoyo y participación del ente local? ¿Afecta más a una comunidad energética urbana no disponer de un marco normativo traspuesto? En el presente capítulo intentaremos dar respuesta a estas preguntas, desarrollando un marco teórico y práctico sobre la materia.

La vocación de la comunidad energética como actor central ha sido renovada en el Pacto Verde Europeo[2], la Ley Europea del Clima[3], el Plan REPower EU[4] y, actualmente, en la legislación europea del paquete Objetivo 55[5]. El derecho europeo viene enfocando el debate y la propuesta energética en nuevos términos, basados en la "energía comunitaria" como manifestación de la democratización energética y del empoderamiento del consumidor, para la provisión del suministro energético de forma participativa: aprovechando los avances de la digitalización, las nuevas tecnologías en los recursos energéticos distribuidos, con una contribución potencial significativa en materia de descarbonización, eficiencia energética y participación ciudadana en el mercado, en la gestión de su demanda y en las diferentes actividades de producción, distribución, comercialización, así como en los nuevos negocios de almacenamiento, agregación y recarga energética[6]. El legislador europeo recoge, junto a dos principios tradicionales ya asentados en la regulación del sector eléctrico, competencia y no discriminación, las

---

2 COMISIÓN (UE), "El Pacto Verde Europeo" (Comunicación) COM(2019) 640 final, 11 de diciembre de 2019.

3 Reglamento 2021/1119/UE, por el que se establece el marco para lograr la neutralidad climática y se modifican los Reglamentos 401/2009/UE y 2018/1999/UE ("Legislación europea sobre el clima").

4 COMISIÓN (UE), "Plan REPower EU" (Comunicación) COM(2022) 230 final, 18 de mayo de 2022.

5 COMISIÓN (UE), "«Objetivo 55»: cumplimiento del objetivo climático de la UE para 2030 en el camino hacia la neutralidad climática" (Comunicación) COM(2021) 550 final, 17 de julio de 2021.

6 LÓPEZ DE CASTRO GARCÍA-MORATO, L., "Las comunidades energéticas locales: sinergias de la transición energética y de la lucha frente a la despoblación", *Revista de Derecho Urbanístico y Medio Ambiente*, 364, 2023, pp. 105-165

dos nuevas notas que se incorporar en el derecho de la energía son flexibilidad y participación activa del consumidor. Como explicaba REVUELTA PÉREZ[7], el legislador europeo ha querido señalar la importancia que deben dar los Estados al desarrollo de estos dos nuevos factores en la ordenación del sector eléctrico. La flexibilidad del sistema eléctrico —imprescindible para integrar la electricidad verde— requiere de un rol activo de los consumidores en el mercado (producción, almacenamiento y gestión de la demanda y mercados de flexibilidad).

En el Real Decreto-Ley 5/2023[8] por el que se transpusieron determinadas directivas se recogía en su exposición de motivos que:

> Las denominadas comunidades ciudadanas de energía se conciben precisamente como respuesta a la coyuntura antes descrita, configurando un vehículo de participación ciudadana a través del cual los participantes pueden ver satisfechos todos sus derechos y libertades como consumidores finales de energía eléctrica, en aspectos relativos al acceso a la red en condiciones de no discriminación, y de participación en los mercados de electricidad gestionando los activos de generación que puedan tener asociadas.

Hace dos años, pudimos escribir las comunidades energéticas aparecen como nuevos actores, que lo sean de forma efectiva, dependerá, como aquí defenderemos, de la participación efectiva de la ciudadanía, de las PYMEs, y especialmente de los entes locales.

> [L]as Comunidades Energéticas podrían ser consideradas como pequeñas islas donde la transición energética circule al margen del funcionamiento del sector. Aunque lo realmente novedoso e interesante sería que las Comunidades Energéticas fueran nuevos actores en el sector energético capaces ya no sólo de protagonizar la transición energética sino el necesario e imprescindible cambio de modelo" destacando que "es la Administración Local, la que puede encontrar,

---

7 REVUELTA PÉREZ, I., "Normas generales de organización del sector eléctrico en la cuarta directiva de la electricidad", en PAREJO ALFONSO, L. y CASTRO-GIL AMIGO, J. (coords.), *Directiva de mercado interior de la electricidad*, Thomson Reuters-Aranzadi, Navarra, 2020, pp 56-86.

8 Real Decreto-ley 5/2023 por el que se adoptan y prorrogan determinadas medidas de respuesta a las consecuencias económicas y sociales de la Guerra de Ucrania, de apoyo a la reconstrucción de la isla de La Palma y a otras situaciones de vulnerabilidad; de transposición de Directivas de la Unión Europea en materia de modificaciones estructurales de sociedades mercantiles y conciliación de la vida familiar y la vida profesional de los progenitores y los cuidadores; y de ejecución y cumplimiento del derecho de la Unión Europea.

mediante las CEL el instrumento para abrir una agenda, la energética, que hasta el momento ha estado, en términos generales, fuera de la agenda municipal[9].

2. NO HAY TRANSICIÓN, NI COMUNIDADES ENERGÉTICAS COMO ACTOR CENTRAL, SIN COMUNIDADES URBANAS

En España, las ciudades concentran el 70% de la población (32 millones de personas), agrupan aproximadamente 750 municipios que, aunque son sólo el 10% de municipios, representan el grueso de la población (y por tanto de los consumos energéticos). En ellas se consume el 40% de la energía final, principalmente en dos sectores de actividad: edificación y transporte rodado. En el consumo energético del sector edificación, que incluye edificios residenciales y de servicios, el gasto energético predominante es la electricidad (54%), seguida del gas natural (32%) y los productos petrolíferos (13%). Por su parte, el sector transporte está ampliamente dominado por el consumo de productos petrolíferos (95% del total del consumo del sector transporte)[10].

Lo expuesto no son solo cifras. Las cifras nos hablan del qué hacer (descarbonizar y electrificar). Los datos expresan la necesidad en primer lugar de ambición en el ámbito urbano. En parte en generación y autoconsumo, pero en mayor medida en electrificación de los consumos térmicos y particularmente de la electrificación de la movilidad, así como en gestión de la demanda.

Sobre el con quién hacerlo, las cifras evidencian la imperiosa concurrencia de todos los actores. La ciudadanía, como vector de transformación. Las empresas, y particularmente las PYMES, para garantizar la implicación del mundo económico en dichas medidas. Pero particularmente el ente local, como actor protagonista imprescindible del ámbito urbano. Si en el ámbito de la comunidad rural uno de los elementos centrales será el empoderamiento ciudadano y el retorno a la localidad en la generación renovable, en el ámbito urbano lo sustancial está en el empoderamiento

---

9 HERRERA TORRES, J. y NAVARRO RODRÍGUEZ, P., "Las comunidades energéticas como nuevo sujeto del derecho energético en España: del falansterio a la transformación", *Anuario del Gobierno local*, 1, 2021, pp. 203-248.

10 DELOITTE: «Ciudades energéticamente sostenibles: la transición energética urbana a 2030 (informe)» [en línea], (2019), <https://www.deloitte.com/es/es/services/consulting/perspectives/ciudades-energeticamente-sostenibles.html> [Consulta: 12/10/2024]

ciudadano y en la electrificación. Todos estos aspectos necesitan de la acción o interacción del ente local, con una especial atención a la movilidad. De ahí la posible centralidad de la comunidad energética urbana, como marco de encuentro entre ciudadanía, empresa y ente local, para transformar energéticamente la ciudad, y encarar de forma concertada y acelerada el qué hacer: descarbonizar y electrificar.

3. EL CARÁCTER HABILITANTE DE LAS DIRECTIVAS Y DE LAS COMUNIDADES ENERGÉTICAS PARA EL ROL ACTIVO DEL ENTE LOCAL

El debate sobre el rol del ente local en la transición energética va más allá de la figura de la comunidad energética. Pero es la comunidad energética la que da al ente local, en el marco normativo español, un carácter habilitante que aún podría ir más allá.

Son muchos los entes locales de la Unión Europea que debido a las posibilidades de generación descentralizada que ofrecen las energías renovables están actuando como operadores energéticos ("remunicipalización de la energía"). Desde el papel de los entes locales en la gestión de algunas redes de distribución eléctrica (como sucede en Alemania) hasta la constitución de grandes actores energéticos de la mano de los entes locales (el ejemplo de Aspiravi entre los municipios flamencos de Bélgica). En contraste, el papel de los entes locales en el escenario de transición energética en España no ha sido central.

Pese a la creciente preocupación de los entes locales, las autoridades municipales han encontrado dificultades técnicas, económicas y jurídicas, para intervenir en este ámbito y desarrollar iniciativas de transición energética. Debe mencionarse la anulación judicial, la década pasada, de alguna de las primeras ordenanzas locales que obligaron a emplear energías renovables en el sector de la edificación; las restricciones que introdujo la Ley 27/2013 de racionalización y sostenibilidad de la Administración Local al desarrollo de iniciativas económicas locales y al ejercicio de la competencia ambiental de esta Administración; o la falta de reconocimiento del papel de los entes locales en la transición energética en la Ley 24/2013 del sector eléctrico (LSE)[11].

---

11 *Vid.* REVUELTA PÉREZ, I., "Comunidades energéticas: desafíos jurídicos para los entes locales", *Anuario de Derecho municipal 2022*, 16, 2023, p. 79.

De hecho, han sido otros marcos normativos los que han propiciado ese rol más activo de la administración local. El Real Decreto Legislativo 7/2015 por el que se aprueba el texto refundido de la Ley de Suelo y Rehabilitación Urbana (TRLS) no reconoce explícitamente la competencia de los entes locales sobre suministro energético, pero algunas de sus previsiones fundamentan la competencia y responsabilidad municipal en cuanto a la sostenibilidad energética[12].

El art. 128.2 CE reconoce la iniciativa pública en la actividad económica y admite incluso que por ley se pueda reservar al sector público recursos o servicios esenciales. Así, podemos decir que cabe el ejercicio de esta iniciativa pública local en la actividad económica (art. 86.1 LBRL), actuando el ayuntamiento como operador de este mercado, en régimen de libre competencia, aunque el amplio espectro de actividades a las que podría atender una CE, la mayoría de ellas liberalizadas, exige su apertura a la competencia, a la iniciativa privada[13]. El art. 96 del Real Decreto Legislativo 781/1986, de 18 de abril, por el que se aprueba el texto refundido de las disposiciones legales vigentes en materia de Régimen Local (TRRL) habilita que la iniciativa pública puede recaer sobre "cualquier tipo de actividad que sea de utilidad pública y se preste dentro del término municipal y en beneficio de sus habitantes, aunque deberá acreditarse que no genera riesgo para la sostenibilidad financiera, además de incluir un análisis de mercado que entre otros aspectos debe referirse a 'la rentabilidad y a los posibles efectos de la actividad local sobre la concurrencia empresarial'"[14] de acuerdo con la Ley 27/2013.

La Ley 7/2021, de 20 de mayo, de cambio climático y transición energética sitúa al municipalismo como un actor clave para el cumplimiento de los objetivos energéticos y climáticos establecidos por el legislador estatal, pero no ha habilitado ni ha dado instrumentos para que estos cumplan dicha función.

Pero si este es el escenario en el marco normativo español, son las directivas aprobadas las que dan al ente local un carácter claramente habilitante, avalando el rol activo e impulsor por parte del ente local. A nuestro

---

12 REVUELTA PÉREZ, I., *Comunidades energéticas y entidades locales. Formas jurídicas y participación municipal*, Aranzadi, Navarra, 2024.

13 GONZÁLEZ RÍOS, I., "Las «Comunidades energéticas locales»: un nuevo desafío para las entidades locales", Revista Vasca de Administración Pública, 117, 2020, p. 165.

14 Ibidem.

entender es clarificador el Considerando 70 de la Directiva 2018/2001/UE, relativa al fomento del uso de energía procedente de fuentes renovables (DER). Este, al igual que su artículo 2.16, prevén expresamente la posibilidad de que los "*entes locales, incluidos los municipios*" formen parte de una CER, como miembros de la misma. Esta posibilidad se recoge en el art. 6.1, letra j) de la LSE, introducido por Real Decreto-Ley 23/2020[15], al igual que ocurre, en cuanto a las comunidades ciudadanas de energía (CCE en adelante), en el art. 6.1, letra k) de dicha Ley, en cumplimiento del art. 2.11 de la Directiva 2019/944/UE por la que se establecen normas comunes para el mercado interior de la electricidad (DMIE).

El criterio aquí expuesto coincide con el de REVUELTA PÉREZ cuando afirma que:

> [L]a viabilidad de la integración de un ente local en una CER o en una CCE, reconocida en el art. 6 LSE/2013, constituye una vía indirecta habilitante para la intervención activa de los entes locales en la transición energética, a través de la promoción del autoconsumo colectivo pero también mediante otras actuaciones que pueden llevar a cabo dichas entidades, como comercialización —siempre que se haya adoptado alguna de las formas jurídicas exigidas por el art. 46 LSE/2013— la recarga de vehículos o la venta de los excedentes de la energía producida y no autoconsumida[16].

4. EL ROL NO CENTRAL DEL ENTE LOCAL

A pesar de este marco habilitante, los entes locales han jugado un rol en las comunidades energéticas de acompañamiento o impulso, pero en la gran mayoría de los casos sin formar parte de las comunidades energéticas constituidas, entre aquellas comunidades energéticas que han optado a líneas de ayudas del CE Implementa.

El papel de los entes locales fue residual en la convocatoria del CE Implementa I y II[17]. Según los datos aportados por el visor de comunidades ener-

---

15 Real Decreto-ley 23/2020, de 23 de junio, por el que se aprueban medidas en materia de energía y en otros ámbitos para la reactivación económica.

16 REVUELTA PÉREZ, I., *Comunidades energéticas y entidades locales...*, *op. cit.*, p. 45.

17 Véase la Orden TED/1446/2021, de 22 de diciembre, por la que se aprobaron las bases reguladoras para la concesión de ayudas del programa de incentivos a proyectos piloto singulares de comunidades energéticas (Programa CE Implementa), y la Resolución de 12 de enero de 2022, del Director General de E.P.E Instituto para la Diversificación y Ahorro de la Energía (IDAE), M.P., por la que se

géticas del IDAE[18], en el desglose por tipología de socios las personas físicas representan el 84.95 de los socios o socias de las comunidades que accedieron al CE Implementa I y II, las PYMES representan el 14,62% mientras que los entes locales representan un pírrico 0,22% (los datos del CE Implementa III y IV no están disponibles en el visor).

El informe "Energía Común" publicado por ECODES y REDEIA[19] explica cómo en España hay 353 comunidades energéticas constituidas. Estas son mayoritariamente cooperativas (en un 51.4%) en un 48% son asociaciones, y tan solo un 0.6% tienen otras figuras jurídicas. Cabe destacar que tan solo el 3% tienen un número de socios superior a 500, y un 2% entre 201 y 500. En dicho informe también se señala que un 4% de los municipios cuentan con una comunidad energética. Pero aún más significativo es el número de comunidades energéticas por cada 100.000 habitantes, dando un resultado de 0.74.

Pero cuando aterrizamos ya en el rol de la administración local vemos cómo los ayuntamientos tienen un rol no central, entrando en la participación del 45%, mayoritariamente en un rol de igualdad con cada uno de los ciudadanos que participan en las misma. Este dato se puede interpretar como una noticia que respeta el plano de igualdad de la administración ante la ciudadanía, pero también puede ser vista como un factor limitante para una mayor implicación de la administración local. Así, el ente local juega un rol de facilitador en el 70% de los casos, siendo el promotor en un 65% de los casos, aunque sólo en un 25% de los casos es socio, en un 23% es consumidor, y en un 18% no ha jugado ningún rol. Este contraste entre el carácter facilitador o de promoción, con una participación relativamente baja como socio dibuja un escenario en que el rol municipal no es central, en gran parte porque la mayor parte de comunidades energéticas se producen en un ámbito rural. De hecho, cabe señalar que de las más de 353 comunidades analizadas no llega apenas a una decena que tengan un ámbito urbano en una ciudad de más de 20.000 habitantes, señalando el escaso desarrollo de las comunidades energéticas en este ámbito.

---

formaliza convocatoria del programa de incentivos a proyectos piloto singulares de comunidades energéticas (Programa CE IMPLEMENTA)

18 IDAE: «Visor de comunidades energéticas» [en línea], (2024), <https://informesweb.idae.es/visorccee/> [Consulta: 31/10/2024].

19 FUNDACIÓN ECOLOGÍA Y DESARROLLO: «Energía común. Informe de indicadores 2023» [en línea], (2024), <https://ecodes.org/images/que-hacemos/03.Energia_y_personas/Energía_común/240611_Informe_2023_Energía_Común.pdf> [Consulta: 30/10/2024]

Podemos por tanto constatar que las comunidades urbanas no son la norma de las comunidades energéticas constituidas, no siendo este un instrumento habitual en la acción para la transición energética de la mayoría de nuestras ciudades, siendo un factor habilitante el marco normativo aprobado en las directivas con las figuras de las CER y las CCE, pero siendo un factor limitante la falta de marco normativo traspuesto, facilitador de la acción de los entes locales en sus fines de transición energética.

5. TRES CASOS PRÁCTICOS SOBRE LA IMPORTANCIA DEL ENTE LOCAL EN EL DESARROLLO DE LA COMUNIDAD ENERGÉTICA (URBANA)

Antes de entrar en la caracterización de la comunidad energética urbana, así como en las figuras jurídicas desde las que operar, acompañaremos con la explicación de tres casos prácticos.

La tesis que afirma que es de vital importancia la participación del ente local en la comunidad energética urbana no se basa sólo en una apreciación subjetiva, sino en decenas de experiencias en las que el rol del ente local se ha visto perjudicado por la inexistencia de ese marco facilitador. A los tres casos expuestos podrían sumarse otros casos, que por economía de espacio se ha renunciado a relatar[20].

5.1. Comunidad energética Rocaguinarda

La comunidad energética del barrio del Guinardó es la primera comunidad energética promovida por la ciudadanía organizada en la ciudad de Barcelona. El proyecto es una de las derivadas de la cooperativa cultural Rocaguinarda fundada ya en el año 1977, y que en 1978 empezó con la gestión de la librería vinculada a esta. Nacida del movimiento vecinal, en 2008 pasa también a funcionar como una cooperativa de consumo de agricultura de proximidad.

En 2019, y a partir del nuevo marco normativo en materia de autoconsumo, se abre el debate en torno a la actividad de la cooperativa vinculada al autoconsumo colectivo. Poco antes, es en la cooperativa donde se

---

[20] Las tres experiencias que se relatan en este capítulo son fruto de diferentes entrevistas a miembros de dichas comunidades.

desarrollaba la actividad del punto de información de SOM Energía en el barrio de Guinardó. En 2021 la iniciativa se presenta a la convocatoria del Germinador Social promovida por SOM Energia y la Fundació Coop 57.

Una característica del barrio de Guinardó es la de ser un barrio altamente denso, sin grandes tejados, y donde la colaboración municipal se considera crucial para el acceso de la comunidad a tejados municipales.

Una vez constituida, la comunidad se presenta a la primera convocatoria del CE Implementa, y acaba por ser una de las comunidades receptoras de la ayuda, para instalar 20 Kwp en el tejado municipal del centro de jóvenes Girapells.

La propuesta, teniendo un alcance modesto, tenía por objetivo arrancar con un autoconsumo colectivo, para después extenderse como mancha de aceite a otras cubiertas municipales y privadas. La primera conversación con el Ayuntamiento, para propiciar la cesión a favor de la comunidad de un tejado donde no había instalación fotovoltaica alguna, se produce en octubre de 2021. Pero los 14 meses de ejecución del CE Implementa y los 6 meses de prórroga acaban por llegar sin que la cesión de la cubierta municipal, teniendo que definitivamente renunciar a la ayuda.

Finalmente, después de un proceso de concurrencia para la cesión del tejado, la comunidad energética Rocaguinarda ha sido la comunidad que ha ganado un proceso de concurrencia para la cesión del tejado, en julio de 2024. Pero el retraso en la adjudicación ha supuesto que un proyecto que se remontaba a hace cuatro años, empiece con mucha dilación temporal.

5.2. Vilawatt

Vilawatt es, probablemente, una de las iniciativas más relevantes y destacadas en torno a la energía surgidas del municipalismo, antes de existir un marco normativo en torno a las comunidades energéticas. La iniciativa, liderada por el Ayuntamiento de Viladecans, es un consorcio, participado por el Ayuntamiento, con la participación del Área Metropolitana de Barcelona, y con marcos de participación ciudadana y empresarial en la ciudad. En este caso, a pesar de que podríamos interpretar que existe un marco de participación abierta y voluntaria, las propuestas que se han desarrollado no han podido acogerse a las ayudas del CE Implementa al tener uno de los actores —el Ayuntamiento— un control efectivo. De existir un marco jurídico especialmente apropiado para los entes locales, ya fuese en el CE Implementa o en el esperado RD que trasponga la directiva, el consorcio podría haber operado como comunidad energética. Pero al no ser así, y a pesar de tener proyectos desde Vilawatt para presentarse a diferentes ayudas, no ha sido posible su implementación.

En este contexto, desde Vilawatt se planteó la opción de constituir desde el consorcio una nueva figura jurídica participada por éste. Aquí se planteaba una figura que permitiese una asamblea en que todos los usuarios y usuarias de los servicios de la comunidad tuviesen una participación con voz y con voto. Pero aquí el problema fue la prohibición —fijada antes en la Ley 2/2012 de Estabilidad Presupuestaria y Sostenibilidad Financiera y posteriormente en la Ley 27/2013, de 27 de diciembre de racionalización y sostenibilidad de la Administración Local— de que consorcios o empresas públicas participen o puedan crear entes instrumentales de segundo grado[21].

Hoy, desde el municipio se plantea la creación de una comunidad energética, que pueda compartir los excedentes fotovoltaicos municipales, con un reglamento de participación y una tasa de que permita el acceso a dichos excedentes. El modelo, claramente ambicioso, tiene el factor de impulso del ente local. Pero a la vez, no haber podido constituir una comunidad energética desde el ente local, tiene el factor limitante de no poder interactuar con las cubiertas privadas, limitándose esta comunidad compartida en un autoconsumo compartido de promoción municipal sin interacción con otros actores privados.

5.3. Energia del Prat

Energia del Prat es la comunidad energética del Prat de Llobregat, promovida por el Ayuntamiento del Prat de Llobregat, y participada por parte del tejido asociativo del Prat de Llobregat, PYMES y una asociación de usuarios que es el marco de participación que garantiza la participación abierta y voluntaria exigida a las CE.

Así, a pesar de que ya en 2020 se realiza un informe para la constitución de la comunidad, el inicio del expediente no se aprueba hasta diciembre de 2021 (aprobado en pleno). En julio de 2022 se aprueba el informe

---

21 MONTOYA MARTÍN, E., "Medidas de redimensionamiento del sector público instrumental local antes y después de la Ley 27/2013, de 27 de diciembre de racionalización y sostenibilidad de la Administración Local", *Revista General de Derecho Administrativo*, 36, 2014, pp. 1-18.

técnico económico de inicio de la actividad de la comunidad energética. En noviembre de 2022 se aprueba el pliego de concurrencia para la selección de los socios, y en diciembre de 2022 se seleccionan para finalmente constituir la comunidad en enero de 2023. Aunque podemos decir que la constitución de la comunidad energética es un éxito, cabe señalar el tiempo (más de tres años) desde que se diseña el modelo hasta que esta acaba por constituirse, perdiendo la oportunidad de presentarse en el CE Implementa I y II.

En segundo lugar, la comunidad tenía previsto constituirse también con parte de la instalación fotovoltaica realizada por el Ayuntamiento (el Ayuntamiento ha instalado más de 1300 Kwp). Pero la dilatación de los tiempos de legalización del autoconsumo colectivo, sumado a los tiempos de cesión de parte de los excedentes fotovoltaicos, ha atrasado la puesta en marcha del autoconsumo colectivo, y, por tanto, ha afectado al modelo de negocio.

Es cierto que la participación del Ayuntamiento, la cesión de espacios como sede social, así como la cesión de parte de la energía instalada (173 KWp en una primera fase, con la previsión de cesión de otros 250 Kwp) permite dibujar un escenario de viabilidad de la CE. A su vez, la participación del Ayuntamiento ha sido un factor clave para la presentación de una propuesta al CE Implementa que fue aceptada, y que supondrá, si hay capacidad para su desarrollo, de 1375 Kwp, sobre cubiertas particulares; la instalación de 50 equipos de aerotermia para la substitución de calderas de gas, y la instalación de una batería de 150 kwh. A su vez, Energia del Prat, se ha podido presentar a una convocatoria de "Sand Box" regulatoria para el desarrollo y la implementación de baterías de 100 kwh en diez comunidades de propietarios y a la presentación al régimen de ayudas para proyectos de nuevos modelos de negocio en la transición energética en el marco del Plan de Recuperación, Transformación y Resiliencia–Financiado por la Unión Europea–NextGenerationEU. Sin la participación del Ayuntamiento dichas propuestas difícilmente se hubiesen materializado, y no sólo por el apoyo técnico, sino también, por el marco de confianza construido en la ciudad.

Pero a la vez, la extraordinaria dificultad en la construcción del expediente y la lentitud de cada decisión (constitución, cesión de activos, sumado a la demora en la legalización de los autoconsumos) debido a la no existencia de un marco favorecedor para los entes locales, ha hecho que el desarrollo de la comunidad tenga un desarrollo tardío.

De los tres casos expuestos podemos concluir sobre la importancia de la implicación del ente local, y a la vez, del factor limitante de no tener un marco normativo alineado, de forma efectiva, con esta participación.

6. CARACTERIZACIÓN INDICIARIA Y FUNCIONAL DE LAS COMUNIDADES ENERGÉTICAS URBANA

Una vez expuestas las dificultades de las comunidades urbanas, es oportuno señalar también qué figura es más oportuna para su desarrollo (CCE o CER), para después seguir en torno a la figura jurídica a escoger para el desarrollo de las actividades de la "comunidad urbana".

La premisa de partida de estas figuras —comunidades de energías renovables y comunidades ciudadanas de energía— es obviamente la participación ciudadana, entendida como el derecho de la ciudadanía a producir, consumir, gestionar, vender y almacenar su propia energía[22]. Si bien la realidad es que desde las comunidades urbanas se impulsa mayoritariamente el autoconsumo, del escenario energético en ámbitos urbanos podríamos concluir que el reto de las mismas está en protagonizar la electrificación de consumos térmicos y la movilidad. Como reconoce DE FONTENELLE podemos considerar que ambas definiciones de comunidades energéticas son flexibles[23].

De los dos tipos de comunidades de energía, serían las comunidades de energías renovables las que habrían de tener un mayor desarrollo e implantación en la denominada España vaciada (mientras que las comunidades ciudadanas de energía encontrarían quizás mejor acomodo en las áreas urbanas), en tanto que permiten generar "un valor añadido significativo en la aceptación local" así como la participación de empresas de mayor tamaño, siempre y cuando se garantice la inexistencia de un control efectivo por parte de estas, y por tanto, se evite la desnaturalización de las mismas. Cabe señalar que la ausencia de ánimo de lucro o la libertad de elección de comercializadora ya serían elementos que ayudarían a evitar el

---

22 Arts. 2.16.c) de la Directiva 2018/2001/UE y el artículo 2.11 de la Directiva 2019/944/UE.

23 DE FONTENELLE, L., "Decentralized entities and citizens' active participation. What role for Energy Law Associations?", en LÓPEZ-IBOR MAYOR, V. y DEL GUAYO CASTIELLA, Í. (dirs.), *Derecho de la energía y el "Clean energy package". I Congreso AEDEN (Asociación Española de Derecho de la Energía)*, Aranzadi, Pamplona, 2021, pp. 441-448.

riesgo de perversión de la figura de la comunidad energética, evitando así que grandes actores energéticos acaben copando las nuevas comunidades energéticas constituidas.

La expresión "comunidad energética" se refiere a dos modelos de energía comunitaria definido en el paquete de Energía limpia para los europeos. GALLEGO CÓRCOLES señala como la distinta finalidad de la DMIE y de la DER explican en buena medida la existencia de dos tipos distintos de comunidades de energía[24]. La figura definida en la DMIE se justificaría en el interés de reconocer formalmente a las CCE como agentes del mercado. Las CER, por su parte, surgen de modelo definido en la DER que trata de actualizar el marco de fomento de la energía procedente de fuentes renovables. Así, las CCE admiten una mayor participación de actores —las CER solo podían ser participadas pymes y deben ser sin ánimo de lucro— y su ámbito de su actividad no necesita de un marco territorial. La exigencia de que las distintas entidades deban ostentar un grado suficiente de personalidad jurídica que les permita ser titulares de derechos y obligaciones, y asemeja "comunidades ciudadanas de energía" y "comunidades de energías renovables" y las distingue del autoconsumo colectivo. En síntesis, el objeto de las CER está relacionado con la energía renovable, sea eléctrica o no; mientras que el de las CCE se relaciona con la energía eléctrica, sea renovable o no.

La fijación, para las CER, de un criterio de proximidad muy restrictivo para el ámbito urbano, podría acabar haciendo que éstas no fuesen un instrumento apropiado para las "comunidades urbanas". Así, las CER podría alcanzar un ámbito de proximidad de 5 km para municipios de más de 50.000 habitantes, como se recoge en el borrador de Real Decreto que se sometió a exposición pública[25], y la figura de la CCE podría acabar imponiéndose en ciudades de tamaño medio y grande. A su vez, una comunidad energética urbana que aspire a transformar deberá definir estrategias de generación más allá de su propio ámbito, por la imposibilidad física, en

---

24 GALLEGO CÓRCOLES, I., *Comunidades de energía y transición energética,* Aranzadi, Pamplona, 2022.

25 MINISTERIO PARA LA TRANSICIÓN ECOLÓGICA Y EL RETO DEMOGRÁFICO: «Proyecto de Real Decreto por el que se desarrollan las figuras de las comunidades de energías renovables y las comunidades ciudadanas de energía» [en línea], (2023), <https://www.miteco.gob.es/content/dam/miteco/es/energia/files-1/_layouts/15/Proyecto%20de%20Real%20Decreto-61313.pdf> [Consulta: 27/06/2024].

muchos casos de autoabastecerse. Será oportuno valorar si la CER es la mejor forma para acometer dicho reto.

La integración en una CER de una entidad local de superior ámbito territorial, como una comarca, un ente metropolitano, una mancomunidad, un cabildo o consejo insular o bien una diputación provincial, no resulta imposible. Ni la DER ni la LSE, art. 6.1.j), prohíben la integración en una CER de entes locales distintos a los municipios, sino que, genéricamente, aluden a la posibilidad de que pasen a formar parte de dichas entidades las autoridades locales, "incluyendo los municipios".

El supuesto de las CCE resulta algo distinto, porque aquí lo importante ya no es la proximidad, sino que los socios o miembros que controlen la CCE no sean grandes empresas del sector eléctrico que actúen a gran escala. Esto se debe a que las CCE son, esencialmente, nuevos sujetos del sector eléctrico y de los mercados eléctricos, cuya finalidad es potenciar la participación ciudadana y de pequeñas empresas, en igualdad de trato con las grandes eléctricas. Por tanto, en el caso de las CCE, una entidad local de ámbito supramunicipal, como una comarca, mancomunidad o consejo insular, por ejemplo, podría no sólo integrarse sin problemas en aquélla, sino además participar en su control.

Así, la "comunidad urbana" podría constituirse como CER cuando los miembros se sitúen en las proximidades de la actividad (al promoverse la producción de energía limpia *in situ*), ya se trate de personas físicas, jurídicas o autoridades locales —incluidos los municipios—. Pero dicha constitución deberá tener en cuenta el criterio de proximidad que finalmente se apruebe, ya que, en ciudades con radios superiores a los 5 km[26], podría condicionar a la constitución de varias CER, ganando proximidad, pero perdiendo el volumen necesario que permitirá competir con los diferentes actores del sector eléctrico.

La otra opción es la configuración como CCE, en cuyo caso la actividad no se limitaría ya a la generación, almacenamiento o venta de energía renovable, sino que podría realizar cualquier tipo de actividad —o servicios— propia del mercado eléctrico (salvo el transporte), como la distribución, el almacenamiento de energía o el suministro. En dicho caso, podría realizarse todas las actividades, aunque debería valorarse como ubicar la actividad de movilidad eléctrica y particularmente la movilidad eléctrica compartida.

---

26 La propuesta de RD que salió a exposición pública fijaba como criterio de proximidad en las CER un criterio de proximidad de 5 km.

Esta discusión en torno a si una comunidad urbana debe constituirse en CER o CCE puede acabar siendo especialmente relevante en ámbitos urbanos de gran tamaño. En una gran urbe como Madrid o Barcelona, incluso en grandes ciudades de tamaño menor, se podría plantear un escenario de participación de un ente local en varias CER, de ámbito territorial más definido. De esta manera, el "juego" entre la CER de ámbito más local y territorial vinculado al barrio, podría relacionarse con una CCE de ámbito mayor, sea ciudad, o sea de ámbito metropolitano, para garantizar estrategias compartida en compra agregada de servicios, movilidad eléctrica compartida, servicios de gestión compartidos del autoconsumo, o comercializadoras "marca blanca"[27] que garanticen un funcionamiento más ágil de la comunidad.

7. FORMA JURÍDICA Y EL ROL DE LOS ACTORES

En el proyecto de Real Decreto por el que se desarrollan las figuras de las comunidades de energía renovable y las comunidades ciudadanas de energía que se sometió a audiencia e información pública[28], así como en las ordenes de ayuda del CE Implementa[29] no se excluye ninguna figura jurídica siempre y cuando garanticen las características básicas que debe tener toda comunidad energética.

La forma jurídica puede ser el de asociación, cooperativa, o el de sociedad, o de cualquier otra figura que garantice ese marco de participación abierto y voluntario y la inexistencia de control efectivo por parte de un actor (medida que en la DMIE se recoge pensando en los grandes actores del sector energético).

Así, quisiera hacer mías las palabras de CASTRO-GIL cuando plantea que:

> [D]esde luego, el medio que hasta la fecha ha venido asimilando este tipo de entidades de forma más generalizada ha sido el de las sociedades cooperativas,

---

27 Se desarrolla el concepto el en apartado 9.

28 MINISTERIO PARA LA TRANSICIÓN ECOLÓGICA Y EL RETO DEMOGRÁFICO: «Proyecto de Real Decreto por el que se desarrollan las figuras de las comunidades de energías renovables y las comunidades ciudadanas de energía», *op. cit.*

29 Orden TED/1446/2021, de 22 de diciembre, por la que se aprueban las bases reguladoras para la concesión de ayudas del programa de incentivos a proyectos piloto singulares de comunidades energéticas (Programa CE Implementa), en el marco del Plan de Recuperación, Transformación y Resiliencia.

> que hemos visto a lo largo de toda la Unión Europea, pero sin duda caben otro tipo de personalidades jurídicas para la misma: sociedad civil, sociedad mercantil, entidades locales, mancomunidades, asociaciones, comunidades de propietarios, comunidades de regantes, entidades sin ánimo de lucro, entidades híbridas entre algunas de las anteriores, entidades público-privadas... No existe un numerus clausus de comunidades ciudadanas de energía, siendo plausible cualquier modelo que de alguna manera represente una colectividad. Parece evidente que una persona física de forma individual, no podrá convertirse en esta figura por razones obvias, aunque por la misma obviedad, sí podrá ser representante del sujeto jurídico colectivo. [30]

En cualquier caso, es relevante garantizar un marco de participación abierto y voluntario, y garantías que los beneficios repercutirán entre socias y socios, así como en el territorio en que se impulse la CE.

7.1. Sociedad cooperativa

La legislación supletoria estatal en materia de régimen local permite que las actividades económicas de los entes locales se instrumenten a través de una sociedad cooperativa (art. 104.1 TRRL/1986). Lo mismo ocurre en la normativa autonómica, como, por ejemplo, en el art. 243 del Decreto Legislativo catalán 2/2003, que permite instrumentar la iniciativa pública local en la actividad económica a través de una sociedad cooperativa; en el art. 216 de la Ley 7/1999, de 9 de abril, de Administración Local de Aragón, que prevé las cooperativas con participación local, si bien referidas a la gestión indirecta de servicios locales; el art. 207 de la Ley 1/2003, de 3 de marzo, de la Administración Local de La Rioja; o el art. 308 de la Ley 5/1997, de 22 de julio, de Administración Local de Galicia.

La sociedad cooperativa es, sin lugar a duda, una fórmula óptima para que la CER o la CCE puedan operar, pudiendo participar personas físicas, jurídicas y entes locales. A su vez se limita la responsabilidad de los socios a lo que expresamente conste en la escritura de constitución (art. 105 del TRRL). No existe en estas una estructura rígida en cuanto al capital social, siendo compatible con el carácter abierto y voluntario. Estas pueden desarrollar la actividad de cooperación, pero también la actividad para los asociados y para terceras personas.

---

30 CASTRO-GIL AMIGO, J., "Las comunidades ciudadanas de energía (art 16)", en PAREJO ALFONSO, L. y CASTRO-GIL AMIGO, J. (coords.), *Directiva de mercado interior de la electricidad*, Thomson Reuters-Aranzadi, Navarra, 2020, pp. 145-184

Pero cuando aterrizamos en el detalle debemos tener en cuenta que cada socio de la cooperativa tendrá un voto. Así se expresa la Ley 11/2020 de Castilla la Mancha[31], o la Ley 4/2002 de Castilla y León[32]. Existen excepciones a este principio en la Ley 11/2019 del País Vasco[33], donde no podrá superar un tercio a los votos totales de la cooperativa; el Decreto legislativo valenciano que podrá tener un 40% de los votos aquel socio que no posea la forma de cooperativa[34]; la Ley catalana 12/2015[35] establece que un socio no pueda tener más de un 20% de los votos sociales.

La figura de la cooperativa puede ser una opción óptima para el desarrollo de CER's y CCE's en el ámbito rural, así como para el ámbito urbano, cuando hay actores con liderazgo y reconocimiento territorial (el caso de EnerCOOP en Crevillent seguramente es el caso más emblemático). Pero cabe señalar que este modelo no permitirá que el ente local, aun sin tener el control efectivo, no podrá jugar un rol de liderazgo en el impulso y desarrollo de la CE urbana.

7.2. La asociación

La asociación es compatible con la ausencia de ánimo de lucro y puede desarrollar actividad económica, tiene un carácter abierto y voluntario, y en ella puede participar cualquier entidad pública siempre y cuando esté en pie de igualdad con los particulares. Estas, a su vez, pueden ser declaradas de utilidad pública, algo que podría facilitar las cesiones de uso o de la titularidad de bienes de entidades locales. No solo no parece el instrumento más apropiado para el funcionamiento de una nueva figura del sector eléctrico, sino que no da un rol relevante para el ente local si así lo considera este último.

---

31 Ley 11/2020, de 28 de diciembre, de Presupuestos Generales de la Junta de Comunidades de Castilla-La Mancha para 2021.

32 Ley 4/2002, de 11 de abril, de Cooperativas de la Comunidad de Castilla y León.

33 Ley 11/2019, de 20 de diciembre, de Cooperativas de Euskadi.

34 Decreto Legislativo 2/2015, de 15 de mayo, del Consell, por el que aprueba el texto refundido de la Ley de Cooperativas de la Comunitat Valenciana

35 Ley 12/2015, de 9 de julio, de cooperativas.

7.3. La sociedad mercantil de capital

Así, es oportuno preguntarse si a las figuras clásicas de la asociación o la cooperativa, cabe constituir comunidades energéticas con figuras jurídicas distintas a la de la cooperativa o la asociación. Y aquí es donde figuras como la sociedad mercantil, que apenas se dan en el ámbito de las comunidades energéticas rurales, adquieren mayor sentido.

La sociedad mercantil de capital puede permitir la participación del ente local; es una figura idónea para el desarrollo de la actividad como sujeto del sistema eléctrico (CCE/CER así están reconocidos en la LSE). La CER no debe tener ánimo de lucro ni la CCE puede perseguir principalmente la ganancia financiera, y así se puede reconocer en sus propios estatutos. Así lo ha entendido la Dirección General de Seguridad jurídica y Fe pública, cuya Resolución de 17 de diciembre de 2020[36] entiende posible constituir una sociedad limitada cuyos estatutos establecen que carece de ánimo de lucro; que no repartirá dividendos; y que, en caso de extinción, la cuota de los socios se destinará a fundaciones o asociaciones también sin ánimo de lucro. Máxime, si los estatutos de la entidad prevén destinar parte de los beneficios, por ejemplo, a paliar la pobreza energética de las personas vulnerables. Y por último no plantea inconveniente alguno para garantizar la autonomía de gestión, pudiéndose garantizar que no esté controlada por un solo miembro.

La exigencia de apertura de la comunidad de energía a todos los posibles interesados locales podría no casar con su estructura, integrada por un número determinado de acciones del capital social, conforme al Texto Refundido de la Ley de Sociedades de Capital de 2010[37]. El problema no se planteará cuando se constituya la misma sino cuando entren nuevos socios, lo que puede ocurrir en cualquier momento conforme a las exigencias del derecho europeo (apertura a cualquier interesado), pues la ampliación del capital social exigirá modificar, cada vez, los Estatutos.

Los arts. 41 y siguientes del Texto Refundido de la Ley de sociedades de capital de 2010 para las sociedades anónimas, sin un mecanismo que

---

36 Resolución de 17 de diciembre de 2020, de la Dirección General de Seguridad Jurídica y Fe Pública, en el recurso interpuesto contra la negativa del registrador mercantil de León a inscribir una escritura de modificación de los estatutos de una sociedad.

37 Real Decreto Legislativo 1/2010, de 2 de julio, por el que se aprueba el texto refundido de la Ley de Sociedades de Capital.

permita incorporar nuevos socios de forma ágil, podría ser un factor limitante. A nuestro entender, esta figura por tanto debe ser especialmente cuidadosa con los mecanismos para garantizar el carácter abierto y voluntario exigido a la CER y a la CCE (art. 22 DER y 6.1, letra j, LSE) y a las CCE (arts. 16 DMIE y 6.1, letra k, LSE). Es por ello por lo que deben estar previstos en los estatutos futuras ampliaciones de capital, con posibilidad de reservar un porcentaje al ente local, o a determinadas entidades.

Otro elemento que debe incorporarse en estas figuras es un marco de participación abierto. La forma podría ser la de garantizar que una asociación de usuarios y usuarias recoja el marco de participación abierto y voluntario que exige tanto la DER como la DMIE así como la LSE.

En sentido contradictorio se expresa REVUELTA PÉREZ[38] resolviendo la imposibilidad de garantizar el marco de participación abierto y voluntario de la CCE y la CER. A nuestro entender, no contempla la versatilidad del derecho societario a la hora de garantizar mediante la inclusión de una asociación de usuarios el marco de participación abierto y voluntario. A su vez, negar la posibilidad que una sociedad mercantil, constituida siguiendo los requisitos marcados por la DER, la DMIE /2019 y la LSE, podría suponer que las comunidades energéticas de ámbito urbano quedasen circunscritas al ámbito exclusivo de las cooperativas y las asociaciones, otorgando un papel marginal, o de simple acompañamiento al ente local, restando ambición y capacidad de transformación a las mismas.

7.4. La figura del consorcio

La figura del consorcio es una figura que se ha descartado por la doctrina como una figura operativa para que una comunidad energética pueda operar. Según defiende REVUELTA PÉREZ[39], esta no garantiza el marco de participación abierto y voluntario.

Pero la figura del consorcio aparece como una figura que permite aunar la participación de entes locales y supralocales, definiendo estrategias que van más allá del ámbito estrictamente local, para definir estrategias en agrupaciones de localidades con mayores oportunidades y mejores economías de escala.

---

38 Cfr. REVUELTA PÉREZ, I, *Comunidades energéticas…*, *op. cit.*, p. 58.

39 Ibidem, p. 67

El principal problema estriba, como explica REVUELTA PÉREZ, [40]en que de los arts. 118 y 123 de la Ley 40/2015, de 1 de octubre, de Régimen Jurídico del Sector Público, se desprende que pueden participar en el mismo, además de un mínimo de dos o más Administraciones o entes del sector público institucional, "entidades privadas" sin ánimo de lucro; lo que descarta la posibilidad de que las personas físicas puedan ser miembros de un consorcio. De este modo, si la CER/CCE adoptara la forma de consorcio, las personas físicas no podrían pasar a formar parte directamente de la misma; solo si se integraran previamente, por ejemplo, en una asociación vecinal.

El art. 22.2 de la DER indica que los miembros de las CER pueden ser personas físicas, PYMES o autoridades locales; lo que además es coherente con la finalidad de las CER, que consiste, entre otras cosas, en favorecer la percepción positiva de las energías renovables por la ciudadanía a través del fomento de la participación. Y, en el caso de las CCE, como hemos visto, tanto el art. 2.11 de la DMIE como el art. 6.1, letra k, de la LSE/2013, disponen asimismo que las personas físicas pueden integrarse como miembros de las mismas. Pero se podría interpretar perfectamente que la participación de las personas físicas se produce mediante la participación de la asociación de usuarias y usuarios garantizando así el marco de participación abierto y voluntario.

Así, la única dificultad sería la barrera del control efectivo por parte del ente local, algo que, como hemos expuesto, debería valorarse cuando el ente local actúa como un "marco de representación" del conjunto de la ciudadanía, más teniendo en cuenta que la salvaguarda del control efectivo está redactada, indicando explícitamente el control por parte de grandes empresas del sector energético. En el caso que el marco normativo permitiese solo al ente o a los entes locales tener el control efectivo de la comunidad, como así se ha reclamado por parte del municipalismo en reiteradas alegaciones presentadas en diferentes procesos de exposición pública, la figura del consorcio podría considerarse como válida a la hora de aunar diferentes voluntades locales.

---

[40] Ibidem.

7.5. Una reflexión final sobre las figuras jurídicas

Una vez descritas las diferentes figuras jurídicas que podría tener una CE urbana es oportuno hacer una reflexión final, que tiene una estrecha relación con el rol del ente local. Cuando se emplea las asociaciones y las cooperativas como fórmula jurídico-organizativa, el principal problema estriba en la forma de garantizar la efectiva participación del ente local en la comunidad energética.

En el caso de las comunidades urbanas, tan importante como lo expuesto es la participación del ente local. Mientras que en las comunidades rurales la participación del ente local puede ayudar, pero no es imprescindible para crear un marco de confianza entre los diferentes actores y de transformación efectiva de ese entorno, en el ámbito urbano el ente local aparece como un actor fundamental para construir esos marcos de confianza que aúnan a sectores del ámbito doméstico, industrial, logístico y servicios.

En muchas ocasiones, la Administración, aún sin buscar el control efectivo, busca posicionarse en un rol de liderazgo o impulso. La exigencia de autonomía para las CE tiene como finalidad evitar que éstas queden bajo el control o dominio de una empresa eléctrica. Debe tenerse en cuenta que la Administración tiene como misión institucional servir a los intereses generales. Y por ello, es deseable crear marcos en el ámbito de las comunidades urbanas un rol ya sea de control estratégico o de liderazgo en favor de la administración local. Esta consideración no es un mero capricho. En ámbitos urbanos, con pluralidad y multitud de actores, la participación del ente local es percibida como una garantía en primer lugar de neutralidad; en segundo lugar, de ambición de la propuesta, con un alcance que va más allá de la agrupación de empresas, o de iniciativas de grupos o colectivos. Pero es que, además, por las características del ámbito urbano y de las actividades a desarrollar, la falta de cubiertas privadas, el desconocimiento mutuo entre los diferentes actores privados (empresas y ciudadanía) o cuando se inician actividades vinculadas a la rehabilitación y electrificación de edificios o asociadas a la movilidad urbana, necesitan del concurso municipal.

Las asociaciones o la figura de las cooperativas acaban por ser la figura más frecuente en la configuración de comunidades energéticas de ámbito rural. Cabe preguntarse si estas figuras nos servirán para comunidades de carácter urbano. En estos casos (el de la asociación o la cooperativa) es cierto que el ente local podrá participar en esta, pero su rol será de acompañamiento. La capacidad de transformación que tendrá la comunidad energética, podrá paliar la ausencia o el rol menor del ente local en los casos de mayor vigorosidad del tejido asociativo que la constituya o de la fuerza de los actores económicos que la definan. En cualquier caso, entre las figuras de la asociación o el de la cooperativa, la dimensión de las inversiones a realizar en una comunidad de ámbito urbano siempre aconsejará que la figura jurídica escogida sea un actor que pueda operar con instrumentos capaces de encarar operaciones de inversión, con responsabilidades limitadas, y con capacidad de una gestión ágil entre socias y socios.

8. LA NECESIDAD DE UN MARCO NORMATIVO (ESPECIALMENTE PARA LAS COMUNIDADES URBANAS)

La falta de participación del ente local en las comunidades urbanas puede situar en algunos casos a la CEU en un formato de "falansterio" dirigido a los sectores más movilizados de la sociedad, sin definir un nuevo actor del sector eléctrico y energético.

Para garantizar un rol activo y de liderazgo del ente local deberían encararse algunas modificaciones normativas como una revisión en profundidad de la Ley 24/2013, reconociendo el papel y la base de actuación de los entes locales, y en particular de la Ley de Estabilidad Presupuestaria y Sostenibilidad Financiera[41], adaptando ambas normas a las nuevas directivas europeas en materia de energía, y en particular, al carácter habilitante, a favor de los entes locales en su nuevo rol en la transición energética

Pero más allá de esta reflexión entendemos imprescindible, para que la comunidad urbana sea una realidad, un marco favorecedor de la participación del ente local, que pasaría por medidas como las siguientes:

8.1. La comunidad energética como sujeto de interés público

En este sentido, una de las alegaciones compartida por decenas de municipios en el periodo de alegaciones que se abrió con el borrador de RD sobre comunidades energéticas en la primavera de 2023 fue que estas fuesen declaradas sujetos de interés público. Esa simple declaración *evitaría* algunas de las resistencias existentes a la hora de constituir una

[41] Ley Orgánica 2/2012, de 27 de abril, de Estabilidad Presupuestaria y Sostenibilidad Financiera.

comunidad energética desde la administración local, así como la cesión de activos, sean tejados, energía, puntos de recarga, u otros elementos vinculados a la transición energética, a favor de la comunidad.

Con el objetivo de aprobar dicha declaración, sería oportuno considerar que las CE deberán destinar todos sus beneficios a los socios o al territorio donde desarrolla su actividad.

8.2. Reconocimiento de cesión

Sobre la cesión de cubiertas, un Ayuntamiento podría ceder una cubierta a una comunidad a cambio de energía. Pero como señala REVUELTA PÉREZ[42], hay que interrogarse si en este caso existe onerosidad, a efectos de la Directiva 2014/24/UE[43]. El derecho europeo apunta a considerar que el ayuntamiento miembro de la CER/CCE puede recibir, al menos, el suministro de la energía producida por ésta.

Sobre la cesión de energía, esta cesión del ente local a favor de la comunidad forma parte de aquello fundamental en el arranque de esta. Esta cesión será distinta si opera o se desarrolla en régimen de mercado o como servicio público.

La DME y la LSE consagran la liberalización del sector eléctrico. De esta manera nos encontramos ante actividades que deben desarrollarse en régimen de mercado, sin que baste la presencia de un ente público para establecer excepciones a dicho régimen. Y ello por mucho que el suministro energético constituya, genéricamente, un servicio de interés general, ya que esto no basta para establecer excepciones a las reglas de mercado, como establece el art. 106.2 TFUE. Sin embargo, sí hay actividades que entran de lleno en la noción de "servicio público", como paradigmáticamente sucede con el suministro de energía renovable a personas en situación de vulnerabilidad o pobreza energética, bien de forma gratuita bien a precio inferior al de mercado o por debajo del coste. El art. 106.2 TFUE, puesto en relación con las previsiones sobre la pobreza energética en el Paquete Energía Limpia para todos los europeos y en el paquete Objetivo

---

42 REVUELTA PÉREZ, I, *Comunidades energéticas…, op. cit*, p. 60, apunta a que el legislador español debería clarificar la cuestión dado que el ayuntamiento es un poder público y resulta dudoso que esté actuando como persona privada estrictamente, debiendo abrir un marco dada la estrechez de la DA 22 de la LCSP/2017.

43 Directiva 2014/24/UE, sobre contratación pública y por la que se deroga la Directiva 2004/18/CE.

55, confiere suficiente cobertura: La actividad consistente en suministrar energía más barata a quienes se hallan en situación de vulnerabilidad, constituye una misión de servicio público dentro del ámbito de un servicio de interés económico general.

En cualquier caso, sería oportuno que así se recogiese en la trasposición del marco normativo, para así facilitar dichas medidas. También sería conveniente incorporar en el desarrollo normativo no solo que las CER y las CCE son entidades de interés público, sino una declaración explícita conforme las autoridades locales pueden ser miembros de estas; las autoridades locales pueden ceder espacios (no solo cubiertas) o instalaciones a estas comunidades, aunque ellas no sean miembros de la comunidad o que las administraciones locales que cedan espacios o instalaciones pueden ser de cualquier tipo, no solo municipios.

8.3. Garantizar la compra de la energía por parte del ente local a la comunidad a la que pertenece

Las previsiones de la DMIE y de la DER, relativas al reparto y compartición de energía entre los miembros de una comunidad energética, pueden servir de base para permitir a los entes locales miembros de la CER/CCE adquirir la energía producida por la misma, sin necesidad de recurrir a los procedimientos de contratación pública.

El considerando 71 DER aboga por permitir a las comunidades de energías renovable "compartir entre sí energía producida por las instalaciones propiedad de la comunidad", al igual que su art. 22.2, letra b), lo que no excluye a los poderes adjudicadores —como un ayuntamiento— integrados en ellas. La misma conclusión se extrae de la DMIE, cuyos considerandos consideran las CCE fórmulas de cooperación ciudadana; y aluden explícitamente a la compartición de la energía generada en sus instalaciones por parte de sus miembros, "sobre la base de principios de mercado", al igual que su art. 16.3 e).

Este será un factor clave para que estas comunidades, en escenarios de alta variabilidad del precio de la energía, suministren energía más barata a los entes locales, sino que, en una relación de ida y vuelta, también garanticen consumo asociado a sus instalaciones. Facilitar el derecho a recibir energía de la CE de la que participa el ente local sería un factor claramente facilitador.

8.4. Medio propio

La participación privada en las CER/CCE impide considerar a estas entidades como medio propio del ente local integrado en ellas[44]. El derecho europeo, en efecto, permite participación privada, si bien minoritaria, en los medios propios, cuando la normativa del correspondiente Estado lo prevé y el control de la entidad permanece en manos públicas (art. 12 de la Directiva 2014/24 y STJUE de 18 de junio de 2020, asunto Porin Kaupunki[45]) pero el derecho español no contempla esta posibilidad (art. 32.2.c LCSP).

Podría constituirse como medio propio, cuando se constituyese como personificación jurídico-pública, en formato de consorcio. Pero el consorcio en la configuración actual no permite esa participación abierta y voluntaria.

Así, esta podría ser una medida que se trasladase al marco normativo, permitiendo que la CE pueda actuar como medio propio, cuando el ente local tenga un porcentaje que aún sin superar el 50% fuese mayoritario. Esta podría ser una medida concreta que permitiría a la comunidad energética ser un auténtico actor de transformación local en materia energética.

8.5. Corporaciones de derecho público

Algo que podría someterse a consideración es si entendemos que las CE participadas por la administración local podrían considerarse corporaciones de derecho público. De la misma manera que Colegios Profesionales, Cámaras de Comercio, entidades urbanísticas de colaboración o comunidades de regantes, a pesar de ser entidades de base asociativa privada, pueden dictar actos administrativos fiscalizables por la Administración, ¿deberíamos abrir la posibilidad que las CE deban tener una naturaleza

---

44 Así lo recoge REVUELTA PÉREZ, I, *Comunidades energéticas..., op. cit.*, p. 60, cuando recuerda que el art. 28 de la Directiva 2014/25/UE, relativa a la contratación por entidades que operan en los sectores del agua, la energía, los transportes y los servicios postales y por la que se deroga la Directiva 2004/17/CE, aunque no emplea la expresión "medio propio", en realidad recoge el concepto. Los artículos 29 y 30 regulan una noción algo más flexible, la de empresa asociada. Pero, en todo caso, en España, siendo el municipio una administración pública a efectos de la Ley 9/2017, de 8 de noviembre, de Contratos del Sector Público, le resulta de aplicación esta última y no el Real Decreto-Ley 3/2020, conforme al artículo 5.3 de este último.

45 STJUE de 18 de junio de 2020, ECLI:EU:C:2020:483.

similar? De hecho, la asignación de funciones públicas, como los objetivos medioambientales del municipio o el retorno de los beneficios a este podría justificar dicha naturaleza jurídica. [46]

Es cierto que la adscripción a la CE en ningún caso debe ser obligatoria, tal y como exige el carácter abierto y voluntario. Pero este factor no impediría que por ley estas CE se les atribuyese funciones públicas.

8.6. Abrir la posibilidad (y la excepción) del control efectivo por parte del ente local

A su vez, debería introducirse la posibilidad que el control efectivo lo pueda ejercer un ente local. Si bien es cierto que el escenario ideal debe ser el de un equilibrio en el control, el control efectivo por parte del ente local podría propiciar que consorcios locales, con participación de más de un ente local, pudiesen jugar ese rol de comunidad energética, que hoy no se les permite a consorcios con varios entes locales.

9. NUEVAS FUNCIONES PARA LAS COMUNIDADES ENERGÉTICAS (ESPECIALMENTE PARA LAS URBANAS)

Más allá de la necesaria reflexión en torno a los nuevos instrumentos y marcos para favorecer el desarrollo de las comunidades energéticas urbanas, es imprescindible reflexionar y proponer qué hacer desde una comunidad urbana. No todo es marco normativo. El éxito de las comunidades urbanas requiere de una mayor sofisticación en los servicios a ofrecer a su entorno urbano.

9.1. La relevancia del autoconsumo colectivo

Hasta ahora, los modelos de comunidades energéticas, también las urbanas, se han centrado y orientado principalmente al desarrollo del autoconsumo colectivo. De hecho, las extraordinarias dificultades en el desarrollo del autoconsumo colectivo, los retrasos en el acceso y conexión, la extraordinaria diferencia en el funcionamiento de unas y otras

---

[46] Así lo defiende GONZÁLEZ RÍOS, I., "Las «Comunidades energéticas locales» ...", *op. cit.*, p. 170, en el apartado "Las Cel: ¿corporaciones de derecho público?".

distribuidoras en los tiempos de legalización de las mismas, como se acredita en diferentes informes[47], los errores en las lecturas de contadores de no pocas distribuidoras o la dilatación del tiempo en la legalización de los mismos, han entorpecido no solo las comunidades energéticas, sino su propio modelo de negocio.

Pero esta dificultad ha afectado a aquellas instalaciones de mayor envergadura. La comunidad urbana necesita, si aspira a llegar a una proporción relevante de la población con la que aspira a trabajar, de grandes instalaciones, una mejor optimización de los coeficientes de reparto de la energía autoconsumida, y autoconsumos con decenas, incluso centenares de autoconsumidores. Para que ello sea así sería fundamental una mejora sustancial del funcionamiento del autoconsumo colectivo.

Cabe aquí recordar que la letra g) del art. 12 ter de la LSE establece que las CCE "puedan actuar como representantes de los consumidores para la realización del autoconsumo colectivo, siempre que estos otorguen las correspondientes autorizaciones". Este artículo hoy es un caparazón vacío de contenido efectivo, siendo las comunidades un actor en pie de igualdad, y por tanto de dificultad, a la hora de operar un autoconsumo colectivo.

Será muy determinante ya no solo para el futuro de las comunidades energéticas, sino para el del autoconsumo, que las dificultades del autoconsumo colectivo se solventen. El futuro por tanto del autoconsumo colectivo pasa por la irrupción, y la reglamentación (no solo mediante una guía) de la figura del gestor del autoconsumo colectivo (como pasa en Portugal); abrir la puerta a los coeficientes de reparto dinámico[48], así como una modificación del marco retributivo a las distribuidoras, propiciando un nuevo ROTD (Retribución por Otras Tareas de Distribución)[49] asociado a la diligencia de estas en la legalización de los autoconsumos colectivos y su funcionamiento.

---

47 ALDEA ENERGY: «Estado del Arte del Autoconsumo Colectivo en la península ibérica» [en línea], (2024), <https://www.aldeaenergy.com/wp-content/uploads/2024/01/Informe-del-estado-del-Arte-del-Autoconsumo-Colectivo.pdf> [Consulta: 12/10/2024]

48 Estos "coeficientes dinámicos", significan que los usuarios puedan consumidor en cada momento coeficientes de autoconsumo adaptados a sus consumos reales, existiendo una comunicación *ex post* a la distribuidora y a la comercializadora de la energía autoconsumida.

49 La Alianza por el Autoconsumo y a AMEP (Associació de Municipis per l'Energia Pública) presentó ante la CNMC alegaciones ante la consulta pública específica

Más allá de estas consideraciones, asociadas a las dificultades en la puesta en marcha y la operación del autoconsumo colectivo, el escenario eléctrico global, con fuerte penetración eléctrica renovable en las horas solares, sumada a la alta volatilidad de los precios, da una señal clara, a todos los actores del sector eléctrico, y particularmente las comunidades energéticas, sobre la necesidad de electrificar, hacer gestión de la demanda o almacenar.

9.2. La importancia de la comercialización

Un tema que apenas aparece en el debate en torno al funcionamiento de las comunidades energéticas es la importancia de poder operar como comercializadora o tener una comercializadora de apoyo. El marco de participación abierta y voluntaria lleva a aconsejar la importancia que socias y socias puedan escoger con qué comercializadora operar.

A su vez, el temor a que grandes operadores energéticos se vistan de comunidad energética para ofrecer a los miembros de la comunidad su comercializadora, sin que los socios y socias puedan cambiar de comercializadora, acaba siendo un argumento fáctico para que muchas comunidades opten por la libertad de comercializadora.

Pero como bien se sabe, una cosa es el marco teórico y otra el carácter práctico. Los autoconsumos colectivos con multitud de comercializadoras se encuentran de forma frecuente con inmensos problemas en la legalización y funcionamiento de dicho autoconsumo, haciendo que algunas comercializadoras se conviertan en auténticos "*stoppers*" en el funcionamiento del mismo.

Así, la realidad de una comunidad que quiera ofrecer un servicio integral necesitará de una comercializadora para la compra de los excedentes de aquellas vecinos y vecinas que tengan instalaciones de autoconsumo individual, o para poder adquirir (y compensar) los excedentes no consumidos por parte de los prosumidores vinculados a un autoconsumo de instalaciones superiores a 100 Kw nominales[50].

Es por tanto importante para comunidades urbanas con vocación y aspiración de llegar a un gran número de personas y consumos tener una

para la revisión de la metodología de cálculo de la retribución de la actividad de distribución de energía eléctrica para el periodo regulatorio 2026-2031.

50 Cabe recordar que el RD 244/2019 establece que la compensación simplificada de excedentes es para instalaciones de menos de 100 kw nominales.

estrategia de comercialización, ya sea para constituirse a medio plazo, o contando con una comercializadora que juegue ese rol de acompañamiento, y que incluso pueda contribuir a la compra de los excedentes, a la facturación o al mejor funcionamiento de los autoconsumos.

9.3. La movilidad eléctrica compartida

La tercera función que quisiéramos asignar a la comunidad es la del impulso de la movilidad eléctrica, y particularmente de la movilidad eléctrica compartida.

Hoy, en el ámbito urbano, nos encontramos, como hemos señalado al inicio del presente capítulo, con que la mayor parte del consumo energético en nuestras ciudades está asociado a la movilidad.

Si en el ámbito rural y semiurbano, la movilidad va asociada frecuentemente al uso del vehículo, en el ámbito urbano esta movilidad puede fácilmente transitar hacia el cambio modal (con mayor peso del caminar, la bicicleta y el transporte público).

A pesar de ello, el vehículo, y el vehículo privado y de combustión, continúa pesando mucho en el consumo energético de la ciudad, siendo además el principal factor en la emisión de gases de efecto invernadero y especialmente de la mala calidad del aire. Pero a este factor se le suma la notable ocupación de la vía pública, para vehículos que apenas son utilizados la mayor parte del tiempo (están aparcados un 97% del tiempo)[51].

Así, la comunidad energética puede jugar un rol importante en la prestación del servicio de movilidad eléctrica compartida. Para el éxito de dicha medida será determinante en primer lugar, donde ubicar dicha flota, con capilaridad en la trama urbana. Y ahí volverá a ser muy determinante la relación con el ente local, para que la comunidad energética tenga un uso demanial, o sea quien gestione el punto de recarga.

Otro de los elementos a explorar es determinar si además la CE puede prestar servicios de movilidad eléctrica al propio Ayuntamiento, así como a otras empresas de la localidad, ofreciendo esos vehículos al conjunto de la ciudadanía fuera del horario en que es utilizado por las trabajadoras y trabajadores del ente local o de las empresas que se adhieran al proyecto.

---

51 SANZ ALDUÁN, A., *Las cuentas ecológicas del transporte en España*, Ecologistas en acción, Madrid, 2016.

9.4. El rol de la comunidad urbana como agregador y prestador de mercados de flexibilidad

Ya hemos visto que tanto la DER como la DMIE atribuyen a las CE la posibilidad de realizar la actividad de agregación. Esta última, además de definir la actividad de agregación como "la función realizada por persona física o jurídica que combina múltiples consumos de clientes o electricidad generada para su venta, compra o subasta en cualquier mercado de electricidad" (art. 2.18); regula la figura del agregador independiente, o sea, un participante en el mercado que presta servicios de agregación y que no está relacionado con el suministrador del cliente (art. 2.19). A su vez, impone a los EEMM contar con un marco jurídico favorable (art. 17).

Ese rol, el de la agregación, se incorpora, aun sin concreción, en los artículos 12 bis y 12 ter de la LSE. Pero más allá de dicha incorporación, es evidente que una CE urbana podrá ofrecer estos servicios de agregación al transportista, pero especialmente al distribuidor, y al operador del sistema.

Para que estos servicios se puedan articular será determinante que la CE urbana, sea capaz de combinar usuarios o socios domésticos, con aquellos que puedan ofrecer mayor flexibilidad, asociado normalmente a la actividad de la industria y de los polígonos industriales, así como al sector servicios.

9.5. El impulso de almacenamiento (o como impulsar un nuevo modelo para el almacenamiento distribuido)

Otro de los aspectos a desarrollar por parte de las comunidades urbanas es una extensa estrategia de impulso del almacenamiento. Para que ello sea posible sería conveniente permitir e impulsar modelos de almacenamiento distribuido. Hoy, el almacenamiento está asociado a los modelos de gran almacenamiento "*stand alone*", y al almacenamiento detrás del contador, el "*behind the meter*", vinculado a pequeños almacenamientos domésticos o de mayor medida asociado con la industria.

La comunidad energética, y particularmente la comunidad energética urbana, puede jugar un rol especialmente relevante en el desarrollo de nuevas estrategias de almacenamiento, pero para que esto sea posible es imprescindible abrir la posibilidad del almacenamiento distribuido.

Se trataría, pues, del despliegue de baterías, propiedad de la comunidad energética, no vinculadas a la generación, sino a su adquisición en horas de energía abundante y más barata, para poder suministrar en horas en que la energía es más cara y menos abundante.

El modelo aquí expuesto se inspira en la propuesta presentada por Energia del Prat, la comunidad energética del Prat de Llobregat, a la convocatoria de acceso al banco de pruebas regulatorio para el fomento de la investigación en el sector eléctrico previsto en el Real Decreto 568/2022[52], también conocido como "Sand Box".

Esta reasignación de la energía almacenada por baterías no se puede producir con el marco normativo actual, ya que dicha batería está dentro de la finca con varios vecinos, no afectando a la red de distribución, pero aún en la red de distribución (aunque ya dentro del inmueble en sus zonas comunes). El modelo contribuye a descongestionar la red de distribución en momentos de mayor consumo, desplazando dichos consumos a la batería. En segundo lugar, contribuye a aplanar la alta volatilidad de precios y a garantizar una mayor rentabilidad para el inversor en renovables, además de acompasar el crecimiento de instalaciones de energía renovable evitando vertidos. Introduce activos que podrán operar en mercados de flexibilidad, optimizando así la gestión de la red cada vez con más energía renovable. A su vez, garantiza la "sostenibilidad financiera del sistema", ya que la energía consumida para el almacenamiento pagará dichos cargos y peajes. El despliegue de estas baterías de forma compartida hace a su vez más viable la inversión necesaria a realizar ya que son almacenamientos compartidos, y la inversión se hace de forma común con economías de escala. El modelo de instalaciones de baterías individuales, en las zonas más densamente pobladas donde las viviendas no son de gran tamaño, tendría además un problema de espacio que se sumaría a los altos costes de inversión, que podrían hacer inviable el modelo de negocio.

La propuesta, presentada con la participación de la comunidad energética, el Operador del Mercado Ibérico de Energía (OMIE), el Instituto de investigación en Energía de Catalunya (IREC), y empresas especialistas en flexibilidad y agregación[53], propone un modelo que descongestiona la red de distribución en momentos de mayor consumo, desplazando dichos consumos a la batería. Contribuye a aplanar la alta volatilidad de precios. Introduce activos que podrán operar en mercados de flexibilidad. Garantizaría la

---

52 Real Decreto 568/2022, de 11 de julio, por el que se establece el marco general del banco de pruebas regulatorio para el fomento de la investigación y la innovación en el sector eléctrico.

53 Olivo Energy y Bamboo Energy.

"sostenibilidad financiera del sistema", ya que la energía consumida para el almacenamiento pagará cargos y peajes. Y lo más relevante, posibilita que las comunidades energéticas que no tengan acceso a autoconsumo colectivo puedan gestionar su propia energía, permitiendo que las comunidades energéticas urbanas den un salto adelante extraordinario.

El modelo se asemeja a la regulación al autoconsumo colectivo, con "betas" de almacenamiento, coeficientes horarios o dinámicos. La figura de la comunidad energética como gestor de una instalación de almacenamiento compartido, cargando las baterías a través de la red en horas, con el precio de la energía barato y fuerte, peso de energías renovables en el mix eléctrico, y descargando la energía entre los miembros de la comunidad ciudadana de energía, usando los coeficientes dinámicos o horarios establecidos en horas caras y con poco peso de energías. Asemejando la participación de baterías compartidas en el mercado o servicios auxiliares a la participación de baterías no compartidas.

9.6. La comunidad energética, como sujeto para articular las estrategias (monetizadas) de ahorro

Por último, quisiéramos añadir, como línea de futuro, el desarrollo por parte de las comunidades energéticas urbanas, de líneas para implantar medidas de ahorro y eficiencia y su monetización mediante el sistema de Certificados de Ahorro y Eficiencia (CAE's, en adelante).

En la última década, el Fondo Nacional de Eficiencia Energética (FNEE) se ha nutrido de las aportaciones de los sujetos obligados (comercializadoras energéticas) que estaban obligados a aportaciones anuales en función de su volumen de facturación. Pero desde la primavera del 2023, en el RD 36/2023[54] establecía un modelo de Certificados de Ahorro Energético. Este RD, seguido de las diferentes órdenes,[55] habilitan para que los sujetos obligados puedan depositar sus obligaciones de aportaciones en ahorro y

[54] Real Decreto 36/2023, de 24 de enero, por el que se establece un sistema de Certificados de Ahorro Energético.

[55] Orden TED/815/2023, de 18 de julio, por la que se desarrolla parcialmente el Real Decreto 36/2023, de 24 de enero, por el que se establece un Sistema de Certificados de Ahorro Energético, permite la correcta puesta en marcha y funcionamiento del Sistema de CAE

eficiencia en el FNEE o en la adquisición de CAE's [56]. Este RD desarrolla lo que la Ley 18/2014, de 15 de octubre, de aprobación de medidas urgentes para el crecimiento, la competitividad y la eficiencia ya preveía pero que no se ha desarrollado hasta 2023.

Un Certificado de Ahorro Energético (CAE) es un documento electrónico que garantiza que, tras llevar a cabo una actuación de eficiencia energética, se ha conseguido un nuevo ahorro de energía final equivalente a 1 kWh. Se crea un mercado en el que los sujetos obligados podrán comprar ahorros a aquellos que realicen proyectos donde se consigan esos ahorros para su posterior certificación, o bien podrán comprar directamente CAE a otros sujetos obligados o a sujetos delegados.

En la corta vida de los CAE's en España (no así en otros países de la UE, como Francia o Italia) la mayoría de estos se están centrando en los grandes consumidores, sin llegar a permeabilizar en el consumidor pequeño y mediano.

Pero las CE urbanas podrían desarrollar estrategias de agregación del ahorro y la eficiencia de sus socios o usuarios. Así, desde cambios de electrodomésticos, pasando por la sustitución de calderas de gas, la extensión de la electromovilidad, o la propia rehabilitación, podrían ser acciones que podría emprender este tipo de comunidades.

Con el objetivo de crear un marco facilitador, debería crearse un marco que permitiese, con más agilidad, que la CE pudiese constituirse como sujeto delegado, facilitando así la monetización de los ahorros.

10. CONCLUSIONES

El escenario climático envía una clara señal de responsabilidad moral en la aceleración en la descarbonización. La transición energética a su vez da una clara oportunidad a un territorio que tiene sol, viento y territorio. Pero la transición energética necesita de un marco de participación y empoderamiento ciudadano, empresarial, y por tanto local, más allá de los actores clásicos del sector energético. No habrá transición, ni gestión de la demanda, ni aceptación de las renovables, si en el sector energético no

[56] La Orden TED/268/2024, de 20 de marzo, por la que se establecen las obligaciones de ahorro energético, el cumplimiento mediante Certificados de Ahorro Energético y la aportación mínima al Fondo Nacional de Eficiencia Energética para el año 2024, establece el listado de sujetos obligados.

se restaura un principio de confianza. Y las comunidades energéticas son, probablemente el mejor instrumento para dotar de contenido al concepto acuñado por las nuevas directivas de "ciudadanía energética".

Escribía GALERA RODRIGO que:

> [Q]uizás es momento para invocar una aceleración del nuevo modelo energético que equilibre sus resultados respecto de la descarbonización que se está realizando en base al tradicional modelo centralizado, pues hay que recordar que los actores de uno y otro modelo compiten por los mismos bienes escasos, como son la ocupación de suelo, la capacidad de las redes o la inevitable alteración del paisaje. No hay ya barreras tecnológicas a la energía comunitaria, ni a un mercado caracterizado por una amplia y efectiva competencia entre miles de actores que ahora pueden organizar sus intercambios de energía; hay inercia centenaria en la operación de los mercados, lagunas regulatorias y barreras subsistentes que amenazan con mantener los proyectos de energía comunitaria en anécdotas minoritarias y voluntaristas y limitar definitivamente la transición energética hacia un mero proceso de descarbonización del sistema energético[57].

Las comunidades energéticas en general, y particularmente las comunidades energéticas urbanas, no solo pueden y deben desarrollar autoconsumo colectivo y hacer realidad el concepto de consumidor activo. Pueden ser el actor de empoderamiento, pero también de descarbonización y electrificación allí donde debemos desarrollar una acción más decidida en la lucha contra el cambio climático. Que sea posible dependerá del liderazgo local, de la capacidad de repensar la acción de las comunidades energéticas, y también de un marco jurídico que lo haga fácil y posible.

11. BIBLIOGRAFÍA

ALDEA ENERGY: «Estado del Arte del Autoconsumo Colectivo en la península ibérica» [en línea], (2024), <https://www.aldeaenergy.com/wp-content/uploads/2024/01/Informe-del-estado-del-Arte-del-Autoconsumo-Colectivo.pdf> [Consulta: 12/10/2024]

ALONSO MAS, M. J., *Comunidades energéticas y entidades locales. Aspectos contractuales, patrimoniales y de Derecho de la energía*, Aranzadi, Navarra, 2024.

CASTRO-GIL AMIGO, J., "Las comunidades ciudadanas de energía (art 16)", en PAREJO ALFONSO, L. y CASTRO-GIL AMIGO, J. (coords.), *Directiva de mercado interior de la electricidad*, Thomson Reuters-Aranzadi, Navarra, 2020, pp. 145-184.

[57] GALERA RODRIGO, S., "Autoconsumo colectivo: (mucho) más allá de los tejados", *Cuadernos de derecho local*, 61, 2023, pp. 55-81.

COMISIÓN (UE), "El Pacto Verde Europeo" (Comunicación) COM(2019) 640 final, 11 de diciembre de 2019.

COMISIÓN (UE), "«Objetivo 55»: cumplimiento del objetivo climático de la UE para 2030 en el camino hacia la neutralidad climática" (Comunicación) COM(2021) 550 final, 17 de julio de 2021.

COMISIÓN (UE), "Plan REPower EU" (Comunicación) COM(2022) 230 final, 18 de mayo de 2022.

DE FONTENELLE, L., "Decentralized entities and citizens' active participation. What role for Energy Law Associations?", en LÓPEZ-IBOR MAYOR, V. y DEL GUAYO CASTIELLA, Í. (dirs.), *Derecho de la energía y el "Clean energy package". I Congreso AEDEN (Asociación Española de Derecho de la Energía)*, Aranzadi, Pamplona, 2021, pp. 441-448.

DELOITTE: «Ciudades energéticamente sostenibles: la transición energética urbana a 2030 (informe)» [en línea], (2019), <https://www.deloitte.com/es/es/services/consulting/perspectives/ciudades-energeticamente-sostenibles.html> [Consulta: 12/10/2024]

FUNDACIÓN ECOLOGÍA Y DESARROLLO: «Energía común. Informe de indicadores 2023» [en línea], (2024), <https://ecodes.org/images/que-hacemos/03.Energia_y_personas/Energía_común/240611_Informe_2023_Energía_Común.pdf> [Consulta: 30/10/2024]

GALERA RODRIGO, S., "Autoconsumo colectivo: (mucho) más allá de los tejados", *Cuadernos de derecho local*, 61, 2023, pp. 55-81.

GALLEGO CÓRCOLES, I., *Comunidades de energía y transición energética*, Aranzadi, Pamplona, 2022.

GONZÁLEZ RÍOS, I., "Las «Comunidades energéticas locales»: un nuevo desafío para las entidades locales", *Revista Vasca de Administración Pública*, 117, 2020, pp. 147-193.

HERRERA TORRES, J. y NAVARRO RODRIGUEZ, P., "Las comunidades energéticas como nuevo sujeto del derecho energético en España: del falansterio a la transformación", *Anuario del Gobierno Local*, 1, 2021, pp. 203-248.

IDAE: «Visor de comunidades energéticas» [en línea], (2024), <https://informesweb.idae.es/visorcccee/> [Consulta: 31/10/2024].

LÓPEZ DE CASTRO GARCÍA-MORATO, L., "Las comunidades energéticas locales: sinergias de la transición energética y de la lucha frente a la despoblación", *Revista de Derecho Urbanístico y Medio Ambiente*, 364, 2023, pp. 105-165.

MINISTERIO PARA LA TRANSICIÓN ECOLÓGICA Y EL RETO DEMOGRÁFICO: «Proyecto de Real Decreto por el que se desarrollan las figuras de las comunidades de energías renovables y las comunidades ciudadanas de energía» [en línea], (2023), <https://www.miteco.gob.es/content/dam/miteco/es/energia/files-1/_layouts/15/Proyecto%20de%20Real%20Decreto-61313.pdf> [Consulta: 27/06/2024].

MONTOYA MARTÍN, E., "Medidas de redimensionamiento del sector público instrumental local antes y después de la Ley 27/2013, de 27 de diciembre de racionalización y sostenibilidad de la Administración Local", *Revista General de Derecho Administrativo*, 36, 2014, pp. 1-18.

REVUELTA PÉREZ, I., "Normas generales de organización del sector eléctrico en la cuarta directiva de la electricidad", en PAREJO ALFONSO, L. y CASTRO-GIL AMIGO, J. (coords.), *Directiva de mercado interior de la electricidad*, Thomson Reuters-Aranzadi, Navarra, 2020, pp 56-86.

REVUELTA PÉREZ, I., "Comunidades energéticas: desafíos jurídicos para los entes locales", *Anuario de Derecho municipal 2022*, 16, 2023, pp. 77-103.

REVUELTA PÉREZ, I., *Comunidades energéticas y entidades locales. Formas jurídicas y participación municipal*, Aranzadi, Navarra, 2024.

SANZ ALDUÁN, A., *Las cuentas ecológicas del transporte en España*, Ecologistas en acción, Madrid, 2016.

Capítulo VI

Las comunidades energéticas en áreas rurales y su conexión con las comunidades de regantes

LORENZO MELLADO RUIZ
Catedrático de Derecho Administrativo
Universidad de Almería

SUMARIO: 1. COMUNIDADES ENERGÉTICAS Y REVITALIZACIÓN DEL MUNDO RURAL. 2. CARACTERIZACIÓN INDICIARIA Y FUNCIONAL DE LAS COMUNIDADES ENERGÉTICAS RURALES. 3. ¿QUÉ FORMA JURÍDICA PODRÍA/DEBERÍA ADOPTAR UNA COMUNIDAD ENERGÉTICA RURAL? 4. ¿CUÁNDO HAY QUE ENTENDER QUE LA COMUNIDAD ENERGÉTICA (RURAL) PROPORCIONA BENEFICIOS A LAS ZONAS DE IMPLANTACIÓN? 5. COMUNIDADES ENERGÉTICAS Y COMUNIDADES DE REGANTES. 6. CONCLUSIONES. 7. BIBLIOGRAFÍA.

1. COMUNIDADES ENERGÉTICAS Y REVITALIZACIÓN DEL MUNDO RURAL

Como se sabe, una de las notas paradigmáticas del nuevo modelo energético impulsado por la Unión Europea de cara a conseguir los objetivos de neutralidad climática en 2050 es el carácter descentralizado, distribuido y geográficamente localizado no sólo —lógicamente— de la distribución y consumo sino incluso (como es el caso de los nuevos negocios no de extracción sino de producción de recursos y vectores energéticos) de la propia producción y transporte de la energía. La sostenibilidad del modelo energético enlaza, así, con los propios objetivos de promoción, desarrollo y revitalización de las zonas y territorios no sólo afectados por los procesos de transformación económico-social (transición justa), sino susceptibles de un aprovechamiento singularizado de las nuevas oportunidades de estos procesos. No sólo se trata de pasar entonces de un modelo basado en el carbono, la centralización y la dependencia externa a otro renovable y descentralizado, sino de "capacitar" de forma efectiva a las personas (consumidores) y a los territorios como elementos nucleares —generadores y gestores— del sistema energético.

Desde la específica óptica comunitaria, las "*smart communities*" se caracterizarían precisamente por su "*capital social*"[1], entendido como el conjunto de recursos acumulados y disponibles que aumentan la capacidad de acción o de producción de una comunidad específica[2].

Desde esta perspectiva, las comunidades energéticas pueden suponer, efectivamente, un factor de impulso, revitalización y progreso de aquellas zonas rurales con capacidad no sólo de producción renovable sino de autoorganización y gestión propia de los recursos existentes. Las comunidades energéticas pueden favorecer no sólo la participación ciudadana, empresarial y de las autoridades locales —como uno de sus objetivos primarios— en la cadena de valor de la energía, sino la propia capacitación territorial de las zonas de implantación, generando beneficios socioeconómicos, como solución colectiva, para ellas mismas[3].

En concreto, y como se ha resaltado, su contribución al suministro de energía eléctrica —recurso esencial y estratégico— de manera asequible y sostenible resultaría esencial en la lucha frente a la despoblación, potenciando la transformación ecológica y la propia fijación (y nueva atracción) de población[4]

---

1 MARINA, J. A., *Las culturas fracasadas. El talento y la estupidez de las sociedades*, Anagrama, Barcelona, 2010, p. 50.

2 MARINA, J. A., *Historia universal de las soluciones. En busca del talento político*, Ariel, Barcelona, 2024, p. 154.

3 En línea con las conocidas como "*Smart Specialization Strategies*" desarrolladas a nivel europeo en el marco de las políticas de innovación y cohesión territorial, *vid.* ESTENSORO GARCÍA, M. y WILSON, J., "Ciudades y especialización inteligente sostenible", en SAN SALVADOR DEL VALLE, R.; VILLATORO, F. y DE MIRANDA LESCHKO, G. (dirs.), *Ciudades inteligentes. Ciudades sabias. Por una gobernanza democrática y colaborativa*, Los libros de la Catarata, Madrid, 2022, p. 50.

4 LÓPEZ DE CASTRO GARCÍA-MORATO, L., "Las comunidades energéticas locales: sinergias de la transición energética y de la lucha frente a la despoblación", *Revista de Derecho Urbanístico y Medio Ambiente*, 364, 2023, p. 107. Realiza la autora más adelante, también, y de forma pormenorizada, una revisión de las previsiones de impulso de las comunidades energéticas en la legislación autonómica más reciente de lucha frente a la despoblación y de dinamización del medio rural (p. 140 y ss.). Sobre el tema, puede verse recientemente, GONZÁLEZ BUSTOS, M. Á., *Régimen jurídico-administrativo de la dinamización rural*, Atelier, Barcelona, 2023.

y el propio "*desarrollo rural integral*"[5], desde los apuntados nuevos enfoques territoriales o transversales en su ordenación[6]. Como se ha señalado desde las instancias europeas, la "visión a largo plazo para las zonas rurales de la Unión Europea" pasa, entre otros factores, por el aseguramiento efectivo de los servicios esenciales y las infraestructuras relacionadas, como el agua o la energía, fundamentales para garantizar la inclusión social y económica[7].

El modelo de generación distribuida y de producción/consumo complementa los enfoques verticales y centralizados, desde una óptica de aprovechamiento y optimización autónomas de la energía producida y de mayor control del consumo y del gasto. La "energía comunitaria" impulsa, así, la propia transición energética a través de una mayor integración de las energías renovables, aún en pequeñas escalas. Aprovechamiento y retorno de

---

5 SANZ LARRUGA, F. J., "La prestación de los servicios sociales ante el reto demográfico y la despoblación rural en España", *Cuadernos de Derecho Local*, 39, 56, 2022, p. 142. Sobre las diferentes perspectivas de imbricación entre transición ecológica y desarrollo rural pueden verse los diferentes estudios contenidos en la obra GARCÍA-MORENO RODRÍGUEZ, F. (dir.), *Transición ecológica y desarrollo rural. Algunas propuestas integradoras en el camino hacia una sinergia necesaria y mutuamente beneficiosa de ambas políticas públicas*, Aranzadi, Pamplona, 2021. Desde una óptica institucional, puede verse también el "Informe Especial del Tribunal de Cuentas Europeo sobre energía renovable para un desarrollo rural sostenible", DOUE C 82/03, de 5 de marzo de 2018.

6 Por ejemplo, SANZ LARRUGA, F. J., "Hacia una nueva ordenación jurídica del desarrollo rural en España", en NAVARRO, C.; RUIZ PULÓN, Á. R. y VELASCO CABALLERO, F. (dirs.), *Despoblación, territorio y gobiernos locales*, Marcial Pons, Madrid, 2023, p. 318, siguiendo el conjunto de estudios contenido en GARCÍA-MORENO RODRÍGUEZ, F. (dir.), *La despoblación del mundo rural. Algunas propuestas (prácticas y realistas) desde los ámbitos jurídico, económico y social para tratar de paliar o revertir tan denostado fenómeno*, Thomson Reuters Aranzadi, Madrid, 2019. Sobre la noción y funcionalidad de los denominados "territorios inteligentes" puede verse MELLADO RUIZ, L., "Ordenación inteligente del territorio y actuaciones autonómicas de interés estratégico", en GÓMEZ JIMÉNEZ, M. L. (dir.), *Inteligencia territorial y regulación económica*, Thomson Reuters Aranzadi, Pamplona, 2020, p. 87 y ss., y sobre la evolución de la respuesta europea a los retos planteados por las zonas rurales, FERNÁNDEZ DE GATTA SÁNCHEZ, D., "La nueva estrategia de la Unión Europea sobre las zonas rurales: pacto verde, visión a largo plazo y nueva *Bauhaus*", *La Ley Unión Europea*, 98, 2021, pp. 1-34.

7 COMISIÓN (UE), "Una visión a largo plazo para las zonas rurales de la UE: hacia unas zonas rurales más fuertes, conectadas, resilientes y prósperas antes de 2040" (Comunicación) COM(2021) 345 final, 30 de junio de 2021.

beneficios territoriales y locales que a su vez puede contribuir a una mayor gestionabilidad e integración de la producción geográficamente localizada.

Dado que el problema en estos casos no parece ser tanto la efectiva reducción de emisiones o la consecución de determinados objetivos de eficiencia energética (como sucede en las áreas urbanas), las comunidades energéticas rurales pueden suponer una alternativa viable, sobre todo, frente a los problemas de escasez y dependencia externa, alto coste de la energía y, sobre todo, desequilibrio y falta de cohesión territorial en materia social y económica[8], contribuyendo a la explotación racional de las capacidades (recursos materiales e inmateriales) singulares propias (de producción de energía renovable) de determinadas zonas y territorios. La neutralidad climática se combina, pues, con el capital social (rural) y la capacidad de autogestión. Y la democratización energética con la posible obtención de beneficios —económicos, sociales, medioambientales, etc. — propios, a través del impulso de nuevos negocios y proyectos vinculados a la producción renovable y la consiguiente radicación de población, la reducción del coste de la energía —a través de la autogestión, la evitación del transporte o la adquisición de combustibles fósiles—, el fortalecimiento de la misma cohesión social —en torno a proyectos compartidos—, la reducción de costes (individuales) de inversión a través de las economías de escala para la implantación de las infraestructuras de la comunidad energética, etc. El reforzamiento vital de la seguridad energética y el fomento de su asequibilidad general obviamente pueden repercutir también, en segundo plano, en la atracción de actividad y en la oferta turística.

A estas posibles ventajas materiales hay que unir también los propios beneficios instrumentales vinculados a las estrategias de autoorganización energética, sobre todo la capacidad de gestionabilidad autónoma —para la producción, consumo, almacenamiento o, en su caso, venta— de la energía producida.

Se trata pues de contribuir no sólo a la transición energética sostenible, sino también justa, tanto para las personas como para su entorno físico. La proximidad de la gestión y el autocontrol han de contribuir, así,

---

8 Sobre las relaciones entre el fomento de las actividades económicas rurales y el objetivo general de equilibrio territorial de la población, con alguna mención específica a la producción de energía verde, puede verse ALMEIDA CERREDA, M. y SANTIAGO IGLESIAS, D., "Las *smart communities*: un instrumento para alcanzar, de forma planificada y concertada, el equilibrio en la distribución espacial de la población", *Cuadernos de Derecho Local*, 39, 56, 2021, p. 35.

a una mayor racionalización de los sistemas energéticos, beneficiándose los propios socios o miembros implicados, en tanto que el poder de decisión radica en el consumidor agrupado (demanda) y no en el productor (oferta)[9].

La "aceleración" de la transición energética —favoreciendo la implantación de proyectos de energías renovables en zonas rurales— no puede difuminar los objetivos (garantías mínimas de interés general), igualmente presentes en el ámbito comunitario, de "justicia" e "inclusión", evitándose pues no sólo situaciones de vulnerabilidad y desequilibrio social y territorial en las zonas afectadas por los procesos de cambio[10] —con especial atención a los consumidores finales en situación especial de pobreza energética, incapacidad económica o exclusión social—, sino de descompensación entre la "aceptación" de la implantación de las infraestructuras de producción, almacenamiento y transporte y la obtención de determinados beneficios (a veces, inmateriales) para dichas zonas o áreas[11] y entre las capacidades de inversión en nuevas tecnologías por parte de pequeños municipios, comunidades rurales o pequeñas empresas locales.

Así pues, las áreas rurales constituyen elementos esenciales en la lucha contra el cambio climático y el logro de la neutralidad climática global, pero sus propias singularidades (economía basada en la agricultura y la ganadería, despoblación y desequilibrio ocupacional, escasez de recursos y

---

9 *Vid.* DEL GUAYO CASTIELLA, I., "Concepto, contenidos y principios del Derecho de la energía", *Revista de Administración Pública*, 212, 2020, p. 337.

10 Sobre el posible papel de las comunidades energéticas, como fórmulas de economía social, desde esta perspectiva, puede verse ATUTXA ORDEÑANA, E.; AGUADO MUÑOZ, R. y ZUBERO BEASCOECHEA, I., "Hacia una transición energética justa e inclusiva: la contribución de la economía social a la conformación de las comunidades energéticas europeas", *CIRIEC-España, Revista de Economía Pública, Social y Cooperativa*, 104, 2022, pp. 113-141.

11 En este sentido, frente al actual "*caos en materia de gestión territorial de la energía*", y desde la evidente inclusión de los impactos territoriales dentro de las exigencias generales de sostenibilidad, se impondría una regulación específica y adaptada a las singularidades de los proyectos promovidos por las comunidades energéticas, quizás a través de su consideración como proyectos de interés autonómico, en tanto vía de conexión entre la ciudadanía y la transformación energética a través de las fuentes renovables, así como su propia vinculación al territorio y a las comunidades de participación, *vid.* ZAMORA ROSELLÓ, Mª. R., "Desafíos territoriales de las comunidades energéticas: ordenación frente al caos", *Cuadernos de Ordenación del Territorio*, 6, 2023, p. 32.

mayor dependencia energética, etc.)[12] hacen necesarias respuestas adaptadas que, junto con la seguridad del suministro y la sostenibilidad de los modelos, atiendan sobre todo a sus mismas capacidades, dinamizando social y económicamente los territorios —y reteniendo lógicamente los beneficios económicos— a partir de una producción y consumo de recursos preferentemente distribuida, localizada y de cercanía. La combinación entre producción de energía renovable y la implicación de las comunidades locales —a través del autoconsumo localizado— puede favorecer claramente estos objetivos.

2. CARACTERIZACIÓN INDICIARIA Y FUNCIONAL DE LAS COMUNIDADES ENERGÉTICAS RURALES

No hay, obviamente, en línea con la propia apatía y escasez de respuestas regulatorias en nuestro país en esta materia, una regulación específica y adaptada de las —convencionalmente denominadas[13]— comunidades energéticas rurales. De su caracterización jurídica actual podrían extraerse no obstante algunas notas vinculadas a las mismas, desde la propia premisa de partida de que realmente no todas las comunidades energéticas son locales (ni, por tanto, susceptibles de ser desarrolladas en ámbitos rurales).

La premisa de partida de estas figuras —comunidades de energías renovables y comunidades ciudadanas de energía— es obviamente la participación ciudadana, entendida como el derecho de la ciudadanía a producir, consumir, gestionar, vender y almacenar su propia energía[14].

Las comunidades energéticas rurales serían aquellas figuras de cooperación institucionalizada de la participación (activa) local especialmente

---

12 LÓPEZ CABARCOS, M. Á.; ROMERO CASTRO, N. y MIRAMONTES VIÑA, V., "Autonomía energética local y desarrollo rural sostenible. Análisis de la predisposición a participar en comunidades energéticas renovables", *Revista Galega de Economía*, 29, 2, 2020, pp. 141-143.

13 El propio concepto genérico de "comunidades energéticas locales" también resulta ambiguo y plural, como condensación de las dos clases de comunidades finalmente positivizadas, *vid.* GONZÁLEZ RÍOS, I., "Las «Comunidades energéticas locales»: un nuevo desafío para las entidades locales", *Revista Vasca de Administración Pública*, 117, 2020, p. 150.

14 En este sentido, en relación precisamente con las comunidades de energías renovables, art. 22.2 de la Directiva 2018/2001/UE, relativa al fomento del uso de energía procedente de fuentes renovables.

vinculadas al territorio (rural) de creación y actuación (exigencia de proximidad de los socios), tanto por el aprovechamiento y autoconsumo de los recursos propios, como por la capacidad de autoorganización e interiorización por la comunidad de los beneficios obtenidos. Se trata pues de sujetos energéticos caracterizados por la capacitación cooperativa de los socios, la gestión colaborativa de los recursos y la propia adaptabilidad a las características y necesidades de los territorios locales de implantación. La representación —y defensa— de los intereses locales se garantiza, pues, a través de la gestión autónoma y directa de las actividades energéticas, vinculando los intereses generales de dichas zonas rurales a los objetivos de sostenibilidad y eficiencia energética propios fundamentalmente de las comunidades de energías renovables. Se habla, así de democratización energética a nivel local y, en consecuencia, de plasmación de los problemas propios de las zonas interiores y rurales en los objetivos de generación de beneficios (ambientales y socioeconómicos) para los socios o miembros —y los territorios implicados—.

Pero no se trata sólo de la mera participación —voluntaria y democrática— de las comunidades rurales —sujetos públicos y privados— en estas comunidades, sino también de la búsqueda de beneficios medioambientales, sociales y económicos tanto para los socios o miembros como para las propias zonas rurales implicadas, sin orientación prioritaria a la obtención de ganancias o rentabilidad financiera[15]. La gestión cooperativa y el autoconsumo colectivo propio de estas comunidades se asocian fundamentalmente al propio ahorro de costes y pérdidas propio de modelos energéticos de proximidad y al aprovechamiento sinérgico de las capacidades y recursos locales.

Más que ganancias, se busca el ahorro —a través de un mayor control de las actividades—[16]. Pero puede haber algún tipo de beneficio económico, lo

---

15 Arts. 2.16.c) de la Directiva 2018/2001/UE, relativa al fomento del uso de energía procedente de fuentes renovables y 2.11 de la Directiva 2019/944/UE, sobre normas comunes para el mercado interior de la electricidad.

16 Efectivamente, en la medida en que dichas comunidades consigan agregar consumos y orientar sus pautas en sentido contrario a las puntas de demanda e, incluso, almacenar excedentes de producción renovable y gestionarlos, han de disminuir las necesidades de nueva generación, contribuyendo a un mayor ahorro y eficiencia energética, *vid.* BARTLETT I CASTELLÁ, E. R., "Comunidades energéticas", en ALENZA GARCÍA, J. F. y MELLADO RUIZ, L. (coords.), *Estudios sobre cambio climático y transición energética. Estudios conmemorativos del XXV Aniversario del acceso a la cátedra del profesor Iñigo del Guayo Castiella*, Marcial Pons, Madrid, 2022, p. 290.

que conecta con la propia movilización de capital privado adicional para impulsar no sólo la producción de energía renovable sino la misma aceptación de las instalaciones a nivel local[17], desde la propia reversión de beneficios en las comunidades implicadas[18].

En este sentido, frente a los graves problemas que aquejan hoy en día a las zonas rurales de nuestro país, sobre todo de interior —despoblación, infradotación de servicios, falta de inversiones, envejecimiento de la población, y, en muchas ocasiones, vulnerabilidad energética— las comunidades energéticas locales vendrían caracterizadas funcionalmente por la orientación colectiva e interna de sus actividades energéticas, fomentando nuevos proyectos geográficamente localizados y contribuyendo a la propia activación socioeconómica de dichas zonas (creación de nuevos empleos, apoyo a iniciativas empresariales locales, impulso de las sinergias público-privadas, etc.). Una de las líneas de acción de la denominada "agenda rural" debería ser, así, el apoyo, impulso y promoción de la energía sostenible, y el necesario equilibrio territorial en la implantación de las instalaciones, sobre todo en los pequeños municipios, como palanca de generación de empleo, efecto tractor sobre las propias cadenas de valor locales y atracción de nuevas actividades con menores costes energéticos —para la producción y para el consumo—[19]. Como se ha

---

17 Como es sabido, cada vez existe una mayor oposición, sobre todo por parte de los pequeños municipios y de las comunidades rurales, a la instalación —por parte de grandes empresas— de macroproyectos o parques eólicos y fotovoltaicos, con una litigiosidad también creciente, *vid.* ALONSO GARCÍA, Mª. C., "La incidencia de las potestades de los entes locales en el desarrollo y la implantación de las energías renovables", *Cuadernos de Derecho Local*, 39, 61, 2023, pp. 112-139.

18 Señala así expresamente el art. 25 de la Ley 7/2021 de cambio climático y transición energética, que "el despliegue de las energías renovables debe llevarse a cabo de manera compatible con la conservación del patrimonio natural y la adecuada ordenación territorial. Para ello, perseguirá revertir parte de la riqueza que genera en el territorio donde se realice el referido despliegue para activar su economía y combatir el declive demográfico".

19 *Vid.*, en este sentido, la línea de acción 2 de la política palanca 1 del Plan de Recuperación, Transformación y Resiliencia de octubre de 2020. Específicamente también se apuntan los proyectos singulares relativos a comunidades energéticas como línea de actuación para generar capital fijo en forma de instalaciones de generación renovables, infraestructuras de movilidad sostenible y mejora de la edificación, así como capital natural, mediante la reducción de consumo energético y emisiones, en: MINISTERIO PARA LA TRANSICIÓN ECOLÓGICA Y EL RETO DEMOGRÁFICO: «Plan de Recuperación. 130 medidas frente al reto demográfico», [en línea], (s.f.), <https://www.miteco.gob.es/es/reto-demografico/temas/medidas-reto-demografico.html> [Consulta: 28/04/2024].

dicho, "ante el reto demográfico, es fundamental la garantía del acceso a servicios energéticos de calidad, asequibles y sostenibles, y, en general, el impulso a las energías renovables como motor de desarrollo y de creación de empleo"[20].

Podría hablarse, pues, de dos grandes orientaciones estratégicas: de un lado, el propio fomento y estímulo de determinadas actividades económicas vinculadas al aprovechamiento del territorio y sus recursos y a la autogestión energética sostenible; y, de otro, la promoción, a través de la adaptabilidad de estas figuras, de la cohesión territorial, la sostenibilidad social y medioambiental, la eficiencia energética o la ocupación racional del suelo, principios hoy básicos también en materia de ordenación territorial[21].

Las comunidades energéticas rurales buscan, pues, a través de la propia gestión de la energía, la dinamización del espacio rural a través de la gestión colaborativa de sus propios recursos naturales y la interiorización de los beneficios derivados de un uso racional del espacio y el aprovechamiento de las energías limpias. Por eso no hay solo, pues, ahorro y eficiencia, junto con descarbonización, sino contribución a lograr los propios objetivos de las estrategias de lucha contra la pobreza, el aislamiento, la despoblación y la asimetría en el desarrollo económico de estas zonas.

Desde estas orientaciones, se ha señalado que seguramente de los dos tipos de comunidades locales de energía, serían las comunidades de energías renovables las que habrían de tener un mayor desarrollo e implantación en la denominada España vaciada (mientras que las comunidades ciudadanas de energía encontrarían quizás mejor acomodo en las áreas urbanas)[22], en tanto que permiten generar "un valor añadido significativo

[20] LOPEZ DE CASTRO GARCÍA-MORATO, L., "Las comunidades energéticas locales ...", *op. cit.,* p. 118.

[21] Así, art. 3.3 del Real Decreto Legislativo 7/2015 por el que se aprueba el texto refundido de la Ley de Suelo y Rehabilitación Urbana. En el apartado 3.3.i) se añade también la priorización de "las energías renovables frente a la utilización de fuentes de energía fósil" y el combate de "la pobreza energética, fomentando el ahorro energético y el uso eficiente de los recursos y de la energía, preferentemente de generación propia".

[22] HERRERA TORRES, J. y NAVARRO RODRIGUEZ, P., "Las comunidades energéticas como nuevo sujeto del derecho energético en España: del falansterio a la transformación", *Anuario del Gobierno Local,* 1, 2021, p. 208. Como dicen los autores, "como elementos diferenciadores entre ambas figuras, realmente las CEE no tienen por qué ser, a diferencia de las CER, locales".

en la aceptación local de las energías renovables y el acceso a capital privado adicional, derivando en inversiones locales, en una mayor elección para los consumidores y en una mayor participación de los ciudadanos en la transición energética"[23].

Las características apuntadas pueden inducirse también de la conceptualización legal de estos sujetos jurídicos. Según el nuevo art. 6.1.j) de la Ley 24/2013, de 26 de diciembre, del Sector Eléctrico (tras su modificación por el RDLey 23/2020, de 23 de junio), las comunidades de energías renovables son entidades jurídicas, como ya sabemos, basadas en la participación abierta y voluntaria, autónomas y efectivamente controladas por socios o miembros que, en lo que aquí interesa, están situados en las "proximidades" de los proyectos de energías renovables que sean propiedad de las mismas y que estas hayan desarrollado, y cuya finalidad primordial —aún no exclusiva— es proporcionar beneficios medioambientales, económicos o sociales a sus socios o miembros o a las zonas locales de operación, y no ganancias financieras. Estas comunidades no tienen por qué ser, estrictamente hablando, "rurales", es decir, vinculadas a pequeños municipios, aislados o no, de actividad preferentemente agrícola, forestal o ganadera, pero es evidente que las notas de proximidad y retorno de los beneficios a las propias zonas —a través de una mejor gestión de la demanda— las convierte en alternativas óptimas de gestión para el desarrollo cooperativo de actividades de producción y autoconsumo eléctrico, vinculadas a dichas actividades primarias (dado que, en principio, su actividad de mercado debería ser secundaria). La autonomía de gestión, como actores energéticos con personalidad jurídica propia, se combina, en fin, con la gestionabilidad cercana de la producción renovable y la optimización agregada de recursos, favoreciéndose así la implantación y aceptación por las comunidades rurales y el propio desarrollo socioeconómico vinculado a nuevas oportunidades de negocio.

3. ¿QUÉ FORMA JURÍDICA PODRÍA/DEBERÍA ADOPTAR UNA COMUNIDAD ENERGÉTICA RURAL?

Hay que partir del principio de indiferencia de la vestidura jurídica y de la necesaria inclusión de las comunidades energéticas rurales en uno de los dos subtipos previstos en nuestra normativa.

---

[23] Considerando 70 Directiva 2018/2001/UE.

Desde la primera perspectiva, y como sabemos, la UE no impone una determinada categorización jurídica, y, por ello, en el Proyecto de Real Decreto por el que se desarrollan ambas figuras se señala que "las mismas podrán adoptar cualquiera de las formas jurídicas del ordenamiento jurídico que dispongan de personalidad jurídica propia, siempre y cuando se garantice que son compatibles con los requisitos que se establecen en la norma"[24]. Existe, pues, versatilidad organizativa, aún desde la ambigüedad de contraste percibida en esta previsión, lo que sin embargo puede chocar, sobre todo en el caso de participación de entidades públicas locales[25], con la necesaria seguridad jurídica tanto en su actuación como en el estatuto de sus miembros.

En cualquier caso, es evidente que la constitución de una comunidad energética en el ámbito rural debe calificarse como comunidad de energía renovable o como comunidad ciudadana de energía.

Aparentemente, aunque con un ámbito objetivo de actuación por tanto más restringido, lo normal sería la constitución como comunidad de energía renovable[26], donde se exige que los miembros se sitúen en las proximidades de la actividad (al promoverse la producción de energía limpia *in situ*), ya se trate de personas físicas, jurídicas o autoridades locales —incluidos los municipios—. En estos casos, como hemos reseñado, el ahorro de costes —por el suministro de proximidad y la ausencia de necesidades de transporte, y la propia optimización inherente (aunque presumible) a

---

24 MINISTERIO PARA LA TRANSICIÓN ECOLÓGICA Y EL RETO DEMOGRÁFICO: «Proyecto de Real Decreto por el que se desarrollan las figuras de las comunidades de energías renovables y las comunidades ciudadanas de energía» [en línea], (2023), <https://www.miteco.gob.es/content/dam/miteco/es/energia/files-1/_layouts/15/Proyecto%20de%20Real%20Decreto-61313.pdf> [Consulta: 27/04/2024].

25 De ahí que, desde esta perspectiva concretamente, se haya constatado la insuficiencia operativa de las posibilidades organizativas existentes, *vid.* GONZÁLEZ RÍOS, I., "Las comunidades energéticas locales...", *op. cit.*, p. 156.

26 De la normativa, aún fragmentaria, en vigor, tanto estatal como autonómica (sobre energía, cambio climático o reto demográfico), lógicamente parece prevalecer la vinculación entre el fomento de las energías renovables y el desarrollo rural, desde diferentes ópticas como su contribución al propio dinamismo y progreso de las poblaciones rurales, la participación de los entes locales de ámbito rural en la dendroenergía o el desarrollo de energías renovables en municipios rurales en relación con la definición de "zonas de desarrollo prioritario", *vid.* LÓPEZ DE CASTRO GARCÍA-MORATO, L., "Las comunidades energéticas locales ...", *op. cit.*, p. 137.

la gestión autónoma de la demanda— se traduciría en un menor precio de la energía y en la propia contribución al desarrollo local y territorial a través de la implantación de proyectos propios y la lucha contra la vulnerabilidad energética de las zonas interiores, despobladas, aisladas o económicamente desfavorecidas[27]. Desde un punto de vista territorial, la normativa autonómica vigente también vincula el suelo rústico con la producción de energías renovables[28], a lo que quizás habría que añadir instrumentos adecuados —y favorecedores— de planificación y zonificación de los suelos susceptibles de desarrollo energético por parte de comunidades energéticas locales (habida cuenta la obligatoriedad de su repercusión positiva sobre el entorno social y ambiental).

No obstante, no hay obstáculo teórico para su configuración como comunidad ciudadana de energía, en cuyo caso la actividad no se limitaría ya a la generación, almacenamiento o venta de energía renovable, sino que podría realizar cualquier tipo de actividad —o servicios— propia del mercado eléctrico (salvo el transporte), como la distribución, el almacenamiento de energía o el suministro, lo que quizás no encajaría con el objetivo fundamental de la producción propia de cercanía de energía limpia y el aseguramiento del suministro, a menores precios, de los miembros o socios situados en las proximidades (zona rural) de las instalaciones (aunque su finalidad también es, prioritariamente, la

---

27 En este sentido, todas las Administraciones públicas, al objeto de fomentar y facilitar el desarrollo de las comunidades de energías renovables, han de garantizar, en concreto, la participación accesible de todos los consumidores en las propias comunidades, incluidos los de hogares con ingresos bajos o vulnerables (art. 12 *bis*.4. f) de la Ley 24/2013 del Sector Eléctrico). El carácter abierto de las comunidades energéticas locales ha de permitir, así, el acceso/participación de cualquier interesado, desde su condición genérica como consumidor eléctrico. Pero ha de garantizarse no sólo la participación, obligación derivada de su propio concepto, sino la accesibilidad universal, que habrá que vincular a la no exigencia de requisitos o condiciones económicas desproporcionadas o injustificadas, sobre todo pensando en zonas rurales, aisladas o desfavorecidas, con especial atención, en aras de cumplir su efectiva función social, a los consumidores con bajos ingresos o en situaciones de vulnerabilidad energética.

28 Así, por ejemplo, el art. 21.1 de la Ley 7/2021 de impulso para la sostenibilidad del territorio de Andalucía, que reconoce entre los usos ordinarios del suelo rústico los vinculados a las energías renovables, con equiparación al uso agrícola, *vid.* CHINCHILLA PEINADO, J. A., "Urbanismo y despoblación rural. La nueva regulación del suelo rústico y los equipamientos regionales", en NAVARRO, C.; RUIZ PULPÓN, A. R., y VELASCO CABALLERO, F. (dirs.), *Despoblación, territorio y gobiernos locales,* Marcial Pons, Madrid, 2023, p. 231 y ss.

generación de beneficios ambientales, económicos o sociales para sus miembros o la localidad de desarrollo de las actividades, más que la generación de una cierta rentabilidad financiera). No se exige aquí la proximidad a los proyectos, pero sí también la reversión de los beneficios, de tal forma que la participación de empresas privadas no constituya su actividad principal comercial o profesional.

En este sentido, de las posibilidades de cobertura jurídica que se han estudiado, como fórmula de economía social —asociación o cooperativa— o como entidad jurídico-pública de colaboración —consorcio, sociedad mixta o corporación de derecho público—, quizás las comunidades energéticas rurales puedan estar más cerca de las primeras, como modalidades de organización empresarial centradas más en el servicio a las personas que en la generación de capital, persiguiendo el interés colectivo de sus propios integrantes, el interés general o social, o ambos. Buscan, sí, el crecimiento económico y la productividad, pero sobre todo en zonas geográficas donde el inversor tradicional no actúa porque no es rentable, o en núcleos poblacionales sin más alternativa que su propio proyecto o en espacios sociales desatendidos por el sistema económico tradicional, "donde la cohesión y la solidaridad juegan un papel clave"[29]. Es en estos ámbitos donde el capital natural será además determinante, porque el aprovechamiento de las energías renovables en los mismos se traducirá en el propio estímulo de la iniciativa local y en la repercusión de los beneficios en las mismas entidades energéticas. El territorio (rural) resulta clave no sólo delimitando el ámbito geográfico de actuación, sino posibilitando el efectivo aprovechamiento de sus recursos. Prevalecen así los principios de asociación y cooperación para la producción, distribución y consumo de bienes y servicios, y aunque también se trata de notas inherentes a las comunidades ciudadanas de energía, quizás prevalecerían, en el encaje formal de las figuras, los requisitos de proximidad y sostenibilidad de los proyectos.

Las fórmulas jurídicas de personificación de la economía social parecen responder así, en principio, no sólo a la premisa de la recentralización de las personas (relevancia del factor trabajo sobre el capital) y los territorios en el nuevo modelo energético descentralizado, sino a su propia capacitación, entendida como la autopercepción de las posibilidades de cada territorio y su desarrollo inteligente.

---

29 ÁLVAREZ CUESTA, H., "Formas jurídicas de economía social en el nuevo urbanismo", *Revista Jurídica de Castilla y León*, 39, 2016, p. 9.

El problema de esta opción sería seguramente el encaje y la forma de participación —en una cooperativa o asociación— de una entidad pública local, cuando precisamente se insiste en la actualidad en el papel impulsor de los entes locales (y de ámbito rural) en la creación de las comunidades energéticas[30], así como quizás las limitaciones materiales de una simple asociación para realizar las actividades energéticas propias de la comunidad[31].

La otra opción sería la constitución de la comunidad como consorcio o sociedad mixta, haciéndose más factible entonces la participación pública, pero quizás entonces el problema sería, junto a la propia rigidez de su funcionamiento, la exigencia de proximidad o cercanía de los miembros o socios al proyecto en sí y su necesaria apertura a la ciudadanía (personas físicas).

El estudio exhaustivo de estas opciones de personificación jurídica ha sido llevado a cabo ya en otros capítulos de esta obra, por lo que no profundizamos al respecto, teniendo en cuenta además que la relatividad de dicha cobertura formal a lo que obligaría sería en su caso a verificar si la comunidad energética rural se ajusta y asume las exigencias materiales positivizadas a nivel europeo e interno, en la doble posibilidad de categorización.

---

[30] Por todos, GONZÁLEZ RÍOS, I., *Los entes locales ante la transición y sostenibilidad energética*, Aranzadi, Pamplona, 2021 y RUIZ PÉREZ, A., "La iniciativa local en la creación de comunidades energéticas", *Práctica Urbanística*, 181, 2023, pp. 1-11. Respecto específicamente a la posible problemática de la actuación contractual de estos sujetos, RUBIO ESCOBAR, P., "Comunidades energéticas: presente y perspectivas de futuro. Particular referencia a la problemática acerca de la aplicación de los principios de concurrencia y publicidad de la contratación del sector público a las comunidades de energía renovable en las que participan entidades locales", en RECUERDA GIRELA, M. Á., (dir.), *Anuario de Derecho Administrativo 2023*, Civitas, Madrid, 2023, p. 619 y ss. En cualquier caso, y como también se ha destacado, es el propio derecho europeo el que propugna la intervención de los entes locales en los mercados energéticos —y en la transición energética— a través de las comunidades energéticas, *vid.* REVUELTA PÉREZ, I., "Comunidades energéticas: desafíos jurídicos para los entes locales", *Anuario de Derecho municipal 2022*, 16, 2023, p. 82.

[31] *Vid.* sobre estas posibilidades, FALCÓN-PÉREZ, C. E., "Las comunidades energéticas como iniciativas emergentes que luchan contra el cambio climático", *Actualidad Jurídica Ambiental*, 136, 2023, pp. 41-99.

4. ¿CUÁNDO HAY QUE ENTENDER QUE LA COMUNIDAD ENERGÉTICA (RURAL) PROPORCIONA BENEFICIOS A LAS ZONAS DE IMPLANTACIÓN?

De entre dichos requisitos sustantivos interesa sobre, a los efectos de este capítulo, la exigencia de que las comunidades energéticas reviertan o repercutan sus beneficios ambientales, económicos y sociales en sus socios o miembros y en las zonas donde operan. Según el proyecto de norma reglamentaria antes señalado, existirá dicha aplicación cuando las comunidades destinen, principalmente —no exclusivamente— los beneficios económicos que pudieran obtener —los sociales y ambientales se "monetizan" pues— a la reducción de costes de energía de sus socios o miembros (ahorro energético), al desarrollo de actuaciones relacionadas con su objeto social, a inversiones que supongan una mejora ambiental del entorno o al desarrollo social de la localidad o localidades donde desarrollan su actividad.

Queda claro, entonces, que las comunidades energéticas no son meros colectivos de base asociativa y sin ánimo de lucro, sino entidades económicas donde los beneficios no económicos (sociales, territoriales, etc.) se derivan en última instancia de los económicos (que pueden lógicamente perseguir, más allá de la atención prioritaria de las necesidades de sus miembros y socios). De hecho, y al contrario que la conceptualización normativa de las mismas, se parte del dato indiscutible de la obtención de beneficios económicos —que lógicamente pueden obtenerse sin perseguir inmediatamente una rentabilidad financiera de sus actividades—. Pero entonces, ¿si no hay beneficios económicos no hay, por derivación o aplicación, beneficios sociales? Dentro de éstos, además, no se mencionan ni siquiera los casos de apoyo o ayuda a las situaciones de pobreza o vulnerabilidad energética. ¿Será viable económicamente entonces repercutir los beneficios económicos en fines tan poco productivos? Y aún más. Esta repercusión "social" indirecta de los beneficios ni siquiera debe ser total o exclusiva, sino sólo "principal". ¿Qué porcentaje —no principal— de beneficios se podrá quedar entonces la comunidad y no "transformar" en otro tipo de ventajas? Finalmente, no hay tampoco ninguna previsión específica de control y fiscalización de la proyección de los beneficios de la comunidad sobre el entorno, a pesar de que "será esta vinculación en positivo entre los proyectos vinculados a las comunidades energéticas y las localidades en los que se desarrollen la clave para que puedan implantarse en zonas a las que en ningún caso se podría dar cabida a megaproyectos de generación energética"[32].

Junto a estas dudas, y desde la perspectiva específica aquí analizada, lo cierto es que, de las cuatro posibilidades u opciones de repercusión no económica, las que podrían entenderse realmente como actuaciones beneficiosas para el territorio —no sólo para los socios— serían la inversión en mejora ambiental o el desarrollo social de las comunidades. Sí habría aquí reversión de los beneficios de la actuación "económica" de la comunidad energética en las zonas o entorno de implantación o desarrollo, aunque desde una configuración positiva ciertamente abierta e indefinida.

En cualquier caso, puede vislumbrarse una clara vinculación con el territorio a partir de la propia proyección de los beneficios generados por las comunidades energéticas[33].

Seguramente lo deseable hubiera sido no la transformación "social" de los beneficios económicos sino la propia priorización —normativa— de los beneficios sociales sobre los económicos —más allá de la propia producción de energía renovable de cercanía—. Ello exigiría lógicamente un mayor esfuerzo de eficiencia y "creatividad" en las comunidades, pero seguramente con mayor repercusión en la aceptabilidad social y territorial de las infraestructuras, en la capacidad operativa y de estímulo de las entidades locales "socias" y en la propia orientación "directa" de las comunidades en la resolución de los problemas —no sólo económicos— de las zonas rurales (fundamentalmente, de despoblación, marginación poblacional, falta de iniciativas, desigualdades de género, etc.).

5. COMUNIDADES ENERGÉTICAS Y COMUNIDADES DE REGANTES

Las comunidades de regantes aparecen como un ejemplo más del ya conocido binomio agua-energía. Se trata, como se sabe, de entidades de base corporativa o asociativa cuyo fin es la ordenación y gestión de los recursos hídricos concedidos con destino a riego[34]. Como corporaciones

---

32 ZAMORA ROSELLÓ, Mª. R., "Desafíos territoriales de las comunidades energéticas...", *op. cit.*, p. 52.

33 Ibidem, p. 38.

34 Art. 81.1 del RDLegislativo 1/2001 por el que se aprueba el Texto Refundido de la Ley de Aguas.

de derecho público se encuentran adscritas al organismo de gestión de la cuenca hidrográfica correspondiente, contando con personalidad jurídica y patrimonio propios. Persiguen, así, fines públicos, pero su base asociativa privada hace que se rijan por un régimen jurídico mixto[35]. Y tienen, obviamente, unas importantes necesidades energéticas, aunque realmente el consumo energético dependerá tanto de la procedencia de las aguas (superficiales o subterráneas), del nivel de presión necesario para los sistemas de riego y de la propia ubicación de la zona de consumo respecto de la zona o punto de captación de las aguas. En cualquier caso para su actividad resultan esenciales, pues, como recursos estratégicos, el agua y la energía[36].

La seguridad hídrica es clave en el contexto actual de escasez sistémica de recursos hídricos (lo que a su vez se proyecta, en este caso, en la seguridad alimentaria derivada de las actividades agrícolas y de regadío). Pero también la seguridad energética es hoy uno de los principios nucleares en materia de transición energética, tanto a nivel europeo como interno[37]. De hecho, seguramente las sucesivas transformaciones y modernizaciones de los regadíos han conseguido una mayor eficiencia en el consumo de agua pero a coste de un mayor gasto energético[38]. La gestión racional y sostenible de ambos recursos escasos, desde una visión

---

35 *Vid.* NAVARRO CABALLERO, T. M., "Las Comunidades de Regantes en el Derecho de Aguas español. La reasignación de los recursos hídricos de su titularidad en virtud del contrato de cesión de derechos al uso privativo del agua", *Revista Andaluza de Administración Pública*, 66, 2007, pp. 62-66.

36 *Vid.*, por ejemplo, las referencias generales contenidas en RUIZ CANALES, A. *et al.*, "Consumo y coste del agua y la energía en regadío", *Agricultura. Revista agropecuaria y ganadera*, 950, 2012, p. 270.

37 En este sentido, existe algún ejemplo de previsión legal expresa sobre las interrelaciones entre la actividad agrícola de regadío y los gastos energéticos en el contexto de la acción climática. No expresamente en la Ley 7/2021 de cambio climático y transición energética, que se limita a indicar que la planificación y la gestión hidrológica deben, entre otros objetivos, "identificar y gestionar los riesgos derivados del cambio climático en relación con su impacto sobre los cultivos y las necesidades agronómicas de agua del regadío, las necesidades de agua para refrigeración de centrales térmicas y nucleares y demás usos del agua", pero sí en la previa Ley catalana 16/2017 del cambio climático, cuyo art. 14 establece que, para reducir la vulnerabilidad a los impactos del cambio climático del sector agrario y ganadero, es necesario fomentar medidas dirigidas a la intensificación de las modernizaciones de regadíos, que comporten un aprovechamiento del agua mejor y más racional, con la máxima eficiencia energética.

38 JUANA SIRGADO, L. y SÁNCHEZ CALVO, R., "Energía en el regadío y posibles actuaciones para reducirla", en MELGAREJO MORENO, J.; LÓPEZ ORTIZ, I. y

interrelacionada, además, se vuelve, pues, imprescindible, también desde la óptica de la gestión corporativa de los caudales disponibles.

Dado que, como hemos visto, el objetivo fundamental de las comunidades energéticas es la optimización cooperativa de la energía, a través de una autonomía decisional proyectada con fines de ahorro y eficiencia, sería factible pensar, de acuerdo además con su ámbito territorial de actuación, en la posibilidad de constitución de una comunidad de regantes como comunidad energética.[39] El principio de libertad de formas avalaría tal posibilidad. E igualmente la convergencia de objetivos: mayor autonomía energética de los usuarios o miembros participantes —tendiendo al autoconsumo—, ahorro (energético) económico, reducción del nivel de emisiones de carbono, posibilidad de generación de mayor empleo local en el ámbito agrícola, integración de recursos, etc.

Las comunidades energéticas locales no se limitan sólo a la producción de electricidad. Coadyuvan también a la integración energética y a la ordenación inteligente de la demanda a través fundamentalmente de las capacidades de gestión y almacenamiento de energía[40]. Por ello, en el caso de una comunidad de regantes, la actuación como comunidad energética permitiría una utilización más eficiente del agua y una mejor ordenación del riego y la energía necesaria para la producción agrícola, permitiendo en consecuencia una gestión más sostenible y eficiente de los recursos disponibles[41].

El resultado sería, por tanto, la integración entre la racionalización colaborativa de los recursos hídricos, el apoyo a la transición energética limpia y la defensa del medio rural, junto, obviamente, a la mayor eficiencia asociada a la reducción de los costes de la energía.

FERNÁNDEZ ARACIL, P. (coords.), *Agua, energía y medio ambiente*, Universidad de Alicante, Alicante, 2022, p. 92.

39 En este sentido, por ejemplo, GALLEGO CÓRCOLES, I., *Comunidades de energía y transición energética*, Aranzadi, Pamplona, 2022, p. 208.

40 Es evidente que, en el ámbito sectorial del regadío, la demanda de energía no es uniforme y constante, sino que depende de los meses específicos de cultivo y producción, lo que exige un suministro más adaptado de energía y una mayor flexibilidad en su gestión.

41 INSTITUTO TECNOLÓGICO DE LA ENERGÍA, MINISTERIO DE AGRICULTURA, PESCA Y ALIMENTACIÓN: «Nuevas tecnologías en aplicación del riego: comunidades de regantes y comunidades energéticas», [en línea], (2023), <https://www.mapa.gob.es/images/ca/ponencia-7-nuevastec_tcm34-660733.pdf> [Consulta: 28/04/2024].

¿Podría una comunidad energética (rural) adoptar la forma de corporación de derecho público?

El primer obstáculo que se presenta sería la obligatoriedad de incorporación. La constitución de una comunidad de regantes resulta obligatoria, y todos los usuarios que utilicen, de forma colectiva, una misma toma de aguas o usen el mismo caudal concedido tienen la obligación de constituirse bajo dicha personificación jurídica. Porque se busca no sólo la asociación y el ahorro de costes, sino también el aprovechamiento integrado, eficiente y coordinado de los recursos hídricos disponibles. Sin embargo, la incorporación a una comunidad energética es, como hemos visto, voluntaria[42].

En segundo lugar, aunque es evidente que habría gestión cooperativa de proximidad y puesta en valor de las capacidades personales y territoriales de la zona de regadíos, lo cierto es que una comunidad de regantes, a pesar de satisfacer también intereses particulares de los regantes[43], nace fundamentalmente con un fin público: la gestión racional de un bien público (demanial) objeto de concesión. Tanto por el objeto como por la finalidad principal se trataría de sujetos jurídicos orientados más bien a la satisfacción de intereses generales. Una comunidad energética, sin embargo, busca el ahorro, la eficiencia y la obtención de beneficios —aún no una rentabilidad económico-financiera— pero a través de su participación

---

42 Así lo destaca, por ejemplo, GONZÁLEZ RÍOS, I., "Las comunidades energéticas locales...", *op. cit.*, p. 171, que añade además otras dos trabas: i) que se requeriría de una Ley para su creación como comunidad energética local y que les atribuyera determinadas funciones públicas; y ii) que dicha Ley tendría que determinar como ámbito territorial de actuación el municipio, por las propias características de actuación de las comunidades energéticas locales. A pesar de estas objeciones, precisamente la exigencia de Ley es lo que podría permitir, en su caso, esta forma de personificación a mi juicio: estrictamente hablando las normas comunitarias exigen la "participación abierta y voluntaria", pero "conforme al derecho interno", lo que podría interpretarse como la posibilidad de que por ley se eliminara, para estos supuestos, el requisito de la incorporación obligatoria.

43 Más que obtención de beneficios se trataría quizás, como se ha señalado, de la derivación de potenciales ventajas económicas para los miembros, pero seguramente subordinadas a las externalidades positivas asociadas a la satisfacción de los intereses generales imbricados en el uso racional del agua y la participación de los regantes en el control de los recursos hídricos, *vid.* NAVARRO CABALLERO, T. M., "Las Comunidades de Regantes ...", *op. cit.*, p. 77.

en el mercado —abierto o no— como sujeto energético[44]. En el caso de las comunidades de energía renovables, que son, como hemos visto, las que quizás mejor se adaptarían a las zonas rurales (y agrícolas), el interés general se vincularía lógicamente a la evitación del uso de combustibles fósiles y de emisiones atmosféricas, pero, de nuevo, aun tratándose de modelos distribuidos de autoconsumo colectivo, realmente la actividad sería de producción, distribución y consumo de energía —y, eventualmente, venta—, más que de gestión cooperativa de un bien público.

En tercer lugar, las comunidades de regantes se rigen, sí, por sus respectivos Estatutos u Ordenanzas, que se redactan y aprueban (en primera instancia) por los propios usuarios, pero que, a diferencia de la regulación propia interna de una comunidad energética, deben ser sometidos, para su aprobación administrativa, al Organismo de cuenca (art. 81.1 TRLA, donde no se aclara tampoco que dicha aprobación superior sea reglada o de mera legalidad[45]). Ello es así porque los estatutos u ordenanzas regulan no sólo la organización de las comunidades de usuarios (dimensión orgánica de la entidad), sino también la explotación en régimen de autonomía interna de los bienes hidráulicos (bienes demaniales) inherentes al aprovechamiento. Los Estatutos, en cualquier caso, han de procurar, en fin, el cumplimiento del fin último de la comunidad de regantes, el aprovechamiento colectivo racional de las aguas públicas, superficiales o subterráneas, que tengan atribuidas (y no el lucro)[46].

La —relativa— vinculación o tutela con el organismo de cuenca correspondiente, a efectos impugnatorios por ejemplo de sus actos, matiza, en este

44 Así, por ejemplo, REVUELTA PÉREZ, I., *Comunidades energéticas y entidades locales. Formas jurídicas y participación municipal*, Aranzadi, Navarra, 2024, p. 15.

45 No obstante, sí es verdad que, como aclara el precepto, el organismo de cuenca no podrá denegar la aprobación de los estatutos y ordenanzas, ni introducir variantes en ellos, sin previo dictamen del Consejo de Estado.

46 *Vid.*, así, GIMÉNEZ CASALDUERO, M., "Las comunidades de regantes clave en la gestión sostenible del agua: importancia de su reconocimiento legal", en INSTITUTO EUROMEDITERRÁNEO DEL AGUA (ed.), *Derecho de Aguas*, Fundación del Instituto Euromediterráneo del Agua, Murcia, 2006, p. 553. Aunque es verdad, como hemos visto, que la necesaria obtención de beneficios —económicos, sociales o medioambientales— no puede implicar tampoco la obtención de una inmediata rentabilidad financiera.

sentido, la autonomía decisional plena de las comunidades de regantes[47], factor decisivo sin embargo en el caso de las comunidades energéticas.

En cuarto lugar, sería discutible que una entidad local pública forme parte de una Comunidad de Regantes, que sólo puede estar constituida por los usuarios del agua de una misma toma de riego o concesión demanial (mientras que uno de los ejes inspiradores de estas figuras a nivel europeo es precisamente el fomento de la implicación de las autoridades locales en la consecución del nuevo modelo energético, a través de nuevos sujetos como las comunidades energéticas). Sin embargo, no parece existir obstáculo normativo para ello y no sería impensable la integración de entidades locales rurales en comunidades de regantes para la utilización de las aguas de una misma toma (pozo) o concesión para determinados fines municipales, como abastecimiento o riego de huertos urbanos por ejemplo, o incluso su propia promoción pública para el aprovechamiento —para riego— de aguas regeneradas (residuales) depuradas procedentes de las estaciones depuradoras adscritas a los municipios. Avalaría tal posibilidad la propia habilitación normativa de intervención local en la economía (art. 86 LRBRL), dada la propia consideración, sobre todo en el caso de las comunidades ciudadanas de energía, de auténticos agentes del mercado.

Y en quinto lugar, aún sólo orgánicamente, resultaría complicado encajar las exigencias organizativas de las comunidades de regantes, con una estructura mínima exigida normativamente (Junta General o Asamblea, Junta de Gobierno y uno o varios Jurados[48], y los porcentajes máximos de participación admitidos) con la flexibilidad organizativa —derivada de la ausencia de referencias al respecto en el último Real Decreto-ley 5/2023 — de las comunidades energéticas locales (que lógicamente buscarán una cierta flexibilidad orgánica, compatible con la propia necesidad europea

---

47 Bien es verdad que, como se ha dicho, la necesidad de que las Comunidades de Regantes se amolden a un esquema formal mínimo exigido por la normativa aplicable no afecta a la autonomía e identidad propia de éstas, dado que no significa injerencia ni invasión de la Administración en una esfera de relaciones que, siempre que no afecten a la tutela de un bien público o implique ejercicio de potestades —por ejemplo, para la ejecución forzosa de sus actos, *ex* art. 209.1 RDPH—, son realmente privadas, *vid.* MAESTRE ROSA, J., *Comunidades de Regantes*, Bosch, Barcelona, 1969, p. 209.

48 Art. 216.1 del Real Decreto 849/1986 por el que se aprueba el Reglamento del Dominio Público Hidráulico, que desarrolla los títulos preliminar I, IV, V, VI y VII de la Ley 29/1985 de Aguas.

de fomento y aceleración —desburocratización— de las soluciones de descarbonización, para lograr mayor eficiencia y ahorro en sus actuaciones de negocio con la energía producida).

Lo cierto es que, a la vista de estas aparentes objeciones (de difícil ajustamiento sustantivo entre una entidad —sectorial y específica— de régimen híbrido pero con una finalidad fundamentalmente pública, condicionada por la naturaleza del recurso a gestionar, y una tipología abierta de personificaciones tendentes, aún en un marco de sostenibilidad, a la satisfacción inmediata —con búsqueda además de beneficios— de sus socios), a las que sólo cabría contraponer el evidente carácter democrático de las comunidades de regantes, más que una identificación o aproximación de formas jurídicas, la posible vinculación sería más bien instrumental: la comunidad de regantes, en tanto corporación de derecho público, se constituiría formalmente como comunidad energética, sin dejar de perseguir los objetivos —materiales— propios de la misma, pero a los solos efectos de aprovechar, con fines de ahorro y optimización de recursos, la energía producida por ella misma en la zona o ámbito de riego de que se trate. Conecta esta posibilidad con la interpretación "flexible" de las exigencias de personificación formal establecidas a nivel europeo: no se exige en las normas comunitarias, realmente, que la comunidad energética tenga "personificación jurídica plena", sino simplemente que se constituya como centro de imputación de derechos y obligaciones, relativizándose pues la importancia de la efectiva cobertura formal de la entidad y planteándose, así, la propia utilización —vía creación legal, con necesaria limitación de la responsabilidad de los socios— de personificaciones *ad hoc*[49]. Sería complicado pensar en un ajustamiento "perfecto", pues, entre una comunidad de regantes y una comunidad de energía renovable, pero realmente no se exige contar con una "personalidad jurídica plena" como comunidad energética —en el sentido de un cumplimiento íntegro de requisitos y una identificación exacta de naturaleza—, bastando una "personalidad jurídica mínima o básica", con posibilidad de actuación válida en derecho y compatibilización en última instancia de los fines institucionales de la entidad[50].

---

[49] Al respecto, REVUELTA PÉREZ, I., *Comunidades energéticas y entidades locales ..., op. cit.*, pp. 20 y 70.

[50] Al respecto, GALLEGO CÓRCOLES, I., *Comunidades de energía ..., op. cit.*, pp. 90-91. Mucho más sencillamente sería entender que el principio de indefinición y flexibilidad organizativas asumido por las normas comunitarias vendría a legitimar, en última instancia, cualquier estructura organizativa a nivel interno, desde la propia —y amplia— diversidad de soluciones por cada Estado, no sólo

Solventado el problema formal, quedaría no obstante por solucionar la necesaria adaptabilidad sustantiva de su régimen jurídico (singular) a la necesaria combinación entre la posibilidad de intervención en el mercado y el fomento de la aceptabilidad social de la producción de renovables, como principios inspiradores del propio marco comunitario dual de los dos tipos de comunidades energéticas[51].

En este sentido, y finalmente, sí se han podido detectar algunas aproximaciones al respecto, y, en concreto, la consideración de las Comunidades de Regantes más bien como entidades de economía social, tipología que, como hemos visto, sí podría encajar como fórmula de personificación de una comunidad energética rural[52]. Las similitudes jurídicas se referirían a: i) la finalidad de servicio a los miembros más que de lucro; ii) la autonomía de gestión; iii) el proceso de decisión democrático y la participación activa de los miembros en la fijación de los objetivos, políticas y toma de decisiones; y iv) la primacía de las personas y del trabajo sobre el capital en el reparto de beneficios[53]. Y confluirían también los fines de promoción del desarrollo local y de estímulo por parte de los propios miembros, en proximidad y confluencia de intereses, de las actividades propias del territorio.

La imbricación entre agua, energía y territorio resulta, pues, indudable. Las comunidades energéticas, en tiempos además de emergencia climática y crisis plural (hídrica, energética y poblacional) pueden aunar no sólo democracia energética, ahorro y aseguramiento distribuido de la energía, sino también capacitación —y aceptabilidad— del mundo rural. Para ello, es necesario reinterpretar seguramente el principio de flexibilidad formal no tanto desde la indefinición e inseguridad, sino desde la posibilidad (ma-

---

desde una graduación de la subjetividad jurídica sino incluso desde la propia relativización del requisito de la personalidad.

51 En este sentido se ha señalado que el sometimiento sustantivo de la comunidad energética a un régimen público, o incluso mixto, y aún desde una necesaria adaptación específica de regímenes, podría entorpecer realmente su actividad como operadores del mercado, GALLEGO CÓRCOLES, I., *Comunidades de energía ..., op. cit.*, p. 205.

52 Así, LÓPEZ ALONSO, F. y LÓPEZ MARTÍNEZ, G., "Las comunidades de regantes como entidades de economía social. Perspectiva jurídica", *Anales de Derecho de la Universidad de Murcia*, 36, 2018, pp. 1-20.

53 Ibidem, p. 12, tomando las referencias de ARCAS LARIO, N. y ALCÓN PROVENCIO, F., "Contribución de las entidades de Economía Social a la gestión eficiente del agua para uso agrícola: situación en la Región de Murcia", *Revista de Estudios Cooperativos*, 91, 2007, pp. 7-33.

terial), asumiendo la conexión instrumental que hemos visto entre comunidades energéticas y comunidades de usuarios y regantes.

6. CONCLUSIONES

La sostenibilidad de los nuevos modelos energéticos enlaza con los enfoques de descentralización y revitalización de los territorios y poblaciones afectados.

Las comunidades energéticas pueden suponer un impulso de aquellas zonas rurales con capacidad no sólo de producción renovable sino de autoorganización y gestión propia de los recursos existentes.

Se trata de contribuir, así, a través de los nuevos modelos de generación y consumo distribuidos, a la sostenibilidad del suministro de energía eléctrica y, a su través, a la lucha contra la despoblación, la desigualdad social y territorial y el abandono de determinadas actividades productivas.

La "energía comunitaria" puede suponer un fortalecimiento tanto de la producción renovable como del propio ahorro y eficiencia asociados al autoconsumo y a la propia valorización de las capacidades locales.

A falta de una definición positiva, entendemos como comunidades energéticas rurales aquellas figuras de cooperación institucionalizada (sujetos energéticos) de la participación (activa) local especialmente vinculadas al territorio (rural) de creación y actuación, tanto por el aprovechamiento y autoconsumo de los recursos propios como por la capacidad de autoorganización e interiorización por la comunidad de los beneficios obtenidos. Su objetivo no es sólo el ahorro y la eficiencia, junto con la descarbonización, sino coadyuvar al logro de los objetivos transversales de lucha contra la pobreza, el aislamiento, la despoblación y la asimetría geográfica en materia de desarrollo económico.

Dentro de las amplias posibilidades de formalización jurídica, seguramente las comunidades energéticas rurales estarán más cercanas a las fórmulas de economía social, aunando crecimiento económico y productividad con revitalización de proyectos y zonas geográficas aisladas o con escasa población. El problema surge en estos casos con la participación de las entidades públicas locales en este tipo de comunidades energéticas.

La vinculación y adaptabilidad al territorio (rural) conlleva la proyección social de los beneficios económicos generados por las mismas.

Las comunidades de regantes, como corporaciones de derecho público, dependen en gran medida en su actividad de los dos recursos estratégicos hoy claves: agua y energía. Dado que el objetivo fundamental de las comunidades energéticas es la optimización cooperativa de la energía, a través de la autonomía decisional y el aprovechamiento de los recursos propios, es factible pensar en la posibilidad de constitución de las mismas como comunidades de regantes. Los dos mayores obstáculos al respecto serían la obligatoriedad de participación y la modulación de los fines públicos —de gestión racional de un bien demanial— de las mismas, desde la propia posibilidad de integración de los entes públicos locales en virtud del principio general de intervención local en la economía. Sin embargo, desde un enfoque centrado más en la instrumentalidad y versatilidad de la forma jurídica adoptada, sí cabría sostener la posibilidad de adopción de este modelo por parte de las comunidades energéticas rurales.

7. BIBLIOGRAFÍA

ALMEIDA CERREDA, M. y SANTIAGO IGLESIAS, D., "Las *smart communities*: un instrumento para alcanzar, de forma planificada y concertada, el equilibrio en la distribución espacial de la población", *Cuadernos de Derecho Local*, 39, 56, 2021, pp. 14-54.

ALONSO GARCÍA, Mª. C., "La incidencia de las potestades de los entes locales en el desarrollo y la implantación de las energías renovables", *Cuadernos de Derecho Local*, 39, 61, 2023, pp. 112-139.

ÁLVAREZ CUESTA, H., "Formas jurídicas de economía social en el nuevo urbanismo", *Revista Jurídica de Castilla y León*, 39, 2016, pp. 1-44.

ARCAS LARIO, N. y ALCÓN PROVENCIO, F., "Contribución de las entidades de Economía Social a la gestión eficiente del agua para uso agrícola: situación en la Región de Murcia", *Revista de Estudios Cooperativos*, 91, 2007, pp. 7-33.

ATUTXA ORDEÑANA, E.; AGUADO MUÑOZ, R. y ZUBERO BEASCOECHEA, I., "Hacia una transición energética justa e inclusiva: la contribución de la economía social a la conformación de las comunidades energéticas europeas", *CIRIEC-España, Revista de Economía Pública, Social y Cooperativa*, 104, 2022, pp. 113-141.

BARTLETT I CASTELLÁ, E. R., "Comunidades energéticas", en ALENZA GARCÍA, J. F., y MELLADO RUIZ, L. (coords.), *Estudios sobre cambio climático y transición energética. Estudios conmemorativos del XXV aniversario del acceso a la cátedra del Prof. Íñigo del Guayo Castiella*, Marcial Pons, Madrid, 2022, pp. 289-312.

CHINCHILLA PEINADO, J. A., "Urbanismo y despoblación rural. La nueva regulación del suelo rústico y los equipamientos regionales", en NAVARRO, C.; RUIZ PULPÓN, A. R., y VELASCO CABALLERO, F. (dirs.), *Despoblación, territorio y gobiernos locales*, Marcial Pons, Madrid, 2023, pp. 230-251.

COMISIÓN (UE), "Una visión a largo plazo para las zonas rurales de la UE: hacia unas zonas rurales más fuertes, conectadas, resilientes y prósperas antes de 2040" (Comunicación) COM(2021) 345 final, 30 de junio de 2021.

DEL GUAYO CASTIELLA, I., "Concepto, contenidos y principios del Derecho de la energía", *Revista de Administración Pública*, 212, 2020, pp. 309-345.

ESTENSORO GARCÍA, M. y WILSON, J., "Ciudades y especialización inteligente sostenible", en SAN SALVADOR DEL VALLE, R.; VILLATORO, F. y DE MIRANDA LESCHKO, G. (dirs.), *Ciudades inteligentes. Ciudades sabias. Por una gobernanza democrática y colaborativa*, Los libros de la Catarata, Madrid, 2022, pp. 50-62.

FALCÓN-PÉREZ, C. E., "Las comunidades energéticas como iniciativas emergentes que luchan contra el cambio climático", *Actualidad Jurídica Ambiental*, 136, 2023, pp. 41-99.

FERNÁNDEZ DE GATTA SÁNCHEZ, D., "La nueva estrategia de la Unión Europea sobre las zonas rurales: pacto verde, visión a largo plazo y nueva *Bauhaus*", *La Ley Unión Europea*, 98, 2021, pp. 1-34.

GALLEGO CÓRCOLES, I., *Comunidades de energía y transición energética*, Aranzadi, Pamplona, 2022.

GARCÍA-MORENO RODRÍGUEZ, F. (dir.), *La despoblación del mundo rural. Algunas propuestas (prácticas y realistas) desde los ámbitos jurídico, económico y social para tratar de paliar o revertir tan denostado fenómeno*, Thomson Reuters Aranzadi, Madrid, 2019.

GARCÍA-MORENO RODRÍGUEZ, F. (dir.), *Transición ecológica y desarrollo rural. Algunas propuestas integradoras en el camino hacia una sinergia necesaria y mutuamente beneficiosa de ambas políticas públicas*, Aranzadi, Pamplona, 2021.

GIMÉNEZ CASALDUERO, M., "Las comunidades de regantes clave en la gestión sostenible del agua: importancia de su reconocimiento legal", en INSTITUTO EUROMEDITERRÁNEO DEL AGUA (ed.), *Derecho de Aguas*, Fundación del Instituto Euromediterráneo del Agua, Murcia, 2006, pp. 547-559.

GONZÁLEZ BUSTOS, M. Á., *Régimen jurídico-administrativo de la dinamización rural*, Atelier, Barcelona, 2023.

GONZALEZ RIOS, I., "Las «Comunidades energéticas locales»: un nuevo desafío para las entidades locales", *Revista Vasca de Administración Pública*, 117, 2020, pp. 147-193.

GONZÁLEZ RÍOS, I., *Los entes locales ante la transición y sostenibilidad energética*, Aranzadi, Pamplona, 2021.

HERRERA TORRES, J. y NAVARRO RODRIGUEZ, P., "Las comunidades energéticas como nuevo sujeto del derecho energético en España: del falansterio a la transformación", *Anuario del Gobierno Local*, 1, 2021, pp. 203-248.

INSTITUTO TECNOLÓGICO DE LA ENERGÍA, MINISTERIO DE AGRICULTURA, PESCA Y ALIMENTACIÓN: «Nuevas tecnologías en aplicación del riego: comunidades de regantes y comunidades energéticas», [en línea], (2023), <https://www.mapa.gob.es/images/ca/ponencia-7-nuevastec_tcm34-660733.pdf> [Consulta: 28/04/2024].

JUANA SIRGADO, L. y SÁNCHEZ CALVO, R., "Energía en el regadío y posibles actuaciones para reducirla", en MELGAREJO MORENO, J.; LÓPEZ ORTIZ, I. y FERNÁNDEZ ARACIL, P. (coords.), *Agua, energía y medio ambiente*, Universidad de Alicante, Alicante, 2022, pp. 91-114.

LÓPEZ ALONSO, F. y LÓPEZ MARTÍNEZ, G., "Las comunidades de regantes como entidades de economía social. Perspectiva jurídica", *Anales de Derecho de la Universidad de Murcia*, 36, 2018, pp. 1-20.

LÓPEZ CABARCOS, M. Á.; ROMERO CASTRO, N. y MIRAMONTES VIÑA, V., "Autonomía energética local y desarrollo rural sostenible. Análisis de la predisposición a participar en comunidades energéticas renovables", *Revista Galega de Economía*, 29, 2, 2020, pp. 141-166.

LÓPEZ DE CASTRO GARCÍA-MORATO, L., "Las comunidades energéticas locales: sinergias de la transición energética y de la lucha frente a la despoblación", *Revista de Derecho Urbanístico y Medio Ambiente*, 364, 2023, pp. 105-165.

MAESTRE ROSA, J., *Comunidades de Regantes*, Bosch, Barcelona, 1969.

MARINA, J. A., *Las culturas fracasadas. El talento y la estupidez de las sociedades*, Anagrama, Barcelona, 2010.

MARINA, J. A., *Historia universal de las soluciones. En busca del talento político*, Ariel, Barcelona, 2024.

MELLADO RUIZ, L., "Ordenación inteligente del territorio y actuaciones autonómicas de interés estratégico", en GÓMEZ JIMÉNEZ, M. L. (dir.), *Inteligencia territorial y regulación económica*, Thomson Reuters Aranzadi, Pamplona, 2020, pp. 87-120.

MINISTERIO PARA LA TRANSICIÓN ECOLÓGICA Y EL RETO DEMOGRÁFICO: «Plan de Recuperación. 130 medidas frente al reto demográfico», [en línea], (s.f.), <https://www.miteco.gob.es/es/reto-demografico/temas/medidas-reto-demografico.html> [Consulta: 28/04/2024].

MINISTERIO PARA LA TRANSICIÓN ECOLÓGICA Y EL RETO DEMOGRÁFICO: «Proyecto de Real Decreto por el que se desarrollan las figuras de las comunidades de energías renovables y las comunidades ciudadanas de energía» [en línea], (2023), <https://www.miteco.gob.es/content/dam/miteco/es/energia/files-1/_layouts/15/Proyecto%20de%20Real%20Decreto-61313.pdf> [Consulta: 27/04/2024].

NAVARRO CABALLERO, T. M., "Las Comunidades de Regantes en el Derecho de Aguas español. La reasignación de los recursos hídricos de su titularidad en virtud del contrato de cesión de derechos al uso privativo del agua", *Revista Andaluza de Administración Pública*, 66, 2007, pp. 55-98.

REVUELTA PÉREZ, I., "Comunidades energéticas: desafíos jurídicos para los entes locales", *Anuario de Derecho municipal 2022*, 16, 2023, pp. 77-103.

REVUELTA PÉREZ, I., *Comunidades energéticas y entidades locales. Formas jurídicas y participación municipal*, Aranzadi, Navarra, 2024.

RUBIO ESCOBAR, P., "Comunidades energéticas: presente y perspectivas de futuro. Particular referencia a la problemática acerca de la aplicación de los principios de concurrencia y publicidad de la contratación del sector público a las comunidades de energía renovable en las que participan entidades locales", en RECUERDA GIRELA, M. Á., (dir.), *Anuario de Derecho Administrativo 2023*, Civitas, Madrid, 2023, pp. 619-636.

RUIZ CANALES, A. *et al.*, "Consumo y coste del agua y la energía en regadío", *Agricultura. Revista agropecuaria y ganadera*, 950, 2012, pp. 270-274.

RUIZ PÉREZ, A., "La iniciativa local en la creación de comunidades energéticas", *Práctica Urbanística,* 181, 2023, pp. 1-11.

SANZ LARRUGA, F. J., "La prestación de los servicios sociales ante el reto demográfico y la despoblación rural en España", *Cuadernos de Derecho Local,* 39, 56, 2022, pp. 119-146.

SANZ LARRUGA, F. J., "Hacia una nueva ordenación jurídica del desarrollo rural en España", en NAVARRO, C.; RUIZ PULÓN, Á. R. y VELASCO CABALLERO, F. (dirs.), *Despoblación, territorio y gobiernos locales,* Marcial Pons, Madrid, 2023, pp. 143-160.

ZAMORA ROSELLÓ, Mº. R., "Desafíos territoriales de las comunidades energéticas: ordenación frente al caos", *Cuadernos de Ordenación del Territorio,* 6, 2023, pp. 31-56.

Capítulo VII

Las comunidades energéticas industriales[1]

ALOIA LÓPEZ FERRO[2]

Profesora asociada

Universitat Rovira i Virgili

1 Este capítulo es parte del proyecto "Regulación de sistemas energéticos comunitarios basados en almacenamiento y flexibilidad: aceptabilidad, gobernanza y digitalización (ComEnerSys)", TED2021-131840B-I00, financiado por el MCIN/AEI/10.13039/501100011033 y por la Unión Europea "NextGenerationEU"/PRTR".

2 Este trabajo se ha realizado dentro del grupo de investigación de la Universidad Rovira i Virgili, del cual la autora es miembro, "Territorio, Ciudadanía y Sostenibilidad", reconocido como grupo de investigación consolidado y que cuenta con el apoyo del Departament de Recerca i Universitats de la Generalitat de Catalunya (2021 SGR 00162) y en el marco del proyecto y del proyecto de investigación "La governança i regulació de l'hidrogen per a una transició energètica sostenible", que cuenta con el apoyo del Pla de Doctorats Industrials del Departament de Recerca i Universitats de la Generalitat de Catalunya (2021 DI 87).

1. INTRODUCCIÓN

La industria es responsable del 25% del consumo de energía de la Unión[3], y es una gran consumidora de calefacción y refrigeración, que en la actualidad proceden en un 91% de combustibles fósiles[4]. Además, también utiliza fuentes no renovables como materias primas para fabricar productos como acero o sustancias químicas, perpetuando un modelo económico lineal, en detrimento de uno más circular.

El empleo de combustibles fósiles en el sector industrial no solo ocasiona una mayor dependencia respecto a terceros países —y, en consecuencia, una mayor vulnerabilidad ante la volatibilidad de los precios de la energía —, sino que influye de forma crucial en la emisión de gases de efecto invernadero[5]. Por ello, la descarbonización de la industria es indispensable para alcanzar los objetivos climáticos de la Unión Europea (en adelante, UE) y, en última instancia, para cumplir con el Acuerdo de París. No obstante, el reto es de gran calado y requiere de una acción decisiva para reducir las emisiones a la escala y con la velocidad requerida[6], teniendo en cuenta que un sector importante de la industria se encuadra dentro del concepto de "industrias difíciles de descarbonizar"[7].

---

3 De acuerdo con PANEL INTERGUBERNAMENTAL SOBRE EL CAMBIO CLIMÁTICO: «Climate Change 2022: Mitigation of Climate Change. Contribution of Working Group III to the Sixth Assessment Report of the Intergovernmental Panel on Climate Change»» [en línea], (2022), <https://www.ipcc.ch/report/ar6/wg3/chapter/chapter-11/#IEA—2021a> [Consulta: 12/06/2024], en 2019, la industria emitió el 24 % de las emisiones gases de efecto invernadero a nivel global (34% si se tienen en cuenta las emisiones indirectas).

4 *Vid.* considerando 59 de la Directiva 2023/2413/UE por la que se modifican la Directiva 2018/2001/UE, el Reglamento 2018/1999/UE y la Directiva 98/70/CE/ en lo que respecta a la promoción de la energía procedente de fuentes renovables y se deroga la Directiva 2015/652/UE.

5 De acuerdo con el Reglamento 2024/1735/UE por el que se establece un marco de medidas para reforzar el ecosistema europeo de fabricación de tecnologías de cero emisiones netas y se modifica el Reglamento 2018/1724/UE, en 2019, las industrias de gran consumo de energía representaban el 17% de las emisiones totales de gases de efecto invernadero en la Unión (considerando 13).

6 AGENCIA INTERNACIONAL DE LA ENERGÍA: «Net Zero by 2050: A Roadmap for the Global Energy Sector» [en línea], (2022), <https://www.iea.org/reports/net-zero-by-2050> [Consulta: 12/06/2024], p. 131.

7 AGENCIA INTERNACIONAL DE LA ENERGÍA: «Achieving Net Zero Heavy Industry Sectors in G7 Members» [en línea], (2022), <https://iea.blob.core.windows.net/assets/c4d96342-f626-4aea-8dac-df1d1e567135/AchievingNetZeroHea-

Para alcanzar la descarbonización del sector industrial, es fundamental mejorar la eficiencia energética, lo que implica reducir el consumo de energía, así como aumentar significativamente la adopción de energías renovables en lugar de aquellas de origen fósil. Este objetivo puede lograrse principalmente mediante la electrificación y el uso directo de energías renovables. En los sectores donde la electrificación resulta más compleja, se propone emplear hidrógeno renovable u otros combustibles renovables. Además, debe fomentarse el desarrollo de tecnologías de almacenamiento de energía e impulsarse la economía circular[8].

El autoconsumo de energía y a las comunidades energéticas se consideran figuras clave[9] para avanzar en la transición energética y lograr el doble objetivo de descarbonización y cambio de modelo energético perseguidos por la normativa y política de la UE en materia de energía[10]. En el ámbito

---

vyIndustrySectorsinG7Members.pdf> [Consulta: 12/06/2024] incluye dentro de este concepto la industria del acero, cemento y productos químicos.

8 La Estrategia a largo plazo para una economía española moderna, competitiva y climáticamente neutra en 2050 señala las líneas de actuación que deberán llevarse a cabo en España para la descarbonización industrial. Esta Estrategia también apunta la necesidad de aprobar una estrategia industrial que ayude a guiar la descarbonización a largo plazo y a aprovechar todas las oportunidades asociadas que, sin embargo, hasta la fecha no ha sido aprobada. Sobre la importancia de las estrategias de descarbonización industrial, *vid.* AGENCIA INTERNACIONAL DE LA ENERGÍA: «Achieving Net Zero Heavy Industry Sectors in G7 Members», *op. cit.*, p. 12. Sobre las medidas de mitigación a adoptar en el sector industrial, *vid.* PANEL INTERGUBERNAMENTAL SOBRE EL CAMBIO CLIMÁTICO: «Climate Change 2022: Mitigation of Climate Change…», *op. cit.*

9 LÓPEZ IBOR-MAYOR, V. y ZAMORA SANTA BRÍGIDA, I., "Derecho de la transición energética y Ley de Cambio Climático", en ALENZA GARCÍA, J. F. y MELLADO RUIZ, L. (coords.), *Estudios sobre cambio climático y transición energética. Estudios conmemorativos del XXV aniversario del acceso a la cátedra del profesor Íñigo del Guayo Castiella*, Marcial Pons, Madrid, 2022, p. 69 afirman que las comunidades energéticas deben constituir el "eje central del nuevo modelo energético", pues "permiten optimizar tanto el autoconsumo como el resto de recursos energéticos distribuidos y de actividades energéticas de naturaleza disruptiva (baterías, vehículos eléctricos, agregación, etc.), capaces de transformar nuestro tradicional modo de producir y consumir la electricidad". Asimismo, *vid.* GALERA RODRIGO, S., "Cambio de modelo en la transición energética: ¿otro tren que pasará?", *Actualidad Jurídica Ambiental*, 114, 2021, p. 10.

10 GALERA RODRIGO, S., en "Cambio de modelo en la transición energética: ¿otro tren que pasará?", cit. p.10, cuestiona el tratamiento asimétrico que reciben la descarbonización y el cambio de modelo energético en las políticas públicas y el marco regulatorio. Este último, pese a ser un objetivo clave de la transición energética impulsada por la UE desde 2011, ha recibido menor atención.

industrial, las comunidades de energía se consideran relevantes para la reducción de las emisiones en la industria[11] y para avanzar desde un modelo vertical de producción y distribución de energía hacia un modelo de energía limpia, descentralizada, de generación distribuida, consumo de proximidad y gestión digitalizada[12].

2. LAS COMUNIDADES DE ENERGÍA EN EL ÁMBITO INDUSTRIAL

2.1. Aproximación general a la regulación de las comunidades energéticas

La positivización de las comunidades energéticas es relativamente reciente en la UE, si bien ya se venían utilizando con diversa intensidad en los diferentes Estados miembros como, por ejemplo, en Alemania o Dinamarca. Por una parte, la Directiva 2018/2001/UE, relativa al fomento del uso de energía procedente de fuentes renovables (en adelante, DERII), incorporó las comunidades de energías renovables, y, por la otra, la Directiva 2019/944/UE, sobre normas comunes para el mercado interior de la electricidad (en adelante, DMIE), introdujo las comunidades ciudadanas de energía.

La comunidad de energía renovables (en adelante, CER) se define como una entidad jurídica:

> a) que, con arreglo al Derecho nacional aplicable, se base en la participación abierta y voluntaria, sea autónoma y esté efectivamente controlada por socios o miembros que están situados en las proximidades de los proyectos de energías renovables que sean propiedad de dicha entidad jurídica y que esta haya desarrollado; b) cuyos socios o miembros sean personas físicas, pymes o autoridades locales, incluidos los municipios; c) cuya finalidad primordial

---

11 De acuerdo con DAUTZENBERG, A. *et al.*, "Industrial multi-energy communities as grid-connected microgrids: Understanding the role of asymmetric grid-charge regulation", *Journal of Cleaner Production*, 466, 2024, pp. 1-15. Doi: https://doi.org/10.1016/j.jclepro.2024.142738, "the collaborative use of energy and storage technologies in so-called Energy Communities (EC) promises to make a major contribution to the decarbonization of industrial sites".

12 Sobre los objetivos del nuevo modelo energético *Vid.* GALERA RODRIGO, S. y ORTIZ GARCÍA, M.: «Energía más allá del mercado. Hacia un nuevo modelo energético» [en línea], (2022), <https://fundacionalternativas.org/wp-content/uploads/2022/07/Fundacion-Alternativas-Energia-mas-alla-del-mercado-FINAL.pdf> [Consulta: 12/06/2024].

sea proporcionar beneficios medioambientales, económicos o sociales a sus socios o miembros o a las zonas locales donde opera, en lugar de ganancias financieras[13].

Aunque no está recogido en la definición, el artículo 22 establece que las CER podrán producir, suministrar, almacenar energía o proporcionar servicios de agregación u otros servicios energéticos comerciales siempre que estén sujetas a las disposiciones aplicables a tales actividades.

En cuanto a la comunidad ciudadana de energía (en adelante, CCE)[14], ésta consiste en una entidad jurídica que:

a) se basa en la participación voluntaria y abierta, y cuyo control efectivo lo ejercen socios o miembros que sean personas físicas, autoridades locales, incluidos los municipios, o pequeñas empresas; b) cuyo objetivo principal consiste en ofrecer beneficios medioambientales, económicos o sociales a sus miembros o socios o a la localidad en la que desarrolla su actividad, más que generar una rentabilidad financiera; y c) participa en la generación, incluida la procedente de fuentes renovables, la distribución, el suministro, el consumo, la agregación, el almacenamiento de energía, la prestación de servicios de eficiencia energética o, la prestación de servicios de recarga para vehículos eléctricos o de otros servicios energéticos a sus miembros o socios.

De acuerdo con las anteriores definiciones, las comunidades de energía engloban dos figuras diferentes: las CER y CCE. Las dos tipologías de comunidades energéticas comparten importantes características: ambas se fundamentan en la participación abierta y voluntaria; su finalidad primordial es proporcionar beneficios medioambientales, económicos o sociales a sus socios o miembros o a las zonas donde operan, en lugar de ganancias financieras; y ambas pueden producir energía eléctrica renovable, suministrar energía eléctrica a sus socios y proporcionar servicios de agregación u otros servicios energéticos comerciales, siempre que estén sujetas a las disposiciones aplicables a tales actividades.

Sin embargo, también presentan diferencias clave: en primer lugar, en cuanto a las tecnologías que se pueden utilizar, no se establecen límites para las CCE, a diferencia de las CER, que solo pueden utilizar tecnologías de energía renovable; en segundo lugar, las CER tienen limitaciones en cuanto a la elegibilidad de sus miembros porque deben estar ubicados en las proximidades de los proyectos energéticos desarrollados, a diferencia de las CCE, donde no se aplican restricciones en base al criterio de

13 Artículo 2, apartado 16, de la DERII.

14 Artículo 16.1 de la DMIE.

proximidad, además, en las CER se limita el tipo de empresas que pueden participar, quedando circunscrita esta posibilidad a las pequeñas y medianas empresas (en adelante, PYME); en tercer lugar, en lo que respecta a las CER, las PYME pueden tomar su control si sus principales actividades comerciales no están relacionadas con el sector energético, pero, en el caso de las CCE, esto se limita a las pequeñas y microempresas; finalmente, las CCE pueden realizar actividades de distribución, almacenamiento de energía, prestación de servicios de eficiencia energética o la prestación de servicios de recarga para vehículos eléctricos, mientras que el ámbito de actividad de las CER se limita a producir, consumir, almacenar y vender la energía que produzcan, en particular mediante contratos de compra de electricidad renovable[15].

Con las dos definiciones, la UE ha establecido el marco regulatorio básico para las comunidades de energía. Sin embargo, se deja un amplio margen de actuación a los Estados miembros para transponer el marco jurídico de las comunidades de energía a su ordenamiento jurídico interno[16]. Así, serán los Estados miembros quienes, en particular, definirán cuáles son los criterios de proximidad a los que deben ajustarse las comunidades

---

15 Respecto a la posibilidad de participar en proyectos térmicos, la normativa de la UE no se pronuncia con claridad. De hecho, el proyecto de Real Decreto por la que se desarrollan las figuras de las comunidades de energías renovables y las comunidades ciudadanas de energía de España circunscribiría la actividad de las CCE únicamente al sector eléctrico. Como señala COCCIOLO, E., "The role of energy communities for thermal networks: An EU legal perspective", *Review of European, Comparative and International Environmental Law,* 2024, p. 11, la DMIE permite a las comunidades ciudadanas de energía ofrecer otros servicios energéticos a sus miembros, lo que implica que los servicios en cuestión no se restringen al mercado eléctrico. Además, según el mismo autor, la Directiva 2023/1791/UE relativa a la eficiencia energética y por la que se modifica el Reglamento 2023/955/UE, deja claro que tanto las CER como las CCE, pueden llevar a cabo su actividad en el ámbito de la energía térmica. En cuanto a las CER, el proyecto de Real Decreto por el que se desarrollan las figuras de las comunidades de energía señala que no se circunscriben al ámbito eléctrico, sino que pueden asimismo impulsar la eficiencia energética e incluir en sus ámbitos de actuación otros usos energéticos como el transporte o el suministro de calefacción y refrigeración.

16 Así se reconoce por el CONSEJO DE REGULADORES EUROPEOS DE LA ENERGÍA: «Regulatory Aspects of Self- Consumption and Energy Communities CEER Report» [en línea], (2019), <https://www.ceer.eu/publication/report-on-regulatory-aspects-of-self-consumption-and-energy-communities/> [Consulta: 12/06/2024].

de energías renovables, como se salvaguarda que el control efectivo de las CER y CCE se lleva a cabo tal y como determinan las Directivas europeas, o cómo se considerará cumplido el requisito de proporcionar beneficios medioambientales, económicos y sociales a sus socios o miembros y a las zonas locales donde operan.

En España, se ha procedido a la transposición de la normativa de la UE en materia de comunidades energéticas de manera escalonada y parcial. El primer reconocimiento de las comunidades energéticas en el ordenamiento jurídico estatal tuvo lugar con la modificación de la Ley 24/2013 del Sector Eléctrico, por medio del Real Decreto-Ley 23/2020, por el que se aprueban medidas en materia de energía y en otros ámbitos para la reactivación económica. Este Real Decreto incorporó la definición de las CER en España, transcribiendo sin modificaciones sustanciales la definición contenida en la DERII y reconociéndolas como un nuevo sujeto del sector eléctrico[17].

El Real Decreto-ley 5/2023 reguló la figura de la comunidad de energías renovables, estableciendo sus requisitos, derechos, obligaciones y el marco facilitador aplicable. Asimismo, incorporó en la Ley 24/2013 del Sector Eléctrico la definición de las comunidades ciudadanas de energía y determinó los aspectos que deberán garantizarse en un futuro desarrollo normativo, especialmente en lo relativo a los requisitos de acceso a la actividad, así como a los derechos y obligaciones tanto de las comunidades como de sus socios o miembros.

Sin embargo, en España se encuentra pendiente la aprobación de una normativa reglamentaria específica que desarrolle el régimen jurídico de las comunidades de energía. En tal sentido, entre los meses de abril y mayo de 2023 se sometió a participación pública un proyecto de Real Decreto por el que se desarrollan las figuras de las comunidades de energías renovables y las comunidades ciudadanas de energía (en adelante, proyecto de Real Decreto por el que se desarrollan las figuras de las comunidades de energía)[18]. Según el PNIEC 2021-2030, este marco normativo debería

[17] También introdujo un nuevo artículo 7 bis con la finalidad de establecer un régimen retributivo especial que podrá "tener en cuenta las particularidades de las comunidades de energías renovables para que estas puedan competir por el acceso al marco retributivo en nivel de igualdad con otros participantes, todo ello de acuerdo con la normativa comunitaria".

[18] Con posterioridad, el documento de revisión del PNIEC 2021-2030, sometido a participación pública entre junio y septiembre de 2023, también indicó que se

tener en cuenta figuras y casuísticas de actores o agrupaciones existentes y susceptibles de constituirse en comunidades energéticas locales, como cooperativas, polígonos industriales, parques tecnológicos, comunidades de propietarios o zonas portuarias[19]. Asimismo, algunas CCAA, como Aragón[20] y Navarra[21], han procedido a regular las comunidades energéticas.

2.2. *La carencia de regulación específica sobre las comunidades de energía industriales*

Ni la normativa europea, estatal y autonómica actualmente aplicables, ni el proyecto de Real Decreto por el que se desarrollan las figuras de las comunidades de energía, abordan de manera específica la regulación de las comunidades de energía en el ámbito industrial. De hecho, el proyecto de Real Decreto únicamente contiene una medida que puede ser de interés para el impulso específico de las comunidades energéticas en el ámbito industrial en su disposición final segunda. Esta disposición prevé modificar el Real Decreto 1183/2020 de acceso y conexión a las redes de transporte y distribución de energía eléctrica, estableciendo que se puedan convocar concursos de capacidad de acceso en un nudo concreto de la red de transporte para nuevas instalaciones de generación de energía eléctrica que utilicen fuentes de energía primaria renovable o que formen parte de proyectos de descarbonización industrial[22].

---

desarrollaría a nivel estatal la normativa relativa a las comunidades energéticas. MINISTERIO PARA LA TRANSICIÓN ECOLÓGICA Y EL RETO DEMOGRÁFICO: «Consulta pública sobre el borrador de actualización del PNIEC 2023-2030» [en línea], (s.f.), <https://www.miteco.gob.es/eu/energia/participacion/2023-y-anteriores/detalle-participacion-publica-k-607.html> [Consulta: 01/07/2024].

19 Medida 1.13.

20 Véase el Decreto-ley 1/2023 del Gobierno de Aragón, de medidas urgentes para el impulso de la transición energética y el consumo de cercanía en Aragón. Esta norma fue objeto de recurso de inconstitucionalidad promovido por el presidente del Gobierno y, finalmente, el Tribunal Constitucional ha declarado su inconstitucionalidad al entender que es contraria al artículo 86.1 de la Constitución, por no justificarse adecuadamente por qué la debía ser aprobada con una urgencia extraordinaria.

21 Orden Foral 64/2022 del consejero de Desarrollo Económico y Empresarial, por la que se establecen medidas de fomento de las comunidades de energía en Navarra.

22 Aunque según la COMISIÓN NACIONAL DE LOS MERCADOS Y LA COMPETENCIA: «Informe al Proyecto de Real Decreto por el que se desarrollan las figu-

Cabe destacar que la Comunidad Valenciana considera a las entidades de gestión y modernización de las áreas industriales como posibles beneficiarias de las ayudas destinadas al fomento de instalaciones de autoconsumo de energía eléctrica en comunidades de energías renovables[23]. Estas entidades constituyen una figura de interés para promover proyectos que precisan de colaboración entre diferentes industrias, como pueden ser aquellos relacionados con la simbiosis industrial[24] o el desarrollo de comunidades energéticas[25]. Por tanto, en esta comunidad autónoma sí se localiza algún factor diferencial que tiene en cuenta la realidad de las comunidades energéticas industriales.

Igualmente, la Ley 2/2024, de 7 de noviembre, de promoción de los beneficios sociales y económicos de los proyectos que utilizan los recursos naturales de Galicia también contiene disposiciones relativas a las comunidades energéticas implantadas en áreas empresariales. Esta Ley facilita el uso del suelo para las instalaciones o infraestructuras destinadas a las comunidades energéticas en régimen de autoconsumo de áreas empresariales y reconoce el papel de las entidades de conservación y gestión de parques empresariales para la creación y gestión de comunidades energéticas en estos parques empresariales. En particular, se permite que sean estas entidades quienes formalicen acuerdos con el fin de implantar instalaciones colectivas para la producción de energía renovables para

---

ras de las comunidades de energías renovables y las comunidades ciudadanas de energía (IPN/CNMC/013/23)» [en línea], (2023), <https://www.cnmc.es/sites/default/files/4968233.pdf> [Consulta: 18/06/2024], esta medida abrirá una vía adicional para que los procesos productivos contribuyan al objetivo de descarbonización de la economía mediante la utilización de combustibles más sostenibles, si bien no se define qué se debe entender por proyecto de descarbonización de la industria y cómo se va a acreditar tal condición.

23 Resolución de 8 de mayo de 2024, de la presidenta del Instituto Valenciano de Competitividad Empresarial (IVACE) por la que se convocan ayudas destinadas al fomento de instalaciones de autoconsumo de energía eléctrica en régimen de comunidades de energías renovables, con cargo al presupuesto del ejercicio 2024, con financiación de la Unión Europea a través del Fondo Europeo de Desarrollo Regional.

24 Sobre el concepto de simbiosis industrial, *vid.* CHERTOW, M. R., "Industrial symbiosis: Literature and taxonomy", *Annual Review of Energy and the Environment*, 25, 2000, pp. 313-337. Doi: https://doi.org/10.1146/annurev.energy.25.1.313

25 Se contemplan en la Ley 14/2018 de gestión, modernización y promoción de las áreas industriales de la Comunitat Valenciana que, en su artículo 6, les atribuye, entre otras funciones, la de "impulsar la puesta en marcha de infraestructuras, dotaciones y servicios que mejoren y modernicen el área industrial".

el uso de empresas ubicadas en un mismo parque empresarial, y, asimismo, que asuman la gestión de dichas instalaciones, infraestructuras o servicios. Además, esta ley también contempla medidas de fomento para que los promotores de las áreas empresariales traten de crear incentivos en la comercialización del suelo empresarial para favorecer la implantación de instalaciones que contribuyan al autoconsumo o al uso de energías renovables por parte de las empresas implantadas en los parques empresariales.

La ausencia de una regulación específica que regule en detalle las comunidades de energía no impide que estas entidades se puedan desarrollar en contextos industriales aplicando el régimen general de las CER o CCE, en función de las actividades que se pretendan llevar a cabo. Y, de hecho, son ya numerosos los ejemplos de comunidades energéticas industriales que se han materializado en España[26]. No obstante, existen determinados aspectos de la propuesta de Real Decreto por el que se desarrollan las figuras de las comunidades de energía que, de resultar aprobados, pueden dificultar el desarrollo de proyectos de comunidades energéticas industriales. En especial, se ha señalado como problemática la previsión de que tanto las CER como las CCE deban contar con un mínimo de cinco miembros[27]. En la medida en que en el ámbito industrial puede resultar más complejo alcanzar este número de participantes, dicho requisito dificultaría el desarrollo de comunidades de energía en polígonos de menor tamaño.

Otros aspectos que podrían ser incorporados por la normativa para reconocer normativamente la realidad diferenciada de las comunidades energéticas industriales podrían ser, en el caso de las CER, considerar que todos los miembros de la comunidad, si se ubican en el mismo polígono industrial en el que se desarrolla el proyecto, cumplen con el requisito de proximidad y, en el caso de las CER y las CCE, considerar que se cumple con el criterio de proporcionar beneficios medioambientales, económicos y sociales, a sus socios o miembros y a las zonas locales donde operan cuando los beneficios económicos que pudieran obtener se destinen a impulsar la puesta en marcha de infraestructuras, dotaciones y servicios que mejoren ambientalmente el área industrial.

---

26 *Vid.* apartado 2.5 de este capítulo.

27 Al respecto, *vid.* la ponencia de FRESCO, P.: «Oportunidades y retos de las comunidades energéticas» [en línea], (2023), <https://youtu.be/W_txi8iLhqo?si=tBZFT9DzcuPgmcW> [Consulta: 12/06/2024].

2.3. Concepto y personificación jurídica de las comunidades de energía industriales

Si bien no existe una definición específica en la normativa, las comunidades de energía industriales o de ámbito industrial pueden definirse como aquellas comunidades de energía cuyos miembros son mayoritariamente industrias. Aunque pueden darse supuestos de comunidades industriales en las que se dé cabida a otros miembros no industriales —como, por ejemplo, consumidores personas físicas o bien administraciones locales[28]—, consideramos que, para que una comunidad energética pueda recibir el calificativo de comunidad energética industrial, la participación de industrias en la comunidad debe ser mayoritaria.

El escaso desarrollo normativo de las comunidades energéticas en España no impone una forma jurídica concreta[29], como así hacen otros Estados miembros, como Grecia[30]. La propuesta de Real Decreto sobre las comunidades de energía tampoco establece una determinada forma jurídica, sino que deja abierto el abanico de opciones presentes en el ordenamiento jurídico, siempre y cuando se cumplan los requisitos que serán objeto de desarrollo en esta norma y permita que las comunidades adquieran personalidad jurídica[31]. BARTLETT I CASTELLÀ apunta a la fórmula societaria como modo de constitución de comunidades energéticas en polígonos industriales conformadas por sociedades mercantiles, por resultarles esta fórmula societaria "conocida y culturalmente próxima, a condición de establecer en los estatutos los límites al ejercicio del derecho de voto".

---

28 Así, por ejemplo, mediante su participación en comunidades energéticas con actores industriales, los entes municipales podrían aprovechar los excedentes de energía de los polígonos industriales para satisfacer las necesidades energéticas del municipio.

29 Sin embargo, debe tenerse en cuenta que nuestro ordenamiento interno sí impone ciertas formas sociales para el desarrollo de algunas de las actividades eléctricas. En particular, de conformidad con los artículos 6 y 12 de la Ley 24/2013, de 26 de diciembre, del Sector Eléctrico, si la comunidad energética (concretamente, la CCE) pretende llevar a cabo alguna de estas actividades, sólo podrá hacerlo adoptando la forma de sociedad mercantil o la de cooperativa de consumo. Al respecto, *vid.* GRAU I LÓPEZ, C. R. *et al.*: «Comunidades energéticas en el cooperativismo agroalimentario» [en línea], (2022), <https://cooperativas-agro.s3.eu-west-1.amazonaws.com/old/docs/06701.pdf> [Consulta: 12/06/2024], p. 20.

30 NAVARRO RODRÍGUEZ, P., *Comunidades energéticas en España: análisis y propuestas para un desarrollo regulatorio completo*, Tirant lo Blanch, Valencia, 2024, p. 77.

31 Ibidem, p. 79.

Asimismo, este autor también considera idóneas las agrupaciones de interés económico para las comunidades energéticas de ámbito industrial.

En la práctica es posible identificar diferentes fórmulas para la constitución jurídica de las comunidades energéticas industriales. Por ejemplo, el proyecto de Les Comes Genera, promovido por la Associació d'Empreses del Polígon Industrial Les Comes (Igualada), se trata de una cooperativa de servicios[32].

2.4. Participación de las industrias en comunidades energéticas de acuerdo con el marco normativo aplicable

Habitualmente, los polígonos industriales están conformados por empresas que, principalmente, son PYME[33]. Para que una empresa que realiza una actividad industrial pueda participar en una comunidad energética es necesario tener en cuenta el cumplimiento de los requisitos que respecto a la posibilidad de participación se incluyen en la regulación de las CER y CCE. En el caso de las CER, solo se admite la participación de las empresas que tenga la consideración de PYME[34] y siempre que su participación en la comunidad no constituya su principal actividad comercial o profesional. Por tanto, en las CER queda excluida la participación de las grandes empresas. En el caso de las CCE se admite la participación de todo tipo de empresas, pero solo las pequeñas empresas que no participen en una actividad económica a gran escala pueden ejercer el control efectivo de la comunidad —además de personas físicas o autoridades locales—.

---

32 Sobre la posibilidad de articular comunidades energéticas por medio de cooperativas, *vid.* GRAU I LÓPEZ, C. R. *et al.*: «Comunidades energéticas en el cooperativismo agroalimentario», *op. cit.*

33 En España, en 2019 las PYME suponían el 99,8% de las empresas de acuerdo con MINISTERIO DE INDUSTRIA, COMERCIO Y TURISMO: «Marco estratégico en política de Pyme 2030» [en línea], (2019), <https://industria.gob.es/es-es/Servicios/MarcoEstrategicoPYME/Marco%20Estrat%C3%A9gico%20PYME.pdf> [Consulta: 12/06/2024].

34 De acuerdo con el Anexo I del Reglamento 651/2014/UE la categoría de microempresas, pequeñas y medianas empresas (PYME) está constituida por las empresas que ocupan a menos de 250 personas y cuyo volumen de negocios anual no excede de 50 millones de euros o cuyo balance general anual no excede de 43 millones de euros. Y, en la categoría de las PYME, se define pequeña empresa como una empresa que ocupa a menos de 50 personas y cuyo volumen de negocios anual o cuyo balance general anual no supera los 10 millones de euros.

Por tanto, la modalidad de comunidad que será posible implantar dependerá del tipo de empresa que participará en la comunidad y de quién ejercerá el control efectivo de ésta. Si se pretendiese constituir una comunidad energética en el ámbito industrial por empresas que sean PYME, si bien se podrá constituir tanto una CER como una CCE, cuando se opte por una CCE solo las pequeñas empresas podrán ostentar su control efectivo. En cambio, con la participación de grandes empresas solo podría constituirse una CCE y éstas grandes empresas en ningún caso ostentarían su control efectivo.

Como indica GALLEGO CÓRCOLES, el hecho de que se permita la participación de cualquier empresa en las comunidades de energía renovable sin exigir que desarrollen su actividad en el sector de las energías renovables (como exigía la propuesta de DERII presentada por la Comisión respecto a la regulación de las CER), "abre la comunidad de energías renovables a fórmulas de cooperación empresarial que permitan a sus miembros buscar fórmulas de eficiencia y de reducción del gasto energético, por ejemplo, en polígonos industriales[35]".

2.5. Ejemplos de comunidades energéticas en áreas industriales

En España, durante los últimos años, especialmente a raíz del impulso otorgado por las ayudas otorgadas en ejecución del Plan de Recuperación y Resiliencia de 2021[36], se aprecia un aumento de las comunidades energéticas industriales. Estas ayudas se canalizaron por medio de la Orden TED/1446/2021 por la que se aprobaron las bases reguladoras para la concesión de ayudas del programa de incentivos a proyectos piloto singulares de comunidades energéticas y la Orden TED/764/2024 por la que se aprueban las bases reguladoras para la concesión de ayudas del nuevo programa de incentivos a proyectos piloto singulares de comunidades energéticas (Programa CE implementa). Hasta la fecha, se han resuelto cuatro convocatorias y se han adjudicado ayudas para la creación de 151

35 GALLEGO CÓRCOLES, I., *Comunidades de energía y transición energética,* Aranzadi, Pamplona, 2022, p. 89.

36 Este plan incluyó el impulso y desarrollo de las comunidades energéticas mediante una reforma específica dentro de la componente 7 "Despliegue e integración de energías renovables". En concreto, la reforma C7.R3 "Desarrollo de las comunidades energéticas" está impulsando un "Ecosistema de apoyo a las comunidades energéticas" que tiene como fin último la creación y consolidación de las mismas.

comunidades energéticas[37]. Las comunidades de ámbito industrial[38] que resultaron beneficiarias de estas ayudas son las siguientes[39]:

---

37 Así se indicaba en el Proyecto de orden por la que se aprueban las bases reguladoras para la concesión de ayudas del nuevo programa de incentivos a proyectos piloto singulares de comunidades energéticas (programa CE IMPLEMENTA), sometido a información pública hasta el 29 de mayo de 2024.

38 A efectos de este estudio únicamente se han seleccionado aquellas iniciativas que en su descripción figura una alusión expresa a su desarrollo en el ámbito de un polígono industrial. La aproximación no es exhaustiva, sino meramente ilustrativa.

39 La información se ha obtenido a partir de los documentos publicados por el IDAE que resumen los proyectos beneficiarios por las ayudas otorgadas en el marco del Programa CE Implementa. Dado que la información que se recoge es la de los proyectos presentados a la convocatoria, la información relativa a las actividades y miembros de las comunidades energéticas que se proporciona podría no estar actualizada. *Vid.* INSTITUTO PARA LA DIVERSIFICACIÓN Y AHORRO DE LA ENERGÍA: «Programa de Incentivos a proyectos piloto singulares de comunidades energéticas (CE IMPLEMENTA)» [en línea], (s.f.), <https://www.idae.es/ayudas-y-financiacion/comunidades-energeticas/programa-de-incentivos-proyectos-piloto-singulares-de> [Consulta: 12/06/2024] (primera y segunda convocatorias); INSTITUTO PARA LA DIVERSIFICACIÓN Y AHORRO DE LA ENERGÍA: «Resolución de la Secretaria de Estado de Energía y Presidenta de E.P.E. Instituto para la Diversificación y Ahorro de la Energía (IDAE), M.P., por la que se aprueba la concesión de ayudas correspondientes a la Tercera convocatoria del Programa de incentivos a proyectos piloto singulares de comunidades energéticas (Programa CE IMPLEMENTA) en el marco del «Plan de Recuperación, Transformación y Resiliencia – Financiado por la Unión Europea–NextGenerationEU», publicada mediante la Resolución de 4 de noviembre de 2022 de la Presidenta de la E.P.E. Instituto para la Diversificación y Ahorro de la Energía (IDAE), M.P. por la que se da traslado y comunica a la Base de Datos Nacional de Subvenciones (BDNS) la Resolución de 27 de octubre de 2022, del Consejo de Administración del IDAE y cuyas Bases Reguladoras fueron establecidas mediante la Orden TED/1446/2021, de 22 de diciembre del Ministerio para la Transición Ecológica y el Reto Demográfico (B.O.E. núm. 308, de 24 de diciembre de 2021)» [en línea], (2023), <https://sede.idae.gob.es/sites/default/files/2024-02/CEI_PILOTOS_03_ResolucionDefinitiva_Adjudicacion_SEE.pdf> [Consulta: 12/06/2024] y INSTITUTO PARA LA DIVERSIFICACIÓN Y AHORRO DE LA ENERGÍA: «Resolución de la Secretaria de Estado de Energía y Presidenta de E.P.E. Instituto para la Diversificación y Ahorro de la Energía (IDAE), M.P., por la que se aprueba la concesión de ayudas correspondientes a la Cuarta convocatoria del Programa de incentivos a proyectos piloto singulares de comunidades energéticas (Programa CE IMPLEMENTA) en el marco del «Plan de Recuperación, Transformación y Resiliencia – Financiado por la Unión Europea–NextGenerationEU», publicada mediante la Resolución de 4 de noviembre de 2022 de la Presidenta de la E.P.E. Instituto para la Diversificación y Ahorro de la Energía (IDAE), M.P. por la que se da traslado y comunica

1. *Comunitat energètica P.I. Rosanes*: compuesta por 31 miembros; lleva a cabo actuaciones en el ámbito del autoconsumo de electricidad y movilidad sostenible. Según la información publicada por la entidad[40], estaría conformada únicamente por empresas del sector privado, que habrían puesto en funcionamiento cuatro instalaciones de producción fotovoltaica por un total de 200kW para autoconsumo colectivo. Asimismo, se encuentra en desarrollo una infraestructura de cargas de vehículos eléctricos, a la que pueden acceder los trabajadores del polígono y visitantes. La energía producida se estima que representa el 20% de las necesidades energéticas de los participantes y que los ahorros anuales representan aproximadamente 94.000 euros.
2. *Comunidad energética CTM, S.L.:* su actividad consiste en realizar autoconsumo compartido con venta de excedentes, instalándose 720 kW de paneles solares fotovoltaicos en las cubiertas de las naves industriales, así como tres puntos de recarga de vehículos eléctricos para uso público de 50 kW.
3. *Comunidad de energías renovables del Polígono industrial de Sant Lluís:* consta de 34 miembros. El proyecto busca la implantación de dos autoconsumos colectivos a partir de instalaciones fotovoltaicas y también incluye actuaciones de gestión de la demanda.
4. *Comunidad energética del Polígono de Urtinsa:* se instalarán 5 cargadores públicos de vehículos eléctricos además de la instalación de 300 KWp de módulos fotovoltaicos y 3 baterías de almacenamiento de energía. Esta comunidad fue impulsada por la Empresa de Servicios Municipales de Alcorcón (ESMASA) y, en un inicio, estaba compuesta por 7 empresas.

---

a la Base de Datos Nacional de Subvenciones (BDNS) la Resolución de 27 de octubre de 2022, del Consejo de Administración del IDAE y cuyas Bases Reguladoras fueron establecidas mediante la Orden TED/1446/2021, de 22 de diciembre del Ministerio para la Transición Ecológica y el Reto Demográfico (B.O.E. núm. 308, de 24 de diciembre de 2021)» [en línea], (2023), <https://sede.idae.gob.es/sites/default/files/2024-02/CEI_PILOTOS_04_ResolucionDefinitiva_Adjudicacion_SEE.pdf> [Consulta: 12/06/2024] (cuarta convocatoria).

40 ASOCIACIÓN EMPRESARIAL DEL POLIGONO INDUSTRIAL ROSANES: «CEPIR – La Comunitat Energètica al Polígon de Castellví de Rosanes» [en línea], (2023), <https://poligonrosanes.com/cepir-la-comunitat-energetica-al-poligon-de-castellvi-de-rosanes/> [Consulta: 12/06/2024].

5. *Comunitat energètica empresarial Les Comes Genera:* el objetivo del proyecto es implementar instalaciones de energías renovables para el consumo de los socios de la comunidad energética, electrificar la flota industrial, así como fomentar la movilidad compartida mediante vehículos eléctricos con una red de cargadores ubicada en el polígono para socios.
6. *Comunidad energética Esplugues Innova:* su objetivo es descarbonizar los polígonos industriales mediante la instalación de cubiertas fotovoltaicas, parking con pérgolas fotovoltaicas, puntos de recarga y sistemas de gestión.
7. *Desarrollo de la Comunidad Energética en el polígono industrial de Bufalvent:* el proyecto busca realizar 17 instalaciones solares en cubiertas industriales, la instalación de cargadores eléctricos y la adquisición de vehículos eléctricos.
8. *Associació comunitat energética polígon Agro-Reus:* se prevé instalar 23 instalaciones fotovoltaicas en diversas naves, estimándose un potencial total de más de 20MWp. La electricidad generada será consumida por las empresas de la comunidad energética, y el sobrante será gestionado por la comercializadora local Reus Energia y se destinará al consumo de edificios municipales y a hogares en situación de vulnerabilidad.

2.6. Oportunidades y retos específicos de las comunidades energéticas industriales

El PNIEC 2023-2030, por una parte, reconoce el potencial de las comunidades energéticas para impulsar el papel de la ciudadanía como motor de la transición energética, y, por la otra, contempla que deberá continuarse avanzando en la eliminación de barreras relacionadas con el desarrollo de comunidades energéticas. Pese a la necesidad de realizar estudios exhaustivos que contemplen un mayor número de casos analizados, se han identificado determinadas oportunidades y retos relacionados específicamente con las comunidades energéticas industriales, más allá de las que con carácter general son atribuibles a las comunidades energéticas[41]. Así, en cuanto a las oportunidades, destacan las siguientes:

41 El Proyecto de Real Decreto por el que se desarrollan las figuras de las comunidades de energía indica que también "pueden impulsar la eficiencia energética e incluir en sus ámbitos de actuación otros usos energéticos como el transporte o el

1. Facilitan que la ciudadanía y, en particular, las empresas, perciban los beneficios de la generación renovable[42].
2. Posibilitan una mayor independencia energética de las industrias pertenecientes a la comunidad, protegiéndolas frente a la inestabilidad de los precios de la electricidad[43].
3. Permiten un abaratamiento del coste de adquisición de la energía, liberando recursos que pueden ser destinados a inversiones relacionadas con proyectos de innovación o con la mejora del entorno en el que se ubican[44], favoreciendo nuevas fuentes de inversión en la descarbonización.

---

suministro de calefacción y refrigeración. Estas comunidades energéticas también pueden suponer un nuevo impulso para la gestión de la demanda, ya que a través de ellas los consumidores adquieren mayor consciencia de la disponibilidad de su recurso renovable, adaptando sus hábitos de consumo en consecuencia, y logrando así una nueva fuente de flexibilidad de la que no solo se benefician los propios participantes de las referidas comunidades energéticas, sino el sistema eléctrico en su conjunto. Por último, las comunidades de energías renovables brindan una excelente oportunidad para ayudar a combatir la pobreza energética, por lo que se garantiza la posibilidad de participación de los hogares en las comunidades de energías renovables, incluyendo, en particular, a los consumidores vulnerables". Finalmente, la Estrategia de Almacenamiento Energético, señala que posibilitan incorporar proyectos de almacenamiento en sistemas distribuidos, permiten aprovechar la digitalización de redes para implementar nuevos modelos de negocio relacionados con el autoconsumo colectivo compartido, realizar otros aprovechamientos energéticos más allá del consumo eléctrico, como es la generación de biogás en las propias comunidades a partir de residuos, y ofrecen también la oportunidad de promover la participación ciudadana en modelos de financiación no tradicionales. Asimismo, también apunta que permitirán promover la igualdad efectiva entre mujeres y hombres.

42 Apartado 2.1.4 del borrador de PNIEC sometido a consulta pública en 2023.

43 Ponencia de Daniel Pérez, responsable de desarrollo de negocio de KM0, en la I Cumbre de Comunidades Energéticas que tuvo lugar 25/04/2024 en el Prat de Llobregat.

44 *Vid.* MEDITERRÁNEO PRESS: «El Polígono Alcodar crea una de las primeras comunidades energéticas industriales de España», [en línea], (2021), <https://mediterraneopress.com/2021/07/06/el-poligono-alcodar-crea-una-de-las-primeras-comunidades-energeticas-industriales-de-espana> [Consulta: 12/06/2024] Disponible en: https://mediterraneopress.com/2021/07/06/el-poligono-alcodar-crea-una-de-las-primeras-comunidades-energeticas-industriales-de-espana/ y FRESCO, P.: «Oportunidades y retos de las comunidades energéticas», *op. cit.*

4. Posibilitan un mayor acceso a superficie en cubierta para instalaciones fotovoltaicas de generación de energía.
5. Permiten aprovechar economías de escala, reduciendo los costes.
6. Posibilitan la elaboración de planes de movilidad sostenible y la realización de actuaciones para la mejora de la eficiencia energética de la industria.
7. Ayudan a cumplir con las nuevas obligaciones en materia de sostenibilidad, por ejemplo, las de eficiencia energética.
8. Mejoran la huella de carbono de las industrias que pertenecen a la comunidad.
9. Mejoran la competitividad industrial.
10. Facilitan el acceso a financiación y subvenciones[45].

Respecto a los retos, cabe mencionar los siguientes:

1. Las iniciativas tienden a limitarse al autoconsumo de energía.
2. La organización y colaboración entre empresas para el funcionamiento de la comunidad de energía presenta retos específicos.
3. Existen dificultades para compartir tejados o instalaciones debido a una falta de cultura colaborativa entre las empresas[46].

---

45 *Vid.* SOM COMUNITATS: «Comunidades Energéticas para empresas e/o industrias», [en línea], (s.f.), <https://somcomunitats.coop/es/empresa-e-industria/> [Consulta: 12/06/2024].

46 En la Hoja de ruta del autoconsumo se indica que los resultados de una encuesta sobre autoconsumo fotovoltaico sacaron a la luz que la aproximadamente la mitad de los entrevistados pertenecientes al ámbito industrial se mostraron reacios a la posibilidad de implantar un consumo colectivo, indicando como uno de los principales motivos su preferencia de "no tener relación con otros consumidores". En ESLAMIZADEH, S. *et al.*, "Can industries be parties in collective action? Community energy in an Iranian industrial zone", *Energy Research & Social Science,* 70, 2020, pp. 1-12. Doi: https://doi.org/10.1016/j.erss.2020.101763, se identifican los retos que plantea la colaboración entre empresas de diferente tamaño y tipología para el éxito de los sistemas comunitarios de energía en el sector industrial. También KUCHINOW TUDURY, V., "La infraestructura necesaria para alojar a la industria circular", *Economía industrial,* 416, 2020, p. 79 considera que uno de los principales retos de la industria en los polígonos circulares es la necesidad de cooperación, que podrá impulsarse en el caso de que exista una figura líder o facilitadora.

4. La incertidumbre sobre el mantenimiento de la actividad en el lugar dificulta que las empresas adopten la decisión de forman o incorporarse a una comunidad energética y realizar inversiones.
5. Las instalaciones suelen tener una potencia de generación superior a 100 kW, por lo que la legalización del autoconsumo resulta más compleja y lenta[47].

3. EL AUTOCONSUMO EN EL ÁMBITO INDUSTRIAL Y SU DISTINCIÓN RESPECTO A LAS COMUNIDADES DE ENERGÍA INDUSTRIALES

El autoconsumo en el ámbito industrial constituye un aspecto clave para impulsar la descarbonización del sector industrial, tal y como reconocen el PNIEC 2021-2030[48] y la Estrategia de descarbonización a largo plazo 2050 de España[49]. Pese a que numerosas comunidades energéticas industriales se constituyen para articular proyectos de autoconsumo colectivo, no cabe equiparar el autoconsumo con las comunidades energéticas[50], pues son realidades diferenciadas en cuanto a su objeto, finalidad y régimen jurídico[51]. En particular, aunque el autoconsumo puede

---

47 Por ejemplo, mediante el Real Decreto-ley 29/2021 se permitió la conexión de instalaciones a través de red en cualquier nivel de tensión y se eximió a las instalaciones de autoconsumo con excedentes de potencia no superior a 100 kW de presentar las garantías exigidas en el trámite de acceso y conexión.

48 Medida 1.5.

49 Apartado 6.4.

50 Según indicó en 2023 el MINISTERIO PARA LA TRANSICIÓN ECOLÓGICA Y EL RETO DEMOGRÁFICO: «Conoce las comunidades energéticas» [en línea], (2023), <https://planderecuperacion.gob.es/noticias/conoce-que-son-comunidades-energeticas-perte-erha-prtr> [Consulta: 12/06/2024] "aunque no se circunscriben al ámbito eléctrico –pueden beneficiarse de fuentes térmicas, de soluciones de movilidad o de eficiencia energética–, las comunidades están directamente ligadas al autoconsumo, ámbito que se está desarrollando a gran velocidad en España: la potencia instalada se ha multiplicado por 20 desde el año 2018 y ya supera los 5 GW".

51 LÓPEZ DE CASTRO GARCÍA-MORATO, L., "El autoconsumo de electricidad", en ALENZA GARCÍA, J. F., y MELLADO RUIZ, L. (coords.), *Estudios sobre cambio climático y transición energética. Estudios conmemorativos del XXV aniversario del acceso a la cátedra del Prof. Íñigo del Guayo Castiella*, Marcial Pons, Madrid, 2022, p. 206.

formar parte del ámbito de actividad de una comunidad energética, no es uno de sus elementos definitorios[52].

En cuanto al concepto de autoconsumo, según el artículo 9.1 de la Ley 24/2013 se entenderá por autoconsumo "el consumo por parte de uno o varios consumidores de energía eléctrica proveniente de instalaciones de producción próximas a las de consumo y asociadas a los mismos". Además, en la actualidad también existe la posibilidad de realizar autoconsumo colectivo. De acuerdo con el artículo 3.m) del Real Decreto 244/2019 por el que se regulan las condiciones administrativas, técnicas y económicas del autoconsumo de energía eléctrica, "se dice que un sujeto consumidor participa en un autoconsumo colectivo cuando pertenece a un grupo de varios consumidores que se alimentan, de forma acordada, de energía eléctrica que proveniente de instalaciones de producción próximas a las de consumo y asociadas a los mismos".

En relación con el autoconsumo en el ámbito industrial, la regulación es cada vez más favorable[53] y, de hecho, el autoconsumo industrial se encuentra en alza en España hoy en día[54]. Aunque la normativa del autoconsumo fue objeto de una reforma significativa en 2018 a fin de superar los obstáculos legales para el despliegue del autoconsumo en España[55],

---

52 GALLEGO CÓRCOLES, I., *Comunidades de energía y transición energética, op. cit.*, p. 99.

53 En relación con el régimen inicialmente previsto en el Real Decreto 2044/2019, algunos autores se mostraron críticos respecto a los límites que esta normativa imponía, considerando que el autoconsumo colectivo sería menos atractivo para los consumidores industriales (por ejemplo, debido a la distancia y otros límites entre consumidores). Al respecto, ROBINSON, D. y DEL GUAYO, Í., "Aligment of energy community incentives with electricity system benefits in Spain", en LÖBBE, S., SIOSHANSI, F y ROBINSON, D. (eds.), *Energy Communities: Customer-Centered, Market-Driven, Welfare-Enhancing?,* Academic press, UK, 2022, p. 79, afirmaron que la idea implícita parecía ser que el autoconsumo industrial se articulase por medio de los sistemas de distribución cerrados.

54 Así se indica en el borrador del PNIEC sometido a participación pública en 2023, p. 37.

55 La redacción inicial del artículo 9 de la Ley 24/2013 del Sector eléctrico y el Real Decreto 2000/2015 por el que se regulan las condiciones administrativas, técnicas y económicas de las modalidades de suministro de energía eléctrica con autoconsumo y de producción con autoconsumo impedían el autoconsumo colectivo. Asimismo, el conocido como "impuesto al sol" también resultó derogado en 2018. Al respecto, *vid.* SANZ LARRUGA, F. J., "El tortuoso camino hacia la generación distribuida y el autoconsumo en el derecho español. El impuesto 'al sol': crónica de una muerte anunciada", en DEL GUAYO CASTIELLA, I. y

no fue hasta 2022 cuando, a través de una nueva delimitación de lo que se entiende por instalación de producción próxima a las de consumo y asociada a los mismas, se introdujo en la normativa una referencia al suelo industrial. Así, el Decreto-ley 20/2022 de medidas de respuesta a las consecuencias económicas y sociales de la Guerra de Ucrania y de apoyo a la reconstrucción de la isla de La Palma y a otras situaciones de vulnerabilidad, impulsó el autoconsumo a través de la red incrementando la distancia de ésta hasta los 2.000 metros en casos de plantas generadoras fotovoltaicas ubicadas en cubiertas, suelo industrial y estructuras artificiales destinadas a otros usos como pueden ser aquellas destinadas a cubrir espacios de aparcamiento u otras.

Asimismo, el Real Decreto-ley 29/2021 por el que se adoptan medidas urgentes en el ámbito energético para el fomento de la movilidad eléctrica[56], el autoconsumo y el despliegue de energías renovables, permitió que el autoconsumo colectivo a través de red resulte posible con independencia del nivel de tensión de red a que se conecten los puntos de generación y consumo. Hasta entonces, el autoconsumo colectivo a través de red solo era posible en el caso de que tanto la generación como el consumo estén conectados en baja tensión, imposibilitando el aprovechamiento de grandes cubiertas industriales, que a menudo están conectadas en alta tensión, para autoconsumo colectivo con las viviendas o comercios en su entorno inmediato[57].

FERNÁNDEZ CARBALLAL, A. (coords.), *Los desafíos del derecho público en el siglo XXI. Libro conmemorativo del XXV Aniversario del acceso a la Cátedra del Profesor Jaime Rodríguez-Arana Muñoz,* INAP, Madrid, 2019, pp. 801-824, PRESICCE, L., "El periplo de la regulación del autoconsumo energético y generación distribuida en España: la transición de camino hacia la sostenibilidad", *Revista Vasca de Administración Pública,* 113, 2019, pp. 181-221 y PRESICCE, L., "Las competencias de los ayuntamientos para impulsar el autoconsumo fotovoltaico en el sector doméstico: especial referencia a Cataluña", *Revista de Investigaçoes Constitucionais,* 8, 1, 2021, pp. 77-106.

56 Este Real Decreto modificó el artículo 3.g), apartado iii, del Real Decreto 244/2019 para permitir la realización de autoconsumo colectivo a través de la red para en aquellos casos en que la generación y los consumos se encuentren conectados a una distancia inferior a 500 metros, con independencia del nivel de tensión a que se conecten.

57 La Hoja de Ruta del Autoconsumo incluía como medida 17 "Se promoverá el autoconsumo a través de red para consumidores conectados a cualquier nivel de tensión, permitiendo que instalaciones industriales, comerciales o en edificios públicos compartan sus excedentes con viviendas u otros edificios de su entorno inmediato".

4. LAS REDES CERRADAS DE DISTRIBUCIÓN EN ÁREAS INDUSTRIALES Y SU RELACIÓN CON LAS COMUNIDADES ENERGÉTICAS

La DMIE[58] facultó a los Estados miembros a permitir que las comunidades ciudadanas de energía se convirtiesen en gestores de redes de distribución[59] con arreglo al régimen general o como gestores de una red de distribución cerrada. El PNIEC 2021-2030, en su medida 1.13, referida a las comunidades energéticas locales, recogía que debería permitirse que pudiesen poseer, establecer, adquirir o arrendar redes de distribución y gestionarlas autónomamente. El PNIEC 2023-2030, en cambio, no contiene ninguna alusión respecto a las redes de distribución y las comunidades energéticas.

Actualmente, la normativa española no permite que las comunidades energéticas sean titulares de redes de distribución. Así, según los artículos 36 y 37 del Real Decreto 1955/2000 por el que se regulan las actividades de transporte, distribución, comercialización, suministro y procedimientos de autorización de instalaciones de energía eléctrica, la actividad de distribución será llevada a cabo por sociedades mercantiles o sociedades cooperativas de consumidores y usuarios, que no podrán desarrollar actividades de generación o comercialización. En cuanto a las redes de distribución cerradas[60], el Real Decreto 314/2023 por el que se desarrolla el procedimiento

---

58 Artículo 16.4.

59 Según BARTLETT I CASTELLÁ, E. R., "Comunidades energéticas", *op. cit.*, p. 304, la desintegración vertical, o *unbundling*, se difuminaría en el caso de las comunidades de energías y, más intensamente, en el caso de las CCE, al incorporar la distribución entre sus posibles atribuciones.

60 Según el preámbulo del Real Decreto 314/2023 por el que se desarrolla el procedimiento y los requisitos para el otorgamiento de la autorización administrativa de las redes de distribución de energía eléctrica cerradas, las redes de distribución cerradas "son un tipo especial de redes de distribución que se han implementado en algunos países de la UE con el fin de contemplar la realidad de la industria interrelacionada entre sí en determinados polígonos. Este tipo de redes pueden jugar un papel relevante en sectores industriales con riesgo de deslocalización y con un elevado coste energético, con las consiguientes ventajas económicas para el conjunto de la economía". Aunque la Directiva 2009/72/CE no obliga a los Estados miembros a transponer las redes de distribución de energía eléctrica cerradas, se espera que su regulación permita una reducción de costes económicos de la energía eléctrica para la mediana y gran industria concentrada en ámbitos territoriales reducidos, mejorando su competitividad. La implantación de estas redes implicar pasar de una situación en la que existen varios consumidores conectados

y los requisitos para el otorgamiento de la autorización administrativa de las redes de distribución de energía eléctrica cerradas, tampoco contempla que las comunidades de energía puedan asumir su titularidad[61], pues únicamente admite que su titularidad pertenezca a una sociedad mercantil o cooperativa cuyo objeto social exclusivo sea la distribución de energía en una red cerrada.

Pese a que la CNMC, en su informe emitido respecto a la regulación de las redes cerradas de distribución, había advertido la necesidad de que, una vez se desarrollase la normativa relativa a las CER y CCE, dada la relación que ambas figuras tienen con las redes cerradas de distribución, se procediese a adaptar la redacción del mismo a las particularidades de dichas comunidades[62], no parece que un cambio normativo futuro vaya a contemplar esta posibilidad[63]. En tal sentido, ni el PNIEC 2023-2030, ni el proyecto de Real Decreto por el que se desarrollan las figuras de las comunidades de energías renovables y las comunidades ciudadanas de energía, ni la modificación de la Ley 24/2013 llevada a cabo en 2023 para regular los aspectos básicos de las comunidades ciudadanas de energía, contemplan dicha posibilidad[64].

---

en distintos niveles de tensión a las redes de distribución y transporte, a otra en la que, desde la óptica del sistema eléctrico, existe un solo consumidor de gran tamaño conectado a mayor tensión, con el consiguiente menor pago de peajes.

61 De acuerdo con su artículo 14, "las sociedades que desarrollen las actividades propias de una red de distribución de energía eléctrica cerrada deberán constituirse como sociedad mercantil o sociedad cooperativa y tener como objeto social exclusivo la distribución de energía eléctrica en una red de distribución de energía eléctrica cerrada".

62 COMISIÓN NACIONAL DE LOS MERCADOS Y LA COMPETENCIA: «Informe sobre el proyecto de real decreto por el que se desarrolla el procedimiento y los requisitos que deberán cumplirse para el otorgamiento de la autorización administrativa de las redes de distribución de energía eléctrica cerrada» [en línea], (2021), <https://www.cnmc.es/sites/default/files/3864898.pdf> [Consulta: 12/06/2024].

63 En el ámbito de la doctrina jurídica pueden encontrarse opiniones contrapuestas. Por una parte, GALLEGO CÓRCOLES, I., *Comunidades de energía y transición energética, op. cit.*, p. 214, argumentó que el principio de separación de actividades puede resultar adecuado en el caso de las redes de distribución de régimen general, pero en el caso de las redes de distribución cerradas consideró que podría valorarse un enfoque distinto en la regulación. Por otra parte, NAVARRO RODRÍGUEZ, P., *Comunidades energéticas en España, op. cit.*, p. 29, coincide con los argumentos de la CNMC.

64 El artículo 12 ter, añadido por el Real Decreto-ley 5/2023 incorporó los aspectos que deberán garantizarse en el marco regulador de desarrollo que

5. HIDRÓGENO, DESCARBONIZACIÓN INDUSTRIAL Y COMUNIDADES ENERGÉTICAS

La descarbonización industrial, si bien principalmente debería llevarse a cabo mediante una mejora de la eficiencia energética en aplicación del principio "la eficiencia energética primero", también deberá fundamentarse en una mayor electrificación de la demanda y, allí donde las medidas de eficiencia y de electrificación directa no puedan llegar, podrían utilizarse combustibles renovables o con bajas emisiones de carbono, como el biogás, el biometano y los biocombustibles sostenibles, el hidrógeno renovable[65] o con bajas emisiones de carbono[66], así como los combustibles sintéticos[67]. En particular, el empleo de hidrógeno como materia prima o combustible resultará esencial para descarbonizar procesos industriales "difíciles de descarbonizar[68]", como los de las industrias del acero, refinado o química, incluida la producción de fertilizantes[69].

---

se apruebe respecto a las comunidades ciudadanas de energía, optó por no añadir el apartado 4 del artículo 16 de la DMIE. Al respecto, la COMISIÓN NACIONAL DE LOS MERCADOS Y LA COMPETENCIA: «Informe sobre el proyecto de real decreto...», *op. cit.*, señaló que la CNMC comparte la decisión de no incorporar derechos en materia de distribución a las CCE en la Ley 24/2013 "dado que la distribución es un monopolio natural y no considera eficiente duplicar redes en zonas donde ya existen".

65 Sobre el concepto y regulación del hidrógeno renovable, *vid.* MELLADO RUIZ, L., "La (esperada) regulación europea del hidrógeno renovable", en DEL GUAYO CASTELLLA, I. y MELLADO RUIZ, L. (dirs.), *Retos regulatorios de los gases renovables en la economía circular*, Marcial Pons, Madrid, 2023, pp. 127-148 y LEIVA LÓPEZ D., "La regulación del hidrógeno renovable en España", en DEL GUAYO CASTELLLA, I. y MELLADO RUIZ, L. (dirs.), *Retos regulatorios de los gases renovables en la economía circular*, Marcial Pons, Madrid, 2023, pp. 149-160.

66 La delimitación de lo que se entiende por hidrógeno con bajas emisiones de carbono está pendiente de la aprobación de un acto delegado específico, como se prevé en el artículo 9 del texto acordado entre el Parlamento Europeo y el Consejo en relación con la propuesta de Directiva del Parlamento Europeo y del Consejo relativa a normas comunes para los mercados interiores del gas natural y los gases renovables y del hidrógeno.

67 *Vid.* COMISIÓN (UE), "Impulsar una economía climáticamente neutra: Una Estrategia de la UE para la Integración del Sistema Energético" (Comunicación) COM(2020) 299 final, 8 de julio de 2020, apdo. 3.3.

68 Son aquellos sectores donde otras alternativas podrían no ser viables o tener costes más elevados.

69 En COMISIÓN (UE), "Impulsar una economía climáticamente neutra..." *op. cit.*, se indica que "una aplicación inmediata en la industria es la reducción y sustitución

Reconociendo la importancia del hidrógeno para la descarbonización industrial, la nueva Directiva 2023/2413/UE por la que se modifican la Directiva 2018/2001/UE, el Reglamento 2018/1999/UE y la Directiva 98/70/CE en lo que respecta a la promoción de la energía procedente de fuentes renovables y se deroga la Directiva 2015/652/UE, introduce cambios notables al exigir al sector industrial incrementar el empleo de combustibles renovables de origen no biológico (RNFBO). Más concretamente, en virtud del artículo 22 bis, se impone a los Estados miembros la obligación de garantizar que para 2030, los RFNBO representarán al menos el 42% del hidrógeno utilizado con fines energéticos y no energéticos finales en industria, aumentando al 60% para 2035.

Además, el hidrógeno también puede desempeñar un importante papel para el almacenamiento de energía a corto y largo plazo, contribuyendo a una mayor flexibilidad del sistema energético con el objeto de garantizar la seguridad y calidad de suministro. En este sentido, la Estrategia de Almacenamiento y el PNIEC reconocen el papel de las aplicaciones del hidrógeno renovable en pilas de combustible o como elemento intermedio en tecnologías *power to X*. Así, mediante el aprovechamiento de energía renovable excedentaria generada en horas de menor consumo eléctrico podría obtenerse hidrógeno que, posteriormente, podría volver a transformarse en energía eléctrica o emplearse como materia prima.

Las comunidades energéticas de ámbito industrial[70] pueden incluir entre sus actividades la producción de hidrógeno para consumo industrial o como sistema de almacenamiento. La propuesta de Directiva sobre reglas

---

del hidrógeno intensivo en carbono en las refinerías, en la producción de amoníaco, y para nuevas formas de producción de metanol, o la sustitución parcial de los combustibles fósiles en la fabricación de acero. En una segunda fase, el hidrógeno puede sentar las bases para invertir en y construir los procesos de fabricación de acero sin emisión de carbono en la UE".

70 El empleo de hidrógeno no está circunscrito al ámbito de las comunidades energéticas industriales, si bien dado que el hidrógeno debe emplearse en aquellos sectores donde su uso resulta más eficiente, el industrial es su ámbito por excelencia. En España, ya existen proyectos de comunicades energéticas de ámbito no industrial que se plantean hacer producir hidrógeno y emplearlo como medio de almacenamiento de energía, como el proyecto europeo SHAREDH2-SUDOE. Al respecto, *vid.* ITCL CENTRO TECNOLÓGICO: «SHAREDH2 SUDOE. Hidrógeno renovable: solución para el almacenamiento flexible y distribuido de energía en las CEL» [en línea], (s.f.), <https://itcl.es/proyectos-te/sharedh2-sudoe-hidrogeno-renovable-solucion-para-el-almacenamiento-flexible-y-distribuido-de-energia-en-las-cel/> [Consulta: 15/06/2024].

comunes para el mercado interno de los gases renovables, gas natural e hidrógeno, presentada por la Comisión en 2021, planteó regular expresamente las comunidades ciudadanas de energía en el ámbito de los gases renovables[71]. Aunque finalmente no se incluyó una definición de comunidad ciudadana de energía en la Directiva (UE) 2024/1788 del Parlamento Europeo y del Consejo, de 13 de junio de 2024, relativa a normas comunes para los mercados interiores del gas renovable, del gas natural y del hidrógeno, por la que se modifica la Directiva (UE) 2023/1791 y se deroga la Directiva 2009/73/CE[72], ello no impide que las comunidades energéticas, de acuerdo con la normativa ya vigente a nivel de la UE, puedan contemplar la producción y empleo de hidrógeno.

Por una parte, el ámbito de actuación de las CER abarca la producción y consumo de cualquier tipo de energía renovable, no solo de energía eléctrica, por lo que estas comunidades también pueden participar en proyectos de producción de gases renovables, como el hidrógeno, biogás o biometano[73]. Y, por otra parte, las CCE participan en la generación de

---

71 Incluía una definición de comunidad ciudadana de energía en su artículo 2, apartado 70, que, salvo en la referencia a que su ámbito de actuación se circunscribiría al de los gases renovables, no difería respecto a la definición incluida en la DMIE. Asimismo, en su artículo 14 incluía los derechos que deberían garantizar los Estados miembros respecto a estas comunidades —similares a los que tienen en relación con el mercado de la electricidad como, por ejemplo, que pudiesen acceder a todos los mercados del gas natural o a organizar dentro de la comunidad energética ciudadana el intercambio de gas renovable producido por las unidades de producción propiedad de la comunidad— así como los aspectos que configurarían un marco favorable para su desarrollo.

72 Al respecto, la FEDERACIÓN EUROPEA DE COOPERATIVAS CIUDADANAS DE ENERGÍA: «Everything in its right place: Citizen Energy Communities will not be in the Gas Directive» [en línea], (2023), <https://www.rescoop.eu/news-and-events/press/everything-in-its-right-place-citizen-energy-communities-will-not-be-in-the-gas-directive> [Consulta: 12/06/2024], apuntó que la oposición a la propuesta de la Comisión se fundamentaba en los siguientes motivos: principalmente, porque las comunidades de energías renovables, que ya pueden operar con gases renovables, están cubiertas por la Directiva de energías renovables; añadir una nueva definición de comunidad ciudadana de energía podría generar confusión con las otras dos definiciones de comunidades energéticas ya existentes; se correría el riesgo de que el biometano e hidrógeno se empleen para calefacción doméstica, pese a no ser rentable ni sostenible y de que las empresas de gas ya existentes terminasen por "secuestrar" las comunidades ciudadanas de energía, desnaturalizando su poder democratizador.

73 En tal sentido se pronuncia la COMISIÓN NACIONAL DE LOS MERCADOS Y LA COMPETENCIA: «Informe sobre el proyecto de real decreto por el que se

energía eléctrica y pueden participar en el almacenamiento de energía. Por ello, también en el ámbito de las CCE serían viables proyectos de generación de energía eléctrica a partir de hidrógeno (que, en el caso de las CCE no tendría que ser necesariamente renovable), o de almacenamiento de energía a través de este vector energético.

Como ejemplo de comunidad energética de ámbito industrial que plantea producir hidrógeno se encuentra la Comunidad energética Sevi Goroeco[74], del Polígono Industrial El Goro (Telde, Gran Canaria). En este caso, el hidrógeno se emplearía como medio de almacenamiento electroquímico de energía, empleando para ello una planta de generación de hidrógeno de 3 MW alimentada con la energía renovable sobrante producida en una plataforma fotovoltaica y turbinas eólicas pertenecientes a la misma comunidad.

Finalmente, debe destacarse que la acción colaborativa industrial en materia de hidrógeno también está siendo impulsada por medio de la implantación de valles de hidrógeno. El objetivo aspiracional de la Comisión es que, en 2030, existan al menos 50 Valles de Hidrógeno en la UE, ya que considera que ayudarán de forma decisiva al despliegue de la producción y uso de hidrógeno[75]. Asimismo, la creación de Valles o Clústeres es también una apuesta que realiza el Reglamento 2024/1735/UE por el que se establece un marco de medidas para reforzar el ecosistema europeo de fabricación de tecnologías de cero emisiones netas y se modifica el Reglamento 2018/1724/UE. Este Reglamento reconoce que "el agrupamiento de la actividad industrial en centros para fomentar las sinergias industriales puede reducir todo lo posible el impacto medioambiental de las actividades y

---

desarrolla el procedimiento...», *op. cit.*, si bien entre los gases renovables que menciona no hace alusión al hidrógeno.

74 El proyecto se describe en la Resolución de la Secretaría de Estado de Energía y Presidenta de E.P.E Instituto para la Diversificación y Ahorro de la Energía (IDAE), M.P., por la que se aprueba la concesión de ayudas correspondientes a la primera convocatoria de ayudas para proyectos innovadores de almacenamiento energético hibridado con instalaciones de generación de energía eléctrica a partir de fuentes de energía renovables en el marco del Plan de Recuperación, Transformación, si bien no resultó beneficiario de las ayudas.

75 *Vid.* COMISIÓN EUROPEA: «Commission staff working document. Towards a roadmap for accelerating the deployment of Hydrogen Valleys across Europe: challenges and opportunities» [en línea], (2024), <https://research-and-innovation.ec.europa.eu/document/download/e5e75789-d4d8-42aa-8c99-3f33b2f5b935_en?filename=ec_rtd_swd-2024-159-f1.pdf> [Consulta: 12/06/2024]

mejorar la eficiencia para los agentes industriales participantes"[76] y obliga a los Estados miembros a designar Valles de industria cero y a elaborar planes en los que se establezcan medidas nacionales concretas para aumentar su atractivo. Las oportunidades que representan las comunidades energéticas pueden ser generadoras de valor para los Valles de Hidrógeno y de fabricación de tecnologías de cero emisiones netas.

6. CONCLUSIONES

La descarbonización de la industria es una necesidad acuciante, teniendo en cuenta su significativa contribución al agravamiento del cambio climático. Las decisiones de inversión que se adopten hoy en día perdurarán en las próximas décadas y serán decisivas para configurar la industria futura, compatible con un escenario de cero emisiones netas. Entre el elenco de opciones que permitirán avanzar hacia una mayor penetración de energías renovables en los procesos industriales y mejora de su eficiencia energética, se encuentran las comunidades energéticas. No obstante, la potencialidad de las comunidades energéticas no se vincula únicamente a la descarbonización, sino que están llamadas a desempeñar un papel crucial en el cambio de modelo energético hacia un modelo más participativo, democrático y descentralizado, también en el ámbito industrial.

En la Unión Europea, la DERII y la DMIE positivizaron el concepto de comunidad energética, incorporando al ordenamiento jurídico europeo las CER y las CCE. Pese a que España ha avanzado en la definición de las CER y CCE, todavía se carece de un marco jurídico completo que regule las comunidades renovables de energía y delimite aspectos clave para la seguridad jurídica de los operadores y que posibilite su impulso definitivo. Además, aunque en 2023 se presentó un proyecto de Real Decreto para regular estas figuras, no se contenía ninguna alusión específica que contemplase las peculiaridades de las comunidades energéticas de ámbito industrial. En particular, se ha apuntado que podría condicionar el desarrollo de las comunidades energéticas industriales la exigencia de que las comunidades energéticas deban contar con un mínimo de cinco miembros.

Pese a la carencia de un marco regulador completo, se aprecia un incremento de las comunidades energéticas de ámbito industrial en España durante los últimos años, especialmente ligado al incremento del autoconsumo

76 En la redacción del Reglamento en inglés se hace expresa alusión a la simbiosis industrial (apartado 29).

de energía e impulsado por la necesidad de aumentar la competitividad industrial y asegurar el suministro de energía. Asimismo, a partir de estas primeras experiencias se han identificado retos específicos para las comunidades energéticas industriales, si bien serán necesarios estudios pormenorizados que permitan extraer conclusiones sobre cuáles son las barreras que la normativa debe ayudar a superar.

En cuanto al autoconsumo, en los últimos años se han producido avances notables en la normativa, que, entre otros aspectos, ya contempla de modo expreso el suelo industrial y permite que el autoconsumo a través de la red pueda tener lugar hasta los 2.000 metros en el caso de plantas generadoras fotovoltaicas ubicadas en esta clase de suelo, cubiertas o estructuras artificiales destinadas a otros usos, como pueden ser aquellas destinadas a cubrir espacios de aparcamiento u otras. Asimismo, también se permite que el autoconsumo colectivo a través de red resulte posible con independencia del nivel de tensión de red a que se conecten los puntos de generación y consumo. En el ámbito autonómico, destacan ejemplos recientes como la Ley 2/2024, de 7 de noviembre, sobre la promoción de los beneficios sociales y económicos de los proyectos que utilizan los recursos naturales de Galicia. Esta norma incluye disposiciones específicas para las comunidades energéticas en áreas empresariales, facilitando el uso del suelo para infraestructuras destinadas al autoconsumo. Asimismo, reconoce el papel de las entidades de conservación y gestión de parques empresariales en la creación y administración de estas comunidades energéticas y establece medidas de fomento para impulsar el autoconsumo en dichos entornos.

Respecto a las redes de distribución y, en particular, las redes de distribución cerradas, pese a que están llamadas a desempeñar un importante papel en la descarbonización de la industria, y aunque la DMIE habilitaba a los Estados miembros a reconocer el derecho de las comunidades energéticas a gestionar redes de distribución, esta atribución no se ha producido en el marco normativo básico español. Por lo siguiente: Tampoco parece que en un futuro próximo este derecho acabe consolidándose pues, aunque el PNIEC 2021-2030 contenía una directriz en tal sentido, los avances normativos producidos desde su presentación apuntan en sentido contrario.

Finalmente, el hidrógeno renovable es otra de las opciones que deberán guiar la reducción de emisiones en la industria y ayudar a reducir la dependencia del empleo de combustibles fósiles. La articulación de proyectos de generación de hidrógeno a través de comunidades energéticas es posible con el marco jurídico actualmente vigente, aunque no exista un concepto normativo de CER en el ámbito de los gases renovables a nivel europeo. De especial interés resultan las alianzas y relaciones simbióticas que pueden derivar de los valles de hidrógeno y de los valles de aceleración de cero emisiones netas, al efecto de acompañar el impulso en la producción de hidrógeno y de fabricación de tecnologías de cero emisiones netas con la promoción de las comunidades energéticas en ámbitos industriales, a fin de incrementar la eficiencia, la circularidad y la independencia energética de las áreas industriales.

7. BIBLIOGRAFÍA

AGENCIA INTERNACIONAL DE LA ENERGÍA: «Net Zero by 2050: A Roadmap for the Global Energy Sector» [en línea], (2022), <https://www.iea.org/reports/net-zero-by-2050> [Consulta: 12/06/2024].

AGENCIA INTERNACIONAL DE LA ENERGÍA: «Achieving Net Zero Heavy Industry Sectors in G7 Members» [en línea], (2022), <https://iea.blob.core.windows.net/assets/c4d96342-f626-4aea-8dac-df1d1e567135/AchievingNetZeroHeavyIndustrySectorsinG7Members.pdf> [Consulta: 12/06/2024].

ASOCIACIÓN EMPRESARIAL DEL POLIGONO INDUSTRIAL ROSANES: «CEPIR – La Comunitat Energètica al Polígon de Castellví de Rosanes» [en línea], (2023), <https://poligonrosanes.com/cepir-la-comunitat-energetica-al-poligon-de-castell-vi-de-rosanes/> [Consulta: 12/06/2024].

BARTLETT I CASTELLÁ, E. R., "Comunidades energéticas", en ALENZA GARCÍA, J. F., y MELLADO RUIZ, L. (coords.), *Estudios sobre cambio climático y transición energética. Estudios conmemorativos del XXV aniversario del acceso a la cátedra del Prof. Íñigo del Guayo Castiella,* Marcial Pons, Madrid, 2022, pp. 289-312.

CHERTOW, M. R., "Industrial symbiosis: Literature and taxonomy", *Annual Review of Energy and the Environment,* 25, 2000, pp. 313-337. Doi: https://doi.org/10.1146/annurev.energy.25.1.313

COMISIÓN (UE), "Hoja de Ruta de la Energía para 2050" (Comunicación) COM(2011) 885 final, 15 de diciembre de 2011.

COMISIÓN (UE), "Impulsar una economía climáticamente neutra: Una Estrategia de la UE para la Integración del Sistema Energético" (Comunicación) COM(2020) 299 final, 8 de julio de 2020.

COMISIÓN EUROPEA: «Commission staff working document. Towards a roadmap for accelerating the deployment of Hydrogen Valleys across Europe: challenges and opportunities» [en línea], (2024), <https://research-and-innovation.ec.europa.eu/document/download/e5e75789-d4d8-42aa-8c99-3f33b2f5b935_en?filename=ec_rtd_swd-2024-159-f1.pdf> [Consulta: 12/06/2024]

COMISIÓN NACIONAL DE LOS MERCADOS Y LA COMPETENCIA: «Informe al Proyecto de Real Decreto por el que se desarrollan las figuras de las comunidades de energías renovables y las comunidades ciudadanas de energía (IPN/CNMC/013/23)» [en línea], (2023), <https://www.cnmc.es/sites/default/files/4968233.pdf> [Consulta: 18/06/2024].

COMISIÓN NACIONAL DE LOS MERCADOS Y LA COMPETENCIA: «Informe sobre el proyecto de real decreto por el que se desarrolla el procedimiento y los requisitos que deberán cumplirse para el otorgamiento de la autorización administrativa de las redes de distribución de energía eléctrica cerrada» [en línea], (2021), <https://www.cnmc.es/sites/default/files/3864898.pdf> [Consulta: 12/06/2024].

CONSEJO DE REGULADORES EUROPEOS DE LA ENERGÍA: «Regulatory Aspects of Self- Consumption and Energy Communities CEER Report» [en línea], (2019), <https://www.ceer.eu/publication/report-on-regulatory-aspects-of-self-consumption-and-energy-communities/> [Consulta: 12/06/2024].

COCCIOLO, E., "The role of energy communities for thermal networks: An EU legal perspective", *Review of European, Comparative and International Environmental Law,* 2024, pp. 1-13. Doi: https://doi.org/10.1111/reel.12558

DAUTZENBERG, A. *et al.,* "Industrial multi-energy communities as grid-connected microgrids: Understanding the role of asymmetric grid-charge regulation", *Journal of Cleaner Production,* 466, 2024, pp. 1-15. Doi: https://doi.org/10.1016/j.jclepro.2024.142738

ESLAMIZADEH, S. *et al.*, "Can industries be parties in collective action? Community energy in an Iranian industrial zone", *Energy Research & Social Science,* 70, 2020, pp. 1-12. Doi: https://doi.org/10.1016/j.erss.2020.101763

FEDERACIÓN EUROPEA DE COOPERATIVAS CIUDADANAS DE ENERGÍA: «Everything in its right place: Citizen Energy Communities will not be in the Gas Directive» [en línea], (2023), <https://www.rescoop.eu/news-and-events/press/everything-in-its-right-place-citizen-energy-communities-will-not-be-in-the-gas-directive> [Consulta: 12/06/2024]

FRESCO, P.: «Oportunidades y retos de las comunidades energéticas» [en línea], (2023), <https://youtu.be/W_txi8iLhqo?si=tBZ_FT9DzcuPgmcW> [Consulta: 12/06/2024].

GALERA RODRIGO, S., "Cambio de modelo en la transición energética: ¿otro tren que pasará?", *Actualidad Jurídica Ambiental,* 114, 2021, pp. 59-79.

GALERA RODRIGO, S. y ORTIZ GARCÍA, M.: «Energía más allá del mercado. Hacia un nuevo modelo energético» [en línea], (2022), <https://fundacionalternativas.org/wp-content/uploads/2022/07/Fundacion-Alternativas-Energia-mas-alla-del-mercado-FINAL.pdf> [Consulta: 12/06/2024].

GALLEGO CÓRCOLES, I., *Comunidades de energía y transición energética,* Aranzadi, Pamplona, 2022.

GRAU I LÓPEZ, C. R. et al.: «Comunidades energéticas en el cooperativismo agroalimentario» [en línea], (2022), <https://cooperativas-agro.s3.eu-west-1.amazonaws.com/old/docs/06701.pdf> [Consulta: 12/06/2024].

INSTITUTO PARA LA DIVERSIFICACIÓN Y AHORRO DE LA ENERGÍA: «Programa de Incentivos a proyectos piloto singulares de comunidades energéticas (CE IMPLEMENTA)» [en línea], (s.f.), <https://www.idae.es/ayudas-y-financiacion/comunidades-energeticas/programa-de-incentivos-proyectos-piloto-singulares-de> [Consulta: 12/06/2024].

INSTITUTO PARA LA DIVERSIFICACIÓN Y AHORRO DE LA ENERGÍA: «Resolución de la Secretaria de Estado de Energía y Presidenta de E.P.E. Instituto para la Diversificación y Ahorro de la Energía (IDAE), M.P., por la que se aprueba la concesión de ayudas correspondientes a la Tercera convocatoria del Programa de incentivos a proyectos piloto singulares de comunidades energéticas (Programa CE IMPLEMENTA) en el marco del «Plan de Recuperación, Transformación y Resiliencia – Financiado por la Unión Europea–NextGenerationEU», publicada mediante la Resolución de 4 de noviembre de 2022 de la Presidenta de la E.P.E. Instituto para la Diversificación y Ahorro de la Energía (IDAE), M.P. por la que se da traslado y comunica a la Base de Datos Nacional de Subvenciones (BDNS) la Resolución de 27 de octubre de 2022, del Consejo de Administración del IDAE y cuyas Bases Reguladoras fueron establecidas mediante la Orden TED/1446/2021, de 22 de diciembre del Ministerio para la Transición Ecológica y el Reto Demográfico (B.O.E. núm. 308, de 24 de diciembre de 2021)» [en línea], (2023), <https://sede.idae.gob.es/sites/default/files/2024-02/CEI_PILOTOS_03_ResolucionDefinitiva_Adjudicacion_SEE.pdf> [Consulta: 12/06/2024]

INSTITUTO PARA LA DIVERSIFICACIÓN Y AHORRO DE LA ENERGÍA: «Resolución de la Secretaria de Estado de Energía y Presidenta de E.P.E. Instituto para la Diversificación y Ahorro de la Energía (IDAE), M.P., por la que se aprueba la concesión de ayudas correspondientes a la Cuarta convocatoria del Programa de incentivos a proyectos piloto singulares de comunidades energéticas (Programa CE IMPLEMENTA) en el marco del «Plan de Recuperación, Transformación y Resiliencia – Financiado por la Unión Europea–NextGenerationEU», publicada mediante la Resolución de 4 de noviembre de 2022 de la Presidenta de la E.P.E. Instituto para la Diversificación y Ahorro de la Energía (IDAE), M.P. por la que se da traslado y comunica a la Base de Datos Nacional de Subvenciones (BDNS) la Resolución de 27 de octubre de 2022, del Consejo de Administración del IDAE y cuyas Bases Reguladoras fueron establecidas mediante la Orden TED/1446/2021, de 22 de diciembre del Ministerio para la Transición Ecológica y el Reto Demográfico (B.O.E. núm. 308, de 24 de diciembre de 2021)» [en línea], (2023), <https://sede.idae.gob.es/sites/default/files/2024-02/CEI_PILOTOS_04_ResolucionDefinitiva_Adjudicacion_SEE.pdf> [Consulta: 12/06/2024]

ITCL CENTRO TECNOLÓGICO: «SHAREDH2 SUDOE. Hidrógeno renovable: solución para el almacenamiento flexible y distribuido de energía en las CEL» [en línea], (s.f.), <https://itcl.es/proyectos-te/sharedh2-sudoe-hidrogeno-renovable-solucion-para-el-almacenamiento-flexible-y-distribuido-de-energia-en-las-cel/> [Consulta: 15/06/2024].

KUCHINOW TUDURY, V., "La infraestructura necesaria para alojar a la industria circular", *Economía industrial*, 416, 2020, pp. 75-84.

LEIVA LÓPEZ D., "La regulación del hidrógeno renovable en España", en DEL GUAYO CASTELLLA, I. y MELLADO RUIZ, L. (dirs.), *Retos regulatorios de los gases renovables en la economía circular*, Marcial Pons, Madrid, 2023, pp. 149-160.

LÓPEZ DE CASTRO GARCÍA-MORATO, L., "El autoconsumo de electricidad", en ALENZA GARCÍA, J. F., y MELLADO RUIZ, L. (coords.), *Estudios sobre cambio climático y transición energética. Estudios conmemorativos del XXV aniversario del acceso a la cátedra del Prof. Íñigo del Guayo Castiella*, Marcial Pons, Madrid, 2022, pp. 201-222.

LÓPEZ IBOR-MAYOR, V. y ZAMORA SANTA BRÍGIDA, I., "Derecho de la transición energética y Ley de Cambio Climático", en ALENZA GARCÍA, J. F. y MELLADO RUIZ, L. (coords.), *Estudios sobre cambio climático y transición energética.*

Estudios conmemorativos del XXV aniversario del acceso a la cátedra del profesor Íñigo del Guayo Castiella, Marcial Pons, Madrid, 2022, pp. 45-74.

MEDITERRÁNEO PRESS: «El Polígono Alcodar crea una de las primeras comunidades energéticas industriales de España», [en línea], (2021), <https://mediterraneopress.com/2021/07/06/el-poligono-alcodar-crea-una-de-las-primeras-comunidades-energeticas-industriales-de-espana> [Consulta: 12/06/2024].

MELLADO RUIZ, L., "La (esperada) regulación europea del hidrógeno renovable", en DEL GUAYO CASTELLLA, I. y MELLADO RUIZ, L. (dirs.), *Retos regulatorios de los gases renovables en la economía circular*, Marcial Pons, Madrid, 2023, pp. 127-148.

MINISTERIO DE INDUSTRIA, COMERCIO Y TURISMO: «Marco estratégico en política de Pyme 2030» [en línea], (2019), <https://industria.gob.es/es-es/Servicios/MarcoEstrategicoPYME/Marco%20Estrat%C3%A9gico%20PYME.pdf> [Consulta: 12/06/2024].

MINISTERIO PARA LA TRANSICIÓN ECOLÓGICA Y EL RETO DEMOGRÁFICO: «Consulta pública sobre el borrador de actualización del PNIEC 2023-2030» [en línea], (s.f.), <https://www.miteco.gob.es/eu/energia/participacion/2023-y-anteriores/detalle-participacion-publica-k-607.html> [Consulta: 01/07/2024].

MINISTERIO PARA LA TRANSICIÓN ECOLÓGICA Y EL RETO DEMOGRÁFICO: «Conoce las comunidades energéticas» [en línea], (2023), <https://planderecuperacion.gob.es/noticias/conoce-que-son-comunidades-energeticas-perte-erha-prtr> [Consulta: 12/06/2024]

NAVARRO RODRÍGUEZ, P., *Comunidades energéticas en España: análisis y propuestas para un desarrollo regulatorio completo*, Tirant lo Blanch, Valencia, 2024.

PANEL INTERGUBERNAMENTAL SOBRE EL CAMBIO CLIMÁTICO: «Climate Change 2022: Mitigation of Climate Change. Contribution of Working Group III to the Sixth Assessment Report of the Intergovernmental Panel on Climate Change»» [en línea], (2022), <https://www.ipcc.ch/report/ar6/wg3/chapter/chapter-11/#IEA—2021a> [Consulta: 12/06/2024].

PRESICCE, L., "El periplo de la regulación del autoconsumo energético y generación distribuida en España: la transición de camino hacia la sostenibilidad", *Revista Vasca de Administración Pública*, 113, 2019, pp. 181-221.

PRESICCE, L., "Las competencias de los ayuntamientos para impulsar el autoconsumo fotovoltaico en el sector doméstico: especial referencia a Cataluña", *Revista de Investigaçoes Constitucionais*, 8, 1, 2021, pp. 77-106.

ROBINSON, D. y DEL GUAYO, Í., "Aligment of energy community incentives with electricity system benefits in Spain", en LÖBBE, S., SIOSHANSI, F y ROBINSON, D. (eds.), *Energy Communities: Customer-Centered, Market-Driven, Welfare-Enhancing?*, Academic press, UK, 2022, pp. 73-93.

SANZ LARRUGA, F. J., "El tortuoso camino hacia la generación distribuida y el autoconsumo en el derecho español. El impuesto 'al sol': crónica de una muerte anunciada", en DEL GUAYO CASTIELLA, I. y FERNÁNDEZ CARBALLAL, A. (coords.), *Los desafíos del derecho público en el siglo XXI. Libro conmemorativo del XXV Aniversario del acceso a la Cátedra del Profesor Jaime Rodríguez-Arana Muñoz*, INAP, Madrid, 2019, pp. 801-824.

SOM COMUNITATS: «Comunidades Energéticas para empresas e/o industrias», [en línea], (s.f.), <https://somcomunitats.coop/es/empresa-e-industria/> [Consulta: 12/06/2024].

TERCERA PARTE

LOS RETOS REGULATORIOS DE LAS COMUNIDADES ENERGÉTICAS

Capitulo VIII

Comunidades energéticas y ayudas públicas. Las subvenciones a proyectos piloto singulares de comunidades energéticas[1]

LUCÍA LÓPEZ DE CASTRO GARCÍA-MORATO
Profesora Titular de Derecho Administrativo
Instituto de Derecho Local, Universidad Autónoma de Madrid

[1] Este estudio se ha realizado en el marco del proyecto de investigación coordinado, La responsabilidad estratégica del Estado, STrATE 2.0, PID 2023-149184OB-C41, subproyecto La responsabilidad estratégica del Estado verde, financiado por la Agencia Estatal de Investigación y la Unión Europea, cuyos IP son S. Diez Sastre y S. Simou. Asimismo, dicho trabajo se ha desarrollado en el marco del grupo de investigación Retos europeos y justicia climática: sostenibilidad, vivienda y servicios de interés general (REJUC), en la Universidad Autónoma de Madrid.

1. INTRODUCCIÓN. COMUNIDADES DE ENERGÍAS RENOVABLES Y LAS COMUNIDADES CIUDADANAS DE ENERGÍA

Las comunidades energéticas constituyen una nueva figura disruptiva, impulsada por las políticas europeas de clima y energía, como vehículo de participación ciudadana e innovación social y técnica, en el nuevo modelo descarbonizado, digitalizado, descentralizado y democrático hacia el que se encamina la transición energética. Por ello, se consideran agentes claves para lograr los objetivos del Plan Nacional Integrado de Energía y Clima 2021-2030 (PNIEC), que prevé el incremento de la diversidad de actores y la existencia de proyectos participativos, tanto en la energía renovable como en el conjunto del sistema energético, e incluye, entre otras, medidas específicas de fomento de las comunidades energéticas (medida 1.13). Asimismo, las comunidades energéticas se consideran actores claves en el eje Transición ecológica del Plan de Recuperación, Transformación y Resiliencia (PRTR) de España, alineado con el PNIEC y financiado con los fondos europeos del Mecanismo de Recuperación y Resiliencia. Dadas sus ventajas, obstáculos y retos a los que se enfrenta el desarrollo de comunidades energéticas, la actividad de fomento y, en particular, las subvenciones, como componentes de un entorno de apoyo integral, constituyen un instrumento fundamental para el impulso de las comunidades energéticas en España.

En el presente trabajo, se analiza, en el ámbito de la actividad administrativa de fomento, el marco jurídico de las ayudas públicas que tienen como beneficiarios a las comunidades energéticas; y, en particular, el programa de subvenciones a proyectos piloto singulares de comunidades energéticas, como instrumento del ecosistema de apoyo a las comunidades energéticas, previsto en el Proyecto Estratégico para la Recuperación y Transformación Económica de Energías Renovables, Hidrógeno Renovable y Almacenamiento (PERTE-ERHA), para el impulso de las comunidades energéticas en España con fondos europeos del PRTR.

De forma previa, conviene realizar una breve referencia al concepto de comunidades energéticas y a su marco regulatorio en la UE y en España. Bajo la denominación de comunidades energéticas, se incluyen dos modalidades de entidades jurídicas según el Derecho europeo: las comunidades de energías renovables (CER), reguladas en la Directiva 2018/2001/UE, relativa al fomento del uso de energía procedente de fuentes renovables (DER)[2], y las comunidades ciudadanas de energía,

2 Arts. 2.6 y 22, y considerandos 65 y 67 DER.

reguladas en la Directiva 2019/944/UE, sobre normas comunes para el mercado interior de la electricidad (DMIE)[3].

A efectos de la promoción de las comunidades energéticas, destacan dos características comunes: se basan en la participación ciudadana, abierta y voluntaria, y por ello pueden suponer modelos de innovación social y democracia energética; y, su objetivo principal consiste ofrecer beneficios medioambientales, económicos o sociales a sus miembros o a la localidad en la que desarrolla su actividad, más que generar una rentabilidad financiera. Entre otros objetivos pueden incluir la lucha contra la pobreza energética y frente a la despoblación[4].

Entre otros rasgos diferenciales, figuran su ámbito de actuación y el componente "local": las CER realizan actividades relacionadas con las energías renovables, por lo que se impulsan en el marco de la DER que es una directiva de fomento, dadas las ventajas de la integración de las energías renovables en general, y en particular, de la participación local. Así, la propia definición de las CER exige que estén controladas por miembros situados en la proximidad de los proyectos. Por su parte, las CCE pueden realizar actividades relacionadas con el sector eléctrico[5], según la DMIE, y en su definición destaca el calificativo "ciudadanas": deben estar controladas por agentes no tradicionales (como son ciudadanos, pymes y entes locales), y facilitan la transición a mercados energéticos centrados en la ciudadanía y el consumidor. En su regulación es fundamental el principio de no discriminación y acceso a todos los mercados.

En el ámbito interno, la trasposición de las Directivas europeas se caracteriza por su fragmentariedad. Tras el Real Decreto-ley 23/2020, que modifica la Ley 24/2013 del Sector Eléctrico (LSE) para incluir la definición legal de CER, el Real Decreto-ley 5/2023 incluye en la LSE la definición de CCE y los principios reguladores de las CER y de las CCE. Sigue

---

3 Art. 2.11 y 16, y considerandos 43-47 DMIE.

4 *Vid.* LÓPEZ DE CASTRO GARCÍA-MORATO, L., "Comunidades energéticas de carácter local y lucha frente a la despoblación: condicionantes legales y papel de los entes locales", en NAVARRO, C., RUÍZ PULPÓN, A. R. y VELASCO CABALLERO, F. (dirs.), *Despoblación, territorio y entes locales,* Marcial Pons, Madrid, pp. 183 y ss.

5 Participación en la generación, incluida la procedente de fuentes renovables, distribución, suministro, consumo, agregación, almacenamiento, prestación de servicios de eficiencia energética o de servicios de recarga para vehículos eléctricos o de otros servicios energéticos a sus miembros.

pendiente la aprobación del Real Decreto de desarrollo de estas figuras, que está en tramitación. La normativa de las comunidades energéticas está relacionada con la eliminación de los obstáculos legales al autoconsumo colectivo[6], como principal actividad de las comunidades energéticas, y con la regulación de los nuevos negocios energéticos, en el contexto de la necesaria trasposición de las directivas europeas y de la pendiente revisión de la regulación eléctrica.

En consecuencia, el marco normativo estatal de las comunidades energéticas está marcado por el riesgo regulatorio, ante el carácter fragmentario y paulatino de su regulación. Esta característica condiciona de forma decisiva la efectividad de las medidas de fomento y ayudas públicas para promover las comunidades energéticas. Y viceversa, en este conjunto de piezas dispersas del marco regulatorio de las comunidades energéticas, las diversas convocatorias de subvenciones han contribuido a la regulación progresiva de estas figuras, si bien de forma fragmentaria y, en ocasiones, con disparidad de criterios[7].

2. LA ACTIVIDAD ADMINISTRATIVA DE FOMENTO DE COMUNIDADES ENERGÉTICAS Y SU MARCO PLURINORMATIVO

2.1. *Actividad administrativa de fomento y subvenciones. Las subvenciones financiadas con fondos europeos y su régimen jurídico*

El término "fomento" tiene perfiles difusos y diversas acepciones. La acepción clásica de la actividad de fomento se caracteriza por constituir una actividad administrativa de favorecimiento, que no constituye coacción ni servicios públicos, y que tiene un elemento teleológico: se persigue la promoción de actividades de interés general, y se pretende convencer a los particulares de que realicen una determinada actividad[8].

---

6 *Vid.* GALERA RODRIGO, S., "Transición energética en tiempos de policrisis (2021-2022)", en GARCÍA ÁLVAREZ, G. *et al.* (coords.), *Observatorio de Políticas Ambientales 2023,* BOE-CIEMAT, Madrid, 2023, p. 432.

7 *Vid.* en esta línea, GALLEGO CÓRCOLES, I., *Comunidades de energías y transición energética,* Aranzadi, Navarra, 2022, p. 193.

8 *Vid.* JORDANA DE POZAS, L., "Ensayo de una teoría del fomento en el Derecho administrativo", *Revista de Estudios Políticos,* 48, 1949, p. 49.

En un sentido más amplio, el término fomento incluiría también medidas regulatorias, favorecedoras de la actividad de interés general a promover. Dicha acepción se manifiesta en el propio título de la DER, en la que el fomento de las energías renovables incorpora medidas de promoción, regulación y de simplificación administrativa[9]. Este mandato de fomento, como marco jurídico favorable, se encuentra recogido respecto a las CER (art. 22 DER) y a las CCE (art. 16 DMIE)[10]. Incluso puede hacerse referencia a un concepto aún más amplio a través de instrumentos legales, económicos y sociales[11].

Pues bien, entre las medidas de fomento como actividad administrativa a través de incentivos económicos, bajo el concepto impreciso de ayuda pública y sus numerosas modalidades[12], reviste especial sustantividad la técnica de la subvención, como aportación dineraria sin contraprestación directa por quien la recibe y para fines de interés público, según una concepción estricta, mantenida por la doctrina[13] y reflejada en el art. 2 de la Ley 38/2003, de 17 de noviembre, General de Subvenciones (LGS). El régimen jurídico básico se contiene en la LGS y en su reglamento de desarrollo, aprobado por el Real Decreto 887/2006, con los principios de libre competencia, publicidad, transparencia, concurrencia y objetividad, igualdad y no discriminación, eficacia y eficiencia[14].

Entre los diferentes tipos de subvenciones, las subvenciones financiadas con fondos europeos se regulan por su normativa específica y sólo supletoriamente por la LGS (art. 6 LGS). Así, la Unión Europea otorga ayudas públicas con cargo a sus presupuestos, para la realización de sus objetivos y la instrumentación de diversas políticas europeas, que son gestionadas

---

9 *Vid.* PERNAS ALONSO, J. M., "Las comunidades energéticas locales ante el fomento administrativo: la convocatoria de ayudas públicas y otras vías de promoción", en GALÁN GALÁN, A. y ZAMORA SANTA BRÍGIDA, I. (dirs.), Comunidades energéticas locales, Fundación Democracia y Gobierno Local, 2024, p. 206.

10 En esta línea, *vid.* REVUELTA PÉREZ, I., *Comunidades energéticas y entidades locales. Formas jurídicas y participación municipal,* Aranzadi, Navarra, 2024, pp. 19 y 22.

11 *Vid.* IVANCIC, A. *et al.*, *Guía para el Desarrollo de Instrumentos de Fomento de Comunidades Energéticas Locales,* IDAE, Madrid, 2019, pp. 66-72.

12 *Vid.* TOSCANO GIL, F., "Los tipos de ayudas públicas a los 20 años de la Ley General de Subvenciones", *Revista General de Derecho Administrativo,* 65, 2024, p. 7.

13 Así FERNÁNDEZ FARRERES, G., *La subvención: concepto y régimen jurídico,* Instituto de Estudios Fiscales, Madrid, 1983.

14 *Vid.* PASCUAL GARCÍA, J., *Régimen jurídico de las subvenciones públicas,* 6ta edición, BOE, Madrid, 2016, pp.176-178.

por la Administración europea de los Estados miembros, la cual asume las responsabilidades financieras correspondientes (en España, art. 7 LGS)[15].

Entre ellos, en materia energética, destacan los fondos recientes del Mecanismo de Recuperación y Resiliencia (*NextGenerationEU*), aumentados tras el Plan *RepowerEU*, y que se ejecutan mediante los Planes Nacionales de Recuperación y Resiliencia; y el Fondo Social para el Clima, regulado en el Reglamento 2023/955/UE, del Parlamento Europeo y del Consejo, de 10 de mayo de 2023, por el que se establece un Fondo Social para el Clima, y que promueve que CCE y CER sean consideradas beneficiarias de dicho fondo[16].

En el caso de las subvenciones a comunidades energéticas, actualmente, son de especial relevancia, las financiadas mediante fondos del Mecanismo de Recuperación y Resiliencia, para la ejecución del PRTR de España, para la instrumentación de las políticas de energía y clima, de recuperación económica y de innovación. Entre otras normas serán aplicables: el Reglamento 2020/2094/UE del Consejo de 14 de diciembre de 2020, por el que se establece un Instrumento de Recuperación de la UE para apoyar la recuperación tras la crisis de la COVID-19; el Reglamento 2021/241/UE, del Parlamento Europeo y del Consejo, de 12 de febrero de 2021, por el que se establece el Mecanismo de Recuperación y Resiliencia; el Acuerdo del Consejo de Ministros de 27 de abril de 2021, por el que se aprueba el PRTR; y el Real Decreto-ley 36/2020, que incluye, entre otras, medidas de agilización de las subvenciones financiadas con los fondos europeos para la ejecución del PRTR, arts. 47, 60 y 61. Se trata de subvenciones gestionadas en el ámbito europeo por la Comisión Europea, y en el ámbito interno, gestionadas bien por el Instituto para la Diversificación y el Ahorro de la Energía (IDAE) de forma centralizada o bien por las Comunidades Autónomas (CCAA), con elementos relevantes de agilización y de centralización en su régimen jurídico[17].

---

15 *Vid.* ORDÓÑEZ SOLÍS, D., "El derecho de las subvenciones y ayudas públicas en la Unión Europea. Principios inspiradores. El control y el régimen de responsabilidad derivado de la gestión de los fondos europeos", en PALOMAR OLMEDA, A. y GARCÉS SANAGUSTÍN, M. (dirs.), *Derecho de las subvenciones y ayudas públicas*, 3ra edición, Aranzadi, Navarra, 2023, pp. 222 y ss.

16 Considerando 25.

17 *Vid.* FONT I LLOVET, T. "El régimen de las subvenciones y los fondos europeos para la recuperación", *Cuadernos de Derecho local,* 39, 55, 2021, p. 123 y ss.; SESMA SÁNCHEZ, B., "Derecho de subvenciones en y a partir de la pandemia", *Anuario de la Facultad de Derecho de la Universidad Autónoma de Madrid,* número extraordinario, 2021, p. 423.

2.2. El derecho europeo de ayudas de Estado y las comunidades energéticas

Por otra parte, los incentivos económicos a las empresas se someten al régimen europeo de control de Ayudas de Estado (arts. 107 y 108 TFUE). Se trata, como es conocido, de un concepto funcional, más amplio que el concepto de subvención, como categoría jurídica propia del derecho europeo de la competencia[18].

Para su aplicación en el ámbito de las comunidades energéticas, debe tenerse en cuenta en primer lugar, si existe ayuda de Estado, según los requisitos del art. 107.1 TFUE, interpretados por la jurisprudencia del Tribunal de Justicia de la Unión Europea (TJUE) y la Comisión Europea[19]. Entre otros aspectos, deberá analizarse si se tratan de empresas, que realizan actividad económica o no, cuestión que dependerá de la naturaleza de las actividades[20] que realice la comunidad energética; si existe ventaja económica o en su caso una compensación económica por obligaciones de servicio público[21] según la jurisprudencia *Altmark*[22]; y si se aplica la exclusión del Reglamento (UE) 2023/2831 de la Comisión, sobre ayudas *de minimis*[23].

En segundo lugar, aunque exista ayuda de Estado a una comunidad energética, pueden ser aplicables las previsiones de los arts. 107.2, 107.3 y 108 TFUE. Para determinar si es compatible con el mercado interior se debe analizar si se cumplen los límites y requisitos del Reglamento 651/2014/UE de exención por categorías[24], teniendo en cuenta también la Comunicación de la Comisión Europea Directrices sobre ayudas estatales en materia de clima, protección del medio ambiente y energía 2022[25] y en materia de

---

18 STS de 22 de marzo de 2024, ECLI:ES:TS:2024:1781.

19 Comunicación de la Comisión relativa al concepto de ayuda estatal conforme a lo dispuesto en el artículo 107.1 TFUE, de 19 de julio de 2016, C/2016/2946.

20 STJUE 27 de junio de 2017, ECLI:EU:C:2017:496, párrafos 44-47.

21 *Vid.* ALONSO MAS, M. J., *Comunidades energéticas y entidades locales. Aspectos contractuales, patrimoniales y de Derecho de la energía,* Aranzadi, Navarra, 2024, p. 25.

22 STJUE de 24 de julio de 2003, ECLI:EU:C:2003:415, párrafos 87-93.

23 Entre otras, las ayudas que no excedan de un límite máximo de 300.000 euros concedidas durante un período de tres ejercicios fiscales se entiende que no afectan al comercio entre los Estados miembros.

24 Reglamento 651/2014/UE de la Comisión, de 17 de junio, por el que se declaran determinadas categorías de ayudas compatibles con el mercado interior en aplicación de los arts. 107 y 108 del Tratado.

25 Entre otros aspectos, se contemplan exenciones a los procedimientos obligatorios de licitación competitiva para los proyectos de CER con una capacidad instalada

recuperación económica[26]. Así, el Reglamento 2023/1315/UE modifica la regulación de las ayudas públicas del citado Reglamento 651/2014/UE, entre otros aspectos, para las inversiones en infraestructuras de recarga, de eficiencia energética en edificios, de la energía de fuentes renovables, del hidrógeno renovable y de la cogeneración de alta eficiencia, todas ellas actividades que podrían realizar las comunidades energéticas.

2.3. Sistemas de apoyo. Otras herramientas de fomento

El apoyo a las CER y CCE puede articularse a través de los mecanismos de incentivos económico-patrimoniales incluidos en la propia regulación sectorial. Conforme al principio de fomento de las CER, el art. 4 DER sobre sistemas de apoyo a las energías renovables[27] y el art. 14.7.*bis.* LSE[28] sobre el régimen económico de las energías renovables (REER) establecen que deben tener en cuenta las peculiaridades de las CER a fin de que estas puedan competir por el apoyo, en pie de igualdad con otros participantes en el mercado. Este principio se recoge asimismo en la Recomendación 2024/1344/UE de la Comisión de 14 de mayo de 2024, sobre el diseño de las subastas de energías renovables. Otra cuestión, pendiente aún a nivel interno, es el desarrollo reglamentario y la aplicación de este sistema[29].

Frente a los incentivos económicos a las comunidades energéticas mediante sistemas de apoyo transparentes, deben rechazarse las subvenciones

---

igual o inferior a 6 MW (107.b.iv); y se prevé que los Estados miembros faciliten la participación de las CER en los procedimientos competitivos concediendo más flexibilidad en los requisitos de precualificación a los proyectos de las CER (120) o con otras medidas siempre que los efectos positivos de garantizar la participación de las CER compensen los posibles efectos falseadores (75), (DO C 80 de 18.2.2022).

[26] Comunicación de la Comisión Marco Temporal de Crisis y Transición relativo a las medidas de ayuda estatal destinadas a respaldar la economía tras la agresión contra Ucrania por parte de Rusia (DO C 101 de 17.3.2023).

[27] Sin perjuicio de la aplicación de las normas europeas sobre ayudas públicas (arts. 107 y 108 TFUE).

[28] Recientemente modificado por el Real Decreto-ley 8/2023, de 23 de diciembre, que permite incorporar, según las recomendaciones de la UE, criterios de adjudicación no económicos. Desarrollo reglamentario por el Real Decreto 960/2020, de 3 de noviembre, modificado recientemente por el Real Decreto 962/2024, de 24 de septiembre.

[29] *Vid.* Arts. 14 y 15 del proyecto de real decreto que regula las CER y CCE, sobre particularidades y cupos específicos en este tema.

implícitas a dichas figuras que podrían resultar, por ejemplo, de un régimen de peajes y cargos no adecuado[30]. Se trata de establecer un marco jurídico y retributivo favorecedor de las comunidades energéticas, que pueda corregir situaciones de desventaja competitiva frente a los operadores tradicionales[31]. Ello exige transparencia y evaluación continua para el ajuste de los incentivos, de forma que no se falsee la competencia, ni se discrimine a los consumidores no incluidos en comunidades energéticas, por lo que, en su caso, las medidas de favorecimiento deben ser excepcionales y temporales.

Por último, deben mencionarse otras modalidades de fomento en sentido amplio, como son las medidas de promoción, apoyo técnico y asesoramiento, de comunicación, de formación y de ejemplaridad, de especial relevancia en materias de transición energética y en relación con las figuras de las comunidades energéticas[32]. Asimismo, pueden tenerse en cuenta los *green nudges* (acicates, "empujoncitos"), como herramientas adicionales, que pretender convencer para la realización de actividades de interés general, sin utilizar la coacción ni incentivos económicos significativos, mediante estrategias cognitivas y técnicas que provienen de la economía conductual[33], y que pueden ser tan relevantes en materias de eficiencia

---

30 *Vid.* ROBINSON, D. y DEL GUAYO, I., "Alignment of energy community incentives with electricity system benefits in Spain", en LÖBBE, S. *et al* (eds.), *Energy communities: citizen centered, market-driven, welfare-enhancing?,* Elsevier, Países Bajos, 2022, p. 88.

31 BARTLETT I CASTELLÁ, E. R., "Comunidades energéticas", en ALENZA GARCÍA, J. F., y MELLADO RUIZ, L. (coords.), *Estudios sobre cambio climático y transición energética. Estudios conmemorativos del XXV aniversario del acceso a la cátedra del Prof. Íñigo del Guayo Castiella,* Marcial Pons, Madrid, 2022, p. 305.

32 Por ejemplo, art. 22.1 de la Directiva 2023/1791/UE del Parlamento Europeo y del Consejo, de 13 de septiembre de 2023 relativa a la eficiencia energética. Sobre la ejemplaridad, baste recordar el papel fundamental de los entes locales como integrantes de las CER y CCE, *vid.* GONZÁLEZ RÍOS, I., "Las «Comunidades energéticas locales»: un nuevo desafío para las entidades locales", *Revista Vasca de Administración Pública,* 117, 2020, p. 156; GALLEGO CÓRCOLES, I., *Comunidades de energías y transición energética, op. cit.,* p. 208.

33 *Vid.* entre otros, RIVERO ORTEGA, R., "Innovación para la efectividad de las normas ambientales", en RIVERO ORTEGA, R. y CEREZO PRIETO, M. (coords.), *Innovación en las normas ambientales,* Tirant Lo Blanch, Valencia, 2019, p. 23; MOREU CARBONELL, E., "Nudges y Derecho público. Oportunidad y regulación", en PONCE SOLÉ, J. (coord.), *Acicates (nudges), buen gobierno y buena administración,* Marcial Pons, Madrid, 2022, p. 93.

energética[34], de innovación social, e incluso alfabetización energética, que son ámbitos en los que puede desarrollarse la actuación de las comunidades energéticas.

3. LAS AYUDAS DEL PROGRAMA DE INCENTIVOS DE PROYECTOS PILOTO SINGULARES DE COMUNIDADES ENERGÉTICAS CON FONDOS DEL PLAN DE RECUPERACIÓN, TRANSFORMACIÓN Y RESILIENCIA

3.1. Las ayudas específicas a comunidades energéticas como parte del ecosistema de apoyo a las comunidades energéticas, con enfoque omnicomprensivo y gestión centralizada por el IDAE

El impulso de las comunidades energéticas mediante fondos europeos se manifiesta de forma específica en la palanca 3 del PRTR (Transición energética justa e inclusiva), en la componente 7 Despliegue e integración de energías renovables y en la reforma C7.R3 "Desarrollo de las comunidades energéticas". Así, el PERTE-ERHA incluye la medida 24 "Ecosistema de apoyo a las comunidades energéticas", partiendo de su carácter clave en el marco estratégico de energía y clima.

Siguiendo el enfoque omnicomprensivo recomendado por la Comisión Europea, se promueven los programas integrados en tres fases *(learn-plan-do)* de modo que se facilite a las comunidades energéticas el acceso al asesoramiento tecnológico y a la financiación[35]: se establece un ecosistema de apoyo de las comunidades energéticas, que tiene por finalidad su impulso en todas sus fases, dados los obstáculos identificados para su desarrollo, y los retos legales, económicos y sociales a los que enfrenta[36]. Por ello, el citado ecosistema de apoyo se basa en tres ejes: a) CE-Aprende, destinado a las fases tempranas de constitución, favoreciendo los procesos de sensibilización,

---

[34] *Vid.* MELLADO RUIZ, L., "Nuevos enfoques del Derecho ambiental desde la metología «*nudge*»", en RIVERO ORTEGA, R. y CEREZO PRIETO, M. (coords.), *Innovación en las normas ambientales,* Tirant lo Blanch, Valencia, 2019, pp. 95-99.

[35] COMISIÓN (UE), "Estrategia de Energía Solar de la UE" (Comunicación) COM(2022) 221 final, 18 de mayo de 2022.

[36] Véase una visión general sobre los citados obstáculos y retos en IVANCIC, A. *et al.*, *Guía para el Desarrollo, op. cit.*, pp. 60-70.

dinamización social, identificación de posibles proyectos y de socios; b) CE-Planifica, destinado a la fase de planificación y constitución de la comunidad energética o de sus proyectos, mediante apoyo técnico y jurídico; y, c) CE-Implementa, destinado a la fase de ejecución del proyecto, con apoyo económico en las actuaciones de generación renovable eléctrica o térmica, eficiencia energética, movilidad eléctrica y gestión de la energía, y que se complementa con el apoyo institucional a través del denominado programa CE-Oficinas.

El ecosistema de apoyo también responde a la necesidad de definir una hoja de ruta para cumplir el objetivo de impulsar las comunidades energéticas como actor clave en la transición energética. Según la citada *Guía para el desarrollo de instrumentos de fomento de comunidades energéticas locales* del IDAE, considerando el desarrollo típico de estructuras innovadoras, cabe distinguir diversas fases: la fase inicial en la que actúan pioneros; la fase de replicación, que depende de la capacidad de los instrumentos para fomentar los proyectos replicadores; la fase de *scaling-up*, con un crecimiento empresarial sostenible, hasta la fase de traslación al mercado masivo. En esta evolución se deben ir ajustando los instrumentos de fomento[37].

La ejecución de este ecosistema de apoyo se encomienda al IDAE, que ha impulsado dos líneas de ayudas en concurrencia competitiva: los programas de incentivos a proyectos piloto singulares de comunidades energéticas (CE Implementa), con una primera dotación de 100 millones de euros, cuyas bases reguladoras se aprueban en la Orden TED/1446/2021[38], con cuatro convocatorias resueltas, y una dotación adicional de 120 millones de euros, con bases reguladoras actualizadas en la reciente Orden TED/764/2024[39] y dos nuevas convocatorias actualmente en tramitación; y el programa de concesión de ayudas a Oficinas de Transformación Comunitaria (OTC) para la promoción y dinamización de comunidades energéticas (CE Oficinas), con

---

[37] Ibidem, p. 62.

[38] Orden TED/1446/2021, de 22 de diciembre, que aprueba las bases reguladoras para la concesión de ayudas del programa de incentivos a proyectos piloto singulares de comunidades energéticas (Programa CE Implementa), en el marco del PRTR, financiado por la Unión Europea-Next Generation EU.

[39] Orden TED/764/2024, de 22 de julio, por la que se aprueban las bases reguladoras para la concesión de ayudas del nuevo programa de incentivos a proyectos piloto singulares de comunidades energéticas (Programa CE implementa), en el marco del PRTR, financiado por la Unión Europea-Next Generation EU.

una dotación de 20 millones de euros, cuyas bases reguladoras se recogen en la Orden TED/1021/2022[40], con una convocatoria resuelta.

Frente a otras subvenciones en el marco del PRTR que pueden tener por beneficiarios a las comunidades energéticas y que se gestionan por las CCAA[41]; en este caso, la gestión a nivel interno se centraliza en el IDAE. Esto último se justifica adecuadamente en la exposición de motivos de las bases reguladoras de ambos programas, por la necesidad de optimizar los recursos públicos limitados, garantizando en todo el territorio español las mismas posibilidades de obtención y aplicación de dichas ayudas, dado el carácter innovador e incipiente del tipo de actuación que se pretende fomentar: los proyectos piloto singulares de comunidades energéticas[42] y las OTC para la promoción y dinamización de comunidades energéticas[43]. Se argumenta además que dichas actuaciones se promueven conforme al enfoque omnicomprensivo que caracteriza al ecosistema de apoyo de las comunidades energéticas y en cumplimiento de las políticas de promoción de nuevos actores y de impulso de la participación ciudadana dentro del sector energético, según exigen la DER y la DMIE. Por ello, las actuaciones subvencionadas presentan un enfoque supraautonómico que exige la gestión centralizada para evitar el fraccionamiento en su acceso siguiendo la doctrina constitucional[44].

En el caso de las OTC con la gestión centralizada también se permitiría el despliegue de una Red de Conocimientos y Experiencia, de participación abierta y coordinada desde el IDAE, con el fin de compartir conocimientos

---

40 Orden TED/1021/2022, de 25 de octubre, que aprueba las bases reguladoras para la concesión de ayudas a OTC para la promoción y dinamización de comunidades energéticas, para la realización de actividades de difusión, asesoramiento y acompañamiento, con el fin de fortalecer el sistema de apoyo a los actores interesados en la creación y desarrollo de comunidades energéticas, principalmente ciudadanos, pymes y entidades locales.

41 Entre otras, Real Decreto 477/2021, sobre ayudas al autoconsumo renovable y al almacenamiento; Real Decreto 451/2022, sobre ayudas para financiar estrategias de energía sostenible para las Islas Baleares y Canarias.

42 Dado el objetivo de promover la investigación técnica en el ámbito de las nuevas estructuras organizativas en el sector energético, el título competencial del art. 149.1.15ª CE sería prevalente.

43 Según la exposición de motivos de la Orden TED/1021/2022, se pretende "crear OTCs pioneras y que puedan servir de ejemplo para otras iniciativas futuras de esta índole".

44 STC 13/1992, ECLI:ES:TC:1992:13, FJ 8.

y buenas prácticas, que constituye otro de los mecanismos de apoyo del ecosistema de apoyo de comunidades energéticas.

3.2. Las ayudas del primer programa de incentivos a proyectos piloto singulares de comunidades energéticas: la Orden TED/1446/2021, de bases reguladoras, y sus elementos regulatorios

La Orden TED/1446/2021, de 22 de diciembre, aprueba las bases reguladoras para la concesión de ayudas del programa de incentivos a proyectos piloto singulares de comunidades energéticas (Programa CE Implementa), en el marco del PRTR, que realicen actuaciones en al menos una de las siguientes áreas: energías renovables eléctricas, energías renovables térmicas, eficiencia energética y movilidad sostenible. Adicionalmente pueden incluir actuaciones en el área de la gestión de la demanda[45].

Se trata de ayudas públicas financiadas mediante los fondos europeos del Mecanismo de Recuperación y Resiliencia, en los que la gestión es centralizada a nivel europeo por la Comisión Europea, según exige el Reglamento 2021/241/UE; y a nivel nacional, se enmarcan en el PRTR, componente 7, reforma 3, "Desarrollo de las comunidades energéticas", con gestión centralizada por el IDAE. Junto a las bases reguladoras, el marco jurídico aplicable es la normativa específica del Mecanismo de Recuperación y Resiliencia y del PRTR[46] y, supletoriamente, la LGS y su reglamento de desarrollo. Las ayudas se conceden como subvenciones a fondo perdido[47], compatibles con otras ayudas públicas, siempre que no se supere el coste de la actividad subvencionada y otros límites del art. 5 de la Orden, dado el carácter no lucrativo de las subvenciones.

Respecto al procedimiento de tramitación, es significativo el proceso de participación ciudadana, pública y privada: de forma previa a la elaboración del proyecto de bases reguladoras se realiza un llamamiento de manifestaciones de interés, con el objetivo de identificar proyectos y líneas de actuación en el ámbito de las comunidades energéticas e identificar mecanismos para su impulso como herramienta de recuperación

---

45 En el Anexo I de la Orden se precisan las actuaciones subvencionables dentro de cada una de estas cinco áreas de actuación.

46 *Supra* apartado 2.1.

47 El IDAE puede adelantar la subvención al beneficiario que así lo solicite mediante un anticipo del 80% de la ayuda otorgada, al objeto de facilitar la financiación de los proyectos.

económica[48]; y, además, ligado al proceso de diálogo y co-gobernanza del propio PRTR, con el objetivo de diseñar inversiones y medidas que respondan de manera adecuada a las necesidades de las entidades locales[49]. Posteriormente, el texto del proyecto de Orden se somete al trámite de audiencia e información pública[50].

La Orden presenta una doble finalidad, con diversos objetivos: primero, fortalecer el sistema de apoyo a los actores interesados en la creación y desarrollo de comunidades energéticas, principalmente ciudadanos, pymes y entidades locales, contribuyendo con ello a una descarbonización justa e inclusiva mediante el fomento de las inversiones en infraestructuras verdes y la participación de actores no tradicionalmente involucrados en el sector energético; y segundo, habilitar los mecanismos para el cumplimiento de los hitos CID 110, "proyecto piloto para las comunidades" y 111 "finalización de proyectos piloto relacionados con la energía en las comunidades locales" (art. 1.2 de la Orden). Se manifiesta la interrelación entre la planificación de recuperación económica y la concesión de ayudas, que intensifica la condicionalidad propia de la naturaleza de toda subvención[51], dado que la provisión de los fondos europeos se condiciona al cumplimiento de los hitos previstos en la planificación.

---

48 MINISTERIO PARA LA TRANSFORMACIÓN ECOLÓGICA Y EL RETO DEMOGRÁFICO: «Expresión de intereses de las comunidades energéticas locales» [en línea], (2021), <https://www.miteco.gob.es/fr/energia/participacion/2023-y-anteriores/detalle-participacion-publica-k-384.html> [Consulta: 31/07/2024] Según información sobre la ejecución del PRTR, se presentaron 459 propuestas: un 75% combinando generación renovable con eficiencia energética o movilidad; el 22% de los proyectos ubicados en municipios de menos de 5.000 habitantes. *Vid.* GOBIERNO DE ESPAÑA: «Manifestaciones de interés» [en línea], (s.f), <https://planderecuperacion.gob.es/como-acceder-a-los-fondos/manifestaciones-de-interes> [Consulta: 31/07/2024]

49 GOBIERNO DE ESPAÑA: «IV Informe de ejecución del Plan de Recuperación» [en línea], (2023), p. 111 <https://planderecuperacion.gob.es/sites/default/files/2023-12/21122023_IV_Informe_de_Ejecucion_del_Plan_de_Recuperacion_completo_0.pdf> [Consulta: 31/07/2024].

50 MINISTERIO PARA LA TRANSFORMACIÓN ECOLÓGICA Y EL RETO DEMOGRÁFICO: «Proyecto de orden por la que se aprueban las bases reguladoras para la concesión de ayudas a las Oficinas de Transformación Comunitaria para la promoción y dinamización de comunidades energéticas en el marco del PRTR» [en línea], (2021), <https://www.miteco.gob.es/fr/energia/participacion/2023-y-anteriores/detalle-participacion-publica-k-461.html> [Consulta: 31/07/2024].

51 Entre otras, STS 989/2018 de 12 de junio de 2018, ECLI:ES:TS:2018:2223, FJ 4.

Además, la exposición de motivos de la Orden reguladora de su concesión precisa que se trata de una línea específica de ayudas del Plan CE Implementa, como parte del ecosistema de apoyo a las comunidades energéticas, que incorpora la promoción de "proyectos de demostración con diversidad geográfica, tecnológica y social para eliminar barreras para entrar al mercado y validar modelos de negocio y posibles innovaciones a nivel técnico y/o social". Se trata, por tanto, de implementar la hoja de ruta para el desarrollo de comunidades energéticas, cuya primera fase es cultivar la emergencia de comunidades pioneras, capaces de dinamizar la creación de otras comunidades.

Respecto al objeto, se promueven proyectos piloto singulares de comunidades energéticas[52], que se consideran "piloto singulares" precisamente por el tipo de participación, al tratarse de ayudas dirigidas, en términos de su exposición de motivos:

> [A] aquellas entidades jurídicas, públicas o privadas, que fomenten la participación en el sector energético de actores no participantes en el mismo tradicionalmente y cuya finalidad sea el desarrollo de energía renovable eléctrica y térmica, eficiencia energética, infraestructura para movilidad sostenible y gestión de la demanda mediante comunidades energéticas.

Por lo tanto, la singularidad de los proyectos piloto está ligada a sus beneficiarios, las comunidades energéticas. Ante la transposición fragmentaria de las Directivas europeas, la Orden TED/1446/2021 incorpora como elemento regulatorio de gran interés un concepto amplio de "comunidad energética", abandonando el término "local" utilizado en el PNIEC. Se parte de la definición de CER según el art. 6.1.j) LSE eliminando el requisito de control efectivo basado en la proximidad de las instalaciones a los socios para dar cabida al concepto de CCE (DMIE). Adicionalmente se definen los elementos de participación abierta, participación voluntaria y control efectivo, art. 2.

Las ayudas se otorgan mediante el procedimiento de concurrencia competitiva, según los arts. 23-27 de la LGS y los criterios de admisión, evaluación y selección establecidos en la Orden. Presentan especial relevancia los criterios de valoración (Anexo II.2), que incluyen las características de los proyectos, la viabilidad económica[53] y las externalidades. El criterio de

---

52 Definido en el art. 2.5 como el conjunto ordenado de actuaciones desarrollados por la comunidad energética para realizar al menos una de las actuaciones especificadas en cualquiera de las cuatro primeras áreas del anexo I.

53 En cuanto a la viabilidad económica, se valora: a) la reducción sobre la ayuda máxima, y b) el plan de negocio y la cadena de valor.

"proyectos multicomponentes e innovadores" refleja el enfoque transversal del ecosistema de apoyo, más allá del autoconsumo eléctrico y teniendo en cuenta la integración de los sistemas energéticos. Dada la controversia sobre la definición de "proximidad", cabe destacar dos criterios referidos a las características de los proyectos: a) que los socios sean exclusivamente personas físicas, PYMES o entidades locales; y b) que los socios estén situados en las proximidades del proyecto, con un límite de proximidad que se establezca en cada convocatoria, siendo, como máximo, cincuenta kilómetros. La dimensión local asimismo se refleja en las externalidades[54]. La concreción de los criterios de valoración en las bases reguladoras y en las convocatorias reflejan la ponderación de los diversos objetivos, impulsando en mayor o menor medida, la proximidad, el carácter innovador o el impacto social y local, la inclusión de consumidores vulnerables y el desarrollo de proyectos en municipios de reto demográfico.

3.3. Convocatorias de ayudas del primer programa CE Implementa: resultados y evaluación

En aplicación de las previsiones de la Orden TED/1446/2021, se han aprobado cuatro convocatorias de ayudas a proyectos piloto singulares. Sus resultados preliminares se manifiestan en las propias Resoluciones que resuelven las citadas convocatorias en 2022 y 2023[55]; así como en la información de la página web del IDAE y sobre la ejecución del Plan de Recuperación[56].

---

54 Los criterios sobre las externalidades incluyen: a) el «impacto social y de género», valorando: i) proyectos con personas de hogares vulnerables como miembros de la comunidad; ii) proyectos desarrollados en municipios o en provincias en riesgo de despoblación; y iii) la contribución a abordar el reto demográfico y la transición justa, en relación con la ubicación del proyecto, y con la forma de abordar proactivamente estos retos; b) dinamización social, según la calidad del plan de participación de agentes interesados, incluyendo a personas físicas y/o PYMES y/o entidades locales; y c) adecuación con las prioridades autonómicas y/o locales.

55 Resoluciones de la Secretaria de Estado de Energía y Presidenta de E.P.E. IDAE, de 12 de enero de 2022, sobre la concesión de ayudas correspondientes a la primera y segunda convocatoria; y de 22 de diciembre de 2023, correspondientes a la tercera y cuarta convocatoria.

56 IDAE: «Cuarta convocatoria del programa de incentivos a proyectos piloto singulares de comunidades energéticas (Programa CE IMPLEMENTA), en el marco del Plan de Recuperación, Transformación y Resiliencia» [en línea], (2024), <https://sede.idae.gob.es/tramites-servicios/cuarta-

Como valoración global, se ha afirmado a nivel oficial[57], que las primeras bases reguladoras han propiciado de forma decisiva un fuerte impulso del modelo de comunidad energética, con resultados y acogida muy positivos en las cuatro convocatorias, detectándose un gran interés por implementar estos proyectos en toda la geografía española y facilitando el desarrollo de proyectos de comunidades energéticas en zonas de reto demográfico y de transición justa. Se han destacado los siguientes datos significativos como balance final de resultados de la primera orden de bases reguladoras: se presentaron 333 expedientes a las cuatro convocatorias y se han adjudicado ayudas para la creación de un total de 151 comunidades energéticas; se han adjudicado más de 77 millones de euros en ayudas, con unos 178 millones de euros de inversiones asociadas a estos proyectos[58]. Asimismo, como elemento complementario y parte del ecosistema de apoyo antes comentado, deben tenerse en cuenta los resultados del Programa CE Oficinas, implantado con la Orden TED/10121/2022, que aprueba las bases reguladoras para la concesión de ayudas a OTC, para la promoción y dinamización de comunidades energéticas, con una dotación de 20 millones de euros. Hasta la fecha se ha realizado una convocatoria de OTC, resuelta el 23 de octubre de 2023, con 79 proyectos beneficiados situados en 16 CCAA y algunas de ámbito nacional[59].

Efectivamente, entre los resultados cuantitativos del Programa CE Implementa, de proyectos piloto singulares de comunidades energéticas, destacan el número de actores involucrados en cada convocatoria, con diferencias significativas según la dimensión del proyecto destinatario; las formas jurídicas utilizadas, con predominio de la cooperativa y la asociación; el

---

convocatoria-del-programa-de-incentivos-proyectos-piloto-singulares-de> [Consulta: 31/07/2024]; y los sucesivos informes de ejecución del PRTR.

57 En la exposición de motivos de la citada Orden TED/764/2024, de 22 de julio, por la que se aprueban las bases reguladoras para la concesión de ayudas del nuevo programa de incentivos a proyectos piloto singulares de comunidades energéticas.

58 Véase la exposición de motivos del proyecto de Orden que establece nuevas bases reguladoras del Programa Implementa. Proyecto de Orden y de quinta convocatoria, publicados en el trámite de audiencia e información pública, abierto del 16/05/2024 al 29/05/2024. MINISTERIO PARA LA TRANSFORMACIÓN ECOLÓGICA Y EL RETO DEMOGRÁFICO: «Audiencia e Información pública de la Orden de bases y la Convocatoria de programa de incentivos a proyectos piloto singulares de comunidades energéticas» [en línea], (2024), <https://www.miteco.gob.es/es/energia/participacion/2024/detalle-participacion-publica-k-679.html> [Consulta: 31/07/2024]. La mención a dichos datos desaparece del texto finalmente aprobado de la exposición de motivos de la orden.

59 Resolución del Director General de Política Energética y Minas y Vicepresidente del Consejo de Administración del IDAE, de 23 de octubre de 2023.

carácter multicomponente de un número significativo de actuaciones, con protagonismo del autoconsumo eléctrico; y el impacto social y local, reflejado en datos como la participación de consumidores vulnerables, los planes de igualdad de género en la gobernanza, la realización en municipios de reto demográfico y la proximidad de los socios a las instalaciones de la comunidad energética[60].

Los datos cuantitativos sobre los resultados de las convocatorias se reflejan en el denominado "visor de comunidades energéticas", un espacio web específico sobre el programa CE Implementa, habilitado por el IDAE. Dicho visor incluye diversas secciones: a) un mapa de las comunidades energéticas; b) espacios que permiten realizar consultas sobre las comunidades energéticas y sobre los proyectos adjudicatarios, obteniendo resultados por comunidad autónoma, provincia, municipio y convocatoria; c) tablas resumen; y, d) detalle de los proyectos adjudicatarios de las ayudas[61]. Junto a la necesaria transparencia sobre la utilización de las subvenciones y el grado de ejecución del PRTR mediante los fondos europeos, el citado espacio web presenta una funcionalidad cualitativa de gran interés: puede facilitar la visibilización de proyectos innovadores y experiencias de éxito[62] que pueda inspirar, animar, convencer a la ciudadanía, y así lograr la replicación de iniciativas pioneras. En cuanto dicha visibilización pretende

---

60 Por ejemplo, respecto a la resolución de la primera convocatoria, con ayudas de hasta un millón de euros: a través de 45 proyectos beneficiarios, se prevén más de 230 actuaciones —en su mayor parte, multicomponente, con predominio de los proyectos relacionados con las energías renovables eléctricas, movilidad sostenible y gestión de demanda— en 14 CCAA, manifestando una elevada capilaridad territorial, que movilizan una inversión de 14,7 millones de euros. Se involucran a 2.600 actores, que en su mayoría no son agentes tradicionales del sector energético, con un impacto local y social significativo: el 85 % tiene por socios exclusivamente a personas físicas, pymes o entidades locales, el 42 % presenta planes de igualdad de género como parte de su gobernanza, el 16 % incluye entre sus socios a consumidores vulnerables, más de la mitad de los proyectos se desarrolla en municipios de reto demográfico, y el 87 % tiene a sus socios en un radio máximo de 25 km de la comunidad energética. GOBIERNO DE ESPAÑA: «Conoce el programa CE Implementa para el impulso de las Comunidades Energéticas en España» [en línea], (2024), <https://planderecuperacion.gob.es/noticias/conoce-programa-ce-implementa-impulso-comunidades-energeticas-Espana-perte-erha-prtr> [Consulta: 31/07/2024].

61 IDAE: «Visor de comunidades energéticas» [en línea], (2024) <https://informesweb.idae.es/visorcee/>, [Consulta: 31/07/2024].

62 En esta línea, asimismo, NAVARRO RODRÍGUEZ, P., *Las comunidades energéticas en España: análisis y propuestas para un desarrollo reglamentario completo*, Tirant lo Blanch, Valencia, 2024, p. 70.

convencer a los ciudadanos, podría incorporar técnicas de la economía conductual, incluyendo, por ejemplo, los ahorros obtenidos por los miembros de una comunidad energética, una vez se avance en la ejecución de los proyectos, como modalidad de acicates (*nudges*) al servicio del impulso de las comunidades energéticas.

En todo caso, desde el punto de vista cuantitativo, parece evidente la necesidad de una mayor dotación presupuestaria de ayudas a las comunidades energéticas[63], para su creación y para su acompañamiento mediante tareas de difusión y asesoramiento, ante la escasez de dichas iniciativas en España, en comparación con otros Estados miembros de la UE y ante el reto de convertirlas en motor de la transición energética.

En cuanto a la evaluación *ex post* del programa de incentivos CE Implementa, de ayudas a proyectos piloto singulares, deben tenerse en cuenta las previsiones de la Orden, y en general de la LGS, sobre justificación de las ayudas por los beneficiarios; y seguimiento, evaluación y comprobación de las mismas por el órgano concedente y los organismos fiscalizadores (Intervención General de la Administración del Estado, Tribunal de Cuentas y Comisión Europea). Así, tras la tramitación de los proyectos correspondientes a las cuatro convocatorias formuladas hasta la fecha, al amparo de la Orden TED/1446/2021, cuando concluyan los plazos para la presentación de las correspondientes justificaciones por parte de los beneficiarios, se iniciará la evaluación final y posterior verificación, conforme al art. 22 de la citada Orden y los arts. 30 y ss. LGS, como cuestiones incardinadas en el propio expediente de subvención[64].

Junto a la gestión de las ayudas, corresponde al órgano concedente el seguimiento, evaluación y comprobación de las mismas, conforme al art. 25 de la Orden y la LGS. Asimismo, los organismos fiscalizadores pueden realizar actuaciones de comprobación[65]. Todo ello se completa con la regulación sobre el incumplimiento (total o parcial) de condiciones y el sometimiento de los beneficiarios a lo establecido en materia de

---

63 Asimismo, reclamada por las CCAA en la consulta pública del Plan + Seguridad Energética (2022). La nueva dotación presupuestaria de 120 millones de euros para el segundo programa CE Implementa es un avance si bien discreto ante la magnitud del desafío al que se debe hacer frente.

64 STS de 21 de enero de 2020, ECLI:ES:TS:2020:128, FJ 3.

65 Durante el plazo de 5 años en general o 3 años si la financiación es inferior a 60.000 euros, a contar desde la finalización del plazo establecido para la ejecución de las actuaciones objeto de ayuda.

reintegros, control financiero e infracciones y sanciones administrativas establecidas en la LGS y en lo previsto por las disposiciones nacionales y de la UE en relación con el PRTR, el Mecanismo de Recuperación y su normativa de desarrollo.

3.4. El ajuste regulatorio. La Orden TED/639/2024 y el nuevo programa CE Implementa: la Orden TED/764/2024

La evaluación del Programa Implementa de ayudas a proyectos piloto singulares de comunidades energéticas se manifiesta asimismo en la revisión de sus bases reguladoras. Así, la reciente modificación de la Orden TED/1446/2021, por la Orden TED/639/2024, de 24 de junio, otorga aún más flexibilidad a los beneficiarios de las ayudas para la solicitud de modificaciones en la resolución de concesión (art. 20.d), incluidas las ampliaciones en los plazos de ejecución de los proyectos, dados los problemas derivados de los retrasos en los plazos para algunos de los trámites imprescindibles para la puesta en marcha de estos proyectos.

Por otra parte, la evaluación y la revisión se reflejan en el nuevo Programa CE Implementa recientemente aprobado. Como señala la exposición de motivos de la citada Orden TED/764/2024, de 22 de julio, por la que se aprueban las bases reguladoras para la concesión de ayudas del nuevo programa de incentivos a proyectos piloto singulares de comunidades energéticas (Programa CE Implementa) en el marco del PRTR, la nueva regulación incorpora actualizaciones según lo dispuesto en la Adenda del PRTR[66] y conforme a la experiencia adquirida en las convocatorias anteriores, así como los cambios correspondientes tras la modificación de las normas europeas de competencia en materia de exención por categorías[67]. La aprobación de las

66 La Adenda del Plan de Recuperación, tras el plan *RePowerEU*, conforme al borrador de PNIEC 2023-2030 (actualización del PNIEC aprobada posteriormente por Real Decreto 986/2024, de 24 de septiembre), incluye la nueva componente 31, con 665 Millones de euros para "Autoconsumo renovable, almacenamiento detrás del contador y comunidades", y el nuevo objetivo 479, "Finalización de 40 iniciativas realizadas por comunidades energéticas, ya sea mediante la instalación de energía renovable o soluciones de eficiencia energética, ya realizando procesos de edificios comunitarios y participativos".

67 Reglamento 2023/1315/UE por el que se modifica el Reglamento 651/2014/UE de la Comisión, de 17 de junio de 2014, citado *supra*.

bases reguladoras se complementa con la formalización de la quinta y la sexta convocatorias, dotadas con 30 y 90 millones de euros respectivamente[68].

Entre las modificaciones de las bases reguladoras, junto a las que se refieren a la gestión de las subvenciones, para facilitar su gestión, incrementar la concurrencia entre los interesados en las convocatorias y lograr plena transparencia a su procedimiento[69], cabe destacar las que se refieren a elementos regulatorios relativos a los beneficiarios del programa de incentivos (las comunidades energéticas en las áreas de actuación previstas[70]) y relativos a los criterios de valoración a aplicar en el procedimiento competitivo de selección.

En la definición de los beneficiarios, se observa la influencia de las modificaciones normativas aprobadas o en tramitación, así como la experiencia de convocatorias anteriores. Frente al concepto unitario de comunidades energéticas de la primera Orden, se incluyen ahora las definiciones de CER y CCE contenidas en la LSE, cuya reforma en 2023 incluyó la definición pendiente de CCE, y se incorpora algún elemento adicional que proviene del proyecto de Real decreto sobre comunidades energéticas, como el mínimo de cinco miembros para constituir una CER o una CCE. En relación con el criterio de proximidad a un proyecto, como elemento integrante de la definición de CER, se incluye como nueva definición (art. 2.12), el criterio de proximidad basado en el radio de veinticinco kilómetros, que a su vez se incluyó en las cuatro convocatorias anteriores como criterio de valoración relacionado con las características de los proyectos. La mayor precisión de las citadas definiciones de CER y CCE puede mejorar la seguridad jurídica, ante las disparidades normativas existentes, si bien es fundamental que se complete el desarrollo reglamentario cuanto antes.

---

68 Resoluciones de 26 de julio de 2024, del Consejo de Administración del IDAE, por las que se establecen la quinta y la sexta convocatoria del nuevo programa de incentivos a proyectos piloto singulares de comunidades energéticas (Programa CE Implementa), en el marco del PRTR, financiado por la Unión Europea – "NextGenerationEU".

69 En esta línea, modificaciones en relación con las obligaciones esenciales de los beneficiarios, art. 7 Orden.

70 En cuanto a las actividades objeto de promoción, se mantienen las cinco áreas de actuación, con algunos cambios en las actuaciones subvencionables: entre otras, las actuaciones relativas a las energías renovables eléctricas deben contar obligatoriamente con un sistema de almacenamiento detrás del contador para poder ser subvencionables.

En cuanto a los criterios de valoración de las solicitudes (Anexo II), las novedades de la nueva Orden TED/764/2024 de bases reguladoras son muy significativas, reflejando la nueva ponderación de objetivos a promover y la nueva fase en el desarrollo de comunidades energéticas. Respecto a las características de los proyectos, aparece el nuevo criterio de "viabilidad administrativa", con una puntuación relevante de 10 puntos. Con ello, se aborda una de las dificultades manifestadas en la experiencia de implementación de los proyectos de las comunidades energéticas: los retrasos y obstáculos derivados de la tramitación administrativa de permisos de acceso y conexión, de uso de instalaciones y de visados de proyectos. Respecto a la viabilidad económica, cobra protagonismo absoluto en la valoración el criterio de "reducción sobre la ayuda máxima"[71], que pasa de 15 puntos en las cuatro convocatorias a 70 puntos, lo que promueve un mayor apalancamiento en los proyectos, con una creciente incorporación de mecanismos de financiación alternativos: privados y, también de otras fuentes de financiación pública.

Estos dos criterios novedosos de valoración podrían permitir identificar *quick wins* en esta nueva fase del desarrollo de las comunidades energéticas, en proyectos de escasa complejidad técnica y clara viabilidad administrativa, de forma que puedan aparecer iniciativas exitosas de manera relativamente rápida[72], en su caso, mediante la replicación de experiencias de éxito de convocatorias anteriores. Asimismo, podrían traducirse en que un mayor número de proyectos reciban las ayudas y completen satisfactoriamente la ejecución de los proyectos en la fecha prevista, facilitando el cumplimiento de los hitos y objetivos del Plan de Recuperación, Transformación y Resiliencia, así como de las obligaciones de los beneficiarios de las subvenciones.

4. CONCLUSIONES

La valoración global preliminar del Programa CE Implementa, de incentivos a proyectos piloto singulares de comunidades energéticas, es muy positiva. Primero, por los datos cuantitativos, que reflejan su efectividad en el impulso de dichas comunidades: con un impacto geográfico muy amplio

---

[71] 1,5 puntos x 1% de reducción de ayuda, sobre la ayuda máxima que se podría solicitar por cada expediente (según los apartados 3 y 4 del art. 10 de las bases reguladoras), hasta un máximo de 70 puntos.

[72] *Vid.* IVANCIC, A. *et al.*, *Guía para el Desarrollo, op. cit.*, p. 61.

a nivel nacional, y en gran parte, en municipios de reto demográfico; y con la inclusión, en su composición, de agentes no tradicionales del mercado energético, y en ocasiones, de consumidores vulnerables. Y, segundo, por los datos cualitativos, configurado como una de las fases necesarias para el impulso de comunidades energéticas pioneras, integrado en el enfoque omnicomprensivo y transversal del ecosistema de apoyo a dichas comunidades y financiado por los fondos del Plan de Recuperación, Transformación y Resiliencia.

Junto a la gestión centralizada del Programa y a la difusión visibilizadora e inspiradora de los resultados, el IDAE está ejerciendo una función "cuasi-regulatoria" de gran interés: está funcionando en realidad como un *sandbox* regulatorio, respaldando fisonomías concretas de las comunidades energéticas por el método de ensayo y error y mediante el ajuste regulatorio, necesario para la exitosa gestión del Programa. Entre otros elementos, en 2024 se han introducido mayores grados de flexibilidad en la implementación de los proyectos y en las bases reguladoras actualizadas del nuevo Programa CE Implementa se incluyen nuevos criterios de valoración, derivados de la experiencia y de la nueva fase en el desarrollo de las comunidades energéticas, para favorecer la viabilidad administrativa y la adicionalidad de fuentes de financiación alternativas.

Con todo, no se puede dejar de mencionar, como elemento pendiente, la necesidad de un adecuado desarrollo reglamentario de las comunidades energéticas, que ponga remedio a la gran fragmentación en su regulación. Dicho desarrollo es imprescindible para reducir el riesgo regulatorio y, así, disminuir la correspondiente prima de riesgo que penaliza la financiación de este tipo de proyectos y, en consecuencia, su despliegue.

5. BIBLIOGRAFÍA

ALONSO MAS, M. J., *Comunidades energéticas y entidades locales. Aspectos contractuales, patrimoniales y de Derecho de la energía*, Aranzadi, Navarra, 2024.

BARTLETT I CASTELLÁ, E. R., "Comunidades energéticas", en ALENZA GARCÍA, J. F., y MELLADO RUIZ, L. (coords.), *Estudios sobre cambio climático y transición energética. Estudios conmemorativos del XXV aniversario del acceso a la cátedra del Prof. Íñigo del Guayo Castiella*, Marcial Pons, Madrid, 2022, pp. 289-312.

COMISIÓN (UE), "Estrategia de Energía Solar de la UE" (Comunicación) COM(2022) 221 final, 18 de mayo de 2022.

FERNÁNDEZ FARRERES, G., *La subvención: concepto y régimen jurídico*, Instituto de Estudios Fiscales, Madrid, 1983.

FONT I LLOVET, T., "El régimen de las subvenciones y los fondos europeos para la recuperación", *Cuadernos de Derecho local,* 55, 2021, pp. 115-142.

GALERA RODRIGO, S., "Transición energética en tiempos de policrisis (2021-2022)", en GARCÍA ÁLVAREZ, G. *et al.* (coords.), *Observatorio de Políticas Ambientales 2023,* BOE-CIEMAT, Madrid, 2023, pp. 403-444.

GALLEGO CÓRCOLES, I., *Comunidades de energías y transición energética,* Aranzadi, Navarra, 2022.

GOBIERNO DE ESPAÑA: «Manifestaciones de interés» [en línea], (s.f), <https://planderecuperacion.gob.es/como-acceder-a-los-fondos/manifestaciones-de-interes> [Consulta: 31/07/2024].

GOBIERNO DE ESPAÑA: «IV Informe de ejecución del Plan de Recuperación» [en línea], (2023), <https://planderecuperacion.gob.es/sites/default/files/2023-12/21122023_IV_Informe_de_Ejecucion_del_Plan_de_Recuperacion_completo_0.pdf> [Consulta: 31/07/2024].

GOBIERNO DE ESPAÑA: «Conoce el programa CE Implementa para el impulso de las Comunidades Energéticas en España» [en línea], (2024), <https://planderecuperacion.gob.es/noticias/conoce-programa-ce-implementa-impulso-comunidades-energeticas-Espana-perte-erha-prtr> [Consulta: 31/07/2024].

GONZÁLEZ RÍOS, I., "Las «Comunidades energéticas locales»: un nuevo desafío para las entidades locales", *Revista Vasca de Administración Pública,* 117, 2020, pp. 147-193.

IDAE: «Cuarta convocatoria del programa de incentivos a proyectos piloto singulares de comunidades energéticas (Programa CE IMPLEMENTA), en el marco del Plan de Recuperación, Transformación y Resiliencia» [en línea], (2024), <https://sede.idae.gob.es/tramites-servicios/cuarta-convocatoria-del-programa-de-incentivos-proyectos-piloto-singulares-de> [Consulta: 31/07/2024].

IDAE: «Visor de comunidades energéticas» [en línea], (2024) <https://informesweb.idae.es/visorcceе/>, [Consulta: 31/07/2024].

IVANCIC, A. *et al., Guía para el Desarrollo de Instrumentos de Fomento de Comunidades Energéticas Locales,* IDAE, Madrid, 2019.

JORDANA DE POZAS, L., "Ensayo de una teoría del fomento en el Derecho administrativo", *Revista de Estudios Políticos,* 48, 1949, pp. 41-54.

LÓPEZ DE CASTRO GARCÍA-MORATO, L., "Comunidades energéticas de carácter local y lucha frente a la despoblación: condicionantes legales y papel de los entes locales", en NAVARRO, C.; RUÍZ PULPÓN, A. R. y VELASCO CABALLERO, F. (dirs.), *Despoblación, territorio y entes locales,* Marcial Pons, Madrid, pp. 182-207.

MELLADO RUIZ, L., "Nuevos enfoques del Derecho ambiental desde la metología «*nudge*»", en RIVERO ORTEGA, R. y CEREZO PRIETO, M. (coords.), *Innovación en las normas ambientales,* Tirant lo Blanch, Valencia, 2019, pp. 71-111.

MINISTERIO PARA LA TRANSFORMACIÓN ECOLÓGICA Y EL RETO DEMOGRÁFICO: «Expresión de intereses de las comunidades energéticas locales» [en línea], (2021), <https://www.miteco.gob.es/fr/energia/participacion/2023-y-anteriores/detalle-participacion-publica-k-384.html> [Consulta: 31/07/2024].

MINISTERIO PARA LA TRANSFORMACIÓN ECOLÓGICA Y EL RETO DEMOGRÁFICO: «Proyecto de orden por la que se aprueban las bases reguladoras para la concesión de ayudas a las Oficinas de Transformación Comunitaria para la promoción y dinamización de comunidades energéticas en el marco del PRTR» [en línea], (2021), <https://www.miteco.gob.es/fr/energia/participacion/2023-y-anteriores/detalle-participacion-publica-k-461.html> [Consulta: 31/07/2024].

MINISTERIO PARA LA TRANSFORMACIÓN ECOLÓGICA Y EL RETO DEMOGRÁFICO: «Audiencia e Información pública de la Orden de bases y la Convocatoria de programa de incentivos a proyectos piloto singulares de comunidades energéticas» [en línea], (2024), <https://www.miteco.gob.es/es/energia/participacion/2024/detalle-participacion-publica-k-679.html> [Consulta: 31/07/2024].

MOREU CARBONELL, E., "Nudges y Derecho público. Oportunidad y regulación", en PONCE SOLÉ, J. (coord.), *Acicates (nudges), buen gobierno y buena administración,* Marcial Pons, Madrid, 2022, pp. 83-107.

NAVARRO RODRÍGUEZ, P., *Las comunidades energéticas en España: análisis y propuestas para un desarrollo reglamentario completo,* Tirant lo Blanch, Valencia, 2024.

ORDÓÑEZ SOLÍS, D., "El derecho de las subvenciones y ayudas públicas en la Unión Europea. Principios inspiradores. El control y el régimen de responsabilidad derivado de la gestión de los fondos europeos", en PALOMAR OLMEDA, A. y GARCÉS SANAGUSTÍN, M. (dirs.), *Derecho de las subvenciones y ayudas públicas,* 3ra edición, Aranzadi, Navarra, 2023, pp. 185-231.

PASCUAL GARCÍA, J., *Régimen jurídico de las subvenciones públicas,* 6ta edición, BOE, Madrid, 2016.

PERNAS ALONSO, J. M., "Las comunidades energéticas locales ante el fomento administrativo: la convocatoria de ayudas públicas y otras vías de promoción", en GALÁN GALÁN, A. y ZAMORA SANTA BRÍGIDA, I. (dirs.), Comunidades energéticas locales, Fundación Democracia y Gobierno Local, 2024, pp. 205-230.

REVUELTA PÉREZ, I., *Comunidades energéticas y entidades locales. Formas jurídicas y participación municipal,* Aranzadi, Navarra, 2024.

RIVERO ORTEGA, R., "Innovación para la efectividad de las normas ambientales", en RIVERO ORTEGA, R. y CEREZO PRIETO, M. (coords.), *Innovación en las normas ambientales,* Tirant Lo Blanch, Valencia, 2019, pp. 15-29.

ROBINSON, D. y DEL GUAYO, I., "Alignment of energy community incentives with electricity system benefits in Spain", en LÖBBE, S. *et al.* (eds.), *Energy communities: citizen centered, market-driven, welfare-enhancing?,* Elsevier, Paises Bajos, 2022, pp. 73-93.

SESMA SÁNCHEZ, B., "Derecho de subvenciones en y a partir de la pandemia", *Anuario de la Facultad de Derecho de la Universidad Autónoma de Madrid,* número extraordinario, 2021, pp. 407-423.

TOSCANO GIL, F., "Los tipos de ayudas públicas a los 20 años de la Ley General de Subvenciones", *Revista General de Derecho Administrativo,* 65, 2024, pp. 1-60.

Capítulo IX

Comunidades energéticas, economía social y entes locales: aspectos organizativos y de fomento[1]

JOSEP RAMON FUENTES I GASÓ[2]
Profesor titular de Derecho Administrativo
Universitat Rovira i Virgili

MARINA RODRÍGUEZ BEAS[2]
Profesor lectora Serra Hunter de Derecho Administrativo
Universitat Rovira i Virgili

---

1 Este capítulo es parte del proyecto "Regulación de sistemas energéticos comunitarios basados en almacenamiento y flexibilidad: aceptabilidad, gobernanza y digitalización (ComEnerSys)", TED2021-131840B-I00, financiado por el MCIN/ AEI/10.13039/501100011033 y por la Unión Europea "NextGenerationEU"/ PRTR".

2 Las personas autoras de este trabajo son investigadoras del Centre d'Estudis de Dret Ambiental de Tarragona (CEDAT), del Institut Universitari de Recerca en Sostenibilitat, Canvi Climàtic i Transició Energètica (IU-RESCAT) y del Grup de Recerca Territori, Ciutadania i Sostenibilitat de la Universitat Rovira i Virgili, reconocido como grupo de investigación consolidado y que cuenta con el apoyo del Departament de Recerca i Universitats de la Generalitat de Catalunya (2021 SGR 00162). Declaración de autoría CRediT: J. R. Fuentes Gasó: Conceptualización; redacción del borrador inicial (apartados 1, 2, 3); revisión final del manuscrito. M. Rodríguez Beas: Redacción del borrador inicial (apartados 4, 5 y 6); revisión final del manuscrito; edición final.

1. INTRODUCCIÓN

En los últimos tiempos ha comenzado a surgir un movimiento de índole local, diseminado por los territorios de toda la Unión Europea (en adelante UE) al amparo de la legislación europea, que busca introducir la generación y consumo local de energías renovables, así como otros servicios (como la recarga y usos compartido de vehículos eléctricos), en el seno de los municipios o incluso en ámbitos locales supramunicipales. Estas actuaciones se articulan a través de lo que ya se conocen como "comunidades energéticas", una institución jurídica que implica un empoderamiento de la ciudadanía más allá del modelo de autoconsumo compartido[3].

Se trata de una fórmula pensada para lograr no sólo un nivel más alto de empoderamiento de los consumidores, sino también para afianzar el rol de la ciudadanía en una nueva concepción de "democracia energética"[4] al impulsar la transición energética bajo un entorno colaborativo y participativo que se fundamenta en la consecución de un sistema energético seguro, asequible y sostenible con elementos de carácter social, donde el lucro económico no se vuelve un fin en sí mismo, sino el servir a los intereses de la colectividad[5].

Partiendo de esta base, es necesario estudiar el papel de los entes locales en el seno de estas comunidades energéticas para dilucidar su rol en el fomento patrimonial y económico de estas organizaciones, como canalizadoras de las herramientas de promoción de energías renovables y el autoconsumo en su localidad. Para ello, se analizarán en un primer bloque la naturaleza jurídica de las comunidades energéticas, para luego estudiar el marco normativo que habilita a las Administraciones a promover y formar parte de éstas, así como su papel dentro del mercado de la economía social, como modelo económico que se centra en la idea de la cooperación

---

3 COCCIOLO, E., "The role of energy communities for thermal networks: An EU legal perspective", *Review of European, Comparative and International Environmental Law,* 2024, p. 4.

4 Sobre esta temática, *vid.* en este libro el capítulo de Jaria-Manzano, Jordi, "El desafío democrático en la transición energética: apuntes preliminares para una teoría de la democracia en el Antropoceno".

5 FALCÓN-PÉREZ, C. E., "Las comunidades energéticas como iniciativas emergentes que luchan contra el cambio climático", *Actualidad Jurídica Ambiental,* 136, 2023, p. 63.

y la reciprocidad para la defensa y promoción del bien común[6]. En un segundo bloque se analizarán los factores de fomento sobre estas instituciones o, dicho de otro modo, las capacidades locales para aventajar y promover la creación de estas comunidades energéticas mediante fórmulas patrimoniales y económicas[7].

2. COMUNIDADES ENERGÉTICAS, UNA BREVE INTRODUCCIÓN JURÍDICA

La regulación de las comunidades energéticas se fundamenta esencialmente en dos instrumentos legislativos europeos: la Directiva 2018/2001/UE (en adelante DER), que establece la figura jurídica de la "Comunidad de Energía Renovable" (en adelante, CER); y la Directiva 2019/944/UE (en adelante DMIE), que introduce la "Comunidad Ciudadana de Energía" (en adelante, CCE).

Las CER, conforme al artículo 2.16 de la DER, se definen como entidades jurídicas que cumplen con las siguientes características: 1) se fundamentan en la participación abierta y voluntaria, lo que implica que son autónomas y están efectivamente controladas por socios o miembros situados en las proximidades de los proyectos de energías renovables que son propiedad de la entidad jurídica y que esta ha desarrollado; 2) sus socios o miembros pueden ser personas físicas, pequeñas y medianas empresas (pymes) o autoridades locales, incluidos los municipios; y 3) su objetivo principal es proporcionar beneficios medioambientales, económicos o sociales a sus socios o miembros, o a las comunidades locales donde operan, en lugar de generar ganancias financieras.

---

6 ATUTXA ORDEÑANA, E.; AGUADO MUÑOZ, R. y ZUBERO BEASCOECHEA, I., "Hacia una transición energética justa e inclusiva: la contribución de la economía social a la conformación de las comunidades energéticas europeas", *CIRIEC-España, Revista de Economía Pública, Social y Cooperativa,* 104, 2022, p. 132.

7 *Vid.*, al respecto, GONZÁLEZ PONS, E., "Las comunidades energéticas en Europa: ¿Un nuevo impulso para las cooperativas?", *Cooperativismo e Economía Social,* 45, 2022-2023, p. 61; FALCÓN-PÉREZ, C. E., "Las cooperativas energéticas verdes como alternativa al sector eléctrico español: una oportunidad de cambio", *Actualidad Jurídica Ambiental,* 104, 2020, p. 33; REVUELTA PÉREZ, I., "Comunidades energéticas: desafíos jurídicos para los entes locales", *Anuario de Derecho municipal 2022,* 16, 2023, p. 94.

Por su parte, las CCE, reguladas en el artículo 2.11 de la DMIE, son igualmente entidades jurídicas que: 1) se fundamentan en la participación voluntaria y abierta, y cuyo control efectivo es ejercido por socios o miembros que sean personas físicas, autoridades locales, incluidos los municipios, o pequeñas empresas; 2) tienen como objetivo principal proporcionar beneficios medioambientales, económicos o sociales a sus miembros o socios, o a la comunidad en la que desarrollan su actividad, en lugar de buscar una rentabilidad financiera; y 3) participan en la generación, incluida la de fuentes renovables, así como en la distribución, el suministro, el consumo, la agregación, el almacenamiento de energía, la prestación de servicios de eficiencia energética, o la provisión de servicios de recarga para vehículos eléctricos u otros servicios energéticos a sus miembros o socios.

Se observa que la principal diferencia radica en las actividades específicas que cada tipo de comunidad de energía puede desarrollar, siendo las CCE las que poseen un ámbito de actuación más amplio en comparación con las CER, las cuales están limitadas exclusivamente a las energías renovables. En este sentido, las CCE no están expresamente vinculadas a las energías renovables y pueden involucrarse en la generación, distribución, suministro, consumo, agregación, almacenamiento, prestación de servicios de eficiencia energética y recarga de vehículos eléctricos, entre otras actividades, dirigidas a sus propios miembros o socios, de acuerdo con la regulación de cada Estado. Por otro lado, las CER representan un proyecto de proximidad más estrechamente relacionado con el territorio[8].

Un elemento común de ambas figuras es que no están pensadas para producir o generar ganancias o beneficios financieros a sus miembros, ni simplemente para reducir la factura eléctrica[9], van mucho más allá de ello y lo que buscan es proporcionar beneficios medioambientales, económicos

---

8 Para un análisis completo de las diferencias entre ambos conceptos, *vid.* GONZÁLEZ PONS, E. y GRAU LÓPEZ, C. R., *Las cooperativas de consumo eléctricas y las comunidades energéticas*, Hispacoop, Confederación Española de Cooperativas de Consumidores y Usuarios, Madrid, 2021, pp. 14-17. *Vid.* asimismo, GONZÁLEZ PONS, E., Las comunidades energéticas..., *op. cit.* p. 60; VAÑÓ VAÑÓ, Mª J., "Participación público-privada en la transición energética a través de comunidades energéticas en forma de cooperativas", *Revista Jurídica de Economía Social y Cooperativa*, 42, 2023, p. 269.

9 PÉREZ PÉREZ, B., "Comunidades energéticas en barrios patrimoniales: Comunidad Energética (CE) Barrios de La Alhambra (Granada)", *Revista de estudios andaluces*, 46, 2023, p. 104.

o sociales tanto a sus socios como a las zonas en las que operan[10], teniendo la potencialidad de convertirse en un instrumento para la sostenibilidad energética y ecológica[11].

De allí que ORENA DOMÍNGUEZ entienda que las comunidades energéticas "son, principalmente, un concepto social, donde prima la gobernanza de ciudadanos, pymes y autoridades locales"[12] y que MENÉNDEZ SÁNCHEZ y FERNÁNDEZ GÓMEZ las definan como:

> [N]uevas formas de organización de actividades energéticas (generación, almacenamiento, consumo...) alineadas con la transición energética y con la transformación de los sistemas energéticos tradicionales en nuevos sistemas energéticos caracterizados por una creciente penetración de las energías renovables, una descentralización progresiva de los recursos energéticos, un papel protagonista y activo de los consumidores de energía y un conjunto de actividades innovadoras relacionadas con la agregación de energía, la gestión conjunta de activos en nombre de los consumidores, etc[13].

3. LA PARTICIPACIÓN PROACTIVA DE LOS ENTES LOCALES EN MATERIA ENERGÉTICA Y ECONOMÍA SOCIAL

3.1. Entes locales, medio ambiente y transición energética

Aunque en sus inicios la tradición jurídica española era reticente a que los entes locales entrasen a regular materias energéticas[14], el derecho

---

10 GONZÁLEZ PONS, E., "El Derecho de sociedades ante la transición ecológica. Primeras reflexiones de la Sociedad Cooperativa como comunidad energética", *Revista Aranzadi de derecho patrimonial*, 59, 2022, p. 5.

11 Sobre este punto, consultar en este mismo libro el trabajo de Forns Gómez, Alba "¿Hacia una gobernanza justa del hidrógeno? Participación pública y comunidades energéticas: Hacia una herramienta colectiva para la inclusión de los grupos vulnerables y/o marginados en el proceso de toma de decisiones energéticas en la UE y España".

12 ORENA DOMÍNGUEZ, A., "Las comunidades energéticas y los tributos locales en el País Vasco", *Documentos–Instituto de Estudios Fiscales*, 3, 2023, pp. 144-145.

13 MENÉNDEZ SÁNCHEZ, J. y FERNÁNDEZ GÓMEZ, J., *Comunidades Energéticas. Casos de estudio*, Instituto Vasco de Competitividad-Fundación Deusto, País Vasco, 2022, p. 19.

14 En este sentido, la Sentencia del TS, de 24 de junio de 2008, ECLI:ES:TS:2008:3516, declara incompetente al Ayuntamiento de Pamplona para aprobar una ordenanza sobre aprovechamiento de energía solar térmica en los edificios, siendo que en ese momento aún estaba en vigor la amplia competencia ambiental en medio ambiente de los artículos 25 y 26 de la LRBRL.

de la UE desde principios de siglo ha insistido en la necesidad de que los entes locales también formen parte de la transformación hacia las energías renovables debido a la potencialidad de los municipios para incidir en los aspectos sociales de sus conciudadanos. Desde 2001, y en base a diferentes directivas, este mandato jurídico ha ido moldeándose, limándose y puliéndose en textos cada vez más concretos en el sentido del fomento y la proximidad[15]. Así, el derecho europeo atribuye a los entes locales un papel relevante en el fomento de las energías limpias, con un claro encargo para la transformación a pequeña escala del mercado eléctrico[16].

Es de advertir que a nivel español el ejercicio de competencias en materia ambiental y de transición energética por parte de los entes locales ha sido una labor muy accidentada, por una parte, porque la reforma de la Ley 7/1985, de 2 de abril, Reguladora de las Bases del Régimen Local (en adelante LBRL), que se produjo en el año 2013, aminoró o redujo el elenco de materias de competencia local, afectando las competencias en

15 *Vid.*, en este sentido, el derogado considerando 19 de la Directiva 2001/77/CE del Parlamento Europeo y del Consejo, de 27 de septiembre de 2001, relativa a la promoción de la electricidad generada a partir de fuentes de energía renovables en el mercado interior de la electricidad: "A la hora de favorecer el desarrollo de un mercado de fuentes de energía renovables, hay que tomar en consideración las repercusiones positivas sobre el potencial de desarrollo regional y local, las perspectivas de exportación, la cohesión social y las posibilidades de empleo, especialmente por lo que se refiere a las pequeñas y medianas empresas y a los productores de energía independientes". Tras una serie directivas que han ido derogándose por otras normas comunitarias en el mismo sentido, se llega al considerando 17 de la Directiva 2018/2001/UE, relativa al fomento del uso de energía procedente de fuentes renovables: "Las instalaciones de pequeña escala pueden ser de gran utilidad para aumentar la aceptación pública y garantizar el desarrollo de proyectos de energía renovable, en particular a escala local. A fin de garantizar la participación de dichas instalaciones de pequeña escala, podrían seguir siendo necesarias condiciones específicas, incluidas las tarifas reguladas, para garantizar una relación coste-beneficio positiva, de conformidad con el Derecho de la Unión en materia de mercado de la electricidad. La definición de las instalaciones de pequeña escala a los efectos de la obtención de dicha ayuda es importante para proporcionar seguridad jurídica a los inversores. Las normas sobre ayudas estatales contienen definiciones de instalaciones de pequeña escala". Adicionalmente, es posible encontrar referencias locales en otros 12 considerandos, que mejoran y amplían estos conceptos que se comentan. Por ende, es evidente la intencionalidad del legislador comunitario de relacionar los conceptos de transición energética y entes locales.

16 REVUELTA PÉREZ, I., *Comunidades energéticas...*, *op. cit.* p. 82.

materia de medio ambiente, al limitarlo al "medio ambiente urbano"[17], y por la otra, porque la legislación estatal sectorial tampoco reconoce a los municipios, de forma adecuada, las competencias en esta materia[18].

No obstante, a partir del impulso europeo de la transición energética, existen Comunidades Autónomas que comenzaron una transformación jurídica que incluya a los entes locales dentro del sistema de transformación energética, dotándolos de competencias en algunos territorios, como el catalán, que cuenta con los siguientes instrumentos normativos: 1) El Estatuto de Autonomía cuyo artículo 2, j) otorga a los entes locales amplias competencias en medio ambiente, 2) El Texto Refundido de la ley municipal y de régimen local de Cataluña del año 2003, que en su artículo 66.2 establece como competencia propia de los entes locales "los abastecimientos energéticos", 3) La Ley 16/2017, de 1 de agosto, del cambio climático, cuyo artículo 33 contempla la participación de la Administración local en las políticas climáticas, que prevé que los entes locales pueden participar tanto en la planificación de las políticas climáticas como en los planes de acción sectorial, pudiendo crear "oficinas municipales o comarcales de transición energética, que deben tener como objetivo informar a la ciudadanía y a los propios entes locales, así como facilitar las herramientas para su fomento" (art. 33.4), 4) El 9 bis, al Decreto ley 16/2019, de 26 de noviembre, incorporado a través del Decreto Ley 24/2021, de 26 de octubre, de aceleración del despliegue de las energías renovables distribuidas y participadas, que contempla la posibilidad de participación local en al menos un 20% de la propiedad de un proyecto de parques eólicos y plantas solares fotovoltaicas o de su financiación, a las personas físicas y jurídicas, públicas o privadas, radicadas en el municipio en que se pretende ubicar la instalación, o en los municipios limítrofes a este municipio o los que pertenezcan a la misma comarca.

Ahora bien, tal y como denuncia REVUELTA PÉREZ, es insólito que, tras todos estos avisos jurídicos de la UE, la creación de las comunidades energéticas tanto en derecho europeo como nacional, y las claras referencias a la integración local en las políticas energéticas, todavía no se haya modificado el artículo 25 LRBRL para incluir esta competencia dentro del

---

17 FUENTES I GASÓ, J. R., "Consecuencias de la Ley 27/2013 de Racionalización y Sostenibilidad de la Administración Local, en el régimen local de Cataluña", *Revista Vasca de Administración Pública*, 101, 2015, p. 74.

18 REVUELTA PÉREZ, I., *Comunidades energéticas...*, *op. cit.* p. 85.

ámbito general de todas las Administraciones locales[19]. Un ámbito en el que, como se va a intentar demostrar, existe un gran interés para la autonomía local, tanto desde el ámbito del fomento a la economía social como desde la racionalización e independencia local debido a técnicas de colaboración público-privadas.

3.2. Economía social, cooperativas y comunidades energéticas a nivel local

La economía social aparece vinculada desde sus inicios a las agrupaciones populares y las cooperativas. Ello se debe a que comparten un sistema de valores y principios que ponían en el centro un enfoque moral de la economía[20]. En este sentido, el informe sobre la economía social en la UE, encargado por el Comité Económico y Social Europeo, define la economía social como el:

> [C]onjunto de empresas privadas organizadas formalmente, con autonomía de decisión y libertad de adhesión, creadas para satisfacer las necesidades de sus socios a través del mercado, produciendo bienes y servicios, asegurando o financiando, y en las que la eventual distribución entre los socios de beneficios o excedentes así como la toma de decisiones no están ligadas directamente con el capital o cotizaciones aportados por cada socio, correspondiendo un voto a cado uno de ellos, o se llevan a cabo en todo caso mediante procesos democráticos y participativos de toma de decisiones. La economía social también agrupa a aquellas organizaciones privadas organizadas formalmente con autonomía de decisión y libertad de adhesión que producen servicios no de mercado a favor de las familias, cuyos excedentes, si los hubiera, no pueden apropiarse los agentes económicos que los crean, los controlan o los financian[21].

Se trata de una definición que se adecúa correctamente a los artículos 2 y 4 de la Ley 5/2011, de 29 de marzo, de Economía Social (en adelante, LES). Más específicamente, en el ámbito local, donde se ubicarían las comunidades energéticas, la economía social tiene diferentes funciones separadas entre económicas, políticas y socioculturales[22]: 1) Las económicas que se identifican con el fomento al desarrollo de la autonomía

---

19 Ibidem, p. 84.

20 MONZON, J. L. y CHAVES, R., *La economía social en la Unión Europea*, Comité Económico y Social Europeo, Bruselas, 2012, pp. 14-17.

21 Ibidem, p. 23.

22 VAÑÓ VAÑÓ, Mª J., "Colaboración público-privada a través de entidades de la Economía Social", *Noticias de la Economía Pública, Social y Cooperativa*, 64, 2020, p. 41.

territorial, a la distribución equitativa de la riqueza, a la creación de empleo, a la competencia con grandes empresas, a la oferta de servicios de demanda menos rentable, a la mejora a la innovación de actividades y servicios, especialmente en el ámbito de las energías renovables y, aseguran una mayor estabilidad del sistema económico local, 2) Las políticas que se relacionan con la educación en democracia a los ciudadanos, democratización del control y dirección de las actividades, profundización en la política democrática y son un medidor en la aplicación de políticas públicas, y; 3) Las socioculturales que implican la capacidad de cambio en los valores sociales, la creación y desarrollo de capital social y ayudan a la generación y afianzamiento de cohesión social en el territorio y entre las personas que forman parte del proyecto.

La economía social incluye un conjunto de instituciones jurídicas que pueden presentar distintas fórmulas legales, entre las que se pueden mencionar a las cooperativas, las fundaciones, asociaciones, las sociedades laborales o centros especiales de empleo, entre otros[23]. Y aunque la economía social se focaliza en la satisfacción de los socios a través del mercado, tienen un punto común con las comunidades energéticas que es el objetivo de carácter social, es decir; en ambos casos (comunidades energéticas e instituciones de economía social) se trata de entidades jurídicas que buscan la satisfacción de los intereses de la colectividad y de las personas que las componen, todo ello, en un entorno colaborativo y participativo[24].

En consecuencia, las comunidades energéticas y la economía social están íntimamente relacionadas entre ellas, lo que origina que las zonas con más tradición cooperativista en el sector energético, como Cataluña o la Comunidad Valenciana, sean pioneras y ejemplos en la proliferación de este tipo de conjunciones y donde más apoyo se perciba desde las instituciones públicas[25]. E incluso en otros países de Europa como Grecia, Italia o Polonia, han decidido impulsar las comunidades energéticas mediante la utilización de instituciones jurídicas propias de la economía social "por

23 FALCÓN PÉREZ, C. E., "Las comunidades energéticas como iniciativas emergentes...", *op. cit.*, p. 22.

24 Ibidem.

25 *Vid.* el apartado dedicado a los orígenes del cooperativismo eléctrico en España, en GONZÁLEZ PONS, E. y GRAU LÓPEZ, C. R., *Las cooperativas de consumo...*, *op. cit.* pp. 44-45.

considerar que son las que se adaptan de manera más natural a los objetivos de las Comunidades Energéticas Europeas"[26].

En efecto, las comunidades energéticas son instituciones jurídicas que se fundamentan en la participación voluntaria y democrática de sus socios o miembros que se unen en pro de objetivos comunes de tipo medioambiental, social y económico, en los que resulta necesaria la colaboración de los entes locales, por ser las administraciones públicas más próximas al ciudadano que siempre se han caracterizado por ser ágiles, innovadores y con capacidad de crear soluciones imaginativas y creativas en beneficio de la ciudadanía[27].

3.3. La colaboración público-privada en comunidades energéticas

Los beneficios de las comunidades energéticas son amplios en los territorios donde se desplieguen. Pueden generar empleo local, especialmente necesario en regiones afectadas por la despoblación; permiten reforzar el tejido productivo local; mejoran los factores de pobreza energética y; tienen la capacidad de mejorar la aceptación de las energías renovables en el territorio[28]. Pero, además de ello, debe tenerse en el marco local más general que las comunidades energéticas son tenidas en cuenta desde el espectro internacional como un factor del autoconsumo inteligente propio de las *smart cities*, desde la perspectiva sostenible, ambiental y energética[29].

---

26 ATUTXA ORDEÑANA, E.; AGUADO MUÑOZ, R. y ZUBERO BEASKOETXEA, I., "Hacia una transición energética justa e inclusiva", *op. cit.*, p. 131. En este mismo sentido, consultarse: FAJARDO GARCÍA, G. y FRANTZESKAKI, M., "Las comunidades energéticas en Grecia", *REVESCO: revista de estudios cooperativos*, 137, 2021, pp. 57-72.

27 SOLER I PANISELLO, L., "Prefaci", en GIFREU I FONT, J. y FUENTES I GASÓ, J. R. (dirs.), *Règim jurídic dels governs locals de Catalunya*, segona edició ampliada, Tirant lo Blanch, Valencia, 2022, p. 35.

28 GONZÁLEZ PONS, E., "Las comunidades energéticas en Europa", *op. cit.* p. 65.

29 Al respecto, *vid.* EXPÓSITO-LÓPEZ, O., "Luces y sombras, inteligencia artificial en Smart Cities occidentales", en FONSECA, I. C. (coord.), *Cidades Inteligentes e Direito, Governaçao Digital e Direitos. Desafíos futuros globais*, Gestlegal, Coimbra, 2023, pp. 324-326; VIVES, J. y QUILES, E., "Requisitos de diseño de una Smart Grid para satisfacer las necesidades de una Smart City", en CANTÓ COLOMINA, B. y LO IACONO FERREIRA, V. G. (eds.), *Small and Medium Smart Cities Congress*, Universitat Politècnica de València Campus d'Alcoi, Alcoy, 2018, p. 85; GIFREU FONT, J., "La integración de medidas de eficiencia energética en la edificación a la vista de los

Así pues, no sólo son una apuesta local para una política de alcance global, sino para la sostenibilidad y resiliencia municipal del futuro. Por ello, el interés de los entes locales no sólo debe residir en promover estas instituciones, sino también en fomentar y ser partícipes de ellas. Pues, como analiza FALCÓN-PÉREZ, "uno de los problemas que plantea la transición energética es el sector eléctrico caracterizado por la necesidad de realizar fuertes inversiones, una estructura empresarial fuertemente concentrada y unos precios que deberán disminuir en el futuro"[30], más aún si realmente se persigue una transición energética justa[31].

Con las comunidades energéticas el concepto administrativo de colaboración público-privada (en adelante, CPP), supera al propio derecho administrativo y engloba, en su esencia, la idea de gobernanza propia de la ciencia política y la de agencia, de economía[32]. En efecto, con las comunidades energéticas no se está gestionando un servicio público, sino que se está ante una fórmula jurídico-privada de ejercicio de una actividad económica de interés general y de allí que no estemos frente a una de las formas tradicionales de CPP[33]. En determinados modelos pudiera plantearse que se trata de una nueva vertiente de gestión pública que busca promover y fomentar la interrelación y participación democrática entre distintos sectores sociales (sector público, sector privado y las personas)[34].

---

objetivos de la UE para los horizontes 202-2030. Las redes de District Heating and Cooling", en Revista Catalana de Dret Ambiental, vol. X, núm. 1, 2019, pp. 1-55.

30 FALCÓN PÉREZ, C. E., "Las cooperativas energéticas verdes…", *op. cit.,* p. 5.

31 *Vid.* al respecto, COCCIOLO, E., "Medidas de transición justa", en ALENZA GARCÍA, J. F. y MELLADO RUIZ, L. (coords.), *Estudios sobre cambio climático y transición energética. Estudios conmemorativos del XXV aniversario del acceso a la cátedra del profesor Íñigo del Guayo Castiella,* Marcial Pons, Madrid, 2022, pp. 597-614.

32 CABALLERO VELASCO, F., "La Administración Pública en la colaboración público-privada", *Revista Catalana de Dret Públic,* 67, 2023, p. 40.

33 GONZALEZ RIOS, I., "Las «Comunidades energéticas locales»: un nuevo desafío para las entidades locales", *Revista Vasca de Administración Pública,* 117, 2020, p. 168.

34 Así, la autora defiende esta técnica al entender que "la tradicional contraposició Estat versus sector privat, en què el segon —innovador, dinàmic i competitiu— compensava el paper més estàtic, burocràtic i mínimament intervencionista — només en cas de disfuncions en el mercat— del primer és substituïda per la nova percepció d'un estat emprenedor, proactiu i innovador que assumeix riscos i crea mercat i que fomenta un ecosistema simbiòtic funcional entre ambdues parts". GIFREU I FONT, J., "Mecanismes de col·laboració publicoprivada per a la provisió i l'explotació econòmica d'habitatge assequible: un joc de suma positiva", *Revista Catalana de Dret Públic,* 66, 2023, p. 58. No obstante, al respecto,

De allí que resulte necesario analizar qué posibilidades tienen los municipios de promover la creación de las comunidades energéticas, así como las facilidades que pueden aportar desde la iniciativa pública, bajo la idea que estas instituciones pueden servir de fomento, promoción y estímulo de la economía social.

Concretamente, se hará referencia a la participación de los entes locales en la conformación de comunidades energéticas a través de dos figuras propias de la economía social: las cooperativas y las asociaciones. Previo a ello, es necesario advertir que no son las únicas instituciones jurídicas de las que puede valerse un ente local para participar de forma activa en la transición energética mediante las comunidades energéticas. En efecto, autores como GONZÁLEZ RÍOS[35], GONZÁLEZ PONS[36], VAÑÓ VAÑÓ[37] y NAVARRO RODRÍGUEZ[38] han abordado este tema, desde la participación de los entes locales a través de figuras como los consorcios y las sociedades de capitales mixtos, e incluso, se ha planteado que las comunidades energéticas pueden configurarse como una forma institucionalizada de CPP[39].

La diversidad de opiniones deriva del hecho que en la transposición parcial que realizó España de la DER y la DMIE, que se materializó mediante el Real Decreto-ley 23/2020, de 23 de junio que definió la figura de las CER en el artículo 6.1.j) de la Ley 24/2013, de 26 de diciembre, del Sector Eléctrico (en adelante, LSE) y a través del Real Decreto-ley 23/2020, de 23 de junio, que incorporó las CCE en el artículo 6.1.k) LSE, se omitió hacer referencia a las posibles formas jurídicas que podían utilizarse (según lo dispuesto en el ordenamiento jurídico español) para la creación de comunidades energéticas con participación de los entes locales.

Velasco Caballero opina que "la expansión contemporánea de la CPP supone un cierto fracaso de la [NGP], una renovada alabanza a las virtudes intrínsecas de los operadores económicos privados (incluso para la consecución de fines de interés general) y, con todo ello, un cierto desinterés académico hacia la organización y el funcionamiento de la Administración que actúa mediante CPP. *Vid.* CABALLERO VELASCO, F., "La Administración Pública en la colaboración...", *op. cit.*, p. 39.

35 GONZÁLEZ RÍOS, I., "Las «Comunidades energéticas locales» ...", *op. cit.*, p. 160.

36 GONZÁLEZ PONS, E., "Las comunidades energéticas en Europa...", *op. cit.* pp. 62-65.

37 VAÑÓ VAÑÓ, Mª J., "Participación público-privada en la transición energética", *op. cit.*, pp. 247-280.

38 NAVARRO RODRÍGUEZ, P., *Comunidades energéticas en España: análisis y propuestas para un desarrollo regulatorio completo*, Tirant lo Blanch, Valencia, 2024, pp. 160-167.

39 REVUELTA PÉREZ, I., "Comunidades energéticas: desafíos jurídicos para los entes locales", *op. cit.*, p. 99.

3.3.1. Las asociaciones

La figura de la asociación no es solo un sistema de organización jurídico, sino que es una fórmula social básica reconocida como derecho fundamental en el artículo 22 de la Constitución española. Así, la Ley Orgánica 1/2002, de 22 de marzo, reguladora del derecho de asociación (en adelante, LODA) configura la capacidad de asociarse dentro de la libertad absoluta de sus miembros siempre y cuando ésta funcione de forma democrática en su toma de decisiones.

Es especialmente interesante, en el ámbito de la participación de entes locales, el artículo 2.6 LODA, que preceptúa expresamente que "las entidades públicas podrán ejercitar el derecho de asociación entre sí, o con particulares, como medida de fomento y apoyo, siempre que lo hagan en igualdad de condiciones con éstos, al objeto de evitar una posición de dominio en el funcionamiento de la asociación" siendo las administraciones públicas, en definitiva, titulares también de este derecho fundamental cuando se respete el mencionado precepto (art. 3.g) LODA).

Estas figuras jurídicas pueden utilizarse para la conformación de comunidades energéticas ya que pueden desarrollar actividades económicas siempre y cuando los resultados de dicha actividad se destinen íntegramente a la realización del bien común[40], siendo este tipo de entidades una de las mencionadas recurrentemente en la LES. No sólo eso, sino que el régimen asociativo conlleva que las administraciones públicas estén jurídicamente obligadas a fomentar el desarrollo de asociaciones que realicen actividades de interés general (art. 4.1 LODA), como es el caso. Asimismo, esta función de fomento de las asociaciones como vehículo jurídico para la constitución de comunidades energéticas, es especialmente relevante, tal como señala LÓPEZ DE CASTRO, a la vista del art. 72 LBRL, incluso en los supuestos en los cuales los municipios no fueran socios de la entidad, puesto que la norma:

> [E]stablece que los entes locales deben favorecer el desarrollo de las asociaciones, de intereses de los vecinos, con medidas de fomento, como la información, acceso a ayudas públicas y facilitar el "uso de medios públicos", como sería la cesión de uso de cubiertas y terrenos municipales, según la legislación de bienes públicos y la legislación climática autonómica[41].

---

40 VAÑÓ VAÑÓ, Mª J., "Participación público-privada en la transición energética", *op. cit.*, p. 270.

41 LÓPEZ DE CASTRO GARCÍA-MORATO, L., "Las comunidades energéticas locales: sinergias de la transición energética y de la lucha frente a la despoblación", *Revista de Derecho Urbanístico y Medio Ambiente*, 364, 2023, p. 152.

Con la normativa vigente, no cabe duda de que las asociaciones son un claro candidato para la formación de CCE o CER, aun y cuando la selección de los miembros de dicha asociación junto al ente local que se incorpore a la misma no se seleccione en pública concurrencia, ya que se trataría de un grupo de personas organizadas alrededor de la ejecución de un proyecto energético colectivo[42]. No obstante, con miras en garantizar la transparencia que debe prevalecer en la gestión de cualquier institución pública, siempre será recomendable que el ente local que quiera constituir una comunidad energética le otorgue la debida publicidad al proceso de conformación de la asociación con miras a que todas aquellas personas naturales y jurídicas interesadas puedan involucrarse en este proceso.

Es de advertirse que a pesar de los puntos positivos que pueden observarse en la utilización de la figura de la asociación como mecanismo para la conformación de comunidades energéticas, la LSE limita su capacidad operativa debido a su fórmula no mercantil, de manera que no podría ejercer funciones de distribución (en el caso de las CEE) o comercialización[43]. Así, aunque la asociación puede resultar útil para una comunidad energética incipiente y con necesidad de organizarse con prontitud, no se adecúa con los intereses que todas puedan tener a largo plazo[44].

3.3.2. Las cooperativas

Las cooperativas se definen por la Alianza Cooperativa Internacional (ACI) como entidades jurídicas que se distinguen por su enfoque en los valores y el bienestar de las personas por encima de los beneficios económicos. Son entendidas, además, como asociaciones autónomas de individuos que se unen de forma voluntaria para abordar sus necesidades económicas, sociales y culturales comunes mediante una empresa conjunta y democráticamente controlada[45]. Estas entidades se identifican por valores

---

42 FALCÓN PÉREZ, C. E., "Las comunidades energéticas como iniciativas emergentes que luchan contra el cambio climático", *op. cit.*, pp. 27-28.

43 GONZÁLEZ PONS, E. y GRAU LÓPEZ, Cristina R. *Las cooperativas de consumo…*, *op. cit*, p. 34.

44 Entendemos que, a pesar de lo expuesto, la función de reparto de energía generada por las instalaciones de la comunidad entre socios y miembros de la misma no quedaría afectada por dicha limitación.

45 *Vid.* ALIANZA COOPERATIVA INTERNACIONAL: «Qué es una cooperativa» [en línea], (s.f.), <https://ica.coop/es/cooperativas/que-es-una-cooperativa> [Consulta: 22/05/2024]

como la autoayuda, la democracia y la solidaridad, y se rigen por una serie de principios, algunos de los cuales tienen implicaciones claras para las comunidades energéticas en Europa[46].

GONZÁLEZ PONS destaca que existe mucha similitud entre los principios cooperativos y los conceptos europeos de comunidades energéticas, de allí que se configure como una opción potencial para la participación de los entes locales en las comunidades energéticas. Ambos comparten la noción de adhesión libre y voluntaria, donde cualquier individuo que cumpla con los requisitos puede unirse y retirarse sin coacción. También comparten el principio de participación democrática en la toma de decisiones, la autonomía e independencia financiera asegurando el control democrático, y el interés por mejorar el entorno comunitario. En el contexto de las cooperativas energéticas, esto implica el desarrollo de infraestructuras de autoconsumo de energías renovables, la mejora de la eficiencia energética y la reducción de la dependencia energética, con beneficios a largo plazo tanto en seguridad como en mejora medioambiental[47].

Además, el artículo 94.1 del Real Decreto Legislativo 781/1986, de 18 de abril, por el que se aprueba el texto refundido de las disposiciones legales vigentes en materia de Régimen Local (en adelante, TRRL) prevé la posibilidad que los entes locales creen cooperativas, para la gestión indirecta de servicios cuando el "capital social sólo parcialmente pertenezca a la Entidad", aunque precisamos, tal como lo afirma GONZÁLEZ RÍOS, que en el caso de la constitución de una cooperativa para el energético o concretamente una comunidad energética, no se hablaría de la gestión de un servicio público, sino de "una fórmula jurídico privada de ejercicio de la actividad económica"[48].

Respecto del elemento del capital social parcial resulta relevante y a favor de la autonomía que deben contar las comunidades energéticas —concretamente en el caso de las CER— respecto de sus socios o miembros, y hace que la cooperativa resulte una fórmula jurídica idónea para la participación de los entes locales como miembros de comunidades energéticas.

---

46 *Vid.* ALIANZA COOPERATIVA INTERNACIONAL: «Identidad cooperativa: nuestros principios y valores» [en línea], (s.f.), <https://ica.coop/es/cooperativas/identidad-alianza-cooperativa-internacional> [Consulta: 22/05/2024]

47 Sobre esta correlación, *vid.* GONZÁLEZ PONS, E., "Las comunidades energéticas en Europa", *op. cit.* pp. 62-65.

48 GONZÁLEZ RÍOS, I., "Las «Comunidades energéticas locales» ...", *op. cit.*, p. 168.

Así, por ejemplo, lo afirma REVUELTA PÉREZ quien señala que al no existir una estructura rígida basada en el capital social propio la cooperativa resulta compatible con el carácter abierto de las comunidades energéticas, de allí que "la cooperativa es una figura adecuada para la personificación formal de las comunidades de energías renovables y de las comunidades ciudadanas de energía, al ser perfectamente compatible con la estructura abierta de estas dos entidades"[49].

Entendemos que la forma cooperativa más adecuada para las comunidades energéticas sería la cooperativa de consumidores y usuarios prevista en el artículo 6 de la Ley 27/1999, de 16 de julio, de Cooperativas (en adelante LC), cuyo objeto es el suministro de bienes y servicios adquiridos a terceros o producidos por sí mismas, para uso o consumo de los socios y de quienes con ellos conviven (art 88 LC). De hecho, es posible observar ejemplos históricos y un modelo "tradicional" de cooperativas energéticas, existentes desde principios del siglo XX, que servían para llevar electricidad a zonas rurales donde no era rentable para las grandes compañías eléctricas[50].

Así, las comunidades energéticas constituidas como cooperativas de consumidores y usuarios, vendrían a representar la transformación y revitalización del modelo hacia un sistema que ya no buscaría que la electricidad llegase a todos los pueblos y zonas rurales, sino que tendría como objetivo contribuir a la transición energética intentando que toda la energía generada y suministrada proviniese de fuentes 100% renovables[51]. Siendo, como afirma GONZÁLEZ PONS la forma societaria que más se aproxima a las características que definen a las comunidades energéticas en las directivas europeas[52].

Ahora bien, debido al protagonismo ciudadano que tienen por definición las comunidades energéticas, así como una necesidad intrínseca de

---

49 REVUELTA PÉREZ, I., *Comunidades energéticas...*, *op. cit.* p. 64-66.

50 GONZÁLEZ PONS, E. y GRAU LÓPEZ, C. R., *Las cooperativas de consumo...*, *op. cit*, pp. 44-46.

51 FALCÓN PÉREZ, C. E., "Las cooperativas energéticas verdes...", *op. cit.*, p. 34.

52 Entiende la autora que "la participación abierta y voluntaria de la ciudadanía; que se posibilite abandonar la comunidad cuando se desee; que el control efectivo de la entidad lo tengan lo socios o miembros o que se trate de una entidad en la que la rentabilidad económica no sea lo prioritario, aproximan esta nueva realidad a algunas formas societarias, principalmente la cooperativa". *Vid.* GONZÁLEZ PONS, E., "Las comunidades energéticas en Europa", *op. cit.* p. 61.

gobierno democrático en su organización, la Administración no puede ni debe asumir la responsabilidad de mando. No obstante, ello no quita que no pueda formar parte de la operación mediante una CPP. Así, es perfectamente asumible que para beneficiarse de las actividades comunes los entes locales formen parte, como un miembro más, de estas comunidades energéticas que permitirán una ayuda mutua a ambas organizaciones, una simbiosis. En este sentido, VAÑÓ VAÑÓ defiende que:

> [L]a transferencia entre el sector público y privado repercutirá en el precio a abonar por los servicios, pero también repercutirá en los costes para las Administraciones Públicas. Se trata de lograr una asignación de riesgos óptima para asegurar que el valor del proyecto no disminuya y que además se reduzcan los costes de la financiación[53].

De este modo, se lograría una reducción del papel intervencionista de la Administración y, por ende, una disminución del gasto público al dejar en manos privadas la puesta en funcionamiento y creación de infraestructuras necesarias para el inicio de la actividad; pero fomentando el florecimiento de la comunidad energética desde el ámbito de las posibilidades públicas debido a su capacidad de desarrollo de políticas energéticas de transición[54].

Finalmente, antes de exponer las posibilidades que tienen los entes locales para mejorar patrimonial y económicamente la proliferación de comunidades energéticas, es necesario observar algunos problemas de índole social o político que pueden surgir a la hora de organizar y poner en marcha estas CPP. Como avisa VAÑÓ VAÑÓ, "se trata de una situación que puede generar numerosos conflictos porque la finalidad del socio público suele ser la de realizar la actividad encomendada y la consecución del interés general, mientras que la del socio privado, es previsible que persiga el fin del lucro"[55]; apartándose algunos miembros de la teoría donde precisamente las comunidades energéticas no deben tener como

53 VAÑÓ VAÑÓ, Mª J., *Colaboración público-privada…*, *op. cit.* p. 31.

54 Ibidem, pp. 252-255. En este sentido, la autora defiende que "una de las fórmulas más equilibradas en la colaboración público-privada es aquella en la que se incluyen criterios sociales a través de la utilización de cláusulas sociales o contratos reservados, o bien a través de entidades de la economía social. La colaboración se podrá articular a través de mecanismos de gestión directa por parte de las AAPP o bien mediante su participación en el capital de diferentes entidades, incluidas las asociaciones o las cooperativas, entre otras".

55 Ibidem, p. 255.

objetivo principal la rentabilidad económica, hecho que además supone una ventaja competitiva respecto a las empresas de servicios energéticos[56].

Pero no sólo ello, sino que debe tenerse en cuenta también que una Administración acostumbrada a sus poderes y privilegios, pasa a formar parte de una CPP donde se somete a la democracia, de forma que es posible, que a pesar de toda su influencia y capacidad patrimonial y económica (aportada y futura), no logre que se realice el proyecto como desearía, lo que puede poner en peligro su participación e incluso llegar a dificultar el florecimiento de la cooperativa. Por ello, si bien las técnicas que se van a presentar pueden ser útiles, también pueden resultar un arma de doble filo. Si bien es deseable, la convivencia de la CPP no tiene por qué ser sencilla.

4. FÓRMULAS DE FOMENTO PÚBLICO-PATRIMONIALES

La CPP que se presenta es un claro caso de colaboración institucionalizada, por la cual la Administración opera a través de organizaciones compartidas con la ciudadanía, con particulares[57]. En base a ello, la mera participación administrativa y la garantía de colaboración dotan a los ciudadanos de seguridad y estabilidad para contribuir y formar parte de cualquier proyecto público-privado[58], en este caso las comunidades energéticas.

Las fórmulas de fomento público-patrimoniales de las que dispone la administración son amplias y efectivas, pudiendo éstas separarse entre demaniales (licencias de uso y concesiones administrativas de dominio público), recogidas en los artículos 70 y siguientes del Real Decreto 1372/1986, de 13 de junio, por el que se aprueba el Reglamento de Bienes de las Entidades Locales (en adelante, RBEL) y patrimoniales (principalmente, alquiler y derecho de superficie). En este sentido, dentro de las modalidades de CPP en comunidades energéticas locales, de las técnicas más utilizadas por su simplicidad y eficacia son la de cesión de

---

56 GONZÁLEZ RÍOS, I., "Las «Comunidades energéticas locales» ...", *op. cit.*, p. 180.

57 CABALLERO VELASCO, F., "La Administración Pública en la colaboración...", *op. cit.*, p. 44; Revuelta Pérez, Inmaculada. *Comunidades energéticas...*, *op. cit.*, p. 99.

58 Así lo defiende Vañó Vañó al entender que "con la colaboración público privada se puede dar un impulso a determinadas áreas estratégicas como son la lucha contra el cambio climático, el fomento de las fuentes de energía renovables, la eficiencia energética y el uso eficiente de los recursos". *Vid.* VAÑÓ VAÑÓ, Mª J., *Colaboración público-privada...*, *op. cit.*, p. 28.

uno o varios espacios municipales como cubiertas de edificios o la cesión de terrenos de propiedad municipal para instalaciones de energías renovables para la comunidad energética[59].

4.1. Fórmulas de fomento mediante bienes demaniales

El fomento local a través de fórmulas demaniales trata de responder e identificar las capacidades públicas para ceder bienes, ya sea en características privativas o de especialidad de uso, o si puede cederse suelo para la construcción de infraestructuras en busca del interés general[60].

Es posible identificar las fórmulas demaniales dependiendo del uso que se le vaya a dar a los bienes públicos implicados en la creación y organización de la comunidad energética, entendiendo que será necesaria una licencia de uso cuando este uso sea común y especial, es decir, si concurrieran circunstancias de este carácter por la peligrosidad, intensidad del uso o cualquiera otra semejante (arts. 75.1.b) y 77 RBEL); mientras que en los casos en los cuales el uso sea privativo será necesaria una concesión administrativa (arts. 75.2, 78 RBEL y siguientes). Es de interés este apartado porque dependiendo de la actitud o intencionalidad del concesionario, pues en la generalidad de los casos el interés de la Administración para otorgar estas licencias o concesiones únicamente se debe al factor económico de la tasa. Sin embargo, en ocasiones los aprovechamientos demaniales también entran en este amplio concepto de CPP cuando la ocupación especial o privativa aúne su finalidad a la pública y busca este interés general, ya sea porque la ocupación del dominio público sea imprescindible para una actividad privada colaboradora o porque exista un interés público cualificado compatible con el interés privado[61]. El caso de las comunidades energéticas entraría perfectamente en esta definición de CPP y sería, en definitiva, muy sencillo justificar tanto las licencias de uso como las concesiones demaniales.

Las licencias de uso se rigen por el artículo 77 RBEL, que regula que "el uso común especial normal de los bienes de dominio público se sujetará a licencia, ajustada a la naturaleza del dominio, a los actos de su afectación y apertura al uso público y a los preceptos de carácter general". Estas

---

59 REVUELTA PÉREZ, I., *Comunidades energéticas…, op. cit.,* p. 96.

60 *Vid.* VAÑÓ VAÑÓ, Mª J., *Colaboración público-privada…, op. cit.,* p. 37.

61 CABALLERO VELASCO, F., "La Administración Pública en la colaboración…", *op. cit.,* p. 47.

licencias se otorgan directamente, de forma general, pero al ser claramente limitativa por la envergadura de la infraestructura necesaria para una comunidad energética, sería necesaria una licitación. Debe entenderse, al respecto, que es posible que dentro de un mismo municipio convivan diversas comunidades energéticas, de distinto tipo (CER o CCE), por lo cual es necesario que se delimite la capacidad para participar y se abra a todas las que cumplan los requisitos. No obstante, si la comunidad energética en forma de cooperativa mixta ya está constituida previamente, sería posible una adjudicación directa, debido a la propia adscripción del uso al necesario cumplimiento del fin de interés general para el que se otorga (la licencia) y por la cual se crea (la sociedad de economía mixta)[62].

Las concesiones de dominio público, por su parte, se utilizan en aquellos casos en los que las cesiones de uso de los bienes demaniales sean con carácter privativo. En los casos de las comunidades energéticas, por su configuración y necesidades, es muy probable que se utilice esta técnica debido a la necesidad de contar con infraestructura propia y funcional de forma privativa.

Así, debe tenerse en cuenta el artículo 80 RBEL que determina que en toda concesión sobre bienes de dominio público se establecerán cláusulas que definan su objeto, los límites de su extensión, las obras e instalaciones a realizar, y el plazo de utilización, que será improrrogable. Asimismo, se especificarán los deberes y facultades del concesionario respecto a la entidad concedente, las tarifas en caso de prestación de servicios privados al público, y cualquier subvención otorgada, incluyendo su tipo y condiciones. Se determinará el canon a satisfacer, que tendrá carácter de tasa y comportará la responsabilidad del concesionario por daños causados. También se establecerán las obligaciones de mantenimiento y reversión de las obras al término del plazo, así como la posibilidad de revocación anticipada por parte de la entidad concedente en caso de circunstancias de interés público, con o sin resarcimiento. Se dejará constancia del otorgamiento de la concesión, se establecerán sanciones por infracciones, y se especificará la obligación del concesionario de abandonar los bienes al término de la concesión.

---

62 Así lo apunta Vañó Vañó, al defender que "En algunos casos se podrán otorgar directamente a cooperativas mixtas, sociedades mixtas, cooperativas declaradas sin ánimo de lucro o de utilidad pública, o a otras cooperativas, cuando el inmueble en cuestión resulte necesario para dar cumplimiento a una función de servicio público o a la realización de un fin de interés general. *Vid.* VAÑÓ VAÑÓ, Mª J., *Colaboración público-privada…*, *op. cit.*, p. 37.

Es, sobre estas concesiones, de mucho interés el artículo 70.1 RBEL. En éste se preceptúa que "las Corporaciones locales podrán recobrar por si la tenencia de sus bienes de dominio público en cualquier tiempo". Este precepto es un arma que puede esgrimir sin mucha complicación cualquier Administración parte de una cooperativa o comunidad energética para hacer valer su posición, en base a los conflictos que puedan tener entre los socios. Como se comentaba, los conflictos pueden cernirse sobre estas relaciones de manera sencilla debido al índole democrático y no burocrático de la organización, por lo cual es una herramienta que puede alinear las decisiones de la comunidad energética con el interés público mediante la amenaza, pero lograría desintegrar la esencia conceptual y purista de la comunidad energética para volverla un títere público, sin más voluntad ciudadana.

4.2. Fórmulas de fomento mediante bienes patrimoniales

Dentro de las fórmulas patrimoniales, es posible encontrar la posibilidad de que el Ayuntamiento decida alquilar sus bienes patrimoniales a la comunidad energética por un precio asequible o razonable para poder colaborar con los objetivos de ésta[63], mediante un canon superficiario[64].

Por otro lado, y quizás de mayor interés, es la existencia de la figura del derecho de superficie, un instrumento previsto por la normativa urbanística como derecho real (arts. 53 y 54 del Real Decreto Legislativo 7/2015, de 30 de octubre, por el que se aprueba el texto refundido de la Ley de Suelo y Rehabilitación Urbana, en adelante TRLSRU). Esta es una figura poco utilizada tradicionalmente, pero con creciente y redescubierta vitalidad debido a

[63] VAÑÓ VAÑÓ, Mª J., *Colaboración público-privada…, op. cit.*, p. 37. A este respecto, la autora también comenta una técnica curiosa, que puede llegar a ser útil en algún momento, pero cuya aplicación práctica para las comunidades energéticas puede ser bastante limitada. Se está hablando del arrendamiento operativo, "por el que la entidad pública encarga a una entidad privada el diseño, la construcción y el mantenimiento de una determinada infraestructura (nueva o para rehabilitar o remodelar) y los servicios asociados a la misma. A cambio, la administración pública se compromete a pagar por disponibilidad, equipamiento, mantenimiento u otros servicios asociados. Por tanto, estaríamos ante una contraprestación por uso y no por el coste de la construcción".

[64] REVUELTA PÉREZ, I., *Comunidades energéticas…, op. cit.*, p. 97.

que se trata de una fórmula intermedia entre la promoción de actividades de interés general por la Administración y la venta de suelo público[65].

El derecho de superficie, conforme al artículo 53 TRLSRU, "atribuye al superficiario la facultad de realizar construcciones o edificaciones en la rasante y en el vuelo y el subsuelo de una finca ajena, manteniendo la propiedad temporal de las construcciones o edificaciones realizadas". También puede constituirse sobre edificaciones ya existentes atribuyendo al superficiario la propiedad temporal de éstas, sin perjuicio de la propiedad separada del titular del suelo.

Este derecho puede ser objeto de transmisión y gravamen, respetando las limitaciones establecidas al momento de su constitución. Además, en caso de que la construcción lo permita, el superficiario tiene la facultad de establecer la propiedad superficiaria en régimen de propiedad horizontal, separando el terreno correspondiente al propietario y pudiendo transmitir y gravar las viviendas, locales y elementos privativos de forma independiente durante la vigencia del derecho de superficie, sin requerir el consentimiento del propietario del suelo. También se permite la inclusión de cláusulas sobre derechos de tanteo, retracto y retroventa a favor del propietario del suelo en la constitución del derecho de superficie. En el caso de los municipios, se pueden constituir derechos de superficie en los terrenos de su propiedad u otros que formen parte del patrimonio público[66]. Este derecho puede establecerse de forma onerosa, no obstante, en estos casos sería posible la cesión gratuita debido a que la actividad de las comunidades energéticas redunda en beneficio de los habitantes del término municipal[67], aunque para autores como REVUELTA PÉREZ esta gratuidad no parece la opción más indicada[68]. Sin embargo, y teniendo en cuenta que el propio Ayuntamiento formaría parte de la comunidad energética y se aprovecharía también de esta electricidad, el establecimiento de un precio muy bajo o esta cesión gratuita no parece una idea a descartar.

---

65 GIFREU I FONT, J., "Mecanismes de col·laboració publicoprivada...", *op. cit.*, pp. 64-65

66 Ibidem, *op. cit.*, p. 65.

67 Al respecto, *vid.* el art. 79.2 del Real Decreto Legislativo 781/1986, de 18 de abril, por el que se aprueba el texto refundido de las disposiciones legales vigentes en materia de Régimen Local: "Los bienes inmuebles patrimoniales no podrán cederse gratuitamente salvo a Entidades o Instituciones públicas y para fines que redunden en beneficio de los habitantes del término municipal, así como a las instituciones privadas de interés público sin ánimo de lucro".

68 REVUELTA PÉREZ, I., *Comunidades energéticas...*, *op. cit.*, p. 84.

Por otro lado, la extinción del derecho de superficie sea por incumplimiento de la edificación conforme a normativas urbanísticas, por el vencimiento del plazo establecido[69] o por cualquier otra causa, conlleva la transferencia de la propiedad de lo edificado al propietario del suelo, sin obligación de indemnización alguna según el título de constitución del derecho. No obstante, es posible pactar disposiciones para la liquidación del régimen del derecho de superficie. Además, la extinción de este derecho implica la eliminación de cualquier carga impuesta por el superficiario, y si se unen los derechos de propiedad del suelo y del superficiario por alguna otra razón, las cargas que afecten a cada derecho continuarán separadamente hasta que expire el plazo del derecho de superficie.

Por lo tanto, se está ante un caso donde la Administración cede suelo público mediante una concesión administrativa en favor del cedente para que construya y explote equipamientos municipales. Ahora bien, este derecho es controversial porque expone una "privatización de suelo público", por lo cual la Administración debe atenerse en todo caso a la finalidad perseguida con la empresa, de forma que pongan en una balanza los intereses privados de la instalación del negocio y la obtención de esa finalidad, que en este caso sería el autoconsumo energético, siendo necesario un análisis *ad casum*[70]. Ahora bien, sin olvidar las políticas de autoconsumo en España, vistas desde la óptica del fomento, han sufrido siempre obstáculos y bloqueos generalizados para asegurar las ventajas del sistema energético tradicional, especialmente en los ámbitos del transporte y distribución[71].

Finalmente, debe tenerse en cuenta que las Comunidades Autónomas han entrado a regular este derecho en sus respectivas normas urbanísticas y es posible que, dependiendo del territorio de la comunidad energética, esta técnica pueda variar en su aplicación, para lo cual deberá tenerse en cuenta esta normativa especial y concreta[72]. Por ejemplo, y de forma concreta relativa al ámbito energético, las Islas Baleares o la Comunidad

---

69 La concesión no podrá superar los 75 años al ser una Administración Pública la concedente. *Vid.* artículo 93.3 de la Ley 33/2003, de 3 de noviembre, del Patrimonio de las Administraciones Públicas (en adelante, LPAP).

70 GIFREU I FONT, J., "Mecanismes de col·laboració publicoprivada...", *op. cit.*, p. 78.

71 PRESICCE, L., "El periplo de la regulación del autoconsumo energético y generación distribuida en España: la transición de camino hacia la sostenibilidad", *Revista Vasca de Administración Pública*, 113, 2019, p. 218.

72 Aunque existen multiplicidad de territorios donde se ha regulado (Andalucía, Aragón, Baleares...), por alusiones se menciona específicamente el artículo 171 del Text Refós de la Llei d'Urbanisme de Catalunya y el art. 105 del Decret

Valenciana han recogido el derecho de superficie en materia de comunidades energéticas en su normativa, donde se establece un régimen de concesión administrativa mediante concurso y cuyas bases deben fijar, entre otras cosas, el canon anual o el mecanismo de colaboración para el aprovechamiento de la energía[73].

5. FÓRMULAS DE FOMENTO PÚBLICO-ECONÓMICAS

La participación y fomento local en las comunidades energéticas desde un punto de vista práctico puede ser altamente ventajoso también desde la esfera económica pues puede permitir el ahorro de costes para la Administración local mediante normativas beneficiosas de cara a este interés público. Ello permite el doble objetivo de controlar el déficit público y sus efectos sobre el endeudamiento municipal e impulsar el desarrollo económico y social por parte del poder público, mediante la figura de la llamada financiación estructurada[74]. De hecho, se defiende desde la doctrina que de los mejores instrumentos para poder llevar a cabo esta transición energética (en particular) y en la lucha contra el cambio climático (en general), son las ventajas o reformas fiscales que permitan internalizar los costes asociados a los productos energéticos proporcionados a los consumidores[75].

En este sentido, existen ejemplos como es el caso de las recientemente mencionadas concesiones de dominio público, donde es posible establecer una tasa (art. 80.1. y 7 RBEL), pero la cual la norma permite que sea discrecionalmente simbólica o, incluso otorgar la licencia o concesión en gratuidad[76], dentro de las posibilidades normativas y la motivación administrativa,

---

Legislatiu de València 1/2021, de 18 de juny, del Consell d'aprovació del text refós de la Llei d'ordenació del territori, urbanisme i paisatge.

73 REVUELTA PÉREZ, I., *Comunidades energéticas…*, *op. cit.*, p. 96.

74 *Vid.* VAÑÓ VAÑÓ, Mª J., *Colaboración público-privada…*, *op. cit.*, p. 31.

75 FALCÓN PÉREZ, C. E., "Las cooperativas energéticas verdes…", *op. cit.*, p. 30.

76 Al respecto, el artículo 93.4 LPAP establece que "Las concesiones de uso privativo o aprovechamiento especial del dominio público podrán ser gratuitas, otorgarse con contraprestación o condición o estar sujetas a la tasa por utilización privativa o aprovechamiento especial de bienes del dominio público […]
No estarán sujetas a la tasa cuando la utilización privativa o aprovechamiento especial de bienes de dominio público no lleve aparejada una utilidad económica para el concesionario, o, aun existiendo dicha utilidad, la utilización o aprovechamiento entrañe condiciones o contraprestaciones para el beneficiario que anulen o hagan irrelevante aquélla".

para facilitar económicamente la existencia de la comunidad energética en régimen de CPP. Por otro lado, es también interesante que, siempre y cuando sea posible, las Administraciones Públicas disminuyan aún más el riesgo con de las inversiones mediante garantías públicas en los préstamos, ofreciendo préstamos públicos, subvenciones, bonificaciones o exenciones fiscales[77].

Pero, además, de las medidas que puedan adoptar los entes locales, debe recordarse que las cooperativas, como una de las posibles formas jurídicas que pueden adoptar las comunidades energéticas, disfrutan de amplios beneficios fiscales desde el ámbito estatal y que afectan también al local, tal y como define la Ley 20/1990, de 19 de diciembre, sobre Régimen Fiscal de las Cooperativas (en adelante, LRFC). En ésta se las categoriza como cooperativas especialmente protegidas (al entenderse como de consumidores y usuarios, de acuerdo con el artículo 7.e) LRFC, siempre que se respeten los requisitos del artículo 12 LRFC[78].

En este sentido, de acuerdo con el artículo 33 LRFC, las cooperativas protegidas tienen acceso a diversos beneficios fiscales en diferentes impuestos. En el Impuesto sobre Transmisiones Patrimoniales y Actos Jurídicos Documentados, están exentas en varios actos y operaciones, como la constitución, ampliación de capital y adquisiciones para el Fondo de Educación y Promoción. En el Impuesto sobre Sociedades, se benefician de un tipo del 20% para la base imponible de los resultados cooperativos y gozan de libertad de amortización de activos fijos nuevos adquiridos en tres años. Además, existen deducciones fiscales, donde la deducción por amortización no puede exceder el saldo de la cuenta de resultados cooperativos. También reciben bonificaciones del 95% en tributos locales como

---

77 *Vid.* VAÑÓ VAÑÓ, Mª J., *Colaboración público-privada...*, *op. cit.*, p. 31.

78 "1. Que asocien a personas físicas con el objeto de procurarles, en las mejores condiciones de calidad, información y precio, bienes cuya entrega no esté gravada en el Impuesto sobre el Valor Añadido al tipo incrementado.

2. Que la media de las retribuciones totales de los socios de trabajo, incluidos, en su caso, los retornos cooperativos a que tuvieran derecho, no supere el límite establecido en el artículo 8, apartado 2, de esta Ley.
3. Que las ventas efectuadas a personas no asociadas, dentro del ámbito de las mismas, no excedan del 10 por 100 del total de las realizadas por la cooperativa en cada ejercicio económico o del 50 por 100, si así lo prevén sus estatutos.
4. No serán de aplicación las limitaciones del apartado anterior, ni las establecidas en el artículo 13.10, a aquellas cooperativas que tengan un mínimo de 30 socios de trabajo y, al menos, 50 socios de consumo por cada socio de trabajo, cumpliendo respecto de éstos con lo establecido en el artículo 8.3".

el Impuesto sobre Actividades Económicas. En definitiva, estos beneficios fiscales contribuyen al fomento y protección de las cooperativas, promoviendo su desarrollo y participación en la economía.

6. CONCLUSIONES

La creación, impulso y creciente popularidad de las comunidades energéticas no es más que un hecho que demuestra la necesidad de evolucionar hacia un nuevo modelo de empoderamiento ciudadano en el sector energético caracterizado por un mayor grado de democracia energética, un modelo donde los ciudadanos no sólo desean adoptar un rol más activo en los servicios de interés general, sino que se ven capacitados para ello[79].

Las comunidades energéticas tienen el potencial de mejorar la cohesión social, la autonomía local y la independencia energética de los ciudadanos desde la perspectiva municipio a municipio que, en conjunto, puede llevar a una autosuficiencia y resiliencia de la producción eléctrica.

Además, también tienen la potencialidad de promover e impulsar la economía social, en el entendido que tanto las comunidades energéticas como las instituciones de economía social parten de la idea de la búsqueda de la satisfacción de los intereses de la colectividad y de las personas que las componen, en un entorno colaborativo y participativo donde resulta necesaria la colaboración de los entes locales.

El foco de la *smart city* en la producción energética local puede ser clave en las próximas décadas, alejando el concepto centralista estatal de estas políticas y aproximándolo a la generación municipal, permitiendo esta autonomía local. No obstante, para lograrlo, las políticas públicas locales deben ponerse en marcha y asociarse con las comunidades energéticas que

---

[79] En este sentido, son interesantes las palabras de Gifreu i Font al respecto: "L'Estat relacional ofereix una base per abordar els reptes actuals mitjançant un nou repartiment de tasques i responsabilitats entre Estat, mercat i societat civil que es fonamenta en la implicació i col·laboració activa de la societat (sector empresarial, tercer sector...) i en la constatació de la manca d'autosuficiència de les administracions per a proveir serveis. [...] Els serveis ja no es troben gestionats exclusivament per les polítiques protectores de l'Estat, sinó que hi concorren altres formes de relació que involucren el ciutadà, que assumeix un rol més actiu, i el sector empresarial privat, el qual mostra una voluntat creixent per integrar la responsabilitat corporativa i el compromís amb la comunitat". GIFREU I FONT, J., "Mecanismes de col·laboració publicoprivada...", *op. cit.*, p. 58.

se creen para poder lograr una simbiosis que repercuta en el interés público local y, en definitiva, en el interés privado de todos y cada uno de sus conciudadanos.

Las políticas públicas de fomento, tal y como se han descrito en este artículo, permitirían de forma realmente práctica y eficaz la configuración de las comunidades energéticas, pues se observaría un apoyo claro desde las instituciones para ello, lo que se traduce no sólo en estos beneficios que se han ido comentando, sino en un clima de colaboración pública que permitiría una fluidez muy atractiva para los detractores de las complicaciones burocráticas. Así, no sólo sería el aspecto financiero, sino también el de las facilidades de tramitación y la buena fe administrativa las que permitirían el florecimiento de muchas de estas organizaciones locales en el seno de los municipios de toda el Estado.

Finalmente, respecto al fomento público de estas actividades, debe siempre tenerse en cuenta la intencional longevidad del proyecto, así como la flexibilidad jurídica necesaria para llevarlo a cabo[80]. Por lo tanto, no es sólo deseable, sino también necesario, que todos aquellos acuerdos que se tomen en relación con el aventajamiento de las comunidades energéticas locales se hagan con cláusulas que permitan su revisión flexible y sencilla con tal de poder adecuar los nuevos tiempos, tecnologías o necesidades a los requisitos y problemas que vayan apareciendo en el camino.

7. BIBLIOGRAFÍA

ALIANZA COOPERATIVA INTERNACIONAL: «Qué es una cooperativa» [en línea], (s.f.), <https://ica.coop/es/cooperativas/que-es-una-cooperativa> [Consulta: 22/05/2024].

ALIANZA COOPERATIVA INTERNACIONAL: «Identidad cooperativa: nuestros principios y valores» [en línea], (s.f.), <https://ica.coop/es/cooperativas/identidad-alianza-cooperativa-internacional> [Consulta: 22/05/2024].

---

80 En este sentido, Caballero Velasco comenta que "Aunque la definición *ex ante* del objeto de la CPP genera mayor seguridad jurídica, no siempre es una forma adecuada de definición de la actividad colaborativa. No lo es cuando la actividad privada resulta difícilmente objetivable, o cuando se dilata mucho en el tiempo. En estos casos, es necesario un cierto grado de definición *ex post* de la CPP, una cierta remisión a continuas concreciones, adaptaciones o precisiones ulteriores, durante la vida de la CPP. Estas concreciones o adaptaciones pueden ser normativas o singulares". *Vid.* CABALLERO VELASCO, F., "La Administración Pública en la colaboración…", *op. cit.*, p. 47.

ATUTXA ORDEÑANA, E.; AGUADO MUÑOZ, R. y ZUBERO BEASCOECHEA, I., "Hacia una transición energética justa e inclusiva: la contribución de la economía social a la conformación de las comunidades energéticas europeas", *CIRIEC-España, Revista de Economía Pública, Social y Cooperativa*, 104, 2022, pp. 113-141.

CABALLERO VELASCO, F., "La Administración Pública en la colaboración público-privada", *Revista Catalana de Dret Públic*, 67, 2023, pp. 36-66.

COCCIOLO, E., "Medidas de transición justa", en ALENZA GARCÍA, J. F. y MELLADO RUIZ, L. (coords.), *Estudios sobre cambio climático y transición energética. Estudios conmemorativos del XXV aniversario del acceso a la cátedra del profesor Íñigo del Guayo Castiella*, Marcial Pons, Madrid, 2022, pp. 597-614.

COCCIOLO, E., "The role of energy communities for thermal networks: An EU legal perspective", *Review of European, Comparative and International Environmental Law*, 2024, pp. 1-13.

EXPÓSITO-LÓPEZ, O., "Luces y sombras, inteligencia artificial en Smart Cities occidentales", en FONSECA, I. C. (coord.), *Cidades Inteligentes e Direito, Governaçao Digital e Direitos. Desafíos futuros globais*, Gestlegal, Coimbra, 2023, pp. 313-334.

EXPÓSITO-LÓPEZ, O., "Contratación pública energética estratégica, una prioridad geopolítica incipiente", *Revista Eurolatinoamericana de Derecho Administrativo*, 10, 1, 2023, pp. 1-18.

FAJARDO GARCÍA, G. y FRANTZESKAKI, M., "Las comunidades energéticas en Grecia", *REVESCO: revista de estudios cooperativos*, 137, 2021, pp. 57-72.

FALCÓN-PÉREZ, C. E., "Las cooperativas energéticas verdes como alternativa al sector eléctrico español: una oportunidad de cambio", *Actualidad Jurídica Ambiental*, 104, 2020, pp. 1-55.

FALCÓN-PÉREZ, C. E., "Las comunidades energéticas como iniciativas emergentes que luchan contra el cambio climático", *Actualidad Jurídica Ambiental*, 136, 2023, pp. 41-99.

FUENTES I GASÓ, J. R., "Consecuencias de la Ley 27/2013 de Racionalización y Sostenibilidad de la Administración Local, en el régimen local de Cataluña", *Revista Vasca de Administración Pública*, 101, 2015, pp. 55-88.

GIFREU I FONT, J., "Mecanismes de col·laboració publicoprivada per a la provisió i l'explotació econòmica d'habitatge assequible: un joc de suma positiva", *Revista Catalana de Dret Públic*, 66, 2023, pp. 56-85.

GONZÁLEZ PONS, E., "El Derecho de sociedades ante la transición ecológica. Primeras reflexiones de la Sociedad Cooperativa como comunidad energética", *Revista Aranzadi de derecho patrimonial*, 59, 2022, pp. 1-29.

GONZÁLEZ PONS, E., "Las comunidades energéticas en Europa: ¿Un nuevo impulso para las cooperativas?", *Cooperativismo e Economía Social*, 45, 2022-2023, pp. 55-75.

GONZÁLEZ PONS, E. y GRAU LÓPEZ, C. R., *Las cooperativas de consumo eléctricas y las comunidades energéticas*, Hispacoop, Confederación Española de Cooperativas de Consumidores y Usuarios, Madrid, 2021.

GONZALEZ RIOS, I., "Las «Comunidades energéticas locales»: un nuevo desafío para las entidades locales", *Revista Vasca de Administración Pública*, 117, 2020, pp. 147-193.

LÓPEZ DE CASTRO GARCÍA-MORATO, L., "Las comunidades energéticas locales: sinergias de la transición energética y de la lucha frente a la despoblación", *Revista de Derecho Urbanístico y Medio Ambiente,* 364, 2023, pp. 105-165.

MENÉNDEZ SÁNCHEZ, J. y FERNÁNDEZ GÓMEZ, J., *Comunidades Energéticas. Casos de estudio,* Instituto Vasco de Competitividad-Fundación Deusto, País Vasco, 2022.

MONZON, J. L. y CHAVES, R., *La economía social en la Unión Europea,* Comité Económico y Social Europeo, Bruselas, 2012.

NAVARRO RODRÍGUEZ, P., *Comunidades energéticas en España: análisis y propuestas para un desarrollo regulatorio completo,* Tirant lo Blanch, Valencia, 2024.

ORENA DOMÍNGUEZ, A., "Las comunidades energéticas y los tributos locales en el País Vasco", *Documentos–Instituto de Estudios Fiscales,* 3, 2023, pp. 142-150.

PÉREZ PÉREZ, B., "Comunidades energéticas en barrios patrimoniales: Comunidad Energética (CE) Barrios de La Alhambra (Granada)", *Revista de estudios andaluces,* 46, 2023, pp. 102-125.

PRESICCE, L., "El periplo de la regulación del autoconsumo energético y generación distribuida en España: la transición de camino hacia la sostenibilidad", *Revista Vasca de Administración Pública,* 113, 2019, pp. 181-221.

PRESICCE, L., "Las competencias de los ayuntamientos para impulsar el autoconsumo fotovoltaico en el sector doméstico: especial referencia a Cataluña", *Revista de Investigaçoes Constitucionais,* 8, 1, 2021, pp. 77-106.

PRESICCE, L., *Los entes locales en la acción climática global: responsabilidades, retos y perspectivas jurídicas,* Tirant lo Blanc, Valencia, 2023.

REVUELTA PÉREZ, I., "Comunidades energéticas: desafíos jurídicos para los entes locales", *Anuario de Derecho municipal 2022,* 16, 2023, pp. 77-103.

SOLER I PANISELLO, L., "Prefaci", en GIFREU I FONT, J. y FUENTES I GASÓ, J. R. (dirs.), *Règim jurídic dels governs locals de Catalunya,* segona edició ampliada, Tirant lo Blanch, Valencia, 2022, pp. 35-36.

VAÑÓ VAÑÓ, Mª J., "Colaboración público-privada a través de entidades de la Economía Social", *Noticias de la Economía Pública, Social y Cooperativa,* 64, 2020, pp. 28-49.

VAÑÓ VAÑÓ, Mª J., "Participación público-privada en la transición energética a través de comunidades energéticas en forma de cooperativas", *Revista Jurídica de Economía Social y Cooperativa,* 42, 2023, pp. 247-280.

VIVES, J. y QUILES, E., "Requisitos de diseño de una Smart Grid para satisfacer las necesidades de una Smart City", en CANTÓ COLOMINA, B. y LO IACONO FERREIRA, V. G. (eds.) *Small and Medium Smart Cities Congress,* Universitat Politècnica de València Campus d'Alcoi, Alcoy, 2018, pp. 80-94.

Capítulo X

La implantación de las energías renovables en la red de distribución, con particular atención a las comunidades de autoconsumo

ÍÑIGO DEL GUAYO CASTIELLA
Catedrático de Derecho Administrativo
Universidad de Almería

PABLO RODRÍGUEZ PAJARÓN
Doctor Ingeniero Industrial
EDP (Energías de Portugal)

1. INTRODUCCIÓN

Desde hace ya varios años Europa está entregada al gran reto de la Transición Ecológica[1]. Ello supone, entre otras cosas, la necesidad de convertir el parque de generación eléctrica en independiente de los combustibles fósiles, algo que puede plantearse en la actualidad gracias al gran desarro-

---

[1] COMISIÓN (UE), "«Objetivo 55»: cumplimiento del objetivo climático de la UE para 2030 en el camino hacia la neutralidad climática" (Comunicación) COM(2021) 550 final, 17 de julio de 2021.

llo tecnológico de las energías renovables. En este contexto de reconversión de las fuentes de energía, la Unión Europea se ha marcado el ambicioso objetivo de reducir las emisiones de gases de efecto invernadero en al menos un 55% para el año 2030, para lo cual pretende que el 40% de la electricidad generada provenga de fuentes renovables.

En España estos planes se concretan en el PNIEC[2], que estima la necesidad de contar con un 74% de la potencia instalada con tecnologías renovables en el parque de generación eléctrica para el año 2030 y que está ahora en proceso de revisión[3] para aumentar más aún esta potencia renovable.

En todo caso, el enorme cambio que está ocurriendo en el sector eléctrico europeo no está condicionado exclusivamente por la sostenibilidad, sino también por la garantía de suministro. Dadas las condiciones de Europa como prácticamente una isla energética, la renuncia a los combustibles fósiles es una necesidad también económica y geoestratégica[4]. Esta situación ha pasado a un primer plano de importancia en el último año, debido a la invasión de Ucrania y las subsiguientes tensiones políticas y económicas con Rusia. El gas natural, que apuntaba a ser el vector del cambio del anterior sistema basado en derivados del petróleo hacia el futuro renovable, se ha encarecido drásticamente, poniendo en peligro la transición hacia un modelo de bajas —o nulas— emisiones de carbono.

El encarecimiento del gas natural y del resto de combustibles fósiles ha demostrado que la única forma que tiene Europa de lograr la independencia energética pasa por las energías renovables y por la electrificación de la economía[5], especialmente en sus actividades que más dependen de los combustibles fósiles —transporte y calentamiento, fundamentalmente—.

Estas dos tendencias, impuestas por la realidad climática y geopolítica de Europa, se suman a la voluntad férrea de la Unión de fomentar un mercado único de la electricidad en el que el consumidor sea el centro[5].

---

2 MINISTERIO DE TRANSICIÓN ECOLÓGICA Y RETO DEMOGRÁFICO, *Plan Nacional Integrado de Energía y Clima,* Gobierno de España, Madrid, 2020.

3 MINISTERIO PARA LA TRANSICIÓN ECOLÓGICA Y RETO DEMOGRÁFICO, *Borrador de actualización del PNIEC 2021-2030,* Gobierno de España, Madrid, 2023.

4 KUZEMKO, C. *et al.*, "Russia's war on Ukraine, European energy policy responses & implications for sustainable transformations", *Energy Research & Social Science,* 93, 2022, pp. 1-8.

5 PINEDA, I. *et al., Breaking new ground–wind energy and the electrification of Europe's energy system. Technical report,* Wind Europe, Brussels, 2018.

Medio ambiente, independencia energética y centralidad del consumidor se unen en un desarrollo tecnológico que ya es común en nuestros entornos: la generación distribuida y, en especial, el autoconsumo.

Entendemos por generación distribuida la generación eléctrica conectada a la red en el nivel de la red de distribución, en niveles de tensión más bajos que el transporte. Esto supone una filosofía diferente al modelo clásico sobre el que se desarrollaron los sistemas eléctricos a lo largo del siglo pasado, en el que el flujo de energía iba siempre de grandes generadores, conectados directamente a la red de transporte, hacia los grandes centros de consumo, ubicados en las ciudades y en las áreas industriales colindantes[6]. En la medida en la que el consumo coincida con la generación distribuida de forma local este modelo permitirá reducir las distancias de transmisión de electricidad, reduciendo por tanto las pérdidas. Existe por tanto una clara justificación técnica que anima a instalar la generación renovable cerca del consumidor final, pero, además, cada vez es más común la oposición social y ecologista contra los grandes desarrollos renovables en entornos rurales[7], lo que anima a llevar estas instalaciones a la ciudad.

Esto choca con el hecho de que, hasta ahora, la inclusión de renovables en el sistema ha primado la reconversión de antiguas instalaciones de generación convencional en grandes granjas renovables, aprovechando así las redes existentes, o la construcción de grandes parques renovables en entornos rurales. Esta realidad es comúnmente rechazada por las comunidades locales[8], pero también fracasa al mantener un modelo de generación alejada del consumo que las energías renovables pueden evitar, tal y como se explicó en el anterior párrafo. Es necesario por tanto pasar a un modelo horizontal, de generación y consumos cercanos y predominantemente urbanos, donde el autoconsumo adquiere importancia, tanto el individual como, sobre todo, el colectivo.

La tecnología más amigable con los entornos urbanos es la fotovoltaica, por su facilidad de instalación y mantenimiento, por su nula emisión de ruidos y bajo impacto visual si se instala sobre cubiertas, solución muy compatible con el diseño de entornos urbanos, en los que la gran mayoría de cubiertas no tienen ningún otro uso.

---

6 PARISE, G. *et al.*, "The architecture of electric power systems: Some special cases", en IEEE INDUSTRY APPLICATIONS SOCIETY (coord.), *50th Industrial & Commercial Power Systems Technical Conference*, IEEE Press, Fort Worth, 2014, pp. 1-6.

7 SUSSKIND, L. *et al.*, "Sources of opposition to renewable energy projects in the United States", *Energy Policy*, 165, 2022, pp. 1-17.

La generación fotovoltaica, por esos mismos motivos, es la más habitual en el autoconsumo, entendido como una forma específica de generación distribuida en la que la instalación de generación está dentro de los límites —eléctricos— de la instalación del consumidor, de tal suerte que la energía generada es utilizada en su propio consumo, reduciendo la demanda a la red. De acuerdo con los distintos modelos regulatorios que se han probado en los últimos años se puede favorecer más o menos que el autoconsumidor pueda entregar a la red la energía que no consuma y pueda obtener una contraprestación económica por ella[8].

Independientemente de que se realice en la modalidad de autoconsumo o no, parece claro que el futuro energético de Europa, por todo lo anteriormente expuesto, pasa por la inclusión masiva de generación fotovoltaica en nuestras ciudades. Esto acarrea multitud de factores y condicionantes, pero hay un elemento que resulta de especial importancia y que debe ser tenido en cuenta para proporcionar un entorno favorable a la instalación de fotovoltaica sobre las cubiertas de edificios urbanos: la red de distribución. La red de distribución es la que vertebra el sistema eléctrico en las ciudades, la que conecta consumidores con generación distribuida y con la red de transporte: es por tanto un escalón decisivo en los flujos de energía eléctrica en los entornos urbanos, que podrá ser palanca o freno para el desarrollo masivo de la fotovoltaica.

La red de distribución se diseñó, se construyó y todavía hoy se opera y se regula bajo las concepciones de los sistemas eléctricos del siglo pasado. El futuro de los sistemas pasa necesariamente por la adaptación de la red de distribución, con las dificultades que esto entraña: se trata de un negocio en monopolio, altamente regulado y que puede colisionar con las demandas de consumidores y comercializadoras, con modelos de negocio radicalmente distintos.

En este texto se pretende analizar cuáles son los elementos determinantes para la generalización de las instalaciones fotovoltaicas en entornos urbanos, visto desde la perspectiva de la red de distribución: desde el punto de partida actual con la situación de las instalaciones de autoconsumo

---

8 PRESICCE, L. y COCCIOLO, E., "Régimen jurídico del autoconsumo de energía eléctrica renovable y las políticas de transición energética: del marco europeo a la normativa española", en ANGLÉS HERNÁNDEZ, M. y PALOMINO GUERRERO, M. (coords.), *Aproximaciones comparadas sobre el sector eléctrico en Iberoamérica*, Instituto de Investigaciones Jurídicas–Universidad Nacional Autónoma de México, Ciudad de México, 2021, pp. 399-439.

(sección 2), las cuestiones técnicas más relevantes hoy en día y sus limitaciones técnicas (sección 3); continuando con un repaso de la regulación existente en España y las dificultades que impone (sección 4); y finalizando con unas conclusiones a modo de recopilación (sección 5).

En este trabajo se tratan de analizar conjuntamente consideraciones técnicas y regulatorias, desde el firme convencimiento de que los dos aspectos deben ser tenidos en cuenta a la hora de plantear cualquier propuesta —regulatoria o técnica— sobre el sector eléctrico.

2. EL AUTOCONSUMO Y SU REGULACIÓN, CON ESPECIAL REFERENCIA A LAS COMUNIDADES DE ENERGÍAS RENOVABLES PARA EL AUTOCONSUMO

2.1. Regulación del autoconsumo

El autoconsumo es cada vez más común en España, gracias principalmente a tres factores determinantes:

1. El abaratamiento de los componentes, en comparación con su precio de hace diez años[9];
2. La escalada y la volatilidad de los precios de electricidad durante los tres últimos años, que ha reducido los tiempos de retorno de las instalaciones de autoconsumo[10]; y
3. La regulación favorable y la simplificación de trámites, que se analizará en las siguientes secciones.

Estos factores han dado lugar a un gran crecimiento en la generación distribuida instalada en España. Por poner un ejemplo, en el año 2022 la potencia instalada de autoconsumo se incrementó un 130% respecto al

---

9 KAVLAK, G. *et al.*, "Evaluating the causes of cost reduction in photovoltaic modules", *Energy Policy*, 123, 2018, pp. 700-710.

10 MINISTERIO PARA LA TRANSICIÓN ECOLÓGICA Y EL RETO DEMOGRÁFICO: «Hoja de Ruta del Autoconsumo» [en línea], (s.f.), <https://www.miteco.gob.es/va/ministerio/planes-estrategias/hoja-ruta-autoconsumo.html> [Consulta: 12/06/2024].

anterior año, de acuerdo con los datos de APPA Renovables[11]. El autoconsumo cubre hoy cerca del 1,8% de la demanda eléctrica nacional, pero de acuerdo con los objetivos de PNIEC todavía quedarían por instalar más de la mitad de la potencia de autoconsumo necesaria[12], que oscila entre los 9 y los 14 GW de los 5,3 GW actualmente en funcionamiento.

Queda por tanto un largo camino por andar, más si se tiene en cuenta que, según se estima, de cada MW de autoconsumo instalado solo 0,38 MW son de instalaciones residenciales, que son las más habituales y adaptadas en entornos urbanos.

Además, este rápido crecimiento y el previsible a futuro, ha dado lugar a situaciones que pueden tensionar el correcto funcionamiento de la red de distribución, tal y como se expone a continuación.

A los clientes activos (que autogeneran electricidad) se refiere el art. 15 de la Directiva 2019/944/UE, sobre normas comunes para el mercado interior de la electricidad[13]. El autoconsumo de energía renovable (individual o colectivo) está contemplado en el art. 22 de la Directiva 2018/2001/UE, relativa al fomento del uso de energía procedente de fuentes renovables [14].

El art. 9 de la Ley núm. 24/2013, de 26 de diciembre, del Sector Eléctrico (LSE) [15] regula el autoconsumo de energía eléctrica. En desarrollo de la LSE, el Real Decreto núm. 244/2019, de 5 de abril, regula las condiciones administrativas, técnicas y económicas del autoconsumo de energía eléctrica[16].

Existe autoconsumo sin excedentes y con excedentes:

1. *Autoconsumo sin excedentes*: existe un único sujeto a efectos jurídicos —el consumidor— cuando los dispositivos físicos instalados impiden la inyección alguna de energía excedentaria a la red de transporte o distribución.

---

11 APPA AUTOCONSUMO, *Informe anual del autoconsumo fotovoltaico 2022*, APPA Renovables, Madrid, 2022.

12 MINISTERIO DE TRANSICIÓN ECOLÓGICA Y RETO DEMOGRÁFICO, *Plan Nacional Integrado de Energía y Clima*, *op. cit.*, p. 141.

13 DO L 158 de 14 de junio de 2019.

14 DO L 328 de 21 de diciembre de 2018.

15 BOE núm. 310, de 27/12/2013

16 BOE núm. 83, de 6 de abril de 2019.

2. *Autoconsumo con excedentes:* existen dos sujetos —el productor y el consumidor— cuando las instalaciones de producción pueden, además de suministrar energía eléctrica para autoconsumo, inyectar la energía excedentaria en las redes. El autoconsumo con excedentes se divide, a su vez, en acogido a compensación y en no acogido a compensación. En los momentos en que no se consume toda la energía generada, la energía sobrante (excedente) se vuelca a la red, recibiendo por ella un cierto importe bien en forma de compensación (descuento) en la factura eléctrica o bien como una venta de energía en el mercado.

La modalidad de suministro con autoconsumo con excedentes, se divide en:

1. Modalidad con excedentes acogida a compensación: pertenecen a esta modalidad, aquellos casos de suministro con autoconsumo con excedentes en los que voluntariamente el consumidor y el productor opten por acogerse a un mecanismo de compensación de excedentes. Esta opción solo es posible en aquellos casos en los que se cumpla con todas las condiciones siguientes:
    i. La fuente de energía primaria sea de origen renovable.
    ii. La potencia total de las instalaciones de producción asociadas no sea superior a 100 kW.
    iii. Si resultase necesario realizar un contrato de suministro para servicios auxiliares de producción, el consumidor haya suscrito un único contrato de suministro para el consumo asociado y para los consumos auxiliares de producción con una empresa comercializadora.
    iv. El consumidor y productor asociado hayan suscrito un contrato de compensación de excedentes de autoconsumo.
    v. La instalación de producción no tenga otorgado un régimen retributivo adicional o específico.
2. Modalidad con excedentes no acogida a compensación: pertenecen a esta modalidad, todos aquellos casos de autoconsumo con excedentes que no cumplan con alguno de los requisitos para pertenecer a la modalidad con excedentes acogida a compensación o que voluntariamente opten por no acogerse a dicha modalidad.

Las instalaciones con excedentes que se acojan al mecanismo de compensación de excedentes no tendrán que inscribirse en el Registro administrativo de instalaciones de producción de energía eléctrica (PRETOR), pero aquellas que opten por la venta de la electricidad sí deberán estar inscritas como instalaciones de producción de energía eléctrica, pero no tendrán que realizar ningún trámite especial ya que se hará su inscripción de oficio por el Ministerio en base a la información remitida por las CCAA.

Adicionalmente, el autoconsumo puede ser individual o colectivo, en función de si se trata de uno o varios consumidores los que estén asociados a las instalaciones de generación.

En cualquier modalidad, con independencia de la titularidad de las instalaciones de consumo y de generación, el consumidor y el propietario de la instalación de generación pueden ser personas físicas o jurídicas diferentes.

De conformidad con el Real Decreto núm. 244/2019, para que se entienda que la instalación de producción está próxima a las de consumo y asociada a las mismas ha de estar conectada a una distancia inferior a 500 metros de los consumidores asociados. El art. 3, letra g, del Real Decreto núm. 244/2019 recoge otras condiciones, además de la distancia, para que la instalación de autoconsumo sea reputada como instalación de producción próxima a la de consumo y asociada a la misma. El Real Decreto-ley núm. 18/2022, de 18 de octubre, y el Real Decreto-ley 20/2022, de 27 de diciembre, modificaron sucesivamente el artículo 3 del Real Decreto núm. 244/2019, extendiendo esta distancia hasta 1 y 2 km respectivamente, siempre que la planta de generación emplee exclusivamente tecnología fotovoltaica, y esté situada en cubiertas, suelo industrial, o estructuras artificiales existentes o futuras cuyo objetivo principal no sea la generación de electricidad.

De acuerdo con el art. 9, 5, de la LSE, la energía autoconsumida de origen renovable, cogeneración o residuos estará exenta de todo tipo de cargos y peajes. En el caso en que se produzca transferencia de energía a través de la red de distribución en instalaciones próximas a efectos de autoconsumo se podrán establecer las cantidades que resulten de aplicación por el uso de dicha red de distribución. Los excedentes de las instalaciones de generación asociadas al autoconsumo estarán sometidos al mismo tratamiento que la energía producida por el resto de las instalaciones de producción, al igual que los *déficits de energía* que los autoconsumidores adquieran a través de la red de transporte o distribución estarán sometidos al mismo tratamiento que los del resto de consumidores.

La Orden TED/1247/2021, de 15 de noviembre, modifica, para la implementación de coeficientes de reparto variables en autoconsumo colectivo, el anexo I del Real Decreto 244/2019, de 5 de abril, por el que se regulan las condiciones administrativas, técnicas y económicas del autoconsumo de energía eléctrica[17].

Mediante el Real Decreto núm. 477/2021, de 29 de junio[18] (modificado en varias ocasiones) se aprobó la concesión directa a las CCAA y a las ciudades de Ceuta y Melilla de ayudas para la ejecución de diversos programas de incentivos ligados al autoconsumo y al almacenamiento, con fuentes de energía renovable, así como a la implantación de sistemas térmicos renovables en el sector residencial, en el marco del Plan de Recuperación, Transformación y Resiliencia.

2.2. En particular, la comunidad de energías renovables para el autoconsumo

Para la realización del autoconsumo colectivo, los consumidores pueden adherirse a un esquema de autoconsumo colectivo, pero también podrán constituirse como comunidad de energías renovables siempre que se cumpla con los requisitos establecidos para las mismas. Esta comunidad podrá actuar como representante de los consumidores a los efectos previstos en el Real Decreto núm. 244/2019 siempre que estos otorguen las correspondientes autorizaciones (art. 4, 7, del Real Decreto núm. 244/2019, apartado añadido por el Real Decreto-ley núm. 18/2022, de 18 de octubre).

A ese respecto, debemos decir algo, ya sea brevemente, sobre las comunidades energéticas. A las Comunidades Ciudadanas de Energía (CCE) se refiere el art. 16 de la Directiva 2019/944/UE, sobre normas comunes para el mercado interior de la electricidad. Las Comunidades de Energías Renovables (CER) están contempladas en el art. 22 de la Directiva 2018/2001/UE, relativa al fomento del uso de energía procedente de fuentes renovables.

Las CER y las CCE son dos figuras que todavía no han sido plenamente transpuestas a la legislación española. La LSE las contempla en el art. 6, 1, letras j y k, y arts. 12 *bis* y 12 *ter*, respectivamente. Existe un Proyecto de Real Decreto por el que se desarrollan las figuras de las comunidades de energías renovables y las comunidades ciudadanas de energía (20 de abril

---

[17] BOE núm. 274, de 16 de noviembre de 2021.

[18] BOE núm. 155, de 30/06/2021.

2023), en el que se propone una definición legal tanto de las CER como de las CCE. En cuanto a las CER, el borrador establece diversos límites geográficos admisibles (para que pueda considerarse una CER), en función de la población de aquel municipio donde se encuentran los consumidores que se juntan en una comunidad. En límite máximo son 5 km[19].

Entre el Real Decreto de Comunidades energéticas (cuando llegue a aprobarse), y la regulación del autoconsumo se produce un cierto vacío legal, puesto que el autoconsumo limita la distancia a 2 kilómetros, y sólo para instalaciones fotovoltaicas. Si el Real Decreto se aprueba y, con él, el límite de los 5 kilómetros, no estará claro si los consumidores ubicados entre los 2 y los 5 kilómetros se beneficiarán de las exenciones de que se benefician actualmente los autoconsumidores (porque ni siquiera podrán ser considerados como autoconsumidores). Además, el borrador de Real Decreto nada dice sobre cuántos y cuáles serán los peajes que tengan que pagar los miembros de las comunidades. Una decisión que es, sin duda, la más importante.

3. PANORAMA DE LAS REDES DE DISTRIBUCIÓN

Las redes de distribución son infraestructuras maduras, especialmente en entornos urbanos. Son, además, instalaciones seguras, con un altísimo grado de disponibilidad y en las que se ha hecho un intenso esfuerzo de digitalización en los últimos años, especialmente en lo que se refiere al despliegue de contadores inteligentes, que es muy cercano al 100% en la actualidad[20]. Aun así, la red de distribución todavía está lejos de los niveles de instrumentación, medida y telemando de la red de transporte, debido a su extensión y capilaridad[21]. La red de distribución no cuenta con modelos tan fiables y realistas como la red de transporte, sobre todo en los niveles

---

19 En la Orden TED/1446/2021, de 22 de diciembre, el límite de proximidad de los proyectos singulares de comunidades energéticas contemplado en las bases reguladoras es de 50 km: Orden TED/1446/2021, de 22 de diciembre, por la que se aprueban las bases reguladoras para la concesión de ayudas del programa de incentivos a proyectos piloto singulares de comunidades energéticas (Programa CE Implementa), en el marco del Plan de Recuperación, Transformación y Resiliencia.

20 ALATON, C. y TOUNQUET, F., *European Commission, Benchmarking smart metering deployment in the EU-28: final report*, European Commission, Brussels, 2020.

21 PRETTICO, G. *et al.*, *Distribution System Operator Observatory 2020*, Publications Office of the European Union, Luxembourg, 2021.

más bajos de tensión, lo que dificulta una operación en tiempo real que pueda tener en cuenta los flujos de energía bidireccionales.

Además, si bien en entornos urbanos es común encontrarse con redes malladas es también muy habitual que la operación se realice de forma radial[22], lo que dificulta también la operación en tiempo real y la flexibilidad.

De forma general, las carencias en instrumentación y medida y la capacidad de operación mallada pueden dificultar el despliegue exitoso de generación distribuida, sobre todo en niveles bajos de tensión y su correcta utilización.

De cualquier forma, el mayor obstáculo al despliegue masivo de generación distribuida tiene que ver con la capacidad de evacuación de energía. La red fue diseñada para servir unos flujos de energía desde niveles de tensión superiores hacia niveles inferiores. En un escenario en el que la generación en niveles bajos de tensión sea cada vez más habitual será común que desde esos niveles se genere más de lo que se consume, por lo que la capacidad de la red debe ser acorde con los flujos de energía previstos, que no fueron los de diseño. A esto se suma el hecho de que los consumos —las demandas— también están sufriendo cambios, entre los que destacan:

1. La rápida urbanización: el crecimiento de las ciudades obliga a extender la red de distribución[23]. El crecimiento de la red sí se puede hacer teniendo en cuenta las previsiones a futuro, pero en niveles superiores, aguas arriba de las extensiones de la red, a los que se conectan los nuevos desarrollos, pueden quedar también anticuados y sobrecargados.

2. Las nuevas cargas eléctricas, fruto del esfuerzo por electrificar la economía, especialmente el vehículo eléctrico y la bomba de calor, que aumentan la demanda y pueden tensionar la red[24].

3. Los eventos climáticos extremos: cada vez son más comunes los días de calor extremo, con el aumento de demanda que lleva asociado; o las lluvias torrenciales y las riadas, que pueden dañar la infraestructura[24].

---

22 PHUANGPORNPITAK, N. y TIA, S., "Opportunities and Challenges of Integrating Renewable Energy in Smart Grid System", *Energy Procedia*, 34, 2013, pp. 282-290.

23 PRETTICO, G. *et al.*, *Distribution System Operator Observatory 2020, op. cit.*, p. 25.

24 RODRÍGUEZ PAJARÓN, P. *et al.*, "Probabilistic assessment of the impact of electric vehicles and nonlinear loads on power quality in residential networks", *International Journal of Electrical Power & Energy Systems*, 129, 2021, pp. 1-11.

4. El incremento de la potencia demandada en niveles de tensión inferiores debido a los centros de datos, que consumen gran cantidad de energía para refrigerar.

En definitiva, la red actual, si bien es fiable y segura, no puede asegurar, con los modos de operación con los que trabaja, el despliegue masivo de generación distribuida. Esto es de especial importancia si se tiene en cuenta que la red está sometida también a otros factores de transformación, que requieren fuertes inversiones por parte de las distribuidoras en un contexto regulatorio que no favorece la plena modernización.

3.1. Limitaciones en la red del futuro

Las redes de distribución, de acuerdo con lo anterior, se encuentran en una situación en la que realizan su cometido, desde la perspectiva del siglo XX con una gran eficacia y, ciertamente, con cada vez más eficiencia. Hoy se les exige más y en algunos aspectos aún no están preparadas para hacerlo. Destacan:

3.1.1. Operación

Para poder acoger una potencia que se genere en niveles inferiores de tensión, basada en fuentes de energía intermitentes y no gestionables y que podrán consumirse en la cercanía en base a unos criterios también inciertos —porque la demanda eléctrica en niveles desagregados es poco previsible e intermitente— la operación de los sistemas de distribución debe cambiar.

La operación del sistema de distribución debe parecerse más a la de la red de transporte, que tiene en cuenta flujos de energía bidireccionales, cuenta con gran cantidad de duplicidades, mallas y exhaustivos análisis de contingencia. Sin embargo, la red de distribución es inmensamente más amplia (cuenta con muchos más nudos), actores, entornos y tipologías.

Ya existen, a modo de ejemplo, desarrollos de operación dinámica[25] consistente en la adaptación de la capacidad real de trasmisión de redes a las condiciones ambientales reales existentes en cada momento y en cada lugar.

---

[25] RODRÍGUEZ LÓPEZ, F., *et al.*, "Integración de las energías renovables en las redes de distribución: un caso de éxito en el norte de España", *Cuadernos de Energía,* 49, 2016, pp. 93-101.

La operación de la red es un reto complejo al que se enfrentan las distribuidoras y que requiere, además de un cambio en la filosofía, una modernización de la infraestructura.

3.1.2. Infraestructura física

La red de distribución debe mejorar sus activos en dos aspectos fundamentales. El primero, como se acaba de indicar, es la instrumentación que permita conocer el estado real de la red para operar en tiempo real. La red de distribución no es un sistema estático, como pueda serlo un sistema de acequias de riego, que se operan de forma discreta y manual, sino un sistema dinámico, como lo es la red de transporte. Esto solo puede lograrse con una monitorización extensa y con comunicaciones rápidas y seguras. Además, para manejar la ingente cantidad de datos que se generen en la red y para analizarlos y tomar decisiones oportunas será necesario contar con herramientas informáticas acordes[26].

Igualmente, las empresas distribuidoras tendrán que conocer las posiciones de la red (conductores, transformadores y protecciones) que limiten los flujos de potencia esperables y acometer modernizaciones y ampliaciones allí donde sea necesario. Si en las horas centrales del día los barrios residenciales están llamados a generar energía barata en los tejados, la red de distribución debe ser capaz de evacuarla y llevarla a los distritos de oficinas, donde es previsible que se consuma.

Por último, si bien se analizará de nuevo desde una perspectiva regulatoria, la generación distribuida con fotovoltaica, la más apta para las ciudades, está limitada por la diferencia de horas de producción y de pico de consumo, requiriéndose el almacenamiento para su máximo aprovechamiento. El modelo de generación distribuida no podrá ser un éxito completo si en el nivel de la distribución no se conecta un almacenamiento adecuado, lo que aumenta la complejidad de la operación y de la infraestructura asociada.

---

26 BOUHAFS, M. *et al.*, "Links to the Future: Communication Requirements and Challenges in the Smart Grid", *EEE Power and Energy Magazine*, 10, 1, 2012, pp. 24-32.

3.1.3. Flexibilidad

Tal y como se ha ido desgranando en los anteriores puntos, la red de distribución debe trabajar con flujos de energía bidireccionales, en condiciones cambiantes y poco previsibles, con multitud de actores implicados, posiblemente independientes entre sí (como son consumidores y sus comercializadoras, almacenamiento, agregadores, autoconsumidores, generadores...). En definitiva, el sistema de distribución debe ser flexible[27]. Es cada vez más común, por lo menos en entornos académicos, referirse a la flexibilidad de la demanda, o a la flexibilidad que deben aportar también los generadores renovables.

Cualquiera de las dos anteriores genera de nuevo una serie de retos de gran magnitud. La flexibilidad en la demanda requiere nuevos modelos de mercado y señales adecuadas, además de medidores y protocolos de comunicación complejos[28]. La flexibilidad en la generación renovable también plantea problemas técnicos, que van desde la dificultad de prever el recurso a, por poner un ejemplo, la complejidad de establecer bandas de reserva en tecnologías intermitentes y de variación rápida, como la fotovoltaica.

Además, la operación flexible de los elementos conectados a la red debe hacerse, en cualquier caso, teniendo en cuenta los parámetros y el estado real de la red. Esto nos lleva a recordar la necesidad del diseño de mercados de flexibilidad en el nivel de la distribución: los mercados de flexibilidad locales[29].

3.1.4. Consideraciones económicas

Si bien estas consideraciones se escapan de lo puramente técnico (también de lo puramente regulatorio), tal y como se ha explicado en los puntos anteriores es necesario contar con mercados adecuados para

---

27 ROMERO AGUERO, J. *et al.*, "Modernizing the Grid: Challenges and Opportunities for a Sustainable Future", *IEEE Power and Energy Magazine*, 15, 3, 2017, pp. 74-83.

28 BOUHAFS, M. *et al.*, "Links to the Future: Communication Requirements...", *op. cit.*, p. 24.

29 OMIE, *Modelo De Funcionamiento De Los Mercados Locales De Electricidad–Proyecto Iremel (Integración de Recursos Energéticos a través de Mercados Locales de electricidad)*, OMIE, Madrid, 2019.

trasladar a los actores del sistema las señales económicas que incentiven la flexibilidad. Ya hay proyectos, más o menos maduros, de los mercados de flexibilidad locales[30], algo en lo que se debe profundizar.

Una red de distribución activa, como lo es hoy la de transporte, requerirá mercados de servicios complementarios adaptados y la posibilidad de que el distribuidor establezca mecanismos de flexibilidad de acuerdo con las necesidades de la red.

Estos mercados deben también ser capaces de incentivar la aparición de almacenamiento, de forma que puedan dar un servicio a la red y no solo al consumidor individual que decida instalar baterías en su casa, facilitando la entrada a una tecnología aún cara e inmadura y minimizando su impacto ambiental[31].

En un contexto de precios de electricidad volátiles y particularmente caros en los últimos meses la instalación de paneles fotovoltaicos se ha disparado, pero ¿qué pasará cuando, según se prevé, los precios de la electricidad caigan a niveles cercanos a cero en las horas centrales del día? Esta es una tendencia anunciada en el sector, que se estima ocurrirá cuando haya suficiente potencia solar instalada. En este escenario futuro parece incierto que se desee invertir en la instalación de fotovoltaica, algo que solo podrá ocurrir si se consigue almacenar de forma eficiente —técnica, económica y ambientalmente—.

Por último, de nuevo en la frontera entre lo técnico, lo regulatorio y lo económico las inversiones necesarias para modernizar la infraestructura de la red de distribución requieren un marco regulatorio que lo permita, aspecto ampliamente analizado en la literatura[32] y fruto de intensos debates entre los agentes del sector.

---

30 Ibidem.

31 BASAGOITI, P., *Los mercados de flexibilidad*, OMIE, Madrid, 2020.

32 NOURI, A. *et al.*, "Identification of Gaps and Barriers in Regulations", *Standards, Energies*, 15, 3, 2022, pp. 1-29.

4. CONSIDERACIONES REGULATORIAS

4.1. Contexto actual

La generación distribuida y las redes de distribución son materia de extensa regulación, que no se pretende analizar aquí de forma exhaustiva, pero sí repasar en los aspectos que nos ocupa[33].

La LSE contiene, a ese respecto, sólo definiciones y figuras difusas. En materia de distribución, las obligaciones y derechos establecidos en el art. 40, no dan detalles sobre cómo se proyectan sobre el acceso de autoconsumidores y comunidades energéticas a tales redes. Los detalles se contienen en el art. 33 de la LSE y, sobre todo, en el Real Decreto núm. 1183/2020, de 29 de diciembre, de acceso y conexión a las redes de transporte y distribución de energía eléctrica[34]. Ha de tenerse presentes algunas previsiones del Real Decreto núm. 1955/2000 de 1 de diciembre, por el que se regulan las actividades de transporte, distribución, comercialización, suministro y procedimientos de autorización de instalaciones de energía eléctrica[35]. También del Real Decreto núm. 842/2002, de 2 de agosto, por el que se aprueba el Reglamento electrotécnico para baja tensión[36].

Para alcanzar los objetivos de la transición energética, no sólo son necesarias reformas en el sector eléctrico, sino en sectores directamente implicados en el proceso, como la Ley núm. 49/1960, de 21 de julio, sobre propiedad horizontal[37], en línea con las reformas operadas en esa ley recientemente, mediante el Real Decreto-ley núm. 8/2023, de 27 de diciembre, por el que se adoptan medidas para afrontar las consecuencias económicas y sociales derivadas de los conflictos en Ucrania y Oriente Próximo, así como para paliar los efectos de la sequía[38].

---

33 Para más detalle, *vid.* DEL GUAYO CASTIELLA, I. y CUESTA ADÁN, A., "La regulación de los nuevos negocios eléctricos de la transición", *Revista Española de Derecho Administrativo*, 214, 2021, pp. 11-38.

34 BOE núm. 340, de 30 de diciembre de 2020.

35 BOE núm. 310, de 27 de diciembre de 2000.

36 BOE núm. 224, de 18 de septiembre de 2002.

37 BOE núm. 176, de 23 de julio de 1960.

38 BOE núm. 310, de 28 de diciembre de 2023.

4.2. Revisión de la retribución de la distribución

Una cuestión de la máxima trascendencia es la reforma de la retribución de la distribución, para que recoja adecuadamente las exigencias de la transición. A ese respecto, el Gobierno español ha abierto recientemente una consulta pública previa para conocer la opinión de los agentes implicados acerca de cómo haría que modificarse el Real Decreto núm. 1048/2013, de 27 de diciembre, por el que se establece la metodología para el cálculo de la retribución de la actividad de distribución de energía eléctrica[39].

Para el Gobierno, la determinación del volumen de inversión en redes de distribución fue establecida en un contexto económico y energético distinto al actual. En la actualidad, el sector eléctrico se encuentra inmerso en una transformación estructural, impulsando una transición energética cuyas manifestaciones principales son el despliegue de las renovables, la electrificación de la economía, el desarrollo de nuevos combustibles y la aparición de nuevos modelos de negocio asociados al despliegue de los recursos distribuidos. Es necesario, por tanto, revisar la regulación que establece la inversión anual y plurianual en redes de transporte y distribución, para acompasarla al nuevo contexto de transición energética y dotarla de mayor flexibilidad. Se busca adaptar la regulación a las nuevas oportunidades industriales y económicas que la transición energética representa. Se persigue, igualmente, un desarrollo eficiente de la red de distribución, priorizando maximizar la utilización de la red ya construida y preservando las señales de electrificación y competitividad económica minimizando el coste de los peajes para los consumidores.

Simultáneamente, hay una consulta pública previa específica, de la CNMC, donde se formulan un conjunto de cuestiones a los agentes que la CNMC considera de interés para elaborar la propuesta de modificación de la Circular núm. 6/2019, de 5 de diciembre, de la Comisión Nacional de los Mercados y la Competencia, por la que se establece la metodología para el cálculo de la retribución de la actividad de distribución de energía eléctrica[40]. Esta consulta específica se justifica particularmente

---

[39] BOE núm. 312, de 30 de diciembre de 2013. Para la consulta pública previa, véase MINISTERIO PARA LA TRANSICIÓN ECOLÓGICA Y EL RETO DEMOGRÁFICO: «Consulta pública previa sobre la modificación del límite de inversiones en redes» [en línea], (2024), <https://www.miteco.gob.es/es/energia/participacion/2024/detalle-participacion-publica-k-682.html> [Consulta: 12/06/2024].

[40] BOE núm. 304, de 19 de diciembre de 2019.

porque la metodología ha de adaptarse a los cambios derivados del proceso de descarbonización, asegurando el equilibrio entre el desarrollo de infraestructuras, un uso eficiente de las redes existentes y la incorporación de las nuevas funcionalidades que se espera de las mismas asociadas a la digitalización y a las nuevas figuras que emergen en el mercado eléctrico[41].

4.3. Medidas para el fomento del autoconsumo

Durante 2022 y 2023 se han tomado algunas medidas, para acelerar el proceso e implicar aún más a los distribuidores en la transición, con medidas de fomento del autoconsumo. Mediante el Decreto-ley núm. 6/2022, de 29 de marzo, por el que se adoptan medidas urgentes en el marco del Plan Nacional de respuesta a las consecuencias económicas y sociales de la guerra en Ucrania[42], se impuso la obligación a los consumidores de incrementar la capacidad para acceso de nueva generación renovable y autoconsumo y sus planes de inversión 2023-2025 (mínimo del 10% de inversión). El Real Decreto-ley núm. 14/2022, de 13 de mayo, por el que se establece con carácter temporal un mecanismo de ajuste de costes de producción para la reducción del precio de la electricidad en el mercado mayorista[43], redujo el tiempo mínimo de permanencia en una modalidad de autoconsumo (con o sin excedentes) de un año a cuatro meses. También agilizó los trámites para instalaciones con potencia igual o superior a 100 kW (concretamente, limita el tiempo de activación de autoconsumo por parte de la distribuidora a 2 meses; en caso de no activarse, se establece un descuento en la factura, asumido por la empresa distribuidora (quien lo puede repercutir a la comercializadora, si es por causas imputables a la misma). El Real Decreto-ley núm. 18/2022, de 18 de octubre, por el que se aprueban medidas de refuerzo de la protección de los consumidores de energía y de contribución a la reducción del consumo de gas natural en aplicación del "Plan + seguridad para tu energía (+SE)", así como medidas en materia de retribuciones del personal al servicio del sector público y de protección de las personas trabajadoras agrarias eventuales afectadas por la

---

[41] COMISION NACIONAL DE LOS MERCADOS Y DE LA COMPETENCIA: «Consulta pública Metodología Distribución Energía Eléctrica (CIR/DE/006/24)» [en línea], (2024), <https://www.cnmc.es/consultas-publicas/energia/metodologia-distribucion-energia-electrica> [Consulta: 12/06/2024].

[42] BOE núm. 76, de 30 de marzo de 2022.

[43] BOE núm. 115, de 14 de mayo de 2022.

sequía[44], adoptó varias medidas (además de la ya referenciada a propósito de la distancia máxima): a) se habilita más de una instalación en la refería catastral; b) se impone la obligación a los gestores de la red de enviar trimestralmente información sobre instalaciones de autoconsumo conectadas a la red; c) se elimina la obligación de pertenecer a un mismo grupo empresarial para las instalaciones de producción renovable que conecten con un consumidor; d) se exime de autorización administrativa previa y de construcción a las instalaciones de potencia de hasta 500kW (antes, hasta 100kW de baja tensión); y, e) se confiere libertad de amortización para las inversiones que se realicen en instalaciones de autoconsumo de energía eléctrica, así como e instalaciones de uso térmico (como la bomba de calor), siempre que utilice fuentes renovables de energía y sustituya a fuentes no renovables de origen fósil (las instalaciones han de estar operativas en 2023 y se exige mantener el nivel medio de platilla durante 24 meses).

El art. 30 del Real Decreto-ley núm. 8/2023, de 27 de diciembre, por el que se adoptan medidas para afrontar las consecuencias económicas y sociales derivadas de los conflictos en Ucrania y Oriente Próximo, así como para paliar los efectos de la sequía[45], con el encabezamiento, "liberación de capacidad para autoconsumo en los nudos reservados para concurso", contiene una serie de medidas para favorecer el autoconsumo.

Dispone que en aquellos nudos en los que la Secretaría de Estado de Energía haya resuelto o resuelva la celebración de un concurso de capacidad conforme a lo previsto en el art. 20, 5 del RD 1183/2020, se liberará el 10 por ciento del total de la capacidad disponible en cada uno de esos nudos que se encuentre reservada para concurso en el momento de la entrada en vigor del RDL 8/2023 o que se reserve para concurso en el futuro, según aplique en cada caso.

Dice el art. 20, 5, del RD 1183/2020 que, en el caso de que el informe del operador del sistema pusiese de manifiesto que alguno de los nudos incluidos en el mismo cumple el umbral para convocar un concurso, la Secretaría de Estado de Energía puede, en un plazo máximo de dos meses, dictar resolución por la que se acuerda que, en determinados nudos, se celebrará un concurso de capacidad de acceso, mediante orden ministerial, en los términos establecidos en el RD 1183/2020. Esta resolución puede también contener, expresamente, en qué nudos no se convocará concurso

---

44 BOE núm. 251, de 19 de octubre de 2022.

45 BOE núm. 310, de 28 de diciembre de 2022.

de acceso. En cualquier caso, si en el plazo máximo antes señalado de dos meses no se hubiese dictado resolución, o bien en la misma no estuvieran contenidos determinados nudos, se entenderá que en tales nudos no se celebrará concurso.

Lo anterior se entiende sin perjuicio de que si, con posterioridad, se volviesen a cumplir las condiciones requeridas en dichos nudos y así lo recogiera el informe del operador del sistema pudiera ser convocado un concurso de acceso en los mismos. La resolución de la Secretaría de Estado de Energía será notificada al operador del sistema y publicada en el BOE. La capacidad de acceso que se libere o aflore en los nudos donde se haya acordado la celebración de un concurso, se irá agregando a la capacidad inicial que motivó la resolución y será reservada para el concurso que habrá de convocarse, sin que por lo tanto esa capacidad pueda ser otorgable aplicando el criterio general recogido en el art. 7 del RD 1183/2020 (la prelación temporal). En aquellos nudos en los que la Secretaría de Estado de Energía no resuelva la reserva de capacidad para concurso en el plazo antes señalado, la capacidad reservada pasará a ser otorgable aplicándose el criterio general recogido en el art. 7 del RD 1183/2020 (la prelación temporal). El operador del sistema debe remitir a la Secretaría de Estado de Energía toda la información que solicitase para la celebración de los concursos, en particular aquella relativa a la capacidad total reservada en cada uno de los nudos. La capacidad reservada que se acumule con destino a un futuro concurso se mantiene hasta la aprobación de la orden de convocatoria.

Esa capacidad liberada puede ser otorgada por el criterio general de ordenación a que se refiere el art. 7 del RD 1183/2020, a nuevas instalaciones de generación de electricidad que utilicen fuentes de energía primaria renovable siempre que estas cumplan las siguientes condiciones:

1. Estar asociadas a una modalidad de autoconsumo.
2. El cociente entre la potencia contratada en el periodo P1 y la potencia de generación instalada sea al menos 0,5.

Lo anterior no se aplica a aquellos nudos en los que ya se hubiera liberado capacidad en aplicación de lo previsto en el art. 8, 1, del Real Decreto-ley núm. 6/2022, de 29 de marzo, por el que se adoptan medidas urgentes en el marco del Plan Nacional de respuesta a las consecuencias económicas y sociales de la guerra en Ucrania.

La capacidad liberada (10 por ciento) puede ser otorgada tanto a instalaciones que accedan directamente a la red de transporte, como a las que accedan a través de la red de distribución cuando estas requieran de informe de aceptabilidad por parte del GRT.

Las condiciones establecidas dejan de ser de aplicación transcurridos dos años desde la entrada en vigor del RDL 8/2023. A partir de ese momento, la capacidad que no se haya otorgado bajo esas condiciones pasará a volver a estar reservada para los concursos de acceso, si estos no se han celebrado en dicho nudo. En caso de haberse celebrado un concurso de acceso en dicho nudo, esta capacidad no otorgada estará disponible para el otorgamiento de acceso por el criterio general sin más restricciones que las inherentes al procedimiento de otorgamiento general o, en su caso, simplificado. Esta limitación temporal se aplicará tanto en los nudos en los que se libere capacidad en aplicación del RDL 8/2023, como en aquellos en los que ya se hubiera liberado capacidad en aplicación de lo previsto en el art. 8.1, del RDL 6/2022.

La no acreditación, en tiempo y forma, ante el gestor de la red del cumplimiento de los requisitos de estar en una modalidad de autoconsumo y de potencia contratada, y en su caso de los requisitos previstos en el art. 8.1, del RDL 6/2022, supondrá la caducidad automática de los permisos de acceso y conexión de la planta de generación.

El RDL 8/2023 ha añadido una previsión el RD 1183/2020 para limitar la capacidad de conexión para realizar autoconsumo en conexiones ya existentes para generación. Establece ahora que, en el caso de solicitudes de acceso de demanda para realizar autoconsumo con conexión en posiciones de generación de la red de transporte, que cuenten previamente con permisos de acceso de generación, el permiso de acceso de demanda no podrá otorgarse por una capacidad superior al 50 % de la capacidad de acceso de la instalación de generación. Este porcentaje podrá modificarse por resolución de la Secretaría de Estado de Energía una vez la CNMC apruebe la circular que establezca los criterios para la evaluación de la capacidad de acceso para instalaciones de demanda y, en su caso, las especificaciones técnicas de detalle que sean necesarias para su desarrollo.

4.4. Limitaciones regulatorias

Se incluyen en este apartado alguna de las limitaciones en la regulación actual que son un freno para el desarrollo masivo de renovables en nuestras ciudades:

4.4.1. Para el autoconsumidor

Existen diversas limitaciones en la regulación que dificultan la popularización masiva de esta figura. Entre ellas se puede incluir el diseño de PVPC, que es una tarifa competitiva, sencilla y que el consumidor suele percibir como de bajo riesgo pero que sin embargo es incompatible con el autoconsumo. El PVPC no está diseñado como una tarifa de último recurso tal y como se ideó, sino como una tarifa que compite con las del mercado liberalizado y con condiciones muy atractivas. Está por ver si la reciente modificación del diseño del cálculo del PVPC (RD 446/2023) afectará a este efecto, aunque parece que en todo caso la hará más atractiva todavía.

Muy en relación con lo anterior está el hecho de que el consumidor, especialmente el doméstico, percibe el sector como algo muy complejo, no solo en lo tecnológico, sino especialmente en lo regulatorio. Podemos afirmar que hoy en día las economías de escala en la generación renovable no son técnicas, pero sí regulatorias.

La normativa que regula todos los aspectos de la generación distribuida (instalación, conexión y acceso, modalidades de autoconsumo, comunidades energéticas, venta de excedentes…) es amplísima y cambiante, lo que desincentiva la inversión de particulares.

Además, influyen otros aspectos regulatorios, como es el caso de la dificultad que puede encontrarse un particular para llevar a cabo una instalación en un edificio de vecinos. Si bien se ha avanzado notablemente para favorecer las instalaciones de carga de vehículos eléctricos, en generación distribuida todavía no hay tantas facilidades.

Tampoco hay un criterio unificado en materia de ayudas o incentivos económicos y fiscales en la instalación de fotovoltaica: existen diversas ayudas, desde directas hasta rebajas fiscales, pero provenientes de distintas administraciones, con distintos requisitos y con naturaleza diferente. Algunas de las ayudas solo se reconocen, en caso de que queden suficientes fondos, una vez se ha terminado la instalación, lo que puede terminar favoreciendo a aquel que estaba dispuesto a poner paneles en su edificio independientemente de la ayuda, pero no sirve para convencer a aquel que no se lo planteaba todavía, ante la duda de que la ayuda quizás nunca llegue.

4.4.2. Para el distribuidor

El operador de la red de distribución encuentra un freno a realizar las inversiones en infraestructura, control y operación en el límite de inversiones y la existencia de periodos regulatorios rígidos. No existe un reconocimiento de las inversiones que serán necesarias en los próximos años, pero tampoco un incentivo claro para promover la entrada masiva de generación renovable en la red.

La otra cara de la misma moneda es la reticencia de las distribuidoras de los grupos energéticos que históricamente estaban verticalmente integrados, a permitir desarrollos renovables en sus redes, tal y como leemos con cierta frecuencia en las noticias, si bien es cierto que el bloqueo a nueva generación suele provenir de la red de transporte aguas arriba. En este caso la autoridad reguladora debe continuar garantizando una efectiva separación de actividades y un verdadero acceso a terceros a la red.

Aun así, para niveles inferiores de potencia instalada no es necesario solicitar ningún permiso a la distribuidora sobre un punto de conexión existente. Esto puede facilitar la instalación de nuevas potencias renovables, pero también aumentar la reticencia del operador de red a integrar otras generaciones que sí requieran algún trámite, debido al desconocimiento que tienen sobre la capacidad de generación real en una red determinada y el impacto que ello pueda tener sobre la misma. Para reducir los efectos de esta situación es necesario que exista un registro de todas las instalaciones de generación conectadas a la red, de forma que el operador de red pueda tenerlas en cuenta en sus cálculos y previsiones, especialmente en un futuro en el que la red dependerá de los servicios de flexibilidad.

4.4.3. Nuevas figuras

Como se ha tratado de explicar en los anteriores apartados de este texto, la instalación masiva de generación renovable en la red de distribución será un éxito sólo si se adaptan los métodos de control y de operación, con nuevos actores en el tablero como los agregadores y almacenadores. Estas figuras, ya contempladas en la norma, todavía no se han desarrollado, por lo que es difícil que nadie comience a realizar las actividades que se esperan de ellos, a la espera de un desarrollo normativo que aún está por llegar.

El Paquete de Energía Limpia 2018-19 de la UE apoya la participación de los consumidores en los mercados de la electricidad, bien de forma individual o mediante agregación. Nos referimos, en particular, a la Directiva 944/2019/UE. El art. 2(20) de esa Directiva define la respuesta a la demanda de la siguiente forma:

> El cambio de consumo de electricidad por parte de los clientes finales, respecto de sus pautas de consumo normales o actuales como respuesta a las señales del mercado, incluidos aquellos en respuesta a los precios cronovariables de la

> electricidad o los pagos de incentivos, o como respuesta a la aceptación de la oferta de los clientes finales para vender una reducción o un incremento de la demanda a un precio en un mercado organizado, tal como se define en el artículo 2, punto 4, del Reglamento de Ejecución (UE) n.o 1348/2014 de la Comisión, bien individualmente o mediante agregación.

El art. 17 de esa Directiva lleva por título "Respuesta de demanda mediante agregación". La agregación del lado de la demanda es una forma importante de desplegar la flexibilidad de la demanda. En la Directiva 2019/944/UE, se define al agregador independiente como "un participante en el mercado que participa en la agregación y que no está afiliado al proveedor del cliente". La agregación se define como "una función realizada por una persona física o jurídica que combina múltiples cargas de clientes o genera electricidad para su venta, compra o subasta en cualquier mercado eléctrico". Las comercializadoras pueden prestar servicios de agregación, pero están siendo relativamente lentas en asumir este papel, por lo que la Directiva desarrolló el concepto de agregadores independientes. La Directiva 2019/944/UE, en su artículo 17, recoge los principios que deben respetar los marcos normativos nacionales sobre agregación.

El art. 6, 1, letra i, de la LSE contiene la siguiente definición:

> Los agregadores independientes son participantes en el mercado de producción de energía eléctrica que prestan servicios de agregación y que no están relacionados con el suministrador del cliente, entendiéndose por agregación aquella actividad realizada por personas físicas o jurídicas que combinan múltiples consumos o electricidad generada de consumidores, productores o instalaciones de almacenamiento para su venta o compra en el mercado de producción de energía eléctrica.

Hubo una consulta pública previa del Gobierno español, sobre agregación, abierta hasta el 27 de febrero de 2023.

El art. 6, 1, letra h, de la LSE, contiene esta otra definición:

> Los titulares de instalaciones de almacenamiento (...) son las personas físicas o jurídicas que poseen instalaciones en las que se difiere el uso final de electricidad a un momento posterior a cuando fue generada, o que realizan la conversión de energía eléctrica en una forma de energía que se pueda almacenar para la subsiguiente reconversión de dicha energía en energía eléctrica.

La Estrategia de Almacenamiento Energético, en su medida 3.1., referida a la figura del agregador independiente, señala que será necesario determinar las funciones del agregador de servicios, sus responsabilidades y su papel en la participación de la demanda, así como incentivar sistemas distribuidos de particulares que participen en los distintos mercados a través de, por ejemplo, plataformas agregadoras de recursos de almacenamiento distribuido. La figura del agregador independiente contemplará distintos servicios de flexibilidad, tales como el almacenamiento energético, la gestión de la energía y el uso de sistemas integrados sectorialmente. En ese sentido, permitirá maximizar el aprovechamiento de los recursos distribuidos de energía y de las sinergias derivadas de aplicar la integración sectorial, así como prestar una eficaz respuesta de la demanda que se acomode a la variabilidad renovable. Entre otras cuestiones, la regulación de esta figura determinará la relación entre comercializadora y agregador.

Existen ya *pseudoagregadores*, o comercializadoras que agregan demanda y generación renovable distante, pero sin tener en cuenta la realidad de la red. Es necesario contar con una normativa que dé contenido y acote el papel de estas figuras, así como un escenario donde puedan actuar, como pueden ser los mercados de flexibilidad locales, que están todavía por desarrollar. Será importante acordar quién paga por estos servicios locales: ¿los usuarios locales (incentivando que aparezcan actores dispuestos a proporcionar el servicio local)? ¿el sistema, garantizando precios homogéneos?

Cualquier solución por esta vía debe sentar las bases también de protocolos estandarizados de operación y de intercambio de información entre los distintos actores. Queda aquí un inmenso campo de acción en el que, de nuevo, tendrán que trabajar activamente juristas, ingenieros y economistas. Estos desarrollos dependerán también de la utilización de nuevos modelos digitales, como el *blockchain*, con las vertientes regulatorias que eso trae consigo (p.ej., protección de datos o acceso de las agencias reguladoras a las informaciones).

En cualquier caso, y como vector común en todos los aspectos anteriores, el futuro exitoso de las renovables en nuestras ciudades depende de la estabilidad regulatoria. Si no hay una norma clara, estable y coherente con los objetivos a largo plazo no será posible que se desarrollen las inversiones necesarias, ya sea por empresas o por particulares; no aparecerán los nuevos actores que el sector reclama ni tampoco habrá un ambiente adecuado para que se perfilen las innovaciones que marcarán las redes en el futuro.

5. CONCLUSIONES

Hemos tratado de mostrar en este trabajo la estrecha relación entre el fomento del autoconsumo de electricidad y la promoción de las energías renovables, y cómo ambas cosas dependen, a su vez, de una adecuada regulación, también, de las redes de distribución y de las comunidades energéticas. Este ejemplo de interacción entre cuatro elementos muestra cómo la transición es un puzle, que requiere muchas piezas y que, si no está todas, y al mismo tiempo, la transición se ralentiza y se desfigura. Concretamente, este trabajo tiene en mente la necesidad de que busquemos una alternativa a la penetración "vertical" de las energías renovables (grades instalaciones solares o eólicas que dañan el territorio). Tal alternativa está constituida por un modelo "horizontal", es decir, un modelo donde las zonas malladas de distribución, también urbanas, puedan constituir un soporte para el autoconsumo y para el fenómeno asociativo de las comunidades energéticas.

Este capítulo ha tratado igualmente de mostrar cómo la distribución puede ser un posible freno al desarrollo, si no está sujeta a la adecuada regulación y no tiene los incentivos adecuados. Los distribuidores deberían poder contribuir a un adecuado desarrollo del mercado, así como a la creación de mercados locales de flexibilidad, en línea con lo que ya lleva a cabo el transportista eléctrico. En definitiva, el distribuidor va a estar en el centro de los mercados de flexibilidad locales (como se ha comentado), siempre que exista métodos de comunicación adecuada y seguros (¡ojo con ciberdelincuencia!).

Entre otras medidas regulatorias adecuadas debe llevarse un registro detallado de aquellos distribuidores que gestionan recursos energéticos distribuidos (generadores distribuidos). Han de darse al consumidor incentivos claros y procesos fáciles, tanto para autoconsumir, como para integrarse en una comunidad energética. Esos incentivos y esos procesos pueden poner en riesgo el correcto funcionamiento de la red si se hace de espaldas al distribuidor. En definitiva, es preciso encontrar sinergias: una generación con coordinación centralizada desde agregadores mejora la utilización (y los retornos) y mejora la gestión de la red. En cuanto al almacenamiento: los almacenadores globales, gestionados por terceros, beneficiarán a la red y mejorarán el aprovechamiento de la generación distribuida, incentivando la inversión.

6. BIBLIOGRAFÍA

ALATON, C. y TOUNQUET, F., *European Commission, Benchmarking smart metering deployment in the EU-28: final report*, European Commission, Brussels, 2020.

APPA AUTOCONSUMO, *Informe anual del autoconsumo fotovoltaico 2022*, APPA Renovables, Madrid, 2022.

BASAGOITI, P., *Los mercados de flexibilidad*, OMIE, Madrid, 2020.

BOUHAFS, M. *et al.*, "Links to the Future: Communication Requirements and Challenges in the Smart Grid", *EEE Power and Energy Magazine*, 10, 1, 2012, pp. 24-32.

COMISIÓN (UE), "«Objetivo 55»: cumplimiento del objetivo climático de la UE para 2030 en el camino hacia la neutralidad climática" (Comunicación) COM(2021) 550 final, 17 de julio de 2021.

COMISION NACIONAL DE LOS MERCADOS Y DE LA COMPETENCIA: «Consulta pública Metodología Distribución Energía Eléctrica (CIR/DE/006/24)» [en línea], (2024), <https://www.cnmc.es/consultas-publicas/energia/metodologia-distribucion-energia-electrica> [Consulta: 12/06/2024].

DEL GUAYO CASTIELLA, I. y CUESTA ADÁN, A., "La regulación de los nuevos negocios eléctricos de la transición", *Revista Española de Derecho Administrativo*, 214, 2021, pp. 11-38.

KAVLAK, G. *et al.*, "Evaluating the causes of cost reduction in photovoltaic modules", *Energy Policy*, 123, 2018, pp. 700-710.

KUZEMKO, C. *et al.*, "Russia's war on Ukraine, European energy policy responses & implications for sustainable transformations", *Energy Research & Social Science*, 93, 2022, pp. 1-8.

MINISTERIO DE TRANSICIÓN ECOLÓGICA Y RETO DEMOGRÁFICO, *Plan Nacional Integrado de Energía y Clima*, Gobierno de España, Madrid, 2020.

MINISTERIO PARA LA TRANSICIÓN ECOLÓGICA Y RETO DEMOGRÁFICO, *Borrador de actualización del PNIEC 2021-2030*, Gobierno de España, Madrid, 2023.

MINISTERIO PARA LA TRANSICIÓN ECOLÓGICA Y EL RETO DEMOGRÁFICO: «Consulta pública previa sobre la modificación del límite de inversiones en redes» [en línea], (2024), <https://www.miteco.gob.es/es/energia/participacion/2024/detalle-participacion-publica-k-682.html> [Consulta: 12/06/2024].

MINISTERIO PARA LA TRANSICIÓN ECOLÓGICA Y EL RETO DEMOGRÁFICO: «Hoja de Ruta del Autoconsumo» [en línea], (s.f.), <https://www.miteco.gob.es/va/ministerio/planes-estrategias/hoja-ruta-autoconsumo.html> [Consulta: 12/06/2024].

NOURI, A. *et al.*, "Identification of Gaps and Barriers in Regulations", *Standards, Energies*, 15, 3, 2022, pp. 1-29.

OMIE, *Modelo De Funcionamiento De Los Mercados Locales De Electricidad–Proyecto Iremel (Integración de Recursos Energéticos a través de Mercados Locales de electricidad)*, OMIE, Madrid, 2019.

PARISE, G. *et al.*, "The architecture of electric power systems: Some special cases", en IEEE INDUSTRY APPLICATIONS SOCIETY (coord.), *50th Industrial & Commercial Power Systems Technical Conference*, IEEE Press, Fort Worth, 2014, pp. 1-6.

PINEDA, I. *et al.*, *Breaking new ground–wind energy and the electrification of Europe's energy system. Technical report*, Wind Europe, Brussels, 2018.

PHUANGPORNPITAK, N. y TIA, S., "Opportunities and Challenges of Integrating Renewable Energy in Smart Grid System", *Energy Procedia*, 34, 2013, pp. 282-290.

PRESICCE, L. y COCCIOLO, E., "Régimen jurídico del autoconsumo de energía eléctrica renovable y las políticas de transición energética: del marco europeo a la normativa española", en ANGLÉS HERNÁNDEZ, M. y PALOMINO GUERRERO, M. (coords.), *Aproximaciones comparadas sobre el sector eléctrico en Iberoamérica*, Instituto de Investigaciones Jurídicas–Universidad Nacional Autónoma de México, Ciudad de México, 2021, pp. 399-439.

PRETTICO, G. *et al.*, *Distribution System Operator Observatory 2020,* Publications Office of the European Union, Luxembourg, 2021.

RODRÍGUEZ LÓPEZ, F., *et al.*, “Integración de las energías renovables en las redes de distribución: un caso de éxito en el norte de España”, *Cuadernos de Energía,* 49, 2016, pp. 93-101.

RODRÍGUEZ PAJARÓN, P. *et al.,* “Probabilistic assessment of the impact of electric vehicles and nonlinear loads on power quality in residential networks”, *International Journal of Electrical Power & Energy Systems,* 129, 2021, pp. 1-11.

ROMERO AGUERO, J. *et al.*, “Modernizing the Grid: Challenges and Opportunities for a Sustainable Future”, *IEEE Power and Energy Magazine,* 15, 3, 2017, pp. 74-83.

SUSSKIND, L. *et al.*, “Sources of opposition to renewable energy projects in the United States”, *Energy Policy,* 165, 2022, pp. 1-17.

Capítulo XI

La regulación de las redes de distribución de energía eléctrica cerradas. A propósito del RD 314/2023[1]

ALEJANDRO D. LEIVA LÓPEZ
Profesor Titular de Derecho Administrativo
Universidad de Almería

1. ASPECTOS CONCEPTUALES

Las redes de distribución de energía eléctrica cerradas son un tipo de red de distribución especial que ya se ha implantado en varios países, con el propósito de ayudar a la industria —especialmente la química— a reducir sus altos costes energéticos. Con la creación de esta modalidad de redes, la industria se está ahorrando gran parte de los costes y/o peajes que

[1] Este trabajo se ha realizado en el marco del proyecto de investigacion "La digitalizacion al servicio de la descarbonizacion de la actividad economica: desafios juridico-administrativos" (PID2021-124031NB-C42", Proyectos de Generacion de Conocimiento, Programa Estatal para Impulsar la Investigacion Cientifico-Tecnica y su Transferencia, del Plan Estatal de Investigacion Cientifica, Tecnica y de Innovacion Ministerio de Ciencia e Innovacion 2021-2023

llevan aparejados las infraestructuras actuales, y con ello se estaría evitando subvencionar a la industria para que obtengan descuentos en el precio de la energía eléctrica. Estas redes podrían convertirse en la solución para aquellos complejos industriales con elevados consumos energéticos, lo que evitaría que las empresas se marchen o se deslocalicen a otros países donde los costes energéticos son menores que en España. Además, la regulación de redes de distribución cerradas permitiría ahorrar gran parte de las elevadas cuantías que el sistema eléctrico destina a las subastas de interrumpibilidad, que son soportadas por el consumidor en la factura eléctrica.

Cabe destacar que, aunque aún no existe una regulación española de comunidades ciudadanas energéticas en el sentido definido en la normativa europea, sí que se localizan otras modalidades de comunidades energéticas: el autoconsumo colectivo y los sistemas cerrados de distribución de electricidad. En relación con estos últimos, cabe subrayar que se diseña una normativa con el fin de permitir que la industria electro intensiva reduzca sus costes. Así las cosas, la nueva norma sobre redes cerradas de distribución — el Real Decreto 314/2023 por el que se desarrolla el procedimiento y requisitos para el otorgamiento de la autorización administrativa de las redes de distribución de energía eléctrica cerradas (en adelante, RD 314/2023)[2]— permite que los consumidores puedan convertirse en cooperativas, lo que estaría sugiriendo que en normas futuras la cooperativa sean la entidad legal óptima para incorporar las comunidades energéticas definidas a nivel europeo. De esta forma, la combinación entre consumidores electro intensivos y sistemas de distribución cerrados puede considerarse un primer paso hacia la creación y desarrollo de las comunidades ciudadanas de energía. Por su parte, el Real Decreto 244/2019 por el que se regulan las condiciones administrativas, técnicas y económicas del autoconsumo de energía eléctrica[3] incluye la idea implícita de que el autoconsumo colectivo para consumidores industriales se va a llevar a cabo en el marco de la aplicación de la normativa sobre sistemas cerrados de distribución de electricidad[4].

---

[2] BOE núm. 99, de 26 de abril de 2023.

[3] BOE núm. 83, de 06 de abril de 2019.

[4] ROBINSON, D. y DEL GUAYO, I., "Alignment of energy community incentives with electricity system benefits in Spain", en LÖBBE, S. *et al.* (eds.), *Energy communities: citizen centered, market-driven, welfare-enhancing?*, Elsevier, Países Bajos, 2022, pp. 76 y 79.

Así, el presente trabajo examina el marco normativo europeo y nacional sobre las redes de distribución de energía eléctrica cerradas, con especial dedicación al RD 314/2023. En particular, se analiza el régimen jurídico previsto para las instalaciones de demanda conectadas a estas redes de distribución cerradas y a los contratos de suministro y acceso que los consumidores deben suscribir con los titulares de las redes. Asimismo, se examinan los requisitos, derechos y obligaciones, régimen de autorizaciones y requisitos de conexión previstos para los titulares de estas redes. Asimismo, dedicamos especial atención a las nuevas funciones que debe asumir la autoridad reguladora nacional española en relación con esta nueva modalidad de redes de distribución de energía eléctrica cerradas.

2. MARCO NORMATIVO EUROPEO Y NACIONAL

El origen jurídico de las redes de distribución de energía eléctrica cerradas se remonta al ya derogado artículo 28 de la Directiva 2009/72/CE sobre normas comunes para el mercado interior de la electricidad[5] (en adelante, Directiva de MIE de 2009)[6]. Este precepto definía las redes de distribución cerradas como aquellas redes de distribución que suministran electricidad a una zona industrial, comercial o de servicios compartidos reducida desde el punto de vista geográfico, cuando se cumplan las siguientes condiciones: a) que por razones técnicas o de seguridad específicas, el funcionamiento o el proceso de producción de los usuarios de dicha red están integrados; o b) que dicha red distribuye electricidad principalmente al propietario o gestor de la red o a sus empresas vinculadas.

La Directiva de MIE de 2009 establecía que los Estados miembros podían disponer que las autoridades nacionales eximiesen al gestor de una red de distribución cerrada de: a) las obligaciones de que adquiera la energía que utilice para cubrir pérdidas de energía y capacidades de reserva de su red con arreglo a procedimientos transparentes, no discriminatorios y basados en el mercado; y b) la obligación de que las tarifas o metodologías utilizadas para su cálculo sean aprobadas con anterioridad a su entrada en vigor de conformidad con el artículo 37.

---

5 DOUE núm. 211, de 14 de agosto de 2009.

6 GUÉNAIRE, M. *et al.*, "Electricity regulation in France: overview", *Practical Law*, 2020, p. 13.

Por su parte, el apartado 4 del artículo 28 establecía la posibilidad del uso accesorio para un número reducido de hogares con relaciones laborales o similares con el propietario de la red de distribución y situados en una zona abastecida por una red de distribución cerrada.

La transposición de este precepto al ordenamiento jurídico español vino dada por el artículo 3[7] del Real Decreto-ley 20/2018 de medidas urgentes para el impulso de la competitividad económica en el sector de la industria y el comercio en España[8] (en adelante, RDL 20/2018)[9]. Con posterioridad, la Directiva 2019/944/UE, sobre normas comunes para el mercado interior de la electricidad (en adelante, Directiva de MIE)[10], que derogó la directiva de 2009 con efectos a partir de 1 de enero de 2021, siguió regulando este concepto de redes de distribución de electricidad cerradas de

---

7 Artículo 3. Redes de distribución de energía eléctrica cerrada. "1. Se habilita al Gobierno a desarrollar reglamentariamente la figura de la red de distribución de energía eléctrica cerrada, para el suministro de electricidad a actividades industriales que, por razones fundamentalmente de seguridad, se encuentren integradas en ámbitos geográficos reducidos. 2. A tal efecto, el Gobierno desarrollará en el plazo máximo de seis meses desde la entrada en vigor del presente real decreto-ley un reglamento que recoja el procedimiento y los requisitos que deberán cumplirse para el otorgamiento de la autorización administrativa de las redes de distribución de energía eléctrica cerrada. Entre dichos requisitos deberán contemplarse, al menos, los relativos a la sostenibilidad económica y financiera del sistema eléctrico, garantía de la seguridad en la operación, la evitación de la fragmentación y redundancia en las redes para alimentar a los consumidores, la evitación de la discriminación entre grupos de consumidores que reúnan características similares, y la minimización del impacto ambiental provocado por las redes. La autorización podrá ser revocada si dejan de cumplirse los requisitos que se establezcan para su autorización. El real decreto señalado, adicionalmente, podrá regular aspectos relativos a la propiedad de los activos, las condiciones de acceso a las redes de distribución de energía eléctrica cerradas, los tipos de contratos y las obligaciones económicas y técnicas con el sistema eléctrico. 3. Las redes de distribución cerradas deberán ser autorizadas por la Dirección General de Política Energéticas y Minas del Ministerio para la Transición Ecológica, previo informe de la Comisión Nacional de los Mercados y la Competencia, en el que se analice el cumplimiento de los requisitos indicados en el apartado 2 y, en particular, la sostenibilidad económica y financiera del sistema eléctrico".

8 BOE núm. 296, de 08 de diciembre de 2018.

9 GALERA RODRIGO, S., "Autoconsumo colectivo: (mucho) más allá de los tejados", *Cuadernos de derecho local*, 61, 2023, p. 58.

10 DOUE núm. 158, de 14 de junio de 2019.

forma similar en su artículo 38[11]. Este precepto recoge el mismo contenido que el derogado artículo 28 de la Directiva de MIE de 2009, pero introduce tres nuevas excepciones para los gestores de redes de distribución de energía eléctrica cerrada: i) los requisitos establecidos en el artículo 32, apartado 1, para obtener servicios de flexibilidad y en el artículo 32, apartado 3, para desarrollar el sistema del gestor sobre la base de planes de desarrollo de la red; ii) el requisito establecido en el artículo 33, apartado 2, relativo a no poseer, desarrollar, gestionar ni explotar puntos de recarga para vehículos eléctricos; y iii) el requisito establecido en el artículo 36, apartado 1, relativo a no poseer, desarrollar, gestionar ni explotar instalaciones de almacenamiento de energía[12].

Así pues, el citado artículo 8 RDL 20/2018 ha sido desarrollado reglamentariamente por medio del RD 314/2023. Este real decreto se dirige fundamentalmente a los polígonos industriales y su objetivo central es aumentar la competitividad de las empresas que los integran. Esto se pretende lograr al permitirles compartir un mismo punto de acceso al sistema eléctrico, ya que ello supone una reducción de sus costes energéticos. El ámbito de aplicación de esta norma comprende: i) Las redes de distribución de energía eléctrica cerradas; ii) los titulares de las redes de distribución de energía eléctrica cerradas, ya sean sociedades mercantiles o cooperativas que tienen como único objeto social la distribución de energía eléctrica en una red de energía eléctrica cerrada; iii) los titulares y gestores de las infraestructuras de red de distribución y transporte de energía eléctrica a las que se van a conectar las redes de distribución de energía eléctrica cerradas; y iv) los consumidores y titulares de instalaciones de generación de energía eléctrica conectados a las redes de distribución de energía eléctrica cerradas y los comercializadores y representantes de estos.

En relación con la estructura de la norma, se reserva el capítulo II a los derechos y obligaciones de los distintos sujetos intervinientes. El titular de la red de distribución de energía eléctrica cerrada, que es al mismo tiempo el gestor y operador de la red, va a tener los mismos derechos y obligaciones que un distribuidor de energía eléctrica, salvo aquellos que

---

11 ZAMORA SANTA BRÍGIDA, I., "Las redes de distribución cerradas y los consumidores electrointensivos", en ALENZA GARCÍA, J. F., y MELLADO RUIZ, L. (coords.), *Estudios sobre cambio climático y transición energética. Estudios conmemorativos del XXV aniversario del acceso a la cátedra del Prof. Íñigo del Guayo Castiella*, Marcial Pons, Madrid, 2022, pp. 313-315.

12 PEZZAGLIA, M., *Closed distribution systems. Past, present and future*, The Energy Professionals Group- European Commission, Brussel, 2019, pp. 5-7.

se indican expresamente en el real decreto citado. Por su parte, el capítulo III se refiere a la medida y facturación e impone al titular de la red de distribución cerrada el cumplimiento de la normativa sectorial aplicable a las empresas distribuidoras. Asimismo, se obliga a los consumidores y generadores conectados a las redes de distribución de energía eléctrica cerrada a disponer de los equipos técnicos necesarios para la adecuada facturación de la electricidad consumida y, en su caso, generada. Las propias redes de distribución deben disponer de equipos de medida en sus puntos frontera con las redes de transporte y distribución a las que se encuentran conectadas para la adecuada facturación. En relación con esta facturación, las comercializadoras van a facturar a sus clientes conectados a la red por la energía que consuman según dispongan los registros de los equipos de medida individuales. Por su parte, el gestor de la red de distribución al que se conecte la red de distribución de energía eléctrica cerrada debe emitir las facturas mensuales por los peajes y cargos que corresponden en los puntos de conexión con la red. De la misma forma, el gestor de la red de distribución de energía eléctrica cerrada va a facturar las cantidades necesarias para satisfacer peajes, cargos y otros costes en los que incurra a aquellos consumidores conectados a sus redes. El capítulo IV define los requisitos de las sociedades que se constituyen en redes de distribución de energía eléctrica cerrada. Por último, el capítulo V regula el procedimiento administrativo de autorización de una red de distribución de energía eléctrica cerrada.

3. EXPERIENCIA INTERNACIONAL

Con anterioridad a la actualización de la figura de las redes de distribución de energía eléctrica cerradas en la Directiva de MIE de 2019, ya existían experiencias internacionales que permitían constituir esta modalidad de red. Son numerosos los países donde se desarrollan redes de distribución de energía eléctrica cerradas. En la Unión Europea encontramos países como Estonia, Finlandia, Bélgica, Francia, Holanda, Italia, Eslovenia, Irlanda y Alemania. Asimismo, hay otros países o regiones europeas que han acoplado esta figura en sus ordenamientos, como son: Reino Unido, Ucrania, Kosovo, Albania, Moldavia, Montenegro y Serbia.

En casi todos los Estados miembros en los que se ha llevado a cabo la transposición de esta figura de las redes de distribución de energía eléctrica cerrada se ofrece la posibilidad de que dichas redes puedan atender a los consumidores domésticos, siempre que se observen las condiciones establecidas en el artículo 38.4 de la Directiva de MIE, el cual establece que el uso accesorio por parte de un número reducido de hogares con relaciones laborales o similares con el propietario de la red de distribución y situados en una zona abastecida por una red de distribución cerrada no va a impedir la concesión de una excepción conforme al apartado segundo.

En Países Bajos se añadió a lo redactado en el artículo 38.1.b de la Directiva de MIE la existencia de un tamaño máximo de 500 usuarios, disponiendo que los consumidores domésticos que pudieran estar entre ellos debía considerarse una excepción. Por su parte, en Bélgica (región de Wallona) se permite conectar a otros consumidores no domésticos que no tengan conexión previa a la red de distribución, siempre que el 75% de la energía se entregue al propietario de la red de distribución de energía eléctrica cerrada o a sus empresas vinculadas. Adicionalmente, a esos clientes nuevos conectados a la red de distribución cerrada se les tiene que haber negado el acceso a la red pública, o no disponen de una oferta para conectarse a esta red en condiciones técnicas o económicas razonables. Por otro lado, cabe destacar que Moldavia permite participar a los clientes residenciales en las redes de distribución de energía eléctrica cerradas, ya que no establecen requisitos de control o de relación laboral o contractual a los consumidores domésticos que quieren participar en este tipo de red de distribución[13].

4. CONCEPTO DE RED DE DISTRIBUCIÓN DE ENERGÍA ELÉCTRICA CERRADA Y CONSUMIDORES CONECTADOS A LAS REDES CERRADAS

Las redes de distribución de energía eléctrica cerrada son una modalidad de red de distribución especial que ya viene implementándose en algunos Estados Miembros con la finalidad de dar respuesta a una industria interrelacionada entre sí en determinados polígonos[14]. El real decreto

---

13 COMISIÓN NACIONAL DE LOS MERCADOS Y LA COMPETENCIA: «Informe sobre el proyecto de real decreto por el que se desarrolla el procedimiento y los requisitos que deberán cumplirse para el otorgamiento de la autorización administrativa de las redes de distribución de energía eléctrica cerrada» p. 34-35 [en línea], (2021), <https://www.cnmc.es/sites/default/files/3864898.pdf> [Consulta: 25/06/2024].

14 DEL GUAYO CASTIELLA, Í., "Redes de distribución cerradas, consumidores electro-intensivos y almacenamiento de electricidad como componentes del nuevo derecho eléctrico", en ALONSO MAS, M. J. y REVUELTA PEREZ, I. (dirs.), *Regulación del sector eléctrico y transición energética*, Aranzadi, Pamplona, 2021, pp. 91-94.

requiere que la red distribuya electricidad mayoritariamente a consumidores industriales, entendidos como aquellos cuyo código en la Clasificación Nacional de Actividades Económicas (CNAE) se incluya en los grupos B o C y aquellos que, perteneciendo a los grupos D y E, sean considerados industriales a los efectos de elaborar las estadísticas del sector industrial, de conformidad con lo dispuesto en la Sección III del Anexo II del Reglamento 295/2008/CE relativo a las estadísticas estructurales de las empresas[15]. Esta modalidad de redes representa un papel protagonista en sectores industriales que muestran riesgo de deslocalización y con elevados costes energéticos, lo que reporta ventajas económicas para toda la economía en su conjunto. Se busca con ello reducir los costes económicos de la electricidad en la mediana y gran industria concentrada en emplazamientos territoriales reducidos, lo que permite mejorar su competitividad y dotar de una suficiente garantía a las conexiones con la red pública.

Se prevé que las instalaciones de demanda que se conecten a una red de distribución de energía eléctrica cerrada deberán formalizar un contrato de adquisición de energía a través de una comercializadora o por medio de la libre contratación de la energía en el mercado, mientras que los consumidores deberán suscribir los correspondientes contratos de acceso con el titular de la red, los cuales tendrán que detallar las especialidades que son aplicables para esta modalidad concreta de redes. Destacadamente, existe una propuesta de circular de la Comisión Nacional de los Mercados y la Competencia (CNMC), por la que se establece la metodología y condiciones del acceso y de la conexión a las redes de transporte y distribución de las instalaciones de demanda de energía eléctrica, que ya alude a esta nueva modalidad, al establecer que va a ser de aplicación a los titulares de las redes de distribución de energía eléctrica cerradas (artículo 2.3 de la propuesta de circular). Asimismo, en relación con el contenido de la solicitud de acceso y conexión a las redes de transporte y distribución por parte de la demanda, la propuesta de circular establece —en su Anexo I— que, en el caso de solicitudes destinadas a alimentar redes de distribución de energía eléctrica cerradas, se va a requerir la autorización administrativa de la red de distribución cerrada, de conformidad con lo establecido en el RD 314/2023. Así las cosas, la circular se pretende aplicar a los titulares de nuevas figuras que puedan surgir como desarrollo de normas estatales, recogidas dentro de los sujetos participantes definidos en el artículo 6 de la Ley 24/2013 del Sector Eléctrico

[15] DOUE núm. 97, de 09 de abril de 2008.

(en adelante, LSE)[16]. En este contexto, se han incluido de forma expresa a las instalaciones de almacenamiento y a las redes de distribución de energía eléctrica cerradas. Estas redes, tal y como señaló el Ministerio para la Transición Ecológica y el Reto Demográfico (MITERD), deben ser consideradas, a todos los efectos, como redes de distribución. Así, no procede solicitar a los titulares de redes de distribución de energía eléctrica cerradas la información sobre las referencias catastrales de todos los consumos que son atendidos por esas redes, de al igual que no se le exige a un distribuidor que solicita un acceso que informe de todos los consumos que se han conectado a su red.

Se define esta red de distribución de energía eléctrica cerrada como aquella red eléctrica que distribuye energía eléctrica a consumidores industriales en una zona industrial que no excede de ocho kilómetros cuadrados de extensión (frente a los cinco kilómetros que se establecían en la redacción inicial del proyecto de real decreto), siempre y cuando esa red distribuya energía eléctrica solo a las empresas industriales que están ubicadas en ese emplazamiento mediante redes propias y siempre que se cumpla al menos una de las dos condiciones siguientes:

1. Que, por motivos técnicos o de seguridad concretos, el funcionamiento o los procesos de producción de los usuarios de esta red estén integrados, debiéndose justificar por parte de los solicitantes la existencia de estas razones de carácter técnico o de seguridad concretas a través de un informe de un tercero independiente para un número de empresas que representen al menos un 50% del total del consumo anual de los consumidores conectados a la red de distribución. No obstante, se presupone que existen razones de seguridad cuando al menos dos consumidores industriales que pretendan formar parte de la red de distribución cerrada —siempre que al menos un 50% del total del consumo anual de los consumidores conectados a la red de distribución— se encuentren dentro del ámbito de aplicación del Real Decreto 840/2015 por el que se aprueban medidas de control de los riesgos inherentes a los accidentes graves en los que intervengan sustancias peligrosas[17]. Se entiende que los procesos están integrados cuando los productos generados por un consumidor industrial conectado a la red de distribución cerrada son insumos para la producción de otros consumidores industriales

---

[16] BOE núm. 310, de 27 de diciembre de 2013.

[17] BOE núm. 251, de 20 de octubre de 2015.

conectados a esa red, siempre que estos representen al menos un 50% del total del consumo anual de los consumidores conectados a la red de distribución; y

2. Que dicha red cerrada distribuya electricidad al propietario o gestor de la red o a sus empresas vinculadas, entendiéndose que este requisito se da cuando al menos el 50% del consumo conectado a la red de distribución cerrada sea del propietario o gestor de dicha red o de empresas en las que su participación en el capital sea superior a un 50%.

Cabe subrayar que los consumidores conectados a una red de distribución de energía eléctrica cerrada no pueden estar conectados entre sí en cascada, sino a través de la propia red de distribución de energía eléctrica cerrada. Así como tampoco pueden estos consumidores estar conectados a las redes de transporte o distribución.

A pesar de todo ello, cabe la posibilidad de que las redes de distribución de energía eléctrica cerradas puedan suministrar hasta a un máximo de cien consumidores no industriales, siempre que cumplan de forma simultánea con varios requisitos. Serán consumidores no industriales aquellos cuyo código de la CNAE no pertenezca a los grupos B y C. Esta posibilidad resulta muy positiva, ya que pueden darse casos de polígonos industriales muy cercanos a núcleos residenciales, fundamentalmente en municipios de medio y pequeño tamaño, donde haya consumidores domésticos que sean o hayan sido trabajadores en dicho polígono que pueden tratar de participar en esta modalidad de red de distribución de energía eléctrica cerrada. Los requisitos que deben presentar estos consumidores no industriales son:

1. Que estos consumidores no industriales estén ubicados en la misma zona geográfica de ocho kilómetros cuadrados de extensión;

2. Que existan o hayan existido relaciones laborales o mercantiles con los propietarios o socios de esta red o con otros consumidores industriales conectados a la misma;

3. Que estos consumidores representen menos del 2% del consumo total anual de los consumidores conectados a la red de distribución de energía eléctrica cerrada (frente al 1% que establecía la primera versión el proyecto de real decreto);

4. Que los consumidores no industriales se encuentren en parcelas adyacentes a las de los consumidores industriales o únicamente separadas mediante ríos, arroyos, vías férreas, carreteras o viales públicos.

Esto permite precisar las condiciones en que los consumidores domésticos pueden pertenecer a una red cerrada.

Así las cosas, el titular de la red de distribución de energía eléctrica cerrada deberá aplicar a los consumidores no industriales conectados a su red los precios y criterios establecidos en el Capítulo VII —sobre acometidas y demás actuaciones necesarias para atender el suministro eléctrico— del RD 1048/2013 por el que se establece la metodología para el cálculo de la retribución de la actividad de distribución de energía eléctrica[18].

5. TITULARES DE LAS REDES DE DISTRIBUCIÓN DE ENERGÍA ELÉCTRICA CERRADA

5.1. Requisitos

El artículo 13 dispone que pueden ser titulares de una red de distribución de energía eléctrica cerrada las sociedades mercantiles o cooperativas cuyo objeto social exclusivo sea la distribución de energía eléctrica en una red de distribución de energía eléctrica cerrada. Deben ser sociedades de nacionalidad española o, en su caso, de otro Estado miembro con establecimiento permanente en España. De este artículo se desprende que debe crearse una sociedad específica para la gestión de la red cerrada de distribución de energía eléctrica.

Estas sociedades deben: i) disponer de certificaciones que acrediten su capacidad legal, técnica y económica; ii) poseer las autorizaciones administrativas de las instalaciones de redes que sean de su titularidad; y iii) disponer de autorización de la Dirección General de Política Energética y Minas (DGPEyM) del MITERD, lo que les faculta para constituirse y ejercer como una red de distribución de energía eléctrica cerrada.

5.2. Derechos y obligaciones. El régimen de peajes y cargos

El titular de una red de distribución de energía eléctrica cerrada, que será gestor y operador de esa red, va a tener los mismos derechos y obligaciones que un distribuidor de energía eléctrica ordinario, lo que

[18] BOE núm. 312, de 30 de diciembre de 2013.

vendrá recogido en el artículo 40.1 y 3 LSE y artículo 41 del Real Decreto 1955/2000 por el que se regulan las actividades de transporte, distribución, comercialización, suministro y procedimientos de autorización de instalaciones de energía eléctrica (en adelante, RD 1955/2000)[19].

En relación con las obligaciones de estos titulares, además de las previstas para distribuidores de redes de electricidad, deben asumir en particular las siguientes (artículo 7.3 RD 314/2023): i) ser responsable de la seguridad de la propia red; ii) ser responsable de la seguridad de las personas y los bienes y servicios relacionados con la actividad desempeñada; iii) cumplir con las obligaciones establecidas en la resolución de autorización concedida por la DGPEyM del MITERD; iv) mantener en todo momento los requisitos de capacidad legal, técnica y económica establecidos; v) mantenerse al corriente de pago de peajes y cargos; vi) poner la red privada a disposición del distribuidor o transportista al que se encuentra conectado, en caso de que sea necesario para garantizar el suministro; y vii) garantizar a los consumidores el derecho a solicitar de la comercializadora el precio voluntario para el pequeño consumidor o, en caso de que proceda, el bono social.

En particular, el real decreto señala que no será de aplicación a los gestores de redes de distribución cerrada la regulación prevista para las redes de distribución ordinarias en relación con su carácter de actividad regulada, así como tampoco en lo relativo al régimen económico y retributivo de las mismas. Por tanto, los titulares de estas redes cerradas no tienen reconocido el derecho a percibir ningún tipo de retribución a cargo del sistema eléctrico por el ejercicio de su actividad y no van a estar sujetos a los incentivos y penalizaciones a la retribución previstos en función de la calidad del servicio, que sí que se prevén para los distribuidores ordinarios.

En relación con los peajes y cargos, cabe subrayar que los previstos para distribuidores ordinarios no se aplicarán a los titulares de redes cerradas. No obstante, sí se les imponen a estos las siguientes obligaciones: i) deben ingresar en el sistema los peajes y cargos correspondientes a aquellos clientes conectados a sus redes que pudieran acogerse al precio voluntario para el pequeño consumidor o al bono social; y ii) deben ingresar en el sistema los peajes y cargos que corresponden a los distintos consumidores conectados a su red, como si de un solo consumidor se tratase. En este sentido, se debe aportar al gestor de la red de distribución al que se encuentren

---

[19] BOE núm. 310, de 27 de diciembre de 2000.

conectados o con el que hayan realizado su contrato de acceso garantías económicas por una cantidad equivalente a seis meses de facturación de peajes de acceso y cargos. Estas garantías se van a actualizar anualmente en función de la facturación real del año anterior.

Como se ha señalado *supra*, la Directiva de MIE incluyó, en su artículo 38, nuevas excepciones para los gestores de redes de distribución de energía eléctrica cerrada. Sobre este punto, se echa en falta que el RD 314/2023 contemple dichas excepciones. En este sentido, habría sido conveniente que la norma aclarase si los gestores de red de distribución de energía eléctrica cerrada pueden o no poseer, desarrollar, gestionar y explotar puntos de recarga para vehículos eléctricos e instalaciones de almacenamiento de energía. Por otro lado, también habría sido adecuado que el real decreto mencionase la posibilidad de eximir a estas redes cerradas de los requisitos establecidos en el artículo 32, apartado 1, de la Directiva de MIE para obtener servicios de flexibilidad, ya que existe la posibilidad de que los gestores de redes cerradas quieran ofrecer estos servicios a los gestores de redes de distribución o transporte a la que se conectan. Aunque cabe subrayar que este artículo 32 de la Directiva de MIE se encuentra aún pendiente de transposición al ordenamiento español.

Por otra parte, el titular de la red de distribución de energía eléctrica cerrada debe asumir la responsabilidad por incumplimientos eventuales de los consumidores que están conectados a su red ante el titular de la red de distribución o de transporte a la que estuviese conectado, ante el gestor de la red y ante el propio sistema. Ello sin perjuicio del traslado de responsabilidades que pudiera ser acordado entre el titular de la red de distribución y los sujetos conectados a ella, así como de la responsabilidad que pueda ser exigida por vía civil al sujeto al que se atribuye el incumplimiento.

5.3. Régimen de autorizaciones

5.3.1. Obtención de la autorización

Las sociedades titulares de una red de distribución de energía eléctrica cerrada no estarán sujetas al procedimiento de autorización previsto para la actividad de distribución de energía eléctrica en el RD 1955/2000, salvo en lo relativo a la obligación de inscripción en el Registro Administrativo de Distribuidores de Energía Eléctrica, con las especificidades previstas en el RD 314/2023.

El procedimiento comienza cuando las sociedades que quieren constituir una red de distribución de energía eléctrica cerrada cursan una solicitud a la DGPEyM, que vendrá acompañada de documentación que acredite su capacidad legal, técnica y económica, así como de un informe técnico-económico que detalle la situación una vez autorizada la red y se constituya a uno, cinco y diez años vista. También debe acompañarse otra documentación.

La DGPEyM remitirá la solicitud a la CNMC, y le solicitará un informe en el que se valore el cumplimiento de los requisitos relativos a la sostenibilidad económica y financiera del sistema eléctrico. Este informe va a servir de base de la resolución de la DGPEyM, ya que en ningún caso puede autorizarse una red de distribución de energía eléctrica cerrada si el informe de la CNMC señalase que en los horizontes de estudio a 5 y 10 años se produce una disminución neta de los ingresos del sistema eléctrico en concepto de peajes y cargos que no venga compensada por la menor retribución de las redes de distribución y transporte.

El procedimiento finalizará con la resolución de la DGPEyM, que otorgará la autorización y recogerá las obligaciones adicionales a las previstas en la normativa aplicable y señalará el código con el que debe inscribirse el titular de la red de distribución de energía eléctrica cerrada autorizada en la sección segunda del Registro Administrativo de Distribuidores de Energía Eléctrica. Asimismo, el titular de la red deberá remitir a la DGPEyM un informe anual de acreditación del cumplimiento de condiciones que deben recoger todos los cambios con respecto a la situación en la que se concedió la autorización inicial, especialmente en relación con el balance económico y el balance de energía y potencia. Así pues, esta intervención administrativa sobre el titular permite comprobar el cumplimiento continuo de los requisitos previstos en el RD 314/2023.

5.3.2. Revocación de la autorización

La autorización puede ser revocada por el órgano que la otorgó en casos de incumplimiento de las condiciones establecidas, previo informe de la CNMC. En este informe se debe analizar por qué procede la revocación y se lleva a cabo una valoración de los activos que deben ser adquiridos por el distribuidor o transportista al que se encuentra conectado el titular de la red de distribución de energía eléctrica cerrada.

La resolución de revocación tiene que establecer la fecha efectiva en que tiene lugar la misma, el plazo de adquisición de los activos por la distribuidora o transportista y el precio de adquisición de estos activos que abonará el distribuidor o transportista al titular de la red de distribución de energía eléctrica cerrada, los cuales pasarán a ser retribuidos por el sistema. El precio se obtiene minorando en un 10% la valoración realizada por la CNMC. Si quedasen peajes y cargos pendientes de pago en la fecha de revocación, la empresa transportista o distribuidora que adquiere los activos de la red de distribución cerrada deben minorar el precio de adquisición en las cantidades pendientes de pago, declarando esta circunstancia ante la CNMC. En caso de revocación, los consumidores industriales que formasen o hubiesen formado parte, durante los tres años anteriores, de la red de distribución de energía eléctrica cerrada no podrán formar parte de una nueva red de distribución cerrada ni conectarse a otra existente.

Por otro lado, el RD 314/2023 establece el régimen de inspecciones y sanciones (artículos 15 y 24). La CNMC o el órgano que tenga atribuida competencia de inspección, en su caso, va a realizar estas inspecciones necesarias para supervisar el cumplimiento de los requisitos que se establecen en el real decreto y de las condiciones establecidas en la propia resolución de autorización, lo que harán al menos una vez cada tres años o, en su caso, con la frecuencia que se necesite.

6. CONTRATOS DE SUMIINSTRO Y ACCESO Y REQUISITOS PARA LA CONEXIÓN A LA RED

Los consumidores que se van a conectar a una red de distribución de energía eléctrica cerrada deben formalizar un contrato de adquisición de energía a través de una comercializadora de referencia o por medio de la libre contratación de la energía en el mercado. Cabe subrayar que estos consumidores conectados a la red cerrada tienen reconocido el derecho a realizar autoconsumo en las mismas condiciones que el resto de los consumidores, si bien habrá que ajustarse a lo dispuesto específicamente en el RD 314/2023. Asimismo, los consumidores deben suscribir con el titular de la red de distribución de energía eléctrica cerrada los contratos de acceso que correspondan. Dichos contratos deben contener las especificidades que les son de aplicación por tratarse de redes de distribución de energía eléctrica cerradas.

En relación con la conexión, las instalaciones de demanda y las instalaciones de generación que se vayan a conectar a una red de distribución de energía eléctrica cerrada deben cumplir con una serie de requisitos para la conexión a la red que aparecen regulados en el Reglamento 2016/631/

UE que establece un código de red sobre requisitos de conexión de generadores a la red[20], y el Reglamento 2016/1388/UE por el que se establece un código de red en materia de conexión de la demanda[21], así como otros requisitos recogidos en la normativa que se apruebe para el desarrollo e implementación de estas normas europeas. Además, los generadores y consumidores deben disponer de los equipos de medida necesarios para proceder a la facturación adecuada de la energía eléctrica que se haya consumido y que, en su caso, se haya generado. Por su parte, las redes de distribución cerradas deben disponer de sus propios equipos de medida en sus puntos frontera con las redes de transporte y distribución a las que se encuentran conectados para la correcta y precisa facturación que se debe llevar a cabo. Así las cosas, los puntos, los equipos de medida y los requisitos de medida deben cumplir con la norma sectorial aplicable y, en concreto, con el Real Decreto 1110/2007 por el que se aprueba el Reglamento unificado de puntos de medida del sistema eléctrico[22] y con la Orden TEC/1281/2019 por la que se aprueban las instrucciones técnicas complementarias al Reglamento unificado de puntos de medida del sistema eléctrico[23].

7. FACTURACIÓN DE PEAJES, CARGOS Y ENERGÍA

Es necesaria la celebración de dos contratos (el de suministro y el de acceso), así como también existe la obligación de instalar equipos de medida para cada consumidor. En este punto, la facturación de peajes, cargos y energía se va a ajustar a las siguientes reglas:

1. Las empresas comercializadoras deben facturar a sus clientes conectados a la red de distribución de energía eléctrica cerrada por la energía consumida, en función de los datos registrados en sus equipos de medida individuales, tomando en consideración el incremento de pérdidas que corresponda.
2. Las comercializadoras no van a repercutir en sus facturas ni los peajes ni los cargos a los clientes conectados a la red de distribución cerrada, salvo en aquellos casos en que los consumidores se hayan acogido al precio voluntario para el pequeño consumidor o al bono social.

---

[20] DOUE núm. 112, de 27 de abril de 2016.

[21] DOUE núm. 223, de 18 de agosto de 2016.

[22] BOE núm. 224, de 18 de septiembre de 2007.

[23] BOE núm. 1 de 1 de enero de 2020.

3. El titular de la red de distribución de energía eléctrica cerrada va a pagar las facturas mensualmente, de igual forma que sucede para un consumidor final. Estas facturas son emitidas por el gestor de la red de distribución a la que se encuentre conectada la red de distribución cerrada, en concepto de los peajes y cargos que le corresponde en los puntos de conexión con la red en idénticos términos que reglamentariamente se establezcan por el Gobierno y la CNMC para los consumidores. En caso de que la conexión de la red de distribución de energía eléctrica cerrada se realice con la red de transporte, la facturación de estos peajes y cargos la realiza el distribuidor de la zona.
4. El gestor de la red de distribución de energía eléctrica cerrada facturará a todos los consumidores que estén conectados a sus redes, salvo a aquellos acogidos al precio voluntario para el pequeño consumidor o al bono social, en cuyo caso quien factura es la empresa comercializadora de referencia. Se facturarán las cantidades necesarias para satisfacer los pagos de los peajes y cargos y el resto de los costes que sea repercutan a los usuarios.
5. Los peajes, cargos y otros costes que deben soportar los clientes conectados a una red de distribución de energía eléctrica cerrada son acordados previamente por el titular de la red y los usuarios de la misma. Estos deben responden a metodologías objetivas, transparentes y no discriminatorias para todos los usuarios que estén conectados a sus redes.
6. Si se suscitan discrepancias por parte de alguno de los usuarios acerca del reparto de los costes de los peajes y cargos, los usuarios o el titular de la red pueden solicitar la revisión y aprobación de estas metodologías de reparto de peajes y cargos a la CNMC y a la DGPEyM, respectivamente. En este sentido, se resolverán las discrepancias desde el respeto a los principios recogidos en las metodologías de peajes y cargos; y
7. La suspensión del suministro de energía eléctrica a los consumidores conectados a una red de distribución de energía eléctrica cerrada debe atender a lo dispuesto en el RD 1955/2000 o, en su caso, a lo establecido en el Real Decreto 897/2017 por el que se regula la figura del consumidor vulnerable, el bono social y otras medidas de protección para los consumidores domésticos de energía eléctrica[24].

---

[24] BOE núm. 242, de 07 de octubre de 2017.

8. NUEVAS FUNCIONES A ASUMIR POR LA CNMC

El RD 314/2023 asigna nuevas funciones a la CNMC en relación con las redes de distribución de energía eléctrica cerrada, y en particular en lo relativo al proceso de autorización de esta modalidad de redes.

Según dispone el artículo 12 RD 314/2023, en caso de existir discrepancias entre los usuarios en relación con la asignación de los costes de peajes, los propios usuarios o el titular de la red de distribución de energía eléctrica cerrada podrán solicitar la revisión y aprobación de las metodologías de reparto de peajes a la CNMC, que va a resolver aplicando los principios definidos en la Circular, 3/2020 de la Comisión Nacional de los Mercados y la Competencia, por la que se establece la metodología para el cálculo de los peajes de transporte y distribución de electricidad[25].

Por otra parte, de conformidad con lo dispuesto en el artículo 19, se establece que la DGPEyM solicitará informe a la CNMC para la valoración del cumplimiento de los requisitos sobre la sostenibilidad económica y financiera del sistema eléctrico, garantía de la seguridad en la operación, evitación de la fragmentación y redundancia en las redes para alimentar a los consumidores, así como la evitación de la discriminación entre grupos de consumidores que reúnan características similares. La CNMC va a disponer de un plazo no superior a los dos meses (frente a los tres meses establecidos inicialmente en el borrador de real decreto) para la remisión de dicho informe, en el que se debe realizar un análisis en distintos horizontes temporales que analice si la creación de la red de distribución de energía eléctrica cerrada es compatible con la sostenibilidad económico financiera del sistema eléctrico, para lo que debe contemplar, al menos, el impacto en peajes y cargos y en la retribución de las redes eléctricas, así como cualquier otro aspecto económico que pueda ser relevante.

En relación con el procedimiento de revocación, el artículo 23.2 del real decreto, establece que, en caso de resultar necesario iniciar este procedimiento, la DGPEyM deberá solicitar informe a la CNMC que debe analizar la procedencia de la revocación y debe contener una valoración de los activos que tendrán que ser adquiridos por la empresa distribuidora o transportista a la que se encuentre conectada la red de distribución de energía eléctrica cerrada.

---

[25] BOE núm. 21, de 24 de enero de 2020.

Por último, en lo referido al régimen de inspecciones, el artículo 24 establece que la CNMC, o, en su caso, el órgano que tengan atribuida la competencia en esta materia deberá realizar las inspecciones necesarias para la comprobación del cumplimiento de los requisitos del real decreto y de las condiciones establecidas en la resolución de autorización al menos una vez cada tres años. Además, tal y como señala el artículo 22.2, si se detectasen errores o incumplimientos en las proyecciones previstas que comprometan la estabilidad del sistema, la DGPEyM deberá solicitar la remisión en un plazo no superior a tres meses (frente al plazo de un mes a que se refería el borrador inicial de real decreto) de un plan urgente de medidas correctoras que deben implementarse de forma inmediata. La DGPEyM debe remitir copia de este informe a la CNMC, que se encargará de someter a inspección al titular de la red de distribución de energía eléctrica cerrada durante los siguientes tres años, con el fin de garantizar el cumplimiento del mismo.

Así las cosas, entendemos que la CNMC debe dotarse de recursos humanos e informáticos suficientes para poder desarrollar estas nuevas funciones encomendadas, especialmente si tenemos en cuenta que es previsible un alto desarrollo de estas redes de distribución de energía eléctrica cerradas y, en consecuencia, numerosas controversias surgidas en torno a esta figura.

9. CONCLUSIONES

Primera. El RD 314/2023 supone una importante novedad en relación con la actividad de distribución de energía eléctrica al permitir que cualquier sociedad mercantil o cooperativa que cumpla los requisitos señalados en la norma despliegue su propia red de distribución de energía eléctrica cerrada o compre activos a una empresa distribuidora ordinaria. Los principales beneficiarios, además de las propias empresas que desarrollan la actividad, son los consumidores industriales situados en polígonos, ya que estos soportan habitualmente costes energéticos muy elevados. Las empresas conectadas a estas redes de distribución cerradas deben obtener beneficios en términos de ahorro energético, lo que les permite mejorar su competitividad.

Segunda. Las redes de distribución de electricidad cerradas pueden suponer, a corto plazo, una reducción de los ingresos del sistema eléctrico, ya que se pasa a un modelo donde hay un solo consumidor de mayor tamaño conectado a mayor tensión, lo que implica menor pago de peajes de acceso a las redes. Por tanto, se deja a un lado el modelo basado en varios consumidores conectados a las redes de distribución o transporte a distintos niveles de tensión, con el consiguiente detrimento de ingresos que ello implica para el sistema en su conjunto. Sin embargo, en el largo plazo, esta reducción de ingresos se debería ver compensada por una reducción de las inversiones que son necesarias acometer para la operación y mantenimiento de las infraestructuras de red, ya que éstas las harán los propios titulares de las redes de distribución cerradas.

Tercera. Los logros más destacados obtenidos con esta norma han sido: asegurar que no exista trato discriminatorio de los consumidores conectados a una red de distribución cerrada frente al resto de consumidores; definición clara de las funciones que se atribuyen al gestor de la red de distribución cerrada; asegurar que los consumidores conectados a la red de distribución cerrada abonan los mismos peajes de transporte y los mismos cargos que el resto de consumidores; habilitación de un registro específico para las redes de distribución cerradas; definición clara y precisa de consumidor industrial y no industrial.

Cuarta. La Directiva de MIE incluyó, en su artículo 38, nuevas excepciones para los gestores de redes de distribución de energía eléctrica cerrada. Sobre este punto, se echa en falta que el RD 314/2023 contemple dichas excepciones. En este sentido, habría sido conveniente que la norma aclarase si los gestores de red de distribución de energía eléctrica cerrada pueden o no poseer, desarrollar, gestionar y explotar puntos de recarga para vehículos eléctricos e instalaciones de almacenamiento de energía. Por otro lado, también habría sido adecuado que el real decreto mencionase la posibilidad de eximir a estas redes cerradas de los requisitos establecidos en el artículo 32, apartado 1, de la Directiva de MIE para obtener servicios de flexibilidad, ya que existe la posibilidad de que los gestores de redes cerradas quieran ofrecer estos servicios a los gestores de redes de distribución o transporte a la que se conectan. Aunque cabe subrayar que este artículo 32 de la Directiva de MIE se encuentra aún pendiente de transposición al ordenamiento español.

Quinta. La regulación de las redes de distribución de energía eléctrica cerradas supone un importante hito en la liberalización de la actividad de distribución, ya que ésta dejaría de considerarse una actividad regulada en su integridad. Asimismo, atendiendo a lo dispuesto en el RD 314/2023, parece introducirse cierta competencia en materia de peajes y cargos, en tanto estos van a ser acordados entre el titular de la red y los consumidores que se conectan a la misma, salvo aquellos que estén acogidas al precio voluntario para el pequeño consumidor o al bono social.

Sexta. El RD 314/2023 no regula de forma expresa ninguna disposición que afecte a las comunidades energéticas, para el caso de que éstas se conviertan en gestores de redes de distribución. Y ello a pesar de que la Directiva de MIE faculta a los Estados miembros a permitir que las comunidades energéticas se conviertan en gestores de redes de distribución de conformidad con el régimen general o como gestores de una red de distribución cerrada. En este punto, sería conveniente que la normativa sobre comunidades energéticas futura aborde la materia, de forma que se relacionen las modalidades de comunidad ciudadana de energía y las obligaciones y criterios a tomar en consideración cuando éstas actúan como gestores de redes de distribución cerrada.

Séptima. Resulta necesaria una modificación de la LSE para contemplar de forma expresa la figura del gestor de la red de distribución de energía eléctrica cerrada. Es conveniente que se modifique el artículo 12 de la LSE, en aras de asegurar la separación de actividades de los sujetos del sector eléctrico. Así, el citado precepto debería señalar que las sociedades mercantiles que desarrollen alguna o algunas de las actividades de transporte, distribución y operación del sistema deben tener como objeto social exclusivo el desarrollo de las mismas, sin que puedan llevar a cabo la actividad de distribución de energía eléctrica cerrada ni tomar participación en empresas que realicen esta actividad. Tampoco podrán llevar a cabo las actividades de producción, comercialización o servicios de recarga de energía ni tomar participación en empresas que realicen estas actividades, como ya señala la redacción actual del artículo.

10. BIBLIOGRAFÍA

COMISIÓN NACIONAL DE LOS MERCADOS Y LA COMPETENCIA: «Informe sobre el proyecto de real decreto por el que se desarrolla el procedimiento y los requisitos que deberán cumplirse para el otorgamiento de la autorización administrativa de las redes de distribución de energía eléctrica cerrada» [en línea], (2021), <https://www.cnmc.es/sites/default/files/3864898.pdf> [Consulta: 25/06/2024].

DEL GUAYO CASTIELLA, Í., "Redes de distribución cerradas, consumidores electrointensivos y almacenamiento de electricidad como componentes del nuevo derecho eléctrico", en ALONSO MAS, M. J. y REVUELTA PEREZ, I. (dirs.), *Regulación del sector eléctrico y transición energética,* Aranzadi, Pamplona, 2021, pp. 91-116.

GALERA RODRIGO, S., "Autoconsumo colectivo: (mucho) más allá de los tejados", *Cuadernos de derecho local,* 61, 2023, pp. 55-81.

GUÉNAIRE, M. *et al.*, "Electricity regulation in France: overview", *Practical Law*, 2020, pp. 1-18.

PEZZAGLIA, M., *Closed distribution systems. Past, present and future*, The Energy Professionals Group- European Commission, Brussel, 2019.

ROBINSON, D. y DEL GUAYO, I., "Alignment of energy community incentives with electricity system benefits in Spain", en LÖBBE, S. *et al.* (eds.), *Energy communities: citizen centered, market-driven, welfare-enhancing?*, Elsevier, Paises Bajos, 2022, pp. 73-93.

ZAMORA SANTA BRÍGIDA, I., "Las redes de distribución cerradas y los consumidores electrointensivos", en ALENZA GARCÍA, J. F., y MELLADO RUIZ, L. (coords.), *Estudios sobre cambio climático y transición energética. Estudios conmemorativos del XXV aniversario del acceso a la cátedra del Prof. Íñigo del Guayo Castiella*, Marcial Pons, Madrid, 2022, pp. 313-328.

Capítulo XII

Comunidades energéticas, almacenamiento y flexibilidad[1]

ROMAIN MAUGER

Jefe de la Unidad de Investigación Jurídica

Centro Ibérico de Investigación en Almacenamiento de Energía

1. INTRODUCCIÓN

España se encuentra a la cabeza de Europa tanto en capacidad como en potencia instalada de almacenamiento, junto con Alemania y Portugal según la métrica usada.[2] Actualmente, se trata sobre todo de bombeo hidroeléctrico y de almacenamiento térmico con energía solar concentrada.[3] En la actualización del Plan Nacional Integrado de Energía y Clima

---

1 Este capítulo es parte del proyecto "Regulación de sistemas energéticos comunitarios basados en almacenamiento y flexibilidad: aceptabilidad, gobernanza y digitalización (ComEnerSys)", TED2021-131840B-I00, financiado por el MCIN/AEI/10.13039/501100011033 y por la Unión Europea "NextGenerationEU"/PRTR".

2 CENTRO ESPECIALIZADO EN TRANSICIÓN ENERGÉTICA: «Study on Energy Storage» [en línea], (2023), p. 30 <https://op.europa.eu/en/publication-detail/-/publication/dfcaa78b-c217-11ed-8912-01aa75ed71a1/language-en> [Consulta: 17/06/2024]

3 Ibidem, pp. 31-32.

(PNIEC) 2023-2030,[4] España prevé más que duplicar su potencia instalada de almacenamiento, para llegar a 22,5 GW en 2030,[5] de los cuales expertos deducen 9 GW en baterías,[6] y alcanzar 30 GW en 2050.[7] El PNIEC hace referencia en varias ocasiones a la importancia del almacenamiento y de la flexibilidad para el futuro del sistema energético español y subraya el substancial desarrollo normativo previsto en estos temas.[8] Para mediados de siglo, la Estrategia de Descarbonización a Largo Plazo (EDLP) 2050 incluye la necesidad de almacenamiento diario, semanal y estacional para alcanzar en esa fecha un sistema eléctrico 100% renovable.[9]

Si bien la mayoría de la nueva potencia instalada de almacenamiento provendrá de grandes instalaciones, tanto de bombeo como de baterías, existe un potencial por parte de instalaciones pequeñas y medianas, especialmente de baterías, instaladas de manera distribuida por consumidores residenciales o comerciales, solos o agrupados, por ejemplo, dentro de comunidades energéticas. De hecho, según fuentes del sector eléctrico, en 2023, se han instalado casi 2 GW de potencia fotovoltaica en autoconsumo en España, menos que en 2022 debido a la bajada de precios de la electricidad de un año al otro.[10] Las nuevas instalaciones permitieron alcanzar casi 7 GW de potencia acumulada a nivel nacional. Se estima

---

4 Real Decreto 986/2024, de 24 de septiembre, por el que se aprueba la actualización del Plan Nacional Integrado de Energía y Clima 2023-2030.

5 MINISTERIO PARA LA TRANSICIÓN ECOLÓGICA Y EL RETO DEMOGRÁFICO: «Plan Nacional Integrado de Energía y Clima (PNIEC 2023-2030)» [en línea], (2024), pp. 23-25 <https://www.miteco.gob.es/content/dam/miteco/es/energia/files-1/pniec-2023-2030/PNIEC_2024_240924.pdf> [Consulta: 31/10/2024]

6 JONES LANG LASALLE: «Spain Standalone BESS Market» [en línea], (2023), p. 8, <https://www.jll.es/es/analisis-y-tendencias/informes/el-mercado-de-standalone-bess-en-espana> [Consulta: 17/06/2024]

7 MINISTERIO PARA LA TRANSICIÓN ECOLÓGICA Y EL RETO DEMOGRÁFICO: «Plan Nacional Integrado de Energía y Clima (PNIEC 2023-2030)», *op. cit.*, p. 79.

8 ÁVILA RODRÍGUEZ, C. M., "Cuestiones Jurídicas Relevantes Sobre el Almacenamiento Energético ¿Hacia Dónde Vamos?", *Revista General de Derecho de los Sectores Regulados*, 11, 2023, pp. 274-275.

9 Ibidem, p. 275.

10 ENTRA: «Rol generador-consumidor sobre almacenamiento» [en línea], (2024), pp. 11-12 <http://entra-coalicion.com/wp-content/uploads/post/Rol-generador-consumidor-sobre-almacenamiento.pdf> [Consulta: 17/06/2024] Cifras de UNEF y APPA renovables.

que aproximadamente el 10% de las instalaciones de autoconsumo solar tienen una batería detrás del contador.[11]

A pesar de no tener cifras detalladas, las comunidades energéticas en España también han empezado a instalar baterías. Esto se debe en parte a que el programa nacional de subvenciones "CE Implementa" financia proyectos "pudiendo incorporar sistemas de gestión de la demanda como, por ejemplo, el almacenamiento energético".[12] En su conjunto, la tercera y la cuarta convocatoria del programa, resueltas en diciembre de 2023, permitirán la instalación de 529 kWh de almacenamiento.[13] Además, las quinta y sexta convocatorias abiertas hasta el 31 de octubre de 2024 introducen el requisito obligatorio de añadir almacenamiento para los proyectos de energías renovables eléctricas.[14] Entre este nuevo requisito para obtener subvenciones y un marco legal del almacenamiento en progreso tal y como lo veremos en este capítulo, se puede esperar un mayor despliegue del almacenamiento para las comunidades energéticas.

Este estudio se ubica en la intersección entre la regulación de las comunidades energéticas y la del almacenamiento de energía, así como de otras formas de proveer flexibilidad para el sistema eléctrico (respuesta de demanda, autoconsumo colectivo y agregación). En términos de jurisdicciones, el capítulo se enfoca en el derecho europeo y el derecho estatal español, ya que son los dos niveles más importantes tratándose de la normativa del sector energético.

Las tecnologías de especial interés abordadas en estas páginas son las de baterías eléctricas (típicamente baterías electro-químicas de litio y con capacidad de almacenar electricidad que se podría descargar en continuo por períodos de 1 a 4 horas), siendo las más versátiles y con costes

---

11 Ibidem, p. 12.

12 INSTITUTO PARA LA DIVERSIFICACIÓN Y AHORRO DE LA ENERGÍA: «Programa de Incentivos a Proyectos Piloto Singulares de Comunidades Energéticas (CE Implementa)» [en línea], (2023), <https://www.idae.es/ayudas-y-financiacion/comunidades-energeticas/programa-de-incentivos-proyectos-piloto-singulares-de> [Consulta: 18/06/2024]

13 GOBIERNO DE ESPAÑA: «Conoce el programa CE Implementa para el impulso de las Comunidades Energéticas en España» [en línea], (2024), <https://planderecuperacion.gob.es/noticias/conoce-programa-ce-implementa-impulso-comunidades-energeticas-Espana-perte-erha-prtr> [Consulta: 18/06/2024]

14 INSTITUTO PARA LA DIVERSIFICACIÓN Y AHORRO DE LA ENERGÍA: «Programa de Incentivos a Proyectos Piloto Singulares de Comunidades Energéticas (CE Implementa)», *op. cit.*

en rápida disminución.[15] Estas baterías pueden servir para la mayoría de los usos que interesan a las comunidades energéticas en España, es decir; cargarse con electricidad de origen fotovoltaico producida por la comunidad y restituir la energía más tarde a sus miembros (cuando los precios de mercado sean más altos, para aumentar la tasa de autoconsumo). Una comunidad también puede usar semejante batería para proveer servicios de flexibilidad a través de su conexión a la red, generando ingresos de esta manera y contribuyendo, por ejemplo, a mantener la estabilidad de la red o reducir congestiones locales.

En términos del diseño mayoritario de una instalación para una comunidad energética, es de esperar que hablemos de baterías de algunas decenas de kWh, probablemente en un rango de 10 a 100 kWh. Cabe notar que podría ser más grande si la comunidad se extiende e incluye miembros de talla comercial (segmento mediano). En escasos casos, una comunidad energética podría decidir invertir en una batería de gran tamaño (incluso arriba del MW) y obtener ingresos principalmente de la provisión de servicios de flexibilidad en varios mercados. La potencia de la instalación y el tipo de actividad que se va a realizar impactan el régimen jurídico aplicable.

A lo largo de este capítulo, se opta por desarrollar primero los marcos legales del almacenamiento y de la flexibilidad para después relacionarlos con las comunidades energéticas, especialmente debido al hecho que las comunidades energéticas se desarrollan de manera extensa en todos los demás capítulos de este libro y que las comunidades energéticas sirven aquí de catalizador de las actividades de flexibilidad.

2. EL MARCO LEGAL EUROPEO PERTENECIENTE AL USO DEL ALMACENAMIENTO Y DE LA FLEXIBILIDAD POR COMUNIDADES ENERGETICAS

En el caso del marco legal europeo, el análisis se divide entre la primera gran ola de nuevas provisiones relevantes como parte del paquete "Energía limpia para todos los europeos" adoptado en 2019 y la segunda ola adoptada en el marco de la reforma del mercado de la electricidad en 2024.

---

15 AGENCIA INTERNACIONAL DE LA ENERGÍA: «Rapid expansion of batteries will be crucial to meet climate and energy security goals set at COP28» [en línea], (2024), <https://www.iea.org/news/rapid-expansion-of-batteries-will-be-crucial-to-meet-climate-and-energy-security-goals-set-at-cop28> [Consulta: 17/06/2024]

2.1. En el paquete "Energía limpia para todos los europeos"

La adopción de la directiva europea sobre el mercado interior de la electricidad en 2019 supuso un gran avance para el almacenamiento de energía, ya que define la actividad y provee un régimen específico.[16] En el artículo 2(59), el almacenamiento de energía está definido de la manera siguiente:

> [E]n el sistema eléctrico, diferir el uso final de electricidad a un momento posterior a cuando fue generada, o la conversión de energía eléctrica en una forma de energía que se pueda almacenar, el almacenamiento de esa energía y la subsiguiente reconversión de dicha energía en energía eléctrica o su uso como otro vector energético.

En cuanto a su régimen, el análisis de varias otras provisiones —y en especial de las que prohíben, salvo estrictas excepciones, la propiedad y la operación de instalaciones de almacenamiento de energía por parte de los gestores de la red eléctrica[17]— muestra que almacenar energía es una actividad de mercado, abierta a la competencia, donde la instalación brinda servicios de flexibilidad que se pueden intercambiar en mercados.[18]

El almacenamiento de energía aparece, entonces, como una familia de tecnologías que puede satisfacer la creciente necesidad de flexibilidad en un sistema eléctrico funcionando cada vez más con fuentes de energía variables, como la eólica y la solar fotovoltaica. Ahora bien, si la flexibilidad aparece en varias ocasiones en la directiva de 2019 para subrayar su papel clave en la transición energética, no se la define.

Las actividades relacionadas con la flexibilidad que sí se definen, además del almacenamiento, son el autoconsumo colectivo, la respuesta de demanda y la agregación. El autoconsumo aparece en las directivas de 2018 y de 2019 bajo dos términos diferentes. En la directiva de renovables, aparece como "autoconsumidores de energías renovables que actúan de forma

---

16 Directiva 2019/944/UE, sobre normas comunes para el mercado interior de la electricidad.

17 Ibidem, art. 36 y 54.

18 KREEFT, G. y MAUGER R., "Developing a regulatory framework for electricity storage", en ROGGENKAMP, M., DE GRAAF, K. & FLEMING, R. (eds.), *Elgar Encyclopedia of Environmental Law series: Energy Law, Climate Change and the Environment,* Edward Elgar, UK, 2021, pp. 679-694.

conjunta",[19] y en la directiva mercados de electricidad, como "cliente final" (actuando en grupo).[20] Las dos definiciones son similares y describen un grupo de consumidores de energía que también generan electricidad para su propio consumo pero que pueden decidir almacenarla y/o venderla.[21] Estos disfrutan de un régimen que les permite actuar en materia de flexibilidad y beneficiarse de una prohibición de doble carga para la electricidad almacenada que permanezca en sus instalaciones,[22] o a la hora de prestar servicios de flexibilidad a los gestores de redes.[23]

La respuesta de demanda se define como:

> [E]l cambio de consumo de electricidad por parte de los clientes finales, respecto de sus pautas de consumo normales o actuales como respuesta a las señales del mercado [...], o como respuesta a la aceptación de la oferta de los clientes finales para vender una reducción o un incremento de la demanda a un precio en un mercado organizado [...] bien individualmente o mediante agregación.[24]

En otros términos, se trata de modificar al alza o a la baja el consumo eléctrico siguiendo unas señales exteriores.

La agregación, por su parte, se define como: "una función realizada por una persona física o jurídica que combina múltiples consumos de clientes o electricidad generada para su venta, compra o subasta en cualquier mercado de electricidad".[25] En este caso, la agregación permite agrupar varios productores o consumidores de electricidad separados los unos de los otros para alcanzar tamaños superiores y así tener más impacto en el sistema eléctrico. La directiva también crea el rol de agregador independiente, cuya peculiaridad es que "no está relacionado con el suministrador del cliente".[26]

Es importante destacar que estos temas se encuentran interconectados. Es, por ejemplo, posible usar baterías de varios acuerdos de autoconsumo

---

19 Directiva 2018/2001/UE, relativa al fomento del uso de energía procedente de fuentes renovables, art. 2(15).

20 Directiva 2019/944/UE, art. 2(8).

21 Directiva 2018/2001/UE, art. 2(15) y 21; Directiva 2019/944/UE, art. 2(8) y 15.

22 Directiva 2018/2001/UE, art. 21(2)(a)(ii); Directiva 2019/944/UE, art. 15(5)(b).

23 Directiva 2019/944/UE, art. 15(5)(b).

24 Ibidem, art. 2(20).

25 Ibidem, art. 2(18).

26 Ibidem, art. 2(19).

colectivo agregadas para ofrecer servicios de flexibilidad en forma de respuesta de demanda. El punto común entre estos elementos (almacenamiento, autoconsumo colectivo, respuesta de demanda y agregación) es que tanto la directiva del 2019 como el reglamento relativo al mercado interior de la electricidad, también del 2019,[27] exigen que los Estados miembros faciliten su despliegue, especialmente a través del acceso a todos los mercados de la electricidad, incluyendo el mercado diario, intradiario y de balance.[28]

En la legislación europea, también hay un vínculo explicito entre la actividad de almacenamiento de energía y las comunidades energéticas en la directiva sobre renovables del 2018 así como en la directiva del 2019. Efectivamente, las comunidades de energías renovables (CER) tienen según la directiva del 2018 el derecho de "producir, consumir, almacenar y vender energías renovables".[29] Respecto a las comunidades ciudadanas de energía (CCE), la directiva del 2019 en su definición incluye dentro de sus actividades potenciales: el almacenamiento de energía, además de la generación, la distribución, el suministro, el consumo, la agregación, la prestación de servicios de eficiencia energética o, la prestación de servicios de recarga para vehículos eléctricos o de otros servicios energéticos a sus miembros o socios.[30]

Tal y como se ha mencionado anteriormente, la agregación es otra actividad posible para una CCE. De hecho, los Estados miembros deben garantizar que las CCE "puedan acceder a todos los mercados organizados directamente o a través de la agregación de forma no discriminatoria",[31] y que "se beneficien de un trato no discriminatorio y proporcionado en lo que atañe a sus actividades, derechos y obligaciones como [...] participantes en el mercado que presten servicios de agregación".[32] En otras palabras, las CCE son nuevos actores que pueden proveer servicios de flexibilidad en los mercados correspondientes, ya sea de forma individual o agregada, y usando instalaciones de almacenamiento si así lo desean.

---

[27] Reglamento 2019/943/UE del Parlamento Europeo y del Consejo de 5 de junio de 2019 relativo al mercado interior de la electricidad.

[28] *Vid.*, por ejemplo, directiva 2019/944/UE, art. 13(1) y 17(1) y (3), así como reglamento 2019/943/UE, art. 1(b), 3 o 6(1).

[29] Directiva 2018/2001/UE, art. 22.

[30] Directiva 2019/944/UE, art. 2(11)(c).

[31] Ibidem, art. 16(3)(a).

[32] Ibidem, art. 16(3)(b).

2.2. En la reforma del mercado europeo de la electricidad

En mayo de 2024, se aprobó una reforma del mercado europeo de electricidad, debatida a raíz de la grave crisis de los precios del gas metano y de la electricidad durante los años 2022-2023 como consecuencia de la invasión rusa de Ucrania. Esta reforma incluye una directiva y un reglamento que modifican tanto la directiva del 2019 como el reglamento del mismo año.[33] En su conjunto, esta legislación fortalece el papel del almacenamiento de energía, la respuesta de demanda y la agregación, además generaliza la noción de flexibilidad.

La medida probablemente más significativa consiste en definir la flexibilidad en el nuevo reglamento relativo al mercado interior de la electricidad como "la capacidad de un sistema eléctrico para ajustarse a la variabilidad de las pautas de generación y consumo y de la disponibilidad de la red, en los correspondientes horizontes temporales del mercado".[34] Adicionalmente, los reguladores nacionales deben estimar las necesidades de flexibilidad para los siguientes 5 a 10 años,[35] y los Estados miembros deben definir sobre esta base un objetivo indicativo nacional de flexibilidad no-fósil, incluyendo las contribuciones potenciales de la respuesta de demanda y del almacenamiento.[36]

Al contrario que la flexibilidad y sus componentes, las comunidades energéticas apenas aparecen en la reforma del mercado. No obstante, cabe mencionar dos novedades que sí podrían ser interesantes. Primero, el nuevo reglamento requiere que los operadores de mercado eléctrico designados (tal y como OMIE en España) creen productos para los mercados diarios e intradiarios con una talla máxima de 100 kW o incluso menores para asegurar la participación efectiva de la respuesta de demanda, del almacenamiento y de las renovables de pequeña potencia, incluso a través de la agregación.[37] Semejante talla de producto es mucho más asequible para comunidades energéticas que la escala a menudo exigida de 1 MW, tal como mencionamos en

---

33 Directiva 2024/1711/UE por la que se modifican las Directivas 2018/2001/UE y 2019/944/UE en relación con la mejora de la configuración del mercado de la electricidad de la Unión.

34 Reglamento 2024/1747/UE por el que se modifican los Reglamentos 2019/942/UE y 2019/943/UE en relación con la mejora de la configuración del mercado de la electricidad de la Unión, art. 2(79).

35 Ibidem, art. 19e.

36 Ibidem, art. 19f.

37 Ibidem, art. 8(3).

la introducción. Segundo, la directiva ahora incluye la actividad de *energy sharing*, o energía compartida. Se define como el autoconsumo por parte de clientes activos de la energía renovable (i) generada o almacenada en sus instalaciones o (ii) compartida con ellos por otro cliente activo por un precio o de manera gratuita.[38] Esta definición se acompaña del derecho a la energía compartida, vinculado explícitamente con las comunidades energéticas dentro de las cuales compartir energía es un objetivo común.[39]

De manera general, se puede considerar que desde el 2019 y sobre todo a partir de la reforma del mercado de la electricidad de 2024, la normativa europea instaló las comunidades energéticas no solamente como una figura legal para el autoconsumo colectivo, sino también como un nuevo actor local y ciudadano que tiene el potencial de jugar un papel mucho más importante en ayudar a equilibrar una red cada vez más basada en renovables variables.

Ahora bien, toda esta normativa europea debería haberse transpuesto en el derecho nacional con fecha limite en diciembre 2020 y junio 2021 para las directivas de renovables y sobre el mercado eléctrico, respectivamente.[40] Veremos a continuación que este proceso se demoró más en España y que incluso quedan asuntos pendientes en el momento de escribir estas líneas. En lo que concierne la reforma del mercado eléctrico adoptada en mayo del 2024, el reglamento entró en vigor en el verano del mismo año,[41] con efecto directo a nivel nacional, y la directiva debe ser transpuesta entre finales de 2024 y mediados de 2026 según sus propias provisiones.[42]

3. EL MARCO LEGAL ESTATAL ACERCA DEL USO DEL ALMACENAMIENTO Y DE LA FLEXIBILIDAD POR COMUNIDADES ENERGETICAS

Debido a la gran cantidad de desarrollos legales a nivel estatal en los últimos años, esta sección se divide entre el marco legal formado por las disposiciones ya adoptadas y los elementos que todavía faltan para facilitar el almacenamiento y la flexibilidad por las comunidades energéticas.

---

38 Nueva versión de la Directiva 2019/944/UE, nuevo art. 2(10a).

39 Ibidem, nuevo considerando 23 y art. 15a(10).

40 Directiva 2018/2001/UE, art. 36, y directiva 2019/944/UE, art. 71.

41 Reglamento 2024/1747/UE, art. 3.

42 Directiva 2024/1711/UE, art. 3(1).

3.1. El marco legal formado por las disposiciones ya adoptadas

El marco legal que se analiza en los subapartados siguientes es el relacionado con el almacenamiento de energía, el autoconsumo colectivo, la flexibilidad, la respuesta de demanda, la agregación, las comunidades energéticas y, por último, el acceso a mercados para obtener ingresos.

3.1.1. El almacenamiento de energía

Es el Real Decreto-ley (RDL) 23/2020 el que define el almacenamiento de energía en derecho nacional español, [43] modificando el artículo 6 (1) (h) de la Ley 24/2013 del Sector Eléctrico (LSE).[44] La definición es casi idéntica a la de la directiva europea de 2019. La única diferencia es que no se transpone la última parte, que permite abarcar en la noción jurídica de almacenamiento el uso final a través de otro vector energético (diferente de la electricidad).

El mismo RDL modifica el artículo 33 de la LSE para que los titulares de permisos de acceso a instalaciones de generación de energía eléctrica puedan hibridarlas al añadir almacenamiento, además podrán evacuar su energía a la red utilizando el mismo punto de conexión y la capacidad de acceso ya concedida, a condición de respetar los requisitos técnicos que se apliquen.[45] También establece la posibilidad de solicitar los permisos de acceso para instalaciones hibridas nuevas siempre y cuando al menos una de ellas utilice una fuente de energía primaria renovable o incorpore instalaciones de almacenamiento. Para facilitar la tramitación de nuevos permisos de acceso y conexión, la circular 1/2021 de la Comisión Nacional de los Mercados y la Competencia (CNMC) integra el almacenamiento entre sus procedimientos.[46] Estas disposiciones podrían aplicarse a comunidades energéticas ambiciosas con instalaciones de generación renovable y de almacenamiento de cierto tamaño, ya que existen exenciones para instalaciones menores como se menciona en el siguiente párrafo.

---

43 Real Decreto-ley 23/2020, de 23 de junio, por el que se aprueban medidas en materia de energía y en otros ámbitos para la reactivación económica.

44 Ley 24/2013, de 26 de diciembre, del Sector Eléctrico.

45 RDL 23/2020, de 23 de junio, art. 4(5).

46 Circular 1/2021, de 20 de enero, de la Comisión Nacional de los Mercados y la Competencia, por la que se establece la metodología y condiciones del acceso y de la conexión a las redes de transporte y distribución de las instalaciones de producción de energía eléctrica.

A finales del 2020, el Real Decreto (RD) 1183/2020 también añadió elementos importantes al régimen del almacenamiento de energía, de los cuales dos resultan especialmente relevantes para las instalaciones que podrían corresponder a comunidades energéticas.[47] El primero es que considera instalaciones de almacenamiento como de generación.[48] Este punto que ya se aplicaba a los permisos de acceso y conexión se amplía en el RDL 6/2022 que considera las instalaciones de almacenamiento directa o indirectamente conectadas a las redes de transporte y distribución, solas o hibridadas, como instalaciones de generación para tramitación de las correspondientes autorizaciones administrativas y para su inscripción en el registro administrativo de instalaciones de producción de energía eléctrica (RAIPRE).[49] El segundo, es que exime de la obtención de permisos de acceso y de conexión a las instalaciones (i) de autoconsumo sin excedentes (las que no evacuan energía a la red), y (ii) de autoconsumo con excedentes con una potencia de hasta 15 kW que se ubiquen en suelo urbanizado.[50] Se provee más información sobre la normativa del autoconsumo colectivo en la subsección 3.1.2 abajo, ya que es una fórmula jurídica importante para comunidades energéticas.

Para evitar que las instalaciones de almacenamiento estén sometidas a duplicación de gastos, la circular 3/2020 de la CNMC y el RD 148/2021 las excluye del pago de peajes y cargos, respectivamente[51]. También se excluyen los peajes para baterías de almacenamiento de energía conectadas en la red de transporte o distribución y se excluyen los cargos sobre la energía consumida por los titulares de instalaciones de almacenamiento, siempre que sea posteriormente inyectada en la red. La segunda

---

[47] Para más detalles sobre el régimen jurídico del almacenamiento en España hasta 2023, sin el enfoque aquí limitado a potencias y aplicaciones para comunidades energéticas: ÁVILA RODRÍGUEZ, C. M., "Cuestiones Jurídicas Relevantes Sobre el Almacenamiento…", *op. cit.*, p. 275.

[48] Real Decreto 1183/2020, de 29 de diciembre, de acceso y conexión a las redes de transporte y distribución de energía eléctrica, art. 2(i).

[49] RDL 6/2022, de 29 de marzo, por el que se adoptan medidas urgentes en el marco del Plan Nacional de respuesta a las consecuencias económicas y sociales de la guerra en Ucrania, Disposición final quinta.

[50] RD 1183/2020, art. 17(1).

[51] Circular 3/2020, de 15 de enero, de la Comisión Nacional de los Mercados y la Competencia, por la que se establece la metodología para el cálculo de los peajes de transporte y distribución de electricidad, art. 2(2)(d) y RD 148/2021, de 9 de marzo, por el que se establece la metodología de cálculo de los cargos del sistema eléctrico, art. 1(3)(b).

formulación resulta más abierta ya que no se limita a baterías y podría abarcar otras tecnologías de almacenamiento, a pesar de que, en el caso de las comunidades energéticas, será sin duda la tecnología dominante.

En el año 2023, se adoptaron nuevas medidas pertinentes para el almacenamiento. En primer lugar, el RDL 8/2023 reduce a la mitad la garantía a presentar con anterioridad a la solicitud de acceso para instalaciones de demanda de electricidad, pasando de 40 a 20 €/kW.[52] En 2024, el PSOE propuso una enmienda a esta disposición para suprimir el requisito de garantías para la demanda cuando una instalación de almacenamiento ya las pagó para la generación.[53] En la práctica, se trata de evitar una forma de duplicación de gastos, teniendo en cuenta que, aunque las instalaciones de almacenamiento se consideran como generación, también demandan electricidad cuando se abastecen de la red, y ciertas normas se les aplican también por ese lado.

En segundo lugar, el RD 445/2023 somete las instalaciones de almacenamiento *stand-alone* (independientes) "a través de baterías electroquímicas o con cualquier tecnología de carácter hibridado con instalaciones de energía eléctrica" a evaluación ambiental simplificada.[54] Esta disposición no afectará especialmente a las comunidades energéticas, ya que las baterías instaladas en *stand-alone* suelen ser de tamaño grande (en contenedores) y son instaladas mayoritariamente en campos abiertos.

Finalmente, en octubre de 2024, la CNMC adoptó la circular 1/2024, estableciendo la metodología y las condiciones de acceso y conexión para instalaciones de demanda eléctrica.[55] Esta circular viene a consecuencia del RD 1183/2020, antes visto, y lo modifica en parte.[56] Además de brindar

---

52 RDL 8/2023, de 27 de diciembre, por el que se adoptan medidas para afrontar las consecuencias económicas y sociales derivadas de los conflictos en Ucrania y Oriente Próximo, así como para paliar los efectos de la sequía, art. 31(5).

53 EL PERIÓDICO DE LA ENERGÍA: «El PSOE presenta una enmienda que reduce las garantías para obtener permisos de almacenamiento» [en línea], (2024), <https://elperiodicodelaenergia.com/psoe-presenta-enmienda-reduce-garantias-obtener-permisos-almacenamiento/> [Consulta: 17/06/2024]

54 RD 445/2023, de 13 de junio, por el que se modifican los anexos I, II y III de la Ley 21/2013, de 9 de diciembre, de evaluación ambiental, art. 1(2).

55 Circular 1/2024, de 27 de septiembre, de la Comisión Nacional de los Mercados y la Competencia, por la que se establece la metodología y condiciones del acceso y de la conexión a las redes de transporte y distribución de las instalaciones de demanda de energía eléctrica.

56 *Ibidem*, Disposición final primera.

seguridad jurídica para las instalaciones que consumen energía de la red —como las de almacenamiento independientes de una fuente de generación— la circular introduce la posibilidad de solicitar un acceso flexible a la red, es decir, sin garantía de suministro a cada hora. Esta opción permite liberar capacidad de conexión y acceso en nudos congestionados para instalaciones de almacenamiento que no necesiten consumir energía en todo momento sino en períodos claves.

Como conclusión, observamos que el marco legal a nivel estatal del almacenamiento en España se desarrolló significativamente a partir del año 2020. Pero al igual que en el estudio de la normativa europea, es necesario analizar también el régimen de las actividades que usarían instalaciones de almacenamiento de energía, especialmente en el caso de comunidades energéticas.

3.1.2. El autoconsumo colectivo

La regulación del autoconsumo colectivo ha evolucionado intensamente entre 2018 y 2022.[57] La normativa adoptada conforma un régimen regulatorio que se articula especialmente en la LSE y en el RD 244/2019.

Es el artículo 9 de la LSE el que dibuja las grandes líneas del régimen del autoconsumo, tanto individual como colectivo. Tres puntos destacan aquí. Primero, se distingue entre dos modalidades de autoconsumo: con o sin excedentes (explicadas en la previa subsección). Segundo, se incluye el concepto de "instalaciones próximas a efectos de autoconsumo", para las instalaciones conectadas a la red interna de los consumidores asociados, unidas a estos a través de líneas directas o conectadas a la red de baja tensión derivada del mismo centro de transformación. Tercero, las instalaciones de producción de hasta 100 kW de potencia asociadas al suministro con autoconsumo con excedentes son exentas de la obligación de inscripción en el RAIPRE.

El RD 244/2019 es mucho más detallado. Para empezar, define el autoconsumo como "un grupo de varios consumidores que se alimentan, de forma acordada, de energía eléctrica que proviene de instalaciones de

---

57 Ver el detalle de las normas aplicables aquí: FEDERACIÓN ESPAÑOLA DE MUNICIPIOS Y PROVINCIAS Y RED ESPAÑOLA DE CIUDADES POR EL CLIMA: «Recomendaciones para poner en marcha una comunidad energética local» [en línea], (2023), <https://redciudadesclima.es/sites/default/files/2023-03/Guia%20Comunidad%20Energetica.pdf> [Consulta: 17/06/2024]

producción próximas a las de consumo y asociadas a los mismos".[58] En su artículo 4, precisa las modalidades de autoconsumo con o sin excedentes. Cabe destacar que el autoconsumo colectivo puede acogerse a la compensación simplificada[59] bajo dos condiciones: (i) la fuente de energía es renovable, y (ii) si la potencia total de las instalaciones de producción no pasa de 100 kW. En el caso contrario, tendrá que vender su energía a un consumidor exterior directamente o a un mercado de electricidad.[60] El RD también desarrolla la noción de instalaciones próximas a efectos de autoconsumo presente en la LSE. Se trata de una instalación de generación que (i) esté conectada a la red interior de los consumidores asociados o esté unida a éstos a través de líneas directas, o (ii) esté conectada a cualquiera de las redes de baja tensión derivada del mismo centro de transformación, o, finalmente, (iii) esté conectada a una distancia inferior a 500 metros de los consumidores asociados.[61] En el caso de una instalación exclusivamente fotovoltaica y ubicada "en la cubierta de una o varias edificaciones, en suelo industrial o en estructuras artificiales existentes o futuras cuyo objetivo principal no sea la generación de electricidad", la distancia se amplía a 2.000 metros.[62]

Como conclusión sobre el autoconsumo colectivo, el RD 244/2019 autoriza explícitamente las instalaciones de almacenamiento de energía en operaciones de autoconsumo.[63] Adicionalmente, se menciona en una ocasión a las comunidades energéticas. En el artículo 4(7), se especifica que se podrá constituir una CER para la realización del autoconsumo colectivo, que entonces "podrá actuar como representante de los consumidores".[64] Por estas razones, el autoconsumo colectivo es una figura jurídica importante para las comunidades energéticas que deseen usar almacenamiento de energía en España.

58 RD 244/2019, de 5 de abril, por el que se regulan las condiciones administrativas, técnicas y económicas del autoconsumo de energía eléctrica, art. 3(m).

59 El régimen de la compensación simplificada se desarrolla en el artículo 14 del RD. Es un sistema de *net-metering*.

60 RD 244/2019, art. 13(4).

61 Ibidem, art. 3(g).

62 Ibidem, art. 3(g), versión consolidada.

63 Ibidem, art. 5(7).

64 En la versión consolidada.

3.1.3. La flexibilidad

La flexibilidad *per se* es un tema poco desarrollado en la normativa actual. A pesar de ser un elemento central para el futuro del sistema eléctrico, esta apenas se menciona en la LSE. No obstante, aunque la noción de flexibilidad se encuentre poca desarrollada, sus componentes (tales como la agregación, el almacenamiento o la respuesta de demanda, estudiados en esta sección), sí han sido desarrollados.

Dichos componentes de la flexibilidad, son objeto de un objetivo de desarrollo jurídico formulado en la Medida 1.6 del nuevo PNIEC 2023-2030.[65]

3.1.4. La respuesta de demanda

El artículo 49 de la LSE está dedicado a la gestión de la demanda (equivalente a la respuesta de demanda). En su primer apartado, especifica que "las empresas eléctricas, los consumidores y el operador del sistema [pueden] realizar y aplicar medidas que fomenten una mejora de la gestión de la demanda eléctrica". Si bien esta autorización explicita es amplia, el segundo apartado del artículo se enfoca principalmente en el servicio de interrumpibilidad gestionado por el operador del sistema. Este servicio de interrumptibilidad es el servicio de respuesta activa de la demanda (SRAD), y está regulado por la resolución del 19 de octubre de 2023, de la CNMC.[66] Desafortunadamente para las comunidades energéticas, el SRAD solo acepta ofertas con un mínimo de 1 MW,[67] lo que lo reserva casi exclusivamente para instalaciones industriales. De cara al futuro, la CNMC especifica que este umbral podrá ser modificado, por ejemplo, para rebajarlo a ofertas desde 100 kW,[68] lo que lo haría mucho más accesible para las comunidades energéticas y otros proveedores de flexibilidad agregados. Este

---

65 ESPINOSA, F., "Flexibilidad y Agregación. El Agregador Independiente", *Cuadernos de Energía*, 73, 2023, p. 38; y MINISTERIO PARA LA TRANSICIÓN ECOLÓGICA Y EL RETO DEMOGRÁFICO: «Plan Nacional Integrado de Energía y Clima (PNIEC 2023-2030)», *op. cit.*, pp. 145-149.

66 Resolución de 19 de octubre de 2023, de la Comisión Nacional de los Mercados y la Competencia, por la que se aprueba el nuevo procedimiento de operación eléctrico 7.5 sobre el servicio de respuesta activa de la demanda y se modifica el 14.4 "Derechos de cobro y obligaciones de pago por los servicios de ajuste del sistema".

67 Ibidem, Considerando Tercero (5).

68 Ibidem.

elemento subraya de nuevo la importancia del agregador, y en especial del agregador independiente, como condicionante del posible acceso de una gran cantidad de flexibilidad ahora infra utilizada.

3.1.5. La agregación (independiente)

Desde la adopción del RDL 23/2020, la LSE integra una definición de la actividad de agregación y del rol de agregador independiente. La agregación se entiende como una "actividad realizada por personas físicas o jurídicas que combinan múltiples consumos o electricidad generada de consumidores, productores o instalaciones de almacenamiento para su venta o compra en el mercado de producción de energía eléctrica".[69] Según la misma provisión, los agregadores independientes son "participantes en el mercado de producción de energía eléctrica que prestan servicios de agregación y que no están relacionados con el suministrador del cliente". Lo que implica que los agregadores no independientes son los suministradores de los clientes.

Mas allá de su definición, la agregación aparece en varias ocasiones en la LSE. Primero, con referencia a las comunidades energéticas para autorizarlas a acceder a mercados a través de la agregación o a proponer servicios de agregación ellas mismas.[70] Segundo, en relación con las instalaciones de almacenamiento de energía y de recarga energética de vehículos eléctricos.[71] Finalmente, los agregadores independientes podrán asociarse con instalaciones de almacenamiento para ofrecer servicios de gestión de la demanda.[72]

Debido a su ubicación estratégica en la intersección entre varias actividades de flexibilidad detalladas en esta sección 3, los agregadores, especialmente los independientes para quién es el núcleo de su negocio (a la diferencia de los suministradores), son clave. En la práctica, proveen acceso a mercados de electricidad, incluyendo mercados de flexibilidad, permitiendo rentabilizar inversiones e incrementar la capacidad flexible disponible, como se detalla más adelante en la subsección 3.1.7. A pesar de

---

69 LSE, art. 6(1)(i).

70 Ibidem, art. 12 bis (3)(c) y (4)(b), y art. 12 ter (1)(d) y (e).

71 Ibidem, art. 45(4) y 48(2).

72 Ibidem, art. 49(1).

su importancia, la ausencia de una regulación más detallada de los agregadores independientes limita significativamente su desarrollo.[73]

3.1.6. Las comunidades energéticas

El punto común que une a todas las actividades anteriormente examinadas en esta sección son las comunidades energéticas, con un enfoque sobre su uso y/o su participación a estas actividades.[74] Es el RDL 23/2020 el primero que integró una definición de las CER en la LSE, pero sin especificar su régimen ni mencionar el almacenamiento u otro tipo de actividad de flexibilidad.[75] Más recientemente, el RDL 5/2023 introdujo una definición de las CCE en la LSE, sin tampoco hacer referencia al almacenamiento o la flexibilidad.[76] Sin embargo, el mismo RDL brinda dos nuevos artículos sobre el régimen de las comunidades.[77]

Desde el 2023, la LSE permite a las CER "producir, consumir, almacenar y vender energías renovables".[78] También se refiere a la agregación (en los términos mencionados en la subsección 3.1.5) y al acceso a los mercados de energía. Las CCE destacan por no tener especificadas sus posibles actividades, por lo tanto, no se menciona el almacenamiento. Solo aparece el derecho a acceder a mercados de energía, incluso vía agregación,[79] y se les autoriza a "actuar como representantes de los consumidores para la realización del autoconsumo colectivo, siempre que estos otorguen las correspondientes autorizaciones".[80] Tal y como se menciona dos veces en el artículo, se debe detallar el régimen de las CCE por vía reglamentaria. Un

---

73 ESPINOSA, F., "Flexibilidad y Agregación…", *op. cit.*, p. 36.

74 Más detalles sobre el marco legal para el desarrollo de las comunidades energéticas en España están disponibles en el capítulo 5 de este libro.

75 LSE, art. 6(1)(j).

76 RDL 5/2023, de 28 de junio, por el que se adoptan y prorrogan determinadas medidas de respuesta a las consecuencias económicas y sociales de la Guerra de Ucrania, de apoyo a la reconstrucción de la isla de La Palma y a otras situaciones de vulnerabilidad; de transposición de Directivas de la Unión Europea en materia de modificaciones estructurales de sociedades mercantiles y conciliación de la vida familiar y la vida profesional de los progenitores y los cuidadores; y de ejecución y cumplimiento del Derecho de la Unión Europea; LSE, art. 6(1)(k).

77 LSE, art. 12 bis y 12 ter.

78 Ibidem, art. 12 bis (3)(a).

79 Ibidem, art. 12 ter (1) (d).

80 Ibidem, art. 12 ter (1) (g).

proyecto de RD desarrollando las figuras de las dos comunidades energéticas se sometió a consulta pública en abril de 2023,[81] pero no se adoptó. De hecho, ciertas partes fueron integradas en el RDL 5/2023 que se adoptó en junio del mismo año, pero es necesario un desarrollo normativo ulterior.

3.1.7. El acceso a los mercados

Para actores del sector eléctrico con instalaciones capaces de proveer flexibilidad, acceder a los mercados donde vender tales servicios resulta clave para rentabilizar su inversión (o hacerlo de manera más rápida). Al mismo tiempo, para los actores interesados en esta flexibilidad, tal y como los operadores de la red, más capacidad flexible disponible y fácil de activar significa precios más bajos.

El principio general tratándose de las actividades de flexibilidad estudiadas en esta sección, y pudiendo ser ofrecidas por comunidades energéticas, es que la LSE garantiza el derecho a acceder a mercados de energía de manera no discriminatoria, individualmente o a través de la agregación.[82]

Pero la aplicación de este principio general revela que para instalaciones en el rango de potencias que pueden ser utilizadas por las comunidades energéticas, la situación es todavía complicada.

A partir de una resolución de 10 de diciembre de 2020 de la CNMC, ampliada por otra resolución de 6 de marzo de 2024, las instalaciones de almacenamiento de energía pueden acceder en la práctica a los mercados de balance, ya que se modifican los procedimientos de operación del sistema para permitir unidades de programación diferenciadas para las entregas y tomas de energía y se especifican las pruebas de participación para las unidades de almacenamiento.[83] Estas resoluciones permiten la

---

81 MINISTERIO PARA LA TRANSICIÓN ECOLÓGICA Y EL RETO DEMOGRÁFICO: «Proyecto de Real Decreto por el que se desarrollan las figuras de las comunidades de energías renovables y las comunidades ciudadanas de energía» [en línea], (2023), <https://www.miteco.gob.es/content/dam/miteco/es/energia/files-1/_layouts/15/Proyecto%20de%20Real%20Decreto-61313.pdf> [Consulta: 17/06/2024]

82 LSE, art. 12 bis (3)(c) y (4)(e), art. 12 ter (1)(d) y (e), y art. 14(10) para almacenamiento específicamente.

83 Resolución de 10 de diciembre de 2020, de la Comisión Nacional de los Mercados y la Competencia, por la que se aprueba la adaptación de los procedimientos de operación del sistema a las condiciones relativas al balance aprobadas por Resolución

participación efectiva de las instalaciones de almacenamiento en restricciones técnicas (*TR*), reservas de sustitución (*RR*), regulación secundaria (*aFRR*) y terciaria (*mFRR*).[84] El problema es que para todos estos mercados, se requieren ofertas de mínimo 1 MW,[85] a pesar de que los procedimientos de operación empiecen a vislumbrar la participación de unidades inferiores a 1 MW agregadas.[86] No obstante, en ausencia de un régimen detallado del agregador independiente, estos mercados permanecen casi inaccesibles para las comunidades energéticas. Mientras tanto, las opciones para las comunidades energéticas se limitan a incrementar la tasa de autoconsumo de la comunidad o a hacer arbitraje entre precios altos y bajos dentro del mismo día, comprando y vendiendo electricidad en el mercado diario e intradiario de electricidad.[87]

Además de estas dificultades para acceder a mercados de balance para comunidades energéticas, España lleva retraso en la implementación de mercados locales de flexibilidad que podrían representar fuentes de ingresos para instalaciones de tamaño menor. Si bien varios proyectos de investigación han probado semejantes mercados locales, incluso por parte del IDAE y de OMIE,[88] no parece haberse formalizado ninguno hasta este momento.[89]

En resumen, el marco legal del autoconsumo colectivo y de las comunidades energéticas y el potencial uso del almacenamiento para proveer servicios de flexibilidad se ha desarrollado extensivamente en los últimos

---

de 11 de diciembre de 2019; y Resolución de 6 de marzo de 2024, de la Comisión Nacional de los Mercados y la Competencia, por la que se modifican procedimientos de operación eléctricos para la participación de la demanda y el almacenamiento en los servicios de no frecuencia y en la solución de restricciones técnicas e integración de la hibridación de tecnologías en el proceso de programación. *Vid.* también ABOGADOS ARAOZ & RUEDA: «Régimen Normativo del Almacenamiento Energético en España» [en línea], (2023), p. 11 <https://www.araozyrueda.com/wp-content/uploads/2023/10/Sistemas-de-almacenamiento-energetico-en-la-normativa-espanola-AR-Octubre-2023.pdf> [Consulta: 17/06/2024]

84 ABOGADOS ARAOZ & RUEDA: «Régimen Normativo del Almacenamiento Energético...", *op. cit.*, p. 12.

85 JONES LANG LASALLE: «Spain Standalone BESS Market», *op. cit.*, pp. 16-17.

86 Resolución de 6 de marzo de 2024 de la CNMC.

87 ENTRA: «Rol generador-consumidor sobre almacenamiento», *op. cit.*, p. 31.

88 *Vid.* por ejemplo, RODRIGO GONZALO, M.: «Mercados locales de electricidad» [en línea], (2020), pp. 12-13 <https://xarxaenxarxa.diba.cat/sites/xarxaenxarxa.diba.cat/files/03_mercados_locales_electricidad_280220.pdf> [Consulta: 17/06/2024]

89 Según las investigaciones del autor.

años. A pesar de ello, y como deploran varios autores,[90] ese régimen todavía necesita una reglamentación más detallada, especialmente tratándose de las CCE y de los agregadores independientes para hacer una realidad de los derechos otorgados a estas nuevas entidades, en especial las comunidades energéticas. Para ello, la siguiente sección 3.2 puntualiza los elementos ausentes en el marco jurídico para fomentar el uso del almacenamiento y de la flexibilidad por comunidades energéticas.

3.2. Los elementos ausentes para facilitar el uso del almacenamiento y de la flexibilidad por parte de las comunidades energéticas

La regulación pendiente de desarrollo en España se concentra sobre todo en el acceso a mercados. El aspecto clave y más urgente es el desarrollo jurídico de la figura del agregador independiente. Como se ha explicado en la sección precedente, de este actor depende el acceso a mercados e ingresos para potenciales comunidades energéticas con instalaciones de almacenamiento u otros modos de ofrecer flexibilidad. Se encuentra inscrito en el plan anual normativo (PAN) 2024 del gobierno adoptar un RD sobre los principios generales del agregador independiente.[91] Cabe mencionar que también estaba inscrito en el PAN 2023.[92] De momento, Red Eléctrica informó que planifica la participación del agregador independiente para marzo de 2025.[93]

Asimismo, los mercados de flexibilidad deberían hacerse más accesibles para fuentes distribuidas de flexibilidad de pequeña y mediana potencia agregadas. Sería preciso reducir el tamaño mínimo de las ofertas (ahora

---

90 ÁVILA RODRÍGUEZ, C. M., "Cuestiones Jurídicas Relevantes Sobre el Almacenamiento…", *op. cit.*, p. 280; y ABOGADOS ARAOZ & RUEDA: «Régimen Normativo del Almacenamiento Energético…", *op. cit.*, p. 13.

91 MINISTERIO DE LA PRESIDENCIA, JUSTICIA Y RELACIONES CON LAS CORTES: «Plan Anual Normativo 2024» [en línea], (2024), p. 98 <https://transparencia.gob.es/transparencia/dam/jcr:00e03e20-a2c7-46cb-a482-00f487896469/PAN_2024.pdf> [Consulta: 18/06/2024]

92 MINISTERIO DE LA PRESIDENCIA, RELACIONES CON LAS CORTES Y MEMORIA DEMOCRÁTICA: «Plan Anual Normativo 2023» [en línea], (2023), pp. 48-49 <https://www.lamoncloa.gob.es/consejodeministros/resumenes/Documents/2023/310123-PAN2023.pdf> [Consulta: 18/06/2024]

93 CARRASCO, A. y SANTOS, E., "La imperativa necesidad de aprovechar la flexibilidad disponible en el sistema", *Cuadernos de Energía*, 76, 2024, p. 38.

de 1 MW en la mayoría de los casos), acortar los plazos de contratación y adaptar los criterios de cualificación para facilitar su participación.[94]

También se podría abrir el mercado de regulación primaria (*FCR*). Actualmente, esa regulación primaria es proporcionada de forma obligatoria y no remunerada por los generadores con inercia.[95] Es importante destacar que la inercia suele venir de turbinas a vapor, principalmente de instalaciones fósiles o fisiles. Sin embargo, las baterías pueden proveer inercia sintética también.[96] Además, dar acceso a instalaciones agregadas del tipo de las que comunidades energéticas podrían tener aumentaría los recursos disponibles para garantizar la seguridad del sistema.

Más aún, se podrían desarrollar mercados locales de flexibilidad para solventar problemas locales de red,[97] especialmente en un contexto de crecimiento imparable de las renovables y de congestión de las redes.[98]

Pasando a asuntos más específicos del almacenamiento en comunidades energéticas (y en autoconsumo individual o colectivo), se debería regular el almacenamiento distribuido no asociado a una instalación de generación en autoconsumo.[99] Así, a los habitantes en ámbitos urbanos, potencialmente sin acceso a cubierta por falta de espacio, o afectados por ejemplo por prohibiciones debido a la proximidad de monumentos

---

94 ASOCIACIÓN EMPRESARIAL DE PILAS, BATERÍAS Y ALMACENAMIENTO ENERGÉTICO: «Presentación del documento de Almacenamiento y Autoconsumo» [en línea], (2024) < https://www.youtube.com/watch?v=kESilx8H-3E> [Consulta: 18/06/2024]

95 CARRASCO, A. y SANTOS, E., "La imperativa necesidad de aprovechar la flexibilidad...", *op. cit.*, p. 38; ASOCIACIÓN EMPRESARIAL DE PILAS, BATERÍAS Y ALMACENAMIENTO ENERGÉTICO: «Presentación del documento...», *op. cit.*

96 ROCA, J. A.: «Una gran batería de Tesla sustituye a la última central de carbón de Hawái» [en línea], (2024), <https://elperiodicodelaenergia.com/gran-bateria-tesla-sustituye-ultima-central-carbon-hawai/> [Consulta: 18/06/2024]

97 CARRASCO, A. y SANTOS, E., "La imperativa necesidad de aprovechar la flexibilidad...", *op. cit.*, pp. 42-43.

98 AURORA ENERGY RESEARCH: «Los Problemas en la Gestión de la Red Eléctrica Generan un Coste Adicional a los Consumidores en España» [en línea], (2023), <https://auroraer.com/media/los-problemas-en-la-gestion-de-la-red-electrica-generan-un-coste-adicional-a-los-consumidores-en-espana/> [Consulta: 17/06/2024]

99 ASOCIACIÓN EMPRESARIAL DE PILAS, BATERÍAS Y ALMACENAMIENTO ENERGÉTICO: «Presentación del documento...», *op. cit.*

históricos,[100] se les permitiría desarrollar comunidades energéticas enfocándose en almacenamiento y provisión de servicios de flexibilidad.

En el caso del almacenamiento detrás del contador para comunidades (e individuos), también hay margen de mejora. De momento, estos supuestos no permiten hacer uso de la exención de pago de peajes para baterías.[101] En la práctica, la Circular 3/2020 de la CNMC se aplica a las baterías conectadas a la red de transporte o distribución. Si la batería se ubica detrás del contador, entonces peligra la aplicación de la exención.[102] En cuanto a cargos, el RD 148/2021 excluye de su pago la energía consumida por los titulares de instalaciones de almacenamiento que sea posteriormente inyectada en la red, pero no es evidente que esto aplique en caso de almacenamiento detrás del contador del que sea titular un consumidor. Además, aunque esta excepción incluya a las baterías detrás del contador, es inaplicable en la práctica, dado que no es posible diferenciar a día de hoy entre la energía que se consume y la que se utiliza para inyectar a la red. Como resultado, existe una doble imposición en estos casos.[103]

Finalmente, existen otros problemas prácticos, como la falta de experiencia de la administración encargada de otorgar permisos para baterías, especialmente las *stand-alone*.[104] Resulta más problemático para las baterías grandes operadas por inversores comerciales, pero podrían aplicarse a las comunidades energéticas más ambiciosas.

4. CONCLUSIÓN

España cuenta con un potencial renovable desmedido, pero varios obstáculos impiden su pleno aprovechamiento. Entre estos, la falta de capacidad de conexión a la red, con decenas de GW de capacidad esperando respuestas, pero también la creciente dificultad de asegurar ingresos para las

---

[100] ESPINOSA, J.: «Miles de vecinos de ciudades históricas en España encuentran trabas administrativas para instalar placas solares» [en línea], (2022) <https://www.newtral.es/ciudades-historicas-placas-solares-unesco/20221122/> [Consulta: 17/06/2024]. Cabe resaltar que sobre todo es un problema de normativa local sobre urbanismo y patrimonio.

[101] Ver apartados 3.1.1.

[102] ASOCIACIÓN EMPRESARIAL DE PILAS, BATERÍAS Y ALMACENAMIENTO ENERGÉTICO: «Presentación del documento…», *op. cit.*

[103] Ibidem.

[104] JONES LANG LASALLE: «Spain Standalone BESS Market», *op. cit.*, p. 10.

instalaciones, especialmente las fotovoltaicas planeando vender su energía en el mercado diario e intradiario. De hecho, la primavera de 2024 estuvo marcada por frecuentes episodios de precios negativos durante las horas de sol. Esos obstáculos se pueden resolver, al menos en parte, gracias al almacenamiento de energía y otras actividades de flexibilidad. Las comunidades energéticas pueden contribuir en esa dirección, si se les permite, mediante un marco jurídico adaptado.

Los desarrollos legales para brindar seguridad jurídica al almacenamiento, al autoconsumo colectivo, a la respuesta de demanda, a la agregación (independiente), en fin, a la flexibilidad en general y a su uso por comunidades energéticas han sido numerosos a nivel europeo y nacional durante los últimos años. A pesar de ello, todavía le queda trabajo al legislador. Entre los elementos más necesarios se encuentran: un marco específico para los agregadores independientes, un acceso real a los mercados de balance actuales para instalaciones pequeñas y medianas (agregadas) y la creación de mercados locales de flexibilidad. Además de la plena transposición de las directivas del paquete "Energía limpia para todos los europeos", se va a tener que transponer y aplicar la reforma del mercado eléctrico adoptada en mayo de 2024. Desde el ámbito académico, nos corresponderá seguir investigando para informar sobre las opciones para la adopción de un marco que incentive el despliegue del almacenamiento por comunidades energéticas, a fin de no desperdiciar ese gran potencial de flexibilidad que ellas tienen.

5. BIBLIOGRAFÍA

ABOGADOS ARAOZ & RUEDA: «Régimen Normativo del Almacenamiento Energético en España» [en línea], (2023), <https://www.araozyrueda.com/wp-content/uploads/2023/10/Sistemas-de-almacenamiento-energetico-en-la-normativa-espanola-AR-Octubre-2023.pdf> [Consulta: 17/06/2024].

AGENCIA INTERNACIONAL DE LA ENERGÍA: «Rapid expansion of batteries will be crucial to meet climate and energy security goals set at COP28» [en linea], (2024), <https://www.iea.org/news/rapid-expansion-of-batteries-will-be-crucial-to-meet-climate-and-energy-security-goals-set-at-cop28> [Consulta: 17/06/2024].

ASOCIACIÓN EMPRESARIAL DE PILAS, BATERÍAS Y ALMACENAMIENTO ENERGÉTICO: «Presentación del documento de Almacenamiento y Autoconsumo» [en línea], (2024), <https://www.youtube.com/watch?v=kESilx8H-3E> [Consulta: 18/06/2024].

AURORA ENERGY RESEARCH: «Los Problemas en la Gestión de la Red Eléctrica Generan un Coste Adicional a los Consumidores en España» [en línea], (2023), <https://auroraer.com/media/los-problemas-en-la-gestion-de-la-red-electrica-generan-un-coste-adicional-a-los-consumidores-en-espana/> [Consulta: 17/06/2024]

ÁVILA RODRÍGUEZ, C. M., "Cuestiones Jurídicas Relevantes Sobre el Almacenamiento Energético ¿Hacia Dónde Vamos?", *Revista General de Derecho de los Sectores Regulados,* 11, 2023, pp. 274-275.

CARRASCO, A. y SANTOS, E., "La imperativa necesidad de aprovechar la flexibilidad disponible en el sistema", *Cuadernos de Energía,* 76, 2024, pp. 36-43.

CENTRO ESPECIALIZADO EN TRANSICIÓN ENERGÉTICA: «Study on Energy Storage» [en linea], (2023), <https://op.europa.eu/en/publication-detail/-/publication/dfcaa78b-c217-11ed-8912-01aa75ed71a1/language-en> [Consulta: 17/06/2024]

EL PERIÓDICO DE LA ENERGÍA: «El PSOE presenta una enmienda que reduce las garantías para obtener permisos de almacenamiento» [en línea], (2024), <https://elperiodicodelaenergia.com/psoe-presenta-enmienda-reduce-garantias-obtener-permisos-almacenamiento/> [Consulta: 17/06/2024]

ENTRA: «Rol generador-consumidor sobre almacenamiento» [en línea], (2024), <http://entra-coalicion.com/wp-content/uploads/post/Rol-generador-consumidor-sobre-almacenamiento.pdf> [Consulta: 17/06/2024]

ESPINOSA, F., "Flexibilidad y Agregación. El Agregador Independiente", *Cuadernos de Energía,* 73, 2023, pp. 33-40.

ESPINOSA, J.: «Miles de vecinos de ciudades históricas en España encuentran trabas administrativas para instalar placas solares» [en línea], (2022), <https://www.newtral.es/ciudades-historicas-placas-solares-unesco/20221122/> [Consulta: 17/06/2024].

FEDERACIÓN ESPAÑOLA DE MUNICIPIOS Y PROVINCIAS Y RED ESPAÑOLA DE CIUDADES POR EL CLIMA: «Recomendaciones para poner en marcha una comunidad energética local» [en línea], (2023), <https://redciudadesclima.es/sites/default/files/2023-03/Guia%20Comunidad%20Energetica.pdf> [Consulta: 17/06/2024].

GOBIERNO DE ESPAÑA: «Conoce el programa CE Implementa para el impulso de las Comunidades Energéticas en España» [en línea], (2024), <https://planderecuperacion.gob.es/noticias/conoce-programa-ce-implementa-impulso-comunidades-energeticas-Espana-perte-erha-prtr> [Consulta: 18/06/2024].

INSTITUTO PARA LA DIVERSIFICACIÓN Y AHORRO DE LA ENERGÍA: «Programa de Incentivos a Proyectos Piloto Singulares de Comunidades Energéticas (CE Implementa)» [en línea], (2023), <https://www.idae.es/ayudas-y-financiacion/comunidades-energeticas/programa-de-incentivos-proyectos-piloto-singulares-de> [Consulta: 18/06/2024].

JONES LANG LASALLE: «Spain Standalone BESS Market» [en linea], (2023), <https://www.jll.es/es/analisis-y-tendencias/informes/el-mercado-de-standalone-bess-en-espana> [Consulta: 17/06/2024].

KREEFT, G. y MAUGER R., "Developing a regulatory framework for electricity storage", en ROGGENKAMP, M.; DE GRAAF, K. y FLEMING, R. (eds.), *Elgar Encyclopedia of Environmental Law series: Energy Law, Climate Change and the Environment,* Edward Elgar, UK, 2021, pp. 679-694.

MINISTERIO DE LA PRESIDENCIA, JUSTICIA Y RELACIONES CON LAS CORTES: «Plan Anual Normativo 2024» [en línea], (2024), <https://transparencia.gob.es/transparencia/dam/jcr:00e03e20-a2c7-46cb-a482-00f487896469/PAN_2024.pdf> [Consulta: 18/06/2024].

MINISTERIO DE LA PRESIDENCIA, RELACIONES CON LAS CORTES Y MEMORIA DEMOCRÁTICA: «Plan Anual Normativo 2023» [en línea], (2023), <https://www.lamoncloa.gob.es/consejodeministros/resumenes/Documents/2023/310123-PAN2023.pdf> [Consulta: 18/06/2024].

MINISTERIO PARA LA TRANSICIÓN ECOLÓGICA Y EL RETO DEMOGRÁFICO: «Plan Nacional Integrado de Energía y Clima (PNIEC 2023-2030)» [en línea], (2024), pp. 23-25 <https://www.miteco.gob.es/content/dam/miteco/es/energia/files-1/pniec-2023-2030/PNIEC_2024_240924.pdf> [Consulta: 31/10/2024].

MINISTERIO PARA LA TRANSICIÓN ECOLÓGICA Y EL RETO DEMOGRÁFICO: «Proyecto de Real Decreto por el que se desarrollan las figuras de las comunidades de energías renovables y las comunidades ciudadanas de energía» [en línea], (2023), <https://www.miteco.gob.es/content/dam/miteco/es/energia/files-1/_layouts/15/Proyecto%20de%20Real%20Decreto-61313.pdf> [Consulta: 17/06/2024].

ROCA, J. A.: «Una gran batería de Tesla sustituye a la última central de carbón de Hawái» [en línea], (2024) <https://elperiodicodelaenergia.com/gran-bateria-tesla-sustituye-ultima-central-carbon-hawai/> [Consulta: 18/06/2024].

RODRIGO GONZALO, M.: «Mercados locales de electricidad» [en línea], (2020), <https://xarxaenxarxa.diba.cat/sites/xarxaenxarxa.diba.cat/files/03_mercados_locales_electricidad_280220.pdf> [Consulta: 17/06/2024].

Capítulo XIII

Comunidades energéticas y servicios locales de calefacción y refrigeración[1]

ENDRIUS COCCIOLO
Profesor Agregado de Derecho Administrativo
Universitat Rovira i Virgili

---

[1] El presente capítulo es parte del proyecto TED2021-131840B-I00, financiado por el MCIN/AEI/10.13039/501100011033 y por la Unión Europea "NextGenerationEU" /PRTR y ha sido elaborado sobre la base del siguiente estudio previo: COCCIOLO, E., "The role of energy communities for thermal networks: An EU legal perspective", *Review of European, Comparative & Environmental Law*, vol. 33, issue 2. Después de 2024 añadir: pp. 494-506. DOI: https://doi.org/10.1111/reel.12558, 2024. Endrius Cocciolo es miembro del grupo de investigación "Territorio, Ciudadanía y Sostenibilidad" de la URV, reconocido como grupo de investigación consolidado por la Generalitat de Catalunya (2021 SGR 00162). Se hace constar que el Dr. Martín Ibarra Murillo, Profesor Asociado del Departamento de Ingeniería de la Universidad Pública de Navarra ha revisado la parte técnica de los apartados 3.1 y 3.2.

1. INTRODUCCIÓN. EL RETO DE LA TRANSICIÓN ENERGÉTICA EN EL SECTOR DE CALEFACCIÓN Y REFRIGERACIÓN Y EL ROL DE LAS COMUNIDADES ENERGÉTICAS

La crisis climática y las tensiones geopolíticas en torno a la energía enfatizan los desafíos que enfrenta la Unión Europea (UE) en relación con los sistemas de calefacción y refrigeración[2]. Los datos son reveladores de una situación que exige un marcado cambio de rumbo: en 2022, los sistemas de calefacción y refrigeración (CR) representaron el 50% del consumo final bruto de energía en la UE[3]. Además, contribuyen a cerca de un tercio de las emisiones de dióxido de carbono (CO_2) asociadas al consumo energético, con los combustibles fósiles, manteniendo una posición predominante en este sector. La transición hacia energías renovables o alternativas sin emisiones de carbono está resultando considerablemente más lenta en el sector de la calefacción y refrigeración que en la generación eléctrica. Actualmente, las energías renovables solo representan el 24,8% del consumo energético en este sector, en comparación con el 41,2% en el sector eléctrico[4]. Por esta razón, es urgente adoptar medidas eficaces para reducir las emisiones del sector de la CR[5]. La problemática no afecta solo a las zonas que requieren sistemas y redes para la calefacción; en efecto, como consecuencia del cambio climático, las olas de calor son más frecuentes e intensas[6] y los veranos más calurosos, por ello, los patrones de CR están cambiando y se prevé un aumento de la demanda de refrigeración en los edificios, lo que exigirá un mayor consumo de energía.

---

2 Sobre la crisis energética debida también a la militarización de los recursos fósiles rusos, véase OSIČKA, J. y ČERNOCH, F., "European Energy Politics After Ukraine: The Road Ahead", *Energy Research and Social Science*, 91, 2022, pp. 1-15. Doi: https://doi.org/10.1016/j.erss.2022.102757

3 GERARD, F. *et al*, *Policy Support for Heating and Cooling Decarbonisation: Roadmap*, Publications Office of the European Union, Luxemburgo, 2022.

4 Véase EUROSAT: «Renewable Energy for Heating & Cooling up to 25% in 2022» [en línea], (2024), <https://ec.europa.eu/eurostat/web/products-eurostat-news/w/ddn-20240227-2#> [Consulta: 30/10/2024].

5 AGENCIA EUROPEA DE MEDIO AMBIENTE: «Decarbonising Heating and Cooling–A Climate Imperative» [en línea], (2023), <https://www.eea.europa.eu/publications/decarbonisation-heating-and-cooling> [Consulta: 30/10/2024].

6 ROUSSI, E. *et al.*, "Accelerated Western European Heatwave Trends Linked to More-Persistent Double Jets Over Eurasia", *Nature Communications*, 13, 2022, pp. 1-18. Doi: https://doi.org/10.1038/s41467-022-31432-y

En este ámbito de los usos energéticos, se espera que los distritos de calefacción y refrigeración (DCR) contribuyan a reducir la dependencia de los combustibles fósiles y la electricidad. En 2016, se lanzó la Estrategia europea relativa a la Calefacción y Refrigeración[7]; en ella se señalan acciones y herramientas destinadas a garantizar que el sector de la CR no obstaculice el avance hacia el objetivo de la UE de neutralidad climática para 2050. Esta visión estratégica se implementó a través del paquete "Energía limpia para todos los europeos" de 2019.[8] Otros desarrollos políticos relevantes se pueden encontrar en las estrategias "Oleada de renovación para Europa" e "Integración del Sistema Energético" (ISE) como parte del Pacto Verde Europeo[9]. La implementación de la estrategia ISE conlleva el empleo de todas las herramientas disponibles del ámbito térmico y de la electricidad basadas en la integración del sistema energético, la eficiencia energética y la circularidad. La ISE también hace hincapié en que "un sistema más integrado será también un sistema 'multidireccional' en el que los consumidores desempeñen un papel activo en el suministro de energía"[10]. Con el paquete "Objetivo 55" de 2021[11] —ulteriormente reforzado por los objetivos fijados por el plan REPowerEU[12]—se ha avanzado en la definición del marco jurídico necesario para acelerar los procesos de transición energética. En el amplio abanico de medidas legislativas adoptadas destacan especialmente, por su impacto en la materia que nos ocupa, la Directiva sobre eficiencia

---

[7] COMISIÓN (UE), "Estrategia de la UE relativa a la calefacción y la refrigeración" (Comunicación) COM(2016) 051 final, 16 de febrero de 2016.

[8] COMISIÓN (UE), "Energía limpia para todos los europeos" (Comunicación), COM(2016) 0860 final, 30 de noviembre de 2016.

[9] COMISIÓN (UE), "Oleada de renovación para Europa: ecologizar nuestros edificios, crear empleo y mejorar vidas" (Comunicación), COM(2020) 662 final, 10 de octubre de 2020; COMISIÓN (UE), "Impulsar una economía climáticamente neutra: Una Estrategia de la UE para la Integración del Sistema Energético" (Comunicación) COM(2020) 299 final, 8 de julio de 2020; COMISIÓN (UE), "El Pacto Verde Europeo" (Comunicación) COM(2019) 640 final, 11 de diciembre de 2019.

[10] COMISIÓN (UE), "Impulsar una economía climáticamente neutra...", *op. cit.*

[11] COMISIÓN (UE), "«Objetivo 55»: cumplimiento del objetivo climático de la UE para 2030 en el camino hacia la neutralidad climática" (Comunicación) COM(2021) 550 final, 17 de julio de 2021.

[12] COMISIÓN (UE), "Plan REPower EU" (Comunicación) COM(2022) 230 final, 18 de mayo de 2022.

energética (DEE)[13], la Directiva sobre energías renovables (DER III)[14] y la Directiva relativa a la eficiencia energética de los edificios (DEEE)[15].

Los marcos estratégicos y normativos deben abordar varias cuestiones complejas. Por ejemplo, si bien es cierto que la descarbonización del sector de la CR puede verse impulsada mediante su electrificación, debe tenerse también en cuenta la otra cara de la moneda, es decir, los importantes retos que resultaría para el sector eléctrico[16]. Esto se debe a que la electrificación del sistema térmico podría poner a prueba la red eléctrica. Esta clase de riesgos exigen un enfoque holístico de la descarbonización que permita un acoplamiento entre distintas fuentes, tecnologías de generación y sistemas de almacenamiento de energía para aliviar la sobrecarga que afectaría a la red eléctrica.

A la luz de estas problemáticas, las redes térmicas de nueva generación pueden plantearse como soluciones que favorecen la integración entre distintos sistemas de energía urbana. Existe un ulterior factor de interés a destacar: a diferencia de las redes de electricidad y gas, las redes térmicas son intrínsecamente locales. Este carácter local facilita y justifica la participación de partes interesadas tanto públicas (entidades locales) como privadas, y entre estas últimas las iniciativas de base comunitaria.

En los DCR de última generación, en cada punto de suministro, el consumidor activo puede asumir el rol de "prosumidor", lo que posibilita un intercambio efectivo de energía, tanto eléctrica como térmica. Esto convierte

---

13 Directiva 2023/1791/UE, relativa a la eficiencia energética y por la que se modifica el Reglamento 2023/955.

14 Directiva 2023/2413/UE, por la que se modifican la Directiva 2018/2001/UE, el Reglamento 2018/1999/UE y la Directiva 98/70/UE en lo relativo al fomento del uso de energía procedente de fuentes renovables, y por la que se deroga la Directiva 2015/652 del Consejo. En este capítulo se hace referencia a la numeración de los artículos como aparece en la versión consolidada de la Directiva 2018/2001/UE relativa al fomento del uso de energía procedente de fuentes renovables (RED II), modificada por la Directiva 2023/2413/UE (RED III). Para que el lector reconozca las nuevas disposiciones de la Directiva, se hará referencia a ellas como RED III. Las disposiciones no modificadas por la Directiva 2023 se identificarán como RED II.

15 Directiva 2024/1275/UE, relativa a la eficiencia energética de los edificios.

16 ANGELIDIS, O. *et al.*, "District heating and cooling networks with decentralised energy substations: Opportunities and Barriers for Holistic Energy System Decarbonisation", *Energy*, 269, 2023, pp. 1-13. Doi: https://doi.org/10.1016/j.energy.2023.126740

el uso compartido de energía[17] en una opción viable y accesible. En el marco legislativo de la Unión Europea, a partir del paquete "Energía limpia para todos los europeos", el concepto de prosumidor y consumidor activo está recogido en diversas directivas, enmarcadas dentro de una estrategia más amplia de "empoderamiento del consumidor"[18]. Esta idea de empoderamiento trasciende la mera participación en la producción y consumo de energía, abarcando servicios de red adicionales como el almacenamiento y la respuesta a la demanda[19]. Esta concepción ampliada destaca el papel central de los consumidores activos en la configuración del nuevo modelo energético. En este contexto, el potencial transformador de figuras jurídicas como las "comunidades energéticas" (CEs) cobra especial relevancia, reforzando el carácter democrático[20] y el enfoque orientado al valor social de la transición energética[21].

Actualmente, los estudios sobre CEs se centran mayoritariamente en la generación y suministro de electricidad, dejando de lado el potencial de las aplicaciones comunitarias de energía térmica y su integración con tecnologías eléctricas y otros servicios energéticos. El marco jurídico de las comunidades energéticas térmicas (CET) ha sido poco abordado en

---

17 DIESTELMEIER, L. y CAPPELLI, V., "Conceptualizing 'Energy Sharing' as an Activity of 'Energy Communities' under EU Law: Towards Social Benefits for Consumers?", *Journal of European Consumer and Market Law,* 12, 1, 2023, pp. 15-23.

18 Directiva 2019/944/UE, sobre normas comunes para el mercado interior de la electricidad y por la que se modifica la Directiva 2012/27/UE, considerandos 10, 43-47 y 52, art. 2 y disposiciones del Capítulo III; Directiva 2018/2001/UE, considerandos 66-73, arts. 21-22. Véase LAVRIJSSEN, S., "Power to Energy Consumers", *European Energy and Environmental Law Review,* 26, 6, 2017, pp. 172 -187. Doi: https://doi.org/10.54648/eelr2017022

19 JACOBS, S., "The Energy Prosumer", *Ecology Law Quarterly,* 43, 2017, p. 524.

20 Que implica la emersión de un concepto de "democracia energética", sobre el cual puede verse en este libro el capítulo de JARIA-MANZANO, J., "El desafío democrático en la transición energética: apuntes preliminares para una teoría de la democracia en el Antropoceno". Sobre este tema véase FLEMING, R., HUHTA, K. y REINS, L., "What is Sustainable Energy Democracy in Law?", en FLEMING, R., HUHTA, K. y REINS, L. (eds.), *Sustainable Energy Democracy and the Law,* Brill, Leiden, 2021, pp. 3–27.

21 SWENS, J. y DIESTELMEIER, L., "Developing a legal framework for energy communities beyond energy law", en LÖBBE, S., SIOSHANSI, F y ROBINSON, D. (eds.), Energy Communities: Customer-Centered, Market-Driven, Welfare-Enhancing?, Academic press, UK, 2022, p. 61; véase también VETRÒ F. y BRIGNOLI N., "Renewable Energy Communities: Paradigmantic Example of a New Decentralized Governance of the Energy Market", Athens Journal of Law, vol. 12, 2024, pp. 1-20 https://doi.org/10.30958/ajl.X-Y-Z.

la literatura jurídica. Este capítulo analiza esta brecha, enfocándose en el marco normativo que vincula las redes y los DCR con las CEs, un aspecto tratado en la literatura de ciencias sociales[22] pero explorado solo por algunos estudios jurídicos[23].

Este capítulo tiene como objetivo analizar cómo el marco jurídico de la Unión Europea en materia de energía y cambio climático facilita la integración eficiente de las energías renovables y los sistemas de CR a nivel local. Se pone especial énfasis en el rol que pueden asumir las CEs dentro del nuevo paradigma descentralizado en desarrollo en la UE. Aunque el marco normativo para la CR sigue siendo fragmentado y complejo[24], este

---

22 Véase, por ejemplo, FOULADVAND, J. *et al.*, "Simulating Thermal Energy Community Formation: Institutional Enablers Outplaying Technological Choice", *Applied Energy*, 306, A, 2022, pp. 1-30. Doi: https://doi.org/10.1016/j.apenergy.2021.117897; FOULADVAND, J. *et al.*, "Analysing Community-based Initiatives for Heating and Cooling: A Systematic and Critical Review", *Energy Research and Social Science*, 88, 2022, pp. 1-18. Doi: https://doi.org/10.1016/j.erss.2022.102507; PAPATSOUNIS, A. *et al.*, "Thermal/Cooling Energy on Local Energy Communities: A Critical Review", Energies, 15, 2022, pp. 1-20. Doi: https://doi.org/10.3390/en15031117; FOULADVAND, J., "Thermal Energy Communities: What, Why and How to Formulate Complex Collective Action for the Thermal Energy Transition in Europe", *Environmental Research Letters*, 18, 2023, pp. 1-4. Doi: 10.1088/1748-9326/acdd14; y HARTMANN, K. y PALM, J., "The Role of Thermal Energy Communities in Germany's Heating Transition", *Frontiers in Sustainable Cities*, 4, 2023, pp. 1-16. Doi: https://doi.org/10.3389/frsc.2022.1027148

23 LAVRIJSSEN, S. y VITEZ, B., "Good Governance and the Regulation of the District Heating Market", en WEIJNEN, M. *et al.* (eds.), *Shaping an Inclusive Energy Transition*, Springer, Switzerland, 2021, pp. 185-227; BILLERBECK, A. *et al.*, "Policy Frameworks for District Heating: A Comprehensive Overview and Analysis of Regulations and Support Measures across Europe", *Energy Policy*, 173, 2023, pp. 1-21. Doi: https://doi.org/10.1016/j.enpol.2022.113377; GALLEGO CÓRCOLES, I., *Comunidades de energía y transición energética*, Aranzadi, Pamplona, 2022, pp. 210-214; GONZÁLEZ RÍOS, I., "Las «Comunidades energéticas locales»: un nuevo desafío para las entidades locales", *Revista Vasca de Administración Pública*, 117, 2020, pp. 147-193.; REVUELTA PÉREZ, I., "Comunidades energéticas: desafíos jurídicos para los entes locales", *Anuario de Derecho municipal 2022*, 16, 2023, pp. 77-103.; LÓPEZ DE CASTRO GARCÍA-MORATO, L., "Las comunidades energéticas locales: sinergias de la transición energética y de la lucha frente a la despoblación", *Revista de Derecho Urbanístico y Medio Ambiente*, 364, 2023, pp. 105-165.

24 Abarca problemas tan variados como la propiedad de la red, las tarifas a los consumidores, los sistemas de medición del consumo, el acceso de terceros a la red y las medidas de apoyo. Un análisis sistemático de todas estas cuestiones queda fuera del alcance de este capítulo.

estudio se centra en los avances legislativos que conectan estos sistemas con las CEs locales. Para ello, además de un análisis doctrinal del marco regulatorio, se presenta el caso de la Comunidad Energética Balenyá Sostenible, que implementará una red térmica de quinta generación. Este ejemplo real no solo permite observar la aplicación concreta de una CE en el sector de la CR e ilustrar las soluciones técnicas y jurídicas implementadas, sino también identificar desafíos y evaluar su potencial replicabilidad en otros contextos.

2. COMUNIDADES ENERGÉTICAS Y SISTEMAS TÉRMICOS. LA ACTUALIZACIÓN DE LA NORMATIVA APLICABLE EN EL MARCO DEL PAQUETE EUROPEO "OBJETIVO 55"

Investigaciones recientes sobre sistemas avanzados de DCR apuntan la necesidad de un nuevo modelo organizativo para aprovechar plenamente el potencial de las redes térmicas bidireccionales emergentes e integrar a los prosumidores en el sistema energético. El modelo representado por las CEs difiere del modelo de negocio tradicional de las empresas energéticas tradicionales[25]. Este factor diferencial se define en la propia legislación energética europea para las CEs. Este nuevo modelo no solo se caracteriza por la incorporación de recursos energéticos distribuidos, sino que también introduce dos dimensiones clave: la descentralización de la toma de decisiones mediante formas de gobernanza más abiertas y democráticas, y el enfoque en objetivos socioambientales centrados en la comunidad, priorizando el bienestar colectivo sobre los beneficios financieros[26]. LAVRIJSSEN y VITÉZ argumentan que la naturaleza local de las redes térmicas se ajusta al nuevo modelo de pequeños consumidores activos, promoviendo la democracia y la justicia energéticas al permitir una participación ciudadana más activa en el sector energético[27].

Las últimas generaciones de sistemas DCR no solo avanzan hacia un nuevo *business model*, sino que también pueden marcar un cambio de paradigma en un sector tradicionalmente monopolista. En el modelo tradicional, las empresas energéticas convencionales (a menudo de grandes

---

[25] ANGELIDIS, O. *et al.*, "District heating...", *op. cit.*, p. 7.

[26] DIESTELMEIER, L. y CAPPELLI, V., "Conceptualizing 'Energy Sharing' as an Activity of 'Energy...", *op. cit.*, pp. 17-18.

[27] LAVRIJSSEN, S. y VITÉZ, B., "Good Governance...", *op. cit.*, p. 206.

dimensiones), suministran energía térmica a los consumidores; en cambio, el nuevo paradigma caracterizado por la implicación ciudadana y los consumidores activos conlleva la persecución de un "beneficio social" adicional[28] para las comunidades locales y sus miembros más vulnerables. El mercado se reconfigura en virtud de una participación pública (de ciudadanos, colectivos y PYMES) a través de la cual se dirigen activamente los procesos de transición energética de forma democrática. Las CEs tienen un rol esencial en este proceso.[29]

2.1. Consideraciones sobre el concepto y funciones de las comunidades energéticas

Las CEs son estructuras organizativas concebidas para promover una transición energética participativa y justa. Como forma jurídica, las CE se inspiran en las nociones de empoderamiento del consumidor y ciudadanía energética del paquete europeo de "Energía limpia para todos". Las CEs reguladas por la Directiva de Energías Renovables[30] se denominan "comunidades de energías renovables" (CER), mientras aquellas reguladas por la Directiva 2019/944 por la que se establecen normas comunes para el mercado interior de la electricidad (DMIE) en los artículos 2 y 16 se denominan "comunidades ciudadanas de energía" (CCE). A pesar de la relativa novedad de estas figuras jurídicas en el derecho secundario de la UE, las comunidades energéticas locales tienen ya una larga trayectoria bajo las distintas formas en las cuales se han articulado iniciativas energéticas impulsadas por iniciativas ciudadanas y colectivos locales en Europa.[31] No nos detendremos en desglosar las disposiciones de las directivas europeas[32], pero señalaremos algunos aspectos relevantes para la temática que nos ocupa.

Las CEs han sido cristalizadas en el derecho europeo en un momento en que el sistema energético se aleja del modelo centralizado basado en

---

28 Ibidem, p. 18.

29 SAVARESI, A., "The Rise of Community Energy from Grassroots to Mainstream: The Role of Law and Policy", *Journal of Environmental Law,* 31, 3, 2019, pp. 487–510. Doi: https://doi.org/10.1093/jel/eqz006

30 RED II, arts. 2 y 22.

31 CARAMIZARU, A. y UIHLEIN, A., *Energy communities: an overview of energy and social innovation,* Publications Office of the European Union, Luxemburgo, 2020.

32 Para un análisis de la normativa europea sobre las CEs, véase en este libro el capítulo de GALLEGO CÓRCOLES, I., "El marco jurídico europeo para las comunidades energéticas después del paquete Fit for 55 y en tiempos de emergencia".

los combustibles fósiles. Más allá de los cambios tecnológicos en la combinación energética necesarios para la descarbonización de la economía, el cambio implica también una transformación sociopolítica hacia un modelo más justo caracterizado por una mayor democracia, descentralización e integración de nuevos actores en los sistemas energéticos.[33] WALKER y DEVINE-WRIGHT identificaron dos dimensiones en las que puede definirse el concepto de CE y en las que se diferencia de la noción convencional de empresa energética: por una parte, la "dimensión de proceso" que tiene que ver con la dinámica de participación y con la composición y la estructura de gobernanza de las CEs; por otra, la "dimensión resultado" que atañe la distribución espacial y social de los servicios y actividades prestadas por esas comunidades.[34]

Los Estados miembros deben garantizar que ambos tipos de CE puedan producir, suministrar, consumir y almacenar energía. Las CCE también pueden dedicarse a la agregación y distribución y prestar ulteriores servicios energéticos a sus socios o miembros. Además, si la legislación nacional de transposición lo permite, las CCE pueden poseer, establecer, comprar o arrendar redes de distribución. La definición funcional de una CE que se desprende de las directivas es —tal como acertadamente ha apuntado BARTLETT I CASTELLÁ— una clara excepción al principio de separación de actividades (*unbundling*)[35] de manera que las actividades de una CE pueden estar integradas verticalmente. Por consiguiente, una CE es especialmente adecuada para la prestación de servicios energéticos térmicos en el seno de un DCR, puesto que estos últimos constituyen estructuralmente servicios integrados verticalmente. Es decir, una entidad prestadora de servicios de calefacción y refrigeración será la misma que gestione la generación, la distribución y la red.

El objetivo principal de ambos tipos de CEs es "proporcionar beneficios medioambientales, económicos o sociales a la comunidad para sus accionistas o miembros o para las áreas locales en las que opera, en lugar de

---

33 DIESTELMEIER, L., "The Role of Energy Communities in Facilitating Sustainable Energy Democracy: Legal Challenges", en FLEMING, R., HUHTA, K. y REINS, L. (eds.), *Sustainable Energy Democracy and the Law*, Brill, Leiden, 2021, pp. 124-143.

34 DEVINE-WRIGHT, P. y WALKER, G., "Community Renewable Energy: What Should it Mean?", *Energy Policy*, 36, 2, 2008, pp. 497-500.

35 BARTLETT I CASTELLÁ, E. R., "Comunidades energéticas", en ALENZA GARCÍA, J. F., y MELLADO RUIZ, L. (coords.), *Estudios sobre cambio climático y transición energética. Estudios conmemorativos del XXV aniversario del acceso a la cátedra del Prof. Íñigo del Guayo Castiella*, Marcial Pons, Madrid, 2022, p. 304.

beneficios económicos"[36]. No existe una prohibición absoluta de generar beneficios, pero estos deben reinvertirse en la CE de forma que favorezcan sus intereses sociales y medioambientales,[37] "desempeñando un papel mucho más amplio que el de mera producción, distribución y suministro de energía; es decir, incorporando valor social".[38] Este objetivo se refleja en la decisión del legislador europeo de asignar a las CEs una función que es nueva en el derecho de la energía, a saber, el uso compartido de la energía. Pocos estudiosos han prestado atención a esta función, que es distinta del suministro clásico y de otras actividades similares, pero no idénticas al uso compartido, como el autoconsumo colectivo y entre iguales.[39] El uso compartido de la energía no se basa en una lógica de reciprocidad de mercado o de activación del consumidor, sino que su objetivo respondería en primer lugar a fines solidarios[40]. Como señala PRESICCE, el uso compartido de la energía —que en la nueva normativa UE se configura como un derecho de nuevo cuño[41]— es especialmente relevante, en relación con la situación de pobreza y vulnerabilidad energética[42].

La conexión entre las CEs y la importancia del aprovechamiento del potencial energético local se hace evidente a través de la lectura sistemática de

---

36 Arts. 22 RED II y 16 DMIE.

37 Algunos estudiosos han cuestionado si los beneficios para la comunidad y para los miembros de las CEs están alineados con los intereses de todos los consumidores del sistema eléctrico, de forma que se consiga una "mejora del bienestar" de todos los consumidores, dentro y fuera de la comunidad; véase ROBINSON, D. y DEL GUAYO, I., "Alignment of energy community incentives with electricity system benefits in Spain", en LÖBBE, S. et al. (eds.), *Energy communities: citizen centered, market-driven, welfare-enhancing?,* Elsevier, Paises Bajos, 2022, pp. 73-93.

38 SWENS, J. y DIESTELMEIER, L., "Developing a Legal Framework...", *op. cit.*, p. 61.

39 DIESTELMEIER, L. y CAPPELLI, V., "Conceptualizing 'Energy Sharing' as an Activity of 'Energy...", *op. cit.*, pp. 20-21; DIESTELMEIER, L. y KUIKEN, D., "Is Sharing Caring? 'Energy Sharing' within Energy Communities under EU Law", en FLEMING, R. et al. (eds.), *A Force of Energy: Essays in Energy Law in Honour of Professor Martha Roggenkamp,* University of Groningen Press, Nederlands, 2022, pp. 275-282.

40 DIESTELMEIER, L. y CAPPELLI, V., "Conceptualizing 'Energy Sharing' as an Activity of 'Energy...", *op. cit.* p. 23

41 Cfr. art. 2 Directiva 2024/1711/UE, por la que se modifican las Directivas 2018/2001/UE y 2019/944/UE en relación con la mejora de la configuración del mercado de la electricidad de la Unión, por el que se modifica el art 2 de la DMIE y se introduce un nuevo artículo 15 bis en la DMIE.

42 Sobre estas cuestiones se remite al capítulo en este libro de PRESICCE, L., "Comunidades energéticas, autoconsumo y derecho al consumo de energía compartida. Medidas estructurales para reducir y prevenir la pobreza energética".

la evolución del marco político y normativo de la UE. El paquete de 2016 "Energía limpia para todos los europeos" promovió el empoderamiento de los consumidores, el autoconsumo y las CEs. En 2020, la estrategia "Oleada de renovación para Europa" destacó la necesidad de duplicar las tasas de renovación energética de los edificios antes de 2030 para alcanzar la neutralidad climática en 2050, subrayando dos factores: por un lado, un enfoque integrado que combina tecnologías renovables, almacenamiento y digitalización para gestionar el sistema de manera inteligente; por otro, una nueva escala centrada en la comunidad y el distrito[43], donde las CEs son actores clave. El marco estratégico y legislativo actualizado del Pacto Verde Europeo y el paquete "Objetivo 55" realzaron aún más la importancia del sector CR para alcanzar el objetivo de neutralidad climática para 2050[44]. Al mismo tiempo las nuevas DEE, DER III y DEEE[45] vinculan el sector de la CR, también a través de fórmulas de integración energéticas, con las CEs. A continuación, se analizarán las disposiciones más relevantes para la materia que nos ocupa.

2.2. Comunidades energéticas y normas sobre aceleración, planificación y fomento de la integración de los sistemas energéticos

La nueva RED III consolida el papel clave de la planificación administrativa y de la simplificación/aceleración de los procedimientos de autorización. La planificación territorial tiene un valor crucial para el despliegue

---

43 Tal como señala GALERA RODRIGO, S., *El hacer urbano de la Unión Europea. Modelo de ciudad, poder local y sostenibilidad energética,* Atelier, Barcelona, 2022, p. 119 ss.

44 Según el Reglamento 2021/1119/UE, por el que se establece el marco para conseguir la neutralidad climática y se modifican los Reglamentos 401/2009/CE y 2018/1999/UE (Ley Europea del Clima). Dado que el Reglamento 2021/1119/UE no establece requisitos específicos para su aplicación, con el fin de orientar sobre la aplicación del principio "la eficiencia energética, primero" (EE1st) sin imponer obligaciones jurídicas a los Estados miembros, la Comisión adoptó la Recomendación La eficiencia energética primero: de los principios a la práctica. *Vid.* COMISIÓN EUROPEA: «Recomendación 2021/1749/UE sobre el principio de «primero, la eficiencia energética»: de los principios a la práctica» [en línea], (2021), <https://eur-lex.europa.eu/legal-content/ES/TXT/HTML/?uri=CELEX:32021H1749> [Consulta: 12/06/2024]

45 Para un análisis de la vinculación entre CEs y servicios de eficiencia energética en el sector de la edificación, véase en este libro el capítulo de GONZÁLEZ RÍOS, I., "La labor de las comunidades energéticas en una edificación energéticamente sostenible".

de las CEs en su condición de entidades titulares y promotoras de proyectos energéticos estrechamente ligados al territorio. En este contexto, la RED III exige a los Estados miembros que lleven a cabo un ejercicio coordinado de cartografía antes de mayo de 2025. En consecuencia, será necesario identificar el potencial energético a nivel estatal, así como las zonas adecuadas para el establecimiento de plantas de generación y de las infraestructuras asociadas. Factores como el aumento de la eficiencia energética, la flexibilidad y la integración en el sistema energético deberán tenerse en cuenta explícitamente, de conformidad con el artículo 15.b) de la RED III.

Por otro lado, la RED III agiliza los procedimientos de concesión de permisos para construir, repotenciar y explotar instalaciones de energía renovable, incluidas las que combinan diferentes tecnologías como bombas de calor, instalaciones térmicas de almacenamiento de energía en coubicación, etc.[46]. Los principios fundamentales del procedimiento de concesión de autorización de la RED III deben aplicarse de forma coherente con el principio de "pensar primero a pequeña escala" contenido en la DEE, para ello debe tenerse en cuenta "la estructura específica de los sectores de la cogeneración y de los sistemas urbanos de calefacción y refrigeración, que incluyen a numerosos productores que son PYMES, especialmente a la hora de revisar los procedimientos administrativos para obtener permisos de construcción de instalaciones de cogeneración o de redes asociadas"[47].

Para asegurar el cumplimiento de sus ambiciosos objetivos,[48] la RED III introduce "zonas de aceleración de las renovables"[49]. El dimensionamiento de estas zonas queda a discreción de los Estados miembros, sujeto a un vago requisito de que sean "significativas". De forma sintética debe señalarse que los planes que designan las zonas de aceleración deben someterse a evaluaciones ambientales estratégicas; asimismo, debe garantizarse la participación pública en relación con dichos planes. Sin embargo, a nivel de proyecto, las solicitudes de plantas de generación de energía renovable o de instalaciones de almacenamiento de energía en coubicación dentro de las zonas designadas, así como sus conexiones a la red, están exentas tanto del requisito de realizar una evaluación de impacto ambiental como

---

46 RED III, art. 16.

47 DEE, considerando 110.

48 RED III, art. 3.

49 RED III, art. 15(c).

del requisito de evaluar sus impactos en los espacios Natura 2000[50]. Estas normas de aceleración tienen relevancia para las CEs. En efecto, aunque es de esperar que estas zonas sirvan prioritariamente a grandes emplazamientos de energías renovables, los proyectos locales y basados en comunidades no quedan excluidos del ámbito de las zonas de aceleración. Ello se deriva de las referencias expresas a las superficies artificiales y edificadas, como los tejados y las fachadas de los edificios, las infraestructuras de transporte, las zonas de aparcamiento, los emplazamientos de tratamiento de residuos, industriales y de aguas residuales urbanas, y las tierras degradadas que no pueden utilizarse para la agricultura. Por lo tanto, no se exige que el tamaño de las zonas de aceleración y el tamaño de los proyectos correspondan: los proyectos de DCR urbanos o industriales pueden ubicarse en zonas de aceleración.

Por su parte, la DEE subraya la importancia de las bombas de calor para avanzar en la descarbonización del suministro de energía para CR. Por lo tanto, todo el calor derivado de bombas de calor e introducido en una red de calefacción debe considerarse energía renovable[51]. La RED III también hace hincapié en el papel clave de las bombas de calor, que permiten explotar fuentes de energía como las plantas de tratamiento de aguas residuales, la energía geotérmica y el calor residual. El rápido despliegue de las bombas de calor permite utilizar recursos renovables que de otro modo estarían infrautilizados. El artículo 16(e) de la RED III agiliza los procedimientos de concesión de permisos para las bombas de calor más pequeñas (menos de 50 MW), que deben resolverse en el plazo de un mes, así como para las bombas geotérmicas. En este último caso, el procedimiento debe concluir a más tardar tres meses después de su incoación. Las bombas de calor de hasta 50 kW instaladas por autoconsumidores de energía renovable se beneficiarán de un procedimiento acelerado de conexión a la red de transporte o distribución, siempre que se cumplan las condiciones establecidas en la directiva.

En la DER III establece que las normas sobre la agilización de los procedimientos de concesión de autorizaciones también deben tener en cuenta "la amplia aceptación pública del despliegue de las energías renovables".[52] Esta "aceptación" (aunque sería más correcto hablar de "aceptabilidad") es crucial para la viabilidad de la transición energética, y los Estados miembros

---

50 RED III art. 16 bis.3.

51 DEE, considerando 107.

52 RED III, considerando 20.

asumen la responsabilidad de aprobar medidas que fomenten la participación de la comunidad[53] asumiendo, por ende, un enfoque en consonancia con la vertiente procedimental de la justicia energética.[54] El legislador europeo considera que la CE constituye una fórmula especialmente útil para lograr la aceptación social en la medida en que la participación es consustancial a esta clase de entidad jurídica[55].

2.3. Comunidades energéticas, potencial energético local y planificación de distritos de calefacción y refrigeración

La nueva DEE realza ulteriormente la dimensión local de las políticas energéticas europeas. Señalar esta característica es especialmente interesante cuando se considere el nivel territorial en el que se articula la intervención pública en materia energética en España, que prioritariamente ha sido el estatal y autonómico, desatendiendo los mandatos europeos, en los cuales el rol activo no se predica solo de los consumidores y ciudadanía, sino también de los entes locales[56]. Esto es evidente en el caso de las CEs en las cuales las entidades locales están llamadas a ser socias o miembros, o a fomentarlas sin participar directamente en ellas[57]. Ahora, la nueva directiva subraya la necesidad de que dichas entidades estén capacitadas para adaptar estas políticas a las particularidades climáticas, culturales y sociales de sus territorios, asegurando una mayor eficacia y adecuación a las necesidades locales[58].

En el análisis de la identificación y utilización de los potenciales energéticos locales, establecido por la DEE de 2012, Galera Rodrigo observó que "no es simplemente una política pública local, sino una política pública europea que requiere una aplicación a nivel local"[59]. Esta interpretación se

---

53 RED III, considerando 30.

54 HEFFRON, R. J., "Energy Justice: The Triumvirate of Tenets Revisited and Revised", *Journal of Energy and Natural Resources Law*, 42, 2, 2023, pp. 227–233. Doi: https://doi.org/10.1080/02646811.2023.2256593

55 En este sentido, el artículo 9.7 bis de la RED III establece que "[p]ara aumentar la aceptación pública, los Estados miembros podrán incluir comunidades de energías renovables en proyectos conjuntos de energías renovables marina".

56 REVUELTA PÉREZ, I., "Comunidades energéticas…", *op. cit*, pp. 80-82.

57 Sobre el fomento local a las comunidades energéticas, véase en este libro el capítulo de FUENTES GASÓ, J.R. y RODRÍGUEZ BEAS, M., "Comunidades energéticas, economía social y entes locales: aspectos organizativos y de fomento".

58 RED III, considerando 145.

59 GALERA RODRIGO, S., *El hacer urbano…*, *op. cit*, p. 122.

ve confirmada por el apartado 6 del artículo 25 de la nueva DEE. Esta disposición innovadora obliga a las autoridades regionales y locales con una población superior a 45.000 habitantes a elaborar planes de CR. La DEE incluye requisitos mínimos de contenido para los planes en cuestión. La atención prestada a los distritos de CR de nueva generación queda patente en la exigencia de que las autoridades locales evalúen su preparación para la calefacción urbana de baja temperatura. Además, los planes deben destacar el potencial de la cogeneración de alta eficiencia, la recuperación del calor residual y la integración de las energías renovables en el sector de la calefacción. La directiva, además de insistir en la importancia de la participación pública en la formulación de los planes locales[60], apunta a la necesaria implicación de nuevos actores del sistema energético como elemento obligatorio para la elaboración de los planes locales de CR. En especial, los entes locales, cuando elaboren los planes de CR, deberán evaluar el papel de las CEs y otras iniciativas dirigidas por los consumidores que puedan contribuir activamente a los proyectos locales de CR[61].

El artículo 26 de la DEE establece nuevos criterios para que sistemas urbanos de CR puedan considerarse eficientes[62]. El cumplimiento de los requisitos de un sistema urbano de CR eficiente también revierte en consecuencias económicas. Por ejemplo, las directrices sobre ayudas de estado para el clima, la protección del medio ambiente y la energía exigen que puede optar a dichas ayudas los sistemas de calefacción urbana que tenga la consideración de eficientes[63]. Además, varios programas de la UE ofrecen ayudas financieras para transformar los sistemas de calefacción urbana existentes en sistemas "eficientes" y algunos Estados miembros conceden beneficios suplementarios a los sistemas así clasificados[64]. Por

60 DEE, art. 25.2.

61 DEE, art. 15.6(g).

62 A diferencia de la anterior DEE, la definición más reciente de "sistema urbano eficiente de calefacción y refrigeración" establece unas etapas progresivas de descarbonización. No obstante, el uso de combustibles fósiles como el gas natural seguirá permitido entre 2040 y 2050 (DEE, art. 26.4).

63 COMISIÓN (UE), "Directrices sobre ayudas estatales en favor del clima, la protección del medio ambiente y la energía" (Comunicación) COM(2022) 481, 18 de febrero de 2022.

64 OXENAAR, S., LOWES, R. y ROSENOW, J.: « Warming up to It: Principles for Clean, Efficient and Smart District Heating», pp. 29-30 [en línea], (2023), <https://www.raponline.org/wp-content/uploads/2023/11/RAP-Oxenaar-District-heat-policy-principles-11.2023.pdf> [Consulta: 12/06/2024]

tanto, las CEs que operen estos sistemas urbanos de calefacción podrán ser destinatarios de ayudas e incentivos.

En consonancia con la DEE, también la RED III exige a los Estados miembros que evalúen su potencial para obtener energía de fuentes renovables y utilizar el calor y el frío residuales para CR. En este marco de evaluación debe prestarse especial atención a las iniciativas locales a pequeña escala que planteen riesgos ecológicos mínimos. El artículo 23.4 de la RED III subraya el uso de sistemas de CR y soluciones a nivel de distrito dentro de marcos organizativos orientados a la comunidad local. Esta disposición establece que, para cumplir los objetivos prescritos, los Estados miembros deberán adoptar al menos dos entre las doce medidas específicas determinadas por la directiva. Entre estas medidas destaca, por una parte, la "promoción de los contratos de compra de calefacción y refrigeración renovables para consumidores corporativos y pequeños consumidores colectivos" en lo que se incluyen las CEs[65]; y por otra la "promoción de las redes de calefacción y refrigeración urbanas basadas en energías renovables, en particular de las comunidades de energías renovables, también a través de medidas reglamentarias y disposiciones de financiación y apoyo" [66].

2.4. Comunidades energéticas y acceso de terceros a las redes térmicas

Los distritos urbanos de CR han sido tradicionalmente considerados como monopolios naturales[67]. En muchos Estados miembros, el *District Heating* se considera una infraestructura integrada, de manera que en un determinado ámbito territorial, como puede ser el de un municipio, una única entidad gestiona la generación, la distribución y la explotación de la red y el suministro[68]. Por consiguiente, a diferencia de los mercados del gas y la electricidad, el mercado de los servicios térmicos está en su mayor parte exento de los requisitos de *unbundling* característicos de la normativa energética europea. En la mayoría de los países de la UE, por lo tanto, la

---

65 RED III, art. 23.4(f).

66 RED III, art. 23.4(k).

67 BACQUET A. *et al.*, *District Heating and Cooling in the European Union. Overview of Markets and Regulatory Frameworks under the revised Renewable Energy Directive*, Publications Office of the European Union, Luxemburgo, 2022, p. 15.

68 Ibidem, p. 106.

CR urbana es un servicio integrado.[69] Los redactores de la RED II fueron muy cautos a la hora de regular el acceso de terceros a las redes (ATR).[70]

Sin embargo, aunque la red de CR constituya un monopolio natural, no ocurre necesariamente lo mismo con las demás actividades de la cadena de suministro, como la generación y la comercialización. LAVRIJSSEN y VITÉZ sostienen que, a pesar de la probabilidad de que los consumidores se encuentren vinculados a monopolios naturales debido a la estructura heredada en los sistemas urbanos de distritos de calefacción, las funcionalidades de la última generación de estos sistemas térmicos y los futuros avances tecnológicos permitirán un acceso de terceros a las redes que puede fomentar la competencia en el mercado de referencia[71]. Una competencia más intensa no solo implicaría una más amplia posibilidad de elección del proveedor por los consumidores sino que además fomentaría su participación activa en el mercado térmico[72]. Este argumento es válido con independencia del nivel de penetración de las energías renovables en el sector. En este sentido, se ha observado que "no existe una correlación evidente entre la cuota de las energías renovables o del calor excedente/ residual y el grado de apertura del mercado de los sistemas distritos de calefacción. El ATR puede ser una condición necesaria, pero en cualquier caso no es suficiente".[73] Cualquiera que sea la importancia de esta conclusión, no disminuye la necesidad de una normativa que facilite la entrada en el sector por su potencial transformador del modelo energético. En efecto, el concepto de transición energética requiere algo más que meros avances tecnológicos hacia la descarbonización de la economía. La transición energética implica una reestructuración del modelo socioeconómico, que conduce inevitablemente a la aparición de nuevos actores en el sector energético, como las CEs.

El ATR sigue estando insuficientemente regulado en la nueva RED III. Los legisladores de la UE se limitaron a la siguiente fórmula alentadora:

> [L]os Estados miembros garantizarán que se anime a los operadores de los sistemas urbanos de calefacción o refrigeración con una capacidad superior a 25 MWt a conectar a terceros proveedores de energía procedente de fuentes renovables y de calor y frío residuales o a ofrecer la posibilidad de conectarse

69 BILLERBECK A. *et al.*, "Policy Frameworks…", *op. cit.*, p. 5.

70 Ibidem, p. 6.

71 LAVRIJSSEN, S. y VITÉZ, B., "Good Governance…", *op. cit.*, pp. 215-220.

72 Ibidem.

73 BACQUET, A., *et al.*, *District Heating…*, *op. cit.*, p. 16.

y de comprar el calor o frío procedentes de fuentes renovables y de calor y frío residuales a terceros proveedores.[74]

En todos los demás casos, siguen en vigor las disposiciones de la RED II sobre ATR. También se mantienen, casi sin modificaciones, los supuestos en los cuales los operadores de distritos CR pueden negarse a conectar a un proveedor tercero. Hay dos novedades: (1) la cogeneración de alta eficiencia ya no puede utilizarse como justificación de la falta de capacidad del sistema DCR; y (2) puede denegarse la conexión si el sistema que gestiona el operador tiene la consideración de DCR eficiente.

2.5. Comunidades energéticas térmicas y explotación de redes urbanas de calefacción y refrigeración. Del marco normativo europeo a la situación en España

Como hemos señalado en el apartado 1, las actividades de las CEs se han centrado principalmente en la generación y el suministro de electricidad. Este enfoque puede conducir a minusvalorar el potencial de estas figuras para la integración de aplicaciones a escala local de energía térmica y las posibles sinergias entre generación renovable, la red eléctrica y ulteriores servicios energéticos. Aunque la RED II permite claramente que las CER suministren energía térmica, sorprendentemente no resultaba claro si también las CCE pueden explotar actividades similares (suministro térmico) conforme a la DMIE. Un ejemplo de esta incertidumbre se pone de manifiesto en el borrador de Real Decreto de transposición en materia de CEs[75], que limita las CCE a las actividades del sector eléctrico. Puede parecer que esta limitación refleja las disposiciones de la directiva, que se centra en el mercado de la electricidad, pero un examen más detenido revela, en nuestra opinión, que esa interpretación es incorrecta. En este sentido, la directiva establece que las CCE pueden prestar servicios de eficiencia energética, y la exclusión de la energía térmica del ámbito de esos servicios sería contradictoria; además, la DMIE también permite a las CCE

---

74 RED III, art 24.4.ter.

75 MINISTERIO PARA LA TRANSICIÓN ECOLÓGICA Y EL RETO DEMOGRÁFICO: «Proyecto de Real Decreto por el que se desarrollan las figuras de las comunidades de energías renovables y las comunidades ciudadanas de energía» [en línea], (2023), <https://www.miteco.gob.es/content/dam/miteco/es/energia/files-1/_layouts/15/Proyecto%20de%20Real%20Decreto-61313.pdf> [Consulta: 18/06/2024].

prestar "otros servicios energéticos"[76] para sus socios o miembros; entendemos que esta norma debe interpretarse en el sentido de que los servicios en cuestión deben poder abarcar la prestación de servicios eficientes térmicos. La nueva DEE requiere expresamente a los Estados miembros que apoyen y promuevan activamente ambos tipos de comunidades, las CER y las CCE, en la consecución de los objetivos del Pacto Verde Europeo y el Plan de Objetivos Climáticos para 2030:

> [E]sas comunidades pueden ayudar a los Estados miembros a alcanzar los objetivos de la presente Directiva impulsando la eficiencia energética a nivel local o doméstico, así como en edificios públicos, en colaboración con las autoridades locales. Pueden empoderar e implicar a los consumidores y permitir que determinados grupos de clientes domésticos, en particular en zonas rurales y alejadas, participen en proyectos e intervenciones en materia de eficiencia energética, que pueden combinar acciones con inversiones en energías renovables[77].

La duda sobre la idoneidad de las CCE para prestar servicios eficientes de climatización queda por tanto aclarada.

El apoyo de los Estados miembros debe manifestarse principalmente en un marco jurídico favorable para las CEs. Este marco debe hacer posible el uso compartido de la energía, incluida la térmica, con los sujetos en situación de vulnerabilidad o pobreza energética, de acuerdo con el artículo 24 de la DEE. Como han señalado DIESTELMEIER y CAPPELLI, incluso en los países en los que las CEs se han implantado ampliamente, el uso compartido de la energía está insuficientemente regulado.[78] El uso compartido de la energía debería dirigirse a los consumidores vulnerables y a los pobres energéticos para garantizar que puedan acceder fácilmente a los beneficios sociales que ofrecen las CEs.[79]

El legislador europeo ha considerado que las CEs podrían inducir cambios duraderos en las conductas de consumo energético y generar ahorros de energía a largo plazo, especialmente en los hogares. Asimismo, las CEs pueden promover inversiones sostenibles para la ciudadanía y las pequeñas empresas. Además, son fórmulas mediante las cuales se articula el ejercicio de una nueva concepción de ciudadanía energética. Por lo tanto,

---

76 DMIE, art. 2.11(c).

77 Véase DEE, considerando 117.

78 DIESTELMEIER, L. y CAPPELLI, V., "Conceptualizing 'Energy Sharing' as an Activity of 'Energy...", *op. cit.*, p. 23.

79 Ibidem.

los Estados miembros deben apoyar a las organizaciones y los proyectos energéticos impulsados por colectivos locales[80].

El fomento de la participación de la comunidad local que persiguen las nuevas directivas podría ser el resultado de la evaluación del posible rol papel de las CEs en los planes locales de CR. Dicha evaluación pretende discernir cómo estas entidades pueden contribuir eficazmente a la ejecución de proyectos locales de calefacción y refrigeración[81]. GONZÁLEZ RÍOS ha señalado el rol destacado de las CEs en el fomento del autoconsumo más allá de lo que requiere la normativa en materia de edificación, y en el supuesto de autoconsumo de los edificios públicos, donde las viviendas residenciales cercanas se ven beneficiadas, especialmente en cuando en esta residan personas en situación de pobreza energética[82].

La RED III introduce las CER en el marco de coordinación entre los operadores de sistemas urbanos de calefacción y refrigeración y los proveedores potenciales de calor y frío residuales. Según el art. 26.6(e) de la RED III, los Estados miembros deben diseñar marcos de coordinación que fomenten el diálogo entre todos los actores implicados. Así pues, la legislación reconoce ahora el papel de las CER en la integración eficaz del calor y el frío residuales en los sistemas DHC.

La RED III también establece diversas medidas operativas que benefician a las comunidades de energía térmica que emplean sistemas de poligeneración, como las instalaciones de autoconsumo individual y colectivo. La directiva asume que las instalaciones de energía solar de menos de 100 kW, incluidas las de autoconsumo renovable, tienen un impacto medioambiental mínimo. Reconociendo sus ventajas para los consumidores, la RED III agiliza el procedimiento de concesión de permisos para este tipo de instalaciones introduciendo el silencio administrativo positivo, lo que puede acelerar su despliegue[83]. Dicho esto, una limitación notable de ese nuevo régimen jurídico se basa en el supuesto de que las pequeñas instalaciones no suelen necesitar una ampliación de la capacidad del punto de conexión a la red, pasando por alto el posible cuello de botella que supone la red de

---

[80] Este planteamiento se confirma en los artículos 8.1(b) y 9 del Reglamento 2023/955/UE, por el que se establece un Fondo Social para el Clima y se modifica el Reglamento 2021/1060/UE. Sobre esta temática, véase en este libro PRESICCE, L. "Comunidades energéticas, autoconsumo…", *op. cit.*

[81] DEE, art. 25.6(g).

[82] GONZÁLEZ RÍOS, I., "Las «Comunidades energéticas locales» …", *op. cit.*, p. 147.

[83] RED III, art 16 quinquies. 2.

distribución para esta categoría de instalaciones o las prácticas anticompetitivas relacionadas con la legalización de las instalaciones de autoconsumo colectivo por parte de los operadores de la red de distribución[84].

En el actual esfuerzo de la UE por rediseñar el mercado de la electricidad[85] para garantizar el suministro energético, se ha confiado mucho en el potencial de los acuerdos de compra de energía (*Power Purchase Agreements*, PPA)[86]. Resulta interesante que RED III prevea nuevas medidas de apoyo a este tipo de acuerdos, que deberían ampliarse a diversos PPAs de energía renovable, incluida la de calefacción y refrigeración renovables[87]. Los acuerdos de compra de electricidad son instrumentos contractuales que pueden utilizar las CEs[88].

Debe señalarse también que la nueva DEE establece cambios relacionados con la protección del consumidor de servicios térmicos. Es notorio que los socios o miembros de las CEs conservan sus derechos como usuarios activos o consumidores. Dado que las CEs actúan como estructuras legales idóneas para implementar sistemas de calefacción y refrigeración urbanas, la nueva Directiva introduce derechos contractuales en los servicios de calefacción urbana, refrigeración y agua caliente sanitaria, alineándose con los derechos, la protección y empoderamiento ya reconocidos a los clientes finales en el sector eléctrico[89].

---

84 En el caso de España, se conocen prácticas anticompetitivas por parte de los operadores de la red de distribución que limitan el desarrollo del autoconsumo individual y colectivo; véase COMISIÓN NACIONAL DE LOS MERCADOS Y LA COMPETENCIA: «La CNMC realiza varias redadas de madrugada en los locales de empresas relevantes del sector eléctrico por posibles prácticas anticompetitivas» [en línea], (2023), <https://www.cnmc.es/sites/default/files/editor_contenidos/Notas%20de%20prensa/2023/20230628_NP_Inspecciones-abril-junio_sector-eléctrico_en_GB_.pdf> [Consulta: 30/10/2024]; véase también ALIANZA POR EL AUTOCONSUMO: «Autoconsumo en España: diagnóstico, retos y propuestas» [en línea], (2023) <https://alianzaautoconsumo.org/autoconsumo-en-espana-diagnostico-retos-y-propuestas/> [Consulta: 30/10/2024].

85 Directiva 2024/1711/UE.

86 GHIASSI-FARROKHFAL, Y.; KETTER, W. y COLLINS, J., "Making Green Power Purchase Agreements More Predictable and Reliable for Companies", *Decision Support Systems*, 144, 2021, pp. 1-16. Doi: https://doi.org/10.1016/j.dss.2021.113514

87 RED III, arts. 2.d.14(q) y 3.4(a).

88 Sobre esta temática, en este libro véase el capítulo de MAGIDE HERRERO, M. y SERRANO ARAQUE, J.J., "Comunidades energéticas y contras de *Power Purchase Agreement* (PPA)".

89 DEE, art. 21.

En conclusión, el marco regulador derivado del paquete legislativo "Objetivo 55" impulsa el desarrollo de sistemas urbanos de calefacción y refrigeración y establece un vínculo con las CEs que pueden ofrecer servicios térmicos dentro de su amplio espectro de actividades. No obstante, en España las redes de climatización tienen una presencia muy limitada. Según los datos más recientes de Eurostat (2021), la producción de calor mediante estos sistemas es de apenas 428 GWh (189 GWh para refrigeración), en marcado contraste con países vecinos como Italia (13.070 GWh) o Francia (33.763 GWh). A esta situación de hecho se añade que todavía no se ha establecido un marco jurídico favorable para su desarrollo. En este sentido, REVUELTA PÉREZ ha apuntado las limitaciones y las carencias de la normativa vigente española[90]:

1. En materia de promoción de la eficiencia energética, el Real Decreto 56/2016 se limita a establecer que la comunidades autónomas y entidades locales podrán adoptar políticas que fomenten el análisis a escala local y regional del potencial de uso de sistemas de calefacción y refrigeración eficientes, teniendo en cuenta las posibilidades de impulsar mercados térmicos locales y regionales[91] (art. 13.2). Esta limitación deberá ser revisada para adaptarla a la nueva DEE.
2. la Ley estatal de Cambio Climático y Transición Energética[92] –y las equivalentes autonómicas, con la excepción de les Illes Balears y de la Comunitat Valenciana[93]– que hubiera tenido que ser la ley ordenadora y de sistematización de tan compleja materia[94], ni contempla los sistemas urbanos de CR.

---

90 REVUELTA PÉREZ, I., "Comunidades energéticas...", *op. cit*, pp. 99-102.

91 Art. 13.2 del Real Decreto 56/2016, de 12 de febrero, por el que se transpone la Directiva 2012/27/UE relativa a la eficiencia energética, en lo referente a auditorías energéticas, acreditación de proveedores de servicios y auditores energéticos y promoción de la eficiencia del suministro de energía.

92 Ley 1/2024, de 8 de febrero, de Transición Energética y Cambio Climático.

93 Véase PRESICCE, L., *Los entes locales en la acción climática global: responsabilidades, retos y perspectivas jurídicas*, Tirant lo Blanc, Valencia, 2023, p. 318.1

94 Para un análisis que captura con claridad y síntesis las criticidades de la Ley 7/2021, de 20 de mayo, de cambio climático y transición energética. Véase LÓPEZ RAMÓN, F., "Notas a la Ley de Cambio Climático", *Actualidad Jurídica Ambiental*, 114, 2021, pp. 1-21. Para un análisis en profundidad de la LCCTE, véase ALENZA GARCÍA, J. F., y MELLADO RUIZ, L. (coords.), *Estudios sobre cambio climático y transición energética. Estudios conmemorativos del XXV aniversario del acceso a la cátedra del Prof. Íñigo del Guayo Castiella, Marcial Pons*, Madrid, 2022.

3. La Ley 27/2013 de racionalización y sostenibilidad de la Administración local (LRSAL) ha limitado las competencias ambientales y energéticas de los EE.LL.[95]: a fecha de hoy la Ley Reguladora de las Bases del Régimen Local no solo no contempla expresamente las energías renovables entre las competencias propias, sino que la LRSAL modificó el art. 86 eliminando reserva en favor de las EE.LL. del servicio de calefacción (el suministro de gas había sido anteriormente derogado por la Ley 34/1998 de hidrocarburos). Solo el Decreto Legislativo 2/2003, de 28 de abril, por el que se aprueba el Texto refundido de la Ley municipal y de régimen local de Cataluña contempla expresamente, en el artículo 66.2, la competencia impropia de las EE.LL. en el ámbito de los abastecimientos energéticos.

Por tanto, el suministro de calefacción ya no es un servicio público cuya titularidad se reserva a la administración local, sino que tiene la consideración de actividad económica de interés general[96]. Siendo esta la naturaleza de la actividad, su prestación en libre concurrencia puede realizarse en distintas formas dentro del mercado[97]: en primer lugar, según REVUELTA PÉREZ, como servicio público en concurrencia en sujetos privados en el marco de las competencias propias de la entidad local al amparo de las materias urbanismo y medio ambiente urbano, así como invocando otros mandatos legales sobre fomento de las energías renovables extraídos de normativa de urbanismo o energética[98]. Aunque —argumenta ALONSO MAS— siendo la actividad de abastecimiento energético una actividad liberalizada, la calificación "servicio público" fuera del caso de *publicatio* anteriormente citado, debería reservarse al suministro destinado a las personas que se hallen en situación de vulnerabilidad o pobreza energética, circunstancias que justificarían que la prestación del servicio se realice de forma gratuita o por debajo del coste[99]. En segundo lugar, el servicio de climatización podrá ser prestado como iniciativa pública económica por la entidad local como operador de mercado, en su caso también mediante una

95 REVUELTA PÉREZ, I., "Comunidades energéticas…", *op. cit*, p. 85.

96 FUENTES GASÓ, J. R., "Una aproximación introductoria: del servicio público al servicio de interés económico general", en FUENTES GASÓ, J. R. (ed.), *Externalización e internalización de la gestión de servicios públicos locales: entre público y privado,* Tirant lo Blanch, Valencia, 2022, pp. 35-60.

97 SIMOU, S., *Derecho local del cambio climático,* Marcial Pons, Madrid, 2020, p. 376 ss.

98 REVUELTA PÉREZ, I., "Comunidades energéticas…", *op. cit*, p. 101.

99 ALONSO MAS, M. J., *Comunidades energéticas y entidades locales. Aspectos contractuales, patrimoniales y de Derecho de la energía,* Aranzadi, Navarra, 2024, pp. 18-19.

empresa de capital mixto, al amparo del artículo 86 LBRL[100] y cumpliendo con los requisitos de estabilidad presupuestaria y sostenibilidad financiera establecidos por la LRSAL[101]. Dentro de esta segunda opción, cabe destacar la reconstrucción de TORNOS MAS, según la cual, la desaparición de la calefacción de distrito como servicio público reservado no conlleva que desaparezcan las razones urbanísticas y ambientales que justifican la permanencia del interés general de la obra, es decir, de las instalaciones y redes térmicas de distrito. En base a esto, según TORNOS MAS, se podría implantar el servicio correspondiente y "preparar, tramitar y adjudicar un nuevo contrato de concesión de obra pública para construir y explotar el sistema de calefacción de distrito" cumpliendo una serie de condiciones, pero manteniendo la posibilidad de ordenar la prestación del servicio en cuestión por razones urbanísticas y ambientales[102]. Por último, cabe la posibilidad de que la actividad se lleve a cabo por una "comunidad energética térmica", en el sentido que hemos ido exponiendo en el presente capítulo. En esta opción una entidad local podría sea socio o miembro de la CE, dependiendo de la forma jurídica que la comunidad asuma, y con las ventajas y problemáticas que resulten de la participación de la entidad local en la tipología de entidad empleada para constituir la CE[103].

Como nota final, para corroborar el interés de la figura de la CE en la materia que nos ocupa, señalamos que en la actualización del Plan Nacional Integrado de Energía y Clima 2023-2030 (PNIEC) aprobado por el Real Decreto 986/2024, de 24 de septiembre, se afirma que: "En el sector de calefacción y refrigeración se espera que, además de la continua mejora tecnológica, surjan nuevos actores y modelos de inversión que impulsen la descarbonización. En ese sentido, *este Plan pone el foco en las comunidades energéticas*, proponiendo el desarrollo regulatorio que les permita ejercer su derecho a generar, consumir y vender energía renovable, y, junto a ello, en el impulso de una batería de medidas administrativas y económicas. Se propone un incremento del uso de la electricidad para la generación de

---

[100] Ley 7/1985, de 2 de abril, Reguladora de las Bases del Régimen Local.

[101] Ibidem.

[102] TORNOS MAS, J., "La actividad de construcción y explotación de una red urbana de calefacción y refrigeración. El *distric heating*", en RECUERDA GIRELA, M. A. (coord.), *Problemas prácticos y actualidad del Derecho Administrativo: anuario 2015*, Cizur Menor, Civitas, 2015, pp. 353-360.

[103] GONZÁLEZ RÍOS, I., "Las «Comunidades energéticas locales» ...", *op. cit.*, p. 147; REVUELTA PÉREZ, I., Comunidades energéticas y entidades locales. Formas jurídicas y participación municipal, Aranzadi, Navarra, 2024, pp. 52-70.

calor. Además, en relación con las redes de CR tanto para el sector residencial como para el terciario, el PNIEC señala que es necesario abordar una serie de reformas regulatorias en diversos ámbitos para fomentar el desarrollo de las redes de calefacción y refrigeración[104]. En primer lugar, se requiere una regulación general que simplifique las trabas administrativas, homogeneice los requisitos a nivel nacional y facilite las inversiones, lo que podría implicar la modificación del Código Técnico de la Edificación y del Reglamento de Infraestructuras Térmicas en los Edificios. Asimismo, se deben establecer obligaciones para realizar estudios de viabilidad y planes municipales de suministro energético limpio y eficiente, en consonancia con el artículo 25 de la Directiva 2023/1791/UE, para municipios con más de 45.000 habitantes, integrando las redes de calefacción y refrigeración. Adicionalmente, se propone la declaración de utilidad pública para la ocupación de terrenos destinados a plantas de producción de calor y frío, almacenamiento y servidumbres forzosas para tuberías, tanto en dominio público como privado, y el otorgamiento de concesiones demaniales para estas infraestructuras. Igualmente, los planes de ordenación urbana deben prever y permitir la ubicación de infraestructuras en el subsuelo de vías públicas, espacios libres o zonas verdes, asegurando un marco claro para los permisos administrativos. Por último, es imprescindible incluir previsiones claras de inversión en estas redes, así como modificar la Ley de Minas de 1973[105], actualmente en revisión, para impulsar la investigación, exploración y explotación de recursos geotérmicos, facilitando su integración en la producción energética nacional.

3. LAS REDES DE CALEFACCIÓN Y REFRIGERACIÓN DE ÚLTIMAS GENERACIONES Y LA COMUNIDAD ENERGÉTICA BALENYÀ SOSTENIBLE

En este apartado se presentará la comunidad energética Balenyá Sostenible situada el municipio homónimo de Balenyà, en comarca de Osona, provincia de Barcelona, con una población de 3.969 habitantes[106]. La comarca de Osona es una zona con una trayectoria destacada en las iniciativas ciudadanas y locales en materia de transición energética. En otoño de 2020, los Ayuntamientos de Sant Pere de Torelló, Balenyà y Olost, junto

[104] PNIEC, actualización 2023-2030, pp. 288 y 297 (cursiva nuestra).

[105] Ley 22/1973, de 21 de julio, de Minas.

[106] Según los datos del INE de 2023.

con la Agencia Local de la Energía de Osona (ALEO), impulsaron el Plan NEO (Nueva Energía Osona) para la comarca de Osona. Este plan busca reducir un 40% las emisiones de CO_2 relacionadas con el consumo energético (térmico, eléctrico y movilidad) en todos los sectores. El Plan contemplaba la creación de 50 comunidades energéticas locales, principalmente en formato cooperativa, incluyendo agrupaciones industriales o empresariales. En otoño de 2021 se constituyeron las primeras cinco cooperativas en Sant Pere de Torelló, Balenyà, Olost, Santa Eulàlia de Riuprimer y Taradell. Tres de ellas obtuvieron ayudas en el programa CE Implementa en 2022. En junio de ese mismo año, estas cooperativas crearon la cooperativa de segundo grado Osona Energia, cuyo objeto es la cooperación de las cooperativas socias, para asistirlas en generar herramientas y prestar servicios que les permitan mejorar los procesos de transición energética (adquisición de herramientas informáticas y de gestión, búsqueda de financiación, elaboración de proyectos y dirección de obras, entre otros servicios). Antes de comentar el caso de Balenyà, en la siguiente sección se introducirán elementos tecnológicos para entender las características de las redes térmicas de últimas generaciones.

3.1. Una aproximación tecnológica a las redes de calefacción y refrigeración de cuarta y quinta generación

Los sistemas de calefacción urbana se utilizan desde la década de 1870.[107] La primera generación de distritos de calefacción se basaba en un suministro central de calor transportado por vapor, implantado por primera vez en Estados Unidos en la década de 1880.[108] El principal objetivo de las infraestructuras de distritos de calefacción y de refrigeración urbana es facilitar una gestión térmica rentable y energéticamente eficiente. Estos sistemas se basan en redes de tuberías interconectadas para enlazar fuentes y sumideros térmicos.[109]

---

[107] ØSTERGAARD, P.A. *et al.*, "The Four Generations of District Cooling–A Categorization of the Development in District Cooling from Origin to Future Prospect", *Energy*, 253, 2022, pp. 1-14. Doi: https://doi.org/10.1016/j.energy.2022.124098

[108] LUND, H. *et al.*, "4th Generation District Heating (4GDH): Integrating smart thermal grids into future sustainable energy systems", *Energy*, 68, 2014, pp. 1-11. Doi: https://doi.org/10.1016/j.energy.2014.02.089

[109] Ibidem, p. 2.

Los sistemas tradicionales de distritos de calefacción se diseñaron en función de los requisitos de calor espacial específico, densidad de calor específica y densidad de demanda lineal.[110] LUND *et. al.* elaboraron una taxonomía de las tres primeras generaciones de sistemas de calefacción.[111] Estos sistemas convencionales dependen en gran medida de los combustibles fósiles y funcionan a altas temperaturas, lo que provoca importantes pérdidas térmicas. En cambio, los sistemas urbanos más recientes pueden funcionar eficazmente en climas templados con densidades de demanda de calor más bajas. Estos sistemas avanzados están diseñados para proporcionar tanto calefacción como refrigeración y funcionan en gran medida con fuentes de energía renovables.[112]

Un enfoque holístico de la descarbonización del sector energético implica integrar diferentes flujos de energía y métodos de almacenamiento, aprovechando las sinergias entre las redes térmicas y eléctricas para reducir los costes energéticos, mejorar la estabilidad de la red y avanzar en los ambiciosos objetivos de descarbonización.

---

110 GJOKA, K. *et al.*, "Fifth-generation district heating and cooling systems: A review of recent advancements and implementation barriers", *Renewable and Sustainable Energy Reviews*, 171, 2023, pp. 1-15. Doi: https://doi.org/10.1016/j.rser.2022.112997

111 LUND, H. *et al.*, "4th Generation District…", *op. cit.*, p. 2.

112 Ibidem. La cuestión de la intermitencia de las tecnologías de energías renovables ha llevado a algunos países, como Estonia y Finlandia, a plantearse la integración de pequeños reactores nucleares modulares (SMR) como estrategia para eliminar progresivamente las centrales de combustibles fósiles y complementar las fuentes renovables en microrredes y sistemas DHC. Esta opción presenta una serie de retos tanto en términos de viabilidad económica como de regulación. Más allá del debate sobre la idoneidad y clasificación de la energía nuclear como tecnología "limpia" (aunque no renovable), considerar los SMR introduciría una capa regulatoria adicional al análisis actual, que excede su alcance. No obstante, la integración de los SMR en los sistemas de DHC sigue siendo un tema de interés para futuras investigaciones. Véase MICHAELSON, D. y JIANG, J., "Review of Integration of Small Modular Reactors in Renewable Energy Microgrids", *Renewable and Sustainable Energy Reviews*, 152, 2021, pp. 1-12. Doi: https://doi.org/10.1016/j.rser.2021.111638; LEPPÄNEN, J. *et al.*, "A Finnish District Heating Reactor: Background and General Overview", en AMERICAN SOCIETY OF MECHANICAL ENGINEERS (ed.), *Proceedings of the 2021 28th International Conference on Nuclear Engineering*, vol. 1, ASME, New York, 2021, pp. 1-8. Doi: https://doi.org/10.1115/ICONE28-64346; HADI GHAZAIE, S. *et al.*, "On the Use of Advanced Nuclear Cogeneration Plant Integrated into Latent Heat Storage for District Heating", *Sustainable Energy Technologies and Assessments*, 50, 2022, pp. 1-18. Doi: https://doi.org/10.1016/j.seta.2021.101838

La investigación demuestra que las redes a temperatura ambiente o de baja temperatura ofrecen ventajas sobre los sistemas convencionales de distritos térmicos.[113] Los nuevos sistemas promueven prácticas de economía circular[114] al utilizar recursos térmicos de baja calidad, contribuyen a satisfacer la creciente demanda de refrigeración y permiten el intercambio de energía, convirtiendo cada punto de conexión en un prosumidor.[115] La DEE y la RED III fomentan las prácticas de energía circular en los sistemas de CR. Por tanto, esta transición tecnológica favorece la evolución de mercados energéticos monopolísticos a mercados de acceso abierto, ofreciendo un potencial creciente para las comunidades energéticas.

En el discurso sobre los distritos de climatización, el uso de los términos "cuarta generación" y "quinta generación" parece conllevar progresión y mejora de la eficiencia energética; sin embargo, los estudios afirman que esta conclusión es incierta.[116] Mientras las tres primeras generaciones de distritos se han desarrollado de forma evolutiva —especialmente en el paso de la tercera a la cuarta generación— la relación entre la cuarta y la quinta generación es complementaria.[117] En efecto, los sistemas de cuarta y quinta generación comparten el mismo objetivo general, la descarbonización; por el contrario, las tres primeras generaciones dependían de energías no renovables.[118] El desarrollo de soluciones innovadoras de calefacción y refrigeración 100% renovables permite analizar, en sus distintos modos de operación, la combinación de tecnologías renovables más ventajosa en DCR desde el punto de vista energético, económico, social y medioambiental[119].

---

113 ANGELIDIS, O. *et al.*, "District heating...", *op. cit.* pp. 1-2.

114 La economía circular representa un enfoque novedoso centrado en cerrar, estrechar y desacelerar los bucles de materiales para alcanzar objetivos de sostenibilidad mejorando los resultados económicos, medioambientales y sociales. Los modelos circulares son adecuados para abordar los retos medioambientales modernos, como la escasez de recursos, la mala gestión de los residuos y la ineficiencia energética. Sobre el concepto de economía circular y su utilidad para un cambio de paradigma en la sociedad, véase DE LA VARGA PASTOR, A., "La incorporación de la economía circular en la legislación estatal de residuos a raíz de la Directiva (UE) 2018/851", *Actualidad Jurídica Ambiental*, 102, 2, 2020, p. 178.

115 ANGELIDIS, O. *et al.*, "District heating...", *op. cit.*, p. 2.

116 LUND, H. *et al.*, "Perspectives on Fourth and Fifth Generation District Heating", *Energy*, 227, 2021, p. 5.

117 Ibidem.

118 Ibidem, p. 4.

119 RUIZ DE ADANA SANTIAGO, M., *et al.*, "Nueva red de distrito frío y calor 100% renovable. Descarbonización de edificios en el Campus Universitario de Rabanales

BUFFA *et al.* plantearon el concepto de distrito de calefacción y refrigeración de quinta generación en 2019 para subrayar las características no lineales, bidireccionales y descentralizadas de esos sistemas. En principio, estas características permiten a cada consumidor producir energía.[120] En un escenario ideal de demanda equilibrada de calor y frío, los sistemas de quinta generación serían casi perfectamente circulares. Al igual que las microrredes eléctricas, las redes bidireccionales descentralizadas de distrito de calefacción y refrigeración permiten que los usuarios actúen como prosumidores.[121] Esta última generación de redes térmicas pueden requerir que los usuarios finales empleen bombas de calor descentralizadas para elevar las temperaturas a niveles adecuados.[122] Según los estudios los sistemas DCR de quinta generación tienen tres propiedades fundamentales: en primer lugar, aprovechan la sinergia entre HC en zonas con edificios de uso mixto. En segundo lugar, estos sistemas pretenden desmantelar las barreras asociadas al uso de fuentes locales de calor residual, minimizando los costes iniciales que las empresas de servicios públicos y otras entidades asumen en el curso de tales proyectos. En tercer lugar, los sistemas DHC de quinta generación imponen menos restricciones al crecimiento del sistema porque la centralidad del suministro de calor pierde importancia a medida que nuevos usuarios finales calientan la red y se abastecen de ella, lo que hace que el sistema sea dinámico y adaptable.[123]

La implementación de redes de distribución de calor con colectores solares térmicos, bombas de calor y sistemas internos de almacenamiento incrementa el potencial para descarbonizar y reducir los costes asociados a la calefacción doméstica.[124]

---

de la Universidad de Córdoba", en UNIVERSIDAD MIGUEL HERNÁNDEZ (ed.), *Actas del XII Congreso Ibérico y X Congreso Iberoamericano de Ciencias y Técnicas del Frío, Elche, España, 26-28 junio, 2024*, CYTEF, Elche, 2024, pp. 1-6.

120 BUFFA, S. *et al.*, "5th generation district heating and cooling systems: A review of existing cases in Europe", *Renewable and Sustainable Energy Reviews*, 104, 2019, pp. 504-522. Doi: https://doi.org/10.1016/j.rser.2018.12.059

121 BOESTEN, S. *et al.*, "5th generation district heating and cooling systems as a solution for renewable urban thermal energy supply", *Advances in Geosciences*, 49, 2019, p. 131.

122 ZEH, R. *et al.*, "Large-Scale Geothermal Collector Systems for 5th Generation District Heating and Cooling Networks", *Sustainability*, 13, 2021, p. 2.

123 LUND, H. *et al.*, "Perspectives on Fourth...", *op. cit.*, p. 5.

124 PANS, M. A. y EAMES, P. C., "A study of the benefits of including thermal energy stores in district heating networks", *Renewable Energy*, 231, 2024, pp. 8-9; LUND, H. *et al.*, "Perspectives on Fourth...", *op. cit.*, p. 5.

En conclusión, no hay discontinuidad entre los sistemas más recientes; en general, los sistemas de quinta generación desempeñan las mismas funciones que los de cuarta generación. Las particularidades de cada proyecto concreto determinarán la arquitectura más adecuada del distrito térmico para aumentar su flexibilidad y resistencia.[125]

3.2. La comunidad energética Balenyà Sostenible y su red de energía térmica

La comunidad energética Balenyà Sostenible se ha constituido bajo la forma jurídica de la sociedad cooperativa de consumidores y usuarios, conforme a lo dispuesto en la Ley 12/2015, de 9 de julio, de Cooperativas de Cataluña. La CE se constituye para "satisfacer las necesidades energéticas de las personas socias consumidoras y sus familias, mediante el suministro de bienes y la prestación de servicios, con el objetivo final de lograr un modelo energético más sostenible social, económica y medioambientalmente, contribuyendo a la Transición Energética (TE) de Balenyà"[126]. El ayuntamiento no participa en la CE como socio de la cooperativa, pero la CE cuenta con su colaboración que se manifiesta, entre otras medidas, en la concesión del uso privativo del dominio público local de las cubiertas de diversos edificios municipales propiedad del Ayuntamiento mediante adjudicación directa conforme a lo dispuesto en el artículo 93 de la Ley 33/2003, de 3 de noviembre, del Patrimonio de las Administraciones Públicas (LPAP), y en concordancia con el artículo 137.4, apartados b) y c), de la misma LPAP, entendiendo la administración local "una clara finalidad de interés general para la población del municipio con la promoción, creación y dinamización de comunidades energéticas locales"[127]. Balenyà

---

125 Según GUDMUNDSSON *et. al.*, "lo más importante para el futuro sistema energético es la flexibilidad para utilizar fuentes de energía intermitentes y proporcionar servicios de carga a otras partes del sistema energético, en particular al sector eléctrico. En este sentido, la flexibilidad está directamente relacionada con la capacidad del sistema para desacoplar la demanda de calor y la generación de calor (...). La [r]esiliencia de estos dos sistemas [4º y 5º DHC] es su capacidad para hacer frente a las interrupciones y recuperarse de ellas". GUDMUNDSSON, O., DYRELUND, A. y THORSEN, J., "Comparison of 4th and 5th Generation District Heating Systems", *Web of Conferences*, 246, 2021, p. 2.

126 Art. 2 de los Estatutos de Balenyà Sostenible.

127 Según lo que se establece en el Pliego de cláusulas técnico-administrativas particulares que regirán la adjudicación directa de la concesión demanial del uso privativo de las cubiertas de algunos edificios municipales del Ayuntamiento de Balenyà.

Sostenible SCCL cederá al Ayuntamiento de Balenyà un 10% de la energía generada en cada una de las instalaciones como canon. Esta energía podrá ser empleada por el Ayuntamiento según sus necesidades, ya sea para el consumo en sus instalaciones municipales o para suministrar a familias en situación de vulnerabilidad energética. La CE realiza actividades de generación de energía eléctrica renovable (potencia de 331,35 kWpic, energía anual 450.135 kWh, para 151 viviendas familiares repartidas a razón de 1,5 kWpic por familia), recarga de vehículos, uso compartido de vehículos eléctricos, y otros servicios en materia de eficiencia energética.

En el marco del Programa de incentivos a proyectos pilotos singulares de comunidades energéticas (CE Implementa) del IDAE, la CE Balenyà sostenible fue beneficiaria de una primera ayuda de 0,5 millones de euros en las primeras rondas de convocatorias y más recientemente, a principios de 2024, ha recibido una segunda subvención de 1,1 millones de euros, para implantar una red urbana de calefacción y refrigeración de quinta generación basada en geotermia, y una nueva planta fotovoltaica de 600 kWp.

Según la información disponible en el Anteproyecto piloto para el desarrollo de una comunidad energética térmica en el municipio de Balenyà[128], la CE se proyecta inicialmente como una red de distrito con servicio de calefacción, ACS y refrigeración mediante bombas de calor geotérmicas para el conjunto de edificios localizados (42 viviendas familiares) en el municipio. El sistema energético que se ha proyectado es una red de quinta generación que permite la generación térmica (bomba de calor geotérmica), la generación eléctrica (paneles fotovoltaicos), el balanceo térmico (sondaje geotérmico), el bombeo y regulación (bombas y otros elementos hidráulicos), la distribución de energía a los edificios (doble anillo bidireccional de tuberías enterradas), la conexión a los edificios (subestaciones) y el control de toda la red de calor y la realización de los trabajos de supervisión y planificación para garantizar su correcto funcionamiento (sistema de control y gestión). La red se articula como un doble anillo —anillo frío y anillo caliente— junto con un ramal central para la distribución central. Según la demanda desde el anillo caliente o frío y del ramal central, se repartirá calor y frío a las viviendas a través de ramales de edificios o acometidas.

---

128 SUNO ENGENYERIA DE SERVEIS ENERGÈTICS: «Anteproyecto piloto para el desarrollo de una comunidad energética térmica en el municipio de Balenyà Red de distrito de calor y frío 5ª generación» [en línea], (2023), <https://www.balenyasostenible.cat/els-nostres-projectes/xarxa-de-calor-i-fred-de-5a-generació> [Consulta: 17/10/2024].

Los anillos frío y caliente están provistos de bombas independientes de las bombas de entrada a los edificios; estas últimas funcionan de manera descentralizada, con el fin de evitar la activación de las bombas grandes de los anillos y en su lugar activar las bombas más pequeñas descentralizadas a demanda. La propiedad de la red urbana de calefacción y calefacción será de la cooperativa mediante ocupación del dominio público municipal en el suelo urbano consolidado.

Los datos energéticos muestran que el rendimiento de la red de calor con geotermia permite reducir el consumo del orden del 70%, pasando el consumo de ser de gas natural o gasóleo a electricidad. La ejecución del proyecto conllevará tres actuaciones diferenciadas: 1) la conexión desde la red de calor y frío en el interior de cada vivienda; 2) la sustitución de la caldera de gas o gasoil por bombas de calor geotérmicas; 3) la adecuación de las instalaciones interiores de cada edificio y vivienda. La subvención del CE Implementa cubriría el 60% de las actuaciones 1 y 2, mientras se espera que una subvención en el marco de la Convocatoria del Programa de rehabilitación energética para edificios existentes en municipios de reto demográfico (Programa PREE 5000) pueda alcanzar el 60% del total de la actuación 3.

En el proyecto se ha realizado una comparativa de tres diferentes opciones cuyos resultados reflejan que el consumo energético en un pimer escenario (opción A, aerotermia) es mayor en comparación con el segundo escenario (opción B, geotermia + fancoils). En el tercer escenario se contempla una rehabilitación integral del edificio además de la opción B. Esl estudio pone de manifiesto que una rehabilitación del edificio también comporta una ulterior reducción sustancial del consumo eléctrico[129].

4. CONCLUSIONES

El sector de la calefacción y la refrigeración, que representa una proporción significativa del consumo total de energía en la UE, debe descarbonizarse urgentemente. Ante este reto, los sistemas de calefacción y refrigeración, sobre todo los de cuarta y quinta generación, son clave para la transición energética sostenible mediante la integración de la generación de energía renovable. En el seno de esta integración no solo se promueve

[129] SUNO Enginyeria de serveis energètics, "Xarxa de calor i fred a Balenyà" de SUNO Enginyeria de serveis energètics, 01/07/2024.

la sostenibilidad y las soluciones basadas en la economía circular, sino que se empoderan a las comunidades locales mediante fórmulas de democracia energética y se convierten a los consumidores en prosumidores.

El objetivo del capítulo ha sido examinar cómo el marco jurídico de la UE en materia de energía y clima, especialmente la nueva DEE y la RED III, contienen medidas dirigidas a promover el uso eficiente de energías renovables y sistemas de calefacción y refrigeración a nivel local. Además, se ha evidenciado que las disposiciones de estas directivas refuerzan el rol de las CEs como actores clave del sistema energético.

En el marco del paquete "Objetivo 55", se consolida para las CEs un importante papel transformador, entendidas también como fórmulas de aceptabilidad social y democratización de la transición energética. Para que tengan éxito, los Estados miembros deben establecer marcos normativos e incentivos adecuados, regulando actividades energéticas emergentes como la agregación, el almacenamiento, la recarga de vehículos y los distritos de calefacción y refrigeración.

Además, las CEs, como estructuras democráticas y participativas con fines sociales y ambientales, representan un modelo alternativo al de las empresas energéticas tradicionales, El caso de la comunidad energética Balenyà Sostenible pone de manifiesto un ejemplo de despliegue de estos nuevos actores y actividades acompañado a través de herramientas de fomento estatales autonómicos y locales.

A los marcos habilitantes favorables y los instrumentos de fomento de las CEs se debe sumar la vigilancia de los legisladores y reguladores ante la constante aparición de "comunidades energéticas franquiciadas" promovidas por filiales de grandes empresas energéticas tradicionales. Aunque es legítimo que estas empresas estén en el nuevo modelo de mercado energético, no deben socavar el desarrollo de fórmulas reales de democracia energética impulsadas por la ciudadanía y los colectivos locales.

5. BIBLIOGRAFÍA

AGENCIA EUROPEA DE MEDIO AMBIENTE: «Decarbonising Heating and Cooling– A Climate Imperative» [en línea], (2023), <https://www.eea.europa.eu/publications/decarbonisation-heating-and-cooling> [Consulta: 30/10/2024].

ALENZA GARCÍA, J. F., y MELLADO RUIZ, L. (coords.), *Estudios sobre cambio climático y transición energética. Estudios conmemorativos del XXV aniversario del acceso a la cátedra del Prof. Íñigo del Guayo Castiella,* Marcial Pons, Madrid, 2022.

ALIANZA POR EL AUTOCONSUMO: «Autoconsumo en España: diagnóstico, retos y propuestas» [en línea], (2023) <https://alianzaautoconsumo.org/autoconsumo-en-espana-diagnostico-retos-y-propuestas/> [Consulta: 30/10/2024].

ALONSO MAS, M. J., *Comunidades energéticas y entidades locales. Aspectos contractuales, patrimoniales y de Derecho de la energía*, Aranzadi, Navarra, 2024.

ANGELIDIS, O. *et al.*, "District heating and cooling networks with decentralised energy substations: Opportunities and Barriers for Holistic Energy System Decarbonisation", *Energy*, 269, 2023, pp. 1-13. Doi: https://doi.org/10.1016/j.energy.2023.126740

BACQUET A. *et al.*, *District Heating and Cooling in the European Union. Overview of Markets and Regulatory Frameworks under the revised Renewable Energy Directive*, Publications Office of the European Union, Luxemburgo, 2022.

BARTLETT I CASTELLÁ, E. R., "Comunidades energéticas", en ALENZA GARCÍA, J. F., y MELLADO RUIZ, L. (coords.), *Estudios sobre cambio climático y transición energética. Estudios conmemorativos del XXV aniversario del acceso a la cátedra del Prof. Íñigo del Guayo Castiella*, Marcial Pons, Madrid, 2022, pp. 289-312.

BILLERBECK, A. *et al.*, "Policy Frameworks for District Heating: A Comprehensive Overview and Analysis of Regulations and Support Measures across Europe", *Energy Policy*, 173, 2023, pp. 1-21. Doi: https://doi.org/10.1016/j.enpol.2022.113377

BOESTEN, S. *et al.*, "5th generation district heating and cooling systems as a solution for renewable urban thermal energy supply", *Advances in Geosciences*, 49, 2019, pp. 129-136. Doi: https://doi.org/10.5194/adgeo-49-129-2019

BUFFA, S. *et al.*, "5th generation district heating and cooling systems: A review of existing cases in Europe", *Renewable and Sustainable Energy Reviews*, 104, 2019, pp. 504-522. Doi: https://doi.org/10.1016/j.rser.2018.12.059

CARAMIZARU, A. y UIHLEIN, A., *Energy communities: an overview of energy and social innovation*, Publications Office of the European Union, Luxemburgo, 2020.

COCCIOLO, E., "The role of energy communities for thermal networks: An EU legal perspective", *Review of European, Comparative and International Environmental Law*, 2024, pp. 1-13. Doi: https://doi.org/10.1111/reel.12558

COMISIÓN EUROPEA: «Recomendación 2021/1749/UE sobre el principio de «primero, la eficiencia energética»: de los principios a la práctica» [en línea], (2021), <https://eur-lex.europa.eu/legal-content/ES/TXT/HTML/?uri=CELEX:32021H1749> [Consulta: 12/06/2024]

COMISIÓN NACIONAL DE LOS MERCADOS Y LA COMPETENCIA: «La CNMC realiza varias redadas de madrugada en los locales de empresas relevantes del sector eléctrico por posibles prácticas anticompetitivas» [en línea], (2023),

<https://www.cnmc.es/sites/default/files/editor_contenidos/Notas%20de%20prensa/2023/20230628_NP_Inspecciones-abril-junio_sector-eléctrico_en_GB_.pdf> [Consulta: 30/10/2024]

COMISIÓN (UE), "Estrategia de la UE relativa a la calefacción y la refrigeración" (Comunicación) COM(2016) 051 final, 16 de febrero de 2016.

COMISIÓN (UE), "Energía limpia para todos los europeos" (Comunicación), COM(2016) 0860 final, 30 de noviembre de 2016.

COMISIÓN (UE), "El Pacto Verde Europeo" (Comunicación) COM(2019) 640 final, 11 de diciembre de 2019.

COMISIÓN (UE), "Impulsar una economía climáticamente neutra: Una Estrategia de la UE para la Integración del Sistema Energético" (Comunicación) COM(2020) 299 final, 8 de julio de 2020.

COMISIÓN (UE), "Oleada de renovación para Europa: ecologizar nuestros edificios, crear empleo y mejorar vidas" (Comunicación), COM(2020) 662 final, 10 de octubre de 2020.

COMISIÓN (UE), "«Objetivo 55»: cumplimiento del objetivo climático de la UE para 2030 en el camino hacia la neutralidad climática" (Comunicación) COM(2021) 550 final, 17 de julio de 2021.

COMISIÓN (UE), "Directrices sobre ayudas estatales en favor del clima, la protección del medio ambiente y la energía" (Comunicación) COM(2022) 481, 18 de febrero de 2022.

COMISIÓN (UE), "Plan REPower EU" (Comunicación) COM(2022) 230 final, 18 de mayo de 2022.

DE LA VARGA PASTOR, A., "La incorporación de la economía circular en la legislación estatal de residuos a raíz de la Directiva (UE) 2018/851", *Actualidad Jurídica Ambiental*, 102, 2, 2020, pp. 176-203.

DEVINE-WRIGHT, P. y WALKER, G., "Community Renewable Energy: What Should it Mean?", *Energy Policy*, 36, 2, 2008, pp. 497-500.

DIESTELMEIER, L., "The Role of Energy Communities in Facilitating Sustainable Energy Democracy: Legal Challenges", en FLEMING, R., HUHTA, K. y REINS, L. (eds.), *Sustainable Energy Democracy and the Law*, Brill, Leiden, 2021, pp. 124-143.

DIESTELMEIER, L. y CAPPELLI, V., "Conceptualizing 'Energy Sharing' as an Activity of 'Energy Communities' under EU Law: Towards Social Benefits for Consumers?", *Journal of European Consumer and Market Law*, 12, 1, 2023, pp. 15-23.

DIESTELMEIER, L. y KUIKEN, D., "Is Sharing Caring? 'Energy Sharing' within Energy Communities under EU Law", en FLEMING, R. *et al.* (eds.), *A Force of Energy: Essays in Energy Law in Honour of Professor Martha Roggenkamp*, University of Groningen Press, Nederlands, 2022, pp. 275-282.

EUROSAT: «Renewable Energy for Heating & Cooling up to 25% in 2022» [en línea], (2024), <https://ec.europa.eu/eurostat/web/products-eurostat-news/w/ddn-20240227-2#> [Consulta: 30/10/2024].

FLEMING, R., HUHTA, K. y REINS, L., "What is Sustainable Energy Democracy in Law?", en FLEMING, R., HUHTA, K. y REINS, L. (eds.), *Sustainable Energy Democracy and the Law*, Brill, Leiden, 2021, pp. 3–27.

FOULADVAND, J. *et al.*, "Simulating Thermal Energy Community Formation: Institutional Enablers Outplaying Technological Choice", *Applied Energy*, 306, A, 2022, pp. 1-30. Doi: https://doi.org/10.1016/j.apenergy.2021.117897

FOULADVAND, J. *et al.*, "Analysing Community-based Initiatives for Heating and Cooling: A Systematic and Critical Review", *Energy Research and Social Science*, 88, 2022, pp. 1-18. Doi: https://doi.org/10.1016/j.erss.2022.102507

FOULADVAND, J., "Thermal Energy Communities: What, Why and How to Formulate Complex Collective Action for the Thermal Energy Transition in Europe", *Environmental Research Letters,* 18, 2023, pp. 1-4. Doi: 10.1088/1748-9326/acdd14

FUENTES GASÓ, J. R., "Una aproximación introductoria: del servicio público al servicio de interés económico general", en FUENTES GASÓ, J. R. (ed.), *Externalización e internalización de la gestión de servicios públicos locales: entre público y privado,* Tirant lo Blanch, Valencia, 2022, pp. 35-60.

GALERA RODRIGO, S., *El hacer urbano de la Unión Europea. Modelo de ciudad, poder local y sostenibilidad energética,* Atelier, Barcelona, 2022.

GALLEGO CÓRCOLES, I., *Comunidades de energía y transición energética,* Aranzadi, Pamplona, 2022.

GERARD, F. *et al, Policy Support for Heating and Cooling Decarbonisation: Roadmap,* Publications Office of the European Union, Luxemburgo, 2022.

GHIASSI-FARROKHFAL, Y.; KETTER, W. y COLLINS, J., "Making Green Power Purchase Agreements More Predictable and Reliable for Companies", *Decision Support Systems,* 144, 2021, pp. 1-16. Doi: https://doi.org/10.1016/j.dss.2021.113514

GJOKA, K. *et al.*, "Fifth-generation district heating and cooling systems: A review of recent advancements and implementation barriers", *Renewable and Sustainable Energy Reviews*, 171, 2023, pp. 1-15. Doi: https://doi.org/10.1016/j.rser.2022.112997

GONZÁLEZ RÍOS, I., "Las «Comunidades energéticas locales»: un nuevo desafío para las entidades locales", *Revista Vasca de Administración Pública,* 117, 2020, pp. 147-193.

GUDMUNDSSON, O., DYRELUND, A. y THORSEN, J., "Comparison of 4th and 5th Generation District Heating Systems", *Web of Conferences,* 246, 2021, pp. 1-8. Doi: https://doi.org/10.1051/e3sconf/202124609004

HADI GHAZAIE, S. *et al.*, "On the Use of Advanced Nuclear Cogeneration Plant Integrated into Latent Heat Storage for District Heating", *Sustainable Energy Technologies and Assessments,* 50, 2022, pp. 1-18. Doi: https://doi.org/10.1016/j.seta.2021.101838

HARTMANN, K. y PALM, J., "The Role of Thermal Energy Communities in Germany's Heating Transition", *Frontiers in Sustainable Cities,* 4, 2023, pp. 1-16. Doi: https://doi.org/10.3389/frsc.2022.1027148

HEFFRON, R. J., "Energy Justice: The Triumvirate of Tenets Revisited and Revised", *Journal of Energy and Natural Resources Law,* 42, 2, 2023, pp. 227–233. Doi: https://doi.org/10.1080/02646811.2023.2256593

JACOBS, S., "The Energy Prosumer", *Ecology Law Quarterly,* 43, 2017, pp. 519-579. Doi: https://doi.org/10.15779/Z38XS02

LAVRIJSSEN, S., "Power to Energy Consumers", *European Energy and Environmental Law Review,* 26, 6, 2017, pp. 172 -187. Doi: https://doi.org/10.54648/eelr2017022

LAVRIJSSEN, S. y VITEZ, B., "Good Governance and the Regulation of the District Heating Market", en WEIJNEN, M. *et al.* (eds.), *Shaping an Inclusive Energy Transition,* Springer, Switzerland, 2021, pp. 185-227.

LEPPÄNEN, J. *et al.*, "A Finnish District Heating Reactor: Background and General Overview", en AMERICAN SOCIETY OF MECHANICAL ENGINEERS (ed.), *Proceedings of the 2021 28th International Conference on Nuclear Engineering,* vol. 1, ASME, New York, 2021, pp. 1-8. Doi: https://doi.org/10.1115/ICONE28-64346

LÓPEZ DE CASTRO GARCÍA-MORATO, L., "Las comunidades energéticas locales: sinergias de la transición energética y de la lucha frente a la despoblación", *Revista de Derecho Urbanístico y Medio Ambiente,* 364, 2023, pp. 105-165.

LÓPEZ RAMÓN, F., "Notas a la Ley de Cambio Climático", *Actualidad Jurídica Ambiental,* 114, 2021, pp. 1-21.

LUND, H. *et al.*, "Perspectives on Fourth and Fifth Generation District Heating", *Energy,* 227, 2021, pp. 1-7. Doi: https://doi.org/10.1016/j.energy.2021.120520

LUND, H. *et al.*, "4th Generation District Heating (4GDH): Integrating smart thermal grids into future sustainable energy systems", *Energy,* 68, 2014, pp. 1-11. Doi: https://doi.org/10.1016/j.energy.2014.02.089

MICHAELSON, D. y JIANG, J., "Review of Integration of Small Modular Reactors in Renewable Energy Microgrids", *Renewable and Sustainable Energy Reviews,* 152, 2021, pp. 1-12. Doi: https://doi.org/10.1016/j.rser.2021.111638

MINISTERIO PARA LA TRANSICIÓN ECOLÓGICA Y EL RETO DEMOGRÁFICO: «Proyecto de Real Decreto por el que se desarrollan las figuras de las comunidades de energías renovables y las comunidades ciudadanas de energía» [en línea], (2023), <https://www.miteco.gob.es/content/dam/miteco/es/energia/files-1/_layouts/15/Proyecto%20de%20Real%20Decreto-61313.pdf> [Consulta: 18/06/2024].

OSIČKA, J. y ČERNOCH, F., "European Energy Politics After Ukraine: The Road Ahead", *Energy Research and Social Science,* 91, 2022, pp. 1-15. Doi: https://doi.org/10.1016/j.erss.2022.102757

ØSTERGAARD, P.A. *et al.*, "The Four Generations of District Cooling–A Categorization of the Development in District Cooling from Origin to Future Prospect", *Energy,* 253, 2022, pp. 1-14. Doi: https://doi.org/10.1016/j.energy.2022.124098

OXENAAR, S., LOWES, R. y ROSENOW, J.: « Warming up to It: Principles for Clean, Efficient and Smart District Heating», pp. 29-30 [en línea], (2023), <https://www.raponline.org/wp-content/uploads/2023/11/RAP-Oxenaar-District-heat-policy-principles-11.2023.pdf> [Consulta: 12/06/2024]

PANS, M. A. y EAMES, P. C., "A study of the benefits of including thermal energy stores in district heating networks", *Renewable Energy,* 231, 2024, pp. 1-13. Doi: https://doi.org/10.1016/j.renene.2024.120887

PAPATSOUNIS, A. *et al.*, "Thermal/Cooling Energy on Local Energy Communities: A Critical Review", Energies, 15, 2022, pp. 1-20. Doi: https://doi.org/10.3390/en15031117

PRESICCE, L., *Los entes locales en la acción climática global: responsabilidades, retos y perspectivas jurídicas,* Tirant lo Blanc, Valencia, 2023.

REVUELTA PÉREZ, I., "Comunidades energéticas: desafíos jurídicos para los entes locales", *Anuario de Derecho municipal 2022,* 16, 2023, pp. 77-103.

REVUELTA PÉREZ, I., *Comunidades energéticas y entidades locales. Formas jurídicas y participación municipal,* Aranzadi, Navarra, 2024.

ROBINSON, D. y DEL GUAYO, I., "Alignment of energy community incentives with electricity system benefits in Spain", en LÖBBE, S. *et al.* (eds.), *Energy communities: citizen centered, market-driven, welfare-enhancing?,* Elsevier, Paises Bajos, 2022, pp. 73-93.

ROUSSI, E. *et al.*, "Accelerated Western European Heatwave Trends Linked to More-Persistent Double Jets Over Eurasia", *Nature Communications*, 13, 2022, pp. 1-18. Doi: https://doi.org/10.1038/s41467-022-31432-y

RUIZ DE ADANA SANTIAGO, M., *et al.*, "Nueva red de distrito frío y calor 100% renovable. Descarbonización de edificios en el Campus Universitario de Rabanales de la Universidad de Córdoba", en UNIVERSIDAD MIGUEL HERNÁNDEZ (ed.), *Actas del XII Congreso Ibérico y X Congreso Iberoamericano de Ciencias y Técnicas del Frío, Elche, España, 26-28 junio, 2024*, CYTEF, Elche, 2024, pp. 1-6.

SAVARESI, A., "The Rise of Community Energy from Grassroots to Mainstream: The Role of Law and Policy", *Journal of Environmental Law*, 31, 3, 2019, pp. 487–510. Doi: https://doi.org/10.1093/jel/eqz006

SIMOU, S., *Derecho local del cambio climático*, Marcial Pons, Madrid, 2020.

SUNO ENGENYERIA DE SERVEIS ENERGÈTICS: «Anteproyecto piloto para el desarrollo de una comunidad energética térmica en el municipio de Balenyà Red de distrito de calor y frío 5ª generación» [en línea], (2023), <https://www.balenyasostenible.cat/els-nostres-projectes/xarxa-de-calor-i-fred-de-5a-generació> [Consulta: 17/10/2024].

SWENS, J. y DIESTELMEIER, L., "Developing a legal framework for energy communities beyond energy law", en LÖBBE, S., SIOSHANSI, F y ROBINSON, D. (eds.), *Energy Communities: Customer-Centered, Market-Driven, Welfare-Enhancing?*, Academic press, UK, 2022, pp. 59-71.

TORNOS MAS, J., "La actividad de construcción y explotación de una red urbana de calefacción y refrigeración. El *distric heating*", en RECUERDA GIRELA, M. A. (coord.), *Problemas prácticos y actualidad del Derecho Administrativo: anuario 2015*, Cizur Menor, Civitas, 2015, pp. 353-360.

VETRÒ F. y BRIGNOLI N., "Renewable Energy Communities: Paradigmantic Example of a New Decentralized Governance of the Energy Market", *Athens Journal of Law*, vol. 12, 2024, pp. 1-20. https://doi.org/10.30958/ajl.X-Y-Z

ZEH, R. *et al.*, "Large-Scale Geothermal Collector Systems for 5th Generation District Heating and Cooling Networks", *Sustainability*, 13, 2021, pp. 1-18. Doi: https://doi.org/10.3390/su13116035

Capítulo XIV

La labor de las comunidades energéticas en una edificación energéticamente sostenible[1]

ISABEL GONZÁLEZ RÍOS
Catedrática de Derecho Administrativo
Universidad de Málaga

1. LA TRANSICIÓN HACIA UNA EDIFICACIÓN ENERGÉTICAMENTE EFICIENTE: INCURSIÓN DE LAS COMUNIDADES ENERGÉTICAS

El sector de la edificación consume un alto nivel de energía (eléctrica y térmica). De ahí que sea uno de los sectores en los que la Unión Europea ha centrado su regulación para reducir aquel consumo y a la vez para que el mismo proceda de fuentes de energías renovables. Con ello se pretende contribuir al proceso de descarbonización de la actividad económica y de lucha contra el cambio climático.

[1] Esta publicación es parte del proyecto de investigación de Excelencia PID2021-124031NB-C42, financiado por MCIN/AEI/10.13039/501100011033/FEDER, UE.

Las medidas para que los edificios nuevos y los ya existentes sean más eficientes en el consumo de energía se han venido sucediendo desde finales del siglo pasado y se han ido paulatinamente aumentando hasta la aprobación de la vigente Directiva (UE) 2024/1275 relativa a la eficiencia energética de los edificios (en adelante Directiva 2024/1275/EEE), que mantiene vigente la Directiva 2010/31/UE (modificada en 2018) hasta el 30 de mayo de 2026[2]. A esta norma se sumaron las exigencias impuestas por la más genérica Directiva sobre eficiencia energética de 2012 y por la Directiva sobre fomento en el uso de las energías renovables de 2009; normas que han sido objeto de importantes reformas en los años 2018 y 2023[3]. Fruto de estas reformas son las vigentes Directiva (UE) 2023/1791 relativa a la eficiencia energética (en adelante Directiva (UE) 2023/1791/EE) y la Directiva (UE) 2018/2001, relativa al fomento del uso de energía procedente de fuentes renovables, reformada por la Directiva 2023/2413 (en adelante Directiva 2023/2413/FER). A ello hemos de unir la publicación en 2021 de la legislación europea sobre el clima, que recoge como objetivo vinculante la neutralidad climática en la UE para 2050[4].

---

2 Punto de partida relevante en la reducción de las emisiones contaminantes de la edificación fue la DIRECTIVA 93/76/CEE relativa a la limitación de las emisiones de dióxido de carbono mediante la mejora de la eficacia energética (SAVE) y la Directiva 89/106/CEE relativa a la aproximación de las disposiciones legales, reglamentarias y administrativas de los Estados miembros sobre los productos de construcción. Un paso más, con medidas más concretas en materia de eficiencia energética en la edificación, se dio con la aprobación de la Directiva 2002/91/CE relativa a la eficiencia energética de los edificios, que sería posteriormente derogada por la Directiva 2010/31/UE relativa a la eficiencia energética de los edificios, modificada por la Directiva (UE) 2018/844.
La vigente regulación en dicha materia la encontramos en la Directiva (UE) 2024/1275 relativa a la eficiencia energética de los edificios, vigente desde el 28 de mayo de 2024, aunque los artículos 30, 31, 33 y 34 serán aplicables desde el 30 de mayo de 2026. Esta norma viene a derogar la Directiva 2010/31/UE (modificada en 2018) con efecto a partir del 30 de mayo de 2026.

3 Directiva (UE) 2012/27 relativa a la eficiencia energética, modificada por la Directiva (UE) 2018/2002 y derogada por la Directiva (UE) 2023/1791.
En el ámbito de las energías renovables, la Directiva 2009/28/CE relativa al fomento del uso de la energía procedente de fuentes de energías renovables, la cual fue derogada por Directiva (UE) 2018/2001 (versión refundida), con efectos desde el 1 de julio de 2021 y modificada por la Directiva (UE) 2023/2413.

4 Reglamento (UE) 2021/1119 por el que se establece el marco para lograr la neutralidad climática y se modifican los Reglamentos (UE) 401/2009 y 2018/1999 ("Legislación europea sobre el clima").

La citada normativa impone un objetivo de reducción del 40,5% del consumo de energía primaria y una cuota de energía procedente de fuentes renovables de al menos un 42,5% del consumo final bruto de energía para 2030. El sector de la edificación debe contribuir para alcanzar esa meta a través de las medidas que establecen dichas directivas, que deben ponerse en relación con las actividades que están llamadas a desarrollar las comunidades energéticas; entiéndase incluido en este concepto tanto las comunidades de energías renovables (CER) como las comunidades ciudadanas de energía (CCE).

A nivel interno, los instrumentos para lograr una edificación más eficiente y con mayor utilización de las energías renovables los encontramos en las normas sobre edificación (LOE, CTE y RITE)[5], pero no solo en ellas. También la normativa estatal sobre rehabilitación urbana, sobre el sector eléctrico y sobre cambio climático y transición energética contienen mecanismos o previsiones orientadas a la mejora energética de la edificación[6]. A ello hemos de unir la regulación urbanística y sobre cambio climático y transición energética aprobadas por las Comunidades Autónomas (CCAA)[7].

---

5 Ley 38/99 de Ordenación de la Edificación (LOE), Real Decreto 314/06 por el que se aprueba el Código Técnico de la Edificación (CTE) y Real Decreto 1027/2007 por el que se aprueba el Reglamento de Instalaciones Térmicas en los Edificios (RITE).

6 Sirva como muestra la regulación: a) de la iniciativa y participación pública y privada en las actuaciones edificatorias (donde puede tener encaje la intervención de comunidades energéticas) según lo previsto en el Real Decreto Legislativo 7/2015 por el que se aprueba el Texto Refundido de la Ley del Suelo y Rehabilitación Urbana (TRLSRU); b) del autoconsumo eléctrico, los servicios de recarga energética o de gestión de la demanda en la Ley 24/2013 del sector eléctrico (LSE), y c) de la eficiencia energética y la rehabilitación de edificios y la instalación de puntos de recarga eléctrica en edificios en la Ley 7/2021 de cambio climático y transición energética. Un estudio sobre la rehabilitación de la edificación por razón de eficiencia energética en GONZÁLEZ RÍOS, I., "Hacia una progresiva descarbonización de la edificación a través de la rehabilitación energética", *Cuadernos de derecho local,* 39, 57, 2021, pp. 82-121.

7 Comunidades Autónomas como Cataluña, Andalucía, Islas Baleares, Navarra, la Comunidad Valenciana, Canarias, País Vasco o Aragón cuentan con legislación específica sobre cambio climático y transición energética en la que se regulan acciones específicas en materia de edificación, haciéndose referencia en algunas de ellas a las comunidades energéticas. Tal es el caso de forma muy destacada del Decreto-Ley 1/2023 de medidas urgentes para el impulso de la transición energética y el consumo de cercanía de Aragón. Este Decreto-Ley ha sido anulado por la STC 114/2024, de 10 de septiembre, por no concurrir el presupuesto habilitante recogido en el art.86 de la Constitución Española. En su sustitución el legislador aragonés ha aprobado la Ley 5/2024, de 19 de diciembre, de medidas de fomento de comunidades energéticas y autoconsumo industrial en Aragón.

Pero si queremos analizar en qué medida las comunidades energéticas pueden participar o impulsar la descarbonización del sector de la edificación debemos hacer una interpretación integrada de los instrumentos relacionados con la mejora energética de la edificación y las vías de que disponen las citadas comunidades para implementarlos. Así, además de la normativa a que nos hemos referido debemos tener en cuenta aquella que regula estas entidades "*sui generis*". Por un lado, la Directiva (UE) 2018/2001 que regula las CER y, por otro lado, la Directiva (UE) 2019/944, sobre normas comunes para el mercado interior de la electricidad donde han encontrado anclaje las CCE[8]. A nivel nacional la regulación básica sobre las comunidades energéticas la encontramos en la legislación del sector eléctrico, si bien con remisión al reglamento para el desarrollo de las CCE, y en las legislaciones autonómicas sobre cambio climático y transición energética[9], en ejercicio de sus competencias sobre energía y medio ambiente[10].

Lo que parece claro a la vista de este vasto marco normativo es que el papel que están llamadas a desempeñar las comunidades energéticas en el sector de la edificación tiene su fundamento en la reducción de las emisiones de gases de efecto invernadero —derivada de un uso más eficiente de la energía y de la apuesta por las energías renovables— y en la necesaria implicación y participación de los ciudadanos en el proceso de transición energética.

Partiendo de la normativa referenciada vamos a exponer los instrumentos que se han habilitado para hacer una edificación más eficiente en el consumo energético y la labor que en dicha materia pueden desempeñar las comunidades energéticas.

---

8 Directiva (UE) 2019/944, sobre normas comunes para el mercado interior de la electricidad y por la que se modifica la Directiva 2012/27/UE (versión refundida).

9 Puede consultarse, GONZÁLEZ RÍOS, I. (2024), "Participación de las entidades locales en las comunidades energéticas", en GALÁN GALÁN, A. (dir.), *Comunidades Energéticas Locales*, Fundación Democracia y Gobierno Local, Madrid, pp.137-160.

10 Un amplio estudio sobre el marco normativo aplicable a nivel comunitario e interno a las comunidades de energía puede verse en REVUELTA PÉREZ, I., *Comunidades energéticas y entidades locales. Formas jurídicas y participación municipal*, Aranzadi, Navarra, 2024., pp. 1-85; GALLEGO CÓRCOLES, I., *Comunidades de energía y transición energética*, Aranzadi, Pamplona, 2022, pp. 21-216.

2. LAS COMUNIDADES ENERGÉTICAS COMO PROMOTORES DE LA DESCARBONIZACIÓN DE LA EDIFICACIÓN

2.1. Intervención directa en el ahorro energético

Concretar la función que las comunidades energéticas pueden realizar en la descarbonización de la edificación requiere, en primer lugar, exponer los mecanismos que arbitra la normativa para reducir el consumo energético y, a la vez, hacerlo menos contaminante mediante el abandono progresivo de las fuentes de energía fósiles; así como, los actores en este proceso. En segundo lugar, es necesario verificar las actividades que pueden desempeñar las comunidades energéticas y su posible participación en aquellos mecanismos[11].

La medida más relevante para lograr la mejora energética de los edificios es la exigencia de ahorro de energía que impone la LOE y que desarrolla el art. 15 del CTE. Con dicha obligación se pretende hacer un uso racional de la energía y que parte de su consumo proceda de energías renovables. Como recoge el citado artículo, para ello se limitará el consumo energético, que se debe satisfacer, en gran medida, con energía procedente de fuentes renovables; se controlará la demanda energética a través de una envolvente térmica; los edificios deben disponer de instalaciones térmicas y de iluminación adecuadas; se debe incluir una contribución mínima de energía renovable para cubrir la demanda de agua caliente sanitaria; la edificación debe contar con una contribución mínima de energía eléctrica

---

11 Sobre las actividades que la normativa de la Unión Europea encomienda a las comunidades energética puede consultarse: GONZÁLEZ RÍOS, I., "Las «Comunidades energéticas locales»: un nuevo desafío para las entidades locales", *Revista Vasca de Administración Pública,* 117, 2020, pp. 147-193 y GONZÁLEZ RÍOS, I., *Los entes locales ante la transición y la sostenibilidad energética,* Aranzadi, Navarra, 2021, pp. 323-326; CASTRO-GIL AMIGO, J., "Las comunidades ciudadanas de energía (art 16)", en PAREJO ALFONSO, L. y CASTRO-GIL AMIGO, J. (coords.), *Directiva de mercado interior de la electricidad,* Thomson Reuters-Aranzadi, Navarra, 2020, pp. 157-166; FALCÓN-PÉREZ, C. E., "Las cooperativas energéticas verdes como alternativa al sector eléctrico español: una oportunidad de cambio", *Actualidad Jurídica Ambiental,* 104, 2020, pp. 1-55; BARTLETT I CASTELLÁ, E. R., "Comunidades energéticas", en ALENZA GARCÍA, J. F., y MELLADO RUIZ, L. (coords.), *Estudios sobre cambio climático y transición energética.* Estudios conmemorativos del XXV aniversario del acceso a la cátedra del Prof. Íñigo del Guayo Castiella, Marcial Pons, Madrid, 2022, pp. 297-298.

procedente de fuentes renovables y con una infraestructura mínima de recarga de vehículos eléctricos. La forma, condiciones y concretos edificios en que deben cumplirse dichas exigencias se recogen en los correspondientes documentos técnicos. La importancia de estas exigencias radica en su obligatoriedad y en su naturaleza básica, lo que implica que las CCAA pueden ser más exigentes en esta materia.

Las citadas exigencias básicas de ahorro de energía se aplicarán a los edificios tanto públicos como privados, en los términos que concreta el CTE, sean de nueva construcción, intervenciones en los existentes o cambios de uso (art. 2 CTE). Los agentes que participan en el proceso de edificación son los responsables de su cumplimiento (art. 5.1.1 CTE). A tal efecto, las personas físicas o jurídicas que intervienen en el proceso edificatorio tienen la consideración de agentes de edificación (el promotor, el proyectista, el constructor, el director de obra, los propietarios, entre otras figuras)[12].

Teniendo en cuenta estas previsiones de la normativa edificatoria podemos considerar que, en la construcción de edificios nuevos, el cumplimiento de las exigencias básicas ya es una obligación para los mencionados agentes, por lo que carecería de fundamento constituir una comunidad de energía para este fin. Más relevante podría ser su intervención en la edificación existente, como promotor de una mejora de la eficiencia energética de la edificación. El promotor, que puede ser una persona jurídica —pública o privada—[13], como pudiera ser una cooperativa, debería cumplir los requisitos que la normativa impone a las comunidades de energía: proximidad para el caso de desarrollar proyectos de energías renovables, con participación abierta y voluntaria, que ofrezca beneficios medioambientales, económicos o sociales a sus socios —que serán personas físicas, pymes (o pequeñas empresas en caso de ser una CCE)— y que no actúen guiadas exclusivamente por la rentabilidad económica. El problema de que una comunidad de energía (sea una CER o CCE) intervenga en la edificación con objeto de dar cumplimiento a alguna de las citadas exigencias de ahorro de energía radica en la forma jurídica que debe adoptar para cumplir los requisitos de las comunidades

---

12 El Capítulo III de la LOE define a los diferentes agentes de la edificación.

13 Art.9 de la LOE. Hay que tener en cuenta que la normativa reguladora de las comunidades energéticas las configura como personas jurídicas y aunque no limita su forma jurídica, su constitución como persona jurídico-pública no se ajusta a su necesaria apertura a la participación de personas físicas.

de energía[14], especialmente que su objetivo no sea generar una rentabilidad económica, lo que aleja a esta figura jurídica de su conformación como una empresa en sentido estricto. Se diferencia así esta institución de las denominadas empresas de servicios energéticos.

Un avance importante en la mejora de la eficiencia energética e introducción de energías renovables en la edificación y en la labor que en esta materia va a corresponder a las CER lo encontramos en la reforma de la Directiva 2018/2001 por la Directiva 2023/2413/FER. El art.15 *bis*, dedicado a la "[I]ntegración de la energía renovable en los edificios", dispone que los Estados miembros deben determinar:

> [U]na cuota de energías renovables producidas in situ o en las proximidades, así como de energías renovables procedentes de la red en el consumo de energía final en el sector de la construcción en 2030 que sea coherente con un objetivo indicativo de una cuota mínima del 49% procedentes de fuentes renovables en el sector de la construcción.

Por tanto, se establece una obligación para los Estados miembros de fijar una cuota mínima "indicativa" de un 49% para 2030 de penetración de energías renovables en la edificación. ¿Con qué medidas se alcanza dicho objetivo? La norma alude a la adopción de medidas en los códigos de construcción o en las medidas de apoyo para aumentar la electricidad y la calefacción/refrigeración procedente de energías renovables. Entre esas medidas se citan: aumentos significativos del autoconsumo, edificios que superen las exigencias mínimas de eficiencia energética, aumentar el número de edificios de consumo de energía casi nulo, aumento de la recarga inteligente y otros servicios de flexibilidad y, por lo que ahora nos interesa, las referidas CER.

Esta regulación, no traspuesta aún al derecho interno, impone cambios en el CTE, en el RITE y en las medidas de apoyo a la eficiencia energética y al aumento del uso de las energías renovables en los edificios. Para el cumplimiento de estas exigencias se puede ampliar el número de edificios que deben cumplir las exigencias básicas relativas a la introducción de energías renovables, sin perjuicio del incremento que pueden realizar las CCAA en su normativa de desarrollo[15]; se debe incidir en la

---

14 Véase, entre otros, REVUELTA PÉREZ, I., *Comunidades energéticas y entidades locales…*, *op. cit.*, pp. 52-70; GONZÁLEZ RÍOS, I., ""Las «Comunidades energéticas locales» …", *op. cit.*, pp. 155-171.

15 STC de 20 de junio de 2019, ECLI:ES:TC:2019:87, FJ 18, dispone que la competencia básica del Estado para fijar las exigencias básicas de ahorro de energía de los edificios no impide a las CCAA "… la elevación del estándar fijado al respecto

rehabilitación energética de edificios para convertirlos en edificios de consumo casi nulo; en el RITE se necesita incluir porcentajes de renovación de instalaciones de calefacción/refrigeración que vengan funcionando con energías fósiles; se requiere aumentar los incentivos en las medidas anteriormente citadas. Y en todas estas actividades las CER están llamadas a participar.

Las comentadas exigencias básicas de ahorro energético de la edificación podemos relacionarlas con el concepto de edificio de consumo energético casi nulo, predicable en un primer momento de los edificios nuevos. Este tipo de edificios se definen en el art. 2.2 de la Directiva 2010/31/UE como de alto nivel de eficiencia energética y con escaso consumo —debiendo proceder este en muy amplia medida de energías renovables—. Su implantación debía ser una realidad a más tardar el 31 de diciembre de 2020 y tratándose de edificios públicos dos años antes. Para alcanzar este objetivo, la normativa interna vino a equiparar la citada edificación con los edificios que cumplían el CTE[16].

Se trae a colación aquel concepto por la importancia de cobra en la regulación comunitaria más reciente respecto a la transformación del parque edificado en edificios de consumo energético casi nulo. El art. 2. *bis* de la Directiva 2018/844/UE de reforma de la Directiva 2010/31/UE impone a los Estados miembros la aprobación de una Estrategia de Renovación de los edificios a largo plazo, con su correspondiente hoja de ruta. Lo dispuesto en dicho artículo ha sido modificado por el art. 3 de la nueva Directiva 2024/1275/UE EEE que sustituye dicha Estrategia por la aprobación de un Plan nacional de renovación de edificios residenciales y no residenciales, públicos y privados, al objeto de transformarlos en edificios de cero emisiones para 2050, determinando en el Anexo II el modelo a seguir para dicho Plan.

A aquella Estrategia se ha referido la Ley 7/2021 de Cambio Climático, que exige al Gobierno elaborar un Plan de Rehabilitación de Viviendas y

---

por las normas estatales, que puede perfectamente encuadrarse en sus competencias de desarrollo en materia de medio ambiente [art. 144.1 b)] y de fomento —en sentido amplio, no técnico— de la eficiencia energética…".

16 GONZÁLEZ RIOS, I., "Los edificios de consumo casi nulo de energía: un reto para la protección ambiental, la diversificación energética y la rehabilitación urbana", *Administración de Andalucía: revista andaluza de administración pública*, 103, 2019, pp. 17-53 y GONZÁLEZ RÍOS, I., *Los entes locales ante la transición, op. cit.*, pp. 195-204.

Renovación urbana, en el marco de los objetivos que establece la Estrategia a largo plazo para la rehabilitación energética en el sector de la edificación en España[17]; a lo que se suman las abundantes referencias a la renovación de la edificación que contiene el Plan Nacional Integrado de Energía y Clima 2021-2030[18]. Ahora bien, estas exigencias de renovación de la edificación existente requerirían su ajuste a las exigencias básicas de ahorro de energía del CTE, lo que nos lleva de nuevo al comentado papel que las comunidades de energía pueden desempeñar en este ámbito[19].

Siguiendo con los aspectos referidos a la rehabilitación de la edificación, si por tal entendemos la realización de obras de reforma o un cambio de uso[20], resulta obligatorio cumplir con las exigencias básicas de ahorro de energía del CTE, como ya hemos analizado. Dado que en toda reforma o cambio de uso se deben cumplir exigencias relativas al ahorro de energía, quedaría justificada la intervención de una comunidad de energía. Este

---

17 La versión actualizada a 2020 de esta Estrategia puede consultarse en: MINISTERIO DE TRANSPORTES Y MOVILIDAD SOSTENIBLE: «Estrategia a largo plazo para la rehabilitación energética en el sector de la edificación en España» [en línea], (s.f.), <https://www.transportes.gob.es/el-ministerio/planes-estrategicos/estrategia-a-largo-plazo-para-la-rehabilitacion-energetica-en-el-sector-de-la-edificacion-en-espana> [Consulta: 12/06/2024].

18 Resolución de 25 de marzo de 2021, conjunta de la Dirección General de Política Energética y Minas y de la Oficina Española de Cambio Climático. La actualización de este Plan ha sido remitida a la Comisión Europea que ha emitido las recomendaciones y evaluaciones sobre el mismo, que pueden consultarse en: COMISIÓN EUROPEA: «Commission Recommendation of 18/12/2023 on the draft updated integrated national energy and climate plan of Spain covering the period 2021-2030 and on the consistency of Spain's measures with the Union's climate-neutrality objective» [en línea], (2023), <https://commission.europa.eu/publications/commission-recommendation-assessment-swd-and-factsheet-draft-updated-national-energy-and-climate-5_en> [Consulta: 12/06/2024]. La actualización de dicho Plan se incluye en el Plan Nacional Integrado de Energía y Clima (PNIEC 2023-2030).

19 En este sentido, el Anexo II de la Directiva 2024/1275/UE EEE dispone que el Plan nacional de renovación de edificios debe contener la evaluación de las capacidades de los sectores de la construcción, eficiencia energética y las energías renovables, para lo que se debe indicar en dicha planificación pública, el número disponible de empresas de servicios energéticos, empresas de construcción, arquitectos e ingenieros, trabajadores cualificados, pymes y *comunidades de energías renovables e iniciativas dirigidas por ciudadanos.*

20 El art. 2, apartado 3º del CTE declara aplicable esta norma a las intervenciones en los edificios existentes y el apartado 6º a los cambios de uso. El Anexo III define estas intervenciones como las obras de ampliación, reforma o cambio de uso.

sería el caso si se emprendieran actuaciones en el suelo urbano orientadas a reducir al menos en un 30% la demanda energética anual de calefacción o refrigeración del edificio según lo dispuesto en el art. 24 del TRLSRU[21]. En ese caso, se permite ocupar espacios libres o de dominio público, procediendo a la cesión de uso o su desafectación. Estas actuaciones en la edificación podrían ser realizadas por comunidades energéticas, lo que implicaría la participación en las mismas de los ciudadanos. Hay que tener en cuenta que el Tribunal Constitucional ha declarado que para la ejecución de estas actuaciones de rehabilitación, regeneración y renovación urbanas las Administraciones públicas podrán utilizar las formas de ejecución de las operaciones urbanísticas y edificatorias previstas por la legislación urbanística sobre el medio urbano[22]; al mismo tiempo se puede crear un consorcio o una sociedad de capital mixto con las condiciones que marca el art. 9.3 del TRLSRU[23]. En todo caso la iniciativa de actuaciones de transformación urbanística y edificatorias en el medio urbano puede partir de cooperativas de viviendas, de propietarios y de empresas (art. 8.1 TRLSRU). Además, en la ejecución de dichas actuaciones podrán participar, entre otros, y por lo que ahora nos interesa:

> [L]as cooperativas de viviendas, los propietarios de construcciones, edificaciones y fincas urbanas, empresas, entidades o sociedades que intervengan por cualquier título en dichas operaciones, las asociaciones administrativas que se constituyan de acuerdo con lo previsto en la legislación sobre ordenación territorial y urbanística (art. 9.4 TRLSRU).

---

21 Esas actuaciones pueden consistir en: a) la instalación de aislamiento térmico o fachadas ventiladas por el exterior del edificio o acristalamiento de terrazas ya techadas; b) instalación de dispositivos bioclimáticos; c) implantación de instalaciones centralizadas energéticas y de captadores solares u otras fuentes de energías renovables en fachadas o cubiertas; d) realización de obras en zonas comunes o viviendas que logren reducir al menos en un 30% el consumo de agua en el conjunto del edificio (art. 24. 5 del TRLSRU).

22 STC de 14 de diciembre de 2017, ECLI:ES:TC:2017:145, FJ 19. El Tribunal Constitucional ha considerado inconstitucional la ampliación en las formas de ejecución de estas actuaciones que preveía el art. 9.1 del TRLSRU, por cuanto añadía que cabría utilizar las modalidades de gestión directa o indirecta admitidas por la legislación de régimen jurídico, de contratación de las Administraciones públicas y de régimen local. Esta declaración de inconstitucionalidad se fundamenta en la falta de conexión de esa ampliación con competencias sectoriales que se pudieran ver afectadas por la ordenación y ejecución del planeamiento, su falta de incidencia en la economía general y su no vinculación con el procedimiento administrativo común.

23 Dichas fórmulas jurídicas plantean el problema de su ajuste a los requisitos que deben cumplir las comunidades energéticas.

2.2. Intervención en la renovación de instalaciones de calefacción/refrigeración

Las instalaciones térmicas de calefacción y refrigeración están siendo objeto de una importante regulación a nivel comunitario para favorecer la introducción de las energías renovables en este sector. Así, la Directiva 2018/2001 indica que cerca de la mitad del consumo final de energía de la Unión procede de este sector (Considerando 73), de ahí que realice una detallada regulación —con establecimiento de cuotas mínimas— sobre la integración de energías renovables en este ámbito (arts. 23 y 24)[24].

A su vez, la Directiva 2024/1275/EEE define la "instalación técnica de edificio" como los equipos destinados a calefacción, refrigeración, ventilación, calentamiento de agua, los sistemas de iluminación integrada, automatización y control del edificio, de generación de energía renovable *in situ* y almacenamiento de energía, o una combinación de estos, incluidas las instalaciones que utilicen energía procedente de energías renovables; a la vez que impone a los edificios de nueva construcción que cuenten con dispositivos de autorregulación de la temperatura de cada espacio interior, obligación que se extiende a los edificios existentes cuanto se sustituyan los generadores de calor o refrigeración; ello siempre que sea técnica y económicamente viable (art. 13.3)[25].

A nivel interno, la definición de instalaciones técnicas que estableció la Directiva 2010/31/UE en la reforma operada por la Directiva 2018/844 ha sido recogida por el RITE en el año 2021[26].

Respecto a la participación de las comunidades energéticas en este ámbito de la edificación hay que concretar, por un lado, las instalaciones obligadas a cumplir las normas de eficiencia energética que impone el RITE. Al respecto, esta norma básica es aplicable a las instalaciones térmicas de los edificios de nueva construcción y a las que se reformen en los edificios existentes, en cuanto a la parte reformada, en los términos que fija esa disposición (art. 2 RITE). Por otro lado, hemos de referirnos a los obligados por esta normativa técnica[27]; especialmente en lo relativo a la ejecución

---

24 La redacción de estos artículos ha sido modificada por la Directiva 2023/2413/UE FER.

25 Véanse el art. 2.6 y el art. 13.3 de la Directiva 2024/1275/UE EEE.

26 El Real Decreto 178/2021 de reforma del RITE adapta la regulación interna a las previsiones de la Directiva 2018/844/UE.

27 Más concretamente el art. 3 del RITE detalla los agentes responsables (quienes participan en el diseño y dimensionado, ejecución, mantenimiento, inspección, instituciones de visado y supervisión de los proyectos y los titulares de las instalaciones).

y mantenimiento de las instalaciones térmicas, por el papel que pueden desempeñar las comunidades energéticas. A tal efecto, el art. 19 del RITE atribuye a las empresas habilitadas la ejecución de las instalaciones y el art. 26 deja el mantenimiento en manos de empresas mantenedoras habilitadas. Los requisitos y condiciones que deben respetar dichas empresas (que pueden ser personas físicas o jurídicas) para su habilitación se regulan en el Capítulo VIII del RITE[28]. La posibilidad de que una comunidad energética actúe como una empresa instaladora o mantenedora plantea como dificultad que debe reunir las exigencias de dichas comunidades energéticas:

1. Apertura a la participación abierta y voluntaria de personas físicas, pymes o autoridades locales.
2. Debe ser una persona jurídica (no cabe como persona física), controlada por socios o miembros situados en las proximidades del proyecto (en este caso del proyecto de instalación térmica).
3. Su objetivo prioritario no debe ser generar ganancias financieras. Esta exigencia casa mal con el propio concepto de "empresa" instaladora o mantenedora que, en su caso, se acerca más al concepto de empresas de servicios energéticos.

De lo expuesto se deduce que si bien, por una parte, la Unión Europea viene impulsando la introducción de las energías renovables en el sector de la calefacción/refrigeración, por la otra, la intervención de las comunidades energéticas en dicha tarea se dificulta por mor de los requisitos que las mismas deben cumplir y su difícil encaje con las exigencias que la normativa interna impone a las empresas instaladoras y mantenedoras; ello sin perjuicio de la posibilidad de que una comunidad energética recurra a la contratación de dichas empresas para renovar instalaciones de su propiedad.

---

[28] Requisitos para el ejercicio de la actividad tales como estar dado de alta y al corriente en el cumplimiento de las obligaciones de la seguridad social, la suscripción de un seguro de responsabilidad civil por cuantía mínima de 300000 euros, disponer de operario en plantilla con carné profesional de instalaciones térmicas (art. 37 RITE), entre otros, dificultan que las comunidades energéticas se constituyan para esta tarea.

3. EL CERTIFICADO DE EFICIENCIA ENERGÉTICA EN LA EDIFICACIÓN: ¿INTERVENCIÓN DE LAS COMUNIDADES ENERGÉTICAS?

La Unión Europea, al regular la eficiencia energética de los edificios, impuso en el año 2002 la obligación de que determinados edificios contaran con un certificado de eficiencia energética que acreditara su calificación energética. Esta primitiva obligación se ha ido paulatinamente ampliando en la Directiva 2010/31/UE hasta la vigente regulación en la Directiva 2024/1275/EEE; afectando cada vez a más edificaciones y con exigencias más concretas respecto a los datos que debe contener dicho documento. Esa evolución se ha visto reflejada a nivel interno con la aprobación de tres reglamentos básicos, siendo el actualmente vigente el Real Decreto 390/2021 que aprueba el procedimiento básico para dicha certificación[29]. El art. 3 de este reglamento hace extensiva la exigencia de dicho certificado a: a) los edificios de nueva construcción; b) los edificios o partes de edificios existentes que se vendan o alquilen a un nuevo arrendatario; c) los edificios o partes de edificios pertenecientes u ocupados por una Administración pública, entendiendo por esta última la definida en el art. 2.3 de la Ley 39/2015, de Procedimiento Administrativo Común de las Administraciones Públicas, con una superficie útil total superior a 250 metros cuadrados; d) edificios o partes de edificios en los que se realicen reformas o ampliaciones que cumplan alguno de los supuestos que se indican en la norma; e) edificios o partes de edificios con una superficie útil total superior a 500 metros cuadrados destinados a los usos indicados en el reglamento (administrativo, sanitario, comercial, residencial público, docente, cultura...); y f) edificios que tengan que realizar obligatoriamente la Inspección Técnica del Edificio o inspección equivalente.

¿Pero quién está obligado a obtener el certificado de eficiencia energética? ¿Cuál es su contenido? ¿Qué papel pueden desempeñar las comunidades energéticas? El responsable de encargar la realización de la certificación será el promotor o el propietario[30] y su realización se atribuye al técnico competente[31]. Por lo que respecta al contenido, el art. 8 del

---

29 Real Decreto 390/2021 por el que se aprueba el procedimiento básico para la certificación de la eficiencia energética.

30 Art. 6.1 Ibidem.

31 El art. 2.u) del Real Decreto 390/2021 define al técnico competente como aquel que esté en posesión de cualquiera de las titulaciones académicas y profesionales

Real Decreto 390/2021 establece los datos que debe contener (identificación del edificio, normativa sobre ahorro y eficiencia energética aplicable al momento de su construcción, descripción de las características energéticas del edificio —envolvente térmica, instalaciones técnicas...—, calificación energética). Especial atención nos merece la inclusión en dicho certificado de recomendaciones de posibles intervenciones para la mejora de la eficiencia energética, entre las que se enumeran: las intervenciones para la mejora de la envolvente; las medidas de mejora de las instalaciones técnicas, pudiendo incluir la sustitución de equipos abastecidos con combustibles fósiles por alternativas más sostenibles; incorporación de sistemas de automatización y control y la secuencia temporal más adecuada para la realización de las medidas propuestas. Merecen una atención especial porque sin ser obligatorias pueden orientar a la reforma del edificio para mejorar su eficiencia.

En cuanto al papel que pueden desarrollar las comunidades energéticas respecto a la certificación de eficiencia energética, dado que se trata de una actividad más propia de un proveedor de servicios energéticos[32], quedaría limitado a la aplicación o ejecución de todas o algunas de las medidas que se recomendaran en el certificado[33], a instancias del obligado y siempre que resultase oportuno constituir una comunidad de energía para realizar esas actividades de mejora de la eficiencia energética del edificio. A tal efecto, al igual que el citado reglamento indica que el certificado contenga expresión de la relación coste-eficacia de las recomendaciones dirigida "al propietario, promotor, al arrendatario, a la empresa mantenedora, al auditor o al proveedor de servicios energéticos" (art. 8.2.f, *in fine*), se debiera incluir referencia a las comunidades de energía.

---

que habilitan para la redacción de proyectos de edificación o para la dirección y ejecución de las obras o para la suscripción de certificados de eficiencia energética o quienes estén habilitados para el ejercicio de dichas profesiones.

32 Los requisitos para actuar como proveedor de servicios energéticos se regulan en el Capítulo III del Real Decreto 56/2016 por el que se transpone la Directiva 2012/27/UE, relativa a la eficiencia energética, en lo referente a auditorías energéticas, acreditación de proveedores de servicios y auditores energéticos y promoción de la eficiencia del suministro de energía.

33 O en el pasaporte de renovación, de carácter voluntario, que regula el art. 12 de la Directiva 2024/1275/UE EEE.

4. EL AUTOCONSUMO COLECTIVO Y OTRAS ACTIVIDADES PROPIAS DE LAS COMUNIDADES ENERGÉTICAS RELACIONADAS CON LA EDIFICACIÓN

Uno de los mecanismos para lograr una edificación más eficiente es sin duda la incorporación del autoconsumo eléctrico, o sea, la autoproducción de electricidad a partir de fuentes de energía renovables. El mismo puede realizarse de forma individual o colectiva, siendo este último el que podría hacer una comunidad energética. En esta línea el PNIEC propone la constitución de comunidades energéticas a fin de impulsar el autoconsumo, dado las cargas económicas y administrativas que conlleva[34]. También la nueva Directiva 2023/2413/FER alude en su considerando 42 a "[L]as instalaciones de autoconsumo, incluidas aquellas para autoconsumidores colectivos, como las comunidades locales de energía...".[35]

En este tipo de consumo energético podría cumplirse la exigencia de participación abierta y voluntaria de ciudadanos, pequeñas empresas o autoridades locales; su objetivo prioritario no sería obtener una rentabilidad económica y sí alcanzar objetivos medioambientales, económicos e incluso sociales —si se actúa sobre hogares vulnerables—. Ahora bien, hay que tener en cuenta que el hecho de que el autoconsumo colectivo pueda ser una de las actividades de una comunidad energética, la actual regulación del autoconsumo no se vincula ni requiere de la constitución de ese tipo de personas jurídicas. Esa no vinculación se demuestra por el propio hecho de que el autoconsumo haya sido regulado en el art. 21 la Directiva 2018/2001 y las CER en el art. 22, estando previstas las CCE en art. 16 de la Directiva 2019/944. Lo mismo ocurre a nivel interno donde el autoconsumo tiene un régimen jurídico específico en el art. 9 de la

34 Medida 1.4 dedicada al "[D]esarrollo del autoconsumo con renovables y la generación distribuida", del Plan Nacional Integrado de Energía y Clima 2021-2030. Este Plan ha sido objeto de revisión aumentando los objetivos de reducción de emisiones de gases de efecto invernadero respecto a 1990 del 23% al 32%; habiendo sido evaluado por la Comisión Europea que ha emitido la Recomendación 2024/600/UE relativa al proyecto de Plan Nacional Integrado de Energía y Clima actualizado de España para el período 2021-2030 y a la coherencia de las medidas de España con el objetivo de neutralidad climática de la Unión y con respecto a garantizar avances en materia de adaptación.

35 Considerando 42 de la Directiva 2023/2413/UE.

Ley del Sector Eléctrico y en el Real Decreto 244/2019[36], al margen de la regulación sobre las comunidades energéticas que realiza esa misma ley.

Ello supone una muestra de que el autoconsumo puede realizarse al margen de la constitución de una comunidad de energía, si bien ésta puede tener interés cuando además de dicha actividad se pretenda realizar otras como el almacenamiento, la agregación o la recarga de vehículos, funciones todas ellas que pueden vincularse a la edificación[37]. A ello coadyuvan también las ventajas para acceder a regímenes de ayuda y a un régimen retributivo específico[38]. Es más, la constitución de una comunidad energética en la que intervenga una o varias pymes o una autoridad local puede servir para fomentar e impulsar el autoconsumo más allá de donde resulte obligatorio por la normativa de edificación (en edificios nuevos y reformas de los existentes con las limitaciones que marca dicha normativa), contribuyendo así al proceso de renovación de la edificación existente hacia edificios de consumo casi nulo de energía[39]. Sin olvidar el relevante papel que las comunidades energéticas pueden llevar a cabo impulsando el autoconsumo en los edificios públicos del que se beneficien las viviendas residenciales próximas, con especial atención a las zonas afectadas por pobreza energética[40].

Otros ámbitos en los que las comunidades energéticas pueden intervenir son en la prestación de servicios de agregación y de almacenamiento[41]

---

36 Real Decreto 244/2019 por el que se regulan las condiciones administrativas, técnicas y económicas del autoconsumo de energía eléctrica.

37 Un detallado estudio sobre la actividad de autoconsumo y las comunidades energéticas, sobre sus ventajas e inconvenientes, y respecto al resto de servicios que pueden prestar estas entidades, ALONSO MAS, M. J., *Comunidades energéticas y entidades locales. Aspectos contractuales, patrimoniales y de Derecho de la energía*, Aranzadi, Navarra, 2024, pp. 23-70.

38 Véase los arts. 12 *bis*; 5º y 14.7.b) de la LSE.

39 Tengamos en cuenta la exigencia creciente de integración de las energías renovables en la edificación que impone el art. 15 *bis* de la Directiva 2023/2413/UE, así como, el impulso a la renovación de la edificación que puede derivar del llamado "pasaporte de renovación de la edificación" (art. 12 de la Directiva 2024/1275/UE), cuyas medidas de renovación por etapas pueden ampliar el campo de actuación de las comunidades energéticas.

40 A esa colaboración entre las comunidades energéticas y las autoridades locales, así como, al empoderamiento de los ciudadanos en proyectos para mejorar la eficiencia energética alude el considerando 117 de la Directiva 2023/2413/UE.

41 ÁVILA RODRÍGUEZ, C. M., "Cuestiones Jurídicas Relevantes Sobre el Almacenamiento Energético ¿Hacia Dónde Vamos?", *Revista General de Derecho de los Sectores Regulados*, 11, 2023, pp. 274-275.

como parte del sistema de balance eléctrico[42]. Estas actividades, que pueden realizar las comunidades energéticas, se vinculan al sector eléctrico y a la garantía de un suministro de calidad. En consecuencia, las mismas no se encuentran estrictamente vinculadas al sector de la edificación que venimos analizando. Más relación con estas nuevas entidades jurídicas guarda la prestación del servicio de recarga energética y los servicios de aplicaciones inteligentes que pueden incorporarse a la edificación. La nueva Directiva 2024/1275/EEE, en su versión refundida, contiene abundantes referencias a la necesidad de impulsar las infraestructuras de recarga y los sistemas de automatización y control de edificios, tareas que pueden venir a diversificar las funciones que pueden desarrollar las comunidades energéticas. Los Códigos de construcción deben referirse a estas infraestructuras. El art. 14 de la citada Directiva 2024/1275/EEE contiene exigencias tasadas referidas a la instalación de puntos mínimos de recarga y de precableado en edificios no residenciales nuevos o que sean objeto de renovaciones importantes, según el número de plazas de aparcamiento. Por su parte, el art. 15 regula un régimen voluntario para valorar la preparación para aplicaciones inteligentes de los edificios; dicha evaluación se debe realizar por expertos cualificados o certificados (art. 25). Se observa en esta norma un avance en la preparación de la edificación para el vehículo eléctrico y otras aplicaciones que permitan el control del consumo energético.

A nivel nacional el servicio de recarga energética se encuentra liberalizado en la legislación del sector eléctrico, pudiendo desarrollarse por personas físicas o jurídicas, que adquieren energía para la prestación de dicho servicio; permitiendo esa personificación jurídica la intervención de las comunidades de energía. En este caso basta con una declaración responsable para la instalación del punto de recarga e iniciar la prestación del servicio salvo que se trate de estaciones de recarga de vehículos eléctricos de potencia superior a 3000 KW.[43] Por su parte, el art. 15 de la Ley de Cambio Climático y Transición energética también contiene concretas exigencias para la expansión de puntos de recarga de vehículos

[42] GONZÁLEZ RIOS, I., "Los edificios de consumo casi nulo de energía...", *op. cit.*, pp. 17-53.

[43] Véase al respecto el art.6.1, g), art.48 y art.53 de la Ley 24/2013 del Sector Eléctrico, así como, el Real Decreto 184/2022 que regula la actividad de prestación de servicios de recarga energética de vehículos eléctricos, aunque esta disposición solo es aplicable a puntos de recarga de vehículos eléctricos de acceso público.

eléctricos en estaciones de servicio, al tiempo que remite al Código Técnico de la Edificación la regulación de la obligación de instalar puntos de recarga de vehículos eléctricos en edificios de nueva construcción e intervenciones en los existentes. En junio de 2022 se modificó el CTE para incluir —como exigencia básica de ahorro de energía— que los edificios dispongan de una infraestructura mínima que posibilite la recarga de vehículos eléctricos (art. 15), previsión que se sumaba a la exigencia de dotaciones mínimas de infraestructuras de recarga de vehículos eléctricos de los edificios no residenciales que contasen con zona de apartamiento de más de 20 plazas[44].

Nos encontramos ante una regulación en la que se conecta el sector de la edificación eficiente en el consumo energético con la movilidad sostenible; ámbitos donde las comunidades de energía pueden intervenir para lograr objetivos ambientales. Pero el campo de actuación de estas entidades no se limita a la realización del autoconsumo colectivo, el almacenamiento, la agregación de energía o la prestación de servicios de recarga energética; su espacio de intervención es más amplio. Así, las Directivas (UE) 2018/2001 y (UE) 2019/944 no hacen una enumeración cerrada de los servicios energéticos que pueden prestar[45]. En esta línea, las mismas pueden prestar servicios de formación y sensibilización en materia energética[46], pueden participar en la ejecución de proyectos de calefacción y

---

44 Art. 4 del Real Decreto-Ley 29/2021 por el que se adoptan medidas urgentes en el ámbito energético para el fomento de la movilidad eléctrica, el autoconsumo y el despliegue de energías renovables.

45 Véase el art. 22.4.b) de la Directiva 2018/2001/UE y el art. 2.11 de la Directiva 2019/944/UE.

46 En esta línea se pronuncia el Considerando 117 de la Directiva 2023/1791/EE cuando indica que "...[L]as comunidades de energía pueden tener un importante papel que desempeñar en la educación de los ciudadanos y en ampliar su conocimiento sobre las medidas destinadas a obtener un ahorro de energía". Al papel que pueden desempeñar las comunidades energéticas en la información y sensibilización de las comunidades locales se refiere el art.22 de dicha norma.

Por su parte, la Directiva 2023/2413/FER, por la que se modifica la Directiva 2018/2001/UE, impone a los Estados miembros cooperar con las comunidades energéticas para conocer las capacitaciones que serán necesarias en el ámbito de las renovaciones de los sistemas de calefacción y refrigeración renovables (véase el Considerando 47 y el art.18.3 y 4).

refrigeración urbanas[47] y en otros proyectos de energías renovables, como los proyectos conjuntos de energía marina[48].

La participación de las comunidades de energía en los proyectos de energía renovables constituye una fórmula de participación ciudadana en la toma de decisiones, de favorecer la inversión doméstica y de mejorar la aceptación pública de los proyectos de energías renovables y eficiencia energética[49]. Muestra de esa participación la encontramos en algunas legislaciones autonómicas sobre cambio climático y transición energética que vienen exigiendo una participación de las comunidades de energía —en al menos un 20%— en la propiedad o financiación de proyectos de energías renovables. Tal es el caso de Cataluña[50], Islas Baleares[51], Foral Navarra[52] o la Comunidad Valenciana[53]. Otras como Canarias encomiendan a

---

47 El art. 25.6.g) de la Directiva 2023/1791/EE dispone que en la planificación administrativa de sistemas de calefacción y refrigeración urbana en municipios de más de 45000 habitantes debe evaluarse la participación de las comunidades de energías en la ejecución de dichos proyectos.
TORNOS MAS, J., "La actividad de construcción y explotación de una red urbana de calefacción y refrigeración. El *distric heating*", en RECUERDA GIRELA, M. A. (coord.), *Problemas prácticos y actualidad del Derecho Administrativo*: *anuario 2015*, Cizur Menor, Civitas, 2015, pp. 353-360.

48 El art. 9. 7 *bis* y el considerando 14 de la Directiva 2023/2413/FER disponen la posibilidad de que los Estados miembros incluyan a las CER en los proyectos conjuntos sobre energía renovable marina como una forma de mejorar la aceptación pública de estos proyectos.
Téngase en cuenta que los proyectos conjuntos son aquellos que dos o más Estados realizan para cooperar en materia de integración de energías renovables. El art. 9 *bis* de la Directiva 2023/2413/FER impone plazos para celebrar acuerdos para establecer este tipo de proyectos.

49 Así lo corrobora el considerando 30 de la Directiva 2023/2413/FER.

50 Por el Decreto-ley 24/2021 de aceleración del despliegue de las energías renovables distribuidas y participadas se añade el apartado c) *bis* al art. 19.1 de Ley 16/2017 de Cambio Climático de Cataluña y se introduce el art. 9 *bis* en el Decreto- Ley 16/2019 de medidas urgentes para la emergencia climática y el impulso a las energías renovables; este último artículo regula medidas de mejora de la aceptación social de los proyectos de energías renovables.

51 Art. 49 de la Ley 10/2019 de Cambio Climático de las Islas Baleares regula la participación local en instalaciones de generación renovable.

52 El art. 36 de la Ley Foral 4/2022 de Cambio Climático y Transición Energética de Navarra.

53 El Decreto-Ley 14/2020 sobre medidas para acelerar la implantación de instalaciones para el aprovechamiento de las energías renovables por la emergencia climática y la necesidad de la urgente reactivación económica de la Comunidad

sus Administraciones públicas el fomento de este tipo de entidades[54]. También la iniciativa pública o de comunidades energéticas en la generación a partir de energías renovables está presente en la normativa autonómica[55].

5. OTROS INSTRUMENTOS PARA FOMENTAR LAS COMUNIDADES ENERGÉTICAS

La implementación en la edificación de proyectos de energías renovables puede fomentarse a través de la contratación pública. El art. 15 *bis*, apartado 5° de la Directiva 2023/2413/FER, emplaza a los Estados miembros a fomentar la colaboración entre las autoridades locales y las comunidades de energías renovables en el sector de la edificación vía contratación pública. Por su parte, la Directiva 2023/1791/EE incide en que los organismos públicos mejoren la eficiencia energética de los edificios que posean u ocupen, en particular mediante la sustitución de calentadores antiguos (art. 5.9), y en la renovación anual de las instalaciones de calefacción y/ refrigeración en un porcentaje mínimo o aplicación de un método alternativo para lograr ahorro energético (art. 6); estas medidas pueden ejecutarse a través de la contratación pública con comunidades energéticas.

Teniendo en cuenta la normativa de patrimonio de las Administraciones públicas se pueden llevar a cabo cesiones o arrendamientos de cubiertas

Valenciana, regula en su art. 17 la obligación de las administraciones públicas de fomentar las centrales fotovoltaicas en edificaciones públicas o terrenos destinados a dotaciones o equipamientos, de carácter patrimonial o demanial, por gestión directa o indirecta, y mediante concurso público.

El art. 51 de la Ley 6/2022 del Cambio Climático y la Transición Ecológica de la Comunidad Valenciana recoge el deber de las administraciones públicas valencianas (incluye al sector público autonómico, local y de las universidades) de promover, entre otras, las CCE y las CER.

54 Ley 6/2022 de cambio climático y transición energética de Canarias, dispone que las Administraciones públicas de Canarias fomentarán todas las figuras que promuevan el autoconsumo energético, a los agregadores de demanda, a las CER y CCE (art. 41).

55 Véase la Disposición Adicional Sexta del Decreto-Ley 14/2020 sobre medidas para acelerar la implantación de instalaciones para el aprovechamiento de las energías renovables por la emergencia climática y la necesidad de la urgente reactivación económica de la Comunidad Valenciana; o el art. 17 de la Ley 4/2019 de sostenibilidad energética de la Comunidad Autónoma Vasca.

de edificios públicos, concesiones demaniales o constituir un derecho de superficie para desarrollar proyectos de energías renovables o de eficiencia energética por comunidades energéticas[56].

El problema que plantea la contratación pública con comunidades energéticas es que dicha contratación debe respetar principios esenciales como el de igualdad, transparencia y libre concurrencia[57]. Sería conveniente clarificar en la normativa energética los tipos de contratos a realizar y la posibilidad de priorizar como adjudicatarios a dichas comunidades en atención a la ausencia de un fin prioritario de rentabilidad económica y por los beneficios ambientales que llevan asociadas sus actividades.

Otro aspecto importante para el desarrollo de las actividades de las comunidades energéticas es la eliminación de trabas administrativas en su actuación. En esta línea, a la simplificación de los procedimientos autorizatorios para equipos de energía solar y almacenamiento que se ubiquen en tejados o estructuras similares, siempre que el objetivo principal de dichas estructuras artificiales no sea la producción de energía ni el almacenamiento se refiere la Directiva 2023/2413/FER (art. 16 quinquies)[58].

---

56 El art. 50 de la Ley 10/2019 de Cambio climático de las Islas Baleares regula el establecimiento del derecho de superficie por Administraciones públicas a favor de cooperativas energéticas o comunidades de energía, que solo podrá conceder mediante concurso reservado a estas entidades. En la misma línea, se pronuncia el art. 37 de la Ley 4/2022 de Cambio Climático y Transición Energética de la Comunidad Foral Navarra y el art. 27 del Decreto-Ley 1/2023 de medidas urgentes para el impulso de la transición energética y el consumo de cercanía de Aragón. (este último anulado por la STC 113/2024).
Sobre esta materia puede consultarse GONZÁLEZ RÍOS, I., "Participación de las entidades locales en las comunidades energéticas", *op. cit.*; GALLEGO CÓRCOLES, I., *Comunidades energéticas y transición energética, op. cit.*, p.194, comenta la iniciativa de la legislación balear sobre cambio climático de otorgar derechos de superficie sobre el patrimonio público para comunidades energéticas.
Un estudio detallado sobre las diferentes posibilidades que se plantean en las relaciones entre la Administración local y las comunidades de energía en materia de contratación pública y de uso del patrimonio público puede consultarse en ALONSO MAS, M. J., *Comunidades energéticas y entidades locales…, op. cit.*, pp. 71-150.

57 BARTLETT I CASTELLÁ, E. R., "Comunidades energéticas", *op. cit.*, pp. 302-303, refiere la dificultad de que la mera instalación de placas solares de comunidades energéticas en las cubiertas de edificios públicos habilite a los municipios para adquirir energía sin permitir la concurrencia de otros suministradores potenciales, sobre todo si esa energía procediera de otras instalaciones de la comunidad.

58 También el art. 8.3 de la Directiva 2019/944/UE, insta a los Estados a garantizar procedimientos de autorización simplificados para la generación a pequeña escala.

La intervención de las comunidades energéticas en la reforma de los edificios para mejorar su eficiencia energética puede verse impulsada mediante la previsión contenida en la nueva Directiva 2023/1791/EE. La misma prevé la posibilidad de que los Estados miembros cuando impongan obligaciones de servicio público a las empresas para garantizar el principio "primero, la eficiencia energética", les permitan su cumplimiento mediante el apoyo a iniciativas de ahorro de energía de las CER y de las CCE[59]. Además, se contiene el mandato de reconocer y apoyar activamente la contribución de las CER y de las CCE a la consecución de los objetivos del Pacto Verde Europeo y del Plan del Objetivo Climático; a tal fin deben promoverlas[60].

59 Considerando 64 Directiva 2023/1791/UE; sin perjuicio de las obligaciones de los Estados miembros relativas a los plazos de transposición al derecho interno de las Directivas citadas en el Anexo XVI, parte B. El art. 8.3 obliga a los EEMM a aplicar las obligaciones de servicio público, medidas alternativas o financiación para paliar la pobreza energética. Para diseñar tales medidas los Estados deben contar con las CER y las CCE.

60 Más concretamente, el Considerando 117 de la Directiva 2023/1791/UE cita algunas de las actividades de estas comunidades energéticas que pueden promoverse: impulsar la eficiencia energética a nivel local o doméstico, así como en edificios públicos, en colaboración con las autoridades locales; pueden implicar a los consumidores, especialmente en zonas rurales, para que participen en proyectos e intervenciones en materia de energías renovables; contribuir en la educación de los ciudadanos y ampliar su conocimiento sobre las medidas destinadas a obtener un ahorro de energía; combatir la pobreza energética promoviendo proyectos de eficiencia energética, la reducción del consumo energético y de las tarifas, con apoyo de los EEMM. En la misma línea, el Considerando 118 insiste en la labor que las comunidades de energía pueden realizar en cuanto a capacitación de la ciudadanía; así como, en la necesaria participación de todas las partes implicadas en los planes de descarbonización nacionales, regionales y locales.
El art. 22 de esta Directiva, en su apartado primero, dispone que la información sobre medidas de eficiencia energética, financiación y marcos jurídicos sean transparentes y accesibles a todos los agentes del mercado, incluidos las CER y las CCE. En su apartado sexto exige que, en los planes de calefacción y refrigeración en municipios con población de más de 45.000 habitantes, las autoridades locales y regionales deben evaluar el papel que las comunidades de energía dirigidas por consumidores pueden desempeñar en la ejecución de los proyectos de calefacción y refrigeración.

6. CONCLUSIONES

Esclarecer las actividades que una comunidad energética puede realizar para contribuir a descarbonizar el sector de la edificación no es tarea fácil. Y ello porque existe casi una total desconexión entre la regulación de las medidas de eficiencia energética e introducción de energías renovables en la construcción y la regulación de los requisitos que deben cumplir y actividades que pueden realizar esas comunidades de energía. Ello a salvo de la actividad de autoconsumo eléctrico colectivo, que puede ser su objetivo prioritario.

La normativa interna de construcción y rehabilitación edificatoria y urbana cuando regula una edificación energéticamente más sostenible, no contiene mención a la participación de las comunidades energéticas en la ejecución de actuaciones. Ello no impide admitir dicha intervención siempre que se respeten los requisitos de constitución y la actuación que realicen se vincule al aumento de las energías renovables o de la eficiencia energética en la edificación. La integración de las energías renovables en la edificación es objeto de regulación en la nueva Directiva 2023/2413/ FER, como hemos analizado en este trabajo.

La participación de estas nuevas entidades en el ámbito de la edificación requeriría su previsión expresa en la LOE, CTE, RITE, Ley del Suelo y Rehabilitación Urbana y en el reglamento básico para la certificación de la eficiencia energética, entre otras normas, dado que el régimen jurídico específico de las comunidades de energía se aleja del aplicable a una empresa en sentido estricto, que son las que principalmente actúan en este sector.

Actualmente, una comunidad de energía puede realizar como medida preferente para la mejora energética de la edificación el autoconsumo eléctrico colectivo (sin que la realización del mismo requiera necesariamente la constitución de dicho tipo de entidad). Y ello por contar con un marco normativo desarrollado que se ajusta perfectamente a los requisitos que deben cumplir las citadas comunidades. Sin embargo, esto no debe ser óbice para que estos entes extiendan su ámbito de actuación al mercado de la rehabilitación edificatoria por razón de mejora de la eficiencia energética (como la renovación de sistemas de calefacción y refrigeración para introducir energías renovables, reformas en los edificios para que sean de consumo casi nulo de energía, preparación de la edificación con sistemas de recarga de vehículos eléctricos y con aplicaciones inteligentes) y al ámbito de la información a la ciudadanía.

Todo lo anterior sin olvidar el importante papel que pueden desempeñar mediante su participación en proyectos de generación de energías a partir fuentes renovables, incluida la energía marina —como postula la Directiva 2023/2413/UE FER—. Con ello pueden contribuir no solo a la aceptación pública de estos proyectos, sino también, a la penetración de energía de origen renovable en la edificación. Por otro lado, favorecer o priorizar la contratación pública de comunidades energéticas para actuaciones de mejora energética de los edificios, es una medida que debiera generalizarse en las legislaciones de cambio climático y transición energética de las CCAA. La implicación directa de ciudadanos, los objetivos medioambientales, sociales y económicos que tienen que procurar dichas comunidades justificarían dicha medida.

7. BIBLIOGRAFÍA

ALONSO MAS, M. J., *Comunidades energéticas y entidades locales. Aspectos contractuales, patrimoniales y de Derecho de la energía,* Aranzadi, Navarra, 2024.

ÁVILA RODRÍGUEZ, C. M., "Cuestiones Jurídicas Relevantes Sobre el Almacenamiento Energético ¿Hacia Dónde Vamos?", *Revista General de Derecho de los Sectores Regulados,* 11, 2023, pp. 274-275.

BARTLETT I CASTELLÁ, E. R., "Comunidades energéticas", en ALENZA GARCÍA, J. F., y MELLADO RUIZ, L. (coords.), *Estudios sobre cambio climático y transición energética. Estudios conmemorativos del XXV aniversario del acceso a la cátedra del Prof. Íñigo del Guayo Castiella,* Marcial Pons, Madrid, 2022, pp. 289-312.

CASTRO-GIL AMIGO, J., "Las comunidades ciudadanas de energía (art 16)", en PAREJO ALFONSO, L. y CASTRO-GIL AMIGO, J. (coords.), *Directiva de mercado interior de la electricidad,* Thomson Reuters-Aranzadi, Navarra, 2020, pp. 145-184.

COMISIÓN EUROPEA: «Commission Recommendation of 18/12/2023 on the draft updated integrated national energy and climate plan of Spain covering the period 2021-2030 and on the consistency of Spain's measures with the Union's climate-neutrality objective» [en línea], (2023), <https://commission.europa.eu/publications/commission-recommendation-assessment-swd-and-factsheet-draft-updated-national-energy-and-climate-5_en> [Consulta: 12/06/2024].

FALCÓN-PÉREZ, C. E., "Las cooperativas energéticas verdes como alternativa al sector eléctrico español: una oportunidad de cambio", *Actualidad Jurídica Ambiental,* 104, 2020, pp. 1-55.

GALLEGO CÓRCOLES, I., *Comunidades de energía y transición energética,* Aranzadi, Pamplona, 2022.

GONZÁLEZ RIOS, I., "Los edificios de consumo casi nulo de energía: un reto para la protección ambiental, la diversificación energética y la rehabilitación urbana", *Administración de Andalucía: revista andaluza de administración pública,* 103, 2019, pp. 17-53.

GONZÁLEZ RÍOS, I., "Las «Comunidades energéticas locales»: un nuevo desafío para las entidades locales", *Revista Vasca de Administración Pública*, 117, 2020, pp. 147-193.

GONZÁLEZ RÍOS, I., "Hacia una progresiva descarbonización de la edificación a través de la rehabilitación energética", *Cuadernos de derecho local*, 39, 57, 2021, pp. 82-121.

GONZÁLEZ RÍOS, I., *Los entes locales ante la transición y la sostenibilidad energética*, Aranzadi, Navarra, 2021.

GONZÁLEZ RÍOS, I., "Participación de las entidades locales en las comunidades energéticas", en GALÁN GALÁN, A. (dir.), *Comunidades Energéticas Locales*, Fundación Democracia y Gobierno Local (en prensa).

MINISTERIO DE TRANSPORTES Y MOVILIDAD SOSTENIBLE: «Estrategia a largo plazo para la rehabilitación energética en el sector de la edificación en España» [en línea], (s.f.), <https://www.transportes.gob.es/el-ministerio/planes-estrategicos/estrategia-a-largo-plazo-para-la-rehabilitacion-energetica-en-el-sector-de-la-edificacion-en-espana> [Consulta: 12/06/2024].

REVUELTA PÉREZ, I., *Comunidades energéticas y entidades locales. Formas jurídicas y participación municipal*, Aranzadi, Navarra, 2024.

TORNOS MAS, J., "La actividad de construcción y explotación de una red urbana de calefacción y refrigeración. El *distric heating*", en RECUERDA GIRELA, M. A. (coord.), *Problemas prácticos y actualidad del Derecho Administrativo*: *anuario 2015*, Cizur Menor, Civitas, 2015, pp. 353-360.

Capítulo XV

Comunidades energéticas e inteligencia artificial. La aplicación horizontal del nuevo Reglamento Europeo de Inteligencia Artificial e interacción con la normativa de protección de datos[1]

MARÍA ESTRELLA GUTIÉRREZ DAVID
Profesora contratada doctora
Universidad Complutense de Madrid

[1] Este capítulo es parte del proyecto "Regulación de sistemas energéticos comunitarios basados en almacenamiento y flexibilidad: aceptabilidad, gobernanza y digitalización (ComEnerSys)", TED2021-131840B-I00, financiado por el MCIN/AEI/10.13039/501100011033 y por la Unión Europea "NextGenerationEU"/PRTR".

1. INTRODUCCIÓN

El uso de tecnologías habilitadoras digitales (THD), como la inteligencia artificial (IA), la computación en nube (*cloud computing*) y en el borde (*edge computing*), las tecnologías de registro distribuido (DLT, por sus siglas en inglés, Distributed Ledger Technologies) o el internet de las cosas (IoT), viene siendo una realidad en el sector energético en los últimos tiempos.[2]

En las orientaciones políticas de la Comisión Europea, la transformación digital y ecológica se conciben como procesos que deben desarrollarse simultáneamente[3]. Para desarrollar y consolidar el proceso de descarbonización del sistema energético y, por ende, la consecución de los objetivos climáticos de 2030 y 2050, resulta esencial que "el mercado energético europeo esté plenamente *integrado, interconectado y digitalizado y que, al mismo tiempo, se respete plenamente la neutralidad tecnológica* [cursiva nuestra]". En este sentido, la Comisión considera que las tecnologías digitales pueden "acelerar y potenciar los efectos de las políticas para combatir el cambio climático y proteger el medio ambiente".[4]

1.1. Estado de la cuestión: la implementación de las tecnologías habilitadoras digitales en el despliegue de las comunidades energéticas

Dado que las redes inteligentes o *smart grids* se han convertido en uno de los hitos del sistema energético del futuro, la complejidad del sistema se incrementará hasta el punto de que los modelos convencionales de gestión ya no serán capaces de modelarlo. Con la rápida incorporación de las energías renovables se requiere una gran precisión de las previsiones en múltiples horizontes temporales para lograr una mejor gestión de la energía y planificación del sistema eléctrico. Por ello, es inevitable contar sistemas inteligentes que puedan gestionar las complejas entradas y salidas de los datos producidos por la red, sus activos y sus participantes. Estos sistemas inteligentes deberán predecir la generación de energía a

---

2 ANTHONY, B., "Decentralized AIoT based intelligence for sustainable energy prosumption in local energy communities: A citizen-centric prosumer approach", *Cities*, 152, 2024, p. 2. Doi: https://doi.org/10.1016/j.cities.2024.105198

3 COMISIÓN (UE), "Configurar el futuro digital de Europa" (Comunicación) COM (2020) 67 final, 19 de febrero de 2020.

4 COMISIÓN (UE), "El Pacto Verde Europeo" (Comunicación) COM(2019) 640 final, 11 de diciembre de 2019, pp. 6 y 9.

partir de distintas fuentes renovables y la demanda de energía para generar la demanda energética deficitaria cerca de la ubicación de la demanda y minimizar así las pérdidas.[5]

La integración de fuentes de energía renovables ha propiciado la aparición de un nuevo paradigma energético basado en el papel de los prosumidores, que son consumidores de energía con capacidad también para producir, almacenar y comercializar energía a otros miembros de la comunidad o de la red de energía mediante arquitecturas peer-to-peer (P2P), reduciendo así el uso de energía "no verde". Bajo los principios de la economía colaborativa, todos los pares (prosumidores) cooperan con sus recursos disponibles para producir, comerciar o distribuir energía, facilitando la transacción entre todos los agentes económicos.[6]

Desde un punto de vista regulatorio, esta participación ciudadana en la transición energética se ha materializado en el contexto europeo a través de dos nuevos instrumentos previstos en la Directiva 2018/2001/UE: los sistemas de autoconsumo colectivo y las comunidades de energía renovable.[7] Desde una perspectiva operativa, las comunidades de energía ofrecen un campo ideal para la gestión de la flexibilidad de la demanda mediante el almacenamiento de energía, la agregación y la gestión inteligente de la red.

A su vez, la integración en el sistema de las nuevas fuentes de energía (las renovables), así como la descentralización de los mercados de electricidad con la aparición de nuevos actores locales (autoconsumo colectivo y comunidades energéticas) exige el acceso a conjuntos de datos interoperables y normalizados que puedan ser utilizados por todos los participantes en el mercado (gestores de redes de distribución, agregadores, los consumidores y los usuarios finales). A nivel normativo, la reciente Directiva 2023/2413/UE ha introducido un nuevo art. 20. *bis* en la Directiva 2018/2001/UE, que precisamente habilita este derecho de

---

5 ENTEZARI, A. *et al.*, "Artificial intelligence and machine learning in energy systems: A bibliographic perspective", *Energy Strategy Reviews*, 45, 2023, p. 14. Doi: https://doi.org/10.1016/j.esr.2022.101017

6 MATOS, M. *et al.*, "A Machine Learning Based Energy Management System for Renewable Energy Communities", en IEEE INDUSTRY APPLICATIONS SOCIETY (coord.), *2023 IEEE 3rd International Conference on Industrial Electronics for Sustainable Energy Systems (IESES)*, IEEE Press, Shanghai, 2023, p. 1.

7 Cfr. Considerandos (63), (66), (67), (70) -(72) y arts. 15.3, 18.1, 21 y 22 de la Directiva 2018/2001/UE relativa al fomento del uso de energía procedente de fuentes renovables (versión refundida).

acceso a determinados conjuntos de datos, cuyo plazo de transposición al Derecho interno es el 21 de mayo de 2025.

En consecuencia, la transición hacia la neutralidad climática también requiere infraestructuras inteligentes capaces de extraer, procesar y analizar de manera automatizada los datos generados por la red y sus activos para tomar decisiones en tiempo real. Esto significa que la transición hacia la energía limpia y a precios asequibles debe "impulsar el despliegue de tecnologías e *infraestructuras innovadoras, como las redes inteligentes,* las redes de hidrógeno, la captura, el almacenamiento y el uso de carbono, y el almacenamiento de energía, al tiempo que se facilita la integración sectorial". A su vez, este proceso de digitalización también exigirá la modernización de las infraestructuras y activos ya existentes "para que mantengan su idoneidad y su resiliencia al cambio climático". [8]

En este contexto, la IA, junto con otras THD, permiten abordar problemas concretos a los que se enfrenta el sector energético actual, como la integración de fuentes de energía renovables y otras más volátiles, el uso intensivo de la red o su falta de capacidad de respuesta las fluctuaciones de la demanda.[9] Las distintas técnicas o estrategias que se engloban bajo la IA no analizan los datos de una manera lineal, sino que procesan automáticamente grandes volúmenes de datos, extrayendo patrones y "aprendiendo" de éstos con la finalidad de responder de manera inteligente a nuevas entradas de datos, adaptar los resultados correspondientes y modelar algún aspecto del conocimiento. Las inferencias realizadas a partir de esos modelos (matemáticos) se utilizan, a menudo, para predecir y anticipar situaciones futuras posibles.[10]

1.2. Objetivos y metodología en el marco del Proyecto ComEnergySys

Tanto la integración en el sistema energético de las nuevas fuentes de energía (las renovables), así como la descentralización del sistema con la

8 Ibidem, 7.

9 NIET, I.; VAN EST, R. y VERAART, F., "Governing AI in Electricity Systems: Reflections on the EU Artificial Intelligence Bill", *Frontiers in Artificial Intelligence,* 4, 2021, pp. 2-3. Doi: https://doi.org/10.3389/frai.2021.690237

10 OFICINA DEL COMISIONADO DE INFORMACIÓN: «Big data, artificial intelligence, machine learning and data protection» [en línea], (2017), <https://ico.org.uk/media/for-organisations/documents/2013559/big-data-ai-ml-and-data-protection.pdf> [Consulta: 26/09/2024]

irrupción de nuevos actores locales (comunidades energéticas), plantean retos jurídicos relacionados con el acceso, la gestión y el análisis de los datos generados por la red inteligentes, sus activos y sus participantes, así como las tecnologías habilitantes digitales disponibles para ello.

En el marco del Proyecto de Investigación, ComEnergySys (TED2021-131840B I00), se han identificado algunos de los retos más relevantes, que se abordan en el presente capítulo mediante la formulación de los siguientes objetivos:

(i) El papel de las THD, y particularmente, de la IA en la datificación y digitalización de las redes y sus activos.

(ii) La implementación de las THD, y particularmente, de la IA en la gestión y análisis de los datos generados por las comunidades energéticas y su interacción con la red inteligente.

(iii) La identificación y sistematización de los retos jurídicos que plantean los objetivos (i) y (ii).

Desde el punto de vista metodológico, y dada la novedad del tema en el ámbito de las disciplinas jurídicas, se ha procedido a analizar el estado del arte en la literatura científica. Para ello, se ha acudido a dos bases de datos relevantes, SCOPUS y DIALNET. La primera, por su amplitud bibliográfica en el ámbito científico-técnico, especialmente anglosajón, idioma de referencia de las publicaciones de perfil técnico; y la segunda, por las referencias bibliográficas en el ámbito jurídico en castellano.

Así, para responder a los objetivos (I) y (II), se ha revisado en SCOPUS la literatura técnica donde se abordan de manera específica los aspectos técnicos de la implementación de la IA en las comunidades energéticas. A partir de dicha búsqueda, se ha constatado que, entre las estrategias de IA que frecuentemente se repiten en la literatura científica, se encuentran el aprendizaje automático (*Machine Learning*) y el aprendizaje profundo (*Deep Learning*).

La acotación de la bibliografía de interés sobre las estrategias de IA señaladas nos ha permitido limitar aún más la selección de literatura científica relevante de cara a la realización de un análisis bibliométrico más exhaustivo, a la hora de determinar, en qué medida se identifican y se abordan los retos jurídicos que plantea el marco tecnológico. Como se verá en el siguiente epígrafe, los resultados son prácticamente nulos en cuanto a bibliografía de interés.

Nuestro análisis bibliométrico se ha completado con la búsqueda en DIALNET de publicaciones relevantes en el ámbito de las ciencias jurídicas, a fin de comprobar si en la literatura existente se abordan de alguna forma los retos jurídicos de la implementación de la IA en las redes inteligentes y/o en las comunidades energéticas. De nuevo la respuesta, es negativa.

A la vista del estado del arte, se ha procedido a identificar grupos normativos que, de manera transversal, puedan interactuar con el escaso régimen jurídico existente de las comunidades energéticas. Entre dichos grupos normativos, se han identificado aquellos relativos al régimen de conjuntos de datos de alto valor y sus mecanismos de gobernanza, la regulación de los sistemas de inteligencia artificial, el régimen de protección de datos personales, el marco específico relativo a la ciberseguridad de las infraestructuras críticas y sus activos, derivados de la implementación de la IA y otras THD (por ejemplo, el IoT).

2. LITERATURA CIENTÍFICA SOBRE LOS RETOS JURÍDICOS DEL USO DE IA EN COMUNIDADES ENERGÉTICAS: PUNTO DE PARTIDA, "CASI CERO"

Desde hace tiempo, existe literatura técnica de cierta relevancia que viene trabajando, al menos en el plano teórico, en las posibles aplicaciones de las THD en general en el sector energético, y de la IA, en particular (en combinación o no con otras tecnologías digitales).

A partir del análisis de la presencia de palabras clave relacionadas con distintas estrategias y paradigmas de IA, en los 2000 artículos científicos más citados, ENTEZARI *et al.* han clasificado la bibliografía actual sobre el tema en cuatro grandes grupos: (1) aplicaciones de IA en eficiencia y utilización; (2) ML para desarrollo de modelos de predicción; (3) reconocimiento de patrones en los datos y desarrollo de sistemas de aprendizaje; (4) gestión y transporte de fuentes de energía.[11]

Por su parte, AHMAD *et al.* han revisado también la literatura técnica existente para identificar algunos de los ámbitos relevantes en los que se propone la implementación de la IA: energías renovables (diseño eficiente y predicción de radiación solar en sistemas fotovoltaicos y producción,

---

[11] ENTEZARI, A. *et al.*, "Artificial intelligence and machine learning in energy systems...", *op. cit.*, p. 14.

almacenamiento y transporte de hidrógeno), planificación, demanda y control de los sistemas energéticos (identificación del robo de energía, previsión de la demanda energética y gestión de la oferta, control predictivo del mantenimiento de sistemas, y de la comercialización de energía), defensa frente a ciberataques en los sistemas energéticos, integración y optimización de las energías renovables, integración de la IA y el IoT en las redes inteligentes.[12]

A efectos de abordar los objetivos de este Capítulo de una manera integrada se han realizado distintas búsquedas en las bases de datos de SCOPUS y DIALNET.

A continuación, se explican los criterios de búsqueda utilizados en las bases de datos referenciadas, así como una breve descripción del análisis bibliométrico realizado.

En primer lugar, para identificar el grado de implementación de la IA en las comunidades energéticas, se ha realizado una búsqueda en SCOPUS de la literatura científica publicada sobre comunidades energéticas entre 2018-2024[13], incluyendo distintas disciplinas (científico-técnica y en ciencias sociales), tanto en inglés como en español. Para ello, se ha utilizado como parámetro de búsqueda aquellas publicaciones que, en el rango temporal indicado, incluyan en su título, *abstract* o palabras clave, las palabras "Energy Communities" AND "Artificial Intelligence": [TITLE-ABS-KEY ("Energy Communities") AND TITLE-ABS-KEY ("Artificial Intelligence")] AND PUBYEAR > 2017 AND PUBYEAR < 2025). A partir de estos resultados, se han identificado 10 publicaciones incluidas en el área de las ciencias sociales, de las que sólo una identifica algunos de los problemas jurídicos que plantean la integración de la IA con otras THD, como las tecnologías de registro distribuido o el IoT.[14]

En segundo lugar, al revisar los resultados anteriores se ha comprobado que buena parte de las publicaciones identificadas se centran en el uso de estrategias y paradigmas de *Machine Learning/Deep Learning*. Por tanto, se ha acotado aún más la búsqueda anterior, limitando los resultados

---

12 AHMAD, T. *et al.*, "Artificial intelligence in sustainable energy industry: Status Quo, challenges and opportunities", *Journal of Cleaner Production*, 289, 2021, pp. 9-24. Doi: https://doi.org/10.1016/j.jclepro.2021.125834

13 Para incluir los datos más actualizados, la revisión bibliométrica se ha revisado al cierre de este capítulo, entre los días 26-29 de septiembre de 2024.

14 ANTHONY, B., "Decentralized AIoT based intelligence for sustainable energy...", *op. cit.*, pp. 1-15.

a aquellos documentos que incluyen en su título palabras clave relacionadas con dichos paradigmas. Se han obtenido así 20 publicaciones relevantes para este capítulo.[15]

En tercer lugar, se ha querido conocer en qué medida la implementación de la IA en las comunidades energéticas puede plantear problemas de relevancia jurídica, como la protección de la privacidad y los datos personales. Con este criterio, se ha realizado una búsqueda específica a partir de los siguientes parámetros: [TITLE-ABS-KEY ("Energy Communities") AND TITLE-ABS-KEY ("Artificial Intelligence") AND TITLE-ABS-KEY (privacy)]. Aunque la búsqueda devuelve 8 documentos de posible interés, sólo 5 se consideran relevantes para el objeto de este capítulo.

Por último, se ha tratado de identificar literatura científica publicada en español que sea pertinente para este capítulo. Para ello, se ha realizado una búsqueda en DIALNET, a partir de la palabra clave, "comunidades energéticas", que ha arrojado un resultado de 103 documentos (que incluyen artículos, capítulos de libro, tesis y libros). De este total de documentos, 38 se categorizan por la base de datos dentro de las ciencias jurídicas. Salvo alguna notable (y breve) excepción relativa a los servicios de aplicaciones inteligentes en la comunidades energéticas locales[16], los documentos

---

15 Los criterios de búsqueda se han acotado del siguiente modo: [TITLE-ABS-KEY ("Energy Communities") AND TITLE-ABS-KEY ("Artificial Intelligence")] AND PUBYEAR > 2017 AND PUBYEAR < 2025 AND [LIMIT-TO (EXACTKEYWORD , "Machine Learning") OR LIMIT-TO (EXACTKEYWORD, "Learning Systems") OR LIMIT-TO (EXACTKEYWORD, "Machine-learning") OR LIMIT-TO (EXACTKEYWORD, "Deep Learning") OR LIMIT-TO (EXACTKEYWORD, "Genetic Algorithms") OR LIMIT-TO (EXACTKEYWORD, "Deep Reinforcement Learning") OR LIMIT-TO (EXACTKEYWORD , "Time Series") OR LIMIT-TO (EXACTKEYWORD, "Regression Analysis") OR LIMIT-TO (EXACTKEYWORD, "Reinforcement Learning") OR LIMIT-TO (EXACTKEYWORD, "Reinforcement Learnings") OR LIMIT-TO (EXACTKEYWORD, "Neural-networks") OR LIMIT-TO (EXACTKEYWORD , "Neural Networks") OR LIMIT-TO (EXACTKEYWORD, "Learning Algorithms") OR LIMIT-TO (EXACTKEYWORD, "Intelligent Agents") OR LIMIT-TO (EXACTKEYWORD , "Fuzzy Neural Networks") OR LIMIT-TO (EXACTKEYWORD, "Algorithm") OR LIMIT-TO (EXACTKEYWORD, "Artificial Neural Network") OR LIMIT-TO (EXACTKEYWORD, "Adaptive Boosting") OR LIMIT-TO (EXACTKEYWORD, "Adaptive Neuro-fuzzy Inference System")].

16 GONZALEZ RIOS, I., "Las «Comunidades energéticas locales»: un nuevo desafío para las entidades locales", *Revista Vasca de Administración Pública*, 117, 2020, p. 179. La autora sistematiza el marco jurídico de la implementación de las aplicaciones inteligentes tanto en los edificios inteligentes y en las redes de distribución inteligentes (sistemas de medición inteligentes).

revisados no abordan los retos jurídicos específicos que puede plantear la implementación de la IA y otras THD en las comunidades energéticas.

A partir de los resultados anteriores, se ha elaborado la Tabla 1 incluida en el anexo a este capítulo que incorpora una relación numerada de 15 publicaciones en las que se identifican, por un lado, las estrategias de IA basadas en el aprendizaje automático y profundo aplicadas a la resolución de necesidades concretas de las comunidades energéticas, y por otro, los problemas jurídicos en su caso detectados o abordados, con especial énfasis en la protección de la privacidad, aunque no únicamente.

3. DIGITALIZACIÓN DE LAS REDES DEL SISTEMA ENERGÉTICO, ACTIVOS DE DIGITALIZACIÓN DE REDES Y TECNOLOGÍAS HABILITADORAS DIGITALES

Detrás del uso de estas tecnologías digitales para cambiar de un modelo energético tradicional, basado en combustibles fósiles, a un modelo de neutralidad climática, basado en fuentes de energía renovables, está la "digitalización" de las redes y sus activos (*digitalisation*), lo que exige previamente el proceso previo de pasar de procesos analógicos a procesos digitales sin que se produzcan cambios sustanciales en el propio proceso (*digitisation*).[17]

La digitalización de las redes y sus activos exige que, en el proceso previo de transformación de los procesos analógicos a los digitales (*digitisation*), se acometa el tratamiento de los grandes volúmenes de datos, normalmente, en distintos formatos (estructurados y no estructurados)[18] y, por tanto, no

17 Los términos *digitalisation* y *digitisation* se traducen de la misma forma en español, aunque desde el punto de vista tecnológico son diferentes. *Cfr.* Voces *digitisation* y *digitalisation*, en Gartner, *Information Technology Glossary*, s.f.: "Digitization is the process of changing from analog to digital form, also known as digital enablement. Said another way, digitization takes an analog process and changes it to a digital form without any different-in-kind changes to the process itself"; "Digitalization is the use of digital technologies to change a business model and provide new revenue and value-producing opportunities; it is the process of moving to a digital business."

18 Un formato estructurado es aquel formato legible por una máquina "que permite a las aplicaciones informáticas identificar, reconocer y extraer con facilidad datos específicos, incluidas las declaraciones fácticas y su estructura interna". Son estructurados los formatos CSV, XML, HTML, JSON, RDF, RSS. Vid. Art. 2.13 de la Directiva 2019/1024/UE relativa a los datos abiertos y la reutilización de la información del sector público (versión refundida).

interoperables[19], así como procedentes de distintas fuentes y propietarios. Es por ello que, el tratamiento masivo y automatizado de los grandes volúmenes de datos generados por las redes inteligentes y sus activos requiere de tecnologías escalables para el almacenamiento, gestión y análisis eficiente.[20]

Las redes eléctricas convencionales no se diseñaron para gestionar la integración de fuentes de energía renovables (FER).[21] En su primera fase, la digitalización de las redes eléctricas se centró en la interconexión, lo que dio lugar a volúmenes de datos en rápida expansión (e.g., solares, eólicos, de consumo doméstico, demográficos). En una segunda fase, la digitalización ha incorporado el uso de las THD que pueden ayudar a facilitar la integración de las energías renovables y la transición energética.[22]

Mientras que las estaciones de red convencionales se diseñaron para proporcionar sistemas unidireccionales de transmisión de electricidad a comercios, industrias y oficinas, las redes inteligentes operan bidireccionalmente y realizan ajustes de carga y monitorización en tiempo real, gracias al IoT y a la IA. Por un lado, los dispositivos IoT ya se utilizan en muchas partes del

---

19 La "interoperabilidad" se define como la "capacidad de los sistemas de información, y por ende de los procedimientos a los que éstos dan soporte, de compartir datos y posibilitar el intercambio de información y conocimiento entre ellos". *Vid.* Anexo Real Decreto 4/2010, de 8 de enero, por el que se regula el Esquema Nacional de Interoperabilidad en el ámbito de la Administración Electrónica. Entre los elementos que caracterizan la interoperabilidad deben destacarse: el hecho de que las interfaces de los sistemas a través de los cuales se realizan los intercambios son plenamente conocidos y, por tanto, descritos desde un punto de vista técnico y semántico, funcional y operativo; la capacidad de trabajar con otros sistemas sin restricciones; o el hecho de que la interoperabilidad no es solo una cuestión técnica, sino que afecta también a cuestiones de vocabulario, principios arquitectura y organización, regulación, derecho y políticas. *Vid.* DIRECCIÓN INTERMINISTERIAL DE TECNOLOGÍAS DIGITALES Y DEL SISTEMA DE INFORMACIÓN Y COMUNICACIÓN DEL ESTADO: «Référentiel Général d'Interopérabilité Standardiser s'aligner et se focaliser pour échanger efficacement» [en línea], (2015), <https://www.numerique.gouv.fr/uploads/Referentiel_General_Interoperabilite_V2.pdf> [Consulta: 26/09/2024]

20 AGENCIA ESPAÑOLA DE PROTECCIÓN DE DATOS: «Tecnologías y Protección de Datos en las AA.PP», p. 30. [en línea], (2020), <https://www.aepd.es/sites/default/files/2020-11/guia-tecnologias-admin-digital.pdf > [Consulta: 26/09/2024]

21 AHMAD, T. *et al.*, "Artificial intelligence in sustainable energy industry...", *op. cit.*, p. 23.

22 NOORMAN, M.; ESPINOSA APRÁEZ, B. y LAVRIJSSEN, S., "AI and Energy Justice", *Energies*, 16, 2023, p. 1.

sector energético. Así, por ejemplo, los contadores inteligentes que permiten la lectura en tiempo real del consumo de energía y la carga diaria o los sensores conectados siguen siendo de uso común en las redes eléctricas para seguir el flujo de energía y las condiciones de la red. Asimismo, el IoT puede ser un componente clave de la planificación de infraestructuras como la eficiencia energética y la analítica, la gestión de activos, el control de redes, la simulación de redes, la planificación de redes, los gemelos digitales, la medición inteligente, las centrales eléctricas virtuales y las subestaciones digitales.[23]

Por su parte, la IA puede medir los datos a través del flujo de los sensores, inferir y reconocer sus patrones, generar recomendaciones de retroalimentación para los bucles de los dispositivos de control de las redes de energía, interpretar y percibir los contenidos visuales de los bucles de la red y las redes de energía o generar textos de datos sobre el consumo de energía monitorizados en tiempo real e incluso ayudar a comunicarse con los humanos.

En este sentido, el uso de la IA presenta incentivos como la capacitación de consumidores y ciudadanos, la sostenibilidad, el ahorro de costes, el aumento de la eficiencia y la transparencia, el control descentralizado de los sistemas energéticos, haciendo más gestionable la coordinación de una red cada vez más dinámica.[24]

Distintas estrategias de IA, como el machine learning, supervisado y no supervisado (árboles de decisión, máquinas de soporte vectorial, los vecinos próximos), las redes neuronales, el procesamiento de lenguaje natural, visión por computador pueden tener un amplio campo de aplicación en la transición energética.[25]

---

23 AHMAD, T. *et al.*, "Artificial intelligence in sustainable energy industry...", *op. cit.*, p. 23.

24 NOORMAN, M.; ESPINOSA APRÁEZ, B. y LAVRIJSSEN, S., "AI and Energy Justice", *op. cit.*, p. 1.

25 ENTEZARI, A. *et al.*, "Artificial intelligence and machine learning in energy systems...", *op. cit.*, p. 1; SHOAEI, M. *et al.*, "A review of the applications of artificial intelligence in renewable energy systems: An approach-based study", *Energy Conversion and Management*, 306, 2024, p. 2. Los autores realizan una interesante revisión bibliográfica sobre las aplicaciones de distintos modelos de aprendizaje automático, profundo y de optimización en el sector energético y de las energías renovables.

Así, por ejemplo la IA puede implementarse en la predicción de la oferta y la demanda de energía; la optimización de las redes descentralizadas (tanto a gran escala como las micro-redes); el mantenimiento predictivo y detección de fallos en la red; la planificación de infraestructuras energéticas sostenibles; la optimización del almacenamiento de energía; la estimación de la producción energética procedente renovables[26]; la gestión automatizada de "activos flexibles" para el ahorro de energía o la predicción de fluctuaciones en los precios en tiempo intradiario o casi-real[27]; e incluso prevención de ciberataques en las redes inteligentes.[28]

Por su parte, las DLT, como *blockchain*, pueden ayudar a regular las relaciones existentes entre consumidores en el marco del autoconsumo colectivo, así como registrar los flujos eléctricos entre estos de manera transparente.[29] Así, por ejemplo, existen proyectos H2020, como PARITY, que mediante la integración de estas tecnologías posibilitan modelos centrados en el ser humano de conversión de energía en calor y la previsión de la flexibilidad por activo y prosumidor, a partir de plataformas de mercado basadas en *smart contracts*, que incluyen el mercado local de electricidad y facilitan la comercialización P2P entre prosumidores.[30]

---

26 DONTI, P. L. y KOLTER, Z., "Machine Learning for Sustainable Energy Systems", *Annual Review of Environment and Resources*, 46, 2021, pp. 727-736.

27 NIET, I.; VAN EST, R. y VERAART, F., "Governing AI in Electricity Systems...", *op. cit.*, p. 3.

28 AHMAD, T. *et al.*, "Artificial intelligence in sustainable energy industry...", *op. cit.*, p. 23.

29 DIPUTACIÓN DE BARCELONA: «Guía para el impulso de comunidades energéticas con perspectiva municipal», [en línea], (2021), <https://www.diba.cat/documents/471041/361729804/Guía+para+el+impulso+de+comunidades+energéticas+con+perspectiva+municipal> [Consulta: 26/09/2024].

30 APRÀ, F. M. *et al.*, "Enabling Technologies for Wide-Scale Implementation of Energy Communities' Projects", *Environmenatal Science Proceedings*, 11, 1, 2021, p. 4. Otros componentes importantes son el conjunto de herramientas del agregador y el conjunto de herramientas del Operador del Sistema de Distribución (DSO, por sus siglas en inglés). El primero agrupa los activos de los prosumidores para crear centrales eléctricas virtuales y facilita la comercialización automatizada a los mercados mayoristas y auxiliares, y al DSO a través del mercado local. El segundo realiza la supervisión de la red inteligente y las operaciones de gestión activa de la red en tiempo real o casi real.

4. IMPLEMENTACIÓN DE LA IA EN LAS COMUNIDADES ENERGÉTICAS: IDENTIFICACIÓN DE RETOS JURÍDICOS VINCULADOS A LA DIGITALIZACIÓN

En el contexto anteriormente descrito, las iniciativas de comunidades energéticas (CE) tienen un enorme potencial para facilitar la adopción de nuevas tecnologías. Así, lo reconoce el Considerando (43) de la Directiva 2019/944/UE, sobre normas comunes para el mercado interior de la electricidad, enfatiza esta dimensión tecnológica de estos nuevos instrumentos jurídicos: "Al involucrar directamente a los consumidores, las iniciativas de energía comunitaria demuestran su potencial al facilitar *la adopción de nuevas tecnologías* y patrones de consumo, incluidas las redes de distribución inteligentes y la respuesta de demanda, de forma integrada".

En los últimos años, la producción descentralizada de energía, incluyendo las fuentes de energía renovable (FER), ha ganado relevancia como una opción factible para dar impulso a la transición energética. En este contexto, existe un creciente interés en el desarrollo de estrategias óptimas de planificación, diseño y funcionamiento de las comunidades energéticas a fin de cumplir con los objetivos de sostenibilidad y reducción de la demanda energética, garantizando al mismo tiempo las necesidades y satisfacción de los usuarios. Sin embargo, no siempre se dispone de los datos que alimentan los modelos matemáticos necesarios para este pertinente procedimiento de optimización, así como de sus características de formato.[31]

Al analizar la literatura científica, se identifican los siguientes ámbitos de aplicación de la IA, y en particular, de estrategias de aprendizaje automático (*machine learning*) — supervisado, no supervisado, semi-supervisado, auto-supervisado, por refuerzo, transferencia del aprendizaje— y profundo (*deep learning*). Asimismo, los modelos de *machine learning* y *deep learning* se utilizan para tareas de clasificación, regresión, clustering o agrupamiento, reducción de la dimensionalidad y recompensa.[32]

---

31 GUERRAZZI, E. *et al.*, "Design of Energy Communities and Data-Sharing: Format and Open Data", *Energies*, 16, 2023, pp. 1-26.

32 Con relación a los paradigmas y métodos de aprendizaje, véanse MALATRAS, A., AGRAFIOTIS, I. y ADAMCZYK, M., *Securing machine learning algorithms*, European Union Agency for Cybersecurity, Brussels, 2021, p. 7; así como, las normas UNE-EN ISO/IEC 22989:2023, Tecnología de la información. Inteligencia artificial. Conceptos y terminología de inteligencia artificial (ISO/IEC 22989:2022) (Ratificada por la Asociación Española de Normalización en agosto de 2023), apartados

En algunas de las publicaciones relevantes, se han podido identificar las siguientes aplicaciones de estrategias de machine learning y deep learning en la modelización de necesidades o problemas concretos de las comunidades energéticas:

Tabla 1. Ámbitos de aplicación de la IA en comunidades energéticas

Ámbito de aplicación	Estrategias y técnicas de IA
Edificios inteligentes y gestión de la Comunidad Energética	
Modelización del consumo energético de los Edificios inteligentes.	Máquinas de soporte vectorial, redes neuronales artificiales, árboles de decisión.
Análisis de conjunto de datos de consumo energético y elaboración de perfiles de consumo energético según variables sociodemográficas.	Redes neuronales.
Monitorización no intrusiva de la carga.	Modelo oculto de Markov, redes neuronales, regresión no lineal.
Monitorización de la congestión de los transformadores en las redes de distribución de baja tensión y de los datos de los contadores inteligentes residenciales.	Regresión ridge, regresión de vectores de soporte, bosques aleatorios de regression, eXtreme gradient boosting regression (XGBR).
Optimización del confort térmico de los sistemas de calefacción, ventilación, aire acondicionado y sistemas de refrigeración por absorción.	Algoritmos genéticos, redes neuronales artificiales.
Participación de la respuesta a la demanda de los usuarios (prosumers residenciales y comerciales) de la Comunidad Energética para equilibrar la generación y el consumo de electricidad de una comunidad energética.	Aprendizaje por refuerzo descentralizado, Redes neuronales convolucionales, K-means, k-medoids, clustering jerárquico.
Previsión de la flexibilidad energética de los Edificios de uso comercial integrados en una Comunidad Energética.	LSTM, regresión.
Dimensionamiento y simulación de la demanda energética e incorporación de técnicas de explicabilidad *pos hoc* de los resultados producidos	Red neuronal artificial, algoritmo de Garson.

5.11 y 5.12; UNE-EN ISO/IEC 23053:2023. Marco para sistemas de inteligencia artificial (IA) que utilizan Machine Learning (ML) (ISO/IEC 23053:2022) (Ratificada por la Asociación Española de Normalización en agosto de 2023.)

Optimización de la participación de los agentes de la Comunidad Energética en mercados P2P basados en el mecanismo de comercio de doble subasta.	Aprendizaje profundo por refuerzo.
Integración de energías renovables	
Predicción, modelización y optimización de la generación de energía fotovoltaica.	Regresión vectorial de soporte, modelos markovianos, redes neuronales artificiales, Long Short-Term Memory (LSTM), Support Vector Regression (SVR), Multiple Linear Regression (MLR), XGBoost.
Monitorización a largo plazo de sistemas fotovoltaicos de Comunidades Energéticas para generar información interpretable por humano.	Regresión lineal, regresión simbólica, programación genética, bosques aleatorios de regresión.
Gestión y suministro de electricidad a partir de fuentes renovables.	Redes neuronales artificiales y lógica difusa
Identificación de parámetros y tamaños más eficientes de activos (e.g. células fotovoltaicas).	Modelos de uno o doble diodo.
Almacenamiento de energía	
Gestión eficaz del almacenamiento de energía en la red para reducir picos o utilizar energía almacenada cuando fuentes renovables no están disponibles.	Modelos de clasificación y regresión.
Identificación de descriptores, propiedades y arquitecturas de activos (e.g. baterías de iones de litio) para mejorar la capacidad de almacenamiento.	LASSO, regresión kernel, bosques aleatorios, máquinas de soporte vectorial.

Fuente: Elaboración propia a partir de resultados de búsqueda en SCOPUS

Se han revisado las publicaciones relevantes incluidas en la Tabla 2 *infra* para determinar si la literatura científica identifica o aborda de alguna manera los retos jurídicos que puede plantear la aplicación de la IA en las comunidades energéticas. En dicha Tabla se han enumerado del [1] al [15] las contribuciones científicas que identifican las distintas estrategias y técnicas de *machine learning/deep learning* implementadas para resolver problemas o necesidades concretas de las comunidades energéticas, y en su caso, si además se abordan retos jurídicos concretos.

Del análisis realizado, se extraen las siguientes conclusiones:

En primer lugar, en su gran mayoría, las publicaciones relevantes sobre la materia no identifican los retos jurídicos que plantea la aplicación de la IA, bien sea para proponer modelos teóricos para el análisis de los datos generados por las comunidades energéticas o para generar modelos (entrenados, validados y testados) a partir de conjunto de *datasets* reales ([2], [5], [9], [10]).

La cuestión no es menor puesto que la puesta en práctica de estas propuestas de modelización del conocimiento debe enfrentarse después a marcos regulatorios complejos, al menos en Europa, derivados de la aplicación de legislación horizontal que afecta a distintos sectores (y no solo al energético), así como a la legislación sectorial propia de la ordenación específica del sector energético y de la incipiente ordenación europea y nacional de las comunidades energéticas.

En segundo lugar, sólo en algunos casos se abordan problemas específicos relacionados con la protección de la privacidad y de los datos personales ([3], [7], [9] y [12]), sobre todo, con relación a modelos de IA que analizan la optimización del consumo energético de las unidades que componen la comunidad energética a partir del perfilado de los usuarios/*prosumers*.

En tercer lugar, algunos modelos de IA planteados por la literatura científica ([6], [11] y [12]) tienen en cuenta cuestiones que entrarían en el campo de aplicación horizontal del nuevo Reglamento 2024/1689/UE por el que se establecen normas armonizadas en materia de inteligencia artificial (RIA), como son la preparación y calidad de los datos, la interpretabilidad de los modelos, la aplicación de técnicas de explicabilidad, el rendimiento predictivo de los modelos o las aproximaciones de *benchmarking*.

Por último, sólo en una de las contribuciones ([13]) se identifican retos jurídicos aparte de los ya reseñados, como el cumplimiento de algunos de los requisitos de una IA confiable (equidad y no sesgo, transparencia), y la necesidad de alinear y garantizar la coherencia entre la regulación de IA y de las comunidades energéticas. Se trata, en todo caso, de una contribución que se limita exclusivamente a revisar la literatura científica existente sobre la aplicación de la IA a la gestión de comunidades energéticas, sin que se desarrollen o propongan modelos concretos.

A partir de la literatura científica revisada, es posible sistematizar algunos de los retos jurídicos que plantea el uso de IA para resolver problemas o necesidades concretas de las comunidades energéticas. Dichos retos se identifican con la eventual aplicación horizontal de la normativa europea de IA, con la protección de la privacidad y datos personales de los *prosumers,* y vinculado a los dos retos anteriores, los aspectos relacionados con la (ciber)seguridad de los datos, objetos conectados a la red y otros activos de soporte de las comunidades energéticas (protocolos de comunicación, redes, *hardware, software*).

Tabla 2. Aplicaciones de aprendizaje automático en las comunidades energéticas y problemas jurídicos identificados

Núm. ID	Autor	Título	Publicación	Paradigma de aprendizaje	Modelo ML	Retos jurídicos identificados	Aplicación de los Modelos a problemas concretos de la Comunidad Energética
[1]	Prasad A., Dusparic I.	Multi-agent Deep Reinforcement Learning for Zero Energy Communities	(2019) Proceedings of 2019 IEEE PES Innovative Smart Grid Technologies Europe, ISGT-Europe 2019, art. no. 8905628	Aprendizaje Profundo por Refuerzo	Q-learning, Red Neuronal	———	Se aborda el problema del uso compartido de la energía en la Comunidad de Energía Cero (ZEC) y la mejora del estado energético de la comunidad. Se modela este problema en un entorno multiagente a partir de una solución basada en el Aprendizaje Profundo por Refuerzo. Los resultados indican que con el tiempo los edificios aprenden a colaborar y aprenden una política comparable a la óptima, lo que a su vez mejora el estado energético de la ZEC, mientras que los edificios sin energías renovables prefieren solicitar energía a sus vecinos antes que a la red de suministro.
[2]	Gabriele L., Bertacchini F., Giglio S., Menniti D., Pantano P., Pinnarelli A., Sorrentino N., Bilotta E.	Clustering Analysis to Profile Customers' Behaviour in POWER CLOUD Energy Community	(2020) Lecture Notes in Computer Science (including subseries Lecture Notes in Artificial Intelligence and Lecture	Aprendizaje no supervisado	Algoritmo no paramétrico de agrupación basado en la densidad (DBSCAN), Clustering jerárquico, K-means	———	Este artículo presenta un estudio de análisis de clústeres sobre un conjunto de datos de consumo energético para perfilar los «grupos de clientes» a los que se dirigen los servicios POWERCLOUD. El proyecto POWER CLOUD (PON I& C2014-2020) pretende crear una comunidad energética en la que cada consumidor pueda convertirse también en productor de energía (PROSUMER) y así intercambiar un excedente de energía producida por fuentes renovables con otros usuarios, o comprar o vender colectivamente energía al por mayor. El análisis de agru

Núm. ID	Autor	Título	Publicación	Paradigma de aprendizaje	Modelo ML	Retos jurídicos identificados	Aplicación de los Modelos a problemas concretos de la Comunidad Energética
			Notes in Bioinformatics), 11973 LNCS, pp. 437–450				pamientos permite comprender mejor la propensión al consumo de energía en función de las variables demográficas identificadas. Así, los resultados destacan cómo la disponibilidad a adoptar tecnologías para ser utilizadas en la comunidad energética PowerCloud, aumenta con el crecimiento de la unidad familiar y, se presenta una mayor propensión en los grupos de edad de 18-24 y 25-34 años.
[3]	Ebell N., Pruckner M.	Benchmarking a Decentralized Reinforcement Learning Control Strategy for an Energy Community	(2021) 2021 IEEE International Conference on Communications, Control, and Computing Technologies for Smart Grids, SmartGridComm 2021, pp. 385–390	Aprendizaje por refuerzo descentralizado	Q-Learner	Privacidad	En este trabajo, se evalúa un nuevo enfoque de aprendizaje por refuerzo multiagente que se centra en agentes cooperativos con información de estado local y cuyo objetivo es equilibrar la generación y el consumo de electricidad de una comunidad energética formada por diez hogares y distintos activos conectados a la red eléctrica (generadores, puntos de recarga de coches eléctricos, paneles fotovoltaicos, sistemas de almacenamiento de energía en baterías). Los resultados muestran que el aprendizaje Q independiente consigue un rendimiento un 35% mejor que el control basado en reglas y compensa el elevado esfuerzo computacional con adaptabilidad, simplicidad en los requisitos de comunicación y respeto de la privacidad de los datos.

[4]	Dimitropoulos N., Sofias N., Kapsalis P., Mylona Z., Marinakis V., Primo N., Doukas H	Forecasting of short-term PV production in energy communities through Machine Learning and Deep Learning algorithms	(2021) IISA 2021–12th International Conference on Information, Intelligence, Systems and Applications, art. no. 9555544	Aprendizaje supervisado	Long Short-Term Memory (LSTM), Support Vector Regression (SVR), Multiple Linear Regression (MLR), XGBoost.	———	Se proponen cuatro algoritmos de aprendizaje automático (ML) y aprendizaje profundo (DL) para elaborar previsiones previsiones a corto plazo de alta precisión de hasta 6 horas de la planta solar de una cooperativa energética utilizando su infraestructura y sistema de monitorización. Los resultados se pueden utilizar para programar el suministro de las comunidades energéticas y sentar las bases para aplicaciones más complejas que requieren predicciones precisas a corto plazo, como el mantenimiento predictivo.
[5]	Oprea S.V., Bara A., Diaconita V., Ceaparu C., Ducman A.A.	Big Data Processing for Commercial Buildings and Assessing Flexibility in the Context of Citizen Energy Communities	(2021) IEEE Access, 9, pp. 168715–168730	Aprendizaje supervisado	LSTM Regresión	———	En este trabajo, se propone un enfoque de procesamiento de big data basado en la nube para evaluar el potencial de flexibilidad de 16 edificios comerciales por tipo y beneficios para los propietarios. Con algoritmos de aprendizaje automático, la previsión de flexibilidad puede mejorarse para ayudar a los proveedores de energía, operadores de red y comerciantes a calcular mejor el potencial de flexibilidad de los edificios comerciales. La ejemplificación se realiza con un amplio conjunto de datos horarios de EE.UU. de 14.976 archivos de valores separados por comas con un total de 131,18 millones de registros que muestran los consumos de electricidad y gas y su desglose durante un año.
[6]	Mazzeo D., Herdem M.S., Matera N., Bonini M.,	Artificial intelligence application for the performance	(2021) Energy, 232, art. no. 120999	Aprendizaje supervisado	Red Neuronal Artificial,	Rendimiento predictivo	Se proponen redes neuronales artificiales (RNA) para dimensionar y simular una comunidad de energía limpia (CEC) que emplea un sistema híbrido fotovoltaico-eólico, acoplado con sistemas de almacenamiento de energía y estaciones de

Núm. ID	Autor	Título	Publicación	Paradigma de aprendizaje	Modelo ML	Retos jurídicos identificados	Aplicación de los Modelos a problemas concretos de la Comunidad Energética
	Wen J.Z., Nathwani J., Oliveti G.	prediction of a clean energy community			Algoritmo de Garson	Explicabilidad (explicaciones *pos hoc* locales)	carga de vehículos eléctricos, para satisfacer la demanda energética del distrito de edificios. Las RNA se entrenan con una base de datos muy amplia en cualquier condición climática y para una configuración flexible del sistema eléctrico y cargas eléctricas variables a partir de los datos correspondientes a 48 localidades diferentes de todo el mundo según la clasificación climática de Koppen. Las RNA predicen directamente el rendimiento energético anual de la CEC a partir de ocho parámetros de entrada (fracciones de potencia eólica y de batería instaladas, valores anuales de media y desviación estándar de la radiación solar horizontal total, velocidad del viento, temperatura del aire y carga).
[7]	Dolatabadi M., Siano P., Soroudi A.	Assessing the Scalability and Privacy of Energy Communities by Using a Large-Scale Distributed and Parallel Real-Time Optimization	(2022) IEEE Access, 10, pp. 69771–69787	Optimización	Gradiante descendiente Gradiante descendiente acelerado	Privacidad	Desarrollo de un método de optimización paralela distribuida escalable, que preserva la privacidad en tiempo real, para gestionar una comunidad energética a gran escala de 48 hogares y 42 edificios comerciales, considerando los intercambios de energía dentro de la comunidad según un modelo de autoconsumo virtual y participación en el mercado de servicios auxiliares. El método propuesto preserva la privacidad de los prosumidores y permite evaluar el impacto de los intercambios de energía en los servicios auxiliares prestados por una comunidad energética.

[8]	Barreto R., Gonçalves C., Gomes L., Faria P., Vale Z.	Evaluation Metrics to Assess the Most Suitable Energy Community End-Users to Participate in Demand Response	(2022) Energies, 15 (7), art. no. 2380	Aprendizaje no supervisado	Redes neuronales convolucionales, K-means	———	Este trabajo propone una metodología basada en la participación de la respuesta a la demanda (RD) en un contexto de comunidad energética ciudadana (CEC), donde se utilizan algoritmos de aprendizaje no supervisado como las redes neuronales convolucionales y k-means. Este enfoque permite analizar eventos futuros en la red y equilibrar el consumo y la generación utilizando la flexibilidad del usuario final. Las invitaciones de los usuarios finales al evento de RD se realizaron en función de su clasificación obtenida mediante tres métricas (la flexibilidad energética, el ratio de participación y el historial de flexibilidad de los usuarios finales). Se utilizaron datos reales de una CEC con 50 edificios, donde los resultados demostraron que la participación de los usuarios finales en dos eventos de RD permite reducir los costes energéticos en 1,31 euros, equilibrando los recursos energéticos de la CEC.
[9]	Giuseppi A., Manfredi S., Menegatti D., Pietrabissa A., Poli C.	Decentralized Federated Learning for Nonintrusive Load Monitoring in Smart Energy Communities	(2022) 2022 30th Mediterranean Conference on Control and Automation, MED 2022, pp. 312–317	Aprendizaje Federado Aprendizaje Federado Descentralizado	Modelo oculto de Markov, Redes Neuronales, Regresión No Lineal	Privacy-Enhancing Tecnologies (PET)	Utilización de modelos de aprendizaje federado descentralizado para abordar el problema de la Monitorización No Intrusiva de la Carga en Comunidades Energéticas, utilizando el conjunto de datos, "REFIT", que incluye lecturas de potencia, muestreadas cada 8 segundos, procedentes de 20 hogares de Loughborough (Reino Unido) de 2013 a 2015. El conjunto de datos proporciona información sobre cinco electrodomésticos con fines de desagregación energética: hervidor de agua, microondas, frigorífico, lavavajillas y lavadora.

Núm. ID	Autor	Título	Publicación	Paradigma de aprendizaje	Modelo ML	Retos jurídicos identificados	Aplicación de los Modelos a problemas concretos de la Comunidad Energética
[10]	Pereira H., Gomes L., Vale Z.	Peer-to-peer energy trading optimization in energy communities using multi-agent deep reinforcement learning	(2022) Energy Informatics, 5, art. no. 44	Aprendizaje profundo por Refuerzo	Gradiente de políticas determinísticas profundo, TD3	————	Se propone una metodología para optimizar la participación en mercados P2P basada en el mecanismo de comercialización de doble subasta, a partir de dos algoritmos de aprendizaje por refuerzo, utilizados por separado, para optimizar la cantidad de energía a transaccionar y el precio a pagar/cobrar por la compra/venta de energía. La metodología propuesta utiliza un enfoque competitivo, por lo que todos los agentes buscan el mejor resultado para sí mismos, que en este caso significa reducir al máximo los costes relacionados con la compra de energía, o si hablamos de vendedores, maximizar los beneficios. Para probar la metodología, se llevó a cabo un estudio de caso en una comunidad energética de 50 hogares residenciales (agentes), donde cada uno de los modelos propuestos se utilizó en 20 agentes diferentes, mientras que 10 quedaron sin entrenamiento. Los agentes con entrenamiento consiguieron, a lo largo de una semana, ahorrar 44,65 euros, mientras que los agentes sin entrenamiento incrementaron los costes en 17,07 euros.
[11]	Zenisek J., Bachinger F., Pitzer E., Wagner S., Affenzeller M.	Utilizing Interpretable Machine Learning to detect	(2022) European Modeling and Simulation Symposium,	Aprendizaje supervisado	Regresión lineal, Regresión simbólica,	Explicabilidad: Técnicas de interpretación global agnóstica de modelos	Aplicación de técnicas de explicabilidad global basadas en data mining (en concreto, Técnica VIN- Variable Interaction Networks) a la monitorización a largo plazo de sistemas fotovoltaicos de Comunidades Energéticas para generar información interpretable por humano. El método

		Dynamics in Energy Communities	EMSS, art. no. 042		Programación genética Bosques aleatorios de regresión		VIN descompone el modelo en efectos principales y efectos de interacción, seguido de la visualización de estas interacciones de características como una red.
[12]	Mai T.T., Nguyen P.H., Haque N.A.N.M.M., Pemen G.A.J.M.	Exploring regression models to enable monitoring capability of local energy communities for self-management in low-voltage distribution networks	(2022) IET Smart Grid, 5 ([illegible]), pp. 25–41	Aprendizaje supervisado	Regresión Ridge Regresión de vectores de soporte, Bosques aleatorios de regression, eXtreme gradient boosting regression (XGBR)	Privacidad, Rendimiento predictivo: métricas de error	Este estudio propone un enfoque basado en datos para habilitar la capacidad de autogestión de las comunidades locales de energía (LEC) a través de la monitorización de la congestión de los transformadores en las redes de distribución de baja tensión y de los datos de los contadores inteligentes residenciales, preservando al mismo tiempo la privacidad de los usuarios.
[13]	Atias V.	Opportunities and Challenges of Using Artificial Intelligence in Energy Communities	(2023) International Conference Automatics and Informatics, ICAI 2023–Proceedings, pp. 508–513	Aprendizaje supervisado, Aprendizaje por refuerzo	Revisión amplia de modelos de aprendizaje automática y profundo aplicados para la predicción, sistemas de gestión de	Disponibilidad de datos de calidad, Cumplimiento de requisitos éticos de la IA (equidad y no sesgo, transparencia), Protección de datos personales,	Este artículo explora el potencial de la IA para abordar los retos a los que se enfrentan las comunidades energéticas. Las técnicas de IA, incluidos el aprendizaje automático (ML), el aprendizaje profundo (DL), la lógica difusa (FL), las redes neuronales (NN) y los algoritmos genéticos (GA), pueden mejorar la previsión, la optimización y el control de las fuentes de energía renovables (RES) y la demanda dentro de las comunidades energéticas. El artículo analiza el papel de la IA en las comunidades energéticas y sus aplicaciones

Núm. ID	Autor	Título	Publicación	Paradigma de aprendizaje	Modelo ML	Retos jurídicos identificados	Aplicación de los Modelos a problemas concretos de la Comunidad Energética
					la energía, comercialización de la energía.	Alineamiento, coherencia de la regulación de IA y comunidades energéticas	para predecir la generación de energía, optimizar el funcionamiento de la red, gestionar el almacenamiento de energía, controlar dispositivos y facilitar el comercio de energía. Sin embargo, obstáculos como la disponibilidad de datos, los costes, la ética, la normativa y las carencias de competencias dificultan la adopción de la IA. Superar estas barreras requiere desarrollo de políticas, colaboración, seguridad de los datos, uso ético de la IA y educación.
[14]	Matos M., Almeida J., Gonçalves P., Baldo F., Braz F.J., Bartolomeu P.	A Machine Learning Based Energy Management System for Renewable Energy Communities	(2023) 2023 IEEE 3rd International Conference on Industrial Electronics for Sustainable Energy Systems, IESES 2023	Aprendizaje supervisado	Red neuronal artificial, Gradient Boosting Decision Tree, eXtreme Gradient Boosting (XGBoost)	————	Aplicación de técnicas de ML (árboles de decisión) y ML (redes neuronales) para la previsión del consumo eléctrico en Comunidades de Energías Renovables (CER), con la finalidad de reducir la factura eléctrica de la CER, así como el consumo de energía de la red de distribución.

[15]	Pelekis S., Pipergias A., Karakolis E., Mouzakitis S., Santori F., Ghoreishi M., Askounis D.	Targeted demand response for flexible energy communities using clustering techniques	(2023) Sustainable Energy, Grids and Networks, 36, art. nc. 101134	Aprendizaje no supervisado	k-means, k-medoids, Clustering jerárquico	————	Aplicación de técnicas de agrupación (clustering) para diseñar programas de respuesta a la demanda (RD) dirigidos a prosumidores comerciales y residenciales
[16]	Giannuzzo L., Minuto F.D., Schiera D.S., Lanzini A.	Reconstructing hourly residential electrical load profiles for Renewable Energy Communities using non-intrusive machine learning techniques	(2024) Energy and AI, 15, art. no. 100329	Aprendizaje no supervisado	K-means Bosque aleatorio	————	Desarrollo de una metodología de aprendizaje automático no intrusivo para generar el perfil eléctrico agregado de consumo usuarios residenciales a nivel de resolución horaria utilizando los datos de consumo mensual (es decir, energía facturada), con el objetivo de estimar la energía compartida por las Comunidades de Energías Renovables. La metodología propuesta consta de tres fases: en primer lugar, se identifican los patrones de carga típicos de los usuarios residenciales mediante algoritmos de clustering; después, se aplica un algoritmo Random Forest, basado en las facturas mensuales de energía, para identificar los patrones de carga típicos y, por último, se reconstruye el perfil de carga eléctrica horaria mediante un procedimiento de re-escalado basado en datos.

Fuente: elaboración propia a partir de datos extraídos en SCOPUS.

5. SOBRE LA APLICACIÓN HORIZONTAL DEL NUEVO REGLAMENTO DE INTELIGENCIA ARTIFICIAL

La interacción entre las comunidades energéticas y las infraestructuras (críticas) del suministro energético, por un lado, y el uso de sistemas de IA necesariamente exige la consideración de la eventual aplicación del nuevo Reglamento de Inteligencia Artificial, especialmente, de cara la posible calificación de los sistemas utilizados como "sistema de alto riesgo".

Según el enfoque del riesgo seguido por el Reglamento europeo (riesgo inaceptable, riesgo alto, riesgo limitado y riesgo bajo o mínimo), los sistemas de IA identificados como "de alto riesgo" se limita a "aquellos sistemas de IA que tengan un efecto perjudicial considerable en la salud, la seguridad y los derechos fundamentales de las personas de la Unión".

Aunque sería necesario un análisis caso por caso, de conformidad con el art. 6 y el Anexo III del Reglamento de Inteligencia Artificial, los sistemas de alto riesgo comprenderían:

(i) Sistemas de IA destinados a ser utilizados como componente de seguridad de productos que entren en el ámbito de aplicación la legislación armonizada europea prevista en el Anexo I, o que el propio sistema de IA sea uno de dichos productos, siempre que, además, estén sujetos a una evaluación de conformidad *ex ante* por parte de un tercero.

(ii) Determinados sistemas autónomos de IA enumerados en el Anexo III del Reglamento y, en particular, aquellos sistemas de IA "destinados a ser utilizados como componentes de seguridad en la gestión y el funcionamiento de las infraestructuras digitales críticas, del tráfico rodado o del *suministro de agua, gas, calefacción o electricidad*" [cursiva nuestra].

En el primer caso, deberá analizarse si los componentes de seguridad del sistema de IA o el propio sistema en sí implementado en la comunidad energética están sujeto a la legislación armonizada del Anexo III, como por ejemplo, la Directiva 2014/33/UE sobre la armonización de las legislaciones de los Estados miembros en materia de ascensores y componentes de seguridad para ascensores; la Directiva 2014/53/UE relativa a la armonización de las legislaciones de los Estados miembros sobre la comercialización de equipos radioeléctricos; o el Reglamento 2016/426/UE sobre los aparatos que queman combustibles gaseosos, este último con aplicación específica, a los aparatos y los equipos relacionados con el gas y a la eficiencia energética.

En el segundo caso, y dada la interconexión de la comunidad energética con infraestructuras digitales y de suministro energético, debería analizarse *ad hoc* si la implementación específica de sistemas de inteligencia artificial puede encajar en el segundo de los supuestos.

Por lo que respecta a la gestión y el funcionamiento de infraestructuras críticas, el Considerando (76) del Reglamento de Inteligencia Artificial aclara que deben considerarse de alto riesgo los sistemas de IA destinados a ser utilizados como componentes de seguridad en la gestión y el funcionamiento de las infraestructuras digitales críticas que se enumeran en el anexo, punto 8, de la Directiva 2022/2557/UE[33]; del tráfico rodado y del suministro de agua, gas, calefacción y electricidad. Ello es así porque un fallo o un defecto de funcionamiento de estos componentes puede poner en peligro la vida y la salud de las personas a gran escala, alterando de manera significativa el desarrollo habitual de las actividades sociales y económicas. Los componentes de seguridad de las infraestructuras críticas son sistemas utilizados para proteger directamente la integridad física de las infraestructuras críticas o la salud y la seguridad de las personas y los bienes, pero no son necesarios para el funcionamiento del sistema. Entre los componentes de seguridad de esas infraestructuras críticas, el Reglamento, menciona a título ejemplificativo, los sistemas de control de la presión del agua o los sistemas de control de las alarmas contra incendios en los centros de computación en la nube.

La calificación de "alto riesgo" del sistema de IA implicaría, en su caso, que la comunidad energética deberá cumplir con los requisitos previstos en la Sección II del Capítulo III del Reglamento, entre otros: la implantación, documentación y mantenimiento de un sistema de gestión de riesgos (art. 9), la aplicación de prácticas de gobernanza y gestión de datos a los conjuntos de datos de entrenamiento, validación y prueba que se utilicen para generar modelos de IA (art. 10), la llevanza y actualización de la documentación técnica correspondiente del sistema de IA (art. 11), la conservación de los registros log de eventos para garantizar la trazabilidad del sistema (art. 12), la transparencia y comunicación de información relevante a los responsables del despliegue (art. 13), la adopción de medidas de supervisión humana (art. 14), y un nivel adecuado de precisión, solidez y ciberseguridad durante todo el ciclo de vida del sistema (art. 15).[34]

---

[33] Directiva 2022/2557/UE relativa a la resiliencia de las entidades críticas.

[34] La Comisión Europea ha mandatado al Comité Europeo de Normalización (CEN) y al Comité Europeo de Normalización Electrotécnica (CENELEC) para

Con relación a los requisitos de los sistemas de IA de alto riesgo, deben hacerse algunas consideraciones, especialmente, en lo que se refiere a la aplicación de prácticas de gobernanza y gestión de datos, la interpretabilidad, transparencia y la explicabilidad, y la precisión de los sistemas.

En primer lugar, a la hora de desarrollar aplicaciones específicas de IA en el ámbito de las comunidades energéticas, no siempre se dispone de los datos de calidad que alimentan los modelos matemáticos necesarios para este pertinente procedimiento de optimización, así como de sus características de formato.[35]

En segundo lugar, la transparencia puede verse reducida cuando aumenta la complejidad de los modelos de IA. Sin embargo, los modelos más complejos de caja negra (e.g. redes neuronales, máquinas de soporte vectorial, bosques aleatorios, métodos ensamblados) suelen presentar un mejor rendimiento. Estos modelos están presentes, por ejemplo, en las propuestas [1], [6], [8], [14] (Tabla 2, *supra*). El carácter de caja negra de algunas estrategias de IA puede ser un factor limitador de la interpretabilidad y transparencia de los modelos implementados, pero la externalización del desarrollo de la IA a empresas privadas y *start-ups* también puede restar transparencia a los sistemas energéticos. Además, los sistemas energéticos basados en IA que realizan gran parte de sus tareas de forma

---

que elaboren normas técnicas que concreten las obligaciones principales previstas en el Reglamento para los sistemas de alto riesgo. *Vid.* COMISIÓN (UE), "Commission Implementing Decision of 22.5.2023 on a standardisation request to the European Committee for Standardisation and the European Committee for Electrotechnical Standardisation in support of Union policy on artificial intelligence" (Comunicación) C(2023) 3215 final, 22 de mayo de 2023. Anexo I. En el listado de nuevas normas técnicas europeas y documentos europeos de normalización que la Comisión ha encargado al CEN y al CENELEC, se incluyen normas sobre: (1) sistemas de gestión de riesgos para sistemas de IA; (2) gobernanza y calidad de los conjuntos de datos utilizados para construir sistemas de IA; (3) mantenimiento de registros mediante capacidades de registro de eventos (logs) de los sistemas de IA; (4) transparencia e información a los usuarios de los sistemas de IA; (5) supervisión humana de los sistemas de IA; (6) especificaciones de precisión para los sistemas de IA; (7) especificaciones de robustez de los sistemas de IA; (8) especificaciones de ciberseguridad para sistemas de IA; (9) sistemas de gestión de la calidad para proveedores de sistemas de inteligencia artificial, incluidos los procesos de seguimiento postcomercialización; (10) evaluación de la conformidad de los sistemas de IA.

35 GUERRAZZI, E. *et al.*, "Design of Energy Communities and Data-Sharing...", *op. cit.*, pp. 1-26.

autónoma pueden dificultar la intervención eficaz de los operadores humanos debido a su complejidad y a la velocidad con la que realizan sus operaciones. Asimismo, cuando las negociaciones de precios estén descentralizadas —apoyadas por sistemas basados en IA que actúan de forma más o menos autónoma—, las autoridades de la competencia y los reguladores de la energía podrían tener dificultades para controlar cómo evolucionan los precios.[36]

Por ello la implementación de técnicas complementarias de la explicabilidad puede resultar necesaria a la hora de garantizar una interpretabilidad adecuada de los sistemas de IA que se utilicen en el contexto de las comunidades energéticas, tal y como se plantea en [6] y [11] (Tabla 2, *supra*).

Finalmente, otro aspecto importante, es la evaluación del rendimiento predictivo del sistema de IA, que es el enfoque adoptado en [6] y [12] (Tabla 2, *supra*). El rendimiento predictivo de los modelos de IA puede medirse y evaluarse mediante las llamadas "métricas de rendimiento", también denominadas "métricas de error". Dichas métricas incluyen construcciones lógico-matemáticas diseñadas para medir la proximidad o cercanía entre el resultado previsto (predicción) y resultado real y, por tanto, su capacidad predictiva.[37]

La evaluación del rendimiento de un modelo de IA puede tener distintas finalidades, entre otras[38]:

(i) La evaluación del modelo, para conocer cuán fiables o precisas son sus predicciones o la frecuencia y el tamaño esperado de sus errores;

(ii) La comparación de distintos modelos, para elegir entre aquellos que presenten mejores compensaciones entre rendimiento y eficiencia;

(iii) Las comparaciones con nuevos datos y a lo largo del tiempo, para comprobar que el rendimiento del modelo no se ha degradado.

---

36 NOORMAN, M.; ESPINOSA APRÁEZ, B. y LAVRIJSSEN, S., "AI and Energy Justice", *op. cit.*, p. 2.

37 PLEVRIS, V. *et al.*, «Investigation of performance metrics in regression analysis and machine learning-based prediction models», [en línea], (2022), <https://www.scipedia.com/public/Plevris_et_al_2022a> [Consulta: 26/09/2024]

38 Véase ORGANIZACIÓN INTERNACIONAL DE NORMALIZACIÓN: «ISO/IEC TS 4213:2022, Assessment of machine learning classification performance», p. 7 [en línea], (2022), <https://www.iso.org/standard/79799.html> [Consulta: 26/09/2024]

(iv) Determinar, en función del caso de uso y contexto de aplicación, la manera más óptima de compensar la relación (normalmente inversa) entre el rendimiento de los modelos y su nivel de interpretabilidad.

6. INTELIGENCIA ARTIFICIAL, PRIVACIDAD Y PROTECCIÓN DE DATOS EN LAS COMUNIDADES ENERGÉTICAS

La integración de la IA para el desarrollo e implementación de comunidades energéticas requiere de la infraestructura digital necesaria, lo supone un reto para la privacidad, (ciber)seguridad y la controlabilidad de la tecnología y la autonomía de los agentes del mercado.[39]

En el ámbito de las comunidades energéticas, existe preocupación sobre el efecto que estas tecnologías pueden tener, entre otras cosas, en la seguridad, la privacidad, la transparencia, la equidad y la responsabilidad. La necesidad de grandes volúmenes de datos de muchas aplicaciones de IA puede dar lugar a vulneraciones de la intimidad cuando estas tecnologías hagan posibles previsiones y predicciones cada vez más precisas de la demanda de energía de los consumidores. Además, la predicción de la demanda puede requerir distintas categorías de datos personales que pueden revelar mucho sobre el horario y los hábitos diarios de una persona. [40]

6.1. El reto del cumplimiento de los principios de protección de datos en los tratamientos realizados mediante sistemas de IA

En términos generales, el despliegue de sistemas de IA plantea retos con relación al cumplimiento de los principios de transparencia, limitación de la finalidad, minimización, exactitud o limitación del plazo de conservación.

Junto con los datos obtenidos directamente del usuario (e.g. información facilitada en facturas de consumos energéticos), o los "datos observados" procedentes de sensores incorporados a la comunidad energética, el uso de la IA está generando nuevas taxonomías de datos, como son los

---

39 NIET, I.; VAN DEN BERGHE, L. y VAN EST, R., "Societal impacts of AI integration in the EU electricity market: The Dutch case", *Technological Forecasting and Social Change*, 192, 2023, pp. 1-11. Doi: https://doi.org/10.1016/j.techfore.2023.122554

40 NOORMAN, M.; ESPINOSA APRÁEZ, B. y LAVRIJSSEN, S., "AI and Energy Justice", *op. cit.*, p. 2.

"datos inferidos".[41] Los llamados "datos inferidos" son el producto de tratamientos analíticos probabilísticos que detectan correlaciones entre los datos personales para generar predicciones sobre el comportamiento del interesado. En esta categoría de datos "enriquecidos" se incluyen los datos resultantes de analítica de datos avanzada mediante modelos de aprendizaje automatizado o aprendizaje profundo. Las predicciones así obtenidas son utilizadas, por ejemplo, en la detección de patrones de conductas indiciarias de fraude o en la elaboración de recomendaciones al usuario de un producto o servicio.[42]

Asimismo, los métodos probabilísticos o estimativos, como las estrategias de *machine learning* o *deep learning* indicadas en la Tabla 2, *supra*, son herramientas potentes para procesar datos personales y su empleo en servicios y aplicaciones digitales de las comunidades energéticas puede plantear problemas con relación al cumplimiento del principio de exactitud, debido a que su naturaleza implica eventuales casos de falsos negativos, falsos positivos o errores de predicción[43]. Precisamente, el Reglamento de Inteligencia Artificial, incluye como parte del requisito de transparencia, la inclusión en la documentación que acompañe al sistema de IA de las métricas de error utilizadas para evaluar el rendimiento predictivo del sistema (art. 13.3 del Reglamento).

La utilización de datos sensibles anonimizados o seudonimizados también representa un riesgo significativo, en la medida en que la gran cantidad de fuentes de datos de los que se nutrirían las soluciones de IA acaben vinculándose a las personas individuales interesadas posibilitando su reidentificación.[44]

---

41 DOMINGOS, P., *The Master Algorithm: How the Quest for the Ultimate Learning Machine Will Remake Our World*, Basic Books, New York, 2018, pp. 51-55.

42 INSTITUTO ALAN TURING y OFICINA DEL COMISARIO DE INFORMACIÓN: «Explaining decisions made with AI», p. 7 [en línea], (2022), <https://ico.org.uk/media/for-organisations/uk-gdpr-guidance-and-resources/artificial-intelligence/explaining-decisions-made-with-artificial-intelligence-1-0.pdf> [Consulta: 26/09/2024]

43 Cfr. AGENCIA ESPAÑOLA DE PROTECCIÓN DE DATOS: «Métodos probabilísticos y cumplimiento del RGPD», [en línea], (2024), <https://www.aepd.es/prensa-y-comunicacion/blog/metodos-probabilisticos-y-cumplimiento-rgpd> [Consulta: 26/09/2024]

44 PARLAMENTO EUROPEO, *The impact of the General Data Protection Regulation (GDPR) on artificial intelligence*, European Parliamentary Research Service, Brussels, 2020, p. 36.

En la medida en que los sistemas de IA generalmente requieren, *a priori*, grandes cantidades de datos, a primera vista, puede resultar complejo cumplir con el "principio de minimización". La formulación del principio en el art. 5.1.c) RGPD se concreta en que los datos personales serán "adecuados, pertinentes y limitados a lo necesario en relación con los fines para los que son tratados".

El cumplimiento del principio exige identificar la mínima cantidad de datos personales que son necesarios para conseguir la finalidad del tratamiento y tratar sólo esos datos y no más. Para ello es necesaria la verificación de dos aspectos. Por un lado, la delimitación de cuál/es es/son la finalidad o finalidades relevantes del tratamiento; por otro, la determinación de la necesidad de la actividad de tratamiento para conseguir la finalidad perseguida[45].

En el caso de los sistemas o componentes de IA, la minimización persigue optimizar el tratamiento desde el punto de vista de la protección de datos a lo largo del ciclo de vida de la solución de IA, limitando la extensión de las categorías de datos que se utilizan en cada fase del tratamiento a aquellas que son estrictamente necesarias y relevantes, justificando la validez de variables *proxy* en caso de que se utilicen; el grado de detalle o precisión de la información, la granularidad de la recogida en tiempo y su frecuencia, así como la antigüedad de la información utilizada; la extensión del conjunto de entrenamiento, justificando el número de interesados afectados en función de la precisión que la solución IA ha de alcanzar en sus inferencias para el tratamiento específico; la accesibilidad de las distintas categorías de datos al personal del responsable/encargado autorizado o incluso al usuario final (si hubiera datos de terceros en los modelos de IA) en todas las fases del tratamiento.

Existen diferentes técnicas de minimización de datos para soluciones de IA, algunas de ellas específicas para el aprendizaje automatizado, que podrían ser aplicables al tratamiento de datos relativos a la salud. Entre las técnicas de minimización identificadas por la Agencia Española de Protección de Datos y el Information Commissioner's Office pueden destacarse[46]: (i) la determinación de las condiciones que han de cumplir

---

45 CAREY, P., *Data Protection. A Practical Guide to UK and EU Law*, Oxford University Press, Oxford, 2018, pp. 35-36.

46 AGENCIA ESPAÑOLA DE PROTECCIÓN DE DATOS: «Adecuación al RGPD de tratamientos que incorporan Inteligencia Artificial. Una introducción», [en línea], pp. 39-40 (2020), <https://www.aepd.es/guias/adecuacion-rgpd-ia.pdf>

los datos para que sean considerados de alta calidad y con gran capacidad predictora para la aplicación concreta; (ii) la identificación y supresión durante el proceso de entrenamiento de aquellas categorías de datos que no tienen una influencia significativa en el aprendizaje o en el resultado de la inferencia; (iii) la utilización de técnicas de verificación que requieran un menor número de datos, como la validación cruzada; (iv) el análisis y configuración de hiperparámetros del algoritmo que pudieran tener influencia en la cantidad o extensión de datos tratados con el fin de minimizarlos; (v) la utilización de modelos de aprendizaje federado, con aplicaciones específicas en la investigación biomédica pues permite el análisis de múltiples bases de datos de pacientes[47]; (vi) la aplicación de estratégicas de privacidad diferencial, como por ejemplo, añadir perturbación o «ruido» de manera aleatoria a los datos de entrenamiento[48]; (vii) el entrenamiento con

---

[Consulta: 26/09/2024]; OFICINA DEL COMISIONADO DE INFORMACIÓN: «Guidance on AI and data protection», [en línea], pp. 60-63 (2020), <https://ico.org.uk/media/for-organisations/uk-gdpr-guidance-and-resources/artificial-intelligence/guidance-on-ai-and-data-protection-2-0.pdf> [Consulta: 26/09/2024]

47 El aprendizaje federado es un procedimiento de aprendizaje automático descentralizado que permite entrenar modelos de machine learning con muchos proveedores de datos. El aprendizaje federado posibilita que distintos responsables de tratamiento (e.g. hospitales, centros de investigación biomédica) entrenen modelos sobre sus propios datos (modelos "locales"). Esos modelos locales se envían a un servidor central donde se combinan los patrones que han identificado esos modelos locales (conocidos como "gradientes") en un único modelo "global" más preciso, y sin tener que compartir ningún dato de entrenamiento entre ellos. Compartir el gradiente derivado del entrenamiento de modelos locales implica un menor riesgo para la privacidad que compartir los datos de entrenamiento, si bien el gradiente aún podría revelar aún información personal de los individuos especialmente si el modelo es complejo con muchas variables detalladas, por lo que, en tal caso, debe valorarse el riesgo de re-identificación. En el caso del aprendizaje federado, las organizaciones participantes pueden ser consideradas co-responsables de tratamiento, a pesar de que no tienen acceso a los datos de los demás. HAO, K.: «A little-known AI method can train on your health data without threatening your privacy», [en línea], (2019), <https://www.technologyreview.com/2019/03/11/136710/a-little-known-ai-method-can-train-on-your-health-data-without-threatening-your-privacy> [Consulta: 26/09/2024]

48 Las estrategias de "privacidad diferencial" consisten en inyectar "ruido" aleatorio en los resultados a las consultas de un conjunto de datos mediante distintas técnicas algorítmicas. El ruido debería ser lo suficientemente grande como para proporcionar anonimato a nivel individual, protegiendo frente a eventuales reidentificaciones y a ataques de inferencia o vinculación (*linkage attack*), pero no lo suficiente como para afectar la utilidad y precisión del análisis de los datos.

datos cifrados utilizando técnicas homomórficas, especialmente relevantes en el caso de tratamientos de categorías especiales de datos[49]; (viii) el uso de datos sintéticos, es decir, datos que no se corresponden con personas reales identificadas o identificables, sino que han sido generados artificialmente; (ix) la transformación de los datos personales en formatos menos legibles para humanos (e.g. las imagen de una cara con cáncer facial puede convertirse en huellas faciales que son representaciones matemáticas de las propiedades geométricas subyacentes en los rostros) y, en su caso, implementar esa conversión en el dispositivo del usuario (e.g. en el dispositivo médico conectado); (x) la realización del proceso de inferencia de forma local en el dispositivo que recoge y almacena los datos personales en lugar realizarlo en un servidor de *cloud*; (xi) la aplicación de técnicas de anonimización y seudonimización en los datos de entrenamiento, en los posibles datos personales contenidos en el modelo y en el tratamiento de la inferencia.

Las investigaciones recientes sobre privacidad en las *smart grids* se centran principalmente en los datos de carga obtenidos por los contadores inteligentes y en algunas de las metodologías utilizadas para preservar

---

Técnicamente, el mecanismo consiste en un algoritmo que toma como entrada una base de datos, un universo X de tipos de datos (el conjunto de todas las filas posibles de la base de datos), bits aleatorios y, opcionalmente, un conjunto de consultas, produciendo como resultado una cadena de salida. El objetivo es que la cadena de salida pueda decodificarse y producir una vista anonimizada de las respuestas a las consultas realizadas relativamente precisa. OFICINA DEL COMISIONADO DE INFORMACIÓN: «Big data, artificial intelligence, machine learning and data protection», *op. cit.,* apartados 163-164; GRUPO DE TRABAJO DEL ARTÍCULO 29, *Dictamen 05/2014 sobre técnicas de anonimización,* 2014, 16; DWORK, C. y ROTH, A., "The Algorithmic Foundations of Differential Privacy. Foundations and Trends", *Theoretical Computer Science,* 9, 3-4, 2014. pp. 211-407.

49 El cifrado homomórfico es una medida de privacidad por defecto que permite realizar operaciones sobre los datos cifrados y obtener resultados, también cifrados, equivalentes a las operaciones realizadas directamente sobre los datos originales. En las relaciones entre responsable y encargado, tiene la ventaja de evitar que el encargado acceda al contenido de la información, además de eliminar la necesidad de establecer una relación de claves entre responsable y encargado, con el sistema de cifrado no queda expuesto al exterior. Precisamente, esta clase de cifrado permite la explotación de los datos con mayores garantías en aquellos servicios basados en IoT, Cloud Computing y aprendizaje automático. AGENCIA ESPAÑOLA DE PROTECCIÓN DE DATOS: «Cifrado y Privacidad III: Cifrado Homomórfico», [en línea], (2020), <https://www.aepd.es/prensa-y-comunicacion/blog/cifrado-privacidad-iii-cifrado-homomorfico> [Consulta: 26/09/2024]

la privacidad y los datos personales. Entre los enfoques más utilizados, figuran la anonimización o seudonimización y la agregación de datos de medición inteligente. En efecto, la agregación de datos para proteger los datos de los consumidores consiste en combinar los datos de la lectura del contador en la pasarela de modo que el agente adversario o el ciberatacante no puedan identificar la información de un usuario individual. Este enfoque puede combinarse, además, con la noción de privacidad diferencial. Otros métodos para preservar la privacidad consideran la relación entre la privacidad y la resolución de los datos de carga y proponen dividir los datos de carga en grupos con diferentes resoluciones y distintos niveles de autorización. Algunos autores proponen la divulgación restringida de los datos en un marco de descomposición, mientras que en otros la privacidad se protege limitando la revelación del consumo individual mediante el cifrado del uso de electricidad. La adición de artefactos numéricos, incluidos ruidos perturbadores o secuencias aleatorias a los datos de carga originales, se propone para ocultar diferentes contribuciones. El procesamiento seguro de señales en el dominio encriptado también puede utilizarse para preservar la privacidad.[50]

6.2. Contadores inteligentes, perfilado de usuarios y herramientas de IA

Por su parte, el despliegue de redes inteligentes y de contadores inteligentes implican tratamientos intensivos de datos. Por un lado, la *smart grid* es una red eléctrica que puede integrar de manera eficiente el comportamiento y las acciones de todos los usuarios conectados a ella —generadores, distribuidores, comercializadores, consumidores— con el fin de garantizar un sistema energético económicamente eficiente, sostenible, con pocas pérdidas y niveles elevados de calidad de servicio y seguridad del suministro[51]. Por otro, la incorporación de una red de contadores

---

50 DOLATABADI, M., SIANO, P. y SOROUDI, A., "Assessing the Scalability and Privacy of Energy Communities by Using a Large-Scale Distributed and Parallel Real-Time Optimization", *IEEE Power & Energy Society Section*, 10, 2022, p. 69772.

51 Las redes inteligentes gestionan la generación, distribución y/o consumo de energía de una manera más eficiente al integrar capacidades de control, comunicación bidireccional e inteligencia mediante el uso de la computación, sensores, y tecnologías de medición en un sistema inicialmente concebido exclusivamente para generar y distribuir energía. Un pilar de las *smart grids* son los contadores inteligentes que posibilitan: (i) la disponibilidad de los datos de consumo para los usuarios, lo cual les permite adaptar su consumo de energía para lograr incentivos

inteligentes para analizar y gestionar el consumo energético del Edificio inteligente puede implicar muy variados tratamientos de una amplia taxonomía de datos personales.

Precisamente, a partir de los datos de consumo energético registrados por los contadores inteligentes, distintas técnicas de aprendizaje supervisado (redes neuronales artificiales, máquina de soporte vectorial o modelos de regresión de procesos gaussianos) y no supervisado (K-means, árboles de decisión, clustering jerárquico, clustering difuso) se vienen aplicando para estimar los consumos energéticos de calor y electricidad de los edificios según sus distintos usos (e.g. terciario o residencial).[52]

Entre los casos de usos identificados por el Servicio de la Administración Digital y la Oficina para la Inteligencia Artificial del Reino Unido, se ha documentado precisamente cómo el aprendizaje no supervisado puede aplicarse al análisis de los datos registrados por los *smart meters* con la finalidad de optimizar los consumos de calor y energía de las viviendas. Esta técnica de *machine learning* permite monitorizar e identificar mediante tareas de clustering qué aparatos eléctricos se utilizan en las viviendas en un momento determinado. Los datos de consumo energético de las viviendas son recopilados sin etiquetar de los contadores inteligentes y, mediante aprendizaje no supervisado, es posible agrupar los diferentes aparatos a partir de sus patrones de consumo. El modelo puede predecir así las necesidades energéticas futuras de una vivienda, lo que permitiría a los hogares la planificación más

---

económicos o mejorar la sostenibilidad y ahorro energético; ii) la capacidad de evaluar y controlar medidores de forma remota por los proveedores de servicios reduciendo los costes operativos y los errores humanos del proceso; (iii) la reducción del consumo energético no sostenible y derroche de energía, ya que la red puede automatizarse y reaccionar frente cortes de energía, fallos y excesos, reorientando la energía ahí donde es más necesaria. AVANCINI, D.B. *et al.*, "Energy meters evolution in smart grids: A review", *Journal of Cleaner Production*, 217, 2019, pp. 702-703; CRETÌ, A. y FONTINI, F., *Economics of Electricity: Markets, Competition and Rules*, Cambridge University Press, Cambridge, 2019, pp. 326-335.

52 SEYEDZADEH, S. *et al.*, "Machine learning for estimation of building energy consumption and performance: a review", *Visualization in Engineering*, 6, 2018, pp. 1-20. Doi: https://doi.org/10.1186/s40327-018-0064-7 ; NAZERIYE, M. *et al.*, "Analysis of the Impact of Residential Property and Equipment on Building Energy Efficiency and Consumption—A Data Mining Approach", *Applied Sciences*, 10, 2020, pp. 1-18. Doi : https://doi.org/10.3390/app10103589; PUENTE, C. *et al.*, "Non-Intrusive Load Monitoring (NILM) for Energy Disaggregation Using Soft Computing Techniques", *Energies*, 13, 2020, pp. 1-20. Doi: https://doi.org/10.3390/en13123117

eficiente del uso de sus electrodomésticos o el apagado/encendido inteligente de la calefacción, en función de la ocupación de la vivienda.[53]

Desde una perspectiva de la protección de datos personales, contadores y redes inteligentes pueden tratar distintas categorías de datos personales, como pueden ser los datos identificativos (nombres y direcciones) de usuarios de la red; datos de uso (consumo doméstico de energía o, información sobre la demanda y sellados de tiempo) o datos de facturación y método de pago del usuario, ya que proporcionan información sobre la vida diaria del interesado; cantidad de energía y potencia proporcionada por la red, ya que proporcionan información sobre la cantidad de recursos energéticos sostenibles disponibles para el consumidor, o en su caso, las cantidades de energía vertidas a las redes de distribución y transporte en la modalidad de autoconsumo con excedente para aquellos consumidores acogidos a esta modalidad de autogeneración de energía; perfiles de consumidores; datos del tipo de operaciones de la instalación (e.g. horas de uso, número de ocupantes de una vivienda, horarios y tipo de ocupantes); frecuencia de transmisión de datos (si se limita a ciertos umbrales), ya que estos pueden proporcionar información sobre la vida diaria de los interesado; número de identificación único del contador inteligente y/o número de referencia único del inmueble (en ausencia de estos datos, el contador puede identificarse por su gráfico de carga energética único); metadatos relativos a la configuración del contador inteligente; descripción del mensaje transmitido, por ejemplo, una lectura de contador o un aviso de manipulación; contenido del mensaje que incluye lectura de minutería del contador, avisos (e.g. activación de alarma del contador), información sobre la red relativa a la tensión, los fallos de alimentación y la calidad de la potencia, y gráficos de carga con distintos niveles de detalle.[54]

---

53 SERVICIO DIGITAL DEL GOBIERNO, OFICINA DE INTELIGENCIA ARTIFICIAL: «Using data from electricity meters to predict energy consumption», [en línea], (2020), <https://www.gov.uk/government/case-studies/using-data-from-electricity-meters-to-predict-energy-consumption> [Consulta: 26/09/2024]

54 GRUPO DE TRABAJO DEL ARTÍCULO 29: «Opinion 07/2013 on the Data Protection Impact Assessment Template for Smart Grid and Smart Metering Systems ('DPIA Template') prepared by Expert Group 2 of the Commission's Smart Grid Task Force», p. 5 [en línea], (2013), <https://ec.europa.eu/justice/article-29/documentation/opinion-recommendation/files/2013/wp205_en.pdf > [Consulta: 26/09/2024]; GRUPO DE TRABAJO SOBRE REDES INTELIGENTES: «Data Protection Impact Assessment Template for Smart Grid and Smart Metering Systems», p. 25 [en línea], (2018), <https://energy.ec.europa.eu/document/download/eee93bb8-1bda-4bdc-ac64-7edd6d0e60bc_en?filename=dpia_for_publication_2018.pdf> [Consulta: 26/09/2024]

Por su parte, el Tribunal Supremo ha determinado que:

> [L]os datos de consumo energético individualizados para cada punto de suministro, contenidos en las Curvas de Carga Horaria (CCH), junto al código universal que identifica cada punto de suministro (CUPS), que las distribuidoras remiten al operador del sistema, pueden ser considerados datos de carácter personal, en cuanto referidos a una persona identificable, dado que el operador del sistema, utilizando medios lícitos y razonables a su alcance, puede llegar a conocer la identidad del titular del contrato de suministro o del usuario de que se trata[55].

En particular se considera que los datos de consumo de energía eléctrica individualizados y con desglose horario contenidos en las CCH, permiten a quien tenga acceso a dicha información y la vincule con la identidad del titular del contrato de suministro (CUPS), conocer los hábitos de conducta privados de dicho consumidor (eg., horas habituales de entrada y salida del domicilio, hora en se va a dormir, franjas horarias en la que hay más actividad en la vivienda o en local de negocio, la utilización de aparatos de refrigeración o calefacción, incluso si vive sola o no). "En definitiva —dice el Tribunal Supremo— proporciona una información objetiva que afecta a la esfera privada de cada consumidor y que puede proporcionar unas pautas de comportamiento diario de una persona".[56]

Asimismo, la tipología de tratamientos que se producen mediante el despliegue de contadores inteligentes puede ser también muy amplia: lectura remota de contadores con fines de facturación o para la planificación de la red; tarificación dinámica y avanzada; proporcionar información al consumidor en línea (e.g., a través del sitio web, aplicaciones móviles); encendido remoto.[57]

---

55 Sentencia del TS, de 12 de julio de 2019, ECLI:ES:TS: 2019:2484.

56 Ibidem, FFDD 3-5. El pronunciamiento trae causa de una Resolución de 2 de junio de 2015 de la Secretaria de Estado de Energía, aprueba determinados procedimientos de operación para el tratamiento de datos de medida procedentes de los equipos de tipo 5, a efectos de facturación y de liquidación de energía, obligando a los distribuidores, como responsables de la lectura de los contadores de los consumidores, según el art. 3.12.1 Real Decreto 1110/2007, de 24 de agosto, por el que se aprueba el Reglamento unificado de puntos de medida del sistema eléctrico, a enviar las mediciones de las CCH individualizadas, es decir, las medidas horarias de consumo de cada consumidor desde los concentradores secundarios, gestionados por las distribuidoras para poder ejercer la lectura de los contadores, al concentrador principal gestionado por el operador del sistema.

57 Como ejemplos concretos de tratamientos pueden destacarse los siguientes. Los contadores inteligentes registran los datos de consumo cada 15 minutos (configurable).

Además de lo anterior, debe tenerse en cuenta que el art. 8 del Proyecto de Real Decreto por el que se aprueba el Reglamento General de Suministro y Contratación y se establecen las condiciones para la Comercialización, Agregación y la Protección del Consumidor de Energía Eléctrica amplía la información que debe contener el SIPS (Sistema de Información de puntos de suministro)[58].

Para que sea lícito, cualquier tratamiento de datos personales necesita siempre encontrar su fundamento en alguna de las bases jurídicas que establece el art. 6 RGPD. Se considera que el consentimiento del usuario, la ejecución de un contrato (de suministro eléctrico) o el interés legítimo del responsable del tratamiento pueden constituir bases legítimas del tratamiento de datos personales generados por el despliegue de redes y contadores inteligentes. En todo caso, sea cual fuere la base jurídica, ésta deberá estar siempre debidamente documentada a efectos de que el responsable cumpla adecuadamente con el principio de responsabilidad proactiva (art. 5.2 RGPD). Ahora bien, cuando la base jurídica que justifica el tratamiento de

---

El concentrador de datos recopila esta lectura de 15 minutos una vez al día y la envía de vuelta a los sistemas *backend*. Estas lecturas se consideran información privada y podrían ser utilizadas ilegítimamente para evaluar información sensible sobre el comportamiento de cada cliente. La carga inteligente de vehículos eléctricos (EV) requiere interacción en intercambio de información entre el Operador del Servicio de Distribución, los puntos de carga, los vehículos eléctricos, los conductores de vehículos eléctricos y nuevos participantes del mercado. Así, un Proveedor de servicios de carga (CSP) se ocuparía de atender la demanda de carga del conductor de EV, mientras que el Operador de punto de carga (CSO), se ocuparía de gestionar los Puntos de carga. Sin la adopción de las correspondientes medidas de seguridad, se podrían averiguar las ubicaciones de carga de un vehículo eléctrico a lo largo del tiempo y asociarlas a un conductor de EV, con lo que dicha información tendría consideración de datos personal, pues revelaría los movimientos y ubicación del conductor. La funcionalidad avanzada del equilibrio de carga de la *smart grid* exige que los recolectores de datos tengan acceso casi en tiempo real a las lecturas mapeadas de los medidores para poder administrar de manera eficiente la producción y el consumo de energía, incluida la microgeneración y la generación distribuida. Las lecturas del contador inteligente son necesarias para la respuesta de una red inteligente a un evento de equilibrio de carga utilizando precisamente el procedimiento descrito de recopilación de datos casi en tiempo real a nivel del contador. GRUPO DE TRABAJO SOBRE REDES INTELIGENTES: «Data Protection Impact Assessment Template...», *op. cit.*, p. 25.

58 Actualmente, la información que deben incluir los SIPS está prevista en el art. 7 del Real Decreto 1435/2002, de 27 de diciembre, por el que se regulan las condiciones básicas de los contratos de adquisición de energía y de acceso a las redes en baja tensión.

esta clase de datos se fundamente en el interés legítimo del responsable del tratamiento (art. 6.1.f RGPD), éste deberá realizar y justificar la adecuada ponderación entre los legítimos intereses del responsable (e.g. gestión eficiente del suministro y del consumo de energía) y los derechos y libertades del interesado, sin que esta base jurídica pueda justificar cualquier otra finalidad distinta del tratamiento (e.g. monitorización e inferencia del rendimiento en el trabajo).[59]

Asimismo, y dependiendo de la organización del mercado de energía eléctrica, dada la diversidad de entidades que pueden prestar servicios como operadores de redes inteligentes (generadores, operadores del sistema eléctrico, distribuidores, comercializadoras de energía, operadores de contadores, etc)[60], deberá examinarse cuidadosamente la identificación adecuada de quiénes actúan como responsables o cómo meros encargados de tratamiento; o, si en su caso, pueden existir situaciones de corresponsabilidad de tratamiento, pues el alcance de las obligaciones al amparo del RGPD puede variar, entre ellas, la necesaria implementación de una Evaluación de Impacto en la Protección de Datos (EIPD)[61].

Entre los supuestos previstos en el RGPD que determinarían la realización obligatoria de una EIPD y que tienen mejor encaje en las operaciones de tratamientos relevantes en una *smart grid* se encuentra la "evaluación sistemática y exhaustiva de aspectos personales de personas físicas que se base en un tratamiento automatizado, como la elaboración de perfiles, y sobre cuya base se tomen decisiones que produzcan efectos jurídicos para las personas físicas o que les afecten significativamente de modo similar" (art. 35.3.a RGPD).

Por tanto, en cumplimiento del principio de privacidad por diseño, la EIPD resultaría necesaria con carácter previo a la implementación de un sistema de red inteligente. En el caso de que la red ya estuviera implementada, entre otros criterios que pueden resultar determinantes para la realización de una EIPD se encuentran: cambios significativos en la aplicación de la *smart grid*, como modificaciones materiales de las finalidades de tratamiento iniciales (e.g. tratamientos con finalidades secundarias)

---

59 GRUPO DE TRABAJO DEL ARTÍCULO 29: «Opinion 07/2013 on the Data Protection Impact Assessment Template…», *op. cit.*, pp. 25-26; GRUPO DE TRABAJO SOBRE REDES INTELIGENTES: «Data Protection Impact Assessment Template...», *op. cit.*, p. 26.

60 Cfr. art. 6 de la Ley 24/2013, de 26 de diciembre, del Sector Eléctrico.

61 GRUPO DE TRABAJO SOBRE REDES INTELIGENTES: «Data Protection Impact Assessment Template...», *op. cit.*, pp. 26-27.

o cambios en la arquitectura de la red (e.g. ubicación en un servicios de *cloud*); aparición de nuevas taxonomías de datos tratados; brechas de seguridad no previstas con impacto significativo y cuya ocurrencia no había sido identificada como riesgo residual en una EIPD previa; decisión del responsable de tratamiento de acuerdo con la política interna de la organización que establezca EIPDs periódicas; innovaciones tecnológicas en las aplicaciones implementadas a lo largo del ciclo de vida de la *smart grid* (e.g. conexión a una plataforma de ciudad inteligente).

7. OTROS RETOS JURÍDICOS: ASPECTOS REGULATORIOS RELATIVOS A LA CIBERSEGURIDAD Y AL ACCESO Y GOBERNANZA DE LOS DATOS

Las comunidades energéticas están evolucionando rápidamente, empleando cada vez más las THD para supervisar y controlar adecuadamente los recursos energéticos distribuidos. En este escenario, el tratamiento de datos (personales o no) en los sistemas de IA hace que las comunidades energéticas sean susceptibles de sufrir robos de datos, lo que requiere medidas de ciberseguridad sólidas para salvaguardar la información sensible.

En este sentido, el Considerando (76) del Reglamento Europeo de Inteligencia Artificial es claro, al señalar que:

> [L]os ciberataques contra sistemas de IA pueden dirigirse contra activos específicos de la IA, como los conjuntos de datos de entrenamiento (p. ej., envenenamiento de datos) o los modelos entrenados (p. ej., ataques adversarios o inferencia de pertenencia), o aprovechar las vulnerabilidades de los activos digitales del sistema de IA o la infraestructura de TIC subyacente.

De ahí que resulte fundamental evaluar los riesgos de ciberseguridad desde el principio de "seguridad desde el diseño", analizando las arquitecturas y protocolos utilizados para construir comunidades energéticas inteligentes, y evaluando las superficies de ataque y las posibles vulnerabilidades.[62]

---

62 GAGGERO, G. B. *et al.*, "Novel Cybersecurity Issues in Smart Energy Communities", en INSTITUTE OF ELECTRICAL AND ELECTRONICS ENGINEERS (eds.), *1st International Conference on Advanced Innovations in Smart Cities (ICAISC)*, IEEE Service Center, Danvers, 2023, pp. 1-6.

Por otro lado, el hecho de que en la comunidad energética puedan participar "las autoridades locales, incluidos los municipios"[63], plantea la eventual aplicación del Real Decreto 311/2022, de 3 de mayo, por el que se regula el Esquema Nacional de Seguridad (ENS), cuyo ámbito subjetivo alcanza a todo el sector público.[64]

Por último, aunque se menciona la importancia de la accesibilidad a datos representativos para el desarrollo de los modelos de IA en la mayoría de la literatura científica consultada, sorprende que no se hayan identificado cuestiones como la gestión de datos, las políticas de gobernanza y la existencia de procedimientos no discriminatorios y transparentes de acceso a los datos. Dada la naturaleza jurídica y los actores involucrados en las comunidades energéticas, no puede obviarse que, al menos en lo que al contexto europeo se refiere, estos aspectos están relacionados, directa o indirectamente, con iniciativas como el *Green Deal Space*, derivado de la Estrategia Europea de Datos[65], el Reglamento de Gobernanza de Datos[66], la Directiva Open Data[67] o el Reglamento de Datos.[68]

El desarrollo y la validación de modelos energéticos y estrategias de optimización de las comunidades energéticas requiere de la identificación de los datos relevantes de los sistemas energéticos más utilizados por éstas; la recopilación de información detallada sobre su impacto medioambiental, económico y social; y, el desarrollo de un formato adecuado para fomentar

63 Cfr. Art. 6.j) de la Ley, tras la reforma introducida por el , donde se definen las "comunidades de energías renovables", como "entidades jurídicas basadas en la participación abierta y voluntaria, autónomas y efectivamente controladas por socios o miembros que están situados en las proximidades de los proyectos de energías renovables que sean propiedad de dichas entidades jurídicas y que estas hayan desarrollado, cuyos socios o miembros sean personas físicas, pymes o a*utoridades locales, incluidos los municipios* y cuya finalidad primordial sea proporcionar beneficios medioambientales, económicos o sociales a sus socios o miembros o a las zonas locales donde operan, en lugar de ganancias financieras."

64 Cfr. Art. 2.1 del ENS.

65 COMISIÓN EUROPEA, Comunicación Una Estrategia Europea de Datos, COM(2020) 66 final.

66 Reglamento 2022/868/UE relativo a la gobernanza europea de datos.

67 Directiva 2019/1024/UE relativa a los datos abiertos y la reutilización de la información del sector público.

68 Reglamento 2023/2854/UE sobre normas armonizadas para un acceso justo a los datos y su utilización.

su puesta en común y su aplicación en los análisis de optimización. Sin embargo, los estudios sobre este tema son limitados.[69]

8. CONCLUSIONES

La IA se ha ido integrando cada vez más en el sector energético para hacer frente a diversos retos y optimizar las operaciones. Los antecedentes y el contexto del uso de la IA en el sector energético se derivan de la necesidad de mejorar la eficiencia, reducir los costes y desarrollar soluciones energéticas sostenibles.

A través de un proceso eficaz de modelización y optimización basado en datos, la IA puede contribuir a reducir los efectos medioambientales nocivos causados por los sistemas energéticos.[70]

Las comunidades energéticas pueden favorecer una transición energética más justa, participativa y democrática. El despliegue y el uso eficaz de las redes inteligentes y la explotación de la información generada *en* y *por* la red es posible gracias a las tecnologías impulsadas por datos.

A partir de casos de uso concreto o de modelos desarrollados, se han identificado aplicaciones específicas la IA, en combinación o no con otras tecnologías digitales, para satisfacer ciertas necesidades o abordar problemas relacionados con la gestión de las comunidades energéticas. Entre dichas aplicaciones destacan: la modelización del consumo energético de los edificios inteligentes; el análisis de conjunto de datos de consumo energético y elaboración de perfiles de consumo energético según variables sociodemográficas; la monitorización no intrusiva de la carga, la optimización del confort térmico de los sistemas de calefacción, ventilación, aire acondicionado y sistemas de refrigeración por absorción; la participación de la respuesta a la demanda de los usuarios (*prosumers* residenciales y comerciales) de la comunidad energética para equilibrar la generación y el consumo de electricidad de una comunidad energética; la previsión de la flexibilidad energética de los edificios de uso comercial integrados en una comunidad energética; el dimensionamiento y simulación de la demanda energética e incorporación de técnicas de explicabilidad *pos hoc*

69 GUERRAZZI, E. *et al.*, "Design of Energy Communities and Data-Sharing...", *op. cit.*, pp. 1-26.

70 SHOAEI, M. *et al.*, "A review of the applications of artificial intelligence in renewable energy systems…", *op. cit.*, p. 1.

de los resultados producidos; la predicción, modelización y optimización de la generación de energía fotovoltaica; la monitorización a largo plazo de sistemas fotovoltaicos de comunidades energéticas para generar información interpretable por humano; la gestión y suministro de electricidad a partir de fuentes renovables; la identificación de parámetros y tamaños más eficientes de activos (e.g. células fotovoltaicas); la gestión eficaz del almacenamiento de energía en la red para reducir picos o utilizar energía almacenada cuando fuentes renovables no están disponibles; la identificación de descriptores, propiedades y arquitecturas de activos (e.g. baterías de iones de litio) para mejorar la capacidad de almacenamiento.

Sin embargo, es fundamental reconocer que la IA no es una solución universal. Para garantizar una integración exitosa de la IA, las comunidades energéticas deben encontrar un equilibrio entre maximizar los beneficios de la IA y mitigar los riesgos potenciales.[71]

En consecuencia, se ha identificado algunos de los retos jurídicos a los que se enfrenta la implementación de la IA en las comunidades energéticas:

(i) La eventual aplicación horizontal de la normativa europea de IA, y en particular, la aplicación de prácticas de gobernanza y gestión de datos a los conjuntos de datos de entrenamiento, validación y prueba que se utilicen para generar modelos de IA, la transparencia y la explicabilidad, y un nivel adecuado de precisión, solidez y ciberseguridad durante todo el ciclo de vida del sistema.

(ii) La protección de la privacidad y datos personales de los *prosumers*, y las dificultades en la aplicación de los principios de exactitud y minimización de los datos, o el perfilado de prosumidores a partir de los contadores inteligentes.

(iii) Los aspectos relacionados con la (ciber)seguridad de los datos, objetos conectados a la red y otros activos de soporte de las comunidades energéticas (protocolos de comunicación, redes, *hardware, software*), así como el acceso a los datos, su interoperabilidad y las políticas de gobernanza de datos.

---

[71] MAHADAR, S. P., *Role of Artificial Intelligence in the Development of Energy Communities*, Master Thesis, Eindhoven University of Technology, Eindhoven, 2023, p. 44.

9. BIBLIOGRAFÍA

AGENCIA ESPAÑOLA DE PROTECCIÓN DE DATOS: «Tecnologías y Protección de Datos en las AA.PP», [en línea], (2020), <https://www.aepd.es/sites/default/files/2020-11/guia-tecnologias-admin-digital.pdf > [Consulta: 26/09/2024].

AGENCIA ESPAÑOLA DE PROTECCIÓN DE DATOS: «Adecuación al RGPD de tratamientos que incorporan Inteligencia Artificial. Una introducción», [en línea], (2020), < https://www.aepd.es/guias/adecuacion-rgpd-ia.pdf> [Consulta: 26/09/2024].

AGENCIA ESPAÑOLA DE PROTECCIÓN DE DATOS: «Cifrado y Privacidad III: Cifrado Homomórfico», [en línea], (2020), <https://www.aepd.es/prensa-y-comunicacion/blog/cifrado-privacidad-iii-cifrado-homomorfico> [Consulta: 26/09/2024].

AGENCIA ESPAÑOLA DE PROTECCIÓN DE DATOS: «Métodos probabilísticos y cumplimiento del RGPD», [en línea], (2024), <https://www.aepd.es/prensa-y-comunicacion/blog/metodos-probabilisticos-y-cumplimiento-rgpd> [Consulta: 26/09/2024].

AHMAD, T. *et al.*, "Artificial intelligence in sustainable energy industry: Status Quo, challenges and opportunities", *Journal of Cleaner Production*, 289, 2021, pp. 1-24. Doi: https://doi.org/10.1016/j.jclepro.2021.125834

ANTHONY, B., "Decentralized AIoT based intelligence for sustainable energy prosumption in local energy communities: A citizen-centric prosumer approach", *Cities*, 152, 2024, pp. 1-15. Doi: https://doi.org/10.1016/j.cities.2024.105198

APRÀ, F. M. *et al.*, "Enabling Technologies for Wide-Scale Implementation of Energy Communities' Projects", *Environmenatal Science Proceedings*, 11, 1, 2021, pp. 1-5.

AVANCINI, D.B. *et al.*, "Energy meters evolution in smart grids: A review", *Journal of Cleaner Production*, 217, 2019, pp. 702-715.

CAREY, P., *Data Protection. A Practical Guide to UK and EU Law*, Oxford University Press, Oxford, 2018.

COMISIÓN (UE), "Commission Implementing Decision of 22.5.2023 on a standardisation request to the European Committee for Standardisation and the European Committee for Electrotechnical Standardisation in support of Union policy on artificial intelligence" (Comunicación) C(2023) 3215 final, 22 de mayo de 2023.

COMISIÓN (UE), "Una Estrategia Europea de Datos" (Comunicación) COM(2020) 66 final, 19 de febrero de 2020.

COMISIÓN (UE), "Configurar el futuro digital de Europa" (Comunicación) COM (2020) 67 final, 19 de febrero de 2020.

COMISIÓN (UE), "El Pacto Verde Europeo" (Comunicación) COM(2019) 640 final, 11 de diciembre de 2019.

CRETÌ, A. y FONTINI, F., *Economics of Electricity: Markets, Competition and Rules*, Cambridge University Press, Cambridge, 2019.

DIPUTACIÓN DE BARCELONA: «Guía para el impulso de comunidades energéticas con perspectiva municipal», [en línea], (2021), <https://www.diba.cat/documents/471041/361729804/Guía+para+el+impulso+de+comunidades+energéticas+con+perspectiva+municipal> [Consulta: 26/09/2024].

DIRECCIÓN INTERMINISTERIAL DE TECNOLOGÍAS DIGITALES Y DEL SISTEMA DE INFORMACIÓN Y COMUNICACIÓN DEL ESTADO: «Référentiel Général d'Interopérabilité Standardiser s'aligner et se focaliser pour échanger efficacement» [en línea], (2015), <https://www.numerique.gouv.fr/uploads/Referentiel_General_Interoperabilite_V2.pdf> [Consulta: 26/09/2024].

DOLATABADI, M., SIANO, P. y SOROUDI, A., "Assessing the Scalability and Privacy of Energy Communities by Using a Large-Scale Distributed and Parallel Real-Time Optimization", *IEEE Power & Energy Society Section*, 10, 2022, pp. 69772.

DOMINGOS, P., *The Master Algorithm: How the Quest for the Ultimate Learning Machine Will Remake Our World*, Basic Books, New York, 2018.

DONTI, P. L. and KOLTER, Z., "Machine Learning for Sustainable Energy Systems", *Annual Review of Environment and Resources*, 46, 2021, pp. 719-747. Doi: https://doi.org/10.1146/annurev-environ-020220-061831

DWORK, C. y ROTH, A., "The Algorithmic Foundations of Differential Privacy. Foundations and Trends", *Theoretical Computer Science*, 9, 3-4, 2014. pp. 211-407.

ENTEZARI, A. *et al.*, "Artificial intelligence and machine learning in energy systems: A bibliographic perspective", *Energy Strategy Reviews*, 45, 2023, pp. 1-18. Doi: https://doi.org/10.1016/j.esr.2022.101017

GAGGERO, G. B. *et al.*, "Novel Cybersecurity Issues in Smart Energy Communities", en INSTITUTE OF ELECTRICAL AND ELECTRONICS ENGINEERS (eds.), *1st International Conference on Advanced Innovations in Smart Cities (ICAISC)*, IEEE Service Center, Danvers, 2023, pp. 1-6.

GONZALEZ RIOS, I., "Las «Comunidades energéticas locales»: un nuevo desafío para las entidades locales", *Revista Vasca de Administración Pública*, 117, 2020, pp. 147-193.

GRUPO DE TRABAJO DEL ARTÍCULO 29: «Opinion 07/2013 on the Data Protection Impact Assessment Template for Smart Grid and Smart Metering Systems ('DPIA Template') prepared by Expert Group 2 of the Commission's Smart Grid Task Force», [en línea], (2013), <https://ec.europa.eu/justice/article-29/documentation/opinion-recommendation/files/2013/wp205_en.pdf > [Consulta: 26/09/2024]

GRUPO DE TRABAJO SOBRE REDES INTELIGENTES: «Data Protection Impact Assessment Template for Smart Grid and Smart Metering Systems», [en línea], (2018), <https://energy.ec.europa.eu/document/download/eee93bb8-1bda-4bdc-ac64-7edd6d0e60bc_en?filename=dpia_for_publication_2018.pdf> [Consulta: 26/09/2024].

GUERRAZZI, E. *et al.*, "Design of Energy Communities and Data-Sharing: Format and Open Data", *Energies*, 16, 2023, pp. 1-26. Doi: https://doi.org/10.3390/en16176268

HAO, K.: «A little-known AI method can train on your health data without threatening your privacy», [en línea], (2019), <https://www.technologyreview.com/2019/03/11/136710/a-little-known-ai-method-can-train-on-your-health-data-without-threatening-your-privacy> [Consulta: 26/09/2024].

INSTITUTO ALAN TURING y OFICINA DEL COMISARIO DE INFORMACIÓN: «Explaining decisions made with AI», [en línea], (2022), <https://ico.org.uk/media/for-organisations/uk-gdpr-guidance-and-resources/artificial-intelligence/explaining-decisions-made-with-artificial-intelligence-1-0.pdf> [Consulta: 26/09/2024].

MAHADAR, S. P., *Role of Artificial Intelligence in the Development of Energy Communities*, Master Thesis, Eindhoven University of Technology, Eindhoven, 2023.

MALATRAS, A., AGRAFIOTIS, I. y ADAMCZYK, M., *Securing machine learning algorithms*, European Union Agency for Cybersecurity, Brussels, 2021.

MATOS, M. *et al.*, "A Machine Learning Based Energy Management System for Renewable Energy Communities", en IEEE INDUSTRY APPLICATIONS SOCIETY (coord.), *2023 IEEE 3rd International Conference on Industrial Electronics for Sustainable Energy Systems (IESES)*, IEEE Press, Shanghai, 2023, pp. 1-6.

NAZERIYE, M. *et al.*, "Analysis of the Impact of Residential Property and Equipment on Building Energy Efficiency and Consumption—A Data Mining Approach", *Applied Sciences*, 10, 2020, pp. 1-18. Doi: https://doi.org/10.3390/app10103589

NIET, I.; VAN EST, R. y VERAART, F., "Governing AI in Electricity Systems: Reflections on the EU Artificial Intelligence Bill", *Frontiers in Artificial Intelligence*, 4, 2021, pp. 1-24. Doi: https://doi.org/10.3389/frai.2021.690237

NIET, I.; VAN DEN BERGHE, L. y VAN EST, R., "Societal impacts of AI integration in the EU electricity market: The Dutch case", *Technological Forecasting and Social Change*, 192, 2023, pp. 1-11. Doi: https://doi.org/10.1016/j.techfore.2023.122554

NOORMAN, M.; ESPINOSA APRÁEZ, B. y LAVRIJSSEN, S., "AI and Energy Justice", *Energies*, 16, 2023, pp. 1-16. Doi: https://doi.org/10.3390/en16052110

OFICINA DEL COMISIONADO DE INFORMACIÓN: «Big data, artificial intelligence, machine learning and data protection» [en línea], (2017), <https://ico.org.uk/media/for-organisations/documents/2013559/big-data-ai-ml-and-data-protection.pdf> [Consulta: 26/09/2024].

OFICINA DEL COMISIONADO DE INFORMACIÓN: «Guidance on AI and data protection», [en línea], (2020), <https://ico.org.uk/media/for-organisations/uk-gdpr-guidance-and-resources/artificial-intelligence/guidance-on-ai-and-data-protection-2-0.pdf> [Consulta: 26/09/2024].

ORGANIZACIÓN INTERNACIONAL DE NORMALIZACIÓN: «ISO/IEC TS 4213:2022, Assessment of machine learning classification performance», [en línea], (2022), <https://www.iso.org/standard/79799.html> [Consulta: 26/09/2024].

PARLAMENTO EUROPEO, *The impact of the General Data Protection Regulation (GDPR) on artificial intelligence*, European Parliamentary Research Service, Brussels, 2020.

PLEVRIS, V. *et al.*, «Investigation of performance metrics in regression analysis and machine learning-based prediction models», [en línea], (2022), <https://www.scipedia.com/public/Plevris_et_al_2022a> [Consulta: 26/09/2024]

PUENTE, C. *et al.*, "Non-Intrusive Load Monitoring (NILM) for Energy Disaggregation Using Soft Computing Techniques", *Energies*, 13, 2020, pp. 1-20. Doi: https://doi.org/10.3390/en13123117

SERVICIO DIGITAL DEL GOBIERNO, OFICINA DE INTELIGENCIA ARTIFICIAL: «Using data from electricity meters to predict energy consumption», [en línea], (2020), <https://www.gov.uk/government/case-studies/using-data-from-electricity-meters-to-predict-energy-consumption> [Consulta: 26/09/2024]

SEYEDZADEH, S. *et al.*, "Machine learning for estimation of building energy consumption and performance: a review", *Visualization in Engineering*, 6, 2018, pp. 1-20. Doi: https://doi.org/10.1186/s40327-018-0064-7

SHOAEI, M. *et al.*, "A review of the applications of artificial intelligence in renewable energy systems: An approach-based study", *Energy Conversion and Management*, 306, 2024, pp. 1-8. Doi: https://doi.org/10.1016/j.enconman.2024.118207

Capítulo XVI

Comunidades energéticas y blockchain. Una aproximación técnico-jurídica a su problemática[1]

VANESSA JIMÉNEZ SERRANÍA
Profesora Permanente Laboral de Derecho Mercantil
Universidad de Salamanca

1. INTRODUCCIÓN

Como ya se ha comentado en otros capítulos de este libro, las nuevas tecnologías se han convertido en elementos consustanciales al mercado de la energía, siendo, paradójicamente, al mismo tiempo una fuente de consumo importante[2].

---

1 Este capítulo es parte del proyecto "Regulación de sistemas energéticos comunitarios basados en almacenamiento y flexibilidad: aceptabilidad, gobernanza y digitalización (ComEnerSys)", TED2021-131840B-I00, financiado por el MCIN/AEI/10.13039/501100011033 y por la Unión Europea "NextGenerationEU"/PRTR".

2 No podemos obviar que la implementación de nuevos modelos tecnológicos como son la *blockchain* u otras tecnologías de registro descentralizado o la inteligencia artificial necesitan un importante suministro eléctrico, no solo en el fun-

Estas nuevas tecnologías han permitido ofrecer respuestas novedosas a retos energéticos actuales, determinando, incluso, cambios de modelo de negocio en un mercado tradicionalmente estático como es el de la energía. Así, como ya hemos visto, nos encontramos en un momento en el que existen nuevas posibilidades de autoproducción y autoconsumo de energía, propiciado por el impulso a las energías renovables, lo que supone el surgimiento de nuevos actores que pueden ser a la vez productores de energía y consumidores.

Esta disrupción no es específica al mercado de la energía, antes bien, podríamos considerar que la misma es respuesta a una tendencia empezada a partir de la década de 2010, con el surgimiento de la que en aquel momento se llamó "economía colaborativa" (hoy más conocida como "economía de plataforma"). Estos nuevos modelos, entonces disruptivos, se centran en la explotación de recursos infrautilizados que pueden ir desde inmuebles a las propias habilidades o tiempo de las personas, ofreciéndolos a través de intermediarios (plataformas) que ponen en contacto oferentes con demandantes. En este contexto empieza a surgir el concepto de "prosumidor"[3] como aquel "consumidor" que puede ser también "proveedor" de servicios o de bienes, generándose lo que ha dado en llamarse la "uberización" de la economía.

Estos nuevos modelos económicos han permeado en todo tipo de sectores, incluidos (como no podía ser de otro modo) los sectores regulados. Así, por ejemplo, en el ámbito de los mercados financieros (bancario, seguros y mercado de valores) tenemos, por un lado, el surgimiento de la Fintech y la Insurtech (con ejemplos, tan significativos como son las plataformas de "*crowdfunding*") y, por otro, debido también al desarrollo de

---

cionamiento de las propias herramientas, sino en el mantenimiento de todos los elementos de estos sistemas (especialmente respecto a los repositorios de datos que contienen y la transmisión de estos).

3 Este concepto no es ajeno al sector de la energía, habiendo cobrado mayor relevancia en los últimos años. Ver entre muchos, GALÁN SOSA, J., "El «prosumidor» como nuevo sujeto en el sector eléctrico propuestas de mejora para la regulación del autoconsumo de energía eléctrico", *CEFLegal: Revista práctica de derecho. Comentarios y casos prácticos,* 190, 2016, pp. 127-166, FORCAN, J. y FORCAN, M. "Behavior of Prosumers in Smart Grid: A Comparison of Net Energy Metering and Billing Schemes, and Game Theory-based Local Electricity Market", *Sustainable Energy, Grids and Networks,* 2023, pp. 1-9. Doi: https://doi.org/10.1016/j.segan.2023.101058; ZAFAR, R. *et al.*, "Prosumer based energy management and sharing in smart grid", *Renewable and Sustainable Energy Reviews,* 82, 1, 2018, pp. 1675-1684. Doi: https://doi.org/10.1016/j.rser.2017.07.018

las tecnologías de registro distribuido (o *distributed ledger tecnologies, DLT*) entre las que se encuentra la *Blockchain* o cadena de bloques, la expansión de la criptoeconomía tanto en su vertiente más centralizada (CeFi) como descentralizada (DeFi).

El mercado de la energía, como no podía ser de otra manera, se va a ver también afectado por esta nueva manera de entender el proceso productivo. En este sector, el foco, como venimos viendo a lo largo de este libro, se plantea en las energías renovables, precisamente por la mayor facilidad de acceso a las fuentes de producción de la energía, especialmente en el caso de la energía solar. Los individuos y comunidades no solo van a ser consumidores de energía, sino que, van a intentar obtener un rédito por los excedentes que puedan llevar a producir, comercializando la energía a través de estos nuevos modelos de negocio. Surgen así, plataformas para la comercialización de esta energía "sobrante" ("*marketplaces*" energéticos), plataformas de inversión en energías renovables (por ejemplo, a través "*crowdfunding*" de proyectos energéticos), etc. Esta especie de "democratización" de la producción lleva a explotar nuevas vías de explotación más transparentes, trazables y automatizadas a través de las tecnologías DLT[4].

Dentro de esta nueva configuración, una de las tecnologías que despierta interés es la *Blockchain*, precisamente por sus características técnicas que permiten la creación de redes descentralizadas y la acumulación y transmisión de información de manera distribuida. No obstante, la implementación de la *Blockchain* en el sector de energía, especialmente en las *smart grids*, implica importantes retos tanto desde el punto de vista técnico como desde el punto de vista jurídico. Dentro de estos retos podemos destacar, por un lado, la dificultad inherente del acercamiento a una tecnología

---

4 De hecho, conceptos como la "uberización" de la energía vienen siendo planteados (y podríamos decir que has incentivados) desde numerosos foros internacionales. Vid. i.a. WORLD ECONOMIC FORUM: «To fight climate change, we need to 'Uberize' the energy industry» [en línea], (2016), <https://www.weforum.org/stories/2016/07/to-fight-climate-change-we-need-to-uberize-the-energy-industry/> [Consulta: 26/10/2024]; CONSEIL D'ETAT: «Public authority and digital platforms: supporting "uberisation"» [en línea], (2017), <https://www.conseil-etat.fr/en/reports-and-studies/annual-study-public-authority-and-digital-platforms-supporting-uberisation> [Consulta: 26/09/2024]; INTERNATIONAL RENEWABLE ENERGY AGENCY: «Peer-to-peer electricity trading» [en línea], (2020), <https://www.irena.org/-/media/Files/IRENA/Agency/Publication/2020/Jul/IRENA_Peer-to-peer_electricity_trading_2020.pdf.> [Consulta: 26/10/2024].

compleja y, todavía aún en día, novedosa; y, por otro, su impacto en la reconfiguración de mercados regulados y tradicionalmente intermediados. Además, encontramos muy escasa (por no decir nula) bibliografía jurídica sobre la aplicación de la *Blockchain* a las *smart grids* (e incluso en el sector energético en general), siendo la mayoría de las fuentes estudios sobre sus características técnicas. El objetivo de este capítulo es, por tanto, hacer una aproximación a la aplicación de esta tecnología en la configuración de las *smart grids* a efectos de facilitar (o eso esperamos) la comprensión y el dimensionamiento de sus problemáticas jurídicas fundamentales y ofrecer ciertas herramientas tanto a aquellos que se aproximan por primera vez a esta tecnología como a los que tienen un cierto grado de conocimiento.

2. INTEGRACIÓN DE LA *BLOCKCHAIN* EN LAS COMUNIDADES ENERGÉTICAS

2.1. Contextualización: de la distribución mayorista a las smart grids "descentralizadas"

Es ya lugar común, al tratar los mercados de la energía, plantear el panorama actual como un cambio de paradigma que viene impulsado por dos elementos: uno estructural y otro coyuntural. El primero de estos elementos deriva de la necesidad de potenciar la diversidad energética y ampliar la competencia, lo que implica el impulso de energías alternativas. El segundo de estos elementos deriva de la proliferación de una serie de tecnologías que permiten tanto acceder a fuentes energéticas diversas como crear nuevos modelos de distribución.

La combinación de estos dos elementos ha permitido el surgimiento de modelos como las *smart grids*. Frente a las redes eléctricas tradicionales caracterizadas por la centralización en unas pocas manos de la producción y la distribución, la rigidez y la falta de transparencia, estas nuevas estructuras permiten "utilizar flujos bidireccionales de electricidad e información para crear una red de suministro de energía avanzada automatizada y distribuida, que se espera que sea la red eléctrica de próxima generación"[5].

---

[5] MAHER, G. y ANAN, M., "Smart grid opportunities and challenges of integrating renewable sources: a survey", en GERLA, M. *et al.*, *Wireless Communications and Mobile Computing Conference* (IWCMC), IEEE, Chipre, 2014, pp. 1098–1105.

En esta definición encontramos las dos características básicas que hacen que estas *smart grids* generen un modelo de producción y distribución diferenciado: la bidireccionalidad de la energía y la información, por un lado, y el suministro distribuido. Estas características derivan de la propia estructura de estos nuevos sistemas. Se trata de microrredes que permiten ajustes más rápidos tanto a la hora de la producción como a la hora del consumo (almacenando energía en momentos de exceso de potencia y generando electricidad en momentos de baja generación)[6].

Dicho de otra manera, en la producción energética tradicional, pese a la liberación del sector, nos encontramos con una concentración en pocos operadores de los diferentes sub-mercados dentro del mercado energético (esto es mercados de generación, transporte, distribución y comercialización), controlando estos operadores el flujo de información al consumidor. Estos mercados de producción y suministro de energía eléctrica son inelásticos, lo que conduce a la falta de flexibilidad dinámica y a la agrupación de la red eléctrica. Por otro lado, al tratar de estructuras verticales multinivel, los mecanismos de corrección y control tardan en responder y no pueden construir sistemas que den respuesta en tiempo real y que puedan ser rápidamente reconfigurables[7].

Frente a esta configuración, las *smart grids*, mediante la combinación de distintas tecnologías (como ya hemos visto en el capítulo "Comunidades energéticas e inteligencia artificial") permiten cambiar el paradigma existente, facilitando una gestión más ajustada y transparente en los diferentes estratos del mercado energético. Esto se consigue desde las propias fuentes de producción ya que estas *smart grids* parten de lo que podríamos llamar "micro fuentes" de energía (propiciadas por el impulso a las fuentes de energía renovables) que conforman "micro redes" utilizando tecnologías de red, IoT e inteligencia artificial, que facilitan tanto la gestión de la información como el favorecimiento de esta bidireccionalidad a la que hacíamos referencia. Por otro lado, estas estructuras de "micro redes" pretenden romper con la centralización tradicional en manos de unos pocos

---

6 BERTOLINI, M.; BUSO, M. y GRECO, L., "Competition in smart distribution grids", *Energy Policy*, 145, pp. 1-2.

7 HAFFNER, R. *et al.;* «Competition Policy and an Internal Energy Market. Study» [en línea], (2017), pp. 34, 76, 78 y 79. <https://www.europarl.europa.eu/RegData/etudes/STUD/2017/607327/IPOL_STU(2017)607327_EN.pdf> [Consulta: 26/10/2024].

operadores, respondiendo a esquemas descentralizados no solo en la producción sino también en el suministro de los excedentes de la producción.

Vinculada a este elemento de descentralización, es donde cobra importancia la Blockchain como solución técnica que puede facilitar lograr este objetivo. Se ha planteado desde la doctrina especializada que la Blockchain puede además ofrecer escalabilidad, seguridad y adaptabilidad en estos entornos que adolecen de problemas importantes como son (sin ánimo de exhaustividad): (i) la integración de numerosas microfuentes de producción —como son las placas solares o las turbinas eólicas— que requieren sistemas de control automatizados, (ii) la escalabilidad ya que se busca el aumento del número de usuarios de estos sistemas, (iii) la privacidad de los datos, (iv) la existencia de vulnerabilidades que pueden facilitar la exposición a ataques externos[8].

Pero antes de pasar a revisar ciertos aspectos de la integración de la Blockchain en la configuración de las smart grids se imponen unas mínimas explicaciones técnicas que nos permitirán dimensionar y comprender mejor estas cuestiones.

---

[8] *I.a.* KAKRAN, S. y CHANANA, S., "Smart operations of smart grids integrated with distributed generation: a review", *Renewable and Sustainable Energy Reviews*, 81, 2018, pp. 524–535. Doi: https://doi.org/10.1016/j.rser.2017.07.045; AGUNG, A. y HANDAYANI, R., "Blockchain for smart grid", *Journal of King Saud University–Computer and Information Sciences*, 34, 3, 2022, pp. 666-675. Doi: https://doi.org/10.1016/j.jksuci.2020.01.002; MUSLEH, A. S; YAO, G. y MUYEEN, S. M., "Blockchain applications in smart grid – review and frameworks", *IEEE Access*, 7, 2019 pp. 86746–86757. Doi: 10.1109/ACCESS.2019.2920682; MOLLAH, M. B. *et al.*, "Blockchain for future smart grid: a comprehensive survey", *IEEE Internet Things Journal*, 8, 1, 2020, pp.18–43. Doi: 10.1109/JIOT.2020.2993601; LIU, Ch, *et al.*, "A survey on blockchain-enabled smart grids: Advances, applications and challenges", *IET Smart Cities*, 3, 2. 2021, pp. 56-78. Doi: https://doi.org/10.1049/smc2.12010. Para una visión completa de la bibliografía técnica desde 2014 a 2022 (más de 1000 referencias), ver, LAMPROPOULOS, G., "Blockchain in Smart Grids: A Bibliometric Analysis and Scientific Mapping Study", *J*, 7, 2024, pp. 19–47. Doi: https://doi.org/10.3390/j7010002

2.2. Ciertas nociones tecnológicas básicas sobre las redes de blockchain

2.2.1. La cadena de bloques: principios funcionales[9]

Aunque las cadenas de bloques o blockchains se asocian de manera originaria a las criptomonedas y más concretamente a Bitcoin[10], su esfera de aplicación es mucho más amplia.

Una blockchain puede definirse como un protocolo informático que permite garantizar transacciones de manera descentralizada. Este protocolo actúa como una cadena de bloques de información unidos entre sí de forma descentralizada y pública, que se almacenan en unos equipos interconectados a través de una red de ordenadores distribuidos, los nodos.

Para comprender este concepto debemos visualizar la cadena de bloques como un libro – registro digital (como el libro registro de un registro civil o mercantil) donde se va a ir anotando cada una de las transacciones (de aquí en adelante, bloques). Este registro va a ser validado no por una fuente, como los registros tradicionales, sino por múltiples fuentes (los nodos validadores). A su vez, estos nodos van a validar cada entrada de información (dicho de otra manera, cada transacción o bloque) antes de que se agregue a la cadena de datos. Como en todo registro, una vez se haya "inscrito" un bloque, este no puede ser modificado. Para garantizar su transparencia e inmutabilidad, el libro registro no es custodiado por una sola persona, sino que está distribuido entre todos los nodos. Dicho de otra manera, todos los nodos tendrán un "copia" sincronizada de este libro-registro digital, por lo que, incluso si un nodo "falsificara" o modificara un bloque tendríamos un número muy amplio de "copias" de este libro registro que no contendrían este bloque falso o modificado.

Por ello, también se dice que la cadena de bloques no puede ser pirateada. Para ello sería necesario que se atacara a, por lo menos, un 51% de los nodos de la red (lo que se conoce como ataque DAO) para así poder alterar los bloques de la cadena, siendo este ataque prácticamente imposible, tanto

---

9 TRAN, D. y KRISHNAMACHARI, D., "Blockchain in a Nutshell" en TRAN, D. A.; THAI, M. T. y KRISHNAMACHARI, B. (eds.), *Handbook on Blockchain*, Springer, Wiesbaden, 2022, pp. 3-54.

10 NAKAMOTO, S.: «Bitcoin: A Peer-to-Peer Electronic Cash System» [en línea], (2008), <https://bitcoin.org/bitcoin.pdf [Consulta: 26/10/2024]

por el número de nodos que tendrían que atacarse como por el gasto de energía asociado a este ataque.

Por otra parte, hemos de tener en cuenta que cada bloque de la cadena de bloques aparece encriptado, siéndole asignado un hash criptográfico (una secuencia única de letras y números), una suerte de "huella digital" única y permanente de cada bloque.

Además de este "hash de bloque", cada bloque contiene un "hash de bloque anterior" (una cadena codificada de letras y números que contiene información del bloque inmediatamente anterior). Este hash tiene un doble propósito: crea el vínculo inmutable entre los bloques secuenciales de la cadena e imposibilita agregar bloques en medio de la cadena (todos los bloques son correlativos e inmutables). De esta forma, cada bloque de la cadena contendrá la información de la transacción en cuestión, su propio hash y el hash del bloque anterior.

Por otra parte, es importante subrayar que los nodos trabajan de forma colaborativa para almacenar, compartir y preservar el registro distribuido, utilizando un algoritmo de consenso para comprobar y garantizar la validez de cada bloque. Estos algoritmos de consenso son métodos que determinan la toma de decisiones en un grupo. Estos algoritmos son utilizados en las cadenas de bloques para llegar a acuerdos (por ejemplo, decidir cómo se va a validar un bloque de la cadena de bloques). Constituyen, por tanto, las reglas que determinan desde la creación de una red de blockchain (tal y como veremos en el siguiente apartado, Redes de Blockchain) hasta quién, cómo y cuándo se va a proceder a la creación de un bloque de la cadena.

Existen múltiples algoritmos de consenso[11], pero podemos destacar el algoritmo Prueba de Trabajo o Proof of Work (PoW), que se utiliza en bitcoin. Para crear un bloque se deberá resolver una suerte de acertijo matemático que únicamente puede ser resuelto mediante prueba y error. Estos acertijos son resueltos por los nodos (mineros), realizando millones de intentos. La resolución de este enigma matemático por un nodo (minero) tendrá como consecuencia la creación de un bloque y la generación de nuevos bitcoins que recibirá el minero como recompensa.

Otros algoritmos de consenso que podemos poner de ejemplo son el de Proof of Stake -PoS, donde los nodos validadores serán los que tengan un

---

11 A mayor abundamiento sobre esta cuestión, ver WANG, W. *et al.*, "A survey on consensus mechanisms and mining management in blockchain networks", *IEEE Access*, 7, 2019, pp. 22328-22370. Doi: https://doi.org/10.1109/ACCESS.2019.2896108

cierto nivel de "riqueza", o el de Proof of Capacity – PoC, donde los nodos validadores serán los que tengan más capacidad de almacenamiento en su disco duro.

La blockchain, por tanto, es un tipo de tecnología denominada de "registro distribuido" ("distributed ledger technology" o DLT) que permite crear redes para el registro y archivo de libros de transacciones económicas, en base a estos principios funcionales:

1. Todos los nodos de la red tienen una copia completa y actualizada del libro registro de transacciones;
2. Las transacciones realizadas en un determinado período de tiempo son agrupadas en paquetes de información (denominados "bloques"), debiéndose verificar la coherencia de las transacciones con la copia del libro registro;
3. La incorporación de cada bloque emitido por cada nodo validador ha de ser verificada y validada por el consenso de todos los nodos;
4. Una vez que un bloque es aprobado, se incluye en el libro registro y queda irreversiblemente vinculado al bloque anterior, conformando una "cadena" que será inalterable.

Estos principios de actuación confieren a la cadena de bloques las características fundamentales de descentralización, irrevocabilidad e inmutabilidad.

2.2.2. Redes de blockchain

En la práctica, las redes descentralizadas de nodos en las que se estructuran los diferentes tipos de blockchains pueden ser técnicamente divididas en dos clases: las denominadas redes "sin permiso" (*permissionless net*) o las denominadas redes "permisionadas" (*permissioned net*).

Las *permissionless net* no exigen ningún tipo de permiso para poder participar como nodo y crear bloques de la cadena de bloques. Un ejemplo de esta red sería la red de Bitcoin, donde los nodos (conocidos popularmente como "mineros") no necesitan permiso para entrar en la red de blockchain y "minar" (validar) bloques. Estas redes suelen utilizar como algoritmo de consenso el algoritmo "proof-of-work", que ya mencionamos en el apartado anterior.

En el caso de las redes *permissioned*, sólo un número limitado de nodos pueden acceder a la red como nodos validadores; es decir, solo podrán validar bloques de la cadena aquellos nodos que cumplan las condiciones determinadas por el algoritmo de consenso que esté establecido para la red. Por ejemplo, en el caso de que el algoritmo de consenso de la red sea Proof of Stake (PoS), como ya vimos en el apartado anterior, solo podrán validar bloques aquellos nodos que demuestren que tienen una cierta "riqueza". No obstante, estas redes de blockchain pueden contar también con nodos que no validen, pero que utilicen la red como "clientes" o como meros observadores.

A partir de esta base estructural, derivada del acceso a los nodos validadores, vamos a encontrar dos grandes tipos de cadenas de bloques: las blockchains "abiertas" (open) y blockchain "cerradas" (closed) [12]. Las redes abiertas tendrán una estructura *permissionless* (por ejemplo, Bitcoin). Por su parte, las redes cerradas tendrán una estructura *permissioned*, y se dividen en dos grandes categorías: los consorcios (por ejemplo, Hyperledger, ahora parte del ecosistema LF Decentralized Trust[13] o, R3Corda[14]) y las redes privadas, también llamadas redes de empresa (por ejemplo, la red de blockchain de IBM[15])

A esta clasificación "clásica" ha de añadirse una nueva tipología de blockchains, las denominadas blockchains "*publicas permisionadas*". Estas blockchains estarían a medio camino entre las blockchains abiertas "permissionless" y los consorcios (permissioned blockchain). De hecho, estas blockchains combinan el permiso de los consorcios privados con un modelo de gobierno descentralizado, obteniendo las mejores cualidades de ambos modelos. Un ejemplo de este tipo de redes lo encontramos en la blockchain española Alastria[16] o la European Blockchain Services Infrastructure (EBSI[17]).

---

12 PILKINGTON, M., "Blockchain technology: principles and applications", en OLLEROS, F. X. y ZHEGU, M. (eds.), *Research Handbook on Digital Transformations*, ElgarOnline, Massachusetts, 2016, pp. 225-253.

13 LF DECENTRALIZED TRUST: «Trust in a decentralized world» [en línea], (s.f.), <https://www.lfdecentralizedtrust.org/> [Consulta: 27/10/2024].

14 R3: «Corda. The award-winning tokenization platform powering financial digitalization» [en línea], (s.f.), <https://r3.com/corda/> [Consulta: 27/10/2024].

15 IBM: «IBM Blockchain» [en línea], (s.f.), <https://www.ibm.com/blockchain> [Consulta: 27/10/2024].

16 ALASTRIA: «Where blockchain happens» [en línea], (s.f.), <https://alastria.io/> [Consulta: 27/10/2024].

17 COMISIÓN EUROPEA: «Experience cross-border services with EBSI. The first public sector blockchain infrastructure in Europe» [en línea], (s.f.), <https://ec.europa.eu/digital-building-blocks/sites/display/EBSI/Home> [Consulta: 27/10/2024].

2.2.3. Smart contracts

Los smart contracts pueden definirse como los programas que ejecutan automática y mecánicamente las exigencias previamente inscritas en una blockchain, en función de las instrucciones dadas por los contratantes. Al estar programados en blockchain, estos smart contracts van a mantener sus características (esto es, la autentificación, la inalterabilidad, la transparencia y la trazabilidad).

Si bien el término smart contract es comúnmente entendido como "contrato", no siempre revestirá jurídicamente este carácter. Recordemos que los smart contracts son una suerte de programas de ordenador (líneas de código) que ejecutan instrucciones, y para que podamos referirnos con propiedad a ellos como contratos (en el sentido jurídico), tendremos que analizar si se cumplen todas las condiciones para poder considerarlos como tal (por ejemplo, consentimiento de las partes, objeto y causa). Es decir, que las partes han de conocer o poder conocer el contenido del smart contract para ser considerado como un contrato.

Esto implica que, salvo que se conozca el lenguaje informático en el que estén programados y se entiendan estas líneas de código, en la práctica será necesario un contrato escrito entre las partes para que sepan qué están contratando y las condiciones de este contrato.

Por último, debemos subrayar que los smart contracts son programas informáticos escritos en un determinado lenguaje de programación (por ejemplo, Solidity, JavaScript o Python) y que siguen, al menos hasta el momento, la estructura I-T-E (*if/then/else*): si se cumple esta circunstancia (if), entonces se ejecuta esta acción (then); de no cumplirse esta circunstancia (if), se ejecuta otra acción, también prevista (else)[18].

Esta característica convierte a los smart contracts en autoejecutables e inmutables, siendo muy compleja la modificación o revocación de un smart contract. Esta es una de sus principales ventajas, pero también uno de sus inconvenientes, puesto que las obligaciones de las partes deben estar perfectamente definidas, así como la previsión detallada de las posibles

---

18 WOHRER, M. y UWE, Z., "Smart contracts: security patterns in the ethereum ecosystem and solidity", en TONELLI, R. *et al.* (eds.), *2018 International Workshop on Blockchain Oriented Software Engineering* (IWBOSE), IEEE, Campobasso, 2018, pp. 2–8.

eventualidades que puedan acontecer durante la duración de la relación jurídica a formalizar en el smart contract[19].

2.2.4. Tokens

Este anglicismo, ya comúnmente adoptado, proviene del término "token", que podría traducirse al castellano como "elemento simbólico"[20], no siendo, como tal, novedoso en el tráfico jurídico[21].

No obstante, en el contexto que estamos estudiando, por token se entenderá la representación virtual y criptográfica bienes o derechos en una red de registro descentralizado (DLT). Por consiguiente, tokenizar puede definirse como "la transformación y representación de un activo o bien real como una expresión de datos únicos dentro de una red de blockchain mediante su conversión en un criptoactivo"[22]. El token en cuestión quedará registrado de manera inmutable y, en principio, podrá ser objeto de transacciones mediante la propia red de blockchain a través de smart- contracts.

---

19 DAVARA FERNÁNDEZ DE MARCOS, E., "Los Smart contract", *Actualidad Administrativa*, 7-8, 2017, pp. 33-41; ECHEBARRÍA SÁENZ, M. "Capítulo 10. Smart contracts y problemas jurídicos de los pagos con tecnologías blockchain", en MADRID PARRA, A. (dir.), *Derecho mercantil y tecnología*, Thomson-Reuters, Aranzadi, Cizur Menor, 2018, p. 347.

20 Como señala Madrid Parra, "(e)l término 'token' es un término inglés que significa ficha. Durante mucho tiempo se ha utilizado una ficha, no un billete, para pagar el transporte en metro o autobús. Un token o ficha es la que se recibe como título de legitimación para obtener la devolución de los bienes depositados en un guardarropa. No es un concepto jurídico. Es un mero instrumento que puede cumplir diferentes funciones. Aquí nos aproximamos a él desde una vertiente tecnológica. Se ha dado este nombre, token, a una unidad de valor, no ya representada por una pieza física de metal, madera, plástico o cualquier otro material, sino por una unidad de información en soporte electrónico que reúne características especialmente apropiadas para garantizar su control, seguridad y transmisibilidad". MADRID PARRA, A., "Del valor anotado al 'tokenizado'", *Revista de Derecho del Sistema Financiero*, 3, 2022, pp. 66-97.

21 Como señala el proceso de la tokenización no es ni mucho menos, novedoso, encontrando un ejemplo significativo en la teoría de los títulos valores. Vid. RUIZ-GALLARDÓN GARCÍA DE LA RASILLA, M., "Fe pública y tokenización de activos en blockchain" en GARCÍA MEXÍA, P. (dir.), *Criptoderecho. La regulación del blockchain*, Wolters Kluwer, Madrid, 2018, p. 461.

22 BARRIO ANDRÉS, M., "Concepto y clases de criptoactivos", en BARRIO ANDRÉS, M. (dir.), *Criptoactivos. Retos y desafíos normativos*, La Ley Wolters Kluwer, Madrid, 2021, p. 37.

No olvidemos que la blockchain ha sido definida, por algún autor, como "un libro digital incorruptible de transacciones económicas que puede programarse para registrar no solo transacciones financieras, sino virtualmente todo lo que tiene valor" [23].

2.2.5. Oráculos (Oracles)

Podemos definirlos como las fuentes de información relativas a una cadena de bloques. Aunque, normalmente, cuando se habla de oráculos se hace referencia a las fuentes externas que aportan o suministran información "real" a la blockchain (oráculos de entrada), podemos encontrar también los llamados "outbound oracles" (oráculos de salida), que permiten enviar datos desde el smart contract a receptores exteriores (*off-chain*).

Hemos de tener en cuenta que la tecnología blockchain no verifica la veracidad, existencia o certeza de los datos *off chain* que son incluidos en los bloques de la cadena.

La importancia de los oráculos (oracles) de "entrada" radica en la necesidad de verificación de que ciertos hechos o actos han tenido lugar, o que ciertos datos o aspectos, que van a ser incluidos en un bloque de la cadena de bloques, existen en el mundo real. Normalmente, esta verificación se producirá de manera automatizada (mediante un software de verificación, por ejemplo, o mediante sistemas de inteligencia artificial en el caso de las *smart grids*). Esto permitirá que la información que integre posteriormente una transacción (bloque) de la cadena de bloques sea fiable y verídica. Este aspecto es especialmente importante, puesto que la cadena de bloques, y, por tanto, los smart contracts, revisten las características de inmutabilidad.

Recalcamos que estos oráculos actúan de manera "automatizada", porque, por regla general, no dependerán de la intervención humana directa para la verificación de la información estipulada. Así, encontraremos los llamados oráculos de hardware (hardware oracles), por ejemplo, sensores integrados en objetos físicos tangibles, como es el caso de las etiquetas RFID y los denominados oráculos de software (software oracles), programas de ordenador que recogerán o darán constancia de datos verificados (por ejemplo, la realización de una transferencia bancaria o los datos meteorológicos). Junto a estas dos formas básicas, existen otros tipos de oráculos

---

23 TAPSCOTT, D. y TAPSCOTT, A., *Blockchain Revolution*, Peguin Radom House, Nueva York, 2018.

más complejos, como son los oráculos de consenso (consensus oracles), en los que encontramos una estructura descentralizada, a la que se agregan varios oráculos con el fin de ofrecer una mayor exactitud y seguridad (por ejemplo, el protocolo InterPlanetary File System -IPFS-).

2.3. Aspectos clave de la Blockchain en su integración en las smart grids

2.3.1. Principales aspectos disruptivos que ofrece el uso de la Blockchain en las smart grids

Debido a estas características que hemos señalado, podemos afirmar que la tecnología Blockchain ofrece una serie de funcionalidades que son útiles a la hora de implementar una smart grid. En primer lugar, se adapta perfectamente a redes descentralizadas, ya que su propio diseño parte de esta idea. En segundo lugar, permite simplificar las transacciones entre nodos evitando intermediarios y favoreciendo la trazabilidad y la inmutabilidad de los intercambios de información. En tercer lugar, podemos encontrar eficiencias de costes significativas y, además, permite nuevas formas de financiación y de explotación de la energía generada más allá del consumo directo. Vamos a ver con un poco más de detalle cada uno de estos puntos.

Respecto a la descentralización, como hemos visto en el punto anterior, todas las tipologías de redes de blockchain parten de la misma base técnica: el registro distribuido de la información. Independientemente de que el control operativo de la red esté más o menos descentralizado, esta característica es básica en su configuración, lo que hace evitar intermediarios y crea un medio más rápido, seguro y barato en el mercado de energía ya que facilita intercambios punto a punto (P2P) que además serán autoejecutados en función de los smart contracts, lo que implicará un descenso en los costes de transacción y una mayor rapidez en la realización de operaciones.

Por otro lado, esta descentralización favorece la seguridad en el almacenamiento de información relativa a la propia red y sus activos, lo que incluye los certificados de energía renovable, los derechos de emisión y las transacciones realizadas en la comercialización y gestión de estos activos.

Respecto a la simplificación de transacciones, hemos de tener en cuenta que el sistema se configura en base a una descentralización operativa, en la que los nodos interaccionan directamente entre ellos, sin necesidad de intermediarios. Las transacciones quedan registradas en la propia cadena de bloques siendo autoejecutadas a través de smart contracts lo que favorece la seguridad y la rapidez en los intercambios entre miembros de la red.

Por último, respecto a las nuevas formas de explotación y de financiación de la energía, hemos de recordar que la Blockchain permite la tokenización de la energía (como veremos en detalle más adelante), esto es, la representación digital de los distintos activos productivos, lo que va a permitir no solo su transmisión directa en una comunidad sino la posibilidad de explotarlos también en mercados globales descentralizados.

2.3.2. Cuestiones clave de su implementación a nivel práctico

Ciertamente, la implementación de la Blockchain ofrece muchas características atractivas, especialmente, porque permite plantear un cambio de paradigma en el mercado pasando a una especie de "democratización" no solo en la producción sino en la explotación de la energía.

No obstante, su aplicación no está exenta de dificultades o interrogantes desde el punto de vista técnico y de retos desde la perspectiva jurídica. En este punto nos centraremos en señalar ciertas cuestiones a nivel práctico, pasando a analizar ciertos de los aspectos jurídicos relevantes en el siguiente epígrafe.

Dentro de todos los aspectos que nos podemos encontrar a nivel práctico, nos centraremos en los que hemos considerado esenciales a efectos de dimensionar la aplicación de la Blockchain en una *smart grid.*

En primer lugar, nos encontramos con la elección de la red de *blockchain* que va a ser utilizada. Como hemos señalado no existe una única red de blockchain, sino que van a diferenciarse en función de su "gobernanza", es decir en función de qué nodos van a controlar las transacciones de la red, pudiendo encontrar redes con una gobernanza más descentralizada que otras. Es por ello que es esencial analizar el protocolo o protocolos de consenso con los que opera una red de blockchain determinada, ya que serán los que determinen la forma en la cual se realizarán las transacciones. Este aspecto no es baladí ya que, como se ha demostrado en otros ámbitos, ciertos algoritmos de consenso pueden dar lugar a situaciones ineficientes desde el punto de vista económico y potencialmente ilícitas (como veremos en el epígrafe siguiente).

Esta elección de la red de blockchain va a ser también relevante respecto a un aspecto clave: la interoperabilidad. Todavía en la actualidad muchas redes de blockchain no son interoperables entre ellas, lo que implica que no existe una portabilidad de los datos integrados en la mismas y, consecuentemente, se imposibilita la existencia de transmisiones cruzadas de energía. Este es un aspecto sustancial ya que supone que, en muchos casos, los nodos para poder disfrutar de la pertenencia a una smart grid han de ser nodos de una red de blockchain determinada, no pudiendo pasar con facilidad a formar parte de otra *smart grid* que pueda resultarles más atractiva que haya sido configurada con otra red de blockchain.

Por otro lado, no hemos de olvidar que las redes de blockchain necesitan de "conexiones" fidedignas con el mundo *off chain* para poder "certificar" realmente que existe una determinada producción energética. Dicho de otra manera, es esencial a la hora de introducir una red de blockchain en una *smart grid* determinar unos "oráculos" fiables y seguros que permitan garantizar que la información que luego será acuñada en la cadena de bloques existe y tiene unas determinadas características. Ya indicamos que las redes de blockchain por sí mismas no pueden autenticar algo que esté fuera de la red, por lo que es extremadamente importante que las fuentes de información sean precisas. A estos efectos, encontramos esa necesaria interacción entre los sistemas informáticos implementados en la *smart grid* para la recogida de datos (entre los que vamos a encontrar la inteligencia artificial y el IoT) lo que supone, además, establecer los mecanismos de ciberseguridad adecuados.

Vinculado con los dos elementos anteriores, nos encontramos con que se ha de procurar sistemas de identificación digital de los nodos participantes que permitan tanto reconocerlos como tales por los otros nodos como atribuirles las características que le sean inherentes (por ejemplo, nodo validador o nodo cliente de una red de blockchain). En este caso, además nos encontraremos con las problemáticas jurídicas derivadas de la aplicación de las normas específicas respecto tanto a los datos personales como no personales que señalaremos en el próximo epígrafe.

Por último, y sin ánimo de exhaustividad, hemos de señalar las potenciales dificultades que pueden surgir a la hora de la programación de los smart-contracts para la ejecución de ciertas transacciones, ya que dichos programas, como hemos señalado, son autoejecutables con lo cual, una vez comenzada su ejecución no pueden detenerse. Y, como veremos a continuación, es necesario tener en cuenta en su diseño no solo su utilidad técnica sino su respeto a la legislación aplicable.

3. IMPLICACIONES JURÍDICAS: CIERTAS CUESTIONES PARA LA REFLEXIÓN

Las aristas jurídicas que implica la integración de la Blockchain en una *smart grid* son múltiples y complejas ya que tenemos, por un lado, la parte estructural de la propia red de blockchain utilizada y, por otro lado, la parte operacional que se desarrolle tanto a nivel interno dentro de la propia smart grid como externo si se produce tanto la comercialización externa de excedentes como la búsqueda de financiación.

Hemos de señalar que para poder hacer un análisis riguroso es preciso descender a modelos concretos y analizar caso por caso las connotaciones jurídicas que derivan de cada uno de ellos. No obstante, a efectos de poder establecer una especie de hoja de ruta con los elementos esenciales, señalaremos los que, a nuestro entender son los grandes temas que han de ser tratados, al estudiar estas cuestiones. Estos temas son: los datos, la seguridad, el derecho de la competencia y la tokenización de activos energéticos.

3.1. Los datos, la Blockchain y las smart grids

En este punto nos centraremos en dos aspectos esenciales derivados tanto del RGPD[24] como del Reglamento de Datos[25].

Respecto al primero de estos Reglamentos, la cuestión vendrá derivada de la necesidad de encontrar fórmulas que permitan el ejercicio de los derechos ARCO (acceso[26], rectificación[27], cancelación[28] y oposición[29]) en una estructura cuya base se articula en torno a la inmutabilidad de la información

---

24 Reglamento 2016/679/UE relativo a la protección de las personas físicas en lo que respecta al tratamiento de datos personales y a la libre circulación de estos datos y por el que se deroga la Directiva 95/46/CE.

25 Reglamento 2023/2854/UE sobre normas armonizadas para un acceso justo a los datos y su utilización, y por el que se modifican el Reglamento 2017/2394/UE y la Directiva 2020/1828/UE.

26 Vid. art. 15 RGPD.

27 Vid. art. 16 RGPD, donde se dice expresamente "El interesado tendrá derecho a obtener sin dilación indebida del responsable del tratamiento la rectificación de los datos personales inexactos que le conciernan".

28 Vid. art. 17 RGPD. Recordemos que este artículo establece expresamente que el interesado tendrá derecho a obtener sin dilación indebida del responsable del tratamiento la supresión de los datos personales que le conciernan.

29 Vid. art. 21 RGPD.

que recoge. Este problema técnicamente no es insalvable ya que desde hace años se buscan soluciones que permiten facilitar el ejercicio de estos derechos[30]. No obstante, a la hora de diseñar las *smart grids* y los métodos de identificación individualizada de cada uno de sus participantes (lo que implicará generalmente en los casos de comunidades energéticas el manejo de datos personales) será necesario tenerlos presentes y aplicarlos para no arriesgarse a entrar en conflicto con el RGPD.

Por su parte, recordemos que el Reglamento de Datos[31] establece normas armonizadas sobre: a) la puesta a disposición de datos de productos y de datos de servicios relacionados en favor de los usuarios del producto conectado o servicio relacionado; b) la puesta a disposición de datos por parte de los titulares de datos en favor de los destinatarios de datos; c) la puesta a disposición de datos por parte de los titulares de datos en favor de los organismos del sector público, la Comisión, el Banco Central Europeo y los organismos de la Unión, cuando exista una necesidad excepcional de disponer de dichos datos para el desempeño de alguna tarea específica

---

30 Dentro de estas soluciones las más populares son, por un lado, el llamado hashing criptográfico y, por otro, el uso de canales privados. Ya vimos que la función hash es una técnica criptográfica que permite generar, para cualquier tipo de documento, información o dato, un identificador (código alfanumérico) único. Partiendo de esta base, esta técnica de hashing consiste en la generación de hashes o identificadores únicos para los datos personales. Dicho hash quedaría almacenado en la red blockchain mientras que los datos personales, por su parte, se mantendrían en una base de datos externa, gestionada por el responsable de tratamiento que corresponda. Respecto a los canales privados suponen la creación de hashes de información que solo se comparten entre dos partes (nodos), siendo inaccesible para el resto. Cuando los datos deban eliminarse o modificarse bastará con que estos dos nodos eliminen o bloqueen los registros en cuestión haciéndolos inaccesibles al resto. A mayor abundamiento sobre esta cuestión, ver GRANT THORNTON: «RGPD y Blockchain. Soluciones blockchain para el Reglamento General de Protección de Datos» [en línea], (2018), <https://www.grantthornton.es/globalassets/1.-member-firms/spain/folletos/rgpd-y-blockchain-final.pdf> [Consulta: 27/10/2024].

31 Vid. GARCÍA VIDAL, A.: «El Reglamento de Datos: implicaciones para los secretos empresariales y la propiedad intelectual» [en línea], (2024), <https://ga-p.com/wp-content/uploads/2024/01/Reglamento_de_Datos-1.pdf> [Consulta: 27/10/2024]; JIMÉNEZ SERRANÍA, V., "Reglamento (UE) 2023/2854, del Parlamento Europeo y del Consejo, de 13 de diciembre de 2023, sobre normas armonizadas para un acceso justo a los datos y su utilización (Reglamento de Datos) [DOUE L 2023/2854, de 22-XII-2023]", *Ars Iuris Salmanticensis: AIS : revista europea e iberoamericana de pensamiento y análisis de derecho, ciencia política y criminología*, 12, 1, 2024, pp. 282-287.

realizada en interés público; d) la facilitación del cambio entre servicios de tratamiento de datos; e) la introducción de salvaguardias contra el acceso ilícito de terceros a los datos no personales, y f) el desarrollo de normas de interoperabilidad para el acceso, la transferencia y la utilización de datos. Por tanto, este Reglamento se centra en cuatro aspectos: el acceso a los datos (tanto personales —respetando el RGPD— como no personales), la portabilidad, la seguridad y la interoperabilidad.

En aras de conseguir estos objetivos, especialmente este último de la interoperabilidad, el Reglamento entra a regular ciertos aspectos específicos de los smart contracts, a los que se debe añadir, claro está la aplicación de las normas pertinentes de la normativa civil, contractual y de protección de los consumidores a los acuerdos de intercambio de datos[32].

Así, en el artículo 36 se establecen unos requisitos esenciales relativos a los contratos inteligentes para la ejecución de acuerdos de intercambio de datos tanto para los proveedores de aplicaciones que utilice contratos inteligentes o, en su defecto, las personas cuya actividad comercial, empresarial o profesional implique el despliegue de contratos inteligentes para terceros. Estos requisitos esenciales son los siguientes:

a) *solidez y control de acceso*, para garantizar que el contrato inteligente se haya diseñado de manera que ofrezca unos mecanismos de control de acceso y un grado de solidez muy elevado con el fin de evitar errores funcionales y contrarrestar los intentos de manipulación por terceros;

b) *resolución unilateral e interrupción seguras*, para garantizar que exista un mecanismo que permita poner fin a la ejecución de transacciones y que el contrato inteligente incluye funciones internas que permitan reinicializar el contrato o darle instrucciones para poner fin a la operación o interrumpirla, en particular, para evitar futuras ejecuciones accidentales;

c) *archivo y continuidad de los datos*, para garantizar, en circunstancias en las que el contrato inteligente deba finalizar o desactivarse, la posibilidad de archivar los datos de las transacciones, así como la lógica y el código del contrato inteligente, con el fin de llevar un registro de las operaciones con datos efectuadas previamente (auditabilidad);

32 Vid. considerando 104 del Reglamento de Datos.

d) *control de acceso*, para garantizar que el contrato inteligente esté protegido con mecanismos rigurosos de control de acceso en el nivel de la gobernanza y en el del contrato inteligente, y

e) *coherencia*, para garantizar la coherencia con las condiciones del acuerdo de intercambio de datos que ejecuta el contrato inteligente (destacado propio).

Además, para demostrar el cumplimiento de los requisitos esenciales del Reglamento, el proveedor de un contrato inteligente o, en su defecto, la persona cuya actividad comercial, empresarial o profesional implique el despliegue de contratos inteligentes para terceros en el contexto de la ejecución total o parcial de un acuerdo de puesta a disposición de datos en el contexto del Reglamento, debe realizar una evaluación de conformidad y expedir una declaración UE de conformidad[33].

Por consiguiente, en el diseño de los smart contracts que habiliten los intercambios de datos relativos a las transacciones realizadas en la smart grid han de tenerse en cuenta estas previsiones, aspectos que en la actualidad no siempre se tienen en cuenta.

3.2. La ciberseguridad: más allá de los mitos de la Blockchain

Ya hemos visto que no existe una única Blockchain, sino que podemos encontrarnos distintas tipologías de redes que responden a una características técnicas y estructurales diferenciadas, lo que va a traer como consecuencia que haya redes de blockchain cuya gobernanza esté más centralizada que otras y redes que utilicen algoritmos de consenso que presenten más vulnerabilidades que otros.

Pese a que las cadenas de bloques presentan como característica definidora su inmutabilidad y trazabilidad, esto no significa que, en ningún caso, puedan ser susceptibles de sufrir debilidades en su seguridad que sean aprovechadas por ataques cibernéticos.[34]

---

33 Vid. considerando 105 y art. 36.2 del Reglamento de Datos.

34 Así, por ejemplo, a nivel de red encontramos ataques, generalmente externos, como el compromiso de nodos debidos a inyecciones de código malicioso, la intrusión de nodos desconocidos o los ataques DoS (ver YI, P. *et al.*, "Puppet attack: a denial of service attack in advanced metering infrastructure network", *Journal of Networks adn Computeur Applications*, 59, 2016, pp. 325–332); respecto a los algoritmos de consenso, podemos encontrar ataques internos, como son el ataque de colusión

En este punto nos parece necesario señalar ciertas de las previsiones que contiene la Directiva 2022/2555/UE relativa a las medidas destinadas a garantizar un elevado nivel común de ciberseguridad en toda la Unión, por la que se modifican el Reglamento 910/2014/UE y la Directiva 2018/1972/UE y por la que se deroga la Directiva 2016/1148/UE (Directiva SRI 2)[35], ya que nos parece relevantes para el tema que estamos tratando.

(el atacante tiene más del 50% de la potencia de cómputo en un contexto de PoW; vid. ZHAO, X. *et al.*, "The DAO attack paradoxes in propositional logic", en FEI, X. *et al.* (eds.), *4th International Conference on Systems and Informatics (ICSAI)*, IEEE, Hangzhou, 2017, pp. 1743–1746), o ataques externos como son el ataque Sybil (en él un atacante reclama un gran número de identidades falsas (nodos) y luego intenta influir en el resultado de la votación del mecanismo de consenso en la red de consenso) o el ataque de eclipse (en el atacante monopoliza todas las conexiones entrantes y salientes de la víctima, aislando así a la víctima del resto de sus pares en la red, vid. XU, G. *et al.*, "Am I eclipsed? A smart detector of eclipse attacks for Ethereum", *Computers & Security*, 88, 2020, pp. 1-15. Doi: https://doi.org/10.1016/j.cose.2019.101604. También encontramos vulnerabilidades en la programación de los *smart contracts* que pueden hacer que se pierda información (cfr. NIKOLIĆ, I. *et al.*, "Finding the greedy, prodigal, and suicidal contracts at scale", en ASSOCIATION FOR COMPUTING MACHINERY (eds.), *ACSAC '18: Proceedings of the 34th Annual Computer Security Applications Conference*, ACM-ACSA, San Juan de Puerto Rico, 2018, pp. 653–663.

35 Recordemos que el punto de partida para una regulación específica de la ciberseguridad, lo podemos situar en la publicación, febrero de 2013, de la Estrategia de Ciberseguridad de la Unión Europea (Cybersecurity Strategy of the of the European Union: an Open, Safe and Secure Cyberspace). Posteriormente, en 2016, se aprobó la Directiva 2016/1148/UE relativa a las medidas destinadas a garantizar un elevado nivel común de seguridad de las redes y sistemas de información en la Unión (Directiva SRI o Directiva de Ciberseguridad). El objetivo de esta norma era reducir las amenazas para los sistemas de redes y de información utilizados para prestar servicios esenciales en sectores fundamentales, y garantizar la continuidad de dichos servicios en caso de incidentes, contribuyendo así a la seguridad de la Unión y al funcionamiento eficaz de su economía y su sociedad. A finales de 2020, la Comisión Europea y la Alta Representante de la Unión para Asuntos Exteriores y Política de Seguridad presentaron una nueva Estrategia de Ciberseguridad de la UE que abarcaba desde la seguridad de servicios esenciales como hospitales, redes energéticas y ferrocarriles hasta los objetos conectados en los hogares de los ciudadanos. Esta Estrategia pretende la creación de capacidades colectivas para responder a los principales ciberataques y trabajar con socios de todo el mundo para garantizar la seguridad internacional y la estabilidad en el ciberespacio. Resultado de esta estrategia es la Directiva 2022/2555/UE relativa a las medidas destinadas a garantizar un elevado nivel común de ciberseguridad en toda la Unión, por la que se modifican el Reglamento 910/2014/UE y la Directiva 2018/1972/UE y por la que se deroga la Directiva 2016/1148/UE (Directiva SRI

Recordemos que esta directiva establece un marco regulador común cuyo objetivo es mejorar el nivel de ciberseguridad en la Unión Europea (UE), mediante la exigencia a los Estados miembros de que refuercen las capacidades de ciberseguridad, y la introducción de medidas de gestión de riesgos de ciberseguridad y notificaciones en sectores críticos, junto con normas relativas a la cooperación, el intercambio de información, la supervisión y la ejecución.

En lo relativo a la gestión de riesgos de ciberseguridad y notificaciones en sectores críticos esta Directiva se aplica principalmente (pero no solo) a entidades medianas y grandes que operan en los siguientes sectores de alta criticidad entre los que se encuentra la energía (electricidad, que incluye los sistemas de producción, distribución y transporte y los puntos de recarga, calefacción y refrigeración urbanas; crudo, que incluye la producción, el almacenamiento y oleoductos de transporte; gas, que incluye los sistemas de suministro, distribución y transporte y almacenamiento e hidrógeno). Por otro lado, dentro del anexo I de esta Directiva aparecen considerados como sectores críticos, entre otros, los proveedores de redes de servicios de computación en la nube, proveedores de distribución de contenidos, prestadores de servicios de confianza y proveedores de servicios de centro de datos.

Además, esta Directiva considera como entidades esenciales, independientemente de su tamaño, entidades identificadas como críticas con arreglo a la Directiva 2022/2557/UE[36]. Dentro de estas encontramos:

> [L]os participantes en el mercado tal como se definen en el artículo 2, punto 25, del Reglamento (UE) 2019/943 que presten los servicios de agregación, respuesta de demanda o almacenamiento de energía tal como se definen en el artículo 2, puntos 18, 20 y 59, de la Directiva (UE) 2019/944", siendo considerados como tales las "persona física o jurídica que está generando, comprando o vendiendo electricidad, que participa en la agregación o que es un gestor de la participación activa de la demanda o servicios de almacenamiento de energía, incluida la emisión de órdenes de negociación, en uno o varios de los mercados de la electricidad, entre ellos los mercados de la energía de balance.

---

2). Esta directiva entró en vigor el 16 de enero de 2023 y ha de estar incorporada en todos los ordenamientos nacionales europeos como muy tarde el 17 de octubre de 2024 y entrar en vigor a partir del 18 de octubre de 2024, (aunque en el caso del regulador español no se ha cumplido con este plazo).

[36] Directiva 2022/2557/UE relativa a la resiliencia de las entidades críticas y por la que se deroga la Directiva 2008/114/CE del Consejo.

Teniendo en cuenta las definiciones y delimitaciones anteriormente planteadas, consideramos razonable plantear la aplicación de las obligaciones de ciberseguridad establecidas en dicha Directiva[37] en la configuración de las *smart grids*, considerando todas las tecnologías utilizadas, incluidas las especificidades de la red de blockchain que vaya a ser implementada.

3.3. La competencia efectiva en las smart grids que implementan Blockchain

Las *smart grids* se entienden como un dinamizador a la competencia efectiva en el mercado, lo que tiene significativas implicaciones en los mercados nacionales y globales de la energía. Debido a su complejidad y a la necesidad de una explicación más detallada del mercado eléctrico desde la perspectiva del derecho de la competencia, así como de una ponderación real del impacto de las *smart grids* tanto en la mejora de la transparencia como en la dinamización de precios[38], este tema será objeto de otra de nuestras publicaciones.

---

[37] Recordemos en entre las medidas de supervisión y ejecución relativas a entidades esenciales encontramos: las políticas de seguridad de los sistemas de información y análisis de riesgos; la gestión de incidentes; la continuidad de las actividades, como la gestión de copias de seguridad y la recuperación en caso de catástrofe, y la gestión de crisis; la seguridad de la cadena de suministro, incluidos los aspectos de seguridad relativos a las relaciones entre cada entidad y sus proveedores o prestadores de servicios directos; la seguridad en la adquisición, el desarrollo y el mantenimiento de sistemas de redes y de información, incluida la gestión y divulgación de las vulnerabilidades; las políticas y los procedimientos para evaluar la eficacia de las medidas para la gestión de riesgos de ciberseguridad; las prácticas básicas de ciberhigiene y formación en ciberseguridad; las políticas y procedimientos relativos a la utilización de criptografía y, en su caso, de cifrado; la seguridad de los recursos humanos, las políticas de control de acceso y la gestión de activos; el uso de soluciones de autenticación multifactorial o de autenticación continua, comunicaciones de voz, vídeo y texto y sistemas seguros de comunicaciones de emergencia en la entidad, cuando proceda. (Cfr. art. 32 de la Directiva 2022/2555/UE).

[38] Sobre las características esenciales del suministro eléctrico que hacen que los mercados eléctricos sean particularmente vulnerables a problemas de competencia, ver FABRA PORTELA, N. y FABRA UTRAY, J., "Competencia y poder de mercado en los mercados eléctricos", *Cuadernos económicos del ICE*, 79, 2010, pp. 17-43. Respecto a los retos de las nuevas configuraciones en el mercado de la energía ver HAFFNER, R. *et al.;* «Competition Policy and an Internal Energy Market. Study», *op. cit.*, pp. 78-81.

No obstante, nos parece interesante apuntar ciertos aspectos relativos a la existencia de una competencia efectiva que han de ser considerados a la hora de utilizar una red de blockchain en una *smart grid*, especialmente cuando hablamos de comunidades energéticas con un cierto volumen de individuos (nodos). Así, las peculiaridades inherentes a la organización estructural y funcional de las redes de blockchain suponen la necesidad de un análisis centrado, no sólo en la estructura jurídica y económica, sino técnica a la hora de evaluar estos riesgos potenciales.

En el caso de las redes privadas, como mencionábamos anteriormente, aunque se trate de estructuras técnicamente descentralizadas, vamos a encontrar que se encuentra estructural y funcionalmente centralizada en una entidad determinada que es la que tomará las decisiones. En estos casos, podemos decir que la cuestión de la descentralización es meramente un aspecto técnico, pudiendo la entidad que tome las decisiones operativas realizar conductas anticompetitivas en el mercado relevante (entendiendo como tal, teniendo en cuenta las características que hemos apuntado respecto a las redes de blockchain —especialmente respecto a la interoperabilidad—, el comprendido en la *smart grid*), como pueden ser precios excesivamente altos o realizar otro tipo de abusos.

No obstante, hemos de tener en cuenta que ciertos efectos de las potenciales conductas anticompetitivas se podrán ver agravados debido a la mayor dificultad para erradicación de irregularidades derivada de las características inherentes a la *blockchain*. En estos casos se tratará más de analizar los potenciales efectos o derivados de sus reglas de gobernanza funcional. Dicho de otra manera, será necesario analizar tanto los algoritmos de consenso como los algoritmos vinculados a los smart contracts que van a ser implementados en dicha *smart grid* y sus efectos de los mismos. Por otro lado, como ya indicamos en otros apartados de este capítulo, hemos de tener en cuenta que la erradicación de las conductas ilícitas que estén integradas en los smart contracts revestirá una dificultad especial debido a las características inherentes a los mismos.

En el caso de las redes permisionadas, desde la perspectiva del derecho de la competencia, podríamos encontrarnos ante acuerdos horizontales (e incluso mixtos, verticales y horizontales, si nos encontramos con una *smart grid* estratificada en la que tengamos diferenciados los productores de los comercializadores) que afecten al normal desarrollo de la *smart grid*. Estaremos, por tanto, bien ante acuerdos de producción y/o comercialización, bien ante acuerdos de estandarización e incluso ante acuerdos de transferencia de tecnología vinculada a estos acuerdos. Esto supondrá que, en muchos casos, estos acuerdos tengan que ser analizados, y estudiadas sus condiciones.

Por otro lado, además, entre los tipos de acuerdos que podríamos denominar "*on-chain*" —esto es, que se refieren directamente a las condiciones de acceso, uso y/o salida de la *blockchain* integrada en la *smart grid*—, y los acuerdos que llamaríamos "*off-chain*" —que se crean fuera de fuera de la cadena de bloques— habrá que utilizar la tecnología para hacerlos más eficientes[39].

Por último, en el caso de utilizar redes de *blockchain* públicas, los riesgos anticompetitivos potencialmente serán menores debido a la atomización o "granulosidad"[40] de sus miembros y usuarios y a que no existen, en principio, barreras de entrada ni de salida de la cadena, no son inexistentes. No obstante, podríamos encontramos casos en que este carácter granular fuera meramente programático y las reglas de gobernanza establecidas por los algoritmos de consenso otorguen una situación privilegiada a cierto tipo de usuarios.

3.4. La tokenización de activos y las smart grids

Para finalizar, no podíamos cerrar este capítulo sin hacer una reflexión sobre uno de los aspectos más atractivos de la implementación de la Blockchain en las *smart grids*: la tokenización de la energía generada. Esto es, la posibilidad de crear representaciones digitales de valor que permite no solo la explotación interna dentro de los propios nodos de la red de blockchain de la *smart grid*, sino que abre la posibilidad a fórmulas tanto de comercialización como de inversión en proyectos energéticos.

En este caso, estaríamos ante la posibilidad de creación de tokens respaldados por una *smart grid* que podrían ser explotados fuera de la propia

---

39 SCHREPEL, T., "Collusion by Blockchain and Smart Contracts", *Harvard Journal of Law and Technology*, 33, 1, 2019, p. 128, LIANOS, I., "Blockchain Competition" en DIMITROPOULOS, G. *et al.* (eds.), *Regulating Blockchain: Political and Legal Challenges*, Centre for Law, Economics and Society Faculty of Laws, London, 2019, pp. 5-92.

40 En el mismo sentido, vid. SCHREPEL, T.: «The Theory of Granularity: A Path for Antitrust in Blockchain Ecosystems» [en línea], (2020), <https://ssrn.com/abstract=3519032> [Consulta: 27/10/2024].

smart grid[41]. Esta búsqueda de nuevas formas de obtención de rendimientos enlaza con uno de los desarrollos más avanzados dentro de los ecosistemas *blockchain*: la criptoeconomía, lo que nos adentra en la regulación de los "nuevos" mercados financieros desarrollados en torno a las tecnologías de registro distribuido entre las que se encuentra la *Blockchain*.

Hemos de tener en cuenta que según el artículo 3.1.5) del Reglamento MiCA[42], "una representación digital de un valor o de un derecho que puede transferirse y almacenarse electrónicamente, mediante la tecnología de registro distribuido o una tecnología similar". Esta definición tiene dos virtudes, primero, que es tan amplia que permite abarcar los distintos tipos de criptoactivos existentes, desde las criptomonedas a los activos tradicionales tokenizados y, segundo, que ofrece un elemento clave para la determinación de la naturaleza jurídica del criptoactivo: la consideración este como una representación virtual de un valor o derecho (lo que hará que se califique, cuando se den determinadas circunstancias, como una especie de certificado o título virtual de derechos).

Como decíamos, el término criptoactivo es tan amplio, tan genérico, que permite cubrir una amplia taxonomía de activos (criptomonedas no respaldadas —i.a. Bitcoin, Ethereum, IOTA—, criptomonedas estables o *stablecoins*, *equity tokens* —acciones tokenizadas—, *security tokens* —activos financieros o títulos valores—, *utility tokens* —que permite dar acceso a un bien o derecho—, *non-fungible tokens*)[43].

Dentro de estos tokens encontramos los tokens respaldados que se crean y se negocian tanto "on-chain" como "off-chain"; pueden ser activos financieros, activos no financieros (por ejemplo, bienes inmuebles, arte); y van a estar respaldados por activos "off chain"[44].

---

41 Un ejemplo, de esta tokenización de la energía lo encontraríamos en Crowmie que ofrece activos de energía renovable tokenizados en forma de *security token*.

42 Reglamento 2023/ /1114/UE relativo a los mercados de criptoactivos.

43 Por su parte Ibáñez Jiménez distingue entre los tokens originarios o "nativos" nacidos en una red distribuida u on chain (blockchain) y los tokens derivados o "derivativos" representativos de bienes y derechos preexistentes, ubicando los tokens de inversión (security tokens) entre los tokens derivados no nativos. Vid. IBÁÑEZ JIMENEZ, J., *Tokens valor (security tokens). Régimen y técnica de los criptoactivos negociables y sus mercados, (MICAs)*, Editorial Reus, Madrid, 2021, p. 99-120.

44 OCDE: «The Tokenisation of Assets and Potential Implications for Financial Markets», p. 13 [en línea], (2020), <https://www.oecd-ilibrary.org/docserver/83493d34-en.pdf?expires=1731422860&id=id&accname=guest&checksum=34329F3FD83E902D169D44D91A177A64> [Consulta: 26/10/2024].

La cuestión principal en este caso, que es similar a la que nos encontramos en otros tipos de emisiones tokenizadas de activos es saber ante qué tipo de criptoactivo nos encontramos y, por ende, cual es la regulación que le sería de aplicación.

Así, por un lado, el Reglamento MiCA[45] distingue y establece requisitos uniformes para la oferta pública y la admisión a negociación en una plataforma de negociación de los "asset-referenced tokens" (ART) o "fichas referenciadas a activos"[46], los "e-money tokens" (EMT) o "fichas de dinero electrónico"[47] y una tercera categoría más amplia de criptoactivos distintos de fichas referenciadas a activos y fichas de dinero electrónico, en la que se integran los "utilily tokens" o "fichas de utilidad"[48]. Por

---

45 Reglamento 2023/1114/UE relativo a los mercados de criptoactivos y por el que se modifican los Reglamentos 1093/2010/UE y 1095/2010/UE y las Directivas 2013/36/UE y 2019/1937/UE. Recordemos que este Reglamento no se aplicará a los criptoactivos que sean únicos y no fungibles con otros criptoactivos (art. 2.3) ni a los criptoactivos que se consideren: a) instrumentos financieros; b) depósitos, incluidos los depósitos estructurados; c) fondos, excepto si se consideran fichas de dinero electrónico; d) posiciones de titulización en el contexto de una titulización, tal como se definen en el artículo 2, punto 1, del Reglamento 2017/2402/UE; e) productos de seguro de vida o distintos del seguro de vida pertenecientes a los ramos de seguros enumerados en los anexos I y II de la Directiva 2009/138/CE del Parlamento Europeo y del Consejo (27) o los contratos de reaseguro y de retrocesión a que se refiere dicha Directiva; f) productos de pensiones que, con arreglo al derecho nacional, tengan reconocida como finalidad primaria la de proveer al inversor de unos ingresos en la jubilación y que le den derecho a determinadas prestaciones; g) planes de pensiones de empleo reconocidos oficialmente incluidos en el ámbito de aplicación de la Directiva 2016/2341/UE (28) o de la Directiva 2009/138/CE; h) productos de pensión individuales en relación con los cuales el derecho nacional exija una contribución financiera del empleador y en los que ni el empleador ni el empleado tengan posibilidad alguna de elegir el producto de pensión ni a su proveedor; i) un producto paneuropeo de pensiones individuales, tal como se definen en el artículo 2, punto 2, del Reglamento 2019/1238/UE (29); j) sistemas de seguridad social a los que les sean de aplicación los Reglamentos 883/2004/CE (30) y 987/2009/CE (31) (art. 2.4).

46 Estos son un tipo de criptoactivo que no es una ficha de dinero electrónico y que pretende mantener un valor estable referenciado a otro valor o derecho, o a una combinación de ambos, incluidas una o varias monedas oficiales (Vid. art. 3. 6 Reglamento MiCA).

47 Se definen como un tipo de criptoactivo que, a fin de mantener un valor estable, se referencia al valor de una moneda oficial (vid. art. 3. 7 Reglamento MiCA).

48 Entendiendo como tal un tipo de criptoactivo utilizado únicamente para dar acceso a un bien o un servicio prestado por su emisor (vid. art. 3.9 Reglamento MiCA).

otro lado, el Reglamento 2022/858/UE[49], que configura el régimen piloto DLT, proporciona el marco jurídico para la negociación y liquidación de operaciones con criptoactivos que se consideran instrumentos financieros[50] con arreglo a la MiFID II[51], siempre y cuando se trate de[52]: a) acciones cuyo emisor tenga una capitalización bursátil o una capitalización bursátil estimada inferior a 500.000.000 EUR; b) bonos, otras formas de deuda titulizada, incluidos recibos de depositario representativos de dichos valores o instrumentos del mercado monetario con un volumen de emisión inferior a 1.000.000.000 EUR, excluidos aquellos que incorporen un derivado o una estructura que dificulten que el cliente comprenda los riesgos asociados; o c) participaciones en organismos de inversión colectiva, cuyos activos gestionados tengan un valor de mercado inferior a 500.000.000 EUR.

No obstante, como señala el propio Reglamento MiCA, las condiciones y criterios para la calificación de los criptoactivos como instrumentos financieros, deberán ser determinadas por la AEVM. Así, en el "Proyecto

---

49 Reglamento 2022/858/UE sobre un régimen piloto de infraestructuras del mercado basadas en la tecnología de registro descentralizado y por el que se modifican los Reglamentos 600/2014/UE y 909/2014/UE y la Directiva 2014/65/UE.

50 El Reglamento MiCA establece en su artículo 2.5 que, a más tardar el 30 de diciembre de 2024, la AEVM, emitirá directrices de conformidad con el artículo 16 del Reglamento 1095/2010/UE sobre las condiciones y los criterios para la consideración de los criptoactivos como instrumentos financieros.

51 Reglamento 2022/858/UE sobre un régimen piloto de infraestructuras del mercado basadas en la tecnología de registro descentralizado. Este Régimen Piloto DLT ha empezado a aplicarse en la UE a partir del 23 de marzo de 2023 y busca, además, facilitar la creación de nuevos tipos de infraestructuras de mercado, entre ellas: (i) un sistema de negociación multilateral DLT (DLT MTF); (ii) un sistema de liquidación DLT (DLT SS); (iii) un sistema de negociación y liquidación DLT (DLT TSS).

52 Como señala la profesora Muñoz Pérez, esta delimitación realizada en el artículo 3. 1 del Reglamento 2022/858/UE, hace que su ámbito de aplicación no abarque todos los instrumentos financieros. MUÑOZ PÉREZ, A. F. "Tokenizaciones. Caracterización de las Criptomonedas, los Criptoactivos y los Instrumentos financieros", *Revista de derecho bancario y bursátil*, 170, 2023, pp. 179-210. Efectivamente, si vamos al listado del Anexo I, sección C, de la Directiva 2014/65/UE relativa a los mercados de instrumentos financieros y por la que se modifican la Directiva 2002/92/CE y la Directiva 2011/61/UE (Directiva MiDIF II) vemos que comprenderían los valores negociables (1), y las participaciones y acciones en instituciones de inversión colectiva (2), no comprendiéndose ninguno de los otros instrumentos mencionados.

de directrices sobre las condiciones y criterios para la calificación de los criptoactivos como instrumentos financieros" sometido a consulta pública por la AEMV a principios de 2024[53], se abordan cuatro categorías diferenciadas de criptoactivos: (i) los que pueden ser clasificados como instrumentos financieros[54]; (ii) los que entran en la categorización realizada por el Reglamento MiCA; (iii) los tokens no fungibles (NFTs); y (iv) los tokens híbridos[55]. Este proyecto de líneas directrices es interesante para el tema que estamos trabajando por varios aspectos. Uno de ellos es su enfoque "*tecnológicamente neutro*", para garantizar que "actividades y activos equivalentes estén sujetos a normas idénticas o muy similares, independientemente de su forma"[56]. Este enfoque se aplica a la hora de abordar los diferentes tipos de criptoactivos mencionados. Por ejemplo, al tratar la clasificación de los criptoactivos como instrumentos financieros se indica que depende de las características específicas y de la naturaleza de dichos criptoactivos. Por consiguiente, al evaluar si un criptoactivo califica como

---

53 La consulta pública sobre el Proyecto de Directrices sobre las condiciones y criterios para la calificación de los criptoactivos como instrumentos financieros fue lanzada por la AEMV el 29 de enero de 2024, concluyendo el 29 de abril de 2024. AUTORIDAD EUROPEA DE VALORES Y MERCADOS: «Consultation paper on the draft Guidelines on the conditions and criteria for the qualification of crypto-assets as financial instruments» [en línea], (2024), <https://www.esma.europa.eu/sites/default/files/2024-01/ESMA75-453128700-52_MiCA_Consultation_Paper_-_Guidelines_on_the_qualification_of_crypto-assets_as_financial_instruments.pdf> [Consulta: 26/10/2024].

54 Dentro de los instrumentos financieros, la AEMV va analizando las características que ha de tener un criptoactivo para poder integrarse en alguna de las cinco grandes categorías a las que se pueden reconducir los instrumentos listados en la Sección C (1 to 11) del Anexo I de MiFID II: (i) valores mobiliarios, (ii) instrumentos del mercado monetario, (iii) participaciones de organismos de inversión colectiva, (iv) diversos contratos de derivados y (v) derechos de emisión. AUTORIDAD EUROPEA DE VALORES Y MERCADOS: «Consultation paper on the draft...», *op. cit.*, pp. 7-17.

55 Por tokens híbridos habremos de entender aquellos que entran en más de una clasificación legal, ya que combinan, abarcan o asocian varias características, componentes y finalidades (por ejemplo, medios de pago, tipo utilidad, tipo inversión) y pueden desempeñar funciones distintas tras su emisión. Por otro lado, la hibridación de los criptoactivos puede producirse en varias fases de su ciclo de vida, ya sea en el momento de su creación o durante su vida útil. Esto hace que la clasificación de estos criptoactivos sea especialmente difícil. AUTORIDAD EUROPEA DE VALORES Y MERCADOS: «Consultation paper on the draft...», *op. cit.*, p. 22.

56 Ibidem, p. 5.

un valor transferible, u otro tipo de instrumento financiero MiFID II, se estará a las características específicas, el diseño y los derechos vinculados a este criptoactivo deben ser considerados. Es especialmente importante subrayar que la AEVM opina que las circunstancias deben considerarse *caso por caso* para calificar legalmente los criptoactivos. "Para ello, debe seguirse *un enfoque de 'sustancia sobre forma'* a la hora de determinar lo que constituye un instrumento financiero. Esto implica, en particular, que *la calificación jurídica del producto no debe determinarse por su envoltura tecnológica*" (destacado propio).

Vemos, por tanto, que elección de la modalidad de tokenización de la energía producida por una *smart grid* habrá de hacerse teniendo en consideración no solo el objetivo que se quiera alcanzar sino las normas ya existentes sobre las distintas tipologías de tokens; y esto incluso en el caso de la hibridación entre distintos tipos de tokens.

4. CONCLUSIONES

En este capítulo hemos intentado dar una visión específica pero general de la integración de la tecnología *Blockchain* en las *smart grids*, señalando ciertos de los aspectos jurídicos que nos han parecido interesantes a efectos de suscitar el debate y la investigación sobre estas cuestiones.

Las connotaciones tanto técnicas como jurídicas del uso de esta tecnología no son baladíes y a la hora de plantear configurar una red de blockchain en una *smart grid* hemos de tener en cuenta todos los aspectos propios y específicos de la misma, partiendo de una reflexión profunda sobre el esquema de gobernanza que se quiere desarrollar y planteando la programación en base a un modelo "*legal by design*" ya no solo de la estructura de la red sino de los smart contracts. Esto implica tener presente no solo la normativa propia del mercado energético, sino integrar la protección de datos personales y no personales, la portabilidad de estos, la ciberseguridad, las ineficiencias que se pueden generar en estos nuevos mercados y, en el caso de plantearse la comercialización externa de activos tokenizados, las normas cada vez más abundantes del mercado financiero respecto a este tipo de nuevos activos.

5. BIBLIOGRAFÍA

AGUNG, A. y HANDAYANI, R., "Blockchain for smart grid", *Journal of King Saud University–Computer and Information Sciences*, 34, 3, 2022, pp. 666-675. Doi: https://doi.org/10.1016/j.jksuci.2020.01.00

ALASTRIA: «Where blockchain happens» [en línea], (s.f.), <https://alastria.io/> [Consulta: 27/10/2024].

AUTORIDAD EUROPEA DE VALORES Y MERCADOS: «Consultation paper on the draft Guidelines on the conditions and criteria for the qualification of crypto-assets as financial instruments» [en línea], (2024), <https://www.esma.europa.eu/sites/default/files/2024-01/ESMA75-453128700-52_MiCA_Consultation_Paper_-_Guidelines_on_the_qualification_of_crypto-assets_as_financial_instruments.pdf> [Consulta: 26/10/2024].

BARRIO ANDRÉS, M., "Concepto y clases de criptoactivos", en BARRIO ANDRÉS, M. (dir.), *Criptoactivos. Retos y desafíos normativos*, La Ley Wolters Kluwer, Madrid, 2021, pp. 37-62.

BERTOLINI, M.; BUSO, M. y GRECO, L., "Competition in smart distribution grids", *Energy Policy*, 145, pp. 1-10. Doi: https://doi.org/10.1016/j.enpol.2020.111729

COMISIÓN EUROPEA: «Experience cross-border services with EBSI. The first public sector blockchain infrastructure in Europe» [en línea], (s.f.), <https://ec.europa.eu/digital-building-blocks/sites/display/EBSI/Home> [Consulta: 27/10/2024].

CONSEIL D'ETAT: «Public authority and digital platforms: supporting "uberisation"» [en línea], (2017), <https://www.conseil-etat.fr/en/reports-and-studies/annual-study-public-authority-and-digital-platforms-supporting-uberisation> [Consulta: 26/09/2024]

DAVARA FERNÁNDEZ DE MARCOS, E., "Los Smart contract", *Actualidad Administrativa*, 7-8, 2017, pp. 33-41

ECHEBARRÍA SÁENZ, M. "Capítulo 10. Smart contracts y problemas jurídicos de los pagos con tecnologías blockchain", en MADRID PARRA, A. (dir.), *Derecho mercantil y tecnología*, Thomson-Reuters, Aranzadi, Cizur Menor, 2018, pp. 347-377.

FABRA PORTELA, N. y FABRA UTRAY, J., "Competencia y poder de mercado en los mercados eléctricos", *Cuadernos económicos del ICE*, 79, 2010, pp. 17-43

FORCAN, J. y FORCAN, M. "Behavior of Prosumers in Smart Grid: A Comparison of Net Energy Metering and Billing Schemes, and Game Theory-based Local Electricity Market", *Sustainable Energy, Grids and Networks*, 2023, pp. 1-9. Doi: https://doi.org/10.1016/j.segan.2023.101058

GALÁN SOSA, J., "El «prosumidor» como nuevo sujeto en el sector eléctrico propuestas de mejora para la regulación del autoconsumo de energía eléctrico", *CEFLegal: Revista práctica de derecho. Comentarios y casos prácticos*, 190, 2016, pp. 127-166.

GARCÍA VIDAL, A.: «El Reglamento de Datos: implicaciones para los secretos empresariales y la propiedad intelectual» [en línea], (2024), <https://ga-p.com/wp-content/uploads/2024/01/Reglamento_de_Datos-1.pdf> [Consulta: 27/10/2024]

GRANT THORNTON: «RGPD y Blockchain. Soluciones blockchain para el Reglamento General de Protección de Datos» [en línea], (2018),<https://www.grantthornton.es/globalassets/1.-member-firms/spain/folletos/rgpd-y-blockchain-final.pdf> [Consulta: 27/10/2024].

HAFFNER, R. *et al.;* «Competition Policy and an Internal Energy Market. Study» [en línea], (2017), <https://www.europarl.europa.eu/RegData/etudes/STUD/2017/607327/IPOL_STU(2017)607327_EN.pdf> [Consulta: 26/10/2024].

IBÁÑEZ JIMENEZ, J., *Tokens valor (security tokens). Régimen y técnica de los criptoactivos negociables y sus mercados, (MICAs),* Editorial Reus, Madrid, 2021.

IBM: «IBM Blockchain» [en línea], (s.f.), <https://www.ibm.com/blockchain> [Consulta: 27/10/2024].

INTERNATIONAL RENEWABLE ENERGY AGENCY: «Peer-to-peer electricity trading» [en línea], (2020), <https://www.irena.org/-/media/Files/IRENA/Agency/Publication/2020/Jul/IRENA_Peer-to-peer_electricity_trading_2020.pdf.> [Consulta: 26/10/2024].

JIMÉNEZ SERRANÍA, V., "Reglamento (UE) 2023/2854, del Parlamento Europeo y del Consejo, de 13 de diciembre de 2023, sobre normas armonizadas para un acceso justo a los datos y su utilización (Reglamento de Datos) [DOUE L 2023/2854, de 22-XII-2023]", *Ars Iuris Salmanticensis: AIS : revista europea e iberoamericana de pensamiento y análisis de derecho, ciencia política y criminología,* 12, 1, 2024, pp. 282-287.

KAKRAN, S. y CHANANA, S., "Smart operations of smart grids integrated with distributed generation: a review", *Renewable and Sustainable Energy Reviews,* 81, 2018, pp. 524–535. Doi: https://doi.org/10.1016/j.rser.2017.07.045

LAMPROPOULOS, G., "Blockchain in Smart Grids: A Bibliometric Analysis and Scientific Mapping Study", *J,* 7, 2024, pp. 19–47. Doi: https://doi.org/10.3390/j7010002

LIANOS, I., "Blockchain Competition" en DIMITROPOULOS, G. *et al.* (eds.), *Regulating Blockchain: Political and Legal Challenges,* Centre for Law, Economics and Society Faculty of Laws, London, 2019, pp. 5-92.

LIU, Ch, *et al.*, "A survey on blockchain-enabled smart grids: Advances, applications and challenges", *IET Smart Cities,* 3, 2. 2021, pp. 56-78. Doi: https://doi.org/10.1049/smc2.12010

LF DECENTRALIZED TRUST: «Trust in a decentralized world» [en línea], (s.f.), <https://www.lfdecentralizedtrust.org/> [Consulta: 27/10/2024].

MADRID PARRA, A., "Del valor anotado al 'tokenizado'", *Revista de Derecho del Sistema Financiero,* 3, 2022, pp. 66-97.

MAHER, G. y ANAN, M., "Smart grid opportunities and challenges of integrating renewable sources: a survey", en GERLA, M. *et al., Wireless Communications and Mobile Computing Conference* (IWCMC), IEEE, Chipre, 2014, pp. 1098–1105.

MOLLAH, M. B. *et al.*, "Blockchain for future smart grid: a comprehensive survey", *IEEE Internet Things Journal,* 8, 1, 2020, pp.18–43. Doi: 10.1109/JIOT.2020.2993601

MUÑOZ PÉREZ, A. F. "Tokenizaciones. Caracterización de las Criptomonedas, los Criptoactivos y los Instrumentos financieros", *Revista de derecho bancario y bursátil,* 170, 2023, pp. 179-210

MUSLEH, A. S; YAO, G. y MUYEEN, S. M., "Blockchain applications in smart grid – review and frameworks", *IEEE Access*, 7, 2019 pp. 86746–86757. Doi: 10.1109/ACCESS.2019.2920682

NAKAMOTO, S.: «Bitcoin: A Peer-to-Peer Electronic Cash System» [en línea], (2008), <https://bitcoin.org/bitcoin.pdf [Consulta: 26/10/2024]

NIKOLIĆ, I. *et al.*, "Finding the greedy, prodigal, and suicidal contracts at scale", en ASSOCIATION FOR COMPUTING MACHINERY (eds.), *ACSAC '18: Proceedings of the 34th Annual Computer Security Applications Conference*, ACM-ACSA, San Juan de Puerto Rico, 2018, pp. 653–663.

OCDE: «The Tokenisation of Assets and Potential Implications for Financial Markets», [en línea], (2020), <https://www.oecd-ilibrary.org/docserver/83493d34-en.pdf?expires=1731422860&id=id&accname=guest&checksum=34329F3FD83E902D169D44D91A177A64> [Consulta: 26/10/2024].

PILKINGTON, M., "Blockchain technology: principles and applications", en OLLEROS, F. X. y ZHEGU, M. (eds.), *Research Handbook on Digital Transformations*, ElgarOnline, Massachusetts, 2016, pp. 225-253.

R3: «Corda. The award-winning tokenization platform powering financial digitalization» [en línea], (s.f.), <https://r3.com/corda/> [Consulta: 27/10/2024].

RUIZ-GALLARDÓN GARCÍA DE LA RASILLA, M., "Fe pública y tokenización de activos en blockchain" en GARCÍA MEXÍA, P. (dir.), *Criptoderecho. La regulación del blockchain*, Wolters Kluwer, Madrid, 2018, pp. 449-488.

SCHREPEL, T., "Collusion by Blockchain and Smart Contracts", *Harvard Journal of Law and Technology*, 33, 1, 2019, pp. 118-166.

SCHREPEL, T.: «The Theory of Granularity: A Path for Antitrust in Blockchain Ecosystems» [en línea], (2020), <https://ssrn.com/abstract=3519032> [Consulta: 27/10/2024].

TAPSCOTT, D. y TAPSCOTT, A., *Blockchain Revolution*, Peguin Radom House, Nueva York, 2018.

TRAN, D. y KRISHNAMACHARI, D., "Blockchain in a Nutshell" en TRAN, D. A.; THAI, M. T. y KRISHNAMACHARI, B. (eds.), *Handbook on Blockchain*, Springer, Wiesbaden, 2022, pp. 3-54.

WANG, W. *et al.*, "A survey on consensus mechanisms and mining management in blockchain networks", *IEEE Access*, 7, 2019, pp. 22328-22370. Doi: https://doi.org/10.1109/ACCESS.2019.2896108

WOHRER, M. y UWE, Z., "Smart contracts: security patterns in the ethereum ecosystem and solidity", en TONELLI, R. *et al.* (eds.), *2018 International Workshop on Blockchain Oriented Software Engineering* (IWBOSE), IEEE, Campobasso, 2018, pp. 2–8.

WORLD ECONOMIC FORUM: «To fight climate change, we need to 'Uberize' the energy industry» [en línea], (2016), <https://www.weforum.org/stories/2016/07/to-fight-climate-change-we-need-to-uberize-the-energy-industry/> [Consulta: 26/10/2024]

XU, G. *et al.*, "Am I eclipsed? A smart detector of eclipse attacks for Ethereum", *Computers & Security*, 88, 2020, pp. 1-15. Doi: https://doi.org/10.1016/j.cose.2019.101604

YI, P. *et al.*, "Puppet attack: a denial of service attack in advanced metering infrastructure network", *Journal of Networks adn Computeur Applications*, 59, 2016, pp. 325–332

ZAFAR, R. *et al.*, "Prosumer based energy management and sharing in smart grid", *Renewable and Sustainable Energy Reviews*, 82, 1, 2018, pp. 1675-1684. Doi: https://doi.org/10.1016/j.rser.2017.07.018

ZHAO, X. *et al.*, "The DAO attack paradoxes in propositional logic", en FEI, X. *et al.* (eds.), *4th International Conference on Systems and Informatics (ICSAI)*, IEEE, Hangzhou, 2017, pp. 1743–1746.

Capítulo XVII

Comunidades energéticas y contratos de power purchase agreement (PPA)

MARIANO MAGIDE HERRERO
Profesor asociado
Universidad Rey Juan Carlos
Abogado de Uría Menéndez Abogados, S.L.P

JUAN JOSÉ SERRANO ARAQUE
Abogado de Uría Menéndez Abogados, S.L.P

1. LOS CONTRATOS DE PPA DESDE LA PERSPECTIVA DE LAS COMUNIDADES ENERGÉTICAS

Como sujetos del sector eléctrico, las comunidades energéticas, en su dos modalidades[1], pueden celebrar *Power Purchase Agreements* ("PPA")

---

[1] Nos referimos a las comunidades de energía renovable (Directiva 2018/2001/UE, relativa al fomento del uso de energía procedente de fuentes renovables; "Directiva 2018/2001/UE") y a las comunidades energéticas ciudadanas (Directiva

cuando actúen como adquirentes y generadores de energía eléctrica o, en su caso, en el marco de esquemas de autoconsumo.

Si bien es cierto que no se derivan de este tipo de instrumentos contractuales particularidades relevantes cuando sean celebrados por comunidades energéticas[2], el interés en el tema escogido para este trabajo radica en la gran utilidad que presentan los contratos de PPA para la vertebración de las relaciones externas e internas de este tipo de organizaciones como forma de cooperación entre consumidores de diferente perfil. Externas, por cuanto las comunidades energéticas precisan de este tipo de contratos articular relaciones con terceros (distintos de sus miembros o socios), ya sea asumiendo posiciones compradoras y vendedoras de electricidad, cuando actúen como generadores o consumidores o en esquemas de autoconsumo. Y, asimismo, en las relaciones que podemos denominar internas, esto es, entre las comunidades energéticas y sus miembros o socios, para articular física o financieramente la bilateralización de la energía o la cobertura de riesgos.

Aunque inicialmente presentaban contornos de difícil solución, debido a la complejidad de la normativa del sector eléctrico en la que se insertan, el auge de los PPA en los últimos años nos aporta una experiencia que nos permite abordar las principales cuestiones prácticas y teóricas a las que se enfrentarán las comunidades energéticas a la hora de celebrar este tipo de contratos. Estas son las cuestiones que abordamos en este trabajo, con un enfoque eminentemente práctico, cuya finalidad es tratar de sistematizar los aspectos más relevantes que deberán tener en cuenta las comunidades energéticas en la articulación de sus relaciones externas e internas a través de la celebración de contratos de PPA.

2019/944/UE, sobre normas comunes para el mercado interior de la electricidad; "Directiva 2019/944/UE").

2 Hasta la fecha, no existen particularidades normativas sobre los contratos de PPA celebrados por comunidades energéticas. No es para nada descartable, sin embargo, que encontremos regulación específica para estos supuestos en un futuro cercano, por lo menos, desde la entrada en vigor del Reglamento 2024/1747/UE por el que se modifican los Reglamentos 2019/942/UE y 2019/943/UE en relación con la mejora de la configuración del mercado de la electricidad de la Unión ("Reglamento 2024/1747/UE").

2. CARACTERIZACIÓN DEL CONCEPTO DE PPA EN NUESTRO ORDENAMIENTO

Un PPA puede definirse contrato destinado a regular posiciones compradoras y vendedoras de electricidad, en el ámbito de las actividades de producción, comercialización y consumo, mediante el cual se articulan jurídicamente relaciones de intercambio o bilateralización de energía y/o de cobertura de riesgos (financieros o de seguridad de suministro), a través de mecanismos contractuales distintos de la participación en los mercados mayoristas regulados al contado o de instrumentos de intervención regulatoria para la determinación del precio de la electricidad, vinculados objetivamente al ámbito de relaciones mayoristas o de autoconsumo[3].

Se trata de contratos normalmente sujetos al derecho privado, aunque no son ajenos al derecho público. Podrían darse casos de PPA sujetos a la normativa de contratación con el sector público y no son inusuales las referencias normativas a PPA como instrumento de interés regulatorio[4] o como alternativa regulada a la participación en el mercado diario de producción[5]. Como indican COUSO y ZALDÍVAR, dada la particularidad de la electricidad desde el punto de vista jurídico, aunque los PPA se rigen por el principio de libertad de pactos del art. 1255 del Código Civil, se trata de

---

3 Prescindimos del término *compraventa*, separándonos de la mayoría de los comentaristas, aun cuando está inserto en la propia denominación en inglés que ha recibido. Esto se debe a que este concepto captura o pretende capturar, otro tipo de contratos, como los de cobertura financiera, diferentes de las modalidades contractuales de compraventa o promesa de compraventa. No obstante, algunos autores coinciden en que determinadas modalidades de PPA se articulan en torno a contratos de cobertura financiera, donde no existe un verdadero contrato de compraventa, como es el caso de Couso y Zaldívar (*cfr.* ÁLVAREZ COUSO, I. y ZALDÍVAR DE LA RICA, J. F., "Anatomía de un PPA: Cuestiones a tener en cuenta en su redacción y negociación", en ORTEGA BURGOS, E. y PASTOR RUIZ, F., *Actualidad Mercantil 2022*, Tirant Lo Blanch, Valencia, 2022, pp. 37-60). Esta nomenclatura proviene de su inserción en el término anglosajón, acorde con su formulación original en otras jurisdicciones, desde las que ha sido importada a nuestro ordenamiento jurídico, que no es acorde con la evolución actual de la categoría.

4 Así resulta, por ejemplo, del tratamiento que realiza el derogado Real Decreto-Ley 17/2021, para excluir la energía cubierta por PPA (o esquemas de bilateralización de electricidad) del sistema de minoración del precio de determinadas instalaciones.

5 Tal es el caso de los contratos bilaterales físicos, a los que nos referiremos más adelante.

un "negocio jurídico inserto en un mercado regulado". Esta circunstancia hace que sea "preciso observar la normativa del sector eléctrico" o, en su caso, la normativa aplicable a los contratos o productos financieros[6].

Algunos autores han definido los PPA como *contratos atípicos*, por carecer de una *regulación específica*[7], lo que puede deberse a las dificultades prácticas a la hora de configurar su estructura, que se derivan de las particularidades propias de la electricidad y la complejidad del régimen jurídico del sector eléctrico. Atipicidad, esta, que se iría atemperando, pues ya comenzamos a ver normativa que atiende a la definición de contratos de PPA (en algunas de sus modalidades) y a la regulación de algunos de sus aspectos, como es el recientemente aprobado Reglamento 2024/1747/UE, al que nos referiremos.

No obstante, en realidad, no se desprenden de los PPAs rasgos específicos que permitan diferenciarlos de otras formas contractuales típicas. Más que una modalidad contractual (típica o social), la noción de PPA pretende capturar un conjunto heterogéneo de transacciones económicas, en forma de contratos celebrados en el marco de las relaciones comerciales o de inversión en que se articulan los distintos negocios que estructuran el suministro de electricidad, pero que pueden materializarse en distintas modalidades contractuales. Siendo el más intuitivo el contrato de compraventa (o promesa de compraventa, en aquellos casos donde con la ejecución del contrato no se produzca la traslación de la propiedad sobre la electricidad entre el vendedor y comprador), también pueden concretarse en otras formas contractuales, por ejemplo, mediante contratos de cobertura financiera. Si bien es cierto que la electricidad es un producto física y jurídicamente singular, desde el punto de vista contractual no es realmente diferenciable del objeto sobre el que se articula un contrato de compraventa o promesa de compraventa, ni de un activo subyacente en el marco de cualquier contrato de cobertura financiera (como un futuro o un derivado).

Dado que la adopción de una modalidad contractual u otra determinará la aplicación de un régimen jurídico específico al contrato, lo relevante, por tanto, para definir un PPA es su noción material: esto es, (i) la regulación contractual de posiciones compradoras o vendedoras sobre la energía

---

6 ÁLVAREZ COUSO, I. y ZALDÍVAR DE LA RICA, J. F., "Anatomía de un PPA...", *op. cit.*, p. 37.

7 Entre ellos, Ibidem, p. 37; MORALES PLAZA, A. y FLORES SEGURA, M., "Los acuerdos de compra de energía en los procesos de reestructuración empresarial", *Revista de Derecho Mercantil*, 329, 2023, pp. 1-13.

eléctrica; (ii) al margen de los mercados mayoristas regulados al contado o de instrumentos de intervención regulatoria para la determinación del precio de la electricidad; y (iii) vinculados objetivamente ámbito de relaciones mayoristas o de autoconsumo.

El primer elemento de la dimensión material de los PPA (regulación de posiciones compradoras y vendedoras de electricidad) permite definir sus contornos a través de los caracteres contractuales que le son propios. Así, un PPA es un contrato bilateral, por cuanto articula posiciones compradoras y vendedoras de electricidad, estableciendo obligaciones recíprocas entre las partes. Es un contrato de tracto sucesivo, pues el consumo de electricidad es por definición una actividad continua o continuada en el tiempo, de duración determinada (o determinable), normalmente a largo plazo, aunque nada impide que puedan celebrarse a corto. Es un contrato naturalmente conmutativo (no cabe imaginar un PPA esencialmente aleatorio) por cuanto las prestaciones deben quedar fijadas de antemano en el contrato. Finalmente, es un contrato oneroso (carece de sentido hablar de PPAs lucrativos), aunque no sea inusual en la práctica ver precios iguales a cero en distintos momentos durante su vigencia. Estos caracteres se dan en todos los contratos de PPA, con independencia de la modalidad contractual que adopten en cada caso concreto. Solo en determinados casos, como sucede en los esquemas de autoconsumo, serán traslativos de la propiedad, no siéndolo en otras modalidades, como las coberturas financieras.

El segundo y tercer elemento de la dimensión material de la noción de contrato de PPA, que hemos apuntado, permite abordar la necesaria tarea de singularización esta figura de otras categorías contractuales similares, pero que no responden al concepto de contrato de PPA, cuestión que analizaremos en el siguiente epígrafe sobre la base de los criterios apuntados.

3. SINGULARIZACIÓN DE LOS PPA FRENTE A OTRAS FIGURAS CONTRACTUALES SIMILARES

Por razones comerciales o por la ausencia de un tratamiento normativo particularizado, el término PPA ha experimentado en el mercado una creciente popularidad, convirtiéndose en un término voraz, utilizado para nombrar a casi cualquier modalidad contractual que tenga por objeto el intercambio de electricidad o la determinación de su precio al margen del precio de casación o equilibrio resultante del mercado diario de producción.

Esa *vis* expansiva del término PPA, propia del desarrollo de una práctica de mercado generada espontáneamente por sus operadores y motivada por la legítima finalidad de frenar los efectos negativos de las disfunciones de los mercados, en parte derivadas de su regulación, no debe ser encorsetada por la aplicación de formalismos o rigideces conceptuales, que cercenen innecesariamente el ámbito propio de la libertad de pactos de los operadores económicos que conviven en el sector eléctrico o cercanos a sus límites fronterizos. Ese principio debería ser, en nuestra opinión, el que guíe la venidera legislación sobre los PPA que seguramente tendremos la ocasión de ver en los próximos tiempos.

No obstante, la extensión indiscriminada de este término, según nos muestra la experiencia práctica, hace que los PPA corran el riesgo de convertirse en una categoría inoperante, por excesiva, lo que dificulta notablemente la determinación del régimen jurídico de los contratos celebrados entre los agentes que operan en los mercados eléctricos.

Esta circunstancia exige, a nuestro juicio, una labor de depuración conceptual, que permita singularizar esta categoría, haciendo de los PPA una noción mínimamente reconocible.

La noción de PPA a la que nos hemos referido en el epígrafe anterior, como señalamos, permite distinguir esta figura contractual de otras instituciones jurídicas con las que guarda una cierta relación, a las que se les ha sido extendido el término PPA, en algunos casos por razones más comerciales que jurídicas, aunque no responden verdaderamente a esa categoría.

Nos referimos, en este caso, a los contratos bidireccionales por diferencias ("CBD") (o regímenes equivalentes) y a los contratos de suministro de electricidad con consumidores finales.

3.1. Distinción entre PPA y CBD, sobre la base del criterio de ausencia de intervención regulatoria

La distinción entre los PPA y los CBD radica en que los primeros, a diferencia de los segundos, como hemos anticipado, son contratos que sitúan a las partes al margen de la participación en los mercados mayoristas regulados al contado o en instrumentos de intervención regulatoria de la Administración para la determinación del precio de la electricidad.

Aunque antes de la regulación de los CBD algunos autores[8], no sin seguir una adecuada lógica, situaban este tipo de instrumentos en el espacio propio de los PPA, el criterio de distinción en torno a su desenvolvimiento al margen de instrumentos de intervención pública en precios ha sido adoptado por el legislador europeo en el Reglamento 2024/1747/UE.

En su definición de PPA (en español, contrato de compra de electricidad o "CCE") el citado Reglamento sitúa a esta modalidad específica de PPA en aquellos contratos "basados en las condiciones de precio del mercado sin intervenciones reguladoras en el establecimiento de los precios" (*cfr.* Considerando (28) del Reglamento 024/1747/UE).

Esta circunstancia de ausencia de *intervención reguladora en el establecimiento de los precios* no se da en cambio en los CBD, que se han articulado como "sistemas de apoyo directo a los precios en nuevas instalaciones de generación de electricidad hipocarbónica y no fósil". Es decir, se trata de "ayudas públicas" que pretenden constituirse en "una garantía de ingresos" y "una limitación al incremento de ingresos de mercado"; siendo, estos, elementos que los sitúan como instrumentos de intervención en precios.

De esta manera, se definen los CBD como "todo contrato entre un operador de instalaciones de generación de electricidad y una contraparte, normalmente una entidad pública, que prevé tanto una protección de la remuneración mínima como un límite a la remuneración excesiva". Esta circunstancia de "protección de una remuneración mínima", a través de mecanismos de fijación de precios distintos del mercado diario de producción, los sitúa en un espacio cercano, pero no por ello los hace figuras susceptibles de confusión.

En este sistema de apoyo encajaría, en nuestra opinión, el Régimen Económico de las Energías Renovables (conocido como "REER") regulado en el Real Decreto 960/2020, cuyo régimen jurídico permite apreciar fácilmente la diferencia conceptual entre los CBD y los PPA, sobre la base del criterio apuntado de ausencia de intervención regulatoria en los precios.

8 ÁLVAREZ COUSO, I. y ZALDÍVAR DE LA RICA, J. F., "Anatomía de un PPA...", *op. cit.*, p. 39.

3.2. Distinción entre PPA y contratos de suministro, sobre la base del criterio de vinculación objetiva a relaciones mayoristas o de autoconsumo

Otro ejemplo de la utilización del término "PPA" para referirse a otras categorías de contratos que no son auténticos PPAs, es su uso (cada vez más habitual) para nombrar contrato de suministro de electricidad (normalmente, cuando el precio de suministro es fijo). El uso de este término, en lugar de contrato de suministro, se da normalmente en el marco de esquemas de construcción y operación de instalaciones de autoconsumo, cuando la titularidad de la instalación de generación y de demanda corresponde a sujetos distintos. En esos esquemas, conviven auténticos PPA (*on-site* u *off-site*), para la regulación de la electricidad "autoconsumida", con verdaderos contratos de suministro para la energía consumida a través de la red, pero que son nombrados conjuntamente como contratos de PPA.

Esa imprecisión nominativa, que no excluye la aplicación de la normativa sobre contratos de suministro, por razón del principio de realidad de los contratos, puede ser resuelta mediante el criterio de vinculación objetiva a relaciones mayoristas o propias del autoconsumo.

De esta manera, los PPA deben quedar reducidos a (i) aquellas relaciones directas entre un productor y un consumidor final o un comercializador (a través de contratos bilaterales físicos, financieros o corporativos, a los que nos referiremos en el epígrafe 4 siguiente) propias de las relaciones mayoristas; o (ii) a aquellas relaciones de autoconsumo entre el productor y el consumidor asociado (a través de PPA físicos *on-site* u *off-site* a los que también nos referiremos en el epígrafe 4 siguiente) cuando productor y consumidor son sujetos distintos.

Este criterio, inserto en la definición de PPA contemplada en el Reglamento 2024/1747/UE, al señalar que estaremos ante este tipo de contratos cuando "una persona física o jurídica consiente en comprar electricidad a un productor de electricidad" (art. 2.2), facilita a los operadores jurídicos la determinación del régimen jurídico aplicable al contrato.

En efecto, los PPA no están sujetos a las especialidades propias de las normas que rigen los contratos de suministro, recogidas fundamentalmente en el Real Decreto 1955/2000[9], que proyectan los principios rectores

---

[9] Real Decreto 1955/2000, de 1 de diciembre, por el que se regulan las actividades de transporte, distribución, comercialización, suministro y procedimientos de autorización de instalaciones de energía eléctrica ("Real Decreto 1955/2000")

del estatuto del consumidor en este tipo de contratos, establecido en el art. 44 de la LSE[10], donde sí concurren razones de interés general específicas que justifican ciertas limitaciones a la libertad de pactos entre las partes (suministrador y consumidor), que carecen de sentido en el marco de los contratos de PPA.

Así, aun cuando en algunos casos la parte que asuma la posición compradora (*off-taker*) sea el consumidor final (actuando o no como consumidor directo en el mercado) no estaremos ante verdadero contrato de suministro. Se trata, en efecto, de formas contractuales afines, pero que responden a una finalidad y una realidad material diferente y que convivirán en paralelo uno con otro.

4. CLASIFICACIÓN DE LOS CONTRATOS DE PPA

La literatura jurídica y económica[11] clasifica los PPAs atendiendo a criterios como (i) la forma de liquidación o naturaleza del contrato (por un lado, físicos y, por otro, financieros, sintéticos o virtuales); o (ii) el tipo de contratante que adquiere la electricidad (denominado, en inglés, como *off-taker*). Aunque estas clasificaciones atienden, fundamentalmente, a un estándar práctico de mercado, pueden determinar en algunos casos la sujeción a un régimen jurídico determinado al que deberá atender la regulación contractual.

---

[10] Ley 24/2013, de 26 de diciembre, del Sector Eléctrico ("LSE")

[11] ÁLVAREZ COUSO, I. y ZALDÍVAR DE LA RICA, J. F., "Anatomía de un PPA...", *op. cit.*, p. 40. COMISIÓN DE REGULACIÓN DE LA ELECTRICIDAD Y EL GAS: «Power Purchase Agreements: Overview and evaluation Study (F)2782» [en línea], (2024), <https://www.creg.be/sites/default/files/assets/Publications/Studies/F2782EN.pdf> [Consulta: 12/06/2024]. STANITSAS, M. y KIRYTOPOULOS, K, "Sustainable Energy Strategies for Power Purchase Agreements (PPAs)", *Sustainability,* 15, 8, 2023, pp. 1-19. Doi: https://doi.org/10.3390/su15086638; SICRE DEL ROSAL, R., "Contratos de compraventa de energía y energía renovable", *Cuadernos de Energía,* 55, 2018. pp. 87-93; FERREIRA, F., "El PPA corporativo, novedad en el sector", *Energética XXI,* 179, 2018, pp. 38-40; DOPAZO FRAGUÍO, P., "La renovación energética ante el cambio climático. Marco estratégico, instrumentos y prácticas", *Actualidad Jurídica Ambiental,* 98, 2020, pp. 6-42.

4.1. Forma de liquidación o naturaleza del contrato de PPA

Al menos en el mercado español[12], la clasificación de contratos de PPA más extendida es la que atiende al criterio de la forma de liquidación o naturaleza del contrato. Mediante este criterio, se diferencia entre los denominados PPAs físicos y los PPAs financieros, virtuales o sintéticos.

4.1.1. Contratos de PPA físicos

Por contrato de PPA físico se entiende aquellos en los que se produce una liquidación o entrega física de la energía eléctrica (es decir, existe realmente un intercambio de energía entre las partes, ya sea directamente o a través del sistema eléctrico, que da forma a las relaciones contractuales)[13]. Nos encontramos, por tanto, ante contratos en los que se produce una compraventa (o una promesa de compraventa) en sentido estricto, o, en su caso, un suministro en contratos con el sector público; lo que determina la sujeción a un régimen jurídico específico.

A su vez, los contratos de PPA físicos suelen clasificarse en dos modalidades, PPA *on-site* y PPA *off-site* o *sleeved*:

4.1.1.1. PPA on-site

Los PPA *on-site* son aquellos en los que la realidad subyacente al contrato parte de una conexión entre la instalación de generación o producción y la instalación de demanda o consumo.

Esta conexión se produce a través de las denominadas "líneas directas" (elementos propios de la generación distribuida de electricidad, diferentes de las líneas de conexión). Las líneas directas cuentan con su propia regulación, recogida fundamentalmente en el art. 42 de la LSE y en los arts. 67 a 69 del Real Decreto 1955/2000.

Como particularidad de este esquema, las líneas directas sólo podrán ser utilizadas por sus titulares o por filiales en las que cuenten con una

---

12 No así en el mercado europeo, donde es más común atender al criterio de clasificación basado en el tipo de contratante u *off-taker*, como da cuenta la Commission de Régulation de l'Electricité e du Gaz en el estudio antes citado.

13 ÁLVAREZ COUSO, I. y ZALDÍVAR DE LA RICA, J. F., "Anatomía de un PPA...", *op. cit.*, p. 44.

partición significativa (a estos efectos se considerará significativa aquella superior al 25 por 100 del capital de la sociedad) (art. 68 del Real Decreto 1955/2000 en relación con el artículo 42 de la LSE[14]).

Esta circunstancia limita, en la práctica, los contratos de PPA *on-site*, salvo en aquellos casos donde el productor sea titular de una instalación de generación a partir de fuentes renovables, pues, en esos casos, se exceptiona la regla de titularidad, pudiendo ser utilizadas para la conexión de instalaciones de generación y demanda de titulares distintos o no integrados en el mismo grupo (art. 42.1 de la LSE).

La conexión directa entre instalaciones de producción o generación e instalaciones de demanda o consumo, a través de una línea directa, determina una relación de autoconsumo o generación distribuida, sujeta al Real Decreto 244/2019, lo que deberá tenerse en cuenta en la regulación de los extremos del contrato de PPA físico.

4.1.1.2. PPA off-site o sleeved

A diferencia de los PPA *on-site*, en los PPA *off-site* o *sleeved*[15] no existe una conexión directa entre la instalación de generación o producción y la instalación de consumo o demanda.

Bajo este esquema, el productor y el consumidor estarán conectados, de forma independiente, a las redes de transporte o distribución de electricidad (según cada caso). La instalación de generación verterá la energía eléctrica producida en las redes, en los términos de sus permisos de acceso y conexión y de sus autorizaciones administrativas. Y, del mismo modo, el consumidor recibirá el suministro de electricidad directamente de la red de transporte o distribución en el punto de suministro.

---

[14] El artículo 42.1 de la Ley del Sector Eléctrico establece que "[e]n todo caso el titular de la instalación de producción y el consumidor deberán ser la misma empresa o pertenecer al mismo grupo empresarial, definido según lo establecido en artículo 42 del Código de Comercio".

[15] Los PPA *sleeved* son una subcategoría de este tipo de contratos *off-site*, que se caracterizan porque el vendedor no es un sujeto generador o el comprador un sujeto comercializador cuando no sea celebrado directamente con el consumidor (carecen de los títulos habilitantes). En este tipo de contratos es necesaria la participación de un comercializador. En este sentido, MORALES PLAZA, A. y FLORES SEGURA, M., "Los acuerdos de compra de energía…", *op. cit.*, p. 5.

Las relaciones de compraventa de electricidad se articularán a través de la *bilateralización* de la electricidad, mediante la celebración de los denominados contratos bilaterales físicos nominados en el mercado, que permiten al productor no ofrecer en el mercado diario de producción el volumen de electricidad sujeto al contrato.

Alternativamente o de forma complementaria, según las circunstancias específicas de las partes, los contratos PPA *off-site* o *sleeved* podrán articularse mediante esquemas de autoconsumo (a través de red), cuando el esquema de conexión (indirecta) cumpla con alguna de las modalidades establecidas en el artículo 2 del Real Decreto 244/2019. No obstante, a diferencia del PPA *on-site*, en este caso, la sujeción a una modalidad de autoconsumo o generación distribuida no es obligatoria.

4.1.2. Contratos de PPA financieros, sintéticos o virtuales

Los PPA financieros funcionan como una cobertura financiera del precio mayorista de la energía. La finalidad de las partes no es el intercambio de la energía, sino obtener una cobertura del riesgo ante la volatilidad del precio mayorista de la energía. La venta y compra de la electricidad, así como su suministro, se producirá a través del sistema eléctrico.

Se trata de un contrato de liquidación por diferencias, entre el precio pactado contractualmente (fijo o variable) y el precio de la energía referenciado a un mercado mayorista al contado (en España, normalmente, el mercado diario), habitualmente ajustado a un "importe nocional de electricidad" (sobre la base del perfil de las instalaciones de generación, del consumidor o un perfil "sintético" o "virtual" diferente de los anteriores).

Los PPA financieros se negocian habitualmente en mercados no organizados (*over-the-counter*), aunque es posible suscribir PPA en mercados organizados como el OMIP (futuros) o MEFF (derivados), que ya existían antes de la popularización del término PPA.

4.2. Tipología de contratante que adquiere la electricidad bajo el PPA

El segundo criterio de clasificación hace referencia al tipo de comprador de la electricidad (*off-taker*).

Este criterio clasifica a los PPA entorno a los *corporate* PPA (PPA corporativos), cuando el comprador en el consumidor final de la energía, o *merchant* PPA (PPA a mercado o con comercializador), cuando es un comercializador el que asume la posición compradora en el PPA, para su adquisición y posterior reventa en los mercados mayoristas o minoristas[16].

5. MARCO JURÍDICO

5.1. El Reglamento 2024/1747/UE

El recientemente aprobado Reglamento 2024/1747/UE contiene el régimen jurídico más acabado de los PPA, que se articula como uno de los mecanismos escogidos para dotar al mercado interior de la electricidad de la Unión Europea de estabilidad de precios a largo plazo.

El Reglamento 2024/1747/UE pretende fomentar el uso de los PPA, a los que define como "todo contrato en virtud del cual una persona física o jurídica consiente en comprar electricidad a un productor de electricidad en condiciones de mercado" (*cfr.* art. 2.2. (b) del Reglamento (UE) 2024/1747) esto es, "sin intervenciones reguladoras en el establecimiento de los precios" (*cfr.* Considerando (28) del Reglamento 2024/1747/UE).

En la citada definición de los PPA encajarían los PPA físicos (*on-site* y *off-site*), así como los PPA corporativos y de mercado. Quedarían fuera de esa definición los PPA financieros, por cuanto no articulan esquemas de bilateralización de electricidad, sino de cobertura financiera.

Más allá de esa definición, el Reglamento 2024/1747/UE, en línea con la Directiva 2018/2001/UE, se limita a poco más que a establecer una serie de obligaciones a los Estado miembros que favorezcan el desarrollo de mercados dinámicos de PPA, mediante la reducción de obstáculos legales y cargas administrativas desproporcionadas o discriminatorias.

Aun cuando el Reglamento carece de una regulación detallada de su contenido, su art. 19 sí establece algunas previsiones, tales como que los PPA:

> [E]specificarán la zona de ofertas de entrega y la responsabilidad de obtener derechos de transporte interzonal en caso de cambio de zona de ofertas" y "las condiciones en las que los clientes y los productores pueden salir de los CCE, tales como las tasas de salida y los plazos de notificación aplicables.

---

16 ÁLVAREZ COUSO, I. y ZALDÍVAR DE LA RICA, J. F., "Anatomía de un PPA...", *op. cit.*, p. 45.

5.2. Inserción de los PPA en el marco de la regulación del sector eléctrico

Como cualquier relación contractual, los PPA celebrados por comunidades energéticas se regirán por el principio de libertad de pactos, sin que hasta la fecha exista una regulación específica de este tipo de contratos cuando sean celebrados en el marco de las comunidades energéticas.

Sin embargo, como adelantamos, su inserción en mercados regulados exige (en casi todos los casos) configurar los contratos de PPA en atención a la normativa del sector eléctrico.

Así, antes de nada, los PPA parten de la particular configuración de los mercados mayoristas y minoristas de electricidad, en los que los sujetos del sector eléctrico (fundamentalmente, generadores, comercializadores y consumidores) deben participar de una forma u otra, salvo por las excepciones previstas a la participación en el mercado diario de producción (que es precisamente la celebración de PPA en su modalidad de bilaterales físicos). La estructura de los PPA, no solo en nuestro ordenamiento jurídico, responde, así, a la particular regulación de los mercados eléctricos, dotándoles de sentido práctico.

Una segunda proyección de la normativa del sector eléctrico sobre los PPA tiene que ver con las condiciones subjetivas de las partes del contrato. En efecto, cuando intervenga en el contrato un generador, un comercializador o un consumidor de electricidad (o todos a la vez), las partes deberán someterse al estatuto jurídico establecido en la normativa del sector eléctrico que en cada caso resulte de aplicación. Lo mismo sucederá cuando las comunidades energéticas sean parte de los PPA, ya sea con terceros o en el marco de sus relaciones internas.

Entre otras cuestiones, las partes deberán obtener los títulos habilitantes requeridos en cada caso, cumplir con las obligaciones que forman parte de su estatuto jurídico y, en su caso, estar habilitados para participar en el mercado diario. Aunque, en principio, la normativa del sector eléctrico no es canon de validez del contrato, su incumplimiento por las partes puede tener un impacto relevante en su supervivencia, razón por la que en la práctica los PPA prevén remedios para garantizar el cumplimiento de la normativa aplicable o establecen consecuencias contractuales de su incumplimiento. Ello supone, en definitiva, proyectar sobre el contrato de PPA la normativa del sector eléctrico, de una u otra manera.

Lo mismo sucederá cuando la energía eléctrica cubierta por el PPA se vincule a una o varias instalaciones de generación. Las vicisitudes del contrato, lógicamente, se verán afectadas por la situación legal de las instalaciones.

La obtención y mantenimiento de las autorizaciones administrativas, así como la aptitud de la instalación para verter energía a la red y venderla en el mercado mayorista, se constituirán como elementos esenciales del contrato. Circunstancia, esta, que se traduce en la mayoría de los casos en el establecimiento de previsiones destinadas a garantizar el cumplimiento de dichas autorizaciones o, en su caso, en la incorporación de remedios contractuales en caso de paralización de la actividad o revocación de las autorizaciones, mediante cláusulas de resolución anticipada o indemnizaciones entre las partes (en otro tipo de mecanismos contractuales).

Especial importancia tienen las instalaciones cuando el PPA se celebra antes de su construcción y puesta en marcha (como sucede en muchos casos), donde el procedimiento autorizatorio de las instalaciones ocupa una parte fundamental de la regulación contractual, determinando, en su caso, el inicio de sus efectos, mediante la incorporación de condiciones suspensivas, o la pérdida de su vigencia, a través de condiciones resolutorias; así como el establecimiento de obligaciones (de medios o resultado) para el productor.

Como excepción a la afirmación anterior, los PPA no se verán afectados, si quiera indirectamente, por la normativa del sector eléctrico en caso de que nos encontremos ante esquemas de producción y consumo "aislados". Es decir, aquellos en los que ni la instalación de generación, ni la instalación de demanda, están conectados a las redes eléctricas. Ambas instalaciones, generación y demanda, se conectarán mediante líneas directas. En estos casos, dado que ni el consumidor, ni el productor son auténticos sujetos del sector eléctrico, conforme al art. 6 de la LSE, ni las partes, ni las instalaciones, ni la actividad contractual propia del contrato de PPA deberán atender a la normativa del sector eléctrico, configurándose el contrato únicamente con base en lo establecido en el derecho privado aplicable.

5.3. Sujeción al Real Decreto 2019/1997 cuando el PPA adopte la forma de contratos bilaterales con entrega física

Como señalamos, los PPA físicos pueden adoptar la forma de contratos bilaterales con entrega física, que se trata de un sistema de bilateralización al margen del mercado. Se trata de contratos entre productores, como vendedores, y comercializadores o consumidores directos en el mercado, como compradores, en el que la energía producida será vertida en las redes y suministrada al consumidor en el punto de suministro, pero sin que el volumen de energía cubierto por el PPA sea ofrecido en el mercado diario de producción.

La regulación de los contratos bilaterales físicos, establecida principalmente en el Real Decreto 2019/2017[17], regula fundamentalmente una serie de obligaciones de comunicación de sus titulares ante el operador del sistema. Se deberá comunicar las unidades de producción y adquisición afectas al contrato y la energía máxima objeto de transacción bilateral. Asimismo, se deberá comunicar diariamente su ejecución, incluyendo las cantidades contratadas de energía e indicando de forma detallada los períodos temporales en que el contrato haya de ser ejecutado y los puntos de suministro y consumo, a fin de ser tomado en consideración para la determinación del programa diario base de funcionamiento.

5.4. PPA en esquemas de autoconsumo

Como señalamos, la realidad subyacente a los PPA físicos *on-site* podría constituir un esquema de autoconsumo en red interior, en los que la instalación de generación y el consumidor asociado se conectan a través de una línea directa o cualquiera de las redes de baja tensión derivadas del mismo centro de transformación, lo que exigiría la sujeción al Real Decreto 244/2019. En el caso de los PPA físicos *off-site*, la instalación de generación y el consumidor podrán acogerse a modalidades de autoconsumo siempre que la conexión cumpla con alguna de las modalidades establecidas en el art. 3 (g) del Real Decreto 244/2019[18].

La regulación de los PPA deberá permitir a las partes cumplir con el régimen establecido en el Real Decreto 244/2019, para evitar, en su caso, la imposición de sanciones económicas o la paralización temporal o permanente de la actividad de autoconsumo, lo que tendría un impacto evidente, si no en su validez, sí en la supervivencia del contrato de PPA. En particular, deberán permitir el cumplimiento de las obligaciones de autorización e inscripción en registros, los requisitos de calidad, medida y gestión de la energía, así como las obligaciones derivadas de la aplicación de peajes y cargos al autoconsumo.

En cuanto a la estructura de precio del PPA, las partes están sujetas al principio de libertad de pactos. Se establece, asimismo, un mecanismo de

---

[17] Real Decreto 2019/1997 por el que se organiza y regula el mercado de producción de energía eléctrica ("Real Decreto 2019/1997").

[18] A diferencia de los PPA *on-site*, la sujeción a la normativa de autoconsumo es voluntaria, que podrá darse si la conexión se produce en alguna de las alternativas reguladas en dicho precepto.

compensación simplificada, en las modalidades de autoconsumo excedentario, en los términos del art. 14 del Real Decreto 244/2019.

5.5. Sujeción a la normativa financiera y contable por parte de los PPA financieros o virtuales

Sin ánimo exhaustivo, los PPA financieros deberán someterse, en su caso, a la normativa EMIR (*European Market Infraestructure Regulation*), la normativa contable de aplicación, así como a lo dispuesto en el Real Decreto-Ley 5/2005, de 11 de marzo, de reformas urgentes para el impulso a la productividad y para la mejora de la contratación pública[19].

6. ALGUNAS REFLEXIONES SOBRE LA APLICACIÓN DE LA NORMATIVA DE CONTRATACIÓN PÚBLICA A LOS PPA CELEBRADOS POR COMUNIDADES ENERGÉTICAS EN LOS QUE PARTICIPEN AUTORIDADES LOCALES

En su creciente afán de integrar a las "autoridades locales" en el proceso de transición energética, la regulación europea prevé (y fomenta) la participación de este tipo de autoridades (Administraciones locales, en nuestro ordenamiento nacional) en las comunidades energéticas, como miembros o socios, junto con otras personas físicas y jurídicas.

Se prevé así en sus dos modalidades, esto es, tanto en las comunidades de energía renovable (Directiva 2018/2001/UE), como en las comunidades energéticas ciudadanas (Directiva 2019/944/UE). La LSE incorpora estas previsiones al derecho nacional, permitiendo que formen parte de ellas, como socios o miembros, autoridades locales (art. 6 (j) y (k) de la LSE).

La participación de Administraciones municipales en las comunidades energéticas cumple una función esencial para favorecer este mecanismo de cooperación o participación conjunta de consumidores de forma activa en los mercados eléctricos (prosumidores), como pieza clave de la transición energética hacia una economía descarbonizada.

Esta finalidad cooperativa e integradora de los consumidores, en el ámbito regional o local, se proyecta en la regulación de las comunidades

---

19 *Cfr.* sobre esa cuestión, MORALES PLAZA, A. y FLORES SEGURA, M., "Los acuerdos de compra de energía…", *op. cit.*, p. 7.

energéticas mediante la exigencia de que, con independencia de la forma jurídica que puedan adoptar, tengan un carácter abierto y de adscripción voluntaria, siendo autónomas respecto de sus socios, pero controladas por ellos, impidiendo el acceso discriminatorio de los sujetos que cumplan las condiciones para formar parte o participar en las comunidades energéticas como miembros. Las comunidades energéticas participarán en los mercados eléctricos en igualdad de condiciones respecto del resto de operadores, siendo que los poderes públicos deben abstenerse de imponer condiciones u obligaciones discriminatorias o desproporcionadas. Así, la Directiva 2019/944/UE establece que la contratación de las comunidades ciudadanas de energía se regirá por el principio de *libertad de contratación*, cuestión, esta, que es fácilmente trasladable también a las comunidades de energías renovables.

La participación de las Administraciones municipales en las comunidades energéticas puede llegar a plantear desafíos jurídicos relevantes, derivados de la aplicación del derecho estatutario que rige las organizaciones jurídico-públicas, y que es difícilmente conciliable, en alguno de sus aspectos, con la función que el legislador ha pretendido dotar a las comunidades energéticas en el marco del mercado interior europeo de la electricidad.

La normativa de contratación pública plantea, quizá, el principal de esos retos. Algún autor ya ha planteado que la conciliación de la normativa de contratación pública y de las comunidades energéticas no ha sido adecuadamente resuelta por el legislador[20], al menos, por el momento. Cuestión, esta, que podría provocar la integración de autoridades locales en las modalidades de comunidades energéticas, cuando menos en los supuestos de que esa integración determinara el control de las comunidad en cuestión por una Administración local (u otro poder adjudicador) en el sentido del art. 2 de la Directiva 2014/24/UE[21].

---

20 REVUELTA PÉREZ, I., "Comunidades energéticas: desafíos jurídicos para los entes locales", *Anuario de Derecho municipal 2022*, 16, 2023, pp. 77-103.

21 Nos referimos al concepto de control o influencia significativa del art. 2 de la Directiva 2014/24/UE sobre contratación pública y por la que se deroga la Directiva 2004/18/CE ("Directiva 2014/24/UE") que se refiere a aquellos casos en los que "el ente esté financiado mayoritariamente por el Estado, las autoridades regionales o locales, u otros organismos de derecho público, o cuya gestión esté sujeta a la supervisión de dichas autoridades u organismos, o que tenga un órgano de administración, de dirección o de supervisión, en el que más de la mitad de los miembros sean nombrados por el Estado, las autoridades regionales o locales, u otros organismos de derecho público".

El tratamiento específico de las comunidades energéticas, con arreglo a los principios que las guían, podría ser entendido como una excepción a la aplicación de la normativa de contratación pública. Sin embargo, esta interpretación sistemática, si bien razonable, no permite resolver con claridad las disfunciones que plante la aplicación de las categorías contractuales clásicas, como la noción de poder adjudicador, centrales de compra o encargos a medios propios a la celebración de los contratos de PPA, al menos, en ciertos casos.

Estas dificultades derivadas de la aplicación conjunta de ambos ordenamientos, que se reproducen en otras categorías afines, como el contrato de suministro, se acentúan en la celebración de contratos de PPA que, como hemos señalado, cumplen una función esencial en la vertebración de las relaciones externas e internas de las comunidades energéticas.

Una aplicación automatista de la normativa de contratación pública podría llevar a considerar que una comunidad energética adquiere la condición de *poder adjudicador* cuando, a la hora de celebrar PPA con terceros como *off-taker* y asumiendo su personalidad jurídica propia, esté mayoritariamente participada por una autoridad local. La aplicación de la noción de poder adjudicador podría plantearse también como una suerte de *central de compra,* en el ámbito de las relaciones horizontales de cooperación administrativa.

Las mismas disfunciones surgen en sus relaciones contractuales internas, entre comunidades energéticas y las autoridades locales que participan en ellas. La irrazonable situación de que una autoridad local, actuando como contratante (*off-taker*) deba aplicar los procedimientos de adjudicación de la normativa de contratos públicos para la celebración de PPA con las comunidades energéticas en las que participa, no parece encontrar una adecuada solución a través de la categoría "encargos a medios propios", debido a la autonomía garantizada legalmente de las comunidades respecto de sus miembros, a la heterogeneidad de sus miembros (no siempre autoridades locales) y al hecho de que ninguno de ellos puede controlar individualmente a las comunidades energéticas[22]. Estas disfunciones alcanzan

---

22 La normativa nacional en vigor no establece este requisito se ausencia de control. No obstante, el "Proyecto de Real Decreto por el que se desarrollan las figuras de las comunidades de energía renovables y las comunidades ciudadanas de energía", en su artículo 4.1 (d) establece para las comunidades ciudadanas de energía el requisito de ausencia de control por parte de uno de los socios o miembros, como requisito para su legal constitución, cuando indica que "[l]as comunidades

su grado máximo en el ámbito de las relaciones de autoconsumo, cuando los miembros de las comunidades actúen como consumidores asociados.

Nos parecen razonables, aunque reconocidamente insuficientes por sí mismos, los argumentos en favor de la relajación o excepción de la normativa de contratación pública expuestos por REVUELTA PÉREZ, basados en el desplazamiento, vía excepción (si se quiere indirecta), de la normativa de contratación pública por parte de las Directivas europeas reguladoras de las comunidades energéticas o su entendimiento como formas de colaboración público-privada[23]. Aunque compartimos con la autora que una intervención legislativa, simplificando o excepcionando las reglas de contratación pública a la actividad contractual de las comunidades energéticas, sería cuanto menos conveniente, creemos que existen elementos en el derecho vigente que abogan por la aplicación limitada de la normativa de contratación pública a las relaciones contractual externas e internas de las comunidades energéticas, aun cuando estén mayoritariamente participadas por autoridades locales.

La concepción funcional de las categorías de contratación pública, que pretende capturar los supuestos de "desmembración" del Estado[24], no debe impedir una adecuada percepción del ámbito propio de la finalidad o intereses públicos que pretende proteger. Una interpretación excesivamente parcial o automatista colisionaría con la finalidad del legislador de fomentar la participación de las autoridades locales en las comunidades energéticas.

Aun cuando se trata de un debate abierto, por regla general, salvo en determinados casos excepcionales y, por definición, de carácter temporal, las comunidades energéticas no deberían constituir organizaciones

---

de energías renovables conservarán su autonomía con relación a los miembros o socios y estarán efectivamente controladas por ellos. Se entenderá que se incumple este requisito cuando: i) Un solo miembro o socio reúna más del 51% de los votos, o cuando la configuración del régimen aplicable a la toma de decisiones que se adopte en los estatutos, o documento que regule el funcionamiento interno de la comunidad, suponga atribuir una posición de dominio a determinadas personas socias con respecto al resto. ii) Un solo miembro o socio tenga la facultad de nombrar o destituir a la mayoría de los miembros del órgano de administración."

[23] REVUELTA PÉREZ, I., "Comunidades energéticas: desafíos jurídicos para los entes locales", *Anuario de Derecho municipal 2022*, 16, 2023, pp. 77-103.

[24] Utilizamos la expresión del Abogado General Sr. Marco Darmon, en las Conclusiones presentadas el 4 de mayo de 1988 en el Asunto 31/87.

de derecho público o entidades del sector público, en los términos del art. 2 de la Directiva 2014/24/UE o del art. 3 de la Ley 9/2017[25] (y normalmente no estarán controladas por Administraciones locales). La realidad material de las comunidades energéticas debería ser suficiente en la mayoría de los casos para excluirlos de la noción de organización jurídico-pública, al menos, a los efectos de la contratación pública. Se trata, en efecto, de organizaciones singulares, que se mueven en el ámbito de las relaciones horizontales de cooperación entre los distintos sectores que forman comunidades de ámbito local o regional (como municipios, barrios, comunidades de propietarios, polígonos industriales, etc.) en los que la participación de las Administraciones locales se articula como forma de integrar a todos los sectores de la sociedad, en torno al nuevo concepto de *prosumidor* o consumidor activo en el marco de la transición energética.

Son, en realidad, formas organizativas que pueden constituirse o no en mecanismos de colaboración público-privada, pero que se mantienen fuera de la órbita o control del sector público. Por su propia configuración legal, en la mayoría de los casos, escaparían a las fórmulas de *huida del derecho administrativo*, que la normativa de contratación pública pretende cercenar. Nos encontramos ante un sujeto del sector eléctrico particular, destinado a canalizar funciones no solo de consumo estricto, sino también de generación, comercialización o distribución de electricidad, entre otras, que normalmente no estarán controlados por Administraciones locales y donde la vinculación objetiva a sus fines o ámbito competencial se desdibuja notablemente, dada la heterogeneidad de sus miembros y la finalidad propia a la que el legislador les ha llamado a cumplir.

De esta manera, como decimos, en la generalidad de los casos, la celebración de contratos de PPA por parte de comunidades energéticas no debería ser susceptible de incidir en los principios de la legislación de contratación pública, aunque uno o varios de sus miembros o socios sean autoridades locales[26]. La sujeción de la actividad contractual de las comunidades

---

25 Ley 9/2017 de Contratos del Sector Público ("Ley 9/2017")

26 Sí parecería aplicable la normativa de contratación pública, como excepción a la regla general que planteamos, al hipotético (y asumiblemente extraño) caso de las comunidades energéticas que estén íntegramente participadas por autoridades locales, cuando asuman posiciones compradoras en los PPA. En este caso, sí podríamos llegar a encontrarnos ante un poder adjudicador, si concurren las condiciones cumulativas establecidas en el art. 2 de la Directiva 2014/24/UE y el art. 3 de la Ley 9/2017. Se trata, no obstante, de un supuesto que no será habitual en la práctica y que dado el carácter abierto de este tipo de organizaciones

energéticas a la presión e incentivos propios de los mercados eléctricos en los que desenvuelven su actividad hace que carezca de sentido aplicar las normas de contratación pública, que responden a una finalidad distinta a la lógica propia del mercado.

Estas reglas tienen como finalidad principal evitar que cuando no exista la necesidad de ser eficiente por exigencias del mercado, se produzcan comportamientos no racionales económicamente que perjudiquen la existencia de un mercado interior europeo de la contratación pública y, para ello, las normas de contratación pública reproducen artificialmente los incentivos que tienen las entidades sujetas de manera natural a los condicionantes del mercado para contratar con las mejores ofertas, como ocurre con las comunidades energéticas.

Su particular condición de sujeto del sector eléctrico, aun cuando actúen como consumidor, hace de las comunidades energéticas una modalidad de entidades que debería quedar al margen de la normativa de contratación pública. Ello no solo cuando celebren contratos de PPA como *off-takers* en el ámbito de sus relaciones externas (salvo el caso citado de una comunidad energética íntegramente formada por autoridades locales), sino también en el marco de las relaciones internas entre las comunidades y las autoridades locales. En este último caso, aun cuando formalmente pudiésemos encontrarnos ante un contrato oneroso, a los efectos de la contratación pública, lo cierto es que se trata de un esquema contractual que sirve a su participación en la comunidad energética.

De esta manera, la aplicación de los procedimientos de adjudicación podría frustrar su participación en ella y, con ello, la finalidad propia de la regulación de este tipo de organizaciones. La participación en las comunidades energéticas, por su propia naturaleza, es un incentivo suficiente a contratar con los operadores que les ofrezcan la "mejor relación calidad-precio", en los términos de la Ley 9/2017, lo que hace innecesario disciplinar la celebración de PPA a la normativa de contratación pública, tanto en el ámbito de sus relaciones externas, con terceros, como en el de sus relaciones internas, con las autoridades locales.

---

es, por definición, de carácter temporal, pues las comunidades energéticas están llamadas a ser representadas por un conjunto heterogéneo de miembros que provengan de los distintos sectores de la sociedad.

7. CONCLUSIÓN: ELEMENTOS RELEVANTES DE LOS PPA A TENER EN CUENTA POR LAS COMUNIDADES ENERGÉTICAS

Como conclusión al análisis realizado de los PPA, haremos referencia a los elementos más relevantes a tener en cuenta por las comunidades energéticas en la celebración de este tipo de contratos.

Los PPA son contratos de gran complejidad, lo que haría inviable referirnos a todas sus cláusulas habituales. No obstante, desde una perspectiva eminentemente operativa, a fin de aclarar cuáles son las prácticas habituales en el mercado, cabe destacar entre sus elementos básicos, las previsiones relativas al plazo, precio y energía contratada. Sobre la base de estos tres elementos es posible configurar una relación contractual que permita cumplir con la finalidad objetiva que motiva a la partes la celebración de este tipo de contratos, esto es, asegurar una determinada cantidad o volumen de electricidad, a un precio distinto del precio de equilibrio o casación de los mercados mayoristas al contado, durante un plazo determinado, normalmente vinculado a esquemas de consumo complejos o la amortización de las inversiones relativas a la construcción de instalaciones de generación, en muchos casos, en el contexto de la financiación de proyectos de generación renovable.

A estos elementos nos referiremos a continuación y, junto con ellos, a las garantías de origen, cuya transacción se incluye normalmente en los PPA vinculados a instalaciones renovables.

7.1. Plazo

El plazo de los PPA es un aspecto clave de estos contratos. Aunque nada impide que los PPA puedan ser de corta duración, lo habitual es que se celebren a medio o largo plazo. Según la experiencia práctica, los PPA suelen contar con un plazo de duración de entre diez y quince años. Las comunidades energéticas no serán ajenas a esa circunstancia, sino, antes, al contrario, los PPA que celebren serán normalmente de larga duración, ya sea cuando asuman posiciones compradoras o vendedoras o, también, en el marco de esquemas de autoconsumo.

Ello es así por diversas razones. La más intuitiva es la finalidad objetiva que motiva a las partes para la celebración de este tipo de contratos, que suele ser la necesidad de asegurar un precio de compra o venta de energía ajenos a las fluctuaciones de precio del mercado diario de producción. La duración, no obstante, también es relevante a los efectos de la financiación (o *bancabilidad* de los PPA). En muchas ocasiones, los PPA suelen celebrarse antes de la construcción de las instalaciones de generación y, así, estos contratos sirven como base para determinar los flujos de caja de las instalaciones. Por ello, la duración de los PPA suele ser un aspecto relevante en los contratos de financiación. Un PPA de corta duración tendrá difícil acceso a contratos de financiación de proyectos. Como indican COUSO y ZALDÍVAR[27], los PPA no tienen por qué tener la misma duración de los contratos de financiación (de hecho es habitual que esto suceda). Cuando el plazo sea distinto, como sucede en la mayoría de las ocasiones, no es inhabitual que los contratos de financiación establezcan mecanismos de protección de los financiadores durante el plazo de duración del contrato de financiación, cuando el PPA se encuentra vencido.

7.2. Precio

El precio es asimismo un aspecto fundamental en los PPA. Dada su función de mecanismo contractual de bilateralización de la electricidad (ya sea físico o virtual) al margen de instrumentos regulatorios de fijación de precios (como el mercado diario de producción) lo habitual (pues otra cosa no tendría sentido) es pactar esquemas de precio distintos del precio de equilibrio o casación de los mercados mayoristas regulados (mercado diario e intradiario).

Lo importante a la hora de establecer la estructura de precio es aportar a las partes un grado relevante de certeza sobre su determinación, como mecanismo que permite asegurar un flujo de ingresos a las instalaciones de generación, para quien asume posiciones vendedoras, y el coste de la energía, para quien asume posiciones compradoras, durante el plazo de vigencia del contrato, más allá de las fluctuaciones de los mercados al contado.

En función de la modalidad de precio, encontramos PPA a precio fijo o precio variable normalmente referenciado a un precio de mercado. En este segundo caso, para lograr cierto grado de certeza en cuanto al precio (habitualmente necesaria por razones de financiación), se suelen pactar precios mínimos (*floor*) o se establecerse horquillas de precios (esquema *collar*, que combina precios mínimos, *floor*, con precios máximos, *cap*, de electricidad).

---

[27] ÁLVAREZ COUSO, I. y ZALDÍVAR DE LA RICA, J. F., "Anatomía de un PPA...", *op. cit.*, p. 46.

No es inusual encontrar en el mercado estructuras de precio de PPA que varían o cambian durante su vigencia. La variación del precio puede articularse mediante el modelo seguido (fijo o variable) o en cuanto a sus componentes (en algunos casos, siendo un precio decreciente, denominado modelo *frontloaded*, como mecanismo de distribución de riesgos entre las partes en cuanto al precio, debido a la mayor facilidad a la hora de estimar los precios durante los primeros años de la vigencia del contrato que durante los últimos años).

7.3. Energía contratada

Junto con el precio y el plazo, el volumen de energía contratada o cubierta por el PPA suele ser el tercer aspecto más relevante o característico de los contratos de PPA, pues permite a las partes obtener certeza sobre la cantidad de energía que estará asegurada contractualmente.

Cuando la parte vendedora del contrato es un sujeto generador, la estructura del volumen suele asociarse a la producción de la instalación de generación (existente o esperada), a través del establecimiento de un volumen de electricidad prefijado (denominado *baseload*). El resto de la energía producida o consumida se vende o adquiere en el mercado regulado.

Otro esquema habitual consiste en el compromiso de adquisición de toda la energía producida por la instalación de generación (denominado *pay as produced*), con distintos ajustes. O, en su caso, en una combinación de ambos modelos (*baseload* y *pay as produced*).

7.4. Garantías de origen

La cesión de garantías de origen en el marco de los PPA suele ser una práctica habitual y consolidada. Estas garantías, reguladas fundamentalmente en la Circular 1/2018 de la CNMC, constituyen un mecanismo virtual de fomento de la electricidad renovable, que permite imputar un volumen de electricidad asociado a una instalación renovable o de alta eficiencia, en el mercado europeo. Decimos virtual porque la regulación de las garantías de origen parte de la asunción de que la electricidad producida podrá ser vertida en el sistema (salvo en casos de autoconsumo sin excedentes) y, dado su carácter inmaterial, no es posible imputar la energía consumida en un punto de suministro a una instalación concreta.

Las garantías de origen son jurídicamente una acreditación en formato electrónico (mediante una suerte de anotación en cuenta, en el sistema de garantías de origen gestionado por la CNMC) que asegura que un número determinado de megavatios-hora de energía eléctrica producidos en una instalación, en un periodo temporal determinado, han sido generados a partir de fuentes de energía renovables o de cogeneración de alta eficiencia (art. 3 de la Circular 1/2018).

Lo relevante a los efectos de los PPA es que las garantías de origen son un derecho económico, con un valor en el mercado, que son por su naturaleza y regulación transmisibles. De esta manera, a través de las operaciones de emisión, transmisión y cancelación, reguladas en la Circular 1/2018, las partes en los PPA regulan su tratamiento contractual.

Permiten a la parte vendedora generar un ingreso (a un precio determinado o de forma gratuita pero integrada, aunque sea indirectamente, en el precio de la electricidad del PPA) y a la parte compradora, revenderla o acreditar virtualmente un consumo de electricidad renovable. Por esta razón, se integran habitualmente en los contratos de PPA asociados a instalaciones de generación procedente de fuentes renovables o de alta eficiencia.

8. BIBLIOGRAFÍA

ÁLVAREZ COUSO, I. y ZALDÍVAR DE LA RICA, J. F., "Anatomía de un PPA: Cuestiones a tener en cuenta en su redacción y negociación", en ORTEGA BURGOS, E. y PASTOR RUIZ, F., *Actualidad Mercantil 2022*, Tirant Lo Blanch, Valencia, 2022, pp. 37-60.

COMISIÓN DE REGULACIÓN DE LA ELECTRICIDAD Y EL GAS: «Power Purchase Agreements: Overview and evaluation Study (F)2782» [en línea], (2024), <https://www.creg.be/sites/default/files/assets/Publications/Studies/F2782EN.pdf> [Consulta: 12/06/2024].

DOPAZO FRAGUÍO, P., "La renovación energética ante el cambio climático. Marco estratégico, instrumentos y prácticas", *Actualidad Jurídica Ambiental*, 98, 2020, pp. 6-42.

FERREIRA, F., "El PPA corporativo, novedad en el sector", *Energética XXI*, 179, 2018, pp. 38-40.

MORALES PLAZA, A. y FLORES SEGURA, M., "Los acuerdos de compra de energía en los procesos de reestructuración empresarial", *Revista de Derecho Mercantil*, 329, 2023, pp. 1-13.

REVUELTA PÉREZ, I., "Comunidades energéticas: desafíos jurídicos para los entes locales", *Anuario de Derecho municipal 2022*, 16, 2023, pp. 77-103.

SICRE DEL ROSAL, R., "Contratos de compraventa de energía y energía renovable", *Cuadernos de Energía,* 55, 2018. pp. 87-93.

STANITSAS, M. y KIRYTOPOULOS, K, "Sustainable Energy Strategies for Power Purchase Agreements (PPAs)", *Sustainability,* 15, 8, 2023, pp. 1-19. Doi: https://doi.org/10.3390/su15086638

Capítulo XVIII

Comunidades energéticas, autoconsumo y derecho al consumo de energía compartida. Medidas estructurales para reducir y prevenir la pobreza energética[1]

LAURA PRESICCE
Profesora Lectora de Derecho Administrativo
Universitat Oberta de Catalunya

SUMARIO: 1. INTRODUCCIÓN. 2. FACTORES DETERMINANTES, MANIFESTACIONES Y DEFINICIÓN DE POBREZA ENERGÉTICA. 3. LA EVOLUCIÓN DE LAS MEDIDAS EUROPEAS DE PROTECCIÓN A LOS CONSUMIDORES VULNERABLES: DE PRESTACIONALES A ESTRUCTURALES. 4. LA GENERACIÓN *IN SITU* Y DE PROXIMIDAD COMO MEDIDA ESTRUCTURAL PARA ERRADICAR Y PREVENIR LA POBREZA ENERGÉTICA: AUTOCONSUMO Y COMUNIDADES ENERGÉTICAS. 5. EL DERECHO AL CONSUMO DE ENERGÍA COMPARTIDA. 6. ESTADO ACTUAL DE LA ENERGÍA COMUNITARIA EN ESPAÑA. 7. CONCLUSIONES. 8. BIBLIOGRAFÍA.

1. INTRODUCCIÓN

En los últimos quince años, la política energética europea se ha enfocado simultáneamente en fortalecer el mercado interior de la energía y fomentar la transición hacia fuentes más limpias y renovables, con el objetivo de mitigar y adaptarse al cambio climático, y, al mismo tiempo, en

1 Este capítulo es parte del proyecto "Regulación de sistemas energéticos comunitarios basados en almacenamiento y flexibilidad: aceptabilidad, gobernanza y digitalización (ComEnerSys)", TED2021-131840B-I00, financiado por el MCIN/AEI/10.13039/501100011033 y por la Unión Europea "NextGenerationEU"/PRTR".

garantizar que todos los ciudadanos puedan acceder a una energía que sea limpia, segura, asequible y fiable[2].

El Pilar Europeo de los Derechos Sociales de 2017, evidentemente influenciado por el Objetivo de Desarrollo Sostenible[3] número 7, incorpora la energía como uno de los servicios esenciales a los que toda persona tiene derecho a acceder, subrayando además que dicho servicio debe ser de alta calidad[4]. Este derecho refuerza la dimensión social[5] de los objetivos fundamentales de la política energética europea: seguridad del suministro, competitividad y sostenibilidad ambiental[6].

No obstante, diversos estudios y encuestas[7] revelan que el porcentaje de ciudadanos de la Unión Europea (en adelante, UE) que experimentan dificultades para acceder a la energía se ha incrementado de manera significativa y continua en los últimos años. Este incremento es especialmente pronunciado a raíz de la crisis sanitaria y económica global reciente, en un contexto de inestabilidad marcado inicialmente por la pandemia de la Covid-19, seguida por el aumento de los precios de la energía y las presiones inflacionarias derivadas, entre otros factores, de los conflictos bélicos en diversas regiones mundiales.

A ello se suma que el aumento de los precios de la energía se debe, en parte, a los desafíos inherentes a la misma transición hacia fuentes más limpias y sostenibles, que implican costes significativos que en muchos

---

2 DEL GUAYO CASTIELLA, I., "Consumidores vulnerables en el sector eléctrico, lucha contra la pobreza energética y el bono social", *Revista de Administración Pública*, 203, 2017, pp. 347 y ss.

3 Objetivo 7. Garantizar el acceso a una energía asequible, fiable, sostenible y moderna para todos. ASAMBLEA GENERAL DE NACIONES UNIDAS: «Resolución A/RES/70/1: Transformar nuestro mundo: la Agenda 2030 para el Desarrollo Sostenible» [en línea], (2015), <https://www.mdsocialesa2030.gob.es/agenda2030/documentos/aprobacion-agenda2030.pdf> [Consulta: 12/06/2024].

4 COMISIÓN EUROPEA, SECRETARÍA GENERAL, *Pilar europeo de derechos sociales*, Oficina de Publicaciones de la Unión Europea, Bruselas, 2017. Doi: https://data.europa.eu/doi/10.2792/506887

5 CASADO CASADO, L., "El nuevo Pilar Europeo de Derechos Sociales ¿hacia un fortalecimiento real de la dimensión social de la Unión Europea?", *Revista de Investigações Constitucionais*, 6, 2, 2019, pp. 375-404.

6 COMISIÓN (UE), "Libro Blanco: Una política energética para la Unión Europea" (Comunicación) COM(95) 682 final, 13 de diciembre de 1995.

7 Entre todos, veáse, EUROSTAT: «Inability to keep home adequately warm» [en línea], (2024), <https://doi.org/10.2908/ILC_MDES01> [Consulta: 12/06/2024].

casos suelen trasladarse a los consumidores, afectando especialmente a los más vulnerables[8]. Este incremento, junto con el aumento generalizado de precios, está ralentizando la transición energética y elevando el número de hogares afectados por la pobreza energética, agravando así este problema social de relevancia global.

En el contexto esbozado, el capítulo aborda la problemática de la pobreza energética desde una perspectiva estructural, explorando su definición jurídica, sus factores determinantes y sus manifestaciones. Se analiza la evolución de las políticas europeas dirigidas a la protección de los consumidores vulnerables, que han transitado de medidas prestacionales a enfoques más estructurales. Entre estos, la generación *in situ* y de proximidad se reconoce como una solución clave para prevenir y combatir la pobreza energética. En este marco, se evalúa el papel del autoconsumo y de las comunidades energéticas, destacando también la relevancia del emergente "derecho al consumo de energía compartida". Finalmente, se reflexiona sobre la efectividad de estas políticas y su capacidad transformadora en el contexto energético y social de Europa y España.

2. FACTORES DETERMINANTES, MANIFESTACIONES Y DEFINICIÓN DE POBREZA ENERGÉTICA

La pobreza energética es un fenómeno de naturaleza compleja que puede referirse, dependiendo de los contextos, bien a la imposibilidad de los hogares de acceder a niveles básicos de suministro eléctrico, bien a la incapacidad de acceder a una cantidad adecuada del mismo. En el primer caso, se trata de entornos donde existen problemas primarios de acceso a la energía moderna[9] y de conexión a la red eléctrica, situación común en países del sur global. En el segundo caso, se presupone el acceso a la energía, pero se enfrenta la dificultad de pagar las facturas y/o de satisfacer las necesidades básicas. En ambos casos, esta situación impide satisfacer

8 En España, por ejemplo, el Real Decreto-ley 15/2018 advertía que la situación del aumento de los precios de la energía no era en aquel momento meramente coyuntural, sino que se debía en parte a la decidida apuesta por la descarbonización de la economía asumida por la Unión Europea y España, la cual "llevará aparejada necesariamente un aumento de precios orientado a la sustitución de las tecnologías energéticas más emisoras".

9 Al referirnos a la energía moderna, excluimos recursos como la madera, los residuos agrícolas, el estiércol animal, entre otros.

necesidades básicas como calefacción, refrigeración, iluminación y el uso de electrodomésticos y aparatos, comprometiendo aspectos esenciales de la vida, tales como la alimentación y la salud.

En casi todas las definiciones académicas de pobreza energética, se enfatiza que se trata de un fenómeno multidimensional y multifacético. La multidimensionalidad radica en que la pobreza energética puede ser causada por una multitud de factores, internos al núcleo familiar (por ello, algunos autores la describen como una "situación privada"[10]) o externos, y por la interacción entre ellos.

Se pueden identificar tres causas más comunes de la pobreza energética, en países de nuestro entorno, que pueden estar interconectadas: el nivel de ingresos bajo o insuficiente del núcleo familiar; el elevado coste de la energía, que impacta de manera significativa en el presupuesto familiar; y la alta demanda energética o la ineficiencia energética de los hogares. A su vez, es evidente que el nivel de ingresos puede depender de diversos factores, tales como cambios en la composición del núcleo familiar, gastos imprevistos, cambios en las situaciones y/o posiciones laborales, e incluso situaciones de fallecimiento o enfermedades de un miembro de la unidad de convivencia. A estos factores se debe sumar, como variable influyente, el cambio climático y los cada vez más recurrentes e intensos episodios de clima adverso extremo, tanto de calor como de frío. Además, existen factores adicionales que pueden agravar o fomentar la pobreza energética, como la composición del núcleo familiar y las "discriminaciones encubiertas vinculadas al género"[11].

La combinación de estos factores agrava la pobreza energética, convirtiéndola en un reto que requiere para su abordaje, por un lado, una estrategia integral a nivel de políticas públicas y, por otro, intervenciones específicas que se adapten a las necesidades particulares de cada hogar.

Por otro lado, la pobreza energética es multifacética, ya que puede manifestarse de diversas formas. Habitualmente, se manifiesta a través del retraso en el pago o del impago de facturas, y en la consiguiente desconexión

---

[10] KASHOUR, M. y JABER, M. M., "Revisiting energy poverty measurement for the European Union", *Energy Research & Social Science*, 109, 2024, pp. 1-13. Doi: https://doi.org/10.1016/j.erss.2024.103420

[11] Véase en este mismo libro el trabajo de Zamora Roselló, M. R., "Comunidades energéticas, ciudadanía energética y género". Véase también COMISIÓN EUROPEA, Recomendación 2023/2407/UE de la Comisión, de 20 de octubre de 2023, Considerando 2, DOUE núm. 2407, de 23 de octubre de 2023. Asimismo, en el Reglamento 2023/955/UE, Considerando 24.

de la red eléctrica por impago. No obstante, existen muchas otras formas de manifestación: por ejemplo, núcleos familiares que pagan las facturas eléctricas a expensas de otros gastos básicos, o que pagan las facturas, pero no pueden mantener sus hogares a temperaturas adecuadas[12] (pobreza energética escondida). Estas manifestaciones, más difíciles de detectar y asociar al fenómeno, también deben ser consideradas como expresiones de pobreza energética Más allá de su naturaleza puramente económica, esta situación tiene graves repercusiones en la calidad de vida, la salud física y mental y el bienestar de las familias y personas afectadas, y con frecuencia lleva aparejada la exclusión social.

El concepto de persona que padece pobreza energética se emplea frecuentemente como sinónimo de sujeto vulnerable; sin embargo, en opinión de quien escribe, los conceptos presentan diferencias. La vulnerabilidad energética puede definirse como la propensión o probabilidad de un hogar a experimentar una situación en la que no recibe temporalmente una cantidad adecuada de servicios energéticos, situación de la cual eventualmente puede salir mediante la modificación de algunas de las circunstancias[13]. Se trata de una situación de carácter probabilístico y temporal que puede depender de factores internos (como el nacimiento de un hijo, la enfermedad de un miembro del hogar o cambios en su situación laboral) o de factores externos al hogar (como modificaciones en los requisitos de una ayuda, aumentos en el precio de la energía o del alquiler). Esta definición permite enfocar la vulnerabilidad como una cuestión más dinámica y contingente en comparación con la idea de pobreza energética, sugiriendo que la condición de vulnerabilidad es potencialmente ínsita en el propio concepto de consumidor energético[14].

---

12 Según la OMS las condiciones de climatización adecuadas para la salud estarían entre 18 y 21°C en invierno y 25°C en verano. ORGANIZACIÓN MUNDIAL DE LA SALUD, *Health impact of low indoor temperatures*, Regional Office for Europe-World Health Organization, Copenhagen, 1987.

13 BOUZAROVSKI, S. y PETROVA, S., "A global perspective on domestic energy deprivation: Overcoming the energy poverty–fuel poverty binary", *Energy Research & Social Science*, 10, 2015, pp. 31-40. Doi: https://doi.org/10.1016/j.erss.2015.06.007

14 Sin embargo, también pueden hallarse ulteriores definiciones de vulnerabilidad energética. Por ejemplo, de acuerdo con De Maio "[...] poveri energetici [...] di solito sono considerati [...] coloro che non hanno pieno acceso o connessione al mercato, o sono così poveri da non potersi permettere di partecipare ad esso. Mentre la vulnerabilità energetica dei consumatori riguarda coloro che hanno pieno acceso e partecipano al mercato dell'energia, ma 'patiscono' la mancanza di servizi energetici adeguati". DE MAIO, G., *Povertà energetica e comunità energetiche. Criticità e prospettive per una transizione giusta*, Editoriales Scientifica, Napoli, 2024, p. 29.

Por su parte, la Comisión Europea, en el Considerando 12 de la Recomendación 2023/2407/UE relativa a la pobreza energética, señala de manera explícita que "el concepto de pobreza energética está relacionado con el de clientes vulnerables, pero son distintos". En este contexto, como se analizará, la Unión Europea utiliza el término "pobreza energética" para referirse al fenómeno o a la situación, y el de "consumidor vulnerable" para aludir al sujeto (o unidad de convivencia) afectado por dicha situación. Para una mejor comprensión, resulta relevante examinar la evolución de esta distinción en la normativa europea.

En las directivas de primera generación de 2009[15] se alude de manera general al concepto de cliente vulnerable, cuya definición debe ser acordada por cada Estado Miembro (en adelante, EM), señalando que puede estar relacionado con la pobreza energética. No obstante, en la normativa de segunda generación de 2019[16], se empieza a diferenciar explícitamente ambos conceptos, al tratarse en artículos distintos de la Directiva 2019/944/UE. Esta distinción se consolida en la normativa de tercera generación de 2023[17], donde, a través de una primera definición de la pobreza energética, se establece claramente la diferenciación entre ambos.

Concretamente, con la Directiva 2009/72/CE, la UE estableció la obligación para los EEMM de adoptar las medidas necesarias para proteger a *todos* los consumidores, y en particular a los más vulnerables, en el contexto del mercado interior de la electricidad. En esta Directiva se introdujo por primera vez el término "pobreza energética", sin aportar una definición específica ni de este concepto ni del de "cliente vulnerable"[18]. Por el contrario, la Directiva dejó a cada EM la difícil tarea de definir el concepto de cliente vulnerable, añadiendo que "*podrá* referirse a la pobreza energética".

---

15 Directiva 2009/72/CE sobre normas comunes para el mercado interior de la electricidad (derogada) y Directiva 2009/73/CE sobre normas comunes para el mercado interior del gas natural.

16 Reglamento 2018/1999/UE sobre la gobernanza de la Unión de la Energía y de la Acción por el Clima, y Directiva 2019/944/UE sobre normas comunes para el mercado interior de la electricidad.

17 Reglamento 2023/955/UE por el que se establece un Fondo Social para el Clima y se modifica el Reglamento 2021/1060/UE y Directiva 2023/1791/UE relativa a la eficiencia energética y por la que se modifica el Reglamento 2023/955/UE.

18 Directiva 2003/54/CE sobre normas comunes para el mercado interior de la electricidad.

Una década después, la Directiva 2019/944/UE reafirmó la necesidad de que los EEMM sean los responsables de definir el concepto de cliente vulnerable. Sin embargo, avanzó un paso más al sugerir ciertos elementos que podrían ser considerados por los EEMM, al formular dicha definición. Entre ellos, los niveles de renta, la proporción de la renta disponible destinada al gasto energético, la eficiencia energética de los hogares, la dependencia crítica de equipamientos eléctricos por motivos de salud y la edad.

Por otro lado, por primera vez, la mencionada Directiva distinguió claramente entre los dos conceptos en dos artículos bien diferenciados (arts. 28 y 29). Esto se justifica dado que la necesidad de delimitar y definir el concepto de cliente vulnerable constituye el primer paso para que los EEMM puedan recabar la información adecuada que permita medir exactamente y controlar el número de hogares en situación de pobreza energética en cada país, con el objetivo de proporcionarles un apoyo específico. Dichas exigencias son coherentes con las establecidas por el Reglamento 2018/1999/UE[19], que obliga a los EEMM, en sus Planes Nacionales Integrados de Energía y Clima (PNIEC), a cuantificar el número de hogares en situación de pobreza energética[20]. De este modo, si un EM determina que existe un número significativo de hogares afectados por esta problemática, debe incorporar en su PNIEC un objetivo nacional numérico, así como políticas y medidas concretas, destinadas a reducir esta lacra.

Sin embargo, dicha obligación europea ha puesto de manifiesto, por un lado, las dificultades que enfrentan los EEMM para medir el número de hogares afectados por la pobreza energética y, por otro, la dificultad de agregar los datos nacionales a escala europea. En respuesta, EUROSTAT y el Observatorio Europeo de la Pobreza Energética (Energy Poverty Advisory Hub, EPAH) desarrollaron en 2020 unos indicadores estadísticos agregados[21] a nivel europeo para medir los posibles factores determinantes de la pobreza energética y detectar las especificidades nacionales.

---

19 Reglamento 2018/1999/UE sobre la gobernanza de la Unión de la Energía y de la Acción por el Clima.

20 "(...) teniendo en cuenta los servicios energéticos domésticos necesarios para garantizar niveles de vida básicos en el contexto nacional pertinente, las políticas sociales existentes y otras políticas pertinentes, así como las orientaciones indicativas de la Comisión sobre los indicadores correspondientes para la pobreza energética". Art. 3.2 d) Reglamento 2018/1999/UE.

21 Anexo "Indicadores de pobreza energética". Recomendación 2020/1563/UE de la Comisión de 14 de octubre de 2020 sobre la pobreza energética.

A pesar de los esfuerzos de la UE para que los EEMM progresen en esta dirección, la situación ha empeorado en 2023, con un aumento notable en el porcentaje de hogares europeos que no pudieron calentarse adecuadamente[22].

Por esta razón, en 2023, la UE por primera vez, mediante el Reglamento 2023/955/UE ha consensuado una definición de pobreza energética a nivel europeo[23], definición ampliada pocos meses después por la Directiva 2023/1791/UE, que actualmente define la pobreza energética como:

> [T]oda situación en la que un hogar no puede acceder a los servicios energéticos esenciales cuando dichos servicios proporcionan unos niveles básicos y dignos de vida y salud, como calefacción, agua caliente, refrigeración e iluminación adecuadas, y la energía para hacer funcionar los aparatos, dados el contexto nacional pertinente, la política social nacional existente y otras políticas nacionales pertinentes, como consecuencia de varios factores, incluidos, como mínimo, los siguientes: inasequibilidad, renta disponible insuficiente, gasto energético elevado y escasa eficiencia energética de los hogares.

Este extenso proceso para llegar a una definición se justifica por la enorme complejidad de alcanzar un consenso sobre una definición única de pobreza energética[24] y de cliente (u hogar) vulnerable. Los motivos hasta ahora expuestos, junto con las dinámicas sociales y económicas subyacentes en cada país que influyen en esta problemática, hacen que el consenso sea extremadamente difícil de lograr.

La decisión de avanzar hacia una definición común a nivel europeo se justifica por tres razones fundamentales. Primero, a pesar de los esfuerzos reiterados de la UE, muchos PNIEC no incluían definiciones explícitas

---

22 Fuente: EUROSTAT, «Inability to keep home adequately warm», *op. cit.* Dado que la incapacidad de calentar adecuadamente los hogares es solo una manifestación de la pobreza energética, pues por ejemplo no se considera en el estudio la pobreza energética estival, podemos inferir que la dimensión del problema es aún más preocupante.

23 Aun dejando a los EM la tarea de definir el concepto de cliente vulnerable en función de las peculiaridades del Estado.

24 Concretamente, la primera autora que habló de "*fuel poverty*" fue Brenda Boardman en 1991. Vid. MOORE, R., "Definitions of fuel poverty: Implications for policy", *Energy Policy*, 49, 2012, p. 19. Acerca de las diferentes definiciones, véase: PRESICCE, L., "Pobreza y vulnerabilidad energética. Un análisis multinivel en el marco de la agenda urbana de la Unión Europea", en FORNS FERNÁDEZ, M. (ed.), *La protección jurídica de la atención a las personas en materia de servicios sociales: Una perspectiva interdisciplinar.* Atelier, Barcelona, 2020, pp. 319-340.

de consumidor vulnerable y pobreza energética[25], ni medidas concretas para abordarla. En este contexto, países como España destacaron por su proactividad, al incorporar en su PNIEC 2021-2030[26] objetivos, acciones y medidas de protección contra la pobreza energética y al desarrollar una Estrategia Nacional contra la Pobreza Energética 2019-2024[27], que no solo define la pobreza energética[28] y el consumidor vulnerable[29], sino que también realiza un diagnóstico basado en indicadores alineados con los del EPAH y adaptados a la zonificación climática española.

Segundo, la UE ha demostrado un interés creciente en asumir un papel más activo en la protección de los consumidores vulnerables. Este interés se refleja en la voluntad de establecer medidas de alcance europeo, garantizando así una protección más uniforme que busca reducir las disparidades y asegurar que todos los ciudadanos europeos vulnerables, independientemente del país, tengan acceso a medidas efectivas de protección contra la pobreza energética. No obstante, para determinar qué medidas adoptar para abordar el fenómeno, es crucial medirlo previamente y comprender su magnitud.

Tercero, y no menos importante, la lucha contra la pobreza energética está intrínsecamente ligada al propósito fundamental de la transición energética justa[30], que busca no solo cambiar a fuentes de energía más

---

25 BOUZAROVSKI S., *et al., Towards an inclusive energy transition in the European Union: Confronting energy poverty amidst a global crisis,* Publications Office of the European Union, Luxembourg, 2020, p. 31.

26 Resolución de 25 de marzo de 2021, conjunta de la Dirección General de Política Energética y Minas y de la Oficina Española de Cambio Climático, por la que se publica el Acuerdo del Consejo de Ministros de 16 de marzo de 2021, por el que se adopta la versión final del Plan Nacional Integrado de Energía y Clima 2021-2030.

27 Aprobada el 5 de abril de 2019 por el Consejo de Ministros, en cumplimiento con el artículo 1 del Real Decreto 15/2018 de 5 de octubre de medidas urgentes para la transición energética y la protección de los consumidores.

28 "La pobreza energética es la situación en la que se encuentra un hogar en el que no pueden ser satisfechas las necesidades básicas de suministros de energía, como consecuencia de un nivel de ingresos insuficiente y que, en su caso, puede verse agravada por disponer de una vivienda ineficiente en energía".

29 "Consumidor vulnerable es el consumidor de energía eléctrica o de usos térmicos que se encuentra en situación de pobreza energética, pudiendo ser beneficiario de las medidas de apoyo establecidas por las administraciones".

30 COCCIOLO, E., "Medidas de transición justa", en ALENZA GARCÍA, J. F. y MELLADO RUIZ, L. (coords.), Estudios sobre cambio climático y transición energética.

sostenibles y renovables, sino también garantizar que la transición energética no deje a nadie atrás y sea justa, es decir, que tanto las cargas como los beneficios asociados a esta transición se distribuyan equitativamente entre todos los segmentos de la sociedad[31] y territorios.

3. LA EVOLUCIÓN DE LAS MEDIDAS EUROPEAS DE PROTECCIÓN A LOS CONSUMIDORES VULNERABLES: DE PRESTACIONALES A ESTRUCTURALES

El cambio de enfoque de la UE, previamente descrito, se refleja igualmente en la evolución de las medidas establecidas para que los EEMM aborden esta problemática. Al examinar la normativa adoptada por la UE en las últimas dos décadas, se evidencia una clara progresión en las acciones dirigidas a combatir la pobreza energética.

El hilo conductor que se ha mantenido constante en la normativa, desde la Directiva 2003/54/CE[32], es el de garantizar el suministro eléctrico para los clientes vulnerables y evitar la interrupción del servicio. Este enfoque, considerado esencial para "compatibilizar la liberalización con la protección de los clientes vulnerables"[33] estableció los cimientos de una protección mínima, pero fundamental, para los consumidores más necesitados, extendiéndose hasta las directivas más recientes, en las

---

Estudios conmemorativos del XXV aniversario del acceso a la cátedra del profesor Íñigo del Guayo Castiella, Marcial Pons, Madrid, 2022, pp. 597-614.

31 Acerca del tema, véanse: PRESICCE, L. y COCCIOLO, E., "Régimen jurídico del autoconsumo de energía eléctrica renovable y las políticas de transición energética: del marco europeo a la normativa española", en ANGLÉS HERNÁNDEZ, M. y PALOMINO GUERRERO, M. (coords.), *Aproximaciones comparadas sobre el sector eléctrico en Iberoamérica*, Instituto de Investigaciones Jurídicas–Universidad Nacional Autónoma de México, Ciudad de México, 2021, pp. 399-439. JARIA I MANZANO, J., "Transició energètica, resiliència i inclusivitat: consideracions sobre la implantació de les comunitats energètiques a Catalunya", *Revista Catalana de Dret Ambiental*, XIII, 1, 2022, pp. 17 y ss.

32 Directiva 2003/54/CE sobre normas comunes para el mercado interior de la electricidad.

33 GONZÁLEZ RÍOS, I., "La tutela jurídico-administrativa de la vulnerabilidad energética: medidas paliativas y estructurales", *Revista Catalana de Dret Públic*, 61, 2020, p. 173.

cuales se incluyó la obligación para los EEMM de contar con un régimen de suministradores de último recurso[34].

Por otro lado, el análisis de la normativa europea refleja un paulatino, pero claro, cambio de enfoque en relación con las políticas sociales de prestaciones y ayudas en el ámbito de la Seguridad Social y con la intervención pública en la regulación de precios, que en cualquier caso se prevé solamente de manera excepcional y para los clientes vulnerables[35]. Tanto en la normativa del primer periodo (2003-2012[36]) como en la del segundo (2018-2019[37]) se observa un enfoque interventor y prestacional del Estado orientado principalmente a implementar medidas de apoyo económico dirigidas a los hogares más vulnerables. Incluso, se contempla la posibilidad de implementar medidas más amplias de política social cuando estén vinculadas con la pobreza en general[38].

No obstante, en la normativa del segundo periodo se percibe una visión más amplia y proactiva: las políticas prestacionales de los EEMM deben ser *acompañadas* por un conjunto de medidas orientadas a incentivar la inversión en eficiencia energética, integrar las energías renovables en el sector de la calefacción y refrigeración[39] y fomentar la reducción del consumo energético en las viviendas.

Hasta llegar al marco normativo actual, correspondiente al tercer periodo (2023-2024[40]), donde se observa una clara y tajante necesidad de

---

34 Entre otras, véase el Considerando 26 de la Directiva 2024/1711/UE por la que se modifican las Directivas 2018/2001/UE y 2019/944/UE en relación con la mejora de la configuración del mercado de la electricidad de la Unión, así como los nuevos artículos 27 *bis* y 28 *bis* de la Directiva 2019/944/UE, introducidos por la misma Directiva 2024/1711.

35 Art. 5 Directiva 2019/944/UE y Considerando 28 Directiva 2024/1711/UE. En concreto el Considerando 28 reitera que "En el caso de los clientes vulnerables y de los clientes afectados por la pobreza energética, la regulación de precios aplicada por los Estados miembros podría cubrir el 100 % del precio de conformidad con el artículo 5 de la Directiva (UE) 2019/944. (...)".

36 Directiva 2009/72/CE (derogada); Directiva 2009/73/CE; Directiva 2012/27/UE relativa a la eficiencia energética.

37 Directiva 2018/2001/UE, relativa al fomento del uso de energía procedente de fuentes renovables; Reglamento 2018/1999; Directiva 2019/944.

38 Considerando 58, Directiva 2019/944/UE.

39 Directiva 2018/2001/UE, art. 23.

40 Reglamento 2023/955/UE; Directiva 2023/1791; Directiva 2024/1275/UE relativa a la eficiencia energética de los edificios; Directiva 2024/1711/UE.

reorientación de las políticas públicas en materia de pobreza energética. Las políticas prestacionales, concebidas como medidas de carácter asistencial, deben ser limitadas temporalmente y concebidas como intervenciones transitorias, cuya finalidad principal debe ser la de allanar el camino hacia la implementación de medidas estructurales que aborden las causas subyacentes de la pobreza energética.

En este sentido, el Considerando 13 del Reglamento 2023/955/UE establece con meridiana claridad que, aunque las ayudas sociales directas, tales como los bonos sociales o las prestaciones económicas, pueden proporcionar un alivio a corto plazo a los hogares afectados por la pobreza energética, dichas soluciones resultan insuficientes para enfrentar de manera efectiva y duradera el problema. Solo la adopción de medidas estructurales específicas, como la renovación energética de edificios y la promoción activa del acceso a fuentes de energía renovable, acompañadas de campañas de sensibilización e información dirigidas a los hogares, permitirá encontrar soluciones permanentes. Así pues, en el Reglamento se establece que las ayudas directas a la renta no pueden ser las únicas medidas adoptadas por los EEMM en los Planes Sociales para el Clima. En dichos planes se deben acompañar las ayudas directas a la renta con medidas o inversiones ulteriores, con efectos duraderos dirigidas a hogares vulnerables, microempresas vulnerables y usuarios de transporte vulnerables[41] que reciban dichas ayudas. Estas reformas estructurales, que incluyen la mejora de la eficiencia energética de las viviendas, constituyen la única vía efectiva para prevenir[42] y combatir de manera eficaz y duradera la pobreza energética, superando las respuestas meramente asistenciales, que si bien necesarias, deben ser concebidas como temporales y transitorias[43].

---

41 Por primera vez en la normativa europea hallamos la referencia y la definición de ambos conceptos: arts. 12.11 y 12.12 Reglamento 2023/955/UE.

42 Es interesante observar como la normativa europea de 2024 hace referencia por primera vez a dichas medidas estructurales no solamente para paliar y eliminar la pobreza energética existente sino también en clave preventiva. De ahí el concepto de medidas que "eviten que los clientes domésticos caigan en la pobreza energética". Reglamento 2024/1747/UE por el que se modifican los Reglamentos 2019/942/UE y 2019/943/UE en relación con la mejora de la configuración del mercado de la electricidad de la Unión (Considerando 11); Directiva 2024/1711/UE (Considerando 11).

43 Considerando 21, Reglamento 2023/955/UE. Este planteamiento es reiterado por la Comisión en la Recomendación 2023/2407/UE, de 20 de octubre de 2023, concretamente en los Considerandos 19 y 20.

El análisis de la citada normativa evidencia también una evolución significativa en el propio concepto de eficiencia energética a partir de la normativa del tercer periodo, de la cual destacamos los siguientes aspectos:

1. La promoción de la eficiencia energética en los hogares, como estrategia para disminuir el consumo energético total y mitigar la pobreza energética[44], adquiere carácter prioritario.
2. Se insta a los EEM no solo a proteger, sino también a empoderar a los colectivos vulnerables.
3. Se establece una vinculación explícita entre la pobreza energética, la eficiencia energética y la asequibilidad de la vivienda, dotando a las políticas de lucha contra la pobreza energética de un enfoque más sistémico.
4. La eficiencia energética adquiere un significado más amplio al incorporar expresamente el fomento del uso de energía de fuentes renovables generada *in situ*.

En este sentido, en la normativa de primera generación, los EEMM estaban obligados a proporcionar apoyo, principalmente económico, para mejorar la eficiencia energética de las viviendas, promoviendo su renovación. Posteriormente, se exigió que los EEMM invirtieran en la eficiencia energética de los edificios, hasta llegar a consagrar el principio de "primero, la eficiencia energética"[45], priorizando su aplicación en los hogares vulnerables[46]. Las Directivas de tercera generación enfatizan, en concordancia con el artículo 9 del Tratado de Funcionamiento de la UE (TFUE), por una parte, el derecho preferente de las personas que se encuentran en situaciones de pobreza energética de beneficiarse del principio de "primero, la eficiencia energética", estableciendo simultáneamente que las medidas adoptadas en este ámbito no agraven las desigualdades preexistentes, especialmente en lo que respecta a la pobreza energética Y, por otra parte, insta los EEMM a *empoderar*, además de proteger los colectivos vulnerables, incluidos las personas en hogares de renta baja y, en su caso, las personas que viven en viviendas sociales[47].

---

44 Sobre el tema, CABELLOS VELASCO, M. y URQUIZA AMBRINOS, F., "La eficiencia energética como instrumento para reducir la pobreza energética", *Cuadernos de energía,* 48, 2016, pp. 30-37.

45 Introducido a través del Reglamento 2018/1999/UE.

46 Directiva 2023/1791/UE y Directiva 2024/1275/UE, art. 17.18, entre otros.

47 Art. 24 Directiva 2023/1791/UE.

En este contexto, resulta relevante destacar que, entre otras disposiciones, el artículo 17.17 de la Directiva 2024/1275/UE introduce por primera vez una conexión explícita entre el problema de la pobreza energética, las necesidades de mejora de la eficiencia energética de los hogares y la asequibilidad de la vivienda. Este precepto establece que los EEMM deben adoptar medidas para abordar los "desalojos de hogares vulnerables causados por el incremento desproporcionado de los alquileres tras la renovación energética de su edificio residencial o unidad residencial de un edificio". En la misma línea, el Reglamento 2023/955/UE, que como se examinará más adelante impone a los EEMM la obligación de elaborar Planes Sociales para el Clima, contempla la posibilidad de incluir en dichos planes un apoyo para el "acceso a viviendas asequibles y eficientes desde el punto de vista energético, incluidas las viviendas sociales"[48].

Por otro lado, la normativa europea ha consolidado una ampliación de la concepción de la eficiencia energética en edificios, que incluye medidas tanto en la renovación de edificaciones existentes como en nuevas construcciones, enfocándose no solo en la reducción del consumo energético, sino también en la promoción de energías renovables generadas *in situ*. De tal manera, la normativa del tercer periodo impulsa la generación energética de proximidad para fomentar la autonomía energética de las viviendas[49], consolidando una nueva dimensión en la eficiencia energética.

4. LA GENERACIÓN *IN SITU* Y DE PROXIMIDAD COMO MEDIDA ESTRUCTURAL PARA ERRADICAR Y PREVENIR LA POBREZA ENERGÉTICA: AUTOCONSUMO Y COMUNIDADES ENERGÉTICAS

La consolidación de esta nueva dimensión en el concepto de eficiencia energética adquiere una relevancia aún mayor en el contexto de una transición energética justa. El autoconsumo de energía generada *in situ* o en proximidad constituye una herramienta esencial para el empoderamiento de los colectivos vulnerables y la mitigación estructural de la pobreza energética, en la medida en que permite a los ciudadanos, especialmente a aquellos en situación de vulnerabilidad, participar activamente en la generación, gestión y consumo de energía, reduciendo su dependencia energética y protegiéndoles de las fluctuaciones de precios del mercado. Para

48 Considerando 17.

49 Considerandos 22, 23, 32 y artículos 10 y 11 de la Directiva 2024/1275/UE.

dichos colectivos la generación *in situ* ofrece un alivio económico directo, disminuyendo sus facturas energéticas y brindando protección frente a incrementos en los costes de los suministros tradicionales.

En este contexto, la normativa europea está reconociendo de manera progresiva la relevancia del autoconsumo, tanto individual como colectivo, así como de las comunidades energéticas, como mecanismos clave para abordar y combatir de raíz esta problemática, al facilitar el acceso directo y distribuido a fuentes de energía renovables y promover una gestión energética más democrática, equitativa y descentralizada. Si analizamos la evolución de la normativa, observamos que durante el primer periodo normativo no existía mención alguna a las referidas figuras (autoconsumo y comunidades energéticas), lo cual resulta comprensible dado el contexto histórico de la época. Es necesario esperar hasta la aprobación de las Directivas 2018/2001/UE y 2019/944/UE para encontrar las primeras referencias explícitas al autoconsumo, a las Comunidades de Energías Renovables (CER) y a las Comunidades Ciudadanas de Energía (CCE)[50].

La Directiva 2019/944/UE introduce, en primer lugar, una nueva categoría de consumidores, los "clientes activos", que no sólo consumen, sino que también producen, venden, almacenan y participan en programas de eficiencia energética o flexibilidad, actuando autónomamente o colectivamente, siempre que estas actividades no constituyan su principal actividad comercial o profesional.

En lo que respecta al autoconsumo, la Directiva 2018/2001/UE introduce de manera clara la relevancia del autoconsumo tanto en su forma individual (art. 2.14) como colectiva o conjunta (art. 2.15). La Directiva establece la necesidad imperiosa de que los EEMM desarrollen un marco normativo habilitador y facilitador (art. 15.3) que permita a los autoconsumidores de energías renovables generar, consumir, almacenar y vender electricidad sin enfrentar cargas desproporcionadas[51]. Además, reconoce expresamente un "derecho a convertirse en autoconsumidores" (art. 21), otorgando a los consumidores activos una serie de prerrogativas o "derechos", tales como la generación, consumo, almacenamiento y venta

---

50 Dada la imposibilidad de examinar y explicar en esta sede en detalle las figuras mencionadas, remitimos íntegramente a COCCIOLO, E., "The role of energy communities for thermal networks: An EU legal perspective", *Review of European, Comparative and International Environmental Law*, 2024, pp. 1-13. Doi: https://doi.org/10.1111/reel.12558

51 Considerando 66. Para más detalle, véase PRESICCE, L. y COCCIOLO, E., "Régimen jurídico del autoconsumo...", *op.cit.*, p. 399.

de electricidad (art. 21.2). Sin embargo, a pesar de la importancia que se concede al autoconsumo en la Directiva, este no se vincula directamente a la lucha contra la pobreza energética como medida estructural. La única referencia concreta que relaciona el autoconsumo con la mitigación de la pobreza energética se encuentra en el artículo 21.6 a), donde se establece que el marco normativo facilitador debe abordar la accesibilidad del autoconsumo de energías renovables para todos los clientes finales, *incluyendo* aquellos con bajos ingresos o en situación de vulnerabilidad. Este artículo, por tanto, reconoce la importancia de asegurar que el autoconsumo sea accesible para los sectores más vulnerables de la población, aunque la Directiva no establece una estrategia integral para lograrlo.

Por otro lado, la Directiva 2018/2001/UE, que introduce también la definición y el primer marco jurídico para las CER en su artículo 2.16, establece una conexión más directa, destacando el rol de estas iniciativas en la promoción de la eficiencia energética y en la reducción del consumo de energía para los hogares, ayudando así a combatir la pobreza energética. El Considerando 67 insta a los EEMM a aprovechar adecuadamente "esta oportunidad evaluando, en particular, la posibilidad de participación de los hogares, que de otro modo se verían en la imposibilidad de participar, incluidos los consumidores vulnerables y los arrendatarios". En coherencia con esta visión, el artículo 22.4 f) de la Directiva 2018/2001/UE impone a los EEMM la obligación de promover que la participación en las CER sea accesible a todos los consumidores, incluidos aquellos con ingresos bajos o vulnerables. Así pues, en la Directiva hallamos un mandato claro para los EEMM de impulsar la inclusión de estos colectivos en las comunidades energéticas, reconociendo que la participación en estas estructuras puede ser una herramienta eficaz para reducir la pobreza energética y promover una transición energética inclusiva.

Finalmente, en relación con las CCE, es la Directiva 2019/944/UE la que introduce esta figura dentro del ámbito de las iniciativas de "energía comunitaria" (art. 2.11). Sin embargo, en dicha normativa no se encuentra una referencia clara y directa que vincule el papel de las CCE con la lucha contra la pobreza energética La única mención genérica se puede hallar en el Considerando 43, el cual sugiere que las iniciativas de energía comunitaria pueden contribuir a mejorar la eficiencia energética a nivel doméstico y ayudar a combatir la pobreza energética mediante la reducción del consumo y el acceso a tarifas de suministro más bajas. Afirmación superficial, y una vez más incluida en un considerando, que no proporciona un mandato claro para los EEMM, para su implementación efectiva en relación con los consumidores más vulnerables.

Asimismo, resulta especialmente llamativo que, en el artículo 28.2 de la misma Directiva, al abordar las medidas que los EMM deben adoptar para proteger a los consumidores vulnerables y mitigar la pobreza energética, se continúe haciendo hincapié únicamente en políticas de carácter social relacionadas con el pago de las facturas de electricidad, la inversión en la eficiencia energética de los edificios residenciales, o la protección de los consumidores frente a la desconexión del servicio, sin mencionar expresamente la posibilidad de aprovechar las iniciativas en cuestión como parte de las estrategias para combatir la pobreza energética

Ambas directivas consagran, como característica común de las comunidades energéticas, el derecho a compartir la energía generada en el seno de la comunidad renovable[52], es decir, entre sus socios y miembros. Asimismo, establecen que el objetivo primordial de dichas iniciativas radica en la generación de beneficios sociales, tanto entre sus socios y miembros, como en las comunidades locales donde se implementan.

La vinculación de los beneficios sociales al estatus de socio o miembro de las comunidades energéticas puede constituir una barrera considerable para los hogares en situación de vulnerabilidad o pobreza energética. Puesto que el acceso a dichos beneficios depende de la capacidad de los individuos para participar activamente y económicamente en dichas comunidades, resulta improbable que las personas en situaciones de precariedad puedan obtener la condición de miembro o socio y, por ende, acceder a las ventajas que ofrecen las CCE y las CER. En consecuencia, como se ha apreciado, la UE insta a los EEMM a suprimir las barreras que obstaculizan la participación de los sujetos vulnerables en las comunidades energéticas.

Por otra parte, en cuanto a los beneficios sociales dirigidos a las comunidades locales, estos implican una dimensión solidaria más amplia y sugieren que los beneficios no se limitan exclusivamente a los socios o miembros de la comunidad, sino que están orientados hacia el bienestar colectivo local, incluyendo a aquellos que no participan directamente en la comunidad energética[53]. Por lo tanto, dichos beneficios, además de traducirse en la creación de empleo local, en el fomento del tejido económico,

[52] Art. 22.2 b) Dir. 2018/2001/UE y art. 16.3 e) Dir. 2019/944/UE.

[53] DIESTELMEIER, L. y KUIKEN, D., "Is Sharing Caring? 'Energy Sharing' within Energy Communities under EU Law", en FLEMING, R. *et al.* (eds.), *A Force of Energy: Essays in Energy Law in Honour of Professor Martha Roggenkamp*, University of Groningen Press, Nederlands, 2022, pp. 275-282.

en la cohesión social o en la repoblación de zonas rurales[54], deben también orientarse a la construcción de un entorno solidario entre vecinos, especialmente en apoyo de aquellos que se encuentran en situación de vulnerabilidad. En este sentido, consideramos que la transposición de las Directivas debe abordar este aspecto, permitiendo que las comunidades energéticas proporcionen beneficios también a personas y colectivos vulnerables que no tengan la posibilidad de ostentar la condición de socios o miembros.

En conclusión, las Directivas del segundo período reconocen los beneficios del autoconsumo y de las comunidades energéticas para la transición energética, e instan a los EEMM a eliminar las barreras que impiden la participación de los sujetos vulnerables en estas iniciativas. Sin embargo, en ambas normativas no se reconocen dichas iniciativas como herramientas imprescindibles en la lucha contra la pobreza energética

Un primer cambio se insinúa en la normativa del tercer periodo. Tal como se desprende del Considerando 117 de la Directiva 2023/1791/UE, se debe reconocer y fomentar activamente la contribución de las comunidades de energía a los objetivos del Pacto Verde Europeo y el Plan del Objetivo Climático. En consecuencia, los EEMM deben promover el papel de estas comunidades, que, al empoderar a los consumidores, facilitan la participación de ciertos grupos en proyectos de eficiencia energética y energías renovables. Es más, la Directiva dispone que, con el apoyo adecuado de los EEMM, las comunidades de energía pueden desempeñar un *papel crucial* en la lucha contra la pobreza energética, promoviendo proyectos de eficiencia energética, reduciendo el consumo de energía y disminuyendo las tarifas de suministro.

En este sentido, el artículo 8 de la mencionada Directiva establece que las obligaciones en materia de eficiencia y ahorro energético impuestas a los EEMM, financiadas a través de un Fondo Nacional de Eficiencia Energética o mediante mecanismos de financiación establecidos a nivel de la Unión deben *priorizarse*, en favor de las personas afectadas por la pobreza energética, los consumidores vulnerables, los hogares de bajos ingresos y, en su caso, los residentes en viviendas sociales. Se enfatiza que las medidas deben ser diseñadas escrupulosamente para evitar efectos adversos sobre

---

54 LÓPEZ DE CASTRO GARCÍA-MORATO, L., "Comunidades energéticas de carácter local y lucha frente a la despoblación: condicionantes legales y papel de los entes locales", en NAVARRO, C., RUÍZ PULPÓN, A. R. y VELASCO CABALLERO, F. (dirs.), *Despoblación, territorio y entes locales*, Marcial Pons, Madrid, p. 201 y ss.

estos colectivos, con el fin de prevenir perjuicios y garantizar una transición energética equitativa e inclusiva. En virtud de esta obligación, y con el objetivo de lograr el ahorro energético deseado, los EEMM "considerarán y promoverán, a efectos de diseñar dichas medidas, el papel de las comunidades de energías renovables y de las comunidades ciudadanas de energía en la contribución a aplicarla".

No obstante, sorprende nuevamente la falta de una referencia explícita al autoconsumo compartido y a las comunidades energéticas en el artículo 24, dedicado al empoderamiento y protección de los consumidores vulnerables y a la mitigación de la pobreza energética.

Un avance significativo en esta dirección puede observarse en el Reglamento 2023/955/UE, que establece el Fondo Social por el Clima, ya previsto en la Directiva 2023/959/UE[55]. Este Fondo[56] tiene como objetivo apoyar las políticas y medidas de los EEMM que promuevan la inclusión de los hogares vulnerables, las microempresas vulnerables y los usuarios vulnerables del transporte, garantizando una transición socialmente justa hacia la neutralidad climática. En virtud de dicho Reglamento, cada EEMM deberá presentar a la Comisión Europea, a más tardar el 30 de junio de 2025, un Plan Social para el Clima (artículo 4), en el que se garantice que "las medidas e inversiones se orienten en particular hacia los hogares en situación de pobreza energética o vulnerables, las microempresas vulnerables y los usuarios del transporte vulnerables" (Considerando 20). Además, las medidas prestacionales deben ser temporales y evolucionar hacia medidas estructurales (artículo 3).

Sin entrar en un análisis exhaustivo, cabe destacar, en relación con las comunidades energéticas, el Considerando 25 y el artículo 9. En ellos se afirma que la UE reconoce que los clientes activos, las comunidades ciudadanas de energía y el comercio entre pares de energías renovables pueden contribuir significativamente a que los EEMM alcancen los objetivos del

---

55 Directiva 2023/959/UE que modifica la Directiva 2003/87/CE por la que se establece un régimen para el comercio de derechos de emisión de gases de efecto invernadero en la Unión y la Decisión 2015/1814/UE, relativa al establecimiento y funcionamiento de una reserva de estabilidad del mercado en el marco del régimen para el comercio de derechos de emisión de gases de efecto invernadero en la Unión.

56 Financiado con parte de los ingresos "generados por la inclusión de los edificios, el transporte por carretera y otros sectores en el ámbito de aplicación de la Directiva 2003/87/CE".

Reglamento, mediante un enfoque ascendente iniciado por los ciudadanos. Las comunidades energéticas, según se aprecia en el Considerando 25, tienen la capacidad de empoderar e involucrar a los consumidores, permitiendo que determinados grupos de consumidores domésticos participen en medidas e inversiones de eficiencia energética, promoviendo el uso de energías renovables en los hogares y contribuyendo a la lucha contra la pobreza energética

En este sentido, el artículo 9 del Reglamento establece que los EEMM *pueden* considerar a las CER y a las CCE como *beneficiarias admisibles del Fondo*, "siempre que dichas entidades lleven a cabo medidas e inversiones que beneficien en última instancia a los hogares vulnerables, las microempresas vulnerables o los usuarios del transporte vulnerables". En todo caso, se deberá asegurar que el beneficio total de la ayuda financiera incluida en el Plan se transfiera íntegramente a los sujetos vulnerables.

Así pues, los EEMM tienen la facultad de establecer que aquellas comunidades energéticas que proporcionen beneficios a los consumidores vulnerables puedan acceder a ayudas financieras provenientes del Fondo Social por el Clima. Esta medida, desde nuestra perspectiva, podría generar un impacto altamente positivo. Actualmente, las comunidades energéticas suelen mostrarse reticentes a incluir a los consumidores vulnerables entre sus miembros, debido a la incapacidad de estos últimos para asumir los costes asociados a la inversión inicial, y a la percepción de que su inclusión no resulta económicamente viable y conveniente para la comunidad. De tal manera que la posibilidad de acceder a dichas ayudas podría constituir un incentivo eficaz para promover la apertura de las comunidades energéticas hacia el empoderamiento y la inclusión de consumidores vulnerables. La incorporación como miembros de consumidores vulnerables en las comunidades energéticas, respaldadas por el acceso a las ayudas del Fondo Social por el Clima, podría ser un factor decisivo para que las comunidades energéticas asuman un rol más inclusivo y solidario, favoreciendo una integración efectiva de los consumidores vulnerables en el proceso de transición energética.

5. EL DERECHO AL CONSUMO DE ENERGÍA COMPARTIDA

La Directiva 2024/1711/UE incorpora en el ámbito de la regulación europea del mercado eléctrico un derecho de relevancia fundamental que se erige como clave en el desarrollo del autoconsumo eléctrico, también compartido, para prevenir y mitigar la pobreza energética.

Este derecho es el denominado "derecho al consumo de energía compartida", introducido en el nuevo artículo 10*bis* de la Directiva 2019/944/UE. El derecho al consumo de energía compartida no es completamente nuevo, ya que, de manera implícita, las Directivas de 2018 y 2019 ya reconocían el derecho a compartir energía en el seno de las CER y CCE, pero exclusivamente entre sus integrantes.

Con la nueva Directiva, el "consumo de energía compartida" se define como el autoconsumo por parte de clientes activos de energía renovable que o bien haya sido generada o almacenada fuera del emplazamiento principal, o en emplazamientos comunes, a través de una instalación que dichos clientes posean, arrienden o alquilen total o parcialmente, o bien, cuyo derecho les haya transmitido otro cliente activo, ya sea a título oneroso o gratuito. En virtud de esta nueva disposición, un cliente activo está facultado para transferir a otro cliente, quien también se convierte en cliente activo, el derecho al consumo de energía compartida, de forma remunerada o gratuita.

El término "cliente activo" puede referirse a un grupo de clientes finales que operan colectivamente, lo que permite que esta transmisión de derechos se aplique en el contexto de comunidades de vecinos con instalaciones de autoconsumo compartido. Lo relevante de esta regulación es que la transmisión del derecho al consumo de energía puede realizarse incluso sin compensación económica, y el acuerdo para el uso compartido de energía puede estar sustentado en un contrato privado entre clientes activos, o bien, gestionarse a través de una entidad jurídica.

De este modo, un vecino que posea paneles solares y genere energía en su tejado, o una comunidad de vecinos con un sistema de autoconsumo compartido, podrían decidir compartir el excedente de energía solar generada con un vecino vulnerable, a precios muy reducidos o incluso de manera gratuita. Esta previsión permite un mayor acceso a la energía renovable para personas que, de otro modo, no tendrían la capacidad de convertirse en clientes activos debido a limitaciones financieras u otras restricciones, por ejemplo, espaciales.

En este contexto, el nuevo artículo 15*bis* de la Directiva 2019/944/UE, introducido por la Directiva 2024/1711/UE, impone a los EEMM la obligación de garantizar que:

> [T]odos los hogares, pequeñas y medianas empresas, organismos públicos y, cuando un Estado miembro así lo haya decidido, otras categorías de clientes finales, tengan derecho a participar en usos compartidos de energía como clientes activos de manera no discriminatoria, dentro de la misma zona de ofertas o en una zona geográfica más limitada, según determine dicho Estado miembro.

Asimismo, los EEMM deben adoptar medidas adecuadas y no discriminatorias para asegurar que los clientes vulnerables y aquellos afectados por la pobreza energética puedan acceder a sistemas de consumo de energía compartida, lo que podría incluir ayudas financieras o cuotas de producción asignadas.

Es notable también el mandato establecido por el mismo artículo, que exige que los proyectos de autoconsumo compartido de propiedad de administraciones públicas aseguren el acceso a la electricidad compartida para los clientes vulnerables o afectados por la pobreza energética, promoviendo que por término medio al menos el 10% de dicha energía sea accesible para estos colectivos, aunque no se especifica si esta debe ser compartida de manera gratuita. En cualquier caso, esta disposición representa un punto de inflexión con un enorme potencial que los EEMM deben aprovechar, concretar y mejorar en la transposición de la Directiva.

En el contexto del nuevo derecho, nos planteamos la duda de si una CCE o una CER puede ser considerada "cliente activo" con la capacidad de transmitir el derecho al consumo de energía compartida a consumidores externos (no socios o miembros) a la comunidad. Una lectura combinada del artículo 10*bis*, 15*bis* y de los artículos relativos a las comunidades energéticas sugiere una respuesta negativa.

De acuerdo con la nueva definición establecida por la Directiva 2024/1711/UE, un "cliente activo" puede ser un grupo de clientes finales, como sucede en casos de autoconsumo colectivo. No obstante, en el caso de las comunidades energéticas es necesario constituir una entidad jurídica separada, dentro de la cual los "clientes activos" son sus socios o miembros.

Por otro lado, el artículo 15*bis* establece que el derecho a compartir energía puede ejercerse además de a través de acuerdos privados también a través de entidades jurídicas, siendo posible por ende crear una entidad jurídica entre el cliente activo que transmite su derecho y el que lo recibe. Sin embargo, el Considerando 23 aclara que, si esta entidad jurídica cumple con los criterios de una CER o una CCE, se podrá compartir la electricidad generada con sus propios miembros. Esto indica, desde nuestro punto de vista que, dentro de una comunidad energética, el derecho a compartir energía queda limitado a sus integrantes, excluyendo la posibilidad de que una comunidad energética pueda transmitir dicho derecho a consumidores externos a la comunidad.

A la luz de lo expuesto, se recalca la importancia de que los Estados implementen medidas específicas para asegurar la inclusión de los clientes vulnerables como socios o miembros de las comunidades energéticas.

6. ESTADO ACTUAL DE LA ENERGÍA COMUNITARIA EN ESPAÑA

Con el propósito de hacer un balance preliminar, y sin ánimo de ser exhaustivos, en este epígrafe se procederá al análisis de la situación en España.

Como se ha señalado previamente, España dispone de una Estrategia Nacional contra la Pobreza Energética 2019-2024, en la que se definen la pobreza energética y el concepto de consumidor vulnerable. La Estrategia combina medidas paliativas a corto plazo con otras de carácter estructural orientadas al medio y largo plazo[57]. Entre estas últimas, se menciona de forma somera la promoción del autoconsumo térmico y/o eléctrico, con especial atención al autoconsumo compartido. La ausencia de una mención explícita a las comunidades energéticas y el limitado enfoque en el autoconsumo pueden explicarse por la fecha de aprobación de la Estrategia, en abril de 2019.

Por otro lado, tanto en el PNIEC 2021-2023 (Medida 1.4) como en el borrador del PNIEC 2023-2030[58] (Medida 1.8), se incluye una medida referente al desarrollo del autoconsumo con renovables y la generación distribuida. Esta medida establece que los esquemas de autoconsumo colectivo y los mecanismos de gestión energética permiten que las Administraciones públicas o entidades sociales gestionen situaciones de pobreza energética no sólo mediante ayudas económicas, sino también a través de la asignación de participaciones en autoconsumos colectivos, reduciendo directamente la factura eléctrica de los consumidores en riesgo de pobreza energética. Por ello, uno de los objetivos del PNIEC es fomentar sistemas en los que los autoconsumidores públicos o privados *compartan sus excedentes de generación con hogares vulnerables*.

En el mismo sentido, en la Hoja de ruta del Autoconsumo[59] de 2021 se subraya la necesidad de impulsar la creación de instalaciones de autoconsumo colectivo de carácter social dirigidas a la población vulnerable, sobre

---

57 Estrategia Nacional contra la Pobreza Energética 2019-2024, p. 14. En el mismo sentido, véase también el PNIEC 2021-2023, Medida 4.11.

58 Real Decreto 986/2024 por el que se aprueba la actualización del Plan Nacional Integrado de Energía y Clima 2023-2030.

59 MINISTERIO PARA LA TRANSICIÓN ECOLÓGICA Y EL RETO DEMOGRÁFICO: «Hoja de Ruta del Autoconsumo» [en línea], (s.f.), <https://www.miteco.gob.es/va/ministerio/planes-estrategias/hoja-ruta-autoconsumo.html> [Consulta: 12/06/2024].

todo ubicadas en edificios públicos cercanos a las zonas con mayor índice de pobreza energética (medida 27).

En cuanto a la normativa española, el Real Decreto 244/2019, de 5 de abril, por el que se regulan las condiciones administrativas, técnicas y económicas del autoconsumo de energía eléctrica ha establecido el marco legal para el autoconsumo, posteriormente ampliado y modificado a través de ulteriores Reales Decretos-leyes[60]. Si bien la normativa española vigente no contiene disposiciones específicas que promuevan o beneficien el autoconsumo en hogares vulnerables[61], el acceso al autoconsumo para estas categorías se ha facilitado, en gran medida, a través de subvenciones y ayudas que cubren total o parcialmente los costes de las instalaciones de autoconsumo, sin que en cualquier caso la propiedad de dichas instalaciones deba recaer necesariamente en el consumidor. Entre todas, a nivel estatal, debemos mencionar la reciente convocatoria del "Programa de energías renovables innovadoras" y concretamente el programa de incentivos número 4: "Proyectos innovadores de autoconsumo colectivo con almacenamiento, con participación de consumidores vulnerables". Para ser subvencionable, el proyecto (fotovoltaico o eólico, con almacenamiento) debe contar con instalaciones de autoconsumo colectivo "que incluyan al menos un 10 % de consumidores vulnerables entre los consumidores asociados que tengan asignada, a su vez, al menos el 10 % de la energía prevista de la instalación, redondeado el cálculo de este número de consumidores vulnerables a la unidad, y en cualquier caso como mínimo que incluyan un consumidor vulnerable"[62]. En este sentido se consideran consumidores vulnerables los perceptores del bono social eléctrico.

---

60 Entre todos, Real Decreto-ley 29/2021; Real Decreto-ley 14/2022; Real Decreto-ley 18/2022.

61 La única referencia al bono social y a los consumidores vulnerables en el Real Decreto se encuentra en el artículo 14.6. Es importante destacar que un consumidor vulnerable que cumpla los requisitos para acceder al bono social no pierde este derecho por el hecho de tener o participar en una instalación de autoconsumo. Sin embargo, en la práctica persisten numerosas limitaciones para compatibilizar el bono social (incluyendo la exigencia de tener contratado el PVPC para poder ser beneficiario) con el autoconsumo, especialmente en las modalidades colectivas

62 Orden TED/765/2024, de 22 de julio, por la que se establecen las bases reguladoras para la concesión de ayudas a la inversión en proyectos innovadores de energías renovables y almacenamiento, así como a la implantación de sistemas térmicos renovables (Programa de energías renovables innovadoras), en el marco del Plan de Recuperación, Transformación y Resiliencia, financiado por la Unión

En relación con las comunidades energéticas, no se observa mención alguna a los consumidores vulnerables ni en las medidas contempladas en el PNIEC correspondientes al primer período, ni en el PNIEC 2023-2030 (medida 1.23 y 4.2), ni en el Plan de Recuperación, Transformación y Resiliencia (PRTR)[63]. En el ordenamiento jurídico español, los Reales Decretos-leyes 23/2020, de 23 de junio, y 5/2023, de 28 de junio, han modificado la Ley 24/2013, de 26 de diciembre, del Sector Eléctrico (LSE), con el fin de incorporar las definiciones de CER y CCE[64], y su regulación (art. 12 *bis* y 12 *ter*).

Dichas definiciones, que transponen parcialmente lo establecido en las directivas europeas, han sido trasladadas de manera literal, sin aportaciones adicionales ni un desarrollo interpretativo sobre el significado de cada término.

En consonancia con la normativa comunitaria, se establece, por un lado, que "la participación en las comunidades de energías renovables será accesible a todos los consumidores, *incluidos* los de hogares con ingresos bajos o vulnerables"[65] y, por el otro, que los beneficios sociales generados por las comunidades energéticas en España deben dirigirse a sus socios, miembros y las localidades donde operan. No obstante, gran parte del marco normativo habilitante, particularmente en el ámbito regulatorio, permanece pendiente de desarrollo, lo que ha ralentizado la expansión y promoción de estas iniciativas a nivel nacional. En consecuencia, no se han implementado medidas específicas que faciliten la inclusión de consumidores vulnerables como integrantes y miembros de las comunidades energéticas, ni se ha previsto, hasta la fecha, ningún mecanismo estable que favorezca su integración en estas estructuras.

Mientras tanto, para aprovechar los Fondos de Recuperación Next Generation EU y en el marco del PRTR, se ha implementado por parte del

---

Europea-Next Generation EU. La Orden establece que los proyectos acogidos al programa 4 deberán asegurar durante el periodo de 5 años la asignación a consumidores vulnerables en términos de número de consumidores y energía asignada". No obstante, entendemos que los consumidores vulnerables pueden variar a lo largo de este plazo, siempre que se mantenga el número y la cantidad de energía asignada.

63 GOBIERNO DE ESPAÑA: «Plan de Recuperación, Transformación y Resiliencia» [en línea], (s.f.), <https://planderecuperacion.gob.es/> [Consulta: 12/06/2024].

64 Contenidas ahora en los apartados j) y k) del artículo 6 de la LSE.

65 Art. 12 *bis*. 4 f) LSE.

MITERD un programa destinado a la concesión de ayudas para proyectos piloto singulares en el ámbito de las comunidades energéticas, denominado Programa CE IMPLEMENTA.

En la Orden TED/1446/2021, de 22 de diciembre, por la que se aprueban las bases reguladoras para la concesión de dichas ayudas, no se incluye ninguna mención expresa a situaciones de pobreza energética. Se establece, sin embargo, que en el marco de las diferentes convocatorias se *podrán* valorar, como parte del impacto social de los proyectos piloto, aquellos que "incluyan a personas de hogares con ingresos bajos o vulnerables como socios o miembros de la comunidad".

Por otro lado, en las Resoluciones[66] que formalizaban las primeras cuatro convocatorias realizadas, de los 100 puntos posibles en los criterios de valoración de los proyectos, sólo se asignaban hasta 5 puntos por la inclusión de consumidores vulnerables como socios o miembros de la comunidad y en función del impacto en los consumidores vulnerables, severamente vulnerables o en riesgo de exclusión social, definidos según el Real Decreto 897/2017, que regula la figura del consumidor vulnerable y el bono social eléctrico y térmico. Sorprendentemente, en el nuevo programa de ayudas CE IMPLEMENTA[67], esta puntuación se reduce a hasta 2 puntos y se acompaña de un incremento en la relevancia del criterio económico (reducción sobre la ayuda máxima) en la evaluación de ayudas, el cual ahora cuenta con un peso de 70 puntos. Según detalla la Orden TED/764/2024, dicha modificación se debe a la incorporación de las comunidades energéticas

---

66 1) Resolución de 12 de enero de 2022, del Director General de E.P.E Instituto para la Diversificación y Ahorro de la Energía (IDAE), M.P., por la que se formaliza la primera convocatoria del programa de incentivos a proyectos piloto singulares de comunidades energéticas (Programa CE IMPLEMENTA), en el marco del Plan de Recuperación, Transformación y Resiliencia.
2) Resolución de 12 de enero de 2022, del Director General de E.P.E IDAE, M.P., por la que se formaliza la segunda convocatoria...
3) Resolución de 27 de octubre de 2022, del Consejo de Administración del E.P.E IDAE, M.P., por la que se establece la tercera convocatoria…
4) Resolución de 27 de octubre de 2022, del Consejo de Administración de E.P.E IDAE, M.P., por la que se establece la cuarta convocatoria…

67 Orden TED/764/2024, de 22 de julio, por la que se aprueban las bases reguladoras para la concesión de ayudas del nuevo programa de incentivos a proyectos piloto singulares de comunidades energéticas (Programa CE implementa), en el marco del Plan de Recuperación, Transformación y Resiliencia, financiado por la Unión Europea-Next Generation EU.

en el Reglamento 651/2014/UE de la Comisión[68], —y concretamente en las ayudas de funcionamiento para la promoción de la energía procedente de fuentes renovables y en las ayudas a la inversión—, realizada por el Reglamento 2023/1315/UE de la Comisión, de 23 de junio de 2023.

No obstante, en la nueva Orden se establece que la intensidad de la ayuda máxima puede aumentar en 20 puntos porcentuales para beneficiarios en los que tanto el número de socios o miembros vulnerables como la energía destinada a ellos supere 50 %, *siempre que* las convocatorias lo contemplen. Una previsión que podría fomentar estos tipos de comunidades energéticas, si no fuera que las primeras convocatorias del nuevo programa (quinta y sexta) no lo contemplan[69].

Por otro lado, al analizar las ayudas concedidas en las dos primeras convocatorias del programa CE IMPLEMENTA, se observa que el número de proyectos que incluyen a consumidores vulnerables es notablemente bajo en relación con el total de subvenciones otorgadas: en la primera convocatoria, solo 6 de los 45 proyectos financiados incluyen a consumidores vulnerables[70], mientras que en la segunda convocatoria únicamente 1 de los 29 proyectos presentados tiene este enfoque[71].

---

68 Reglamento 651/2014/UE por el que se declaran determinadas categorías de ayudas compatibles con el mercado interior en aplicación de los artículos 107 y 108 del Tratado Texto pertinente a efectos del EEE.

69 Resolución de 26 de julio de 2024, del Consejo de Administración del E.P.E IDAE, M.P., por la que se establece la quinta convocatoria del nuevo programa.... Resolución de 26 de julio de 2024, del Consejo de Administración del E.P.E (IDAE), M.P., por la que se establece la sexta convocatoria del nuevo programa...

70 Fuente: INSTITUTO PARA LA DIVERSIFICACIÓN Y EL AHORRO ENERGÉTICO: «Proyecto Neo Balenya (Balenya Sostenible Sccl)» [en línea], (s.f.), <https://www.idae.es/sites/default/files/documentos/ayudas_y_financiacion/Comunidades_energeticas/Presentacion_CE_Implementa-Fichas5.pdf > [Consulta: 12/06/2024].

71 En este caso, el número reducido se justificaría por tratarse de proyectos de gran envergadura, con una inversión mínima por proyecto superior a 1.000.000 €. Fuente: INSTITUTO PARA LA DIVERSIFICACIÓN Y EL AHORRO ENERGÉTICO: «Proyecto Comunidad Energética Insular Energía Bonita (Energía Bonita S. Coop.)» [en línea], (s.f.), <https://www.idae.es/sites/default/files/documentos/ayudas_y_financiacion/Comunidades_energeticas/6-Presentacion_CE_Implementa_2-Fichas.pdf> [Consulta: 12/06/2024].

Tabla 1. Proyectos con ayuda concedida que incluyen a consumidores vulnerables

1ª Convocatoria 6/45 proyectos	NEO BALENYA (BALENYA SOSTENIBLE SCCL)
	ENERGÍA COMUNITÀRIA GIRAPELLS'(CULTURAL ROCAGUINARDA SCCL)
	PROYECTO PILOTO COMUNIDADES ENERGÉTICAS 'ASOCIACIÓN ENERGÉTICA CASTILLO DE MATRERA'
	COMUNIDAD ENERGÉTICA DE FUENTE DE PEDRO NAHARRO (ATLANTIC PRIVAT SINFONY, SL)
	GESTIÓN DE LA GENERACIÓN Y DE LA DEMANDA DE LA COMUNIDAD CIUDADANA DE ENERGÍA GARRALDARGI A TRAVÉS DE RED INTERIOR (GARRALDARGI, S. COOP.)
	INSTALACIÓN DE PANELES FOTOVOLTAICOS IURRE 14-23 (IURRE 14-23 ENERGÍA-ELKARTEA)
2ª Convocatoria 1/29 proyectos	COMPTEM CREVILLENT (COOPERATIVA ELÉCTRICA BENÉFICA SAN FRANCISCO DE ASÍS COOP. V.)

Fuente: elaboración propia

A la espera de conocer la correspondiente información relativa a los proyectos subvencionados en las convocatorias 3 y 4 del Programa, de momento podemos concluir que la escasa ponderación otorgada a la participación de los consumidores vulnerables en los criterios de valoración de los proyectos y la limitada aplicación de incentivos específicos evidencian un enfoque débil en la protección de los colectivos más desfavorecidos. Por lo tanto, de cara a las futuras convocatorias de las ayudas relativas al programa CE IMPLEMENTA, se debería incrementar el peso de la inclusión de consumidores vulnerables en los criterios de valoración de proyectos o en el importe concedido, otorgando más relevancia a estos aspectos para promover proyectos con un mayor impacto social. Por otro lado, también sería pertinente establecer convocatorias o subprogramas dentro de las ayudas a iniciativas de comunidades energéticas específicamente dirigidas a fomentar la participación de consumidores vulnerables, con un apoyo financiero y técnico más sólido, aprovechando también las nuevas posibilidades derivadas del Fondo Social por el Clima.

7. CONCLUSIONES

A nivel de UE, se ha hecho un gran recorrido normativo desde el derecho al suministro de electricidad, introducido en el artículo 3 de la Directiva 2003/54/CE, hasta la consagración del derecho al consumo de energía compartida, recogido en el artículo 15 *bis* de la Directiva 2019/944/UE e introducido por la Directiva 2024/1711/UE.

No obstante, en algunos EEMM, y entre ellos España, de momento la prevención y reducción de pobreza energética no parece ser una prioridad normativa. Esta circunstancia revela una clara distancia entre el compromiso político y la acción efectiva, generando una disparidad entre el reconocimiento formal de la necesidad de proteger y empoderar a los consumidores vulnerables, plasmado en la normativa europea y y en los documentos programáticos españoles analizados (entre todos la Estrategia Nacional contra la Pobreza Energética, actualmente en fase de revisión), y la implementación efectiva, por parte de España de un marco facilitador y de medidas concretas que garanticen dicha protección y empoderamiento. Por otro lado, esta circunstancia también pone de manifiesto que no se ha comprendido plenamente el potencial que instrumentos como el autoconsumo de energía eléctrica y las comunidades energéticas pueden representar como medidas estructurales para prevenir y mitigar la pobreza energética La falta de aprovechamiento de estos mecanismos demuestra una limitada visión de su capacidad para transformar el acceso a la energía en una herramienta eficaz de empoderamiento social y de justicia energética, particularmente en beneficio de los colectivos más vulnerables.

El derecho al consumo de energía compartida constituye un avance trascendental hacia la consecución de esta transición energética justa e inclusiva. A través de la adecuada transposición de las directivas europeas, no solamente las de 2018 y 2019, sino también las más recientes de 2023 y 2024, se abren múltiples oportunidades para que los EEMM materialicen este marco facilitador e implementen mecanismos que permitan la integración de los consumidores vulnerables en este proceso, reduciendo así la brecha que existe entre la transición energética y los sectores de la población más desfavorecidos.

Con frecuencia, los programas de subvenciones promovidos por las Administraciones públicas cubren hasta un 70% o 75% del coste total de las inversiones necesarias para la adquisición de las instalaciones de energía renovable, como los paneles solares. Sin embargo, dichos programas suelen estar restringidos a propietarios de viviendas o exigen que los solicitantes financien la parte no subvencionada, lo que resulta inalcanzable para las personas en situación de vulnerabilidad. En la mayoría de los casos, estos sujetos no son propietarios de sus viviendas o carecen tanto de los recursos financieros para la inversión inicial como del acceso al crédito bancario.

En este contexto, el derecho al consumo de energía compartida introduce un enfoque innovador, ya que permite, por una parte, que los hogares con limitados recursos económicos se conviertan en actores activos de la transición energética, facilitando su salida de la pobreza energética; y, por otra parte, fomenta la dimensión solidaria de la transición energética, estableciendo un modelo de "solidaridad energética" que se fundamenta en el principio de compartir, incluso de manera gratuita, la energía autoproducida con personas en situación de pobreza o vulnerabilidad energética ("*sharing is caring*"[72]).

En relación con el autoconsumo de energía eléctrica, además de integrar en nuestro marco normativo el nuevo derecho al consumo de energía compartida, es imperativo diseñar soluciones y medidas que garanticen su plena efectividad y que no representen obstáculos para los consumidores vulnerables. En el marco de este nuevo derecho, adquiere especial relevancia el mandato dirigido a los EEMM para que los proyectos de autoconsumo compartido de titularidad pública garanticen el acceso a la electricidad compartida a los consumidores vulnerables o aquellos en situación de pobreza energética, asegurando que, en promedio, al menos un 10% de dicha energía se destine a estos colectivos. Además del papel ejemplar que pueden desempeñar las administraciones públicas en estos proyectos, en el ámbito de las iniciativas locales resulta imprescindible establecer la obligación de implementar medidas sociales orientadas al bienestar de los vecinos.

En lo que respecta a las comunidades energéticas, es esencial que estas no se configuren como proyectos elitistas excluyentes, accesibles únicamente para aquellos sujetos que tengan capacidad financiera para invertir o asumir cuotas o que dispongan de conocimientos técnicos y formación superior, sino que se implementen condiciones favorables que faciliten la participación de los hogares vulnerables. En este sentido, el mandato de las Directivas 2018/2001/UE y 2019/944/UE es claro en la necesidad de eliminar las barreras que impidan a clientes vulnerables formar parte y aprovecharse de los beneficios de estas iniciativas.

---

72 DIESTELMEIER, L. y KUIKEN, D., "Is Sharing Caring? ...", *op. cit.*, p. 275.

Cabe destacar que, en el contexto de las comunidades energéticas, la regulación vigente y la nueva normativa europea establece que el derecho al consumo compartido de energía está limitado a los miembros o socios participantes en dichas comunidades. Por tanto, resulta necesario, por una parte, crear condiciones favorables específicamente destinadas a hogares en situación de vulnerabilidad para facilitar su inclusión en las comunidades energéticas, y, por otro lado, incentivar a las comunidades energéticas para que integren activamente a estos colectivos, asegurando que la inclusión sea económicamente viable para ellas.

En el primer caso, resulta indispensable prever mecanismos que contemplen la reducción o incluso la exención de las aportaciones económicas requeridas a los colectivos vulnerables, tanto en lo que respecta a las inversiones iniciales como a las cuotas de membresía, debiéndose aplicar, además, exenciones o tarifas muy reducidas en el suministro de energía. En los casos en que las comunidades energéticas sean promovidas por administraciones públicas, los costes correspondientes podrían ser asumidos por estas, garantizando así el acceso equitativo.

En el segundo caso, el Fondo Social por el Clima, y concretamente la posibilidad destinar recursos del fondo a las comunidades energéticas que implementen acciones orientadas a la reducción de la pobreza energética, constituye una importante oportunidad que debe ser plenamente aprovechada por España, en la redacción del Plan Social para el Clima. Adicionalmente, sería conveniente establecer un mecanismo por el cual se prevean exenciones fiscales para las comunidades energéticas que incluyan un porcentaje determinado de consumidores vulnerables entre sus miembros. Asimismo, se podría estudiar una fórmula para destinar una parte del bono social que reciben los clientes vulnerables a las comunidades energéticas, siempre que estas contribuyan efectivamente a disminuir su dependencia de los subsidios, promoviendo así su salida gradual de la pobreza energética. Otro mecanismo, según ALONSO MAS, podría ser favorecer, en las licitaciones públicas para la adjudicación de uso de cubierta, las comunidades energéticas que presten servicios a personas vulnerables[73].

Finalmente, sería preciso establecer convocatorias específicas dentro del marco del programa CE IMPLEMENTA dirigidas a proyectos de comunidades energéticas que cumplan ciertos requisitos en cuanto a la inclusión de consumidores vulnerables o que estén orientados a la reducción de

---

73 ALONSO MAS, M. J., *Comunidades energéticas y entidades locales. Aspectos contractuales, patrimoniales y de Derecho de la energía*, Aranzadi, Navarra, 2024, p. 27.

la pobreza energética. Alternativamente, estos proyectos deberían recibir un apoyo financiero más elevado o preferencial en las convocatorias de subvenciones, con el fin de fomentar la participación en dichas iniciativas de los consumidores vulnerables.

8. BIBLIOGRAFÍA

ALONSO MAS, M. J., *Comunidades energéticas y entidades locales. Aspectos contractuales, patrimoniales y de Derecho de la energía*, Aranzadi, Navarra, 2024.

ASAMBLEA GENERAL DE NACIONES UNIDAS: «Resolución A/RES/70/1: Transformar nuestro mundo: la Agenda 2030 para el Desarrollo Sostenible» [en línea], (2015), <https://www.mdsocialesa2030.gob.es/agenda2030/documentos/aprobacion-agenda2030.pdf> [Consulta: 12/06/2024].

BOUZAROVSKI S., *et al.*, *Towards an inclusive energy transition in the European Union: Confronting energy poverty amidst a global crisis*, Publications Office of the European Union, Luxembourg, 2020. Doi: https://data.europa.eu/doi/10.2833/103649

BOUZAROVSKI, S. y PETROVA, S., "A global perspective on domestic energy deprivation: Overcoming the energy poverty–fuel poverty binary", *Energy Research & Social Science*, 10, 2015, pp. 31-40. Doi: https://doi.org/10.1016/j.erss.2015.06.007

CABELLOS VELASCO, M. y URQUIZA AMBRINOS, F., "La eficiencia energética como instrumento para reducir la pobreza energética", *Cuadernos de energía*, 48, 2016, pp. 30-37.

CASADO CASADO, L., "El nuevo Pilar Europeo de Derechos Sociales ¿hacia un fortalecimiento real de la dimensión social de la Unión Europea?", *Revista de Investigações Constitucionais*, 6, 2, 2019, pp. 375-404.

COCCIOLO, E., "Medidas de transición justa", en ALENZA GARCÍA, J. F. y MELLADO RUIZ, L. (coords.), *Estudios sobre cambio climático y transición energética. Estudios conmemorativos del XXV aniversario del acceso a la cátedra del profesor Íñigo del Guayo Castiella*, Marcial Pons, Madrid, 2022, pp. 597-614.

COCCIOLO, E., "The role of energy communities for thermal networks: An EU legal perspective", *Review of European, Comparative and International Environmental Law*, 2024, pp. 1-13. Doi: https://doi.org/10.1111/reel.12558

COMISIÓN (UE), "Libro Blanco: Una política energética para la Unión Europea" (Comunicación) COM(95) 682 final, 13 de diciembre de 1995.

COMISIÓN EUROPEA, SECRETARÍA GENERAL, *Pilar europeo de derechos sociales*, Oficina de Publicaciones de la Unión Europea, Bruselas, 2017. Doi: https://data.europa.eu/doi/10.2792/506887

DE MAIO, G., *Povertà energetica e comunità energetiche. Criticità e prospettive per una transizione giusta*, Editoriales Scientifica, Napoli, 2024.

DEL GUAYO CASTIELLA, I., "Consumidores vulnerables en el sector eléctrico, lucha contra la pobreza energética y el bono social", *Revista de Administración Pública*, 203, 2017, pp. 343-381.

DIESTELMEIER, L. y KUIKEN, D., "Is Sharing Caring? 'Energy Sharing' within Energy Communities under EU Law", en FLEMING, R. *et al.* (eds.), *A Force of Energy: Essays in Energy Law in Honour of Professor Martha Roggenkamp*, University of Groningen Press, Nederlands, 2022, pp. 275-282.

EUROSTAT: «Inability to keep home adequately warm» [en línea], (2024), <https://doi.org/10.2908/ILC_MDES01> [Consulta: 12/06/2024].

GOBIERNO DE ESPAÑA: «Plan de Recuperación, Transformación y Resiliencia» [en línea], (s.f.), <https://planderecuperacion.gob.es/> [Consulta: 12/06/2024].

GONZÁLEZ RÍOS, I., "La tutela jurídico-administrativa de la vulnerabilidad energética: medidas paliativas y estructurales", *Revista Catalana de Dret Públic*, 61, 2020, pp. 171-190.

INSTITUTO PARA LA DIVERSIFICACIÓN Y EL AHORRO ENERGÉTICO: «Neo Balenya (Balenya Sostenible Sccl)» [en línea], (s.f.), <https://www.idae.es/sites/default/files/documentos/ayudas_y_financiacion/Comunidades_energeticas/Presentacion_CE_Implementa-Fichas5.pdf > [Consulta: 12/06/2024].

INSTITUTO PARA LA DIVERSIFICACIÓN Y EL AHORRO ENERGÉTICO: «Proyecto Comunidad Energética Insular Energía Bonita (Energía Bonita S. Coop.)» [en línea], (s.f.), <https://www.idae.es/sites/default/files/documentos/ayudas_y_financiacion/Comunidades_energeticas/Presentacion_CE_Implementa%202-Fichas_v2.pdf> [Consulta: 12/06/2024].

JARIA I MANZANO, J., "Transició energètica, resiliència i inclusivitat: consideracions sobre la implantació de les comunitats energètiques a Catalunya", *Revista Catalana de Dret Ambiental*, XIII, 1, 2022, pp. 1-43.

KASHOUR, M. y JABER, M. M., "Revisiting energy poverty measurement for the European Union", *Energy Research & Social Science*, 109, 2024, pp. 1-13. Doi: https://doi.org/10.1016/j.erss.2024.103420

LÓPEZ DE CASTRO GARCÍA-MORATO, L., "Comunidades energéticas de carácter local y lucha frente a la despoblación: condicionantes legales y papel de los entes locales", en NAVARRO, C.; RUÍZ PULPÓN, A. R. y VELASCO CABALLERO, F. (dirs.), *Despoblación, territorio y entes locales*, Marcial Pons, Madrid, pp. 182-207.

MINISTERIO PARA LA TRANSICIÓN ECOLÓGICA Y EL RETO DEMOGRÁFICO: «Hoja de Ruta del Autoconsumo» [en línea], (s.f.), <https://www.miteco.gob.es/va/ministerio/planes-estrategias/hoja-ruta-autoconsumo.html> [Consulta: 12/06/2024].

MOORE, R., "Definitions of fuel poverty: Implications for policy", *Energy Policy*, 49, 2012, pp. 19-26. Doi: https://doi.org/10.1016/j.enpol.2012.01.057

ORGANIZACIÓN MUNDIAL DE LA SALUD, *Health impact of low indoor temperatures*, Regional Office for Europe-World Health Organization, Copenhagen, 1987.

PRESICCE, L. y COCCIOLO, E., "Régimen jurídico del autoconsumo de energía eléctrica renovable y las políticas de transición energética: del marco europeo a la normativa española", en ANGLÉS HERNÁNDEZ, M. y PALOMINO GUERRERO, M. (coords.), *Aproximaciones comparadas sobre el sector eléctrico en Iberoamérica*, Instituto de Investigaciones Jurídicas–Universidad Nacional Autónoma de México, Ciudad de México, 2021, pp. 399-439.

PRESICCE, L., "Pobreza y vulnerabilidad energética. Un análisis multinivel en el marco de la agenda urbana de la Unión Europea", en FORNS FERNÁDEZ, M. (ed.), *La protección jurídica de la atención a las personas en materia de servicios sociales: Una perspectiva interdisciplinar.* Atelier, Barcelona, 2020, pp. 319-340.

ZAMORA ROSELLÓ, M. R., "Comunidades energéticas, ciudadanía energética y género", en Cocciolo, E. y Galera Rodrigo, S., El nuevo modelo energético descentralizado y de proximidad. Las comunidades energéticas, Tirant lo Blanch, 2025.

Capítulo XIX

Comunidades energéticas, ciudadanía energética y género[1]

Mª REMEDIOS ZAMORA ROSELLÓ
Profesora Titular de Derecho Administrativo
Universidad de Málaga

1. INTRODUCCIÓN

Son ya numerosos los análisis que han puesto de relieve la brecha de género que implica la transición energética; en los últimos años se ha producido una mayor sensibilización hacia el impacto de las políticas públicas en general, y de las iniciativas en materia energética en particular, sobre la consecución del principio de igualdad de oportunidades para las mujeres. La cuestión de la que debemos partir es la siguiente: ¿tiene género la energía?

1 Este capítulo es parte del proyecto "Regulación de sistemas energéticos comunitarios basados en almacenamiento y flexibilidad: aceptabilidad, gobernanza y digitalización (ComEnerSys)", TED2021-131840B-I00, financiado por el MCIN/AEI/10.13039/501100011033 y por la Unión Europea "NextGenerationEU"/PRTR"; y se ha realizado en el marco del Grupo de Investigación SEJ174 "Implicaciones normativas del medio ambiente. Estándares ambientales y directriz ambiental".

Tradicionalmente se partía de la premisa de su neutralidad desde la perspectiva de género, pero desde el momento en el que se constata que las mujeres tienen más dificultades para acceder a las nuevas tecnologías asociadas a la transición energética; barreras para integrarse en los equipos que dirigen la implementación del nuevo modelo energético, tanto desde el nivel privado como desde el sector público; y se incorporan en menor medida a las nuevas oportunidades laborales que ofrece la transformación energética, es evidente que existe una brecha de género que contradice la supuesta neutralidad de las políticas energéticas[2].

La brecha de género no es una debilidad aislada del modelo energético, sino que está vinculada a otros elementos de vulnerabilidad para ciertos grupos sociales, como por ejemplo la pobreza energética. La pobreza energética también tiene un sesgo de género, afecta en mayor medida a las mujeres que a los hombres; y los condicionantes que se encuentran detrás de esta realidad están marcados por componentes económicos, biológicos y socioculturales[3].

---

2 LEY, D. *et al.*, *Mujeres y energía* (LC/MEX/TS.2020/7), CEPAL, Ciudad de México, 2020, p. 12. ROJAS, A. y PREBBLE, M., "How gender equality principles are integrated in national energy policies and frameworks", en CLANCY, J. *et al.* (eds), *Engendering the Energy Transition,* Palgrave Macmillan, Cham, 2020, pp. 139-140.

3 A este respecto podemos destacar la clasificación realizada por FEENSTRA y CLANCY, que identifican tres dimensiones de género en la pobreza energética y lo desarrollan en los siguientes términos: "1. Economic: e.g., women with low incomes are disproportionately found as heads of households either as single-parent families or, due to their greater longevity than men, living alone at pensionable age. 2. Biological/physiological: e.g., age is a significant factor in dealing with heat and cold stress, with young children and older people being particularly vulnerable. Women are also considered to be more sensitive to ambient temperature than men. 3. Socio-cultural: women's energy needs and consumption patterns differ when compared to men, but also among women, factors like marital status and employment influence energy consumption". En este: FEENSTRA, M. y HANKE, F., "Creating an Enabling Policy Framework for Inclusive Energy Communities: A Gender Perspective", en COENEN, F. y HOPPE, T. (eds.), *Renewable Energy Communities and the Low Carbon Energy Transition in Europe,* Palgrave Macmillan, Cham, 2021, p. 214. FEENSTRA, M. y CLANCY, J., "A View from the North: Gender and Energy Poverty in the European Union", en CLANCY, J. *et al.* (eds), *Engendering the Energy Transition,* Palgrave Macmillan, Cham, 2020, pp. 139–162. PRESICCE, L., "Pobreza y vulnerabilidad energética. Un análisis multinivel en el marco de la agenda urbana de la Unión Europea", en FORNS FERNÁDEZ, M. (ed.), *La protección jurídica de la atención a las personas en materia de servicios sociales: Una perspectiva interdisciplinar.* Atelier, Barcelona, 2020, pp. 319-340.

Por tanto, el análisis de estas discriminaciones encubiertas vinculadas al género también saca a la luz otras problemáticas relacionadas con una amplia variedad de colectivos vulnerables, que están siendo excluidos en la transición energética. De ahí que las propuestas de mejora también tienen un gran potencial para reducir la vulnerabilidad de otros colectivos[4].

Consideramos que la dimensión de género en la ordenación de la energía implica de forma destacada una mejor regulación y protección a las consumidoras y trabajadoras pero también debe ir más allá, con la inclusión de la perspectiva de género en la elaboración de todas las políticas públicas vinculadas al sector; poniendo de relieve la necesidad de integrar esta perspectiva para una adecuada transición energética y tecnológica; solo con la implicación de mujeres y hombres en igualdad de condiciones podremos conseguir una ordenación del sector energético sostenible desde la perspectiva ambiental, social y económica.

De ahí la relevancia de incluir esta perspectiva de género en nuestra propuesta de estudio, puesto que la elaboración de un nuevo marco normativo y planificador pasa por la integración del principio de igualdad de género como una de las premisas básicas a tener en cuenta. Y es en este marco de futuro donde se integra el potencial para reducir la brecha de desigualdad que pueden aportar las comunidades energéticas. Por tanto, la siguiente cuestión es: ¿tienen género las comunidades energéticas? Los datos de los que disponemos constatan que sí, que al igual que en el resto de instrumentos del nuevo modelo energético son los hombres quienes lideran principalmente las iniciativas vinculadas a la implantación de las comunidades energéticas y son sus principales beneficiarios.

No obstante, las comunidades energéticas presentan una serie de singularidades que las convierten en uno de los principales instrumentos para invertir esta tendencia, e incluso situarse a la cabeza de la implantación del principio de igualdad en la transición energética. En este análisis vamos a analizar el marco normativo y planificador vigente y cómo las políticas públicas pueden impulsar las bondades de las comunidades energéticas, para consolidar una política que incline su balanza hacia los colectivos tradicionalmente olvidados por el modelo energético. Puesto que consideramos que la política pública en el ámbito de la energía no ha de ser neutral, sino que habrá de posicionarse siempre del lado de los colectivos vulnerables;

---

[4] KARAKISLAK, I. *et al.*, "A cooperative of their own: Gender implications on renewable energy cooperatives in Germany", *Energy Research & Social Science*, 96, 2023, p. 1.

sólo cuando desapareciera realmente la vulnerabilidad por razón de género podríamos atender a una política energética neutra, hasta entonces habrá de estar posicionada hacia la consecución de la igualdad mediante el apoyo a la mujer.

2. MARCO INTERNACIONAL

El proceso de valorar las implicaciones que tienen para los hombres y las mujeres las iniciativas normativas y planificadores en materia energética es una aplicación práctica del concepto de transversalización de la perspectiva de género[5].

Los Objetivos de Desarrollo Sostenible (ODS) atienden de forma específica a la eliminación de la brecha de género, así el ODS 5 aspira a lograr la igualdad entre los géneros y el empoderamiento de todas las mujeres y niñas; mientras que el ODS 7, consiste en garantizar el acceso a una energía asequible, fiable, sostenible y moderna para todos. Dos ODS directamente implicados en la materia objeto de estudio y que se encuentran interrelacionados.

En primer lugar, es necesario poner de manifiesto que la Agenda 2030 recuerda que no es posible la consecución del desarrollo sostenible sin la igualdad de género, por lo que se constituye en un objetivo transversal que va a estar presente en los restantes ODS. En el caso de su relación con los objetivos energéticos, se recuerda que a nivel global las mujeres son las principales administradoras de la energía en el hogar, por lo que van a jugar un papel esencial para la consecución de una transición energética sostenible.

---

[5] El Consejo Económico y Social de las Naciones Unidas definió, en julio de 1997, la transversalización de la perspectiva de género como "el proceso de valorar las implicaciones que tiene para los hombres y para las mujeres cualquier acción que se planifique, ya se trate de legislación, políticas o programas, en todas las áreas y en todos los niveles. Es una estrategia para conseguir que las preocupaciones y experiencias de las mujeres, al igual que las de los hombres, sean parte integrante en la elaboración, puesta en marcha, control y evaluación de las políticas y de los programas en todas las esferas políticas, económicas y sociales, de manera que las mujeres y los hombres puedan beneficiarse de ellos igualmente y no se perpetúe la desigualdad. El objetivo final de la integración es conseguir la igualdad de los géneros".

Si bien los datos siguen siendo desalentadores, según el Informe de Naciones Unidas sobre los ODS 2023, apenas el 15,4 % de los indicadores del ODS 5 sobre los que se dispone de datos están bien encaminados, el 61,5 % están moderadamente encauzados y el 23,1 % están lejos o muy lejos de las metas para el 2030; si no se producen cambios serán necesarios 140 años para que las mujeres estén representadas de manera igualitaria en cargos de poder y liderazgo en los lugares de trabajo. Mientras que en materia energética, al ritmo actual, para el año 2030, alrededor de 660 millones de personas continuarán sin acceso a la energía eléctrica y casi 2.000 millones de personas seguirán dependiendo de combustibles y tecnologías contaminantes para cocinar[6].

Es evidente que las condiciones de partida entre el denominado Sur Global y los Estados del Norte determinan el modelo energético y la perspectiva de género del mismo. No obstante, en los dos grupos de Estados existe una clara brecha de género que contraviene el modelo de transición energética justa y obstaculiza el éxito de los nuevos sistemas energéticos[7].

---

6 NACIONES UNIDAS: «Informe de los Objetivos de Desarrollo Sostenible 2023: Edición especial. Por un plan de rescate para las personas y el planeta» [en línea], (2023), <https://www.un.org/sustainabledevelopment/es/energy/> [Consulta: 09/04/2024]. En lo que respecta a las renovables, el Informe destaca que "cerca del 30% del consumo de energía eléctrica proviene de fuentes renovables, pero siguen existiendo desafíos en los sectores de calefacción y transporte. Las instalaciones de energías renovables en los países en desarrollo experimentan un crecimiento anual del 9,6%, sin embargo, a pesar de las enormes necesidades, las corrientes financieras internacionales para la energía no contaminante continúan disminuyendo". Para conseguir qen en el año 2030 exista un acceso generalizado a la energía eléctrica será necesario "acelerar la electrificación, aumentar las inversiones en energía renovable, mejorar la eficiencia energética y desarrollar políticas y marcos regulatorios propicios" (p. 26).

7 DIOUF, M. *et al.*, "Enery transition and Gender in the Informal Street Food Sector in Africa", en CLANCY, J. *et al.* (eds.), *Engendering the Energy Transition*, Palgrave Macmillan, Cham, 2020, pp. 11–32. Doi: https://doi.org/10.1007/978-3-030-43513-4_2; VAN AELST, K. y HOLVOET, N., "Bargaining Climate Adaptation Through a Gender Lens: An Inquiry into Decision-Making Processes in Tanzanian Farm Households", en CLANCY, J. *et al.* (eds.), *Engendering the Energy Transition*, Palgrave Macmillan, Cham, 2020, pp. 83–112. Doi: https://doi.org/10.1007/978-3-030-43513-4_5

3. LA PERSPECTIVA DE GÉNERO EN LAS POLÍTICAS ENERGÉTICAS DE LA UNIÓN EUROPEA

En relación al marco normativo de la Unión Europea corresponde recordar dos textos esenciales para la materia objeto de estudio. En primer lugar la Directiva 2018/2001/UE, relativa al fomento del uso de energía procedente de fuentes renovables (DER), donde se define a las comunidades de energías renovables como entidades jurídicas basadas en la participación abierta y voluntaria, controladas por socios o miembros situados en las proximidades de los proyectos de energías renovables que lleven a cabo y "cuya finalidad primordial sea proporcionar beneficios medioambientales, económicos o sociales a sus socios o miembros o a las zonas locales donde opera, en lugar de ganancias financieras"[8].

En segundo lugar, debemos hacer mención a la Directiva 2019/944/UE, sobre normas comunes para el mercado interior de la electricidad (DMIE), donde se definen a las comunidades ciudadanas de energía como entidades jurídicas también basadas en la participación voluntaria y abierta, y cuya finalidad última es "ofrecer beneficios medioambientales, económicos o sociales a sus miembros o socios o a la localidad en la que desarrolla su actividad, más que generar una rentabilidad financiera". Estas comunidades participan en la generación, incluida la procedente de fuentes renovables, la distribución, el suministro, el consumo, la agregación, el almacenamiento de energía, la prestación de servicios de eficiencia energética o, la prestación de servicios de recarga para vehículos eléctricos o de otros servicios energéticos a sus miembros o socios[9].

En 2016 la perspectiva de género aparece en las políticas energéticas, sin embargo, la realidad es que las mujeres siguen siendo invisibles en la

---

8 Art. 3.1 de la DER.

9 Art. 2.11 DMIE. En relación a las comunidades energéticas, BARTLETT I CASTELLÁ, E. R., "Comunidades energéticas", en ALENZA GARCÍA, J. F., y MELLADO RUIZ, L. (coords.), *Estudios sobre cambio climático y transición energética. Estudios conmemorativos del XXV aniversario del acceso a la cátedra del Prof. Íñigo del Guayo Castiella*, Marcial Pons, Madrid, 2022, pp. 289-312.
Como afirma el profesor COCCIOLO: "ECs are assigned a significant transformative role, particularly as they are perceived as a formula that fosters social acceptability of energy transition and empowers citizens and communities. The success of this new formula will depend on the enabling laws that Member States will promulgate". COCCIOLO, E., "The role of energy communities for thermal networks: An EU legal perspective", *Review of European, Comparative and International Environmental Law*, 2024, pp. 1-13. Doi: https://doi.org/10.1111/reel.12558

transición energética y los datos avalan este hecho; es escasa su presencia en la toma de decisiones a nivel público y privado, a nivel académico en el liderazgo de proyectos de investigación y en el estudio de estas disciplinas; además, son invisibles como consumidoras y potenciales prosumidoras. Por lo que al no estar presentes, no son tomadas en consideración en ninguno de estos ámbitos. Como se ha puesto de manifiesto por parte de la doctrina, si la política de la Unión Europea en materia de transición energética parte de la premisa de no dejar a nadie atrás, se está incumpliendo; no está siendo una política inclusiva y, por tanto, más de la mitad de la población de la Unión Europea se encuentra "fuera" de esta política[10].

El Parlamento Europeo ya reconoció en 2022 que:

> La participación desigual de las mujeres en los procesos de toma de decisiones y en los mercados laborales agrava las desigualdades y a menudo impide que las mujeres contribuyan y participen plenamente en la elaboración, la planificación y la ejecución de las políticas relacionadas con el cambio climático, el medio ambiente y los riesgos de catástrofes.

Asimismo, y para el ámbito concreto de la energía afirmó:

> Q]ue una transición justa con perspectiva de género tiene potencial para crear puestos de trabajo dignos para las mujeres; que las mujeres siguen enfrentándose a obstáculos estructurales y culturales a la hora de participar en todos los aspectos de la realización de la transición energética y climática; que, en términos de empleo, el sector de la energía sigue siendo uno de los sectores con mayor desequilibrio de género en la economía mundial[11].

En la Unión Europea la brecha de género que sufren las mujeres en lo que respecta a la transición energética se perpetúa a lo largo de toda la vida; en la etapa formativa, se sufre una clara discriminación en cuanto al acceso a los estudios vinculados al sector energético, perpetuada por los roles tradicionales de género que limitan el acceso a estos ciclos formativos y grados universitarios. Brecha que se mantiene en la etapa de ejercicio profesional, puesto que no se ocupan puestos de dirección y de gestión de relevancia, o su acceso se encuentra muy limitado en el caso de las mujeres;

---

10 FEENSTRA, M., HANKE, F., "Creating an Enabling Policy Framework…", *op. cit.*, p. 221.

11 PARLAMENTO EUROPEO: «Resolución de 17 de febrero de 2022, sobre las prioridades de la Unión Europea para el sexagésimo sexto período de sesiones de la Comisión de la Condición Jurídica y Social de la Mujer de las Naciones Unidas (2022/2536(RSP))» [en línea], (2022), <https://www.europarl.europa.eu/doceo/document/TA-9-2022-0048_ES.html> [Consulta: 08/05/2024].

asimismo, su presencia es muy reducida en este sector y se encuentran en las escalas profesionales más bajas y, por tanto, peor retribuidas. Esta situación se perpetúa en la esfera de los hogares, porque en las familias monoparentales dirigidas por mujeres se incrementa el riesgo de sufrir pobreza energética; realidad que se agrava en el caso de las mujeres migrantes. En lo que respecta a la toma de decisiones sobre la energía en los hogares, el papel de la mujer también queda relegado a un segundo plano y su presencia en la proyección y participación social vinculada a la transición energética queda supeditada al tiempo que deben dedicar a las labores de atención y cuidado que no son asumidas por los hombres. Y, por último, durante la vejez las mujeres vuelven a sufrir una doble discriminación y mayor riesgo de pobreza energética, porque la cuantía de sus pensiones es, de media, notablemente inferior que la que reciben los hombres.

A principios de 2024, una Resolución del Parlamento Europeo ha recordado las deficiencias que aún persisten en el marco de la política energética. En particular, la ausencia de datos desglosados por género para evaluar las necesidades energéticas de los hogares vulnerables, de cara a evaluar la pobreza energética y ofrecer soluciones más específicas para las mujeres como colectivo especialmente vulnerable; así como la inexistencia de indicadores específicos que permitan valorar si la transición ecológica es justa desde la perspectiva social[12]. En esta línea resulta crucial que los planes nacionales integrados de energía y clima introduzcan la perspectiva y el análisis de género, y que desde las propias instancias de la Unión Europea se establecieran directrices para su mejor implantación.

También realiza una mención específica a los grupos de mujeres que sufren una doble brecha de desigualdad, la común a todo el colectivo, y otra por su condición de grupos vulnerables, como las madres solteras, las mujeres con discapacidad, las mujeres de minoridades raciales y étnicas, las personas LGBTIQ+, las mujeres migrantes y refugiadas, las mujeres de edad avanzada y las mujeres en zonas rurales o despobladas. En este sentido se hace un llamamiento a la implantación de una estrategia europea de lucha contra la pobreza y se hace mención a un aspecto

---

[12] PARLAMENTO EUROPEO, Resolución de 18 de enero de 2024, sobre los aspectos de género del aumento del coste de la vida y el impacto de la crisis energética (2023/2115(INI)).
A este respecto corresponde recordar la Recomendación UE 2023/2407 de la Comisión, de 20 de octubre de 2023, sobre la pobreza energética DO L, de 23 de octubre de 2023, y el Documento de trabajo sobre Orientaciones de la Unión sobre la pobreza energética que acompaña a la Recomendación ((SWD(2023)0647).

específico como es la pobreza de tiempo. Esta ausencia de tiempo propio, una vez realizadas las actividades laborales y de atención y cuidado, es especialmente característica de las mujeres, y está estrechamente vinculada a su dificultad para poder participar de forma activa en iniciativas como las comunidades energéticas, que necesitan de un tiempo específico para poder reflexionar sobre el modelo energético y actuar como líderes en sus respectivas comunidades[13].

Desde el Parlamento Europeo también se realiza un llamamiento expreso al posicionamiento de los Estados y la Comisión para garantizar la inclusión de las dimensiones interseccional y de género en todos los sistemas de eficiencia energética y electricidad renovable, con una mención especial al derecho al uso compartido de la energía. A la vez que se pone de relieve el destacado papel que a este respecto están llevando a cabo las iniciativas lideradas por mujeres a las soluciones energéticas sostenibles, y la relevancia de su participación en las soluciones implementadas a todos los niveles, desde el doméstico hasta el europeo.

En este sentido, y en conexión con otra de las propuestas de la Resolución, se solicita que los presupuestos también reflejen un enfoque de género y que ya se apliquen en la revisión intermedia del actual marco financiero plurianual y en la ejecución del Mecanismo de Recuperación y Resiliencia. Esta propuesta está en sintonía con el Informe Especial que elaboró el Tribunal de Cuentas Europeo ya en 2021, en la que se ponían de relieve las importantes deficiencias de los presupuestos de la Unión Europea para evaluar la adopción de medidas que promovieran activamente la igualdad entre mujeres y hombres en todas sus fases[14].

3.1. Guía para las comunidades energéticas

Desde las instituciones de la Unión Europea se está potenciando el desarrollo de políticas no discriminatorias en el ámbito de las comunidades energéticas. Una propuesta de gran interés es la guía elaborada en el marco del proyecto Sustainable Collective Citizen Action for a Local Europe

---

[13] RUIZ, S. *et al., De la pobreza de tiempo al tiempo para la vida. Aproximaciones teóricas y orientaciones prácticas*, Ayuntamiento de Barcelona, Barcelona, 2023.

[14] TRIBUNAL DE CUENTAS EUROPEO: «Integración de la perspectiva de género en el presupuesto de la UE: Es el momento de pasar a la acción. Informe Especial» [en línea], (2021), <https://www.eca.europa.eu/Lists/ECADocuments/SR21_10/SR_Gender_mainstreaming_ES.pdf> [Consulta: 09/05/2024].

20-30-50 (SCCALE 203050), financiado con fondos europeos[15]. Es una iniciativa muy interesante porque su objetivo final es que en la inclusión esté perfectamente integrada en las comunidades energéticas, y que su nivel de asimilación sea tan elevado que no sea necesario abrir un debate al respecto. De forma que desde estas comunidades se compartan los beneficios y costes de la transición energética de forma más justa, e integrando todas las visiones y valores.

El primer paso que propone la guía es la realización de un análisis intersectorial y de género de la comunidad energética, que permitiría recopilar los datos para poner de relieve las diferencias, así como las causas que la generan. Este primer paso es esencial para disponer de elementos objetivos que permitan constatar, de forma irrefutable, cuáles son los caracteres de las personas que participan en la comunidad; lo cual, nos va a permitir identificar en un segundo análisis, cuáles son los hándicaps a los que se enfrentan los potenciales interesados para tener acceso a la comunidad o incluso por qué la comunidad no está llegando a todo su público potencial. Este estudio es básico para iniciar la reflexión, puesto que, si se detecta la existencia de una brecha de género, se lleva a cabo un primer avance que es la visibilización de un problema que parece no existir.

Además de propuestas concretas de actuación, en la guía se recogen numerosos ejemplos de comunidades energéticas que ya han adoptado medidas de inclusión y que pueden actuar como referentes para otros proyectos. Entre las iniciativas que nos parecen más interesantes se encuentran las desarrolladas por la comunidad energética griega CommonEN, donde identificaron que los miembros de la comunidad que tenían a su cargo el cuidado de menores no podían acudir a las asambleas, realidad que afectaba principalmente a las mujeres que eran madres. Para solucionar esta dificultad se estableció un sistema de atención pedagógica a los menores para que sus progenitoras pudieran acudir a las actividades de la comunidad y participar en la toma de decisiones. Hemos señalado esta medida porque, aunque puede parecer una iniciativa simple y de escasa envergadura, tiene una gran trascendencia para alcanzar una mayor implicación de las mujeres en la toma de decisiones de la comunidad energética. La falta de asistencia a las reuniones y asambleas, que puede identificarse con una ausencia de interés, tiene detrás una problemática marcada en muchas ocasiones por los cuidados a otros miembros de la familia; labor de

15 SCCALE 203050: «About the project» [en línea], (s.f.), <https://www.sccale203050.eu/> [Consulta: 05/04/2024].

cuidados que tradicionalmente ha recaído en la mujer y que condiciona su potencial como agente para la transición energética.

Otras de las herramientas más destacadas son las iniciativas de mentorización, instrumento con gran impacto para mejorar las habilidades en materia de liderazgo, y que impulsan una mayor presencia de las mujeres en los puestos de responsabilidad; gracias a las oportunidades que le brinda este programa y su inclusión en redes profesionales, así como los contactos que proporciona a nivel empresarial en el ámbito del sector energético.

Desde la perspectiva de la Administración pública, la guía también atiende a la importancia de desarrollar una gobernanza inclusiva, entendida como un modelo de gobierno que atienda las necesidades de todos los colectivos, tomando en consideración las diferencias de género, así como otros aspectos de la identidad personal; de esta forma, nos encontraríamos ante instituciones, políticas públicas, procedimientos y servicios que sean accesibles y respondan a las demandas de toda la sociedad. En este sentido, la planificación a nivel municipal adquiere una gran relevancia, y en sus manos se encuentra la opción de adoptar medidas que permitan reducir las desigualdades, atender a las diferentes demandas y también incrementar el apoyo al sector público por parte de la ciudadanía. En el caso de las energías renovables y de la implantación de nuevos modelos energéticos es esencial este apoyo a las decisiones adoptadas desde la Administración. Debemos recalcar que el desarrollo de políticas energéticas públicas con perspectiva de género también tiene una proyección más allá, porque al tomar en consideración un mayor espectro de destinatarios vamos a incluir a otros colectivos, como los migrantes o las personas con escasos recursos, que normalmente están fuera del radar de estas iniciativas. Visibilizar la amplia variedad de intereses y colectivos que integran nuestra sociedad es un valor indispensable para conseguir una transición energética justa, integradora y participativa[16].

---

[16] En este sentido, KARAKISLAK, I. *et al.*, "A cooperative of their own...", *op. cit.*, p. 10: "results argue that women are stereotyped as uninspired and unwilling to take on the leading role without considering the existing gendered social context within co-ops. Umbrella co-op organisations (e.g., national and federal state-level associations) could have programs to spotlight woman board members and create visibility for the gender imbalance in co-ops. Women's leadership and participation encourage other women to join through better communication strategies. Language and pictures on the co-op's website and flyers could be improved and diversified. Another solution could be to create support programs through government schemes that would include mentoring for women involved in coops and

Por ello, son numerosas las ciudades en las que se ha optado por procesos participativos para la consecución de un modelo climáticamente neutro, que han permitido la adopción de una hoja de ruta de la transición energética en la que han estado involucrados diversos grupos de ciudadanos y distintos actores sociales (organizaciones empresariales y ecologistas, asociaciones de vecinos...). A través de este modelo de democracia participativa e integradora se pueden alcanzar consensos que, respondiendo a las demandas sociales, alcancen un apoyo mayoritario. La esencia de las comunidades energéticas se encuentra estrechamente vinculada a este desarrollo social de las localidades, por lo que entronca perfectamente en un modelo de planificación municipal integrador y participativo, donde pueden formar parte de las hojas de ruta de la transición energética.

4. PROPUESTAS A NIVEL NACIONAL

Corresponde comenzar este apartado con los datos que nos brinda el Índice de Igualdad de Género sobre España elaborado por la Unión Europea. Son datos muy significativos porque, si bien las mujeres en nuestro país tienden a elegir opciones respetuosas con el medio ambiente con más frecuencia que los hombres, se encuentran infrarrepresentadas en el sector de la energía y en la toma de decisiones; además, las mujeres migrantes no pertenecientes a la Unión Europea y las madres solteras en España presentan más dificultades para calentar sus hogares[17]. A este respecto corresponde realizar una apreciación de interés; a la vista de las temperaturas medias en España y del incrementos significativo de las mismas en

those interested in joining. Moreover, other social groups (e.g., immigrant and low-income groups) could also benefit from recognizing these intersections of social class, ethnicity and age. By applying an intersectional approach, the social distribution of benefits from co-ops should be accessible to a broader social group".

Sobre la relevancia de que los responsables de las políticas energéticas tomen en consideración las opiniones de un amplio y variado grupo de personas, con diferentes perspectivas, emociones y orígenes demográficos, LIU L. *et al.*, "Opposing out loud versus supporting in silence: who wants to participate in decision-making about energy projects?", *Enviromental Research Letters*, 17, 2022, pp. 1-11.

17 INSTITUTO EUROPEO DE LA IGUALDAD DE GÉNERO: «Índice de igualdad de género 2023» [en línea], (2023), <https://eige.europa.eu/gender-equality-index/2023/ES> [Consulta: 25/04/2024].

los últimos años, sería oportuno que no sólo se incluyan las referencias a mantener los hogares calientes, sino a mantener una temperatura óptima, tanto en invierno como en verano; puesto que las elevadas temperaturas que se alcanzan en buena parte del territorio español durante varios meses al año hacen indispensable enfriar los hogares para mantener unas condiciones mínimas de salud, especialmente en el caso de personas mayores y menores de edad, especialmente vulnerables.

En España la brecha de género se incrementa en el caso de las mujeres migrantes de países que no forman parte de la Unión Europea, de las cuales el 30% tuvo en 2021 dificultades para mantener su hogar en una temperatura saludable; colectivo al que se suman las familias monoparentales, donde el 26% de los hogares liderados por mujeres también tuvieron estas dificultades. Por tanto, la pobreza energética en nuestro país tiene género y también nacionalidad, porque son estas variables las que están marcando un mayor riesgo de sufrir dificultades para hacer frente a la factura de la luz.

Esta brecha también se refleja en la infrarrepresentación femenina en el sector de la energía y en los puestos de responsabilidad. En el año 2022, sólo el 31% de los puestos de trabajo del sector energético estaban ocupados por mujeres; en la Administración General del Estado, en los ministerios responsables de medio ambiente y cambio climático, el 35% de los puestos de responsabilidad estaban ocupados por mujeres; mientras que sólo eran mujeres el 39% de los responsables de las comisiones parlamentarias dedicadas al medio ambiente y al cambio climático.

Para cambiar estos datos, el desarrollo de un marco normativo y planificador para el sector energético exige la aplicación del principio de igualdad de trato y oportunidades. Según se dispone en el artículo 15 de la Ley Orgánica 3/2007, de 22 de marzo, para la igualdad efectiva entre mujeres y hombres:

> El principio de igualdad de trato y oportunidades entre mujeres y hombres informará, con carácter transversal, la actuación de todos los poderes públicos. Las administraciones públicas lo integrarán, de forma activa, en la adopción y ejecución de sus disposiciones normativas, en la definición y presupuestación de políticas públicas en todos los ámbitos y en el desarrollo del conjunto de todas sus actividades.

Entre las políticas públicas que esta Ley Orgánica se encarga de regular por su incidencia directa en la igualdad de género se encuentran materias como la educación o la producción intelectual; siendo otro de los elementos clave de esta norma es el derecho al trabajo en igualdad de oportunidades[18]. En consecuencia, la ordenación de la energía exige de un análisis en profundidad de la perspectiva de género aplicada al marco normativo y planificador[19].

Llegados a este punto nos parece de gran interés recordar un extracto del Manifiesto adoptado por una treintena de comunidades energéticas en abril de 2024[20], donde se afirma:

> Las comunidades son el mejor instrumento para garantizar la participación local, de ciudadanía, pymes y entes locales. Apostamos para que estas comunidades, impulsadas desde ayuntamientos e iniciativas sociales, sean el cauce para que la ciudadanía sea la protagonista de la transición energética. Creemos en la comunidad energética no sólo como la punta de lanza de aquellos actores más concienciados con la transición energética, sino como un nuevo actor capaz de desarrollar renovables, electrificar los actuales consumos fósiles, y devolver al territorio las ventajas de los procesos de descarbonización que tienen lugar en el territorio. También pueden ser instrumentos para combatir la pobreza energética, pues son las comunidades energéticas las que deben poder hacer, como reclaman las directivas, aquello que otros actores no pueden.

Son varias las claves de este texto que se entroncan en nuestras reflexiones, en primer lugar la comunidad energética como espacio de participación ciudadana, como canalizadora del protagonismo de la sociedad en la

---

18 Sobre esta materia, RANDO BURGOS, E., *Mujer y Administración Pública: políticas públicas e igualdad de género*, Atelier, Barcelona, 2023.

19 Coincidimos plenamente con la profesora GALERA RODRIGO cuando afirma que: "un marco jurídico renovado en el sector energético no es, sin embargo, suficiente como instrumento de las políticas públicas que han de propiciar el funcionamiento normalizado del autoconsumo en el conjunto del sistema energético. No solo está incompleto, sino que además es necesaria la concurrencia de otros marcos políticos y normativos: con acierto se ha advertido de que la obligación que establece la Directiva para los Estados de proveer de un "marco habilitante" en el que los nuevos actores puedan desempeñar sus funciones supera con mucho la legislación energética, para involucrar los aspectos societarios y mercantiles, contractuales y de propiedad, y de ocupación de suelo". Incluiríamos en esta enumeración de la profesora GALERA las referencias a la perspectiva social y de género, que también han de completar este marco habilitante. GALERA RODRIGO, S., "Autoncosumo colectivo: (mucho) más allá de los tejados", *Cuadernos de derecho local*, 39, 61, 2023, p. 62.

20 PÉREZ, M.: «Manifiesto para vivir la transición energética juntos y en comunidad» [en línea], (2024), <https://sapiensenergia.es/manifiesto-para-vivir-la-transicion-energetica-juntos-y-en-comunidad/> [Consulta: 30/04/2024].

transición energética, instrumento para acabar con la pobreza energética[21] y como un actor que puede ir más allá que los restantes que participan en el modelo energético. Además, un actor inclusivo, las comunidades energéticas no son el espacio de reunión de una "élite", concienciada y con recursos económicos suficientes, que puede permitirse su participación en la transición energética. Es esencial acabar con esta concepción de grupo restringido y apostar por las comunidades como espacio para toda la ciudadanía. Las comunidades energéticas no han de ser un grupo restringido de ciudadanos, pero sí es evidente que se parte de un grupo con un alto nivel de implicación y es este mayor grado de conciencia que debe aprovecharse para fomentar su extensión hacia las mujeres. Reflexionar en el seno de las comunidades sobre el menor grado de participación femenina en la toma de decisiones sobre la energía de los hogares sería una labor que ya pueden asumir las comunidades como propia.

Las comunidades energéticas pueden y deben liderar esta concepción de transición justa y sostenible, y exportarla a otros barrios, a otras localidades. Cuando existen modelos consolidados de éxito en los que la ciudadanía en su conjunto es capaz de asumir un rol protagonista y se apuesta por un modelo de igualdad de oportunidades, con independencia del género, la situación económica o la nacionalidad (tres factores que condicionan el acceso a vías alternativas de consumo y modelo energético), esta realidad actúa como espejo en el que otras iniciativas pueden sentirse reflejadas y respaldadas.

4.1. Campaña Equal by 30: acciones concretas para las comunidades energéticas

A nivel nacional corresponde destacar la adhesión de nuestro país a la Campaña Equal by 30, destinada a alcanzar la igualdad de género en la transición energética. El compromiso de España se centra en la realización de actuaciones encaminadas a la consecución en 2030 de la igualdad salarial, en el liderazgo y de oportunidades para las mujeres en el sector energético.

Estos fines se concretan en cuatro compromisos específicos: Impulsar la visibilidad de las mujeres que trabajan o estudian en áreas de la transición energética, sobre todo en campos técnicos, y reforzar la oferta y condi-

---

21 Sobre esta temática, véase en este libro el capítulo PRESICCE, L., "Comunidades energéticas, autoconsumo y derecho al consumo de energía compartida. Medidas estructurales para reducir y prevenir la pobreza energética".

ciones de formación y recualificación en estos campos para aumentar el interés de niñas y mujeres por desarrollar estudios y profesiones en ámbitos relacionados con las energías renovables y con la eficiencia energética; facilitar avances significativos hacia la igualdad efectiva de mujeres y hombres en los distintos ámbitos de empleo, emprendimiento, innovación y liderazgo de la transición energética; generar, difundir y considerar sistemáticamente datos, indicadores y estudios sobre género y energía que orienten y optimicen el impacto de las políticas públicas de transición energética; y avanzar en la colaboración con otras entidades que impulsen la igualdad efectiva en la participación de mujeres y hombres en la transición energética y promover espacios en los que, periódicamente, se compartan conocimientos y buenas prácticas para la generación de objetivos ambiciosos en la promoción de la igualdad de género en sectores de la transición energética.

En definitiva, los cuatro pilares serían la formación, el liderazgo, el análisis de datos y la creación de redes de colaboración. Consideramos que las comunidades energéticas son un instrumento privilegiado para poder implementar estas medidas, si bien sería necesario adoptar propuestas específicas para estas figuras y vincularlas de forma destacada hacia la consecución de la igualdad de género. En primer lugar, la recogida de datos segregados por géneros; las comunidades pueden desarrollar de una forma muy sencilla esta labor incorporando unos protocolos de recogida de información segregada por géneros, desde datos de consumo hasta el interés y el nivel de participación e implicación en la comunidad, así como las dificultades o condicionantes que determinan la presencia mayoritariamente masculina en la toma de decisiones de las comunidades energéticas, al igual que en el resto de iniciativas de liderazgo energético.

Ante la cercanía entre las comunidades y sus socios, es más sencilla la recopilación de esta información; asimismo, sería relevante conocer cómo las comunidades energéticas pueden adoptar iniciativas para superar esta brecha de género, qué propuestas son las que consideran básicas para lograr una igualdad efectiva. Consideramos que el desarrollo de un plan de género específico para las comunidades energéticas, en línea con las propuestas incorporadas en la guía que hemos analizado en el apartado anterior, debería ser un requisito más a tener en cuenta para la mejor valoración de los proyectos de comunidades energéticas que soliciten ayudas económicas tanto a nivel nacional, como en los niveles autonómico y local. De esta forma, las administraciones dispondrían de una información de primera mano sobre los datos reales y se podría dar publicidad a estos datos, lo que facilitaría los estudios y análisis desde el punto de vista académico para la presentación de propuestas de mejora; y, en segundo lugar, las políticas públicas también podrían adaptarse a las demandas reales de la ciudadanía para la consecución de la igualdad.

Para la creación de redes de intercambio de conocimiento, fomentar el asociacionismo entre las comunidades energéticas sería una vía óptima para la difusión de las buenas prácticas alcanzadas para superar la brecha de género, a la vez que permitiría una mejor difusión y análisis de los valores de la transición energética justa y de cómo las comunidades energéticas pueden ayudar a su consecución con la participación directa de la ciudadanía[22].

Las comunidades energéticas también se configuran como el escenario adecuado para fomentar el liderazgo femenino en el ámbito energético. Reforzando el papel de la mujer en la toma de decisiones energéticas e impulsando su participación activa en estas comunidades se fomentan nuevos modelos de liderazgo desde la base. No sólo es necesario que el liderazgo esté presente en las grandes compañías energéticas o en los puestos de decisión política y administrativa, sino que también tiene que estar presente en la toma de decisiones de los hogares y los colectivos vecinales y sociales. De esta forma se establecen modelos en los que las nuevas generaciones pueden verse reflejadas, asumiendo con naturalidad un rol de liderazgo

---

22 Como señala el profesor DEL GUAYO: "Hay cuatro principales tipos de justicia energética (además, por supuesto, de la justicia conmutativa): la distributiva, la procedimental (o participativa), la correctiva (o restaurativa) y la de reconocimiento o social. La distributiva consiste en la equitativa distribución de las cargas y los beneficios de las actividades energéticas, un ideal cuyo principal reto es la pobreza energética. La justicia procedimental reconoce el derecho de los individuos y de las comunidades a las que pertenece a participar en los procesos de decisión sobre las infraestructuras energéticas. Ese derecho incluye la participación pública del art. 105 de la CE, pero es más amplio, pues promueve una consulta más detallada y postula un principio de aceptabilidad pública. La justicia restaurativa implica el cumplimiento equitativo de las normas energéticas, así como el derecho de acceso a remedios jurídicos cuando los derechos han sido violados. La justicia de reconocimiento significa que las injusticias energéticas no pueden ser separadas de otros males sociales, tales como la pobreza o la dependencia, cuyo origen está en la raza, la etnia, el sexo u otras consideraciones, y exige que se tengan en cuenta en la adopción de decisiones energéticas. En definitiva, la justicia energética persigue la protección y fomento de los derechos humanos en el sector energético". DEL GUAYO CASTIELLA, I., "Concepto, contenidos y principios del Derecho de la energía", *Revista de Administración Pública*, 212, 2020, pp. 339-340.

que no distinga por géneros[23]. Con este impulso desde la base también se estarían fomentando las vocaciones para el mundo de la energía, y se potenciaría el primer objetivo dedicado al impulso a la formación en especialidades energéticas para las niñas y mujeres. Además, y aún más relevante, se estaría fomentando que la toma de decisiones sobre la implantación de novedades energéticas en los hogares también fuera asumida por las mujeres como una participación más en la gestión ordinaria de su cotidianeidad[24]. El componente social de las comunidades energéticas es la base para que se configuren como una herramienta de interés para la consecución de estos compromisos.

4.2. Experiencias autonómicas: la apuesta por las comunidades energéticas y la igualdad en el País Vasco

La Ley vasca de Cambio Climático y Transición Energética, es un buen ejemplo de la evolución que ha sufrido la perspectiva de género aplicada a las políticas energéticas en los últimos años. Desde la Exposición de Motivos de esta norma se pone de manifiesto que la variable de género se tomará en consideración para poder alcanzar un modelo de transición justa, que permita integrar a la población más vulnerable y una distribución equitativa de los costes y cargas. Como también se recuerda en el Preámbulo de la norma, realizar la transición energética con el objetivo de alcanzar la neutralidad climática es responsabilidad de toda la sociedad; excluir o

---

[23] Sobre la importancia de la existencia de modelos para que las niñas y jóvenes se sientan atraídas hacia el sector energético, CABANAS, C. *et al.*: «Transición energética e igualdad de género: oportunidades para la juventud española» [en línea], (2023), <https://fundacion.cepsa.com/stfls/fundacion/Ficheros_Fundacion/informe-fundacion-ie.pdf> [Consulta: 11/04/2024].

[24] La toma de decisiones en los hogares mantiene unos roles de género muy arraigados que también se trasladan al ámbito de la energía, y a la opción de adoptar una posición más activa como un hogar prosumidor. A este respecto, STANDAL, K. *et al.*, "Engaging men and women in energy production in Norway and the United Kingdom: The significance of social practices and gender relations", *Energy Research & Social Science*, 60, 2020, p. 8: "the existing social differentiation along gender lines, where 'modern' technology continues to be perceived as a masculine domain, constitutes a barrier to most women becoming fully engaged prosumers. Unsurprisingly, 'old' technology related to activities such as cooking and laundry are perceived as feminine domains, further reproducing gendered divisions of labour between couples, where men deal with much of the prosumer-related issues while women perform the traditional energy-consuming tasks".

limitar la participación de las mujeres supondría reducir de forma significativa las probabilidades de alcanzar con éxito este objetivo.

Uno de los aspectos a destacar es que la norma no sólo se ocupa de la perspectiva de género como una visión para garantizar la atención a los colectivos más desfavorecidos y, por tanto, más vinculados a situaciones de pobreza energética o de dificultad de acceso a nuevas tecnologías que garanticen la transición energética; sino que también se pone el foco en la presencia de la perspectiva de género en los espacios de reflexión y debate, en la integración real en todas las fases sobre la implantación del nuevo modelo energético. A este respecto resulta muy esclarecedor uno de los principios que informan este texto y que se enuncia en los siguientes términos:

> Igualdad de mujeres y hombres, integrando el enfoque de géneros y perspectiva juvenil en las políticas y actuaciones en materia de transición energética y cambio climático, garantizando la participación de las mujeres en la toma de decisiones y en los procesos de planificación. Se promoverá el papel de la mujer vinculado al mundo científico e investigador relacionado con las políticas climáticas y energéticas[25].

Es muy interesante esta evolución por cuanto no sólo integra a la mujer como destinataria final de las políticas energéticas, sino que la convierte en actora de estas políticas, en un sujeto activo a lo largo de todo el proceso; comprendiendo su participación en la toma de decisiones, en la investigación e implementación de las nuevas tecnologías vinculadas a la energía y en la recepción como consumidora final. Es un cambio de perspectiva que no sólo atiende a la mujer como colectivo vulnerable ante la pobreza energética, se activan otras visiones que fomentan una participación plena de toda la sociedad en cada una de las fases de esta transición energética.

Especial atención presenta la norma vasca a la perspectiva de género en materia de planificación; el legislador autonómico ha sido muy consciente de la necesidad de transformar el modelo energético, no sólo con la implementación de nuevas técnicas, sino también a través de la perspectiva de género. Y para ello, la planificación desarrollada por las Administraciones públicas es la piedra angular sobre la que asentar las bases de la transición energética y el cambio climático. De nuevo se hace hincapié en garantizar la participación de las mujeres en la toma de decisiones y

---

[25] Art. 2.1 l)

en la incorporación del enfoque de género y la promoción de acciones para alcanzar los siguientes objetivos:

a) Transformar el modelo social y económico promoviendo la sostenibilidad de la vida en relación con la mitigación del cambio climático.

b) Promover que la adaptación al cambio climático integre la perspectiva de género y que alcance a todas las personas en situación de vulnerabilidad.

c) Impulsar la transversalidad en la Administración para implantar la perspectiva de género y el enfoque de lucha contra el cambio climático y la consecución de una transición energética justa[26].

En línea con estos objetivos, la Ley considera prioritaria la generalización del autoconsumo, y la difusión de las comunidades energéticas; y entre las directrices generales que han de guiar a la Comunidad Autónoma hacia la transición energética se encuentra impulsar que el conjunto de la sociedad desarrolle un papel activo, mediante el autoconsumo, las comunidades energéticas o la participación en las instalaciones de energía renovable o de almacenamiento[27].

5. CONCLUSIONES

Las comunidades energéticas están llamadas a convertirse en agentes de cambio social, económico y ambiental; pero no se establecen pautas para la consecución de estos fines, ya que el actual marco normativo es muy vago e impreciso. Desde el ámbito de la Unión Europea se ha apostado por que sean los Estados miembros quienes se ocupen de "remover los obstáculos existentes" a nivel interno; pero el escaso marco normativo elaborado por el legislador español está siguiendo las mismas directrices imprecisas, el legislador autonómico despierta tímidamente de su letargo, y el resultado es que las comunidades energéticas son un instrumento ideal para la transición justa pero tampoco pueden asumir la creación de un esquema de actuación desde cero.

Una de las bondades de las comunidades energéticas es la conversión del consumidor en prosumidor, el empoderamiento de un sujeto tradicionalmente pasivo y sometido al mercado eléctrico a un sujeto que produce

---

26 Art. 15.4

27 Art. 20 f)

energía y la puede consumir. Extrapolando esta figura hacia la perspectiva de género podemos encontrarnos con una suerte de impulso a un colectivo doblemente debilitado: por razón de su dependencia del mercado y como consecuencia de su mayor vulnerabilidad. Por tanto, reforzar su presencia y convertirlo en actor principal y gestor de su energía supone un doble impulso para evitar la desigualdad y la vulnerabilidad.

Esta desigualdad se debe afrontar desde una doble perspectiva, por un lado la dimensión vinculada a las necesidades básicas, la gestión de la energía en el hogar; y, de otro, la participación a nivel económico y académico, es decir la participación en la toma de decisiones en materia energética a través de la implicación de la mujer en el sector energético, tanto en el ámbito privado como en el público. Y son en estas dos perspectivas donde las comunidades energéticas se configuran como una herramienta para la transformación energética basada en la igualdad de género. Puesto que en esta evolución se ha de partir de la presencia de la mujer en la gestión de la energía dentro del hogar para proyectarla hacia la toma de decisiones como prosumidora, en la producción y control de la energía. A la vez que se adoptan medidas para que la brecha de género se elimine en los puestos de toma de decisión política y económica, y en la formación especializada de trabajadoras cualificadas para la consecución de la transformación energética.

Desde el ámbito normativo y planificador se han de adoptar incentivos, propuestas, o directrices que impulsen la consecución de los objetivos y valores que se propugnan para un modelo de transición energética justa. La apuesta por reducir la brecha de género en la transición energética ha de convertirse en un objetivo prioritario de las comunidades energéticas y de las políticas públicas. Un principio interno que ha de regir el funcionamiento, el asociacionismo y la participación de las comunidades; y un principio externo, que ha de marcar las iniciativas del sector público en materia de impulso del autoconsumo, así como del resto de las iniciativas sobre transición energética.

Las Administraciones públicas han de dotar a estas comunidades de herramientas para que puedan hacer frente a los desafíos que se les presentan, y poder cumplir con este objetivo tan deseable de la transición energética justa. En el ámbito de la perspectiva de género es clave el desarrollo de medidas concretas, como la priorización para la obtención de subvenciones públicas; en definitiva, instrumentos de actuación inmediata y que doten de contenido real a este desiderátum que existe en el origen propio de las comunidades energéticas.

Nos encontramos ante un momento de cambio, donde se encuentra pendiente la elaboración y concreción del marco normativo de las comunidades energéticas a nivel nacional; y, en consecuencia, ante una oportunidad para incluir las referencias de género en el futuro desarrollo normativo y reglamentario. El legislador nacional debe concretar esta supresión de la brecha de género en el modelo de autoconsumo, liderado por las comunidades energéticas; de esta forma, nos situaríamos ante una evolución en positivo del marco previsto por las directivas, que entroncaría con el modelo de transición energética justa y desarrollaría los objetivos de la política energética de la Unión Europea y nacional.

6. BIBLIOGRAFÍA

BARTLETT I CASTELLÁ, E. R., "Comunidades energéticas", en ALENZA GARCÍA, J. F., y MELLADO RUIZ, L. (coords.), *Estudios sobre cambio climático y transición energética. Estudios conmemorativos del XXV aniversario del acceso a la cátedra del Prof. Íñigo del Guayo Castiella*, Marcial Pons, Madrid, 2022, pp. 289-312.

CABANAS, C. *et al.*: «Transición energética e igualdad de género: oportunidades para la juventud española» [en línea], (2023), <https://fundacion.cepsa.com/stfls/fundacion/Ficheros_Fundacion/informe-fundacion-ie.pdf> [Consulta: 11/04/2024].

COCCIOLO, E., "The role of energy communities for thermal networks: An EU legal perspective", *Review of European, Comparative and International Environmental Law*, 2024, pp. 1-13. Doi: https://doi.org/10.1111/reel.12558

DEL GUAYO CASTIELLA, I., "Concepto, contenidos y principios del Derecho de la energía", *Revista de Administración Pública*, 212, 2020, pp. 309-345.

DIOUF, M. *et al.*, "Enery transition and Gender in the Informal Street Food Sector in Africa", en CLANCY, J. *et al.* (eds.), *Engendering the Energy Transition*, Palgrave Macmillan, Cham, 2020, pp. 11–32. Doi: https://doi.org/10.1007/978-3-030-43513-4_2

FEENSTRA, M. y CLANCY, J., "A View from the North: Gender and Energy Poverty in the European Union", en CLANCY, J. *et al.* (eds), *Engendering the Energy Transition*, Palgrave Macmillan, Cham, 2020, pp. 139–162. Doi: https://doi.org/10.1007/978-3-030-43513-4_8

FEENSTRA, M. y HANKE, F., "Creating an Enabling Policy Framework for Inclusive Energy Communities: A Gender Perspective", en COENEN, F. y HOPPE, T. (eds.), *Renewable Energy Communities and the Low Carbon Energy Transition in Europe*, Palgrave Macmillan, Cham, 2021, pp. 205–226. Doi: https://doi.org/10.1007/978-3-030-84440-0_9

GALERA RODRIGO, S., "Autoncosumo colectivo: (mucho) más allá de los tejados", *Cuadernos de derecho local*, 39, 61, 2023, pp. 55-81.

INSTITUTO EUROPEO DE LA IGUALDAD DE GÉNERO: «Índice de igualdad de género 2023» [en línea], (2023), <https://eige.europa.eu/gender-equality-index/2023/ES> [Consulta: 25/04/2024].

KARAKISLAK, I. *et al.*, "A cooperative of their own: Gender implications on renewable energy cooperatives in Germany", *Energy Research & Social Science*, 96, 2023, pp. 1-13. Doi: https://doi.org/10.1016/j.erss.2023.102947

LEY, D. *et al.*, *Mujeres y energía* (LC/MEX/TS.2020/7), CEPAL, Ciudad de México, 2020.

LIU L. *et al.*, "Opposing out loud versus supporting in silence: who wants to participate in decision-making about energy projects?", *Enviromental Research Letters*, 17, 2022, pp. 1-11.

NACIONES UNIDAS: «Informe de los Objetivos de Desarrollo Sostenible 2023: Edición especial. Por un plan de rescate para las personas y el planeta» [en línea], (2023), <https://www.un.org/sustainabledevelopment/es/energy/> [Consulta: 09/04/2024].

PARLAMENTO EUROPEO: «Resolución de 17 de febrero de 2022, sobre las prioridades de la Unión Europea para el sexagésimo sexto período de sesiones de la Comisión de la Condición Jurídica y Social de la Mujer de las Naciones Unidas (2022/2536(RSP))» [en línea], (2022), <https://www.europarl.europa.eu/doceo/document/TA-9-2022-0048_ES.html> [Consulta: 08/05/2024].

PÉREZ, M.: «Manifiesto para vivir la transición energética juntos y en comunidad» [en línea], (2024), <https://sapiensenergia.es/manifiesto-para-vivir-la-transicion-energetica-juntos-y-en-comunidad/> [Consulta: 30/04/2024].

PRESICCE, L., "Pobreza y vulnerabilidad energética. Un análisis multinivel en el marco de la agenda urbana de la Unión Europea", en FORNS FERNÁDEZ, M. (ed.), *La protección jurídica de la atención a las personas en materia de servicios sociales: Una perspectiva interdisciplinar.* Atelier, Barcelona, 2020, pp. 319-340.

RANDO BURGOS, E., *Mujer y Administración Pública: políticas públicas e igualdad de género*, Atelier, Barcelona, 2023.

ROJAS, A. y PREBBLE, M., "How gender equality principles are integrated in national energy policies and frameworks", en CLANCY, J. *et al.* (eds), *Engendering the Energy Transition*, Palgrave Macmillan, Cham, 2020, pp. 139–162. Doi: https://doi.org/10.1007/978-3-030-43513-4_7

RUIZ, S. *et al.*, *De la pobreza de tiempo al tiempo para la vida. Aproximaciones teóricas y orientaciones prácticas*, Ayuntamiento de Barcelona, Barcelona, 2023.

SCCALE 203050: «About the project» [en línea], (s.f.), <https://www.sccale203050.eu/> [Consulta: 05/04/2024].

STANDAL, K. *et al.*, "Engaging men and women in energy production in Norway and the United Kingdom: The significance of social practices and gender relations", *Energy Research & Social Science*, 60, 2020, pp. 1-9. Doi: https://doi.org/10.1016/j.erss.2019.101338

STANDAL, K. *et al.*, "Can renewable energy communities enable a just energy transition? Exploring alignment between stakeholder motivations and needs and EU policy in Latvia, Norway, Portugal and Spain", *Energy Research & Social Science*, 106, 2023, pp. 1-10. Doi: https://doi.org/10.1016/j.erss.2023.103326

TRIBUNAL DE CUENTAS EUROPEO: «Integración de la perspectiva de género en el presupuesto de la UE: Es el momento de pasar a la acción. Informe Especial» [en línea], (2021), <https://www.eca.europa.eu/Lists/ECADocuments/SR21_10/SR_Gender_mainstreaming_ES.pdf> [Consulta: 09/05/2024].

VAN AELST, K. y HOLVOET, N., "Bargaining Climate Adaptation Through a Gender Lens: An Inquiry into Decision-Making Processes in Tanzanian Farm Households", en CLANCY, J. *et al.* (eds.), *Engendering the Energy Transition*, Palgrave Macmillan, Cham, 2020, pp. 83–112. Doi: https://doi.org/10.1007/978-3-030-43513-4_5

Capítulo XX

¿Hacia una gobernanza justa e inclusiva del hidrógeno? Herramientas colectivas: Participación Pública y Comunidades Energéticas en la UE y España[1]

ALBA FORNS GÓMEZ
Investigadora Predoctoral THERESA MSCA[2]
Universidad de Groningen

---

1 Este capítulo es parte del proyecto "Regulación de sistemas energéticos comunitarios basados en almacenamiento y flexibilidad: aceptabilidad, gobernanza y digitalización (ComEnerSys)", TED2021-131840B-I00, financiado por el MCIN/AEI/10.13039/501100011033 y por la Unión Europea "NextGenerationEU"/PRTR". La autora quisiera agradecer las valiosas aportaciones de los directores de su tesis doctoral, el Dr. Lorenzo Squintani y la Dra. Lea Diestelmeier, cuya experiencia y orientación han sido fundamentales para dar forma a este capítulo del libro. Sus conocimientos en materia de comunidades energéticas y participación pública han sido esenciales para el desarrollo de este trabajo.

2 Red Doctoral 'Training for a Hydrogen Economy based Renewable Energy Society in the Anthropocene' financiada bajo el proyecto HORIZON-MSCA-2021-DN-01.

1. INTRODUCCIÓN

Las ambiciones climáticas de la Unión Europea (en adelante, UE) durante la legislatura pasada declararon el hidrógeno como el potencial vector energético destinado a la retirada de los combustibles fósiles[3]. De acuerdo con las prioridades europeas durante el período legislativo 2019-2024, el emplazamiento de una economía del hidrógeno en el mercado interior europeo debe casar con los dos objetivos generales del Pacto Verde Europeo: una transición verde y justa[4]. A grandes rasgos, esto supone que las personas, especialmente aquellas que pertenecen a grupos vulnerables y/o marginados de la sociedad, pueden formar parte de la transición del hidrógeno y se les proporcionan los medios necesarios para acceder y participar equitativamente en su proceso de toma de decisiones.[5] En base a la alineación de la democracia participativa[6] con el discurso de justicia energética[7], la participación pública colectiva a través de comunidades energéticas es una herramienta de gobernanza destinada a dar forma a la economía del hidrógeno justa que tiene en cuenta las necesidades de todas las personas y a su vez protege el medio ambiente.

El discurso de justicia energética analiza el nivel de inclusión colectiva de personas vulnerables y/o marginadas en la toma de decisiones de una nueva tecnología energética desde dos perspectivas distintas. De un lado, se estudia si los grupos vulnerables y/o marginados se reconocen por el legislador como actores legítimos de la cadena de toma de decisiones de

---

3 COMISIÓN (UE), "Una estrategia del hidrógeno para una Europa climáticamente neutra" (Comunicación) COM(2020) 301 final, 8 de julio de 2020; COMISIÓN (UE), "Plan REPower EU" (Comunicación) COM(2022) 230 final, 18 de mayo de 2022.

4 COMISIÓN (UE), "El Pacto Verde Europeo" (Comunicación) COM(2019) 640 final, 11 de diciembre de 2019.

5 JENDROŚKA, J.; REESE, M. y SQUINTANI, L., "Towards a new legal framework for sustainability under the European Green Deal", *The Opole Studies in Administration and Law*, 19, 2, 2021 pp. 87-106.

6 BHERER, L., DUFOUR, P. y MONTAMBEAULT, F., "The participatory democracy turn: an introduction", *Journal of Civil Society*, 12, 3, 2016, pp. 225-230.

7 MCCAULEY, D., *et al.* "Advancing energy justice: the triumvirate of tenets", *International Energy Law Review*, 32, 3, 2013, p. 107; JENKINS, K., *et al.* "Energy Justice: A conceptual review", *Energy Research and Social Science*, 11, 2016, p. 174; PELLEGRINI-MASINI, G.; PIRNI, A. y MARAN, S., "Energy justice revisited: A critical review on the philosophical and political origins of equality" *Energy Research and Social Science*, 59, 2020, pp. 1-8.

hidrógeno. Del otro, se estudia la existencia de los medios procedimentales (ej.: plazos, notificaciones, métodos para alegar) para facilitar que los desfavorecidos participen equitativamente en el procedimiento. Estas áreas de estudio de inclusión refieren a dos de los principios que constituyen la teoría de la justicia energética: la justicia de reconocimiento y procedimental.[8]

El derecho puede garantizar que este estudio de inclusión bicéfala esté presente en la toma de decisiones de hidrógeno verde. En el contexto europeo, la ley prevé que el empoderamiento ciudadano en una gobernanza energética ocurra directa[9] o indirectamente. Este capítulo explora cómo los ciudadanos pueden influir indirectamente en las decisiones energéticas por medio de la acción colectiva, perteneciendo a comunidades energéticas, que ofrecen una alternativa a los mecanismos tradicionales de participación ciudadana.[10]

El empoderamiento colectivo ciudadano a través de comunidades energéticas puede contribuir a la participación activa de las personas en la transición hacia el hidrógeno verde. Sin embargo, dado que el desarrollo de una economía del hidrógeno se encuentra en su fase inicial, está por determinar si la participación de la ciudadanía en iniciativas "de abajo hacia arriba" como las comunidades energéticas traerá inclusión a las decisiones relativas al hidrógeno. No obstante las potencialidades que el hidrógeno verde puede tener en pro de retirar los combustibles fósiles y alcanzar aceleradamente los objetivos europeos de neutralidad climática, este nuevo vector energético puede enfrentarse a cierta resistencia del público si no se contempla fomentar la inclusión de los desfavorecidos.[11]

---

8 Ibidem.

9 FORNS GOMEZ, A. y REHAGE, R., "Is public participation in hydrogen matters (un)just? Evaluating the ex-/inclusion of the vulnerable and marginalised individuals in the hydrogen decision-chains of the EU, Spain and Germany" *Journal for European Environmental and Planning Law*, Special edition in press, 2024.

10 SCHLINDWEIN, L. F. y MONTALVO, C., "Energy citizenship: Accounting for the heterogeneity of human behaviours within energy transition" *Energy Policy*, 180, 2023, pp. 1-14.

11 LIU, L., "Public Participation in Decision Making, Perceived Procedural Fairness and Public Acceptability of Renewable Energy Projects", *Energy and Climate Change*, 1, 2020, pp. 1-27.

El Convenio[12] y la Directiva de Aarhus[13] ofrecen el marco regulatorio general para la participación colectiva en la toma de decisiones europeas de materia ambiental. A su vez, la Directiva de Energías Renovables II[14] (recientemente modificada por su versión III)[15] describe específicamente el marco jurídico europeo de comunidades energéticas. Este conjunto de normas requiere transposición nacional por parte de los Estados Miembros de la UE, quiénes, bajo el principio de "armonización mínima" pueden desarrollar dichas medidas en línea con las necesidades de sus propios territorios.[16]

España va a estar en la cabeza de la agenda política de la UE durante los próximos cinco años, puesto que ostentará la primera vicepresidencia y se ocupará de la cartera de "Transición Limpia, Justa y Competitiva".[17] Además, a nivel operacional España aspira a liderar la producción y exportación interna de hidrógeno verde en la UE.[18] Sin embargo, por las

---

12 U.N. GAOR, *Convenio de Aarhus: Convenio sobre el acceso a la información, la participación del público en la toma de decisiones y el acceso a la justicia en materia de medio ambiente* (Aarhus, Dinamarca, 25 de junio de 1998, UN Treaty Series 2161).

13 Directiva 2003/35/CE por la que se establecen medidas para la participación del público en la elaboración de determinados planes y programas relacionados con el medio ambiente y por la que se modifican, en lo que se refiere a la participación del público y el acceso a la justicia, las Directivas 85/337/CEE y 96/61/CE del Consejo–Declaración de la Comisión.

14 Directiva 2018/2001/UE del Parlamento Europeo y del Consejo, de 11 de diciembre de 2018, relativa al fomento del uso de energía procedente de fuentes renovables (versión refundida).

15 Directiva 2023/2413/UE por la que se modifican la Directiva 2018/2001/UE, el Reglamento 2018/1999/UE y la Directiva 98/70/CE en lo que respecta a la promoción de la energía procedente de fuentes renovables y se deroga la Directiva 2015/652/UE del Consejo.

16 SQUINTANI, L., "Beyond Minimum Harmonisation", en SQUINTANI, L., (ed.), *Beyond Minimum Harmonisation: Gold-Plating and Green-Plating of European Environmental Law*, Cambridge University Press, Cambridge, 2019, p. x.; SQUINTANI, L. y PERLAVICIUTE, G., "Access to Public Participation: Unveiling the Mismatch between what Law Prescribes and what the Public Wants", en PEETERS, M. y ELIANTONIO, M., (eds.), Research Handbook on EU Environmental Law, Edward Elgar Publishing, 2020, pp. 133-147.

17 COMISIÓN EUROPEA: «Press statement by President von der Leyen on the next College of Commissioners» [en línea], (2024), <https://ec.europa.eu/commission/presscorner/detail/en/ip_24_4723> [Consulta: 12/06/2024].

18 PINTO, J., "The Key Tenets of a Hydrogen Strategy: An Analysis and Comparison of the Hydrogen Strategies of the EU, Germany and Spain", *Global Energy Law and*

particularidades geográficas y sociales que España abarca, se espera que se puedan originar movimientos reaccionarios contrarios al despliegue de esta nueva tecnología energética. En este sentido, Catalunya está sufriendo largos períodos de sequía por lo que parte de su población podría oponerse al uso de recursos hídricos para la producción de hidrógeno verde.

Considerando estas influyentes variables legales, políticas y fácticas, y teniendo en cuenta que hasta ahora los estudios en empoderamiento ciudadano colectivo en una economía del hidrógeno solo se han centrado en el poder de toma de decisiones sin concentrarse en el nivel de inclusión de dichos procedimientos.[19] Este capítulo ofrece el primer análisis del nivel de justicia de reconocimiento y procedimental en el que se encuentran los procesos participativos en la economía del hidrógeno. El capítulo mapea las oportunidades y desafíos de los marcos regulatorios sobre participación pública colectiva en España en la inclusión equitativa de las personas vulnerables y/o marginadas en la toma de decisiones energéticas.

El capítulo primeramente contextualiza el marco teórico que reconoce la necesidad de alinear la democracia participativa con la justicia de reconocimiento y procedimental en el contexto de la gobernanza del hidrógeno. A ello le sigue un desglose de la perspectiva europea sobre inclusión en participación pública colectiva vía comunidades energéticas para luego analizar en profundidad la jurisdicción española en el mismo sentido. El análisis contempla los obstáculos que la ley pone a incluir en la participación pública a los vulnerables y/o marginados en políticas, planes y proyectos adoptados a nivel nacional, regional, y local. De ser incluidos, bajo qué medios procedimentales el Estado incluye positivamente a estos grupos para que participen en las decisiones.

Sustainability, 4, 2023, pp. 72-95; CONSEJO MUNDIAL DE LA ENERGÍA, PWC y EPRI: «Working Paper Hydrogen on the Horizon: National Hydrogen Strategies WEC» [en línea], (2021), <https://www.worldenergy.org/publications/entry/working-paper-hydrogen-on-the-horizon-national-hydrogen-strategies> [Consulta: 12/06/2024]

19 SQUINTANI, L. y SCHOUTEN, S., "Public Participation in the Hydrogen Economy: Lessons Learned from the Northern Netherland Hydrogen Valley" capítulo de libro en prensa, 2024; REHAGE, R. y FORNS GOMEZ, A., "Accelerating Authorisations vs. Public Participation in the Decision-chain of Renewable Hydrogen in Germany and Spain: A Dilemma", *Journal for European Environmental and Planning Law*, edición especial en prensa, 2024.

2. JUSTICIA ENERGÉTICA Y DEMOCRACIA PARTICIPATIVA EN UNA ECONOMÍA DEL HIDRÓGENO: UN PROCESO DE TOMA DE DECISIONES INCLUSIVO

El Pacto Verde Europeo aboga por una transición climáticamente neutra que también contemple una vertiente de justicia. Mientras que los responsables de políticas de la UE parafrasean vagamente "transición justa" como el mecanismo que vela porque "nadie se quede atrás".[20] La academia históricamente ha desarrollado el concepto de justicia más extensivamente.

La teoría moderna de justicia de RAWLS tiene por objetivo garantizar que toda persona más allá de su posición privilegiada o no en origen, forme parte de la misma sociedad y goce de igualdad de oportunidades.[21] En repetidas ocasiones, la teoría de justicia y la realidad están desalineadas entre sí: las sociedades occidentales de hoy día siguen basándose en tendencias meritocráticas que determinan a partir del factor suerte quien merece tener mayores y mejores oportunidades que el resto.[22] La meritocracia conlleva inequidades: algunos por razón de pertenecer a un grupo vulnerable de la sociedad no tienen el mismo acceso a oportunidades que otros.[23] Este concepto generalista de justicia es extrapolable a cualquier dimensión y esfera de la vida moderna. Es por ello que a finales del siglo XX emergieron la justicia ambiental y sucesivamente la justicia climática y energética. [24]

Cuando las "características esenciales de la manera moderna de vivir" como el uso de energía, se perciben en cambio como un "lujo comercializable"[25], aquellos quienes ostentan una posición desfavorable deberán hacer mayores esfuerzos para disfrutar de dicha "característica esencial". La introducción de un nuevo vector energético como el hidrógeno

---

20 COMISIÓN (UE), "El Pacto Verde Europeo", *op cit.*, p. 4.

21 RAWLS, J., *A Theory of Justice: Original Edition*, Harvard University Press, Cambridge, 1971.

22 TAŠNER, V. y GABER, S., "Is it time for a new meritocracy?", *Theory and Research in Education*, 20, 2, 2022, pp.182-192.

23 JENDROŚKA, J.; REESE, M. y SQUINTANI, L., "Towards a New Legal...", *op cit.*, p. 107.

24 SCHLOSBERG, D. y COLLINS, L.B., "From Environmental to Climate Justice: Climate Change and the Discourse of Environmental Justice", *WIRes Climate Change*, 5, 3, 2014, p. 360.

25 JIGLAU, G., *et al.*, "Energy and the social contract: From 'energy consumers' to 'people with a right to energy'", *Sustainable Development*, 32, 1, 2024, p. 1322.

verde que en su etapa de lanzamiento es costoso desde un punto de vista sostenible, puede de primeras beneficiar solo a los grupos privilegiados de la sociedad si la economía del hidrógeno se construye sin tener en cuenta una perspectiva de justicia. Es por ello que la justicia energética aboga por la identificación de los grupos vulnerables y/o marginados de la sociedad como actores de la transición energética, para más adelante garantizar su justa participación en las decisiones energéticas y marcará cómo los costes y beneficios de una transición se distribuirán equitativamente. [26]

La existencia de grupos vulnerables y/o marginados a la luz de las decisiones ambientales, climáticas y energéticas, se reconoce por las Recomendaciones de Maastricht de 2015, las cuales indican una lista *numerus apertus* de grupos sociales con mayor probabilidad de ser marginados durante procesos participativos tales como: niños, personas mayores, mujeres, migrantes, personas con discapacidades, personas con niveles bajos de educación o ingresos, minorías étnicas o religiosas, y aquellos quienes no tienen acceso a medios de comunicación.[27]

El concepto de justicia energética enfatiza que, para alcanzar justicia en democracias participativas, es fundamental que los procesos de toma de decisiones sean más inclusivos, donde los vulnerables y/o marginados se reconocen como participantes legítimos y disponen de los medios necesarios para participar. La participación colectiva en la toma de decisiones energéticas puede ocurrir mediante la membresía en comunidades energéticas, lo cual es la clara expresión de una democracia participativa. Las comunidades energéticas en una transición justa pueden servir como un mecanismo alternativo que atribuye a los vulnerables y/o marginados acceso y poder en la toma de decisiones de una transición energética que puede acarrear impactos ambientales y sociales.[28] La figura de las comunidades energéticas apoya una descentralización de la democracia; en la cual el modelo de sociedad meritocrática e inequitativa en el terreno de las decisiones energéticas podría quedar debilitado si toda voz es escuchada.

---

[26] MCCAULEY, D., *et al.*, "Advancing energy justice...", *op cit.*, p. 107.

[27] COMISIÓN ECONÓMICA DE LAS NACIONES UNIDAS PARA EUROPA: «Maastricht Recommendations on Promoting Effective Public Participation in Decision-Making in Environmental Matters, prepared under the Aarhus Convention» [en línea], (2015), <https://unece.org/sites/default/files/2022-10/1514364_E_web.pdf> [Consulta: 12/06/2024].

[28] FLEMING, R., HUHTA, K. y REINS, L., "What is Sustainable Energy Democracy in Law?", en FLEMING, R., HUHTA, K. y REINS, L. (eds.), *Sustainable Energy Democracy and the Law*, Brill, Leiden, 2021, p. 3 y 10.

El artículo 3.9 del Convenio de Aarhus recoge el principio de no-discriminación por razón de distancia geográfica, que protege a quienes participen en la toma de decisiones por medios colectivos. Sin embargo, el principio de no-discriminación no puede por sí solo combatir la falta de inclusión de ciertos grupos vulnerables a no ser que reciba el apoyo de la discriminación positiva.[29] Mientras que la no-discriminación previene cualquier tipo de diferenciación negativa entre individuos por razón de pertenencia a un grupo vulnerable y/o marginado (en este caso, solo en base su localización),[30] la discriminación positiva abraza tales diferencias para abordar los desequilibrios de poderes otorgando una mayor proporción de oportunidades a los desfavorecidos.[31] La discriminación positiva asimila que las personas que son distintas entre sí, deben ser tratadas en distintos modos.[32] El concepto de discriminar positivamente rechaza el enfoque de "una sola solución universal" para todos independientemente de la posición privilegiada o vulnerable por razón de origen. En consecuencia, la discriminación positiva llama a adoptar medidas que se adecúen a las vulnerabilidades y marginalidades de aquellos desfavorecidos de modo que se consiga contrarrestar el desequilibrio de oportunidades y poder que existe entre éstos y los grupos privilegiados de la sociedad.[33]

Las siguientes secciones estudian particularmente la gobernanza del hidrógeno a nivel europeo y estatal y determinan si la discriminación positiva tiene presencia en sus marcos regulatorios en materia de participación pública colectiva y comunidades energéticas como método de inclusión de los grupos vulnerables y/o marginados en la democratización de una economía del hidrógeno.

---

29 DESKOSKA, R., "The Right of Non-Discrimination and Affirmative Action", *1 Iustinianus Primus L Rev 1*, 2010, pp. 1-10; PERLAVICIUTE, G.; SQUINTANI, L. y LIU, L., "Contested climate policies and public participation: An equal-opportunities-and values-based approach (EVA)", en GATERSLEBEN, B. y MURTAGH, N. (eds.), *Handbook on Pro-Environmental Behaviour Change,* Edward Elgar Publishing, UK, 2023, p. 335 y 340.

30 *Tol 9913843,* párrafo 24.

31 DOKUBO, O.; RADULESCU, M.A. y SQUINTANI, L., "What Law Does not Understand About Public Participation", *Heliyon,* 10, 2024, p. 1 y 9.

32 *Tol 9931504,* párrafo 95.

33 SQUINTANI, L. y SCHOUKENS, H., "Towards equal opportunities in public participation in environmental matters in the European Union", en SQUINTANI, L., *et al.* (eds.), *Managing Facts and Feelings in Environmental Governance,* Edward Elgar Publishing, UK, 2019, pp. 22-52.

3. SENTANDO LAS BASES: PARTICIPACIÓN PÚBLICA COLECTIVA Y COMUNIDADES ENERGÉTICAS EN LA UE

El lanzamiento de programas a gran escala o proyectos localizados basados en hidrógeno verde puede en repetidas ocasiones conllevar implicaciones ambientales que avivan la preocupación ciudadana. Siendo el legislador internacional consciente del rol clave que pueden tener los ciudadanos en la protección del medio ambiente,[34] estableció en 1998 el Convenio de Aarhus como la norma que reconcilia dicho rol como un derecho y una obligación colectivas que van más allá de la acción individual.[35] La participación pública se leía como el derecho de las personas a actuar individual o colectivamente contra los efectos ambientales pasados, presentes y futuros causados por la humanidad en aras de un desarrollo antropocentrista.[36]

Mientras que durante los primeros aniversarios del Convenio de Aarhus las formas de participación individual eran las más representativas, a lo largo de los años las formas de participación colectiva van ganando mayor atención. Este ha sido el caso de las iniciativas energéticas "de abajo hacia arriba" como son las comunidades energéticas. Con la finalidad de garantizar protección legal a estas nuevas formas de producción de energía, y derechos a los miembros que las conforman, la UE legalizó estas entidades bajo la Directiva de Energías Renovables II (RED II).[37]

En la naciente economía del hidrógeno, se han tomado algunas macrodecisiones a nivel europeo como la Estrategia Europea del Hidrógeno.[38] A pesar de que la Estrategia no hace referencia alguna a una transición justa ni a la participación ciudadana como acciones clave de su hoja de ruta, el documento estuvo de todos modos sujeto a consulta pública.[39] La convocatoria de consultas no contempló dar especial atención a aquellos

---

34 U.N. GAOR, "Convenio de Aarhus…", *op cit.*, Considerando 13.

35 Ibidem, Considerandos 6-7 y artículo 1.

36 VILLAVICENCIO-CALZADILLA, P. y KOTZÉ, L., "Re-imagining Participation in the Anthropocene: The Potential of the Rights of Nature Paradigm", en PETERS, B. y LOHSE, E. J. (eds.), *Sustainability through Participation?*, Brill, Leiden, 2023, p. 51.

37 RED II.

38 COMISIÓN (UE), "Una estrategia del hidrógeno para una Europa climáticamente neutra", *op cit.*, p. 3.

39 COMISIÓN EUROPEA: «Clean Energy – an EU hydrogen strategy» [en línea], (2020), <https://ec.europa.eu/info/law/better-regulation/have-your-say/initiatives/12407-Clean-energy-an-EU-hydrogen-strategy_en> [Consulta: 12/06/2024].

ciudadanos vulnerables y/o marginados y es difícil determinar si alguna entidad de representación colectiva, como comunidades energéticas, participaron en la consulta.

Más allá de estos datos, aún está por determinar en qué medida el marco regulatorio de empoderamiento ciudadano conforme al Convenio y Directiva Aarhus y la RED II (ahora RED III), configura las comunidades energéticas como mecanismo de inclusión colectiva de los vulnerables y/o marginados para que éstos se integren plenamente en nuestras transiciones energéticas.

3.1. El Convenio de Aarhus como acuerdo marco para una participación pública colectiva en Europa

El legislador europeo aprobó la Directiva de Aarhus[40] como método de ratificación y transposición del Convenio de Aarhus. El Convenio sigue siendo de aplicación directa, puesto que tanto la UE como España son parte del mismo.[41] Esta sección analiza en base al texto del Convenio, el nivel de inclusión de las comunidades energéticas en los procesos de participación ciudadana desde dos vertientes de la justicia energética. Primeramente, la justicia de reconocimiento que estudia cómo las normas definen quiénes se consideran participantes legítimos en el proceso de toma de decisiones energéticas, con especial atención a los vulnerables y/o marginados y, en este caso, a las comunidades energéticas. Por otra parte, la justicia procedimental examina si las disposiciones sobre participación pública contemplan configurar medidas de discriminación positiva para que los grupos desfavorecidos y los colectivos que las representen, tengan métodos de participación que se adecúen a sus necesidades procedimentales tales como plazos más largos.

Bajo el Convenio de Aarhus, dos son los grupos de personas que pueden formar parte en la toma de decisiones de iniciativas que afecten al medio ambiente: "el público" y el "público interesado". Esta diferenciación se basa en el nivel en el que se toman las decisiones. Si hablamos de decisiones macro-nivel (políticas, planes, programas) el artículo 7 del Convenio de Aarhus llama al "público" en general a participar. Estas decisiones macro-nivel

---

40 Directiva de Aarhus, op cit.

41 SQUINTANI, L. y PERLAVICIUTE, G., "Access to Public Participation…", *op. cit.*, p. 133.

influencian el margen de maniobra que pueden llegar a tener las decisiones micro-nivel (proyectos como la construcción de parques eólicos).[42] Es precisamente a micro-nivel donde las personas se inclinan más por participar en las decisiones y también donde más se perciben los efectos de las decisiones públicas.[43] En este caso, el artículo 6 del Convenio llama tanto al "público" como al "público interesado" a participar. Aunque en un contexto de inclusión podría decirse que la diferenciación entre ambos sujetos es un ejemplo de mecanismo de discriminación positiva donde los "interesados" o afectados tienen mayores derechos de participación, lo cierto es que no hay evidencia alguna que tal diferenciación traiga verdaderamente mayores oportunidades para las personas vulnerables y/o marginadas.

Es por ello que el artículo 2 del Convenio contempla propiamente definiciones para ambos términos desde una perspectiva de participación colectiva. En su párrafo 4° la definición de "público" ofrece una apertura completa del proceso participativo a todo individuo que actúe colectivamente, pues la disposición engloba toda persona física o jurídica y sus asociaciones, organizaciones o grupos. El párrafo 5° contrarresta tal apertura y reduce la participación pública colectiva tan solo a esas organizaciones no-gubernamentales (ONG) quiénes tengan como su objetivo proteger el medio ambiente. Ante estas definiciones, el legislador nacional puede desarrollar en mayor profundidad qué tipos de acción colectiva se recogen bajo la definición de "ONG" en el seno de la participación pública y por ende, se considera que tienen un interés en la toma de decisiones.[44] En base al Convenio de Aarhus, resulta confuso determinar si las comunidades energéticas recaen en el concepto de "ONG". Está en las manos del legislador nacional decidir si efectivamente las comunidades energéticas se engloban en la concepción de "ONG" y por ende, si están legitimadas para participar en decisiones micro-nivel; nivel bajo el cual las comunidades energéticas pueden influenciar la política energética más exhaustivamente.[45]

---

[42] PERLAVICIUTE, G. y SQUINTANI, L., "Time to Talk about Values Time to Say No: What Drives Public Participation in Decision-Making on Abstract versus Concrete Energy Projects?", *PLOS Climate*, 2, 8, 2023, p. 3.

[43] PERLAVICIUTE, G.; SQUINTANI y L. LIU, L., "Contested Climate Policies...", *op cit.*, p. 342.

[44] COMISIÓN ECONÓMICA DE LAS NACIONES UNIDAS PARA EUROPA: «Maastricht Recommendations on Promoting Effective Public Participation», *op cit.*, p. 12. Artículo 2(5) *in fine* del Convenio de Aarhus

[45] SCHLINDWEIN, L. F. y MONTALVO, C., "Energy citizenship...", *op cit.*, p. 8.

Estas definiciones no garantizan que el artículo 3.9 sobre no-discriminación se aplique a modo de prevenir la exclusión de las personas vulnerables y/o marginadas en la acción colectiva y en los procesos participativos. Las definiciones recogidas en el artículo 2.4 y 2.5 del Convenio toman el enfoque de "una sola solución universal" para que todos los desfavorecidos y sus agrupaciones colectivas sean tratados del mismo modo a pesar de ser distintos entre sí, y se les ofrecen las mismas oportunidades de participar independientemente de las inequidades que los separan.

Es solo en base al "lugar en que [la persona jurídica] tenga su sede oficial o centro de actividades" que el artículo 3.9 iguala a los participantes quienes tengan registrada su sede social en el territorio donde se esté tomando la decisión con los participantes que no gocen de tal registro. Esta disposición pretende evitar excluir métodos de participación colectiva por razón de distancia geográfica. Más allá de que la variable geográfica pueda ser entendida como un factor de discriminación, el texto del Convenio aún no considera las vulnerabilidades y marginalidades que amenazan una participación equitativa, ni prevé medidas de discriminación positiva para vencer las posiciones desfavorecidas en la cadena de toma de decisiones energéticas. A casi veinte años de la adopción del Convenio de Aarhus, las Recomendaciones de Maastricht sugirieron en 2015 que las autoridades públicas deberían tomar especial atención de los desfavorecidos al identificar al público interesado y/o afectado por proyectos que puedan impactar al medio ambiente.[46] Dado que las recomendaciones no tienen carácter vinculante, no está claro si los signatarios del Convenio las han implementado a nivel nacional como primeras medidas de discriminación positiva en el ámbito de participación ciudadana colectiva.[47]

El marco regulatorio europeo sobre participación ciudadana demuestra que no existe hasta la fecha una posición concreta sobre la inclusión de las voces de los más vulnerables por la vía de la participación colectiva. Una definición más inclusiva del "público" y el "público interesado" es crucial para identificar los grupos vulnerables y/o marginados que tienden a ser

---

46 COMISIÓN ECONÓMICA DE LAS NACIONES UNIDAS PARA EUROPA: «Maastricht Recommendations on Promoting Effective Public Participation», *op cit.*, p. 1.

47 SQUINTANI, L. y SCHOUKENS, H., "Towards Equal Opportunities...", *op c.it.*, p. 34; DOKUBO, O.; RADULESCU, M.A. y SQUINTANI, L., "What Law does not Understand...", *op. cit.*, p. 9.

incapaces de participar por sí solos.[48] A pesar de que el Convenio de Aarhus aboga por una participación no-discriminatoria, tomar el enfoque de "una solución única universal" para todos no equivale a implicar positivamente a los vulnerables en el proceso a través de medios colectivos. Queda por ver si específicamente en el caso de las comunidades energéticas, el legislador europeo ha tomado una visión equitativa en vez de igualitaria para la inclusión de los grupos desfavorecidos en este nuevo constructo de participación colectiva.

3.2. Comunidades energéticas: Hacia una toma de decisiones "de abajo hacia arriba" para una democracia energética inclusiva

El empoderamiento colectivo de los ciudadanos está convirtiéndose cada vez más importante en el campo de la inclusión de grupos vulnerables y/o marginados en la cadena de toma de decisiones energéticas.[49] Estos grupos no suelen estar dispuestos a convertirse en parte activa de estos procesos participativos por su propia cuenta.[50] En cambio, cuando forman parte de colectivos como comunidades energéticas, entidades que les ofrecen un espacio seguro y una zona de confort, expresan abiertamente sus opiniones y preocupaciones con personas con las que comparten valores similares.[51] La pertenencia a una comunidad se percibe como un incremento del poder de decisión, por lo que la participación en iniciativas colectivas aumenta también los niveles de aceptación tanto de las decisiones micro (proyectos locales) y macro-nivel (políticas y planes).[52]

Nacidas en reacción a los sistemas energéticos y democracias centralizadas, las comunidades energéticas son el motor para no sólo descentralizar

---

48 FLEMING, R.; HUHTA, K. y REINS, L., "What is Sustainable Energy Democracy...", *op. cit.*, p. 16.

49 BAZILIAN, M.; NAKHOODA, S. y VAN DE GRAAF, T., "Energy Governance and Poverty" *Energy Research and Social Science*, 1, 2014, p. 217.

50 HAMANN, K. *et al.*, "An interdisciplinary understanding of energy citizenship: Integrating psychological, legal, and economic perspectives on a citizen-centred sustainable energy transition", *Energy Research and Social Science*, 97, 2023, pp. 1-18.

51 COY, D.; MALEKPOUR, S. y SAERI, A. K., "From little things, big things grow: Facilitating community empowerment in the energy transformation", *Energy Research and Social Science*, 84, 2022, pp. 1-9.

52 DEVINE-WRIGHT, P. y WALKER, G., "Community Renewable Energy: What Should it Mean?", *Energy Policy*, 36, 2, 2008, p. 497.

la producción, distribución y consumo de la energía, sino también para democratizar la cadena de toma de decisiones energéticas acercándolas a los ciudadanos. La organización colectiva de la sociedad civil en asuntos energéticos es un fenómeno reciente que recibió protección legal del legislador europeo por primera vez en 2018. Estas nuevas entidades están legalmente definidas como "comunidades de energías renovables" en la RED II. El término "renovable" se inserta en este concepto puesto que el ámbito de aplicación de la norma solo contempla recursos energéticos que bajo esta Directiva se consideran renovables. De la interpretación sistemática de la definición primera del artículo 2 de la RED II, el hidrógeno verde cuenta como una energía renovable, pues se produce a través de la electrólisis de agua accionada por electricidad procedente de energías renovables como la solar y la eólica, contenidas en dicha definición.[53]

Desde el punto de vista de la inclusión, la definición decimosexta del artículo 2 de la RED II establece tres condiciones acumulativas para que una organización colectiva que ejecute algún tipo de actividad energética, se considere una comunidad energética renovable. Primero, la membresía en la entidad debe ser abierta y voluntaria y la entidad debe ser controlada por aquellos miembros situados de forma próxima a la iniciativa energética que la propia entidad posee y desarrolla. Segundo, sus miembros están restringidos a ser personas físicas, pymes, y/o autoridades locales. Tercero, la misión de la comunidad energética tiene que ir más allá de la obtención de beneficios financieros, concentrándose en proveer beneficios económicos, sociales o ambientales en el área donde opera.[54] Estas condiciones demuestran que mientras que la membresía a la comunidad es abierta, solo lo es para actores específicos de una sociedad que desarrollan sus actividades a nivel local y a pequeña escala.

Aunque la definición décimo sexta del artículo 2 no dedica especial atención a los vulnerables y/o marginados, el artículo 22.4 letra f) de la RED II sienta una primera base para la discriminación positiva, declarando abiertamente los hogares con ingresos bajos o vulnerables como parte del público objetivo que puede acceder a la comunidad energética. Esta

---

53 CHUGH, A. y TAIBI, E.: «What is green hydrogen and why do we need it? An expert explains» [en línea], (2021), <https://www.weforum.org/agenda/2021/12/what-is-green-hydrogen-expert-explains-benefits/> [Consulta: 12/06/2024]

54 SWENS, J. y DIESTELMEIER, L., "Developing a legal framework for energy communities beyond energy law", en LÖBBE, S.; SIOSHANSI, F. y ROBINSON, D. (eds.), *Energy Communities: Customer-Centered, Market-Driven, Welfare-Enhancing?*, Academic press, UK, 2022, p. 59.

disposición se alinea debidamente con la intención de las Recomendaciones de Maastricht: obliga a los Estados Miembro a incluir a los vulnerables y/o marginados en sus transiciones energéticas, dejándoles discreción para determinar quién entra en la definición de "vulnerable y/o marginado".[55] La potestad discrecional de los Estados Miembros en este caso refleja una falta de armonización de lo que "vulnerable y/o marginado" debería significar en una transición energética más allá de la categorización de las Recomendaciones de Maastricht.[56]

Desde que la RED II se modificó en 2023, convirtiéndose en la RED III, el legislador europeo ha insertado un nuevo artículo dedicado a participación pública.[57] El artículo 15d.1 de la RED III manda a los Estados Miembro salvaguardar la participación en decisiones macro-nivel (planes) mientras que el 15d.2 se concentra en las micro-nivel (proyectos) y hace especial referencia a incrementar los niveles de aceptación de estas decisiones micro-nivel por parte de las comunidades locales. Esta última disposición diferencia entre participación directa e indirecta de comunidades. Aunque la distinción puede resultar confusa, el considerando 30 del preámbulo de la RED III clarifica el objeto del artículo 15d.2, interrelaciona en todo caso la participación a la aceptación por parte de las comunidades locales de proyectos de energías renovables de acuerdo con el Convenio de Aarhus.

A grandes rasgos podemos decir que la RED III entiende que las comunidades energéticas (locales) son participantes legítimas en la cadena de toma de decisiones energéticas a macro y micro-nivel, si se interpreta la norma de conformidad con el Convenio de Aarhus. La definición decimosexta del artículo 2 de la RED II no predetermina una naturaleza jurídica u otra a las comunidades energéticas, dejando libertad a estas nuevas entidades de constituirse bajo cualquiera forma jurídica que mejor las proteja. Es por ello que están contempladas como formas de participación colectiva en la definición de "público" general del Convenio de Aarhus.

---

55 BRADLEY, K., "Legislating in the European Union", en BARNARD, C. y PEERS, S. (eds.), *European Union Law*, 3rd edn., Oxford University Press, Oxford, 2020, p. 104.

56 DIESTELMEIER, L., "Citizen Energy Communities as a Vehicle for a Just Energy Transition in the EU – Challenges for the Transposition", *OGEL Energy Law Journal*, 1, 2021, pp. 1-12.

57 RED III, artículo 15d.

Las comunidades energéticas se presentan en el derecho europeo como entidades legales que sirven como herramientas de participación democrática que pueden implicar a los grupos vulnerables y/o marginados en actividades y decisiones relativas a energías renovables como el hidrógeno verde. No obstante, es difícil determinar el nivel de inclusión de estos grupos desfavorecidos en el seno de las comunidades energéticas. La RED II y III sólo reconocen la posibilidad de los vulnerables y/o marginados de pertenecer a estas nuevas formas colectivas de participación sin positivamente establecer obligaciones de al menos convenir con una cuota de participación de los vulnerables respecto a la totalidad de los miembros que las conforman.

Esta sección demuestra que el marco regulatorio para la participación pública colectiva requiere de disposiciones más protectoras y a la vez alentadoras para que los vulnerables y/o marginados se incluyan a través de comunidades energéticas en el proceso de toma de decisiones energéticas. Tanto el Convenio y la Directiva de Aarhus como las RED II y III establecen criterios mínimos en relación a cuáles son los principios y disposiciones generales de la participación pública colectiva. España como signataria del Convenio de Aarhus y miembro de la Unión Europea, tiene la oportunidad de ir más allá de lo establecido y proponer disposiciones más concretas para proteger más exhaustivamente a los vulnerables y/o marginados tanto dentro de las comunidades energéticas como en los procesos de participación pública. La próxima sección estudia si a nivel estatal el legislador español ha considerado incorporar medidas de discriminación positiva a tal aspecto.

4. ESPAÑA: ENFOQUES EX/INCLUSIVOS SOBRE PARTICIPACIÓN PÚBLICA COLECTIVA DE UN EXPORTADOR DE HIDRÓGENO

El Reino de España tendrá un rol clave en la promoción de la economía del hidrógeno en la UE. Por sus particularidades geográficas e industriales, la producción de hidrógeno verde estará al frente de las prioridades energéticas de España en los próximos años.[58] Invertir esfuerzos considerables en el despliegue de una nueva tecnología como es el hidrógeno verde con la voluntad de convertirse en el líder europeo de producción, puede llegar

[58] MINISTERIO PARA LA TRANSICIÓN ECOLÓGICA Y EL RETO DEMOGRÁFICO: «Hoja de Ruta del Hidrógeno» [en línea], (2022), <https://www.miteco.gob.es/es/ministerio/planes-estrategias/hidrogeno.html> [Consulta: 12/06/2024]

a tener implicaciones no solo económicas sino también sociales y ambientales. Independientemente del sentido de estos impactos y de la urgencia de implementar una economía del hidrógeno.[59] Esta nueva tecnología no puede evitar ponerse en manos de la participación pública como medio de salvaguardia de la transición justa.

La Hoja de Ruta del Hidrógeno pretende alcanzar los objetivos europeos 2050 de neutralidad climática.[60] De la producción, transporte y distribución, almacenamiento, consumo, toda la cadena de valor del hidrógeno se discute en esta estrategia. Más allá de su carácter no vinculante, la estrategia ofrece una vista preliminar de la dirección que toma el Estado español en relación con el hidrógeno.[61] El documento estuvo sujeto a consulta pública en dos ocasiones. Ninguna de las convocatorias de consulta contempló una distinción positiva de los grupos vulnerables y/o marginados y es difícil determinar cuáles de los participantes en las consultas fueron comunidades energéticas. El texto finalmente publicado no menciona en ningún caso el rol que el público tendrá en el despliegue de la economía del hidrógeno en territorio español.

A nivel de planificación y ejecución de proyectos, donde las iniciativas de hidrógeno son más detalladas e impactan más directamente a los territorios donde van a ser desarrolladas, otro mecanismo de protección ambiental aparece para regular la gobernanza energética local: el Estudio de Impacto Ambiental (EIA).[62]

Las siguientes subsecciones evalúan si los últimos avances en el marco regulatorio español de participación pública garantizan a los grupos vulnerables y/o marginados el derecho a participar colectivamente en la cadena de toma de decisiones a macro-nivel (políticas y planes) y micro-nivel (proyectos).

---

59 REHAGE, R. y FORNS GOMEZ, A., "Accelerating Authorisations...", *op cit.*, p. 5.

60 MINISTERIO PARA LA TRANSICIÓN ECOLÓGICA Y EL RETO DEMOGRÁFICO: «Hoja de Ruta del Hidrógeno», *op cit.*, p. 3.

61 PINTO, J., "The Key Tenets...", *op cit.*, p. 72; WOODYATT, J.; PETTIT, J. y PREST, J., "Comparing the Hydrogen Strategies of the EU, Germany, and Australia: Legal and Policy Issues", *OGEL Energy Law Journal*, 19, 2021, p. 59.

62 ALENZA GARCÍA, J. F., "El procedimiento de evaluación de impacto Ambiental", en RUIZ DE APODACA ESPINOSA, A. (ed.), *Régimen jurídico de la evaluación Ambiental*, Aranzadi, Pamplona, 2014, p. 299.

4.1. El marco jurídico de la participación pública en España: Olvido de las micro-decisiones y dilución de la acción colectiva

El legislador español aprobó la Ley 27/2006 de Participación Pública (LPP).[63] La LPP solo desarrolla el marco regulatorio de participación pública de decisiones macro-nivel (políticas, decisiones)[64] y deja la regulación de las decisiones micro-nivel (proyectos) en manos de las leyes sectoriales. Esto conlleva una fragmentación del marco jurídico de participación ciudadana y puede en consecuencia acarrear un obstáculo para asegurar una inclusión armonizada en los distintos niveles de participación.

Desde el punto de vista de la justicia de reconocimiento, la LPP determina que las decisiones macro-nivel estarán sujetas tanto a la participación del "público" general, como del "público interesado", en contraposición a lo establecido en el Convenio de Aarhus, que solo contempla la participación del 'público interesado' en las decisiones micro-nivel.

Mientras que la LPP trae una transposición literal de la definición de "público" en consonancia con el Convenio de Aarhus, el "público interesado" se desarrolla en dos definiciones más elaboradas. Por un lado, el artículo 2.2. de la LPP entiende por "público interesado" toda persona física o jurídica que bajo el artículo 31 de la ya derogada Ley 30/1992, del Régimen Jurídico de las Administraciones Públicas y del Procedimiento Administrativo Común[65] recaiga en el concepto de "interesado". Hoy día, la interpretación se debe hacer pues a través del artículo 4 de la Ley 39/2015, de Procedimiento Administrativo Común de las Administraciones Públicas (LPACAP).[66]

Las comunidades energéticas, al ser consideradas en derecho europeo como personas jurídicas, recaerán en la definición del artículo 4 de la LPACAP. "Personas interesadas" jurídicas son: aquellas que tengan un interés o derecho colectivo legítimo, quiénes aun no habiendo iniciado el procedimiento sus derechos se verán afectados en función de la decisión que

---

63 Ley 27/2006, de 18 de julio, por la que se regulan los derechos de acceso a la información, de participación pública y de acceso a la justicia en materia de medio ambiente (incorpora las Directivas 2003/4/CE y 2003/35/CE) (LPP).

64 Ibidem, artículos 16 y 17 de la LPP.

65 Ley 30/1992, de 26 de noviembre, del Régimen Jurídico de las Administraciones Públicas y del Procedimiento Administrativo Común.

66 Ley 39/2015, de 1 de octubre, de Procedimiento Administrativo Común de las Administraciones Públicas (LPACAP).

se vaya a tomar durante dicho procedimiento o, aquellos quienes, teniendo intereses colectivos legítimos, pudieren ser afectados por la decisión y se personen en el procedimiento antes que se resuelva el procedimiento. Además de estas condiciones, el artículo 16.2 de la LPP establece que las autoridades competentes determinarán quien explícitamente se considera "público interesado" en cada decisión en concreto. Estas definiciones, en ningún caso presentan un enfoque especializado hacia las personas vulnerables y/o marginadas, quienes podrían participar indirectamente en la toma de decisiones de ser incluidas en comunidades energéticas.

Por otro lado, el artículo 2.2 de la LPP dedica una segunda definición especialmente a la participación colectiva: cualquier persona jurídica sin ánimo de lucro que cumpla con los requisitos recogidos en el artículo 23 de la misma Ley. Este último, ha dado lugar a un mar de críticas por parte de ONG, estudiosos y movimientos colectivos de ciudadanos como las aquí analizadas comunidades energéticas pues los requisitos que abarca restringen y excluyen ciertos colectivos.[67] El objetivo de la entidad debe ser la protección del medio ambiente, haber sido legalmente constituida dos años antes de que el proceso participativo se iniciase y que vengan ejerciendo activamente sus actividades en el territorio que pudiese resultar afectado por la decisión. Esta corte de requisitos expulsa en esencia aquellas comunidades energéticas que tengan un objetivo ulterior al ambiental, o que se hayan constituido recientemente como reacción a oponerse a proyectos a gran escala que están en proceso de ser aprobados. La exclusión de las comunidades energéticas repulsa en consecuencia a todos esos individuos vulnerables y/o marginados de la sociedad quienes, por pertenecer a una comunidad, buscan ser representados en decisiones energéticas que los puedan afectar.

La participación pública en decisiones macro-nivel configura claras barreras de entrada para las organizaciones sin ánimo de lucro que sirven como un mecanismo de representación de las visiones de aquellos grupos vulnerables y/o marginados que no tienen la voluntad de participar individualmente. Las objeciones de estas entidades tienden a ser las más seguidas y vitoreadas por ser quienes evidencian los impactos ambientales adversos que algunas iniciativas energéticas ocultan bajo informes tecnicistas

---

67 NOGUEIRA LÓPEZ, A., "¿Participación efectiva o quimera procedimental?", en NOGUEIRA LÓPEZ, A. (ed.), *Evaluación de impacto ambiental: Evolución normativo-jurisprudencial, cuestiones procedimentales y aplicación sectorial*, Atelier, Barcelona, 2009, p. 121.

y poco accesibles.[68] Las controvertidas iniciativas energéticas promovidas por productores energéticos centralizados que ignoran la realidad local en la que la iniciativa se va a desarrollar, pueden suscitar el auge de movimientos reaccionarios.[69] El establecimiento de requisitos restringentes como los del artículo 23 de la LPP pretenden neutralizar los intentos del público de organizarse colectivamente y participar en la cadena de toma de decisiones en materia de energía. Los procedimientos en los que el "público interesado" se reduce al acceso al proceso participativo solo por parte de algunos privilegiados puede hacer emerger mayores inequidades.

Las decisiones de alto nivel también requieren una consecución de acciones específicas a nivel local para alcanzar objetivos comunes.[70] Es el caso de los proyectos de energía, el proceso de aprobación de los cuales está altamente fragmentado en España dado que no hay un marco consolidado para el hidrógeno a nivel nacional. [71] Desarrollados en legislación sectorial, también se sujetan a participación pública. La cadena de valor del hidrógeno, aunque dividida en cuatro etapas (producción, transporte, almacenamiento y consumo), solo las primeras tres se someten a procedimientos de autorización. Aunque distintas entre sí y contempladas en normas diversas, estas etapas embargan una fase procedimental común entre ellas: la Evaluación de Impacto Ambiental (EIA).

La Ley 21/2013, de Evaluación de Impacto Ambiental (LEIA)[72] estudia aquellos proyectos que puedan potencialmente tener un impacto en el medio ambiente e incluye la participación pública como elemento esencial al procedimiento.[73] En la LEIA, se define al "público" y al "público interesado" del mismo modo en que ya se definen estos sujetos bajo la LPP. Por ello, en la legislación sectorial dedicada a decisiones micronivel, no hay una mención clara en relación con la participación de los

---

68 VAN WEES, M. *et al.*, "Energy Citizenship in Positive Energy Districts—Towards a Transdisciplinary Approach to Impact Assessment", *Buildings*, 12, 186, 2022, pp. 1-22.

69 LIU, L., "Public Participation…", *op cit.*, p. 5.

70 SWYNGEDOUW, E., "Globalisation or 'glocalisation'? Networks, territories and rescaling", *Cambridge Review of International Affairs*, 17, 1, 2004, pp. 25-48.

71 RODRÍGUEZ, C. M., "Capítulo V. Régimen jurídico de las nuevas fuentes de energía como el hidrógeno verde" en GONZÁLEZ RÍOS, I. y FAYA BARRIOS, A. L. (eds.), *Desafíos jurídicos administrativos del cambio climático, la transición energética y la digitalización*, Tirant lo Blanch, Valencia, 2023, pp. 145-183.

72 Ley 21/2013, de 9 de diciembre, de evaluación ambiental (LEIA).

73 *Tol 9818893*, fundamento jurídico 8.

grupos vulnerables y/o marginados, lo que hace que su participación por medio de mecanismos colectivos como las comunidades energéticas, esté altamente en riesgo.

En materia de hidrógeno, los proyectos se someterán en mayor o menor medida a una EIA y sus consiguientes procesos participativos en función de la fase de la cadena de valor que se esté evaluando, pues la LEIA considera que ciertas fases pueden acarrear menores riesgos ambientales que otras (electrolizadores y baterías *stand-alone*) y, en consecuencia se someterán a procedimientos simplificados.[74] Por ende, la participación pública también se verá menoscabada a la luz del tipo de proyecto de hidrógeno que se esté evaluando.

A grandes rasgos, se puede constatar que los grupos vulnerables y/o marginados no reciben un tratamiento especial que les asegure acceso y poder de acción en la toma de decisiones tanto a macro como a micro-nivel. De hecho, ni tan siquiera el principio de no-discriminación está presente en la LPP o la LEIA, aunque ello no signifique que se pueda obrar en contra de tal principio por dos razones. De un lado, el artículo 14 de la Constitución española establece el principio de no-discriminación como el garante de la protección de los derechos fundamentales.[75] De otro lado, España al ser país monista, los tratados internacionales como el Convenio de Aarhus son de aplicabilidad directa en su ordenamiento jurídico, por lo que el principio de no-discriminación del Convenio debe garantizarse dentro de la toma de decisiones en materia de hidrógeno.[76]

A pesar de que la naturaleza de las Directivas europeas permite a los Estados Miembro desarrollar las medidas a nivel nacional, España se queda corta en diseñar un proceso de toma de decisiones justo para que los vulnerables y/o marginados puedan colectivamente participar en él. La siguiente sección evalúa si en relación a la transposición de la RED II y III, España toma la misma dirección en el desarrollo de un marco jurídico nacional para las comunidades energéticas.

---

74 LEIA, artículo 7.

75 Constitución española 1978, BOE 311.

76 Ibidem, artículo 96.

4.2. Un marco legal para las comunidades energéticas atrasado y mínimamente armonizado en España

El marco regulatorio europeo de las comunidades energéticas es de transposición necesaria dentro del ordenamiento jurídico interno de España. Mientras que el calendario de transposición de la RED II venció a finales de junio de 2021.[77] El calendario de transposición para la recién aprobada RED III estará abierto hasta mayo de 2025.[78] Al 2024, España solo ha transpuesto en lotes la RED II en pro de adoptar su propio marco legal para las comunidades energéticas.

El poder ejecutivo español definió por primera vez en derecho interno el concepto de "comunidades de energías renovables" a través del Real Decreto-Ley 23/2020.[79] A modo de enmendar la Ley 24/2013, del Sector Eléctrico (LSE)[80] el artículo 183 del Real Decreto-Ley traspone en su literalidad la ya analizada definición europea de "comunidades de energías renovables" y sus consiguientes requisitos. Un segundo lote de transposición llegó en junio de 2023, incumpliendo con el calendario de transposición de la RED II, de la mano del Real Decreto-Ley 5/2023[81] que enmendó una vez más la LSE en un segundo intento de trasplantar idénticamente el contenido del artículo 22 de la RED II.

Estas dos medidas de transposición demuestran que los esfuerzos del ejecutivo en desarrollar un marco regulatorio español para estas nuevas formas de participación colectiva en el sector energético fueron mínimos. No se puede esperar que exista voluntad alguna de introducir disposiciones inclusivas que protejan y potencien extensamente la inserción de los grupos vulnerables y/o marginados en estas nuevas formas de participación colectiva. Al confrontar esta transposición literal del marco regulatorio de

---

77 RED II, artículo 36

78 RED III, artículo 5.

79 Real Decreto-ley 23/2020, de 23 de junio, por el que se aprueban medidas en materia de energía y en otros ámbitos para la reactivación económica.

80 Ley 24/2013, de 26 de diciembre, del Sector Eléctrico, BOE núm. 310.

81 Real Decreto-ley 5/2023, de 28 de junio, por el que se adoptan y prorrogan determinadas medidas de respuesta a las consecuencias económicas y sociales de la Guerra de Ucrania, de apoyo a la reconstrucción de la isla de La Palma y a otras situaciones de vulnerabilidad; de transposición de Directivas de la Unión Europea en materia de modificaciones estructurales de sociedades mercantiles y conciliación de la vida familiar y la vida profesional de los progenitores y los cuidadores; y de ejecución y cumplimiento del derecho de la Unión Europea.

las comunidades energéticas con el marco regulatorio de la participación pública colectiva en España, se puede afirmar que la legislación española en lugar de ofrecer mayor protección a las nuevas formas de participación colectiva en la cadena de toma de decisiones, pone trabas intencionadas a su participación activa en la toma de decisiones energéticas que puedan acarrear impactos ambientales.

5. CONCLUSIONES: ENFOQUES DISTINTOS PERO UNA FALTA DE INCLUSIÓN SIMILAR

A pesar de que la dimensión justa de una transición energética europea hacia una economía del hidrógeno está cobrando cada vez más importancia política y académica, ni a nivel de la UE ni a nivel España los marcos regulatorios de la participación pública parecen alinearse con este discurso, al menos no cuando se considera la inclusión de los vulnerables y/o marginados mediante la acción colectiva. Hasta la fecha, estos marcos regulatorios no consideran hacer especial referencia a la participación de los vulnerables y/o marginados que, a menudo, no pueden y no quieren participar individualmente.

Aunque la Convención de Aarhus planteaba el principio de no discriminación como mecanismo integrador, este principio perpetúa una perspectiva igualitaria que no equitativa. Desde el punto de vista de la inclusión, tratar por igual a los distintos individuos y emplear los mismos medios procedimentales para que participen en la toma de decisiones dejará de lado a los vulnerables y/o marginados en una economía de hidrógeno y aumentará la brecha de oportunidades entre privilegiados y no privilegiados. La adopción de las Recomendaciones de Maastricht ha demostrado que es aconsejable un cambio de paradigma para implicar equitativamente a las personas vulnerables y/o marginadas en una transición justa. Ni los marcos jurídicos del hidrógeno ni las decisiones a nivel macro y micro de las jurisdicciones estudiadas siguen estas recomendaciones. Además, España no ha hecho uso de sus potestades discrecionales para adecuar las medidas de armonización mínima de Aarhus a la realidad contextual, territorial y jurídica que la caracterizan.

Esta investigación ha puesto de manifiesto la falta de medidas de discriminación positiva en los marcos normativos de participación pública y comunidades energéticas de la UE y España para acoger colectivamente a todos los individuos, independientemente del grupo social al que pertenezcan en el proceso de toma de decisiones de una economía del hidrógeno. Sin embargo, aunque actuar individualmente en los procesos participativos pueda desanimar a los individuos vulnerables y/o marginados, están surgiendo nuevas formas de participación colectiva en el ámbito de la energía. Las iniciativas energéticas como las comunidades energéticas abren una nueva vía para integrar colectivamente a los individuos vulnerables y/o marginados en una economía del hidrógeno desde el punto de vista del procedimiento. Queda por determinar en futuras investigaciones si estas nuevas figuras de descentralización y democratización se perciben por parte del público como la herramienta clave para la inclusión de los vulnerables y/o marginados como participantes activos en la toma de decisiones de la economía del hidrógeno.

6. BIBLIOGRAFÍA

ALENZA GARCÍA, J. F., "El procedimiento de evaluación de impacto Ambiental", en RUIZ DE APODACA ESPINOSA, A., (ed.), *Régimen jurídico de la evaluación Ambiental,* Aranzadi, Pamplona, 2014, pp. 299-417.

ANFINSON, K., "Capture or Empowerment: Governing Citizens and the Environment in the European Renewable Energy Transition", *American Political Science Review,* 117, 3, 2023, pp. 927–939.

BAZILIAN, M.; NAKHOODA, S. y VAN DE GRAAF, T., "Energy Governance and Poverty" *Energy Research and Social Science,* 1, 2014, pp. 217-225.

BHERER, L., DUFOUR, P. y MONTAMBEAULT, F., "The participatory democracy turn: an introduction", *Journal of Civil Society,* 12, 3, 2016, pp. 225-230.

BRADLEY, K., "Legislating in the European Union", en BARNARD, C. y PEERS, S. (eds.), *European Union Law,* Oxford University Press, Oxford, 2020, pp. 104-123.

BRISBOIS, M. C., "Powershifts: A framework for assessing the growing impact of decentralised ownership of energy transitions on political decision-making", *Energy Research and Social Science,* 50, 2019, pp. 151-161.

CHUGH, A. y TAIBI, E.: «What is green hydrogen and why do we need it? An expert explains» [en línea], (2021), <https://www.weforum.org/agenda/2021/12/what-is-green-hydrogen-expert-explains-benefits/> [Consulta: 12/06/2024]

COMISIÓN ECONÓMICA DE LAS NACIONES UNIDAS PARA EUROPA: «Maastricht Recommendations on Promoting Effective Public Participation in Decision-Making in Environmental Matters, prepared under the Aarhus Convention» [en línea], (2015), <https://unece.org/sites/default/files/2022-10/1514364_E_web.pdf> [Consulta: 12/06/2024].

COMISIÓN (UE), "El Pacto Verde Europeo" (Comunicación) COM(2019) 640 final, 11 de diciembre de 2019.

COMISIÓN (UE), "Una estrategia del hidrógeno para una Europa climáticamente neutra" (Comunicación) COM(2020) 301 final, 8 de julio de 2020.

COMISIÓN (UE), "Plan REPower EU" (Comunicación) COM(2022) 230 final, 18 de mayo de 2022.

COMISIÓN EUROPEA: «Clean Energy – an EU hydrogen strategy» [en línea], (2020), <https://ec.europa.eu/info/law/better-regulation/have-your-say/initiatives/12407-Clean-energy-an-EU-hydrogen-strategy_en> [Consulta: 12/06/2024]

COMISIÓN EUROPEA: «Press statement by President von der Leyen on the next College of Commissioners» [en línea], (2024), <https://ec.europa.eu/commission/presscorner/detail/en/ip_24_4723> [Consulta: 12/06/2024]

CONSEJO MUNDIAL DE LA ENERGÍA, PWC y EPRI: «Working Paper Hydrogen on the Horizon: National Hydrogen Strategies WEC» [en línea], (2021), <https://www.worldenergy.org/publications/entry/working-paper-hydrogen-on-the-horizon-national-hydrogen-strategies> [Consulta: 12/06/2024]

COY, D.; MALEKPOUR, S. y SAERI, A.K., "From little things, big things grow: Facilitating community empowerment in the energy transformation", *Energy Research and Social Science*, 84, 2022, pp. 1-9.

DESKOSKA, R., "The Right of Non-Discrimination and Affirmative Action", *1 Iustinianus Primus L Rev 1*, 2010, pp. 1-10.

DEVINE-WRIGHT, P. y WALKER, G., "Community Renewable Energy: What Should it Mean?", *Energy Policy*, 36, 2, 2008, pp. 497-500.

DIESTELMEIER, L., "Citizen Energy Communities as a Vehicle for a Just Energy Transition in the EU – Challenges for the Transposition", *OGEL Energy Law Journal*, 1, 2021, pp. 1-12.

DOKUBO, O.; RADULESCU, M. A. y SQUINTANI, L. "What Law Does not Understand About Public Participation", *Heliyon*, 10, 2024, pp. 1-12.

FLEMING, R., HUHTA, K. y REINS, L., "What is Sustainable Energy Democracy in Law?", en FLEMING, R., HUHTA, K. y REINS, L. (eds.), *Sustainable Energy Democracy and the Law*, Brill, Leiden, 2021, pp. 3–27.

FORNS GOMEZ, A. y REHAGE, R., "Is public participation in hydrogen matters (un) just? Evaluating the ex-/inclusion of the vulnerable and marginalised individuals in the hydrogen decision-chains of the EU, Spain and Germany", *Journal for European Environmental and Planning Law*, Special edition in press, 2024.

HAMANN, K. *et al.*, "An interdisciplinary understanding of energy citizenship: Integrating psychological, legal, and economic perspectives on a citizen-centred sustainable energy transition", *Energy Research and Social Science*, 97, 2023, pp. 1-18.

JENDROŚKA, J.; REESE, M. y SQUINTANI, L. "Towards a new legal framework for sustainability under the European Green Deal", *The Opole Studies in Administration and Law*, 19, 2, 2021, pp. 87-106.

JENKINS, K., *et al.* "Energy Justice: A conceptual review", *Energy Research and Social Science*, 11, 2016, pp. 174-182.

JIGLAU, G., *et al*, "Energy and the social contract: From 'energy consumers' to 'people with a right to energy'", *Sustainable Development*, 32, 1, 2024, pp. 1321-1336.

KASCHNY, L., "Energy Justice and the Principles of Article 194(1) TFEU Governing EU Energy Policy", *Transnational Environmental Law*, 12, 2, 2023, pp. 270-294.

LIU, L., "Public Participation in Decision Making, Perceived Procedural Fairness and Public Acceptability of Renewable Energy Projects", *Energy and Climate Change,* 1, 2020, pp. 1-27.

MCCAULEY, D. *et al.*, "Advancing energy justice: the triumvirate of tenets", *International Energy Law Review,* 32, 3, 2013, pp. 107-116.

MINISTERIO PARA LA TRANSICIÓN ECOLÓGICA Y EL RETO DEMOGRÁFICO: «Hoja de Ruta del Hidrógeno» [en línea], (2022), <https://www.miteco.gob.es/es/ministerio/planes-estrategias/hidrogeno.html> [Consulta: 12/06/2024]

NOGUEIRA LÓPEZ, A., "¿Participación efectiva o quimera procedimental?", en NOGUEIRA LÓPEZ, A. (ed.), *Evaluación de impacto ambiental: Evolución normativo-jurisprudencial, cuestiones procedimentales y aplicación sectorial,* Atelier, Barcelona, 2009, pp. 121-145.

PELLEGRINI-MASINI, G.; PIRNI, A. y MARAN, S., "Energy justice revisited: A critical review on the philosophical and political origins of equality", *Energy Research and Social Science,* 59, 2020, pp. 1-8.

PERLAVICIUTE, G.; SQUINTANI, L. y LIU, L., "Contested climate policies and public participation: An equal-opportunities-and values-based approach (EVA)", en GATERSLEBEN, B. y MURTAGH, N. (eds.) *Handbook on Pro-Environmental Behaviour Change,* Edward Elgar Publishing, UK, 2023, pp. 335-351.

PERLAVICIUTE, G. y SQUINTANI, L., "Time to Talk about Values Time to Say No: What Drives Public Participation in Decision-Making on Abstract versus Concrete Energy Projects?", *PLOS Climate,* 2, 8, 2023, pp. 1-12.

PINTO, J., "The Key Tenets of a Hydrogen Strategy: An Analysis and Comparison of the Hydrogen Strategies of the EU, Germany and Spain", *Global Energy Law and Sustainability,* 4, 2023, pp. 72-95.

RAWLS, J., *A Theory of Justice: Original Edition,* Harvard University Press, Cambridge, 1971.

REHAGE, R. y FORNS GOMEZ, A., "Accelerating Authorisations vs. Public Participation in the Decision-chain of Renewable Hydrogen in Germany and Spain: A Dilemma", *Journal for European Environmental and Planning Law,* edición especial en prensa, 2024.

RODRÍGUEZ, C. M., "Capítulo V. Régimen jurídico de las nuevas fuentes de energía como el hidrógeno verde" en GONZÁLEZ RÍOS, I. y FAYA BARRIOS, A. L. (eds.), *Desafíos jurídicos administrativos del cambio climático, la transición energética y la digitalización,* Tirant lo Blanch, Valencia, 2023, pp. 145-183.

SCHLINDWEIN, L. F. y MONTALVO, C., "Energy citizenship: Accounting for the heterogeneity of human behaviours within energy transition", *Energy Policy,* 180, 2023, pp. 1-14.

SCHLOSBERG, D. y COLLINS, L. B., "From Environmental to Climate Justice: Climate Change and the Discourse of Environmental Justice", *WIRes Climate Change,* 5, 3, 2014, pp. 359-374.

SQUINTANI, L., "Beyond Minimum Harmonisation", en SQUINTANI, L., (ed.), *Beyond Minimum Harmonisation: Gold-Plating and Green-Plating of European Environmental Law,* Cambridge University Press, Cambridge, 2019, pp. x-xv.

SQUINTANI, L. y PERLAVICIUTE, G., "Access to Public Participation: Unveiling the Mismatch between what Law Prescribes and what the Public Wants", en PEETERS, M. y ELIANTONIO, M., (eds.), *Research Handbook on EU Environmental Law*, Edward Elgar Publishing, 2020, pp. 133-147.

SQUINTANI, L. y SCHOUKENS, H., "Towards equal opportunities in public participation in environmental matters in the European Union", en SQUINTANI, L., *et al.* (eds.), *Managing Facts and Feelings in Environmental Governance*, Edward Elgar Publishing, UK, 2019, pp. 22-52.

SQUINTANI, L. y SCHOUTEN, S., "Public Participation in the Hydrogen Economy: Lessons Learned from the Northern Netherland Hydrogen Valley", capítulo de libro en prensa, 2024.

SWENS, J. y DIESTELMEIER, L., "Developing a legal framework for energy communities beyond energy law", en LÖBBE, S., SIOSHANSI, F y ROBINSON, D. (eds.), *Energy Communities: Customer-Centered, Market-Driven, Welfare-Enhancing?*, Academic press, UK, 2022, pp. 59-71.

SWYNGEDOUW, E., "Globalisation or 'glocalisation'? Networks, territories and rescaling", *Cambridge Review of International Affairs*, 17, 1, 2004, pp. 25-48.

TAŠNER, V. y GABER, S., "Is it time for a new meritocracy?", *Theory and Research in Education*, 20, 2, 2022, pp.182-192.

VAN WEES, M., *et al*, "Energy Citizenship in Positive Energy Districts—Towards a Transdisciplinary Approach to Impact Assessment", *Buildings*, 12, 186, 2022, pp. 1-22.

VILLAVICENCIO-CALZADILLA, P. y KOTZÉ, L., "Re-imagining Participation in the Anthropocene: The Potential of the Rights of Nature Paradigm", en PETERS, B. y LOHSE, E. J. (eds.), *Sustainability through Participation?*, Brill, Leiden, 2023, pp. 51–72.

WOODYATT, J.; PETTIT, J. y PREST, J., "Comparing the Hydrogen Strategies of the EU, Germany, and Australia: Legal and Policy Issues", *OGEL Energy Law Journal*, 19, 2021, pp. 1-67.

CUARTA PARTE

MODELOS COMPARADOS DE COMUNIDADES ENERGÉTICAS EN LA UNIÓN EUROPEA Y LOS ESTADOS UNIDOS

Capítulo XXI

La experiencia de las comunidades energéticas locales en Portugal[1]

SUZANA TAVARES DA SILVA
Profesora
Universidad de Coimbra
Magistrada del Supremo Tribunal Administrativo de Portugal

MARTA COSTA SANTOS
Profesora Auxiliar
Universidad de Coimbra

ROBERTO GALÁN VIOQUE
Catedrático de Derecho Administrativo
Universidad de Sevilla

1. INTRODUCCIÓN

En 2020, Portugal presentó el Plan Nacional de Energía y Clima 2030[2], junto con la Hoja de Ruta hacia la Neutralidad en Carbono 2050[3] y en ellos se fijó como uno de los objetivos energéticos aumentar el uso de energías renovables en un 47%. Los objetivos a largo plazo de esta Hoja de Ruta,

---

[1] Estudio elaborado en el marco del Proyecto de Investigación PID2021-124031NB-C41 "Retos jurídicos para un sistema energético 100% renovable" (MACODESCARB) financiado por MICIU/AEI /10.13039/501100011033 y por FEDER, UE. Se ha publicado con anterioridad en el libro dirigido por Alfredo Galán e Ignacio Zamora, "Comunidades energéticas locales". Serie Claves del Gobierno Local, número 45, pp. 327-340 (https://gobiernolocal.org/publicaciones/2024/17_claves45_capituloXVI.pdf).

[2] *Vid.* Resolución del Consejo de Ministros n.º 53/2020, del 14 de julio, Diario de la República n.º 133/2020, Série I del 2020-07-10

[3] *Vid.* Resolución del Consejo de Ministros n.º 107/2019, del 1 de julio, Diario de la República n.º 123/2019, Série I del 2019-07-01.

en términos de democratización de la generación de electricidad, prevén una capacidad instalada de 12 a 13 GWp de generación solar fotovoltaica descentralizada para 2050, con más del 20% de la electricidad del país producida por consumidores individuales y pequeñas y medianas empresas, con la participación de cooperativas y comunidades de energía.

En este contexto, las comunidades de la energía, al hacer efectivo el derecho a la autoproducción de energía eléctrica, desempeñan un papel central en el fomento de la participación activa de la sociedad a implicarse activamente en la producción de energías renovables con un carácter descentralizado, que, además, reduce la dependencia de los combustibles fósiles y lleva a cabo un aprovechamiento optimizado de la generación fotovoltaica, fuente en la que Portugal puede ser líder, atendiendo a sus especiales condiciones climáticas. A través de estas comunidades, se invierte el paradigma de un sistema energético centralizado y unidireccional, en el que los consumidores eran considerados meros participantes pasivos en la gestión del sistema.

Según Ferreira, refiriéndose específicamente a las comunidades de energías renovables (CER):

> [Desde] un punto de vista técnico, las CER pretenden añadir eficiencia, valor, tecnología y complejidad al sistema. Desde un punto de vista ético, se consideran un buen punto de partida para una transición justa para los más afectados por el cambio climático, los más vulnerables y los que menos han contribuido a él, ya sea por geografía, ingresos, género u otros factores[4].

El principio rector de las comunidades de energía es el equilibrio entre la cantidad de electricidad producida y consumida en un área geográficamente limitada, lo que permite una generación más cercana al consumo, con o sin conexión a la red eléctrica de servicio público (RESP), haciendo potencialmente que la red eléctrica sea más estable, segura y eficiente, con menos pérdidas en el caso de que estos sistemas operen según un modelo de integración y conexión con la RESP.

---

4 FERREIRA, L., "O envolvimento dos cidadãos para a redução de emissões", en CRISPIM, J. y GOMES MENDES, J. (eds.), *Comunidades de energia renovável*, Fundação Mestre Casais-UMinho Editora, Braga, 2023, p. 49.

2. LA NORMATIVA VIGENTE

Las comunidades energéticas locales están ya hoy reguladas en Portugal por medio del Decreto-Ley n.º 15/2022, del 14 de enero, que disciplina la organización y funcionamiento del sistema eléctrico nacional y pueden adoptar una de las dos modalidades establecidas en el derecho europeo: *i)* las comunidades ciudadanas de energía ("comunidade de cidadãos para a energía" (CCE)[5] y las comunidades de energía renovable ("comunidades de energía renovável" (CER)[6].

El objetivo fundamental, tal y como se recoge en el preámbulo de este Decreto-Ley portugués, es que los consumidores asuman un papel esencial en el funcionamiento del sector, dejando de ser meros consumidores de este servicio para presentarse ahora como unos agentes activos, como "productores de energía para autoconsumo o venta de los excedentes de la producción, almacenen, oferten servicios de flexibilidad o agreguen producción". Podemos decir que uno de los ejes principales de la "nueva regulación" del sector eléctrico portugués es que los consumidores tengan una

---

5 Definidas en el artículo 2.º, n.º 11 de la Directiva 2019/944/UE como "una entidad jurídica que: a) se basa en la participación voluntaria y abierta, y cuyo control efectivo lo ejercen socios o miembros que sean personas físicas, autoridades locales, incluidos los municipios, o pequeñas empresas, b) cuyo objetivo principal consiste en ofrecer beneficios medioambientales, económicos o sociales a sus miembros o socios o a la localidad en la que desarrolla su actividad, más que generar una rentabilidad financiera, y c) participa en la generación, incluida la procedente de fuentes renovables, la distribución, el suministro, el consumo, la agregación, el almacenamiento de energía, la prestación de servicios de eficiencia energética o, la prestación de servicios de recarga para vehículos eléctricos o de otros servicios energéticos a sus miembros o socios".

6 Definidas en el artículo 2.º, n.º 16 de la Directiva 2018/2001/UE como "una entidad jurídica: a) que, con arreglo al Derecho nacional aplicable, se base en la participación abierta y voluntaria, sea autónoma y esté efectivamente controlada por socios o miembros que están situados en las proximidades de los proyectos de energías renovables que sean propiedad de dicha entidad jurídica y que esta haya desarrollado; b) cuyos socios o miembros sean personas físicas, pymes o autoridades locales, incluidos los municipios; c) cuya finalidad primordial sea proporcionar beneficios medioambientales, económicos o sociales a sus socios o miembros o a las zonas locales donde opera, en lugar de ganancias financieras".
En un primer momento, la transposición al derecho portugués de las disposiciones de la Directiva 2018/2001/UE, relativa al fomento del uso de energía procedente de fuentes renovables (DER) que previa las comunidades de energía, se realizó en el Decreto-Ley n.º 162/2019, del 25 de octubre, pero luego esta disposición ha sido derogada por el Decreto-Ley n.º 15/2022.

dinámica distinta en los mercados de energía. De hecho, no se restringe legalmente estas comunidades a ningún tipo de figura jurídica, permitiendo la adhesión abierta y voluntaria de cualquier persona física o jurídica, pública o privada, y tampoco se imponen restricciones al tamaño de las empresas que deseen participar.

El derecho portugués configura a las comunidades locales de energía como una de las formas de autoconsumo colectivo de energía (ACC) —es decir, aquellos supuestos en los que existe un conjunto de instalaciones con un contrato de abastecimiento activo conectadas a, por lo menos, una unidad de producción (perteneciente a los consumidores o a un tercero), estando todos localizados en una misma área—, pero no la única.

Efectivamente, la autoproducción de energía es esencial para los objetivos de sostenibilidad ambiental y descarbonización mediante el incremento de la generación distribuida. Y esa autoproducción puede ser individual o colectiva y puede estar integrada o no en la RESP[7], dependiendo de que haya intereses en transmitir esa generación eléctrica o no. Lógicamente, el procedimiento de autorización será menos complejo si no se conecta (arts. 81 y 82)[8].

Entre las modalidades de autoproducción colectiva con una tramitación más sencilla se encuentran, en primer lugar, las Unidad(es) de Producción para el Autoconsumo (UPAC) de los condominios (comunidad de vecinos en bloques de apartamentos o viviendas) gestionadas por su administrador, que ejercerá también la función de gestor del sistema, pudiendo delegarla en un tercero (art. 85).

En segundo lugar, se prevén las formas innominadas de ACC, que se regulan por medio de un simple reglamento en el que se fijan los requisitos

---

7 En el caso de que esté integrada en la RESP tendrá que abonar la tarifa de acceso a la red y los demás costes fijos del sistema, y las tasas por autorización de las UPAC e impuestos. Para el autoconsumo individual hay una exención del 50% de los costes del sistema, que asciende a 100% en el caso de las comunidades de energía renovable.

8 Las autorizaciones que tenga que obtener van a depender de la potencia que se instale en la UPAC: *i)* si no supera los 700 W y no se comercializa el excedente, no se exige autorización; *ii)* si hay conexión a la RESP o supera dos 700W pero no alcanza los 30kW tiene que someterse su instalación a una comunicación previa a través de medios electrónicos y la instalación tiene que asegurarse por un técnico habilitado; *iii)* si la potencia supera los 30kW pero no llega hasta 1MW hay que hacer un *registro previo* y obtener *un certificado de explotación*; *iv)* si supera los 1MW hay que obtener el *permiso de producción y de explotación*.

de acceso y salida de la comunidad, la forma de deliberación, el modo en que se comparte la energía producida y el destino de los excedentes de esa producción, así como las obligaciones de pago y el destino de las ingresos financieros, si es que se generan.

Todas las formas de ACC tienen que designar a una Entidad Gestora del Autoconsumo Colectivo (EGAC), que será la responsable de la gestión del sistema, tanto de la red interna (si existe), como de la aplicación electrónica que controle la conexión con la RESP, así como por la parte comercial tanto del reparto de la electricidad producida, como por la venta del excedente (art. 86)..

Como formas más completas de autoconsumo colectivo se encontrarán las dos categorías de comunidades locales de energías que aquí se analizan.

Las CER se regulan en el artículo 189 del Decreto-Ley n.º 15/2022 y se definen como una persona jurídica (colectiva) constituida y controlada por personas físicas y/o personas jurídicas, públicas o privadas[9], incluyendo "pymes" y municipios, que se integran de forma voluntaria en la comunidad, (ya que las comunidades tienen un carácter abierto) como miembros, socios o participantes en su capital y que, acumulativamente, cumplan con los siguientes requisitos: *i)* estén localizados en las inmediaciones de los proyectos de energía renovable o que desarrollen actividades relacionadas con aquellos, incluyendo la(s) UPAC; *ii)* los proyectos sean diseñados y desarrollados por la CER o por terceros, siempre que lo sea en su beneficio o a su servicio; *iii)* la CER tenga como objetivo principal proporcionar a sus miembros o a los municipios en donde opera, beneficios ambientales, económicos y sociales y no beneficios financieros de carácter lucrativo. El acceso de los consumidores a una CER no puede estar sujeto a condiciones o procedimientos injustificados o discriminatorios que impidan su participación. Además, una CER ha de permitir la salida de cualquiera de sus participantes, siempre que cumpla con las obligaciones a las que esté sujeto.

Una CER puede: *i)* producir, consumir, almacenar, comprar y vender energía renovable a (y con) sus miembros o a (y con) terceros; *ii)* compartir y comercializar entre sus miembros la energía renovable producida

9 En el caso de que las CER adopten una forma jurídica privada, lo más común será que adopten la forma de asociación o de sociedad mercantil para lo que hay una plataforma en el Instituto de Registros y Notariado que facilita y agiliza este procedimiento ("Associação na hora" y "Empresa na Hora").

por las UPAC a su servicio, cumpliendo los demás requisitos legales, sin perjuicio de que los miembros de la CER mantengan sus derechos y obligaciones como consumidores; *iii)* acceder a todos los mercados energéticos, incluidos los servicios del sistema, tanto directamente como a través de la agregación. Todas estas actividades se someten al régimen jurídico general de la organización y funcionamiento del sistema eléctrico nacional.

Cuando en los proyectos se ha establecido el reparto de la energía generada, dentro de cualquiera de las modalidades legal e regularmente previstas[10], este se podrá hacer incluyendo los métodos de coeficientes fijos (en el que existe un coeficiente asociado a cada instalación, que puede ser o no diferenciado en el tiempo), los de coeficientes proporcionales al consumo (en el que cada coeficiente se establece en función del consumo mediano medido por el operador de la red según lo establecido en el reglamento) y de forma jerárquica (según la estructura jerárquica previamente comunicada al operador de la red) y dinámica (el operador del sistema de autoconsumo comunica *a posteriori*, respetando el cobro mensual, la energía compartida).

Al estar la CER integrada en la red eléctrica, y tratarse de una actividad de servicio público, es plenamente responsable de las desviaciones de horario que pueda provocar en el sistema eléctrico nacional de acuerdo con lo que establece el Reglamento de Funcionamiento de la Red[11], pudiendo transferir esta responsabilidad a un agregador o a un representante que designe.

La segunda modalidad de comunidades locales de energía es la de CCE. Estas comunidades ciudadanas de energía se encuentran reguladas en el artículo 191 del Decreto-Ley y, como sucede con las comunidades de energía renovable, se constituyen como una persona jurídica mediante la adhesión abierta y voluntaria de sus miembros, socios o accionistas, que pueden ser personas físicas o jurídicas, de naturaleza pública o privada, incluidas, en particular, las pequeñas y medianas empresas y las entidades locales. Estas comunidades también tendrán por objeto proporcionar beneficios medioambientales, económicos o sociales a sus miembros o partes interesadas o a las áreas locales en las que operan, y su objetivo principal no puede consistir en obtener beneficios económicos. Por esta

---

[10] *Vid.* Art. 87 del Decreto-Ley y artículos 28 a 32 del Reglamento n.º 815/2023 ERSE, del 27 de julio.

[11] Este Reglamento, aprobado por la Entidad Reguladora de los Servicios Energéticos, es actualmente el Reglamento n.º 816/2023, del 27 de julio.

razón se obliga a la UPAC tener la capacidad de producción próxima a los centros de consumo, para minimizar los excedentes. Es decir, su actividad se tiene que centrar en la autoproducción y no tanto en la generación renovable o distribuida.

Las CCE pueden dedicarse a la producción de electricidad, incluida la procedente de fuentes renovables, a la distribución, comercialización, consumo, agregación, almacenamiento de energía, prestación de servicios de eficiencia energética, o servicios de recarga de vehículos eléctricos, o prestar otros servicios energéticos a sus miembros o otras personas interesadas.

Se diferencia de las CER en que pueden prestar servicios a terceros y que puede utilizar fuentes de energía distintas a las renovables, pero, con estas dos excepciones se les aplica el mismo régimen jurídico. El art. 191.2 prevé que las comunidades de ciudadanos para la energía puedan poseer, establecer, adquirir o alquilar CER y gestionarlas, en los términos definidos por el Decreto-Ley n.º 15/2022 y que podrán producir, distribuir, comercializar, consumir, agregar y almacenar energía con independencia de que la fuente primaria sea renovable o no renovable.

La regulación de las CCE no impone unos criterios estrictos de proximidad, aunque permite que se valoren, caso por caso, por la Dirección General de Energía y Geología (DGEG)[12]. Lo fundamental es que se garantice la continuidad física y geográfica del proyecto y de sus participantes.

A pesar de los beneficios ambientales, sociales y económicos que estas comunidades aportan a las poblaciones en las que se ubican son innegables, lo cierto es que su implantación efectiva en Portugal no ha sido nada fácil, no sólo por la gran inversión inicial que conllevan, sino también por la necesidad de cumplir los diversos requisitos legales y la complejidad burocrática inherente al proceso de creación.

La normativa en Portugal de estas formas de autoconsumo principalmente es estatal, del Gobierno, y no local ya que se trata de un Estado centralizado, en el que no hay regiones ni comunidades autónomas y porque las competencias locales en materia de energía se limitan a la titularidad de las redes de distribución de energía[13] y no a la regulación de la generación eléctrica, que es una materia de competencia del Gobierno.

---

12 Pero la recomendación es que no disten más de 2km en BT, 4km en MT, 10km en AT y 20km en MAT.

13 *Vid.* Ar. 33.º, n.º 1 ee) de la Ley n.º 75/2013, del 12 de setiembre.

No obstante, hay que destacar que además de la reglamentación que le corresponde al regulador económico (ERSE), que aporta seguridad jurídica al sistema, la Agencia para la Energía (ADENE)[14], ha sido nombrada como Coordinador Nacional del Pacto de los Alcaldes para el Clima y la Energía de la Unión Europea en Portugal, con lo que va a poder proveer asistencia técnica a todos los proyectos de comunidades energéticas, con independencia de la organización que tengan, lo que va a permitir que se puedan superar una parte de las dificultades técnicas y regulatorias existentes.

3. CASOS REALES DE COMUNIDADES ENERGÉTICAS

En 2021, dos años después de la aprobación de la primera regulación portuguesa sobre comunidades energéticas locales[15], surgió la primera comunidad energética en Portugal, incluida en el Proyecto "100 Aldeias", impulsado por la Santa Casa da Misericórdia de Miranda do Douro.

"100 Villages" es un proyecto portugués, dirigido por Cleanwatts Energy Projects Lda, que actúa como promotora y About the Energy, como consultora de eficiencia energética, en asociación con BEWG PT y Jeunes Entrepreneurs de l'Union Européene (JEUNE)[16] .

El objetivo básico de este proyecto es democratizar la energía solar, empezando por los territorios de baja densidad (el Portugal vaciado), mediante la producción local de electricidad renovable y la lucha contra la pobreza

---

14 ADENE es una entidad jurídica de tipo asociativo con estatuto de utilidad pública que se rige por lo dispuesto en el Decreto-Ley n.º 223/2000, de 9 de septiembre, por sus estatutos y, supletoriamente, por la normativa de las asociaciones en general, cuya misión es desarrollar actividades de interés público en el campo de las energías renovables y el uso racional de la energía, y actuar como instrumento para que los agentes económicos y los consumidores intervengan y fomenten actividades y comportamientos que conduzcan a la gestión del consumo energético y el aprovechamiento de los recursos endógenos.

15 Decreto-Ley n.º 162/2019.

16 *Vid.* CLEANWATTS: «Comunidades A++» [en línea], (s.f.), <https://cleanwatts.energy/pt-pt/100-aldeias/#> [Consulta: 12/03/2024]. JÓVENES EMPRENDEDORES DE LA UNIÓN EUROPEA: «JEUNE with Cem Aldeias against Energy Poverty» [en línea], (s.f.), https://jeune-europe.org/2020/08/jeune-with-cem-aldeias-against-energy-poverty/> [Consulta: 12/03/2024].

energética[17]. Para ello, está previsto crear comunidades de energía renovable que produzcan su propia electricidad, limpia y descarbonizada, y promover las buenas prácticas energéticas entre estas comunidades.

Comunidades que están formadas por diversos miembros, como organizaciones locales, empresas, juntas parroquiales, Instituciones Privadas de Solidaridad Social (del sector social), municipios, comunidades y ciudadanos, incluidas familias económicamente vulnerables, que ahora tienen acceso a energía limpia, quedando exentas de parte de las tarifas de acceso a la red. Este proyecto contribuye a aumentar el confort térmico, reduce los costes energéticos en torno a un 30%, disminuye la huella ecológica de las comunidades y mejora la calidad de vida de los habitantes de las pequeñas poblaciones portuguesas. Se trata de un proyecto certificado como Iniciativa de Innovación y Emprendimiento Social (IIES) por Portugal Inovação Social[18], por tener un impacto beneficioso para la sociedad.

Los miembros de "100 Aldeas" comprarán la electricidad producida en la central entre un 10% y un 30% más barata que el precio actual de la electricidad de la red, y no tendrán que cambiar sus contratos con su actual proveedor de energía, ya que sólo consumen una parte de la energía de origen local.

El ejemplo de la primera CER inaugurada en Portugal nos permite comprender, además, cómo se han diseñado e implantado internamente estas nuevas estructuras.

En Miranda do Douro, ciudad de Trás-os-Montes, la Santa Casa da Misericórdia, en colaboración con Cleanwatts, han creado una CER en la que la capacidad solar fotovoltaica instalada en varios tejados se utiliza para alimentar tres de los edificios de la institución (sede, residencia de ancianos y unidad de cuidados de larga duración), y cuando hay un

---

17 *Vid.* REIS, I. *et al.*, "Fighting Energy Poverty through Local Energy Communities: Insights from Portugal", en SOKOŁOWSKI, M. y VISVIZI, A. (eds), *Routledge Handbook of Energy Communities and Smart Cities,* Routledge, New York, 2023, pp. 293-310.

18 *Vid.* Resolución del Consejo de Ministros n.º 54/2023, de 9 de junio, que crea la iniciativa Portugal Innovación Social 2030 y la estructura responsable para su ejecución, determina que esta iniciativa se dirige prioritariamente a entidades públicas y privadas, incluidas las de economía social, que desarrollen, formen, promuevan o apoyen proyectos de innovación social, denominadas genéricamente Iniciativas de Innovación y Emprendimiento Social (IIES).

exceso de energía se marca como objetivo que se comparta con la autoridad local y con el cuerpo de bomberos[19].

El artículo 22, apartado 2, letra c), de la DER y el artículo 16, apartado 3, letra a), de la Directiva 2019/944/UE, sobre normas comunes para el mercado interior de la electricidad (DMIE), exigen a los Estados miembros que garanticen que las comunidades energéticas puedan acceder a los mercados no solo individualmente, sino también a través de un agregador. Esto implica que las normas de diseño del mercado deben permitir a las comunidades energéticas acceder a diferentes mercados a través de terceros. Esta posibilidad es crucial, ya que la mayoría de las comunidades energéticas se enfrentan a importantes dificultades para acceder directamente al mercado, ya sea debido a su complejidad o a la naturaleza técnica de los proyectos[20].

Por esta razón se eligió a Cleanwatts como promotor de este proyecto que se hace cargo de la inversión inicial sin coste alguno para la comunidad. La empresa tecnológica se encarga del mantenimiento y el funcionamiento optimizado del sistema CER de forma continuada, facturando mensualmente al cliente la energía solar generada.

El modelo de negocio que se analiza es similar a un contrato de compraventa de energía, en el sentido de que los ingresos obtenidos por la venta de la energía producida por los paneles solares se destinarán a amortizar la financiación obtenida por la comunidad energética. En otras palabras, los miembros de la comunidad energética se beneficiarán de una tarifa reducida durante un periodo de tiempo, sin tener que realizar la inversión y sin tener que pagar por la operación, el mantenimiento o la instalación, que serán responsabilidad del gestor del proyecto. Y al final del periodo contractual, los activos pasarán a la organización a coste cero.

Los paneles fotovoltaicos instalados en la comunidad tienen una capacidad de producción de 73,3 kW y proporcionan electricidad para el aire acondicionado, los ordenadores y otras necesidades energéticas de la

---

19 *Vid.* UNIÓN DE MISERICORDIAS PORTUGUESAS: «Miranda do Douro | Misericórdia pioneira com comunidade de energia» [en línea], (2021), <https://www.ump.pt/Home/misericordias/noticias/miranda-do-douro-miranda-do-douro-pioneira-com-comunidade-de-energia/> [Consulta: 12/03/2024].

20 RESCOOP: «Comunidades energéticas en el marco del paquete de energía limpia. Guía de transposición» [en línea], (2020), <https://www.rescoop.eu/toolbox/how-can-eu-member-states-support-energy-communities> [Consulta: 12/03/2024].

institución. Según los datos publicados en los medios de comunicación, de agosto de 2021 a agosto de 2022, el CER de la Santa Casa da Misericórdia de Miranda do Douro tuvo una autonomía energética del 33%, equivalente a un total de 90 MWh/año, y permitió que se dejarán de emitir 19 toneladas de CO2[21].

Siguiendo un modelo operativo muy similar, muchos otros proyectos están en fase de aprobación y autorización, en todos los ámbitos, desde la industria[22], las instituciones educativas y científicas[23], la Iglesia, el fútbol[24], no sólo en Portugal continental, sino también en las islas[25].

---

21 SANTOS, B.: «Portugal's first solar energy community yields results» [en línea], (2022), <https://www.pv-magazine.com/2022/10/07/portugals-first-solar-energy-community-yields-results/> [Consulta: 12/03/2024].

22 Ejemplos de ello son las comunidades de energía en el sector cosmético, con Groupe GM Cosmética Portugal; en el sector de las bebidas, con Super Bock Group; en el sector farmacéutico, en la sede de AstraZeneca; en el sector agroalimentario, con Longa Vida, empresa del Grupo Lactalis Nestlé.

23 Es el caso de la comunidad de la energía de la Academia de Ciencias de Lisboa o de las escuelas maristas.

24 El FC Porto y Greenvolt, empresa de energías renovables, han firmado un contrato de asociación para el desarrollo de un proyecto destinado a crear dos CER, la "Comunidad Estádio do Dragão" y la "Comunidad Centro de Entrenamiento FC Porto Olival". Siguiendo el mismo modelo, y también en asociación con la misma empresa, el Clube Desportivo Feirense pretende crear una comunidad energética capaz de abastecer el consumo anual de 5.000 familias de Santa Maria da Feira, pero también abierta a la industria, al comercio y a los servicios, a través de la energía generada por los paneles fotovoltaicos instalados en el estadio y en el complejo de entrenamiento.

25 El Ayuntamiento de Ribeira Grande ha diseñado una CER, basada en la capacidad fotovoltaica previamente instalada por el municipio, destinada a producir energía renovable en edificios públicos, cuya inversión fue subvencionada en un 85% a través del programa Azores 2020, con el objetivo de aumentar la eficiencia energética de los edificios públicos. En esta Comunidad, el excedente de energía producida se compartirá con los miembros de la Comunidad, alrededor de 30 familias que se beneficiarán de energía limpia y compartida a una tarifa reducida. *Vid.* CÁMARA MUNICIPAL DE RIBEIRA GRANDE: «Ribeira Grande Implementa Primeira Comunidade Energética dos Açores» [en línea], (2023), <https://www.cm-ribeiragrande.pt/ribeira-grande-implementa-primeira-comunidade-energetica-dos-acores> [Consulta: 12/03/2024].

Otro ejemplo de creación de una comunidad de energía renovable en una isla es el que explican Santos *et alii* respecto del proyecto de la Isla de la Culatra en Algarve, cuya intención era también la de reducir costes entre los habitantes de aquella pequeña comunidad aislada en el mar. *Vid.* SANTOS, J. *et al.*, "Implementation

La mayoría de estos proyectos son financiados por las empresas encargadas de la instalación y gestión de la comunidad, lo que les permite ahorrar energía sin tener que realizar una inversión inicial, que muchas comunidades no podrían permitirse.

Vamos analizar brevemente las comunidades de energías renovables de la Archidiócesis de Braga, Futebol Clube Barreirense y Asprela.

La comunidad de la Archidiócesis de Braga, optó por instalar una planta fotovoltaica de 1,2MWp integrada por 2.100 paneles solares en varios edificios, entre ellos el Palacio Arzobispal, el Seminario de Nuestra Señora de la Concepción, el Seminario Conciliar, un antiguo edificio del seminario y la Lavandería Cooperativa Juan Pablo II.

Se espera que, con esta comunidad, la Archidiócesis de Braga logre una reducción de alrededor del 50% en los costes de consumo de energía (teniendo en cuenta la tarifa estimada para la energía de red), generando un 27% más de energía de la que consume. Esta comunidad energética también apoyará a unas 650 familias desfavorecidas que se beneficiarán de una tarifa social comunitaria de tan sólo 13c/kWh, alrededor de un 30% más barata que las tarifas de mercado actuales[26].

En cuanto a la CER del Futebol Clube Barreirense, está previsto instalar 1.013 paneles fotovoltaicos en su sede, con una potencia máxima de 466 kW. Se espera que el club reduzca su factura energética en un 54% (descuento medio respecto a la tarifa estimada de energía de red), consiguiendo una independencia energética de alrededor del 45% de la energía consumida.

Esta comunidad beneficiará aproximadamente a 448 familias locales, que se unirán a la comunidad y compartirán el excedente de la energía producida[27].

Process of a Local Energy Community in Portugal – The case of Culatra Island", en LEAL COSTA SEMIÃO, J. F. *et al.* (eds.), *INCREaSE 2023*, Springer, Cham, 2023, pp. 173-191.

[26] *Vid.* ARQUIDIOCESE DE BRAGA: «Arquidiocese fornece energia a 650 famílias carenciadas» [en línea], (2022), <https://www.diocese-braga.pt/noticia/1/35261> [Consulta: 12/03/2024].

[27] *Vid.* CLEANWATTS: «Why Building a Renewable Energy Community was an Open Goal for FC Barreirense» [en línea], (2023), <https://cleanwatts.energy/case-study/fc-barreirense/> [Consulta: 12/03/2024].

Nos encontramos también con la creación de CER como parte de proyectos más amplios que combinan acciones sobre movilidad sostenible, eficiencia energética, energías renovables, economía circular y participación ciudadana.

Un ejemplo de ello es el proyecto "Asprela + Sustentável", uno de cuyos objetivos es crear una CER, que se implantará entre el Polígono de Viviendas Sociales Agra do Amial –que acoge a 180 familias– y la Escuela Primaria Agra[28].

La idea es crear en la zona de Asprela un ecosistema urbano basado en la sostenibilidad energética y medioambiental, que actúe como laboratorio vivo para apoyar la descarbonización de la ciudad de Oporto. Para ello, se instalarán en estos emplazamientos sistemas solares fotovoltaicos cuya producción permitirá abastecer de electricidad a los edificios integrados en la comunidad en un modelo de autoconsumo colectivo. El excedente de la electricidad producida se destinará al almacenamiento o, alternativamente, a la recarga de vehículos eléctricos de uso público. Para gestionar y controlar el consumo energético de las familias, en particular en el barrio de Agra do Amial, se desarrollará una plataforma dedicada a la monitorización como programa piloto, que permitirá, en el contexto de la Vivienda Social de Oporto, hacer un mapa de la pobreza energética para determinar la situación de confort térmico y de calidad del aire en los edificios de la región[29].

Otro proyecto, con el que se pretende acelerar el camino del municipio de Cascais hacia la neutralidad carbónica, es el denominado laboratorio vivo "Cascais Smart Pole by NOVA SBE". En este laboratorio, que se está desarrollando en Carcavelos, en el triángulo formado por el barrio de São Gonçalo, el campus de Nova School of Business & Economics (SBE) y la Praia do Moinho, están previstas iniciativas en diversos ámbitos, como la energía, la movilidad, la eficiencia energética de los edificios y la calidad del aire interior, la economía circular en el uso del agua, los residuos y los bosques y espacios verdes urbanos, que incluye también la creación de una CER.

---

28 *Vid.* ASPRELA MÁS SOSTENIBLE: «Projeto Asprela + Sustentável» [en línea], (s.f.), <https://asprelamaissustentavel.pt> [Consulta: 12/03/2024].

29 *Vid.* PIMENTA, R., "Asprela + Sustentável: um «living lab» pela neutralidade carbónica", en CRISPIM, J. y GOMES MENDES, J. (eds.), *Comunidades de energia renovável*, Fundação Mestre Casais-UMinho Editora, Braga, 2023, p. 149.

Los paneles solares se instalarán en el tejado de NOVA SBE y en los edificios residenciales circundantes, y cualquier persona interesada podrá participar en esa CER invirtiendo, comprando energía o cediendo sus tejados o sus paneles a la comunidad. El objetivo es que los residentes no sólo ahorren en sus facturas de electricidad, sino que también obtengan rentabilidad social y económica y contribuyan al esfuerzo de descarbonización de esa zona geográfica[30].

4. CONSIDERACIONES CONCLUSIVAS

Existe un denominador común de todos los proyectos analizados de CER en Portugal que es el de que implica siempre la integración de las tecnologías de la información y la comunicación, que ha evolucionado desde un modelo clásico de distribución a un modelo de red inteligente, que podría llegar a convertirse incluso en una red digital[31] .

La digitalización de la red es lo que permite supervisar y controlar las necesidades energéticas en tiempo real, tanto en los puntos de consumo como en la propia red de distribución, posibilitando al gestor de la red de distribución aumentar la calidad, disponibilidad y eficiencia de la red.

En la mayoría de los casos analizados, la electricidad limpia suministrada a los edificios por los paneles fotovoltaicos se gestiona a través de un sistema operativo respaldado por una solución de central eléctrica virtual (*Virtual Power Plant*–VPP), que admite la agregación de una amplia gama de recursos energéticos distribuidos e independientes en un único agente operativo, el cual actúa como una central eléctrica tradicional, proporcionando servicios de flexibilidad del lado de la demanda y también del lado de la oferta a la red eléctrica de servicio público[32].

---

30 *Vid.* CASCAIS SMART POLE: «Comunidade de energia renovável Cascais Smart Pole. Investir com vizinhos para poupar e consumir energia limpa» [en línea], (2022), <https://cascaissmartpole.pt/energia> [Consulta: 12/03/2024].

31 Sobre este tema, véase PALENSKY, P. y KUPZOG, F., "Smart Grids", *Annual Review of Environment and Resources*, 38, 2013, pp. 201-226; KANG, C.; KIRSCHEN, D. y GREEN, T., "The Evolution of Smart Grids", *Proceedings of the IEEE*, 111, 7, 2023, pp. 691-693. Doi: 10.1109/JPROC.2023.3284213

32 En el centro de las plataformas tecnológicas que permiten crear mercados energéticos locales viables se encuentran las plataformas VPP, que gestionan todos los flujos e interacciones digitales del mercado.

Estas VPP combinan las fluctuaciones de carga mediante previsión, medición anticipada y control informatizado, optimizando los recursos energéticos simultáneamente y en tiempo real, lo que favorece el equilibrio entre oferta y demanda en la red[33].

La introducción de la digitalización, mediante soluciones compuestas por múltiples sensores y sistemas conectados e interoperables, coordinados mediante sofisticados sistemas operativos, supone una gran diferencia entre las comunidades energéticas actuales y las tradicionales cooperativas energéticas[34], ya que les permite controlar y procesar una gran cantidad de datos en un corto espacio de tiempo, gestionando sus activos energéticos distribuidos de forma dinámica, inteligente y segura[35].

El potencial de los nuevos modelos de integración de los grupos de productores y consumidores a nivel local, incluidos los hogares familiares, las empresas y otras organizaciones privadas o públicas, para la transición energética es, por tanto, innegable.

Los proyectos que hemos analizado demuestran precisamente el potencial de un sistema descentralizado, con comunidades de geometría variable, adaptables en producción, almacenamiento, consumo y geometría.

Pero, para que estas comunidades prosperen en Portugal es esencial simplificar y agilizar los procedimientos administrativos, que no han podido seguir el ritmo de los proyectos pendientes de autorización, y el apoyo continuo del Gobierno y los organismos reguladores, mediante políticas favorables de incentivos financieros.

Una vision mas detallada en BARINGO, L. y RAHIMIYAN, M., *Virtual Power Plants and Electricity Markets–Decision Making Under Uncertainty,* Springer, Cham, 2021; JIA, H. *et al., Business Models and Reliable Operation of Virtual Power Plants,* Springer, Singapore, 2023.

33 LAWRENCE, M. y WOODS, E., *The Energy Cloud: Emerging Opportunities on the Decentralised Grid,* Navigant Research & Advanced Energy Economy, Washington D.C., 2014, pp. 14-15.

34 La cooperativa energética más importantes en Portugal se llama Coopérnico y supone cerca de 0,2 % de la producción descentralizada.

35 *Vid.* CARREIRO, A. M., "A dimensão Estado das Comunidades de Energia", en CRISPIM, J. y GOMES MENDES, J. (eds.), *Comunidades de energia renovável,* Fundação Mestre Casais-UMinho Editora, Braga, 2023, p. 41.

5. BIBLIOGRAFÍA

ARQUIDIOCESE DE BRAGA: «Arquidiocese fornece energia a 650 famílias carenciadas» [en línea], (2022), <https://www.diocese-braga.pt/noticia/1/35261> [Consulta: 12/03/2024].

ASPRELA MÁS SOSTENIBLE: «Projeto Asprela + Sustentável» [en línea], (s.f.), <https://asprelamaissustentavel.pt> [Consulta: 12/03/2024].

BARINGO, L. y RAHIMIYAN, M., *Virtual Power Plants and Electricity Markets–Decision Making Under Uncertainty,* Springer, Cham, 2021.

CÁMARA MUNICIPAL DE RIBEIRA GRANDE: «Ribeira Grande Implementa Primeira Comunidade Energética dos Açores» [en línea], (2023), <https://www.cm-ribeiragrande.pt/ribeira-grande-implementa-primeira-comunidade-energetica-dos-acores> [Consulta: 12/03/2024].

CARREIRO, A. M., "A dimensão Estado das Comunidades de Energia", en CRISPIM, J. y GOMES MENDES, J. (eds.), *Comunidades de energia renovável,* Fundação Mestre Casais-UMinho Editora, Braga, 2023, pp. 37-46.

CASCAIS SMART POLE: «Comunidade de energia renovável Cascais Smart Pole. Investir com vizinhos para poupar e consumir energia limpa» [en línea], (2022), <https://cascaissmartpole.pt/energia> [Consulta: 12/03/2024].

CLEANWATTS: «Comunidades A++» [en línea], (s.f.), <https://cleanwatts.energy/pt-pt/100-aldeias/#> [Consulta: 12/03/2024].

CLEANWATTS: «Why Building a Renewable Energy Community was an Open Goal for FC Barreirense» [en línea], (2023), <https://cleanwatts.energy/case-study/fc-barreirense/> [Consulta: 12/03/2024].

FERREIRA, L., "O envolvimento dos cidadãos para a redução de emissões", en CRISPIM, J. y GOMES MENDES, J. (eds.), *Comunidades de energia renovável,* Fundação Mestre Casais-UMinho Editora, Braga, 2023, pp. 47-56.

JIA, H. *et al., Business Models and Reliable Operation of Virtual Power Plants,* Springer, Singapore, 2023.

JÓVENES EMPRENDEDORES DE LA UNIÓN EUROPEA: «JEUNE with Cem Aldeias against Energy Poverty» [en línea], (s.f.), https://jeune-europe.org/2020/08/jeune-with-cem-aldeias-against-energy-poverty/> [Consulta: 12/03/2024].

KANG, C.; KIRSCHEN, D. y GREEN, T., "The Evolution of Smart Grids", *Proceedings of the IEEE,* 111, 7, 2023, pp. 691-693. Doi: 10.1109/JPROC.2023.3284213

LAWRENCE, M. y WOODS, E., *The Energy Cloud: Emerging Opportunities on the Decentralised Grid,* Navigant Research & Advanced Energy Economy, Washington D.C., 2014.

PALENSKY, P. y KUPZOG, F., "Smart Grids", *Annual Review of Environment and Resources,* 38, 2013, pp. 201-226.

PIMENTA, R., "Asprela + Sustentável: um «living lab» pela neutralidade carbónica", en CRISPIM, J. y GOMES MENDES, J. (eds.), *Comunidades de energia renovável,* Fundação Mestre Casais-UMinho Editora, Braga, 2023, pp. 147-152.

REIS, I. *et al.,* "Fighting Energy Poverty through Local Energy Communities: Insights from Portugal", en SOKOŁOWSKI, M. y VISVIZI, A. (eds), *Routledge Handbook of Energy Communities and Smart Cities,* Routledge, New York, 2023, pp. 293-310.

RESCOOP: «Comunidades energéticas en el marco del paquete de energía limpia. Guía de transposición» [en línea], (2020), <https://www.rescoop.eu/toolbox/how-can-eu-member-states-support-energy-communities> [Consulta: 12/03/2024].

SANTOS, B.: «Portugal's first solar energy community yields results» [en línea], (2022), <https://www.pv-magazine.com/2022/10/07/portugals-first-solar-energy-community-yields-results/> [Consulta: 12/03/2024].

SANTOS, J. *et al.*, "Implementation Process of a Local Energy Community in Portugal – The case of Culatra Island", en LEAL COSTA SEMIÃO, J. F. *et al.* (eds.), *INCREaSE 2023*, Springer, Cham, 2023, pp. 173-191.

UNIÓN DE MISERICORDIAS PORTUGUESAS: «Miranda do Douro | Misericórdia pioneira com comunidade de energia» [en línea], (2021), <https://www.ump.pt/Home/misericordias/noticias/miranda-do-douro-miranda-do-douro-pioneira-com-comunidade-de-energia/> [Consulta: 12/03/2024].

Capítulo XXII

Las comunidades de energías renovables en Italia: su forma jurídica y la importancia del instrumento de la colaboración público-privada[1]

ANNA PORPORATO
Profesora Titular de Derecho Administrativo
Universidad de Turín

1. INTRODUCCIÓN

La Directiva 2018/2001/UE relativa al fomento del uso de energía procedente de fuentes renovables (Directiva RED II) y la Directiva 2019/944/UE sobre normas comunes para el mercado interior de la electricidad (Directiva del Mercado de la Electricidad) preveían cuatro modelos de autoconsumo de energías, cada uno con características diferentes en cuanto a su posible alcance, titularidad de las instalaciones, tecnologías, papel de terceros, posibilidad de ejercer la actividad de distribución y otras actividades y servicios auxiliares y previsión de beneficios.

---

1 La contribución es el resultado del trabajo de investigación realizado en el marco del proyecto europeo e-CREW (establishing Community Renewable Energy Webs), Proyecto Horizon 2020, financiado por la Unión Europea (2020–2023).

De acuerdo con la normativa contenida en la Directiva RED II (artículo 21), el autoconsumo compartido se define como la pluralidad de consumidores ubicados dentro de un edificio en el que están situadas exclusivamente instalaciones de energía renovable, que pueden ser propiedad de terceros. Las Comunidades de Energías Renovables, CER, (artículo 22, Directiva RED II) son agrupaciones voluntarias de ciudadanos, pequeñas y medianas empresas, autoridades locales y entes territoriales que se organizan e invierten para producir y autoconsumir energía renovable (*prosumidor*) y proporcionar servicios auxiliares a sus miembros. Las actividades de las CER no pueden tener ánimo de lucro y las instalaciones de producción de energía renovable no pueden ser propiedad de terceros[2]. La Comunidad Energética Ciudadana (CEC), regulada en el artículo 16 de Directiva del Mercado Interior de la Electricidad, está formada por una pluralidad de personas físicas, pequeñas empresas y entes públicos que podrán organizar en el seno de la comunidad el uso compartido de la electricidad producida por unidades de producción de propiedad de la comunidad, alimentada por cualquier fuente de producción de energía. En el caso de las CEC, al igual que en el de las CER, no se permite el ánimo de lucro y se excluye la propiedad de las instalaciones por parte de terceros. El último modelo de autoconsumo de energía está representado por el cliente activo (artículo 15, Directiva del Mercado de la Electricidad), es decir, un cliente final o un grupo de clientes finales consorciados que consumen o almacenan la electricidad producida en sus propias instalaciones situadas en una zona delimitada, o en otras instalaciones donde el Estado lo permita, o venden la electricidad autoproducida, o participan en mecanismos de flexibilidad o eficiencia energética. En esta contribución se analizará como modelo de autoconsumo de energía el representado por la CER, partiendo de un análisis de la disciplina nacional que ha transpuesto la normativa europea hasta un análisis de las posibles formas jurídicas que puede adoptar la CER y del papel estratégico que puede desempeñar la colaboración público-privada (CPP) en la constitución y gestión de una CER.

---

2 Como se verá con más detalle a continuación, en virtud del artículo 30, apartado 1, letra a), punto 1, del d.lgs. 199/2021, en el marco de una CER las instalaciones de producción de energía a partir de fuentes renovables pueden ser propiedad de un tercero. Véase a este respecto la nota 38.

2. EL MARCO NACIONAL PARA LAS CER

La transposición en la legislación italiana de las disposiciones de los artículos 21 y 22 de la Directiva RED II relativas a las CER tuvo lugar primero con carácter transitorio, a través del artículo 42 *bis* del *Decreto Legge* (d.l.) n. 162, de 30 de diciembre de 2019, convertido con modificaciones por la *Legge* n. 8, de 28 de febrero de 2020, y después con carácter definitivo mediante el *Decreto Legislativo* (d.lgs.) n. 199, de 8 de noviembre de 2021.

De acuerdo con lo establecido en el artículo 42 *bis* del d.l. 162/2019, la participación en la CER estaba permitida a las personas físicas, pequeñas y medianas empresas, entes territoriales y autoridades locales, y el perímetro de la CER estaba limitado a los usuarios conectados a la misma subestación secundaria, es decir, la subestación de distribución de baja tensión que da servicio a usuarios específicos o grupos de usuarios[3]; por lo cual, el tamaño máximo de una CER estaba limitado a aproximadamente 600 usuarios y, por último, la instalación de generación única no podía superar los 200 kW.

Con el d.lgs. 199/2021 se ha abierto la participación en la CER a todos los consumidores y consumidores-productores, con excepción de las empresas para las que la participación constituye su actividad comercial e industrial principal y de las grandes empresas[4]. Las entidades que pueden participar en las CER coinciden con las entidades a las que el d.lgs. 199/2021 atribuye el ejercicio del poder de control, es decir, las personas físicas (ciudadanos/familias), las pequeñas y medianas empresas (siempre que la participación en la CER no constituya su actividad comercial e industrial principal), los entes locales, los entes de investigación y formación, las entidades religiosas, las entidades del tercer sector y las entidades de protección del medio ambiente[5].

---

3 La subestación primaria, o subestación de alta tensión, es un elemento fundamental del sistema de distribución de energía eléctrica. La subestación primaria es una estructura, situada generalmente a la entrada de una zona urbana o del territorio de una empresa, que conecta la red de transporte de electricidad con la red de distribución y permite transformar la electricidad de alta tensión en electricidad de baja tensión. La subestación primaria suministra energía a la subestación secundaria, que la distribuye a los usuarios individuales.

4 Art. 31.1,b), d.lgs. 199/2021, de conformidad con el art. 22.1 de la Directiva Red II.

5 La ampliación, frente a las normas transitorias contenidas en el art. 42 bis del d.l. 162/2019, de la categoría de entidades que pueden formar parte de una CER,

El d.l. núm. 13, de 24 de febrero de 2023, ha añadido las asociaciones con personalidad jurídica de derecho privado, es decir, las asociaciones reconocidas, a la lista de entidades que ejercen el poder de control (y que pueden formar parte de las CER).

Se han identificado eficazmente cuatro roles para los sujetos implicados en la organización y funcionamiento de una CER: consumidor (miembro de la CER); consumidor-productor, o prosumidor, (miembro de la CER); productor externo (no miembro de la CER); sujeto externo que proporciona instalaciones o espacios en beneficio de la CER (no miembro de la CER)[6]. La identificación del consumidor final de la energía se realiza a través del *point of delivery* (POD), es decir, el punto de conexión dentro de la subestación primaria donde opera la CER. El término *prosumidor*[7] se refiere al sujeto que posee su propia instalación de producción de energía y que consuma parte de la energía producida; si el prosumidor forma parte de una comunidad energética, la energía no consumida se pone a disposición de los demás consumidores y productores de energía miembros de la comunidad.

Hay que destacar dos factores importantes, introducidos por la normativa contenida en el d.lgs. 199/2021, innovadores respecto a la regulación transitoria: por un lado, la posibilidad de agregar usuarios, en lo que respecta a la energía producida y autoconsumida y, por tanto, también a efectos de incentivos[8], a la subestación de media tensión/alta tensión, es decir, a la subestación primaria[9] , en lugar de a la secundaria, como

---

mediante la inclusión de las administraciones locales (tal y como se identifican en la lista de administraciones públicas elaborada por el ISTAT en base al requisito de la dimensión local de la actividad desarrollada), las entidades de investigación y formación, las entidades religiosas, las entidades del tercer sector y las entidades de protección del medio ambiente, tuvo lugar a través de la previsión del art. 31.1, b), d.lgs. 199/2021.

6 ARGIRÒ, G., "L'evoluzione del quadro normativo europeo e italiano sulle comunità energetiche rinnovabili", en CUOCOLO, L. *et al.* (coords.), *Le comunità energetiche rinnovabili*, Egea, Milán, 2023, p. 24.

7 El neologismo fue acuñado por TOFFLER, A., *The third wave*, Bantam Books, Nueva York, 1980.

8 Sobre el tema de los incentivos para las comunidades energéticas, véase LA ROSA, G., "Le comunità energetiche rinnovabili: riflessioni sull'"affidabilità" del sistema di incentivi di cui al decreto Red II", *Rivista Giuridica AmbienteDiritto.it*, XXII, 1, 2022, pp. 1-17.

9 Art. 32.3, a), d.lgs. 199/2021.

en cambio preveía la disciplina transitoria, con la consiguiente ampliación del perímetro geográfico en el que pueden establecerse las CER, y por otra parte, la previsión de la posibilidad, a efectos del reparto de la energía y de la realización de las demás actividades permitidas, de la localización de los usuarios en toda la zona de mercado[10].

Otro mérito del d.lgs. 199/2021 está representado por el hecho de haber elevado el límite dimensional de la potencia de las instalaciones a 1 MW, frente al límite de 200 kW previsto por la normativa transitoria, como requisito para acceder al mecanismo de incentivo directo, a calcular con respecto a la energía compartida[11] .

El aspecto característico de la CER es el de compartir la energía, que debe producirse necesariamente a partir de fuentes renovables y proceder de instalaciones que estén dentro de la disponibilidad y bajo el control de la propia CER.

La electricidad autoproducida se destina a cubrir una parte o la totalidad del consumo horario de los miembros de la CER. La parte de la energía autoproducida y autoconsumida, denominada energía compartida, es la cuota que da derecho al incentivo previsto en la normativa vigente[12]; cualquier excedente de energía puede acumularse y venderse también

---

[10] Art. 31.2, c), d.lgs. 199/2021. Las zonas de mercado son las áreas en las que se divide el sistema eléctrico nacional; en las zonas de mercado, productores y consumidores pueden vender y comprar electricidad libremente, mientras que existen restricciones a la compra y venta de energía entre distintas zonas. Las zonas de mercado han sido identificadas por Terna, la S.p.A. propietaria de la red italiana de transporte (RTN) de electricidad de alta y extra alta tensión y el mayor operador independiente de redes de transporte de electricidad de Europa. Terna desempeña una función de servicio público indispensable para garantizar el suministro eléctrico del país y permitir el funcionamiento de todo el sistema eléctrico nacional. Véase *https://www.terna.it.* Las zonas de mercado identificadas por Terna (anexo A.24 del *Codice di Rete Individuazione Zone della Rete Rilevante,* 1 de enero de 2021) son Norte, Centro Norte, Centro Sur, Sur, Calabria, Sicilia y Cerdeña. En el TIAD, *Testo Integrato Autoconsumo Diffuso,* aprobado por la *Delibera* ARERA 727/2022/R/EEL, se hace referencia a la zona de mercado como el área en la que productores y consumidores pueden vender y comprar electricidad sin restricciones.

[11] Art. 8.1, d.lgs. 199/2021.

[12] Art. 5.1, a), d.lgs. 199/2021, según el cual "el incentivo se concede mediante una tarifa abonada por el *Gestore dei Servizi Energetici–GSE S.p.A.* (en adelante: GSE) sobre la electricidad producida por la instalación, o sobre la parte de dicha producción que se vierte a la red o se autoconsume".

a través de acuerdos de compraventa de electricidad renovable, ya sea directamente o a través de la agregación[13].

En cuanto al modelo de reparto de la energía, la Directiva RED II dejaba la decisión en manos de los Estados miembros, que podían elegir entre un modelo de reparto físico de la energía, es decir, realizado mediante el uso de redes eléctricas privadas propiedad de la CER, o uno virtual, basado en el uso de la red pública de distribución y la definición de la cantidad de energía compartida virtualmente dentro de la CER en cada intervalo de tiempo de medición[14].

Con su *Delibera* núm. 318/2020/R/eel, de 4 de agosto de 2020, la *Autorità di Regolazione per Energia, Reti e Ambiente* (ARERA) optó por adoptar el modelo de regulación virtual[15] partiendo del supuesto de que, al no requerir este modelo la construcción de nuevas líneas eléctricas privadas, habría podido involucrar a un mayor número de sujetos como destinatarios de los beneficios derivados de la adhesión a una misma CER. La misma *Delibera* estableció en favor de las CER una valorización de la energía virtualmente compartida, que se traduce en la restitución de determinados componentes variables de las tarifas de transporte y distribución calculadas en función de la energía producida hora por hora por las instalaciones construidas en el seno de la CER y consumida por los miembros de la misma comunidad[16]. Tanto la valorización como la incentivación de la energía compartida se han confiado al *Gestore dei Servizi Energetici* (GSE), la empresa totalmente de propiedad del *Ministero dell'Economia e delle Finanze*[17] que trabaja para la promoción y el desarrollo de las fuentes de energía renovables y la eficiencia energética.

La referencia a la zona de mercado en relación con el uso compartido de la energía (de conformidad con el artículo 31, apartado 2, letra c) del d.lgs. 199/2021) y con el acceso al servicio de autoconsumo difuso (de conformidad con el artículo 3.4, letra a), TIAD, *Testo Integrato Autoconsumo Diffuso*, aprobado por la *Delibera* ARERA 727/2022/R/EEL) adquiere especial relevancia en relación con las CER.

---

13 Art. 31.2, b), d.lgs. 199/2021.

14 ARGIRÒ, G., "L'evoluzione del quadro normativo europeo e italiano...", *op. cit.*, p. 20.

15 A través del modelo de regulación virtual, la energía no se produce ni se consume físicamente *in situ*, sino que se comparte mediante el uso de la red pública de distribución.

16 ARGIRÒ, G., "L'evoluzione del quadro normativo europeo e italiano...", *op. cit.*, p. 20.

17 Art. 3.4, d.lgs. 79/1999.

Si con el d.lgs. 199/2021 se ha permitido compartir energía dentro de una misma zona de mercado (artículo 31, apartado 2, letra c) del d.lgs. 199/2021), con el TIAD se exige, a efectos de acceso al servicio para autoconsumo difuso, que las entidades pertenecientes a una comunidad de energías renovables sean "*clienti finali e/o produttori con punti di connessione ubicati nella stessa zona di mercato*" (artículo 3, apartado 4, letra a), TIAD), permitiendo así el establecimiento de una única CER para una zona de mercado mediante conexión a subestaciones primarias.

Como se ha mencionado anteriormente, la *Delibera* 727/2022/R/EEL, de 27 de diciembre de 2022, ha aprobado el TIAD, que define todos los sistemas para el autoconsumo difuso: grupos de autoconsumidores que actúan colectivamente en edificios y bloques de viviendas, CER y autoconsumidores individuales en la red pública.

Para completar la disposición contenida en el d.lgs. 199/2021, según la cual la valorización del autoconsumo difuso debe referirse al área subyacente a la subestación primaria, y ya no a la relativa a la subestación secundaria, el TIAD ha delineado los criterios en base a los cuales los operadores de red deben identificar, de manera convencional, las áreas subyacentes a cada subestación primaria a partir de la configuración real de las redes eléctricas, con la posibilidad de introducir correcciones de carácter geográfico. Las disposiciones contenidas en el TIAD deben integrarse con las previstas en el decreto del MASE[18], el llamado decreto CACER (*Configurazioni di Autoconsumo per la Condivisione dell'Energia Rinnovabile*), *Decreto Ministeriale* (en adelante, d.m.) 414/2023[19], que ha entrado en vigor el 24 de enero de 2024.

---

18 *Ministero dell'ambiente e della sicurezza energetica.*

19 El d.m. 414/2023 asignó incentivos por valor de 5.700 millones, de los cuales 2.200 millones fueron financiados por el PNRR para configuraciones de autoconsumo. Este decreto preveía dos instrumentos para promover el desarrollo de las CER en Italia: una contribución a fondo perdido del 40%, financiada por el PNRR y destinada a las comunidades cuyas instalaciones se construyan en municipios de menos de 5.000 habitantes y una tarifa incentivadora sobre la energía renovable producida y compartida, en todo el territorio nacional. El PNRR, Plan Nacional de Recuperación y Resiliencia, es el programa, elaborado por el Gobierno italiano y aprobado el 13 de julio de 2021 mediante una Decisión de Ejecución del Consejo de la UE, para la gestión de los fondos de la *Next Generation* de la UE. Contempla seis misiones, organizadas en componentes, cada una de las cuales comprende una serie de medidas que pueden traducirse en reformas normativas o inversiones económicas. Los ámbitos cubiertos por las misiones van desde la transición ecológica y digital hasta la sanidad, la educación, el transporte y la justicia.

Las mencionadas disposiciones abarcan los incentivos para las centrales de fuentes renovables incluidas en configuraciones de autoconsumo que prevén la utilización de la red de distribución existente subyacente a la misma subestación primaria[20]. En el citado d.m. CACER se prevén dos formas de incentivos a favor de las CER: una tarifa incentivadora sobre la energía producida por las fuentes de energía renovables (FER) y prácticamente autoconsumida por los miembros de la CER y una compensación unitaria de valorización (*corrispettivo unitario di valorizzazione*)[21] por la energía autoconsumida.

La tarifa incentivadora es reconocida por el GSE, que también calcula virtualmente la energía autoconsumida, durante un periodo de 20 años a partir de la fecha de puesta en servicio de cada central de FER. La tarifa consta de una parte fija y otra variable y varía entre 60€/MWh y 120€/MWh en función del tamaño de la instalación y del valor de mercado de la energía. La parte fija varía en función de la potencia de la instalación, mientras que la parte variable cambia según el precio de mercado de la energía. En el caso de las instalaciones fotovoltaicas, hay un recargo adicional de hasta 10 €/MWh en función de la ubicación geográfica. La compensación unitaria de valorización de la energía autoconsumida varía cada año en función de las tarifas determinadas por ARERA y asciende a unos 8€/MWh. Tras la aprobación del d.m. CACER, ARERA actualizó el TIAD mediante la *Delibera* 15/2024/R/eel de 30 de enero de 2024. A su vez, el 24 de febrero de 2024, el GSE publicó las Reglas de Funcionamiento para el acceso al servicio de autoconsumo difuso (*Regole operative per l'accesso al servizio per l'autoconsumo diffuso*), servicio prestado por el mismo operador y destinado a determinar y valorizar la energía autoconsumida e incentivada, así como la subvención PNRR[22] (*Piano Nazionale di Ripresa e Resilienza*); estas reglas operativas se

---

[20] Por lo tanto, el incentivo puede referirse a: a) sistemas individuales de autoconsumo de energía renovable a distancia utilizando la red de distribución, b) sistemas colectivos de autoconsumo a partir de fuentes renovables y c) CER.

[21] La compensación unitaria de valorización de la electricidad autoconsumida reconoce el menor uso del sistema eléctrico para el transporte de energía por parte de los integrantes de configuraciones de autoconsumo difuso. La tarifa unitaria se calcula mensualmente multiplicando la energía autoconsumida por una tarifa unitaria global definida anualmente por ARERA.

[22] Se trata de una subvención a fondo perdido para cubrir hasta el 40% de los costes subvencionables, financiada con fondos del PNRR (Plan Nacional de Recuperación y Resiliencia) y destinada a las CER cuyas instalaciones estén ubicadas en municipios de menos de 5.000 habitantes.

refieren a los requisitos de elegibilidad para los mecanismos de incentivo, las modalidades de presentación de las solicitudes y los plazos[23].

3. FINALIDADES Y ACTIVIDADES DE LAS CER

Según la normativa europea[24], y coherentemente también la nacional[25], el objetivo principal de las CER es proporcionar beneficios medioambientales, económicos o sociales a nivel de comunidad, de sus miembros o socios, o de las áreas locales en las que opera la comunidad, y no obtener beneficios económicos[26]. Así pues, las CER se caracterizan por la finalidad medioambiental, económica o social que persiguen mediante su constitución, las actividades que llevan a cabo y los beneficios que pueden obtener de esas actividades[27]. La finalidad medioambiental se persigue a través de la elección de producir energía limpia, concretamente mediante el uso de fuentes renovables, con el consiguiente abandono de los combustibles fósiles, en línea con el objetivo de alcanzar la neutralidad climática en 2050, realizando así la transición verde reclamada en particular por el *Green Deal*, a través del Reglamento Europeo 2021/1119/UE[28] que contiene la "Normativa Europea sobre el Clima",

---

23 Véase *https://www.gse.it/documenti_site*. Los tipos de configuración del CACER que pueden acogerse al servicio son los siguientes: autoconsumidor individual "a distancia" de energía renovable que utiliza la red de distribución; grupo de autoconsumidores de energía renovable que actúan colectivamente o sistemas colectivos de autoconsumo a partir de fuentes renovables; comunidad de energía renovable (CER); cliente activo "a distancia" que utiliza la red de distribución; grupo de clientes activos que actúan colectivamente; comunidad de energía ciudadana (CEC); autoconsumidor individual "a distancia" de energía renovable con línea directa.

24 Art. 2.16), Directiva RED II.

25 Art. 31.1, a), d.lgs. 199/2021.

26 Art. 31.1, a), d.lgs. 199/2021.

27 Sobre los objetivos que deben perseguir las CER, véase DI CHIARA, M., "Le comunità energetiche: un nuovo modello di collaborazione pubblico-privato per la transizione ecologica", *Federalismi.it*, 29, 2022, pp. 111-112.

28 Este es el objetivo central de la transición ecológica que se persigue a través del Pacto Verde Europeo y del Reglamento Europeo sobre el Clima 2021/1119. El Reglamento 2021/1119 estableció en su artículo 1, apartado 2, el objetivo vinculante para los Estados miembros de neutralidad climática en la Unión Europea, que deberá alcanzarse en 2050. En el artículo 4, relativo a los "objetivos climáticos intermedios de la Unión", el apartado 1 establecía el objetivo vinculante de la

y por el Reglamento Europeo 2021/241/UE[29] por el que se establece el Mecanismo de Recuperación y Resiliencia.

El PNRR elaborado por el Gobierno italiano[30], aprobado el 13 de julio de 2021 mediante Decisión de Ejecución del Consejo de la Unión Europea, preveía una misión relativa a la revolución verde y la transición ecológica como segunda misión de las seis totales[31]. En el marco de la mencionada segunda misión, en lo que respecta al segundo componente relativo a energías renovables, hidrógeno, red y movilidad sostenible, se han destinado inversiones para garantizar los recursos necesarios para instalar aproximadamente 2.000 MW de nueva capacidad de generación de electricidad en una configuración distribuida por CER y autoconsumidores de energía renovable que actúen conjuntamente[32].

La finalidad económica es reducir los costes energéticos, que son inferiores, mediante el uso de energía autoproducida, a los costes debidos por

---

Unión para 2030 de una reducción interna neta de las emisiones de gases de efecto invernadero de al menos el 55% para 2030 en comparación con los niveles de 1990, con el fin de alcanzar la neutralidad climática. Para alcanzar el objetivo intermedio vinculante, se fijó un objetivo mínimo del 30% como cuota global de energía procedente de fuentes renovables en el consumo final bruto en el artículo 3 del d.lgs. 199/2021 sobre "Objetivos nacionales en materia de fuentes de energía renovables".

29 El Reglamento 241/2021/UE que regula el Mecanismo de Recuperación y Resiliencia estipula que los PNRR de los distintos Estados miembros deben destinar al menos el 37% de la dotación total del plan a contribuir a la transición ecológica, incluida la biodiversidad, o a los retos derivados de ella, respetando el principio de "no causar daños significativos" al medio ambiente (DNSH).

30 Véase GOBIERNO ITALIANO: «Piano Nazionale di Ripresa e Resilienza» [en línea], (2021), <https://www.governo.it/it/approfondimento/pnrr-gli-obiettivi-e-la-struttura/16702> [Consulta: 12/06/2024].

31 Véase LAZZARI, S., "La transizione verde nel Piano Nazionale di Ripresa e Resilienza 'Italia domani'", *Rivista Quadrimestrale di Diritto dell'Ambiente*, 1, 2021, pp. 198-220.

32 La realización de las medidas, suponiendo que se refieran a plantas fotovoltaicas con una producción anual de 1.250 kWh por kW, produciría unos 2.500 GWh al año, lo que contribuiría a una reducción estimada de las emisiones de gases de efecto invernadero de unos 1,5 millones de toneladas de CO2 al año. Véase *https://openpnrr.it*. La inversión prevista en el PNRR para CER y autoconsumo es de 2.200 millones de euros. Véase GOBIERNO ITALIANO: «Piano Nazionale di Ripresa e Resilienza», *op. cit.*, p. 130.

el suministro de energía de la red pública, lo que incluye también el pago de las cargas del sistema[33].

La cooperación entre los miembros de la CER, encaminada a satisfacer necesidades colectivas, junto con la apertura de la propia comunidad a todos los consumidores, incluidos los pertenecientes a hogares con rentas bajas o vulnerables[34], sirve para perfilar la finalidad social del instrumento de agregación que representa la CER.

El carácter de participación abierta y voluntaria[35] en las CER conlleva el reconocimiento de la posibilidad de rescisión de los participantes de la configuración de autoconsumo, rescisión que debe poder ejercerse en cualquier momento[36].

Las actividades que las CER pueden llevar a cabo se refieren a la producción de energía a partir de instalaciones de energías renovables que entren

---

33 DI CHIARA, M., "Le comunità energetiche: un nuovo modello di collaborazione pubblico-privato", *op. cit.*, p. 112.

34 Art. 31.1, d), d.lgs. 199/2021. Acerca del tema, véase PRESICCE, L., "Comunidades energéticas, autoconsumo y derecho al consumo de energía compartida. Medidas estructurales para reducir y prevenir la pobreza energética", en este libro.

35 El artículo 2, párrafo 16, de la Directiva RED II define las CER como "una entidad jurídica a) que, de conformidad con la legislación nacional aplicable, se basa en una participación abierta y voluntaria, es autónoma y está controlada efectivamente por accionistas o miembros que están situados en las proximidades de las instalaciones de producción de energía renovable que posee y desarrolla la entidad jurídica en cuestión; b) cuyos accionistas o miembros son personas físicas, PYME o autoridades locales, incluidas las autoridades municipales; c) cuyo principal objetivo es proporcionar beneficios medioambientales, económicos o sociales a nivel comunitario a sus accionistas o miembros o a las áreas locales en las que opera, en lugar de beneficios financieros". El considerando 71 de la Directiva RED II establece que "la participación en proyectos de energías renovables debe estar abierta a todos los socios locales potenciales sobre la base de criterios objetivos, transparentes y no discriminatorios". La letra b) del apartado 1 del artículo 31 del d.lgs. 199/2021 define la CER como "un sujeto de derecho autónomo" y la letra d) especifica que "la participación en las comunidades de energías renovables estará abierta a todos los consumidores".

36 De conformidad con el artículo 32, apartado 1, letra b), del d.lgs. 199/2021, los clientes finales organizados en una CER "podrán retirarse en cualquier momento de la configuración de autoconsumo, sin perjuicio de las eventuales comisiones acordadas en caso de retirada anticipada para el reparto de las inversiones realizadas, que en todo caso deberán ser equitativas y proporcionadas".

dentro de su disponibilidad[37], el autoconsumo instantáneo *in situ* o el uso compartido de la energía con los miembros de la CER, el almacenamiento de la energía excedentaria y la venta de la misma[38], y la valorización del autoconsumo virtual[39].

Además de las actividades mencionadas, que representan las actividades principales de una CER, las propias comunidades pueden promover acciones integradas de domótica y eficiencia energética, así como ofrecer servicios de recarga de vehículos eléctricos a sus miembros, asumir el papel de empresas minoristas y proporcionar servicios auxiliares y de flexibilidad[40]. Cabe recordar que todas las actividades de las CER deben estar orientadas a la consecución de su objetivo principal, que es la producción de beneficios ambientales, económicos o sociales para sus miembros o áreas locales de referencia[41]. Lo que queda excluido para las CER, como ya se ha señalado, es la búsqueda, como objetivo principal, de beneficios financieros.

---

37 No se exige que las instalaciones sean propiedad de la comunidad. La Resolución ARERA 318/2020/R/eel, anexo A, art. 1, letra o), hacía referencia al concepto de "*detenzione*" (posesión), en virtud del cual se requiere la plena disponibilidad de la instalación sobre la base de un título jurídico incluso distinto de la propiedad, como el usufructo, comodato de uso, siempre que la mera posesión o disponibilidad de la instalación sobre la base de un título distinto de la propiedad no sea un obstáculo para la consecución de los objetivos de la comunidad. La propiedad también se menciona en el artículo 31, apartado 2, letra a), del d.lgs. 199/2021, que especifica que cada consumidor que participe en una comunidad puede ser propietario de centrales de fuentes renovables que se construyan en la forma prevista en el artículo 30, apartado 1, letra a), punto 1, del d.lgs. 199/2021, es decir, que se trate de centrales de producción de fuentes renovables directamente interconectadas con la compañía eléctrica del cliente final. Dichas centrales, de conformidad con el artículo 30, apartado 1, letra a), punto 1, del d.lgs. 199/2021, pueden ser propiedad de un tercero.

38 Art. 31.2, b), d.lgs. 199/2021.

39 La CER, como se ha señalado (ARGIRÒ, G., "L'evoluzione del quadro normativo europeo e italiano...", *op. cit.*, p. 23), como sujeto referente, puede suscribir los convenios con el GSE y recibir los beneficios derivados de la incentivación y valorización del autoconsumo virtual.

40 Art. 31.2, f), d.lgs. 199/2021.

41 Art. 31.1, a), d.lgs. 199/2021.

4. EL ESTATUTO JURÍDICO DE LAS CER

En cuanto a la forma jurídica que puede adoptar una CER, cabe señalar que ni la Directiva RED II ni las normas nacionales de transposición se han ocupado de regular este aspecto. En el silencio legislativo, ARERA con la *Delibera* 318/2020/R/EEL de 4 de agosto de 2020, de implementación a la disposición del artículo 42 *bis* del d.l. 162/2019, proporcionó algunos ejemplos relativos a la forma jurídica que podría adoptar una CER, indicando la de entidades del tercer sector, es decir, la de cooperativas de mutualidad prevalente o cooperativas de mutualidad no prevalente, la de cooperativas de beneficio, consorcios, asociaciones y entidades sin fines de lucro[42].

Se ha observado oportunamente que en la elección de la forma jurídica que debe atribuirse a una CER, además de respetar el carácter abierto que debe tener la propia comunidad, tal y como prevén la Directiva RED II y el d.lgs. 199/2021, debe tenerse en cuenta la idoneidad de la forma jurídica para la captación de capital, el respeto a la limitación que representa la búsqueda de beneficios ambientales, económicos o sociales, la posible presencia entre los miembros de las administraciones públicas y los límites que puedan derivarse de esta presencia[43].

La disposición contenida en la Directiva RED II (artículo 2, párrafo 16) y recogida en el d.lgs. 199/2021 (artículo 31, apartado 1, letra a), según la cual las CER no pueden perseguir como objetivo principal la realización de beneficios financieros, no puede no repercutir en la forma jurídica que pueda adoptar la comunidad.

Partiendo de la base de que las CER no pueden perseguir como objetivo principal la producción de beneficios económicos, según el tenor literal del artículo 2247 del Código Civil italiano, según el cual por el contrato de sociedad dos o más personas confieren bienes o servicios para el ejercicio en común de una actividad económica con el fin de repartirse los beneficios de

42 AUTORIDAD REGULADORA DE ENERGÍA, REDES Y MEDIO AMBIENTE: «Delibera 318/2020/R/eel, de 4 de agosto de 2020, sobre *Regolazione delle partite economiche relative all'energia elettrica condivisa da un gruppo di autoconsumatori di energia rinnovabile che agiscono collettivamente in edifici e condomini oppure condivisa in una comunità di energia rinnovabile*» p. 22 [en línea], (2020), <https://www.arera.it/fileadmin/allegati/docs/20/318-20.pdf> [Consulta: 12/06/2024].

43 ARGIRÒ, G., "L'evoluzione del quadro normativo europeo e italiano...", *op. cit.*, p. 30.

la misma, debería excluirse la forma societaria, como la sociedad de responsabilidad limitada, o las sociedades "*benefit*" con ánimo de lucro[44].

La figura asociativa, en la doble forma de asociaciones reconocidas y no reconocidas[45], parece ser, según las realidades presentes en Italia, una de las soluciones más adoptadas.

Las asociaciones reconocidas y las asociaciones no reconocidas entran dentro de la categoría de entidades del tercer sector, es decir, organizaciones colectivas que se constituyen para la consecución, sin ánimo de lucro, de fines cívicos, solidarios y socialmente útiles[46]. Las entidades del tercer sector, y por tanto, también las asociaciones reconocidas y no reconocidas, desarrollan actividades de interés general, entre las que se incluyen intervenciones y servicios dirigidos a la salvaguarda y mejora de las condiciones del medio ambiente y a la utilización prudente y racional de los recursos naturales[47]. Atendiendo tanto a la actividad principal que desarrollan las CER, consistente en la producción y reparto de energía producida a partir de fuentes renovables, como a los fines que persiguen, es decir, fines medioambientales, económicos o sociales, es evidente que persiguen los objetivos de salvaguarda y mejora de las condiciones del medio ambiente y el uso prudente y racional de los recursos naturales, objetivos a los que están predestinadas las actividades de interés general que pueden desarrollar *ex lege* las organizaciones del tercer sector.

---

44 CUSA, E., "Il diritto dell'Unione europea sulle comunità energetiche e il suo recepimento in Italia", *Rivista Trimestrale di Diritto dell'Economia*, 2, 2020, pp. 318 y ss; BEVILACQUA, C., "Le comunità energetiche tra governance e sviluppo locale", *Amministrazione in cammino*, 1, 2020, p. 11; FAVILLI, C., "Transizione ecologica e autoconsumo organizzato di energia rinnovabile. La questione della forma giuridica delle Comunità energetiche", *Responsabilità Civile e Previdenza*, 2, 2023, p. 398.

45 La regulación de las asociaciones no reconocidas se puede hallar en el d.lgs. núm. 117, de 3 de julio de 2017 y en los artículos 36, 37, 38 y 42 *bis* del Código Civil. Cabe recordar, como ya se ha destacado, que el d.l. núm. 13, de 24 de febrero de 2023 añadió las asociaciones con personalidad jurídica de derecho privado, es decir, las asociaciones reconocidas, a la lista de entidades que ejercen el poder de control y pueden formar parte de las CER.

46 Art. 4.1, d.lgs. 117/2017. Las entidades del tercer sector persiguen fines cívicos, solidarios y de utilidad social mediante la realización, con carácter exclusivo o principal, de una o varias actividades de interés general en forma de acción voluntaria o de aportación gratuita de dinero, bienes o servicios, o de mutualidad o de producción o intercambio de bienes o servicios. Las entidades del tercer sector deben estar inscritas en el registro nacional único del tercer sector.

47 Art. 5.1, e), d.lgs. 117/2017.

Es necesario abordar la cuestión de si es admisible configurar una CER como asociación reconocida o como asociación no reconocida cuando entre sus miembros figura un organismo público.

Para resolver esta cuestión, hay que remitirse al *Testo Unico sulle società partecipate*, d.lgs. núm. 175, de 19 de agosto de 2016, que permite la participación de las administraciones públicas y, por tanto, también de las entidades locales, exclusivamente en sociedades, incluidos los consorcios, constituidas en forma de sociedades anónimas o de responsabilidad limitada, incluso en forma cooperativa[48] y, al mismo tiempo, no prohíbe la participación de una entidad local en asociaciones de derecho privado.

Partiendo de este supuesto, cuando se prevé la participación en la CER de una entidad local, sería preferible la forma de la asociación reconocida, ya que está dotada de una autonomía patrimonial básicamente perfecta de la que carece la asociación no reconocida, que, en consecuencia, correría el riesgo de exponer a la entidad local a posibles responsabilidades indeterminadas, en contra de lo dispuesto en las normas de contabilidad pública[49]. Sin embargo, según la jurisprudencia, incluso la elección de la fórmula organizativa representada por la asociación reconocida requeriría el máximo cuidado y cautela por parte de la administración pública debido a que la asociación reconocida no tiene plena capacidad jurídica y patrimonial y, en consecuencia, no es capaz de constituir un centro autónomo de imputación de derechos y obligaciones totalmente distinto de sus miembros[50].

La sociedad cooperativa[51] representa otra configuración utilizada para constituir una CER, de conformidad con lo dispuesto en el artículo 3.1 del d.lgs. 175/2016. Según el Código Civil, las cooperativas son sociedades de capital variable, dedicadas a la producción de bienes o servicios, caracterizadas por la finalidad mutualista[52] que se traduce en la ventaja que obtienen los

---

48 Art. 3.1, d.lgs. 175/2016.

49 Este aspecto lo destaca CUOCOLO, L., "Il ruolo degli enti locali nella promozione e nella costituzione delle comunità energetiche rinnovabili", en CUOCOLO, L. *et al.* (coords.), *Le comunità energetiche rinnovabili*, Egea, Milán, 2023, p. 59.

50 Tribunal de Turín, Sec. VIII, sentencia núm. 1196/2019.

51 La regulación de las sociedades cooperativas figura en el Código Civil en el art. 2511 y ss. Véase ROMEO, M., "Produzione di agroenergie, autoconsumo collettivo e comunità energetiche", *Diritto e giurisprudenza agraria, alimentare e dell'ambiente*, 4, 2021, pp. 1-11.

52 El artículo 2511 del Código Civil define las cooperativas como sociedades de capital variable con objeto mutualista y estipula que deben inscribirse en el registro de sociedades cooperativas.

socios de ejercer la actividad, no con sujetos terceros, sino directamente en el seno de la propia sociedad. Si se observan las características de la CER, se comprueba lo bien que se adapta a la figura de sociedad cooperativa: la producción y el consumo de energía limpia entre iguales, la independencia de los participantes y la ausencia de beneficio económico como finalidad principal de la actividad desarrollada se contemplan en el marco de la CER.

Como se ha anticipado, el d.lgs. 175/2016 prevé expresamente la participación de una entidad local en una sociedad cooperativa; sin embargo, incluso en lo que respecta a la configuración de una CER como sociedad cooperativa, es necesario leer las normas del citado d.lgs. 175/2016 en conjunto con la regulación de las CER contenida en el d.lgs. 199/2021.

A este respecto, cabe recordar que, de conformidad con el artículo 4, apartado 7, del d.lgs. 175/2016, se permite la participación de la Administración pública en empresas cuyo objeto social principal sea la producción de energía a partir de fuentes renovables: esta disposición es válida para confirmar la posibilidad de que una entidad local participe en una CER como organización colectiva cuyas actividades principales incluyan la producción y el uso compartido de energía obtenida a partir de fuentes renovables.

Asimismo, debe tenerse en cuenta que, de conformidad con el artículo 4, apartado 1, del d.lgs. 175/2016, las Administraciones públicas podrán, directa o indirectamente, crear empresas, adquirir o mantener participaciones en empresas cuyo objeto sea la producción de bienes y servicios, únicamente en la medida en que la producción de bienes y servicios sea estrictamente necesaria para la consecución de sus propios fines institucionales[53]. En nuestra opinión, la condición según la cual la

[53] De conformidad con el artículo 5, apartado 1, del d.lgs. 175/2016, el cumplimiento de dicha condición deberá acreditarse mediante la motivación contenida en la escritura de constitución de una sociedad o la adquisición de participaciones, incluso indirectas, por parte de las administraciones públicas en sociedades ya constituidas. La motivación también deberá acreditar la necesidad de la participación en la sociedad para la consecución de los fines institucionales propios de la Administración pública. Por último, siempre según el artículo 5, apartado 1, d.lgs. 175/2016, en la motivación del acto deliberativo deberán indicarse las razones y finalidades que justifiquen la elección de la participación pública en la sociedad, también en términos de conveniencia económica y sostenibilidad financiera, debiendo también darse cuenta de la compatibilidad de la elección con los principios de eficiencia, eficacia y rentabilidad de la actuación administrativa.

actividad de producción de bienes y servicios —la producción y reparto de energía limpia en el caso de las CER— debe ser necesariamente funcional a la consecución de los fines institucionales propios de la entidad local que participa en la CER, se cumpliría con el ejercicio de las funciones administrativas atribuidas por el d.lgs. núm. 112, de 31 de marzo de 1998, a las entidades locales en materia de energía. En concreto, se hace referencia a las funciones administrativas en materia de control sobre el ahorro energético y el uso racional de la energía y otras funciones que estén previstas en la legislación regional[54].

Por otra parte, aunque no se atribuyen competencias normativas a los municipios en materia de producción de energía e incluso en el marco de la competencia concurrente entre el Estado y las Regiones reconocida por el artículo 117, apartado 3, de la Constitución en materia de producción, transporte y distribución de energía, se atribuyen a los municipios importantes funciones sobre la utilización del territorio y su ordenación, también en lo que se refiere a la instalación de plantas de producción de energía a partir de fuentes renovables[55].

Uno de los instrumentos de planificación que hay que mencionar es el PEC, el Plan Energético Municipal, que, en virtud de la *Legge* núm. 10 de 9 de enero de 1991, debe acompañar al *Piano regolatore dei Comuni* (Plan General de Ordenación Urbana) y, según el apartado 5 del artículo 5 de la misma ley, debe ocuparse de las fuentes de energía renovables en los municipios con una población superior a 50.000 habitantes.

Volviendo a las sociedades cooperativas, serían algunas de sus características las que las hacen especialmente adecuadas para la creación y gestión de un CER: sus regímenes fiscales especialmente favorables, la indivisibilidad de su patrimonio y su carácter abierto representado por el principio de variabilidad del capital social[56], en virtud del cual el capital varía automáticamente con la entrada y salida de nuevos socios.

---

[54] Art. 31.1, d.lgs. 112/1998. Los artículos 29, 30 y 31 del d.lgs. 112/1998 establecen el reparto de funciones administrativas en el ámbito de la energía entre el Estado, las provincias y las entidades locales.

[55] Véase en este sentido CUOCOLO, L., "Il ruolo degli enti locali nella promozione...", *op. cit.,* p. 49.

[56] Art. 2511 del Código Civil. Véase CUOCOLO, L., "Il ruolo degli enti locali nella promozione...", *op. cit.,* p. 60.

Otra configuración razonable para el establecimiento y funcionamiento de una CER podría ser la fundación de participación[57]. La fundación de participación, reconocida por la jurisprudencia, pero no regulada expresamente por el legislador, constituye una forma jurídica híbrida en la medida en que se caracteriza por el elemento patrimonial, propio de la fundación, y el elemento personal, propio de la asociación, en virtud de su carácter abierto, orientado a la cooperación sin ánimo de lucro entre los fundadores y los demás miembros.

5. LAS CER EN LA EXPERIENCIA REGIONAL Y LA PRIMERA INTERVENCIÓN DE LA *CORTE COSTITUZIONALE* SOBRE LAS CER

En virtud del reparto de competencias legislativas previsto en el artículo 117, apartado 3, en relación con la materia "producción, transporte y distribución nacional de energía", —materia que es competencia concurrente entre el Estado y las Regiones y respecto de la cual las Regiones pueden legislar dentro de los límites de las bases establecidas por el derecho estatal y respetando las normas y obligaciones comunitarias e internacionales— , en materia de CER las Regiones pueden legislar para dictar las normas de desarrollo. En una reciente sentencia de la *Corte Costituzionale*, la primera sobre el tema de las CER, el Tribunal, tras haber incluido el objeto de las disposiciones impugnadas (*Legge Regionale dell'Abruzzo* núm. 8, de 17 de mayo de 2022), relativa a las CER, en el ámbito de la materia "producción, transporte y distribución nacional de energía", comprendida, como ya se ha recordado, en virtud del artículo 117, apartado 3 de la Constitución, en la competencia legislativa concurrente entre el Estado y las Regiones[58], reconoció el valor de las normas establecidas en el d.lgs. núm. 199, de 8 de noviembre de 2021, como básicas en la materia, destinadas a "garantizar, de manera uniforme en todo el territorio nacional, la más amplia posibilidad de participar en una CER, en aplicación de las disposiciones del legislador europeo"[59]. En consecuencia, declaró la ilegitimidad constitucional de una norma de la *Legge Regionale dell'Abruzzo* (artículo 9, apartado 3, letra b) en la medida en que disponía que correspondía a la *Giunta Regionale* determinar los requisitos para participar en una CER.

---

57 Ibidem.

58 Corte Costituzionale, sent. 9 de febrero de 2023, núm. 48, punto 2, *Considerato in diritto.*

59 Ibidem, punto 7.5, *Considerato in diritto.* La traducción es nuestra.

La intervención del Alto Tribunal fue provocada por el recurso interpuesto por el Gobierno contra determinadas disposiciones de la citada *Legge Regionale* (en concreto, los artículos 3, apartado 3, letras b), c), d) y e), 4, 9, apartado 1, letra b), y 11, apartados 2 a 5) por supuesta violación de los artículos 117, apartados 1 y 2, y 81, apartado 3, de la Constitución.

De las diversas cuestiones de legitimidad constitucional planteadas por la defensa del Estado, la *Corte Costituzionale* solo estimó la relativa al artículo 9, apartado 3, letra b), de la mencionada *Legge Regionale*, que atribuía a la *Giunta Regionale* la tarea de definir, mediante reglamentos específicos, los requisitos de las personas que pueden participar en las CER.

En cuanto a las leyes regionales[60] que contienen disposiciones detalladas con respecto a la disciplina estatal para la creación de las CER, podemos mencionar, a modo de ejemplo, algunas disposiciones de la *Legge Regionale del Piemonte*, que es la primera ley regional sobre las CER y la *Legge Regionale* de Emilia-Romaña.

En la *Legge Regionale del Piemonte* (*Legge Regionale* núm. 12 de 3 de agosto de 2018), se han previsto disposiciones específicas para la participación de los municipios en las CER, estableciendo que aquellos que tengan la intención de proponer la constitución de una comunidad energética, o de adherirse a una comunidad energética ya existente, están obligados a adoptar un memorando de entendimiento específico, que se elaborará sobre la base de los criterios adoptados por disposición de la *Giunta Regionale*. Por lo que respecta a la *Legge Regionale* de Emilia-Romaña (*Legge Regionale* núm. 5 de 27 de mayo de 2022), cabe destacar la previsión de creación de una mesa técnica permanente sobre las CER y la previsión de elaboración de una cartografía de las áreas o superficies aptas para la implantación de instalaciones de energías renovables por parte de los municipios de la Región.

---

60 Para una revisión de las leyes regionales sobre las CER, véase GIAMPELLEGRINI, P. P., "La dimensione regionale delle comunità energetiche rinnovabili", en CUOCOLO, L. *et al.* (coords.), *Le comunità energetiche rinnovabili*, Egea, Milán, 2023, pp. 35 y ss.

6. EL PAPEL DE LOS MUNICIPIOS EN RELACIÓN CON LAS CER Y EL INSTRUMENTO DE ASOCIACIÓN PÚBLICO-PRIVADA

Los municipios, como entes territoriales más próximos a la comunidad local de referencia, pueden desempeñar un papel estratégico, de acuerdo con el principio de subsidiariedad horizontal[61], tanto en lo que se refiere a la participación en una CER como a la promoción de su creación[62]. Una primera contribución importante por parte de los municipios podría referirse a la alfabetización energética de los ciudadanos[63], que puede lograrse mediante la organización de reuniones en sus propios locales o en espacios públicos para sensibilizar sobre cuestiones de transición energética, con el objetivo de colmar el déficit de información de la comunidad local sobre las ventajas y oportunidades vinculadas al uso compartido de la energía[64]. Los municipios también podrían actuar como promotores y facilitadores[65] en relación con la creación de una CER, tanto proporcionando formas de publicidad para las iniciativas pertinentes como encargándose de recoger las adhesiones de los interesados en participar en una CER[66].

La contribución de los municipios podría consistir en poner a disposición de las CER el espacio necesario para la construcción de plantas alimentadas por fuentes renovables[67] o la concesión del uso de instalaciones

61 De conformidad con el apartado 4 del artículo 118 de la Constitución, "Stato, Regioni, Città metropolitane, Province e Comuni favoriscono l'autonoma iniziativa dei cittadini, singoli e associati, per lo svolgimento di attività di interesse generale, sulla base del principio di sussidiarietà". Sobre el tema de la subsidiariedad horizontal véase MICCÚ, R. y BERNARDI, M., "Premesse ad uno studio sulle Energy communities: tra governance dell'efficienza energetica e sussidiarietà orizzontale", *Federalismi.it*, 4, 2022, p. 619; GIGLIONI, F., "Forme di cittadinanza legittimate dal principio di sussidiarietà", *Diritto e società*, 2, 2016, p. 306.

62 La mayoría de las iniciativas para la implantación de una CER son promovidas por las administraciones públicas, especialmente por los ayuntamientos, que se encargan de la creación de comunidades y de la participación ciudadana. Véase CANDELISE, C. y RUGGIERI, G., "Status and Evolution of the Community Energy Sector in Italy", *Energies*, 13, 2020, p. 12.

63 CUOCOLO, L., "Il ruolo degli enti locali nella promozione...", *op. cit.*, p. 50.

64 PERSICO, A., "Le comunità energetiche e il ruolo sussidiario delle pubbliche amministrazioni territoriali", *Rivista giuridica AmbienteDiritto.it*, XXII, 2, 2022, p. 7.

65 CUOCOLO, L., "Il ruolo degli enti locali nella promozione...", *op. cit.*, p. 49.

66 PERSICO, A., "Le comunità energetiche e il ruolo sussidiario...", *op. cit.*, p. 7.

67 CUOCOLO, L., "Il ruolo degli enti locali nella promozione...", *op. cit.*, p. 50 y PERSICO, A., "Le comunità energetiche e il ruolo sussidiario...", *op. cit.*, p. 8.

existentes que aún no hayan entrado en funcionamiento[68]. Además, los municipios podrían colaborar para la creación de una CER de forma indirecta, por ejemplo mediante la estipulación de contratos de comodato para la concesión de partes de edificios públicos en los que llevar a cabo las obras de las instalaciones[69].

En los casos en que los municipios no puedan, o no quieran, financiar con sus propios presupuestos la construcción y explotación de las instalaciones de energías renovables que se pondrán a disposición de una CER, podrían recurrir a contratos de colaboración público-privada (CPP; en italiano Parternariato Pubblico Privato - PPP)[70], incluyendo, por ejemplo, el arrendamiento financiero o la financiación de proyectos por iniciativa privada.

La operación económica en la que se plasma la CPP da lugar a una relación a largo plazo entre una entidad pública —en la mayoría de los casos, el municipio— y una o varias entidades privadas, a menudo organizadas en forma societaria, relación que persigue un resultado de interés público. En el marco de esta relación, la parte privada se encarga de realizar y gestionar el proyecto con la asunción del riesgo operacional asociado a la ejecución de las obras o la gestión de los servicios, mientras que la parte pública se encarga de definir los objetivos de interés general que se persiguen y de verificar su realización[71].

---

68 De conformidad con la letra d) del apartado 2 del artículo 31 del d.lgs. 199/2021, es posible que las instalaciones existentes, que también produzcan electricidad renovable, se adhieran, en una medida que en ningún caso superará el 30% de la potencia total de la comunidad.

69 PERSICO, A., "Le comunità energetiche e il ruolo sussidiario...", *op. cit.*, p. 8.

70 Sobre el *Partenariato Pubblico Privato*, in doctrina, *ex multis*, véase CONTESSA, C., "PPPC: modello generale", en SANDULLI, M.A. y DE NICTOLIS, R. (eds.), *Trattato sui contratti pubblici*, vol. V, Giuffrè Francis Lefebvre, Milán, 2019, pp. 207-220; AMOROSINO, S., *Le dinamiche del diritto dell'economia*, Pacini Giuridica, Pisa, 2018; GIORGIO, C. y MARINUZZI, G. (eds.), *La dimensione comunale del Partenariato Pubblico Privato*, Tercera edición, Fundación IFEL, Roma, 2019; BONFANTI, V., "Il partenariato pubblico-privato alla luce del nuovo Codice dei contratti pubblici", *Amministrazione in cammino*, 1, 2016, pp. 1-17; CARTEI, G.F. y RICCHI, M. (eds.), *Finanza di Progetto e Partenariato Pubblico-Privato. Temi europei, istituti nazionali e operatività*, Editoriale Scientifica, Nápoles, 2015; CAFAGNO, M. *et al.* (ed.), *Negoziazioni pubbliche. Scritti su concessioni e partenariati pubblico-privati*, Giuffrè, Milán, 2013; CHITI, M.P. (ed.), *Il partenariato pubblico-privato. Concessioni finanza di progetto società miste fondazioni*, Editoriale Scientifica, Nápoles, 2009.

71 GRANATO, O., "Il partenariato pubblico privato nelle CER", en CUOCOLO, L. *et al.* (coords.), *Le comunità energetiche rinnovabili*, Egea, Milán, 2023, p. 63.

Según lo dispuesto en el artículo 174.1, del d.lgs. núm. 36 de 31 de marzo de 2023, el llamado *Nuovo Codice dei contratti pubblici*, el CPP es una operación económica caracterizada por la presencia conjunta de cuatro elementos: la implicación de una entidad concedente y de uno o varios operadores económicos privados, vinculados por una relación contractual a largo plazo para la consecución de un resultado de interés público; el origen, en una parte significativa, de la cobertura financiera necesaria para la realización del proyecto a partir de recursos procedentes de la parte privada, también en razón del riesgo operativo asumido por esta; la atribución a la parte privada de la tarea de realizar y gestionar el proyecto y a la parte pública de la de definir los objetivos y verificar su realización; por último, la atribución a la parte privada del riesgo operacional vinculado a la realización de las obras o a la gestión de los servicios. De conformidad con el apartado 3 del artículo 174 del d.lgs. núm. 36/2023, se consideran contratos de CPP las concesiones, los arrendamientos financieros y los "contratos de disponibilidad"[72], así como cualquier contrato que tenga las características y el contenido de una CPP, esté destinado a realizar intereses dignos de protección y se celebre entre operadores privados y las entidades concedentes. Lo que es común a todas las formas de contratos de CPP, tanto típicas (es decir, concesiones, arrendamientos financieros y contratos de disponibilidad) como atípicas, es la transferencia a la parte privada del riesgo operacional relativo a la inversión realizada en la CPP. Más concretamente, en virtud de lo dispuesto en el apartado 1 del artículo 174 del d.lgs. 36/2023, en el marco de la cooperación entre una entidad pública y un operador privado que se establezca mediante operaciones de CPP, es necesario que el riesgo operacional asociado a la ejecución de las obras o a la gestión de los servicios se asigne a la parte privada[73].

---

72 El "*contratto di disponibilità*" es el contrato por el que un operador económico se compromete, a cambio de una remuneración y con la organización de los medios necesarios y la gestión por su cuenta y riesgo, a realizar y permitir a la entidad adjudicadora el disfrute de una obra destinada al ejercicio de un servicio público. El operador económico garantiza el mejor disfrute de la obra, manteniéndola en estado de servir al uso convenido y eliminando a su costa los defectos, incluso los sobrevenidos. El contrato podrá prever la transmisión de la propiedad de la obra a la Administración, mediante el pago de una contraprestación adicional (art. 2.1.i) del anexo I.1 del d.lgs. 36/2023).

73 De conformidad con el apartado 2 del artículo 177 del d.lgs. 36/2023 "se considera que el concesionario asume el riesgo operacional cuando, en condiciones normales de operación, no esté garantizada la recuperación de las inversiones realizadas o de los costes soportados para la explotación de las obras o servicios objeto

Gracias a la asignación del riesgo operacional a la parte privada, la autoridad pública no imputa a su presupuesto los costes de inversión necesarios para la ejecución de las obras[74].

Otro elemento fundamental de la CPP, junto con la asignación del riesgo operacional, es la preservación del equilibrio económico-financiero, es decir, "la presencia simultánea de las condiciones de viabilidad económica y sostenibilidad financiera"[75]. Habrá equilibrio económico-financiero cuando "los ingresos previstos del proyecto puedan cubrir los costes operacionales y de inversión, remunerar y reembolsar el capital de deuda y remunerar el capital de riesgo"[76].

El derogado *Codice dei contratti pubblici*, d.lgs. núm. 50 de 18 de abril de 2016, contenía las definiciones (artículo 3, apartado 1, letra fff) de conveniencia económica y sostenibilidad financiera, definiciones que en aras de la exhaustividad se reportan aquí: la conveniencia económica es la capacidad del proyecto de crear valor durante la vida del contrato y de generar un nivel de rentabilidad adecuado al capital invertido, mientras que la sostenibilidad financiera es la capacidad del proyecto de generar flujos de caja suficientes para garantizar el reembolso de la financiación.

El procedimiento de financiación de proyectos puede utilizarse para adjudicar contratos de CPP. Cabe señalar que, mientras que el d.lgs. 50/2016, es decir, el derogado *Codice dei contratti pubblici*, preveía dos procedimientos de financiación de proyectos, uno basado en la iniciativa pública y otro en la iniciativa privada, el nuevo *Codice dei contratti pubblici* ha eliminado la financiación de proyectos a iniciativa pública como procedimiento que tenía características similares al procedimiento de adjudicación de una concesión. De acuerdo con la actual disciplina contenida en el d.lgs. 36/2023, a través del *project financing* la parte privada presenta la propuesta de financiación del proyecto, la denominada "*procedura del promotore*", prevista en el

---

de la concesión. La parte del riesgo transferida al concesionario debe suponer una exposición efectiva a las fluctuaciones del mercado, de forma que cualquier pérdida potencial estimada en la que incurra el concesionario no sea meramente nominal o insignificante. Para la evaluación del riesgo operacional deberá tenerse en cuenta el valor actual neto de todas las inversiones, costes e ingresos del concesionario". La traducción es nuestra.

74 GRANATO, O., "Il partenariato pubblico privato nelle CER", *op. cit.*, p. 66.

75 Art. 177.5, d.lgs. 36/2023. La traducción es nuestra.

76 Art. 177.5, d.lgs. 36/2023. La traducción es nuestra.

artículo 193, que puede tener por objeto la adjudicación de una concesión u otra forma de CPP, ya sea típica o atípica.

La *procedura del promotore* consta de cuatro etapas: presentación de la propuesta, evaluación de la propuesta por parte de la administración pública receptora, declaración de viabilidad de la propuesta por parte de la administración pública e inicio del procedimiento abierto para la adjudicación del contrato de concesión o de CPP si el proyecto se considera de interés público, procedimiento al que debe ser invitado el proponente.

7. CONCLUSIONES

Para concluir el presente estudio —tras haber recordado necesariamente, aunque en extrema síntesis, los rasgos sobresalientes de la disciplina de la CPP y las reglas de *project financing* como procedimiento que puede utilizarse para la adjudicación de contratos de CPP—, se considera que puede resultar de interés trazar hipotéticamente, teniendo también presente una experiencia concreta de recurso a la CPP para la realización de una CER, que se referirá, los pasos que deben darse para el establecimiento y posterior gestión de una CER dentro de la explotación económica de la CPP. Tras la adjudicación mediante el procedimiento de licitación pública elegido —*project financing* o procedimiento de concesión— la parte adjudicataria (concesionario) deberá firmar un contrato con la Administración pública (concedente) para la asignación del diseño, construcción y puesta en marcha de una instalación de producción a partir de fuentes renovables y para la gestión y puesta en marcha de la CER (concesión)[77]. El objeto del contrato de concesión será la implantación conjunta de la CER en el territorio del concedente y la obligación por parte del concesionario de construir y explotar las instalaciones de energías renovables en beneficio del concedente y de los futuros miembros de la comunidad, todo ello de acuerdo con las características propias de la CPP, esto es, la correcta asignación de riesgos y el mantenimiento del equilibrio económico-financiero. Concretamente, el cumplimiento de las citadas características de la CPP conllevará que el concesionario asuma tanto la financiación íntegra de las operaciones de construcción de las instalaciones de energías renovables (admitiéndose, no obstante, para algunos contratos de CPP la

[77] GRANATO, O., "Il partenariato pubblico privato nelle CER", *op. cit.*, p. 73.

financiación parcial de la explotación con aportación pública) como la obligación de abonar al concedente un canon de arrendamiento por las superficies destinadas a la construcción de las instalaciones, además de la responsabilidad de su explotación y mantenimiento; se reconocerá al concesionario el derecho a gestionar las instalaciones y a obtener una remuneración en función de la energía producida por las mismas, mientras que se reconocerá al concedente el derecho al autoconsumo instantáneo *in situ*, a un precio regulado convencionalmente, de la energía limpia producida por las instalaciones construidas y gestionadas por el concesionario[78].

Los distintos servicios que componen la gestión de la CER deberán ser encomendados bajo el modelo de CPP por la Administración pública al concesionario a través de un convenio. Para la realización de las numerosas actividades que corresponden a la gestión de la CER, será necesario que la propia CER firme un contrato de gestión con una sociedad de gestión, que normalmente forma parte de la misma estructura societaria del concesionario. La gestión de una CER conlleva numerosos servicios: gestión económica de la comunidad, creación de una plataforma para la gestión online de la propia comunidad, monitorización de la comunidad, instalación y gestión de contadores de energía para controlar y contabilizar el consumo de los miembros de la CER[79].

Por último, consideramos relevante traer a colación la primera experiencia en Italia de una CER promovida por un ente público en el marco de una CPP, la "*Cer Valdarno*", una CER creada en un municipio toscano (Montevarchi). Con la adopción de una resolución por parte del Ayuntamiento; se aprobó el pliego de condiciones para la realización, a través del instrumento de la CPP, del diseño, instalación y explotación de sistemas fotovoltaicos en edificios de propiedad municipal y el establecimiento de la Comunidad de Energías Renovables, así como su desarrollo y ampliación. Se estipuló entonces una concesión de 20 años entre el municipio y los operadores económicos privados[80]. En concreto, el municipio optó por la financiación de

---

78 Ibidem, pp. 73 y 74.

79 Ibidem, pp. 75 y 76.

80 Véase AYUNTAMIENTO DE MONTEVARCHI: «Fondazione di partecipazione CER Valdarno» [en línea], (s.f.), <https://montevarchi.portaletrasparenza.net/it/trasparenza/enti-controllati/enti-di-diritto-privato-controllati/fondazione-di-partecipazione-cer-valdarno.html> [Consulta: 12/06/2024].

proyectos para la realización de las instalaciones de energía renovable y el establecimiento de la CER, que adoptó la forma jurídica de una fundación[81].

8. BIBLIOGRAFÍA

AMOROSINO, S., *Le dinamiche del diritto dell'economia*, Pacini Giuridica, Pisa, 2018.

ARGIRÒ, G., "L'evoluzione del quadro normativo europeo e italiano sulle comunità energetiche rinnovabili", en CUOCOLO, L. *et al.* (coords.), *Le comunità energetiche rinnovabili*, Egea, Milán, 2023, pp. 17-32.

AUTORIDAD REGULADORA DE ENERGÍA, REDES Y MEDIO AMBIENTE: «Delibera 318/2020/R/eel, de 4 de agosto de 2020, sobre *Regolazione delle partite economiche relative all'energia elettrica condivisa da un gruppo di autoconsumatori di energia rinnovabile che agiscono collettivamente in edifici e condomini oppure condivisa in una comunità di energia rinnovabile*» [en línea], (2020), <https://www.arera.it/fileadmin/allegati/docs/20/318-20.pdf> [Consulta: 12/06/2024].

AYUNTAMIENTO DE MONTEVARCHI: «Fondazione di partecipazione CER Valdarno» [en línea], (s.f.), <https://montevarchi.portaletrasparenza.net/it/trasparenza/enti-controllati/enti-di-diritto-privato-controllati/fondazione-di-partecipazione-cer-valdarno.html> [Consulta: 12/06/2024].

BEVILACQUA, C., "Le comunità energetiche tra governance e sviluppo locale", *Amministrazione in cammino*, 1, 2020, pp. 1-15.

BONFANTI, V., "Il partenariato pubblico-privato alla luce del nuovo Codice dei contratti pubblici", *Amministrazione in cammino*, 1, 2016, pp. 1-17.

CAFAGNO, M. *et al.*, (ed.), *Negoziazioni pubbliche. Scritti su concessioni e partenariati pubblico-privati*, Giuffrè, Milán, 2013.

CANDELISE, C. y RUGGIERI, G., "Status and Evolution of the Community Energy Sector in Italy", *Energies*, 13, 2020, pp. 1-22. Doi: https://doi.org/10.3390/en13081888

CARTEI, G.F. y RICCHI, M., (eds.), *Finanza di Progetto e Partenariato Pubblico-Privato. Temi europei, istituti nazionali e operatività*, Editoriale Scientifica, Nápoles, 2015.

CHITI, M.P., (ed.), *Il partenariato pubblico-privato. Concessioni finanza di progetto società miste fondazioni*, Editoriale Scientifica, Nápoles, 2009.

---

[81] La Fundación CER se constituyó en el municipio toscano de Montevarchi el 2 de agosto de 2023 con el nombre de "Fondazione CER Valdarno" y con el objetivo de implicar a todos los ciudadanos, PYME, autoridades locales, tercer sector, asociaciones comerciales y fundaciones del municipio. La CER cambió su nombre en enero de 2024, convirtiéndose en "Fondazione CER Italia" y abriéndose a la adhesión de miembros de toda Italia, tal y como establece el decreto CACER y las normas del GSE. Véase FUNDACIÓN CER ITALIA: «La comunità energetica aperta a tutti» [en línea], (s.f.), <https://www.cervaldarno.it/> [Consulta: 12/06/2024].

CONTESSA, C., "PPPC: modello generale", en SANDULLI, M.A. y DE NICTOLIS, R., (eds.), *Trattato sui contratti pubblici*, vol. V, Giuffrè Francis Lefebvre, Milán, 2019, pp. 207-220.

CUOCOLO, L., "Il ruolo degli enti locali nella promozione e nella costituzione delle comunità energetiche rinnovabili", en CUOCOLO, L. *et al.* (coords.), *Le comunità energetiche rinnovabili*, Egea, Milán, 2023, pp. 45-62.

CUSA, E., "Il diritto dell'Unione europea sulle comunità energetiche e il suo recepimento in Italia", *Rivista Trimestrale di Diritto dell'Economia*, 2, 2020, pp. 287- 329.

DE VIDOVICH, L.; TRICARICO, L. y ZULIANELLO, M., *Community Energy Map, Una ricognizione delle prime esperienze di comunità energetiche rinnovabili*, Franco Angeli, Milán, 2021.

DI CHIARA, M., "Le comunità energetiche: un nuovo modello di collaborazione pubblico-privato per la transizione ecologica", *Federalismi.it*, 29, 2022, pp. 111-134.

FAVILLI, C., "Transizione ecologica e autoconsumo organizzato di energia rinnovabile. La questione della forma giuridica delle Comunità energetiche", *Responsabilità Civile e Previdenza*, 2, 2023, pp. 385-403.

FUNDACIÓN CER ITALIA: «La comunità energetica aperta a tutti» [en línea], (s.f.), <https://www.cervaldarno.it/> [Consulta: 12/06/2024].

GIAMPELLEGRINI, P.P., "La dimensione regionale delle comunità energetiche rinnovabili", en CUOCOLO, L. *et al.* (coords.), *Le comunità energetiche rinnovabili*, Egea, Milán, 2023, pp. 33-44.

GIARMANÀ, E., "Focus: Autoconsumo collettivo e comunità energetiche. I primi interventi di regolazione", *Rivista Giuridica AmbienteDiritto.it*, XXI, 1, 2021, pp. 1-27.

GIGLIONI, F., "Forme di cittadinanza legittimate dal principio di sussidiarietà", *Diritto e società*, 2, 2016, pp. 305-336.

GIORGIO, C. y MARINUZZI, G., (eds.), *La dimensione comunale del Partenariato Pubblico Privato*, Tercera edición, Fundación IFEL, Roma, 2019.

GOBIERNO ITALIANO: «Piano Nazionale di Ripresa e Resilienza» [en línea], (2021), <https://www.governo.it/it/approfondimento/pnrr-gli-obiettivi-e-la-struttura/16702> [Consulta: 12/06/2024].

GRANATO, O., "Il partenariato pubblico privato nelle CER", en CUOCOLO, L. *et al.* (coords.), *Le comunità energetiche rinnovabili*, Egea, Milán, 2023, pp. 63-80.

LA ROSA, G., "Le comunità energetiche rinnovabili: riflessioni sull'"affidabilità" del sistema di incentivi di cui al decreto Red II", *Rivista Giuridica AmbienteDiritto.it*, XXII, 1, 2022, pp. 1-17.

LAZZARI, S., "La transizione verde nel Piano Nazionale di Ripresa e Resilienza 'Italia domani'", *Rivista Quadrimestrale di Diritto dell'Ambiente*, 1, 2021, pp. 198-220.

MICCÚ, R. y BERNARDI, M., "Premesse ad uno studio sulle Energy communities: tra governance dell'efficienza energetica e sussidiarietà orizzontale", *Federalismi.it*, 4, 2022, pp. 603-646.

PERSICO, A., "Le comunità energetiche e il ruolo sussidiario delle pubbliche amministrazioni territoriali", *Rivista giuridica AmbienteDiritto.it*, XXII, 2, 2022, pp. 1-18.

ROMEO, M., "Produzione di agroenergie, autoconsumo collettivo e comunità energetiche", *Diritto e giurisprudenza agraria, alimentare e dell'ambiente,* 4, 2021, pp. 1-11.

TOFFLER, A., *The third wave,* Bantam Books, Nueva York, 1980.

Capítulo XXIII

Las comunidades energéticas en el derecho francés: reconocimiento regulado de los sociosistemas energéticos territoriales

BLANCHE LORMETEAU
Investigadora Permanente del CNRS
Université de Rennes[1]

SUMARIO: 1. INTRODUCCIÓN. 1.1. Recepción de proyectos energéticos territoriales: estructuración progresiva de un marco general favorable. 1.2. Desarrollo del autoconsumo colectivo: actualización de las líneas rojas normativas para el nuevo comercio de la energía. *1.2.1. Clasificación jurídica de la actividad: ¿suministro o venta? 1.2.2. Intervenir en la red pública de distribución: un prerrequisito intangible.* 2. MARCO JURÍDICO ADOPTADO: ENTRE LA ANTICIPACIÓN DE LAS DIFICULTADES Y LA CRECIENTE COMPLEJIDAD DE LAS MODALIDADES DE GESTIÓN. 2.1. Actividades realizadas: superar razonablemente el marco del autoconsumo colectivo. 2.2. Relaciones en la red de distribución de energía: limitación de las posibilidades. 2.3. Autonomía de las comunidades: gestionar un entorno complejo. *2.3.1. Elegibilidad de los miembros para un control efectivo: garantizar la autonomía. 2.3.2. El papel del miembro o accionista "profesional". 2.3.3. Proximidad geográfica: segundo elemento de control efectivo reservado a las CER.* 3. CONCLUSIÓN. 4. BIBLIOGRAFÍA.

1. INTRODUCCIÓN

El derecho de la energía francés se ha movilizado para apoyar las políticas de mitigación y adaptación al cambio climático, acompañando la transición energética definida como la suma de transformaciones de las infraestructuras físicas, junto con de los cambios sociales, organizativos y

1 La autora desea agradecer a H. Collin Hardy la investigación desarrollada sobre el marco jurídico de las comunidades energéticas durante la pasantía realizada bajo su dirección en el marco del proyecto JUSCOOP – ADEME-PUCA.

políticos[2]. En este sentido, el creciente uso de fuentes de energía renovables y de recuperación y la mejora de la competitividad frente a los medios de producción convencionales[3], las aspiraciones de la ciudadanía en cuanto a una reapropiación de los modos de consumo y de producción de la energía[4], la preocupación por una mejor valorización de los recursos territoriales así como los inicios de la descentralización institucional[5], han contribuido a consolidar unas nuevas dinámicas sociales locales, que se traducen en la multiplicación de proyectos territoriales polifacéticos[6], que se contemplan como parte de una nueva dinámica de producción y consumo de energía.

Este fenómeno no es específico de Francia[7] y corresponde a un proceso identificable desde principios de los años 2000. Desde 2013, HOFFMAN *et al.* proponen una definición sistematizada de las comunidades energéticas como: "un método descentralizado de producción de energía basado en una variedad de tecnologías energéticas distribuidas, en las que las decisiones de producción se toman lo más cerca posible del punto de consumo"[8]. Acompañando en este sentido la aparición del prosumidor en el terreno

---

2 GEELS F. W. *et al.*, "Reducing energy demand through low carbon innovation: a sociotechnical transitions perspective and thirteen research debates", *Energy Research & Social Science*, 40, 2018, pp. 23-35. Doi: <https://doi.org/10.1016/j.erss.2017.11.003>

3 ADEYEMI-KAYODE T. M. *et al.*, "A bibliometric review of grid parity, energy transition and electricity cost research for sustainable development", *Heliyon*, 9, 5, 2023, pp. 1-25. Doi: <https://doi.org/10.1016/j.heliyon.2023.e15532>

4 WOKURI, P., *Orienter et activer. Les projets coopératifs d'énergie renouvelable à l'épreuve du marché. Une comparaison multi-niveaux Danemark, France, Royaume-Uni*, (Tesis de doctorado), Université de Rennes 1, Rennes, 2020.

5 POUPEAU, F.-M. y BOUTAUD, B., "La transition énergétique, un nouveau laboratoire pour l'action publique locale?", *Pouvoirs locaux*, I, 119, 2021, pp. 28-36.

6 Se han podido establecer como referencia, en 2020, 15 modelos de comunidades en Europa, que deberán evolucionar o estructurarse con este marco que se ha adoptado, COMISIÓN EUROPEA: «PROSumers for the Energy Union: mainstreaming active participation of citizens in the energy transition. Policies for Prosumer Business Models in the EU» [en línea], (2020), <https://cordis.europa.eu/project/id/764056/reporting> [Consulta: 02/06/2024].

7 DEBIZET, M. *et al.*, *Local Energy Communities. Emergence, Places, Organizations, Decision Tools*, Routledge, Nueva York, 2023, pp. 110-125.

8 HOFFMAN S. M. *et al.*, "Public Values and Community Energy: Lessons from the US and UK", *Sustainability*, 5, 4, 2013, pp. 1747-1763. Doi: <https://doi.org/10.3390/su5041747> [Traducción nuestra].

energético[9], las comunidades energéticas son, por tanto, una de las figuras, expresiones y transformaciones del derecho de la energía.

En Francia, la situación es especial porque, dado que ha estado tradicionalmente centralizado[10], este derecho apenas autoriza las iniciativas locales para acercar los productores y los consumidores de energía, es decir, la formación de circuitos energéticos cortos, entendidos como un contrato directo, o una conexión directa mediante la participación en una estructura de gestión común, entre al menos un productor y un consumidor. Sin embargo, cuando las comunidades energéticas se integran en el derecho de la energía francés, a partir de la Ley sobre energía y clima de 2019 y la ordenanza 2021-237 del 3 de marzo de 2021[11], se han adoptado las principales novedades que permiten su aparición (1.1) y el establecimiento de "líneas rojas" normativas (1.2.), lo que explica, quizás, la relativa suavidad en su incorporación a la legislación.

1.1. Recepción de proyectos energéticos territoriales: estructuración progresiva de un marco general favorable

Incluso antes de la adopción del marco jurídico para el autoconsumo colectivo, que fue la primera estructuración de un vínculo directo entre productor y consumidor[12], varios desarrollos normativos han participado en la creación de un contexto jurídico favorable para las comunidades.

---

9 PARAG, Y. y SOVACOOL, B. K., "Electricity market design for the prosumer era", *Nature Energy*, 1, 2016, pp. 1-15. Doi: <https://doi.org/10.1038/nenergy.2016.32>

10 LAMOUREUX, M., *Droit de l'énergie*, 2da ed., LGDJ, París, 2022; POUPEAU, F.-M., "Everything must change in order to stay as it is. The impossible decentralization of the electricity sector in France", *Renewable and Sustainable Energy Reviews*, 120, 2020, pp. 1-12. Doi: <https://doi.org/10.1016/j.rser.2019.109597>

11 Art. 40, Ley 2019-1147 de 8 de nov. 2019 sobre la energía y el clima, JORF n.°261 de 9 de nov. 2019, DE FONTENELLE, L., "Les communautés énergétiques", *Énergie–Environnement–Infrastructures: actualité, pratiques et enjeux*, 29, 2019, pp. 1-15; ordenanza 2021-237 de 3 de marzo de 2021 por la que se traspone la Directiva 2019/944/UE [...] y las medidas de adaptación al reglamento 2019/943/UE sobre el mercado interior de la electricidad, JORF n.°54 de 4 de marzo de 2021; codificados en los art. L.291-1 a L.294-1 y R. 291-1 a 293-1 del Código de la Energía.

12 POUPEAU, F.-M. y LORMETEAU, B., *L'autoconsommation collective d'électricité en France. Émergence d'une innovation contrariée*, Presses des Mines, París, 2023. Doi: <10.4000/books.pressesmines.10411>

Con la apertura a la competencia de las actividades de producción y suministro[13] y las primeras movilizaciones del derecho de la energía para apoyar el desarrollo de las energías renovables[14], están surgiendo disposiciones favorables a la territorialización[15] de los proyectos y la difusión de los medios de producción. Por ejemplo, la Ley de 2000 relativa a la modernización y desarrollo del servicio público de la electricidad[16] autoriza a las entidades locales[17] a "desarrollar y explotar" instalaciones de producción de energías renovables. La llamada Ley POPE de 2005[18] profundizará en esta competencia al permitirles "desarrollar" y "explotar" estas instalaciones[19]. Por lo tanto, esta disposición implica una devolución de competencias a las autoridades locales, en su territorio, para participar directa o indirectamente en la producción de energías renovables a nivel local[20]. Asimismo, esta vez en virtud de un intervencionismo económico por parte de los agentes públicos[21] y de una inversión participativa de

---

13 Ley 2003-8 relativa a los mercados del gas y la electricidad y al servicio público de la energía, JORF de 4 de enero de 2003.

14 Ley-programa 2005-781 que establece las directrices de la política energética de Francia. JORF de 14 de julio de 2005, p. 11570, y rect. JORF de 22 de oct. de 2005, p. 1675.

15 POUPEAU, F.-M., "Central-local relations in French energy policy-making: towards a new pattern of territorial governance", *Environmental Policy and Governance*, 24, 3, 2014, pp. 155-168; CHAILLEUX, S. y HOURCADE, R., "Introduction. Politiques locales de l'énergie: un renouveau sous contraintes", *Natures Sciences Sociétés*, 29, 2021, 29, pp. 3-12.

16 Ley 2000-108 relativa a la modernización y el desarrollo del servicio público de la electricidad, JORF n.° 35 de 11 de febrero de 2000, *AJDA* 2000.239 com. RICHER.

17 Incluyendo, junto con los municipios, conforme al artículo 88, I de la Ley 2010-788 sobre el compromiso nacional en materia de medioambiente, JORF n.°160 de 13 de julio de 2010, los departamentos, las regiones y los establecimientos públicos.

18 Ley 2005-781. LE BAUT-FERRARESE, B. y LANDBECK, D., "La loi sur l'énergie du 13 juillet 2005 et les énergies renouvelables", *Actualité Juridique Droit Administratif*, 4, 2006, p. 189.

19 Art. L2224-32 del Código francés general de las entidades territoriales (CGCT, por sus siglas en francés), en sus sucesivas versiones.

20 Véase también la estructuración específica de las sociedades hidroeléctricas de economía mixta, con un accionariado que agrupa al operador privado y a la entidad local, teniendo esta última una minoría de bloqueo, art. L. 521-18 y siguientes del Código de la Energía.

21 La posibilidad de que los municipios que hayan transferido su competencia "energética" a un organismo público en virtud del artículo L.2224-32 del CGCT, participen en una empresa con un proyecto de producción de energía renovable

los particulares[22], desde la ley sobre la transición energética de 2015, las empresas constituidas para llevar a cabo un proyecto de producción de energías renovables (sociedades anónimas o de economía mixta) tienen la posibilidad de abrir su capital "a las personas físicas, en concreto a los habitantes cuya residencia esté cerca del lugar de implementación del proyecto, [y a] las entidades locales y sus agrupaciones en el territorio o cerca del mismo"[23].

Estas primeras formas de agrupación, en torno a un proyecto de producción de energía renovable, ya perfilan las principales características

---

en virtud del L.2253-1 apdo. 3 del CGCT se está debatiendo actualmente ante las jurisdicciones administrativas. Para el Estado, la acumulación no es posible (pregunta escrita 10165, 17 de septiembre de 2020). Dos casos han dado lugar a razonamientos opuestos a este respecto: Tribunal administrativo de Rennes, 25 de enero de 2024, n.° 2300530: rechazado; el Tribunal administrativo de apelaciones de Nantes, 19 de abril de 2024, n.° 23NT01257: admitido. Esta última decisión se basa precisamente en la diferencia entre la delegación de competencias y el intervencionismo económico para justificar la posibilidad de que el municipio delegue su competencia energética sin dejar de realizar inversiones en las empresas de producción de energías renovables en su territorio.

22 Véanse también las distintas cooperativas energéticas, basándose en el modelo de sociedades cooperativas de intereses colectivos, art. L. 231-1 y siguientes del Código de comercio francés; DEBIZET, G. y PAPPALARDO, M., "Communautés énergétiques locales, coopératives citoyennes et autoconsommation collective: formes et trajectoires en France", *Flux*, 4, 126, 2021, pp. 1-13.

23 Art. 111, Ley 2015-992 sobre la transición energética para el crecimiento verde, JORF n.°189 de 18 de agosto de 2015, actualmente codificado en el art. L.294-1 del Código de la Energía. Para las entidades locales, ahora también afecta a los municipios, los departamentos y las regiones, respectivamente en los art. L.2253-1 apdo. 3, art. L.3231-6 y L.4211-1, 13.° del CGCT. En el derecho francés, esta disposición es muy importante porque se adopta como excepción a la prohibición de principio, art. L.2253-1 del CGCT, de una participación en el capital de una sociedad mercantil o de cualquier otra organización con fines de lucro que no esté destinada a explotar servicios municipales o actividades de interés general. En la versión actualmente vigente, la inversión en el capital de una sociedad anónima o de una sociedad por acciones simplificada cuyo objeto social sea la producción de energías renovables o de hidrógeno renovable o energías con bajo contenido de carbono mediante instalaciones situadas en su territorio o, en el caso de un municipio, en el territorio de un municipio limítrofe o, para una agrupación, en el territorio de una agrupación limítrofe; LE BAUT-FERRARESE, B., "Collectivités territoriales et production d'énergie renouvelable", *La semaine juridique. Administrations et collectivités territoriales,* 42, 2016, pp. 17-44.

de las comunidades energéticas[24]: el agrupamiento dentro de una entidad jurídica común de personas físicas y jurídicas, públicas y privadas, que residen en las proximidades del lugar de implementación de la instalación de producción de energía renovable o cuyo territorio admite esta instalación.

Sin embargo, estas agrupaciones solo se refieren a la actividad productiva, sin implicación directa de una relación entre un productor y un consumidor. Las comunidades energéticas van más allá del marco de la inversión participativa[25] para abarcar precisamente la gestión de proyectos y la estructuración de "circuitos cortos" de la energía. Se trata entonces más bien de una estructuración innovadora del marco jurídico del autoconsumo colectivo en Francia, que vincula al productor y al consumidor dentro de una entidad jurídica organizativa, por lo que deberíamos analizar el contexto jurídico de la integración de las comunidades energéticas.

1.2. Desarrollo del autoconsumo colectivo: actualización de las líneas rojas normativas para el nuevo comercio de la energía

Antes de la adopción del marco jurídico de las comunidades energéticas, Francia desarrolló, desde 2015, el correspondiente al autoconsumo colectivo[26]. La progresiva construcción de su régimen jurídico ha permitido identificar dos principales "líneas rojas": la clasificación jurídica de la actividad realizada (1.2.1) y la relación con la red pública de distribución (1.2.2.), lo que permite una acogida pacífica de las comunidades energéticas en la legislación nacional.

---

24 Por otra parte, estas competencias y modalidades de inversión participativa no son baladíes en la estructuración del marco jurídico para acoger a las comunidades energéticas; las disposiciones se sitúan en el mismo Título IX del Libro II del Código de la Energía.

25 BOURCET, C. y BOVARI, E., "Exploring citizens' decision to crowdfund renewable energy projects: Quantitative evidence from France", *Energy Economic*, 88, 2020, pp. 1-12. Doi: <https://doi.org/10.1016/j.eneco.2020.104754>

26 POUPEAU, F.-M. y LORMETEAU, B., *L'autoconsommation collective d'électricité en France...*, *op. cit.*, p. 120.

1.2.1. Clasificación jurídica de la actividad: ¿suministro o venta?

El autoconsumo colectivo se define como el hecho de agrupar en el seno de una entidad jurídica organizativa, dentro de un perímetro geográfico y una cuadrícula de red delimitados, uno o más productores y uno o más consumidores que intercambian la energía producida según unas normas de organización que acuerdan y que pasa por la red pública de distribución[27]. Al igual que las comunidades energéticas, en lo que respecta al principio de vincular al productor y al consumidor, el autoconsumo colectivo no autoriza el desarrollo de actividades como el almacenamiento, el acceso a los mercados energéticos o la prestación de servicios energéticos.

Se trata de una actividad conocida como "suministro" de energía. El texto que lo define precisa en este sentido que "la operación de autoconsumo es colectiva cuando el *suministro* de la electricidad se realiza entre uno o más productores y uno o más consumidores finales vinculados entre sí en el seno de una entidad jurídica"[28]. Y es precisamente a partir de esta clasificación de la actividad de suministro donde surgirá una primera línea roja en las futuras relaciones entre productor y consumidor.

En este sentido, al clasificar el autoconsumo colectivo como una actividad de suministro, la relación productor/consumidor debería incluir un proveedor, o, al menos, el productor debería ser un proveedor. Sin embargo, según el derecho francés[29], solo un operador que disponga de una autorización expedida por la autoridad administrativa puede ser un proveedor de energía[30], condición que lo somete al cumplimiento de una serie de obligaciones de servicio público. En el contexto del autoconsumo

---

27 Art. L315-2 y siguientes del Código de la Energía, LORMETEAU, B., "Regulatory framework of collective self-consumption operations", en DEBIZET, M. *et al.*, *Local Energy Communities. Emergence, Places, Organizations, Decision Tools*, Routledge, Nueva York, 2023, pp. 110-125.

28 Art. L.315-2 del Código de la Energía.

29 El derecho europeo no distingue entre la venta y el suministro: "suministro": la venta, incluida la reventa, de electricidad a los clientes; "contrato de suministro de electricidad": contrato para el suministro de electricidad, con exclusión de los derivados relacionados con la electricidad, art. 2, respectivamente 12); 13) Directiva 2019/944/UE.

30 Art. L.331-1 del Código de la Energía.

colectivo, pese a la esencia del texto[31], no se trata, voluntariamente, de una actividad de suministro.

Esta cuestión del estatus de proveedor es fundamental para el derecho de la energía francés y, en concreto, para la legislación relativa a la electricidad. Por tanto, toda la organización de la relación productor/ consumidor se ve afectada por este desafío de la clasificación jurídica de la actividad de suministro.

Si volvemos a la esencia del artículo L.331-1 del Código de la Energía, que regula esta relación, la lectura de las diferentes versiones recientes es muy explícita. Hasta la creación del régimen jurídico del autoconsumo colectivo, la redacción no fue objeto de una especial atención. Disponía que "cualquier cliente que compre electricidad para su propio consumo o que compre electricidad para su reventa tiene derecho a elegir su proveedor de electricidad. Puede celebrar un contrato de compra de electricidad con un productor o proveedor de electricidad de su elección". El artículo establecía varias reglas: el principio de libertad de elección del proveedor por parte del cliente y el hecho de que el contrato de compra de electricidad podía firmarse entre un cliente y un productor o entre un cliente y un proveedor. Con la aparición del autoconsumo colectivo, el texto del artículo será objeto de una modificación decisiva para poder seguir integrando estas nuevas formas de intercambio de la energía. La Ley de 8 de noviembre de 2019 sobre la energía y el clima[32] modifica el artículo L331-1 del Código de la Energía que ahora establece que "todo cliente que compre electricidad para su propio consumo o que compre electricidad para revenderla tiene derecho a elegir su proveedor de electricidad". De modo

---

31 Teniendo en cuenta la advertencia de la Comisión Reguladora de la Energía (CRE), que en 2016 recomendó que el marco jurídico "precise, (...), que el régimen de proveedores que deseen realizar compras para reventa y los correspondientes contratos de suministro [no] son aplicables a usuarios que participen en una operación de autoconsumo colectivo", CRE, delib. de 13 de julio de 2016, que dictamina sobre el proyecto de ordenanza relativa al autoconsumo de electricidad, p. 3.
La CRE es la autoridad administrativa independiente del sector energético, arts. L131-1 a L131-5 del Código de la Energía. En concreto, deberá ser consultada previamente sobre los proyectos de disposiciones de carácter reglamentario relativas al acceso a las redes públicas de transporte y distribución de electricidad y gas, art. L.134-10 del Código de la Energía, que por tanto engloba las relaciones entre los actores del sistema energético siempre que se trate de energía distribuida en red.

32 Art. 64, Ley 2019-1147 sobre la energía y el clima.

que la vinculación entre el productor y el consumidor ha desaparecido por completo, lo que genera una cierta inseguridad jurídica.

Además, desde una perspectiva actual, desde marzo de 2023 la legislación francesa ha impuesto que los contratos de venta directa (*Power Purchase Agreement,* PPA) están sujetos a la obtención por parte del productor de una autorización administrativa de suministro o a la celebración de un contrato entre el productor y un tercer proveedor que asumirá por él, de cara a los consumidores finales, las obligaciones que incumben a los proveedores de electricidad[33]. La adopción de esta disposición ha abierto la oportunidad para que la Comisión Reguladora de la Energía (CRE) enfatizara, una vez más, que:

> [L]a noción de contrato de venta directa de electricidad es bastante distinta de la noción de autoconsumo colectivo [que] forma parte de un marco convencional de múltiples partes, organizado en torno a una entidad jurídica organizativa, a diferencia de un contrato de venta directa de electricidad conforme a un *Power Purchase Agreement.*

Por ello, la CRE recomienda hacer una distinción clara en la definición de contrato de venta directa de electricidad para excluir explícitamente las operaciones de autoconsumo colectivo[34].

En resumen, el productor y el consumidor pueden, por tanto, estar plenamente vinculados en una entidad jurídica dedicada a su relación, dentro de la cual la legislación parece, por el momento, autorizar que el "suministro" de energía y, por tanto, la venta, no se incluya en una actividad de suministro sujeta a una autorización administrativa previa. En cierto modo, el marco jurídico que constituye la entidad jurídica protege a los productores de esta obligación.

---

33 Art. 86, Ley 2023-175 relativa a la aceleración de la producción de energías renovables codificada en el artículo L.333-1 del Código de la Energía. La autorización se concede basándose en dos criterios: por un lado, las capacidades técnicas, económicas y financieras del solicitante y, por otro, la compatibilidad del proyecto del solicitante con las obligaciones que deben cumplir los proveedores de electricidad, DE FONTENELLE, L. y LAMOUREUX, M., "Les contrats de vente directe d'électricité et de gaz", *Actualité juridique Droit administratif,* 22, 2023, 22, p. 1173.

34 CRE, delib. 2024-03 que dictamina sobre un proyecto de decreto que establece las condiciones de la autorización que deben poseer los productores de electricidad que celebren un contrato de venta directa de electricidad con los consumidores finales o los gestores de redes para cubrir sus pérdidas, p. 4.

1.2.2. Intervenir en la red pública de distribución: un prerrequisito intangible

La segunda línea roja es la de respetar el monopolio de distribución de la electricidad en Francia[35], concedido a un único operador, Enedis[36]. Los contratos de concesión que vinculan al distribuidor con el propietario de la red, las autoridades adjudicadoras[37], se celebran sin medidas de publicidad ni licitación previa[38], ya que recientemente se ha considerado que la concesión de derechos exclusivos al gestor es compatible con el derecho de la Unión Europea[39] y la Constitución francesa[40].

Desde la apertura a la competencia de las actividades de producción y suministro, este estado del derecho francés ha sido cuestionado, en concreto, por los responsables de proyectos cuya estructura se asemeja bastante a las comunidades o a las operaciones de autoconsumo colectivo. De modo que la serie ofrecida por la jurisprudencia *Valsophia*[41] ha permitido afirmar el privilegio concedido a la red de distribución pública. En este caso, la empresa quería desarrollar un proyecto inmobiliario en el que los edificios consumieran la electricidad producida en sus proximidades inmediatas, sin que esta energía pasara por la red de distribución. Para el Tribunal de Casación, antes de la adopción del marco jurídico

---

35 Por el momento, la mayoría de operaciones de autoconsumo colectivo se desarrollan en el marco de proyectos de movilización de la electricidad, lo que explica la limitación en el desarrollo de esta forma de energía. La situación es similar para el sector del gas, Consejo Constitucional, de 30 de nov. de 2006, n.° 2006-543 DC.

36 Art. L.111-52 del Código de la Energía, excepto el 5% del territorio cubierto por empresas de distribución local para las cuales las entidades son libres de elegir la forma, gestión y organización de dichos servicios (gestión municipal, sociedad de economía mixta, CE, 28 de junio de 1989, n.° 77659, Sind. del Personal de Industrias Eléctricas y del Gas del centro Grenoble-CFDT *et al.*); en las zonas no interconectadas, EDF SEI ostenta el monopolio.

37 Art. L. 322-4 del Código de la Energía.

38 CE, 11 de mayo de 2016, n.° 375533, Cne Douai.

39 CE, 10 de jul. de 2020, n.° 423901, Chichereau, *EEI.* 2020, com. 30, DE FONTENELLE.

40 CE, 28 de sept. de 2020, n.° 440703, Baly.

41 Decisión del CORDIS de 6 de mayo de 2015 sobre el litigio entre la sociedad Valsophia y la sociedad Électriqué Réseau Distribution France en relación con las condiciones de conexión de un proyecto inmobiliario; Tribunal Administrativo de París, 12 de enero de 2017, n.° 2015/15157, Enedis; Cámara de Comercio del Tribunal de Casación, sept., 17-13.015, inédito.

relativo a las redes cerradas[42] y sin disposiciones legislativas expresas, este montaje está prohibido por razones de monopolio. Por consiguiente, las relaciones contractuales entre productor y consumidor deben tener un equivalente físico, y el flujo de energía debe pasar obligatoriamente por la red pública de distribución.

La otra cuestión, que constituye una fuente recurrente de tensión, es la de la tarificación del uso de la red pública de distribución por parte de estos "circuitos cortos"[43]. Esta tarifa (TURPE, Tarifa de Utilización de la Red Pública de Electricidad) se basa actualmente en la cantidad de energía entregada por el operador de la red de distribución, cuyo importe lo fija la CRE[44]. En concreto, se basa en cuatro principios: la equiparación geográfica que garantiza la solidaridad territorial[45]; la tarificación independiente de la distancia recorrida por la electricidad, garantizando la solidaridad individual; la tarificación en función de la potencia suscrita y la energía sustraída[46]. Al argumentar que en una operación de autoconsumo, la electricidad recorre una corta distancia entre el productor y el consumidor, es decir, se hace un menor uso de la red, los líderes del proyecto querían beneficiarse de una TURPE más ventajosa[47], que será rechazada por la CRE.

---

42 Las redes cerradas cuentan desde entonces con un marco jurídico, Ordenanza 2016-1725. JORF n.°292 del 16 de dic. de 2016. Sin embargo, la falta de adopción de disposiciones reglamentarias impide su desarrollo en Francia, véase LORMETEAU, B., "Les réseaux fermés de distribution d'électricité, une nouvelle dynamique territoriale de la gestion de l'énergie", *Énergie–Environnement–Infrastructures: actualité, pratiques et enjeux,* 4, 2017, pp. 1-10.

43 POUPEAU, F.-M. y LORMETEAU, B., *L'autoconsommation collective d'électricité en France..., op. cit.,* art. 3.3; FONTENEAU, T., "The controversial emergence of collective self-consumption in France", en DEBIZET, M. *et al., Local Energy Communities. Emergence, Places, Organizations, Decision Tools,* Routledge, Nueva York, 2023, pp. 127-147.

44 Art. L.341-3 del Código de la Energía; la CRE es el único organismo competente para evaluar la adecuación de la fórmula de la TURPE para cubrir todos los costes soportados por la red, CE, 9 de marzo de 2018, *Enedis et al.* n.° 407516, *EEI.* 2018, com. 38, DE FONTENELLE.

45 POUPEAU, F.-M., "La fabrique d'une solidarité nationale. État et élus ruraux dans l'adoption d'une péréquation des tarifs de l'électricité en France", *Revue française de science politique,* 57, 5, 2007, pp. 599-628.

46 Art. L.341-2 del Código de la Energía.

47 Desestimación del recurso, CE, 28 de sept. 2020, Asoc. Enerplan-Syndicat des professionnels de l'énergie solaire, n.° 425378.

Si, desde 2021, las operaciones pueden beneficiarse de una TURPE específica, el principio de una modulación por usos de la red queda, por el momento, excluido[48]. Esta reserva es muy importante, porque tanto en materia de autoconsumo[49] como en materia de comunidad energética[50], el marco jurídico europeo y nacional insiste en la necesidad de no discriminar a los consumidores participantes.

2. MARCO JURÍDICO ADOPTADO: ENTRE LA ANTICIPACIÓN DE LAS DIFICULTADES Y LA CRECIENTE COMPLEJIDAD DE LAS MODALIDADES DE GESTIÓN

En Francia no se ha completado la transposición del marco jurídico europeo de las comunidades energéticas, pero se han adoptado las principales disposiciones. Inicialmente, el mecanismo estaba integrado por la Ley sobre la energía y el clima de 2019, y afectaba únicamente a las comunidades de energías renovables[51], calcando a la perfección las disposiciones europeas. Es en ese momento, mediante la adopción de la ordenanza del 3 de marzo de 2021, que las dos comunidades adquieren sus fundamentos jurídicos[52], codificados en los artículos L.291-1 y siguientes

---

48 CRE, deliberación n.° 2021-13 que determina la tarifa de utilización de la red pública de distribución de electricidad (TURPE 6 HTA-BT), TURPE opcional, cuya fórmula no convence al sector, ya que se basa en un menor componente de extracción y un mayor componente de gestión.

49 Art. L.315-3 del Código de la Energía: "la Comisión Reguladora de la Energía establece tarifas específicas de utilización de la red pública de distribución de electricidad para los consumidores que participan en operaciones de autoconsumo (...), de manera que estos consumidores no estén sujetos a las tarifas de acceso a la red que no reflejan los costes soportados por los operadores de la red".

50 Art. 16, 1., Directiva 2019/944/UE; art. 22, 4., Directiva 2018/2001/UE.

51 Art. 40, Ley 2019-1147 sobre la energía y el clima.

52 Procedimiento que permite al gobierno adoptar medidas de carácter jurídico (art. 38 de la Constitución francesa), lo que excluye todo debate parlamentario. La ordenanza no necesita ser ratificada por ley para tener valor legislativo, Consejo Constitucional, 28 de mayo de 2020, n.° 2020-843 QPC, Asoc. Force 5, *Dr. adm.* S.l. 2020, com. 48, nota ÉVEILLARD, G.

del Código de la Energía[53] y, recientemente, en el Decreto 2023-1287 de 26 de diciembre de 2023[54].

El derecho francés ha adoptado en general[55] el marco jurídico propuesto por la legislación europea, especificándolo y adaptándolo a los cánones jurídicos nacionales. Se integran las comunidades energéticas cuyo objetivo es "proporcionar beneficios medioambientales, económicos o sociales a [sus] accionistas, miembros o a los territorios locales donde desarrollan [sus] actividades, en lugar de generar ganancias financieras"[56] y que deben estructurarse en forma de asociación o sociedad, que podrá ser una sociedad anónima, una sociedad por acciones simplificada o una sociedad cooperativa de interés colectivo[57].

Al actuar exclusivamente en la red pública (apartado 2.2), superan el marco del autoconsumo colectivo, a pesar de que están sujetos a la misma reserva con respecto a la actividad de suministro (apartado 2.1). Dado que ambas se basan en una participación abierta y voluntaria[58], la legislación francesa ha estructurado una gestión pública compleja para garantizar su autonomía[59] (apartado 2.3).

---

53 Y completados por la ley 2023-175.

54 Ha permitido la adopción de las disposiciones reglamentarias necesarias; Decreto 2023-1287 sobre comunidades energéticas, JORF n.° 300 de 28 de dic. de 2023, LORMETEAU, B. y COLLIN HARDY, H., "Point d'étape pour le cadre juridique des communautés d'énergie: contrôle effectif, autonomie, proximité et droits du consommateur", *Énergie–Environnement–Infrastructures: actualité, pratiques et enjeux,* 3, 2024, pp. 1-15; LACOMBE, C.: «Un décret d'application pour les communautés d'énergie» [en línea], (2024), <https://www.actu-environnement.com/ae/news/decret-application-communautes-energie-43435.php4> [Consulta: 12/06/2024].

55 Se precisarán los elementos distintivos.

56 Art. L. 291-1, 4° y L. 292-1, 3 del Código de la Energía.

57 Art. L. 291-3 y L.292-4 del Código de la Energía.

58 Arts. L.291-1 1° y L.291-2 2° del Código de la Energía (CER y CEC, respectivamente), precisando que, para la CEC, el artículo también prevé que la participación está abierta a "todo tipo de miembros o accionistas".

59 Ambas se consideran como "entidades jurídicas autónomas".

Figura 1. Presentación general

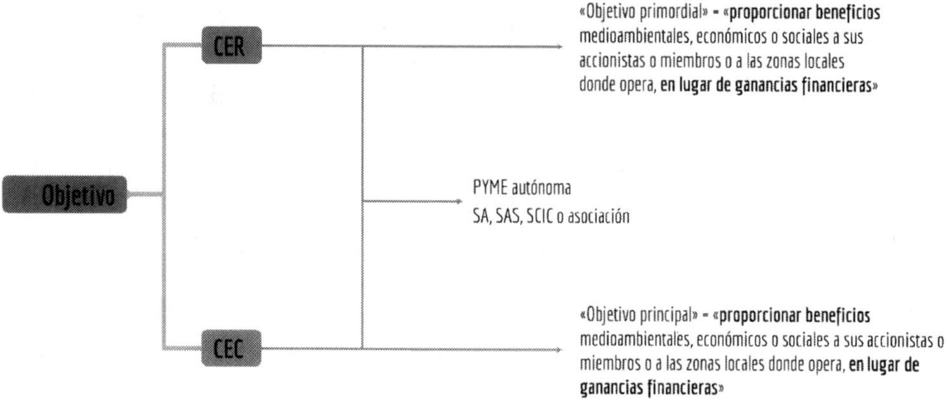

2.1. Actividades realizadas: superar razonablemente el marco del autoconsumo colectivo

A diferencia del autoconsumo colectivo, que se centra en el vínculo entre productor y consumidor, las comunidades pueden aumentar las interacciones y actividades en su seno, conforme al derecho europeo.

La CER puede producir, consumir, almacenar y vender energía renovable; también puede compartir en su seno la energía renovable producida por las unidades de producción que posee y acceder a los mercados energéticos pertinentes[60]. Una CEC puede realizar las mismas actividades que la CER, solo que en el sector eléctrico, pero también puede convertirse en proveedor y agregador y prestar servicios energéticos para la eficiencia energética o la carga de vehículos eléctricos[61]. La dificultad evidente para el derecho francés será caracterizar la actividad de venta o suministro, sobre todo porque la legislación francesa ha incluido explícitamente la posibilidad de celebrar "contratos de compra de electricidad renovable"[62].

---

60 Art. L.291-2 del Código de la Energía.

61 Art. L292-2 del Código de la Energía.

62 Entendido como "un contrato por el cual una persona natural o jurídica se compromete a comprar electricidad producida a partir de fuentes renovables directamente a un productor de electricidad", art. 2, 17, Directiva 2018/2001/UE.

Surgen varias preguntas generales: en primer lugar, ¿la legislación francesa distinguirá entre contratos de venta directa y contratos de suministro? En otras palabras, ¿la comunidad energética tendrá que convertirse en proveedor o integrar a un proveedor en su seno? ¿O la comunidad necesitará delegar contractualmente las obligaciones relacionadas con la actividad de suministro a un tercer proveedor[63]? Asimismo, ¿estas actividades de venta/suministro las realiza la comunidad por cuenta de sus miembros o pueden ser realizadas por productores integrados en las comunidades? En caso afirmativo, ¿tendrán que solicitar la concesión de una autorización administrativa como proveedor?

Tampoco está resuelta la cuestión de la definición de la noción de "compartir" la energía, que no está definida ni por el marco europeo ni por el marco legislativo francés; así como el de los derechos de los consumidores, de los que no sabemos exactamente si están sujetos o no al Código de consumo ya que solo los contratos de suministro conllevan la aplicación de este régimen[64].

Estas cuestiones son fundamentales para la práctica y el desarrollo de las comunidades, tanto por los costes relacionados como por la complejidad de las estructuras abiertas, prioritariamente, a miembros y accionistas no profesionales del sector.

Es también en las relaciones con el gestor de la red de distribución donde encontramos las cuestiones y los límites ya planteados en materia de autoconsumo.

---

63 Esta opción parece ser la preferida ya que las entidades privadas cuya participación constituiría su principal actividad comercial o profesional están excluidas de las comunidades (véase *infra*. 2.3.2).

64 Sin embargo, los artículos R. 291-3 y R. 292-2 del Código de la Energía establecen que, cuando la salida de un miembro, independientemente de su categoría, "tiene como resultado el fin de una relación contractual que tiene por objeto el suministro de electricidad", se aplican las disposiciones de los artículos y del Código de consumo en lo que respecta al fin de esta relación contractual. Queda la cuestión de si, durante la ejecución del contrato, se aplican también las garantías del régimen del Código de consumo.

2.2. *Relaciones en la red de distribución de energía: limitación de las posibilidades*

Continuando con la protección de los monopolios en la distribución de la energía[65], a la que se hace alusión periódicamente, la legislación francesa ha interpretado *a máxima* la oportunidad que ofrece el derecho europeo: las comunidades energéticas no pueden poseer ni explotar una red de distribución de electricidad o gas natural[66] y deberán declarar sus instalaciones de producción a los gestores de las redes eléctricas y de gas natural antes de su puesta en servicio[67]. En el derecho europeo, esta posibilidad de restringir el derecho de las comunidades a gestionar redes solo está prevista expresamente para la CEC[68]. Sin embargo, la legislación francesa prohíbe esta actividad a las dos familias de comunidades.

En cuanto a la calefacción y la refrigeración, la situación es un poco diferente: esta forma de energía ya está gestionada por un servicio público local o por operadores privados[69], sin una situación de monopolio. Las comunidades podrán poseer u explotar (o hacer explotar) estas redes. Posteriormente, también deberán declarar sus instalaciones de producción a los operadores competentes de las redes de calefacción o refrigeración, públicas o privadas, antes de su puesta en servicio[70]. De forma más general, la creación, gestión y posesión de dichas redes "comunitarias"

---

65 Véase, por ejemplo, el litigio interpuesto por la empresa Ile de Sein Energies contra el convenio de concesión relativo al servicio público de distribución de energía eléctrica firmado con EDF SEI y solicitando una transferencia de la concesión a su favor, CE, 12 de abril de 2021, n.° 436663 (rechazado).

66 Art. L.293-2 apdo. 2 del Código de la Energía.

67 Art. L293-1 del Código de la Energía.

68 Art. 16, 4. Directiva 2019/944/UE.

69 Cuando exista venta de calefacción o refrigeración a terceros, y la dirección del proyecto sea pública, la red se califica como red pública de calefacción o refrigeración. Se trata de un servicio público industrial y comercial por ley, sujeto a una competencia facultativa, art. L. 2224-38 del CGCT. Se dice que la red es privada cuando hay una venta de calefacción o refrigeración a terceros (edificios públicos o privados) y que la dirección del proyecto no es pública. En 2023, el 81% de las redes eran de dirección pública, siendo el resto de redes privadas, FEDENE: «Enquête annuelle des réseaux de chaleur et de froid édition 2023» [en línea], (2024), <https://fedene.fr/wp-content/uploads/2024/01/Fedene_enquete_version-numerique.pdf> [Consulta: 02/06/2024].

70 Art. L293-1 del Código de la Energía.

debe estar sujeta a una información previa de la entidad local competente en el territorio o territorios en este ámbito[71].

Si estas reglas están claramente establecidas, queda por determinar la cuestión de la relación entre las comunidades y los gestores de la red y, en concreto, la de la compensación que deberán pagar por los costes generados[72]. Podría plantearse, como en el caso del autoconsumo colectivo, la diferenciación entre los flujos de energía internos a la comunidad, es decir, los que se intercambian entre miembros, y los flujos de energía externos a la comunidad, procedentes, por ejemplo, de terceros proveedores[73]. Los trabajos iniciados por la CRE sobre la próxima fórmula de la TURPE deberán resolver la delicada cuestión de la integración de estas comunidades en el régimen de acceso a la red[74], con el fin de garantizar rápidamente la seguridad jurídica y económica de las futuras comunidades.

2.3. Autonomía de las comunidades: gestionar un entorno complejo

Dado que, en principio, la participación es abierta y voluntaria[75], la gestión pública de las comunidades energéticas se especifica determinando las categorías de miembros y su elegibilidad para un control eficaz[76].

---

71 Art. L293-2 apdo. 3 del Código de la Energía.

72 Art. L.293-2, apdo. 1 del Código de la Energía.

73 En lo que respecta al autoconsumo colectivo, estos flujos se denominan respectivamente autoproducción y servicios auxiliares y son la base de la TURPE opcional propuesta, CRE, delib. n.° 2018-115 de 7 de junio de 2018 que determina la tarificación del autoconsumo; POUPEAU, F.-M. y LORMETEAU, B., *L'autoconsommation collective d'électricité en France..., op. cit.*, parte 1, art. 3.3.3.

74 Art. R.293-1 del Código de la Energía, CRE, delib. n.°2022-196 de 30 de junio de 2022 que dictamina sobre el proyecto de decreto relativo a las comunidades energéticas.

75 Arts. L.291-1 1° y L.291-2 2° del Código de la Energía (CER y CEC, respectivamente), precisando que, para la CEC, el artículo también prevé que la participación está abierta a «todo tipo de miembros o accionistas».

76 Para un enfoque similar, junto con una metodología empírica sobre las comunidades energéticas alemanas, véase HOOPS, B., "EU Directives on the internal governance of energy communities and their exclusionary effects", *The Journal of World Energy Law & Business*, 17, 3, 2024, pp. 147–167. Doi: <https://doi.org/10.1093/jwelb/jwae001>

Una CER está formada únicamente por personas físicas, pequeñas y medianas empresas autónomas[77], empresas, entidades territoriales y agrupaciones de entidades, empresas locales de economía mixta, fondos de emprendimiento social (FESE)[78] especializados en inversiones de capital en energías renovables o determinadas asociaciones[79] y únicamente aquellos miembros que están "cerca" de los proyectos de energías renovables a los que se han suscrito podrán controlar la comunidad[80]. Por consiguiente, pueden coexistir varias categorías de miembros/accionistas, pero solo los que estén geográficamente cerca de los proyectos de energías renovables pueden garantizar el control.

Las mismas categorías de miembros que pueden pertenecer a la CER[81] y los fondos de emprendimiento social especializados en inversiones de capital que responden a las misiones de la CEC[82] y determinadas asociaciones[83] también pueden ser miembros o accionistas de la CEC, y controlarla efectivamente, sin que exista una noción de proximidad geográfica.

Las dos comunidades deben incluir directamente al menos veinte personas físicas o dos de las categorías de personas elegibles para ejercer un control efectivo sobre ella, "entre las cuales deben incluirse obligatoriamente quienes se benefician, a título gratuito u oneroso, de ventajas medioambientales, económicas o sociales de la comunidad»[84].

De modo que la distinción fundamental entre CER y CEC radica en esta relación entre el control efectivo y el territorio en el que la entidad jurídica desarrolla su actividad y, por tanto, la forma en que se asegura la autonomía de la persona jurídica.

---

77 En el sentido de una microempresa o pequeña o mediana empresa tal como se define en el artículo 2 del anexo de la Recomendación de la Comisión 2003/361/CE, Directiva 2018/2001/UE, art. 2, 8.

78 Art. L.214-153-1 del Código Monetario y Financiero.

79 Art. L.291-1, 2 del Código de la Energía.

80 Art. L.291-1, 3° del Código de la Energía.

81 Sin embargo, cabe señalar que el texto habla de pequeñas empresas autónomas, conforme al artículo 2, punto 11, Directiva 2019/944/UE que para la CER se refiere a "pequeñas y medianas empresas autónomas".

82 Por lo tanto, más restrictivo que para los FESE autorizados a participar en la CER.

83 Art. L.292-1, 2 del Código de la Energía.

84 Art. L.291-3, apdo. 2 y L.292-4, apdo. 2 del Código de la Energía: CER y CEC.

2.3.1. Elegibilidad de los miembros para un control efectivo: garantizar la autonomía

A partir de las reglas de participación en las comunidades surge la noción de "control efectivo". El Código establece una presunción simple de control efectivo cuando más del 40% de los derechos de voto de la comunidad están en posesión, directa o indirecta, de una de las categorías de personas elegibles para ejercer este control y ninguna otra categoría posee una fracción de voto mayor que la de la primera[85]. Sin embargo, estas personas elegibles cumplen con criterios específicos, que distinguen la participación "abierta" del control efectivo[86]. Por ejemplo, si la comunidad no incluye a más de veinte personas físicas, dichas personas podrán participar en ella pero no podrán ejercer un control efectivo sobre la misma[87].

Figura 2. Control efectivo: presunción simple

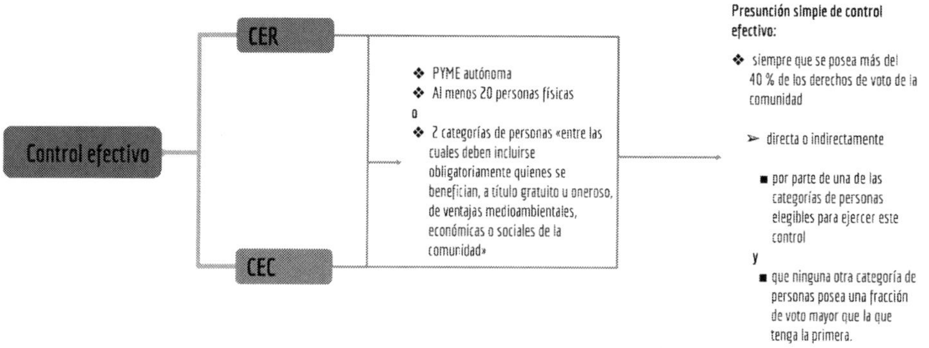

Control efectivo
CER
CEC
❖ PYME autónoma
❖ Al menos 20 personas físicas
o
❖ 2 categorías de personas «entre las cuales deben incluirse obligatoriamente quienes se benefician, a título gratuito u oneroso, de ventajas medioambientales, económicas o sociales de la comunidad»
Presunción simple de control efectivo:
❖ siempre que se posea más del 40 % de los derechos de voto de la comunidad
➢ directa o indirectamente
■ por parte de una de las categorías de personas elegibles para ejercer este control
y
■ que ninguna otra categoría de personas posea una fracción de voto mayor que la que tenga la primera.

La autonomía debe entenderse "en el sentido del artículo 3 del anexo de la Recomendación de la Comisión de 6 de mayo de 2003 sobre la definición de microempresa y pequeña y mediana empresa (2003/361/CE)". Es obligatorio para ambas comunidades, mientras que el derecho europeo solo lo exige para la legislación de la CER[88]. El texto europeo define negativamente a la empresa autónoma como aquella que no está "vinculada" ni

---

85 Art. L.291-3, apdo. 3 y L.292-4, apdo. 3 del Código de la Energía.

86 Arts. L. 291-1, 1° y L. 292-1, 1°del Código de la Energía.

87 Art. L. 291-3, apdos. 2 y 3 y L. 292-4, apdos. 2 y 3) del Código de la Energía.

88 Art.2, 16, a), Directiva 2018/2001/UE. En la versión del artículo L.292-1 derivado de la ordenanza de 3 de marzo de 2021, no se menciona el carácter autónomo de la CEC. La incorporación se realiza tras la adopción de la ley APER en 2023, a propuesta del Gobierno (enmienda n.° 2728 rectificada), sin justificación particular.

"asociada". En principio, se consideran empresas vinculadas las empresas sobre las que otra empresa posee o controla la mayoría de los derechos de voto, la facultad de nombrar o destituir a la mayoría de los miembros del órgano de administración, dirección o supervisión o ejerce una influencia dominante mediante un contrato o cláusula estatuaria[89], mientras que una empresa asociada es aquella en la que otra empresa posee la cuarta parte o más del capital o de los derechos de voto[90]. Esta referencia equivale a prohibir la posesión, por parte de otra empresa, del 25% o más del capital o de los derechos de voto de una comunidad energética.

Los artículos R. 291-1 y R. 292-1 especifican ahora esta condición de autonomía imponiendo prohibiciones especiales a las empresas que son miembros de una comunidad energética y a sus empleados. En consecuencia, quienes "posean más del 10% de los derechos de voto y el 10% de los fondos y cuasifondos propios [de una comunidad], o de una empresa que controle o esté controlada directa o indirectamente por dicha empresa, en particular, no pueden poseer, directa o indirectamente, (...) más del 10 % de los derechos de voto y del 10% de los fondos y cuasifondos propios de esta comunidad" a título individual[91]. A título colectivo, estas cantidades no pueden superar ni el 33 % ni la que poseen colectivamente "otras personas físicas [y] las entidades o sus agrupaciones"[92].

Con carácter más general, una empresa y sus empleados no pueden poseer conjuntamente más del 40% de los fondos propios, los cuasifondos propios y los derechos de voto[93]. El objetivo de estas normas es impedir que una empresa pueda ejercer control sobre dicha comunidad, ya sea de forma directa o mediante la participación de sus empleados en la comunidad energética.

---

89 Recomendación 2003/361/CE sobre la definición de microempresa y pequeña y mediana empresa, anexo, art. 3, § 3.

90 Ibidem, art. 3, § 2.

91 Art. R. 291-1 y R. 292-1, apdo. 1, 1.° del Código de la Energía para las dos comunidades.

92 Art. R. 291-1 y R. 292-1, apdo. 1, 2.° del Código de la Energía para las dos comunidades.

93 Art. R. 291-1 y R. 292-1, apdo. 2 del Código de la Energía para las dos comunidades.

Figura 3. Control efectivo, caso concreto de los empleados

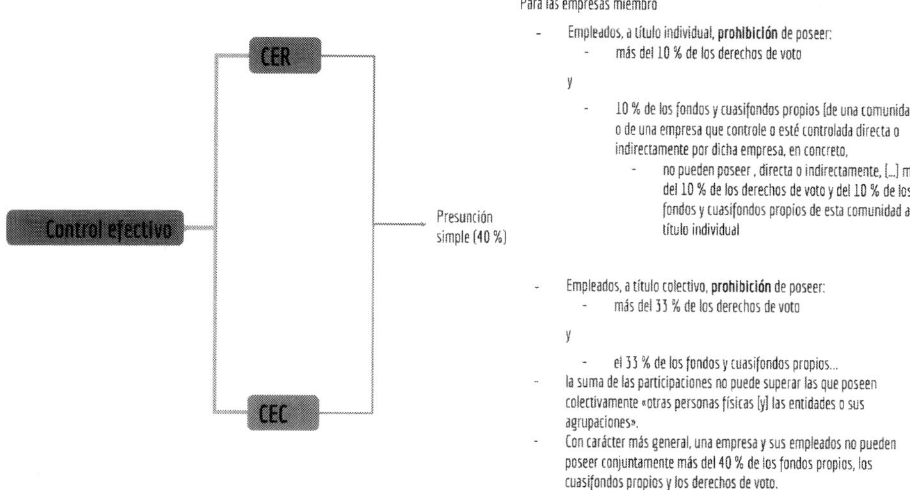

Esta vigilancia se expresa también hacia las empresas del sector energético, pero generando una cierta ambigüedad.

2.3.2. El papel del miembro o accionista "profesional"

Fruto de la voluntad europea de garantizar la participación de las poblaciones locales en las comunidades, el lugar de los profesionales del sector energético, de los "competidores con proyectos o carteras de mayor envergadura"[94] o de las personas "que no desarrollan una actividad comercial a gran escala y para las que el sector energético no es el principal ámbito de actividad económica"[95], en el seno de las comunidades se ha limitado en la legislación nacional para ambas comunidades[96], mientras que, sin embargo, el derecho europeo solo prevé esta restricción para las CER[97].

Al leer el marco jurídico francés, nos encontramos con una dificultad para interpretar las disposiciones, ya que éstas especifican que "cuando una empresa privada participe en una comunidad de energías renovables,

94 Cons. 71, Directiva 2018/2001/UE.

95 Cons. 44, Directiva 2019/944/UE.

96 Art. L.291-1 2° y L292-1 2° del Código de la Energía: CER y CEC.

97 Art. 22 Directiva 2018/2001/UE.

esta participación no puede constituir su principal actividad comercial o profesional"[98]. Sin embargo, el artículo 22, 1. de la Directiva 2018/2001/UE no parece incluir todo tipo de empresas privadas, ya que establece que "los Estados miembro garantizarán que los clientes finales, en concreto, los hogares, (...), siempre que, en el caso de las empresas privadas, su participación no constituya su principal actividad comercial o profesional". De modo que la participación se refiere a los "clientes finales", es decir, "un cliente que compra electricidad para su propio uso"[99]. En consecuencia, el derecho europeo no se dirige, por ejemplo, a las empresas de servicios energéticos que probablemente proporcionen servicios de eficiencia energética a las comunidades de las que puedan ser miembros, ya que estas empresas no son "clientes finales". El absolutismo de la formulación de la legislación francesa no parece permitir tal libertad; al menos, es un elemento que sigue sin resolverse y cuya aclaración será bienvenida en el futuro[100].

Figura 4. Presentación resumida de los miembros de la CER y la CEC

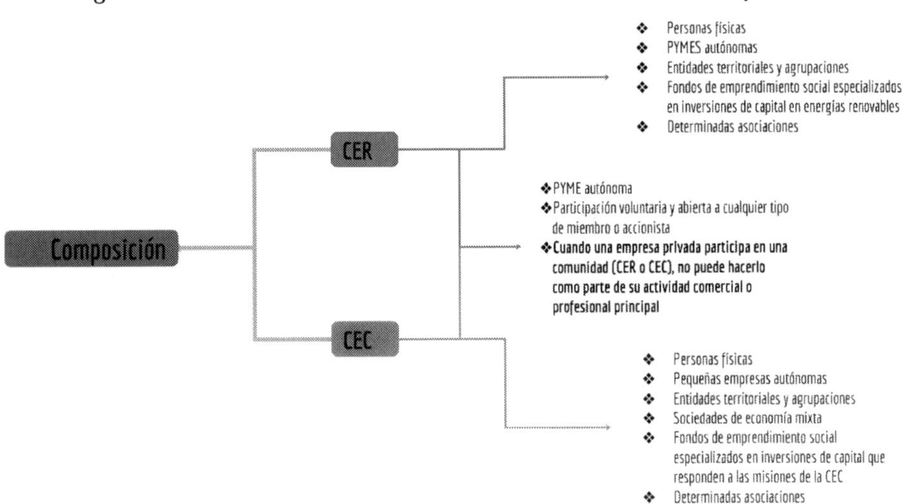

98 Son estrictamente similares para las dos comunidades.

99 Art. 2, 3), Directiva 2019/944/UE.

100 En materia de autoconsumo colectivo existe una disposición similar, art. L.315-2 apdo. 3 del Código de la Energía: "la actividad de autoconsumo colectivo no puede constituir, para el autoconsumidor, el consumidor o el productor que no sea un hogar, su principal actividad profesional o comercial". La precisión del texto de limitar las actividades afectadas por la restricción a las de producción o consumo, permite que las operaciones acojan en su seno a los operadores que prestan servicios energéticos; POUPEAU, F.-M. y LORMETEAU, B., *L'autoconsommation collective d'électricité en France...*, *op. cit.*, parte 2, 2.2.1.

2.3.3. Proximidad geográfica: segundo elemento de control efectivo reservado a las CER

Conforme al derecho europeo[101], solo las CER están sujetas a este requisito de proximidad. Los miembros que ejerzan el control efectivo de la CER deben encontrarse "cerca de los proyectos de energías renovables que han suscrito y desarrollado"[102], un criterio cuyos términos se especifican en el artículo R. 291-8 del Código de la Energía, en función del carácter jurídico de los miembros de la CER.

De este modo, las personas físicas deberán residir en el territorio del departamento o de un departamento limítrofe en el que se realicen los proyectos de la comunidad[103]. Esto plantea varias cuestiones relativas a la residencia de la persona física. Por ejemplo, ¿se trata de la residencia principal o se admiten residencias secundarias? ¿Cuáles son las consecuencias en caso de trasladarse fuera de la zona geográfica para una persona física que desee seguir siendo miembro de la comunidad, una vez que el número total de miembros que residen en la zona sea inferior a veinte[104]? ¿Una CER controlada efectivamente por veinte personas que residen cerca del proyecto deberá reemplazar al miembro que abandona la comunidad para trasladarse fuera del área geográfica considerada?

Las asociaciones miembro de la CER deben contar con al menos veinte miembros que sean personas físicas que residen en el territorio mencionado[105], lo que plantea las mismas cuestiones que para los participantes que sean personas físicas.

Para las PYMES, su sede o uno de sus establecimientos secundarios[106] deberá encontrarse en el territorio mencionado[107].

Para las entidades locales, se considera que el control efectivo se ejerce cuando actúan en su territorio o en un territorio limítrofe[108], salvo la región que solo puede actuar en su territorio de competencias. El artículo

---

[101] Art. 2, 16, a) Directiva 2018/2001/UE.

[102] Art. L. 291-1, 3° del Código de la Energía.

[103] Art. R. 291-8 1° del Código de la Energía.

[104] La salida de los miembros de las comunidades está regulada en el artículo R292-2 del Código de la Energía, pero no prevé estas posibilidades.

[105] Art. R. 291-8 2° del Código de la Energía.

[106] Art. R. 123-40 del Código de Comercio.

[107] Art. R. 291-8 3° del Código de la Energía.

[108] Art. R. 291-8 4°à 6° del Código de la Energía.

R. 292-2 hace referencia a las disposiciones relativas a la inversión de las entidades locales en sociedades anónimas o sociedades por acciones simplificadas para la producción de las energías renovables mencionadas anteriormente[109]. Y es en este punto cuando surge una incertidumbre: ¿será posible invertir en estas formas si la comunidad realiza otras actividades distintas a la mera producción?

Sin embargo, esta condición de proximidad geográfica no se aplica a todos los miembros de la CER, sino solo a los que pertenecen a la categoría que posee más del 40% de los derechos de voto de la comunidad. De este modo podemos imaginar una CER compuesta, en pocas palabras, por cuarenta personas físicas, la mitad de las cuales estaría ubicada cerca de los proyectos y poseería colectivamente más del 40% de los derechos de voto (por ejemplo, el 75%), y la otra mitad no estaría ubicado cerca de los proyectos, pero no poseería más del 40% de los derechos de voto (por ejemplo, el 25%).

Conforme al derecho europeo, las CEC no están sujetas a estas condiciones de proximidad geográfica[25]. Solo su propósito, proporcionar beneficios medioambientales, económicos o sociales a sus miembros, o "a los territorios locales donde lleva a cabo sus actividades"[110], crea este vínculo. Esto quizás se explique por la definición de las actividades de la CEC, que no se refieren solo a las energías renovables, que suelen ser más bien locales, sino solo a la electricidad, sea o no de origen renovable.

Figura 5. Suma de los criterios de proximidad y de control efectivo

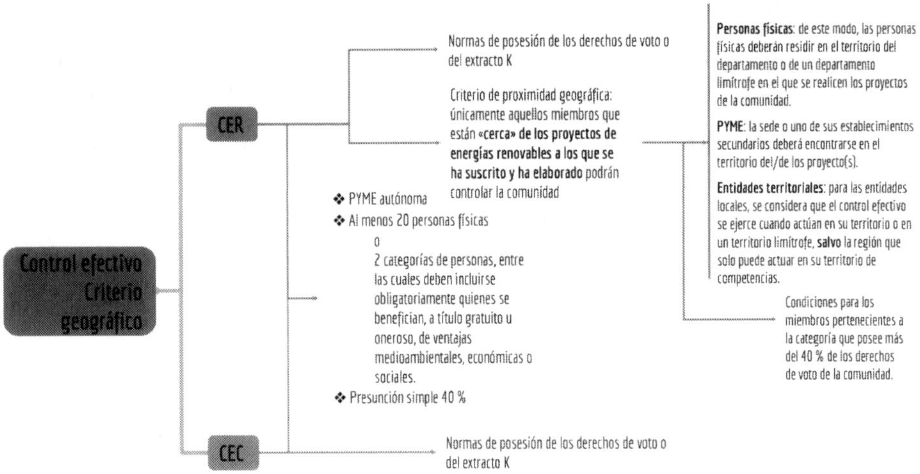

[109] Art. L.2253-1, L.3231-6 y L.4211-1 del CGCT.

[110] Art. aL.292-1, 3° del Código de la Energía.

3. CONCLUSIÓN

El marco normativo francés para las comunidades energéticas se está construyendo poco a poco, sin provocar, por el momento, demasiadas tensiones, sobre todo gracias a las pruebas por las que ya ha pasado el autoconsumo colectivo desde 2015.

Tomándose ciertas libertades con respecto al derecho europeo, la legislación francesa intenta conciliar la libertad y la autonomía de las comunidades, un hecho que queda particularmente manifiesto en cuanto a los criterios de evaluación de la autonomía que se han fijado, con el control de los flujos de energía, en concreto, según el criterio del perímetro geográfico. Ahora hay que esperar a la formación de las primeras comunidades energéticas para analizar la sostenibilidad de su desarrollo dentro del sistema energético y su capacidad para acelerar la difusión de nuevas formas de sociosistemas energéticos territoriales.

4. BIBLIOGRAFÍA

ADEYEMI-KAYODE T. M. *et al.*, "A bibliometric review of grid parity, energy transition and electricity cost research for sustainable development", *Heliyon*, 9, 5, 2023, pp. 1-25. Doi: <https://doi.org/10.1016/j.heliyon.2023.e15532>

BOURCET, C. y BOVARI, E., "Exploring citizens' decision to crowdfund renewable energy projects: Quantitative evidence from France", *Energy Economic*, 88, 2020, pp. 1-12. Doi: <https://doi.org/10.1016/j.eneco.2020.104754>

CHAILLEUX, S. y HOURCADE, R., "Introduction. Politiques locales de l'énergie : un renouveau sous contraintes", *Natures Sciences Sociétés*, 29, 2021, 29, pp. 3-12.

COMISIÓN EUROPEA: «PROSumers for the Energy Union: mainstreaming active participation of citizens in the energy transition. Policies for Prosumer Business Models in the EU» [en línea], (2020), <https://cordis.europa.eu/project/id/764056/reporting> [Consulta: 02/06/2024].

DEBIZET, G. y PAPPALARDO, M., "Communautés énergétiques locales, coopératives citoyennes et autoconsommation collective: formes et trajectoires en France", *Flux*, 4, 126, 2021, pp. 1-13.

DEBIZET, M. *et al.*, *Local Energy Communities. Emergence, Places, Organizations, Decision Tools*, Routledge, New York, 2023.

DE FONTENELLE, L., "Les communautés énergétiques", *Énergie–Environnement–Infrastructures : actualité, pratiques et enjeux*, 29, 2019, pp. 1-15.

DE FONTENELLE, L. y LAMOUREUX, M., "Les contrats de vente directe d'électricité et de gaz", *Actualité juridique Droit administratif*, 22, 2023, 22, p. 1173.

FEDENE: «Enquête annuelle des réseaux de chaleur et de froid édition 2023» [en línea], (2024), <https://fedene.fr/wp-content/uploads/2024/01/Fedene_enquete_version-numerique.pdf> [Consulta: 02/06/2024].

FONTENEAU, T., "The controversial emergence of collective self-consumption in France", en DEBIZET, M. *et al., Local Energy Communities. Emergence, Places, Organizations, Decision Tools,* Routledge, Nueva York, 2023, pp. 127-147.

GEELS F. W. *et al.*, "Reducing energy demand through low carbon innovation: a sociotechnical transitions perspective and thirteen research debates", *Energy Research & Social Science,* 40, 2018, pp. 23-35. Doi: <https://doi.org/10.1016/j.erss.2017.11.003>

HOFFMAN S. M. *et al.*, "Public Values and Community Energy: Lessons from the US and UK", *Sustainability,* 5, 4, 2013, pp. 1747-1763. Doi: <https://doi.org/10.3390/su5041747>

HOOPS, B., "EU Directives on the internal governance of energy communities and their exclusionary effects", *The Journal of World Energy Law & Business,* 17, 3, 2024, pp. 147–167. Doi: <https://doi.org/10.1093/jwelb/jwae001>

LACOMBE, C.: «Un décret d'application pour les communautés d'énergie» [en línea], (2024), <https://www.actu-environnement.com/ae/news/decret-application-communautes-energie-43435.php4> [Consulta: 12/06/2024].

LAMOUREUX, M., *Droit de l'énergie,* 2da ed., LGDJ, París, 2022.

LE BAUT-FERRARESE, B., "Collectivités territoriales et production d'énergie renouvelable", *La semaine juridique. Administrations et collectivités territoriales,* 42, 2016, pp. 17-44.

LE BAUT-FERRARESE, B. y LANDBECK, D., "La loi sur l'énergie du 13 juillet 2005 et les énergies renouvelables", *Actualité Juridique Droit Administratif,* 4, 2006, pp. 189-195.

LORMETEAU, B., "Les réseaux fermés de distribution d'électricité, une nouvelle dynamique territoriale de la gestion de l'énergie", *Énergie–Environnement–Infrastructures : actualité, pratiques et enjeux,* 4, 2017, pp. 1-10.

LORMETEAU, B., "Regulatory framework of collective self-consumption operations", en DEBIZET, M. *et al., Local Energy Communities. Emergence, Places, Organizations, Decision Tools,* Routledge, Nueva York, 2023, pp. 110-125.

LORMETEAU, B. y COLLIN HARDY, H., "Point d'étape pour le cadre juridique des communautés d'énergie: contrôle effectif, autonomie, proximité et droits du consommateur", *Énergie–Environnement–Infrastructures: actualité, pratiques et enjeux,* 3, 2024, pp. 1-15.

PARAG, Y. y SOVACOOL, B. K., "Electricity market design for the prosumer era", *Nature Energy,* 1, 2016, pp. 1-15. Doi: <https://doi.org/10.1038/nenergy.2016.32>

POUPEAU, F.-M., "La fabrique d'une solidarité nationale. État et élus ruraux dans l'adoption d'une péréquation des tarifs de l'électricité en France", *Revue française de science politique,* 57, 5, 2007, pp. 599-628.

POUPEAU, F.-M., "Central-local relations in French energy policy-making: towards a new pattern of territorial governance", *Environmental Policy and Governance,* 24, 3, 2014, pp. 155-168.

POUPEAU, F.-M., "Everything must change in order to stay as it is. The impossible decentralization of the electricity sector in France", *Renewable and Sustainable Energy Reviews,* 120, 2020, pp. 1-12. Doi: <https://doi.org/10.1016/j.rser.2019.109597>

POUPEAU, F.-M. y BOUTAUD, B., “La transition énergétique, un nouveau laboratoire pour l’action publique locale?”, *Pouvoirs locaux*, I, 119, 2021, pp. 28-36.

POUPEAU, F.-M. y LORMETEAU, B., *L’autoconsommation collective d’électricité en France. Émergence d’une innovation contrariée*, Presses des Mines, París, 2023. Doi: <10.4000/books.pressesmines.10411>

WOKURI, P., *Orienter et activer. Les projets coopératifs d’énergie renouvelable à l’épreuve du marché. Une comparaison multi-niveaux Danemark, France, Royaume-Uni*, (Tesis de doctorado), Université de Rennes 1, Rennes, 2020.

Capítulo XXIV

Las comunidades energéticas en los Países Bajos desde una perspectiva jurídica[1]

LEA DIESTELMEIER
Profesora Ayudante Doctora
Universidad de Groningen

1. INTRODUCCIÓN

En el contexto europeo se suele citar a los Países Bajos como ejemplo de país con un gran número y variedad de comunidades energéticas activas.[2] Los datos también respaldan esta afirmación. En 2023, se habían establecido 714 comunidades energéticas en todo el país, concretamente en el 89 %

---

[1] Este capítulo es parte del proyecto "Regulación de sistemas energéticos comunitarios basados en almacenamiento y flexibilidad: aceptabilidad, gobernanza y digitalización (ComEnerSys)", TED2021-131840B-I00, financiado por el MCIN/AEI/10.13039/501100011033 y por la Unión Europea "NextGenerationEU"/PRTR".

[2] KOLTUNOV, M. *et al.*, "Mapping of Energy Communities in Europe: Status Quo and Review of Existing Classifications", *Sustainability*, 15, 2023, pp. 1-25; CARAMIZARU, A. y UIHLEIN, A., *Energy Communities: An Overview of Energy and Social Innovation*, Publications Office of the European Union, Luxemburgo, 2020, p. 5.

de los municipios. En total, 131.180 personas participan de manera activa en calidad de miembros de esas comunidades, lo que representa en torno al 1,6 % de los hogares de los Países Bajos. La mayoría de estas comunidades energéticas son pequeñas, puesto que solo 44 iniciativas cuentan con más de 500 miembros y únicamente 16 con más de 1.000.[3] El crecimiento de las comunidades energéticas se produjo con bastante rapidez entre el año 2010 (22 comunidades energéticas) y el año 2017 (385) hasta llegar a ser más de 700 en 2022.[4] Si bien este resumen cuantitativo no aporta información sobre el funcionamiento efectivo, la composición o la finalidad de las comunidades energéticas, sí demuestra que el concepto general de comunidades energéticas se ha afianzado en todo el país en un periodo relativamente corto de tiempo. En este capítulo, se analiza el correspondiente marco jurídico vigente en ese periodo y se determinan, a partir de la experiencia de las comunidades energéticas, medidas facilitadoras y retos pendientes para que estas iniciativas prosperen y se consoliden. En particular, esta última idea es la más relevante para evaluar los avances que se han producido en los Países Bajos, sobre todo en cuanto a la adopción de una nueva Ley nacional de la Energía y una nueva ley que regule el sector de la calefacción (sistemas de calefacción urbana), pero también en el contexto internacional y en otros países, entre ellos España, que pretenden aprender de la experiencia de promover las comunidades energéticas desde una perspectiva legal.

En neerlandés, a las comunidades energéticas se las suele denominar *lokale energiecoöperaties* ("cooperativas energéticas locales"). Este término no cuenta con una definición legal, aunque sugiere ciertos aspectos específicos de las comunidades energéticas, en especial que se centran en actores de proximidad geográfica ("local") y que se organizan de un modo que permiten más participación y control por parte de sus miembros ("cooperativa"). Desde la introducción de las comunidades energéticas (renovables o ciudadanas) en el marco jurídico de la UE en materia de energía en los años 2018 y 2019, en la directiva relativa al fomento del uso de energía de fuentes renovables y la directiva en la que se establecen las normas para el mercado interior de la electricidad, respectivamente, el término *energiegemeenschap* ("comunidad energética") se utiliza con más frecuencia y, como se explicará en este capítulo más adelante, también se

---

3 HIEROPGEWEKT: «Lokale Energie Monitor 2023» [en línea], (s.f.), <https://www.hier.nu/lokale-energie-monitor-2023/burgercollectieven#leden-bereik-en-draagvlak> [Consulta: 12/06/2024]

4 Ibidem.

ha transpuesto de manera literal en las nuevas leyes en materia de energía y del sector de la calefacción de los Países Bajos.

Al margen de los términos exactos, lo más importante es el significado atribuido, la función de las comunidades energéticas en el sector de la energía y la transición hacia formas más sostenibles de producción y consumo energéticos, pero también hacia una gestión (más) democrática de los recursos y las infraestructuras, así como los efectos de su explotación y usos en los entornos vivos y las personas. Este último aspecto de gestión democrática se ha ignorado especialmente durante demasiado tiempo en las políticas nacionales y de la UE. No obstante, dado el aumento de los conflictos relacionados con la energía y las consecuencias de su uso, cada vez será más relevante ofrecer a los ciudadanos formas directas y concretas para que puedan estar mejor informados y decidir sobre la energía de manera general y específica. Cuando las comunidades energéticas se diseñan y se ponen en marcha para satisfacer estas necesidades y resolver tales problemas, pueden contribuir a una mayor participación de los ciudadanos.[5]

En este capítulo se resume la manera en la que surgieron y se desarrollaron las iniciativas energéticas locales, que aún no eran comunidades energéticas, y, en especial, cómo se vieron favorecidas u obstaculizadas por marcos jurídicos (futuros). Para ello, se describe con brevedad la evolución de las comunidades energéticas en los Países Bajos y cómo las políticas de transición energéticas han favorecido su desarrollo a lo largo del tiempo (apartado 2); se explican a grandes rasgos dos importantes planes de ayudas para las iniciativas colectivas en el sector de la energía que provocaron un aumento significativo de las mismas entre los años 2015-2020 (apartado 3); se identifican oportunidades y obstáculos en esos planes de ayudas en función de la experiencia de los proyectos (apartado 4) y se explica la manera en que se integra el concepto de comunidades energéticas en la nueva legislación energética de los Países Bajos (apartado 5).[6]

---

5 DIESTELMEIER, L., "The Role of Energy Communities in Facilitating Sustainable Energy Democracy: Legal Challenges", en FLEMING, R., HUHTA, K. y REINS, L. (eds.), *Sustainable Energy Democracy and the Law*, Brill, Leiden, 2021, pp. 124-143.

6 Para la redacción de este capítulo, se ha recurrido a trabajos previos, pero a esta versión se incorporan todas las actualizaciones necesarias. Véase, por ejemplo, DIESTELMEIER, L. y SWENS, J., "Energy Communities in the Netherlands: Learning from Local Energy Initiatives", en ROGGENKAMP, M.M. and BANET, C. (eds.), *European Energy Law Report XIV*, Intersentia, Bruselas, 2021, pp. 239-264.

2. EVOLUCIÓN DE LAS COMUNIDADES ENERGÉTICAS Y SU FUNCIÓN EN LAS POLÍTICAS DE TRANSICIÓN ENERGÉTICA NEERLANDESA

Al estudiar la evolución de las comunidades energéticas en los Países Bajos se detectaron varias olas en las que surgieron estas iniciativas en la segunda mitad del siglo XX.[7] Las primeras olas revelan una aparición inicial en la década de los años 70 motivada por el desarrollo de la energía nuclear y la crisis del petróleo, que propiciaron un debate público sobre las dependencias internacionales y los problemas medioambientales. Ello provocó que a finales de dicha década se creara la *Organisatie Duurzame Energie* (ODE, que se traduce como "organización de la energía sostenible"). La ODE surgió como una red de ciudadanos interesados en el desarrollo de energías renovables para reducir las emisiones y, posteriormente, supuso el punto de partida para la aparición de las primeras cooperativas eólicas en la década de los 80.[8] El desarrollo de tecnologías de energías renovables, que facilitó la producción de energía descentralizada, junto con la preocupación constante por el medio ambiente, aceleraron la aparición de formas alternativas de propiedad, como las cooperativas. La ODE continuó creciendo y en 2018 se fusionó con RESCOOP Nederland, que más tarde se integraría con otras organizaciones de menor tamaño de iniciativas de energía descentralizada en *Energie Samen* ("juntos por la energía"), que en la actualidad es la organización paraguas a nivel nacional para las comunidades energéticas en los Países Bajos.[9]

Durante la década de los 90, la configuración institucional y del mercado del sector de la energía en los Países Bajos se reestructuró de manera significativa siguiendo el objetivo de la UE de establecer un mercado interior de la energía y las medidas jurídicas posteriores, con el fin de liberalizar el sector, es decir, disolver empresas integradas verticalmente imponiendo requisitos de separación a fin de permitir el acceso no discriminatorio de

---

7 OTEMAN, M.; KOOIJ, H-J. y WIERING, M., "Pioneering Renewable Energy in an Economic Energy Policy System: The History and Development of Dutch Grassroots Initiatives," *Sustainability*, 9, 2017, pp. 1-21.

8 KOOIJ, H-J. *et al.*, "Between Grassroots and Treetops: Community Power and Institutional Dependence in the Renewable Energy Sector in Denmark, Sweden and the Netherlands," *Energy Research and Social Science*, 37, 2018, pp. 52-56.

9 ENERGÍA JUNTOS: «De energietransitie, dat zijn wij!» [en línea], (s.f.), <https://www.energiesamen.nu/pagina/1/jouw-belangenorganisatie/41/ontstaan> [Consulta: 12/06/2024]

terceros a la infraestructura de la red.[10] Aunque la liberalización brindó la oportunidad de entrar en el mercado a muchos más actores, al principio del proceso de liberalización (1998-2001), la aparición de iniciativas energéticas locales se vio estancada. Como una posible explicación hay que mencionar que la presión internacional en el mercado era demasiado fuerte como para que la producción local a pequeña escala a partir de energías renovables pudiera desarrollarse y sobrevivir.[11] Además, la falta de claridad sobre las normas y la reorganización completa del sector pudieron crear incertidumbre entre los agentes más pequeños, mientras que los estrictos requisitos sobre cualificaciones y administración probablemente fueran otro obstáculo. A principios de los 2000 se produjo otro aumento de estas iniciativas ante la necesidad de promover la producción de energía a partir de fuentes renovables, aumento que se aceleró a partir del año 2010. Las iniciativas más recientes incluían más actividades que las primeras, que se centraban exclusivamente en la producción. Además de la generación colectiva, las actividades de las nuevas comunidades energéticas incluían, por ejemplo, medidas de eficiencia energética, la implantación de nuevas tecnologías "inteligentes", la movilidad eléctrica e incluso, de forma parcial, el desarrollo y el funcionamiento de la infraestructura de la red. En general, se dieron muchos factores —como objetivos sociales más amplios, el desarrollo tecnológico y la participación ciudadana— que desempeñaron una función clave en este crecimiento. La configuración institucional y el marco jurídico específico, que ofrecía opciones para que se desarrollasen iniciativas energéticas locales, fueron un factor determinante para la asimilación de la evolución de las comunidades energéticas.

Este hecho fue reconocido en el año 2013 en un documento normativo que el gobierno de los Países Bajos y diferentes grupos de interés, entre ellos la industria y las ONG, firmaron en dicho año y que se conoce como *Energieakkoord voor duurzame groei* (o "Acuerdo energético para el crecimiento sostenible") del Consejo Social y Económico de los Países Bajos. Dicho documento normativo se centró en el crecimiento sostenible, incluyendo también el sector energético con nuevas formas de producción y la distribución y el suministro de energía. Se identificó el marco jurídico como un obstáculo, puesto que no permite nuevas formas de organización ni actores que faciliten especialmente la generación distribuida a partir de

10 KÜNNEKE, R. y FENS, T., "Ownership Unbundling in Electricity Distribution: The Case of The Netherlands" *Energy Policy*, 35, 3, 2007, p. 1920.

11 Ibidem, p. 1930.

energías renovables. Por tanto, dicho acuerdo puso de manifiesto que el marco jurídico del sector de la electricidad necesitaba promover la innovación a través de un espacio legal que posibilitase y promoviese nuevas formas organizativas que pudieran contribuir a la generación descentralizada de fuentes de energías renovables. Una de esas formas organizativas son las comunidades energéticas. A partir de ello, y para apoyar de manera explícita a las iniciativas energéticas locales en el sector energético, se establecieron dos instrumentos jurídicos: (i) un plan de ayudas específico para la producción de energía a partir de fuentes de renovables, de propiedad y de gestión colectivas y locales; (ii) un decreto que permitiese exenciones temporales de disposiciones específicas de la Ley neerlandesa de Electricidad con el fin de explorar nuevos mecanismos jurídicos para las iniciativas energéticas locales, básicamente un espacio controlado de pruebas. En el apartado 3 se explican estas dos medidas de forma detallada.

Las iniciativas energéticas locales continúan siendo parte de la política neerlandesa de la energía y del clima, tal y como se establece en el *Klimaatakkoord* ("acuerdo sobre el clima") que se firmó en 2019. Incluso se reconoció la necesidad de incluir enfoques más participativos en la transición energética en la *Regionale Energiestrategie* ("estrategia energética regional"), un planteamiento de gestión para implantar el uso de energías renovables y reducir la demanda a nivel regional. El *Klimaatakkoord* constituye un acuerdo sobre cómo reducir las emisiones que firmaron unas 150 partes interesadas diferentes, tanto del sector público como privado. En sentido estricto, dicho acuerdo no es jurídicamente vinculante, pero establece objetivos sectoriales (movilidad, agricultura, entorno edificado, electricidad e industria) destinados a cumplir el objetivo de la reducción general de emisiones que recoge la Ley sobre el Clima.[12] Esos objetivos continúan estableciéndose a un nivel de gestión bastante elevado y su aplicación necesita que se trasladen a nivel local. Por consiguiente, otro efecto del *Klimaatakkoord* es la *Regionale Energiestrategie.* Esta estrategia divide a los Países Bajos en 30 regiones (que no coinciden necesariamente con las fronteras políticas) como si se fuesen provincias. El objetivo es identificar grupos de interés que puedan aportar o beneficiarse de la reducción de emisiones en estas regiones. La idea es identificar las oportunidades y los obstáculos locales concretos junto con las personas que residen en esa zona. Tiene tres funciones principales: en

---

[12] Klimaatwet *Stb.* 2019, 254.

primer lugar, la estrategia regional establece y documenta los objetivos energéticos que se deben cumplir en un plazo específico. En segundo lugar, es una herramienta para organizar la integración espacial de las instalaciones de energías renovables y sus implicaciones sociales. Y, en tercer lugar, es una manera de organizar la cooperación a largo plazo entre muchos actores regionales diferentes. Esta última función subraya, especialmente, la implicación de las personas y de las entidades locales. Aquí, las iniciativas energéticas locales también pueden asumir un papel en la gestión de la transición energética y ayudar con su experiencia en el marco local.

En este apartado, hemos expuesto en solo unas líneas el desarrollo de las iniciativas energéticas locales en los Países Bajos y cómo estas se integran en las políticas de transición energética. En el apartado siguiente describiremos, en concreto, el marco jurídico más adecuado para favorecer iniciativas energéticas locales en los Países Bajos.

3. MARCO JURÍDICO PARA LAS INICIATIVAS ENERGÉTICAS PARTICIPATIVAS EN LOS PAÍSES BAJOS

Como ya se mencionó en el apartado anterior, del *Acuerdo energético para el crecimiento sostenible* surgieron dos instrumentos jurídicos dirigidos a promover y explorar formas colectivas y locales de producción y consumo energéticos. El primero se trata de un plan de ayudas dirigido a la producción colectiva local de electricidad a partir de fuentes renovables consistente en desgravaciones fiscales. Este plan se presentó en el año 2014, pero fue adaptado en su totalidad y sustituido por el nuevo plan de "subvenciones a la producción cooperativa de energía" en 2021, que pretendía relacionar el plan de ayudas más con los precios del mercado que con la desgravación fiscal. Este plan sigue en vigor. En el apartado 3.1 desarrollaremos los dos con mayor detalle. En el año 2015 se creó otro instrumento que era, en esencia, una exención a disposiciones específicas de la Ley neerlandesa de Electricidad. El objetivo era explorar nuevas formas de organización que beneficiaran a las iniciativas energéticas locales, especialmente desde una perspectiva legal. Se trataba de un plan temporal que fue evaluado en 2020. Posteriormente, se le puso fin. El instrumento y las experiencias resultantes se desarrollan en mayor profundidad en el subapartado 3.2.

3.1. *Plan de ayudas para la producción colectiva local de energía a partir de fuentes renovables*

La mayoría de las iniciativas energéticas locales surgieron entre los años 2015 y 2020 en el marco de un plan de ayudas destinado específicamente a la producción colectiva de energías renovables a nivel local. Una de las metas principales del plan de ayudas era posibilitar que personas sin recursos económicos ni espaciales pudieran invertir en instalaciones de producción de energía mediante fuentes renovables. Este plan de ayudas estaba básicamente dirigido, por ejemplo, a personas que viven en apartamentos y, por tanto, no tienen acceso al tejado de sus edificios para instalar paneles solares o a personas que no tienen capacidad económica para invertir en instalaciones de producción. Por el contrario, las personas que disponen de tales recursos ya podían beneficiarse de un programa de medición neta en los hogares individuales.[13] Una de las motivaciones era, por tanto, ofrecer a otras personas las mismas oportunidades de participar en la transición energética y beneficiarse de ella.

El plan de ayudas se materializó en una reducción fiscal para las personas que participaban en la generación de electricidad con energías renovables a nivel local y colectivo. La norma se tradujo, por tanto, en "reducir la tarifa del impuesto energético para la generación de electricidad colectiva local" y fue una disposición incluida en la ley neerlandesa sobre el "impuesto medioambiental".[14] Ofrecía reducciones del impuesto energético para los miembros de la iniciativa energética local que invirtieran en instalaciones para la generación de electricidad a partir de fuentes renovables y fueran propietarios de ellas. El importe de la reducción fiscal se calculaba de manera individual para cada miembro en función de su participación en la instalación y, por ende, en la energía producida. El elemento local de la regulación se articuló mediante el establecimiento del alcance geográfico en función de códigos postales específicos. Es decir, para poder beneficiarse del plan de ayudas, todos los miembros de la iniciativa energética local debían vivir dentro de los límites de un código postal o en un código postal directamente adyacente a esa zona. La instalación de producción de propiedad conjunta también debía encontrarse en una de esas zonas del

---

13 DIESTELMEIER, L. y KUIKEN, D., "Legal Framework for Prosumers in the Netherlands", en ROGGENKAMP, M. M. y BANET, C. (eds) *European Energy Law Report XII*, Intersentia, Bruselas, 2018, p. 154.

14 Wet van 18 december 2013 tot wijziging van enkele belastingwetten en enige andere wetten (Belastingplan 2014), *Stb.* 2013, 565.

código postal. La idea que justifica esta delimitación geográfica era alentar la participación local, en concreto, animando a las personas que viven cerca a que invirtiesen conjuntamente en la generación de energía a partir de fuentes renovables.

El plan de ayudas estaba sujeto al cumplimiento de los siguientes requisitos principales:

1. La reducción fiscal se limitaba a la electricidad producida a partir de fuentes de energías renovables durante 15 años.
2. La iniciativa de energía local ostenta la propiedad jurídica y económica de la instalación de generación.
3. Solo pueden unirse a la iniciativa energética local pequeños consumidores,[15] entre ellos pequeñas empresas siempre y cuando estas no posean más del 20 % cada iniciativa[16].
4. Los miembros tienen derecho a una reducción del impuesto energético en el importe de la electricidad equivalente a su participación en la energía producida de manera cooperativa.
5. La reducción fiscal se limita a un máximo de 10.000 kWh/año por miembro.
6. La iniciativa energética local ha adquirido un registro de la Agencia Tributaria neerlandesa.

Tras su promulgación en 2014, la disposición se modificó en diferentes puntos para flexibilizarla y ampliar el alcance de su aplicación. Mientras que, en un principio, en la disposición se estipulaba que la instalación de generación debía ubicarse en el centro geográfico de los diferentes códigos postales incluidos, las primeras modificaciones permitieron que las instalaciones de producción se ubicasen en cualquier lugar dentro de los códigos postales. Otro cambio importante fue el incremento de la reducción fiscal. Al principio, la reducción fiscal era de 0,075 EUR/kWh para un máximo de 10.000 kWh al año. A partir de 2016, se permitió una reducción fiscal completa con un máximo de 10.000 kWh al año, lo que mejoró las condiciones económicas y, por tanto, resultaba más lucrativo para las personas implicarse económicamente.

---

15 Los pequeños consumidores son consumidores conectados a una red con una conexión inferior a 3 x 80 A (menos de 55 kW)

16 Los pequeños consumidores se definen como clientes con una conexión de red máxima de 3 x 80 A. Véase el artículo 95a Elektriciteitswet 1998, *Stb.* 1998, 427.

Además, un ajuste permitió que las pequeñas empresas también pudieran participar, siempre que no poseyeran más del 20 % de las participaciones.

A efectos prácticos, funcionaba de la siguiente manera: las iniciativas energéticas locales, formadas por personas y posiblemente pequeñas y medianas empresas de uno o varios códigos postales adyacentes, identificaban una ubicación adecuada para una instalación de producción de electricidad a partir de fuentes de energías renovables (normalmente, energía eólica y solar). La iniciativa debía constituirse como una persona jurídica, a menudo como una cooperativa. Buscarían a miembros hasta que pudieran realizar la instalación con una inversión conjunta. La cooperativa es propietaria de la instalación desde un punto de vista económico y financiero y la electricidad generada se vende desde la cooperativa a una empresa de suministro energético. Cada año, la cooperativa calcula la cantidad total de electricidad generada y qué parte corresponde a cada miembro en función de su partición inicial y envía una declaración al respecto a cada uno de ellos. Los miembros pueden utilizar esta declaración para reclamar su desgravación fiscal anual a través de su empresa de suministro energético.

La idea subyacente a este plan de ayudas era muy relevante, especialmente al objeto de reducir posibles desigualdades entre las personas con capacidad para beneficiarse de su propia producción de energía y las que no tenían esas capacidades. Como ya se señaló en la introducción, este plan también facilitó la aparición de muchas iniciativas colectivas en los años posteriores a su implantación. La mayoría de las iniciativas se pusieron en marcha. No obstante, el plan también suponía elevados costes administrativos, ya que el beneficio se debía calcular de manera individual y se reembolsaba a través de las empresas de suministro energético de los miembros, quienes debían validar de nuevo este reembolso ante la autoridad tributaria. En general, había muchas fases e instancias implicadas antes de que el beneficio real se pudiera determinar y contabilizar. Otro punto conflictivo era el hecho de que el plan de ayudas se basase en el impuesto energético, en lugar de en el precio de mercado de la energía, es decir, que el beneficio económico dependía de la determinación política del correspondiente impuesto en lugar del precio de mercado real.

En abril de 2021, este plan de ayudas (que se basaba en una reducción fiscal para la producción colectiva local de energía a partir de fuentes renovables) fue sustituido por el *Subsidieregeling Coöperatieve Energieopwekking* (o plan de ayudas para la generación cooperativa de energía).[17] Este plan se basa, en gran medida, en el funcionamiento del régimen general de ayudas a la producción de energías renovables de los Países Bajos *(Stimulering Duurzame Energieproductie en Klimaattransitie, SDE++*[18]). Dicho plan de ayudas introduce dos cambios fundamentales respecto al plan de ayudas anterior. En primer lugar, las iniciativas energéticas locales reciben una subvención por kWh producido durante el periodo de producción del proyecto (subvención de explotación con un tiempo de ejecución garantizado de 15 años). El importe de la subvención depende y, por ende, varía en función del valor de mercado de la energía producida cada año. Esta subvención, justo como la subvención general para las energías renovables en los Países Bajos, se centra en la diferencia entre los costes de la tecnología y el valor medio de mercado de la energía para esa tecnología específica. Por tanto, con un precio de mercado más alto, la subvención es menor. Con un precio de mercado más bajo, la subvención aumenta, pero con un límite. El mismo mecanismo se aplica al plan de ayudas de "generación energética cooperativa". La subvención ya no depende del impuesto energético y también es independiente del consumo real de energía de los miembros, ya que solo cuentan los kWh producidos y la diferencia entre los costes y el valor del mercado. El segundo cambio importante afecta a la tarea administrativa de contabilizar la subvención de los miembros. La norma anterior era bastante compleja e innecesariamente gravosa para las diferentes partes. Esto cambió al pagar directamente a la comunidad de la energía, que ahora se encarga de distribuir la subvención a sus miembros. De ese modo también se aporta discrecionalidad a las iniciativas, puesto que pueden decidir, conforme a parámetros relevantes dentro de su entidad, cómo distribuir sus ingresos, que no necesariamente deben basarse en la cantidad que invirtió cada miembro en la iniciativa, sino que podría, por ejemplo, destinarse a objetivos comunitarios.

---

[17] Regeling van de Minister van Economische Zaken en Klimaat van 27 februari 2021 tot vaststelling van een regeling voor de verstrekking van subsidie voor het lokaal en gezamenlijk opwekken van hernieuwbare elektriciteit (Subsidieregeling coöperatieve energieopwekking), nr. WJZ/20120093 *Stcrt.* 2021, 11080.

[18] AGENCIA EMPRESARIAL DE LOS PAÍSES BAJOS: «Stimulering Duurzame Energieproductie en Klimaattransitie (SDE++)» [en línea], (2023), <https://www.rvo.nl/subsidies-financiering/sde> [Consulta: 12/06/2024]

3.2. Espacio controlado de pruebas para explorar nuevos mecanismos jurídicos para las iniciativas energéticas locales

Tras la *Energieakkoord* (véase el apartado 2), el gobierno se centró en explorar nuevas vías organizativas que facilitaran un uso más eficiente de las fuentes de energías renovables a nivel local. [19] Este programa tenía como objetivo explícito investigar el marco jurídico y no las tecnologías. En 2015, el legislador neerlandés aprobó el *Besluit experimenten decentrale duurzame elektriciteitsopwekking* (decreto sobre "experimentación en la generación de electricidad a partir de fuentes de energía renovable", de ahora en adelante: el Decreto de Experimentación), que permite beneficiarse de exenciones de artículos específicos de la Ley neerlandesa de Electricidad a un número de entidades energéticas locales de cierto tipo.[20] Se creó para entender mejor si tales exenciones facilitaban los proyectos establecidos con el fin de aumentar la generación, la distribución o el suministro de electricidad descentralizada procedente de fuentes renovables.[21] Además de esos objetivos relacionados con el uso de la energía y las infraestructuras, el objetivo era capacitar a los consumidores a través de entidades colectivas que podían ser o bien cooperativas o bien comunidades de propietarios de las que al menos el 80 % debía ser consumidores.[22] La idea de colocar a los consumidores en el centro se destacaba en la exposición de motivos: "*cambiar el papel de consumidores protegidos a consumidores capacitados*".[23] A este objetivo contribuyó el hecho de no permitir que los gestores de redes de distribución (DSO, por sus siglas en inglés) o proveedores pudieran convertirse en miembros.[24]

---

19 Para. 1.2 Memorie van Toelichting Besluit van 28 februari 2015, houdende het bij wege van experiment afwijken van de Elektriciteitswet 1998 voor decentrale opwekking van duurzame elektriciteit, *Stb.* 2015, 99.

20 Besluit van 28 februari 2015, houdende het bij wege van experiment afwijken van de Elektriciteitswet 1998 voor decentrale opwekking van duurzame elektriciteit, *Stb.* 2015, 99.

21 Art. 7a Elektriciteitswet 1998, *Stb.* 1998, 427.

22 Para. 1.3 Memorie van Toelichting, art. 7(1q) Besluit van 28 februari 2015, houdende het bij wege van experiment afwijken van de Elektriciteitswet 1998 voor decentrale opwekking van duurzame elektriciteit, *Stb.* 2015, 99.

23 Para. 1.5.1. Memorie van Toelichting Besluit van 28 februari 2015, houdende het bij wege van experiment afwijken van de Elektriciteitswet 1998 voor decentrale opwekking van duurzame elektriciteit, *Stb.* 2015, 99.

24 Art. 7(1j) Besluit van 28 februari 2015, houdende het bij wege van experiment afwijken van de Elektriciteitswet 1998 voor decentrale opwekking van duurzame

En el decreto se establecen las siguientes exenciones principales: Primero, se podía conceder una exención al artículo 16(3) de la Ley de Electricidad, que prohíbe a otra parte que no sea el DSO designado explotar una red eléctrica.[25] Segundo, los proyectos que se implantaron de manera satisfactoria recibieron de forma automática la licencia para suministrar electricidad a sus miembros. Tercero, se autorizó que los proyectos determinaran de manera autónoma sus tarifas de red, sin ser necesaria la aprobación de la Autoridad Reguladora de los Países Bajos. Por el contrario, la Autoridad Reguladora solo debía aprobar el método de cálculo, pero no las tarifas en sí mismas. En conjunto, esas exenciones concedieron a los proyectos de generación de electricidad una libertad considerable, principalmente en lo que respecta a la explotación de la red y al suministro a través de iniciativas energéticas organizadas a nivel local.

Dos tipos de proyectos podían beneficiarse de estas exenciones, a saber:

1. Los proyectos compuestos por un máximo de 500 consumidores conectados que materialicen y mantengan una *project net* (o red del proyecto) situada en una zona geográficamente delimitada o en una zona con servicios compartidos y que suministre electricidad descentralizada producida a partir de fuentes renovables a clientes y tenga una conexión al sistema de distribución público.

2. Los proyectos compuestos por un máximo de 10.000 consumidores conectados que lleven a cabo un *groot experiement* (o gran experimento) que optimicen el suministro y la demanda de electricidad cuando se suministra electricidad descentralizada producida a partir de fuentes renovables.

Una de las diferencias más destacadas de las normas aplicables de los dos tipos de proyectos era la gestión del activo de la red. Las "redes de proyectos" pueden encargarse ellas mismas de la gestión de la red, mientras que los "grandes experimentos" requieren que la gestión del activo de la red siga siendo una actividad separada del DSO designado. Por gestión del activo se entiende el desarrollo y el mantenimiento de los

elektriciteit, *Stb.* 2015, 99.

25 Art. 2 Besluit van 28 februari 2015, houdende het bij wege van experiment afwijken van de Elektriciteitswet 1998 voor decentrale opwekking van duurzame elektriciteit, *Stb.* 2015, 99.

elementos técnicos.[26] Sin embargo, los "grandes experimentos" podían decidir si nombrar a un tercero gestor de la red encargado de la explotación de la misma, incluyendo gestionar los flujos de electricidad, dar respuesta a la demanda y desplazar picos con sistemas informáticos.[27]

Como se trataba de "espacio controlado de pruebas", se limitaron el número de experimentos y la duración de las exenciones y del mecanismo en sí. Se determinó que el Decreto de Experimentación debía vencer en un plazo de cuatro años desde su entrada en vigor (2015-2019) y el número de proyectos a los que se les podía conceder una exención se limitó a diez por tipo al año ("red de proyecto" y "gran experimento"). Los proyectos podían recibir la exención durante un plazo máximo de diez años, con la opción de una prórroga en función de su viabilidad económica.

La "Agencia Empresarial neerlandesa" (*Rijksdienst voor Ondernemend Nederland*–RvO, en neerlandés), que funcionaba bajo la supervisión del Ministerio de Economía y Clima, concedió 19 exenciones desde 2015 hasta 2019, de las que siguen vigentes 15.[28] A pesar del dictamen negativo del *Raad van State* (Consejo de Estado) en 2020, el decreto no se prorrogó.[29] Uno de los puntos principales de crítica fue que el decreto podría entrar en conflicto con la legislación en materia de energía de la UE y, en particular, con la directiva que establece las normas para el mercado interior de la electricidad, que no había sido todavía incorporada a la legislación de los Países Bajos. El Consejo de Estado argumentó que, hasta que no se transponga la directiva de la UE, no está claro si existe realmente la necesidad de un espacio experimental que conceda exenciones al marco jurídico general del sector energético, especialmente en lo que respecta a las disposiciones sobre comunidades energéticas recogidas en la legislación de la UE. Posiblemente, el diseño del decreto se limitó en sí mismo a proporcionar

---

26 Para. 2.3.3 Memorie van Toelichting Besluit van 28 februari 2015, houdende het bij wege van experiment afwijken van de Elektriciteitswet 1998 voor decentrale opwekking van duurzame elektriciteit, *Stb.* 2015, 99.

27 Ibidem.

28 Véase: AGENCIA EMPRESARIAL DE LOS PAÍSES BAJOS: «Experimenten Elektriciteitswet 2015-2018» [en línea], (2017), <https://www.rvo.nl/subsidies-financiering/experimenten-elektriciteitswet-2015-2018> [Consulta: 12/06/2024].

29 Consulte la carta del Ministro neerlandés de Economía y Clima al Senado con fecha 10 de diciembre de 2020 que se publicó en Kamerstuk, 34627, nr. F.

resultados suficientemente válidos sobre nuevos modos de gestión del uso y la producción descentralizada de la energía.[30]

En 2021, el decreto se evaluó de manera oficial.[31] Esta evaluación fue también relevante para valorar si los resultados pueden servir de base para el desarrollo de una nueva Ley de la Energía nacional, propuesta en el año 2020. Sin embargo, en esa fase, solo 5 de los proyectos admitidos estaban ya en marcha, por lo que aún no había mucha información de la que extraer conclusiones. La evaluación llegó a la conclusión de que debía realizarse una nueva evaluación en un par de años, pero estamos en 2025 y aún no se ha llevado a cabo. En general, es digno de elogio que el marco jurídico y las formas organizativas que facilitaron una integración de la energía renovable descentralizada estuvieran en el centro de atención del gobierno. Como se señaló con brevedad en el apartado 2, el escenario institucional y el marco legal son elementos fundamentales para el desarrollo y la manifestación de iniciativas energéticas locales, aunque al principio no se suelen tener en cuenta por las ambiciones políticas de facilitar las iniciativas energéticas locales. No obstante, lo que también se debe considerar cuando se pretende extraer conclusiones de estos proyectos es que lleva tiempo madurar y obtener resultados que puedan ser relevantes para ajustar el marco jurídico general y el escenario institucional.

4. EXPERIENCIAS DE LAS INICIATIVAS ENERGÉTICAS LOCALES: IDENTIFICACIÓN DE OPCIONES JURÍDICAS Y OBSTÁCULOS

No cabe duda de que ambas medidas jurídicas han posibilitado a una variedad de proyectos que, de otra manera, no habrían sido viables, como lo refleja el aumento significativo de iniciativas energéticas locales (véase la introducción). Sin embargo, las nuevas iniciativas también tuvieron problemas con la implantación. En los dos apartados siguientes se hace hincapié en los problemas legales de los dos instrumentos jurídicos.

---

30 LAMMERS. I. y DIESTELMEIER L., "Experimenting with Law and Governance for Decentralized Electricity Systems: Adjusting Regulation to Reality?", *Sustainability*, 9, 2, 2017, pp. 1-14.

31 LYSIAS ADVIES: «Evaluatie decentrale duurzame elektriciteitsopwekking – een tussentijdse evaluatie naar de resultaten van de experimenten» [en línea], (2021), <https://open.overheid.nl/documenten/ronl-2a9f571d-325d-41b5-8e9c-55fff5e-7f9f2/pdf> [Consulta: 12/06/2024].

4.1. Plan de ayudas para la generación colectiva: Análisis de los proyectos "De Vlaas" y "Leyzicht in de Zon"

Uno de los primeros proyectos de generación conforme al plan de ayudas para la generación colectiva fue el proyecto *De Vlaas*. Este proyecto sufrió muchos de los problemas identificados anteriormente (véase el subapartado 3.1) que condujeron a la adaptación del plan de ayudas. Una cooperativa energética local *Energy Port Peelland* —que es una organización conjunta formada tanto por empresas locales como por industrias que estaban explorando opciones para que el municipio Deurne alcanzara la neutralidad energética en 2040— puso en marcha el proyecto. Tras la aprobación del plan de ayudas para la generación colectiva, iniciaron una campaña informativa para buscar a posibles miembros para crear una iniciativa energética local que pudiera construir un campo solar que fuera propiedad de una empresa energética y de los habitantes locales. Casi 500 personas se sumaron al proyecto y la cooperativa energética *De Vlaas* se constituyó en 2016, llegando a instalar 8.100 paneles solares gracias a las aportaciones de sus miembros. Junto a esta iniciativa, una empresa energética estableció un campo solar adyacente al campo propiedad de *De Vlaas* con unos 10.000 paneles solares.

Uno de los problemas en cuestión afectaba a la localización de los miembros, que se fijó, en un principio, para un código postal. Como los miembros de *De Vlaas* procedían de tres códigos postales diferentes, la iniciativa tuvo que establecer tres administraciones diferentes para el campo solar, es decir, un subproyecto por cada código postal, lo que conllevó, por supuesto, más costes administrativos. En paralelo, los miembros de la iniciativa también debían firmar contratos individuales con sus empresas de suministro energético para recibir la desgravación fiscal en su cuenta, lo que requería una gran carga administrativa para la asignación de las partes respectivas de la electricidad producida por miembro. Además de ello, la iniciativa también se enfrentaba a problemas por la aplicación de la conexión de la red. Para que la Autoridad Tributaria considerase una iniciativa idónea para beneficiarse del plan de ayudas, la iniciativa solicitante debía tener un código de conexión a la red (código de barras con el número de artículo europeo o código EAN). No obstante, el gestor de redes de distribución solo facilita un código EAN tras la celebración de un contrato para la realización de una conexión y, por tanto, para este proyecto el compromiso económico correspondiente ascendía a más de € 80.000. Desde un punto de vista económico, la iniciativa no quería formalizar el compromiso antes de estar segura de que se podría acoger al plan de ayudas, por lo que se enfrentaba a un círculo vicioso. Tras largas negociaciones con la Autoridad Tributaria, que no aceptó emitir un registro condicional, la solución fue emitir una denegación expresa de la solicitud, en la que se enumeraban todos los motivos de la denegación. Únicamente a la espera del código EAN como motivo de la denegación, el proyecto era suficientemente viable como para celebrar el contrato para la realización de la conexión a la red y, con ello, conseguir el código EAN. Este proyecto, por tanto, ilustra muchos de los problemas habituales que desencadenó la primera versión del plan de ayudas para la generación colectiva.

Examinaremos otro proyecto que también ejemplifica un caso típico de iniciativa que persigue beneficiarse del plan de ayudas para la generación colectiva. Se trata, en concreto, de un edificio de apartamentos cuyos inquilinos deseaban utilizar de manera conjunta el tejado del edificio para instalar paneles solares. *Leyzicht* es un edificio con 42 apartamentos y propiedad de una comunidad de propietarios. Dicha comunidad puso en marcha el proyecto *Leyzicht in de Zon*. Este proyecto tenía como objetivo conseguir su planta de energía solar de propiedad conjunta de 100 kW situada en el tejado del edificio de apartamentos beneficiándose del plan de ayudas para miembros individuales, es decir, los habitantes de los apartamentos. Sin embargo, no todos los miembros de la comunidad de propietarios estaban interesados en participar en el proyecto *Leyzicht in de Zon*. La opción más práctica que consideraron los interesados en participar en el proyecto fue presentarlo a través de otra entidad, no con la actual comunidad de propietarios.

Ese modelo, sin embargo, complicó mucho el proyecto. Para instalar paneles solares en un tejado que es propiedad de otra entidad y beneficiarse del plan de ayudas, la iniciativa *Leyzicht in de Zon* debía cumplir los requisitos para obtener el "derecho de superficie" (*recht van opstal*) con el fin de instalar los paneles en la propiedad de otra entidad, en este caso, la comunidad de propietarios.[32] Este requisito conllevaba una serie de condiciones que afectaban a la viabilidad económica de la iniciativa. Se necesitaba la aprobación de al menos el 70 % de los miembros de la comunidad de propietarios para obtener el permiso, la adaptación de

---

[32] En la Ley neerlandesa de la Propiedad, se dispone que los objetos instalados de forma permanente en un bien inmueble pasan a ser propiedad del propietario del bien inmueble, salvo que el propietario del bien inmueble otorgue un «derecho de superficie» (en neerlandés, un *"recht van opstal"*) al propietario del objeto instalado de forma permanente.

las hipotecas de todos los miembros de la comunidad de propietarios y una verificación extraordinaria por parte de un notario. Finalmente, el proyecto no pudo salir adelante por todos los obstáculos y dificultades económicas.

4.2. Decreto de Experimentación: Análisis del proyecto "Schoonschip"

Uno de los proyectos más innovadores y ambiciosos que se puso en marcha al amparo del Decreto de Experimentación fue el proyecto *Schoonschip*. El proyecto no era simplemente un proyecto energético, puesto que un grupo de ciudadanos de Ámsterdam se propuso demostrar que existe una forma de vida, de vivienda y de consumo diferentes. La idea original data del año 2008 y consistía en crear un vecindario flotante que formaría una comunidad y produciría electricidad, calor y alimentos para llegar a ser, en gran medida, autosuficiente. Las viviendas se deben construir conforme a los principios de economía circular y reparto. En la actualidad, este vecindario flotante consta de 46 hogares y 144 habitantes que viven en 30 casas flotantes.[33] En el caso del suministro de energía (electricidad y calor), la iniciativa cuenta con su propia red local, plantas de energía solar, instalaciones de almacenamiento de electricidad y un sistema de gestión de energía para el suministro interno, respuesta a la demanda y almacenamiento.[34] La red solo tiene una conexión a la red pública principal y, por tanto, se debe gestionar, en gran medida, a nivel interno. Como la idea de esta iniciativa es anterior al Decreto de Experimentación, en realidad también contribuyó a su existencia identificando lo que sería necesario. No obstante, después de la entrada en vigor de dicho decreto en el año 2015 fueron necesarios otros tres años más para que se creara la primera casa flotante. En el proceso de desarrollo, la iniciativa se encontró con diferentes problemas.

Para compartir recíprocamente la electricidad producida por cada miembro del proyecto *Schoonschip* tenían previsto hacer un reparto igualitario entre todos. A pesar de que el Decreto de Experimentación por el que se establece la exención que la entidad que pone en marcha el proyecto recibe automáticamente una licencia de suministro, esta licencia

---

[33] SCHOONSCHIP: «Wat is Schoonschip?» [en línea], (s.f.), <https://schoonschipamsterdam.org/#site_header> [Consulta: 12/06/2024].

[34] Ibidem para conocer explicaciones detalladas de todos los aspectos de esta iniciativa.

no se aplicará a los miembros del proyecto ni al reparto entre iguales directo, por tanto, *Schoonschip* determinó hacer el reparto a través de la cooperativa que facilitaba el comercio de usuario a cooperativa y de cooperativa a usuario.

La Ley del Impuesto Medioambiental resultó ser otro obstáculo. La idea original era producir, compartir y consumir la energía a nivel interno, dentro de su propia red y, por tanto, que la energía no estuviera sujeta al impuesto energético que dicha ley impone. Sin embargo, en esa ley se establece que se debe pagar el impuesto energético por la electricidad suministrada procedente de una red a una conexión. Aunque no esté gestionada por un gestor de redes de distribución y, por consiguiente, no sea parte de la red pública, la «red del proyecto», tal y como se define en el Decreto de Experimentación, cuenta como una red y el impuesto, por tanto, se debe pagar por el suministro de la electricidad de la red del proyecto. Este giro resultó tener mucha relevancia para la viabilidad del proyecto. Otro problema fiscal fue la doble tributación por el almacenamiento de la electricidad (el almacenamiento se considera tanto consumo, que se grava, como producción posterior). Para aumentar la autosuficiencia se instalaron una serie de baterías y se conectaron a la "red del proyecto", todo ello sujeto a la doble tributación.

5. COMUNIDADES ENERGÉTICAS EN LA NUEVA LEGISLACIÓN: LA LEY DE LA ENERGÍA Y LA LEY DE CALEFACCIÓN COLECTIVA

Existen dos principales desarrollos en el marco jurídico que se están llevando a cabo en la actualidad y que podrían afectar a la función de las iniciativas energéticas locales, que están siendo esencialmente reconocidas como comunidades energéticas en los Países Bajos en 2025. El primero se puso en marcha hace un par de años, a saber, el desarrollo y la adopción de la nueva Ley de la Energía nacional que también transpone muchas de las disposiciones jurídicas de la UE incluidas en el paquete "Energía limpia para todos los europeos" que se adoptó en 2018 y 2019. También incluye la transposición de las disposiciones sobre comunidades energéticas que se establecen en la Directiva relativa a la promoción de energías procedentes de fuentes renovables y la Directiva por la que se establecen las normas para el funcionamiento del mercado interior de electricidad. La nueva ley nacional fue aprobada por el Congreso neerlandés de los Diputados (*Tweede Kamer*) en junio de 2024 y, en la actualidad, la está analizando el Senado

(*Eerste Kamer*).[35] El segundo desarrollo es, principalmente, una consecuencia de la decisión de eliminar progresivamente el consumo de gas natural y fomentar la transición energética en el sector de la calefacción. Para ello, actualmente se está revisando la Ley de Calefacción, incluidas las estructuras de gestión del sector de la calefacción. En este caso, se ha subrayado la función del sector público en las comunidades energéticas y se consideran de forma explícita uno de los posibles agentes que pueden asumir un papel protagonista en esta transición. El Consejo del Estado (*Raad van State*) publicó sus recomendaciones y preguntas sobre el proyecto de ley en abril de 2024, que se presentó al Congreso neerlandés de los Diputados (*Tweede Kamer*) en junio de 2024. Los dos apartados siguientes podrían estar sujetos a cambios en función de los resultados de los procedimientos legislativos que se encuentran en curso. No obstante, las iniciativas energéticas locales, codificadas posteriormente como comunidades energéticas, se han constituido como actores con responsabilidades y funciones específicas en los dos desarrollos legales, es decir, en la Ley de la Energía nacional y en la Ley de Calefacción.

5.1. La legislación de la UE en materia de comunidades energéticas en la Ley de la Energía de los Países Bajos

Finalmente, cabe señalar que los Países Bajos están transponiendo la legislación de la UE recopilada en el paquete de *"Energía limpia para todos los europeos"* mediante una nueva Ley nacional de la Energía. Además de la transposición, esta Ley de la Energía también reconoce la estructura jurídica del sector energético actual mediante la fusión de las leyes nacionales de gas y de electricidad en una única Ley de la Energía. Está siendo un gran ejercicio legislativo el de los últimos años desde que se presentó la primera propuesta de esta ley en diciembre de 2020.[36] Con la Ley de la Energía, el concepto de las comunidades energéticas entra por primera vez de forma explícita en el marco jurídico del sector energético de los Países Bajos. Aunque ya existía en los planes de ayudas para proyectos específicos (véase el apartado 3), el concepto de comunidades en el sector de la energía seguía sin existir.

---

[35] Consulte una descripción actualizada del procedimiento legislativo en: MI GOBIERNO: «Energiewet» [en línea], (2024), <https://wetgevingskalender.overheid.nl/Regeling/WGK010483> [Consulta: 12/06/2024]

[36] Puede consultar la propuesta de una nueva Ley de la Energía (*"Energiewet"*), 17/12/2020, en: MI GOBIERNO: «Energiewet» [en línea], (2021), <https://www.internetconsultatie.nl/energiewet> [Consulta: 12/06/2024]

En la Ley de la Energía se define a las comunidades energéticas conforme a la definición de la EU; no obstante, no se distingue entre "comunidades energéticas ciudadanas" y "comunidades de energías renovables", como sucede en la legislación de la UE. En su lugar, en el artículo en el que se prevén las disposiciones sobre las comunidades energéticas se menciona que las comunidades energéticas que desarrollen proyectos de energías renovables también podrán decidir si incluir a medianas empresas y limitar el control efectivo a los miembros y accionistas que se encuentren en las proximidades del proyecto de energías renovables de la comunidad. En general, en la Ley de la Energía no se definen actividades específicas del mercado que las comunidades energéticas puedan o no llevar a cabo (con la excepción del suministro, como se explica más adelante), puesto que la Ley adopta un enfoque según el cual, en principio, es menos relevante quién realiza una actividad, sino que es más importante definir las actividades y las condiciones y responsabilidades vinculadas a estas. Aunque este enfoque, en general, favorece a las comunidades energéticas, también entraña el riesgo de que estas comunidades deban entrar en una fuerte competencia con las entidades comerciales. Por ende, es incluso más importante que las comunidades energéticas estén sujetas a un marco facilitador, como el que dispone el marco jurídico de la UE para ellas, mediante, por ejemplo, ayudas y ventajas específicas. En la legislación de la UE en materia de comunidades energéticas también se permite el acceso de estas al funcionamiento de la red, pero en la nueva Ley de la Energía de los Países Bajos no se incluye esta opción.[37] Parece que la idea inicial que se encontraba detrás de los proyectos amparados por el Decreto de Experimentación ya no resulta conveniente, puesto que el foco se ponía sobre todo en el elemento de gestión de la red de suministro.

Otro punto relevante de las comunidades energéticas que recoge la legislación de la UE es la posibilidad de compartir electricidad con los miembros de la comunidad. No cabe duda de que compartir parece ser algo distinto a suministrar y, por tanto, requiere que se le preste especial atención en la transposición.[38] En la Ley de la Energía no se define el término compartir, ni siquiera se menciona. Sin embargo, se establece

---

37 Apartado 4 del artículo 16 de la Directiva 2019/944/UE sobre las normas comunes para el mercado interior de la electricidad.

38 DIESTELMEIER, L. y CAPPELLI, V., "Conceptualizing 'Energy Sharing' as an Activity of 'Energy Communities' under EU Law: Towards Social Benefits for Consumers?", *Journal of European Consumer and Market Law,* 12, 1, 2023, pp. 15-23.

una excepción a la norma conforme a la que únicamente empresas de suministro con licencia pueden encargarse del suministro. La gran mayoría de las comunidades energéticas son demasiado pequeñas y no están suficientemente profesionalizadas como para solicitar licencias de suministro y, por tanto, se deja el campo del suministro a las empresas comerciales. Las comunidades energéticas venderían su energía al mercado y, por ejemplo, repartirían los beneficios entre los miembros. La excepción de la norma que determina que se necesita una licencia de suministro para realizar esta actividad se aplica a las comunidades energéticas, permitiéndoles suministrar electricidad a sus miembros si la entidad jurídica produce esa electricidad cada año. No obstante, esta posibilidad exige una especificación ulterior. La organización paraguas para las comunidades energéticas en los Países Bajos, *Energie Samen,* acoge con agrado dicha posibilidad, pero exige que se desarrollen especificaciones junto con el respectivo Ministerio y la Autoridad Reguladora nacional en el informe de su posición sobre el desarrollo de un Decreto de la Energía.[39]

En general, parece que se reconoce el papel de las comunidades energéticas, lo que es un paso necesario y relevante para el desarrollo de estas en una fase posterior. Como cabría esperar, y conforme a lo previsto por la UE y también las iniciativas energéticas locales, el término jurídico de comunidades energéticas reconoce un concepto y otra forma alternativa de integrar la energía en la sociedad. La Ley de la Energía parece que adopta un buen enfoque en esta dirección y no se debe, al menos, a la presión de la organización de interés nacional *"Energie Samen",* que participó de manera activa en el proceso de consultas durante todo el proceso legislativo y sigue haciéndolo en relación con el decreto por el que se definen normas específicas, por ejemplo, en materia de reparto de la energía. A estas alturas, aún queda por ver de qué manera la Ley de la Energía facilitará en la práctica el desarrollo de las comunidades energéticas, pero, sin duda, figuran en la agenda, como se señala en el apartado siguiente.

---

[39] ENERGÍA JUNTOS: «Internetconsultatie Energiebesluit (AMvB Energiewet)» [en línea], (2023), <https://energiesamen.blob.core.windows.net/media/20231214%20consultatie%20Energiebesluit%20Energie%20Samen.pdf> [Consulta: 12/06/2024]

5.2. Ampliación de la función de las comunidades energéticas en el sector de la calefacción

Con un 70% en 2022, la fuente principal de producción de calor en los Países Bajos es el gas natural producido y suministrado a nivel central.[40] Siguen existiendo algunas redes locales de producción de calor a pequeña escala (distrito) que se conocen como *buurtwarmte* (calefacción comunitaria).[41] Las redes de producción de calor son particulares, puesto que deben ser locales por naturaleza, a diferencia de las de electricidad y gas, para que la energía (fundamentalmente, el calor del agua) no se pierda a larga distancia. Aunque las redes son, por tanto, relativamente pequeñas en comparación con las redes nacionales y regionales de electricidad y gas, la inversión en activos es elevada. Por lo general, las estructuras gubernamentales del sistema de calefacción urbana están agrupadas, es decir, la producción y la distribución se organizan dentro de una misma entidad. En consecuencia, los consumidores conectados no pueden elegir el suministrador, que es uno de los principios centrales de la liberalización: la libertad de elegir a los proveedores. Por tanto, la Ley de Calefacción actual en los Países Bajos se centra principalmente en la protección de los consumidores como, por ejemplo, fijando tarifas, normas sobre la desconexión, indemnizaciones y condiciones contractuales generales.[42]

Con el objetivo de eliminar de manera progresiva el consumo de gas nacional, el sector de la calefacción pasó al primer plano de la agenda política, incluyendo la cuestión de cómo organizar y gestionar nuevos recursos y suministros de calor. La nueva Ley de Calefacción propuesta se denomina *Wet Collectieve Warmtevoorziening* (Ley de Suministro Colectivo de Calefacción), por lo que el nombre ya indica la estructura de gestión, que pretende poner el foco en el elemento colectivo. El elemento principal de la Ley de Calefacción propuesta coloca al mando a los municipios para que sean estos los que se encarguen de la transición de sus respectivas jurisdicciones.

---

40 OFICINA CENTRAL DE ESTADÍSTICA: «Warmtemonitor, update enkele tabellen tot en met 2022» [en línea], (2024), <https://www.cbs.nl/nl-nl/maatwerk/2024/12/warmtemonitor-update-enkele-tabellen-tot-en-met-2022> [Consulta: 12/06/2024]

41 VAN DER SCHOOR, T. y VAN DER WINDT, H. J., "Negotiating Dutch citizen-led district heating projects: Managing internal, external, and material networks to achieve successful implementation", *Energy Research & Social Science*, 102, 2023, pp. 1-16.

42 Warmte Wet, *Stb.* 2013, 325.

Desarrolla una estrategia de energía térmica con el objetivo de reducir de manera gradual el consumo de gas natural como principal fuente de suministro. Un municipio puede tener muchos sistemas de suministro de calor diferentes para varias zonas, en función de las condiciones del respectivo medio urbano. Las más comunes serían: gas renovable, vecindarios totalmente eléctricos (bombas de calor) y redes de calefacción urbanas.

El municipio dispone de la facultad de determinar quién puede suministrar calor en una zona determinada. Toda entidad designada deberá ser de propiedad pública en al menos un 50 %. Solo se podrá designar a una empresa privada en caso de que no exista una participación pública mayoritaria durante el periodo introductorio de siete años a partir de la entrada en vigor de la Ley. Los sistemas más pequeños, con un máximo de 1.500 consumidores conectados, pueden ser objeto de una exención de la designación de una entidad de suministro de calor a través del municipio. En el caso de los sistemas más grandes (con más de 1.500 conexiones), se nombrará a una entidad durante al menos 20 años y un máximo de 30 años. Existen tres posibilidades para la gestión de la propiedad de esta entidad: una empresa de suministro de calor integrada con más del 50 % en manos públicas o una *joint venture* (o empresa en participación) de calefacción donde la infraestructura y el transporte son una actividad y el suministro es otra dentro de este tipo de empresa. Las dos actividades, sin embargo, deben estar controladas por el sector público en al menos un 50%. La tercera opción es la *warmtegemeenschap* (comunidad térmica) que, en esencial, transpone la disposición sobre las comunidades energéticas que se establece en la legislación de la UE al sector de la calefacción en los Países Bajos. Cabe destacar que la "comunidad térmica" en sí misma no es una entidad jurídica, sino una forma de gestión con requisitos específicos (véase, a continuación) que se deben implantar a través, por ejemplo, de una cooperativa. Una comunidad térmica debe cumplir los siguientes requisitos: la entidad debe estar abierta a todos los socios y accionistas y no discriminarlos. El control efectivo recae en los miembros y accionistas que deben vivir en la vecindad del sistema colectivo de suministro de calor. La entidad no debe tener como objetivo principal buscar beneficios. Todos esos elementos se han extraído literalmente de la disposición sobre comunidad energética de la legislación de la UE. No existe, sin embargo, ningún requisito que garantice la gestión democrática interna, como un voto por miembro. Además, las organizaciones societarias no tienen permitido convertirse en socios.

Muchos modelos de gestión son posibles respecto a la función que desempeña una comunidad térmica en un sistema de calefacción urbana.[43] Por ejemplo, en su forma más sencilla, la comunidad térmica podría ser la propietaria de una entidad de calefacción integrada. En este caso, la comunidad térmica debería estar compuesta por miembros y accionistas de titularidad pública en al menos un 50%. La comunidad térmica también podría ser el accionista principal o minoritario junto a otras entidades públicas y privadas. De nuevo, en caso de ser el socio principal, se aplica la norma del 50% de propiedad pública. Lo mismo se aplica al caso de que se establezca una *joint venture*, la comunidad térmica podría ser el accionista mayoritario o minoritario en una o varias de las entidades de la *joint venture*. Los roles más débiles de las comunidades térmicas podrían significar que la comunidad actúe como representante y no participe en la entidad de energía térmica en sí, sino que firme un contrato con la entidad pertinente y los clientes de la entidad sean miembros de la comunidad térmica.

Es evidente que el sector de la calefacción está adquiriendo gran relevancia en la transición energética y más aún con la eliminación progresiva del gas natural en los Países Bajos. Aunque la calefacción urbana no es una opción viable para todos los medios urbanizados, los municipios están en el centro de la evaluación de diversas opciones sobre cómo organizar su suministro de calor. Cuando la calefacción urbana se considera y elige como una opción, el sector público estará en el centro del suministro del calor y las comunidades térmicas serán nuevos actores. En este momento, aún queda por ver a dónde llevará el fuerte impulso que se le ha dado al sector público en la transición térmica y más aún al concepto de comunidades térmicas.

6. CONCLUSIONES

Las iniciativas energéticas locales en los Países Bajos tienen una historia (relativamente) larga y, a pesar de que surgieron lentamente de iniciativas aisladas, se convirtieron con rapidez en un nuevo actor que, en la actualidad, ya no puede ser ignorado dentro del sector de la energía. Este capítulo tiene como objetivo explicar dicha evolución desde una perspectiva jurídica. Para ello, se describen las principales medidas legales que

---

43 ACADEMIA ENERGÍA JUNTOS: «Governance modellen voor warmtegemeenschappen» [en línea], (2024), <https://academie.energiesamen.nu/academie/collecties/359/de-warmtegemeenschap/362/governance-modellen-voor-warmtegemeenschappen-> [Consulta: 12/06/2024]

facilitaron su desarrollo, pero que también planteaban (nuevos) problemas jurídicos. Resulta evidente, como se ha señalado en el último apartado de este capítulo, que las comunidades energéticas se han incorporado a la legislación y se consideran actores fundamentales en el sector de la energía y para la transición energética. ¿Cuáles son las lecciones más importantes que podemos extraer de estas experiencias en un contexto internacional? Aunque la respuesta a esta pregunta se debería matizar, puesto que son muchos los factores que intervienen en el desarrollo, lo más relevante desde un punto de vista legal podría ser permitir un espacio para el desarrollo de iniciativas.

El hecho de permitir la existencia de este espacio no debería verse limitado por el miedo a que no se promulgue la legislación "correcta", porque nunca será "correcta"; sin embargo, el espacio es necesario, en primera instancia, para facilitar el desarrollo. En esencia, eso es lo que ha sucedido en los Países Bajos con los dos planes diferentes de ayudas a los que nos referimos en los apartados 3 y 4: no eran perfectos y necesitaron ciertos ajustes, pero esos ajustes sólo fueron posibles a partir de la experiencia. Este hecho es incluso más relevante en el caso de iniciativas tan arraigadas local y socialmente como las comunidades energéticas.

En el caso de los Países Bajos, es probable que la próxima fase deba establecer requisitos cualitativos para las comunidades energéticas, como una gestión interna democrática, la creación de beneficios para la comunidad local y la suficiencia energética, en lugar de producción y eficiencia. Esto está directamente relacionado con la introducción, donde mencionamos que los datos de muchas comunidades energéticas son únicamente un tipo de información relativa a las cantidades, pero deben ser conclusiones (de investigaciones) sobre las cualidades de las comunidades energéticas para entender mejor sus modos de creación y, de nuevo, aprender de ello para diseñar un marco jurídico que facilite el desarrollo de comunidades energéticas que contribuyan a una transición energética justa.

7. BIBLIOGRAFÍA

ACADEMIA ENERGÍA JUNTOS: «Governance modellen voor warmtegemeenschappen» [en línea], (2024), <https://academie.energiesamen.nu/academie/collecties/359/de-warmtegemeenschap/362/governance-modellen-voor-warmtegemeenschappen-> [Consulta: 12/06/2024]

AGENCIA EMPRESARIAL DE LOS PAÍSES BAJOS: «Experimenten Elektriciteitswet 2015-2018» [en línea], (2017), <https://www.rvo.nl/subsidies-financiering/experimenten-elektriciteitswet-2015-2018> [Consulta: 12/06/2024].

AGENCIA EMPRESARIAL DE LOS PAÍSES BAJOS: «Stimulering Duurzame Energieproductie en Klimaattransitie (SDE++)» [en línea], (2023), <https://www.rvo.nl/subsidies-financiering/sde> [Consulta: 12/06/2024].

CARAMIZARU, A. y UIHLEIN, A., *Energy Communities: An Overview of Energy and Social Innovation*, Publications Office of the European Union, Luxemburgo, 2020.

DIESTELMEIER, L., "The Role of Energy Communities in Facilitating Sustainable Energy Democracy: Legal Challenges", en FLEMING, R., HUHTA, K. y REINS, L. (eds.), *Sustainable Energy Democracy and the Law*, Brill, Leiden, 2021, pp. 124-143.

DIESTELMEIER, L. y CAPPELLI, V., "Conceptualizing 'Energy Sharing' as an Activity of 'Energy Communities' under EU Law: Towards Social Benefits for Consumers?", *Journal of European Consumer and Market Law*, 12, 1, 2023, pp. 15-23.

DIESTELMEIER, L. y KUIKEN, D., "Legal Framework for Prosumers in the Netherlands", en ROGGENKAMP, M. M. y BANET, C. (eds) *European Energy Law Report XII*, Intersentia, Bruselas, 2018, pp. 151-167.

DIESTELMEIER, L. y SWENS, J., "Energy Communities in the Netherlands: Learning from Local Energy Initiatives", en ROGGENKAMP, M.M. and BANET, C. (eds.), *European Energy Law Report XIV*, Intersentia, Bruselas, 2021, pp. 239-264.

ENERGÍA JUNTOS: «De energietransitie, dat zijn wij!» [en línea], (s.f.), <https://www.energiesamen.nu/pagina/1/jouw-belangenorganisatie/41/ontstaan> [Consulta: 12/06/2024]

ENERGÍA JUNTOS: «Internetconsultatie Energiebesluit (AMvB Energiewet)» [en línea], (2023), <https://energiesamen.blob.core.windows.net/media/20231214%20consultatie%20Energiebesluit%20Energie%20Samen.pdf> [Consulta: 12/06/2024]

HIEROPGEWEKT: «Lokale Energie Monitor 2023» [en línea], (s.f.), <https://www.hier.nu/lokale-energie-monitor-2023/burgercollectieven#leden-bereik-en-draagvlak> [Consulta: 12/06/2024]

KOLTUNOV, M. *et al.*, "Mapping of Energy Communities in Europe: Status Quo and Review of Existing Classifications", *Sustainability*, 15, 2023, pp. 1-25.

KOOIJ, H-J. *et al.*, "Between Grassroots and Treetops: Community Power and Institutional Dependence in the Renewable Energy Sector in Denmark, Sweden and the Netherlands" *Energy Research and Social Science*, 37, 2018, pp. 52-64.

KÜNNEKE, R. y FENS, T., "Ownership Unbundling in Electricity Distribution: The Case of The Netherlands" *Energy Policy*, 35, 3, 2007, pp. 1920-1930.

LAMMERS. I. y DIESTELMEIER L., "Experimenting with Law and Governance for Decentralized Electricity Systems: Adjusting Regulation to Reality?", *Sustainability*, 9, 2, 2017, pp. 1-14.

LYSIAS ADVIES: «Evaluatie decentrale duurzame elektriciteitsopwekking – een tussentijdse evaluatie naar de resultaten van de experimenten» [en línea], (2021), <https://open.overheid.nl/documenten/ronl-2a9f571d-325d-41b5-8e9c-55fff5e7f9f2/pdf>[Consulta: 12/06/2024].

MI GOBIERNO: «Energiewet» [en línea], (2021), <https://www.internetconsultatie.nl/energiewet> [Consulta: 12/06/2024]

MI GOBIERNO: «Energiewet» [en línea], (2024), <https://wetgevingskalender.overheid.nl/Regeling/WGK010483> [Consulta: 12/06/2024]

OFICINA CENTRAL DE ESTADÍSTICA: «Warmtemonitor, update enkele tabellen tot en met 2022» [en línea], (2024), https://www.cbs.nl/nl-nl/maatwerk/2024/12/warmtemonitor-update-enkele-tabellen-tot-en-met-2022> [Consulta: 12/06/2024]

OTEMAN, M.; KOOIJ, H-J. y WIERING, M., "Pioneering Renewable Energy in an Economic Energy Policy System: The History and Development of Dutch Grassroots Initiatives," *Sustainability*, 9, 2017, pp. 1-21.

SCHOONSCHIP: «Wat is Schoonschip?» [en línea], (s.f.), <https://schoonschipamsterdam.org/#site_header> [Consulta: 12/06/2024].

VAN DER SCHOOR, T. y VAN DER WINDT, H. J., "Negotiating Dutch citizen-led district heating projects: Managing internal, external, and material networks to achieve successful implementation", *Energy Research & Social Science*, 102, 2023, pp. 1-16.

Capítulo XXV

La implementación de las comunidades energéticas en los Estados Unidos

UMA OUTKA
Catedrática de Derecho
Titular de la Cátedra William R. Scott
Universidad de Kansas

1. INTRODUCCIÓN

En el año 2021, poco después de tomar posesión de su cargo, el presidente de los Estados Unidos (EEUU), Joseph R. Biden firmó la Orden Ejecutiva 14008 "Abordar la crisis climática en nuestro país y en el extranjero"[1]. La Orden se abre con un renovado compromiso calificado como "necesario y urgente" con "las iniciativas internacionales para hacer frente al cambio

---

[1] Orden Ejecutiva 14008 (en adelante, EO 14008), 86 Registro Federal 7619 (1 de febrero de 2021).

climático".[2] Esta Orden Ejecutiva de gran alcance incluye un artículo en particular, el artículo 217, que recoge la prioridad política de apoyar lo que se denominó "comunidades energéticas". De este modo, la Orden Ejecutiva 14008 crea un nuevo concepto jurídico dentro de la legislación federal de los EEUU, que se verá reforzado con la aprobación por el Congreso de una serie de leyes federales de gran calado: en primer lugar, la Ley de Inversión en Infraestructuras y Empleo de 2021 (*Infrastructure Investment and Jobs Act of 2021* o IIJA), y poco después la Ley de Reducción de la Inflación de 2022 (*Inflation Reduction Act of 2022* o IRA) en la que se definió con mayor precisión el término "comunidad energética".[3]

El propósito de este capítulo es aportar una perspectiva de derecho comparado a esta obra enfocada principalmente en la implantación de las comunidades energéticas en la Unión Europea (UE). Para ello, el capítulo hace un recuento de los recientes desarrollos legislativos y de la política estadounidenses en relación con las recién definidas comunidades energéticas. Como se explicará más adelante en este capítulo, esa concepción difiere notablemente del planteamiento existente en la UE basado en establecer nuevas entidades jurídicas en forma de "Comunidades Energéticas Ciudadanas" y "Comunidades de Energías Renovables" dentro de los Estados miembros de la UE. Por el contrario, en los Estados Unidos, las comunidades energéticas se definen ahora sobre todo por su historia social y económica que se entrelazan con la de los sectores en declive de las energías fósiles.[4]

La aplicación en los Estados Unidos de las políticas destinadas a promover la estabilidad social y económica de las comunidades energéticas está en pleno desarrollo y se basa en anteriores iniciativas federales dirigidas a apoyar a las comunidades afectadas por la transición económica. Por esa

---

2 EO 14008, 86 Registro Federal 7619, § 101.

3 Ley de Reducción de la Inflación o *Inflation Reduction Act* (en adelante, IRA), Ley Pública 117-169, Artículo 13101(g) (117° Congreso de los EE. UU.) (16 de agosto de 2022).

4 Para obtener más información acerca de mi anterior trabajo sobre esta materia, véase OUTKA, U., "Evolving Legal Conceptions of 'Energy Communities'", *University of Miami Law Review*, 78, 2, 2024, pp. 471-518 (en el que se abordan los nuevos desarrollos que se han producido en los EEUU y se establecen comparaciones internacionales); SAVARESI, A. y OUTKA, U., "Energy Communities in the EU and the United States", en BELLANTUONO, G. *et al.* (ed.), *Handbook on Energy Law in the Low-Carbon Transition*, De Gruyter, Berlín, 2023, pp. 497-512. Doi: < https://doi.org/10.1515/9783110752403-038 > (en el que se comparan las comunidades energéticas en la UE y los EEUU).

razón, los desarrollos que se describen en este capítulo pueden entenderse a través de la lente de la transición energética justa, un marco práctico y teórico que centra la atención en los trabajadores y a sus comunidades más amplias dentro de las iniciativas destinadas a impulsar o responder a la evolución del sector energético mundial. Cuando este libro ya estaba se estaba en prensa, Donald J. Trump ganó las elecciones presidenciales estadounidenses de 2024. Aunque este resultado tendrá efectos significativos en muchos aspectos de la legislación y la política estadounidenses, hay motivos para esperar que continúe el apoyo político a las "comunidades energéticas", a la luz del acuerdo bipartidista sobre su importancia. En consecuencia, este capítulo ofrecerá una visión general y una evaluación de dichas iniciativas desarrolladas hasta la fecha, así como de todo lo que estas implican en relación con los beneficios y los retos derivados de sus correspondientes definiciones legales y de la aplicación inicial de la nueva legislación sobre comunidades energéticas. Este análisis será relevante para seguir apoyando a las "comunidades energéticas", ya sea con los mismos planteamientos o con otros distintos bajo la nueva administración.

2. ANTECEDENTES: TRANSICIÓN DEL SECTOR ENERGÉTICO EN LOS EEUU

El sector de la energía, sobre todo el eléctrico, está en plena ebullición en los Estados Unidos. Aunque los últimos gabinetes presidenciales han adoptado posturas muy divergentes en materia de política climática y energética, durante los últimos 25 años ha cambiado sustancialmente la generación de electricidad en este país.

2.1. Tendencias en materia de energías renovables y energías fósiles en la producción de electricidad en los EEUU

Puede que el cambio más marcado en materia de recursos energéticos en los EEUU sea la pérdida de la posición dominante del carbón en la producción de energía eléctrica. El carbón representaba más del 50% de la generación de electricidad a principios de la década de 2000, pero en la actualidad representa menos del 20%.[5] Este cambio es el resultado de un

---

5 Véase ADMINISTRACIÓN DE INFORMACIÓN ENERGÉTICA DE EE.UU: «Electricity explained. Electricity in the United States» [en línea], (2023), <https://

rápido y masivo desarrollo de las infraestructuras de gas, ya que la fracturación hidráulica (*fracking*) ha abierto a la explotación nuevos depósitos de pizarra, a lo que se une el gran desarrollo de las energías renovables. En 2023, el gas y los recursos con cero emisiones de carbono (energías renovables y energía nuclear combinadas) representaban cada uno aproximadamente el 40% de la generación de energía eléctrica en los EEUU.[6] En la actualidad, la industria estadounidense del carbón se centra cada vez más en la exportación, ya que las proyecciones indican que el uso del carbón en la producción de electricidad para la red estadounidense seguirá disminuyendo.[7]

Se han aplazado las fechas de cierre de algunas centrales de producción de energía eléctrica a partir del carbón en tanto se ponen en marcha las nuevas infraestructuras necesarias para satisfacer la creciente demanda, pero todas las nuevas plantas de generación masiva de energía eléctrica como servicio público previstas para 2024 son de energías renovables (58% solar, 13% eólica) o de almacenamiento en baterías (23%), seguidas de las de gas (4%) y energía nuclear (2%).[8] En general, se espera que la demanda de electricidad aumente en los próximos años y que ese crecimiento se satisfaga sobre

www.eia.gov/energyexplained/electricity/electricity-in-the-us.php> [Consulta: 20/06/2024] (en adelante, US EIA). ADMINISTRACIÓN DE INFORMACIÓN ENERGÉTICA DE EE.UU: «Monthly Energy Review» [en línea], (2023), <https://www.eia.gov/environment/emissions/carbon/pdf/2022 Appendix A methodology.pdf>[Consulta: 20/06/2024]

6 Ibidem. La energía nuclear generó el 18,2 % de la electricidad en los EE. UU. y las renovables el 21,5 %. ADMINISTRACIÓN DE INFORMACIÓN ENERGÉTICA DE EE.UU: «Electricity explained. Electricity in the United States», *op. cit.* Véase también ADMINISTRACIÓN DE INFORMACIÓN ENERGÉTICA DE EE.UU: «Renewable generation surpassed coal and nuclear in the U.S. electric power sector in 2022» [en línea], (2023), <https://www.eia.gov/todayinenergy/detail.php?id=55960> [Consulta: 20/06/2024].

7 Según el Departamento estadounidense de Información Energética, en torno al 14% del carbón que se extrae en los EEUU se exporta a otros países, siendo los cinco principales destinos India, Países Bajos, Japón, Brasil y Corea del Sur. Véase ADMINISTRACIÓN DE INFORMACIÓN ENERGÉTICA DE EE.UU: «Coal explained: Coal imports and exports» [en línea], (2023), <https://www.eia.gov/energyexplained/coal/imports-and-exports.php> [Consulta: 20/06/2024].

8 ADMINISTRACIÓN DE INFORMACIÓN ENERGÉTICA DE EE.UU: «Solar and battery storage to make up 81% of new U.S. electric-generating capacity in 2024» [en línea], (2024), <https://www.eia.gov/todayinenergy/detail.php?id=61424> [Consulta: 20/06/2024].

todo con energías renovables, almacenamiento de energía y gas, ya que estos recursos compiten en un entorno político cada vez más partidista.

2.2. Anteriores iniciativas federales destinadas a ayudar a las comunidades afectadas por el declive de la industria del carbón

Cuando Barack Obama fue elegido presidente en 2008, se renovó por fin el compromiso de los Estados Unidos con la acción por el clima, tras ocho años de inacción bajo la presidencia de George W. Bush.[9] Aunque el Congreso no logró aprobar una legislación exhaustiva en materia de cambio climático durante los primeros años de la administración Obama, muchos estados llenaron ese vacío promulgando normas sobre energías renovables que impulsaron el desarrollo de la energía eólica y solar en todo el país. Al mismo tiempo, el auge del *fracking* estaba impulsando rápidamente la expansión de la industria del gas. El declive del sector del carbón provocó un gran deterioro económico en muchas comunidades, ya que algunas minas redujeron su producción y otras cerraron directamente. Es obvio que los nuevos puestos de trabajo asociados a las energías renovables y al gas no van a estar automáticamente al alcance de quienes se quedaron sin trabajo en las comunidades que despedían del carbón y que se necesitarán ayudas políticas específicas.

En los círculos políticos comenzó a prestarse más atención al problema de estas comunidades. En 2015, la administración Obama creó la iniciativa federal *Partnerships for Opportunity and Workforce Economic Revitalization* (Power) para acelerar la inversión y la diversificación económica en las comunidades que dependían del carbón situadas en los Apalaches, la región montañosa rica en carbón del interior de la América septentrional.[10] Los Apalaches llevan mucho tiempo sufriendo dificultades económicas. Hace casi 60 años, el gobierno federal creó la Comisión Regional de los Apalaches para potenciar el desarrollo económico de la región. La transición

---

9 El presidente Bush rechazó el Protocolo de Kioto de la Convención de las Naciones Unidas sobre el Cambio Climático como medio de cooperación internacional sobre el clima. Para obtener un breve resumen de esta historia, véase BODANSKY, D., "The United Nations Climate Change Regime Thirty Years On. A Retrospective and Assessment", *Environmental Policy and Law,* 53, 1, 2023, pp. 19-33. Doi: 10.3233/EPL-219047

10 Véase, COMISIÓN REGIONAL DE LOS APALACHES: «Partnerships for Opportunity and Workforce and Economic Revitalization Initiative» [en línea], (2024), <https://www.arc.gov/grants-and-opportunities/power/> [Consulta: 20/06/2024].

energética no ha hecho sino agravar los problemas ya existentes añadiendo otros nuevos.[11] La Iniciativa Power canaliza recursos federales a través de la Comisión con el fin de ayudar a "las comunidades y regiones que se han visto afectadas por la pérdida de puestos de trabajo en la minería del carbón, en las centrales eléctricas de carbón y en las industrias pertenecientes a la cadena de suministro del carbón debido a los cambios económicos en la producción energética de los Estados Unidos".[12] Al amparo de la nueva Iniciativa Power, una red de fundaciones privadas creó el Fondo de Transición Justa (*Just Transition Fund*) para ayudar a las organizaciones locales a acceder a esta nueva fuente de financiación.[13] Posteriormente, el Fondo amplió sus actividades de apoyo a las comunidades dependientes del carbón de las regiones del Oeste y el Medio Oeste.

Durante el primer mandato (2016-2020) del presidente Donald Trump, aunque él mismo se definió como un firme partidario de la industria del carbón, el empleo en la minería del carbón continuó erosionándose. El Departamento de Energía de los Estados Unidos informó que el número de trabajadores de las minas de carbón se redujo en más de la mitad entre los años 2012, el inicio del segundo mandato del presidente Obama, y 2020, el final del mandato del presidente Trump.[14]

La Iniciativa Power de la era Obama siguió adelante durante la presidencia de Trump y ha continuado durante la presidencia de Biden invirtiendo, según los informes, más de 420 millones de dólares en más de 500 proyectos de 365 condados de los Apalaches afectados por el declive del

11 Véase COMISIÓN REGIONAL DE LOS APALACHES: «About the Appalachian Regional Commission» [en línea], (s.f.), <https://www.arc.gov/about-the-appalachian-regional-commission/> [Consulta: 20/06/2024].

12 COMISIÓN REGIONAL DE LOS APALACHES: «Partnerships for Opportunity and Workforce and Economic Revitalization Initiative», *op. cit.* Para obtener más información sobre las primeras iniciativas federales de ayuda a las comunidades dependientes del carbón, véase EISENBERG, A. M., "Transitions in Energy Communities", *The George Washington Journal of Energy and Environmental law*, 12, 2, 2021, pp. 103-112.

13 Véase, FONDO DE TRANSICIÓN JUSTA: «Nuestra historia» [en línea], (s.f.), <https://justtransitionfund.org/about/> [Consulta: 20/06/2024].

14 TAREKEGNE, B. *et al.*: «Coal-dependent Communities in Transition: Identifying Best Practices to Ensure Equitable Outcomes» [en línea], (2021), <https://www.osti.gov/servlets/purl/1821478> [Consulta: 20/06/2024].

carbón desde 2015.[15] No obstante, una investigación realizada al final de la administración Trump descubrió que "las políticas existentes de asistencia a la transición no se alinean con las necesidades y capacidades de las comunidades dependientes del carbón en proceso de transición", situación que ha empeorado por "la ausencia de una política nacional de transición energética"[16]. En consonancia con estas observaciones, la administración Biden trató de conjugar su ambición por acelerar las energías limpias con un mayor apoyo a todas las regiones afectadas por el declive del carbón.

3. ORDEN EJECUTIVA 14008: CAPACITAR A LOS TRABAJADORES MEDIANTE LA REVITALIZACIÓN DE LAS COMUNIDADES ENERGÉTICAS

Con la Orden Ejecutiva 14008, el presidente Biden articuló unos objetivos políticos muy ambiciosos relacionados con la acción climática internacional y nacional, la conservación, el empleo en energías limpias y la justicia medioambiental. El artículo 217 es una disposición clave de la Orden Ejecutiva sobre la que versa este volumen, que se dirigía explícitamente a las comunidades que han dependido económicamente de las antiguas industrias de energías fósiles, reconociendo la labor de los "trabajadores de la minería y de las centrales eléctricas" que "impulsaron la revolución industrial y... han sido esenciales para el crecimiento de los Estados Unidos".[17] En consecuencia, la Orden establecía que "a medida que el país se orienta hacia una economía de energía limpia, el liderazgo federal es esencial para fomentar la revitalización económica y la inversión en estas comunidades...".[18]

Para ello, el artículo 217 ordena a todas las agencias federales ejecutivas que trabajen juntas para avanzar en el objetivo de "Capacitar a los trabajadores mediante la revitalización de las comunidades energéticas" (título del artículo).[19] Esta crucial referencia a las comunidades energéticas cobra

---

15 COMISIÓN REGIONAL DE LOS APALACHES: «Partnerships for Opportunity and Workforce and Economic Revitalization Initiative», *op. cit.*

16 ROEMER, K. y HAGGERTY, J., "Coal communities and the U.S. energy transition: A policy corridors assessment", *Energy Policy*, 151, 2021, pp. 1.10. Doi: <https://doi.org/10.1016/j.enpol.2020.112112>

17 EO 14008, 86 Registro Federal 7619, en 7627-28, § 217.

18 Ibidem.

19 Ibidem.

sentido cuando el artículo 217 pasa a ordenar a las agencias federales que "coordinen las inversiones y otras iniciativas destinadas a ayudar a las comunidades del carbón, el petróleo, el gas y las centrales eléctricas".[20] Así, según la Orden Ejecutiva 14008, las comunidades energéticas son las "comunidades del carbón, el petróleo y el gas, y las centrales eléctricas", sin proporcionar una definición más detallada.

3.1. Creación de un grupo de trabajo interinstitucional para impulsar la revitalización de las comunidades energéticas

Para avanzar en el objetivo señalado en el artículo 217 "Capacitar a los trabajadores mediante la revitalización de las comunidades energéticas", el artículo 218 de la Orden Ejecutiva 14008 creó un grupo de trabajo interinstitucional de las comunidades del carbón y las centrales eléctricas y para la revitalización económica.[21] El grupo de trabajo interinstitucional está presidido conjuntamente por el Asesor Nacional sobre el Clima y el Asistente del Presidente para la Política Económica y está formado por los máximos responsables de los Departamentos de Energía, Interior, Hacienda, Agricultura, Comercio, Trabajo, Sanidad y Servicios Humanos, Transporte y Educación, así como de la Agencia de Protección Ambiental de los EEUU, la Oficina de Gestión y Presupuesto, el Consejo de Política Interior, el Consejo de Calidad Medioambiental y la Comisión Regional de los Apalaches.[22]

El grupo de trabajo, con sede en el Departamento de Energía, se encarga de coordinar "la entrega de recursos federales para revitalizar las economías de las comunidades del carbón, del petróleo y del gas, y las centrales eléctricas"" y de consultar con "funcionarios estatales, locales y tribales, sindicatos; organizaciones de justicia medioambiental y grupos comunitarios" sobre las estrategias de revitalización.[23] La aplicación del canon del grupo de trabajo se examina en el apartado 6.

---

20 Ibidem.

21 EO 14008, 86 Registro Federal 7619, en 7628, § 218.

22 Ibidem § 218(a).

23 Ibidem § 218(c)-(d).

3.2. Impulso a la revitalización de las comunidades energéticas mediante otras disposiciones de la Orden Ejecutiva 14008

Existen otras disposiciones de la Orden Ejecutiva 14008 que resultan pertinentes para las comunidades energéticas identificadas como necesitadas de revitalización en el artículo 217. Tal vez lo más destacable a este respecto sea el artículo 223, que estableció la iniciativa Justice40. Con Justice40, el presidente fijó el objetivo de que las agencias federales destinen "el 40% de los beneficios globales" de determinadas inversiones federales a "comunidades desfavorecidas", como subvenciones o gastos para aprovisionamientos, en el marco de un programa cubierto por Justice40 relacionado con el clima, la energía, la rehabilitación medioambiental, las infraestructuras hídricas, etc.[24]

La Orden encargaba al presidente del Consejo de Calidad Medioambiental, al director de la Oficina de Gestión y Presupuesto y al Asesor Nacional sobre el Clima que elaborasen recomendaciones sobre el modo en que las agencias federales pueden cumplir el "objetivo del 40%" utilizando sus competencias actuales, así como cualquier nueva legislación que pueda ser necesaria para alcanzar el objetivo.[25]

Para ayudar en la identificación de "comunidades desfavorecidas" a efectos de Justice40, el artículo 222 de la Orden encomienda al Consejo de Calidad Medioambiental de la Casa Blanca (CEQ) que cree "una herramienta geoespacial de detección de justicia climática y económica". [26] El objetivo de esta herramienta es "publicar anualmente mapas interactivos en los que se destaquen las comunidades desfavorecidas".

En las directrices de aplicación de la Iniciativa Justice40, se indica a las agencias federales que, en general, una "comunidad" se reconoce en términos de proximidad geográfica utilizando las secciones censales (una pequeña división geográfica con una población que suele oscilar entre

---

24 Ibidem 7631-32, § 223. Para aplicar la Orden Ejecutiva, las agencias federales estudiaron sus programas y publicaron una lista de aquellos que podían estar cubiertos por Justice40 dentro de sus respectivas competencias. Véase, LA CASA BLANCA: «Justice40 initiative Covered Programs List» [en línea], (2023), <https://www.whitehouse.gov/wp-content/uploads/2023/11/Justice40-Initiative-Covered-Programs-List_v2.0_11.23_FINAL.pdf> [Consulta: 20/06/2024].

25 EO 14008, 86 Registro Federal 7619, en 7631-32, § 223.

26 Ibidem, 7631, § 222.

1.200 y 8.000 personas).[27] Una comunidad se considera "desfavorecida" en función de la carga acumulada en categorías que combinan bajos ingresos familiares con una alta vulnerabilidad frente a las consecuencias del cambio climático, alta carga de costes energéticos y contaminación atmosférica, métricas sanitarias negativas, viviendas deficientes, contaminación heredada, barreras de transporte y aislamiento lingüístico, entre otros factores.[28] También es posible considerar "un conjunto de individuos dispersos geográficamente" como una "comunidad" en función de una "situación común", como sucede entre "los trabajadores migrantes o los nativos americanos".[29]

Aunque ni el artículo 223 ni el 222 se refieren específicamente a las "comunidades energéticas", ambos son relevantes para ellas por, al menos, las siguientes razones. En primer lugar, dado que el reconocimiento de las comunidades energéticas en la Orden Ejecutiva está tan estrechamente vinculado a las dificultades económicas, existe un solapamiento entre las comunidades clasificadas como "comunidades energéticas", por la proximidad a las antiguas industrias de energías fósiles en declive, y las "comunidades desfavorecidas", tal y como se conciben a efectos de la aplicación de la iniciativa Justice40. Las categorías relacionadas con los bajos ingresos, la contaminación heredada y las métricas sanitarias negativas, por ejemplo, suelen apuntar a comunidades con ambos estatus. En segundo lugar, el objetivo de estimular las oportunidades económicas y la revitalización coinciden en ambos tipos de comunidades, unificando el enfoque de la ayuda en términos económicos y, en ambos casos, vinculando esa ayuda al objetivo de la transición hacia una energía limpia. Como se analiza a continuación, estas conexiones reflejan los conceptos interrelacionados de transición justa, justicia energética y justicia medioambiental.

---

27 OFICINA EJECUTIVA DEL PRESIDENTE: «Interim Implementation Guidance for the Justice40 Initiative» [en línea], (2021), <https://www.whitehouse.gov/wp-content/uploads/2021/07/M-21-28.pdf> [Consulta: 20/06/2024]. Sobre las secciones censales y su uso en este contexto, véase CONSEJO DE CALIDAD MEDIOAMBIENTAL: «Climate and Economic Justice Screening Tool» [en línea], (s.f.), <https://screeningtool.geoplatform.gov/> [Consulta: 20/06/2024].

28 Ibidem.

29 OFICINA EJECUTIVA DEL PRESIDENTE: «Interim Implementation Guidance for the Justice40 Initiative», *op. cit.*

3.3. Comunidades energéticas y los conceptos interrelacionados de transición justa, justicia energética y justicia medioambiental

La Orden Ejecutiva de Biden aporta un ejemplo de primera mano sobre cómo los conceptos de transición justa, justicia energética y justicia medioambiental se entrecruzan de forma mutuamente determinante. En la Orden Ejecutiva 14008, se establece expresamente que "debemos hacer llegar la justicia medioambiental a todas las comunidades de los Estados Unidos".[30] Además, articula la política de la Administración para "garantizar la justicia medioambiental y estimular las oportunidades económicas de las comunidades desfavorecidas que han sido históricamente marginadas y sobrecargadas por la contaminación y la falta de inversión en vivienda, transporte, infraestructuras de agua y aguas residuales y atención sanitaria".[31]

La justicia medioambiental reconoce, desde un enfoque conceptual, el efecto desproporcionado, histórico y actual de la contaminación en las comunidades con bajos ingresos y en las personas de color. En los Estados Unidos, la injusticia medioambiental está íntegramente vinculada a la historia racista del uso segregado del suelo, cuyos efectos siguen causando daños por la proximidad de estas comunidades a industrias contaminantes, vertederos y corredores de transporte.[32] La exposición a daños medioambientales también puede producirse en el lugar de trabajo, como es el caso de los trabajadores del sector del carbón.[33]

---

30 EO 14008, 86 Registro Federal 7619, en 7622, § 201.

31 Ibidem, § 219.

32 Sobre los inicios del movimiento por la justicia medioambiental en los Estados Unidos, véase COLE, L. y FOSTER, S., *From the Ground Up: Environmental Racism and the Rise of the Environmental Justice Movement*, University Press, New York, 2001. Véase también MOHAI, P. y SAHA, R., "Which Came First, People or Pollution? Assessing the Disparate Siting and Post-siting Demographic Change Hypotheses of Environmental Injustice", *Environmental Research Letters*, 10, 11, 2015, pp. 1-18. Doi: 10.1088/1748-9326/10/11/115008 (donde se demuestra que la composición racial de la comunidad es un factor más significativo que la economía en la ubicación de instalaciones contaminantes).

33 Véase, por ejemplo, GREENE, C. y MCGINLEY, P., "Yielding to the Necessities of a Great Public Industry: Denial and Concealment of the Harmful Health Effects of Coal Mining", *William & Mary Environmental Law and Policy Review*, 43, 2019, pp. 689-757. Véase también GRUPO DE TRABAJO INTERINSTITUCIONAL DE LAS COMUNIDADES DEL CARBÓN Y LAS CENTRALES ELÉCTRICAS Y PARA LA REVITALIZACIÓN ECÓNOMICA: «Initial Report to the President on Empowering Workers Through Revitalizing Energy Communities» p. 5 [en línea], (2021),

Aunque los términos "transición justa" y "justicia energética" no aparecen en la Orden, estas materias ocupan un lugar destacado. Los recientes llamamientos a la justicia energética surgen del movimiento de justicia medioambiental, limitando y ampliando el alcance tradicional del movimiento. Por un lado, en lugar de centrarse en los efectos desproporcionados de todas las actividades contaminantes, la justicia energética se centra en los efectos de los daños medioambientales que derivan de las actividades de la industria energética, las infraestructuras y los regímenes jurídicos.[34] Por otro, el concepto de la justicia energética se amplía para incluir también el acceso a los beneficios vinculados a una transición energética limpia, incluidos no solo recursos energéticos más limpios y el potencial de reducir la contaminación local, sino también la reducción de la carga de los costes energéticos, nuevos empleos y el acceso al capital para la creación de riqueza en las nuevas industrias emergentes.[35] Todos estos aspectos de la justicia energética se ven reflejados en el hincapié que hace la Orden sobre el impulso de las energías renovables y el apoyo a nuevos empleos en industrias de energías limpias, al tiempo que se disminuye la dependencia de los combustibles fósiles y se limpia la contaminación heredada de las industrias energéticas.

El concepto de transición justa no se limita al contexto energético. Por el contrario, históricamente ha sido un concepto impulsado por los trabajadores, arraigado en las comunidades de color con bajos ingresos, que se centra en la preocupación por los trabajadores de industrias que están disminuyendo debido a las tendencias económicas o a una mayor regulación medioambiental, lo que socava el sustento de los trabajadores.[36] El uso que hace la Orden Ejecutiva del término comunidades energéticas como forma abreviada de describir las "comunidades del carbón, el petróleo y el

---

<https://energycommunities.gov/wp-content/uploads/2021/11/Initial-Report-on-Energy-Communities_Apr2021.pdf> [Consulta: 20/06/2024].

34 Para profundizar en la relación entre justicia energética y justicia medioambiental, véase mi trabajo anterior, OUTKA, U., "Fairness in the Low-Carbon Shift: Learning from Environmental Justice", *Brooklyn Law Review*, 82, 2017, pp. 789-824.

35 Véase, por ejemplo, SOVACOOL, B. *et al.*, *Energy Security, Equality, and Justice*, Routledge, London, 2014, pp. 23-29 (donde se explica que la "justicia energética" incluye tanto "la distribución de los servicios energéticos como un bien social" como "los daños de la producción de energía" y no se limita a los "daños medioambientales por sí mismos").

36 Para obtener más información sobre la relación de la historia de la transición justa con la transición energética actual en los Estados Unidos, véase EISENBERG, A., "Just Transitions", *Southern California Law Review*, 92, 2019, pp. 273-330.

gas, y las centrales eléctricas" se inspira en el concepto de transición justa, reconociendo el papel histórico de los trabajadores de las industrias energéticas fósiles como motores del crecimiento económico y la necesidad de apoyar las transiciones económicas de los trabajadores actuales de las industrias energéticas en declive. Al mismo tiempo, los defensores de este objetivo en los Estados Unidos lo combinan con objetivos de justicia más ambiciosos para describir la transición justa como un marco más amplio dirigido a conseguir un cambio progresivo. Por ejemplo, la Alianza para la Justicia Climática explica que "la transición justa es un conjunto de principios, procesos y prácticas basados en una visión unificadora y del entorno que construye poder político y económico con miras a pasar de una economía extractiva a una economía regenerativa".[37] También se están realizando, a nivel internacional, adaptaciones similares para un contexto más actual.[38]

Como se desprende de este breve análisis, los conceptos interrelacionados de transición justa, justicia energética y justicia medioambiental se relacionan con aspectos de las comunidades energéticas, tal y como han surgido en la legislación estadounidense, en la Orden Ejecutiva 14008, así como en la nueva legislación federal: la Ley de Inversión en Infraestructuras y Empleo de 2021, que se analiza en el apartado 4, y la Ley de Reducción de la Inflación de 2022, que se analiza en el apartado 5.

---

37 ALIANZA POR LA JUSTICIA CLIMÁTICA: «What Do We Mean By Just Transition?» [en línea], (s.f.), <https://climatejusticealliance.org/just-transition/> [Consulta: 20/06/2024].

38 El Programa de las Naciones Unidas para el Desarrollo, por ejemplo, cita la definición de la Organización Internacional del Trabajo: "ecologizar la economía de una manera que sea lo más justa e inclusiva posible para todos los interesados, creando oportunidades de trabajo decente y sin dejar a nadie atrás", al mismo tiempo que reconoce que las percepciones de la transición justa "varían según los países y las regiones". *Véase* PROGRAMA DE LAS NACIONES UNIDAS PARA EL DESARROLLO: «¿Qué es la transición justa? ¿Y por qué es importante??» [en línea], (2022), <https://climatepromise.undp.org/news-and-stories/what-just-transition-and-why-it-important> [Consulta: 20/06/2024].

4. COMUNIDADES ENERGÉTICAS EN EL MARCO DE LA LEY DE INVERSIÓN EN INFRAESTRUCTURAS Y EMPLEO DE 2021 (INFRASTRUCTURE INVESTMENT AND JOBS ACT OF 2021)

Nueve meses después de que el presidente Biden firmara la Orden Ejecutiva 14008, el Congreso estadounidense promulgó la Ley de Inversión en Infraestructuras y Empleo de 2021 (IIJA).[39] Este importante paquete legislativo bipartidista autorizó fondos para una amplia gama de proyectos de infraestructuras, como autopistas, transporte, energía y regeneración medioambiental (se la conoce comúnmente como la Ley Bipartidista de Infraestructuras).[40]

El término "comunidades energéticas" aparece en esta ley una sola vez, en la sección (h), que somete a consideración cómo un proyecto de transporte de superficie que puede optar a una subvención al amparo de la ley "aborda el desarrollo económico y los desafíos de creación de empleo, incluyendo la pérdida de empleos en el sector energético en las comunidades energéticas".[41] Sin embargo, varias disposiciones destinan beneficios a las comunidades en las que se han cerrado minas de carbón o centrales eléctricas de carbón, impulsando así el objetivo de "Revitalizar las comunidades energéticas", tal y como se articula en la Orden Ejecutiva.

En particular, la ley autorizaba una dotación sin precedentes de 11.000 millones de dólares estadounidenses para el fondo para la recuperación de minas abandonadas[42], gestionado por la Oficina de Recuperación y Ejecución de Minas de Superficie del Departamento de Interior.[43] De forma similar, la ley promovía demostraciones de energía limpia "en terrenos

---

39 Ley de Inversión en Infraestructuras y Empleo o Infrastructure Investment and Jobs Act (en adelante, IIJA), Ley Pública 117-58 (117° Congreso de los EE. UU.) (15 de noviembre de 2021).

40 La mayor parte de la IIJA queda fuera del alcance de este capítulo, que se centra estrictamente en las disposiciones pertinentes sobre la asignación de beneficios a las comunidades energéticas. Para consultar una guía de la ley, véase LA CASA BLANCA: «Building a Better America: A Guidebook to the Bipartisan Infrastructure Law for State, Local, Tribal, and Territorial Governments, and Other Partners» [en línea], (2022), <https://www.whitehouse.gov/wp-content/uploads/2022/05/BUILDING-A-BETTER-AMERICA-V2.pdf> [Consulta: 20/06/2024] (en lo sucesivo *Guía BIL*).

41 IIJA, artículo 11132.

42 Ibidem, artículos 40701-03.

43 Ibidem, artículo 40802.

mineros actuales y antiguos", con una dotación de 500 millones de dólares, donde ofrecerán, entre otras, la mayor creación de empleo y desarrollo económico para "zonas económicamente deprimidas" y para "trabajadores desplazados que antes trabajaban en el sector industrial, en centrales eléctricas de carbón o en minas de carbón".[44] En relación con el petróleo y el gas, la IIJA autorizó que el Departamento de Interior concediera 4.300 millones de dólares en subvenciones a los estados para el taponamiento, rehabilitación y restauración de pozos huérfanos.[45] Según la Administración, las disposiciones de regeneración medioambiental de la IIJA, en su conjunto, la convierten en "la mayor inversión para hacer frente a la contaminación heredada en la historia de los Estados Unidos".[46]

Además, la IIJA creó un "programa de subvenciones para la fabricación y el reciclaje de energía avanzada" que autorizaba al Departamento de Energía a conceder 750 millones de dólares en subvenciones para instalaciones nuevas o modernizadas para producir o reciclar "proyectos de energía avanzada que cumplan los requisitos" en secciones censales en las que se haya cerrado una mina de carbón en los últimos 25 años o se haya retirado una "planta de generación de electricidad a partir del carbón" (y zonas adyacentes) en los ejercicios fiscales 2022-2026.[47] Las solicitudes de subvención reciben "mayor prioridad" si reducen los gases de efecto invernadero y crean puestos de trabajo en "comunidades con bajos ingresos" o apoyan a "trabajadores desplazados que antes trabajaban en el sector industrial, en centrales eléctricas de carbón o en minas de carbón".[48]

De este modo, sin definir con mayor precisión las comunidades energéticas, la IIJA se alineó con el objetivo de la Orden Ejecutiva 14008 de canalizar beneficios sustanciales a las comunidades del carbón, el petróleo y el gas y las centrales eléctricas.

---

44 Ibidem, artículo 40342. Para consultar un resumen de esta disposición, para la que se dispone de fondos hasta 2026, véase la *Guía BIL*, p. 377.

45 IIJA, artículo 40601.

46 *Guía BIL*, p. 369.

47 IIJA, artículo 40209(a)(2). Se enumera con cierto detalle lo que se considera un "proyecto energético avanzado que cumple los requisitos", haciendo hincapié en general en los recursos renovables, la eficiencia energética, el reciclaje y la reducción o captura de gases de efecto invernadero. IIJA, artículo 40209(a)(6).

48 Ibidem, artículo 40209(b)-(c).

5. DEFINICIÓN DE COMUNIDADES ENERGÉTICAS SEGÚN LA LEY DE REDUCCIÓN DE LA INFLACIÓN DE 2022 (*"INFLATION REDUCTION ACT OF 2022"*)

En 2022, el Congreso de los Estados Unidos aprobó, por un estrecho margen, la Ley de Reducción de la Inflación (en lo sucesivo, IRA), otro paquete legislativo muy amplio que ha sido calificado como la ley en materia climática más importante de los Estados Unidos hasta la fecha.[49] En particular, la IRA supera a la Orden Ejecutiva y a la IIJA, puesto que define de forma específica el término comunidad energética.[50]

La definición ofrece, en esencia, tres subdefiniciones que se pueden utilizar para identificar una comunidad energética a efectos de la IRA.[51] Dos se refieren específicamente a las antiguas industrias de energías fósiles.

---

[49] IRA, aparatado (g) del artículo 13101. La mayor parte de la IRA se escapa al alcance de este capítulo, que se centra estrictamente en las disposiciones pertinentes para definir y determinar los beneficios a las "comunidades energéticas". Para consultar una guía de las disposiciones legislativas en materia de clima y energía limpia, véase LA CASA BLANCA: «Building a Clean Energy Economy: A Guidebook to the Inflation Reduction Act's Investments in Clean Energy and Climate Action» [en línea], (2023), <https://www.whitehouse.gov/wp-content/uploads/2022/12/Inflation-Reduction-Act-Guidebook.pdf> [Consulta: 20/06/2024] (en lo sucesivo, *Guía IRA*)

[50] IRA, 13101(g)(11).

[51] El término comunidad energética se define en la IRA de la siguiente manera:
"...por 'comunidad energética' se entiende:

- (i) un antiguo terreno industrial contaminado [tal y como se define en la Ley de Responsabilidad, Compensación y Respuesta Medioambiental Integral de 1980 o *Comprehensive Environmental Response, Compensation, and Liability Act*];
- (ii) un área estadística metropolitana o un área estadística no metropolitana que
  - (I) tiene (o tuvo en cualquier momento a partir del 31 de diciembre de 2009) un 0,17 por ciento o más de empleo directo o un 25 por ciento o más de ingresos fiscales locales relacionados con la extracción, procesamiento, transporte o almacenamiento de carbón, petróleo o gas natural (tal y como determina el secretario), y
  - (II) tiene una tasa de desempleo igual o superior a la tasa de desempleo media nacional del año anterior (tal y como determina el secretario), o
  - (III) una sección censal: (I) en la que: (aa) después del 31 de diciembre de 1999, se haya cerrado una mina de carbón o (bb) después del 31 de diciembre de 2009, se haya retirado una planta de generación de electricidad a partir del carbón, o (ii) que colinde directamente con una sección censal descrita en el subapartado (I).

IRA, artículo 13101(g)(11)(B)

Una de ellas define el término comunidad energética con referencia a métricas específicas de empleo y desempleo relacionadas con las industrias de energías fósiles que se actualizan todos los años. La otra utiliza el mismo lenguaje básico de cierre de minas de carbón y centrales eléctricas que la IIJA.

La tercera subdefinición de comunidad energética se basa simplemente en la condición de terreno industrial contaminado. Según la Agencia de Protección Ambiental de los EEUU, existen más de 450.000 antiguos terrenos industriales contaminados, que son bienes inmuebles "en los que la expansión, reurbanización o reutilización puede resultar complicada por la presencia o posible presencia de sustancias peligrosas o contaminantes".[52] La inclusión ilimitada de los antiguos terrenos industriales contaminados amplía de manera considerable el alcance de las comunidades energéticas, que solo se definen en términos generales en la Orden Ejecutiva. Al mismo tiempo, resulta curioso, pues los antiguos terrenos industriales contaminados pueden variar de manera significativa de tamaño y a menudo son mucho más pequeños que una sección censal y solo pueden afectar a un número limitado de propiedades dentro de una comunidad.

En las disposiciones clave de la IRA se conceden beneficios a las comunidades energéticas, en particular con una bonificación fiscal del 10% para la producción de electricidad a partir de recursos renovables para desarrollar "una instalación calificada" (como un proyecto de energía renovable) si está "ubicada en una comunidad energética" y se cumplen determinadas condiciones.[53] La misma bonificación se ofrece para la producción tecnológicamente neutra de electricidad limpia.[54]

En otra disposición clave se prevén desgravaciones fiscales para proyectos de "energía avanzada", financiados con hasta 10.000 millones de dólares, con un 40% reservado a las comunidades energéticas.[55] Con la inclusión de los antiguos terrenos industriales contaminados, en efecto, la IRA fomenta el desarrollo en comunidades que dependían de energías fósiles que se concentran principalmente en regiones rurales, pero también la reurbanización general de zonas languidecientes y contaminadas de todo

---

52 AGENCIA DE PROTECCIÓN AMBIENTAL DE LOS EEUU: «Brownfields Now» [en línea], (s.f.), <https://www.epa.gov/brownfields/about> [Consulta: 20/06/2024].

53 IRA, artículo 13101. Véase también la *Guía de la IRA*, pp. 12-13.

54 Ibidem, artículo 13701.

55 Ibidem, artículo 13501.

el país. Los antiguos terrenos industriales contaminados también pueden encontrarse con la misma facilidad en zonas urbanas y pueden tener o no vínculos con el sector energético.[56]

Asimismo, la IRA estableció un nuevo Programa de Financiación de la Reinversión en Infraestructuras Energéticas dentro del Departamento de Energía.[57] Este nuevo programa tiene por objetivo conceder préstamos para el impulso, reutilización o sustitución de infraestructuras energéticas cerradas (como antiguas centrales eléctricas de carbón) o la adaptación de instalaciones energéticas aún en funcionamiento con el fin de reducir las emisiones de gases de efecto invernadero con nuevos controles de contaminación. Aunque el programa no se limita a las comunidades energéticas, ofrece beneficios muy susceptibles de ajustarse a las necesidades de las comunidades energéticas. Del mismo modo, las disposiciones de la IRA que asignan estas inversiones a las comunidades de rentas bajas o comunidades desfavorecidas, en particular el Fondo para la Reducción de los Gases de Efecto Invernadero dotado con 27.000 millones de dólares, también pueden beneficiar a las "comunidades energéticas" que reúnan los requisitos pertinentes.[58]

---

[56] La cartografía interactiva de la Agencia de Protección Ambiental de los EE.UU. muestra los antiguos terrenos industriales contaminados en todos los estados y concentraciones en el noreste, que no es una región que dependiera de la antigua industria del carbón. Véase AGENCIA DE PROTECCIÓN AMBIENTAL DE LOS EEUU: «EnviroAtlas Interactive Map» [en línea], (s.f.), <https://enviroatlas.epa.gov/enviroatlas/interactivemap/?eaLayer=eaLyrNum_769> [Consulta: 20/06/2024].

[57] IRA, artículo 50144. De acuerdo con la disposición, se conceden hasta 250.000 millones de dólares estadounidenses en garantías de préstamos, a la vez que se asignan 5.000 millones de dólares en subsidios de crédito para respaldar los préstamos. Para consultar un resumen, véase la *Guía de la IRA*, p. 31.

[58] IRA, artículo 60103 (creación de un Fondo para la Reducción de los Gases de Efecto Invernadero de 27.000 millones de dólares administrado a través de la Agencia de Protección Ambiental de los EE.UU. en forma de subvenciones competitivas para invertir en proyectos de energía limpia y reducción de emisiones, haciendo hincapié en las comunidades desfavorecidas y de rentas bajas). Véase también la IRA, artículo 13103 (que crea un programa de bonificación a las comunidades de rentas bajas para las inversiones crediticias en energías que se apliquen a determinadas instalaciones de generación de electricidad a partir de energía solar y eólica).

6. REVITALIZACIÓN DE LAS COMUNIDADES ENERGÉTICAS: IMPLANTACIÓN HASTA LA FECHA

La aparición de las comunidades energéticas en la legislación estadounidense es tan reciente que es demasiado pronto para evaluar plenamente su impacto a escala comunitaria. El grupo de trabajo interinstitucional de las comunidades del carbón, las centrales eléctricas y para la revitalización económica publicó un informe inicial de sus actividades y objetivos poco después de su constitución y ha seguido trabajando en el que actualmente es su tercer año de existencia. Además, las agencias federales responsables de aplicar las disposiciones de la Ley de Inversión en Infraestructuras y Empleo y la Ley de Reducción de la Inflación relacionadas con las comunidades energéticas están trabajando en dicha aplicación. En este apartado se resumen de forma breve los avances logrados hasta la fecha.

6.1. Grupo de trabajo: aplicación del canon de comunidades energéticas

El informe inicial del grupo de trabajo, que precedió a la aprobación tanto de la IIJA como de la IRA, aclaraba sus objetivos iniciales en consonancia con su cometido en virtud de la Orden Ejecutiva 14008. En primer lugar, precisó el significado de comunidades energéticas en su labor en torno al carbón, convirtiendo en su prioridad inicial las "25 regiones más afectadas por el declive del sector del carbón".[59] La mayoría de estas regiones son rurales, con escasas perspectivas de empleo si se cierra la mina y están concentradas en los Apalaches, el norte de las Montañas Rocosas, Alaska, la región de las Cuatro Esquinas del suroeste de los EEUU, la costa del golfo centrocontinental y la cuenca de Illinois.[60] El grupo de trabajo también identificó "un conjunto más amplio de comunidades afectadas por la energía" expuestas al declive previsto a largo plazo como consecuencia de la transición hacia la energía limpia.[61] En segundo lugar, estudió y resumió los programas federales disponibles en ese momento para "inversiones inmediatas" en todas las comunidades energéticas.[62] En tercer lugar, se fijó

---

59 GRUPO DE TRABAJO INTERINSTITUCIONAL DE LAS COMUNIDADES DEL CARBÓN Y LAS CENTRALES ELÉCTRICAS Y PARA LA REVITALIZACIÓN ECÓNOMICA: «Initial Report to the President on Empowering Workers Through Revitalizing Energy Communities», *op. cit.*, p. 6.

60 Ibidem, pp. 6-7 y 10.

61 Ibidem, p. 1.

62 Ibidem, p. 2.

como objetivos para el año adecuar su trabajo "a otras iniciativas federales para dirigir la inversión a las comunidades desfavorecidas y de justicia medioambiental" —reconociendo la interrelación entre transición justa, justicia energética y justicia medioambiental señalada anteriormente—, reunirse con los grupos de interés y crear una "ventanilla única" que pusiera en contacto a las comunidades energéticas con los recursos federales existentes a través de los Departamentos de Comercio, Energía, Hacienda, Interior, Agricultura, Trabajo, Sanidad y Servicios Humanos y Transporte, así como de la Agencia de Protección Ambiental y la Comisión Regional de los Apalaches.[63] En líneas generales, los objetivos a corto plazo del grupo de trabajo se centraron en la dotación de personal, el refuerzo de la coordinación entre organismos y la participación de la comunidad.[64]

Cuando el grupo de trabajo publicó su informe bienal, las dos leyes habían sido promulgadas a nivel federal.[65] Entre tanto, el grupo de trabajo informó de la participación de "más de 9.000 partes interesadas" a través de más de 25 talleres, haciendo hincapié en "el trabajo local" para recabar información sobre las necesidades de cada localidad y la experiencia de las comunidades afectadas por el declive del carbón.[66] A la luz de las referencias al cierre de minas y centrales eléctricas de carbón de la IIJA y de la definición de comunidades energéticas de la IRA, el grupo de trabajo ha alineado su labor con estas disposiciones legales y ha creado "equipos de respuesta rápida" para ayudar a poner en contacto a las comunidades con los recursos previstos en las nuevas leyes.[67]

6.2. Aplicación de la IIJA a las comunidades energéticas

Como se señala en el apartado 4, en la IIJA se incluyen varias disposiciones destinadas a revitalizar las comunidades afectadas por los recientes cierres de minas de carbón o centrales eléctricas de carbón. A continuación,

63 Ibidem, pp. 12-16.

64 Ibidem, pp. 17-18.

65 GRUPO DE TRABAJO INTERINSTITUCIONAL DE LAS COMUNIDADES DEL CARBÓN Y LAS CENTRALES ELÉCTRICAS Y PARA LA REVITALIZACIÓN ECÓNOMICA: «Revitalizing Energy Communities: Two-Year Report to the President» [en línea], (2023), <https://energycommunities.gov/wp-content/uploads/2023/04/IWG-Two-Year-Report-to-the-President.pdf> [Consulta: 20/06/2024] (de ahora en adelante *Informe bienal del* GTI)

66 Ibidem, p. 5.

67 Ibidem, pp. 9-13.

se describen los avances logrados hasta la fecha en la conexión de los más importantes de estos recursos con las comunidades energéticas:

1. *Subvenciones para la fabricación y reciclaje de tecnologías de energía avanzada:* en el momento de redactar este documento, la Oficina de Fabricación y Cadenas de Suministro Energético del Departamento de Energía sigue recibiendo solicitudes de subvención para la fabricación y reciclaje de tecnologías de energía avanzada. En virtud de esta disposición de la IIJA, uno de sus objetivos declarados es invertir los 750 millones de dólares del programa en comunidades que se hayan visto afectadas por el cierre de minas de carbón o de centrales eléctricas de carbón.[68] En concreto, el Departamento de Energía exige que se presenten programas que incluyan beneficios comunitarios junto con las solicitudes de financiación.[69] Tal y como las comunidades le manifestaron claramente al grupo de trabajo, estas quieren liderar el desarrollo económico a nivel local. En la evaluación de las solicitudes de las subvenciones, los programas de beneficios comunitarios exigen a los solicitantes la participación de las comunidades y esos programas suponen el 20% de la valoración de los méritos. Dar más importancia a estos programas en las decisiones de financiación ayuda a garantizar que las subvenciones impulsen proyectos que realmente satisfagan las necesidades locales.

2. *Fondo para la Recuperación de Minas Abandonadas:* de acuerdo con las directrices de junio de 2024 del Departamento de Interior, la Oficina de Recuperación y Explotación de la Minería de Superficie distribuirá más de 10.000 millones de dólares en subvenciones a los estados y tribus destinadas a terrenos mineros abandonados, "de manera equitativa cada año (aproximadamente 725 millones de dólares al año)

---

68 Para obtener información general del programa, incluidas las "sinergias" con otros programas del Departamento de Energía y de otras agencias federales, véase DEPARTAMENTO ESTADOUNIDENSE DE ENERGÍA, OFICINA DE FABRICACIÓN Y CADENAS DE SUMINISTRO: «Advanced Energy Manufacturing & Recycling Grants Program Fact Sheet» [en línea], (2023), <https://www.energy.gov/sites/default/files/2023-03/MESC 40209 Factsheet–March 2023.pdf > [Consulta: 20/06/2024].

69 Véase DEPARTAMENTO ESTADOUNIDENSE DE ENERGÍA, OFICINA DE FABRICACIÓN Y CADENAS DE SUMINISTRO: «Guidance for Creating a Community Benefits Plan» [en línea], (2023), <https://www.energy.gov/sites/default/files/2023-04/MESC Community Benefits Plan Guidance 03132023-final.pdf> [Consulta: 20/06/2024].

durante un periodo de 15 años".[70] Con esta ayuda, los estados y tribus podrán abordar una serie de problemas derivados de la "antigua minería del carbón" que amenazan "la salud pública, la seguridad y el medio ambiente dentro de sus jurisdicciones".[71] Las directrices describen proyectos específicos de rehabilitación, restauración y emergencia adecuados para las subvenciones y todos ellos beneficiarán directamente a los lugares identificados como comunidades energéticas, en función de sus antiguas industrias del carbón. Además, la Iniciativa Justice40 encomienda a la agencia que dé prioridad a las prestaciones para las "comunidades desfavorecidas", lo que refleja el solapamiento entre estas caracterizaciones.

3. *Pozos huérfanos de petróleo y gas:* la IIJA impuso a los estados unos plazos muy estrictos: deben utilizar el 90 % de los fondos recibidos "para taponar, rehabilitar y recuperar pozos huérfanos situados en terrenos de propiedad estatal o privada" en un plazo de 90 días desde su recepción.[72] Las solicitudes estatales debían presentarse antes de mayo de 2022. El Departamento de Interior informó de que 24 estados solicitaron y recibieron fondos para hacer frente a las necesidades inmediatas de más de 10.000 pozos huérfanos de alta prioridad que plantean peligros a escala comunitaria y que sufren fugas de metano, un potente gas de efecto invernadero.[73]

---

70 DEPARTAMENTO ESTADOUNIDENSE DE INTERIOR, OFICINA DE RECUPERACIÓN Y EXPLOTACIÓN DE LA MINERÍA DE SUPERFICIE: «Guidance on the Bipartisan Infrastructure Law Abandoned Mine Land Grant Implementation» p. 1 [en línea], (2023), <https://www.osmre.gov/sites/default/files/inline-files/FY24-BIL-AML-Guidance-06-03-24.pdf> [Consulta: 20/06/2024] (en adelante *Directrices* del OSMRE).

71 Ibidem, p. 1. Véase también la *Guía BIL,* pp. 369-370.

72 IIJA, artículo 40601. Véase también DEPARTAMENTO DEL INTERIOR: «Frequently Asked Questions: BIL Sec. 40601 Orphaned Well Plugging, Remediation, and Reclamation Large-Scale Initial State Grants» [en línea], (2022), <https://www.doi.gov/sites/default/files/faqs-initial-grants-90-in-90-days-08.23.2022.pdf> [Consulta: 20/06/2024]. "Utilizar" puede significar adjudicar nuevos contratos o subvenciones para las obras, no es un requisito que todas las obras estén terminadas.

73 DEPARTAMENTO ESTADOUNIDENSE DE INTERIOR: «Through President Biden's Bipartisan Infrastructure Law, 24 States Set to Begin Plugging 10,000 Orphaned Wells» [en línea], (2022), <https://www.doi.gov/pressreleases/through-president-bidens-bipartisan-infrastructure-law-24-states-set-begin-plugging> [Consulta: 20/06/2024].

6.3. Aplicación de la IRA a las comunidades energéticas

La aplicación de la IRA, dos años después de la redacción de este informe, está en marcha y sigue siendo un trabajo en desarrollo. Para fomentar la utilización de las bonificaciones fiscales de la comunidad energética de la IRA, la herramienta cartográfica del Departamento de Energía destaca las secciones censales con cierres de minas o centrales eléctricas de carbón (y las zonas colindantes), así como las zonas que dependen de combustibles fósiles que se ajustan a las definiciones de comunidad energética de la IRA, con las tasas de empleo y desempleo.[74] Esto supone un punto de partida para que las empresas que persiguen proyectos subvencionables empiecen a trabajar en sus propuestas junto con las comunidades.

1. *Bonificación para las comunidades energéticas para desgravaciones fiscales a la producción de electricidad renovable y/o limpia:* la aplicación de los créditos de bonificación a las comunidades energéticas dependía de que el Servicio de Recaudación del Departamento estadounidense de Hacienda elaborara directrices para los solicitantes y lo hiciera con rapidez. El tiempo era fundamental, especialmente para la bonificación a la electricidad procedente de recursos renovables, puesto que el requisito establecía que la construcción comenzara antes de 2025.[75] A raíz de los debates públicos, el Departamento de Hacienda publicó un aviso en abril de 2023 en el que aclaraba las categorías en función de la ubicación de las comunidades energéticas.[76] Debido a la continua confusión entre los posibles solicitantes se publicaron en marzo de 2024 y de nuevo en junio de 2024 unas directrices complementarias con el fin de ampliar las normas para solicitar la bonificación de las comunidades energéticas.[77]

---

74 DEPARTAMENTO ESTADOUNIDENSE DE ENERGÍA: «Energy Community Tax Credit Bonus Map» [en línea], (s.f.), <https://arcgis.netl.doe.gov/portal/apps/experiencebuilder/experience/?id=a2ce47d4721a477a8701bd0e08495e1d> [Consulta: 20/06/2024].

75 IRA, artículo 13101; *Guía de la IRA,* p. 13. Existe un horizonte temporal a más largo plazo para la desgravación fiscal a la producción de electricidad limpia y tecnológicamente neutra. Véase IRA, artículo 13701.

76 Departamento estadounidense de Hacienda–Servicio de Recaudación Interna, *Energy Community Bonus Credit Amounts under the Inflation Reduction Act of 2022–Notice 2023-29* (4 de abril de 2023).

77 Departamento estadounidense de Hacienda–Servicio de Recaudación Interna, *Energy Community Bonus Credit Amounts under the Inflation Reduction Act of 2022–Notice 2024-30* (22 de marzo de 2024) y *Energy Community Bonus Credit Amounts or*

2. *Crédito para proyectos de energía avanzada:* al igual que ocurría en el caso de la bonificación, la aplicación del crédito para proyectos de energía avanzada dependía de las directrices del Departamento de Hacienda para que los solicitantes pudieran presentar propuestas de proyectos. Al igual que ocurre con otras grandes propuestas, los programas de beneficios comunitarios son obligatorios y tienen un peso importante en la puntuación del Departamento de Energía para la evaluación de los méritos. Hacienda emitió unas directrices iniciales a principios de 2023, cuando se asignaron créditos por valor de aproximadamente 1.600 millones de dólares a proyectos en comunidades energéticas.[78] Se presentaron muchas más solicitudes de las que se podían conceder en la primera ronda. En abril de 2024, los departamentos anunciaron conjuntamente una segunda ronda de 2.500 millones de dólares para comunidades energéticas[79] y en mayo se abrió un portal de solicitudes para atender mejor la demanda.[80]
3. *Financiación de la reinversión en infraestructuras energéticas:* este nuevo programa creado ahora sigue recibiendo solicitudes de garantías de préstamos. Los fondos seguirán estando disponibles hasta septiembre de 2026.[81]

Esta instantánea no es en absoluto exhaustiva y la aplicación, por su propia naturaleza, no es fija en el tiempo, sino un proceso continuo y evolutivo. El Centro Sabin de Derecho del Cambio Climático de la Facultad de Derecho de Columbia y el Fondo para la Defensa del Medio Ambiente

---

Rates; Annual Statistical Area Category Update and Coal Closure Category Update–Notice 2024-48 (7 de junio de 2024).

78 Véase Departamento estadounidense de Hacienda–Servicio de Recaudación Interna, *Initial Guidance Establishing Qualifying Advanced Energy Project Credit Allocation Program under Section 48C(e)–Notice 2023-18* (13 de febrero de 2023).

79 Departamento estadounidense de Hacienda–Servicio de Recaudación Interna, *Initial Guidance Establishing Qualifying Advanced Energy Project Credit Allocation Program under Section 48C(e)–Notice 2023-18* (13 de febrero de 2023) y *Guidance Regarding the 2024 Allocation Round of Qualifying Advanced Energy Project Credit Program under Section 48C(e) -Notice 2024-36* (29 de abril de 2024).

80 DEPARTAMENTO DE HACIENDA-SERVICIO DE RECAUDACIÓN INTERNA: «Department of Treasury, IRS, and Department of Energy announce opening date for the Qualifying Advanced Energy Project Credit new allocation round (IR-2024-144)» [en línea], (2024), <https://www.irs.gov/newsroom/department-of-treasury-irs-and-department-of-energy-announce-opening-date-for-the-qualifying-advanced-energy-project-credit-new-allocation-round> [Consulta: 20/06/2024].

81 *Guía de la IRA*, p. 31.

han lanzado conjuntamente una base de datos y un rastreador siguiendo lo previsto en la IRA al objeto de informar al público sobre las actividades futuras de las agencias federales acerca de las materias de las que trata esta ley.[82] No obstante, pasarán años antes de que sea posible evaluar el impacto total de la IRA en las "comunidades energéticas" en todas sus dimensiones. Considerando el regreso de Donald J. Trump a la Casa Blanca en 2025, muchos prevén que algunas disposiciones de la IRA podrían ser objeto de derogación. Sin embargo, el apoyo a las "comunidades energéticas" había sido notablemente bipartidista, por lo que hay razones para esperar que la continuidad de ese apoyo siga siendo una prioridad, a pesar de la transición presidencial.

7. CONCLUSIONES

La duración en el tiempo de la definición tripartita de comunidad energética contenida en la Ley de Reducción de la Inflación no es una conclusión inevitable: la ley puede reformarse, por supuesto, y las correspondientes disposiciones de la IRA tienen horizontes temporales variables. Aun así, el vínculo entre el concepto de comunidades energéticas y las antiguas industrias de energías fósiles, en concreto el carbón, parece consolidarse en los Estados Unidos.

Como he señalado con cautela en trabajos anteriores, vincular de una manera demasiado estrecha el concepto de comunidades energéticas a las antiguas industrias fósiles entraña riesgos potenciales.[83] Es algo clave, por ejemplo, no hacer demasiado hincapié en las diferencias, frente a los puntos en común, entre las comunidades energéticas y otras "comunidades desfavorecidas" para evitar fomentar inadvertidamente la competencia por unos recursos escasos.[84] Lo ideal sería que la actual inyección de inversiones

---

82 CENTRO SABIN: «IRA Tracker» [en línea], (s.f.), <https://iratracker.org> [Consulta: 20/06/2024].

83 Véase OUTKA, U., "Evolving Legal Conceptions of 'Energy Communities'", *op. cit.*, pp. 471-518.

84 Véanse también las preocupaciones sobre el potencial de "lavado de imagen verde" (*greenwashing*) de las políticas de transición justa diseñadas para continuar el uso de combustibles fósiles, en lugar de eliminar progresivamente su uso en favor de alternativas de energía limpia en HEFFRON, R. y MCCAULEY, D., "The 'just transition' threat to our Energy and Climate 2030 targets", *Energy Policy*, 165, 2022, pp. 1-5. Doi: <https://doi.org/10.1016/j.enpol.2022.112949>

fluyera en formas colaborativas y creativas que hicieran avanzar la situación económica y medioambiental de la forma más amplia posible en todo este espectro para impulsar una transición energética limpia que beneficie a todos.

El declive de la industria del carbón en los Estados Unidos ha provocado dificultades económicas a personas y comunidades, siendo esenciales en este sentido las iniciativas destinadas a favorecer la transición de los trabajadores y la revitalización de las comunidades. Sin embargo, el concepto específico de comunidad energética no está inherentemente arraigado en el pasado del sector energético. De hecho, los fundamentos históricos con los que se definen las comunidades energéticas pueden empezará a desaparecer inevitablemente con el tiempo si la IIJA y la IRA consiguen estimular la revitalización con proyectos de energía limpia. Esto plantea dudas, como mínimo, sobre la utilidad a largo plazo del término.

Sin embargo, aceptando que, al menos en un futuro previsible, el concepto de comunidades energéticas está vinculado al declive de la industria del carbón según la legislación estadounidense, es importante no desalentar una forma de pensar más creativa acerca de nuevos modelos o estrategias de energía limpia basados en la comunidad. El concepto estadounidense de comunidades energéticas dista mucho de ser la única forma de concebir la conexión entre la energía y las comunidades. La comunidad de la energía renovable de la UE y el modelo de comunidad ciudadana de energía ponen de relieve este punto, pues representan una concepción totalmente diferente y orientada al futuro. Cuando se comparan los enfoques de la UE, los EEUU y otros países, resulta evidente que el papel de las comunidades en las transiciones energéticas mundiales es el propicio para la formulación de políticas interpretativas e imaginativas que sean lideradas desde la base.

8. BIBLIOGRAFÍA

ADMINISTRACIÓN DE INFORMACIÓN ENERGÉTICA DE EE.UU: «Electricity explained. Electricity in the United States» [en línea], (2023), <https://www.eia.gov/energyexplained/electricity/electricity-in-the-us.php> [Consulta: 20/06/2024].

ADMINISTRACIÓN DE INFORMACIÓN ENERGÉTICA DE EE.UU: «Monthly Energy Review» [en línea], (2023), <https://www.eia.gov/environment/emissions/carbon/pdf/2022_Appendix_A_methodology.pdf>[Consulta: 20/06/2024].

ADMINISTRACIÓN DE INFORMACIÓN ENERGÉTICA DE EE.UU: «Renewable generation surpassed coal and nuclear in the U.S. electric power sector in 2022» [en línea], (2023), <https://www.eia.gov/todayinenergy/detail.php?id=55960> [Consulta: 20/06/2024].

ADMINISTRACIÓN DE INFORMACIÓN ENERGÉTICA DE EE.UU: «Coal explained: Coal imports and exports» [en línea], (2023), <https://www.eia.gov/energyexplained/coal/imports-and-exports.php> [Consulta: 20/06/2024].

ADMINISTRACIÓN DE INFORMACIÓN ENERGÉTICA DE EE.UU: «Solar and battery storage to make up 81% of new U.S. electric-generating capacity in 2024» [en línea], (2024), <https://www.eia.gov/todayinenergy/detail.php?id=61424> [Consulta: 20/06/2024].

AGENCIA DE PROTECCIÓN AMBIENTAL DE LOS EEUU: «Brownfields Now» [en línea], (s.f.), <https://www.epa.gov/brownfields/about> [Consulta: 20/06/2024].

AGENCIA DE PROTECCIÓN AMBIENTAL DE LOS EEUU: «EnviroAtlas Interactive Map» [en línea], (s.f.), <https://enviroatlas.epa.gov/enviroatlas/interactivemap/?eaLayer=eaLyrNum_769> [Consulta: 20/06/2024].

ALIANZA POR LA JUSTICIA CLIMÁTICA: «What Do We Mean By Just Transition?» [en línea], (s.f.), <https://climatejusticealliance.org/just-transition/> [Consulta: 20/06/2024].

BODANSKY, D., "The United Nations Climate Change Regime Thirty Years On. A Retrospective and Assessment", *Environmental Policy and Law,* 53, 1, 2023, pp. 19-33. Doi: 10.3233/EPL-219047.

CENTRO SABIN: «IRA Tracker» [en línea], (s.f.), <https://iratracker.org> [Consulta: 20/06/2024].

COLE, L. y FOSTER, S., *From the Ground Up: Environmental Racism and the Rise of the Environmental Justice Movement,* University Press, New York, 2001

COMISIÓN REGIONAL DE LOS APALACHES: «Partnerships for Opportunity and Workforce and Economic Revitalization Initiative» [en línea], (2024), <https://www.arc.gov/grants-and-opportunities/power/> [Consulta: 20/06/2024].

COMISIÓN REGIONAL DE LOS APALACHES: «About the Appalachian Regional Commission» [en línea], (s.f.), <https://www.arc.gov/about-the-appalachian-regional-commission/> [Consulta: 20/06/2024].

CONSEJO DE CALIDAD MEDIOAMBIENTAL: «Climate and Economic Justice Screening Tool» [en línea], (s.f.), <https://screeningtool.geoplatform.gov/> [Consulta: 20/06/2024].

DEPARTAMENTO ESTADOUNIDENSE DE ENERGÍA: «Energy Community Tax Credit Bonus Map» [en línea], (s.f.), <https://arcgis.netl.doe.gov/portal/apps/experiencebuilder/experience/?id=a2ce47d4721a477a8701bd0e08495e1d> [Consulta: 20/06/2024].

DEPARTAMENTO ESTADOUNIDENSE DE ENERGÍA, OFICINA DE FABRICACIÓN Y CADENAS DE SUMINISTRO: «Advanced Energy Manufacturing & Recycling Grants Program Fact Sheet» [en línea], (2023), <https://www.energy.gov/sites/default/files/2023-03/MESC_40209_Factsheet–March_2023.pdf > [Consulta: 20/06/2024].

DEPARTAMENTO ESTADOUNIDENSE DE ENERGÍA, OFICINA DE FABRICACIÓN Y CADENAS DE SUMINISTRO: «Guidance for Creating a Community Benefits Plan» [en línea], (2023), <https://www.energy.gov/sites/default/files/2023-04/MESC_Community_Benefits_Plan_Guidance_03132023-final.pdf> [Consulta: 20/06/2024].

DEPARTAMENTO DE HACIENDA-SERVICIO DE RECAUDACIÓN INTERNA: «Department of Treasury, IRS, and Department of Energy announce opening date for the Qualifying Advanced Energy Project Credit new allocation round (IR-2024-144)» [en línea], (2024), <https://www.irs.gov/newsroom/department-of-treasury-irs-and-department-of-energy-announce-opening-date-for-the-qualifying-advanced-energy-project-credit-new-allocation-round> [Consulta: 20/06/2024].

DEPARTAMENTO ESTADOUNIDENSE DE INTERIOR: «Through President Biden's Bipartisan Infrastructure Law, 24 States Set to Begin Plugging 10,000 Orphaned Wells» [en línea], (2022), <https://www.doi.gov/pressreleases/through-president-bidens-bipartisan-infrastructure-law-24-states-set-begin-plugging> [Consulta: 20/06/2024].

DEPARTAMENTO ESTADOUNIDENSE DE INTERIOR, OFICINA DE RECUPERACIÓN Y EXPLOTACIÓN DE LA MINERÍA DE SUPERFICIE: «Guidance on the Bipartisan Infrastructure Law Abandoned Mine Land Grant Implementation» [en línea], (2023), <https://www.osmre.gov/sites/default/files/inline-files/FY24-BIL-AML-Guidance-06-03-24.pdf> [Consulta: 20/06/2024]

DEPARTAMENTO DEL INTERIOR: «Frequently Asked Questions: BIL Sec. 40601 Orphaned Well Plugging, Remediation, and Reclamation Large-Scale Initial State Grants» [en línea], (2022), <https://www.doi.gov/sites/default/files/faqs-initial-grants-90-in-90-days-08.23.2022.pdf> [Consulta: 20/06/2024].

EISENBERG, A. M., "Transitions in Energy Communities", *The George Washington Journal of Energy and Environmental law*, 12, 2, 2021, pp. 103-112.

EISENBERG, A., "Just Transitions", *Southern California Law Review*, 92, 2019, pp. 273-330.

FONDO DE TRANSICIÓN JUSTA: «Nuestra historia» [en línea], (s.f.), <https://just-transitionfund.org/about/> [Consulta: 20/06/2024].

GREENE, C. y MCGINLEY, P., "Yielding to the Necessities of a Great Public Industry: Denial and Concealment of the Harmful Health Effects of Coal Mining", *William & Mary Environmental Law and Policy Review*, 43, 2019, pp. 689-757.

GRUPO DE TRABAJO INTERINSTITUCIONAL DE LAS COMUNIDADES DEL CARBÓN Y LAS CENTRALES ELÉCTRICAS Y PARA LA REVITALIZACIÓN ECÓNOMICA: «Initial Report to the President on Empowering Workers Through Revitalizing Energy Communities» [en línea], (2021), <https://energycommunities.gov/wp-content/uploads/2021/11/Initial-Report-on-Energy-Communities_Apr2021.pdf> [Consulta: 20/06/2024].

GRUPO DE TRABAJO INTERINSTITUCIONAL DE LAS COMUNIDADES DEL CARBÓN Y LAS CENTRALES ELÉCTRICAS Y PARA LA REVITALIZACIÓN ECÓNOMICA: «Revitalizing Energy Communities: Two-Year Report to the President» [en línea], (2023), <https://energycommunities.gov/wp-content/uploads/2023/04/IWG-Two-Year-Report-to-the-President.pdf> [Consulta: 20/06/2024]

HEFFRON, R. y MCCAULEY, D., "The 'just transition' threat to our Energy and Climate 2030 targets", *Energy Policy*, 165, 2022, pp. 1-5. Doi: <https://doi.org/10.1016/j.enpol.2022.112949>

LA CASA BLANCA: «Justice40 initiative Covered Programs List» [en línea], (2023), <https://www.whitehouse.gov/wp-content/uploads/2023/11/Justice40-Initiative-Covered-Programs-List_v2.0_11.23_FINAL.pdf> [Consulta: 20/06/2024].

LA CASA BLANCA: «Building a Better America: A Guidebook to the Bipartisan Infrastructure Law for State, Local, Tribal, and Territorial Governments, and Other Partners» [en línea], (2022), <https://www.whitehouse.gov/wp-content/uploads/2022/05/BUILDING-A-BETTER-AMERICA-V2.pdf> [Consulta: 20/06/2024]

LA CASA BLANCA: «Building a Clean Energy Economy: A Guidebook to the Inflation Reduction Act's Investments in Clean Energy and Climate Action» [en línea], (2023), <https://www.whitehouse.gov/wp-content/uploads/2022/12/Inflation-Reduction-Act-Guidebook.pdf> [Consulta: 20/06/2024]

MOHAI, P. y SAHA, R., "Which Came First, People or Pollution? Assessing the Disparate Siting and Post-siting Demographic Change Hypotheses of Environmental Injustice", *Environmental Research Letters,* 10, 11, 2015, pp. 1-18. Doi: <10.1088/1748-9326/10/11/115008>

OFICINA EJECUTIVA DEL PRESIDENTE: «Interim Implementation Guidance for the Justice40 Initiative» [en línea], (2021), <https://www.whitehouse.gov/wp-content/uploads/2021/07/M-21-28.pdf> [Consulta: 20/06/2024].

OUTKA, U., "Evolving Legal Conceptions of 'Energy Communities'", *University of Miami Law Review,* 78, 2, 2024, pp. 471-518.

OUTKA, U., "Fairness in the Low-Carbon Shift: Learning from Environmental Justice", *Brooklyn Law Review,* 82, 2017, pp. 789-824.

PROGRAMA DE LAS NACIONES UNIDAS PARA EL DESARROLLO: «¿Qué es la transición justa? ¿Y por qué es importante??» [en línea], (2022), <https://climatepromise.undp.org/news-and-stories/what-just-transition-and-why-it-important> [Consulta: 20/06/2024].

ROEMER, K. y HAGGERTY, J., "Coal communities and the U.S. energy transition: A policy corridors assessment", *Energy Policy,* 151, 2021, pp. 1.10. Doi: https://doi.org/10.1016/j.enpol.2020.112112

SAVARESI, A. y OUTKA, U., "Energy Communities in the EU and the United States", en BELLANTUONO, G. *et al.* (ed.), *Handbook on Energy Law in the Low-Carbon Transition,* De Gruyter, Berlín, 2023, pp. pp. 497-512. Doi: https://doi.org/10.1515/9783110752403-038

SOVACOOL, B. *et al., Energy Security, Equality, and Justice,* Routledge, London, 2014. Doi: https://doi.org/10.4324/9780203066348

TAREKEGNE, B. *et al.*: «Coal-dependent Communities in Transition: Identifying Best Practices to Ensure Equitable Outcomes» [en línea], (2021), <https://www.osti.gov/servlets/purl/1821478> [Consulta: 20/06/2024].

Listado de autoras y autores (orden alfabético)

Endrius Cocciolo es Profesor agregado de Derecho Administrativo en la Universitat Rovira i Virgili (URV). Es miembro del Grupo de Investigación Territorio, Ciudadanía y Sostenibilidad, investigador en el Centro de Estudios de Derecho Ambiental de Tarragona (CEDAT) y en el Instituto Universitario de Investigación en Sostenibilidad, Cambio Climático y Transición Energética (IU-Rescat) que pertenecen a la URV. También ha sido copresidente del Comité de Investigación en la International Union for Conservation of Nature – Academy of Environmental Law (IUCN-AEL) y actualmente es miembro del consejo directivo del European Environmental Law Forum (EELF). Es coordinador del proyecto de investigación europeo ejecutado mediante la red doctoral Horizon MSCA THERESA sobre regulación del hidrógeno. Es el co-Investigador Principal del proyecto "Regulación de sistemas energéticos comunitarios basados en almacenamiento y flexibilidad: aceptabilidad, gobernanza y digitalización" (ComEnerSys – referencia TED2021-131840B-I00).

Marta Costa Santos es Profesora Auxiliar Convidada de la Facultad de Derecho de Universidade de Coimbra, Doctora en Ciencias Jurídico-Políticas, magíster en Derecho (con mención en Derecho Fiscal) por la Facultad de Derecho de la Universidad de Coimbra, es Adjunta del gabinete del Presidente del Tribunal Supremo Administrativo de Portugal. Ha sido abogada en ejercicio.

Iñigo del Guayo Castiella es Catedrático de Derecho Administrativo de la Universidad de Almería. Tiene reconocidos favorablemente por la Comisión Nacional (española) de Evaluación de la Actividad Investigadora seis sexenios de investigación (de 1988 a 2023, ambos inclusive) y uno de transferencia del conocimiento (1998-2003). Académico correspondiente de la Real Academia de Jurisprudencia y Legislación. Vicepresidente de la Asociación Española de Derecho de la Energía (AEDEN). Miembro del Comité Científico de la Federación Europea de Asociaciones Nacionales de Derecho de la Energía (EFELA). Miembro fundador de la Asociación Iberoamericana de Derecho de la Energía (ASIDE). Miembro de la Academia Internacional de Derecho Comparado (IACL).

Lea Diestelmeier es Assistant Professor de Derecho de la energía en la Universidad de Groningen, donde está afiliada al Groningen Centre of Energy Law and Sustainability (GCELS). Su investigación se centra en el marco legal para los sistemas de energía descentralizados, y en particular en los consumidores de energía y el papel de los ciudadanos en el sector energético. Participa en diversos programas de enseñanza académica y en proyectos de investigación (internacionales e interdisciplinarios).

Alba Forns es doctoranda en Derecho Europeo y Administrativo con especial atención al Derecho de la Energía en la Universidad de Groningen e investigadora de la red doctoral THERESA financiada en el marco del programa Marie Skłodowska-Curie Actions HORIZON-MSCA-2021-DN-01. Magíster en Derecho de la Unión Europea (Universidad de Ámsterdam) y Derecho de la Administración Pública (Universitat Rovira i Virgili y Universidad de Zaragoza), graduada en Derecho y Administración y Dirección de Empresas (Universitat Rovira i Virgili).

Josep Ramon Fuentes i Gasó es Profesor Titular de Derecho Administrativo (2001), Universitat Rovira i Virgili (URV). Licenciado en Derecho (1991) y Doctor en Derecho, Universitat Autònoma de Barcelona (UAB, 1999). Director de la Cátedra de Estudios Jurídicos Locales Màrius Viadel i Martín (2007-). Coordinador de Relaciones Institucionales del Centro de Estudios en Derecho Ambiental de Tarragona (CEDAT, 2007-). Miembro del Grupo de Investigación sobre Territorio, Ciudadanía y Sostenibilidad (2009-) y del Institut Universitari de Recerca en Sostenibilitat, Canvi Climàtic i Transició Energètica (IU-RESCAT, 2022-). Sus líneas de investigación son el derecho de la seguridad y la policía, el derecho ambiental, el régimen local, el patrimonio cultural y la contratación pública, entre otros. Ha publicado varias de monografías; así como, más de 80 artículos científicos y capítulos en obras colectivas. Ha dirigido 18 tesis doctorales y 10 más en proceso de redacción.

Roberto Galán Vioque es Catedrático en el Departamento de Derecho Administrativo de la Universidad de Sevilla. Ha sido consultor internacional en el Programa Municipios Democráticos de la Unión Europea en Guatemala ALA/2000/3061 DTA GUA/ B7-310/00/0020 (2006) y vocal Asesor del Gabinete de la Presidencia del Gobierno de España (2007 y 2008). Actualmente es el Vicesecretario General de esta Universidad. Es Investigador Principal del proyecto PID2021-124031NB-C41 "Retos jurídicos para un sistema energético 100% renovable" financiado por el Minis terio de Ciencia e Innovación. Es autor de más de un centenar de publicaciones. Ha realizado estancias de investigación en la Vermont Law School en Estados Unidos (2016), en el Institut für Berg- und Energierecht de la Ruhr üniversität Bochum en la République Federal de Alemania (2015), en la Humboldt-Universität zu Berlín en la République Federal de Alemania (2001), en la Université de Paris I, Phanthéon-Sorbonne en Francia (1996) y en el Institut für öffentliches Recht de la Rheinisiche Friedrich-Wilhelm Universität en Bonn (1995).

Susana Galera Rodrigo es Catedrática de Derecho Administrativo de la Universidad Rey Juan Carlos. Una característica clara de la carrera docente e investigadora desarrollada es la perspectiva supranacional, y particularmente europea, que ha dominado los trabajos realizados, considerando el derecho europeo y el derecho local como la primera y última fuente del ordenamiento jurídico aplicable, respectivamente. Desde una perspectiva sectorial ha tratado, por este orden, el comercio internacional, el urbanismo y la sostenibilidad, la Transición Energética y, en cada uno de ellos, la posición del ciudadano frente a las Administraciones Públicas, lo que ha dado lugar a un centenar de publicaciones y numerosas actividades docentes, curriculares o no, en distintas instituciones académicas y profesionales. Complementariamente realiza colaboraciones puntuales con otras entidades públicas y privadas, nacionales e internacionales en materias de derecho público. Es directora del Grupo de Investigación de Alto Rendimiento GLOCAL-RES en su Universidad, y ha participado en investigaciones nacionales e internacionales, siendo actualmente miembro investigador en la Universidad de Almería y del Centro de Estudios de Derecho Ambiental de Tarragona (CEDAT) de la Universitat Rovira i Virgili. Ha sido investigadora principal de varios proyectos de investigación, compartiendo dicha posición en el presente proyecto *ComEnerSys.*

Isabel Gallego Córcoles es Catedrática de Derecho Administrativo en la Universidad de Castilla-La Mancha (UCLM). Es investigadora del Centro de Estudios Europeos Luis Ortega y miembro del grupo de investigación "derecho, economía y gestión del agua". Autora de seis monografías y de más de un centenar de artículos y capítulos de libro, sus líneas de investigación se han centrado principalmente en el derecho de la contratación pública, en el derecho de aguas y más recientemente en el derecho de la energía. Dentro de este último ámbito, ha participado en diversos proyectos de investigación —en uno de ellos como investigadora principal— y es autora del libro Comunidades de Energía y Transición Energética, publicado en 2022.

Vanessa Giménez Serranía es Profesora Permanente Laboral en el área de Derecho Mercantil de la Universidad de Salamanca, (acreditada a Agregada) y directora de la Unidad de Protección de la Innovación y de la Propiedad Intelectual de esta Universidad. Fue Premio Extraordinario de Doctorado 2017 y Premio José Manuel Gómez Pérez a la Excelencia Académica en 2018 y ha colaborado con varios despachos internacionales. Tanto su práctica jurídica como su labor investigadora se ha centrado en el derecho de la competencia, el derecho bancario, la propiedad intelectual e industrial y las nuevas tecnologías, contando con numerosas publicaciones sobre estos temas. Es miembro de varios grupos de expertos internacionales, siendo Presidenta Segunda del grupo español de International Competition League y Secretaria de la Red académica de Derecho de la Competencia. la Unidad de Protección de la Innovación y de la Propiedad Intelectual de esta Universidad.

Isabel González Ríos es Catedrática de Derecho Administrativo de la Universidad de Málaga, con 30 años de experiencia docente en dicha Universidad. Experta en el régimen jurídico de las energías renovables y del ahorro y la eficiencia energética, en servicios de interés general, en Administración local, en digitalización de la Administración pública y en medio ambiente. Cuenta con más de un centenar de publicaciones científicas, entre las que destacan 6 monografías de autoría única y la dirección de 9 obras colectivas. Es evaluadora externa de la ANEP y de la AEI; miembro de los Consejos de Redacción de varias revistas científicas y directora de la Revista Jurídica de Investigación e Innovación Educativa. A su vez, es investigadora principal de proyectos de investigación financiados por el Ministerio del ramo y otras administraciones públicas, contando con estancias de investigación en prestigiosas Universidades extranjeras.

Estrella Gutiérrez David es Profesora contratada doctora de Derecho Constitucional de la Universidad Complutense de Madrid. Premio Extraordinario de Doctorado 2003. Consultora del Consejo de Europa en materia de protección de datos en el contexto de la prevención de la corrupción y blanqueo de capitales (2022-actualidad). Miembro del Grupo de Acceso a la Información Pública de la Federación Española de Municipios y Provincias (2016-actualidad). Sus líneas de investigación son el Derecho de las TICs, inteligencia artificial, privacidad y protección datos, y transparencia y acceso a la información pública.

Joan Herrera Torres es Profesor asociado en la Universitat Rovira i Virgili. Licenciado en derecho por la UB, y con un postgrado en Derecho Urbanístico y Medio Ambiente por la UPF, actualmente es abogado en activo, socio fundador del despacho SAMSO EDS. Ha sido director del Instituto por la Diversificación y el Ahorro Energético (IDAE), director de Acción Ambiental, Energía y Servicios Urbanos en el Ayuntamiento del Prat de Llobregat, donde impulsó la comunidad energética Energia del Prat. Actualmente combina su actividad profesional con la dirección de Energia del Prat. Es vocal de la junta de UNEF en representación de la sección de comunidades energéticas.

Jordi Jaria-Manzano es Profesor Serra Húnter de Derecho Constitucional y Ambiental en la Universitat Rovira i Virgili, investigador del CEDAT (Centre d'Estudis de Dret Ambiental de Tarragona) y miembro del Grupo de Investigación Territorio, Ciudadanía y Sostenibilidad. Es Doctor por la misma Universidad, con Mención Europea y Premio extraordinario de Doctorado. Fue secretario de la "Revista Catalana de Dret Ambiental" entre 2009 y 2017. Desde 2021 es director de la "Revista d'Estudis Autonòmics i Federals / Journal of Self-Government". Ha participado en varios proyectos de investigación en relación con el derecho ambiental, la justicia ambiental y el constitucionalismo global, así como sobre la distribución territorial del poder y el pluralismo jurídico. Ahora se centra en las implicaciones legales y políticas de la transición al Antropoceno.

Alejandro Leiva López es Profesor Titular de Derecho Administrativo en la Universidad de Almería. Es autor de numerosas publicaciones sobre derecho de la energía y ha sido ponente en congresos de carácter nacional e internacional sobre la materia. Ha realizado estancias internacionales de investigación en centros de reconocido prestigio especializados en regulación energética. Colabora de forma asidua con revistas nacionales e internacionales y desarrolla labores de revisión de artículos científicos. Participa en numerosos proyectos de I+D+i sobre diversas materias que pivotan en torno al derecho de la energía.

Lucía López de Castro García-Morato es Profesora Titular de Derecho Administrativo de la Universidad Autónoma de Madrid (Programa de Excelencia del Profesorado Universitario, convenio CAM y UAM, V PRICIT). Miembro del Instituto de Derecho y Gobierno Local de la UAM. Doctora en Derecho (UAM) y Experta en Docencia universitaria (UAM). Principales líneas de investigación: derecho local, derecho administrativo-económico, regulación energética y derecho de aguas. Tiene reconocidos cuatro sexenios positivos de investigación, un sexenio positivo de transferencia y cuatro periodos positivos de evaluación de la docencia en el programa DOCENTIA UAM.

Aloia López Ferro es abogada especialista en derecho ambiental en Terraqui. Licenciada en Derecho por la Universidad de Santiago de Compostela (2014), posteriormente cursó el Máster de Abogacía en la Universidad de Santiago de Compostela (2016) y el Máster en Derecho Ambiental (2019) de la Universidad Rovira i Virgili. Forma parte del grupo de investigación Territorio, Ciudadanía y Sostenibilidad (2021 SGR 00162), reconocido como grupo de investigación consolidado y que cuenta con el soporte del Departament de Recerca i Universitats de la Generalitat de Catalunya. En la actualidad, es investigadora predoctoral en la Universitat Rovira i Virgili, en el marco del proyecto de doctorado industrial "La governança i regulación de l'hidrogen per a una transició energètica sostenible", que cuenta con el apoyo del Pla de Doctorats Industrials del Departament de Recerca i Universitats de la Generalitat de Catalunya (2021 DI 87).

Blanche Lormeteau es investigadora permanente del Centre National de la Recherche Scientifique (CNRS) en el IODE Institut de l'Ouest: Droit et Europe (UMR 6262 CNRS-Université de Rennes). Es doctora en Derecho Público por la Université de Nantes. Su especialización es el derecho ambiental y de la energía y su investigación se centra en el análisis de los nuevos mecanismos de transición energética, como las comunidades energéticas, desde la perspectiva de la justicia energética.

Mariano Magide Herrero es Doctor en Derecho por la Universidad de Valladolid, compagina su actividad académica, ahora como profesor asociado de la URJC, con la práctica de la abogacía, como socio de Uría Menéndez Abogados, S.L.P. Su práctica se centra en el derecho público, en todos los aspectos del derecho constitucional y administrativo.

Romain Mauger es jefe de la Unidad de Investigación Jurídica del Centro Ibérico de Investigación en Almacenamiento de Energía (CIIAE), Cáceres, España. Anteriormente, fue investigador posdoctoral y profesor adjunto en el Groningen Centre of Energy Law and Sustainability (GCELS) de la Universidad de Groninga (Países Bajos). En 2017, completó su doctorado en derecho público sobre el tema del marco jurídico de la transición energética en Francia, en la Universidad de Montpellier.

Lorenzo Mellado Ruiz es Catedrático de Derecho Administrativo de la Universidad de Almería y miembro fundador de la Asociación Foro Mediterráneo Agua, Energía y Alimentación. Es autor de numerosas investigaciones en ámbitos variados como la contratación pública, empleo público, derecho y regulación de los servicios locales, etc. y con líneas de investigación abiertas en materia de derecho de aguas y derecho de la energía y del cambio climático. Ha sido ponente en numerosos congresos y seminarios y ha realizado estancias de investigación en Sheffield (Inglaterra) y Bolonia (Italia).

Uma Outka es William R. Scott Law Professor en la Facultad de Derecho de la Universidad de Kansas. Su labor académica se centra en el marco jurídico de la transición energética, con un especial interés en la justicia energética y ambiental, las energías renovables, la regulación de la electricidad y la descarbonización de la red eléctrica, incluyendo perspectivas comparadas internacionales. Es miembro electo del American Law Institute, Fellow de la American Bar Foundation, miembro académico del US-based Center for Progressive Reform, y recientemente ocupa el cargo de presidenta del Energy and Natural Resources Law Section de la American Association of Law Schools.

Anna Maria Porporato es Profesora Titular de Derecho Administrativo de la Università di Torino, acreditada catedrática. Es responsable de la asignatura de Derecho Ambiental en los grados del Departamento de Derecho y del Departamento de Ciencias de la Vida y Biología de los Sistemas de la Univerità di Torino. Forma parte del miembro del equipo de investigación del proyecto NODES-Nord Ovest Digitale e Sostenibile, en el programa de investigación Spoke 2 "Green technologies e industria sostenibile". Sus intereses de investigación en el ámbito ambiental se centran en la economía circular, las evaluaciones ambientales, las energías renovables y las comunidades energéticas renovables.

Laura Presicce es Profesora Lectora de Derecho Administrativo en la Universitat Oberta de Catalunya (UOC) e investigadora del Centre d'Estudis de Dret Ambiental de Tarragona (CEDAT). Doctora en Derecho, cum laude y mención internacional, por la Universitat Rovira i Virgili (2021), obtuvo el premio extraordinario de Doctorado (2021), el premio Antoni Pedrol i Rius a la mejor tesis doctoral en derecho local de la Càtedra d'Estudis Jurídics Locals Màrius Viadel i Martín de la URV y el premio Josep Miquel Prats Canut del CEDAT, a la mejor tesis doctoral en derecho ambiental. Ha realizado estancias de investigación en la Rijksuniversiteit Groningen (Países Bajos) y en la Università di Bologna (Italia). Es autora de diversas publicaciones en revistas nacionales e internacionales indexadas y capítulos de libro acerca del derecho local, derecho del medio ambiente, cambio climático, transición y pobreza energética.

Inmaculada Revuelta Pérez Profesora Titular de Derecho Administrativo de la Universidad de Valencia. Licenciada en Derecho y doctora por la misma Universidad. Magistrada Suplente del Tribunal Superior de Justicia de la Comunidad Valenciana, Sala de lo contencioso-administrativo (2006-2013). IP del Grupo de Investigación sobre Regulación ambiental, energética y del Territorio (LEGAMBIENTAL). Investigadora principal de proyectos de investigación nacionales y europeos sobre regulación ambiental y de la transición energética. Autora de numerosos libros, artículos y capítulos de libros en materia de Derecho ambiental y Derecho de la Unión Europea. Es directora, entre otros, del libro *La regulación de las energías renovables a la luz del Derecho de la Unión Europea* (2017); y, codirectora, entre otras de las obras, *La regulación de la energía limpia ante la emergencia climática* (2020); *Regulación del sector eléctrico y transición energética (2021); Economía circular y Responsabilidad Social* (2022). Autora del libro *Comunidades energéticas y entidadades locales. Formas jurídicas y participación Municiapal* (2024). Ha realizado estancias de investigación en las Universidades de Harvard, University College London y London School of Economics.

Marina Rodríguez Beas es Profesora Lectora Serra Húnter de Derecho Administrativo de la Universidad Rovira i Virgili (URV), acreditada como profesora Agregada (AQU, 2020) y como contratada doctora (ANECA, 2016) y cuenta con un sexenio de investigación (2013-2018) y es Doctora en Derecho (2013) por la URV. También ha sido profesora colaboradora de la Universitat Oberta de Catalunya (2018-2024). Es subdirectora de la Cátedra Màrius Viadel i Martín, de Estudios de Derecho Local de la URV; miembro del Centro de Estudios de Derecho Ambiental de Tarragona (CEDAT) y del Grupo consolidado de investigación "Territorio, ciudadanía y sostenibilidad". Ha participado en diferentes proyectos de investigación competitivos y proyectos de transferencia del conocimiento y es editora-secretaría de la Revista Catalana de Derecho Ambiental y coordinadora del blog de la Revista Catalana de Derecho Público.

Pablo Rodríguez Pajarón es Doctor Ingeniero Industrial por la Universidad Politécnica de Madrid y Máster en Derecho de la Energía por el Club Español de la Energía. Tras cinco años dedicado a la docencia y la investigación en el Departamento de Ingeniería Eléctrica de la Escuela Técnica Superior de Ingenieros Industriales de Madrid (ETSII – UPM), y tras obtener la acreditación de Profesor Contratado Doctor, actualmente forma parte de EDP Innovación, la rama de EDP (Energías de Portugal) dedicada a la innovación y el desarrollo, proponiendo y desarrollando soluciones disruptivas para las distribuidoras del grupo.

Juan José Serrano Araque es doctorando en Derecho por la URJC, actividad que compagina con su práctica profesional en el despacho Uría Menéndez Abogados, S.L.P. Ha trabajado, asimismo, en la oficina de Phillipi, Prietrocarrizosa, DU & Uría (PPU) como asociado internacional, durante los años 2023 y 2024. Centra su actividad investigadora y profesional en el ámbito de la regulación económica, con especial énfasis en los sectores de la energía (electricidad y gas natural), telecomunicaciones y aeronáutico.

Suzana Tavares da Silva es actualmente magistrada del Supremo Tribunal Administrativo portugués y profesora de Derecho Público de la Facultad de Derecho de la Universidad de Coímbra. Se ha graduado en la Facultad de Derecho de la Universidad de Coímbra, en 1996, y ahí obtuvo el título de máster en 1999 y el doctorado en 2009. Investigadora del Instituto Jurídico de esa Facultad de Derecho. Ha colaborado en diferentes grupos de investigación en Portugal (como el grupo de elaboración del Programa Nacional de la Política del Ordenamiento del Territorio y en el grupo de investigación sobre derecho del petróleo) y en proyectos de investigación en España en el área del derecho de sectores regulados, como energía y aguas. Ha sido Directora Executiva del Departamento de Altos Estudios en Derecho de la Energía (DaeDe) y Presidenta de la Comisión Ejecutiva del Observatorio de Tasas y Contribuçiones.

Mª Remedios Zamora Roselló es Profesora Titular de Derecho Administrativo de la Universidad de Málaga, con una amplia experiencia en la investigación y docencia vinculadas al derecho administrativo. Autora de numerosas publicaciones en revistas y congresos nacionales e internacionales, así como de monografías especializadas. Las principales líneas en las que desarrolla su investigación se centran en la perspectiva jurídico-administrativa del medio marino y el litoral, las actividades extractivas, la energía, el turismo y los residuos. Responsable del grupo de investigación SEJ174 "Implicaciones normativas del medio ambiente. Estándares ambientales y directriz ambiental" de la Junta de Andalucía. Ha participado como IP, investigadora y colaboradora en proyectos de investigación relativos a la energía, el medio ambiente, el medio marino, la minería, la ordenación del territorio y el urbanismo.